U0784778

◎日照市东港区地方志丛书

涛雒镇志

山东省日照市东港区涛雒镇志编纂委员会　编

方志出版社
Publishing House of Local Records

图书在版编目（CIP）数据

涛雒镇志 / 山东省日照市东港区涛雒镇志编纂委员会编 . —北京 : 方志出版社 , 2024.8
ISBN 978-7-5144-6180-0

Ⅰ . ①涛… Ⅱ . ①山… Ⅲ . ①乡镇—地方志—日照市 Ⅳ . ① K295.25

中国国家版本馆 CIP 数据核字（2023）第 253664 号

责任编辑：王海荣
责任校对：张玉霞
责任印制：梅中英
出 版 者：方志出版社
地　　址：北京市朝阳区潘家园东里 9 号（国家方志馆 4 层）
邮　　编：100021
网　　址：http://www.zgfzcb.cn
发　　行：方志出版社图书营销中心（010-67110500）
印　　刷：日照市精美印务有限公司
开　　本：889 毫米 ×1194 毫米　1/16
印　　张：61
字　　数：1900 千字
版　　次：2024 年 8 月第 1 版
印　　次：2024 年 8 月第 1 次印刷
定　　价：800.00 元

· 版权所有　侵权必究 ·

（如有印装质量问题，请与我社图书营销中心联系）

维桑与梓
必恭敬止

丁肇中

2024年7月，丁肇中教授欣闻故乡《涛雒镇志》编修告竣，深情寄语“维桑与梓，必恭敬止”，以示祝贺。

国王，皇后陛下，皇族们，各位朋友：

得到诺贝尔奖，是一个科学家最大的荣誉。我是在旧中国长大的，因此想借这个机会向在发展国家的青年们强调实验工作的重要性。

中国有一句古话："劳心者治人，劳力者治于人。"这种落后的思想，对在发展国家的青年们有很大的害处。由于这种思想，很多在发展国家的学生们都倾向于理论的研究，而避免实验工作。

事实上，自然科学理论不能离开实验的基础，特别，物理学是从实验产生的。

我希望由于我这次得奖，能够唤起在发展国家的学生们的兴趣，而注意实验工作的重要性。

——1976 年丁肇中获得诺贝尔物理学奖时发表的获奖感言

山东省日照市东港区涛雒镇志编纂委员会

（第一阶段）

2008 年 10 月 8 日
名誉主任　宋　波
主　　任　胡明乐
副 主 任　徐丽荣
常务副主任　刘从生

2010 年 7 月 28 日调整
名誉主任　刘森林
主　　任　刘　峰
副 主 任　徐丽荣
常务副主任　刘从生

2013 年 5 月 8 日调整
名誉主任　胡明乐
主　　任　孙　强
副 主 任　焦栋英
常务副主任　刘从生

2014 年 1 月调整
名誉主任　秦泗收
主　　任　孙　强
副 主 任　刘从生

2016 年 5 月 20 日调整
名誉主任　孙　强
主　　任　时文彬
副 主 任　田　娟
常务副主任　刘从生

2017 年 2 月 18 日调整
名誉主任　厉华珍
主　　任　孙　强
副 主 任　田　娟
常务副主任　刘从生

2017 年 8 月 18 日调整
名誉主任　厉华珍
主　　任　孙　强
副 主 任　邱志刚
常务副主任　刘从生

2018 年 9 月 19 日调整
名誉主任　厉华珍
主　　任　孙　强
副 主 任　田　娟
常务副主任　刘从生

2018 年 10 月 19 日调整
名誉主任　厉华珍
主　　任　万　磊
副 主 任　田　娟
常务副主任　刘从生

2019 年 7 月 12 日调整
主　　任　万　磊
副 主 任　王　超
常务副主任　刘从生
编　　辑　马承友　王运照
编　　务　马胜先　王长青
参与前期工作人员　滕照西　庄佃良　赵　丽
李　霞　庄建森　秦泗学

山东省日照市东港区涛雒镇志编纂委员会

（第二阶段）

2022年4月6日调整

主　　任　陈　彬

副 主 任　安宝春　李季鹏

委　　员　邱志刚　潘　娜　宋全慧　司京占　牟　萍　丁召利　胡文秀

　　　　　王　波　张　弘　许如银　金秉昌　白记剑　罗亚祥（挂职）

山东省日照市东港区涛雒镇志编纂人员

编　　审　陈　彬　李世成（特邀）

主　　编　滕怀森

副 主 编　赵加荀

编　　辑　滕怀森　李世成　赵加荀

特邀审稿　李天程　郭能勇　李世恩　郭章文

审　　核　日照市地方史志研究院

　　　　　日照市东港区委党史研究中心

摄　　影　李世成　申云英等

统　　筹　日照日报书刊出版中心

《涛雒镇志》提供资料人员名单

（排名不分先后）

周全德	陈令田	李宗岩	黄陆昌	丁宽祥	万洪德	高　磊	郑　坤	孙延庆	刘太德
范崇祥	庄建光	庄建利	宋开运	丁博元	郑培祥	尹世国	孙纪任	丁履海	梁立英
葛云茂	尹相生	张天印	秦玉山	葛允沛	张永健	刘祥海	田玉交	刘克总	刘为春
刘建华	刘耀华	丁元刚	韩纪亮	李其平	张明君	邱丰森	丁兆华	陈淑顺	王一冰
张桂伟	郭常泗	杨善军	陈令祥	葛秀芳	吕其来	滕怀亮	马承信	丁元友	丁履明
丁国元	王均早	秦玉凤	孙志明	张守富	李建永	孙树伍	孙树琪	叶京军	常进全
丁肇斌	王　伟	丁海元	丁惟生	叶京祝	张永权	崔恩华	勇天安	朱立山	滕肇德
徐家云	郑培元	丁　新	王伟树	陈德利	李　伟	秦泗勇	范文果	滕照友	滕照军
刘维坤	涂传欣	庄建德	周绪文	丁仕泽	丁元林	肖光文	尹相生	宋全福	胡开友
铁均成	丁履钦	尹德昌	傅成荣	侯照德	马承安	王维举	王厚勤	姚守春	宋　强
宋　平	安佰全	刘克会	刘为学	范文青	李其岭	李学文	秦玉胜	平永田	刘从雨
庄建胜	张传明	丁元金	王廷富	傅承玺	傅兆余	叶庆顺	傅松余	丁瑞增	秦保三
庄光毅	杨德旺	徐家康	侯卫东	宋开波	丁顺昌	刘方松	丁合元	宋年青	王廷伦
王致云	滕怀军	丁海文	孙开山	王平玉	丁惟海	滕以汾	秦仕永	孙先春	谭宗渠
丁希元	乔相冲	王永平	马先富	丁兆年	刘连昌	宋光友	刘克叶	万志宝	金立平
孙树运	刘克状	刘从宝	宋开峰	李宗勤	刘加宝	刘加春	郑　红	刘兆义	张　毅
陈德峰	庄建坤	王　宝	尹　刚	王　东	滕　军	宋光席	王伟聚	马承全	张俊丽
庄建庆	司征昔	庄光峰	庄光慈	庄见用	庄聿亮	宋宗年	侯学光	黄庆林	秦玉津
杨永询	秦　伟	肖增绪	王均泉	张　伟	丁　磊	平西好	牟善坤	王　强	曾兆团
丁立波	王运红	孙纪顺	李士刚	丁明生	丁士武	王见营	付冠强	郭江辉	叶京军
孙绪波	孙树进	庄善华	罗世庆	郭长峰	孙　江	李增亮	陈建录	孙　明	宋年春
庄光新	杨淑森	丁玉阳	丁雪原	牟宗伟	庄光学	马　季	成会积	郑磊全	贺照春
尹衍山	郑　生	郑　磊	刘招生	田文全	田春艳	代　茹	吴明信	卜庆晓	乔征青
陈常磊	安　冬	郭　金	赵　勇	来伟晓	王麦杰	郑世民	姜云琛	徐彩红	李淑彬
赵　伟	丁元博	邵　莹	孙会芝	丁天宝	郭　玲	任　洁	耿晓红	黄　玫	孙元成
张守贵	黄子秀	李友树	高　磊	郭江华	杨锡利	卢　强	宋　锋	郑　磊	牟善营
李玉伟	宋开民	庄光杰	庄光青	英昌学	周复艳	马德宏	刘　彬	孙雪梅	赵效娟
丁惟善	秦玉桂	申　华	范军杰	葛允武	李世亮	葛山峰	律永乐	范文波	辛崇法

序

“国有史，邑有志”，编史修志是中华民族的优良传统。

历经十几个寒暑，广征博采、辛勤耕耘，涛雒镇历史上第一部镇志终于付梓刊印。这是落实东港区委、区政府“文化强区”战略的重要举措，是全镇人民政治、文化生活中的一件大事，也是全镇精神文明建设的又一重要成果，可喜可贺。

涛雒镇历史悠久，民风淳朴，文脉绵长，人才辈出。早在新石器时代，就有先民在此捕鱼狩猎，繁衍生息。历史上彪炳史册达官贤士、文人学者、民族英雄乃至黎民百姓，可书可传者不胜枚举。明代有“埋羹太守”王琎；清代有“赔钱太守”丁允元以及被洋人称为“中华炮师”的丁守存；民国时期有中国同盟会创始人之一的丁惟汾，中共山东省委创建者之一的丁君羊；当代有诺贝尔物理学奖获得者丁肇中，中国科学院院士、地质学家、沉积矿床学家叶连俊，以及在中国航天事业中做出突出贡献的郑全宝等为代表的大批著名科学家、专家、学者；在抵御外来侵略、反抗封建压迫的斗争中，涌现出尹景伊、庄仲萱等革命先驱。

千百年来，涛雒人民凭借智慧和勤劳创造出一个又一个平凡而伟大的奇迹，谱写出辉煌的历史篇章。近年来，涛雒镇以习近平新时代中国特色社会主义思想为指导，把实施乡村振兴战略作为新时代“三农”工作总抓手，按照“五大振兴”和打造乡村振兴“齐鲁样板”的要求，聚焦“宜居宜业和美乡村”这一目标，坚持“全域谋划、片区打造、示范带动、融合发展”的工作思路，坚持“片区化、品牌化”两个发展方向，实施“党建引领、产业融合、治理创新、生态建设”四项基础工程，全力打造“钢铁制造、海洋渔业、特色农业、文旅融合”四大集群产业，农村经济稳步发展，工业经济快速增长，海洋经济、旅游经济等新兴经济发展迅速，全镇乡村振兴工作取得明显成效，走出了一条具有涛雒特色的高质量发展之路。涛雒镇先后被评为“全国发展改革试点镇”“全国文明村镇”“国家级生态乡镇”“全国‘一村一品’示范村镇”和“省级美丽宜居小镇”“山东省历史文化名镇”“全省乡村振兴‘十百千’工程示范镇”等荣誉称号。

习近平总书记指出：“不忘历史才能开辟未来，善于继承才能创新。”《涛雒镇志》全面记录了涛雒的过去和现状，重点突出中华人民共和国成立后，特别是党的十一届三中全会以来，涛雒镇改革开放的发展历程和成就。《涛雒镇志》内容浩繁，资料翔实，190余万字，举凡涛雒镇地理环境、自然资源、建制沿革、人口、民族、经济、文化、军事、科技、政党政权、教育、卫生、文物、方言、民俗、人物、村庄社区等，“笼百业于形内，挫万物于笔端”，堪称涛雒镇之“百科全书”。《涛雒镇志》纵贯古今，横陈百科，为我们不忘初心、牢记使命、开创未来提供了宝贵的精神食粮，必将激发起全镇人民热爱家乡、建设家乡的干劲和热情，为建设美丽幸福新涛雒作出更大贡献。

值此《涛雒镇志》即将出版之际，谨向所有关心、支持《涛雒镇志》编纂出版工作的单位和社会各界以及《涛雒镇志》编纂人员表示衷心感谢！

是为序。

中共涛雒镇党委书记 陈彬

涛雒镇人民政府镇长 李季鹏

二〇二四年八月

涛雒镇区域图

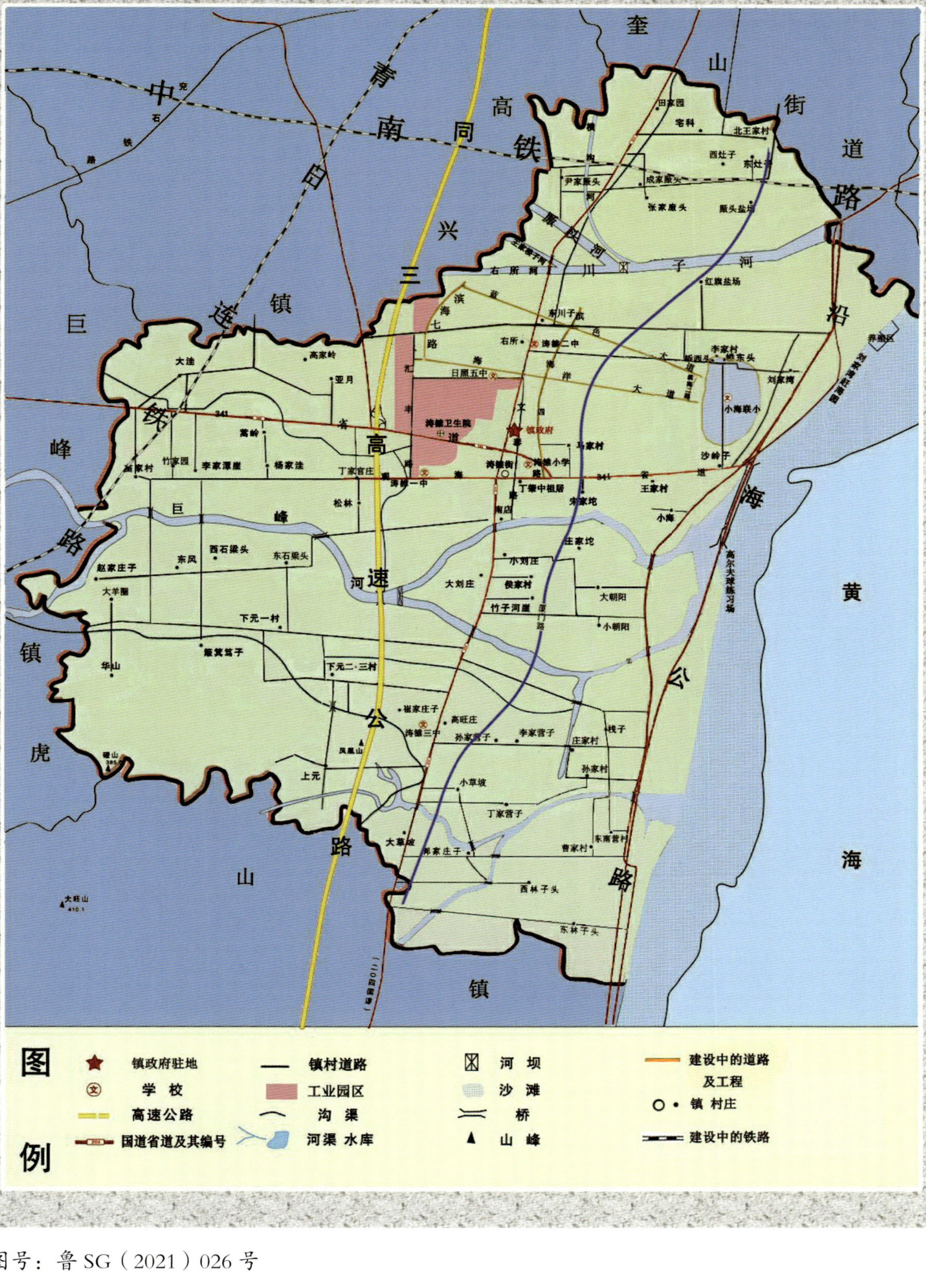

审图号：鲁 SG（2021）026 号

（本栏照片除署名者外均由涛雒镇宣传办公室提供）

涛雒名片

国家级荣誉

- 全国文明村镇
- 国家级生态乡镇
- 全国发展改革试点镇
- 全国先进民兵党组织
- 全国“一村一品”示范镇
- 全国综合实力千强镇
- 全国环境优美乡镇

省级荣誉

- 山东省中心镇
- 思想政治工作先进单位
- 山东省村民委员会建设先进乡镇
- 山东省历史文化名镇
- 全省社区侨务工作先进单位
- 山东省旅游强乡镇
- 全省侨办系统先进集体

◆村务公开民主管理示范乡镇

◆百镇建设示范行动示范镇

◆山东省新型城镇化综合试点镇

◆省级美丽宜居小镇

◆山东省卫生乡镇

◆山东省经济发达镇行政管理体制改革试点镇

◆山东省抗击台风抢险救灾先进集体

◆山东省第七批社会科学普及示范乡镇

◆全省干事创业好班子

◆山东省农业产业强镇

◆山东省司法行政系统先进集体

◆山东省中华文化传承基地

◆山东省第六届全民阅读书香之乡

◆山东省数字乡村试点乡镇

◆美丽庭院创建工作突出集体

◆山东散文作家进百镇创作采风示范基地

◆山东省地名文化遗产

◆第三批省级医养结合示范乡镇

◆第三批乡村振兴“十百千”工程示范创建镇

◆山东省华侨国际文化交流基地

◆山东省“平安农机”示范乡镇

◆山东省精品文旅名镇

◆山东省县域次中心镇

◆全省老年太极拳之乡

①南店河　②刘家湾赶海园　③金沙岛　④滨海湾社区　⑤风情小镇　⑥厦门路南店河大桥

2021 年涛雒镇驻地航拍图

2008年6月30日，省委书记姜异康（前右二）在涛雒调研新农村建设，市委书记杨军（前右一），市委常委、东港区委书记张永霞（前右三）陪同调研

2000年7月15日，省长李春亭（前右二）在涛雒调研淡水养殖，市委书记焉荣竹（后左一）、市长夏耕（后左三）陪同调研

2010 年 10 月 11 日，参加全省现场观摩会的与会人员在省委副书记、省政协主席刘伟（右二）等领导带领下，就转方式、调结构到涛雒镇下元一村实地考察，市委书记杨军（右一），市委常委、东港区委书记张永霞（右四）等陪同

2000 年 7 月 17 日，省委副书记陈建国（左二）在涛雒调研淡水养殖，市委书记焉荣竹（左一），市委常委、东港区委书记王均生（右一），镇党委书记韩纪亮（右二）陪同调研

2019年4月11日，省政协副主席吴翠云（前右二）在市长李永红（前左二）、市政协主席王斌（前右一）陪同下调研天台山田园综合体项目

2019年5月14日，省政协副主席王艺华（左二）在市政协主席王斌（左一）陪同下，到涛雒调研农村人居环境整治和城镇精细化管理工作

2019 年 6 月 20 日，省妇联主席张惠（左二）在涛雒调研

2010 年 12 月 26 日，央视频道总监王广令（左一）、丁惟汾外孙美籍华人黄观鸿（左三），在日照广播电视台副台长李世成（左四）、涛雒镇党委书记刘森林（左二）陪同下到涛雒调研历史文化系列片《百年人 · 日照魂》《丁惟汾》《一部家谱情牵两岸》的拍摄方案

2023 年 4 月 22 日，省民族宗教委一行到东风爱国主义教育基地调研民族工作。区委常委、统战部部长赵慧（前排右一）及镇党委书记陈彬（前排右三）陪同调研

2018 年 4 月 30 日，省海洋渔业厅领导（前右二）在副市长徐淑利（前右三）陪同下到涛雒调研

2019 年 12 月，市委书记齐家滨（前右三）等领导在涛雒调研

2021 年 1 月 5 日上午，省派“加强农村基层党组织建设”驻东港工作队队长顾润国一行，到涛雒镇调研美丽宜居乡村建设工作和涛雒镇经济社会发展情况

2005年6月，丁肇中（右一）、副市长李峰（左一）在丁肇中祖居学堂参观

2005年6月18日，镇部分原党委书记与丁肇中家人合影
左起：王一冰、辛崇利、丁肇中的儿子、丁肇中夫人、丁肇中、丁兆华、孙开河、韩纪亮

2018 年 4 月 10 日，东港区区委书记王世波（右二）在涛雒调研

2020 年 10 月 11 日，区委副书记、区长刘祥龙（右一）在涛雒进村入户开展精准帮扶活动

2023 年 2 月 2 日，东港区政协主席宋波（右二）在涛雒调研，镇党委书记陈彬（右一）陪同

2021年山钢生活区鸟瞰图

①涛雒小学旧址 ②庆和商号旧址 ③粮所旧址 ④丁肇中祖居 ⑤滨海湾小学

镇政府办公楼　（李世成摄于 2021 年 6 月）

2021 年涛雒镇驻地鸟瞰图

桥东头　桥西头居民安置区　（李世成摄于 2021 年 6 月）

2021 年滨海湾花园居民安置区

2021 年李家潭崖村一角

2021 年镇驻地商业街

沿海防护林 （李世成摄于 2021 年 6 月）

南店河 （李世成摄于 2021 年 6 月）

2021 年镇驻地仿古街

2021 年涛雒镇丁家营子村“两委”换届会议现场

夏日荷花

2021 年下元一村鸟瞰图

2021 年东石梁头村街心公园

涛雒大集

2021 年 9 月，涛雒小市开业

西施舌

大竹蛏

乌鱼干

乌鱼蛋

虾米

海参

虾皮

对虾

中国·日照东方太阳城第三届（涛雒）渔民文化节　（摄于 2021 年）

放养鱼苗 （摄于2021年）

涛雒阜鑫渔港 （摄于2019年）

出海捕捞

木制机帆船

钓钩船

大网船

黄花船

盐场风车

活盐

拉盐

集坨

运盐

2020 日照市（东港涛雒）第二届稻田文化节

稻田

东港区涛雒镇首届芹菜节暨年货大集 （摄于 2019 年）

水稻喜获丰收

涛雒粽子

涛雒大米

涛雒绿茶

东石良芹菜芯

黄桃

莲藕种植区

黄桃基地

千亩石梁空心芹基地

茶园

罗克兰智慧物流园

日照锦湖金马化学有限公司

钢铁配套园区

山东钢铁日照生产基地

山东力山特智能科技项目园区

方鼎科技有限公司

日照汇丰电子有限公司

热力工程

日照·刘家湾赶海园

赶海

金色的海岸

金沙岛

天台山旅游区一角

天台山旅游区航拍图 （臧绍喜摄于 2021 年 6 月）

2019 年太阳文化节

利生商号

民国廿年间涛雒镇内主要住宅、商号分布图

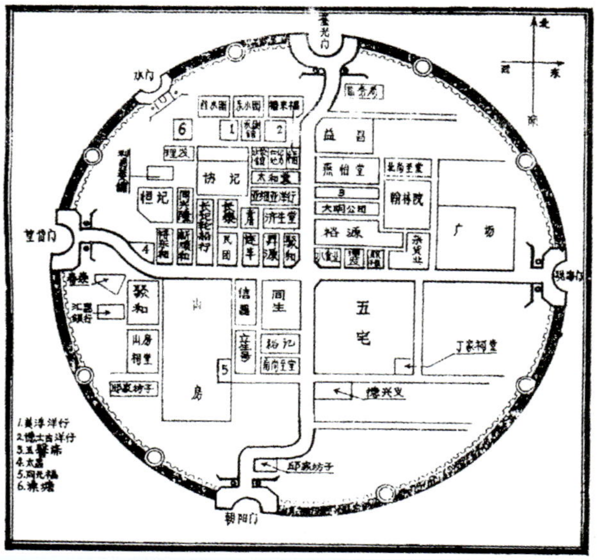

摘自日照商业志

丁惟汾故居

裕源商号

庆和商号

同生商号

丁肇中祖居

清朝末年涛雒街景

2018 年修复后的东石梁村丁氏祠堂　（李世成摄于 2021 年 10 月）

中共下元特别支部旧址

尹景伊纪念馆

东风爱国主义教育基地　　（李淑彬提供）

20世纪80年代，大草坡村姑娘们编织蒲包（李世成摄于1981年）

成家廒头村村民制作鱼灯笼

涛雒农民画

剪纸（刘波摄）

孙家村船刻

竹编工艺品

樊伯鼎（2008 年 3 月，涛雒镇下元一村村民秦玉永在自家承包地翻地时发现）

蜗牛灯（1974 年征集于涛雒镇）

精陶瓯（1976 年征集于涛雒镇）

以下文物为涛雒镇东灶子村周代墓葬遗址出土（图片由日照市博物馆提供）

石器

双耳罐

陶豆

陶鬲

陶罐

陶豆

陶纺轮

陶鬲

陶罐

陶盂

铜器

陶罐

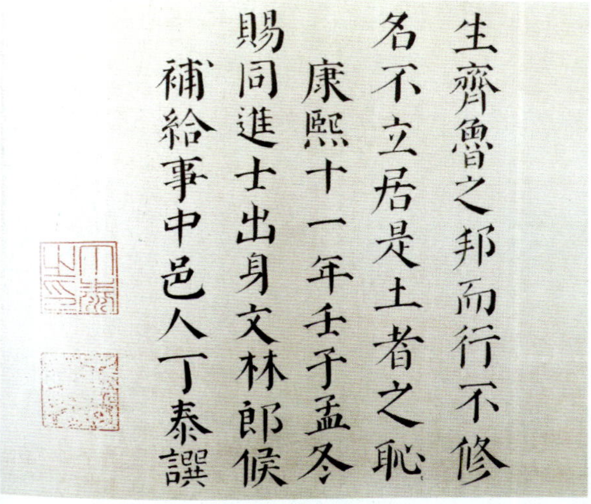

丁泰作品

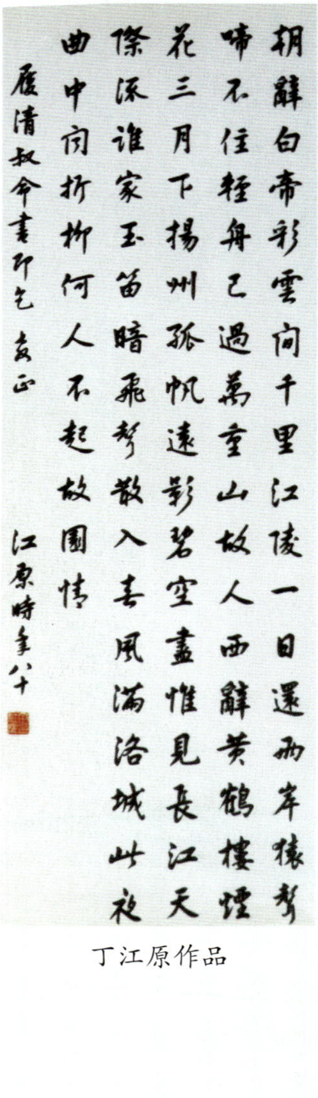

丁江原作品

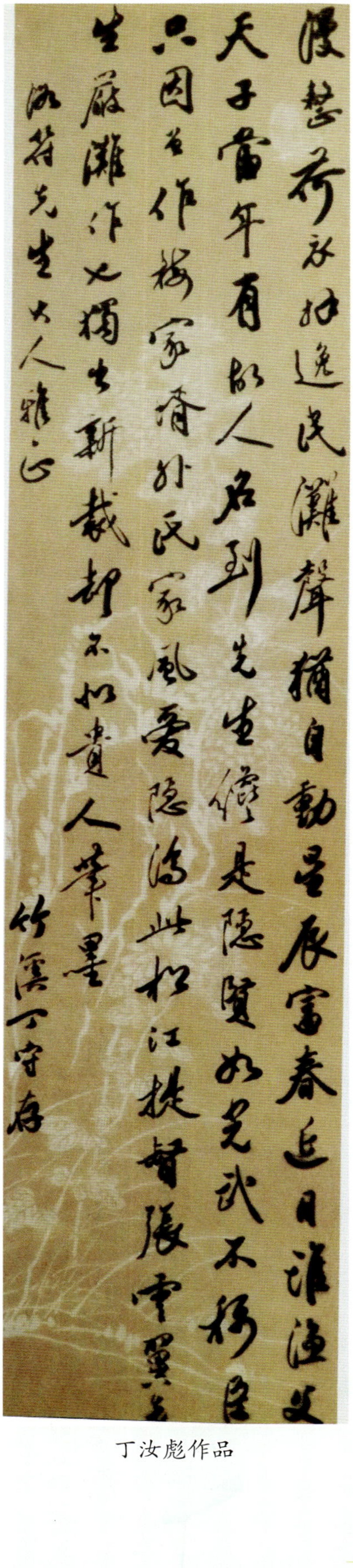

丁汝彪作品

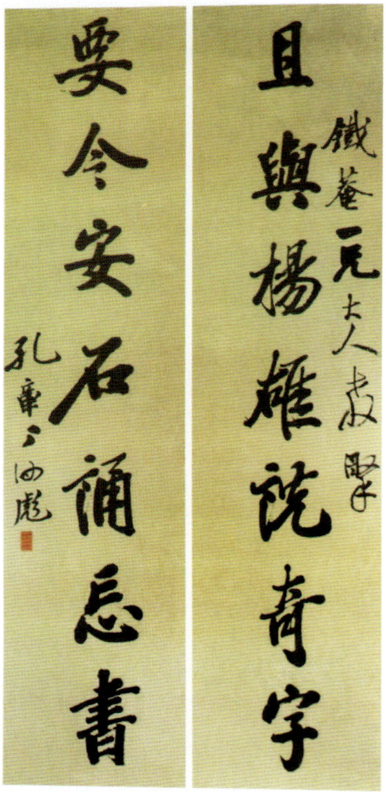

丁汝彪作品

丁惟普作品

丁惟鲁作品

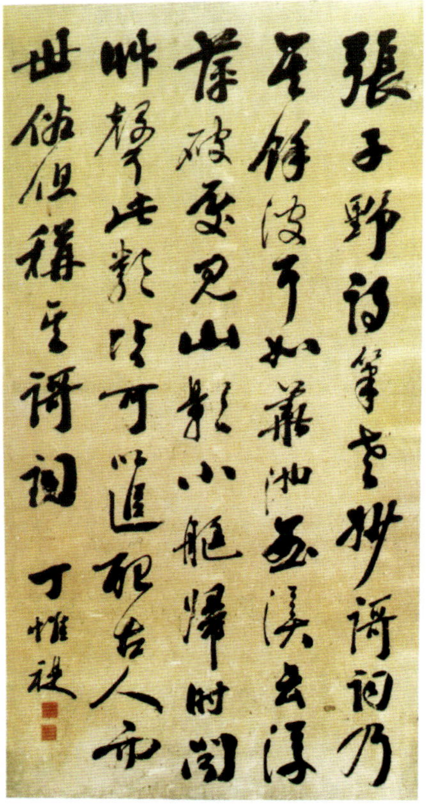

丁惟禔作品

丁颜鹤作品

丁立镇作品

宋铁梅作品

丁惟彭作品

王板哉作品

鲁光作品（辛崇法提供）

李绪国作品

刘波作品

付成峰作品

荣誉

山东省历史文化名镇
山东省住房和城乡建设厅
山东省文物局
二〇〇三年

国家级生态乡镇
中华人民共和国生态环境部
二〇一〇年十二月

全国发展改革试点镇
国家发展和改革委员会办
二〇一二年三月

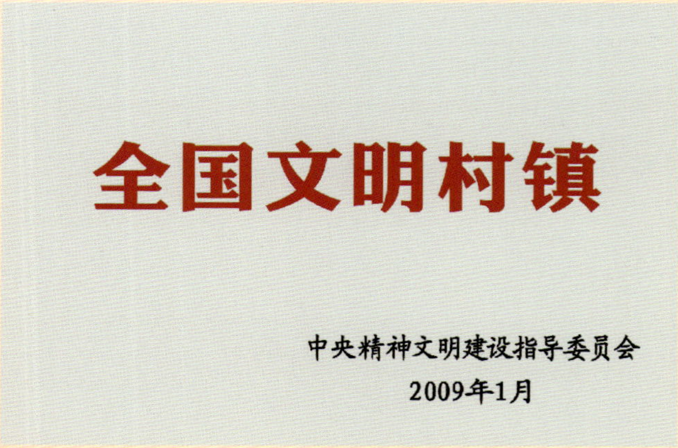
全国文明村镇
中央精神文明建设指导委员会
2009年1月

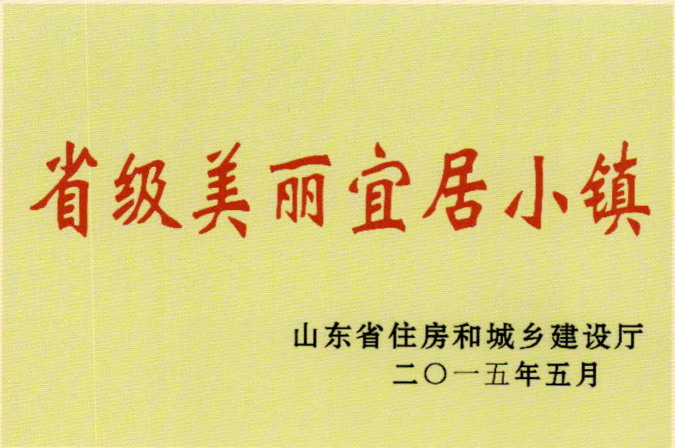
省级美丽宜居小镇
山东省住房和城乡建设厅
二〇一五年五月

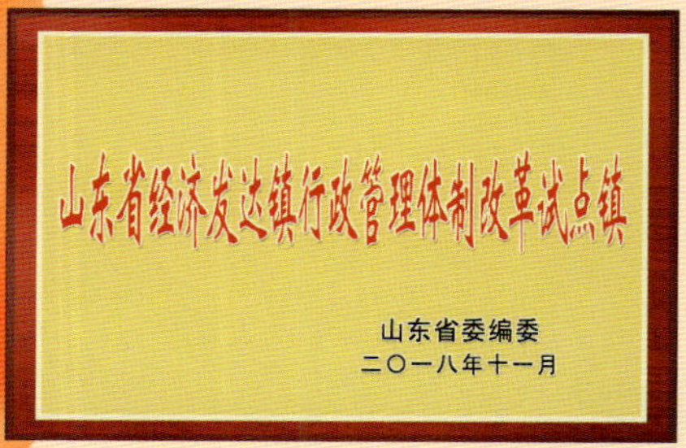
山东省经济发达镇行政管理体制改革试点镇
山东省委编委
二〇一八年十一月

全市脱贫攻坚
先锋党组织
中共日照市委组织部
中共日照市委市直机关工委
日照市扶贫开发领导小组办公室
二〇二〇年十月

干事创业好班子
中共山东省委组织部
二〇二〇年十二月

凡　例

一、《涛雒镇志》以马克思列宁主义、毛泽东思想、邓小平理论、“三个代表”重要思想、科学发展观、习近平新时代中国特色社会主义思想为指导，坚持辩证唯物主义和历史唯物主义的立场、观点、方法，按修志时的行政区域，客观地记述域内自然、环境、经济、政治、文化、社会等各方面的发展变化和成就，力求思想性、资料性与科学性的统一。

二、本志时间断限，上不设限，下限至2021年年底。为了保持史实的连续性与完整性，部分事项适当下延，按略古详今的原则记述史实，记述重点放在当代，以突出时代特点和地方特色。

三、涛雒镇名称时有变更，旧时称店、镇、社、区；人民政府为区、乡、公社、镇。个别时期行政区域亦不一致。修志时，均采用当时名称，按当时区划范围编纂，以保持历史原貌。

四、本志综合使用述、记、志、传、图、表、录多种体裁。编排以志为主，表随之后。前冠序、概述、大事记，后殿编后记。

五、本志按照“事以类聚，类为一志”的原则，横排门类，纵述史实，力求横不缺要项，纵不断主线，以突出涛雒特色。总设编、章、节、目等层次，个别情况服从内容需要。

六、本志人物编主要收录涛雒籍人物，兼录在域内工作的客籍人物。所设传略，遵循生不立传惯例。简介人物包括党、政、军（副处、副团级以上）干部，受国家主要领导人接见人员，省级以上党代表、人大代表、先模人物，历届镇党政主要负责人。另有专家学者、社会贤达、民间艺人和海外侨胞以及企业界精英等。

七、本志中华民国成立前采用历史朝代纪年，括注公元纪年。人民公社时期指1958—1982年；“文化大革命”时期指1966—1976年；改革开放前（后）指1978年前（后）。

八、本志采用数据，以《日照市志》、《东港区志》、市区《统计年鉴》、各专业志书、镇政府统计资料为准。

九、本志资料主要来源于日照市档案馆、涛雒镇档案室及各有关单位、村居所提供资料，有些参考历史文献、专业志书、家谱等。各村硕士、博士研究生学历人员统计到2022年9月，只记录全日制第一学历。知情人、当事人提供的资料经考证、研讨后采用，一般不注明出处。

十、本志行文采用语体文、记述体，使用简化汉字，力求规范、通俗。个别人名、地名为保持原貌，仍使用原字。

十一、本志数字用法、标点符号用法分别采用国家标准《出版物上数字用法》（GB/T15835—2011）、《标点符号用法》（GB/T15834—2011），计量单位采用国家技术监督局1993年12月发布的《量和单位》系列国家标准，个别记述为尊重历史，使用当时实用计量单位。

十二、本志“附录·艺文”收录的古典诗词、文言散文均来源于清康熙十一年（1672）、清康熙五十四年（1715）、清光绪十二年（1886）《日照县志》及《海曲诗钞》《农圃便览》等典籍。同一篇文章，有不同版本，以光绪十二年《日照县志》为准。

目 录

第三编　人口与生育管理

第四编　交通　邮电　供电

第五编　农　业

第六编 渔 业

第七编 盐 业

第八编　工　业

第九编　商业　贸易

第十编 水 利

第十一编 林 业

第十二编 经济管理

第十三编　政党　群团

第十四编　政权　政协

第十五编　公安　司法　应急管理

第十六编 军 事

第十七编 民 政

第十八编 文化 艺术

第十九编　教　育

第二十编　卫生　体育

第二十一编　旅　游

第二十二编 精神文明建设

第二十三编 民俗 宗教

第二十四编 村 庄

第二十五编 丁氏家族

人 物

附 录

编后记

概　述

涛雒镇驻地航拍图　（涛雒镇宣传办公室提供　摄于2021年）

涛雒镇位于日照市区南18千米，地理坐标为北纬35°12′21.05″～35°19′23.94″、东经119°17′55.60″～119°26′38.94″。东临黄海，南与岚山区虎山镇相邻，西连岚山区巨峰镇、高兴镇，北与日照经济技术开发区奎山街道相依。南北最长14.85千米，东西最宽11千米。土地总面积11350.2公顷，海岸线长16.5千米。镇驻地人口稠密，地理位置优越，是全镇政治、经济、文化中心。

涛雒镇历史悠久。新石器时期，域内即有先民在此繁衍生息。涛雒立村之初，称“北店”，后因人们惧怕海潮侵害，更名为“涛洛（落）”。明天启元年（1621），为避明光宗朱常洛讳，改为“涛雒”。明代灭亡后，清康熙十一年（1672）《日照县志》恢复使用“涛洛”。清咸丰十一年（1861），丁守存写《涛雒筑圩记》，又开始使用“涛雒”之名，一直沿用至今。涛雒夏、商时属东夷，周时属莒国，秦、汉时属徐州刺史部琅琊郡，汉时海曲县设立后，隶属海曲县。三国时属魏青州城阳郡，晋时属徐州东莞郡，隋时属琅琊郡莒县，唐时属河南道密州，元、明时属青州府日照县，清时属沂州府日照县，民国元年（1912），属胶东道日照县。1949年后隶属山东省日照县、日照市、日照市东港区、日照国际海洋城、日照市东港区等。1949年后，涛雒为区、为社、为乡、为镇，几经变革，政府机构时分时合，辖区面积或大或小，1971年始基本固定。2021年，涛雒镇辖8个管理区，75个行政村，25385户、73639人，人口自然增长率为4.39‰，人口密度649人/平方千米。计有13个民族，230个姓氏。

涛雒区位优越，交通便捷。沈海高速公路、204国道、沿海公路、厦门路纵贯南北；341省道、中南铁路横贯东西；沿海岸线有2个天然港湾、1个大型渔港，历来为内陆土特产海运出口集散地、中转站。域内经济发达，农、工、渔、商四业并举，引领经济潮头；商贸、物流、旅游、服务跟进发展。涛雒镇为日照市粮食生产大镇，工业和商贸经济的强镇。

一

涛雒地处鲁东南丘陵区，地质构造属山东一级构造单元鲁东断块内部二级单元胶南隆起带，临沭断裂带东侧，域内地势西南高、东北低，最高处（磴山）海拔358米，最低处（大朝阳）海拔1.3米。土壤成土母质，多为洪积冲积物，多为棕壤土、水稻土、岩土，计5个土类7个土属12个土种。域内为第四系孔隙潜水一般富水区，有7条河流。

域内处中纬度地带，依山临海，属暖温带季风大陆性气候，四季分明。受大海洋流的调节，夏无酷暑，冬无严寒。有文字记载以来，历年平均无霜期215天、地温15.3℃、降水886.9毫米、气压1016.8百帕、风速3.4米/秒、蒸发量1610.2毫米。

域内地理环境和气候条件优越，生物资源十分丰富。其中动物资源有22目44科200余种，植物资源有65科146属250余种，水产资源丰富，其中鱼类有3纲40科86种。2021年，有林地面积1578.25公顷。

域内矿产资源丰富。岩石主要为钾长岩、片麻岩，西南部山区储量较大。其次，蛭石、石英石、角闪石等有一定储量。黄沙资源主要有分布于海岸线的海沙和巨峰河中下游的河沙。黏土资源分布于中部岭地及山脚下，可烧制砖、瓦、盆等。磷矿石、金属矿石主要分布于高旺庄南岭一带，有一定储量。

涛雒文化底蕴深厚，域内至今存留大量文化遗址。其中有天台山东夷文化遗址、西林子头及田家园龙山文化遗址、亚月汉代古墓群遗址等。另有明代涛洛盐场署衙、清代涛雒圩子、“山房”、“五宅”、“汇昌银号”等古建筑遗存及遗址。

历代古庙宇遗址有海龙王庙、天后宫等100余处。现代开发的旅游景区有刘家湾赶海园，丁肇中祖居、科技馆，天台山旅游风景区等。

二

涛雒镇山清水秀、人杰地灵，历代以来，人才辈出。名人贤士“功施社稷，泽及生民”，受到人们敬仰。明代王琎任宁波知府时，革除时弊，培养人才，生活俭朴，百姓誉以“埋羹太守”。明代进士丁允元任姑苏太守，为官清廉，注意减轻民众负担，百姓称颂其为“赔钱太守”。清代进士丁守存，官授户部主事、军机处章京，为对抗英军“坚船利炮”，他潜心实验，制造出能自动起爆的地雷和火炮，成为中国近现代军事科学的奠基人。民国初年，社会主义青年团员尹景伊，站在“五卅”运动游行队伍的前面，慷慨激昂演讲，面对英国巡捕的机枪扫射毫不畏惧，为救负伤同学，身中数弹，英勇牺牲。土地革命战争时期，涛雒共产党人英勇斗争，不怕牺牲，在“日照暴动”中，有庄茂森等8名共产党员献出了宝贵的生命。

抗日战争胜利后，涛雒人民在中国共产党领导下，积极参军参战，出夫支前，为革命事业作出巨大贡献。在解放战争时期，涛雒镇有615名青壮年参军，有116名指战员为祖国的解放事业献身，有2820人次民工出夫支前。抗美援朝时期，有98名青年战士赴朝作战，有14名烈士的鲜血洒在朝鲜土地上。

中华人民共和国成立以后，涛雒镇更是进入了人才迭出的时代。被国务院部委表彰的先进模范人物有刘润贤、庄茂波、曹为庚、丁履钦、傅承荣、陈德学、司秀英、涂传欣等；被评为省级先进模范人物有谭宗渠、宋光提、王儒平、郑全昌、侯照富等；文化科技界精英有丁肇中、叶连俊、张传玺、郑全宝等；卓有成就的美术家有王板哉、赵鸿恩、丁立镇和画家庄佃龙、李绪国等。他们在不同时期对国家的发展作出了贡献，是涛雒人民的骄傲，也是涛雒人民学习的榜样。

三

中华人民共和国成立以后，涛雒人民积极参加了抗美援朝、土地改革、镇压反革命三大运动。积极开展互助合作和工商业社会主义改造。至1954年，域内建立初级农业、盐业、渔业合作社达205个。1956年，初级社全部升级为高级合作社。

1958年“大跃进”时期，集体财产和个人财产受到严重损失。三年经济困难时期，农业粮食减产，人们生活极度困难。1962年1月，中央纠正了“大跃进”错误，此后，实行“三级所有，队为基础”的体制，经济逐步得到恢复。“农业学大寨”运动中，整土治水，改善农业生产条件，取得一定的成绩。1973年，12个村粮食亩产400公斤。1978年党的十一届三中全会以后，党中央“改革开放”“以经济建设为中心”的政策得以贯彻落实，全社22个队粮食亩产达到500公斤。1983年，农村全部实行联产承包生产责任制以后，广大农民的生产积极性被极大地调动起来，农业生产飞速发展。1985年，解决了温饱问题。随着海上捕捞业的发展，农业生产向经济类产业转型，工业、副业生产快速发展。2021年，全镇注册企业487家，实现财政税收1.69亿元，固定资产投资完成23.08亿元。

涛雒历来为农业重点区域。自农业合作化运动始，域内人民即靠自己的力量，整平土地、改良土壤、打井修坝、兴建水利工程、治理涝洼地等，极大地改善了农业生产条件。1964年后，各村相继成立了农业科学实验队，贯彻农业“八字宪法”，推广科学种田，引进优良品种，改革耕作制度，扩大水田面积，粮食产量迅速提高。1985年后，农业机械有了快速发展，至1990年，全镇实现了农业机械化。1995年后，适时进行农业结构调整，坚持优质、高产、高效农业发展方向，大力发展果蔬、桑茶、花卉、园林、畜禽和水产养殖等经济产业，农业产值收益更高，产业结构更加合理。

涛雒沿海居民，历来以出海捕鱼为业。1954年，域内成立渔业、渔农业初级合作社22个，组织起来从事近海捕捞作业。1957年，各村高级社渔船总数达215只。1958年“大跃进”和1966年开始的“文化大革命”运动中，渔业生产发展缓慢。1981年以后，渔业生产实行船、网打价承包到户到人的生产责任制。1989年，在“开放搞活”形势下，渔民兴起造船高潮，渔业生产规模迅速扩大，全镇有各类机动渔船546艘，总功率为18830.7千瓦（25620马力），从渔劳动力4560人，年总产量48182吨。2000年后，近海渔业资源匮乏，渔民适时转产，从事滩涂海水养殖、加工、育苗综合开发。2010年后，渔船全部更新换代，用上了卫星导航、雷达探测仪、船用冷冻机、疏目拖网等新技术、新工艺，从事远洋捕捞。依靠科技进步，提高渔业发展质量和水平。2021年，全镇有各类渔船633艘，总功率3468千瓦，从业渔民2110人，捕捞30119吨，年产值29600万元，水产养殖池塘面积8820亩，工厂化大棚270万余平方米，从业人员1900人，产值93200万元。

涛雒因盐而商，因商而富。民国初年，涛雒即成为鲁东南重要商埠，大批内陆物资转运至此通过海口外运，加上盐商漕运带来的物资在此集散，涛雒商业一度十分繁荣。1940年，日军侵占涛雒后，商贸业受到严重破坏。抗日战争胜利后，商贸业得以恢复。1956年，对资本主义商业进行社会主义改造。1958年，国营和集体商业全面发展。1978年中共十一届三中全会后，个体商业迅速发展。1990年，有个体商户260家。1997年，发展到400家，从业人员1440人。2000年后，镇驻地商业街、仿古街、美食街、沿公路门面房及大型超市、购物中心等相继建成，全镇商业发展走上快车道。2021年，全镇商业户发展到1500余家，形成了门类齐全、布局合理、经营灵活的大市场。

商业的发展促进了市场经济的活跃，商贸市场的扩大，带动了服务业的发展。2021年，域内有个体酒楼、饭店367家，旅社117家，各类维修240处，照相19家，理发65家，洗浴中心13家。

涛雒区位优越，交通十分便捷。明清时，南、北二京通官大道贯穿域内，西通内陆古道起于涛雒。中华人民共和国成立后，204国道、341省道交会于此，连通周边各乡镇。1993年，南沿海公路修建，贯通域内东部沿海地区。2003年，沈海高速公路通车，设涛雒出入口。2013年，域内村村通道路路面全部硬化。村与村之间，道路配套成网，可谓四通八达。2021年1月，贯通域内南北的厦门路通车。交通事业的发展，交通工具的不断更新，为涛雒经济起飞插上了翅膀。

涛雒邮电事业在中华人民共和国成立后有了长足发展，通信网络和通信设备不断更新。1992年，512门程控电话割接开通，为全市第一个开通的乡镇。2009年，域内共有程控电话机1.39万部。2021年，域内成年人已基本普及使用手机通话。

中华人民共和国成立以后，涛雒镇电力发展较快。1961年，域内仅有铁木业社、日照五中、高旺医院使用柴油机发电。1964年，苗家村、亚月村利用水力发电。1971年，高旺35千伏变电站建成，1972年投入运营。1991年，全镇75个村全部通电。2021年，全镇用电量3.2亿千瓦时。充足的电力供应满足了人民生活的需要，更为工、农、渔业生产提供了充足的动力。

涛雒村镇建设始于20世纪80年代。1997年，镇驻地开始规划开发建设、道路命名，进行规范化管理。2000—2004年，规划建设了商业街、仿古街、美食街、204国道商贸街等，共计建设楼房390栋，命名道路9条。2005—2007年，建刘家湾赶海园拆迁安置区两个，建二层居民楼78栋。2007年，下元一村整体搬迁，新建二层居民楼148栋、平房48栋。2008—2013年，栈子合村并居，建六层居民楼8栋、十七层居民楼2栋。2013年，日照国际海洋城基础设施建设拆迁安置，建设滨海湾花园安置小区。至2021年，全镇75个村，旧房改造全部完成，农民住上了宽敞明亮的楼房、平房。

2019年1月，涛雒镇荣获“全国文明乡镇”称号。2021年，域内有国家级文明村2个、省级文明村8个。

涛雒教育事业起步较早，底蕴深厚，人才辈出。明、清两代科举，考中进士14人（不含涛雒丁氏在域外考中者），举人36人（不含考中进士者）。清末，域内开办义学、乡学，基层民众有了读书的机会。民国初期，倡办学校，涛雒、栈子、丁家官庄、廒头先后办起小学校，在当时日照县范围内，涛雒的教育最发达。日伪军侵占涛雒后，教育事业受到严重破坏。抗日战争胜利后，人民政府大力支持教育事业。1949年，域内有小学16处，学生460人。中华人民共和国成立后，民办教育大发展，1952年底，域内各类小学发展到42处，在校学生1200余名。至1958年，日照一中、日照师范、日照五中先后在涛雒成立。1964年，域内开办农业中学6处。1968年，大力发展初中教育。1971年，各管理区建联办中学。1976年，各管理区建民办高中。1992年，涛雒“四中心”（中心初中、中心小学、中心幼儿园、成教中心）成立。1995年11月，省政府“两基”验收达标，涛雒镇提前一年完成“普九”任务。1998年，政府加大教育投资力度，教学配套设施全部达标。2002—2008年，域内中、小学全部建成教学楼。

2021年，域内有幼儿园6处，有中心初中1处，中心小学1处，下设3个校区。

1977年恢复高考以来，域内共考取博士117人、硕士435人（含在读生）。

卫生事业发展迅速。明清时期，域内仅有中医中药治病疗伤。民国初期，西医西药始传入。受贫困及战乱影响，人民群众生活在缺医少药的恶劣环境中。抗日战争胜利后，人民政府支持民众挂牌行医，开办药铺，服务大众。中华人民共和国成立以后，党和人民政府关心人民群众身心健康，大力发展卫生事业。1952年，下元、涛雒、盐工等卫生所相继成立，村办卫生所开办了4处。1958年，涛雒卫生院成立，各村普遍成立卫生室。一些长期存在的恶性传染病已被扑灭或控制。1968年，各村成立集体合作医疗室。1993年，镇卫生院建立新型合作医疗网络，各村设医疗所。2021年，域内有卫生院1处，医务人员共78人，病床60张；村级卫生所42处，医务人员69人，病床126张。

文化事业发达兴旺。清末，每逢山集庙会，必有戏班搭台，演出京剧、周姑戏等。民国初年，涛雒、下元、右所等村京剧爱好者经常组织排演，在域内各村巡演。20世纪60年代，域内各村盛行排演小吕剧。“文化大革命”时期，各村成立毛泽东思想文艺宣传队，演出革命现代京剧、吕剧等。改革开放以后，各村建起文化大院，以不同形式宣传党的富民政策。1983年后，域内成立14支电影放映队。2008年9月，日照农民画村在东林子头村成立。2009年3月，日照雒园农民画协会成立，形成集绘画、装裱、销售于一体的农民画产业链。

各行各业的大发展，推动了社会进步，人们的生活水平有了大幅度提高。衣食住行，发生了翻天覆地的变化；彩电、冰箱、电脑、空调、洗衣机等，已进入平常人家；青年人出行，大都开上了轿车。在党和人民政府的领导下，涛雒人民已经进入小康社会。

四

自中华人民共和国成立以来，涛雒镇党委、政府带领全镇人民坚定走社会主义道路，艰苦奋斗，与时俱进，取得了一个个辉煌的成就。涛雒镇已经成为农、工、渔、商全面发展的经济大镇。近年来，涛雒镇抢抓机遇、开拓进取，经济社会各项事业取得了新成效、新突破。突出抓项目建设，扎实推动高质量发展。共招引落地汇新基建、罗克兰智慧物联产业园等工业项目35个，方鼎科技被评为山东省瞪羚企业、省技术创新示范企业，入选工信部第二批专精特新小巨人企业。突出抓产业融合，全面推进乡村振兴。涛雒镇获评全省第三批乡村振兴“十百千”工程示范创建镇、全国“一村一品”示范村镇、全国星级基层水产技术推广机构，2021年，全镇75个村集体收入10万元以上实现全覆盖。突出抓民生改善，切实增进群众福祉。新建涛雒小市海鲜智慧农贸市场、优化社会养老服务中心，日照职业技术学院新校区开工建设。突出抓安全底线，全力营造和谐稳定环境。持续抓好渔船安全、疫情防控、安全生产、森林防火等各项工作，全镇大局保持和谐稳定。

发展涛雒，造福一方百姓。涛雒镇党委、镇政府正乘中共二十大的强劲东风，率领全镇人民，凭借优越的地理区位，全面进入跨越发展的快车道，在新时代改革开放的大潮中，自信自强，守正创新，踔厉奋发，勇毅前行，一个全新的现代化的文明富强的涛雒镇即将展现在世人面前。

涛雒镇志

TAOLUO ZHENZHI

大事记

中共下元特别支部旧址　（下元一村提供）

先秦

新石器时代域内有人类居住。

西汉

域内有村落：董家店（南店）、北店（涛雒）、亚岳（亚月）。

汉武帝元封元年（公元前 110）

朝廷在涛洛设盐官，负责食盐的产制、运销、收税。

东汉

朝廷在涛洛设盐官，主收盐税。

唐

贞元元年（785）

夏　域内蝗虫群飞蔽日，10 日不息，所至之处，庄稼草木无存。

北宋

至道二年（996）

朝廷三司设涛洛场，管理盐务。

南宋

建炎三年（1129）

域内大饥荒。

金

大定二十四年（1184）

设涛洛镇。

元

大德九年（1305）

涛洛场并入信阳场。

延祐六年（1319）

复设涛洛场。

明

洪武十七年（1384）

安东卫下设右所。右所此后下辖东南营、葛家营。

景泰三年（1452）

涛洛场设司令（正七品）、司丞（正八品）和管勾（正八品）各 1 名，并设盐场大使。

嘉靖十八年（1539）

8 月　域内大风雨，海水溢岸 5 里。

万历二十年（1592）

正月　初一中午，域内万鹤南来，遮天蔽日，至晚北去。

万历四十三年（1615）

域内大旱，蝗灾，赤地千里。

万历四十四年（1616）

明军与建州女真首领努尔哈赤部发生战争，涛洛口是明军山东最南端海运军饷基地。

天启元年（1621）

为避明光宗朱常洛的讳，凡含有“洛”字的地名，都改“洛”为“雒”。涛洛遂改为“涛雒”。

崇祯十三年（1640）

域内蝗灾，大旱。

清

顺治元年（1644）

涛洛场设盐课大使，为正八品。

顺治七年（1650）

9月　榆园人杜冲率农民军数百骑攻入涛洛镇。

顺治十六年（1659）

涛洛作为安东营一个海口驻兵防守。

域内阴雨60天，大水。

康熙二年（1663）

清廷实行海禁，域内沿海乡民不得海运、捕鱼。

康熙三年（1664）

域内冰雹，大者尺余，庄稼被砸入泥中，野鸟等被击死无数。

康熙七年（1668）

7月　25日，夜，大地震，域内民房震毁，死伤多人。

康熙十一年（1672）

涛洛街设大集，集日为逢五日、十日。

是年编纂的《日照县志》，“涛雒”记载为“涛洛”。

康熙十八年（1679）

进士丁泰上折奏请海边内港议准通航，涛洛口、张洛口先后对外通航。

康熙二十二年（1683）

海禁大开，涛洛海运遂畅，商贾渐集。

雍正六年（1728）

山东盐运使郑蝉宝到涛洛场勘察，主建“乾”“元”“亨”“利”“贞”五处官盐坨。

雍正十三年（1735）

涛洛场除“贞”字坨区15口盐锅继续煎盐外，其余各坨均实行淋卤晒盐法。

乾隆二年（1737）

涛洛场设置盐巡役35名。

乾隆二十年（1755）

石梁头村人丁宜曾编著的《农圃便览》刊印行世，共分《天编》《地编》《人编》《和编》4卷。

乾隆二十一年（1756）

域内洪水为灾，栈子村被冲毁，后重建。

乾隆五十一年（1786）

春 大饥荒，人相食。

夏 瘟疫流行。

道光二年（1822）

涛洛商运停办，销区居民淡食。

道光十年（1830）

栈子村始有海运风帆船，从事海上捕鱼、运输。涛洛口、张洛口海运开始繁盛。

道光十二年（1832）

信阳场并入涛洛场，在涛洛镇盐场设大使署。

道光十四年（1834）

山西人张元梓，在涛洛街开设“德源”当铺，有房屋39间。同治三年（1864）歇业。

道光十九年（1839）

涛洛街人丁乘，在涛洛街开办中药铺，立字号“济生堂”。

咸丰元年（1851）

春 域内大旱。

咸丰三年（1853）

涛洛场开征盐厘。

咸丰六年（1856）

秋 域内大旱，飞蝗蔽天。

是年 涛洛“裕源”商号开业。

咸丰七年（1857）

域内大饥荒。

咸丰十一年（1861）

8月 建起涛雒圩子。

9月 7日，捻军攻打涛雒，因海潮涨满圩壕，未克，北去。

10月 捻军欲再攻涛雒，见涛雒圩坚固，戒备森严，遂离去。

12月 8日，涛雒口设海关。

是年 丁守存撰《涛雒筑圩记》，使用“涛雒”，是自清康熙十一年（1672）《日照县志》使用“涛洛”之后，近几年能查到的最早使用“涛雒”的文献资料。

咸丰年间（1851—1861）

涛雒人丁汝錱（字铠轩）创立广记商号，有4只大风船、2500亩土地，成为涛雒最大的商号和地主。

大草坡人李联宽（字广廷）、李章（字子评）父子创立义利商号，在当地收购土特产品，船运到上海等城市，运回糖和各种洋货。

同治六年（1867）

饥荒。到涛雒海口贩卖粟米的商船，一律免税。商贾云集，谷价得平。

同治九年（1870）

丁守存在涛雒建“旷视山房”大宅院。

光绪元年（1875）

域内大风雨，平地水深数尺，农作物减产。冬，牛疫甚重。

光绪七年（1881）

农历闰七月　十六日，域内大水漂没房舍，沿海不少群众被淹死。

光绪九年（1883）

丁守存在涛雒“旷视山房”病逝。

光绪十二年（1886）

黄县人张氏在涛雒开设“五大德元”当铺，1921年停业。

光绪二十一年（1895）

涛雒举人丁惟鲁，在京参加康有为组织的“公车上书”。

光绪二十五年（1899）

域内既遭旱灾又发虫灾，“春间亢旱，二麦歉收。七月间虫食禾稼净尽，粮价昂贵，饿殍枕藉，饿殍在途”。

光绪二十六年（1900）

沂州府设沂防营，官带于连三带队驻防涛雒、岚山头等沿海村镇，第三年改为巡防营。

光绪三十一年（1905）

在日本留学的丁惟汾等加入同盟会。

光绪三十二年（1906）

栈子富商叶汝朋创立瑞春商号，开办运庄，与日本直接通商。涛雒设邮政代办所。

宣统元年（1909）

涛雒设电报局。

宣统二年（1910）

2月　栈子人叶汝朋和夏陆沟人马官和，合资在栈子开设织布厂，生产柳条布和白布。

宣统三年（1911）

除夕　夜，电闪雷鸣，域内暴雨，平地水深尺余。

中华民国

1912年

3月　丁惟汾被选为省议员，参加北京国会。

是年　域内学堂一律改称学校。

是年　涛雒商会成立，丁纫秋任会长。

1913年

春　日照县警察所下设涛雒分所。

12月　更定涛雒场行盐区域，日、莒两县为民岸，临、郯、费、沂为商岸，将蒙阴划归王官场、诸城划归东岸18县。

是年　涛雒设税收局。

1914年

5月　成立涛雒盐务稽核支所。

是年　袁世凯取消国会，丁惟汾回涛雒西官庄老家避居。

1915 年

春 诸城人王作证在涛雒街开设照相馆。

6月 特大干旱,域内半年无雨,庄稼枯萎无产。

1916 年

4 月 8 日，西官庄人丁履仝（字天鹤），率部百余人，号称“护国三十六军”，自诸城前来攻打日照县城，未克。

5 月 薄子明(后为山东军政府护国军总司令)为筹集二次革命经费，将栈子富商叶汝朋、傅寿山绑架到五莲山区。

7 月 大雨成灾,域内沿海低洼地带一片汪洋，作物大减产。

是月 涛雒盐务警察公署成立。

8 月 涛雒开征食盐税，每担洋 0.4 元。

1917 年

6 月 涛雒增设警署官警。

12 月 涛雒场取消原有的 19 处正、副坨，建官坨 10 处。

是年 涛雒邮政代办所建立。

1918 年

10 月 涛雒场署派坨务员分驻四区管理盐的产销。

1919 年

2 月 涛雒协和公司开运临、郯、费、沂四县盐斤。

是月 涛雒增添警额。

6 月 涛雒商民肖世基、丁惟佩等 7 人，向上海市南北市总商会、山东会馆、各报馆发出电报，电文是:“胶澳问题外交失败，提倡国货端赖良谋，照邑商民全体遵守：誓拒日货，专用国货。”

11 月 涛雒支所派员驻林家滩征收渔盐税。

1920 年

春 涛雒“汇昌”银号开业。

夏 蝗虫遮天蔽日，所经域内各处禾苗无剩。

1921 年

6 月 大雹灾，域内冰雹大者直径 8 厘米。夏粮严重受灾。

7 月 大海潮，北起廒头，南至栈子，农田被海水淹没，农作物基本绝产。

1922 年

12 月 涛雒盐务稽核支所改为涛雒盐税征收局。

1923 年

3 月 涛雒电报局降为电报房。

5 月 栈子人叶春墀(字玉阶),在青岛开办“裕泰”轮船行。从此，青岛—石臼—海州航线开通。

1924 年

是年 涛雒小学建校，校址在涛雒东门外三官庙。初为“涛雒乡高等小学校”，两年后，成为日照县第二区五个“中心国民学校”之一。

是年 涛雒乡绅丁均石主持商家集资，修日照至汾水公路。

是年 日照至涛雒架设电话线路。

是年 西官庄人丁惟沂（字鲁泉）在涛雒南门里开办“利生”号。

1925 年

6 月 尹景伊在“五卅”惨案中牺牲的消息自上海传来，涛雒各界在张家廒头村举行吊唁大会。

是月　永利盐警调往涛雒助防。

1927 年

4 月　4 日大刀会 6000 余人攻打涛雒，未克。

6 月　因兵事，涛雒三盐务机关员司兵役悉退青岛，停办局所。

夏　域内过“大鼻子”军（直鲁联军一部被北伐军击败后，从域内经过，其军队中有一个由白俄人组成的团队，即“大鼻子”军）。

秋　北伐军国民革命军第八军一部路经涛雒，驻北门外天后宫，因造饭失火，天后宫西厢房被烧毁。

1928 年

5 月　张宗昌所属军队退走，涛雒三盐务机关人员复退青岛。

1929 年

6 月　恢复涛雒盐警署驻所。

1930 年

日照城关“日丰公司”钱庄在涛雒设立“日丰公司”分支机构。

栈子人叶春墀与秦春浦、秦善斋等开办“裕东”轮船行。

1931 年

2 月　涛雒盐警署改组为场警局。

是年　张家廒头村人尹志伊（字莘农），出任山东省立医学专科学校校长，兼附属医院院长，任职达 17 年之久。

是年　丁惟汾和尹志伊在张家廒头村主持建“景伊学校”。老百姓称之为“洋学”。

是年　下元村耶稣教教徒秦强农在下元村创办教会小学。

1932 年

2 月　中共涛雒区委成立。

是月　丁原澂任中共涛雒区委书记，日照暴动失败后去上海。

10 月　日照暴动南路军攻打涛雒失败。

1933 年

3 月　日照至涛雒间电话线路接通。

9 月　涛雒盐场与淮北临兴盐场合并为涛青场。

是年　政府实行保甲制，村庄实行邻闾制。

是年　涛雒盐场与淮北临兴盐场合并为涛雒场，属两淮盐运使管辖。

1934 年

春　栈子村在村北龙王庙建小学，由校董叶春墀捐资，建两间大教室开班招生。

是年　丁惟汾出资，在家乡丁家官庄兴办“鼎立小学”。

1935 年

7 月　域内特大干旱，庄稼不收，民大饥。

是月　设涛雒电话代办所。

1936 年

秋　国民党税警 2 团 4 营进驻涛雒，修筑环海公路。同时修建长约 100 米，木质结构的竹子河大桥。

11 月　涛雒“裕源”京冬菜，在青岛展销会上获金质奖。

1937 年

夏　丁观海、王隽英夫妇，携不满一岁的丁肇中回涛雒“五宅”居住。抗日战争全面爆发后，丁观海夫妇携丁肇中先后去南京、重庆避难。

8月 栈子20余条大风帆船停泊于上海吴淞口。为阻挡日军进犯，大部分被沉于江底设障。

冬 国民政府驻涛雒的盐务机关、税警团南撤新浦。

是年 小海村“小丁悠”木帆船装载土特产品运往朝鲜西海岸。

1938年

1月 伪“山东自治军”张宗元部300余人占据涛雒，声言要打通海青公路。

1月 30日，日照县国民政府处决栈子村人汉奸叶碧桐，后遭驻青岛日军报复，史称“叶碧桐事件”。

3月 3日，张宗元部及刘桂堂部，制造血洗簸箕掌惨案。

4月 张宗元部、刘寿山部、刘桂堂部同时占据涛雒，老百姓称为“黑队”“乱党”。其间，他们南下进攻汾水，意欲打通海青公路，被东北军击败，溃散北逃，离开涛雒。

6月 国民党57军112师中的中共地下工委派赵志刚、李欣、王国栋等到下元村一带开展工作，成立了“中共下元特别支部”，赵志刚任书记。

夏 中共地下工委在下元村一带活动，组建“日照县抗日民众自卫联合会”，下设涛雒区分会，成立日照县最早的抗日文艺组织“血花剧团”。

夏 魏春如部（后称15团）、保安16团的李延修部、称独立大队的郑瑞香部，在“黑队”溃逃后进入涛雒，以“抓汉奸”、查“敌产”为名，对涛雒进行大肆抢劫。

夏 日军飞机第一次轰炸涛雒，投弹8枚，落在西北街和西门外，炸毁房屋多处，炸死3人，重伤2人，其中伤重男孩几天后不治身亡。

秋 日军第二次轰炸涛雒，投弹14枚，炸毁房屋及其他建筑多处。

11月 在中共下元特别支部的基础上，中共日照临时县委在丁家官庄成立，赵志刚任书记。

是月 丁君谦任中共涛雒支部书记，隶属中共日照临时县委。

1939年

4月 日军飞机第三次轰炸涛雒，投弹4枚，集中轰炸涛雒海口，炸毁大小渔船、货船数十艘，货物损失严重。

春 抗日游击队在大草坡村北凤凰山大庙休整，编两个排。由中共党员许耀林、徐坦、傅承全等人负责，后改编为日照县三大队四中队。

6月 日军第四次轰炸涛雒，投弹7枚。集中轰炸涛雒西门内外，炸毁房屋建筑多处，炸死炸伤牲畜若干。

1940年

2月 4日，日军侵占涛雒，设据点。

3月 16日，抗日民主政府在小海设立税卡，征收盐税。

是月 日照县抗日民主政府第二区（涛雒）区公所建立。区中队成立。

春 涛雒小学在“山房”西北院办学。

7月 涛雒4只船在石臼所装生油、海货等物资，航行至射阳南部海面遇风遭难，两船翻沉，后被美国船舶救出30人，遇难1人。

10月 丁华民策动驻涛雒伪军青年队班长宋家山率部40余人武装起义。

是年 伪二区成立，下设涛雒、高兴、栈子3个伪乡公所。首任区长丁竹如。

是年 汉奸陈成功在涛雒强抢各商号剩余财产办起“成功商行”，涛雒三村人汉奸刘仲三任掌柜。

是年 中共涛雒区政权建立，主要活动中心在赵家庄子、大小羊圈一带。

1941年

1月 孙树礼任中共涛雒分区委书记。

12月 伪和平建国军司令陈成功带赵子毓特务营在域内栈子村安设据点。

是月 八路军海赣独立团一部从碑廓一带长途奔袭，攻打栈子伪军据点，将100余名劳工救出。

打退涛雒日伪军增援。该部一个连撤退至郑家结庄西南大沟，被日伪军包围，激战中，46人壮烈牺牲。

是年 特大干旱，域内庄稼绝产，人畜饮水困难。

是年 涛雒伪盐务局成立，驻涛雒街宋家巷子东头蚨来福大院。负责查找盐滩，编造盐户花名册，收盐税、开盐票等。

1942年

1月 八路军115师686团（老六团）进驻日照，活动于涛雒以南柘汪以北地区。

6月 驻涛雒日伪军窜至小羊圈、兰家岭抢粮，日照县大队与之激战数小时，将敌击溃。

夏 涛雒区中队、县大队、日照县抗敌协会县武装队，夜间包围域内凤凰山伪军炮楼，激战数小时，因涛雒之敌增援，区中队等撤出战斗。

8月 中共日照县委、县抗日民主政府宣布栈子村为“抗日模范村”。

9月 日伪军在域内东南营、高旺庄、大草坡村北凤凰山等处修筑碉堡，安设据点。

1943年

3月 4日，涛雒区中队队长刘贤东带队到栈子、东南营伪据点附近执行任务，在楼子底村（今虎山镇解放村）宿营时，遭敌伏击，壮烈牺牲。

8月 区人民武装部抗日自卫委员会（简称区武委会）建立。

10月 5日，涛雒区战时邮局邮递员陈明生不幸被日伪抓捕，壮烈牺牲。

1944年

4月 武工第24队在张家廒头设伏，击毙伪区长丁竹茹，活捉新民学会王某。

5月 5日，发生六甲庄子战斗。

6月 16日，涛雒区中队通过东南营村原新四军人员孙鲁民的策反，盘踞在东南营村伪和平军一个中队反正，当晚30多名伪军被区中队接出伪军据点。

是年 域内特大干旱，秋粮无收，民大饥，吃树叶、野菜度日。

1945年

1月 伪和平建国军机关由栈子迁往涛雒街里。

5月 8日，滨海军区警备团一部，包围域内凤凰山伪军据点，晚上，攻击部队在半山腰让伪军小队长丁立召的母亲喊话劝降，敌伪军仍拒不投降。攻击部队用炸药将敌碉堡炸掉，清除了据点。

7月 18日，魏振东参加八路军滨海军区第三军分区在坊前召开的群英大会。

是月 日照县第一处渔业合作社在孙家村成立。

8月 24日，日伪军溃逃，涛雒全境解放。

是月 涛雒圩子被拆除。

9月 战时邮局设涛雒邮务所。

秋 日照“抗日模范小学”迁至栈子小学上课。冬，又迁至县城，改名为日照县城关小学。

10月 人民政府在域内开展反奸诉苦运动。

12月 人民政府在域内首次进行户口登记。

1946年

1月 日照战时邮局改为日照县邮政局二等局，涛雒称四等简易局。6月撤销简易局设立涛雒四等局。

2月 山东省工商总局二分局日照支局在涛雒设立海关和新华贸易公司，负责进出口货物监管和对外贸易。

4月 秦聿会任中共涛雒分区委书记。

6月 8日，县委在涛雒召开5个区6000余名佃农代表参加的减租减息联合斗争大会，严惩汉奸恶霸地主；决定实行二五减租。

7月 按上级统一部署，域内开展土地改革运动，土地归农民所有。

10月 涛雒利民纺织合作社由公营变民营，增加社员股金，作为合作社经营资本金。

12月 域内首次组织民工支前（鲁南战役）。

1947 年

1 月 7 日，日照县烟草公司在涛雒设办事处，经销其生产的“金虎”“黄猫”牌各种卷烟。

是月 域内组织民工，随解放军华野六纵参加莱芜战役支前。

2 月 滨海区渔业合作推进社在涛雒成立。

5 月 在支援孟良崮战役中，小羊卷村民兵姜神功，赤手空拳从敌人手里夺得一支大盖枪，受到上级表彰。

7 月 涛雒区委根据县委指示，部署土改复查工作。

是月 域内开始逐渐公开农村中共党员和党支部。

8 月 涛雒区妇联主任董明英（西林头村人）在王家村被捕，壮烈牺牲，时年 26 岁。

9 月 组建“滨海区日照县涛雒区联合供销社”，简称涛雒区联社。

12 月 25 日（农历十一月十四日），驻石臼所的还乡团偷袭刘家湾，包围了民兵队部。刘家湾民兵坚守队部与之抵抗，孙善斋、刘为保等 4 人受伤。天亮，敌人逃窜，伤员被送往莒南解放军医院医治。刘家湾村民兵被县政府授予“对敌斗争立场坚定”称号，并获得奖励。

是月 设涛雒海关税务所。

是年 域内遭水灾、虫灾。

1948 年

1 月 涛雒供销合作社在下元村成立，社员入股，一股 2 元。

是月 徐光布任中共涛雒分区委书记，淮海战役随军南下。

2 月 6 日夜，还乡团一股潜入右所村，企图抢劫武器，被民兵击退。

8 月 中共农村党支部、党员全部公开。

9 月 组织民工参加济南战役支前。

10 月 区中队撤销，干部、战士编入解放军华东野战军。

11 月 组织民工参加淮海战役支前。

是年 滨海海防团在涛雒南门外建盐田 3 处，面积 1600 余亩。

1949 年

2 月 组织民兵、水手跟随解放军十兵团，渡江参加沪杭等战役支前。

4 月 组织民工参加导沭（河）工程。

5 月 田赋粮、公粮、柴代粮及乡村经费附加粮，合并归一征收。

7 月 26 日，域内沿海遭遇大风、海潮灾害。

8 月 8—12 日，大雨连绵，涛雒多数村庄受灾。

中华人民共和国

1949 年

10 月 1 日，中华人民共和国成立，涛雒人民举行庆祝大会。

是月 涛雒区选调大帆船 10 只、水手 100 名，参加解放舟山群岛战役支前。

是月 刘贤文任中共涛雒分区委书记。

12 月 涛雒税务所设立。

1950 年

3 月 28 日，县政府在涛雒召开公审大会，将大汉奸陈成功等罪犯处以死刑。

4 月 17 日，中共滨海地委在涛雒镇召开缉私护税会议，地委书记郑子久主持。

春 沂水专署莒县公路段在涛雒建立公路管理站。秋，迁至日照城。

7 月 沂水军分区在涛雒设立电话情报站。设 10 门总机一台，右所设海防团 10 门总机一台（军管）。

是年 涛雒区与石臼运营公司联合建涛雒汽车站。

1951 年

3 月 全区人民踊跃捐献，支援抗美援朝。

5月 1日，涛雒举行声势浩大的“抗美援朝，保家卫国”示威游行。

8日，中国人民银行日照支行设立涛雒营业所。

夏 日照中学在涛雒成立。招收2个初中班，100名学生。

8月 20—21日，大海啸，沿海遭大灾，涛雒盐田大部被冲毁。

秋 日照公路站在涛雒成立，后迁日照城。

10月 土地改革结束，人民政府向域内获得土地的农民颁发土地证书。

11月 郭常芳任七区分区（磴山）委书记。

12月 县百货公司在涛雒设立经营组。

1952年

1月 按上级统一部署，域内开展“三反”“五反”（时称打老虎）运动。

是月 20—29日，竹子河崖村宋光提出席山东省劳动模范代表大会。

3月 21日，一架标有“SUS”的飞机，在涛雒沿海上空撒下了大量带有细菌的苍蝇、蚊子、花盖虫、黑甲虫、黑蚂蚁等。区委、区政府发动群众，开展除害灭虫突击活动。

是月 日照中学附设4个速成师范班。

春 域内大旱。

春 石臼所—日照—涛雒—临沂线路客车定班通车。

5月 济生堂药铺与涛雒供销社药股合并，在“五宅”成立涛雒卫生所。

7月 陈同义任七区分区委书记。

是月 小海村设“民航管理站”，由石臼所航运管理站辖管。

10月 全区推行祁建华速成识字法，掀起扫盲、速成识字高潮。

是月 涛雒电话情报站移交日照县邮电局管理使用。新设涛雒营业所。

11月 涛雒镇人民政府成立，隶属日照县人民政府，与七区人民政府并存。辖涛雒街6个行政村。

12月 1日，涛雒成立日照盐管处盐工卫生所。

1953年

2月 宋家坨村组建曙光盐农业生产合作社。

7月 域内进行全国第一次人口普查。

秋 涛雒文化站成立。

10月 对域内非农业人口口粮实行按月定量供应。

11月 域内实行粮食统购统销，取缔粮商粮贩。

是年 域内机关团体工作人员由供给制改为薪金制，有价粮票停用。

是年 域内实施社会主义工商业改造。

是年 栈子渔业生产合作社、栈子海员工会成立。

是年 涛雒铁业社成立。

1954年

8月 日照盐管处、盐管处气象站一同迁到涛雒。

9月 域内棉花、棉布开始凭票供应。

冬 日照中学由涛雒迁往日照城北。

是年 涛雒场务所南店村盐工范永宽发明“篷车快轮拉水法”，工效提高0.5倍。

1955年

1月 武纪三任七区分区（磴山）委书记。

3月 1日，全国统一发行新人民币，域内开始收兑旧币。

是月 域内组织首批移民到东北，支援边疆建设。

4月 涛雒粮库改称涛雒镇粮食管理站。

5月 日照长途电话至涛雒单线电话线路开始架设。

1—5月 域内平均降雨78.5毫米，旱情严重。

7月 突降大雨，下元一带7小时内降雨216毫米。

是年 山东省人民政府奖励簸箕笃子村苹果树苗2000株，自此，域内有了苹果树。

1956 年

1 月 撤销涛雒镇人民政府，成立涛雒区人民政府，隶属日照县人民政府，辖 11 个乡。

是月 宋瑞乾任涛雒区委书记。

夏 在域内原日照中学旧址建山东省日照师范学校。

7 月 域内粮油统购任务由原来的以个体户为单位交售，改为以高级农业合作社为单位交售。

9 月 4 日，域内大风暴雨，损毁房屋 136 间。

是月 右所民师丁履钦，被团中央授予“扫盲优秀教师”称号。年内出席山东省扫盲积极分子代表大会，获“扫除文盲奖章”。1956 年 7 月至 1958 年 7 月，连续三年出席山东省扫盲大会，被评为“优秀民师”。

是年 域内各村均成立高级社，土地属集体所有。

是年 日照—涛雒—新浦线路客车定班通车

1957 年

1 月 涛雒邮电支局开办电报和长途电话业务。

是月 王智民任涛雒区委书记。

是月 县有线广播站开始播音，域内可通过有线广播收听节目。

春 桥东头村刘贤保被华东局授予“劳动模范”称号。

7 月 12 日，暴雨，南店河决口，下游大片粮田、盐滩受灾。

是年 涛雒照相馆设立。

1958 年

1 月 涛雒铁木业社在龙王庙东侧建渔船修理厂。

是月 郑成信任中共日照县委副书记兼涛雒乡党委书记。

4 月 驻涛雒的日照盐管处撤销，成立日照县盐务局。

7 月 日照县政府在涛雒设立日照第五中学，校址在涛雒北门里。

夏 日照县红专学校（日照盐渔业中学）成立，校址在涛雒街北门里“西小园”。县委书记李鲁生为校长。第二年 9 月停办。

8 月 上旬，开始在高旺庄村土法炼钢。

是月 设立高旺庄矿区邮电所，服务钢铁生产基地。

9 月 域内成立磴山（下元）人民公社、海生（涛雒）人民公社，均隶属日照县人民政府。公社大办食堂，“吃饭不要钱”。

是月 费守忠任海生人民公社党委书记。

是月 磴山人民公社在下元村办农业中学，简称下元农中，校长由磴山人民公社党委书记武纪三担任。

秋 涛雒卫生院成立。

10 月 域内组织民工参加日照水库建设。

是月 下元邮电所设立。

12 月 1 日，人民银行设立高旺矿区储蓄所。

是年 山东省日照师范学校迁至日照城西岭。

1959 年

1 月 设立高旺矿区粮油供应站。

5 月 20 日，孙家村和沙岭村渔民捕获 1 条大鲨鱼，重 3 吨。

是月 省委书记舒同到日照调研工作，其间到涛雒，召见了涛雒四村涂传欣等人。

秋 域内发生蝗灾。

12 月 域内公共食堂逐渐停办。

是年 南店村幼儿园受全国妇联表彰，获“高举毛泽东思想伟大红旗而奋斗”锦旗一面，省委书记舒同为其题写“高举毛泽东思想伟大红旗奋勇前进”锦旗一面。

是年 山东省沿海造林现场会与会人员到刘家湾林场参观，《大众日报》对涛雒公社海滩造林的经验作了专题报道。

1960 年

4 月 27 日，涂传欣在北京出席全国民兵代表大会。

6月　25—27日，域内连续降雨，伴有7级大风，农业受灾严重。

9月　大雨连绵，沿海平原滞涝成灾。

是年　全社处于1949年10月以来最困难时期，生产救灾成头等大事。

是年　日照水库通过东干渠南分干渠将水送至域内东北部。

是年　高旺炼铁厂卫生所与三庄迁来的县医院结核肝炎科合并，在高旺庄组建日照县第二人民医院。

是年　下元农业中学被国务院授予“先进单位”称号。教导主任杨奎远代表单位出席全国教育系统社会主义建设先进单位和先进工作者代表大会。

是年　涛雒农作物良种场建立。

1961年

春　大饥荒，域内发生水肿病、干瘦病。

5月　中旬，域内贯彻《农村人民公社工作条例草案》（即农业六十条）。

6月　安丰岩任下元人民公社党委书记。

9月　域内疟疾大流行。

10月　高旺庄矿区粮油供应站并入下元粮所。

是年　初夏旱，7—9月暴雨成灾。大饥荒，社员以秧蔓、糠皮、树叶充饥。

是年　域内开始使用购物证，火柴、肥皂、糖、猪肉、食用油等物品和食品实行凭票供应。

是年　日照工商局在涛雒设立市场交易管理所。

1962年

1月　22日，日照五中由涛雒北门里迁入右所村南新校址。

是月　人民银行日照支行巨峰发行库保管点迁涛雒办事处。

7月　13日，域内特大暴雨，冲塌房屋，淹没农田。

11月　廒头合作盐场成立。涛雒盐场下放给各村经营。

12月　海生（涛雒）人民公社、磴山（下元）人民公社合并称涛雒区。

是年　人民公社开始实行公社、生产大队、生产队三级所有，队为基础的体制。

1963年

1月　5日，人民银行日照支行下元营业所合并到涛雒。

是月　下元粮所并于涛雒粮油管理所，下辖涛雒、高旺庄、林子头粮站。

3月　涛雒交通运输服务管理站建立。

是月　成立涛雒节制生育委员会。

春　域内试种植水稻，改旱播为育秧插播。

7月　月内连续7场大暴雨，域内大片良田受灾。

1964年

3月　竹子河、南店河拦河闸（翻板闸）建成使用。

是月　涛雒节制生育委员会改为计划生育委员会。

春　亚月村建织布厂。

6月　涛雒三村人庄茂禄任日照县县长。

7月　1日，域内组织全国第二次人口普查。

9月　涛雒至栈子电话线路开通。

是年　日照县防疫站在涛雒设立检疫站。

是年　日照水库大洼分干渠的水由巨峰流入域内西部。

是年　涛雒七村建染房。

1965年

2月　涛雒新华书店门市部建立。

春　记者王春林以《刘家湾奋战十年，荒滩变绿洲》为题，报道了刘家湾村封滩造林的事迹，在中央人民广播电台播出。

是年　南竹北移在竹园村、李家潭崖村、大草坡村试栽成功。

是年 涛雒建成广播站。

是年 右所试验队水稻过千斤。

1966 年

1 月 涛雒区接受日照水库库区移民。

2 月 域内掀起学习人民的好干部焦裕禄热潮。

3 月 5—6 日，域内特大冻雨（冰凌）并伴有 7 ~ 8 级大风，折断树枝不计其数。

1967 年

是年 华山村在庙园前 4 亩地里引进南茶试种成功，拉开了域内种植南茶的序幕。

1968 年

8 月 日照五中首次招收两个高中班。

10 月 贫下中农管理学校，公办小学全部下放到生产大队办，公办教师一律回原籍。

11 月 9—10 日，域内气温骤降，最低 -4.4℃，大白菜、萝卜遭受严重冰害。

是年 日照水库南大干渠开闸放水，流经域内西南部、南部。

1969 年

1 月 27 日，冻雨（冰凌）伴大风，域内通信、广播、交通、供电中断，多艘渔船撞毁、失踪。

1970 年

1 月 王忠诚任涛雒革命委员会党的核心领导小组组长（军代表）。

7 月 钩端螺旋体病在域内部分村暴发。

9 月 3 日上午，突降暴雨 108 毫米，南店河决口。

12 月 第一条 35 千伏线路从电厂架设到高旺，建成高旺变电站。

1971 年

3 月 全县区划调整，公社由 95 个生产村调整到 75 个生产村。

是月 日照县盐业机械修配厂在涛雒东门外建成投产。

4 月 刘希增任涛雒公社党委书记、革委会主任。

春 域内选送一批工农兵大学生入学。

9 月 域内始办联中。

12 月 日照电厂向高旺变电站送电。

1972 年

2 月 高旺变电站向农村供电。

4 月 涛雒农电服务站成立。

是月 涛雒盐务所两座机械扬水站动工兴建。

6 月 涛雒拖拉机站成立。

7 月 域内风雹灾害，庄稼受灾严重。

1973 年

春 涛雒自来水厂建立。

1974 年

7 月 8—15 日，连续阴雨，小麦发芽，廒头盐场滩内水深 1.5 米。

是月 涛雒水利组成立。

冬 经山东省一轻工业局批准，涛雒人民公社建红旗盐场。

是年 涛雒边防派出所从涛雒街迁至小海村。

1975 年

春 涛雒公社部分村接收下乡知识青年到村插队落户。

8 月 12—14 日，降雨 301.2 毫米。14 日深夜 2 时，域内有 5 条河水漫溢河堤，川子村、廒头村被淹。廒头、涛雒盐场滩田被毁，水深达1.5米。

是月　川子村和廒头一、二、三村4个村开始整体搬迁。

1976年

2月　5日，日照火化场启用，域内推行火葬。

3月　涛雒红旗盐场建成投产。

是月　开展“批林批孔反击右倾翻案风”运动。

6月　域内阴雨连绵，小麦无法收割，发芽、霉烂。

8月　涛雒人民公社中学（日照五中）教师培训班招收学员48名。

9月　9日下午3时，全公社人民收听中共中央、国务院讣告：毛泽东主席在北京逝世。

9月　18日，在涛雒东门外广场召开群众大会，沉痛悼念毛泽东主席逝世。

12月　24—25日，共青团涛雒公社第五次代表大会在公社驻地大礼堂召开。

是年　涛雒水产供销社购进上海产凯歌牌电子管黑白电视机一台，为全公社第一台电视机。

是年　涛雒公社被评为省、地“农业学大寨”先进单位。

是年　涛雒公社成立工业组。

是年　成立造船厂，厂址在鱼骨庙前。1983年搬迁至东南营村东。

1977年

8月　涛雒供销合作社参加全省学大庆、学大寨“双学”先进代表会，并获“双大”企业称号。

9月　12日，涛雒公社在日照县委召开的财贸战线学大庆学大寨先进代表会议上，被表彰为三个先进公社之一。

秋　县林业局在华山村设点驯养灰喜鹊防治松毛虫实验。

11月　杨作田任涛雒公社党委书记、革委会主任。

是月　华山村村民丁陆全参加林业部在河南省召开的全国“林业先进工作单位”表彰大会。

12月　恢复大中专招生考试制度，涛雒公社中学设考点，当年域内有30多人考入大中专学校。

是年　廒头盐场被评为“全省盐业学大庆先进企业”。

是年　成立公社企业办公室，成立公社海带厂。

1978年

2月　6日（除夕）夜，各生产队抗旱浇小麦。

4月　临沂地委、行署在涛雒公社驻地召开全地区400多名公社党委书记参加的麦田管理现场会。

5月　华山村人工驯养灰喜鹊成功，李延岭出席“华东六省市林业先进单位”表彰大会，此次会议上，华山村被表彰为“先进林业单位”。

6月　刘维瑞出席全国财贸系统“双学”代表会，涛雒供销合作社获“双学”先进单位。

是月　涛雒公社成立电影放映队。

7月　20—22日、26—27日，山东省大中专招生考试，涛雒公社中学（日照五中）设考场，当年域内有35人被大中专学校录取。

8月　20日18时25分，廒头盐场遭龙卷风袭击，损失严重。

秋　涛坪路域内段改道。

秋　对川子河及小海湖排涝进行综合治理。

是年　涛雒公社管委把农业科学试验队搬迁到李家潭崖村后，在此基础上组建涛雒公社良种场。

是年　域内生产队的账、钱、物实行村统一管理，称“三代管”。

是年　小海村和曹家村发生霍乱病疫情，发病66例，死亡1例。

是年　大刘庄村民陈德建、葛长凤（女），在村办公室前屋办饲养场，饲养鹦鹉，最大养殖规模为1500只，主要销往中国南方及国外，用于婚礼放飞。

是年　域内部分村开展沼气池建设。

是年　东风村党支部书记肖德晋被选为第五届全国人大代表。

1979 年

1 月 28 日，域内特大冻雨（冰凌），受灾严重。

春 涛雒设立法庭。

5 月 21—28 日，全国供销总社副主任王卓如一行五人，在涛雒供销社检查指导工作。

10 月 修建涛沙路（涛雒至沙岭子村）。

12 月 1 日，涛雒供销合作社参加地区供销合作社先进单位和劳动模范座谈会，并获省供销合作社命名的“双大”企业称号。

是年 域内农村集市粮食贸易市场放开。

1980 年

5 月 单联云任涛雒公社党委书记。

是月 王家村大队 1093 号帆船船长葛允春带领船员 7 人在连云港海域高公岛附近救起 3 名落水的解放军拉练部队士兵。

7 月 26 日，小海村王钧祥开着 20 马力船捕获 1 条雄性鲸鲨，重 9 吨。

9 月 南店村傅承荣获评全国“三八红旗手”。

冬 孙家村开始把船、网打价，包给船组经营（大包干）。

1981 年

6 月 21 日，小海村陆金江 20 马力船捕获 1 条雄性鲸鲨，体长 9.95 米，重 6 吨。

9 月 1 日，受 14 号台风影响，域内发生特大海潮，盐田被淹。

是年 域内各村实行家庭联产承包责任制。

1982 年

3 月 涛雒供销合作社被省供销合作社授予“先进基层社”称号。

5 月 域内第一座冷库在涛雒六村建成，冷藏能力 200 吨。

7 月 1 日，域内组织实施全国第三次人口普查。

7 月 7 日，暴风雨。涛雒两小时降雨 216 毫米，川子河决口。

是月 涛雒供销社党支部书记刘维瑞被评为山东省劳动模范。

11 月 公社党委、管委制定农村干部退休制度。

是年 东石梁头村始建塑料大棚种植蔬菜。

是年 水产渔业部门在域内近海进行海洋水产资源人工增殖放流。

是年 涛雒派出所设立。

1983 年

2 月 杨科田任涛雒公社党委书记。

春 中央新闻纪录制片厂等 3 个制片单位，在华山就人工驯养灰喜鹊分别拍摄《灰喜鹊》《巧夺天兵》等片。

6 月 商业部授予涛雒供销合作社“全国商业系统先进企业”称号。

7 月 域内粮油征购任务由生产队为单位交售改为以农户为单位交售。

是年 中央新闻纪录电影制片厂到大刘庄村拍摄纪录片《鹦鹉》。

是年 全公社 75 个村实行家庭联产承包责任制。

1984 年

5 月 8 日，涛雒邮政局投递员郑全昌勇斗歹徒，救出一名少女，受到上级表彰。

6 月 撤销公社管理委员会，设立涛雒区政府。区下设 1 个镇 3 个乡（涛雒镇、高旺乡、李潭乡、廒头乡）。

是月 王厚勤任区委书记。

秋 县政府在涛雒一村进行村委会选举试点，按行政村设立村委会，取得成功。

10 月 27 日，中共中央总书记胡耀邦视察日照，接见了高旺庄申斌启、涛雒五村魏振东等革命老同志，并为魏振东题词“推倒三座大山是英雄，实现四化宏图是能手”。

是年　域内成立对虾育苗场。

1985 年

5 月　涛雒区改称涛雒镇，撤销下设的一镇三乡。

6 月　28 日，诺贝尔物理学奖获得者，美籍华人高能物理学家丁肇中偕夫人回祖籍涛雒省亲。

8 月　19 日，凌晨，受 9 号台风袭击，沿海风力达 9 ~ 10 级，廒头、涛雒盐田受灾。

9 月　20 日，日照县盐业公司从涛雒迁至日照城区兴海路新址办公。

秋　涛雒供销合作社 250 吨低温库建成投产。

12 月　民兵武器统一集中到县人民武装部管理。从此，域内民兵组织不再存放、保管武器装备。

是年　域内粮食统购改为合同订购。

是年　域内生产队全部账务并到村委，即“撤队并账”。

1986 年

4 月　涛雒司法所成立。

6 月　12 日，域内下午降暴雨，雨后 4 天阴霾，小麦大部分倒伏、发芽。

7 月　15 日，在日照参加省盐业座谈会的人员参观廒头盐场。

27 日，遭受龙卷风和大雨袭击，域内倒塌毁坏房屋 123 间，刮倒成材树 420 棵。

秋　东林子头村开始整体搬迁至村东沙岭，1989 年全部搬迁完成。

是年　南店村幼儿教师傅承荣（女）获“全国教育系统劳动模范”称号，并出席全国教育系统劳动模范表彰大会。

1987 年

5 月　市林业局在华山驯养灰喜鹊防止松毛虫的科研成果，获山东省科技大会成果奖。

是年　域内居民颁发中华人民共和国居民身份证。

1988 年

3 月　涛雒粮所高旺粮站筹建日照市粮食局冷藏厂，8 月建成投产。

是年　域内开征农林特产税。

是年　国家投入配套资金，对黄淮海中低产田进行综合开发，域内实施打机井、修石渠。

1989 年

1 月　13 日，侯家村侯世佩在村西拾到现金 3.1 万元，在公安部门的协助下交还失主。

4 月　域内开始推行集体土地有偿使用。

5 月　涛雒镇凤凰山实业公司与香港兴利贸易公司合资建日照日兴塑料制品有限公司。

6 月　20 日，日照市升格为地级市，涛雒镇归市直辖。

8 月　涛雒中心初中建成启用。

1990 年

2 月　28 日，涛雒邮电支局首安电报传真机并开通使用。

是月　丁兆华任镇党委书记。

7 月　1 日，按上级部署，域内开始第四次全国人口普查。

7 月 18 日，全市沿海渔村党建工作经验交流会期间，与会人员参观了域内孙家村、刘家湾等村的党建工作。

9 月　17 日，“亚运圣火照亮港城火炬接力传递活动”，火炬传递到涛雒。

10 月　镇政府利用原高旺医院家属院办起敬老院。

12 月　1—3 日，中共中央组织部在日照召开沿海地区党建工作现场会，参观刘家湾村党支部的做法。是年，刘家湾村党支部被山东省委组织部表彰为优秀基层党支部。

是年　小海渔港、船厂建立。

1991 年

6 月　28 日晚，降雨 116 毫米，域内大部分土地受灾。

12 月　日照人民广播电台、电视台正式开播，域内居民可正常收听收看日照广播、电视节目。

1992 年

5 月　涛雒卫生院新院竣工启用。

夏　王家村渔民葛允顺等四名渔民在鱼骨庙正东海域捕捞，打捞起 3.25 公斤重的银元宝一个，上交小海派出所，每人获奖黑白电视机一台。

8 月　31 日，受 16 号风暴潮袭击，域内受灾严重。

10 月　除军用粮票外，其他粮票一律停止流通。取消农村粮油统销。

11 月　204 国道域内段拓宽。

12 月　26 日，涛雒镇程控电话割接开通，成为全市开通程控电话第一个乡镇。

1993 年

1 月　孙开河任镇党委书记。

2 月　涛雒镇第三初级中学建成启用，校址在崔家庄子村东。

2 月　21 日，中纪委副书记陈作霖一行 3 人，在省纪委副书记袁波陪同下，在涛雒调研。

8 月　涛雒成人教育中心成立。

10 月　高旺医院迁至汾水。

是年　沿海公路涛雒段开工建设。

是年　农村粮食收购实行保护价。

1994 年

4 月　域内黄淮海中低产田综合开发二期项目完成并通过省级验收。

5 月　涛雒供销社被评为市级文明单位。

9 月　17 日，204 国道涛雒段拓宽硬化工程竣工通车。

10 月　1 日，镇党委、镇政府新办公楼竣工启用。

11 月　涛雒中心幼儿园在镇党委原办公大院启用。

12 月　19 日，中国驻比利时大使、驻欧共体使团团长丁原洪到家乡涛雒考察，并与经贸界人士座谈。

是年　台商丁履昕捐款 4 万美元新建李潭小学，更名为润田小学。

1995 年

2 月　涛雒镇第二初级中学建成启用。校址在川子村南，204 国道以东。

7 月　8 日，涛雒镇政府被市政府授予“模范乡（镇）政府”称号。

8 月　17 日，沿海公路涛雒段建成通车。

10 月　省政府“两基”验收团到涛雒，进行“两基”验收。验收合格。

11 月　7 日 13—18 时，受强风暴袭击，域内沿海养殖业受到重大损失。

12 月　涛雒镇被省政府授予“村镇建设新型乡镇”称号。

是年　涛雒卫生院顺利通过省卫生厅一级甲等卫生院评审。

1996 年

5 月　31 日，市委书记尹忠显在涛雒检查指导麦田管理、间作套种等工作。

6 月　27 日 13 时 50 分，部分村庄遭受暴风雨袭击，受灾严重。

10 月　廒头盐场被国家确定为食盐生产定点企业。

12 月　11 日，省综合治理检查组在省安全厅副厅长王者元带领下，在涛雒检查社会治安综合治理工作。

12 月　17 日，省供销社监事会主任刘崇琨在涛雒镇调研。

是年 域内在农村党支部换届或调整中，实行“两推一选”办法。提倡党支部书记、支部委员同村委会主任、村委会委员交叉任职。

1997 年

2 月 韩纪亮任镇党委书记。

4 月 开始对涛雒四村、五村、七村部分民宅进行拆迁，建设商业街。

7 月 4 日，全市农村基层星级创建活动现场会在涛雒镇召开。与会人员到涛雒七村和南店村星级管理创建活动现场参观。

8 月 3 日，域内遭特大暴风雨袭击，受灾严重。

9 月 18 日，市委副书记、市长班开庆在涛雒镇检查指导增收减灾、秋收秋种、农田水利基本建设等工作。

10 月 8 日，市委书记尹忠显在涛雒镇秋种现场检查指导工作。

10 月 25 日，省计生委副主任孙爱玲在涛雒镇调研计划生育工作。

12 月 涛雒镇被山东省体育运动委员会审定为“体育先进乡镇”。

是年 涛雒卫生院被确定为国家级爱婴医院。

1998 年

5 月 东营市党政考察团到东川子村参观考察稻田养蟹基地。

9 月 10 日，省委政法委书记、公安厅厅长高新亭在涛雒检查指导工作。

10 月 13 日，市委副书记、代市长杨庆文在川子稻田养蟹现场调研。是日，东港区政务财务公开、民主管理工作现场会在涛雒召开。

12 月 栈子阜鑫渔港建立。

是年 涛雒镇被市委、市政府、日照军分区授予“拥军优属先进单位”称号。

1999 年

4 月 18 日，全市农村基层民主制度配套建设现场会在涛雒召开。

6 月 涛雒公安派出所被省公安厅授予“全省公安派出所档案工作规范化先进单位”。

7 月 16 日，域内遭受暴风雨冰雹袭击。降雹时间达 20 分钟，最大冰雹直径 2.5 厘米。

10 月 由全国人大常委会内务司法委员会副主任委员刘珩一行 9 人组成的调研组，在涛雒镇就贯彻实施《中华人民共和国村民委员会组织法》情况进行调研。

1999 年 10 月，全国人大常委会内务司法委员会调研组在大草坡村调研，前左一为刘珩 （李世成提供）

是月 域内日照日兴塑料制品有限公司宣告破产。

12 月 全省基层民主政治建设座谈会在涛雒镇召开。会议推广涛雒镇农村基层民主政治建设的先进经验，重点推广“村务大事民主公决制度”和“村民质询会议制度”。

是年 刘家湾村党支部“党小组建在船上”的建党经验，得到党中央整党建党工作指导小组的肯定。

是年 涛坪路商业街建成。

是年 土地承包期 30 年不变，域内发放土地承包经营权证书。

是年 刘家湾赶海园筹建。

2000 年

3 月 台商丁永详捐资 50 万元，为涛雒一中新建景辰实验楼。

5月 20日，日照农民画院在东林头子村成立。

6月 25日，东港区推广涛雒镇民主政治制度建设“三项制度”暨高兴镇“农村会计考聘制”工作经验现场会在涛雒镇召开。

7月 15日，省长姜春云在市委书记焉荣竹，市长夏耕，市委常委、东港区委书记王均生陪同下，在涛雒考察淡水养殖区。

7月 17日，省委副书记陈建国在涛雒考察淡水万亩养殖区。

9月 连云港市党政考察团在涛雒参观考察万亩水田开发基地。

10月 廒头盐场被中国盐业总公司确定为“国家食盐定点企业”。

11月 1日，域内开始第五次全国人口普查工作。

是年 煤炭供应停止，涛雒煤站撤销。

是年 涛雒镇被山东省精神文明建设委员会授予“省级文明村镇”称号。

2001年

2月 东港区政府党组成员、区长助理张桂伟兼任涛雒镇党委书记。

3月至6月下旬 域内遭受自1952年有气象记载以来最严重的旱灾。

6月 13日，全国人大常委会副委员长曹志在大草坡村检查《中华人民共和国村民委员会组织法》贯彻落实情况，调研“村务大事村民公决制度”实施情况。

6月 15日，团市委在涛雒镇举行全市农村青年致富网建设启动仪式。

7月 5—6日，团省委书记刘慧晏在涛雒镇检查指导农村青年致富网建设工作。

7月 13日，省政协副主席时立军、汪峡、潘广田、周鸿兴、朱铭率省政协理论学习中心组学习班的学员在涛雒万亩淡水养殖基地考察。

8月 17日，中共中央政治局委员、省委书记吴官正视察涛雒万亩淡水养殖开发基地。

8月 23日，特大风暴，域内受灾严重。

是月 涛雒镇被市委、市人大常委会、市政府授予1996—2000年全民普法、依法治理先进单位称号。

11月 沈海高速公路涛雒段开工建设。

12月 栈子河橡胶坝开工建设，

2002年

1月 16日，省委党史研究室副主任丁龙嘉在涛雒仿古一条街、丁肇中祖居等地调研。

是月 全镇民办教师除办理退休、辞退外，其余全部转为公办教师。

3月 13日，涛雒镇与印度尼西亚、中国香港客商举行制造木质渔船合作意向书签字仪式。

5月 2日晨，镇武装部组织民兵30人，到河山林区灭火救灾。

6月 14日，丁肇中第二次回故乡涛雒省亲。

9月 12日，日照市村务公开民主管理现场会在涛雒召开。

12月 7日，栈子河橡胶坝工程通过省级验收。

12月 9日，镇政府组织修复丁肇中祖居种德堂。

是年 域内取消“村提留”“镇统筹”。

是年 涛雒镇被中共中央精神文明建设指导委员会授予“先进单位”称号。

2003年

3月 王一冰任镇党委书记、人大主席团主席。

是月 尹家廒头台商尹衍栋兄弟五人捐资100万元，为涛雒二中新建復生教学楼。

4月 防“非典”，域内环境卫生综合整治。

12月 镇计生委被山东省委宣传部、省计生委评为全省“双进”“双建”先进单位。

是月 沈海高速公路涛雒收费站建成。

是年 域内取消“两田制”，实行“均田制”。

是年 涛雒工业园开工建设。

是年 涛雒镇被评为“山东省历史文化名镇”。

2004 年

5 月　1 日，丁肇中祖居对外开放。

5 月　12 日，域内日照五中成为全市第一个省级农村规范化高中。

5 月　13 日，省政府检查组到大草坡村检查种植小麦直补工作。

7 月　24 日，东港区武装部组织民兵，在涛雒镇举行海上民兵输送作战部队登陆演习。

7 月　28 日，南京军区某集团军防空旅进驻涛雒集训，分别驻日照五中、涛雒二中、东南营小学等学校。

8 月　省委副书记高新亭、副省长谢玉堂在涛雒慰问驻训官兵。

9 月　14 日，镇政府承办日照市第二届农民运动会，主会场设在日照五中。

是年　小海边防派出所被公安部边防局评为基层正规化建设先进单位。

是年　涛雒镇被确定为第二批全省新型农村合作医疗试点镇。

是年　停止征收农业特产税。

是年　涛雒镇被日照市委、市政府、日照军分区授予“拥军优属先进单位”称号。

2005 年

5 月　10 日，涛雒镇以五卅烈士尹景伊命名的“景伊学校”动工建设。

6 月　18 日，丁肇中第三次回故乡涛雒省亲，并对家乡的发展进行实地考察。

7 月　刘家湾赶海园建设工程启动，刘家湾村、桥东头村在园区内的民房开始拆迁。

是月　域内换发二代居民身份证。

9 月　1 日，台商尹衍樑一行在市委书记李兆前陪同下回家乡涛雒考察。

11 月　域内组织防控高致病性禽流感。

12 月　2 日，栈子一村高兴成等人救援一艘遇险江苏渔船。

12 月　20 日，在东港区参加全省公安队伍正规化建设现场会的与会人员，到涛雒派出所考察。

12 月　23 日，省委保持共产党员先进性教育活动巡察组，在省委宣传部副部长黄泽存带领下，在东港区检查督导第三批先进性教育活动。巡察组到大草坡等村进行巡察。

是年　小海边防派出所被省公安厅评为二级派出所，被国防部边防局记集体三等功一次。

是年　小海边防派出所被省公安厅授予“换发二代证工作先进单位”称号。

是年　涛雒法庭被山东省高级人民法院授予“五化法庭”称号。

是年　涛雒镇被确定为全省小城镇建设中心镇、示范镇。

是年　涛雒镇被中央精神文明建设指导委员会授予“先进村镇”称号。

是年　涛雒镇中心初中编写的校本教材《历史文化名镇——涛雒》，获教育部“先进科研成果奖”。

2006 年

1 月　域内取消农业税。

3 月　张玉栋任镇党委书记、人大主席团主席。

6 月　19 日，市委书记李兆前带领市直有关部门负责人在涛雒镇调研。

7 月　东港区公安交警大队在涛雒设交警中队。

是月　台商丁永详捐资 75 万元人民币，为涛雒中心小学建永苓图书楼。

8月　涛雒供水中心水厂在东石梁头村开工建设。

9 月　11 日，国际 470 帆船联合会主席爱沙特·普瑞斯理在涛雒考察。

是年　域内取消义务教育阶段的杂费。

是年　域内实行农用、渔用燃油补贴。

是年　域内允许农村土地承包权流转。

是年　涛雒镇被授予“省级环境优美镇”称号。

是年　涛雒派出所被公安部审定为“全国一级派出所”。

是年　大草坡村被省精神文明建设委员会评为省级文明村。

是年　日照景伊小学被省关心下一代工作委

员会、省委政法委、省教育厅、团省委、省党史研究室联合认定为“山东省关心下一代教育基地”。

2007 年

1 月 10 日，市委书记、市人大常委会主任李兆前在涛雒加工制造基地、刘家湾赶海园、丁家营子村调研。

是月 涛雒供水中心水厂竣工，开始向部分村和单位供水。

2 月 2 日，省科协副主席燕翔，市委常委、宣传部部长钱焕涛等领导与市文化局、市文联等十二个部门在涛雒镇举行日照市 2007 年文化、科技、卫生“三下乡”活动。

5 月 28 日，全国供销合作总社党组书记、理事会常务副主任周声涛一行，在市委书记李兆前，市委副书记、市长杨军，市委常委、区委书记张永霞陪同下，到丁家营子、孙家村调研农村社区服务中心建设工作。

是月 域内疏港路开始修建（郭家庄子村前，东接沿海路，西接 204 国道）。

6 月 20 日，副省长贾万志一行在市委书记李兆前，市委副书记、市长杨军陪同下，到孙家村、丁家营子社区服务中心调研工作。

6 月 20—21 日，全国村务公开民主管理制度专家评审组在市委常委、区委书记张永霞，副市长许超陪同下到大草坡村、下元一村，通过看现场、召开座谈会等方式进行检查验收。

9 月 19—20 日，域内遭受强台风“韦帕”袭击，损失严重。

11 月 6 日，市委书记、市人大常委会主任李兆前带领有关部门负责人，在包联工作联系点涛雒镇加工制造基地、水乡古镇开发现场、下元一村、丁家营子村、东南营村调研。

是月 宋波任镇党委书记、人大主席团主席。

12 月 下元一村完成整体搬迁。

是年 下元一村获评省级文明村。

2008 年

3 月 3 日，阜鑫渔业公司鲁日渔 1611 渔船救援一艘失事船只。

3 月 29 日，日照汤谷大东夷历史文化园开工奠基仪式在下元一村举行。

4 月 刘家湾赶海园正式开园营业。

春 留美博士鞠志国开始筹划、开发天台山太阳神祭坛遗址公园。

春 省高院刑二庭孟健庭长在涛雒法庭调研。

5 月 15 日，全国供销合作总社党组书记李玉成一行到孙家村、丁家营子、下元一村社区服务中心及涛雒购物广场调研。

6 月 26 日，中国侨联副主席林淑娘一行在丁肇中祖居调研。

7 月 25 日，水利部农水司司长王晓东带领节水灌溉专题调研组，在省水利厅副厅长马承新、副市长刘西良陪同下，在涛雒镇调研。

8 月 23 日 10 时，镇党委、镇政府组织应急小分队 40 人，到日照街道张郭村抗洪救灾。

10 月 20 日，日照农民画村、日照农民画院暨曲阜师范大学、山东工艺美术学院教学实习基地揭牌仪式在东林子头村举行。

10 月 23 日，市政协主席李守民率政协视察组在丁家营子村、孙家村调研。

是月 《涛雒镇志》编纂工作启动。

11 月 20 日，全市计划生育协会工作现场会在涛雒镇举行。

11 月 30 日，新华社、《人民日报》、中央电视台、中央人民广播电台、《光明日报》、《经济日报》等央媒对丁家营子社区服务中心、涛雒购物中心，就新型经营服务体系建设情况进行采访。

是年 域内取消义务教育阶段学生教科书费。

是年 涛雒镇被评为“全国文明村镇”。

是年 涛雒镇被市委、市政府授予“平安日照建设”先进集体称号。

是年 在全省旅游行业强乡镇评比中，涛雒镇获“山东省旅游强镇”称号。

是年 涛雒交警中队被省公安厅授予“一等路查中队”称号。

2009 年

1 月 7 日，阜鑫渔业公司“鲁日渔 1611 号”被省社会治安综合治理委员会和省见义勇为基金会授予“山东省见义勇为先进单位”称号。

2 月 11 日，东港区国家级农村户用沼气项目启动仪式在蒿岭村举行。

4 月 25 日，涛雒镇举行“全国文明村镇”揭牌仪式。

是月 涛雒镇消防站成立，为日照市第一处镇级消防站。

5 月 10 日，省委副书记、省长姜大明到下元一村调研。

6 月 24 日，日照锦湖金马化学有限公司开业庆典在涛雒镇工业园举行，市委书记、市人大常委会主任杨军，市委常委、东港区委书记张永霞出席庆典。

是月 山东一达燃气集团涛雒有限公司成立

7 月 31 日，副省长王随莲一行到涛雒镇卫生院、丁家营子卫生室检查手足口病和甲型 H1N1 流感防控工作。

9 月 27 日，省文明办一行 3 人，到下元一村、大草坡村、郭家庄子村、孙家村、丁家营子村、东石梁头村调研新农村文明社区建设。

10 月 30 日，全市农村妇代会换届直选试点观摩会在大草坡村举行。

11 月 11—18 日，由日照广播电视台与中央台《走遍中国》栏目合作的七集系列片走进日照在域内拍摄。以涛雒历史文化为主题的“梦华涛雒”“鱼骨庙和它的信众”，各时长 26 分钟，2010 年 3 月 6 日和 8 日，在中央电视台国际频道黄金时间首播。

12 月 14 日，市委书记、市人大常委会主任杨军一行，到栈子村检查农房建设与危房改造情况。

是年 桥东头村卫生所长李福年，获省卫生厅授予的“优秀乡村医生”称号。

是年 涛雒镇被评为市级“文明镇”和省级“文明镇”。

2010 年

1 月 30 日，新加坡童心集团董事长柯鸿景一行三人，在涛雒镇对“水乡古镇”项目进行投资考察。

4 月 14 日，涛雒镇举行韩国 LG 物流项目、年产 30 万吨钢棒项目、日照德邦机械制造项目、中石油车辆改装合作项目签约仪式暨日照德通港口储运有限公司开工奠基仪式。

5 月 22 日，中央文明办调研组组长杨新贵一行 3 人，在省文明办副主任王红勇等陪同下，到孙家村、丁家营子村、高旺村、下元一村、郭家庄子、东林子头村调研。

6 月 13 日，团市委、市志愿者协会在高旺社区举行日照市乡村青年文化节启动仪式，并成立日照兴业志愿者文化艺术团。

6 月 20 日，中瑞国际物流有限公司日照（华东）国际钢材物流园建设奠基仪式在 204 国道东侧、小草坡村北举行。中国物流技术协会会长牟惟仲，世界杰出华商协会常务副主席文齐国，市委常委、东港区委书记张永霞出席。

7 月 1 日，域内组织实施第六次全国人口普查。

7 月 13 日，新加坡前交通及资讯科技部兼国家发展部政务部长、国会议员、SAC 董事长陈晓朋博士，胜科工业园有限公司执行主席刘心玲等一行 8 人，在市委书记杨军，市委常委、常务副市长侯成君，市委常委、东港区委书记张永霞陪同下在涛雒镇考察日照国际海洋城。

7 月 21 日，日照市农户科学储粮示范仓启动仪式在西林子头村举行。

是月 刘森林任镇党委书记、人大主席团主席。

10 月 11 日，参加全省转方式调结构现场会的与会人员在省委副书记、省政协主席刘伟，省委常委、青岛市委书记阎启俊等率领下，就转方式、调结构到下元一村实地考察现场观摩。

11月 12日，国家粮食局副局长曾丽瑛到高旺庄调研农村科学储粮示范仓推广使用情况。

12月 2日，丁肇中祖居被中国侨联授予“爱国主义教育基地”称号。

12月 26日，央视频道总监王广令、丁惟汾外孙美籍华人黄观鸿、日照广播电视台副台长李世成一行多人，就拍摄以涛雒历史人物为主题的大型系列片《百年人·日照魂》在涛雒调研。

是月 涛雒镇被生态环境部授予“国家级生态镇”。

是年 在党员中实行“五帮五促”包联责任制，开展“双带双联”活动。

是年 涛雒镇被环保部授予“全国环境优美乡镇”称号。

2011年

1月 27日，中国侨联副主席李祖沛一行，在省侨联主席梁波陪同下，在涛雒镇走访慰问4户困难归侨侨眷，并参观丁肇中祖居。

3月 5日，“张传玺奖学金捐赠仪式”在镇驻地举行。张传玺原籍涛雒，北京大学教授，为涛雒中心小学捐款20万元人民币，设奖学基金。

5月 12日，市政协主席李守民带队在亚月村抗旱打井现场、下元一村调研。

5月 26日，国家粮食局副局长吴子丹一行在西林子头村、高旺庄村检查农户科学储粮示范仓使用情况。

8月 13日，刘家湾赶海园被评为国家AAAA级旅游风景区。

8月 24日，省纪委副厅级巡视员杨方臣一行到大草坡村检查指导党务政务公开、廉政建设工作。

10月 14日，丁惟汾故居揭牌仪式在丁家官庄举行。

10月 24日，以涛雒历史文化为主题，由日照广播电视台与央视合拍的大型电视系列片，《百年人·日照魂》之《一部家谱情牵两岸》长度30分钟，在央视国际频道《海峡两岸》栏目播出；之后《丁惟汾》上下两集共48分钟，在央视纪录频道播出；精编版《百年人·日照魂》上、中、下三集75分钟，在美国斯科拉电视网播出。

12月 日照国际海洋城管理委员会成立（驻地涛雒），涛雒镇整建制划归日照国际海洋城管委管理。

是月 胡明乐任镇党委书记、人大主席团主席。

是年 下元一村获“全国文明村镇”称号。

下元一村“全国文明村镇”奖牌

2012年

3月 涛雒镇被国家发展和改革委员会授予“全国发展改革试点镇”称号。

6月 开始治理巨峰河至南店河、至小海入海口河道。

7月 16日，丁肇中回故乡涛雒。

是月 日照国际海洋城基础设施建设（海洋大道、蓝色大道、环球海）开始动工。

9月 1日，小海联小撤销，师生分别并到涛雒二中和涛雒小学。

10月 7日，涛雒三中撤销，师生分别并到涛雒一中和涛雒二中。

12月 9日，因日照国际海洋城基础设施建设，沙岭子村、桥东头村、桥西头村、李家村、右所村、涛雒五村，相继开始拆迁部分民房。

是年 镇党委、镇政府领导成员实行“一联三带”制度。

是年 镇计生委被国家人口和计划生育委员会授予全国“人口和计划生育依法行政示范单位”称号。

2013 年

3 月 滨海湾花园居民小区开工建设。

5 月 丁肇中祖居移交刘家湾赶海园管委会管理。

是月 中南铁路域内段开工建设。尹家廒头一、二、三村和张家廒头村、成家廒头村、东灶子村、西灶子村、北王家村相继开始拆迁。

9 月 镇环卫运行中心建成使用。

10 月 因日照国际海洋城基础设施建设，东川子村拆迁部分民房。

是年 日照国际海洋城管委建立海洋产业园。

是年 山东一达燃气集团涛雒有限公司正式对外供气。

2014 年

1 月 秦泗收任镇党委书记。

6 月 创建全市美丽文明乡村行动示范乡镇动员大会召开，组织村党支部书记、镇机关干部 160 余人到碑廓镇参观学习。

7 月 全镇建成 40 个乡村文明行动示范村，设移动式垃圾箱 325 个，配备 240 升垃圾桶 230 个。

11 月 开展“魅力涛雒”文明系列评选活动，表彰近 600 名先进个人。

12 月 域内 75 个村“两委”换届完毕。

是年 为供水厂、污水处理厂、五光十色、中小学建设、万德房产、滨海二路、悦一生物等项目清点地上附着物 670 余亩。

是年 着手北水南调工程（日照水库向岚山调水）地面附属物清点工作，共涉及 16 个村 544 亩土地。

是年 完成山东演艺集团花冠果项目土地流转近 200 亩。

2015 年

3—5 月 域内山钢日照精品钢基地项目用地拆迁。东林子头村整村搬迁，共拆迁安置 346 户；拆迁镇船厂和日照农民画院；清理整平鱼虾池 858 亩；搬迁畜牧养殖户 68 户。

5 月 涛雒镇被省住房城乡建设厅授予“山东省新型城镇化综合试点镇”“省级美丽宜居小镇”称号。

7 月 沙岭子等 6 个村搬迁，安置 590 余户村民。

8 月 投资 533 万元，为域内 17 个村 1.13 万人实施农村饮水安全工程。

是年 镇卫生院完成放射室改造提升工程。

是年 投资 100 万元，使 1.4 万亩小麦秸秆还田。

是年 建设完善文化大院 15 处，新建东风村等 6 处村级群众文体广场，完善农家书屋 20 处、电子阅览室 3 家。

2016 年

1 月 召开镇第十二届人民代表大会第二次会议。

4 月 小海村成为全市水产养殖区环境卫生专项整治试点村，承办全市现场会。

是月 孙强任镇党委书记。

6 月 完成 63 个村土地确权登记颁证，共确权 1.36 万户，土地 2.96 万亩。

12 月 国际海洋城撤销，涛雒镇划归东港区管辖。

是月 日照市太阳文化旅游度假区管理委员会办公室副主任厉华珍兼任涛雒镇党委书记。

是年 为建设厦门路、临钢路共清表土地 282.4 亩。

是年 天台山引水上山工程启动；建成总长 10 余千米的防火通道。

是年 完成禁养区内 190 户畜禽养殖户拆迁转产工作。

是年 涛雒镇被评为全市“美丽文明乡村行动示范镇”。

2017 年

1 月　8 日，召开中国共产党涛雒镇第十四次代表大会。

1 月　13—14 日，召开镇第十三届人民代表大会第一次会议。

6 月　西林子头整村 681 户搬迁，为山钢建设腾空土地。

7 月　举办“桃花节”“茶叶黄桃采摘节”“渔民节”等全镇主题旅游文化节。

8 月　召开全镇 2017 年大学新生“从涛雒走向世界”欢送会，发放 5 万余元助学礼物。

是月　涛雒风情水镇建设完成地面清点，拆除鱼棚、虾池 116 处，迁坟 128 冢；完成天台山风景区 130 余亩土地地上附着物及 1950 亩山场清理工作。

9 月　新设立“叶连慈教育奖励基金”100 万元。

11 月　刘家湾赶海园周边 156 处房屋、面积 3.9 万平方米的 84 处鱼棚拆迁；马家村 420 户房屋拆迁安置。

12 月　域内举行各村党支部换届工作。

2018 年

1 月　涛雒镇被省爱国卫生运动委员会评为“山东省卫生乡镇（2018—2020 年）”。

7 月　17 日，全市基层医疗卫生机构标准化建设现场会在涛雒中心卫生院召开。

8 月　市委常委、统战部部长杨留星在域内调研东方太阳城项目进展、城乡环境整治、美丽乡村建设情况。

9 月　省土地发展集团党委书记、董事长霍高原一行，在副市长李峰、东港区区长刘祥龙陪同下到域内荷仙子风景区调研。

10 月　29 日，省卫生健康委主任袭燕，在涛雒中心卫生院召开“不忘初心、牢记使命”主题教育行业督导座谈会，实地考察沙岭子村卫生室和涛雒中心卫生院。

是月　市委常委、统战部部长杨留星一行在涛雒调研。

是月　东港区 2018 年度重点招商引资项目集中开工仪式（钢铁配套产业园分会场），在园区北片区美鑫机械项目现场举行。

11 月　莒县刘官庄镇党委书记单伟杰一行 23 人，到涛雒镇考察城市管理工作。

12 月　五莲县松柏镇镇长刘善超、街头镇镇长管玉祥分别带队到涛雒镇考察城镇网格化管理工作。

是月　省军分区副局长刘尧一行 3 人，在涛雒镇实地查看基层武装部三室一库建设情况。

是月　东港区聚力招商引资、招才引智推动高质量发展现场观摩会在涛雒镇召开。

2019 年

1 月　2019 涛雒镇首届芹菜节暨年货大集活动在东石梁头村举行。

是月　涛雒镇获评“全国文明镇”。

2 月　红旗现代渔业园区入选“山东省乡村振兴重大项目库”。

3 月　13 日，省政府印发《关于商河县玉皇庙镇等 10 个经济发达镇行政管理体制改革方案的批复》，涛雒镇名列其中。

4 月　万磊任镇党委书记。

8 月　29 日，涛雒镇被省委、省政府授予“山东省抗击台风抢险救灾先进集体”称号。

2020 年

1 月　下元一村入选第一批国家森林乡村。

4 月　涛雒镇被市委宣传部、市社会科学界联合会确定为“日照市社会科学普及教育基地”。

是月　涛雒镇被区委、区政府表彰为“2019 年度双招双引工作表现突出单位”。

4—6 月　日照军分区政委张克晶多次到域内海员村组织召开海上民兵建设观摩推进会，推广涛雒镇海上民兵建设工作创新成果。

5 月　涛雒镇在区委、区政府 2019 年度全区经济社会发展综合考核中位列一等。

6月 30日，重庆市卫健系统到涛雒中心卫生院考察基层医疗卫生绩效考核管理工作。

7月 24日，省编办副主任徐福臣在涛雒中心卫生院调研全省乡村医疗卫生服务体系建设工作。

9月 2日，日照市“七五”普法依法治理工作会议在域内召开，推广涛雒镇依法治理创新成果。

9月 15日，市委统战部在涛雒镇召开全市侨联系统推动“两个建设”现场会，推广涛雒镇侨务工作创新成果。

9月 16日，省发改委及市卫健委到涛雒中心卫生院调研基层卫生发展建设情况。

9月 23日，全省基层医疗卫生服务能力三年提升行动现场推进会在域内召开，会议推广涛雒镇基层医疗卫生绩效管理的做法和创新成果；省卫健委副主任马立新出席会议并到涛雒中心卫生院调研。

是月 市委政法委在涛雒镇召开全市网格化建设创新现场推进会议。

是月 下元一村被农业农村部评为第二批全国乡村治理示范村。

10月 11日，涛雒镇被市爱卫会确定为日照市首批健康村镇试点。

11月 小草坡村在第一届全国美丽宜居村庄短视频擂台赛中，获环境优美型优秀作品奖。

是月 涛雒镇被山东省社会科学界联合会授予“山东省第七批社会科学普及示范乡镇”称号。

是月 大草坡村获“全国文明村镇”称号。

大草坡村“全国文明村镇”奖牌

12月 涛雒镇被省委组织部授予“全省干事创业好班子”称号。

是月 涛雒镇被省农业农村厅授予“山东省农业产业强镇”称号。

是月 涛雒镇被省人力资源和社会保障厅、省司法厅授予“山东省司法行政系统先进集体”称号。

是月 涛雒镇被市委授予“全市抗击新冠肺炎疫情先进集体”称号。

2021年

1月 28日，市委书记张惠在域内调研。

是月 涛雒镇被山东省侨务办公室确定为“山东省中华文化传承基地”。

2月 涛雒镇被区委、区政府授予“2020年度双招双引工作表现突出单位”称号。

4月 11—14日，全国总工会基层工作部副部长张智君、权益保障部农民工工作处处长王海龙一行，在域内下元一村工友创业园、扶贫大棚、天台山旅游开发项目等处调研并召开座谈会。

是月 央视农业农村频道《我的美丽乡村》栏目，播出以刘家湾村为主题制作的、24分钟时长的《蓝天碧海刘家湾》专题。

是月 涛雒镇被省委宣传部授予“山东省第六届全民阅读书香之乡”称号；被省委网信办确认为“山东省数字乡村试点乡镇”。

是月 下元一村入选首批山东省景区化村庄。

5月 26日，全国总工会权益保障部副部长孟克宝音、省总工会副主席郭锐在东港区调研时，到下元一村工友创业园、天台山旅游开发项目现场调研。

5月 28日，在东港区参加全国紧密型县域医疗卫生共同体建设片区经验交流会暨培训会的与会人员，到域内沙岭子村卫生室、涛雒中心卫生院观摩。

6月 24日，在日照市参加全省学习推广三明医改经验现场会的人员，到涛雒中心卫生院现场观摩。

是月 涛雒镇海上民兵连被中央军委国防动员部授予“先进民兵党组织”称号。

7月　29日，团中央青年发展部部长黄大伟，在团省委副书记盛夏陪同下，到涛雒镇莲荷嘉苑莲藕农民专业合作社调研。

9月　24日，涛雒中心卫生院承办全省基层医疗机构创新发展研讨班。

是月　涛雒镇被农业农村部授予“第二批全国乡村治理示范村镇”。

是月　下元一村被评为全国乡村治理示范村。

10月　涛雒镇被省妇联授予“美丽庭院创建工作突出集体”称号。

是月　小草坡村“易腐垃圾腐化仓处置再利用技术”入选全国技术案例。

11月　涛雒镇被省民政厅列入“山东省地名文化遗产”名录。

是月　下元一村被评为全省民主法治示范村。

是月　涛雒镇被农业农村部授予“第十一批全国‘一村一品’示范镇”称号。

是月　央视中文国际频道《行走的海岸线》播出以涛雒为主题的《日照——滨海飘起“绿丝带”》《向海而生品味日照》。

12月　17日，省卫健委领导到涛雒中心卫生院督导“三高共管 六病同防”医防融合慢性病管理试点工作。

是月　陈彬任镇党委书记。

是月　下元一村被评为全省乡村旅游示范村。

是月　涛雒镇被农业农村部授予“全国星级基层水产技术推广机构”称号。

是月　涛雒镇被省文明办、省民政厅选入“全省百佳红白理事会典型案例”。

2022年

1月　4日，中国共产党涛雒镇第十五次代表大会召开。

1月　5日，区委书记刘祥龙，区委副书记、代区长何文带队在涛雒镇调研并推进重点项目工作进展。

1月　8日，涛雒镇第十四届人民代表大会第一次会议召开。

1月　12日，省海洋涉渔综合治理专项机制工作领导小组到阜鑫渔港调研渔船燃油包供管控等相关工作。

1月　27日，市委常委、副市长贾刚在涛雒调研。

2月　20日，镇领导一行15人，到临沂市兰陵县卞庄街道代村、费县探沂镇考察学习社会治理等工作经验。

3月　8日，市委常委、副市长张佃虎在涛雒调研重点交通项目建设情况；副市长马维强带队在阜鑫渔港调研渔业安全生产及依港管船等工作。

3月　25日，市消防救援支队支队长陈洪震带队在涛雒镇调研消防监督工作站工作开展情况。

4月　1日，重启《涛雒镇志》编纂工作。

4月　7日，市委常委、宣传部部长、市委教育工委书记李波，副市长吕祥永一行在涛雒考察日照职业技术学院新校区筹建工作。

4月　10日，市委常委、组织部部长郭飞在涛雒镇部分企业及东风爱国主义教育基地调研。

4月　11日，市委副书记、市长李在武在涛雒镇重点企业调研。

4月　26日，涛雒镇被省发展改革委等十部门列入第三批乡村振兴“十百千”工程示范创建名单。

5月　12日，央视新闻报道《山东日照：在涛雒遇见诗和远方》。

5月　16日，市委党校2022年度春季中青年干部培训班30名学员走进下元一村“三同教育”基地，为期5天。

5月　22日，域内企业日照伊兰生物技术有限公司被评为山东省巾帼现代农业科技示范基地。

5月　25日，市总工会领导在涛雒，为方鼎科技有限公司授“山东省工人先锋号”奖牌，镇党委书记陈彬等参加。

5月　26日，省工信厅二级巡视员张乃君一行6人，在阜鑫渔港督导渔港管控工作，在金航船厂督导行业管理工作。

5月　27日，菏泽市郓城县第五轮省派第一书记考察团在小草坡村、天台山太阳文化主题馆、东风爱国主义教育基地考察。

5月　28日，东港区（涛雒镇）“碧海红帆”

现代海洋产业链党建共同体暨水产养殖业、育苗业工会联合会成立。

7月 2日，昌乐县鄌郚镇医院院长一行19人到涛雒卫生院考察内部管理工作。

9月 9日上午，在丁肇中实验中学举行涛雒镇2022年庆祝第38个教师节暨叶连慈教育奖励基金颁奖大会，镇党委书记陈彬讲话、镇长安宝春主持；同日，涛雒派出所、小海派出所合署办公挂牌仪式在涛雒派出所举行。

9月 16日，省农业技术服务中心主任杨武杰一行，到东石梁村蔬菜大棚生产基地检查防汛工作。

9月 19日，市委党校2022年度第二期中青年干部培训班31人，在涛雒镇开展“三同教育”活动。

9月 20日上午，在右所村举行日照职业技术学院新校区开工仪式，市委书记张惠、市长李在武出席仪式。

9月 21日，重庆市黔江区党政干部培训班到下元一村、小草坡村、东石梁头村现场教学。

10月 2日，区委书记刘祥龙，区委副书记、区长何文在涛雒调研。

10月 12日，重庆市黔江区党政干部培训班第二期55人，到小草坡村、大草坡村、下元一村现场教学。

10月 17日，日照市禹海红旗海洋工程有限公司通过国家级水产健康养殖和生态养殖示范区验收。

10月 18日，省网信办组织媒体在涛雒对数字乡村省级试点镇进行采访。

11月 30日，全镇退役军人招聘会暨“拥军保”介绍会召开，各村分管退役军人事务的“两委”成员及部分有就业意愿的退役军人参加会议。

是月 为深入创建学习型机关，镇党委、镇政府以学为先，制定“三学五讲一评议”机关学习制度，推动理论学习与业务工作融合互促、提质增效。

12月 19日，镇党委组织召开“四联共促”工作动员会议，镇党政班子成员及其他副科级干部、参与包联活动的“两代表一委员”及经济界代表人士、强村党支部书记和乡村振兴任务重的村党支部书记参加会议。

第一编　建置区划与村镇建设

涛雒镇驻地航拍图　（涛雒镇宣传办公室提供　摄于2021年）

涛雒镇历史悠久，新石器时期，域内即有先民在此繁衍生息。涛雒夏、商时属东夷，周时属莒国，秦、汉时属徐州刺史部琅琊郡，汉时隶属海曲县。三国时属魏青州城阳郡，晋时属徐州东莞郡，隋时属琅琊郡莒县，唐时属河南道密州，元、明时属青州府日照县，清时属沂州府日照县，民国元年（1912）属胶东道日照县，1949 年后隶属山东省日照县、日照市、日照市东港区、日照国际海洋城、日照市东港区等。1949 年后，涛雒为区、为社、为乡、为镇，几经变革，政府机构时分时合，辖区面积或大或小，1971 年始基本固定。2021 年，涛雒镇辖 8 个管理区，75 个行政村。

涛雒镇驻地总体规划，始于 1965 年 10 月“四清”时期。改革开放后，分别于 1989 年、1993 年、2003 年、2011 年，进行四次总体规划。2018 年由市政府委托中国城市研究院编制《涛雒总体规划（2016—2035 年）》。

域内农村村镇规划建设始于 1984 年 6 月，全面启动于 1986 年。1990 年，基本完成旧村改造。至 2021 年，域内旧村改造已全部完成。

第一章 建置区划

涛雒镇位于日照市区南18千米，地理坐标为北纬35°12′21.05″～35°19′23.94″、东经119°17′55.60″～119°26′38.94″。区域东临黄海，南与岚山区虎山镇相邻，西连岚山区巨峰镇、高兴镇，北与日照经济技术开发区奎山街道相依。南北最长14.85千米，东西最宽11千米，土地总面积11350.2公顷，其中耕地面积3475.12公顷，林地面积1578.25公顷，水域面积820.25公顷。海岸线长16.5千米。

镇政府驻地涛雒五村，位于域内中部。204国道、341省道在此交会，交通便捷。周围村庄稠密，地理位置优越，是全镇政治、经济、文化中心。2021年，辖75个行政村。

第一节 历史沿革

早在新石器时期，域内即有人类居住，捕鱼狩猎，在此繁衍生息。夏商时期，涛雒地属夷族部落。周时称东夷。战国时属莒。秦时属琅琊郡莒县。西汉时属徐州刺史部琅琊郡海曲县。汉武帝元封元年（公元前110），为海曲县产盐重地，设有盐官。东汉时属西海县。三国时属魏青州城阳郡。西晋时为徐州东莞郡。隋时属琅琊郡莒县，唐代属河南道密州。北宋时属京东东路密州（高密郡），至道二年（996），京东东路密州始设涛洛场，“涛洛场”是盐务管理机构的名称。元代属青州府莒州日照县。明初属青州府莒州日照县。清初属沂州府日照县。

涛雒区 1912年，日照县地方自治筹办处将全县划为15个区，此域为涛雒区。北接日照城区，东依黄海，南邻安东卫，西连巨峰。1928年，隶属山东省日照县。

二区 1931年，日照县将15个区并为7个区，本域为二区。北接一区（城区），东依黄海，南连四区（安东卫、碑廓），西靠六区（巨峰、黄墩）。隶属山东省日照县。1936年2月，隶属山东省第三行政督察专员公署日照县。

1940年3月，日照县抗日民主政府成立，沿袭民国区划序号，隶属滨海专署日照县抗日民主政府。

涛雒区 1942年9月，中共日照中心县委建立，将原有区划适当缩小，并以地名称谓，第二区改称涛雒区。北与太平区为邻，东临黄海，南接汾岚区，西与巨峰区、高兴区相连。1943年后，隶属滨海区日照县。

七区 1950年5月，日照县区划调整，涛雒按区划顺序称第七区。北接六区（奎山）、五区（石臼），东临黄海，南与八区（安岚）为邻，西与十区（巨峰）、十一区（高兴）临界。隶属沂水专署日照县。1952年12月，区政府迁至下元。隶属胶州专署日照县。

涛雒镇 1952年12月，日照县区划调整，新设立涛雒镇（隶属日照县，范围为涛雒街地域），四周接七区。1953年8月，隶属胶州专署日照县。

涛雒区、磴山区 1956年1月，日照县区划调整，撤销涛雒镇，设立涛雒区，北与奎山区、夹仓区为邻，东临黄海，南与安岚区临界，西与磴山区相连；七区改称磴山区，北与高兴区为邻，东接涛雒区，南连安岚区，西邻巨峰区。1956年5月，涛雒区、磴山区隶属临沂专署日照县。

涛雒乡、下元乡 1958年1月，全县撤区建乡，涛雒区改称涛雒乡，北依奎山乡、夹仓乡，东临黄海，南接虎山乡，西邻下元乡；磴山区改称下元乡，北连高兴乡，东接涛雒乡，南连虎山乡，西靠巨峰乡。

海生人民公社、磴山人民公社 1958年9月，全县撤乡建立人民公社。涛雒乡建立海生人民公社，北依五星（奎山）、金星（夹仓）人民公社，东临黄海，南接庆丰（虎山）人民公社，西连磴山（下元）人民公社；下元乡建立磴山人民公社，北接红旗（高兴）人民公社，东连海生（涛雒）人民公社，南连庆丰（虎山）人民公社，西靠卫星（巨峰）人民公社。

涛雒人民公社、下元人民公社 1959年2月，海生人民公社、磴山人民公社分别改称涛雒人民公社、下元人民公社，两公社四邻不变。1959年12月，下元人民公社北邻高兴、奎山人民公社，东依涛雒人民公社，南连虎山人民公社，西靠巨峰人民公社；涛雒人民公社，北依下元人民公社，东临黄海，南接虎山人民公社，西连下元人民公社。

涛雒区 1962年12月，日照县区划调整撤社建区，涛雒、下元两公社合并建立涛雒区。北接奎山区、石臼区，东临黄海，南邻安岚区，西与巨峰区、高兴区接壤。隶属临沂专署日照县。

涛雒人民公社 1968年11月，撤区改社，改称涛雒人民公社，四邻不变。

涛雒区 1970年4月，改社为区，改称涛雒区，四邻不变。

涛雒人民公社 1971年3月，全县由15个区划为21处人民公社。此域称涛雒人民公社。调整后北邻奎山人民公社，东临黄海，南接虎山人民公社，西与巨峰人民公社、高兴人民公社接壤。

涛雒区 1984年6月，机构改革，将公社、镇改为区，区下设乡（镇）。涛雒公社改称涛雒区。北邻奎山区，东临黄海，南接虎山区，西与巨峰、高兴区为邻。

涛雒镇 1985年5月，日照撤县建市，区划调整，涛雒区改称涛雒镇。北连奎山乡，东临黄海，南与虎山乡接壤，西与巨峰镇、高兴乡为邻。隶属临沂地区日照市。

1989年11月，日照市升格为地级市，涛雒镇隶属日照市。

1992年12月，日照市设区带县，涛雒镇隶属日照市东港区。

2011年12月，涛雒镇隶属日照国际海洋城，四邻不变。

2016年12月，日照国际海洋城撤销，涛雒镇隶属东港区，四邻不变。

第二节　行政区划

涛雒域内的行政区划，金代以前无史料可考。金大定二十四年（1184），设涛洛镇。《明一统志》云，时日照县辖石臼镇、涛洛镇、沙沟镇、梁乡之半，史称日照辖“三个半镇”。

明代的行政区划，实行乡、隅、里、甲制。据明万历十八年《日照县志》记载，全县分4乡、8隅、92里。涛洛域内属进贤乡竭忠一隅纪家庄里、涛洛里。据清康熙十一年（1672）《日照县志》记载，涛洛属竭忠一隅涛洛里。据清乾隆二十三年（1758）《青州府志》记载，全县分1个镇、5个店、4个乡，84个社。1个镇是夹仓镇。5个店为涟汪店、河山店、傅疃店、涛洛店、风火店。4个乡为：城东安仁乡，辖22个社；城西观兰乡，辖20个社；城南进贤乡，辖21个社；城北洪宁乡，辖21个社。涛洛属涛洛店。据清光绪十一年（1885）《日照县志》记载，全县分关厢（城关）、东乡、南乡、西乡、北乡，共辖81个社，838个村。涛雒域内属南乡南上一牌涛雒社以及纪家庄社和南上二牌石梁社、西乡西上一牌仲家庄社。

1912年，日照县地方自治筹备办事处将全县划为15个区，涛雒为15区之一，称涛雒区，清时的乡、社仍然保存。1931年，将15个区并为7个区，涛雒、夹仓为第二区。1940年3月，抗日民主政府成立，沿袭原区划仍称第二区。

1940—1945年，日伪军侵占二区（涛雒）期间，设涛雒、高兴、栈子3个伪乡公所。其势力所及村庄多改为甲。

1945年8月24日，涛雒解放，撤销日伪时期的名称，一律恢复原来的名称。

涛雒区

1942年9月，抗日民主政府将二区改称涛雒区。1946年3月，涛雒区开始实行地方行政管理，下设涛雒镇、虎山乡、小海乡、夹仓乡、李潭乡、高旺乡、义和乡、水木乡。

七区

1950年5月，区划调整，涛雒区改称第七区，下设1个镇23个乡：涛雒镇、韩营乡、东河乡、林东乡、新口乡、刘庄乡、右所乡、小海乡、栈子乡、桥东乡、下元乡、高旺乡、泥田乡、磴山（结庄）乡、大沟乡、桥南乡、赵羊乡、水木乡、李潭乡、石梁乡、虎山乡、朱家乡、崔阳乡、罗黄乡。

1952年12月，区政府机关迁至下元庄，辖24个乡：韩营乡、东河乡、林东乡、新口乡、刘庄乡、右所乡、小海乡、栈子乡、桥东乡、下元乡、上元乡、高旺乡、泥田乡、磴山（结庄）乡、大沟乡、桥南乡、赵羊乡、水木乡、李潭乡、石梁乡、虎山乡、朱家乡、崔阳乡、罗黄乡。

涛雒镇

1952年12月，涛雒街从七区析出，成立日照县涛雒镇。驻地涛雒街，辖涛雒街6个村。

涛雒区、磴山区

1956年1月，涛雒镇撤销，设立涛雒区，辖1个镇10个乡：涛雒镇、小海乡、桥东乡、东湖乡、栈子乡、刘庄乡、林东乡、夹仓乡、李台乡、山后乡、金沟乡。

七区改称磴山区，辖15个乡：下元乡、高旺乡、泥田乡、磴山（结庄）乡、大沟乡、赵羊乡、水木乡、李潭乡、石梁乡、虎山乡、朱家乡、水车乡、崔阳乡、罗黄乡、桥南乡。

涛雒乡、下元乡

1958年1月，日照县区划调整。涛雒区改称涛雒乡，辖7个乡：涛雒乡、小海乡、桥东乡、东湖乡、栈子乡、刘庄乡、林东乡。原涛雒区的夹仓乡、李台乡、山后乡、金沟乡划归新设的夹仓乡。

磴山区改称下元乡，辖9个乡：下元乡、高旺乡、泥田乡、磴山乡、大沟乡、赵羊乡、水木乡、李潭乡、石梁乡。

海生人民公社、磴山人民公社

1958年9月，撤乡建社，涛雒乡建海生人民公社，下元乡建磴山人民公社。人民公社化后，无下设乡政府。1959年2月，改称涛雒人民公社、下元人民公社。是年12月，夹仓人民公社撤销。张成乡归下元人民公社。

涛雒区

1962年12月，涛雒、下元两个公社合并，成立涛雒区。下设涛雒、刘庄、小海、廒头（张成乡）、李潭、水木、下元、结庄（原磴山乡）、东湖、栈子10个公社，辖95个生产大队。

涛雒公社　辖涛雒一村大队、涛雒二村大队、涛雒三村大队、涛雒四村大队、涛雒五村大队、涛雒六村大队、涛雒七村大队、涛雒八村大队、右所大队。

刘庄公社　辖大刘庄大队、小刘庄大队、南店大队、竹子河崖大队、侯家大队、大朝阳（大黑七子）大队、小朝阳（小黑七子）大队、庄家坨大队。

小海公社　辖小海大队、王家村大队、沙岭子大队、刘家湾大队、桥东头大队、桥西头大队、李家村大队、马家村大队、宋家坨大队。

廒头公社　辖尹家廒头一村大队、尹家廒头二村大队、尹家廒头三村大队、张家廒头大队、成家廒头大队、西灶子大队、东灶子大队、田家园大队、王家村大队、川子大队、宅科大队。

李潭公社　辖苗家村大队、竹家园大队、李家潭崖大队、杨家洼大队、丁家官庄大队、松林大队、蒿岭大队、亚月大队、大洼大队、平家村大队。

水木公社　辖赵家庄子大队、水木头大队、孟家官庄大队、郑家大沟大队、罗川沟大队、六甲庄子大队、大羊卷大队、华山（小羊卷）大队、东风（吉掌）大队、簸箕笃子大队。

下元公社　辖下元一村大队、下元二村大队、下元三村大队、高旺庄大队、上元大队、崔家庄子大队、小草坡大队、东石梁头大队、西石梁头大队。

结庄公社　辖相家结庄大队、张家结庄大队、郑家结庄大队、秦家结庄大队、四门口大队、泥田沟大队、黄泥沟大队、大草坡大队。

东湖公社　辖东湖一村大队、东湖二村大队、东湖三村大队、大合坞大队、小合坞大队、韩家营子大队、陈家庄子大队、郭家庄子大队、东林子头大队、西林子头大队。

栈子公社　辖栈子一村大队、栈子二村大队、栈子三村大队、海员大队、孙家村大队、曹家村大队、东南营大队、庄家村大队、李家营子大队、孙家营子大队、丁家营子大队。

涛雒人民公社

1971年3月，日照县区划调整，改区为公社，涛雒区改称涛雒人民公社，下设管理区。原东湖公社的大部分大队，结庄公社大部分大队划归虎山人民公社；水木公社的部分大队及李潭公社的平家村大队划归巨峰人民公社。涛雒人民公社新设郭庄、东风两个管理区。全公社调整为涛雒、廒头、小海、刘庄、栈子、下元、东风、李潭、郭庄9个管理区，辖75个生产大队。

涛雒管理区 辖涛雒一村大队、涛雒二村大队、涛雒三村大队、涛雒四村大队、涛雒五村大队、涛雒六村大队、涛雒七村大队、涛雒八村大队、右所大队。

小海管理区 辖小海大队、王家村大队、沙岭子大队、刘家湾大队、桥东头大队、桥西头大队、李家村大队、马家村大队、宋家圪大队。

刘庄管理区 辖南店大队、小刘庄大队、大刘庄大队、侯家村大队、竹子河崖大队、小朝阳大队、大朝阳大队、庄家圪大队。

下元管理区 辖下元一村大队、下元二村大队、下元三村大队、上元大队、崔家庄子大队、高旺大队。

郭庄管理区 辖东林子头大队、西林子头大队、郭家庄子大队、小草坡大队、大草坡大队、丁家营子大队。

栈子管理区 辖栈子一村大队、栈子二村大队、栈子三村大队、海员大队、庄家村大队、孙家村大队、曹家村大队、东南营大队、李家营子大队、孙家营子大队。

李潭管理区 辖苗家村大队、竹家园大队、李家潭崖大队、杨家洼大队、丁家官庄大队、松林大队、蒿岭大队、亚月大队、大洼大队。

东风管理区 辖华山大队、簸箕笃子大队、东风大队、大羊卷大队、赵家庄子大队、西石梁头大队、东石梁头大队。

廒头管理区 辖川子大队、尹家廒头一村大队、尹家廒头二村大队、尹家廒头三村大队、张家廒头大队、成家廒头大队、西灶子大队、东灶子大队、王家村大队、宅科大队、田家园大队。

涛雒区

1984年6月，涛雒人民公社改称涛雒区，撤销下设的管理区，设“一镇三乡”（涛雒镇、高旺乡、廒头乡、李潭乡），辖区不变。是年冬，大队管理委员会改称村民委员会。

涛雒镇

1985年5月，撤区设镇，改称涛雒镇。撤销“一镇三乡”，设4个管理区，管理区只设党总支。1987年，撤销4个管理区，恢复原9个管理区。2001年4月，撤销管理区，设立工作线。2003年2月，恢复原9个管理区。

2017年2月，调整为8个管理区，75个行政村，63个自然村。东风管理区并入下元管理区，下元管理区的高旺庄村从管理区析出，纳入到郭庄管理区。

涛雒管理区 辖涛雒一村、涛雒二村、涛雒三村、涛雒四村、涛雒五村、涛雒六村、涛雒七村、涛雒八村、右所村。

小海管理区 辖小海村、王家村、沙岭子村、刘家湾村、桥东头村、桥西头村、李家村、马家村、宋家圪村。

刘庄管理区 辖南店村、小刘庄村、大刘庄村、侯家村、竹子河崖村、小朝阳村、大朝阳村、庄家圪村。

下元管理区 辖下元一村、下元二村、下元三村、上元村、崔家庄子村、华山村、簸箕笃子村、东风村、大羊卷村、赵家庄子村、西石梁头村、东石梁头村。

郭庄管理区 辖东林子头村、西林子头村、郭家庄子村、小草坡村、大草坡村、丁家营子村、高旺村。

栈子管理区 辖栈子一村、栈子二村、栈子三村、海员村、庄家村、孙家村、曹家村、东南营村、李家营子村、孙家营子村。

李潭管理区 辖苗家村、竹家园村、李家潭崖村、杨家洼村、丁家官庄村、松林村、蒿岭村、亚月村、大洼村。

廒头管理区 辖川子村、尹家廒头一村、尹家廒头二村、尹家廒头三村、张家廒头村、成家廒头村、西灶子村、东灶子村、北王家村、宅科村、田家园村。

第二章　镇驻地规划建设

涛雒镇驻地总体规划，始于1965年10月“四清”时期，因“文化大革命”而中止。改革开放后，1989年、1993年、2003年、2011年四次总体规划，皆由山东省规划设计院负责编制规划纲要，由日照市、东港区政府批准后实施。2018年由市政府委托中国城市研究院编制《涛雒总体规划（2016—2035年）》。

第一节　镇驻地规划

历次总体规划　1965年10月，山东省副省长余修带领“四清”工作队进驻涛雒（住涛雒三村），进行点上的社会主义教育。其间，他组织专业人员对区公所驻地进行了一次总体规划，并设计图纸，制作沙盘模型；组织干部群众参观学习，组织力量实施。但不久“文化大革命”开始，总体规划也被撤销，停止实施。

1989年，镇政府委托山东省规划设计院对镇驻地进行了第一轮总体规划，编制了《涛雒镇驻地总体规划》，由日照市政府批准实施。1993年，日照市规划设计院在原规划基础上，编制了《涛雒镇驻地总体规划（1993—2003年）》。2003年，山东省规划设计院编制《涛雒镇总体规划调整规划（2003—2018年）》，该规划以上轮整体规划为依据，对镇驻地进行规划布局，为整个镇驻地发展奠定了基础。

1989年总体规划：近期1989—1993年，远期1993—2013年。近期镇驻地规划范围，东至涛雒一村（东门外），西至涛雒六村，南至南店村，北至右所村。南北长3千米，东西长2千米，面积6平方千米。

1993年规划（1993—2003年）范围：东至马家村，西至亚月东岭，南至南店河，北至右所村，东西长3千米，南北长3千米，总面积9平方千米。

2003年总体规划（2003—2018年）范围：东至沿海公路，西至亚月东岭，南至南店河、北至东川子村，东西长6千米，南北长3.5千米，占地面积21平方千米。

街道命名　1992年，对镇驻地主要街道进行命名。驻地东西大街（东起涛雒一村，西至涛雒一中）名为观海路；南北大街（南起涛雒二村，北至204国道）名为文泰路；204国道驻地段（南起南店村，北至右所）名为国安路；东西街道（东起涛雒小学后，西至204国道）名为民安路。1995年设置路牌。1997年建成商业街，西起204国道，东至中心河桥。

第二节　镇驻地建设

镇政府办公及基础设施建设　1940年3月，日照县第二区（涛雒）区公所成立，因在战时，无固定办公场所（以六甲庄子为主）。1945年8月24日，日伪军溃逃，涛雒全境解放，区公所先迁至“山房”（今观海路中段南侧），后迁到“五宅”（今丁肇中祖居）办公。1958年，在北门里路西侧建设大礼堂，亦称大会堂（与日照盐管处相对），供公社召开大型会议等使用。1983年，对办公大院改造，拆除后院平房20间，建二层小楼1座，一楼办公，二楼为小会堂，建筑面积600平方米。1986年8月，开始对街里（原圩子内）东西、南北大街进行打通拓宽改造，1987年7月30日完成。1990年5月，对204国道及镇驻地段中心大街开始铺筑沥青（全镇农村按人口分配沙、石料，镇直、企事业集资）。1991年7月，路两侧石砌水渠。1991年，镇政府投资130万元，在涛雒五村动工兴建四层办公楼1栋，建筑面积1200平方米，1994年10月1日，新建办公楼竣工启用。1998

年 10 月，投资 100 万元，在办公楼北边建一栋五层宿舍楼，建筑面积 1000 平方米。2020 年，在镇政府办公楼西侧，建综治中心一处，两层装配式楼房一栋，建筑面积 800 平方米，平房 20 间，建筑面积 480 平方米。

镇驻地单位建设　根据镇驻地规划，1985 年，在 204 国道 369K+45 米处西侧建设涛雒供销社营业大楼，建筑面积 1600 平方米。1987 年，在 204 国道 369K+90 米处东侧，建设涛雒信用社营业大楼。建筑面积 1200 平方米。1988 年，在 204 国道 368K+750 米处建设涛雒税务所营业大楼。1992 年，在 204 国道 369K+950 米处西侧，征用南店村土地 8.5 亩，建设涛雒镇计划生育委员会办公大楼，建筑面积 3200 平方米。2005 年 6 月，在镇政府办公楼西侧建设涛雒派出所办公大楼，建筑面积 900 平方米。是年，涛雒供电所迁至中兴路北侧办公。2021 年，市、区派驻涛雒的单位建设办公楼的有农业银行营业楼、建设银行营业楼、药材公司营业楼、工商管理所办公楼、邮电局办公楼、网通营业楼、交通警察大队办公大楼、涛雒法庭办公楼、交通管理所办公楼等。

镇驻地企业建设　2021 年，镇驻地企业办公设施建设有：面粉厂稻谷楼、建筑公司办公楼、慧盈冷库办公楼等。

镇驻地学校建设　1988 年 8 月，在观海路西首、路北侧征地 50 亩，建设涛雒中心初级中学，建筑面积 11260 平方米。1994 年 3 月，在 204 国道 367K+130 米处东侧征地 73 亩，建设涛雒镇第二初级中学，建筑面积 7400 平方米。2000 年，涛雒中心初中建成景辰实验楼。自 2001 年开始，对涛雒中心小学校舍改造，先后建设五层教学楼、学术报告厅及图书馆大楼，建筑面积 2600 平方米。2003 年 3 月，第二初级中学校舍改造，建设五层教学楼、学术报告厅等，建筑面积 3300 平方米。2011 年，涛雒中心初中建设五层学生公寓楼，建筑面积 2945 平方米。至 2013 年，日照五中共建设教学楼、办公楼、综合楼、学生宿舍楼、教师家属楼等，总建筑面积 48000 平方米。2014 年，在东川子村北建涛雒中心小学、涛雒中心幼儿园，占地 45 亩。滨海湾社区建成涛雒镇滨海湾小学、滨海湾幼儿园，占地 42 亩。

镇驻地医疗设施建设　1990 年，在 341 省道北侧，建设涛雒卫生院门诊大楼及病房等，建筑面积 1810 平方米。1992 年 5 月启用。

沿街开发　镇驻地沿街开发始于 1990 年。镇建委根据驻地实际，对 204 国道、341 省道镇驻地段两侧进行规划：凡以上道路两侧 30 米内，可供建设利用的空间地和不符合规划要求需要改建的地段，实行统一规划建设。

图 1—1　341 省道与 204 国道交会处东侧

1997 年，在 341 省道与 204 国道交会处，204 国道以东规划建商业街一条，长 320 米，宽 30 米，两侧建设二层以上商居楼 78 栋，建筑面积 16840 平方米。2006 年，以同样的规划要求，分别在原商业街建成段的基础上向两端延伸。至 2007 年，总长度达 2320 米，路面全部沥青硬化。两侧建二层以上商居楼增至 130 栋，建筑面积达 28080 平方米。

图 1—2　观海中路

1998 年，开始改造观海路中段，建设仿古街。

西起204国道，东至丁肇中祖居，长460米。街道拓宽至24米，使用沥青硬化路面。对不符合要求的平房采用拆并的方式，沿街两侧建二层以上的仿古楼（商居）75栋，建筑面积16280平方米。2000年建成。

2005年，涛雒镇被确定为全省中心镇、示范镇，随之改造204国道镇政府驻地段。北起中盛路与204国道交会处，南至南店河大桥，长3000米，废除原"三块板"格局，两侧各拓宽一个3米车道，铺设人行道，安装路灯86盏，栽植行道树，建设两侧地下综合管沟，埋设地下水、电、气等管网。根据规划，两侧先后建设办公、商务、居住等2～4层楼90栋，建筑面积27000平方米。

图1—3　街中花园

丁肇中祖居　2002年11月9日，启动恢复原貌建设（详见第二十一编第三章丁肇中祖居）。

工业园区建设　涛雒工业园区位于镇驻地西侧，观海路以北，沈海高速公路以东，北依海洋大道，规划面积10平方千米。2002年动工建设。至2013年，已建成"四纵四横"8条主干道，硬化道路12千米，铺设供水管道24千米，园区道路两侧全部绿化。园区基础设施配套完善。园内的企业有：锦湖金马化工有限公司、中盛实业集团、日照盛华食品有限公司、日照华通沥青有限公司、汇丰电子有限公司、青岛举鑫帮厨（日照）有限公司、海润模具厂、日照钊通木业有限公司、友和（华圣）机械、正源科技、山东信伟粮油有限公司、日照环鑫工贸有限公司等，共有大中型企业34家。2021年，已有大中型企业74家。

日照国际海洋城规划建设　2012年7月，按照日照国际海洋城总体规划，域内开始对基础设施建设拆迁民房，涉及右所村、李家村、沙岭子村、桥东头村、桥西头村、涛雒五村、东川子村、王家村。

环球海（太阳湖）　位于海洋大道东首，规划水域面积118.37万平方米，岸线周长约5455米。内设河槽，宽16米、20米、50米不等。河槽底高程一般为-0.50米，两侧1：10放坡。河槽外底高程为0.00米，深3.30米，设计常水位1.50米，高水位2.8米。2012年7月6日开工，至2013年底，完成开挖面积95.3万平方米，土方约300万立方米。底、坡全部铺设防渗毡。

道路建设　自2012年7月开始，相继建成海洋大道、蓝色大道、滨海二路、滨海四路、滨海七路。

管廊建设　海洋大道为单通道综合管廊。建设标准断面为3.1米×3.2米；通道断面为2.5米×2.6米。于2012年7月9日开工。蓝色大道（2012年11月3日开工）、滨海二路（2012年10月12日开工）、滨海七路（2012年11月3日开工）沿路中间路基下建有双通道管廊。建设断面标准为5.4米×3.1米，双通道管廊断面分别为2.2米×2.5米（底×高）、2.3米×2.5米。全部管廊顶距地面为2米。至2015年底，地下综合管廊全面建成。

海洋产业园　位于国际海洋城起步区内，沈海高速公路以东，涛雒工业园北侧，204国道以西，北依川子河，规划面积2.8平方千米。园区内主干道已建成，供水、供电、燃气、热力、污水处理等设施逐步配套完善。一批海洋产业项目陆续建成投产。2017年后，海洋产业园区成为东港区钢铁配套产业园北区。

滨海湾花园社区　位于镇政府驻地东部、南店河以北、厦门路以西、海洋大道以南。占地702亩，容积率2.0，总规划建筑面积112万平方米，其中住宅83.8万平方米，商铺6.3万平方米，配套设施8.8万平方米。以17层住宅楼为主，户型主要有64、72、96、108、116平方米。建成后将安置居民9304户，约2.8万人。社区内规划建设24个班的中学、18个班的小学各一所，9个班的幼儿园2所。建筑面积3.4万平方米。社区中心1处，用地 42 亩。社区公园 1 处，用地 54 亩。小区内污水处理、垃圾中转、绿地公园等各类配套设施完善。全部采用海水中水冲厕，可再生能源供热，垃圾集中分类处理等绿色环保技术。社区由中建上海设计院和青岛规划设计院设计，由海洋城投资有限公司委托日照中兴集团于 2012 年 10 月开工建设。至 2021 年，已全部入住。

第三章 村镇建设

涛雒镇农村村镇规划建设始于 1984 年 6 月，全面启动于 1986 年。1990 年，基本完成旧村改造，其中易地改建村 6 个。2007 年，下元一村整体搬迁。2013 年，因日照国际海洋城基础设施建设，拆迁 8 个村。至 2021 年，域内旧村改造已全部完成。

第一节 管理机构

1984 年 6 月，涛雒区村镇建设办公室成立，负责人宋开进。办公室负责全区村镇建设的管理指导工作。1985 年 5 月，改称涛雒镇村镇建设委员会，简称建委。建委成立后，对全镇 75 个村实行了粗线条式的规划。本着“统一规划、合理布局、因地制宜、方便生产生活”的原则，于 1986 年制定了村镇建设规划方案。各村根据规划原则和规划方案，结合本村具体情况启动旧村改造。1988 年 8 月，建委与土地管理所合署办公，两个牌子，一班人员，土管所长兼任建委主任。2002 年 6 月，国土所接受垂直管理，建委与国土所分离，改称“规划站”。至 1989 年，已有 45 个村启动了旧村改造。1991 年，镇建委依据村镇建设现状，重新进行了规划，其原则是“科学规划、适度提高、分类指导、分层推进”。对住宅标准、道路宽度及环境、公共设施配套提出了具体要求，编制出村庄建设规划要求：镇驻地沿街房规划二层以上楼房，有条件的村庄要规划出楼房区和平房区。主街道宽 10 ～ 18 米，辅街道 6 ～ 8 米，进户巷 3 ～ 6 米。各村根据实际确定地平，统一檐口高、统一房宽、统一接山，并按规划建设。

1989 年以来涛雒镇规划站（建委）负责人任职更迭表

表 1—1

职务	姓名	性别	籍贯	任职时间
建委主任	王世进	男	高兴镇王家楼子村	1989.9—1993.6
建委主任	刘从生	男	虎山镇东湖二村	1994.1—1998.5
建委副主任（主持）	丁顺昌	男	涛雒镇大洼村	1998.5—1999.5
建委主任	沈永军	男	涛雒镇右所村	1999.5—2002.6
规划站站长	申　洁	男	北京路街道山后二村	2002.6—2007.11
规划站站长	庄光青	男	涛雒镇庄家坨村	2007.11—2010.7
规划站站长	崔恩华	男	后村镇宅科三村	2010.7—2011.12
规划站站长	李　明	男	西湖镇蔡家官庄村	2011.12—2017.2
规划站站长	陈为志	男	南湖镇陈家村	2017.2—2017.8
规划站站长	宋开民	男	日照街道正阳社区	2017.8—2019.9
规划站站长	李华诚	男	南湖镇	2019.9—

第二节　旧村改造

1964年社会主义教育运动时期，各村曾进行规划改造工作。1985年，镇建委组织工作人员，对全镇75个村庄进行实地勘察，编制出一套村镇建设规划，并组织培训各村技术骨干力量，使其掌握"平板平面仪""水准仪"和"经纬仪"等仪器的使用技能。1986年，全镇农村旧村改造工作全面启动。1990年，已基本完成旧村改造。其中易地改建村6个：东林子头村、刘家湾村、东川子村和尹家廒头一、二、三村，其他全部为就地改建。2007年，下元一村整体搬迁。因日照钢铁、山东钢铁、国际海洋城用地拆迁的村庄，全部完成搬迁。至2021年，域内旧村改造按现时标准已全部完成（详见第二十四编·村庄）。

第三节　环境卫生

1995年4月，成立卫生维护领导小组，隶属镇建委，负责人由建委主任刘从生兼任。聘用镇驻地4名环卫工人，主要责任为保证镇驻地部分主要街道、场所的卫生整洁。2000年，组建12人的专职环卫队伍。

2010—2013年，镇规划站通过竞标，聘用专业公司，负责镇内部分区域的环卫工作。10月该项工作改由交通管理所负责。2013年8月，涛雒环卫中转站成立，运行至2015年9月。从2015年10月至2018年12月，由潍坊昌邑康洁环卫有限公司负责；2019年1月至2021年4月，由山东佳美保洁公司负责；2021年5月至2022年9月，由市环卫集团负责；2022年10月，由五征环境工程有限公司负责。

2013年9月，位于涛马路西侧的镇环卫运行中心建成使用。环卫运行中心隶属镇政府，首任主任牟现营。该中心配有小型垃圾箱托运车10台，托运压缩垃圾块的大型汽车1辆，大型垃圾压缩机2台。主要任务：一是担负着域内75个行政村及镇直各单位、工业园区各企业计350个卧式大型垃圾箱和460余个立式小型垃圾箱的托运工作；二是将垃圾收集压缩后运至日照市垃圾处理场（黄山前）处理，日送压缩垃圾块40余吨。

涛雒镇志

TAOLUO ZHENZHI

第二编　地理环境

涛雒镇驻地一角　（臧绍喜摄于 2021 年 7 月）

涛雒镇地处鲁东南丘陵区，沂沭断裂带东侧。出露底层有太古界、元古界、中生界、新生界等，体系完整。属暖温带湿润季风区大陆性气候，四季分明。辖区属四系孔隙潜水一般性富水区。土壤成土母质，土层深厚，理化性质较好，肥力较高。自然地理条件优越。

涛雒濒临黄海，海岸线全长 16.5 千米，岸线总方向呈东北西南走向。域内古有涛雒口、张洛口两大自然海口。浅海水域广阔，海洋资源开发潜力巨大。

域内自然资源丰富，包括土地资源、矿产资源、水产资源、植物资源、动物资源和水资源等。矿产资源主要是非金属矿产，水产资源主要有海水资源和淡水资源。

第一章　地质　地貌

涛雒镇地处鲁东南丘陵区，沂沭断裂带东侧。出露底层有太古界、元古界、中生界、新生界等，体系完整。属暖温带湿润季风区大陆性气候，四季分明。辖区属四系孔隙潜水一般性富水区。林子头河、竹子河、川子河、廒头河皆自西东流入海。土壤成土母质，土层深厚，理化性质较好，肥力较高。自然地理条件优越，自然资源丰富。

第一节　地质构造及地貌特征

地质构造

域内地质构造，属山东一级构造单元鲁东断块内部二级单元胶南隆起的一部分，位于沂沭断裂带东侧。出露底层有太古界、元古界、中生界、新生界等体系。为第四系（Q）河流坡积层，冲积层。岩性以棕黄色土状沙质黏土、黏质沙土为主，夹少量碎石及砾石，间含铁锰结核；冲海积层、岩性以亚黏土粉细砂夹淤泥、泥沙互层为主；海积层岩性以中粗沙夹卵砾石为主，间有淤泥层级残贝壳碎片；又为白垩系（K）青山组，主要有安山岩、玄武岩、粗面岩及火山碎屑岩等。

地貌特征

域内地貌特征主要表现为山脉、丘陵湖（平原）地、河口、海岸。

山脉　域内西南部为磴山山脉：从华山村南山往东到簸箕笃子村南山、偏东南到下元村西山，往南到上元村西山，再往东为凤凰山。

丘陵　中西北部为丘陵地：涛雒西岭往西北至亚月岭、往西至大洼村后的大洼岭。中南部的高旺岭西至凤凰山脚下。

湖（平原）地、河口　域内多地为低洼沼泽湖区，如廒头湖、川子湖、小海湖等。廒头湖西北与高兴镇交界，北与奎山街道交界，湖水排入廒头河，东流入川子河。川子湖西与高兴镇交界，湖水部分排入王家楼子河，东流入川子河。右所湖西与高兴镇交界，湖水排入川子河，东流同傅疃河水在夹仓口交汇东流入海。海水涨潮时西流入川子河，为河两岸的盐业生产（廒头盐场、红旗盐场）及水产品养殖业提供水源。小海湖湖水往东南流入小海口。官庄湖、南店湖湖水排入南店河。东风湖、李潭湖、石梁湖、下元湖、栈子湖湖水排入竹子河。南店河与竹子河在小海口交汇东流入海。涨潮时，海水东北流至沙岭子、王家村、李家村盐区，为盐业生产及水产品养殖提供水源；海水西流南店河及西南竹子河，为宋家坨、马家村、南店、大朝阳、小朝阳、竹子河崖及竹子河两岸的海水养殖及盐业生产提供水源。大草坡村东南湖、郭家庄子村、西林子头村西平原地的水排入郭家庄子村后的河和西林子头村后的河，两河在丁家营子村前交汇，东流经孙家村前入新口。涨潮时，海水沿河西流，为沿岸水产品养殖提供水源。

海岸　海口与海口之间为沙丘。潮间带为沙质地。

第二节　地貌类型

域内属鲁东南丘陵区，地势西南部、西部较高，东北部、东部较低；最高处磴山海拔 358 米，最低大朝阳村海拔 1.3 米。域内西南山区地带属磴山北麓山系的延伸，呈西南东北走向。山系蜿蜒曲折、高矮相错。由里向外依次有笊篱头山、光腚山、牛王庙山、石盘山、鸡鸣山、横岭、草坡山、二寨都山、大寨都山（天台山）、菜山、竹山、驴山、凤凰山。整个山系，有的地方岩石裸露，有的地方树木茂密。域内中部岭地低矮平缓，主要有高旺南岭、涛雒西岭，适宜果、茶种植。在岭地之间有下元湖、东风湖，适宜稻麦生长。东部平地地势平坦、低洼，主要有小海湖、廒头湖、右所湖，适宜稻麦生长。海岸滩涂，历来为盐业生产及海水养殖区。

域内土质为冲积层、洪积层和海积母质层。表土多系壤土、潮土、幼年水稻土和盐土类，适宜农作物生长及海水养殖，地下水储量丰富，深埋1～3米。

第二章　气候

域内地处中纬度地带，属于暖温带湿润季风区大陆性气候，四季分明，雨热同季。域内气候制约着当地动植物的生长发育和活动规律，以及非生物变化现象的周期变化，出现相应的物候。

第一节　气候特征

域内地处中纬度地带，属于暖温带湿润季风区大陆性气候，四季分明，雨热同季。受海洋的调节，与同纬度内陆相比，夏无酷暑，冬无严寒。其主要特征是：春季干旱少雨，盛行偏北风，回暖迟，常发生春旱，少数年份受寒潮侵袭，出现倒春寒和晚霜冻害天气。夏季高温、高湿，雨量大而集中，分配不均，往往发生伏旱；暴雨、水涝、台风是本季的灾害天气。秋季凉爽少雨，多偏北风，秋寒和连阴雨时有发生，个别年份出现霜冻。冬季干冷，天气多晴朗，雨雪稀少，无严寒。全年在作物生长季节，光照充足，热量和降水量都比较充足。气候特点是：春旱、夏涝、晚秋又旱，旱涝不均。

第二节　气候要素

日照　域内全年辐射总量为122.5千卡/平方厘米，直接辐射量72.2千卡/平方厘米，散辐射量51.6千卡/平方厘米。月总辐射量5月最大，为14.5千卡/平方厘米；12月最小，为6.4千卡/平方厘米。历年日照时数平均2371.9小时，日照百分率为53.5%，5月最多，为248小时，2月最少，为184.8小时。年日照率为55.5%，其中10月最大，为63%，7月最小，为46%。7月至8月，阴雨日最多，日照时数相应减少，对农作物生长发育及海、淡水养殖有一定影响。3月至10月，日照时数都在200小时以上，均可满足作物的光照要求。

气温　历年平均气温12.8℃，最高年为13.7℃（1961年、1978年），最低年11.4℃（1954年）。年际变动一般在12.1℃～13.2℃。月平均气温一般以8月份最高，为26.0℃，1月份最低，为-1.0℃；最高月28.5℃（1967年），最低月24.2℃（1980年）。极端最高气温39.3℃（1955年6月19日），极端最低气温-15.4℃（1981年1月27日）。日平均气温≥0℃的年积温为4671.5℃，≥5℃的年积温为4462.4℃；≥10℃的年积温为4143.6℃；≥15度的年积温3484.6℃。

无霜期　历年平均无霜期215天，最长年份为232天（1965年），最短年份为194天（1960年），80%保证率为203天。出霜日一般在11月15日，最早10月29日，最晚11月28日；终霜日一般在4月5日，最早3月20日，最晚4月29日。

地温　历年平均地面温度15.3℃。1月最低为-0.6℃，8月最高为30℃。全年除1月外，其余各月份均在0℃以上。回暖最快为5月，升温变幅6.9℃；降温最快为11月，降温变幅为8.5℃。

冻土　历年冰冻期初日为11月21日，终日为3月26日，平均结冻期为125天，冻土深度一般为20～30厘米。10厘米深土壤冻结初日为12月14日，解冻日期为2月5日，平均冻结日数为51天，历年最长连续冻结日数为86天（1967年12月14日至1968年3月8日）。历年最大冻土深度32厘米（1981年1月）。

降水　历年平均降水量886.9毫米。年最大降水量为1326.1毫米（1970年），年最小降水量为531.9毫米（1988年）。月最大降水量为643.3毫米（1970年7月）。日最大降水量为271.0毫米（1979年8月15日），历年平均降水日数（降水量大于0.1毫米）96.7天，最多年为135天（1959年），最少年为58天（1988年）。全年各月降水量7月最多，为248.3毫米；1月份最少为11.9毫米。

涛雒镇水利站自1984年始对每年的日降水量进行记录，年底进行综合。

1984—2021年涛雒镇域内年降水量一览表

表2—1　　　　单位：毫米

年份	降水量	年份	降水量	年份	降水量	年份	降水量
1984	658.6	1994	579.1	2004	631.1	2014	703
1985	722.1	1995	696	2005	1026.3	2015	580
1986	537.1	1996	765.3	2006	662.3	2016	763.5
1987	540.6	1997	506.9	2007	90.3	2017	673
1988	531.9	1998	918.5	2008	993	2018	788
1989	538.3	1999	644.7	2009	699.9	2019	545
1990	1194.5	2000	945.1	2010	766.4	2020	1385
1991	627.7	2001	644	2011	79.3	2021	1168
1992	501.9	2002	620.7	2012	793.1		
1993	791.3	2003	1236.9	2013	797.5		

气压　历年平均气压为1016.8百帕。最高年1018.2百帕（1987年），最低年1015.0百帕（1960年）。月平均气压一般1月份最高1027.0百帕，7月份最低1003.5百帕，极端最高气压1045.1百帕（1981年12月2日），极端最低气压985.4百帕（1978年6月29日）。气压变化的规律是：上半年逐渐下降，下半年逐渐上升，形成比较对称的“V”字形变化曲线。

风速　年平均风速3.4米/秒。月平均风速4月份最大，为4.0米/秒；9月份最小，为2.2米/秒。春季盛行偏北风，频率为10%，风速为3.6米/秒；夏季多偏东风，频率为11%，风速2.9米/秒；秋季盛行偏北风，频率为14%，风速3.4米/秒；冬季多为北风，频率为16%，风速3.5米/秒。

湿度　历年平均相对湿度为72.1%。6—8月最大，平均为85%；1—2月最小，平均为61%。最高年77.0%（1964年），最低年68.0%（1966年、1981年）。全年相对湿度小于20%的日数为21天，大于80%的日数为96天。

蒸发　历年平均蒸发量1610.2毫米，最高为1984.7毫米（1978年），最低为1312.3毫米（1985年）。蒸发量大部集中在春夏季，3—6月占全年蒸发量的42.4%，7—8月占21.9%，9—10月占18.4%，1—2月和11—12月占17.3%。

云　历年平均总云量为5.3成，7月最多，为7.4成；12月最小，为3.7成。全年晴天日数（以日平均总云量小于2成统计）88天，阴天日数（以日平均总云量大于8成统计）102天，昙天日数为175天。

雾日　历年平均雾日为26.8天，最多年127天（2012年），最少年3天（1975年）。一般4—5月雾日最多。

第三节　物候

域内气候制约着当地动植物的生长发育和活动规律，以及非生物变化现象的周期变化，出现相应的物候。

小麦物候期

表 2—2

播种一出苗	出苗一分蘖	分蘖一越冬	越冬一返青	返青一拔节	拔节一抽穗	抽穗一开花	开花一成熟	全生育期
10 月 1—7 日	10 月 8—20 日	10 月 21 日至 12 月 8 日	12 月 9 日至 2 月 28 日	3 月 1 日至 4 月 3 日	4 月 4—27 日	4 月 28 日至 5 月 5 日	5 月 6 日至 6 月 10 日	10 月 1 日至 6 月 10 日

夏玉米（套种）物候期

表 2—3

播种一出苗	出苗一拔节	拔节一抽穗	抽穗一开花	开花一成熟	全生育期
6 月 1—6 日	6 月 7—30 日	7 月 1—25 日	7 月 26—31 日	8 月 1 日至 9 月 15 日	6 月 1 日至 9 月 15 日

水稻（麦茬）物候期

表 2—4

育秧	移栽一返青	返青一分蘖	分蘖一拔节	拔节一抽穗	抽穗一灌浆	灌浆一成熟	全生育期
5 月 5—10 日	6 月 21—30 日	7 月 1—10 日	7 月 11—31 日	8 月 1 日至 9 月 31 日	9 月 1—10 日	9 月 11—30 日	6 月 21 日至 9 月 10 日

花生（春播）物候期

表 2—5

播种一出苗	出苗一始花	始花一结荚	结荚一夹果膨大	全生育期
5 月 6—15 日	5 月 16 日至 6 月 10 日	6 月 11 日至 8 月 10 日	8 月 11 日至 9 月 20 日	5 月 6 日至 9 月 20 日

几种木本植物的物候期

表 2—6

项目	芽开放期	展叶期		开花期			果子实成或熟种期	秋叶变化		落叶期	
		始	盛	始	盛	末		始	全	始	末
毛白杨	3 月 20 日	4 月 17 日	4 月 20 日	3 月 27 日	3 月 29 日	4 月 5 日	4 月 5 日	9 月 24 日	10 月 5 日	10 月 8 日	10 月 28 日
旱柳	3 月 25 日	4 月 1 日	4 月 5 日	4 月 10 日	4 月 13 日	4 月 18 日	5 月 10 日	10 月 5 日	11 月 10 日	10 月 9 日	12 月 13 日
桑树	4 月 5 日	4 月 20 日	4 月 24 日	4 月 26 日	4 月 29 日	5 月 6 日	5 月 16 日	10 月 1 日	10 月 26 日	10 月 10 日	11 月 30 日
刺槐	4 月 15 日	4 月 19 日	4 月 24 日	5 月 8 日	5 月 11 日	5 月 17 日	8 月 10 日	9 月 20 日	10 月 24 日	10 月 5 日	11 月 25 日
泡桐	4 月 30 日	5 月 9 日	5 月 13 日	5 月 30 日	6 月 3 日	6 月 15 日	9 月 20 日	9 月 20 日	10 月 17 日	10 月 27 日	11 月 16 日

动物物候

青蛙 4 月 10 日开始鸣，10 月 6 日绝唱。燕子 4 月 12 日始见，10 月 12 日绝见。蝉 6 月 20 日始鸣，9 月 26 日绝唱。布谷鸟 5 月 18 日始叫，9 月 26 日绝鸣。蛇清明前后起蛰活动，霜降前后冬眠。罗氏沼虾幼苗 5 月 1 日放养育苗池，6 月 1 日数苗放养大池，10 月 1 日成虾捕捞出池（霜降前）。农谚“蛤蟆打哇哇，两月吃硝飵（水饺）”，是说蛤蟆始鸣，再过 60 天，小麦成熟。蟋蟀秋鸣，“拆拆洗洗”之声，提醒人们天气渐冷，需备冬衣了。

物候谚语

农业　“白露”早，“寒露”迟，“秋分”

种麦正当时。寒露无青豆，黄豆使链钩。“清明”秫秫，“谷雨”谷。“谷雨前后，种瓜点豆”。大麦不过“芒种”，小麦不过“夏至”。雁叫一声北风刮，明天快把地瓜割。种蒜不出“九”，出“九”为独头（农历九月）。

林业　松类三季不可移，雨季栽植正当宜。“九九”出头，栽杨植柳。栽槐过早，成活寥寥。“七月核桃八月梨，九月柿子乱赶集。”

渔业　“惊蛰”下蛄蝼（蛄蝼网）。“谷雨”前后出杂鱼。“小满”前后出明鱼（白鳞鱼）。初一、十五两明满，初八、二十三两头干。十七潮，十八水，二十争命鬼（汛由大变小）。清明、寒食刮鬼风（风多，小船不能出海）。清明末，谷雨多，6月长到一寸多（指对虾洄游产卵）。

非生物现象　大雪小雪年年有，不在“三九”在“四九”（指下雪）。“清明”断雪，“谷雨”断霜。热在“三伏”，冷在“三九”。春冷有雨，秋热有雨。

第三章　水文　土壤　植被

域内为第四系孔隙潜水一般富水区，含水层 4 ～ 8 米，水位埋深 1.5 ～ 2.5 米，另有片麻岩风化裂隙潜水一般富水区，水位埋深 3 ～ 4 米。受地形地势影响，域内诸河均属山溪性河流。域内土壤成土母质，多为洪积冲积物。土壤表层质地主要为砂土、壤土、黏土三大类。

第一节　水文地质及河流

域内为第四系孔隙潜水一般富水区，分布在巨峰河下游、廒头河、林子头河及支流下游，含水层为 4 ～ 8 米，含水量岩性为中细沙至粗沙，水位埋深 1.5 ～ 2.5 米，抽水井一般水深 12 ～ 22 米，最深处可达 30 米；另有片麻岩强风化裂隙潜水一般富水区，分布在大洼村一带，强风化带厚度一般在 10 米左右，裂隙发育蓄水性强，导水性大，水位埋深 3 ～ 4 米。

受地形地势影响，域内诸河均属山溪性河流，源短流浅，自西向东（东北）注入黄海。水系形成树枝状，径流量随季节而变化，雨季水大流急可成洪水，冬季水少却常有涓涓细流。

竹子河　巨峰河下游段，流经赵家庄子村进入域内称竹子河。干流发源于甲子山南坡，源头海拔 480 米，干流 35 千米。域内河底宽 90 米，河口宽 130 米，河底高程 7 米，防洪水位高程 11 米，防洪流量 105 立方米 / 秒。域内下游河段称栈子河（此河道从今刘庄河闸的北闸经南店流入小海口入海。清光绪年间，栈子人养大风船的很多，为了停船便利，栈子人组织起来在今刘庄河闸的南闸处往东开挖河道即形成现在的栈子河）。栈子村段河底宽 150 米，河口宽 175 米，防洪水位高程 4.8 米，原在小栈子入海，后因海潮顶托（大风船不再停泊）变迁，北移小海村前入海。入海处河口宽 180 米，河底高程 0.2 米。竹子河原流经南店村前是主流（后因栈子河开挖而成为支流）称南店河；南店村段底宽 60 米，河口宽 140 米，防洪水位高程 4.8 米，东流至小海村前与栈子河重新合流入海。竹子河全长 8.2 千米，流域面积 63 平方千米，域内平均坡降 1/1200。高旺河为支流。

廒头河　发源于巨峰镇牛头山。河道泥质基底，水浑流缓，干道窄直而长，干流长 20 千米，河口宽 35 米，河底高程 5 米，防洪流量 40 立方米 / 秒。域内支流有右所河、东川子河、夏陆沟河、大芳沟河，皆在东川子村段汇合，东流至夹仓十三户村北与傅疃河汇合入海。入海口（俗称夹仓口）河口宽 800 米，河底高程 0.4 米。域内全长 4.7 千米，流域面积 18 平方千米，域内平均坡降 1/800。

林子头河　发源于大旺山，源头海拔 410 米。干流长 12 千米，流经虎山镇泥田沟村后进入涛雒域内。至林子头村段河底宽 30 米，河口宽 40 米，河底高程 4.8 米，防洪水位高程 6.8 米。在孙家村前东流入海。入海处河底宽 60 米，河口宽 80 米，河底高程 0.2 米。域内全长 7 千米，流域面积 19 平方千米，域内平均坡降 1/700。

第二节　土壤类别及分布

域内土壤成土母质，多为洪积冲积物。土层深厚，理化性质较好，土壤肥力较高。据 1991 年土壤普查，域内土壤共分“潮土”“水稻土”“棕壤土”“盐土”“风沙土”5 个土类。

潮土

潮土属受潜水作用直接发育在河流沿岸或沿海海积物上的土壤，俗称“河淤土”“河沙土”“夜潮土”等。主要分布在河流两岸、近海平地、古河道及山丘区的沟谷平地。成土母质为河流冲积物、海（河）沉积物、海积物和湖积物。一般无黏化发育层次，沉积层理明显，少部有古老沼泽腐泥层，质地较黏，无石灰反应，水源丰富、灌排良好，种植作物产量比较稳定。

潮土亚类　俗称“河淤土”“两合土”等。根据位置、母质来源和潜水状况，分为河潮土、滨海潮土。

河潮土主要分布在河流两岸和故河道处，如南店、大刘庄、高旺、下元二村、林子头、右所等村周围。潜水埋深 1.5 ~ 3 米，水质好，矿化度小于 0.5 克 / 升，无盐化威胁，一般无明显发育层，pH 值 6.5 ~ 7.0。

滨海潮土主要分布在河流入海口和海拔 10 米以下的滨海平地上，由河海沉积物经脱盐化形成，如灶子、廒头、东川子、马家村等村周围。潜水深埋 1 ~ 2 米，水源丰富，属淡水到弱矿化水范围，一般无盐渍化。

盐化潮土类　主要分布在海拔 5 米以下的滨海低平地的近海地带，由河（海）沉积物和海相沉积物经脱盐演变而来。土壤有轻、中度盐化，如刘家湾、沙岭子、小海、栈子、侯家村、大朝阳等村周围，种植作物往往缺苗 1 ~ 3 成。2006 年后，由于工厂化养殖，大量开采地下水，地下水位下降；加之经年雨水冲渗，基本上解决了盐化，现种植作物不再缺苗。

潮湿土亚类　俗称“黑湖土”，主要分布在洼地和湖洼地。是在较长期积水或季节性积水及较高潜水条件下，又附加沼泽化或脱沼泽化成土作用的一种潮土，潜水埋深 1 ~ 2 米。有季节性涝灾。土体深厚，质地黏重，耕作困难，易起坷垃或大块状结构，通透性差，如川子湖、廒头湖、小海湖、下元湖等处。此种土壤适宜种小麦、水稻。

棕壤土

俗称“黄黏土”“黄泥头”。主要分布在低山丘陵、剥蚀丘陵和山前岭间的倾斜平地上。成土母质，主要是花岗岩和花岗片麻岩等酸性岩类风化的残积、坡积物、洪积物和部分冲积物。土壤剖面红棕色。发育一般完整、有明显的淋溶和淀积作用，pH 值 6.5 左右。

棕壤性土亚类　俗称“石渣土”“马饼沙”等，主要分布在低山丘陵的中上部和顶部、剥蚀丘陵的中上部。土层较浅、土壤质地粗糙，砾石多，剖面繁育不明显，无黏化淀积层，养分贫乏，水源奇缺，水土流失严重，生产性能差。如华山、上元、大羊卷、赵家庄子等村皆有分布，宜植树种草，农田适种地瓜、花生、谷子等抗旱耐瘠作物。

棕壤亚类　俗称“黄黏土”“黄泥头”“黄土”等，主要分布在低山丘陵的中下部坡积、洪积物上。土层厚度 60 ~ 100 厘米，表土层地多为砾质沙壤到中壤，剖面发育完全，土体淋溶淀积作用强。心土层有明显黏化淀积层，土体有大量的铁离子和铁锰胶膜，pH 值 5.5 ~ 6.5，质地较黏重，持水力强，肥力较棕壤性土亚类高。如亚月岭、涛雒岭、大草坡岭、上元岭、华山岭等处。该亚类土壤多辟为梯田，仍有干旱之虞和水土流失之患。适宜种植粮、油、烟、林、果、茶、桑等。

白浆化棕壤亚类　俗称“白塘土”“炉渣土”等，主要分布在剥蚀丘陵和低山丘陵的缓坡地带。在耕层或犁底层下，存有粉沙含量高、铁锰贫乏的白色淋溶层。土壤结构不良，滞水包浆，易旱易涝，肥力偏低，是低产土壤。主要分布在大草坡、上元、下元、华山等村周围，适宜种植地瓜、谷子、花生等。

潮棕壤亚类　俗称“老黄土”“黑黄土”“蒙

金土”等，主要分布在山前、岭间、沟谷等冲积扇的倾斜平地上，如域内南店村、东石梁头村、赵家庄子村等地。该土壤土层深厚，表土质地轻壤到中壤，肥力较高，水分条件好。

水稻土

由1958年后种植水稻新形成的非地带性土壤。主要分布在廒头、东川子、右所、马家村、高旺、下元、李潭、苗家村等村周围。由于种稻历史短，水稻土发育特征不太明显，加之水旱轮作，属地表型水稻土，只有在种稻期间，土壤表层呈还原状态，下部土壤的特征与原来的母质土壤类似。

盐土

由海积母质发育而成的土壤，主要分布在沿海海拔3米以下的海滩地，可辟为盐田和鱼虾池，如廒头盐场、红旗盐场、临海各村虾池等。

风沙土

经风力搬运作用形成的沙丘或由潮汐作用沉积的沙岗，主要分布在沿海高潮线以上，如王家村沿海边的沙岛，宜植松树。

第三节 土壤性状

物理性状 域内土壤表层质地主要为砂土、壤土、黏土三大类，土壤结构多属粒状（砂土）和块状（黏土），其中潮土多为碎块状或粗粒状，棕壤土、水稻土多为块状或粒状，盐土多为碎块状。土壤容量为1.25 ~ 1.70克/立方厘米，平均1.47克/立方厘米，较一般耕作层适宜容量略高。各土类容量是：潮土1.43克/立方厘米、棕壤土1.35克/立方厘米、水稻土1.51克/立方厘米、盐土1.55克/立方厘米。毛管孔隙度：潮土35.7%、棕壤土38.5%、水稻土35.9%、盐土40%。非毛孔隙度潮土11.3%、水稻土10.2%。

化学性状 据1989年土壤普查资料，域内各类土类养分含量低于全国分级标准，即有机质偏低，普遍缺磷，局部缺钾，氮肥不足。各类土壤代换量（保肥能力）依次为：潮土16.75毫克/100克土，水稻土13.55毫克/100克土，棕壤土10.02毫克/100克土，盐土8.5毫克/100克土，均为中等偏低。供氮强度平均为11.72%，属中等偏高，碳氮比平均为9.22，属中等偏低。氮、磷、钾比例一般为6∶1∶8为宜，而域内平均值为10∶0.9∶9.2，氮磷比例失调，其中潮土氮磷钾比例比较适宜，盐化潮土缺磷严重，潮土缺钾严重。

1989年涛雒镇土壤亚类养分含量表

表2—7

养分含量 土壤亚类	有机质	全氮	碱解氮 PPM	全磷	速效磷 PPM	速效钾 PPM	碳氮比 C/N	氮磷比 N/P	供氮强度	速效氮磷钾比 N∶P∶K
潮土	0.76%	0.049%	61	0.078	7.2%	42	9.0	8.5	12.45%	1∶0.12 ∶ 0.68
盐化潮土	0.96%	0.061%	53	0.078	2.9%	95	9.1	18.3	8.69%	1∶0.05 ∶ 1.79
湿潮土	1.22%	0.077%	67	0.053	4.2%	42	9.2	16.0	8.70%	1∶0.06 ∶ 0.63
棕壤性土	0.58%	0.053%	47	0.102	5.1%	42	9.6	9.2	13.43%	1∶0.11 ∶ 0.89
棕壤	0.60%	0.039%	52	0.097	5.7%	45	8.9	9.1	13.33%	1∶0.11 ∶ 0.87
潮棕壤	0.78%	0.048%	59	0.068	5.6%	45	9.4	10.5	12.29%	1∶0.09 ∶ 0.76
白浆化棕壤	0.67%	0.042%	52	0.061	4.9%	42	9.3	10.6	12.38%	1∶0.09 ∶ 0.81
水稻土	0.98%	0.059%	69	0.070	7.3%	50	9.6	9.5	11.69%	1∶0.11 ∶ 0.73
盐土	0.77%	0.050%	63	0.069	9.1%	74	8.9	6.9	12.60%	1∶0.14 ∶ 1.17

第四节　植被

1991年土壤普查，域内土地总面积为170253.1亩，植被（包括自然植被和人工植被）总面积98931亩，覆盖率为57%。

自然植被主要分布在林下地及部分荒草地和沙碱地，共有6141亩，覆盖率为3.6%。

人工植被是植被的主要部分，总面积为92790亩，覆盖率为54.5%，包括耕地73429.5亩，园地4152亩，林地15208.5亩及“四旁”、院内，植树种花等处，其中，林地覆盖率为16.4%，主要分布在河滩及部分沙地。

第四章　海域

涛雒濒临黄海，海岸线全长16.5千米，岸线总方向呈东北西南走向。域内古有涛雒口、张洛口两大自然海口。受海州湾外南黄海半日无潮系统的控制，涛雒海域属正规半日潮类型。

第一节　海岸

涛雒海岸，北起付疃河口三角洲突滩南岸，南至岚山区虎山镇东湖一村，全长16.5千米，属于比较平直的基岩沙砾质海岸。岸线总方向呈东北西南走向。

按海岸地貌特征，域内海岸主要有两个类型。

河口三角洲突滩海岸　此段海岸位于付疃河口三角洲突滩南岸至鱼骨庙（沿海公路小海大桥北端）。本段海岸潮间滩面积达7平方千米以上，并有5～6道沙垄。以近40年来新生的二道沙坝之间的距离推算，这里向海延伸的速度为每年平均10米左右，由于沿岸向西南随着远离河口，沙坝和潮间沙垄间隔也逐渐收敛，海岸向海衍进速度遂缓，至沿海公路小海大桥附近，沙坝沙垄收拢而转为稳定海岸。

沙坝（包括风成沙丘）——潟湖海岸　此段海岸类型，北起沿海公路小海大桥，南至岚山区虎山镇东湖一村，海岸呈东北西南走向，平直延伸，为潟湖海岸。

沿海公路小海大桥至岚山区虎山镇东湖一村处段为复式沙坝潟湖海岸。该段为竹子河三角洲地区，因湾域广阔，海洋横向作用强烈，没有形成河口突滩，只在河口南侧形成较宽大的离岸带状沙坝（20世纪70年代末，在复式沙坝中间筑坝，截断海潮后，进行开发利用，复式沙坝消失）。本区岸滩物质仍属角闪石矿区，并富含磁铁矿。本段岸滩处于普通冲蚀后退阶段，在高角闪石组分的背景上，岸滩物质特征矿物中海蚀物质——绿帘石、硝石矿物成分显著增加。

第二节　海口

新口　属自然形成，位于涛雒驻地东南5千米处。海口宽为400～600米，涨潮时水深为2.5～3.5米。内河主道宽（江沟）1000米左右。清乾隆年间，此口位于栈子东北，又称张洛口。后因海岸线自然变化，河口淤塞等，使海口延至东南营村东北角，故名为新口。当大潮到来时，潮水进入口门后直接南下、经东湖村东、往西南到韩家营子村前（船可行至此）十三孔桥；潮水往北与涛雒口涨入的潮水相接；往西经孙家村前河道流至丁家营子村东河道。落潮潮水退至口门外。

涨潮时，海水进入内河主道（江沟子、大汛潮时），内河一片汪洋，只剩下大海岸的沙滩；小汛潮海水一般进内河很少。1974年，虎山乡在东湖村与东林子头村交界处（即烽火台，俗称炮台）筑坝挡住了南下的潮水，自此河道逐渐淤塞，人工栽植苇柴成为苇柴场，20 世纪 80 年代初开挖虾池，90 年代开始搞工厂化养殖。至此，已看不出原河道和滩涂的迹象。

涛雒口（小海口）　位于新口北、小海村东南，距离镇驻地 3.1 千米处。海口宽 500 ~ 800 米，涨潮时水深为 2.5 ~ 3.5 米。内河主道宽（江沟）1000 米左右。质底黄细沙，上层为淤泥。此口潮水出海口往南与新口潮水相接；潮水往西南入栈子河，往西过至南店河，经宋家坨村前、南店村前过 204 国道至翻板闸；潮水往西北到宋家坨村东、拐弯下西北经宋家坨村后至涛雒东门外，再往西北经天后宫前河道往西过 204 国道进入涛雒七村前河道；潮水往西北经原刘家湾村西，又西北经桥东头与桥西头之间的王家桥北，经川子河入夹仓口。至 1949 年前，小船能停靠在涛雒东门外装卸货物。由于河道变迁，泥沙淤积及人工开挖，2021 年只能在小海村东停泊较小渔船。

第三节　潮汐　波浪　海流

潮汐

受海州湾外南黄海半日无潮系统（无潮点位于北纬 34° 35′、东经 121° 12′）的控制，涛雒海域属正规半日潮类型。半日潮波绕无潮点作逆时针方向旋转运动，沿岸波峰线由北向南传播，发生高潮时间北早南迟。

涨潮时为南西流，落潮时为北东流。一般涨潮流速大于落潮流速，涨潮时间比落潮时间短，大潮期间最大涨潮流速为 1.286 米 / 秒，流向南西；最大落潮流速为 0.823 米 / 秒，流向北东，余流流速普遍较小。历年最高潮位为 5.46 米（1974 年 8 月 19 日），最低潮位为 –0.51 米（1968 年 11 月 14 日，1974 年 12 月 8 日）。平均高潮位为 4.22 米，平均低潮位为 1.24 米。平均潮差为 2.99 米。最大潮差为 4.90 米，平均海面为 2.74 米。

波浪

波向　优势波向为东向，占 20.8%，其次为南东及东南东向。东至南东向浪占 49.9%。在冬季偏北浪向显著增多，各月最大频率，除 4—7 月为南东向外，其他各月都是东向。

涛雒海域潮汐时间表

表 2—8

日期（农历）	退潮时间	涨潮时间	最佳赶海时间
初一 / 十六	6：00	12：12	8：30—15：30
初二 / 十七	6：48	13：00	9：30—16：30
初三 / 十八	7：36	13：48	10：00—18：00
初四 / 十九	8：24	14：36	11：00—18：30
初五 / 二十	9：12	15：24	12：00—19：00
初六 / 二十一	10：00	16：12	5：00—8：00 12：00—19：00
初七 / 二十二	10：48	17：00	5：00—9：00 13：00—19：00
初八 / 二十三	11：36	17：48	5：00—10：30 13：30—19：00
初九 / 二十四	12：24	18：36	5：00—10：30 14：30—19：00
初十 / 二十五	13：12	19：24	6：00—12：00 15：20—20：00
十一 / 二十六	14：00	20：12	6：00—12：00 15：20—20：00
十二 / 二十七	14：48	21：00	6：00—13：00 16：00—20：00
十三 / 二十八	15：36	21：48	6：30—14：00 18：00—20：00
十四 / 二十九	16：24	22：36	7：00—14：00
十五 / 三十	17：12	23：24	8：30—15：30

波高　历年平均波高 0 ~ 0.4 米，占 40%；0.5 ~ 1.4 米，占 58%；1.5 ~ 2.9 米，仅占 2%。波高大于 3.0 米的波浪很少出现（1981 年 9 月 1 日曾测到波高 4.4 米）。按月统计资料分析，波高大于 0.5 米的浪 6—8 月较多，为 62% ~ 76%；1 月、12 月较少，为 47% ~ 48%。波高大于 1.5 米的浪，7—9 月较多；3—5 月最少，仅占 1%，最大波高大于 3 米的浪，在 1 月和 7—9 月出现。

周期　各级波平均周期出现率（水深 11.5 米），0 ~ 1.9 秒频率为 15%，2.0 ~ 3.9 秒频率为 50%，4.0 ~ 5.9 秒频率为 34%，6.0 ~ 7.9 秒频率为 0.4%。

海流

潮流性质　属规则的半日潮流，一日中有 2 次涨、落潮，涨、落潮历时相近。潮流按逆时针方向旋转，主流轴（流速最大的流）近似为北东至南西向。

流速分布及变化　涨潮时主流为南西流，落潮时为北东流。涨潮流速大于落潮流速，最大时可相差49厘米/秒。最大涨潮流出现在高潮前3～2小时，最大落潮流出现在落潮后2～3小时。海流最大可能流速在近海区，主要是风海流，最大可达20厘米/秒。

第四节　海水表层温度、盐度

温度　域内近海表层水温历年平均值为14.4℃，一年中8月平均水温最高，为26.7℃；2月平均水温最低，为2.6℃。历年各月平均水温变化见下图（单位℃）：

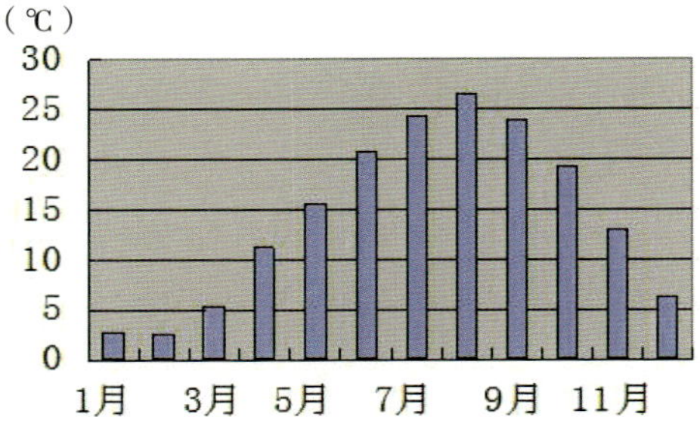

图2—1　涛雒镇历年各月海水表层水温变化情况示意图

盐度　涨潮海水浓度因季节不同而变化，春季天旱少雨，海水浓度为2.5°～2.9° Bé，伏季、秋季受排涝泄洪影响，海水浓度下降1° Bé 左右。

第五章　自然资源

域内自然资源丰富，包括土地资源、矿产资源、水产资源、植物资源、动物资源和水资源等。土地资源总面积113.50平方千米，矿产资源主要是非金属矿产，水产资源主要有海水资源和淡水资源。

第一节　土地资源

2006年，域内农用土地总面积为100315.1亩，可利用面积为79042亩，占全镇农用面积的78%。农业人口64815人，人均土地面积1.19亩。

依据《全国第二次土壤普查暂行技术规程》的标准，域内土地共分七个地级。

一级地　土壤为潮土和水稻土、潮棕壤土，主要分布在南店村、东石梁头村、西石梁头村、东风村、大羊卷村、赵家庄子村等地。土层深厚，无不良层次，耕层质地适中，地势平坦，土壤肥沃，理化性状良好，保肥保水性能强，能灌能排，旱涝保收。

二级地　土壤主要是潮土、水稻土和潮棕壤土。主要分布在大刘庄村、下元村、竹子河崖村等地。地势平坦、土壤深厚，部分质地微偏沙，土地不够平整，排灌不完善，有旱涝威胁。

三级地　土壤属潮土、水稻土和棕壤土。土层厚度一般大于80厘米，地势较平坦。部分有轻度侵蚀，排灌条件不完善，有旱涝威胁。如高旺、林子头、下元等村。另廒头、东川子、马家村、王家村、刘家湾等村的次级地有盐化威胁，汛期排水较困难，多有涝灾。

四级地　土壤多属棕壤土、风沙土。多分布在剥蚀丘陵、低山丘陵缓坡和沿河、滨海沙滩一带，如蒿岭、亚月及刘家湾、沙岭子等村的沿海沙滩，适宜粮油果品生产和防护林。

五级地　土壤属棕壤土。土薄砾石多，水土流失较重，适宜植树种草，如高旺南岭，上元后岭、下元一村原址。部分分布在近海重度盐化潮土和潮盐土上，如东灶子、北王家村、栈子村等，适宜发展鱼虾养殖生产，有引水条件的可实行稻作。

六级地　土壤为残坡积物的棕壤土。主要分布在较大山丘的中上部，如下元一村、上元村、华山村、簸箕笃子村等。土薄石头多，部分为裸露石质山地，只适宜林草用地或采石用地。

七级地　主要分布在近海滩地和盐滩地上，

土壤大部分属盐土，如小海村、朝阳村、廒头村等地，只适宜发展鱼虾养殖和晒盐。

第二节　矿产资源

非金属矿产

域内矿产资源主要是非金属矿产。

岩石　主要为钾长岩、片麻岩，分布于凤凰山、下元西山、华山一带，储量丰富，其次为蛭石、碳石，分布在高旺庄、上元一带，另有付疃河三角洲突滩中有角闪石等，都有一定储量。

黄沙　域内建筑用沙资源丰富，主要分布于沿海刘家湾村、栈子村等地的海沙，储量丰富，另有巨峰河河沙，在苗家村 2 河段、竹子河段、南店河段的河岸及河床均有大量分布。河沙分布宽，厚度大，沙质分选好。成分主要为石英、长石、岩屑及少量云母等。

黏土　主要分布在下元一村、华山、簸箕笃子村等地，是厚度较大的砖瓦用黏土。砖用黏土用水搅拌后，具有可塑性，干燥后保持原形，焙烧后坚硬如岩石，并具有吸水吸附等性能。

磷矿石　主要分布在高旺庄南岭以东、丁家营子村以北地区，有一定储量。

金属矿产

金属类具有开采价值的有金、铜、铁矿石，为复合矿区，矿石储量大，主要分布在高旺南岭一带。在小海村、栈子村等地的沿海海沙中含有精矿粉。

第三节　水产资源

海水水产资源

鱼类　（3 纲 40 科 86 种）：（1）皱唇鲨科：白斑星鲨（白点鲨）、皱唇鲨；（2）团扇鳐科：中国团扇鳐（瓢鱼）；（3）鳐科：孔鳐（老板劳子）、斑鳐、黄鳐、喀氏鳐；（4）魟科：赤魟（黄鲼）；（5）鲱科：鳓鱼（白鳞鱼）、鲥鱼、青鳞鱼、远东拟沙丁鱼；（6）鳀科：鳀鱼、赤鼻棱鳀、黄鲫鱼、刀鲚、风鲚；（7）银鱼科：大银鱼；（8）狗母鱼科：长蛇鲻（梭鱼）；（9）海鳗科：海鳗（狼鳝）；（10）康吉鳗科：星鳗；（11）鱵科：鱵鱼（针良鱼）；（12）海龙科：海龙、日本海马；（13）野科：油野；（14）鲻科：梭鱼、鲻鱼；（15）鲈科：鲈鱼（黑寨、花寨）；（16）天竹鲷科：天竹鲷、细条天竹鲷；（17）鳍科：多鲶鳍；（18）鲹科：沟鲹、蓝圆鲹；（19）石鲈科：斜带鲻鲷、横带鲻鲷；（20）石首鱼科：棘头梅童（大头宝）、小黄鱼（黄花鱼）、鮸鱼、白姑鱼、黄姑鱼、皮氏叫姑鱼；（21）鲷科：真鲷（红加吉）、黑鲷（黑加吉）；（22）羊鱼科：条尾鲱鲤；（23）锦鳚科：云尉、锦鳚；（24）玉筋鱼科：玉筋鱼（面条鱼）；（25）衔科：短鳍衔；（26）带鱼科：带鱼（刀鱼）；（27）鲭科：鲐鱼（鲐鲅鱼）；（28）鲅科：兰点鲅（鲅鱼）；（29）鲳科：银鲳、燕尾鲳；（30）虾虎鱼科：矛尾刺虾虎鱼（光鱼）、钝尖尾虾虎；（31）鲉科：黑鲉、褐菖鲉（红寨）；（32）毒鲉科：单指虎鲉、日本鬼鲉；（33）鲂鮄科：短鳍红娘鱼（红头鱼）、绿鳍鱼、欧氏六钱鱼、蛹鱼（百甲鱼）；（34）圆鳍科：细纹狮子鱼（先生鱼、海鲶鱼）；（35）鲆科：牙鲆、桂皮斑鲆（花点鲆）；（36）鲽科：高眼鲽、虫鲽、星鲽、木叶鲽、黄盖鲽、油鲽、石鲽；（37）鳎科：条鳎、宽体舌鳎、丰滑舌鳎、焦氏舌鳎、短吻舌鳎；（38）草鲀科：马面鲀（老鼠鱼、鸡鱼）；（39）鲀科：铅点东方鲀（廷巴）、弓斑东方鲀、红旗东方鲀、虫纹东方鲀、星点东方鲀；（40）鮟鱇鱼科：黄鮟鱇（嘚瑟鱼）等。

头足类　（2 科 6 种）：（1）乌贼科：金乌贼（墨鱼）、曼氏无针乌贼、日本枪乌贼、耳乌贼；（2）章鱼科：短蛸（八带蛸）、长蛸（风蛸）。

甲壳类　（2 亚目 7 种）：（1）长尾亚目：对虾、周氏新对虾、鹰爪糙对虾、中国毛虾、虾蝴；（2）短尾亚目：三瘤梭子蟹、日本蟳。

滩涂水产资源

域内沿海滩涂面积有 18642 亩，皆为软质。滩涂资源品种繁多，共有 189 种，其中贝类资源有 79 种，藻类资源有 54 种，甲壳类有 5 种。经济价值较高的有西施舌、大竹蛏、文蛤、杂色蛤、海参、红螺、玉螺、石花菜等。

贝类　（1）单壳类复足纲：扁玉螺、福氏玉螺、锈凹螺、疣荔枝螺、粒藻螺、单齿螺、强棘红螺、脉红螺、蛸螺、滨螺、短滨螺、古氏滩栖螺、杜氏笋螺、纵肋粗纹螺、红楼拟蟹守螺、甲螺、珠带拟蟹守螺、核螺、中国笔螺、习见粗纹螺、泥螺、日本菊花螺、拟帽贝属、塔螺科、梯螺科、天窗戚属、笋螺属。（2）单壳类双神经纲：石磺、海牛、朝鲜鳞带石鳖、网纹综毛石鳖、无壳兰侧鳃海牛、红条毛肤石鳖、史氏综毛石鳖。（3）双壳类瓣鳃纲：文蛤、西施舌、大竹蛏、边线蛤、凹线蛤蜊、日本镜蛤、中华青蛤、四角蛤蜊、汛潮楔形蛤、菲律宾蛤子、弯竹蛏、九州斧蛤、渤海鸭嘴蛤、彩缸明樱蛤、江户明樱哈、伊豆布目蛤、紫彩血蛤、水彩短齿蛤、中国绿螂、薄荚蛏、焦河兰蛤、脆壳全海笋、中国蛤蜊、巽白樱蛤、黑偏顶蛤、紫贻贝、纹斑棱蛤、毛蚶、榛蚶、泥蚶、中国不等蛤、褶牡蛎、麦氏偏顶蛤、兰蛤、杂色蛤子。

藻类　（1）绿藻门有7种：硬无藻、花刚毛藻、育枝浒苔、绿管浒苔、肠浒苔、礁膜、刺海松。（2）褐藻门有10种：海蒿子、鼠尾藻、海黍子、水云、褐蠕藻、萱藻、囊藻、网地藻、黑顶藻、点叶藻。（3）红藻门有35种：石花菜、细毛石花菜、海萝、鹿角海藻、鸡毛藻、江蓠、扁江蓠、缢红蓠、杉海苔属、叉枝藻属、叉枝藻、叉枝藻、蜈蚣藻、蜈蚣藻、蜈蚣藻属、三叉仙菜、细枝仙菜、小仙菜、仙菜属、仙菜、亮管藻、红羚菜属、多管藻、多管藻、橡叶藻、绢丝藻、对丝藻、羽枝凹顶藻、红舌藻属、松节藻、顶群藻、珊瑚藻、异管藻、节荚藻、绒线藻。

甲壳类　在潮间带以近方蟹、红线黎明蟹、马蹄蟹、豆孝蟹为代表的甲壳类较多。

主要海水经济鱼类资源变化

20世纪60年代初期，沿海主要经济鱼类有：带鱼、小黄鱼、白鳞鱼、鲅鱼、鳀鱼、黄姑鱼、白姑鱼、加吉鱼等。20世纪60年代中期以来，除黄鲫鱼、鲅鱼、鲐鱼、乌贼、对虾比较稳定外，其他主要品种数量显著下降。小黄鱼、白鳞鱼、加吉鱼、刀鱼、海蜇等极为稀少。自20世纪80年代实行休渔制度后，经济鱼类资源逐渐得到恢复。

淡水鱼类

引进鱼类品种　青鱼、草鱼、鲢鱼、鳙鱼、鲂鱼、罗非鱼等。

野生鱼类　鲫鱼、南方马口鱼、赤眼鳟、鲤鱼、银鱼、餐条、油餐、团头鲂、三角鲂、红旗白、翘嘴、红鲌、鳊鱼、麦穗鱼、稀有麦穗鱼、似鮈、棒花鱼、钝吻棒花鱼、圆吻鲴、银鲴、细纹斜领鱼、彩石鲋、中华鳑鲏、日本鳑鲏、泥鳅、刺鳅、鲇鱼、海鲶、梭鱼、鲻鱼、鲈鱼、虎鱼、弹涂鱼、圆尾斗鱼、乌鳢、黄鳝、鳗鲡。

淡水水产资源还有河蟹、毛蟹、草虾、龙虾、罗氏沼虾、螺、蚌等。

第四节　植物资源

树木

树种有65科，146属，250种。

用材树种　黑松、赤松、火炬松、落叶松、国槐、刺槐、加杨、毛白杨、214杨、69杨、72杨、旱柳、垂柳、金丝柳、曲柳、白榆、皂角树、臭椿、苦楝、麻栎、银杏、枫杨、楸树、水杉、皂角树等。

经济树种　苹果、板栗、山楂、桃、核桃、梨、杏、柿子、大枣、葡萄、樱桃、李子、桑、茶、棉槐、白蜡、杞柳等。

观赏树种　雪松、桧柏、龙柏、千头柏、香柏、线柏、绒柏、翠柏、日本花柏、密柏、垂柳、龙爪柳、法桐、合欢、灯台、棕榈、苏铁、樱花、梅花、榆叶梅、三角梅、杜鹃、海棠、紫叶李、木槿、茶花、蜡梅、月季、桂花、桃花、玉兰、木芙蓉、木兰、牡丹、百日红、冬青、丁香、蔷薇、迎春、金银花、黄杨、夹竹桃、无花果等。

珍稀古树　银杏、桂花。

竹类

有淡竹、毛竹、紫竹、黄槽竹、石竹。

药用植物

当地药用植物种类较多，能采集到的主要有苍耳、野菊花、菊花、蒲公英、大蓟、小蓟、漏芦、旱莲草、败酱草、茵陈、牛子、翻白草、木瓜、杏、桃、李、月季花、地榆、仙鹤草、山楂、丹皮、威灵仙、白头翁、白芍、草乌、丹参、黄芩、苏子、薄荷、夏枯草、金线草、泽兰、马齿苋、鸡冠花、青葙子、牛膝、薏苡、茅草、芦根、竹茹、葛根、苦参、百合、山豆根、槐角、地丁、农吉利、菟丝子、风茄花、黑丑、芥穗、大青、莱菔子、麦蒿、柴胡、前胡、沙参、蛇床子、防风、瓜蒌、土白母、丝瓜络、苦丁香、枸杞子、花椒、枳实、酸枣、大枣、玉竹、薤白、杜仲、半夏、金银花、桔梗、远志、太子参、元胡、车前子、银杏、硬蒺藜、生地、玄参、黑芝麻、马兜铃、连翘、香附、浮萍、茜草、紫参、白薇、徐长卿、桑白皮、大麻、荷叶、透骨草、地肤子、地骨皮、蔓荆子等。

水生植物

芜萍、浮萍、水烛、香附、槐叶藻、轮叶黑藻、金鱼藻、苦草、菹草等。水生经济植物有芦苇、蒲、藕、菱、荸荠等。

草类

种类繁多，数量最多的有茅草、荠菜、看麦娘、辣蓼、蒲草、黄背草、狗尾草、马堂草、苔草、野菊花、鬼针草等。

菌类

松莪、黄莪、地角皮、黑木耳、银耳、蘑菇等。

粮食、油料

小麦、大麦、米麦、玉米、稻、粟、黍、稷、䅟、高粱、红薯、荞麦、大豆、绿豆、豌豆、黑豆、花生、芝麻、蓖麻等。

蔬菜瓜果类

白菜、青菜、萝卜、菠菜、番茄、茄子、辣椒、菜椒、马铃薯、苔菜、葱、韭、蒜、黄瓜、芸豆、豆角、芹菜、姜、芦笋、甘蓝、藕、花椰菜、西瓜、甜瓜、稍瓜、香瓜、佛手瓜、菱瓜、冬瓜、南瓜、丝瓜、瓠瓜、油菜、芫荽、茼蒿、苋菜、空心菜、茴香、洋葱、胡萝卜、辣菜、扎菜、香椿等。

花卉类

芍药、菊花、百合、吊兰、莲花、文竹、水仙、旱莲、葱兰、韭兰、叶兰、罗白兰、小巷兰、虎耳草、荷包花、紫果兰、叶子花、秋海棠、仙客来、君子兰、大丽花、唐草蒲、虞美人、明衣甘蓝、鸡冠花、矮牵牛、勿忘草、凤仙花、一串红、千日红、吉祥草、牵牛花、樱桃椒、佛手椒、朝天椒、五色椒、丁茄、麦冬、扁竹、满天星、犁云草、翠珠草、摸弄香、万年青、报春花、蒲包花、菠菜菊、含羞草、紫果兰、香堇、鸢尾、郁金香、紫茉莉、鸭跖草、龟背竹、水葫芦、茑萝、蜀葵、卷柏、石斛、蝴蝶花、三包堇、紫鸭足草、虎皮兰、玉簪、小竹、天竺葵、浮藻、兰花、芭蕉、五角星、一叶兰、蕨叶等。

第五节 动物资源

兽类 狼，20世纪70年代甚少，2022年已绝迹。狐，现在一般为人工饲养。猞猁、獾数量较多。常见的还有黄鼠狼、刺猬、蝙蝠、野兔、田鼠等。

鸟类 已查明有22目44科200余种。常见鸟类主要有啄木鸟、灰喜鹊、喜鹊、大山雀、白劳、柳莺、杜鹃、戴胜、斑鸠、猫头鹰、夜莺、黄鹂、苇莺、黑卷尾、灰掠鸟、三道眉、黄喉鸟、红肋、白头鹎、燕子、麻雀、布谷、乌鸦、鸽子、雁、山鸡、野鸡、野鸭等。罕见的有白鹤、丹顶鹤、大天鹅、鸳鸯、灰鹤、草鸮、苍鹰、长耳鸮等。

爬行和两栖类 有蜥蜴、壁虎、石龙子、蛇、青蛙、蟾蜍、乌龟等。

昆虫类 已查明昆虫纲有7目24科55种。常见的昆虫有广腹螳螂、中华大螳螂、步行虫、七星瓢虫、隐纹瓢虫、中国虎甲、大草蛉、草青蛉、蚁蛉、小茧蜂、姬蜂、枯叶蛾茧蜂、赤眼蜂、蚀虫、蜻象、蜻蜓、食蚜蝇、寄生蝇、金蛛、肖蛛、狼蛛等。

家养畜、禽及其他 黄牛、水牛、马、驴、骡、猪、狗、鸡、鸭、鹅、山羊、绵羊、猫、鸽、狐、貂、貉、蝎、蜗牛等。

第六节 水资源

降水量

域内年平均降水量为886.9毫米，降水期集中在4—9月，占全年降水量的89%。从1984年水利站有记录以来，最小降水为1992年，全年降水501.9毫米；最大降水为2003年，全年降水1236.9毫米。

地表水

域内以巨峰河（包括栈子河、南店河）、廒头河（包括右所河、川子河、混沟河）、林子头河河水为主，另有沟渠水、坑塘水、滩涂水。

地下水

域内属第四系孔隙潜水一般富水区和片麻岩强风化裂隙潜水一般富水区。地区分布有差别，西南部丘陵及山区地下水储量偏少，东北部平原及滨海区地下水储量丰富，在时间的分布与降水的年际内变化相对应。

水质

地表水质　巨峰河、廒头河、林子头河 pH 值均在 6 ~ 7，呈弱酸性，矿化度每升在 200 ~ 300 毫克，符合农田灌溉及饮用水标准。

地下水质　主要是碳酸盐为主，其次为重碳酸盐（氯化物）型水。其氯化物含量较轻微，pH 值 5.5 ~ 6.5，呈弱酸性，矿化度每升 250 ~ 350 毫克，符合农田灌溉及饮用水标准。主要分布在巨峰河、廒头河流域、大洼村等地。沿海地区地下水海水浓度在 2.5° Bé 左右，只能供海水养殖用。

水资源开发利用

域内地表水以巨峰河之下游竹子河、南店河和廒头河、林子头河为主（包括日照水库干渠），除人畜日常生活及农业用外，还供给淡水养殖及工业用。

第六章　自然灾害

域内自然灾害，主要有干旱、洪涝、大风、冰雹、病虫害等。本地区受季风气候影响，降水量年际和季节变化大。旱灾和涝灾是常见交替出现的自然灾害。旱灾出现概率为 29.6%，是主要自然灾害之一。大旱 13 年一遇，旱年 3 ~ 5 年一遇，其中春旱 4 年一遇，初夏旱 2 ~ 3 年一遇；秋旱 3 年一遇。涝年平均 4 年一遇，多发生在夏季，占三分之二，秋涝占三分之一。据统计，洪涝灾害在 20 世纪 50 年代和 60 年代发生频繁，平均 2 年一遇，之后涝灾发生频率降低。

第一节　旱灾

历史上域内严重旱灾摘记如下：

清咸丰元年（1851），春季大旱。

清咸丰六年（1856），秋季大旱，飞蝗蔽天。

清咸丰七年（1857），大旱。

清光绪十一年（1885）夏，大旱。

清光绪十三年（1887）春，旱。大麦、小麦抽不出穗。

1915 年 6 月，特大干旱，域内半年无雨，庄稼枯萎，作物无法种植。

1935 年，特大干旱，4 月初至 8 月 15 日未下雨，庄稼不收，民大饥。

1941 年，特大干旱，庄稼绝产，人畜饮水困难。

1944 年，大旱。5—9 月无雨，秋作物绝产，民大饥。

1952 年春，大旱。

1953 年秋，大旱。

1954 年，夏旱，山丘地区夏地瓜、夏大豆无法种植。

1955 年，春旱，秋大旱，9—10 月无雨。比常年少 71%。

1957 年秋，大旱。自 9 月初至 11 月底基本无雨，比常年同期少 84%。

1962 年春，大旱，3—5 月降雨量比常年同期少 77%。

1963 年初夏，大旱，6 月降雨量比常年同期少 86%。

1969 年晚秋，大旱，10—12 月基本无雨。

1977 年，特大春旱，自上年 10 月至是年 3 月底，6 个月总降雨量 40 毫米，比常年同期少 73%。

1978 年春，大旱，3—5 月降雨比常年同期少 76%，山区人畜用水困难。

1980 年春，大旱，4—6 月比常年同期少 73%。

1982 年，特大春旱，部分小麦、玉米旱死，山村人畜用水困难。

1985 年初夏，大旱，6 月降雨量比常年同期少 87%。

1989 年，春旱，山岭地区小麦减产 25%。

1991 年 8 月至 1992 年 7 月中旬，11 个月累计降雨 228 毫米，比正常年同期少 70%。近百座塘坝、多数河流、大口井干涸，6 个村的人、畜饮水困难。

1997 年，6 月遭受 60 年来同期罕见的旱灾，大部分水井、大口井、塘坝干涸，大小河道潜流断流，受灾作物面积达 2 万余亩，25000 余人及牲畜饮水困难。

2001 年 3—6 月，遭受 1952 年有气象记录以来最严重的旱灾，累计降水 87 毫米，比历史同期减少 158.2 毫米。

2002 年，春季干旱。受灾人口近 3 万人，农作物受灾面积 2 万余亩。

第二节 水灾

历史上域内严重水灾摘记如下：

清道光二十三年（1843）秋，大水。

清道光二十七年（1847）6 月，大雨。

清道光二十九年（1849）7 月，大水。

清咸丰元年（1851）秋，大水。

清同治元年（1862）秋，大水。

清同治五年（1866）农历六月一日夜，大暴雨，振雷甚厉，平地水涌丈余。

清同治十一年（1872）农历六月二十七日夜，大风雨。禾偃木拔。

清光绪元年（1875）6 月，大风雨，平地水深数尺。

清光绪五年（1879）6 月，大雨。

清光绪七年（1881）农历闰七月十六日，大水漂没房舍，沿海不少群众被淹死。

清宣统三年（1911），除夕之夜，电闪雷鸣，普降暴雨，至翌日晨方止，平地水深盈尺。秋，连日大雨，河水涨溢。

1916 年 7 月，大雨成灾，农田淹没无数，洼地积水成湖，农作物大减产。

1919 年 7 月，大水灾。

1927 年 7 月 15 日，特大水灾，日降雨约 400 毫米。

1953 年 7 月 3—8 日，阴雨连绵，8 日降雨 117 毫米，加之大海潮，作物绝产。桥东头、刘家湾、沙岭子、小海、王家村等村受灾严重。

1954 年 8 月 11 日，大雨，雨量达 158 毫米。

1956 年，汛期降雨量 876.2 毫米。9 月 5 日，台风，海潮，暴雨，降雨量 158.1 毫米，大小河 42 处决口，农田被淹，房屋倒塌 414 间。

1957 年 7 月，降水 502.6 毫米，其中 10 日特大水灾，10 日和 15 日降雨 338.9 毫米，伴有 7 ~ 8 级大风，河堤多处决口，房屋倒塌 318 间。

1960 年 6 月 25—27 日，连降 4 次暴雨，降雨量 292.7 毫米。9 月 2 日、25 日、26 日，3 次降暴雨 241.4 毫米，农田被淹，秋作物严重减产，村民吃草根树皮度荒。

1961 年 9 月 20 日，暴雨，降雨量 168.1 毫米。农作物严重减产。

1962 年 7 月 13 日夜，2 小时内降雨量 104 毫米。

1963 年 7 月，阴雨连绵长达 27 天，其中 7 月 10 日、12 日、16 日均降暴雨。农田成灾 3800 亩，河道决口 23 处，塌屋 620 间。

1964 年 3—5 月，降雨 277.0 毫米，比常年同期多 116%，出现了“旱春汛”；4 月降雨量 148.3 毫米，中上旬阴雨连绵，造成春地瓜育苗烂床。8 月，连续 5 次暴雨，降雨量 378.2 毫米，河堤决口 8 处，农田积水。

1971 年 8 月 29 日，突降特大暴雨。3 小时降雨 200 毫米以上。有 7 个村水深 1 米余，粮田过水，受灾 4 万亩，绝产 370 亩。

1973 年 8 月 14 日夜，特大暴雨，降雨量高达 250 毫米，农田被淹。

1974 年 8 月 11—13 日，受 12 号台风影响，降雨量 452 毫米。河堤决口，农田受灾。

1975 年 8 月 12—14 日，降大暴雨，降雨量 370 毫米，域内东川子村全村被淹，村内水深 1.5 米，最深处达 1.7 米，房屋倒塌 30% 以上，全村被迫搬迁。

1976年6月29日，降暴雨，降雨量157.7毫米。

1979年6月20日，大风暴雨，渔船受损严重。

1980年6月16日，降雨量121.1毫米，域内4000亩小麦被淹，减产30%。

1981年9月1日7时，大海潮，海潮水位达5.43米，海浪高4.8米，最大浪高8.5米。海水冲淹农田，冲毁虾池，撞坏、撞碎渔船多艘。

1982年7月5日，大暴风雨2小时，降雨200毫米。

1984年7月25—27日，连降大到暴雨，降水量300毫米以上，38400余亩农田积水3～5天，180亩鱼池近被冲毁。

1986年6月12日下午，降暴雨，雨后4天阴雾，6000余亩未及收割的小麦大部分倒伏，部分小麦发芽。7月27日又遭大雨袭击，淹没庄稼近千亩。

1990年5月16—17日，连续降雨近30个小时，平均降雨量79.6毫米，最大降130毫米。7月又连降大到暴雨。农作物受灾面积达3062亩，成灾面积756亩。

1993年，11月5—12日连降大雨，平均降雨206.5毫米，最大降雨量288.2毫米，11个村受灾严重，43处水利工程受损，部分鱼池遭受损坏。

1999年8月11—14日，遭受特大暴雨袭击，最大降雨量424.8毫米，致使部分村庄人、畜受灾，农作物受灾面积近万亩，成灾6000余亩，倒塌房屋182间，道路、水利等设施也受到不同程度损坏。

2000年8月28日，遭暴雨袭击，平均降雨146.2毫米，最大降雨量238毫米，并伴有7级以上大风，农作物受灾害面积13600余亩，成灾8000余亩，冲毁堤坝、防浪坝3850米，5条渔船遭受不同程度损坏。

2007年8月10日、9月18日两次强降雨。华山、上元等村多处塘坝出现滑坡险情，有100余户房屋进水，秋季作物成灾面积15000余亩。

第三节　风灾

历史上域内严重风灾摘记如下：

清咸丰六年（1856）3月16日，大风，黄土迷空。

清同治四年（1865）农历闰五月二十三日，大风拔木。

清光绪元年（1875）7月，大风伤禾稼。

1940年，涛雒街4只船从石臼所起航，行至江苏射阳海面时，遇大风罹难，其中，有两只船翻沉。30多名船员在海上漂流3昼夜，后被一外轮救起，死亡1人。

1949年5月，大风灾。7月26日大风，禾稼根起，海浪砸碎渔船3只，丢失渔网50余条。

1951年8月19日，台风，大海潮，潮淹土地千亩，食盐冲失万斤。

1954年3月18日晚，受寒流和暴风袭击，1000余户受灾，2000余间房屋被刮坏。

1959年10月31日，大风，沿海损失网具渔船。

1962年7月25日、8月7日、8月13日，大风，刮坏房屋。

1969年1月28—29日，雨凇伴大风，压断电线，通信、供电、广播、交通均中断，撞毁渔船56艘。

1972年6月11日，8个村受风雹灾害。

1979年1月28—29日，特大冻雨伴有大风，通信、供电、广播、交通中断，海上撞坏渔船。

1981年8月31日至9月1日晨，受14号台风和大海潮侵袭，72艘渔船被撞碎、撞坏，大量坛子网被冲走和毁坏，虾池、盐池损失严重。

1982年7月5日，南部海面发生龙卷风，从岚山王家海屋登陆，经涛雒公社至高兴公社东辛庄子附近消失。风经之处，拔起大树，掀翻粮囤、草垛，摧毁房屋，损失甚大。大暴风雨2小时，降雨200毫米。

1985年8月19—22日，受9号台风影响，遭暴风雨袭击，刮倒、折断树木5.2万余棵，受灾农田3000余亩，海面浪高5米，冲毁挡浪坝、码头护堤6处，冲毁虾池、鱼池，淹没盐田2000余亩，受损渔船39只，伤35人，亡2人。刮断电线杆65根，2个变电站供电设施受损。

1986年7月27日，龙卷风袭击域内西部村庄，毁坏房屋121间，刮倒、刮断成材树2000余株。

1988年7月21日，受暴雨和龙卷风袭击，作物受灾面积3000余亩，刮倒、折断树木16000余棵。

1989年9月16—17日，受23号台风影响，遭大海潮袭击，致使部分虾池、盐场、渔船、渔网、秋作物、苗圃、树木受到损害。

1992 年 8 月 31 日夜，遭受 16 号热带风暴潮袭击，刮倒、刮塌房屋 320 余间，3000 多亩高秆作物被刮倒折断，倒折树木 2 万余棵，因灾伤 15 人。

1995 年 11 月 7 日，遭受强风暴袭击，53 艘渔船不同程度受损，120 多亩扇贝被风浪卷走。

1996 年 6 月 27 日 13 时 50 分，部分村庄遭受龙卷风袭击，风力 10 级，阵风 12 级以上，持续 10 分钟，损坏房屋 1500 余间，刮倒、刮断成材树 3000 余株。

2000 年 4 月 9 日，遭受沙尘暴袭击，最大风力达 10 级，受灾人口 2 万人，刮毁瓜果、蔬菜、花卉大棚 250 余个。

2001 年 8 月 23 日，遭风暴袭击，有 12 个村受灾，农作物、蔬菜受灾面积近千亩。

第四节　雹灾

历史上域内严重雹灾摘记如下：

域内 4 月下旬至 10 月上旬均可出现，尤其 5 月中旬至 6 月中旬，多发生在午后至傍晚前，沿海中部平洼地区 5 ~ 10 年一遇，冰雹直径一般 5 ~ 10 毫米，最大直径 30 ~ 40 毫米。

清同治四年（1865）农历正月十三日，降大雪，雷电交加，下冰雹，伤禽兽。

1921 年 6 月中旬，遭大雹灾，夏粮减产严重。

1972 年 6 月 11 日 13 时 40 分，9 ~ 10 级大风加冰雹，持续近 1 小时。

1977 年 6 月 3 日下午 2 时，受冰雹袭击，冰雹直径 15 ~ 20 毫米，5 分钟盖地 6 厘米厚。

1982 年 9 月 5 日，18 个村降冰雹，重灾区降雹厚度 5 厘米。

1993 年 6 月 24 日，遭冰雹袭击，有 8 个村受灾，农作物、蔬菜不同程度受损。

第五节　蝗灾

历史上域内严重蝗灾摘记如下：

1963 年以前，域内东部沿海地区的廒头湖、川子湖、小海湖和栈子湖等，皆为内涝农田，历来为蝗灾的重灾区，有史料记载的蝗灾就有 10 多次。

唐开元四年（716）夏，蝗虫成灾，食稼声如风雷。

唐贞元元年（785）夏，蝗虫群飞蔽天，10 日不息。其所到之处，庄稼草木无存。

明万历四十三年（1615），大旱又遇蝗灾，赤地千里，人相食，卖子鬻女犹如牛羊，死者枕藉于路。

清咸丰二年（1852）春，大旱，蝗虫成灾；咸丰四年（1854）、咸丰六年（1856）、咸丰七年（1857）均有蝗灾。

清咸丰六年（1856）秋，大旱，飞蝗蔽天。

清光绪四年（1878）夏，蝗灾严重。

清光绪二十六年（1900）6 月，蝗灾，蝗虫自南向北，遮天蔽日。

1913 年夏，蝗灾，庄稼绝产。

1920 年夏，发生蝗灾，蝗虫遮天蔽日，所经之处，禾苗无剩。

1925 年，蝗灾，庄稼绝产，外出逃荒者过半。

1940 年，夏蝗、秋蝗连灾，蝗群来时，遮天盖地，庄稼野草全被吃光。

1958—1962 年，连续 5 年，域内发生不同程度的蝗灾。

1964 年后，蝗虫逐年减少，蝗灾彻底消除。

第六节　霜冻　雨凇

1966 年 3 月 6—8 日，雨凇持续时间长达 10 小时，造成电话不通，广播中断，车辆停运，树木、果树、竹子多数压断。

1968 年 11 月 9—11 日，气温骤降，一日内降温幅度达 10.2℃，持续三天低温天气，平均最低温度 -4℃，大白菜、萝卜遭受严重冻害。

1972 年 3 月 30 日至 4 月 2 日，低温阴雨造成窝地瓜普遍受冻，冻害率 50%。

雨凇有害机遇为 7 ~ 8 年一遇，多出现在隆冬和开春。1953 年、1966 年、1969 年、1979 年为重危害年。

第七节　其他自然灾害

风暴潮　明嘉靖十八年（1539）8月，大风暴。海水溢岸2.5千米，淹没庄稼。

1921年8月，大海潮，右所村东、廒头和栈子等地，大部土地被海水淹没，农作物绝产。

1949年，大海潮，撞碎渔船，冲走渔网，冲坏盐田，冲化食盐4.5万公斤。

1953年7月，大海潮，桥东头、刘家湾、沙岭子、王家村、小海等村，海水漫流，农作物绝产。

1981年9月1日晨，特大海潮，水位高达5.4米，为40年来所罕见。撞坏渔船，冲走渔网，盐场被浸。

1992年8月31日夜，特大风暴潮，受灾严重。

地震　从西汉文帝前元元年（公元前179）至清道光二十七年（1847），波及涛雒的地震有18次，其中对本地有破坏性的地震有5次。西汉文帝前元元年，海曲（今日照）地震，山崩、大水溃出。清康熙七年（1668）六月十七日，大地震，多处民房震毁，压死压伤多人。

病害　1979年4月，域内种植泰山1号、昌潍19号小麦发生菌核性根瘤菌，多系丰产田、平湖地、夜潮地。一般地块病株达80%～90%，最严重的地块病株达100%。

涛雒镇志

TAOLUO ZHENZHI

第三编　人口与生育管理

涛雒镇建设新型生育文化宣传活动　（范海波摄于 2020 年 7 月）

早在新石器时期，域内即有先民定居生活，繁衍生息。清代前，域内人口数量无资料可考。至民国年间，尚有断续的人口记载资料。中华人民共和国成立前，由于生产力低下、自然灾害、瘟疫和战事连年不断，人口增长缓慢。中华人民共和国成立后，域内人口快速增长。国家实行计划生育政策后，域内人口出生率、自然增长率逐渐下降。同时，人口年龄、文化程度、职业、民族、姓氏构成状况也发生了明显的变化。

第一章　人口规模

早在新石器时期，域内就有先民定居生息。清代前，域内人口数量无资料可考。至民国年间，尚有断续的人口记载资料。中华人民共和国成立前，由于生产力低下、自然灾害、瘟疫和战事连年不断，人口增长缓慢。中华人民共和国成立后，人们安居乐业，生活水平提高，医疗条件改善，人均寿命大幅度提高。1949 —1958 年，人口数量增长较快。至 20 世纪 70 年代，出现人口增长高峰。国家实行计划生育政策后，域内人口逐步进入低增长时期。

第一节　人口数量

中华民国初期，涛雒区为日照县 15 个区之一。由于地处沿海，交通方便，农、渔、盐、商发展较快，经济相对繁荣，人口发展相对迅速。至 1930 年，全区居民 6525 户，人口 32760 人。

抗日战争时期，日军侵占涛雒，建立日伪政权，域内战事频发，抗日民众惨遭杀戮，人们流离失所，富户商人外逃，人口大幅减少。1945 年抗日战争胜利时，涛雒区辖区依旧，人口却减至 25356 人。1950 年 5 月，日照县区划调整，涛雒称七区，辖 24 个乡（镇），总人口 40896 人。此后多年间，因区划调整，人口数量相应变化。

1958 年 9 月，域内成立“海生人民公社”和“磴山人民公社”，两社总人口 64650 人。1962 年 12 月，两社合并，成立涛雒区，下辖 10 个公社 95 个生产大队，共 56134 人。1971 年区划调整，涛雒公社下辖 75 个生产大队，总人口为 59389 人。1982 年第三次全国人口普查时，涛雒公社总人口 62217 人。1990 年第四次全国人口普查时，涛雒镇总人口为 67420 人。2000 年第五次全国人口普查时，涛雒镇总人口为 65272 人。2010 年第六次全国人口普查时，全镇总人口为 71359 人，2020 年第七次全国人口普查，全镇总人口为 73317 人。

第二节　人口分布

涛雒地处沿海，经济相对发达，为人口密度较高的乡镇。1978 年后，随着城镇化水平的提高，商业街、仿古街和工业园区的建设，人口流动日甚，入多出少，人口密度越来越高。镇驻地人口密集，远远高于周围乡村；东部沿海地区村居本来稠密，近年来又因海水养殖规模不断扩大，人口较集中，高于 204 国道以西地区。

民国时期，域内人口每平方千米 120 人左右。中华人民共和国成立前后，域内人口每平方千米 100 人左右。随着社会的安定，生产的发展，人口密度提高很快。1982 年，第三次全国人口普查时，每平方千米 593 人。1990 年，第四次全国人口普查时，每平方千米 642 人。2000 年，第五次全国人口普查时，每平方千米 575 人。2006 年，每平方千米 602 人。2020 年第七次人口普查，每平方千米 641 人。

第二章　人口变动

历史上域内人口流动频繁，主要表现在三个时期：先是明朝初期，大量人口从外地迁来，域内村落多为此时形成；清朝末年和抗日战争时期，由于自然灾害及战事屡有发生，人们难以安居，又出现过两次迁出高峰。

中华人民共和国成立后，不同历史时期、以不同迁徙形式，均有人员迁入或迁出。1978年后，随着域内城镇化建设，人们生活水平的迅速提高，前来经商、打工、投资创业的越来越多。

第一节　自然变动

1931年，涛雒商业鼎盛，外来人口剧增，人口迅速发展，当时，民国政府二区总人口超过3万人。抗日战争时期，生活条件恶化，人们流离失所，死亡率居高。至抗日战争胜利，二区人口仅剩2万余人。这一时期，人口自然增长率出现负增长。

中华人民共和国成立后，由于社会安定，人民生活水平提高，人口急剧增加。1949—1958年，为高出生、低死亡、高增长阶段，平均年增长率23.5‰。1958—1962年，为高出生、高死亡、低增长阶段，其中1961年自然增长率为5.46‰。后人们生活逐渐有所好转，人口出现了补偿性生育，至1962年12月，域内人口56134人，自然增长率达28.4‰。

20世纪60年代中叶，人口自然变动主要取决于计划生育政策的落实。1964年后，贯彻计划生育政策，人口自然增长率降至19.5‰，人口发展得到了初步控制。1971年后，计划生育工作列入党和政府的重要议事日程，人口自然增长率降为10.3‰。1979年后，提倡“一对夫妇只生育一个孩子”，计划生育作为一项基本国策得到高度重视，人口发展逐步走上科学管理的轨道，人口自然增长率进一步下降，1985年为8.02‰，1995年为3.50‰，2000年为4.22‰，2006年为2.50‰，2013年为3.38‰，呈现出低出生、低死亡、低增长的人口生产趋势。

2016年1月22日《山东省人口与计划生育条例》规定：实行计划生育是国家的基本国策；提倡一对夫妻生育两个子女。2021年8月20日，新修订的《中华人民共和国人口与计划生育法》规定：国家提倡适龄婚育、优生优育、一对夫妻可以生育三个子女。

第二节　机械变动

涛雒汉代就有宋、王、董、李等姓居住、生息。明朝初年，有丁、葛、滕、田、魏、马、孙等30多姓先后从江苏东海迁居域内，从事农、渔、盐、商等业，并逐渐建村立业，繁衍生息。清末民国初，饥荒频繁，兵匪为患，域内大量人口不断涌入东北三省，俗称“闯关东”。抗日战争时期，大批青壮年被日本侵略者押去东北，在本溪、抚顺、辽源等煤矿当劳工，绝大多数惨死他乡。1948—1949年，不少涛雒人随国民党政府南迁，后去中国台湾、香港、澳门地区及国外定居。

中华人民共和国成立以前，人口迁徙无人管理，迁徙的原因多为移民、逃荒、谋生、避祸、婚嫁等。

中华人民共和国成立后，人口迁徙的原因主要为支援边疆、支援库区、安置渔民、区划变动、参加工作、婚姻嫁娶等。1956—1960年，涛雒区公所、下元区公所根据上级指示，先后组织4批112户554人移民东北三省，落户于嫩江、讷河、依安、克山等县，支援祖国边疆建设。20世纪60—70年代，又因生活等原因，域内每年都有不少人口流入东北，俗称"闯东北"。1966—1972年，日照水库、马陵水库建设期间，涛雒区共接收安置库区移民6批173户504人。1977年后，域内每年有大批学生考入大中专院校，毕业后到域外工作。1998年后，随着商业街、仿古街、工业园区的开发建设及海水养殖业的发展，不少外地人前来经商、务工等，大量人口迁入。1990—2000年，域内迁入6640人，迁出4120人。

第三章　人口构成

中华人民共和国成立后，历次人口普查资料表明：域内人口性别比都处在合理范围，老年人口性别比呈现出随年龄升高而男性比例下降的特点，人口的平均年龄逐年提高，寿命日趋延长。人口受教育的程度越来越高。人口的职业领域日益广泛，传统的农业、林业、牧业、渔业人口所占比重逐渐减少。域内民族数量随着社会的开放、进步而增加。

第一节　民族构成

域内民族以汉族为主。1953年第一次全国人口普查，域内总人口为46339人，全部为汉族。

1964年第二次全国人口普查时，域内总人口为55298人，有3个民族，其中回族、朝鲜族各1人，其余全部为汉族人。

1982年第三次全国人口普查，域内总人口62217人，有汉族、回族、蒙古族、朝鲜族4个民族，少数民族增至8人。

1990年第四次全国人口普查，域内总人口67420人，其中汉族67405人，朝鲜族6人，壮族1人，回族2人，蒙古族2人、满族2人，黎族2人，少数民族共6个，15人。

2000年第五次全国人口普查，域内总人口65272人，共有10个民族，其中汉族65235人，藏族1人，苗族2人，彝族6人，壮族2人，朝鲜族3人，满族19人，土家族1人，傣族1人，锡伯族2人，少数民族共计9个，37人。

2006年，域内67465人，共11个民族，其中汉族67439人，朝鲜族9人，回族2人，满族2人，蒙古族3人，鄂伦春族1人，黎族4人，锡伯族1人，傈僳族2人，瑶族1人，壮族1人。少数民族共26人。

2021年，域内总人口73639人，13个民族，230个姓氏。

第二节　性别构成

1964年，域内人口为55298人，其中男性28231人，占总人口的51.05%；女性27067人，占总人口的48.95%，男女性别比为104.3。1982年，域内人口为62217人，男性31599人，占总人口的50.79%，女性30618人，占总人口的49.21%，男女性别比为103.2。1990年，域内人口67420人，其中男性34175人，占总人口的50.69%，女性33245人，占总人口的49.31%，男女性别比为102.8。2000年，域内人口65272人，其中男性32616人，女性32656人，男女性别比为99.88。2010年，域内人口71359人，其中男性36293人，占总人口的50.86%，女性35066人，占总人口的49.14%，男女性别比为103.49。

从以上五个年度性别比例看，比较平衡，但各年龄组却存在着明显的不均衡。

1964—2010年部分年份涛雒镇人口各年龄段性别比一览表

表3—1 单位：人

年份	0～14岁年龄段			45～64岁年龄段			65岁以上年龄段		
	男	女	性别比	男	女	性别比	男	女	性别比
1964	6973	6852	101.75	2284	2324	98.25	616	773	80.75
1982	8388	7115	108.21	3813	3715	101.32	960	1404	81.22
1990	9744	8829	110.36	4422	4277	103.36	1463	1778	82.23
2000	7930	6323	115.42	5421	5408	100.24	1667	2042	71.55
2010	7180	6046	118.75	6023	5843	103.08	2061	2821	73.06

上表显示，在3个年龄段中，0～14岁年龄段里，1964年前后男女性别比基本平衡。1990年后，男孩越来越多，性别比例越来越不平衡。而45～64岁年龄段中，各代表年份男女性别比例也基本平衡。65岁以上年龄段中，各代表年份中女性远高于男性。而且随着年龄的增大，性别比例差异越来越大。

男女接受文化教育程度比例，20世纪90年代前，男性高于女性。之后，男女性别比例渐趋平衡。1982年第三次全国人口普查，全区受小学以上教育的人口39130人，其中男性24407人，女性14723人，性别比例为165.77。2000年第五次全国人口普查，全镇受小学以上教育的人口51414人，其中男性26977人，女性24437人，性别比例为110.39。

在业人口性别比例男性远高于女性，但随着社会发展，职业领域的日益广泛，男女在业人口的比例，也逐渐在缩小。1982年第三次全国人口普查，域内在业人口中，男性18854人，占在业总人口的65.01%；女性10151人，占在业总人口的34.99%，在业男女性别比为185.73。2010年第六次全国人口普查，域内在业总人口41388人，其中男性24005人，女性17383人，在业男女性别比为138.10。

第三节　年龄构成

1964—2010年，由于受国家政策，生活条件及社会保障等方面的影响，域内人口年龄结构发生变化。1964年第二次全国人口普查时域内人口年龄结构以儿童比例为最高，其次为青壮年。此后，逐渐转为青壮年为主体，儿童所占人口比例逐渐下降。20世纪80年代后，人口老龄化现象日渐凸显。1982年，域内65岁以上老人有3490人，占总人口的5.6%；2010年，全镇65岁以上老人8086人，占总人口的11.8%。

劳动年龄人口比例逐渐增高：1982年，域内劳动年龄人口（男16～59岁、女16～54岁）有34469人，占总人口的55.31%；2010年，域内劳动年龄人口为40537人，占总人口的59.36%。中华人民共和国成立前，域内人口平均期望寿命只有35.2岁。1982年全国人口普查时，域内男性平均期望寿命增加到72岁；女性增加到73.8岁。由于人口平均寿命的延长和老年人比例的上升，人口平均年龄也不断增加。1982年，域内人口平均年龄为28.23岁，2010年第六次全国人口普查资料显示，域内人口平均年龄上升为34.08岁，显示人口寿命延长和老年人比例上升。

2021年涛雒镇百岁老人一览表

表3—2

村居	姓名	性别	出生日期	目前享受政策
小朝阳村	司宋氏	女	1910.4.27	残疾人补贴
右所村	刘加兰	女	1920.12.3	高龄补贴
涛雒三村	刘王氏	女	1921.12.26	
南店村	尹德娥	女	1921.11.22	养老金，高龄补贴
孙家村	庄明芳	女	1911.8.4	高龄补贴

第四节 文化构成

民国初期，域内人口受教育水平普遍较低。中华人民共和国成立后，国家重视教育事业，人口受教育程度逐渐提高。1964 年，域内人口为 55298 人（含学龄前儿童），其中小学文化程度为 8557 人，占总人口的 15.47%；初中以上文化程度 920 人，占总人口的 1.66%。1982 年后，高学历人口所占比例成倍增长。2000 年，全镇总人口 65272 人（含学龄前儿童），其中小学文化程度 20800 人，占总人口的 31.87%；初中 25164 人，占总人口的 38.55%；高中（含中专）4864 人，占总人口的 7.45%；大学 586 人，占总人口的 0.90%；文盲（含半文盲）9481 人，占总人口的 14.52%。2010 年，域内总人口 71359 人（含学龄前儿童），其中小学文化程度 21569 人，占总人口的 30.22%；初中文化程度 30013 人，占总人口的 42.05%；高中文化程度 9670 人，占总人口的 14.16%；大学文化程度 5640 人，占总人口的 8.26%；研究生以上文化程度 116 人，占总人口的 0.17%。

自 1977 年恢复高考以来，至 2022 年 9 月，域内共考取研究生 545 人，其中博士研究生 113 人，硕士研究生 432 人。

第五节 职业构成

域内居民历来以农耕为主，沿海村庄兼以渔业、盐业生产。涛雒街及栈子庄居民由于土地稀少，主要靠手工作坊及经商维持生计。据 1949 年统计，域内总人口为 40896 人，农业在业人员 18403 人，占总人口的 45%；非农在业人员 1431 人，占总人口的 3.5%，占在业人员的 7.78%。

中华人民共和国成立后，随着生产关系的变化，经济体制的改革，职业分类更加细致，在业人员逐年增多。改革开放后，各行各业都得到了前所未有的发展。农业机械化、电气化程度的提高，又使剩余劳动力越来越多，从事各种非农业劳动的人数、女性从业人数日益增多，形成了新型的行业与职业结构。

据 1982 年第三次全国人口普查统计，涛雒公社总人口为 62217 人，在业人口 31232 人，占总人口的 50.2%，其中男 17584 人，占在业人口的 56.3%；女 13648 人，占在业人口的 43.7%。根据 1990 年第四次全国人口普查统计，涛雒在业人口 34743 人，占总人口数 53.4%。占劳动年龄人口 90.2%，其中农林牧渔及水利业在业人员为 23555 人，占在业人口的 67.8%；工业在业人员 3335 人，占在业人口的 9.6%；建筑业在业人口为 1250 人，占在业人口的 3.6%；交通运输、邮电通信在业人员 382 人，占在业人口的 1.1%；商业、公共饮食业、物资供销和仓库业在业人员 2814 人，占在业人口的 8.1%；房地产管理、公共事业、居民服务和咨询服务业在业人员 556 人，占在业人口的 1.6%；卫生、体育和社会福利事业在业人员 278 人，占在业人口的 0.8%；教育、文化、艺术、广播电视事业在业人员 903 人，占在业人口的 2.6%；科学研究和综合技术服务事业在业人员 35 人，占在业人口的 0.1%；金融保险业在业人员 52 人，占在业人口的 0.15%；党政机关和社会团体在业人员 730 人，占在业人口的 2.1%；其他行业在业人员 868 人。在所有在业人员中，男性在业人员 20742 人，占总在业人数的 59.7%；女性在业人员 14002 人，占总在业人数的 40.3%。

根据 2010 年第六次全国人口普查统计：全镇在业人口 35949 人，占全镇劳动年龄人口的 90.32%，占总人口的 55.08%，其中，农林牧渔及水利业在业人员为 23187 人，占总在业人口的 64.5%；工业在业人员 3652 人，占总在业人口的 10.2%；制造业在业人口为 577 人，占总在业人口的 1.6%；电力、燃气从业人口 58 人，占总在业人口 0.16%；建筑业 868 人，占总在业人口的 2.4%；交通运输、仓储及邮电通信业 472 人，占总在业人口的 1.3%；批发和零售贸易、餐饮业 2836 人，占总在业人口的 7.9%；金融、保险业 65 人，占总在业人口数的 0.18%；社会服务业 585 人，占总在业人口的 1.62%；卫生、体育和社会福利事业 386 人，占总在业人口的 1.07%；教育、文化、艺术、广播电影电视事业 762 人，占总在业人口的 2.12%；科学研究和综合技术服务事业 28 人，占总在业人口的 0.08%；党政机关和社会团体 726 人，占总在业人口的 2.0%；其他行业在业人员 128 人，占总在业人口数的 0.35%。总在业人员中，男性在业人员 21084 人，占总在业人数的 58.65%；女性在业人员 14865 人，占总在业人数的 41.35%。

第六节 姓氏构成

汉代前，域内即有宋、王、董、李等姓居住。至明朝初年，据不完全统计，由外域迁入域内的又有丁、葛、郑、孙、刘、安、高、曹、滕、田、魏、马、庄、苗、尹、侯、张等姓氏。

中华人民共和国成立后，由于干部、职工调动，大中专毕业生分配、库区移民，特别是 1978 年后，人员流动方便、频繁，域内姓氏逐渐增多。

2006 年，域内有 126 个姓氏。2021 年，有 230 个姓氏，其中王、李、张、丁、孙、秦、庄、刘等姓氏人口较多。域内 63 个自然村以姓氏命名的有 28 个，一般说来，这些姓氏迁来该村时间较早，或该村某姓人口较多，如马家村、孙家村、侯家村均以姓氏命名，马姓、孙姓、侯姓分别占该村人口的 95 %以上。也有的村虽然以某姓命名，但由于建村早，人口变动大，村内某姓人口现已较少，甚至没有某姓人口居住，如崔家庄子村没有崔姓，高旺庄村没有高姓，大刘庄村没有刘姓。还有的村以早期建村时姓氏命名，后该姓他迁，又以新迁入的姓氏命名，如孙家营子村、李家营子村最早称葛家营子村，曹家村最早称安家村。

2021 年涛雒镇域内姓氏一览表

表 3—3

音序	姓氏
A	安
B	卜、卞、白、毕、别、鲍、暴、薄
C	车、仇、成、时、迟、沉、柴、崔、常、曹、程、褚、蔡
D	丁、邓、代、杜、段、党、董、窦、戴
F	丰、付、冯、房、法、范、封、费、傅
G	勾、关、谷、苟、宫、耿、郭、顾、高、龚、盖、葛、管
H	火、汉、华、侯、胡、贺、郝、黄、惠、韩、霍
J	井、甲、纪、季、金、姜、津、荆、贾、嵇、焦、蒋、靳、鞠
K	孔、匡、康、阚
L	卢、厉、历、刘、吕、冷、李、来、芦、陆、林、罗、娄、律、柳、凌、栾、梁、鲁、路、雷、蔺、廖
M	马、牟、米、闵、孟、苗、梅、缪、慕、穆
N	牛、南、倪、聂、
O	欧阳
P	平、庞、彭、裴、潘
Q	仇、乔、曲、祁、邱、屈、秦、钱、戚、裘、瞿
R	任、荣、闰
S	山、史、司、申、生、石、孙、佘、宋、沈、沙、苏、邵、单、尚、桑、商、盛、隋、随
T	台、田、汤、佟、唐、涂、铁、陶、童、谭、滕、藤

续表 3—3

音序	姓氏
W	万、卫、王、韦、邬、吴、汪、武、闻、尉、魏
X	许、邢、肖、辛、相、咸、夏、席、徐、谢、解、熊、薛
Y	于、尹、叶、右、尧、余、杨、岳、姚、晏、殷、袁、阎、誉、颜
Z	左、仲、庄、朱、张、邹、卓、周、宗、郑、战、祝、赵、钟、诸、曾、甄、翟、訾、臧

注：各姓氏按字母音序分类排列。

第七节　家庭构成

中华人民共和国成立以前，域内居民家庭户人口多在5人以上，多者十几人乃至几十人，家庭规模较大。中华人民共和国成立后，家庭规模逐渐缩小，20世纪70年代后，随着计划生育工作的深入开展，一个孩子的家庭户增多。

家庭户总量　1982年第三次全国人口普查，域内17056户，户均3.6人；1990年四次全国人口普查，总家庭户18369户，户均3.5人；2000年第五次全国人口普查，全镇有19582户（包括集体户），户均3.3人；2010年第六次全国人口普查，域内有20900户，户均3.26人。2020年第七次人口普查，域内有24198户，73317人，户均3.03人。

家庭户规模　1982年以3～5人户型为主，其中1人的916户，占家庭总户的5.4%；2人户2808户，占总户数的16.5%。3人户4892户，占总户数的28.7%；4人户3821户，占总户数的22.4%；5人户3489户，占总户数的20.5%；6人户860户，占总户数的4.7%；7人户253户，占总户数的1.5%；8人以上户72户，占总户数的0.4%。

2000年以2～4人户型为主，其中3人户型最多，全镇共有6745户，占总户数的34.8%；1人户1167户，占总户数的6.0%；2人户3739户，占总户数的19.3%；4人户4777户，占总户数的24.6%；5人户2226户，占总户数的11.5%；6人户643户，占总户数的3.3%；7人户76户，占总户数的0.4%；8人及以上的户24户，占总户数的0.03%。

2010年以3～4人户型为主，其中1人户1216户，占总户数的5.8%；2人4097户，占总户数的19.6%；3人户6980户，占总户数的33.4%；4人户5221户，占总户数的24.5%；5人户2699户，占总户数的12.9%；6人户692户，占总户数的3.3%；7人户74户，占总户数的0.4%；8人及以上的户21户，占总户数的0.1%。

家庭户代际结构　1982年第三次全国人口普查显示，3代家庭户最多，计9420户，占家庭户总数的55.2%；另外，1代户3378户，占总户数的13.9%；2代户4917户，占总户数的28.8%；4代户326户，占总家庭户数的1.9%；5代户15户，占总家庭户数的0.09%。

2000年第五次全国人口普查显示，2代家庭户数最多，1代户比例上升显著。1代户4432户，占总户数的22.84%；2代户11187户，占总家庭户数的57.67%；3代户3688户，占总家庭户数的19.01%；4代户90户，占总家庭户数的0.46%。

2010年第六次全国人口普查资料显示，域内1代户、2代户居多。1代户9039户，占总家庭户数的43.2%；2代户8655户，占总家庭户数的41.4%；3代户3144户，占总家庭户数的15.0%；4代户62户，占总家庭户数的0.3%。

第四章 计划生育

1963年，涛雒区成立节制生育委员会。1971年，国家提出“晚、稀、少”的生育政策，在农村收到明显成效。1982年，计划生育被定为基本国策，并写入新宪法。1988年，《山东省计划生育条例》颁布实施后，计划生育工作走上了法治轨道，人口自然增长率下降，妇女综合生育率降到更替水平以下。进入21世纪，计划生育已成为人们的自觉行为，人口过快增长得到了进一步控制，域内呈现出低出生、低死亡、低增长的稳定态势。

第一节 管理服务机构

计划生育委员会 1963年3月，涛雒区成立节制生育委员会。1964年3月，改称计划生育委员会，简称“计生委”。委员会由区长任主任；所属10个公社，都建立了1～3人的“计生委”，由各公社社长任主任；所属的95个生产村，均成立计划生育领导小组，各村负责人任组长，每个生产队均设计划生育宣传员1～2名。计划生育业务工作由区卫生院及所属的13个诊所具体负责。计生委主要开展以避孕为主的计划生育宣传工作。是年，全区共培训计划生育工作宣传员986名，推广避孕套1060个。

1971年，涛雒公社成立计划生育工作组。1976年，成立计划生育办公室，简称“计生办”，具体负责计划生育工作。1985年5月，成立涛雒镇计划生育服务站，简称“服务站”，牟兰英任站长，隶属于镇“计生办”。1992年，“计生办”恢复原称“计生委”，业务工作由计生服务站具体负责。

1992年，在南店村204国道西侧建起集办证、宣传、计生服务、培训、咨询于一体的“一站式”服务大楼；1995年，镇党委、镇政府成立计划生育流动人口办公室，简称“流动办”，王纪春任办公室主任，隶属镇“计生委”。

2006年，镇计生委共有干部、职工23名。服务站主要设备：B超4台，X光透视机1台，波姆光治疗仪1台，乳腺诊断仪1台，四项功能齐全。

2013年，镇计生委共有干部、职工25名，先后又添置显微镜1架，B超机4台，离心沉淀机1台，血液诊断仪1台，尿液分析仪1台，医务用车1辆，提高了服务功能和质量。

2017年7月，设立涛雒镇卫生和计划生育办公室。2018年11月，涛雒镇计划生育委员会撤销。

1973年以来涛雒镇计生委（组、办公室）负责人任职更迭表

表3—4

职务	姓名	性别	籍贯	任职时间
组长	马世成	男	巨峰镇	1973.7—1976.7
计生办主任	郭见提	男	郭家庄子村	1976.7—1979.10
计生办主任	李建永	男	曹家村	1979.10—1982.11
计生办主任	韩建义	男	东林子头村	1982.11—1984.7
计生委主任	肖增产	男	华山村	1984.7—1993.7
计生委主任	丁惟海	男	丁家官庄村	1993.7—1996.5
计生委主任	孙树琨	男	孙家营子村	1996.5—1999.1
计生委主任	丁兆军	男	南湖镇黄泥崖村	1999.1—2003.4
计生委主任	黄庆平	男	下元一村	2003.4—2017.8
计生委主任	高　磊	男	后村镇东高家村	2017.8—2018.7
卫计办主任	孙雪梅	女	孙家村	2020.4—

计划生育协会 镇计划生育协会成立于1986年5月，设名誉会长2～4人，由党委、政府、人大主要领导和分管领导担任；会长1人，由政

府主要领导或分管领导担任；常务副会长 2 ~ 3 人，由分管领导、计生主任或副主任担任；常务理事由党委、政府办公室负责人、各管理区计生主任担任；理事由各部门负责人，各村计生主任担任。村设计划生育协会分会，由村两委成员、老党员、老干部、离退休人员、老模范组成，设名誉会长 1 人，会长 1 人，常务理事 5 ~ 9 人，理事 10 ~ 15 人。镇、村理事会任期 3 ~ 4 年。2010 年 11 月，镇计划生育协会完成第七届换届，会员 6875 人，占全镇总人口的 9.6%。

1986 年以来涛雒镇计划生育协会基本情况表

表 3—5

时间	名誉会长	会长	副会长	常务理事人数（人）	理事人数（人）	会员数（人）
1986—1990 年	王厚勤	丁兆华	宋佃永	23	97	7329
1990—1994 年	丁兆华	宋佃永	肖增产	42	180	9276
1994—1998 年	孙开合	韩纪亮	王海洲	38	165	8157
1998—2002 年	韩纪亮	李同春	宋玉桦	36	156	7346
2002—2006 年	王一冰	闫华章	杜美珠	40	175	8279
2006—2010 年	张玉栋	胡明乐	黄庆平	38	170	7638
2010—2011 年	刘森林	孙　强	黄庆平　王纪春	36	111	6875
2010—2021 年		孙　强	黄庆平　王纪春	36	111	6875
2021—	陈　彬	安保春	高　磊　安　东	36	111	6875

2003 年 12 月，镇计生委被山东省委宣传部、省计生委评为全省“双进、双建”先进单位；2012 年，被国家人口和计划生育委员会授予全国“人口和计划生育依法行政”示范单位。

人口学校　镇人口学校成立于 1986 年，镇计生委、各村计生委均设人口学校，全镇共 76 处，每季度开班 1 次。教学内容为学习国家计划生育法规、政策、人口知识、避孕知识、优生优育优教知识、生理保健知识。对村计生专职人员和已发放生育证的人员进行培训学习。

镇人口学校自成立以来，共培训查访员 3 万余人次；办优生优育培训班，计培训 2 万多人次。

第二节　计划生育政策实施

1963 年，涛雒区成立节制生育委员会，在区直各单位宣传计划生育工作。1964 年，改称计划生育委员会，

“文化大革命”初期，计划生育工作受到冲击，一度陷入停顿，出现了生育高峰。1971 年下半年，落实《国务院转发卫生部军管会、商业部、燃料化学工业部关于做好计划生育工作的报告》（国发〔1971〕51 号）精神，公社党委、革委对育龄妇女分别提出不同的要求。1976 年，公社成立了计划生育办公室，并建立了以分管领导为组长的计划生育网络组织。

1982 年，计划生育被定为基本国策。1984 年，涛雒区委进一步制定了《关于落实计划生育政策的有关规定》，使计划生育政策得到进一步落实。

1985 年，镇政府制定《关于独生子女凭证可享受待遇的补充规定》，独生子女凭计划生育优待证，可享受入托、上学、就业、医疗优先待遇。干部、职工独生子女家庭，父母在住房、产假、经济等方面都有明确优惠规定；农村独生子女家庭在划分责任田、宅基地及经济上都予以照顾。这些行之有效的政策规定，使计划生育工作迈上了规范化、正常化道路，群众开始自觉地执行计划生育措施。

1989 年被评为市计划生育先进单位。

1992 年，镇党委、镇政府出台新规定，加强户口和婚姻登记管理，使计划生育工作逐步纳入“三为主”轨道。1993 年，针对计划生育问题存在的不足，镇党委、镇政府下发了《关于计划生育有关问题的补充规定》《关于计划生育规范化管理的规定》等一系列文件，强调了办好人口学校的重要性，加强了对流动人口的管理，实施了合同管理方法，使计划生育工作基本实现了规范化管理。1994 年，被市、区人民政府授予“计划生育工作一等奖”。

1995 年，继第三届计划生育协会换届工作的完成，又成立了流动人口计划生育领导小组，计划生育“三优”（优生、优育、优教）服务领导小组，计划生育“三结合”领导小组，从组织上为做好计划生育工作做了全面安排，进一步加强了人口目标责任制的落实工作。1997 年，镇政府召开计划生育工作表彰大会，对评出的 10 个红旗单位、30 个合格村、100 名先进个人，进行了表彰奖励，对 10 个计划生育光荣户披红戴花，颁发了奖金。

2001 年，同时办理了“双保险”（意外伤害、意外死亡）。《中华人民共和国人口与计划生育法》于 2001 年 12 月 29 日中华人民共和国第九届全国人民代表大会常务委员会第二十五次会议审议通过，自 2002 年 9 月 1 日起施行。

2002 年 9 月 28 日，《山东省人口与计划生育条例》经山东省第九届人民代表大会常务委员会第三十一次会议通过。

是年，镇党委、镇政府加大对《山东省人口与计划生育条例》的宣传力度，召开计划生育工作表彰大会，对 68 个村颁发了奖状及奖品。

2013 年 11 月 15 日，中共十八届三中全会通过的《中共中央关于全面深化改革若干重大问题的决定》对外发布，其中提到“坚持计划生育的基本国策，启动实施一方是独生子女的夫妇可生育两个孩子的政策”，这标志着“单独二孩”政策正式实施。

2015 年 10 月 29 日，中共十八届五中全会正式宣布“全面放开二孩政策”，全面实施一对夫妇可生育两个孩子政策。

第三节　计划生育管理

婚姻管理　1990 年后，镇计生委为婚姻管理三家（民政、公安、计生）联办单位之一。凡达到法定年龄、要求结婚者，由本人向村两委或单位提出结婚申请，经批准，开出结婚登记介绍信，再由派出所出具户口证明，持双方身份证，到镇计生委审核、检查，并进行晚育教育和婚前检查；进行生殖保健及婚期卫生、避孕知识咨询、技术服务，安排生育指标，发给“生育证”等。

1997 年 5 月 1 日后，婚姻登记工作改由东港区民政局统一办理。凡办理婚姻登记手续的男女双方需持本人户口本、身份证及以上规定的证明材料，经镇计生委验审，符合条件，镇计生委签发通知书，再到村委会或本人单位，开具婚姻状况证明信，便可到区民政局办理婚姻登记手续。

凡夫妇要求离婚的，镇计生委给予出具相关的婚育证明材料。

再婚的需交验离婚证和户籍地计生委出具的婚姻状况证明信，可到区民政局办理再婚登记手续。镇计生委将其纳入计生工作正常管理。

生育管理　孕妇生孩子要到镇卫生院接生，婴儿出生后在当日报告村计划生育统计员。村查访员负责查验出生医学证明，做好产后随访工作。

新生儿如果死亡，要有医院出具的死亡证明或本村 5 名以上知情人签名的证明材料，经调查确实死亡的，安排生育计划。抱养孩子要严格按照《中华人民共和国收养法》规定办理，严禁将婴儿寄养、送养或假报死亡。

2003 年以前，镇政府每年组织春、夏两轮已婚育龄妇女普查活动。2003 年之后，组织妇女每个季度普查 1 次。

2005 年，镇政府针对第四次人口生育高峰的来临，认真做好平抑工作。

流动人口管理　根据国家、省《流动人口管理办法》规定，镇党委、镇政府于 1995 年 9 月成立了由工商、劳动、公安、计生委联合办公的流动人口计划生育领导小组，同时设立了流动人口办公室。镇直各学校、各村建立了一把手负责制的管理机制。

统计管理　镇计生委统计管理工作始于1982年，统计台账要求做到“当天登、月月清、三不漏、七不错、按时报”。各级数据网络要求“不瞒报、不漏报、不迟报”。这些要求通过细化分类，计入了责任目标考核。

各村级统计网络在明确统计管理对象后要按时点、指标和时期指标进行统计。

1998年，镇计生委把计划生育统计工作列入核心地位和考核重点。在抓好生育计划审批关的同时，严把政策关和手续关，镇计生委充分利用微机管理，每月将各单位、各村上报的数据输入微机，再将数据提供到各村、各单位进行核实，发现问题及时纠正，有效地提高了统计台账的质量。

第四编　交通　邮电　供电

沈海高速公路涛雒段　（涛雒镇宣传办公室提供　摄于2021年2月）

涛雒海陆交通发达，自古就是上海、江苏至山东半岛沿海陆地交通之要冲，陆上古有官道驿站，又有山东中、西部及其他内陆省、市物资海上集运的理想海口。中华人民共和国成立后，域内开始设公路管理机构。1951 年春，沂水专署莒县公路管理段在涛雒建立公路管理站。1963 年 3 月，日照县人民政府交通科组建涛雒交通运输服务管理站，后更名为交通管理所。2003 年 12 月，沈海高速公路涛雒收费站成立。

明朝洪武年间，域内沿海设置涛洛墩、黑七墩、张洛口墩，是举烽烟、传敌情的军事通信设施。明朝嘉靖年间，域内沿官马大道设置三桥铺、右所铺、下元铺，递送公文、护送官物及乘传官员。清光绪三十二年（1906），设立涛雒邮寄代办所，1917 年称邮政代办所，隶属日照中华邮局。1922 年，涛雒邮政代办所升为三等局，隶属日照邮政局。1936 年晋升为四等邮局。1948 年 7 月，称涛雒邮务所。1950 年，改称为涛雒邮电营业处，接收沂水军分区驻涛雒电话站，恢复电信营业。1956 年，称涛雒邮电支局。1995 年，改称涛雒电信移动通信邮电支局。1998 年，电信、邮政分营。2001 年，中国电信改称中国网通。2003 年春，网通公司涛雒支局成立，隶属中国网通东港区分公司。2008 年 10 月，网通与联通合并称联通。2001 年 11 月，涛雒移动营业厅成立。2021 年，域内有联通和移动通信用户 4.4 万户。

中华人民共和国成立前，域内无电力能源。1961 年，涛雒铁木业社用柴油机发电，开创了域内自己发电之先河。1964 年，苗家村、亚月村用日照水库主干渠水发电，开启了电源新渠道。1970 年 12 月，建成高旺变电站，次年 12 月正式送电。1972 年，个别大队通交流电。1991 年，全镇 75 个行政村全部通电。2000 年，全镇农电网改造完成。2021 年，全镇用电量 3.2 亿千瓦时。

第一章　交通

涛雒海陆交通发达，自古就是上海、江苏至山东半岛沿海陆地交通之要冲，陆上古有官道驿站，又有山东中、西部及其他内陆省、市物资海上集运的理想海口。中华人民共和国成立后，域内开始设公路管理机构。2003 年，域内始推行村村通工程。至 2015 年，域内村村通公路全面完成。2021 年，域内日照市沿海公路、厦门路、204 国道、沈海高速公路、341 省道以及瓦日铁路、青日连高速铁路纵横交会于此，村与村之间道路配套成网，四通八达。

第一节　机构

日照市东港交通运输局涛雒交通管理所　1951 年春，沂水专署莒县公路管理段在涛雒建立公路管理站，站址在今观海路与文泰路交会处往北 25 米路东侧，其职责主要为道路修护和交通运输管理。是年秋，迁至日照城关西门里。1963 年 3 月，日照县人民政府交通科组建涛雒交通运输服务管理站，站址在涛雒八村（南门外），租民房 3 间，有工作人员 2 名。1965 年，迁至涛雒五村（北门里），盖房屋 5 间，大棚 3 间。主要贯彻落实“三统”（统一货源、统一运力、统一运价），管理地方运输及装卸理货。1987 年，随着 204 国道涛雒段改建，交通管理站迁至涛雒七村（址在 204 国道东侧）。是年 5 月，管理站更名为交通管理所，有职工 9 人，其中临时工 2 人，有办公室 6 间、宿舍 3 间。2005 年，全所共有职工 6 人，设公路管理和规费征收等办公室。2007 年 10 月，政府投资 100 万元在旧址改建一座三层综合办公楼，总建筑面积 791 平方米，设 4 个办公室，有职工 4 人，负责域内的农用汽车、拖拉机、三轮车、二轮摩托车的规费征收和对部分道路的养护。2013 年，设 4 个办公室，有职工 8 人，负责域内道路运输、路政管理、道路巡查、镇村道路建设、养护等。2021 年，有职工 2 人。

沈海高速公路涛雒收费站　2003 年 12 月 26 日，沈海高速公路日照段全线建成通车，涛雒收费站同时建成使用，站址位于沈海高速公路与 341 省道交会处，省道北侧。站区占地 263 亩，建筑面积 1265 平方米。设台位 4 个（上下道各 2 个），及办公室、会议室、宿舍等，主要负责运输车辆收费及交通综合服务。

1963 年以来涛雒交通管理所（站）负责人任职更迭表

表 4—1

职务	姓名	性别	籍贯	任职时间
站长	王春堂	男	日照街道	1963.3—1967.11
站长	顾青忠	男		1967.11—1970.6
站长	周福荣	男	岚山区	1970.6—1979.10
站长	刘兆勋	男	秦楼街道	1979.10—1980.12
站长	薄怀克	男	巨峰镇	1980.1—1985.5
站长	侯世全	男	涛雒镇	1985.5—1987.5
所长	侯世全	男	涛雒镇	1987.5—1990.2
所长	赵宗连	男	涛雒镇	1991.3—1993.12
所长	张纪富	男	涛雒镇	1993.12—1996.12
所长	孙德夏	男	两城镇	1996.12—2000.2
所长	李　贞	男	巨峰镇	2000.2—2003.2
所长	辛崇利	男	秦楼街道	2003.2—2004.10
所长	左　伟	男	后村镇	2004.10—2010.8
所长	韩　柏	男	安东卫街道	2010.8—2015.11
所长	成忠昌	男	黄墩镇	2015.12—2017.2
所长	张守春	男	三庄镇	2017.2—2020.2
所长	陈常山	男	日照城关八村	2020.2—2020.9
所长	张守友	男	东港区陈疃镇	2020.9—2022.3
所长	曹　哲	男	招远市	2022.3—

2003 年以来高速公路涛雒收费站站长任职更迭表

表 4—2

姓名	性别	籍贯	任职时间
马先森	男	巨峰镇	2003.11—2005.5
宋瑞全	男	叩官镇	2005.5—2005.12
于港业	男	岚山街道	2005.12—2006.12
刘加强	男	碑廓镇	2006.12—2008.11
韩　滨	男	南湖镇	2008.11—2010.4
傅海建	男	涛雒镇	2010.4—2010.9
王　刚	男	牟平	2010.9—2011.4
崔方鹏	男	胶南	2011.4—2011.11
滕以宾	男	两城镇	2011.11—2017.2
刘家强	男	碑廓镇	2017.2—

第二节　道路　桥涵

古道

官马大道　明代有纵贯域内、“通南北二京”的官马大道。域内段北起廒头村，经右所村、丁家官庄村、石梁头村、下元村、上元村、大草坡村出境。行人商贾络绎不绝，车装、畜驮，货运繁忙。清初，沿道设通邮铺站：三桥铺、右所铺、下元铺。民国时期改修为简易公路。

运盐大道　域内自古就是产盐重地，所产原盐除自用和海上外运外，陆路运输主要有运盐大道，东起马家村，沿涛雒街、丁家官庄村、石梁头村、大羊卷，西去莒南、临沂、莒县、蒙阴，直至山西、陕西等地。

码头路　小海码头建于清道光十年（1830），自此形成涛洛街到码头的道路，称码头路。从涛雒街东门起，经宋家坨村后至小海码头，长 3.1 千米，路面宽 3 米，为土路。海运业的兴起和涛雒街商品集散地的繁荣，使该路段成为运输主道。海运业的衰败，涛沙路的修建，该路段于 1977 年废弃。

石条街道　清末涛雒街里贸易兴隆，海陆物流繁忙，人、车、畜日夜川流不息。为使往来手推车（时为货运主要工具）畅通，清同治十年（1871），涛雒三村丁姓出资购石条 436 块（每块长 1.5 米、宽 0.6 米、厚 0.2 米），自东西中心大街向东铺就一条宽 0.6 米、长 600 余米的手推独轮车硬道。因日久车多，至中华人民共和国成立，石道上磨出的车辙足有 2 厘米深。1958 年，大炼钢铁时，石条被拆运到高旺钢铁基地使用。

古桥

明清时期的古桥有：涛雒街北门外地雷桥、涛雒街西门外西南角（今涛雒六村）南太平桥、涛雒街东门外葛家桥（今宋家坨村后）、桥东头村和桥西头村之间的王家桥、右所村后的大桥、川子村原址西的二桥、尹家廒头村原址村西的三桥等。

公路

204 国道涛雒段　系由官马大道改建而成。清末，该路为胶州至岚山头的驿道。19 世纪 20 年代初，修为简易公路。1924 年，日照县实业局支持，由涛雒街“广记”商号丁均石主持商家集资，整修县城至安东卫道路，1937 年，改称海青（海州至青岛）公路，中华人民共和国成立，改称胶汾（胶州至汾水）公路，后改称胶新（胶县—新浦）公路。域内北起田家园村，途经右所村东北往东南至天后宫（今 341 省道与海滨四路交会处、沿海滨四路往北 100 米处西侧）西侧入涛雒街北门，往南沿大街出南门，穿过南店水漫桥，往西南经小刘庄村西侧，往南至高旺庄村里，出高旺庄村往西南经大草坡村东，至西林子头村地段出境。

胶新公路涛雒段曾多次直弯改建。1958 年，从涛雒北门外（今涛雒五村村委办公室东侧）往西南到今 204 国道与观海路交会处，往南经涛雒信用社拐往东，沿护城河南岸至南门外桥往南拐，至南店石拱桥（1973 年 6 月建）。1976 年，从涛雒信用社拐往东南，经涛雒二村和南店村苇柴汪塘中间，至南店村东北角，往南至南店石拱桥。1978 年，从川子村西北角往南至涛雒信用社，再拐往东南。1979 年，开始对部分路段铺筑沥青。1987 年，从涛雒信用社往南直行、经大刘庄至高旺庄村西北角直往南、到大草坡村东。是年，定名烟上（烟台—上海）路，列为国道 204。1989 年春，涛雒至南店段补铺沥青路面，长 1.2 千米。

204 国道域内段北起田家园村，南至西林子村头地段，总长 14.34 千米，为沥青路面，宽 12 米。

1992 年，再次对 204 国道进行拓宽硬化，1994 年，竣工通车，路面宽 15 米，全部铺筑沥青。为缓解镇驻地交通压力，对镇驻地路段北起 367K+850 米处，南至南店河桥路面，再拓宽至 24.5 米。

海青路建成时，廒头河、川子河、南店河、竹子河、高旺河等桥梁均为两端石块砌坡，河底筑 3 ~ 8 个孔的平板石桥，河水大时漫过桥面，俗称“水漫桥”。1993 年，全部改为河上架桥。

204 国道涛雒镇域内段部分桥涵情况表

表 4—3

桩号	名称	桥型结构	桥长（米）	桥面宽度（米）	修建时间	所在村名
K363+048	廒头桥	石拱桥	32	15	1976.5	廒头村
K363+882	廒头南桥	片石混凝土拱	42.4	15	1976.5	廒头村
K364+005	东川子桥	片石混凝土拱	51.8	15	1986.5	川子村
K364+683	川子桥	片石混凝土拱	53	15	1993.6	川子村
K365+078	川子南桥	石拱桥	17.9	15	1976.5	川子村
K367+051	涛雒桥	现浇实心板	15.5	24	1973.2	涛雒村
K368+828	南店桥	石拱桥	119.9	12	1986.5	南店村
K370+525	竹子河桥	石拱桥	111.4	15	1976.4	竹子河崖村
K371+086	高旺桥	空心板梁	82.6	15	1993.3	高旺庄村
K373+375	大草坡桥	石拱桥	18.5	15	1976.3	大草坡村
K361+521			21.2	15		田家园村
K361+557			19.6	15		田家园村
K362+074			38.2	15		田家园村
K362+330			20.6	15		田家园村
K362+508			27.2	15		田家园村
K363+015			22.1	15		廒头村
K364+104			22.2	15		廒头村
K366+478			29.4	15		右所村
K368+144			36.6	15		涛雒村
K368+957			23.8	15		南店村
K369+143			42.4	15		大刘庄村
K369+423			17	15		大刘庄村
K369+632			38.4	15		竹子河崖村
K370+589			25.2	15		
K371+335			26.4	15		高旺庄村
K371+658			22.8	15		

图 4—1　2012 年改造后的 204 国道

2012 年 11 月，204 国道路域内段路面再次进行拓宽至 24.5 米，桥、涵全部拓宽更新。2013 年 12 月通车。

沈海高速公路涛雒段　沈海高速公路（黑龙江省同江至海南省三亚）涛雒段于 2001 年 11 月 22 日开工建设，2003 年 12 月 26 日建成全线通车。域内北起右所村西北，途经丁家官庄、松林、下元、上元，南至大草坡等村地段出境，全长 10.5 千米，路面宽 30.5 米，共计有大小桥涵 31 处，设计车速 100 千米。在涛雒镇驻地设一出入口。

沈海高速公路涛雒镇域内桥涵一览表

表 4—4

桩号	桥名	孔—跨	桥长（米）	桥宽（米）	上部结构	设计荷载
K736+122	川子桥	4*16	69.44	24	空心板	汽车－超 20 级
K736+296	川子桥	3*16	53.44	24	空心板	汽车－超 20 级
K736+624	小桥 12	2*8	25.88	23.5	实心板	汽车－超 20 级
K736+912	通道 63	1*10	19.1	23.5	空心板	汽车－超 20 级
K737+112	通道 64	1*8	15.9	23.5	实心板	汽车－超 20 级
K737+313	通道 65	1*8	16.7	23.5	实心板	汽车－超 20 级
K737+455	通道 66	1*8	16.7	23.5	实心板	汽车－超 20 级
K738+114	互通立交 A 匝道桥	18+2*20+18	88.72	15.6	钢筋砼连续板	汽车－超 20 级
K738+364	上跨桥	4*25	111.06	12	钢筋砼连续板	汽车－超 20 级
K738+809	小桥 13	2*10	30.36	23.5	空心板	汽车－超 20 级
K739+164	通道 67	1*10	17.66	23.5	空心板	汽车－超 20 级
K739+554	通道 68	1*8	16.56	23.5	实心板	汽车－超 20 级
K739+682	通道 69	1*8	15.88	23.5	实心板	汽车－超 20 级
K740+014	小桥 14	1*6	16.16	23.5	实心板	汽车－超 20 级
K740+228	通道 70	1*10	18.68	23.5	空心板	汽车－超 20 级
K740+494	小桥 15	1*10	17.5	23.5	空心板	汽车－超 20 级
K741+112	竹子河桥	18*20	366.04	24	空心板	汽车－超 20 级
K741+429	通道 71	1*8	15.5	23.5	实心板	汽车－超 20 级
K741+746	涛雒桥	3*13	44.44	24	空心板	汽车－超 20 级
K741+955	通道 72	1*6	13.5	23.5	实心板	汽车－超 20 级
K742+043	小桥 16	1*10	17.5	23.5	空心板	汽车－超 20 级
K742+112	通道 73	1*6	11.5	23.5	实心板	汽车－超 20 级
K742+402	通道 74	2*8	28.58	23.5	实心板	汽车－超 20 级

续表 4—4

桩号	桥名	孔—跨	桥长（米）	桥宽（米）	上部结构	设计荷载
K742+832	崔家庄子桥	11*30	337.06	24	T 梁	汽车－超 20 级
K743+844	通道 75	1*10	25.06	23.5	空心板	汽车－超 20 级
K744+204	上元桥	12*30	367.06	24	T 梁	汽车－超 20 级
K744+759	天桥 9	14+2*18+14	69.44	5.5	钢筋砼连续板	汽车－超 20 级
K745+288	通道 76	1*10	18.06	23.5	空心板	汽车－超 20 级
K745+366	小桥 17	1*8	19.24	23.5	实心板	汽车－超 20 级
K745+491	通道 77	1*10	19.68	23.5	空心板	汽车－超 20 级
K745+685	通道 78	2*10	32.52	23.5	空心板	汽车－超 20 级

341 省道涛雒段　1952 年，由运盐大道改道建成，至坪上，称涛坪公路。原道路从今 204 国道 K368+900 米处，往西经涛雒六村村委会办公室后往西北方向、经今 341 省道与沈海高速公路立交桥交会，往西北经亚月村前再往西北经大洼村东北，继续往西北至高兴界（水洪沟）。1978 年秋改道，东起 204 国道，往西经亚月村前、蒿岭村后、大洼村前出境，宽 9 米，沙石路面，域内长 6.6 千米。1987 年列为省道 083 线。1998 年，往东过 204 国道与涛沙路相接至沿海公路，全长 10.5 千米。2001 年，列入省道 341 线。2004 年，全程改建路面，铺筑沥青，统称 341 省道。

图 4—2　20 世纪 60 年代乡村公路

南沿海公路涛雒段　南沿海公路涛雒段始建于 1993 年 12 月。在市、区政府及公路部门统一指挥下，涛雒镇承担路基修筑的任务（按 75 个行政村的劳动力平均分配土方），硬化路面宽 10 米。1995 年 8 月 17 日建成通车，列为市区沿海南北大通道，称南沿海公路。域内段北起刘家湾村东北角，经刘家湾村、沙岭子村海边与涛沙路东头相交后，向西南经小海码头西、小海村东，过河往南，经大朝阳村盐滩（后改为虾池）、栈子村东、孙家村到东南营村东南角，往东拐弯 300 米，再拐往南经镇船厂沿着海岸出境。2005 年重新设计改道，域内直大弯 3 处，建桥梁 2 座（小海大桥、新口桥）。域内段全长 13.2 千米，路面铺筑沥青，宽 24.5 米，达到国家 2 级公路标准。

图 4—3　南沿海公路涛雒段

涛马路　涛雒至后村镇马庄公路，南起 341 省道，北至后村镇马庄，域内段长 1.7 千米。1978 年至 1979 年，由乡村生产路扩建而成，沙石路面，宽 6 米。2004 年拓宽改建，水泥硬化路面，宽 8 米。

涛沙路　西接今观海路，经马家村前、王家村后、沙岭子村前，东至沙岭，全长 3.5 千米。1979 年 10 月，涛雒公社组织全社 75 个生产村突击修建路基，公社负责修建桥涵，路面宽 4.5 米。

1998 年，往西过 204 国道与涛坪路相接，往东至沿海公路。2001 年，拓宽改建，路面宽 8 米，全部铺筑沥青，是年，列入省道 341 线。

厦门路　域内段北起北王家村，南至西林子头村头地段出境。2017 年开始桥梁建设，2019 年 4 月开始道路建设。2020 年 12 月 31 日通车。

镇村道路

李东路　李家潭崖村至东风村公路，北起 341 省道，经李家潭崖村、东风村东侧、南至高柳路。1981 年，建设为沙土路面，全长 3.7 千米，路面宽 6 米。2005 年，在原沙土路面的基础上进行混凝土硬化，配套桥涵 8 座。

尹湖路　尹家廒头村至高兴镇湖西头村公路，南起尹家廒头村，北至湖西头村。域内长 1.5 千米，路宽 6 米，2007 年改建并进行混凝土硬化。

下四路　下元村至四门口村公路，北起下元二村后高柳路，经下元二村内、上元村内至虎山镇四门口村，域内长 2.5 千米。2008 年至 2010 年，先后进行混凝土硬化。

廒夹路　廒头村至夹仓村公路，西起 204 国道，经成家廒头村前、张家廒头村后、西灶子村前、东灶子村前、北王家村前往东出境至夹仓村。域内长 4.3 千米，路宽 6 米，2005 年硬化通车。

双园路　工业园至赶海园公路，从涛马路往东至沿海路。1979 年，建成 204 国道至东沙岭 5.1 千米，为沙土路面。1998 年拓宽修整，路基宽 16 米，路面宽 12 米。2004 年，硬化为沥青路面。2005 年，直接往西修通至涛马路，2007 年建成通车，全长 7.3 千米。204 国道以西为水泥混凝土层面，以东为沥青铺筑，路面宽 18 米，为域内最长的镇村道路。

右刘路　右所村至刘家湾村公路，西起 204 国道（涛雒粮所前），经食品站前、鱼种场后、李家村内、桥西头村内、桥东头村内，往东至村东头直拐往南 100 米处，再拐往东至刘家湾村，全长 5 千米，水泥混凝土层面，路宽 4.5 米，2004 年建成。2012 年，海洋城基础设施建设，此路段废止。

朝阳路　小刘庄村至大朝阳村公路，西起 204 国道，经小刘庄村至庄家圪村东南角、拐往南 70 米处、再拐往东 380 米处、拐往南经大朝阳村西至竹子河路。2005 年，铺筑水泥混凝土层面，路宽 4.5 米。

竹子河路　西起 204 国道，东至老沿海公路，2005 年，对西接朝阳路，东至小朝阳村内路段进行硬化，铺筑水泥混凝土层面，路宽 4.5 米。2009 年，小朝阳村后段接原来水泥路面往东硬化至沿海路。2014 年，硬化东接 2005 年硬化段，西至 204 国道。

高栈路　高旺村至栈子村公路，西起高旺村前 204 国道，经孙家营子村、李家营子村、庄家村、栈子一村，东至沿海路，全长 3.3 千米。1982 年，由栈子管理区负责修建，为沙石路面，宽 7.5 米，1999 年铺筑沥青。2005 年，沿海公路改建，高栈路作为集中供料的工程车通道，路面受损严重。2007 年冬，再次修建，栈子一村至沿海路段拓宽到 10 米，其余路段为 8 米，全部混凝土层面。

丁孙路　丁家营子村至孙家村公路，西起 204 国道，经临钢小学、丁家营子村，东至张洛庙桥，再往北至孙家村前，东至沿海路。2007 年，混凝土硬化，路宽 4.5 米，全长 3.2 千米。

临钢路（疏港路）　2007 年，涛雒镇建设的沥青路面大道。西起 204 国道，经郭家庄子村前、西林子头村后、曹家村前至沿海路，路面宽 10 米，全长 4.5 千米。2016 年，由济钢出资拓宽建设，路面宽 18 米，中间设绿化带。

双林路　西林子头至东林子头村公路，西起 204 国道，经西林子头村前、东林子头村内，东至沿海路。2005 年，在原乡村路的基础上，拓宽改建，混凝土层面，路面宽 4 米，全长 4.5 千米。

高柳路　高旺庄村地段至巨峰镇柳古庄村公路，东起 204 国道，西至东风村。1981 年，修建为沙土路面。2003 年，在原沙土路面的基础上拓宽改建至柳古庄，混凝土层面。东起 204 国道，经下元村后、簸箕笃子村后、东风村前至华山村北 60 米处，西出境至柳古庄，路宽 5 米，全长 5.6 千米。

南赵路　南店村至赵家庄子村公路，建于 1981 年，东起 204 国道，经镇计生委门前、东石梁村、西石梁村，西至赵家庄子村，为沙土路面。2005 年，在原沙土路的基础上，重新规划，修建路面宽为 6 米，全长 6 千米的混凝土层面大道。

涛苗路　涛雒至苗家村公路，东接观海西路，经涛雒一中、丁家官庄村、杨家洼村前、李家潭崖村内、竹家园村前，西至苗家村，全长5.5千米。2003年开始，对部分路段进行改建：204国道至涛雒一中段，路面拓宽至10米，一中至丁家官庄段路面拓宽至6米，全部铺筑沥青，于2005年完成，其他路段为水泥混凝土层面，宽4.5米。

海洋大道　东起环球海，西与双园路交会。规划红线宽64米，其中中央分隔带12米，机动车道路面宽10.5米×2，机非分隔带5.5米×2，非机动车道宽4米×2，人行道5.5米×2。2012年7月9日开工，2015年建成通车。

蓝色大道　东起环球海，西至海七路。1.滨海八路至滨海二路段，规划红线宽52米，其中中央分隔带6米，机动车道路面宽10.5米×2，机非分隔带4米×2，非机动车道宽3.5米×2，人行道4.5米×2。2.滨海二路至滨海一路段，规划红线宽52米，其中中央分隔带6米，机动车道路面宽7米×2，机非分隔带4米×2，非机动车道宽3.5米×2，人行道3米×2。2012年11月3日开工，2015年建成通车。

滨海二路　北起蓝色大道，南至海洋大道。规划红线60米，其中中央分隔带6米，机动车道路面宽14米×2，机非分隔带5米×2，非机动车道宽4米×2，人行道3米×2。2012年10月12日开工，2015年建成通车。

滨海四路　南接341省道，北至东川子村东北角公路，2015年建成通车。

滨海七路　南起海洋大道，北至蓝色大道。规划红线均为52米，其中中央分隔带为6米、机动车道路面宽10.5米×2，机动非分隔带4米×2，非机动车道宽3.5米×2，人行道4.5米×2。2012年10月，2015年建成通车。

铁路

瓦日铁路（原名中南铁路）　2012年10月开工建设。该路从高兴镇夏陆沟村进入域内的尹家廒头一村地段，经尹家廒头二村、尹家廒头三村、张家廒头、成家廒头、西灶子、东灶子、北王家村等村地段出境，进入日照开发区。域内段全长3.8千米，路宽实际占地17米。2014年12月30日建成通车。

青日连高速铁路　2013年9月开工建设。该路从高兴镇怀古村进入涛雒域内的大洼村，经竹家园、苗家村、赵家庄子村地段出境，进入巨峰镇。域内全长2.4千米，路宽实际占地60米。2018年底通车。

第三节　交通管理　道路养护

交通管理

安全管理　1951年后，域内道路交通安全由公路管理站负责，派专人专车沿主要交通道路，实行定点或流动、巡回检查过往车辆，制止机动车违章行驶和拦车、扒车、追车、强行搭车等行为，禁止占用公路面进行各种活动，同时对无牌机动车进行监督检查，进行劝导或罚款扣车。2006年7月1日，交警涛雒中队建立，会同派出所、交管所、安监办等部门，负责域内的交通安全工作。

车辆管理　1975年前，各种机动车辆挂牌手续均由临沂地区交通监理所承办。1975年，小型拖拉机挂牌交由日照县交通监理站管理。1977年后，除汽车和农用四轮运输车之外，其他机动车辆均交由县交通监理站办理。1989年12月起，农用大小拖拉机挂牌委托给农机部门办理。1993年后，域内客货运营汽车挂牌办证手续由日照市交警支队办理，并负责车辆车籍移动登记和变更登记，农用四轮车挂牌则下放到区交警大队办理。2006年7月起，二轮、三轮摩托车等五小车辆挂牌办证由交警涛雒中队负责办理。各种机动车每年都要进行一次检审。

公路养护

中华人民共和国成立前后，域内公路均系土路。这一时期，由交通部门会同当地政府，安排沿路村庄组织人员养护。群众养护组的任务主要是清理边沟，对路基进行夯实，整理边坡、路肩及对路面撒沙整平等。遇有水毁、坍陷等险情，则上报主管部门，由地方政府派员协同公路部门临时组织沿线群众抢修。

1956年，日照县政府出台了加强公路养护工作的文件，域内沿线各村认真落实，在交通部门指导下，分别建立了 2 ~ 5 人的护路小组，并有专人担任养护员，其待遇用村民出义务工的办法解决（规定村民男 18 ~ 45 岁，女 18 ~ 40 岁，每人每年出 3 个义务工用于护路人员的待遇）。

1956 年秋，在胶新公路域内段建设田家园、大草坡道班房各一处。1979 年，在涛坪公路大洼地段建立道班房一处。

204 国道域内段，北起田家园村，南至大草坡村，20 世纪 70 年代，养路员 12 人。341 省道域内段，东起涛雒镇驻地，西至大洼村，养路员 5 人。这两条干线养路员指定专人，组织形式为亦工亦农（必需时养护公路，不需时务农），其劳动报酬根据养路工程验收单，评比记工分，与生产队社员同工同酬。养路员并负责看管所辖路段的树木、矮林。

1972 年，县政府再次发文规定，道路养护实行按社队分段包干的办法，沿线各村路段派固定人员养护，每人每年发匀沙器 1 个，工具费 5 元，人力小推车 1 辆，自己负责备养护沙，每千米 60 ~ 120 立方米。1978 年后，公路备沙均由县公路局统一运送。

1979 年，204 国道域内部分路段铺筑沥青路面，养护工作以清理边沟、整理路边坡、路肩及路沿石为主。

1983 年，道路养护实行责任制，对养护员实行浮动工资制，每人月均工资 32 元（国家补助 18 元，所在社队筹集解决 14 元）。按交通部颁发的“公路养护质量检查标准”进行养护质量检查评定，分为优、良、次、差 4 个等级。优级路发 32 元，次级路发 18 元，差级路不发。实行奖惩制度，月评季奖，年终总评。养路员一个季度均评为优级者，得季奖 10 元；全年均评为优级路者，年终得奖 15 元；良级路不奖不罚；次级路连续两个月不升级的扣发下月工资，第三个月不升级的淘汰更换。右所村养路员宋福宽，工作认真，不辞辛劳，所养护的路段十几年均为优级路，连续几年被临沂地区公路局评为模范养路员，曾获得省交通厅颁发的奖金 50 元。

1988 年，实行联绩计酬责任制。对公路管理要求达到路面平整、路肩整洁、路拱适度、行车顺当、边坡稳定、排水沟畅通、行道树齐全、标志号齐全鲜明、桥涵构造物维护完好，原优级路段必须保持，已经达到良级的路段，争创优级路。对道路的基本建设，养路员不能解决的，由县局统一解决。域内田家园道班、大草坡道班、大洼道班根据公路局指示精神，分别负责对所辖路段养护人员进行管理、培训、考勤，好路率在 80% 以上。养路员每人养护 1 千米，每 5 人为 1 班，设班长 1 人。实行“六定”，即定人员、定路段、定任务、定要求、定报酬、定奖罚制度，凡当年的任务皆签订合同。

2002 年，根据公路新貌，调整养路员人数。204 国道域内长 14.34 千米，养路员 11 人；341 省道域内长 5 千米，养路员 5 人；沿海路域内长 13.2 千米，养路员 14 人。2003 年，沈海高速公路竣工通车，域内段长 10.5 千米，养路员 6 人。涛马路域内长 1.7 千米，养路员 2 人。这些养路工均由市、区公路养护部门管理，根据各条公路实况，每人养护里程 700 ~ 2000 米，月工资 200 ~ 600 元。根据职能分工调整，乡、村道路养护归地方乡镇党委政府负责。

镇驻地街道养护 2006 年起，镇政府由一名副镇长分管，镇建委负责组建并管理镇环卫工作队。养护范围：商业街，仿古街，204 国道（北起石所南至南店村），341 省道（东起涛雒街东端，西至沈海高速公路涛雒出入口）及涛雒工业聚集制造区内主要路段。主要任务：清扫路面垃圾，护理路边花木，保证人、车畅通，保持路容路貌优等。配备垃圾车 1 台，每人负责养护公路 700 ~ 1000 米。

镇村道路养护 1990 年前，镇村路未纳入正常养护日程，主要是季节性养护，每年春、冬两季由村里组织劳动力对镇村道路进行集中整修。

1990 年后，镇政府由一名副镇长分管道路建设与养护，根据“谁维修、谁受益、谁养护”的原则，加强镇村路的养护管理工作，各村对主要道路都安排专人养护。养路员的待遇由镇政府统一筹集，统一发放，称作“统筹统支”。具体实施办法是：在“三提五统”中，每人每年收 1 元钱，用于镇村道路的养护及养路员的工资，2002 年停收。

2002 年后，镇村主要道路养护移交涛雒交通管理所负责，组建道路养护队 1 个，配备道路养护运输车 1 辆，根据不同季节，养护任务大小，组织养护员，常年流动养护域内镇村主要道路，养路员待遇由区公路局下拨交通管理所统一发放。

2003 年起，随着“村村通”道路的修建硬化，涛雒交通管理所对村路也逐渐纳入规范化、正常化的养护，由受益村派专人负责，镇政府会同公路有关部门实行定期检查督导，养护人员待遇由该村负责。

道路绿化　1950 年前后，公路沿线开始栽树。1952 年春，在胶新公路域内段栽杨树 3870 棵，涛坪路域内段栽杨树 1520 棵。

1963 年，根据县人民委员会通知要求，域内通车道路全部绿化，同时规定树木权属及收益分配方案：干线公路由公路站出树苗，树木归国家所有；疯枝及灌木 20% 归国家所有，70% 归出工养护的社队，10% 由公路部门掌握奖励群众养路员。县、社道路原来由国家栽植的，树木归国家所有，由社、队出树苗栽植的，树木归社、队所有。

20 世纪 70 年代末，公路直弯改建，胶新公路、涛坪路两侧栽植的杨树全部砍伐。根据新的公路绿化要求，涛坪路丁家官庄段至大洼段栽植加拿大杨树和白毛杨。20 世纪 80 年代初，在公路干线有些路段两侧栽植紫穗槐，由公路部门出苗，养护工栽植、管理、受益，既绿化了环境，又保护了路坡。

204 国道域内段 1993 年拓宽改建后，进行新式绿化，两侧栽植树木因地制宜，高低相间，四季见绿。

沈海高速公路域内段 2003 年建成通车后，根据有关规定，除路中央栽植可观赏性花草树木外，两侧路沟外划定宽 20 米，培植护路林带，由沿路各村负责栽植各种杨树等，树权及受益属植树村。

沿海公路域内段 2005 年改建后，随之栽植花草树木，高、中、低层次鲜明，一年四季皆有绿。

镇村道路始于 20 世纪 90 年代，修建一条，绿化一条。按照区、镇主管部门要求，花木兼有，镇政府购进花木种苗，派人栽种，养路员管理。至 2013 年，镇村道路全部绿化。“村村通”道路，分别由受益村负责绿化管理，镇政府有关部门定期检查、督导，突出可观赏性、常绿化特点。

第四节　运输

运输工具

挑担　有扁担、钩担两种（木制）。扁担：多为国槐、刺槐制作，长 2 米左右，宽 6 ~ 10 厘米（中间宽，向两端渐窄），两头凿眼，可放木楔，以防所担之物滑落。使用扁担时即可配托子（一种四角凿眼穿绳的木质方框，其上面可放物品），也可直接用绳索、箩筐等。扁担使用年代久远，用途较广，灵活方便不受交通条件限制，用者多为劳苦大众，主要用于赶集上店，田间劳作，亦用于长途贩运。钩担：较扁担窄、短，多为两端设铁环带钩，百姓家常用工具，主要用于挑水担土。1980 年后，域内扁担、钩担使用量锐减。

驴、马　中华人民共和国成立前，域内富有之家和土地稍多的户大都饲养毛驴或马，既能用以拉磨、拉碾、驮运货物，还可供人骑用，如上元村秦志坦开办的“大生堂”油坊，驮运花生饼，养马 12 匹之多。

骆驼　清末民国初，域内常见，是山西的盐商往来运输的主要交通工具。20 世纪 20 年代，涛雒三村的梁家槽棚坊子，不仅为南来北往的客商喂养骆驼，自己还饲养骆驼 5 峰。至 20 世纪 30 年代末，因战事渐多，域内极少见骆驼。

黄包车　俗称“东洋叉子”。以涛雒为站点拉送客人，使用时为一车夫拉乘客速跑。1934 年，涛雒人李合从青岛购入 1 辆，后发展至 6 辆。1945 年后，逐渐消失。

木轮手推车　亦称小车子。明代域内即有木轮手推车。“一身龙虎力，两耳凤凰声”，说的就是木制手推车，较之人力肩挑，省时省力，承运量大，后发展较快。

木轮手推车是中华人民共和国成立前后民间主要的运输工具之一。它通身为木制，多以檀木为轴、柿木为车耳。推起来吱吱作响，可用作长短途运输、田间收种、接送亲友。为使之耐用，有人还在车身主要关节处包裹铁箍，车轮周边镶嵌上铁瓦。解放战争时期，民兵组织的支前小车队，使用的就是这种手推车。1958 年“大跃进”时，这种车大都改木轴为轴承，木轮改为胶皮轮，运输时既省时又省力。

胶轮手推车（小推车） 域内始用于 1952 年。该车为胶轮，较木轮车省力，承载量也大，发展迅速。1958 年底，海生、磴山人民公社各有 300 多辆。20 世纪 70 年代，域内每个生产小队有 10 ~ 20 辆。20 世纪 80 年代初，农村实行联产承包责任制时，域内 4/5 的农户有这种车，担负着农业生产物资运输的主要任务。1990 年后，使用量逐渐减少。

马车 清朝中期，域内即有马车运输物资，分单套、双套、三套，早期为木轮。民国初期始见胶轮马车，后逐渐增多。涛雒街的“益泰”“万茂”运庄各有马车 8 辆。1958 年，高旺大炼钢铁时，主要靠马车从临沂运输煤炭。1963 年，域内有马车 12 辆、马 18 匹，其中驻军有 4 辆、马 8 匹。后随着机动车辆的增多，马车渐少。

胶轮地排车 1958 年以前，为木轮，有人力或畜力拉动之分，畜力以驴拉为主。1958 年域内始用胶轮地排车，20 世纪 60 年代后逐渐增多。70—80 年代，域内工副业迅速发展，原材料运输主要靠地排车，如刘庄管理区各村办起打绳厂，需到江苏购买稻草，多用地排车，其时，域内达百余辆。后随着拖拉机增多，地排车使用减少，现仅有极少数农户使用。

自行车 也叫脚踏车，1945 年前叫“洋车子”。清宣统二年（1910），栈子庄叶汝朋从日本带回一辆日制“工田牌”自行车。1920 年后，偶尔见到的自行车也多为邮差、公役等极少数人使用。至 20 世纪 60 年代末，农村自行车仍不多见，只是邮递员和政府部门及部分国家职工骑用。1975 年以后，自行车使用逐渐增多，成为短途交通运输工具，以大轮居多，域内其主要品牌为青岛产“大国防”“大金鹿”等。1980 年后，自行车开始普及，品牌也逐渐增多，有“千里马”“海燕”“永久”“长征”“凤凰”“飞鸽”“金象”“泰山”等不下 20 个品牌。1983 年，全公社有 1542 辆，1984 年增加到 5617 辆，到 1993 年，达到户均 1 辆以上。同时，三轮自行车也逐渐增多。

电动车 2000 年，域内始见两轮和三轮电动车，后发展迅速。2013 年，域内始见四轮电动车。2021 年，域内两轮电动车已普及。

摩托车 有两轮、三轮（正斗、偏斗）之分。20 世纪 20 年代域内始见，人称“电驴子”。抗日战争和解放战争期间，多见于军用。60—70 年代，邮电、驻军、公安部门始有，以偏斗居多。80 年代后，摩托车逐渐普及，多为两轮摩托车，品牌有“雅马哈”“新大洲”“大阳”“钱江”“力帆”“金城”“本田”“铃木”“木兰”等十几种。2000 年后，域内 3 轮摩托车渐多，大都为正斗，也由过去的链驱改为成轴驱。随着电动两轮、三轮车的普及，摩托车已很少使用。

拖拉机 20 世纪 60 年代初，域内始有进口拖拉机。1972 年，涛雒拖拉机站在右所村东成立，有东方红牌履带式拖拉机 2 台，主要用于农耕。翌年，又添胶轮式 36.75 千瓦拖拉机 1 台，专搞运输。同时，下元一村、高旺庄、曹家村、涛雒铁木业社、东川子村等单位和生产村购买了中型拖拉机搞运输。1976—1983 年，社队拖拉机发展很快，80% 的生产村购买了拖拉机，多为潍坊、临沂两地产的 8.82 千瓦拖拉机。1981 年后，个人开始购买拖拉机搞运输，域内崔家庄子村、竹家园村等个人购买的拖拉机较多，成了远近闻名的拖拉机运输村。1993 年，域内出现了大型三轮、四轮农用车，发展迅速，拖拉机逐渐被淘汰，2018 年后，已很少见。

汽车 域内最早见到的汽车是 1939 年春，栈子庄叶玉阶从日本带回的一辆“伏尔加”牌小汽车。20 世纪 80 年代后，汽车在农村逐渐多起来，分为客货两大类，客车分为大型、中型，货车分大、中、小型。2009 年，国家实行农民购买汽车补助，家庭购买汽车逐渐增多。是年，有货运车 225 辆、面包车 152 辆、轿车 138 辆、客车 12 辆。2021 年，域内已有货运汽车、面包车均逾千辆，轿车近万辆。

船 域内有涛雒口（小海口）、张洛口两个自然海口，海上运输发达。清道光年间，栈子村大户人家即养大风帆船搞运输。民国年间，栈子庄叶春墀在青岛开办“裕泰”轮船行，开通青岛—

石臼—海州航线，最多时有7艘轮船，总载重量可达700余吨。小海口大风帆船“金万康”，可载饼（花生饼或大豆饼）万余片（计250余吨）。

1952年，栈子海员工会有风帆船20只参与运输，航线为石臼至青岛，载重量均在20吨以上。同时，小海口设立民船管理站，管理运输船只30只，总吨位725.5吨。民船管理站下设码头工会，负责货物装卸。

客运

陆运　1945年前，域内客运多为民间个体经营。短途多称“送脚”（即短途送客、运物），使用工具主要有木轮手推车、毛驴等。1934年，涛雒人李合从青岛购来黄包车1辆，开始以涛雒为站点拉送客人，后发展至6辆，运行路线南至江苏柘汪，北至两城。

1950年，涛雒区与石臼运营公司联合建涛雒车站，有日本产“雪佛兰”小型客车1辆，客货两用车1辆，马车2辆，木轮小推车6辆，主要担负客运，运行路线为日照城至江苏柘汪和涛雒至坪上。1953年，始有日照城至江苏青口的大客车过往该站。1988年后，仅售长途客车车票，并履行对长途客车上旅客服务的职责。

1987年7月，庄家坨村庄光乙购买中型19座客车1辆，专营线路为日照至岚山，成为涛雒镇私营客运第一家。1988年，庄光福购买大金龙牌50座大客车一辆，挂靠旅游公司，跑遍全国各地。2007年，涛雒三村韩邦华购买50座豪华客车两辆，运行路线为日照至哈尔滨。2009年，庄光福就有3辆豪华大客车，成为域内最大的客运车户。

机动车短途出租拉客始于20世纪80年代末，主要聚集点在涛雒汽车站，以三轮摩托居多。1990年，春节高峰期多达40辆。进入21世纪，面包车、轿车出租（包括网约车）逐渐增多。

海运　1945年前，域内海上客运为非定点、定时、定员、定船，多为既载客又运货船只，航线为去石臼、青岛、上海居多。中华人民共和国成立后，为客、货两用船，航运线路为涛雒—石臼—青岛—威海，每航次可运送乘客100人。20世纪60年代初，因陆路交通便捷，海上客运条件差而停止。

涛雒汽车站　1950年，涛雒区与石臼运营公司联合建涛雒车站，站址在今观海路与文泰路交会处往北50米、文泰路东侧，租民房3间，服务过往车辆。站内有日本产“雪佛兰”小型客车1辆，客货两用车1辆，马车2辆，木轮小推车6辆，员工12人，首任站长高仲秀。主要担负客运，运行路线为日照城至江苏柘汪，涛雒至坪上。1953年，始有日照城至江苏青口的大客车过往该站，涛雒车站改名为涛雒汽车站。1956年，晋升为国营客运三级站。1958年，在涛雒街北门外关帝庙（今涛雒五村办公处）占地1.8亩，建汽车站，盖房屋5间，设候车室、办公室、宿舍等，员工6人，站长董立仁，主要服务于胶新路上的过往客车及旅客，日接送客车24班次。

随着胶新公路涛雒段改建，1977年，涛雒汽车站迁至涛雒七村（204国道西侧），盖房屋12间，员工6人。

20世纪80年代后，个体客车增多，乘客上下车不分站点及2018年12月城乡一体化无人售票客车开通，涛雒汽车站只办理长途过路车票务业务。20世纪80年代中期，房屋出租给个人搞经营。

货运

陆运　涛雒自古为黄海之滨商埠重地，特别是清末民国初，外地商贾云集此地。当地盐、鱼等产品，内陆生米、生油、猪披（屠宰后的生猪）等土特产，口外的洋货，在此贸易，运输量大，拉动了运输业的发展，出现了像“益泰”“万茂”等专营或兼营的“运庄”及自发组成的民间临时性运输团队。从业人员，多以肩挑、手推木轮车等为主，推选有威望的人为“挑子把头”“车伙子把头”等。域内有运夫308名，长期奔波于域内至临沂、沂水、蒙阴、莒县、潍坊等地之间，运送盐或海产品，运回黄烟、山果、陶瓷器具等杂货。尤其有些挑夫以“窜鲜”为主，他们当天下午在涛雒海口或岚山海口选购鲜鱼百余斤，肩挑连夜奔向莒县、诸城、沂水等地，翌日到达目的地，鱼仍鲜活。

民国初始，域内有“车伙挡子”5个。每个“车伙挡子”，少者几十人车，多者百余人车。1921年，南店村庄姓车伙子把头常年带领160余辆人力车，为“裕源”“协记”等大商号运送鱼、盐及海上运进的“洋货”等，运往临沂、沂水、莒县、蒙阴、潍县等地，运回生米、生油、黄烟等特产，再转船外运。1936年，仅域内“车伙挡子”就向外运出鱼、盐和“洋货”等4800吨，从内陆运回土特产品3200吨。

兽力驮运也占一定比重。本地、外地的驴群、马队、骆驼帮，络绎不绝地出入域内。涛雒三村的梁家槽棚坊子常年为其服务。

抗日战争时期，日伪侵占涛雒，运输业几乎处于歇业状态。

1946年，涛雒街成立车工会，会长由当时涛雒商店经理王裕丰兼任，有会员78人车，主要用手推木轮车承揽各商家所需货物的运输。

1947—1948年，民间运输力量大部分组成运输队伍，随解放军支前。

中华人民共和国成立后，涛雒建立联运处，隶属省联运公司，是域内首次出现的由政府建立的专业运输组织，运输工具主要为手推木轮车。据统计，1951年，涛雒联运站货物运输量为3745吨。

1954年，涛雒设立搬运站，站长高仲秀，有手推木轮车50多辆，马车2辆，员工59人，主要承揽集体单位物资运输，兼事民间物资运输。至1965年初，民间运输力量仍承担域内货物短途运输总量的80%。

1965年2月，成立涛雒搬运合作社，社址设在涛雒街北门里（今341省道与文泰路交会处，341省道南侧、文泰路东侧），负责人魏振东，从业人员172人，其中运输工人110人，装卸工人56人，管理人员6人。有小胶轮推车118辆，地排车12辆，驴10头，三轮车3辆，分运输、装卸两个大队，主要从事农资、建材、日用品等物资转运。1974年，移交涛雒交通管理站。

涛雒拖拉机站成立于1972年6月，属社办企业，站址位于右所村东，占地面积16亩，有拖拉机及配具2台（套），固定资产26.5万元，职工6人，主要负责域内农田耕作。1980年，以交通运输为主，有36.75千瓦拖拉机2台，东风大货车2辆，“50铃”小型货车1辆。1984年，改称涛雒农业机械服务站。1993年，开始以工程机械为主要作业工具。2000年，转制为民营企业。2008年，改称日照市汇通工程机械有限公司。2013年，有厂房60间，大型机械30台，职工33人，固定资产300万元，年产值1500万元。获省级“守合同重信用企业”、市级“守合同重信用企业”等荣誉称号。

1972年以来涛雒拖拉机站历任站长任职更迭表

表4—5

姓名	性别	籍贯	任职时间
周祥艾	男	碑廓镇	1972—1975年
刘克金	男	右所村	1976—1979年
徐延柳	男	丁家官庄村	1979—1983年
庄光秋	男	南店村	1984—1985年
平永田	男	高旺庄村	1986年—

1973年后，农村拖拉机逐渐增多，成为各社、队、单位货物运输的主要力量。东川子村、下元一村、高旺庄村、曹家村等购买了大、中型拖拉机，派专人驾驶，常年为本村及其他村或单位运输物资。联产承包责任制实施后至1985年前，基本上都作价处理掉。

1983年6月，庄家坨村庄光福购买青岛产解放牌10吨位大货车1辆，搞个体营运。

20世纪80年代初，崔家庄子村、竹家园村出现购买拖拉机热，分别自发组织了拖拉机运输队。崔家庄子村拖拉机运输队主要去日照城、石臼、岚山、坪上、江苏等地集运煤渣，供域内十几个大型砖窑厂使用。竹家园村的拖拉机运输队主要到域内各大砖厂装砖外运。20世纪90年代初，这些村的拖拉机逐步改用农用大三轮、四轮车，搞专业运输。2018年后，已很少有用拖拉机搞运输的。

海运　清末民国初，域内小海口兴起海运，进出海口大风帆船共有100多条，专事海上货物运输。启航于小海口、新口的船只，装上生米、生油、生饼、猪披、黄烟、冬菜等土特产品，南去江苏、上海、福州、广州、台湾，北达青岛、天津、安东、海参崴等地，甚至去朝鲜、日本、韩国，年出口量5万余吨。运回的有布匹、红糖、白糖、茶叶、米、面、小五金、纸张、火油、火柴等日用百货，年进口量3万多吨。

1940 年 2 月，日伪侵占涛雒后，海上运输遂之萧条。1952 年 7 月，在小海村设立民船管理站，隶属石臼航运站。是年，栈子海员工会成立，有风帆船 20 余条（总吨位 488.61 吨）往来于青岛、上海间，年流向青岛生米、生油、黄烟 3500 吨，流向上海猪披 5000 口。1982 年停运。

第二章　邮电

明清时，沿海设置海防墩（亦称墩台），用以传递军事信息，防御倭寇（日本海盗）。内陆沿官马大道设立邮驿铺站，以马传递官方军报公牍等。中华民国时期，域内邮电事业有所发展，机构变化较频。中华人民共和国成立后，人民邮电发展很快，不仅业务量加大，而且邮递空间日广。1981 年后，邮电建设呈现前所未有的发展态势，网络健全，设备先进。20 世纪 90 年代初期，移动通信在域内出现并迅猛发展。1992 年，涛雒成为日照市开通程控自动电话第一镇。1995 年，成为东港区首批电话镇之一。进入 21 世纪，随着手机的普及，程控自动电话机家庭很少使用，一般为单位安装使用。

第一节　机构

海防墩　明朝洪武年间，域内沿海设置涛洛墩、黑七墩、张洛口墩。这些海防墩属军墩，是古人举烽烟、传敌情的军事通信设施。每墩设墩卒 4 名，每人供给食银 4 两，墩下置养 8 亩地，供其种桑麻、养鸡犬，便于守墩为业。配旗、锣、烟筒等，有紧急军情，白日燃起狼烟，夜间明信火。海防墩沿用至清末废弃。

内陆站铺　明朝嘉靖年间，域内沿官马大道设置三桥铺、右所铺、下元铺。铺内设驿递和铺递两种：驿递送公文，并护送官物及乘传官员；铺递由铺司、铺兵走递公文。域内站铺有马 1 匹，马夫 1 人，白夫 1 人，隶属日照总铺。清朝时期，邮递大都沿用旧制，其时民间书信来往，多托人捎带，信件辗转传递，缓不济急。

清光绪二十二年（1896），清政府成立邮传部。清宣统三年（1911），日照驿站逐步被邮传部接管，延续了 600 多年的古邮驿机构终结。

涛雒邮电支局　清光绪三十二年（1906），设立涛雒邮寄代办所，1917 年称邮政代办所，隶属日照中华邮局，故址今在文泰路与观海路交会处。1922 年，涛雒邮政代办所升为三等局，隶属日照邮政局。1936 年晋升为四等邮局。1945 年 8 月，被战时邮局接管，故址今在文泰路与民安路交会处。1947 年，国民党军队占据日照，涛雒局一度停业。1948 年 7 月，恢复业务，称涛雒邮务所。1950 年，改称为涛雒邮电营业处，接收沂水军分区驻涛雒电话站，恢复电信营业。1956 年，称涛雒邮电支局。1957 年 5 月，与镇文化站（今观海路与文泰路交会处往北 100 米处文泰路西侧）换房 11 间。1961 年 4 月，扩建营业室 100 平方米。

图 4—4　1970 年前后涛雒邮电支局（申华提供）

1992 年，迁至涛雒七村 204 国道西侧。1995 年，改称涛雒电信移动通信邮电支局。1998 年，电信、邮政分营。2001 年 9 月邮电支局迁至 204 国道 368K+300 米处西侧（原址为电信用），占地 2.5 亩，建筑面积 400 平方米。

1943 年以来涛雒邮电支局负责人任职更迭表

表 4—6

职务	姓名	性别	籍贯	任职时间
局长	李绪谦	男		1943.2—1945.4
局长	费 × ×	男		1950.8—1953.6
局长	刘玉书	男	三庄镇	1953.7—1956.7
代局长	张文秀	男	莒南县	1956.7—1958.8
代局长	张纪平	男	虎山镇	1958.8—1962.7
代局长	周子臣	男	涛雒镇	1962.7—1966.2
局长	申伦典	男	西湖镇	1966.2—1988.6
局长	李绪申	男	高兴镇	1988.6—2003.1
局长	李慎正	男	西湖镇	2003.1—2006.1
局长	焦自军	男	后村镇	2006.1—2007.2
局长	李克香	男	后村镇	2007.2—2014.11
局长	田　荣	女	沂南县	2014.11—2016.8
局长	李德梅	女	辽宁彰武	2016.8—2017.8
经理	李德梅	女	辽宁彰武	2017.8—2019.3
经理	孔　艳	女	黄墩镇	2019.4—2019.9
经理	常成宝	男	巨峰镇	2019.10—2020.2
经理	孔　艳	女	黄墩镇	2020.2—2021.4
经理	王　鑫	男	五莲县	2021.4—2021.12
经理	田　荣	女	沂南县	2021.12—

涛雒电话代办所　1933 年 3 月，设涛雒电话事务所。1935 年，为电话代办所。1939 年 6 月撤销。

高旺庄矿区邮电所　1958 年 8 月，以高旺庄村为中心的大炼钢铁基地开工建设，为保证各方面通信联络，日照县邮电局设立高旺庄矿区邮电所，职工 3 人。1960 年，高旺庄炼钢基地逐步下马，该所也随之撤销。

图 4—5　高旺庄矿区邮电所

下元邮电所　1958 年 9 月，磴山人民公社成立，驻地下元村。1959 年 3 月，日照县邮电局在下元设邮电所。1960 年 6 月 12 日，改称为下元人民公社邮电局，职工 3 人。1962 年 12 月，下元人民公社与涛雒人民公社合并为涛雒区，1963 年 3 月，改称下元代办所，年底撤销。

联通公司涛雒支局　1998 年，电信、邮政分营。2001 年，中国电信改称中国网通。2003 年春，网通公司涛雒支局成立，局址在涛雒七村（原涛雒邮政支局旧址），占地 2000 平方米，建筑面积 480 平方米，职工 7 人，隶属中国网通东港区分公司。2008 年 10 月，网通与联通合并称联通，主要业务有移动通信、固话通信、宽带网络、小灵通等，是域内电信主导运营商。主要设备有固定交换机 1 台，9 个模块局、3 个接入网，总容量 20344 门；宽带交换机 1 台，9 个模块面，3 个接入网，总容量为 1848 个端口。2009 年，域内用户 3950 户。2013 年，有基站 15 座，宽带用户 5328 户，固定电话 4369 户，手机用户 12800 户。2021 年，手机用户已基本普及。

2003 年以来联通公司涛雒支局局长任职更迭表

表 4—7

姓名	性别	籍贯	任职时间
崔恩贵	男	虎山镇	2003.2—2004.4
厉江洲	男	巨峰镇	2004.4—2005.2
王世福	男	奎山街道	2005.2—2006.5
李宗军	男	日照街道	2006.5—2008
邓洪春	男	秦楼街道	2008—2010.11
路　建	男	奎山街道	2010.11—2012.12
张　伟	男	秦楼街道	2012.12—2015.7
于　龙	男	济宁市	2015.7—2016.8
丁元伦	男	巨峰镇	2016.8—2017.3
袁　伟	男	后村镇	2017.3—2019.7
费洪树	男	开发区奎山	2019.7—2021.11
丁　峰	女	岚山区南范家村	2021—

涛雒移动营业厅　2001 年 11 月，涛雒移动营业厅成立，负责人韩亮。2007—2015 年，安装移动村村通电话。2009 年，域内移动通信用户达 1.9 万余。2016 年 4 月，吕杰任经理。投入运营的基站 30 座，移动通信用户 2.5 万户。2021 年，有用户 3.2 万户。

网通公司涛雒营业厅　网通公司涛雒营业厅成立于2006年2月，负责人邓洪春。2008年，与联通合并称联通公司涛雒支局。2021年，有用户1.2万户。

第二节　邮政

邮政业务包括国内和国际邮件寄递业务，国内报刊发行业务，邮政储蓄业务，集邮业务和其他业务。涛雒邮政支局经办的业务分为基本业务（函件、包裹、汇兑、报刊、机要）和附带业务（集邮、邮政储蓄、代收货价、代发工资、代发广告等）两大类。

函件　清光绪三十二年（1906）后，涛雒邮寄代办所经办的业务逐渐有平信、明信片、保价信函、印刷品、书籍寄递等。1945年，战时邮局只办理平信，主要办理党政机关及干部、战士与其家属来往的信函，免费寄递“优抗”函件和党报党刊。1948年10月，开办保价信函业务，保价限额为：现金5000元，粮票500市斤，柴票1000市斤。

中华人民共和国成立后，各项业务迅速发展。2013年，函件种类有信函、明信片、邮简、印刷品、盲人读物、邮送广告等，尺寸及封装规格不变。

包裹　1919年，涛雒邮政简易局始办此项业务，收寄包裹限重6磅，长、宽、高不得超过1尺。1934年，包裹业务分为普通包裹、保价包裹、快递小包和大宗包裹四类。普通包裹主要邮寄衣服、行李及一般物品；保价包裹主要邮寄贵重物品，如金、银首饰和贵重药材等；邮件丢失，邮局按保价赔偿；快递小包办理轻便的小件物品。大宗包裹指成批的商品包裹，此种包裹只限于同一交寄地点和同一收件人。在业务处理上实行“多包一单”“重量加总”。

2012年，包裹种类分为普通包裹和快递包裹。邮递速度，普通包裹为6～8天，快递包裹为3～5天。包装要求，以能装入2号邮袋为限，重量不超35公斤，必须保价。

汇兑业务　涛雒的汇兑业务始办于1936年，相继开办了高额汇票、定额汇票等汇票业务。

中华人民共和国成立后，邮政汇兑大致参照大清中华邮政汇兑制度，普通汇票开发单用三联式汇票。同时，与中国人民银行有了明确分工，以办理个人汇款为主。1952年2月，开始办理“公事汇票”。1953年1月1日，统一启用新制普通汇票，按汇票多少对汇票剪格。1957年3月1日，改用新式定额汇票（两联式），面值为1元、2元、5元、10元、20元5种。1958年10月1日，开办电报汇票业务。1960年1月1日，停止使用剪格汇票，改为“信汇”，每笔汇数最高限额由1000元调整为300元。

1965年6月1日起，统一实行信封式“邮政汇款通知单”代汇寄发，一直沿用至今。

1980年9月，取消300元的限额。1981年8月1日，开办高额汇票，每笔汇票限额放宽至5000元，但要加盖“高额汇款”戳记。

1988年，公事汇票的最大限额不得超过15万元，如金额过大，可分多张开发。1996年6月1日，邮政汇票最高限额由5000元调整为10000元，邮政“高额汇票”最低限额由500元调整为1000元。2005年，每笔汇款最高限额调为5万元，超过限额可分笔汇寄。

邮政储蓄　1986年9月，开办邮政储蓄业务，经办活期、整存整取及零存整取储蓄。1989年10月，开办定活两便储蓄业务。到1997年，已开办的邮政储蓄业务有：活期、定期整存整取、定期零存整取、定活两便储蓄和汇兑款转储蓄。

2005年10月至2013年2月，代发党政教育等部门退休人员的工资，代收移动通信缴费。2012年3月，代收电费。

投递　设立邮电支局前，域内军报公牍的投递靠邮驿站铺，其为专线。民间书信往来多托人捎带，邮件全靠人挑肩负步行投递，

1906年，涛雒设邮寄代办所，邮件不多，仅在邮路附近公众场所设邮件收发点，多为收邮件者自取货或托他人到收发点领取。凡挂号邮件，则找人捎信到代办所领取。

1917年，升为邮政代办所，增设村镇信差2名，专门投递涛雒街及附近村庄的邮件。同时设信差1名，专门负责域内栈子村、下元村邮件的投递。

投递班期，涛雒街及附近村为当日班，其他乡村为3日班，均为徒步投递。

战邮时期，主要任务是传递党报党刊和党政军邮件，有邮务员（即投递员）2人。没有固定投递路线，有时冒着生命危险秘密跋涉。

中华人民共和国成立后，有投递员3名，1人负责区直机关及涛雒街诸村邮件投递，另2人负责乡下各村的邮件投递。下午接受县局来的邮件后，区直机关及涛雒街诸村当日投递，乡下各村次日投递，全部为自行车投递。

1972年后，域内投递线路重新调整，划分4段：涛雒—郭庄—结庄—东湖为1段，涛雒—李潭—水木—下元为1段，涛雒—右所—廒头—川子为1段，涛雒—小海—栈子为1段。有投递员4名，各负其责。每人日行60千米左右，投递100多个点，自行车投递当日班。

1998年，域内投递路线分5段，除镇驻地机关单位和村子外，其他可分东、西、南、北4段。投递员5人，均为摩托车投递当日班。2013年，域内投递线路4条，投递员4人，均为摩托车投递当日班。

2021年，域内投递，全部为当日班。

第三节　电信

有线电报业务

清宣统元年（1909），日照电报局在涛雒设电报局，办理军政官电、商电和寻常电报业务，以办理政府官电为主。1914年9月，因线路被毁而关闭。1920年1月，线路修复，重新开业，因业务量有限，降为电报房。1928年后，业务量逐渐加大，电报种类分为政务电报、寻常电报、特种电报，其中以商务电报最多。1934年6月，电报房又升为电报局。1939年6月，日军占领涛雒前夕，涛雒电报局撤销。

中华人民共和国成立后，电报业发展较快。1956年底，涛雒邮电局重新开办有线电报业务，有防空、事故、公益、普通、书信等电报13类。1971年10月，国内电报改为6类：特种、军政、新闻、公务、汇款、普通。1978年，电报报路实现了电传化，结束了手工抄写电报的历史。1979年，报路由换报改为载报电路，使报路实现了载报化。1986年，入济南256路自动转报网，实现了电报转报自动化。

1987年，国内公众电报分为天气、水情、公益、政务、新闻、普通、汇款、公电共8类，特种业务有特急、加急、邮运3种。根据电报类别，其传递顺序及处理时限不同。1990年，新增NF—FAZ—10型电报传真机1部。1991年，开办了公众用户传真电报，结束了话传电报的历史。是年10月，新增办礼仪电报。

2001年8月，停办有线电报业务。

1938年以前，域内电报无专人传递，由报务员兼送或自己徒步到邮局办理。

1956年，邮电支局重新开办电报业务后，涛雒街里有报务员兼送，域内其他村由投递员兼送。

1958年，设专职传递电报员1名，负责域内电报传递。

1963年，停办电报“专送”业务，由投递员兼办或收报人到邮局自己办理。1981年1月，恢复电报“邮送”业务。

电话业务

1933年3月，日照县电话事务所在涛雒设电话事务所，只为政务服务，不对外营业。1935年，涛雒升为电话代办所，有5门交换机1台。1940年2月，日军侵占涛雒，涛雒电话代办所随之撤销。

1950年7月，沂水军分区在涛雒街里和右所村各设军用电话情报站，每站设10门总机1台。1952年10月，由部队移交地方邮电局管理，是域内民用电话的起源。

1957年初，邮电支局安装30门总机1台，同时利用电话线路开通有线广播，实行一线两用。1958年“大跃进”时期，响应上级“先普及后提高”的号召，落实了村村通电话。是年秋，在海生人民公社驻地、高旺炼钢指挥部各安装交换机1台，设立总机，下属各单位亦安装了电话。1959年3月，下元人民公社邮电所在公社驻地安装交换机1台，设立总机，年底撤销。其时域内共有手摇电话机120余部。

1963年，区划变动，高旺大炼钢铁全部下马，电话线路遭到毁坏，域内仅剩电话机20余部，主要分布在各公社及区直单位。1973年，域内9个管理区各设总机1部，社直各部门和部分村安装了电话。

图4—6 1980年话务员为用户转接电话

（中华提供）

1976年9月，农村电话实现载波化，加速了农村电话业的发展。

1986年10月，涛雒三村村民宋子配安装电话机1部，是全镇第一个村民室内电话用户。

1992年12月，涛雒镇邮电局512门程控自动电话割接开通，成为全市开通程控自动电话的第一个乡镇。全镇370部电话机第一次并入国内、国际直播电话网。所有长途载波一律停开，实现程控化。

1994年，程控电话扩容至1000门。沙岭子村在邮政局的支持下，建成全镇第一个电话村。安装1部电话初装费为4600元，邮电局每部优惠1600元，收取用户3000元。

1995年6月，C3本地电话网建成，电话号码由原6位升为7位，长途区号统一启用“0633”。2000年春，涛雒电信支局为方便用户，在域内镇驻地、学校等公共场所安装“IC”卡公用话亭15个。后因手机等业务的迅速发展，至2006年冬，公用话亭已全部废弃。

1997年，农村电话发展迅速，程控电话初装费调整为每部1500～4000元。1998年，域内共有程控电话2000余部。2006年，涛雒网通开展“亲情农家”业务，即在农村，有80岁以上老人健在的家庭，其子女可持老人有效证件到网通办理电话安装业务，符合条件者初装费仅收150元。2007年，涛雒网通首次在右所村办理虚拟网业务，即同村电话用户互相通话可免费，后很快于域内各村普及。2009年，域内共有程控电话13900部。2013年，有程控电话8579部。2018年后，随着手机的普及使用，域内只有单位安装程控电话机。

图4—7 1992年12月，涛雒镇程控电话开通仪式

图4—8 20世纪90年代，用户初次使用程控电话

其他通信

对讲机 1991年，域内党政、企业等部分领导为便于工作曾使用对讲机，全镇不足10部。随着程控电话和其他通信工具的普及，1996年底停止使用。

无线寻呼 1992年6月，日照开通无线寻呼系统，为人工寻呼台，号码为“126”，域内有用户60余人。1994年，全市无线寻呼联网，有“126”“127”寻呼台，涛雒建基站1处。年底，用户发展到100余人。1995年6月，全省无线寻呼联网，域内“BP”机用户300多人。1997年7月，日照第二寻呼台“9898”开通运行，并实现全省联网，异地漫游，域内“BP”机用户近700人。2004年后逐渐减少，2007年停止使用。

移动通信　1994年12月，无线移动通信系统开通，入全市移动通信网，开通了数字移动电话，所用设备为美国摩托罗拉公司900MHz蜂蜜式模拟移动通信电信，信道8个，用户30人。1995年7月1日全国联网，实行漫游，用户近200人。域内建基站1处，增加信道20个，年底，模拟、数字用户达1600人。2021年，移动用户为3.2万户，联通用户为1.2万户。

第三章　供电

中华人民共和国成立前，域内无电力能源。1961年，涛雒铁木业社用柴油机发电，开创了域内自己发电之先河。后日照五中、供销社、高旺医院等单位先后用柴油机发电，用以生产或照明。1964年，苗家村、亚月村用日照水库主干渠水发电，开启了电源新渠道。1970年12月，建成高旺变电站。1971年12月，高旺35千伏安变电站（主变容量1000千伏安）正式送电，由县农电所负责。1972年，个别大队通交流电。1985年后，并入山东规模化电网系统。1991年，全镇75个村全部通电。

第一节　机构

涛雒供电所前身为高旺农电服务站，成立于1972年4月，站址在高旺变电站大院内（高旺庄村西南角、204国道东侧），房屋8间，仓库2间，职工4名。主要负责涛雒农网建设、农用电管理和协助县供电局财务组查表收费。1978—1983年，为域内各村及单位培训电工8期，计120余人。1986年，站址迁至南店村204国道西侧，易名涛雒供电综合服务站（简称涛雒供电站），建二层楼1座，平房8间，职工8人（供电站4人，变电站4人）。2001年，对农村电工进行整顿，聘用农民电工47人，设6个供电小组。涛雒供电站晋升为供电所，隶属东港区供电部。2006年7月1日，供电所迁至右所村西南（中盛路与204国道交会处，沿中盛路往西300米北侧），有职工4人，担负着域内68个村（廒头管理区张家廒头等7个村由奎山供电所供电）21975户，318个企事业单位的用电服务。2021年，有职工2人，供服员工22人，为域内75个行政村和奎山街道费家村以及953家企事业单位供电。

2001年，被国家电网公司评为“农电示范窗口”。2008年，被日照供电公司评为“标杆供电所”“先进集体”。2009年，被省电力公司授予“先进集体”称号。

1972年以来涛雒供电（站）所负责人任职更迭表

表4—8

职务	姓名	性别	籍贯	任职时间
站长	金永庆	男	涛雒镇	1972.4—1979.8
站长	宋开贵	男	涛雒镇	1979.8—1981.6
站长	杨守鹏	男	石臼街道	1981.6—1984.10
站长	滕　峰	男	日照街道	1984.10—1986.8
站长	安玉相	男	西湖镇	1986.8—1993.6
站长	徐淑增	男	莒南县	1993.6—1995.7
站长	赵龙进	男	南湖镇	1995.7—2001.2
所长	张庆玲	男	巨峰镇	2001.2—2005.5
所长	庄光增	男	巨峰镇	2005.5—2007.9
所长	李　江	男	石臼街道	2007.9—2011.3
所长	曹际坤	男	涛雒镇	2011.3—2013.3
所长	李建斌	男	北京路街道	2013.3—2016.11
所长	刘光忠	男	岚山区	2016.11—2020.12
所长	安丰雷	男	河山镇	2020.12—

第二节　电力来源

柴油机发电　1961年秋，涛雒铁木业社使用66.15千瓦柴油机为动力，带动40千瓦发电机1台进行发电，除用于生产外，还兼用照明。后日照五中、供销社、高旺医院等单位也相继安装了柴油机带动发电机发电，基本满足本单位需用。20世纪70年代末至80年代初，日照电厂虽已供电，但用电量远远大于供电量，用电经常处于紧张状态，很多单位和村自己配备了柴油机发电，以应急之用。2018年后，仍有极少单位配备柴油机发电，以应急之用。

水力发电　1964年夏天，苗家村和平家村合资利用日照水库干渠之水发电，安装24千瓦发电机1台，供村竹编厂生产和社员家居照明。是年秋，亚月村亦安装24千瓦发电机1台，以干渠水作动力发电，供村织布厂生产和照明之用。1972年，高旺变电站开始供电，水力发电废弃。

电网供电　1972年后，域内用电主要来源于日照发电厂、日照水库发电站，35千伏线路供给。1985年冬，域内用电并入山东电网，110千伏线路供电。从此，电力逐步充足。

第三节　电网建设与农电改造

1970年前，域内用电系单位自己用柴油机或借水力发电，均在有关技术人员指导下，自己配用0.4千伏低压线路供电。1970年12月，建成高旺变电站，投运初期，主变压器为1000千伏安，35千伏安进线1回，10千伏出线4回，其中本社占3回（即涛雒、高旺、李潭），虎山公社占1回。1971年5月，首先建成至涛雒102线，全长5.2千米，同时扩建高旺101线，1.5千米。翌年，建成至李潭104线，全长7.5千米。1973年，建成至虎山103线，全长8.6千米。1981年改建和扩建，主变调为1800千伏安，35千伏出线2回；主要供涛雒和虎山两地137个单位用电。

1993年，根据需要，撤掉高旺变电站，日照市电业局在341省道北侧、涛雒卫生院东侧征地6亩，建无人值守变电站1处，由市电业局电脑自动监控。初建时主变压器容量为3000千伏安，后主变调为5000千伏安，主变入线1回，110千伏，出线2回，均为35千伏。后配电线路几经改建和扩建，至2007年，涛雒供电所辖区有10千伏配电线路5条，总长204.975千米，0.4千伏低压线路380.533千米，配电变压器412台，总容量4.568万千伏安。2011年，高旺变电站改建，投入运行，10千伏出线5条，为涛雒南部及日照钢厂建设提供了电力保障。2021年，域内有35千伏变电站2座，110千伏1座，10千伏线路25条，312.12千米，0.4千伏线路531.64.千米，配电变压器924台，总容量17.76万千伏安。公变13.65千伏安377台，户均容量3.73千伏安，售电量2.46亿千瓦时，台区低压线损率2.64%，电费回收率100%。

1998年，开始进行农电网络改造和电费电价治理。2001年12月，镇政府和区电业局联合发文，进行农村用电管理体制改革，并制定了《农电工工作标准》等规定。2013年后，各类用电价格执行省统一收费标准。

第四节　用电管理

1971年12月，高旺35千伏安变电站（主变容量1000千伏安）正式送电，由县农电所负责。1972年，个别村通交流电。1985年后，并入山东规模化电网系统。1991年，全镇75个村全部通电。

农用电　主要为农田灌溉、农副业产品加工、海淡水养殖、场间和镇办企业用电。1972年，上级政府和电业部门扶持，购买变压器25台，架设10千伏高压线路3条，计52千米，0.4千伏低压线路89.5千米，用电村15个。1976年，全公社有电动机35台，720千瓦，其中排灌电动机21台，460千瓦。全社年用电49.5万千瓦时，其中排灌用电8.92万千瓦时，社队副业用电12.5万千瓦时，农村加工粮食用电7.5万千瓦时。2009年，涛雒供电所辖区有10千伏配电线路5条（至李潭、高旺、郭庄、涛雒街、右所），长204.975千米，0.4千伏低压线路380.533千米，配电变压器412台，总容量4.568万千伏安，电动机565台，总功率为

8678 千瓦，年用电量为 4286 万千瓦时。

1993 年，域内供电配备微机，为所管辖的村、单位、企业打印电费单据，农村用电管理水平得到提高。2000 年，完成全镇农电网改造后，设备规范，线路畅通，供电正常，电价下调，全镇年用电量（包括农用电）1.044 亿千瓦时。2021 年，全镇用电量 3.2 亿千瓦时。

生活照明用电　域内最早用交流电照明始于 1961 年，涛雒铁木业社自己用柴油机作动力发电，除生产用电外，还供厂内照明。1972 年，高旺变电站开始供电，域内个别村通电。1976 年，照明、家用电器年用电量为 20.58 万千瓦时。1988 年，域内除小草坡一个村外，其余村全部通电。1990 年 6 月，涛雒镇政府会同供电站成立了全市第一个农村电费审计办公室，制定相关措施制度，逐步实现“五统一”：统一抄表、统一电价、统一发票、统一核算、统一考核；“四到户”：抄表到户、销售到户、收费到户、服务到户；“三公开”：电量公开、电价公开、电费公开。站、村两级电费张榜公布，农村用电管理逐步走向正规化、标准化。

第五编　农　业

涛雒镇稻田文化节　（涛雒镇宣传办公室提供　摄于2019年9月）

中华人民共和国成立前，域内农村在封建土地所有制的束缚下，生产力发展极为缓慢。中华人民共和国成立后，废除了封建土地所有制，实现了耕者有其田，农民成了土地的主人。集体化后，改土平地，兴修水利，改良品种，推广应用生产新技术，粮食产量有了较大幅度的提高。1981年秋，域内农村开始实行联产承包责任制。1999年，对农村土地进行第二轮承包，土地承包期30年不变。2003年，实行均田制。2006年，开始允许土地承包权以赠送租赁入股等形式流转。

进入21世纪，涛雒镇加快农村税费改革，在全镇取消农业税、农林产品特产税和“三提五统”收费，组织实施种粮补贴、能繁殖母猪补贴、农机补贴等财政惠农政策，为农业农村经济发展注入强大动力；同时，大力实施农业品牌战略，发展生态农业、现代化农业，全镇农业和农产品加工业得到快速发展。

第一章　机构

中华人民共和国成立前，域内农业管理机构无明确文字记载。中华人民共和国成立后，域内即设一名农具改革管理员，负责域内农机管理工作；由文书监管统计工作。1954年，域内设立一名指导员，指导帮助农村合作社的会计工作。1958年10月，日照县农业局在域内设立农业技术推广站。此后，域内农业管理机构不断改革、完善。2018年，农业技术推广站和农业机械管理站合并办公。

第一节　农业技术推广站

1958年10月，日照县农业局在磴山人民公社设立农业技术推广站，简称农技站，站址在下元，站长孙传昌。1963年改称涛雒区农业技术推广站，站址在涛雒。1971年，改称涛雒人民公社农业技术推广站。1985年，改称涛雒镇农业技术推广站。1988年11月，日照市政府将农业技术推广站管理权限下放到乡（镇）政府，市农业局对其进行业务指导。

1963年，涛雒农技站先后在平家村、右所、南店、东风等村建立起农业科学实验队，从事农业科学实验工作。1965年，右所村实验队水稻亩产540公斤，受到临沂地委书记薛亭的高度赞扬，并把这一农业技术推广到全地区。至1977年，全社75个村全部建立了实验队。生产队设农科组，自上而下形成了三级农科网络，担负起农作物良种的引进推广、提纯复壮和杂交制种，农作物种植稀密度对比，病虫害的防治等技术示范、实验工作。对成功的经验及时进行总结推广，有力地提高了农业科技水平和粮食产量。1985年，农技站下设种子站，专司良种引进推广工作。种子站站长先后由侯学峰、李友树担任。2015年，种子站撤销。

1994年，农技站在全镇指导发展大棚西瓜、大棚蔬菜900亩，亩效益1万元。2005年，农技站深入到簸箕笃子村进行测土配方施肥实验，控释肥施用实验，并把这一科学实验成果推广到全镇农村，使农民投资减少了20%，粮食增产5%～10%，取得了很好的社会效益和经济效益。

2003年、2004年，农技站分别获山东省优秀乡镇技术员称号。

2018年，涛雒农技站与农机站合并，有职工8人，其中高级农艺师8人，站长黄子秀。

1963年以来涛雒镇（区、公社）
农业技术推广站站长任职更迭表

表5—1

职务	姓名	性别	籍贯	任职时间
站长	孙传昌	男	孙家村	1963—1971
站长	王泽绍	男	诸城	1971—1979
站长	张守善	男	张家廒头村	1979—1994.8
站长	侯学峰	男	虎山镇梭罗树村	1994.8—1995
站长	宋　平	男	华山村	1995—2002
站长	黄子秀	女	费县探沂镇	2003.6—2013.3
站长	李友树	男	东川子村	2013.5—2017.6
站长	黄子秀	女	费县探沂镇	2017.6—

第二节　农业机械管理站

中华人民共和国成立后，七区设一名农具改革管理员，负责全区农机管理工作。1974年10月，涛雒人民公社建立农业机械管理站（简称农机站），归县农业机械管理局管理，设一名管理员，各管理区设一名农机网长，各村配备一名村干部，组成农机管理网络，管好、用好农业机械。1979年1月，涛雒农业机械管理站设站长，首任站长为涛雒公社革命委员会副主任相玉平兼任。先后在小刘庄村、涛雒三村、镇政府大院、右所村东首、镇政府办公楼办公。1988 年 11 月，日照市政府将农机站管理权限下放到乡（镇）政府，市农机局对其进行业务指导。

2018 年，与农技站合并。

1979 年以来涛雒镇农业机械管理站站长任职更迭表

表 5—2

职务	姓名	性别	籍贯	任职时间
站长	相玉平	男	巨峰镇相家楼村	1979.1—1980.5
站长	郭为章	男	奎山街道	1983.3—2008.12
站长	金秉昌	男	北京路街道金家沟村	2009.2—2017.3
站长	李友树	男	东川子村	2017.3—2017.6
站长	黄子秀	女	费县探沂镇	2017.6—

1990 年，站长郭为章荣获“山东省农机管理先进个人”称号。

2012 年 1 月，涛雒镇被山东省农业机械管理局、山东省安全生产监督管理局评为全省农机安全“十县百乡千村万户”示范活动示范乡镇。站长金秉昌 2013 年 10 月获“山东省第八批省级优秀乡镇农机技术人员”称号。

农机管理 按照上级业务部门的要求，对农用机动车辆进行统计、核准、发证、挂牌及年度审核验证；协助市农机监理站查办无牌、无证车辆；“三夏”及“三秋”期间，检查督促镇内农业机械的维修、保养。协助镇政府组织、指导、推广农机田间作业，提供农机配件服务；对农用柴油机及脱粒机、收割机进行统计、挂牌、发证，组织协调联合收割机跨区作业；配合区农机局对镇农机维修网点的审验、发证工作。协助办理农机购置补贴工作。

图 5—1 跨区作业接待站

农机人员培训 1978 年 3 月，培训拖拉机手 50 人，复训驾驶员 38 人，农机修理工 22 人，农机手 210 人，时间 2 个月。1980 年 3 月，培训大中型拖拉机手 58 人，时间 3 个月。

第三节 农村经济经营管理站

1954 年，七区设会计辅导员一名，与各乡的会计网长指导帮助农村合作社的会计工作。1956 年，涛雒区设一名会计辅导员。1963 年，会计辅导员归农业局下设的农业技术推广站管理。负责全社的计划管理、生产管理、劳动管理、财务管理和各项分配。1979 年，会计辅导员改称经营管理助理，简称经管助理。

1963—1988 年涛雒镇（区、公社）农村经济经营管理负责人任职更迭表

表 5—3

职务	姓名	性别	籍贯	任职时间
辅导员	贺书俭	男	尹家廒头一村	1963—1967
辅导员	刘均一	男	日照街道	1968—1970
辅导员	李仕准	男	岚山区	1971—1976
辅导员	丁智元	男	涛雒七村	1977—1978
助理	李健永	男	曹家村	1979.2—1981
助理	王伟举	男	沙岭子村	1983.7—1984.6
助理	庄茂格	男	大朝阳村	1984.6—1988.5

1988 年 5 月，镇政府设农村经济经营管理站（简称经管站），工作人员 3 名，农村经济经营助理改称农村经济经管站站长。1990 年兼管农村财务审计。1991 年成立农村合作基金会（在经管站内部办公），基金会于 1999 年 6 月 13 日停办。经管站于 1992 年 10 月迁至南店 204 国道西侧新建办公室办公；1995 年 10 月，从南店迁至现镇党委办公大院后楼一楼办公；1997 年 8 月迁至涛雒

建筑公司靠204国道的门面房办公；1999年10月，迁至今派出所楼前20米处平房办公；2003年10月迁回镇党委大院后楼办公。

1988年以来涛雒镇农村经济经管站站长任职更迭表

表5—4

职务	姓名	性别	籍贯	任职时间
站长	庄茂格	男	大朝阳村	1988.5—1993
站长	牟善宗	男	高旺庄村	1994—2008.12
站长	孙雪梅	女	孙家村	2008.12—2010.11
站长	佘淑光	男	日照街道	2010.11—2015.3
站长	孙雪梅	女	孙家村	2015.3—2020.3
站长	赵 伟	男	莒县夏庄镇	2020.3—

经管站内部设立农村集体经济审计站、农村集体经济合同管理站、农民负担监督管理办公室、农村财务结算中心、村财镇管办公室、公章管理办公室、土地流转服务中心等。

1997年获全国“示范乡镇”称号；1999年、2000年连续两年获省“先进集体”称号。

指导、监督村会计业务工作

1958年以前，会计辅导员负责指导互助组、低级社、高级社的会计核算工作，并按区域（以乡为单位）建立了会计辅导网（简称会计网），由一名业务能力强的会计担任网长。在会计网范围内，由网长组织进行会计业务辅导和业务交流，一直延续至今。

农村财务管理和农村集体资产管理

1985年“撤队并账”以后，在双层经营管理体制下，主要管理村集体的财务工作，制定财务管理制度，指导和监督各村搞好财务管理工作，负责指导村集体财务管理工作比较差的村搞好经济核算和财务管理工作。

1990年春，对农村财务实行“双代管”，即村设报账员，镇设立农村财务管理中心代管村账。

为搞好农村集体资产管理，1991年和2008年，对全镇农村集体资产进行了两次清理。在清理过程中，按照上级的政策，把没有入账的资产和已经不存在、账实不符的资产，通过民主程序和报批制度进行了账务处理。通过清理，查清了村集体的实有资产，并建立了“集体资产管理制度”，建立了资产管理台账。对资源性资产登记台账，实行台账管理，规范了集体资产的管理，确保集体资产不得流失、保本保值。

审计工作

日常财务审计 1988年5月，经管站下设农村集体经济审计站，对村集体财务进行审计。从每半年审计一次、每季度审计一次，到2007年以后每月审计一次。审计时，经管站对各村本期发生的财务收支事项逐笔进行审查，审查所有单据是否“三笔会签”，民主理财小组是否盖章，收入是否及时全额入账，支出单据是否规范，是否手续齐全，是否符合财务制度，是否账款相符等。对手续不齐全，不符合财务制度的单据要剔除，并提出改正意见。审计后，对审计的各村财务情况进行汇总，写出审计报告，报镇党委、镇政府主要领导。

专项审计 根据上级主管部门的要求和党委政府的安排，对上访人员反映和群众举报的财务问题进行专项审计，审计结果报党委政府主要领导。对村集体统一搞的建设项目、公益事业项目等，对建设项目的批准、预算、招标、施工、决算、资金筹集、工程费用等进行专项审计。

村干部离任经济责任审计 对退休退职的村党支部书记任职期间的经济责任、各项指标完成情况、收入支出情况、债权债务情况、集体家底等情况进行全面审计，写出“审计报告”。

民主理财和财务公开

民主理财 民主理财是人民公社时期由贫下中农代表、社员代表3～5人组成民主理财小组，对本大队、生产队的财务在会计记账以前进行理财。理财时，理财小组对发生的每一张单据进行审核，收入支出符合财务制度的，民主理财小组认为可以入账的，加盖“民主理财章”后，会计才能记账。

从2003年开始，村民主理财小组是由村民会议或村民代表会议选举或推荐产生，由5～7人组成。每月的26日为全镇民主理财日，各村要把当月的财务收入、支出单据全部让理财小组审理。

理财小组集知情权、审理权、监督权、不合理开支否决权于一体。审理程序可由村会计或出纳口述单据内容，理财小组成员逐张单据传阅，待意见一致时，由理财组长在单据上签字并加盖“村务议事会专章”，会计才能记账。同时要填写好理财记录，理财记录的内容是：所有理财的单据张数、金额，收入、支出单据手续不全、不合理、不合法与事实不符的单据张数、金额，未盖“村务议事会专章”的原因及处理意见等。参加理财小组的人员都在理财记录上签字，并提出财务管理的意见和建议。

财务公开 人民公社化时期，大队、生产队每年公布两次账。本村的财务收支、生产队的财务收支、社员的工分、猪包圈、投肥、粮食预分方案等，每半年由大队、生产队会计分别在全村、生产队社员大会上口头公布或张榜公布。

1998年秋开始，全镇各村在方便的位置统一设置了村务公开栏（包括政务公开和财务公开）。规定每月5日为全镇村务公开日。各村每月5日在公开栏公开本村上月的财务收支事项，同时张贴按原始凭证逐笔填写，经审计认定后盖有审计站印章的“财务收支明细榜”。同时公开政务部分，还要将村务大事及时张榜公布，接受群众监督，增加村务工作透明度。经管站每月6—10日对各村的村务公开情况进行检查。年终将全年的财务收支情况向村民公布。村会计把每月的财务公开内容和全年的村务公开内容登记“村务公开内容登记簿”，留底存档。

农村各业承包合同管理和土地流转

对村集体经济承包合同的签订，进行把关鉴证，负责指导农民土地流转工作。1981年开始实行家庭联产承包责任制，对土地划等定级，分田到户。1988年，经管站成立农村集体经济承包合同管理站以后，在镇合同管理站的指导下，村集体与农户签订了土地承包合同，由镇合同管理站进行鉴证，称为农村第一轮土地承包（经济园林一般合同承包期为3年、5年、10年，土地承包期一般15年）。各村根据不同情况实行“口粮田”和“责任田”两田制。村集体留总耕地面积的5%作为机动地，用于增人添地。1999年2月，开始实施第二轮土地延包，土地承包期延长30年不变。在延包期内增人不增地，减人不减地。全镇1999年上半年土地延包结束，各村集体与农户签订了土地延包合同，颁发了土地经营权证。

2003年，取消两田制（口粮田、责任田），实行“均田制”（按农业人口平均承包土地）。2006年，允许土地承包权多种形式流转。

村集体各业承包合同，包括工副业、经济园林、鱼虾池、山场河崖、荒山荒滩、房屋租赁等，在签订承包合同时，对合同的合法性、合理性、有效性把关，并进行鉴证。

农民负担监督管理

负责国家关于农民负担政策的贯彻落实和监督管理涉及农民负担的事项。1985年开始收取教育集资，后实施了按人均纯收入5%的比例向农民收取“村提留”“镇统筹”（各为2.5%），作为村集体收入及镇政府用于教育、计划生育、民兵、民政优抚、乡村道路建设的开支。1994年统筹费为1143元（1993年人均收入）×2.5%=28.57元（规定人均28.50元）。同时向农村劳动力分摊“义务工”和“劳动积累工”（简称“两工”）。年满18岁至50周岁的农村女劳动力，每人每年分摊5～10个“两工”；年满18岁至55周岁的农村男劳动力，每人每年分摊10～20个“两工”；可以“以资代劳”。经管站指导各村，每年把应分摊给农户的“村提留”“镇统筹”和“两工”填写在“农民负担卡”上，发到农民手中，农民按照“农民负担卡”上应承担的“提留”“统筹”“两工”交款和出工，“农民负担卡”以外的农民有权拒绝出钱出工。2002年税费改革，取消了“村提留”“镇统筹”，增加了农业税收，村集体从农业税附加返还得到收入。2006年取消农业税，同时也逐步取消了“两工”，减轻了农民负担。每年还继续指导各村填写全省统一印制的“农民负担卡”，发到农民手中。村集体搞农田水利建设为村民搞福利设施等所需资金，实行“一事一议”筹资酬劳的办法解决。

落实党的惠农政策

2004年，国家对农民取消特产税，鼓励农民大力发展工副业项目，充实钱袋子，让农民富起来。

是年，国家对种小麦按种植面积实行良种补贴，至 2007 年，涛雒镇农民共得补贴 187.26 万元，由财政所按“一卡通”的形式及时把补贴发到农民手中。

2006 年，域内取消农业税，由国家对村镇财政实行转移支付。是年，国家对农民购买大型农机具实施财政补贴，至 2007 年，涛雒镇农民共获得购机补贴 23.23 万元。

2006 年开始，国家对种植玉米、水稻进行良种、农田燃油补助。至 2007 年，涛雒镇农民共获得补贴 156.99 万元。

经管站负责对各村农民种植的小麦、玉米、水稻等种植面积进行全面核实，把农民应该得到的种粮补贴核实好。

第四节 统计站

中华人民共和国成立后，统计工作由区（社）文书兼管。1984 年成立统计站，与经管站合署办公。业务归县统计局管理，负责全镇的工业、农业、第三产业的统计及各项普查工作。进行数据分析，定时发布统计信息，对政府工作提出咨询建议。2003 年后独立办公。2021 年，统计站共有职工 3 人，其中高级职称 1 人。

1984 年以来涛雒镇统计站站长任职更迭表

表 5—5

职务	姓名	性别	籍贯	任职时间
站长	郭立章	男	海员村	1984—1987
站长	王中华	男	虎山镇杨家庄子村	1988—1989
站长	庄茂格	男	大朝阳村	1990—1993
站长	牟善宗	男	高旺庄村	1994—2000.4
站长	汪照欣	男	奎山街道	2000.4—2002.4
站长	王 青	女	丁家官庄村	2002.4—2019.10
站长	英昌学	男	临沂费县	2019.10—

2007 年，获评“全市 1% 人口和劳力抽样调查”先进集体；2008 年获评全市第一次“经济普查”先进集体。

第五节 畜牧兽医工作站

中华人民共和国成立前，涛雒一带的畜病治疗由民间兽医承担。

1956 年，由民间兽医联合建成兽医合作诊所，负责人先后由王宝、谭宝臣担任。1963 年，成立涛雒区兽医站，1971 年改称涛雒公社畜牧兽医工作站，归县畜牧局管理，有工作人员 8 名，负责辖区的畜牧生产和技术指导、畜禽疫病防疫、检疫和治疗工作。先后引进鲁西种黄牛、青华羊、太湖种猪，对当地牛、羊、猪进行杂交改良。同时，每年春秋两季进行牛、猪、羊的防疫，平时进行集市交易畜禽、出境畜禽的检疫。

1988 年 11 月，畜牧兽医站下放到镇政府管理，有职工 8 人。

1963 年以来涛雒镇畜牧兽医站站长任职更迭表

表 5—6

职务	姓名	性别	籍贯	任职时间
站长	谭宝臣	男	虎山镇小村	1963—1971
站长	朱立山	男	下元二村	1971—1999.11
站长	葛允新	男	大刘庄村	1999.11—2003
站长	孙元成	男	高兴镇东辛庄子村	2003—2004.5
站长	卢兵远	男	西湖镇柴家沟村	2004.5—2010.1
站长	陈为志	男	南湖镇陈家庄村	2010.1—2018.5
站长	马德宏	男	东川子村	2018.5—

1990 年，站长朱立山开始在仔猪窝阄时，进行猪二联疫苗防疫注射实验，1995 年获得成功，其论文《仔猪窝阄时进行猪二联疫苗防疫注射的体会》获得日照市东港区科技创新二等奖，该项技术在全省推广应用。1993 年，畜牧兽医站迁镇北 204 国道西侧，有职工 8 人。随着农业结构的调整，畜牧兽医站在做好日常工作的同时积极发展畜牧生产，对畜禽饲养专业户、重点户进行技术指导及牲畜产前、产中、产后服务，促进了全镇畜牧业的发展。2007 年，镇内各种畜禽养殖专业户达 1000 多户。2021 年，畜牧兽医站有职工 15 人、高级兽医师 1 人、中级兽医师 5 人，有行政执法检疫证的 6 人。

第二章　农业生产关系

中华人民共和国成立前，由于封建土地所有制的长期束缚，农业生产发展缓慢，加上连年战乱，灾疫频繁，农村经济萧条，农民生活困苦。中华人民共和国成立后，通过土地改革和对农业的社会主义改造，解放了生产力。1956 年，开始建立高级农业生产合作社，实行土地集体所有制。中共十一届三中全会后，逐步调整农业生产结构，建立和完善联产承包责任制，农业生产得到了较快发展。

第一节　封建土地所有制

土地改革以前，域内土地为封建私有制。地主、富农占人口 10%，而土地占有高达 90%。贫雇农、中农占人口 90%，仅占有土地 10%。贫雇农靠给地主富农当佃户、扎觅汉为生。

地主对农民的剥削形式

地租　租制有三种。（1）定租：地主将土地租给农民，不论丰歉，按定额向农民收取租粮，租额一般按收获粮食总数的“四六”、“五五”或“六四”比例确定，以“五五”比例居多。（2）钱租：地主按定额向佃农收取租金，通常春秋两次收取。（3）典种地：价格一般为地价的 50% ~ 60%，通常典种 1 ~ 3 年。典收期间，土地所有权仍归地主，到期可按原价赎回。

份子粮　春天不论佃户是否需要，地主为防陈粮霉烂，用摊派的方式把陈粮派给佃户吃，叫份子粮。租 1 亩地按 2 升算，收租时按两倍先扣除。由此使陈粮变新粮，死粮变活粮。

小供养　也叫献鲜。凡是佃户所种蔬菜、瓜果及新鲜粮食，须先送给地主尝鲜。地主所用的炊帚、扫把、水瓢等，也要由佃户定期供奉。

干拔工　地主租地给佃户，要佃户无偿为其出工，如赶集上店、走亲访友、红白公事、推磨拉碾、劈柴垫栏等。

雇工剥削　（1）长工：俗称“觅汉”“扛活的”。一般雇用一年，也有一年以上的。常住地主家中，为其挑水、扫地、喂牲口、垫栏、出粪、看场、护院等，有的还要带领短工干活。一般农历二月初二上工，十月初一下工。除管吃外，年报酬一般给 1 ~ 2 担（一担 100 斤）高粱。女长工有从事洗衣做饭的“老妈子”，哺育小孩的“奶妈”，伺候主人的“婆子”等，年酬 3 ~ 5 斗粮食。（2）短工：农忙季节工，亦称“工夫”，时间 1 天或数天不等，多干些应急农活或繁重劳动，工酬按日计算。（3）童工：包括买进和雇佣两种。买进的童工终身为地主服役，地主可以随时转卖。女童工称为“丫头”“丫环”，多伺候地主女眷；男童工称为“小厮”，多给地主放牛和干杂活。雇用童工年酬 2 ~ 3 斗粮食。（4）杂工：一般为地主看守田地、祠堂、园林等，并负担一定量的零工。地主给少量的土地耕种，不收地租作为工酬。

高利贷剥削　是指从地主的账房或专设的银号借贷，借贷期为 1 月、1 季、半年、1 年不等。借贷期愈短，利率愈高，一般月息 5 分，高者月息 10 分，若如期还不上，除本利外，利上加利，有“利滚利”、“驴打滚”之说。高利贷使不少贫苦农民急剧破产。下元三村王姓农民因借地主高利贷还不上，在大年三十被地主刨倒房子，一家人痛哭流落他乡。

减租减息

1943 年夏收前，涛雒区部分村庄在农救会的带领下，开展了减租减息运动。抗日战争胜利后，“双减”斗争成为中心任务。1946 年 6 月 8 日，日照县委在涛雒召开五个区 6000 余名佃农代表参加的减租减息联合斗争大会，决定实行“二五”减租。涛雒成为日照县“双减”斗争的模范地区。按照上级的指示，召开大会发动群众，实行“二五”减租、“分半减息”，地租均按原租额减去25%，借贷利息减半。“双减”斗争的胜利，大大减轻了农民的负担。

第二节　土地农民个体所有制

土地改革　1946年5月4日，中共中央发布了《关于清算减租减息及土地问题的指示》，把实行减租减息改为没收地主土地归农民所有的政策，土地改革于7月开始。总的口号是实现“耕者有其田”“人人有地种”“土地回老家”。涛雒区政府按照上级指示，组织发动各村群众，召开诉苦大会，揭露地主罪恶，然后根据上级政策，给地主、富农留出一定数量的土地、房屋和生产资料，其余土地、财产全部没收，分给贫苦农民。彻底摧垮了地主阶级在农村的经济基础和政治势力。

1947年7月7日，中共中央华东局发出了《关于山东土改复查新指示》，要求“彻底克服富农路线，消灭封建残余”，必须进行土改复查。7月末，涛雒区委根据县委指示，部署土改复查（群众称大复查）工作，决定大胆放手发动群众，以贫雇农为领导核心，团结中农，彻底摧毁封建势力。各村成立了农救会，除没收地主土地外，其山林、房屋、牲畜、农具、粮食及浮财一律查封，由农会直接分配给贫雇农；没收富农多余的土地，割掉其“封建主义尾巴”。这次复查中，出现了一些左的倾向，如把地主扫地出门，逼迫中农献地献粮等错误做法。1947年12月21日，中共滨海地委发出通知，一律停止土改复查。1948年，进行土改复查中的纠偏工作。1950年，区委抽调人员，分期分批深入各村，按照中央政策，重新进行划阶级、定成分。1951年10月，土地改革全部结束，县人民政府向获地农民颁发土地证书。

互助组　土地改革结束以后，家家户户分得了土地，同时出现了劳动力、牲畜、农具不均衡的矛盾。为便于耕种，产生了互助组，土地合作组织有了新的发展。

初级农业生产合作社　1953年，在互助组不断巩固提高的基础上，域内建立了5个初级农业生产合作社，即南店村的新生社、胜利社、新立社，苗家村崔为善成立的爱国初级农业合作社，郭家庄子孙淑永成立的前进农业合作社等。1955年夏季，贯彻毛泽东主席关于农业合作化问题的指示和中共中央《关于农业合作化问题的决议》，形成办社高潮，各村都建立了初级社。合作社实行入社自愿，退社自由的原则，土地、耕畜、大型农具等生产资料仍属私有，折价作股入社，归合作社统一使用。年终按股份和劳动量实行“五五”、“四六”或“三七”分配，夏秋两季预分，年终决算。

初级社是具有一定集体经济成分的农村基层组织，为以后实行土地集体所有制奠定了坚实的基础。

第三节　土地集体所有制

高级农业生产合作社　1956年，根据中共中央《关于高级农业生产合作社示范章程》的要求，域内各村初级社通过扩、并，绝大部分升为高级农业生产合作社。高级社实行土地归集体所有，废除了土地分红，耕畜、大型农具等生产资料折价入社，转为公共积累。社员参加集体劳动，实行按劳分配。域内基本实现一村一社，有的几个小村联合为一社，实现农业生产合作化。

高级社后，规范管理制度，成立了管理委员会。按上级规定，每社设有社长、会计、保管等管理人员。社员按居住区域就近划成生产队，由管委会人员兼任生产队队长。高级社走上了健康、规范发展的道路。

高级社土地归集体所有以后，为便于耕种，实行了统一整地，削高垫洼，兴修水利，为作物区域化种植提供了有利条件。社内各项规章制度的建立和实行“多劳多得，按劳分配”的政策，调动了干部、社员的生产积极性，粮食产量比单干、互助组、初级社有了明显的提高。

人民公社　1958年，伴随“大跃进”，农业生产关系急速变革。8月，中共中央《关于在农村建立人民公社问题的决议》下达。9月，下元乡成立了磴山人民公社，涛雒乡成立了海生人民公社。

人民公社实行“政社合一”，工、农、商、学、兵五位一体，农、林、牧、副、渔统一经营，公社范围内的一切属公社所有，行动归公社指挥，财产由公社统一分配。公社成立后，大办猪场，大办交通，大办水利。

集体所有的财产归公社所有，社员的菜园、闲散土地及其种植收获全归公社，分配由公社统一安排，实行社会主义“按劳分配”和共产主义“按需分配”相结合分配制度。公社推行“九包”制（包吃、包住、包婚礼、包生、包养、包教、包治疗、包文娱、包葬）。社内队队办食堂，吃饭不要钱。办起托儿所、幼儿园、敬老院。同时有条件的还成立卫生所、俱乐部、业余学校等。

1960年，刘家湾村共有375户，1735口人，其中农业人口1450人。总耕地面积1537亩，粮田面积1425亩，人均0.98亩，粮食亩产120公斤。社员在食堂停火后（1959年11月10日至1960年6月30日）的232天，人均分配口粮46.07公斤，人均每日0.2公斤。

1961年5月，贯彻中共中央《农村人民公社工作条例（草案）》（时称“农业六十条”），进一步解决“整社”中的若干问题。1962年3月，落实中共中央《关于改变农村人民公社基本核算单位的指示》，生产资料归公社、生产大队、生产队三级所有，以生产队为基础核算单位，明确了各级所有权和自主权。是年的下半年，生产队有了生产经营权、自主权，分组作业、责任到人，实行按劳分配，多劳多得。按政策规定，划给社员一定数量的自留地、菜园地。注重农业生产“八字宪法”（土、肥、水、种、密、保、工、管），推广农业新技术，出现了农业生产大发展的新局面。粮食平均亩产由1963年的280公斤增加到1966年的390公斤，社员生活水平有所提高。

1966年“文化大革命”开始，劳动管理制度受到冲击，取消社员家庭自留地（名曰割资本主义尾巴）和集市贸易，推行“大寨记工法”，改一天一记工为十日一评工，用评“政治分”取代按劳计酬，批判过去的“工分挂帅，物资刺激”和“三自一包”（自留地、自由市场、自负盈亏、包产到户）、“四大自由”（雇工自由、贸易自由、借款自由、租地自由）。1968年后，整地改土、挖沟排涝、整大寨田、修渠筑路，农田基本建设取得了显著成效。

农业生产责任制 1978年，中共中央十一届三中全会召开，下发《关于加快农业发展若干问题的决定》，在农村进行经济体制改革，逐步调整了农村经济结构，陆续建立起以“小段包工，定额计酬”为主的农业生产责任制。1980年，中共中央下发《关于进一步加强农业生产和完善农业生产责任制的几个问题》的文件，提出“包产到户”“包干到户”的政策。涛雒公社开始探索试行各种形式的生产责任制。

联产承包责任制 1981年秋，开始实行“家庭联产承包责任制”（后称两田制：口粮田、责任田），即生产队把土地按人口承包到户，人均等份为口粮田，其余部分为责任田。生产过程中，由农户自主负责，自由种植，各户承担农业税、粮油征购（口粮田除外）和各种提留，以生产队为核算单位的体制被终止。1983年底，全公社75个村全部实行了“家庭联产承包责任制”。1985年“撤队并账”，即村把生产队的账簿并到村。

实行联产承包责任制后，原来集体的牲畜、农机具打价一次性承包给个人；茶园、鱼塘、林场等工副业项目也招标承包到户经营，实行了近30年的集体化和农业生产上的大锅饭被终止。由于生产队自行消亡，土地发包由村（后由村民委员会）负责。“联产承包责任制”把国家、集体、个人三者利益结合起来，调动了农民生产积极性，粮食产量和人均占有粮食明显增加，农民彻底解决了温饱问题。1982年，川子村种粮大户马世鹤向国家交售粮食0.5万公斤，涛雒公社党委、管委奖给泰山牌14英寸黑白电视机一台，中共临沂地委、临沂地区行署授予“劳动致富光荣”称号。

1995年3月，中共中央、国务院《关于当前农业和农村经济的若干政策措施》明确指出，以“家庭联产承包责任制”和“统分结合”的双层经营体制，是党在农村的一项基本政策和我国农村经济的一项基本制度，必须保持长期稳定，任何时候不能动摇。根据上级指示，对各农户承包的土地延长使用期，由开始的 2 ~ 3 年调整一次，延长到 5 ~ 10 年，有的村规定 15 年不变，添减人口由机动地找补。

1999 年，对农村土地进行了二轮延包工作，土地承包期 30 年不变。根据上级指示，各村对存在的问题进行处理，制定出实施办法后，交党员会、村民议事会、村民大会讨论修改，形成切实可行的方案，报镇政府批准后，各村实施。村民委员会与村民签订土地承包合同后，给承包土地的农民发放土地承包经营权证书。

2003 年春，镇政府在全镇范围内开展土地均田制的实施工作，年底全部结束。

2006 年后，允许土地承包权以赠送、租赁、入股等形式流转。

第三章　作物种植

农业作物种植主要分粮食作物、经济作物、蔬菜等种类。随着时代的发展和科技进步，一些产量较低、经济效益差、不适合种植的作物品种逐渐被淘汰，而一些优质作物品种一直延续至今。

第一节　粮食作物

清朝末年，域内粮食作物种植主要有䅟子、稻子、高粱、大麦、小麦、荞麦、豆类、玉米、地瓜，其中䅟子耐旱耐涝，米、糠皆可食，农民多赖以度荒，故种植面积较大，占总种植面积的 50% ~ 70%。

民国年间，主要有大麦、小麦、䅟子、谷子、稷子、高粱、旱稻、糯稻、绿豆、豌豆、玉米、荞麦、爬豆、黄豆、黑豆、地瓜，其中以大麦、小麦、䅟子、谷子、高粱、旱稻、黄豆、地瓜种植面积较大。据 1931 年《山东农林报告》，日照粮食亩产量：小麦和稻子 70 公斤，大豆 90 公斤，地瓜 250 公斤。

中华人民共和国成立后，粮食作物种植以小麦为主，播种面积占 40% 以上。至 1962 年，地瓜、玉米面积扩大。1964 年，稻改成功后，地瓜、小麦、水稻成为主要粮食作物。1978 年以后，小麦、水稻、玉米为主要粮食作物，地瓜种植面积相应减少。

小麦　域内小麦种植历史悠久，中华人民共和国成立前种植品种有“红秃头”“老芒麦”“小火麦”，种植面积占耕地面积的 25% 左右，亩产 50 ~ 70 公斤。1952 年，引进徐州“438”等新品种，亩产 75 公斤，播种面积有所增加。1956 年，高级社成立后，引进“碧蚂 1 号、4 号”等新品种，亩产 80 ~ 90 公斤，播种面积占 40% 以上。1959 年，涛雒公社播种小麦 8761 亩，亩产 146.5 公斤，播种大麦 8239 亩，亩产 109.5 公斤。

图 5—2　小麦

1978 年以后，引进推广“济南 13 号”；1984 年后，又陆续引进“鲁麦 3 号”等新品种；2013 年主要种植“济麦 22 号”等。小麦已成为高产稳产作物，播种面积最多，成为农民的主要口粮之一。2021 年，仍以“济麦 22 号”小麦为主，在域内推广。

玉米　俗称玉豆，1952 年后，域内开始大面积种植，主要品种有大粒红、小粒红、金黄后、马牙子等。1965 年，播种面积 5504 亩，单产 139 公斤。1976 年后，玉米种植多数

图 5—3　玉米

为间作套种，面积在万亩以上，亩产252公斤。2000年后，随着养殖业的发展，玉米价格的提高，玉米种植又有了大的发展。2007年，种植面积占粮田面积的22%，单产达457公斤。2021年，玉米产量多在500公斤以上。

地瓜 又名红薯，域内种植地瓜时间较早。民国初期种植面积仅次于小麦。中华人民共和国成立后，地瓜种植面积则超过小麦，占粮田面积的41.8%。1953年，引进“胜利百号”地瓜良种后，因产量高而大量推广。1965年，栽种40119亩，单产瓜干200公斤，成为农民主粮。1975年，占粮田面积的65%以上。1978年以后，域内基本实现双季田，地瓜已不再是农民的主要口粮。1983年，实行“大包干”以后，地瓜已成为零星种植作物。

图5—4 地瓜

高粱 也叫蜀黍，域内种植历史悠久。中华人民共和国成立前，大部分土地高洼不平，排水不畅，主要种植高粱，品种主要有“黄罗伞”等，种植面积占耕地面积的30%左右。中华人民共和国成立后，引进品种主要有“利母鸡”等，终因其产量低，面积逐年减少。1965年，播种3268亩，单产88.5公斤。1970年后，已无成片种植。

图5—5 高粱

谷子 又名粟，古称作“粱”，域内种植历史悠久，为春播作物。种植品种有老来松、大毛谷。中华人民共和国成立前，谷子种植面积占耕地面积的10%左右。谷子加工成小米，是农民粗粮中的细粮。中华人民共和国成立后，由于谷子产量低，面积逐年减少。1965年，播种面积181亩，单产15公斤。1966年后，基本停止种植。

图5—6 谷子

稻子 域内稻子的种植历史悠久。中华人民共和国成立前，域内种植旱稻面积较多，水稻面积较少，亩产50公斤左右。1964年进行水稻改革，改撒种为育秧、插秧，面积逐步扩大。1965年，稻子播种面积24803亩，亩产182.5公斤（其中栽植水稻20728亩，亩产193公斤），成为小麦、玉米、地瓜之后的四大主粮之一。2006年栽植面积达13000亩，大部分实行稻麦双季田，水稻面积仅次于小麦玉米面积，居粮食作物第三位。2013年，面积为1100亩。2021年，水稻栽种面积6300亩。

图5—7 稻子

穇子 中华人民共和国成立前，以当地品种为主，有黄穇、苣穇。另有关东穇，又名龙爪穇，秸秆较矮，成熟后粒白色。

图5—8 穇子

黍子 成熟后以米粒颜色分为红、黄、黑、白四种。

图5—9 黍子

稷子 成熟后以米粒分为黄、白两种，以穗分为散穗、柳穗两种，均为当地品种。

图5—10 稷子

图 5—11 豌豆

豌豆 以当地品种为主，有大豌豆、小豌豆之分。20 世纪 70 年代引进“墨西哥豌豆”“保加利亚豌豆”等。

其他 绿豆、小豆、豇豆、荞麦，多为当地品种。

第二节 经济作物

域内经济作物，在明朝以前以麻类为主，清朝末年开始种植花生。到 1978 年，经济作物仍以花生为主，占经济作物面积的 90% 以上，其他经济作物有麻类、芝麻、向日葵等，不到 10%。1983 年，生产责任制以后，种植业结构调整，经济作物面积比例有所加大。

花生 俗称果子，又称落花生、长生果，始种于清朝末年。最早种植的是龙生型，颗粒小，产量低。清光绪十五年（1889），大花生传入域内，逐渐成为油料作物。中华人民共和国成立前，播种面积一般占耕地面积的 3% 左右。1965 年，播种 3195 亩，亩产 53.5 公斤。由于大面积推广种植水稻，花生种植面积有所减少。

图 5—12 花生

棉花 域内清代即有种植。中华人民共和国成立前，种植很少，占耕地面积的 1% 左右；中华人民共和国成立后，农业合作社时作为经济收入，面积有所增加。1965 年，播种 801 亩，亩产皮棉 15 公斤。20 世纪 70 年代，域内年种植面积一般为 1000 亩，亩产皮棉 35 公斤。1990 年后，仅有零星种植。

图 5—13 棉花

烟草 1970 年以前，域内栽植面积较少，品种为晒烟（旱烟），主要为自种自用，少量到集市出售。1976 年以后，上元、大草坡等村种植过黄烟，烘烤后卖给国家。1981 年以后，域内很少有种植。

图 5—14 烟草

麻类 域内清末即有种植，主要有李家潭崖村、苗家村、高旺村、东风村、廒头一带种植，除自用外，到集市出售，是农民经济来源之一。中华人民共和国成立后，不少村庄集体均有种植。1965 年，种植面积 136 亩，单产 90 公斤。1972 年后，逐渐减少，1981 年后，不再种植。

图 5—15 狼麻

药材 中华人民共和国成立前，域内药材主要为野生药材。中华人民共和国成立后，供销社收购药材，域内农民始有种植，主要有红花、沙参、丹参等。1970 年后，增种金银花、大青叶、黄芩等。1982 年后，面积减少，现仅有金银花、黄芪等品种。

图 5—16 金银花

其他 芝麻、蓖麻、向日葵、甜菜等，多种于田埂地边，房前屋后，或间作套种等。

第三节 蔬果

域内种植蔬果历史悠久。明清时期，很多村庄种植蔬菜已具规模。清光绪年间，涛雒“裕源”业主丁惟普（字德臣）专制京冬菜，在镇驻地西北刘家菜园种大白菜 70 多亩，每年冬节，收大白菜百万余斤。其他如东、西石梁头和下元等村，均以种植蔬菜为主业，中华人民共和国成立前，菜农种菜、卖菜成为主要的谋生手段。

中华人民共和国成立后，域内蔬菜面积扩大到4500余亩。1957年农业集体化后，政策规定给社员每人留出几厘地种菜，从此，家家户户都有个小菜园。1960年，因生活困难，提倡“瓜菜代”，除户种菜园外，大部分生产队集体有菜园，成立了蔬菜专业队或种菜组，蔬菜面积有所增加。

1966年后，作物实行间作套种，粮、棉、油、菜并举，推广“三粮两菜”“三粮一菜”种植模式。1978年后，改革耕作制度，调整种植业结构，蔬菜面积逐年扩大。郭家庄子、右所等村建成了大型蔬菜种植基地。

1982年，东石梁头村社员丁元绪建起塑料冬暖大棚种植黄瓜、西红柿、茄子等反季节蔬菜，亩收入1万多元。在他的带动下，全村建塑料大棚60多个，蔬菜种植总面积480多亩。1995年，全村有蔬菜大棚190个，小拱棚165个，年产蔬菜1500吨，收入300万元。1996年，全镇共建大棚635个，保护地种植600亩，年产蔬菜6200吨，经济收入超1200万元。2021年，蔬菜大棚种植已在域内普及。

蔬果品种

清末民国初，域内种植蔬菜主要有蔓青、萝卜、白菜、菠菜、莴苣、辣菜、葱、辣椒等；野菜有荠菜、泽蒜、土菌、山菜、蓬子菜、石花菜、紫菜、灰菜等。中华人民共和国成立后，蔬菜种类越来越多，以2000年为例，全镇种植各种蔬菜10个大类120多个品种。

2021年，域内种植的蔬菜种类如下：

白菜类：大白菜、小白菜、朝鲜菜、油菜、荠菜、大头菜、甘蓝等；根茎类：白萝卜、胡萝卜、山芋、红萝卜、水萝卜、藕、莴苣等；绿叶蔬菜类：菠菜、芹菜、苔菜、茼蒿、寒菜等；茄果类：辣椒、茄子、西红柿、草莓等；瓜类：黄瓜、南瓜、方瓜、冬瓜、西瓜、荾瓜、丝瓜、甜瓜、梢瓜、拉瓜、佛手瓜、苦瓜等；豆类：扁豆、豆角、青角豆、芸豆等；葱蒜类：大葱、洋蒜、韭菜、楼葱（墩葱）等；薯芋类：马铃薯、芋头、生姜等；多年生菜类：竹笋、黄花菜、香椿等；食用菌类：木耳、银耳、平菇、草菇、香菇等。

蔬果生产

中华人民共和国成立前，蔬菜种植主要是自产自用，露天种植。遇到荒年，农民以蔬菜代替粮食，过着“半年糠菜半年粮”的生活。当时石梁头、下元等村，农民种菜略余，有少量出售。农业合作化后，划给社员自留地种菜，自留地一般占耕地面积的3%～7%。1958—1959年自留地收归公社所有。1962年后，恢复自留地制度。实行家庭联产承包责任制后，蔬菜品种进一步增多，产量大幅提高。1985年，镇政府要求凡是有条件的村和户，都要把蔬菜生产当作一项致富门路，并举办蔬菜生产技术培训班。技术人员到地头指导，积极引进新品种，改进栽培技术，建起温床、地膜覆盖、小拱棚、塑料大棚等。通过种菜致富的万元户大批涌现，如东石梁头村，1989年，216户、840人，保护地蔬菜种植发展到400多亩，其中温室大棚150亩，全村仅此一项，人均收入540元，成为蔬菜专业村、富裕村。

主要蔬果栽培

白菜 古称菘，栽培历史悠久，是域内主要蔬菜之一。有大白菜和小白菜之分。

图5—17 白菜

中华人民共和国成立前后，域内种植大白菜均是当地自选品种。1958年，曾引进大猪心菜、大哈头菜。从1976年开始，推广杂交大白菜，主要有“青杂中丰”“鲁白3号”“青杂3号”“87—114”等。1998年后，引进夏秋栽培的大白菜早熟“五号”“轮夏王”“夏秋王”。青白菜是大白菜的变异种，主要有“北京小杂56”“德州黄金叶”“天津绿青麻叶”。1980年后，有四季能种的小白菜。

萝卜 古名莱菔，春秋时期即有种植，是域内主要的蔬菜之一。

图5—18 萝卜

中华人民共和国成立前后，主要种植当地传统选育的大青萝卜、大白萝卜。1980年后，引进“杂交萝卜”，主要有“莒州青萝卜”，抗病虫、产量高，很受欢迎。另有从北京引进的"红心萝卜（心里美）"，清脆可口。1990年，后引进"维县青萝卜"，青皮青瓤，个细长。"沂蒙青"，产量高，单个可达5公斤。

水萝卜 原称春萝卜，推广塑料大棚后，四季都可种植。

图5—19 水萝卜

当地选用的品种有"羊角糠""锥子把"。另有一种闷萝卜，个粗、短、不糠心、清脆。后引进的有"大白萝卜""501"等。

黄瓜 汉代张骞西域之行传入中国，时称胡瓜。中华人民共和国成立前，种植面积较少。1970年后，种植面积扩大。推广塑料大棚以后，成为四季主要蔬菜之一。

图5—20 黄瓜

中华人民共和国成立前后，主要是当地选育的传统品种，有刺黄瓜、东北黄瓜。1978年，引进"宁阳"刺黄瓜。1983年后，引进"津研2号""津研7号""鲁春32号"等新品种。1992年后，实行蔬菜保护地栽培，引进品种有"津春4号""津春5号"等。

芸豆 俗称月眉豆，16世纪从美洲传入。大部分农户均有种植，分春秋两季。1978年，实施保护地栽培，面积增大，是保护地栽培的主要品种之一。

图5—21 芸豆

分架芸豆和地芸豆两种。架芸豆有传统品种"老来少"青芸豆。1978年，后引进青岛芸豆、法国芸豆等。1981年后，引进"白不老"新品种，该品种产量高，荚果嫩且长。1995年，引进"9粒白"，该品种荚果长（果长15～25厘米），产量高，抗病强，老化慢。

豆角 有架豆角和地豆角两种，大部分农户均有种植。地豆角原为瓜田隙地路边种植，品种有"兔子腿""秋里忙"等。架豆角以园植为主，种植较普遍，品种有"羊肠子""线豆角"。1990年，引进"28—2"。2005年，右所村种植青角豆60亩，亩产1500公斤，全部出口日本，2010年停止种植。

图5—22 豆角

芹菜 古名楚菜、水英，中华人民共和国成立前后就有种植，1978年后，成为四季上市的蔬菜。1980年后，域内种植达300多亩。

图5—23 芹菜

1970年以前，主要栽培本地空心芹菜，1970年以后，引进天津西芹，其特点为实梗、脆嫩，产量高、抗病强、易管理，春夏秋均可栽培，但本地人都不喜欢吃。1980年后，主要栽培本地空心芹菜。

韭菜 古名丰本。栽培历史悠久，种植面积虽小，但较普遍，四季上市。1970年以前，用驴马粪培韭，秋末上盖草毡，外立风障，生产韭黄，冬季上市。1978年后，实施保护地栽培，冬暖塑料大棚使用以后，种植面积增加。传统品种有"容叶韭""三菱箭"等。1990年，引进"雪韭""平韭四号"等品种。

图5—24 韭菜

菠菜 古名菠薐，唐太宗年间由西域波陵国传入，栽培历史悠久。农户几乎家家种植，秋冬春

图5—25 菠菜

上市。

分刺籽菠菜和圆籽菠菜，1980年前，均为当地选育品种。按季节分有春菠菜、秋菠菜、冬菠菜。2005年，引进日本大菠菜，右所村种植60亩，当年外贸收购96万公斤，销往日本、韩国等国家。

蒜 古名葫宜，域内种植历史悠久，中华人民共和国成立前只有小蒜。中华人民共和国成立后，种植面积有所扩大。1978年后，外贸收购大蒜，蒜薹加工出口，种植面积大增。

图5—26 蒜

早期种植的品种有红皮蒜、白皮蒜。1980年后，引进苍山糙蒜。

西红柿 俗称洋柿子，学名番茄，中华民国时期作为观赏种植，1970年后，大田种植成功。1987年后，石梁头村、下元村、高旺庄村等村开始用大棚栽培西红柿。现已成为域内主要蔬菜之一。

图5—27 西红柿

1970年引进“济粉红”，1983年后引进“鲁粉1号”“荷兰5号”等中熟无限生长型品种，另有“津粉65号”“青岛早红”。1995年后，推广品种有“402”“金鹏1号”等，1998年后栽植樱桃西红柿。

马铃薯 也叫地蛋、土豆子，中华人民共和国成立前，域内就有种植。中华人民共和国成立后，政府大力倡导种植。1970年后，成为主要蔬菜之一，专业村有下元三村，东、西石梁头村，西灶子村等。

图5—28 马铃薯

早期品种有白皮、紫皮等。1950年，引进“男爵”。1960年，引进“白头翁”“丰收白”。1983年后，引进“泰山1号”“泰山2号”。1997年后，引进“鲁引1号”“荷兰7号”“荷兰15号”“东农303”等。

茄子 古名落苏，域内栽培历史悠久，是夏季、秋季主要蔬菜之一。

主要有当地选育的紫茄、长茄和馍茄。1958年后，引进“牛腿茄”“大青茄”“长紫茄”。1987年后，引进“黑龙长茄”“日本大龙长茄”“以色列长茄”。塑料大棚使用后，栽植面积增多，反季节销售，年种植80亩左右。

图5—29 茄子

辣椒 古名番椒，有辣、甜两种，大部分农户均有种植。

主要有羊角椒、大铃铛皮等。后引进“小朝天红”“天鹰椒”等。1980年后，引进“茄门甜椒”“族火甜椒”“中椒4号”等。1995年后，推广种植有“超汴椒1号”“超汴椒4号”“赤选1号”“以色列1号”等。

图5—30 辣椒

西瓜 原产非洲，五代时由小亚细亚传入中国，域内中华人民共和国成立前就有种植，但面积较少。中华人民共和国成立后个人、集体都有种植。1980年调整产业结构，大面积种植，廒头、石梁头、高旺庄、下元二村、大草坡、大小刘庄等村庄都相继建立了西瓜生产基地，高旺庄建立了西瓜批发交易市场，成立西瓜协会。2007年全镇栽植西瓜380亩。

图5—31 西瓜

传统品种有籽瓜、哈瓜两种。籽瓜为主要品种，该品种瓜小，瓤红，籽黑且多，故称籽瓜。1990

年后已少见。哈瓜，分圆形和椭圆形两种。以前称椭圆形的为枕瓜，个大且甜，后培育出很多新品种。1980 年后，引进杂交种有“蜜宝”“特大星红宝”“中育 3 号”“庆丰”等品种。1995 年后，推广品种有“鲁青 1 号 A”“鲁青 1 号 B”“鲁青 4 号”“汴杂 7 号”“开杂 5 号”等。

甜瓜　中华人民共和国成立前就有种植，瓜形小、甜、脆。当地栽培的品种曾有黄金坠、青皮脆、芝麻粒、小香酥、红种子等。因各种瓜皮色不同，又有多种名称。1990 年后为零星种植。

图 5—32　甜瓜

食用菌　野生食用菌俗称蕈子，生于马尾松林的叫“松莪”，生于柳树林的叫“柳莪”，生于树林沙地的叫“沙莪”等。鲜、干均可食，但有的色泽鲜艳，或久晒不干的有毒，不可食。另有一种叫地角皮，夏秋季雨后生于山坡杂草处，像鲜木耳。

人工栽培的食用菌（俗称蘑菇）有平菇、香菇、凤尾菇、猴头菇、鸡腿菇、草菇、双孢菇、灵芝、黑木耳、银耳等。

梢瓜　1980 年前，种植较多，产量高，上市早，价格低，销量比西瓜多。品种有花皮、白皮、青皮等，花皮也叫丽梢瓜，青皮、白皮也叫洋梢瓜。

图 5—33　梢瓜

草莓　1980 年后引进推广，1990 年后有零星栽培。2000 年，郭家庄子村村民开始用大棚种植草莓。2022 年，大棚种植草莓，已在域内多个村庄种植。

图 5—34　草莓

第四章　农业技术推广

农业技术的推广是农业生产发展的保障，包括土壤改良、耕作技术的改进、肥料的使用、种子改良、病虫害的防治等。1949 年后，人民政府通过深翻土地、整大寨田等办法对农田进行治理。改革开放以后，各项农业技术不断改进，农业生产水平不断提高。

第一节　改良土壤

中华人民共和国成立前，受生产力和生产关系的制约，农业生产一直沿袭传统的耕作方法，靠天吃饭，一年一作，无力抗拒自然灾害，故农作物产量低而不稳。

中华人民共和国成立后，人民政府注重农业生产，从变工组、互助组开始，组织农民整地改土，改造涝洼盐碱地。农业合作化，人民公社化以后，靠集体的力量，对域内农田全部进行了治理。

深翻土地

1954 年，涛雒镇政府在涛雒西岭，七区政府在高旺南岭进行深翻土地试点，结果亩增粮食 30 公斤以上，后逐步推广。主要方法有锨挖加镢刨、重犁耕地、犁加锨挖、犁加镢刨等，使熟土下压，生土上翻，增加活土层。域内岭地面积 60% 以上都进行了深翻。1958 年，大搞深翻整平土地，活土层比旧耕作时增加了 10 厘米以上。1963 年，又在部分地块实行了压沙，压含磷风化土，一般亩压 50 ~ 100 车（手推胶轮车），以提高土壤的保肥保水能力，达到增产的目的。

整大寨田

1964年3月，域内“农业学大寨”运动开始。1965年冬至1966年春，日照县拖拉机站用东方红型履带拖拉机牵引深耕犁对域内湖地进行深耕，改良土壤，扩大粮田面积。1971年10月，涛雒公社党委，成立水利基建营。域内所有土地，按要求整成高标准的畦田，时称大寨田。要求林、田、路、渠统一规划，综合治理，达到地成方，渠带路，路栽树，形成农田林网化。区内30条农田机耕路，共55千米，路边全部植成农田防护林带。全社50%的土地全部整成畦田地。南店、东风等村土地全部实现园田化。高旺庄村深挖改土800亩，到1976年，全部整成“非”字形大寨田。川子村填蒲汪造地800亩，深翻土地900亩，全部整成高标准大寨田。

图5—35　整治大寨田

涝洼地治理

域内有大小湖洼地8处，其中千亩以上的地片有韩家营子湖、廒头湖、右所湖、小海湖、下元湖5处。对涝洼地的治理，开始主要是开挖排水河沟、整修沟渠和畦田、挖筑条台田和压沙换土。20世纪70年代，以大搞条台田、改修稻田和田间排灌沟渠为主。按三年一遇的除涝标准，经多种工程治理，后又按五年一遇标准治理，到1980年，全镇6500亩涝洼地90%达到了除涝标准，其中4800亩达到了五年一遇除涝标准。

排水沟网　开沟排涝是最早采用的除涝措施。20世纪50—60年代，主要对域内的廒头和下元等湖的涝洼地进行了排水除涝治理，排水除涝面积达2500亩。60—70年代，结合日照水库灌溉配套工程建设，对小海湖、下元湖、东风湖开挖了支、斗、农、毛渠，做到灌排兼用。同时，加大对涝洼地区的稻改工作，共计开挖排水沟78条，长112千米。至1980年底，6500亩易涝湖洼地全部兴修了排水沟网工程。

沟洫畦田、条台田　沟洫畦田和条台田是治涝的重要措施。20世纪60年代初学习高兴镇申家庄的经验，对域内十年九不收的小海湖、廒头湖进行沟洫畦田和条台田治理，按50亩一大方，8亩一小方开挖大小排水沟224条，长26.5千米，并压沙改土，比治理前粮食产量增5成多，个别地块达到翻番。20世纪70年代，又对东风湖和李潭湖进行了综合治理。至1982年底，6500亩涝洼地基本实行了沟洫畦田、条台田化，其中5500亩达到五年一遇除涝标准。

盐碱地改造

域内的盐碱地，分盐土地与碱土地两大类。盐土地主要分布在成家廒头村、张家廒头村、东灶子村、西灶子村、王家村和大朝阳村等沿海村域。此类土地，地下水有不同程度的盐化，盐度一般在2～5克/升，地表有盐斑。碱土地，主要分布在各河流两侧涝洼地低洼处，以下元村、高旺庄村、南店村、大刘庄村和庄家村等临河村域见多。这类地，地下水流动缓慢，埋藏浅，蒸发量大，地表原有大量碱渍，形成内陆型碱地。中华人民共和国成立前，大片盐碱荒地蓬蒿子丛生。中华人民共和国成立后，在各级领导和农机水利部门的指导下，通过水洗、压沙、换土、冬耕、修台田和稻改等方法，逐步开发利用。据1950年统计，域内共有盐碱地2700亩，其中耕地1600亩，荒地1100亩。

水洗、压沙、冬耕，是民间普遍使用的传统改碱法。水洗，即利用冬闲整平土地，筑方围埝，蓄淡（雨水）洗碱。压沙，即用沙压碱，“沙压碱，黄金板”。冬耕，即冬耕晒，把盐渍控制在耕地低层以下，以利保苗。条台田改碱，即在两台田间深挖排水沟，台面换土，压沙，铺层略厚于除涝台田，再把台面整平围埝，灌水，使盐碱化程度减低。20世纪50年代，改碱措施以压沙换土和挖排水沟为主。20世纪60年代，以筑沟洫、条台田为主。70年代，以挖排灌沟渠、条台田、稻改为主。80年代，以加密排灌沟渠为主。至1980年，原有的2700亩盐碱化耕地，全部改造完毕，并改造盐碱地800亩，有2500亩盐碱地改造成了高产稳产田。

黄淮海平原综合开发

1988—1998年，域内主要以下元湖、东风湖、右所湖、廒头湖、小海湖为主，进行水利配套建设，修建石渠，建设田间林网，改造中低产田。

水利基本建设营（简称基建营）

为配合搞好山岭、平原地林、田、路、渠统一规划，综合治理，公社革命委员会于1971年冬成立公社水利基建营，营长孙树合，教导员刘为学。人员由各村抽调，计212名，实行军事化管理。生活用粮由各村统一调入，人员实行工日制。基建营下设三个连：采石连，有多个采石队，主要于西部山区开采石块，供给农田建筑用，人员吃住在采石处所在的村。采矿连，主要在丁家营子村后开采石灰矿石，居住在丁家营子，时间不长，停止作业，人员转移到水利土建工程。1974年秋天始，在苗家村开挖大口井，继而到东风村搞水利工程及涛雒公社苇柴场的建设；是年冬参加红旗盐场的土建工程。建筑连，主要活动于田间，修建道路中的过水桥梁、涵洞等，没有固定的场所，属于田间流动作业。随着社会的变革，基建营于1978年解散。

第二节　耕作

一年一作

中华人民共和国成立前，以一年一作为主，占耕地面积的70%以上。涝洼地种䅟子，岭头地种谷子，其他如春地瓜、春花生等，都是一年一季，这种耕作方法一直延续到20世纪50年代。60年代以后，推广两季田，一年一作面积减少，只占耕地面积的30%左右。

两年三作

中华人民共和国成立前，有少数地块实行两年三作。中华人民共和国成立后，域内多数地块沿用此法。1964年，部分村成立起科学实验队，推广两季田，二年三作面积逐步减少。二年三作制的耕种方式是：春种玉米、谷子、高粱或大豆等，收获后种小麦，次年小麦收获后，种植大豆、地瓜、玉米、高粱或谷子等。

一年两作

中华人民共和国成立前，只有5%的地块可以一年两作。中华人民共和国成立后，一年两作面积逐渐增多，到1975年，一年两作面积占耕地面积的60%以上。1983年后，上升到90%以上，成为主要耕作方法。一年两作制的耕作方式是：小麦收获后，种水稻、玉米、谷子、大豆或高粱等。

一年多作

中华人民共和国成立前后，此类耕地面积极少。1990年后，随着保护地栽培技术的应用，一年多作面积增加。

间作套种

中华人民共和国成立前，域内间作套种面积很少，中华人民共和国成立后有所发展。主要方式有高粱、谷子地里间作豇豆、豌豆、绿豆；地瓜地里间作大豆、芝麻；小麦地里间种花生；玉米地里间种黄豆、豆角、花生等。

1965年间作套种方式

粮肥间作　小麦间作苕子，第二年苕子压青后套种玉米。小麦收获后种大豆或绿肥作物，达到用地、养地相结合。

粮粮间作　（1）地瓜、玉米间作；（2）玉米、地瓜、豌豆间作；（3）地瓜、大豆、土豆间作；（4）玉米、大豆间作。

粮棉间作　（1）地瓜、棉花间作；（2）棉花、豌豆、玉米、地瓜间作。

粮油间作　（1）小麦、花生间作；（2）玉米、花生间作。

第三节　肥料

中华人民共和国成立前，域内种地以农家肥料为主。1952年开始，推广施用化学肥料（俗称肥田粉），1985年后化肥普及，1997年，开始施用微量元素化肥。

农家肥料

圈肥　是农村的主要肥料，中华人民共和国成立前，以牛、驴粪为主，也叫厩肥。中华人民共和国成立后，政府大力提倡养猪积肥，圈肥数量逐渐增加。1985 年后，不再成为当家肥料。

人粪尿　中华人民共和国成立前，农村大部分实行人畜粪便混积。1958 年后，生产队收集各农户的人粪尿，并实施单积，经沤制后，做基肥或追肥用。1983 年，实行生产责任制后，此法停用。

土杂肥　泛指农家的老屋土、炕土、汪泥等。从 1958 年开始，“六挖八换”扩大土杂肥源。“六挖”：挖老街土、汪泥、沟泥、阳沟口、鸡栏子、鏊子窝。“八换”：换老屋、老炕、锅框子、栏底、老墙皮、天井土、牛脚底、猪窝土等，增加了土杂肥的数量。1960 年 8 月，涛雒公社和下元公社党委要求各生产村要大搞田间沤造肥，组织卫生大扫除：（1）一周完成土杂肥 35 万车；（2）大搞家肥出门、街肥出村、大沤大造、海肥登陆的群众运动。（3）牛、驴、羊肥到田间，流动积造三结合（专业队、牲畜管理员、粪便管理员）。（4）大沤大造五合一（青草、麦糠、人粪尿、猪圈肥、杂土）肥料，要求田间积沤造肥坑在三五日内达到星罗棋布，遍地开花。

1970 年前，大挖大换成为广积土杂肥的主要途径。1970 年后，随着养猪事业的发展和化学肥料的增多，使用土杂肥的数量逐步减少。

沤肥　从高级社开始，每年大暑至处暑期间，运用鲜青草、麦糠、杂草、树叶等，拌上少量的圈杂肥堆积密封发酵成肥。从 1958 年开始，每年夏季都进行大沤大造，每个生产队都有沤肥池子，收集社员拾的粪、鸡屎、尿等，入池沤肥。联产承包责任制后，此法停用。

家禽粪　中华人民共和国成立前，农户一直掺在栏圈肥里混合使用。1962 年，开始集体收集，按斤记工分，统一堆积发酵作肥料。联产承包责任制后，禽肥不再单积。1988 年后，养禽专业户出现，禽肥又单积单用。

草木灰　中华人民共和国成立前，农户烧的草木灰，多数掺在圈肥里。从 1964 年开始，集体单积干灰。1983 年后停用此法。

饼肥　主要有豆饼、花生饼、棉籽饼等。饼肥是优质的有机肥料。中华人民共和国成立前农户一般作基肥用，种植瓜、烟、蔬菜等。中华人民共和国成立后，提倡饼类喂畜禽，过腹还田。1957 年后很少使用。1978 年以后，化肥施用量增多，很少有人再用饼作肥料，多用于养殖业。

绿肥　中华人民共和国成立前，很少施用绿肥。中华人民共和国成立后，开始引进绿肥植物。1958 年，大沤大造开始，绿肥植物开始作肥料用。域内种植的主要绿肥品种有苜蓿、紫穗槐、苕子、豌豆、绿豆等。

化学肥料

硫酸铵　1952 年开始推广应用，含氮量 20% ~ 21%，每亩施用量为 10 ~ 20 公斤，1982 年后销量大减，20 世纪 90 年代后很少施用。

硝酸铵　20 世纪 50 年代初开始施用，含氮量 32% ~ 35%，80 年代后开始大量施用，每亩施用量逐渐增大，小麦、玉米亩追施量达到 40 ~ 50 公斤。由于用量过大，庄稼倒伏、土地板结，2002 年秋季，国家开始禁止在农业生产中过量使用。

尿素　20 世纪 60 年代开始施用，含氮量 46%，用于各种作物的追肥、种肥和叶面施肥，每亩施用量为 5 ~ 26 公斤。1980 年以前以进口为主。2000 年后国产为主，施用较为普遍。

氯化铵　20 世纪 60 年代初开始施用，用于追肥，每亩施用量 10 ~ 25 公斤，由于含有氯离子，2000 年后农民很少施用。

氨水　1962 年开始施用，含氮量 12% ~ 17%，用于各种作物的追肥、基肥，易挥发，不便运输和贮藏等，1972 年，各村或生产队开始建设氨水池，储存氨水，以备施用。后被碳酸氢铵代替。

碳酸氢铵　20 世纪 80 年代初开始施用，含氮量 17%，用于各种作物基肥和追肥，每亩施用量 30 ~ 50 公斤，该肥易购、肥效好、价格低，施用普遍。

过磷酸钙　20 世纪 50 年代中期开始施用，适用于各种作物的基肥，一般每亩施用量 40 ~ 50 公斤。

钙镁磷肥　20 世纪 50 年代初开始施用，含磷 12% ~ 16%，用于作物的基肥，每亩施用量 30 ~ 50 公斤。

重过磷酸钙 20 世纪 80 年代，从国外引进的高效磷肥，含磷 46%，用作基肥，每亩施用量 10 ~ 20 公斤。

硫酸钾 20 世纪 80 年代初开始应用，含钾 50%，适用于各种作物，每亩施用量 15 ~ 20 公斤，保护地每亩施用量 18 ~ 50 公斤。

氯化钾 含钾 50% ~ 60%，主要用于禾本科作物，每亩施用量 10 ~ 15 公斤，因此肥含氯离子，施用量较少。

磷酸二铵 20 世纪 80 年代初从国外进口，含氮 18%，五氧化二磷 46%，用于各种作物基肥，每亩施用量 10 ~ 15 公斤。但因不含钾素，加上三元复合肥的大量使用，1998 年后，用量迅速减少。

三元复合肥 20 世纪 80 年代从国外进口，90 年代，国内开始生产含有氮、磷、钾的三元复合肥，品种类型迅速增加。由于三元复合肥养分全，施用效果好，增产显著，施用量越来越大，每亩施用量由最初的 10 ~ 20 公斤，增加到 40 公斤。

硫酸锌 20 世纪 80 年代开始用于各种作物，作基肥和根外追肥，基肥每亩施用量为 2 ~ 5 公斤，根外追肥浓度 0.2% ~ 0.5%。

叶面肥 20 世纪 90 年代，叶面肥使用面积逐步扩大，是根外施肥的一种有效形式，主要有有机叶面肥、无机叶面肥和生物叶面肥。

其他微肥 主要是硼砂和铁肥。硼砂叶面喷施 300 ~ 500 倍，基肥 0.5 ~ 1 公斤。铁肥每亩施用量为 4 ~ 5 公斤，作基肥。2007 年后，推广施用释控肥及化学有机肥。

细菌肥料 1953 年，开始推广使用花生根瘤菌。1956 年，推广施用大豆根瘤菌。1957 年，推广应用固氮菌，用于小麦、玉米等多种作物。1962 年后，菌肥停用。1990 年后，推广使用生物钾肥、生物磷肥等微生物肥料。2000 年后，主要推广复合型微生物肥料。

第四节 播种

域内作物种植一直沿袭传统的条播、撒播、墩播方式。随着科学技术的发展和进步，在播种及其相关方面都有所进步，保苗增产效果明显。

条播 是种植作物的主要方式。中华人民共和国成立前后，主要用犁开沟人工撒种，也有的用独腿耧耕播。1956 年后，有马拉播种机条播。1970 年后，有拖拉机牵引三行播种机、五行播种机条播。2000 年后，使用拖拉机牵引九行播种条播。

撒播 中华人民共和国成立前种植蔬菜多用撒播。中华人民共和国成立后，撒播多用于粮食作物种植。20 世纪 80 年代，撒播稻茬麦俗称“空中下蛋”。

墩播 也叫点播，用犁、镢开沟后成墩点入种子。如种植花生、棉花、玉米及豆类、瓜类等作物。

种子处理 中华人民共和国成立前，对种子处理一般用簸箕簸、太阳晒、人工拣、温水浸泡催芽等方法。1955 年，开始提倡播前发芽试验，根据种子发芽率确定亩下种量。1958 年，提倡人工选种，药物浸种、拌种，以利灭菌灭虫。1963 年后，推广花生粒选分级。1964 年稻改后，推广水稻用 0.1% 的“401”药液浸种。2003 年，开始推广施用种子“包衣”法，对小麦、玉米、花生等种子进行药物“包衣”，消灭病菌和地下害虫，效果明显。

育苗移栽 1964 年，开始水稻育苗移栽。1965 年，曾推广夏玉米移栽。1975 年，推广小麦移栽技术，但因费工耗时，一两年后即停止。1993 年，市农业局在高旺庄搞水稻抛秧技术实验，但因条件所限，没有很好地推开。2000 年，市农业局在东风村进行夏玉米移栽实验，增产效果很明显。

密植 中华人民共和国成立前，域内作物普遍稀植。中华人民共和国成立后，政府提倡合理密植，到 1957 年，基本达到合理密植的要求。

1949 年前、1957 年、1982 年、1990 年涛雒镇主要农作物种植密度对比表

表 5—7　　单位：株 / 亩

时间	小麦	玉米	地瓜	花生	谷子	高粱	棉花	大豆	水稻
1949 年前	10 万	1000	1500	2000	2 万	2000	1200	4 万	
1957 年	10 万	2000	2500	3000	3 万	3000	3000	3 万	
1982 年	9 万	3000	3500	7000			4000	1.5 万	2.5 万 ~ 3 万墩
1990 年	11 万	3750	4000	8000				1.5 万	

地膜覆盖　1982 年，开始推广地膜覆盖技术，主要应用于花生种植，省工、保水、保肥，增产幅度大，效果好。2007 年，推广施用液态膜，具有地膜特点，又保护土壤结构，已被群众认可。

稻茬麦种植　稻改以后，稻茬麦产量一直不高。后经不断探索、试验，1982 年，终于找到了稻茬麦丰产的种植方法。此法适宜于廒头湖、小海湖稻区。

传统播种　1964 年开始种稻茬麦时，按传统方法，把稻田耕耙后再种植，结果域内东北部稻区耕翻后的泥土墒情难以掌握，黏泥坷垃难以耙细耙实，所播小麦苗不齐，加之种植时间滞后，有时拖到“立冬”，小苗出土后，根系尚未发达即入寒冬，导致小麦缺苗断垅，幸存麦苗分蘖力差。用传统的方法种植稻茬麦，比其他茬口小麦减产幅度在 30% ~ 50%。当时稻区群众流传：“大米干饭好吃，白面馍馍难求。”

图 5—36　地膜覆盖种植花生

“天鹅下蛋”　为了破解稻田湿度大，无法耕耘和播种期偏晚的难题，稻区各生产村进行了许多有益的探索实验。1978 年，川子等村曾试验过“空中下蛋”，也叫“天鹅下蛋”的方法，效果较好，到 1982 年，此方法已基本完善，亩产小麦 350 公斤左右，超过其他茬口麦田产量，得到大面积推广。

域内西南部稻区，如下元、高旺、南店、东风、李潭湖等村稻田土壤为沙质土，墒情好，一般采用传统的耕耙种植方法。随着机械化程度的提高，这些墒情好的稻茬普遍采用机耙一、二遍，再用机播的方法种植，产量不断提高。2000 年，全镇稻茬小麦亩产达 416 公斤。稻茬麦种植技术已被广大农民所掌握，全镇稻田基本实现“一年两作”的格局。

稻茬麦品种以泰山 1 号、济南 13 号、鲁麦 11 号、良星 99 等为主，另有冀麦 7 号、徐州 17 号、莱阳 4671、烟农 13 号等。

第五节　植物保护

域内农作物病虫危害历史悠久，有时危害程度极其严重。唐贞元元年（785）夏，“蝗虫群飞蔽日，10 日不息，其所至之处，庄稼草木无存”。明万历四十三年（1615），“大旱又遇蝗虫灾，赤地千里，人相食”。1920 年，“蝗虫遮天蔽日，所经之处禾苗无剩”。当时发生虫灾，只有用人工捕捉，用火烧，别无有效防治方法，只能任其蔓延造成危害。

中华人民共和国成立后，人民政府积极倡导并推行科学方法，对农作物病虫害加以防治，病虫的危害得到了有效控制。

病害防治

据调查，域内各种农作物发生的病害 50 多种，

其中危害严重的有 10 多种。

小麦锈病　俗称“疸”，分黄疸（叶锈、条锈），黑疸（杆锈）。历史上经常发生，一般黄疸危害较轻，黑疸危害较重，故有“黄疸吃白面，黑疸没的看”之说。中华人民共和国成立后，施用石硫合剂喷洒防治。1980 年，后推广施用粉锈宁。2000 年后，推广施用抗病优良品种。现很少有锈病发生。

小麦腥黑穗病　俗称“乌麦”。1946 年夏，危害严重，受害面积达 60% 以上。多数地块减产，个别地块绝产。中华人民共和国成立后，人民政府推广“净种、净粪、种类隔离”措施，引进新的抗病品种，到 1965 年，基本消灭了小麦腥黑穗病。

小麦全蚀病　1971 年，引种“白蚰包”小麦时传入，是一种毁灭性的病害。得病小麦成片成块死亡、绝产。1980 年后，用“粉锈宁”拌种或对播种后 10 天左右的幼苗喷雾防治，有一定效果，其中以换茬轮作为最根本的防治方法。引用抗病品种，药物喷洒，防治效果较好。

地瓜黑斑病　1953 年引进“胜利百号”地瓜时传入。1960 年后，推广选种、药物浸种等方法防治。1964 年后，推广回龙火炕育苗、高剪苗和药物浸苗防治。1980 年后，推广抗病品种“徐薯 18 号”等，其危害已得到有效控制。

稻瘟病　1964 年，稻改后引进品种时传入。病害严重时，减产 50% 以上。1970 年，用 80% 的“402”抗生菌 2000 倍液浸种防治有一定效果。1975 年，用 40% 的稻瘟净乳剂配合多菌灵防治。结合选用抗病品种，合理施肥和控制秧苗密度等措施，1990 年后，基本控制此病的危害。

水稻白叶枯病　1965 年，引种“黄壳旱”稻时传入。曾推广“402”抗生菌浸种，有一定效果。后选用抗病品种及合理施肥等综合措施，1980 年后基本控制。

花生叶斑病　分为黑斑病和褐斑病两种，此病发生历史悠久，中华人民共和国成立以前较为普遍。1970 年，后推广施用多菌灵、托布津、百菌清、波尔多液等药物防治，效果很好。

大白菜软腐病　俗称“烂帮子”。中华人民共和国成立前就有此病，严重年份受害面积达 50%。1980 年后，选用抗病品种，加上施用百菌清等药物防治，发病率大为减轻。

瓜类白粉病　中华人民共和国成立前就有此病。1975 年以后，开始施用退菌特、百菌清等进行防治。1983 年后，推广施用乙磷铝防治，效果较好。

其他病害　小麦线虫病、白粉病、丛矮病、花叶病、赤霉病、散黑穗病等；玉米青枯病、叶斑病、黑穗病等；高粱黑穗病和粒黑穗病等；水稻纹枯病、死穗病；地瓜根腐病、茎线虫病、软腐病等；谷子白发病；花生青枯病、茎腐病、根结线虫病等；大白菜霜霉病；马铃薯晚疫病；番茄病毒病；瓜类枯萎病；大豆赤霉病、恶性杂草菟丝子；谷子黑穗病等。以上作物病害虽然时有发生，但经过防治就能控制，危害较轻。

虫害防治

域内各种农作物虫害有 40 多种，其中危害严重的主要有以下几种：

黏虫　俗称“仔蝗”“五花虫”，主要危害小麦、玉米、谷子等。1958 年、1967 年、1971 年、1973 年、1976 年、1977 年、1984 年都曾大面积发生，造成小麦减产 10% ～ 20%。20 世纪 50 年代后，用“六六六”农药喷粉防治；70 年代用黏虫散防治；80 年代用乐果、辛硫磷、久效磷、敌敌畏、敌杀死、1605 等农药喷雾防治，或用敌百虫粉撒施毒土，以控制危害。

蝗虫　俗称蚂蚱，有飞蝗和步蝗（无翅）两种。历史上曾多次发生重大蝗灾，灾及之处作物严重减产或绝产。仅 1940 年遭蝗灾两次，当时蝗虫遮天蔽日，庄稼被吃光。乡民集而捕蝗，以锨拍、扳击、烟熏、土扬之技，别无他策。中华人民共和国成立后，政府重视灭蝗，区（社）队层层设立灭蝗组织，用人工扑打和药物防治相结合的办法灭蝗保粮。到 1964 年，基本控制住蝗虫危害。20 世纪 80 年代后期，步蝗又有所发生，但未成灾。

玉米螟　俗称截虫子、钻心虫，主要危害玉米。1935 年由国外传入后，年年发生，轻者减产 10% ～ 20%，重者达 40% ～ 50%。中华人民共和国成立前，防治方法用摘心叶灭虫。20 世纪 50 年代后，推广用“六六六”毒沙灌心叶及穗期防治，有一定效果。80 年代用辛硫磷、甲拌磷喷洒或拌细干土撒施防治。也用赤眼蜂进行生物学防治，基本控制危害。

稻子卷叶螟 俗称卷叶虫。1964年，水稻面积增多时发生此虫，连年发生危害。1976年、1980年、1981年此虫害发生较严重。主要以药物防治，用50%的杀螟松、甲铵磷、甲基1605、久效磷、25%的敌杀死、20%的速灭杀酊喷雾防治，基本控制危害。

蛴螬 俗称地漏子，其成虫为金龟子，群众叫“瞎撞子”。幼虫、成虫都是危害花生最严重的害虫，也危害小麦、地瓜、大豆、马铃薯、蔬菜等作物。20世纪50年代用砷石毒谷防治；60年代采取冬耕和轮作换茬，以及施用“六六六”毒土、毒谷、毒饵和药剂拌种、浸种等办法消灭幼虫；70年代后推广用辛硫磷颗粒及毒土防治。成虫期除人工捕捉外，施用乐果涂抹树干，或用火堆灯光诱杀。对幼虫采用1.5%辛硫磷颗粒剂拌土撒施，也用辛硫磷或苏化203兑水灌墩，收效甚佳。2000年后，基本控制危害。

红蜘蛛 域内有麦、棉红蜘蛛之分。麦红蜘蛛有长腿红蜘蛛，麦圆红蜘蛛；棉红蜘蛛多危害棉花、豆类、瓜类、茄子、桑等。几乎每年都有发生，1996年春天，小麦红蜘蛛曾大面积发生过。20世纪60年代，推广用“六六六”防治。70年代应用乐果防治。及时用药可基本控制危害。

蚜虫 俗称蜜虫子，繁殖快，危害大。中华人民共和国成立前，以高粱蚜、棉蚜、豆蚜、烟蚜、菜蚜危害严重，且无法防治。中华人民共和国成立后，蚜虫年年发生，主要有小麦蚜、玉米蚜、棉花蚜、花生蚜等。20世纪50年代初，用烟草石灰水、棉油皂液防治；后用“六六六”、乐果粉、敌百虫粉、乐果乳剂、速灭杀酊防治，基本控制危害。

蝼蛄 俗称土狗子，危害历史甚久且严重。中华人民共和国成立前一般用土法防治，效果不好。20世纪50年代用砷石毒谷及信精毒饵诱杀；60年代推，广用“六六六”毒谷和毒土防治；70年代后，用辛硫磷毒土、敌百虫饵防治，效果很好。

金针虫 俗称僵虫子，成虫叫叩头虫，地下害虫。中华人民共和国成立前，危害较严重。中华人民共和国成立后，水浇田扩大，已很少发生。防治与蝼蛄相同。

棉铃虫 中华人民共和国成立前就有发生，主要危害棉蕾。中华人民共和国成立后随着棉田增多而虫害加剧。20世纪60年代用“六六六”、滴滴涕防治。

大豆造桥虫 俗称沙虫子。此虫在历史上曾多次造成危害，中华人民共和国成立后，以1956年、1962年危害较重。20世纪60年代用“六六六”、滴滴涕混合粉防治；70年代后，推广用敌百虫粉防治，基本控制危害。

除以上主要害虫外，其他害虫有高粱钻心虫、高粱穗虫；谷子钻心虫、谷子百焦虫；玉米蓟马；稻包虫、稻蓟马；28星瓢虫、种蝇；豆秆蝇、豆天蛾（豆虫）、豆荚螟、大豆食心虫；钭纹夜蛾、地老虎（土蚕）、象鼻虫（干沟虫）、盲椿象；菜青虫、菜螟、葱蓟马；棉红铃虫、金刚钻等。这些害虫虽多，都有危害，但当今药物齐全，防治及时，基本能控制危害，形不成大灾。

鼠害防治

中华人民共和国成立前，鼠害盛行，成群结队的老鼠盗食玉米、花生、大豆和其他作物。鼠群还破坏其他物资和设施，并传播“出血热”病，危及人民生命安全。中华人民共和国成立后，政府抓灭鼠工作，防治措施有：（一）生物学灭鼠，利用天敌、微生物（病菌）等消灭或抑制鼠害。（二）生态学灭鼠：破坏鼠类的生活条件和环境，使其繁殖生长受到抑制。（三）器械灭鼠，就地取材，使用方便，有铁夹、诱鼠箱、水缸翻板等。（四）药物灭鼠，田野村庄房院皆撒毒饵，主要以磷化锌、敌鼠钠盐等药物防治，效果很好。通过综合防治，到2013年，域内鼠害已大为减轻。

草害防治

农田杂草与作物争肥争水争日光，是作物敌人之一。域内杂草知名的就有59种，其中旱田杂草44种：铁苋菜（斜斜头，以下括号内为俗名）、荠菜、蒺藜、野绿豆（胡绿豆）、马齿苋、野苋（人西菜）、春箱（野鸡冠花）、藜（大灰菜）、小藜（小灰菜）、半夏（老鸹眼）、莎草（香附）、蟋蟀草（顿倒驴）、画眉草（香草）、白茅（茅草）、扎梗草、糠稷、千金子、红基唐(大竖草秧)、狗尾草(莠子)、狼尾草(大莠子)、草芦(野芦子)、向荆(节骨草)、黄花蒿(臭蒿)、小蓟(七七菜)、地黄(板地黄)、苦韭(宅蒜)、旋复花(大夫子苗)、小旋复花(小夫子苗)、马唐(小树草秧)、野薄荷、驴尾巴草、三角菜、鸡屎头、鸡舌头、篷子菜、扁嘴牙、拉拉藤、钩叉子、癞莲子等。

水田杂草有12种:鸭舌草、鸭跖草(旱林草)、球花蒿草(碱草)、荆三绫(三绫草)、牛毛毡、针蔺、瓜皮草(矮慈茹)、蘋(四叶萍)、稗(稻稃)、水上漂(鸡爪)、鸭掌草(掌包果)、茨菰等。

旱田、水田共生的危害杂草有3种:看麦娘(过冬寒)、两栖蓼(水红)、辣蓼子。

中华人民共和国成立前，域内杂草主要靠人工拔除，收效甚微。中华人民共和国成立后，特别是20世纪60年代后期，随着耕作制度的改革，大搞农田基本建设，精耕细作，农田杂草已大大减少。70年代开始推广化学除草剂灭草，主要应用敌稷、除草醚、杀草丹、二甲四氯、绿麦隆、绿黄隆、拉索、杜尔、甲黄隆等，旱田、水田都用，效果良好。从80年代后期开始，就不再出现草荒现象。

第六节 科学实验

中华人民共和国成立后，政府积极引导农民科学种田。1956年，日照县农业局分配3名技术人员到域内工作，开展农业技术培训。特别是走集体化道路以后，进行了一系列耕作制度改革。1958年，各村成立青年突击队，进行土地深翻深刨示范和水稻种植改革试验，使群众认识到科学种田的好处。

1960年，下元公社管委在苗家村组建农业科学实验队，群众称为良种场。对小麦、玉米、高粱、大豆、棉花、花生、蔬菜等进行种植试验，并提纯繁育，为辖区各生产队提供良种。

1963年，右所村成立科学实验队，有土地70亩，队员33人，队长丁履钦。试验队试种的品种亩产：齐黄1号大豆160公斤；济南2号小麦250公斤；双跃3号玉米450公斤。从1964年开始，试验队每年为生产队提供良种5000公斤。是年，涛雒推广水稻种植模式改革，简称稻改。实验队担负起示范、推广任务，多次组织现场观摩插秧比赛等活动，推动稻改工作。同时，实验队把水稻栽植时间、密度、施肥、施药日期、数量等进行对比试验。当年水稻示范田亩产540公斤，获得“江北水稻过千”的赞誉，这一实验成果推广到整个临沂地区。1965年，进行了玉米、花生、红薯的栽培实验，并进行作物良种繁育、提纯复壮、间作套种等实验。至1977年，域内各村均成立了农业科学技术实验队，土地面积达2700亩。农科网络基本形成。

1978年，涛雒公社管委把农业科学试验队(良种场场部)从苗家村搬迁到李家潭崖村后蒿岭村西面，组建涛雒公社良种场。良种场农科队集试验、示范、推广为一体，一年搞了50多个科研实验项目，其中40多个效果明显。1979年，承担了省种子站小麦、玉米、水稻、地瓜等杂交组合试验项目;玉米不同品种攻关栽培和高肥水品种对比试验;大豆品种对比试验等项目。

1981年，全公社因良种推广，粮食增产10%～30%，花生增产28%。另外，支援其他公社良种，被日照县种子公司调走小麦良种1万公斤，玉米良种0.5万公斤，水稻良种0.5万公斤。

2005年，涛雒农技站在簸箕笃子村建立良种实验田20亩。在站长黄子秀的带领下，进行了引进小麦良种“良星99”的示范实验，获种9000公斤。2006年，在全镇推广种植1000亩，粮食增产5%～10%，取得了很好的经济效益和社会效益。

作物制种 1965年春，右所村实验队从临沂专署种子站引来玉米“新双1号”两个单交种90公斤(母本50公斤，父本40公斤)，共种60亩，获种720公斤。此次全区有30多个村实验队都承担了农作物的制种任务，其中南店、东风实验队与县种子公司合作，承担了高粱、小麦、玉米、水稻等品种的制种任务和引进品种的试验任务。

品种示范 作物良种引进以后，先由实验队试验示范，从中选出适于当地土壤的耕作条件、气候条件的品种，再大面积推广种植。

间作套种 1964年后，广泛推广间作套种。

玉米套种大豆，使耕作制度发生重大变化。在作物种植上，赶前错后，错开茬口，充分利用土地和劳力资源，达到农业生产增收增效的目的。

两粮两草间作套种，是在秋种小麦时按2.5米为一间作带，大畦1.8米，种12行小麦；小畦0.7米，种两行苕子。苕子在次年5月中旬收割后压青，套种两行玉米；小麦收获后，抢茬种小豆、豌豆，亩产青鲜草1000～1500公斤，8月底，翻压绿肥作小麦基肥。

粮、油（花生）、草间作套种，每隔4米为一间作带，小畦0.7米，种两行苕子。大畦3.3米，起八条垅，垅两边种16行小麦。苕子收后套种两行玉米，小麦收后在垅上套种8行花生。在一年内，每亩地可收小麦400公斤，玉米250公斤，花生干果200公斤。

粮、棉、油、草间作套种，是以棉为主的小条带间作，以2.4米条带为宜。0.7米小畦种苕子，1.7米大畦种9行小麦。苕子收后移栽棉花，小麦收后种4行花生或种小豆、绿豆作牧草。

右所村科学实验队的间作套种试验，成为全公社先进经验。他们改变传统的耕作方法，改一年二作、两年三作为两年四作四收（两粮两肥），达到用地养地相结合。1970年实现亩产粮食650公斤，每斤粮成本1角5分钱。1975年，粮食亩产820公斤，每斤粮成本1角钱。到1977年，全村粮肥间作面积30%以上。

1977年涛雒镇右所实验队麦田套种花生品种对比试验表

表5—8

项目 品种	主茎高（厘米）	侧枝长（厘米）	有效枝长（厘米）	墩结果（个）	百果重（克）	小麦产量（公斤）	亩产皮果（公斤）	出米率	亩产生米（公斤）	位次
白沙1016	40	42	37	25	156	96	260	71%	184	2
临花1号	38	39	39	28	138	92	240	69%	165	4
花28	39	40	38	30	125	85	210	70%	147	6
68—4	42	41	39	22	163	102	260	73%	189	1
新城早	45	43	41	35	150	88	235	72%	169	3
海花1号	38	37	37	29	140	87	220	68%	149	5

第七节　科技推广企业选介

涛雒镇良种场　1960年，下元公社管委在苗家村后面组建良种场，进行农业科学实验。有实验基地40亩，职工50人。良种场主要对小麦、玉米、高粱、大豆、花生、棉花及蔬菜等作物种植进行科学实验，选择适合当地生产的优良品种，提纯复壮，供给生产队使用。

1978年，涛雒公社管委把良种场搬迁至李家潭崖村后蒿岭村西面，扩大试验基地至600亩（全社滚地形成），职工130人。良种场采用引进、实验、示范、推广的方式，当年搞了50多个科研实验项目，其中40多个项目效果明显，培育的优质粮种全部推广供给本公社村使用，取得了很好的经济效益。1979年，良种场承担了山东省种子站小麦、玉米、水稻、大豆、地瓜等杂交组合实验任务，培育出的优良品种，除供各村种植外，还为县种子站提供小麦、玉米、水稻良种2万公斤。1982年，农村实行生产责任制后，良种场停止育种。

1979年，良种场建立苗圃繁育基地，土地100亩，抽调技术人员20人，进行69杨、72杨苗木的繁育实验，培育的树木生长良好，提供给集体和个体栽种。1984年，良种场改称涛雒区林木良种场。1985年，杨树育苗扩大至230亩，良种场改称农工商联合公司，年提供市场优质杨树苗46万棵。1990年后停止育杨树苗，转栽桃树，发展经济园林。

1979 年，良种场在场地北部开辟茶园 12 亩。1990 年，茶园面积扩大至 148 亩，并建立茶厂，炒制优质茶叶。1991 年 8 月，茶场改称日照市东港绿茶场。1996 年，所产茶叶成功注册“尧王青”商标。1997 年后，茶园面积逐渐减少。1999 年，桃树园对外承包，良种场专业经营茶树栽培与茶叶制作。对全镇茶农进行科学技术培训，承办了市茶叶协会举办的茶叶生产现场会。2008 年，茶场总部及茶厂迁至 341 省道以北。

2013 年，良种场土地总面积 400 亩，其中桃园 360 亩，茶园 40 亩，职工 5 人。

1960 年以来涛雒镇良种场场长任职更迭表

表 5—9

职务	姓名	性别	籍贯	任职时间
场长	李宗昌	男	涛雒镇李家潭崖村	1960—1982.11
场长	郭常祥	男	涛雒镇李家潭崖村	1982.11—2005.6
场长	肖光文	男	涛雒镇东风村	2005.6—

山东天和种业有限公司 2011 年 11 月，该公司从日照市绿园农业生产资料有限公司析出。负责人庄善文，注册资本 3020 万元，办公地址同日照市绿园农业生产资料有限公司，占地面积 14.7 亩。2013 年，公司有员工 62 人，其中技术人员 35 人（育种专家 5 人）。公司拥有固定资产 2200 万元，实验基地 1200 亩。先后建标准种子仓库 2880 平方米，种子晒场 3682 平方米，种子恒温库 140 平方米，农资仓库 540 平方米，种子检验室 160 平方米，办公用房 420 平方米。购置种子检验设备 72 台（套），种子加工流水线 2 条，种子加工设备 46 台（套），各种车辆 15 台。

公司成立后，每年投入 200 万元作为科研资金，先后与山东农业大学、山东农科院等院校建立了长期稳定的合作关系。拥有完整的花生、水稻、小麦育种体系，承担农业部和山东省花生区域实验及生产试验，山东省水稻区域试验，山东省甘薯区域实验及玉米新品种跟踪评价。为日照市及周边地区推广水稻、玉米、花生等农作物优良品种 20 多个，年推广面积 100 万亩。

公司建有完善的种子质量检验体系团队，在落实国家惠农政策中，连续多年承担了日照市各区县的中央财政对小麦、花生良种补贴的供种任务。2012 年后，公司改为个人经营。

第五章 稻改

域内稻谷种植历史悠久。中华人民共和国成立前后，旱稻居多，种植于中部平原地带，水稻种植面积较少。1963 年春，县政府决定在沿海一带种植水稻，改旱直播为水直播，并和水育苗移栽相结合，时称稻改。2010 年后，因水源不足，水稻种植面积减少，旱稻种植面积增加。

第一节 概况

中华人民共和国成立前后，域内旱稻居多。种植的水稻，大多分布在沿海一带涝洼地。夏季雨水漫田，农民筑埂堵水，撒上稻种，称为“撒芽稻”。

1958 年，县农业局派来技术员，组织平家村、右所、川子、丁家官庄等村试播水稻 39 亩，后因技术不过关，水源不能保障，产量不高而一直不能大面积推广。

1960 年，日照东干渠开闸放水，经奎山流到域内北部。1963 年春，县政府决定在沿海一带种植水稻，改旱直播为水直播，并和水育苗移栽相结合，时称稻改。县委带领农业局专家组成工作队，进驻平家村、右所村，进行稻改示范。组织其他种稻村的书记、村长、水稻技术员进行培训学习，外出参观，现场指导，学习水稻育苗、插秧及田间管理技术。全区7个村试种水稻260亩，品种为“水源三百粒”，秋收亩产150公斤。1964年，日照水库南干渠大洼分干渠水到域内西部，水源得到保证。全区种水稻1600亩，亩产水稻200公斤。1966年，全区种水稻面积进一步扩大，有45个生产村移栽水稻3100亩。1968年日照水库南大干渠开闸放水，此时域内栽植水稻很普遍，如栈子庄东、大朝阳村周围等盐碱地都栽植水稻，产量在250公斤以上。2000年，水稻种植面积达15300亩，占耕地面积的16%，亩产达493公斤。2010年后，因水源不足，水稻种植面积减少，旱稻种植面积增加。

第二节　栽培技术

稻改以后，水稻育苗、插秧及稻田管理技术，与传统的种旱稻、撒芽稻相比有所不同，要求严谨，科技含量高。在科技人员的指导下，从整地、育秧、插秧、稻田管理等各个环节，不断实践，逐步探索，总结出一整套适合本地水稻生产的栽培技术。

育苗

种子处理播种前要做好晒种、选种、浸种、催芽等工序。

晒种　选好所种优良品种后，要先晒种。一般日晒2～3天，安排专人翻种，使其晒得均匀，提高种子发芽率。

选种　方法有多种，可用风选、筛选或泥水选，达到去秕粒、病粒、杂草种子，选出大小一致、籽粒饱满的种子，其中泥水选种是利用其浮力捞出秕、杂，配制方法是：选用干黄黏土，放在大缸内与水混合制成泥水，浓度以能浮出鸡蛋顶为宜。把稻种投入大缸泥水中，上下翻动，除去漂出秕谷、裨粒、草籽之后，再放入清水去泥质。

浸种　把选好的种子放在缸内，用清水浸泡48小时，中间换水两次，达到种子吃水均匀。之后再把浸透的种子放入55℃的温水中浸泡5分钟，或用生石灰、多菌灵浸种24小时，杀死病菌。

催芽　将浸好的种子堆放在室内苇席之上，席底要垫草20厘米。室温保持在25℃～30℃，每隔3～4小时翻动一次。催芽标准以“一点白”为宜（微露芽尖）。

秧板整理　选择适宜地块为秧板田，要求土质好，排灌方便。先深翻整平，亩施土杂肥20车（每车重150公斤），后灌水泡田，反复水耙，待土地耙透耙烂，沉淀1～2天，再整秧板。秧板宽1.5米，两板间隔0.3米为板沟，沟深0.15米。板面要求平整，四边整齐，表面有泥浆状为好，即可播种。

播种　在荡平整软的秧板上，将催好芽的种子撒上，要定板定量，按畦称种，先稀后密，多遍撒种，以每平方厘米2～3粒种子为宜。种子撒完后，用木板搪压一遍，将种子压入泥中，再撒盖土杂肥1.5厘米左右即可。

播种期　适时早播能够延长水稻营养生长期。播种期早，秧苗壮，能增产；播种期晚，生长期短，影响产量。一般春稻在4月10—15日（谷雨），夏稻在5月5—10日（小满）。

育秧苗播种量　播种量的多少直接影响到秧苗的壮弱，一般春稻亩播种量在85公斤左右，夏稻亩播种量在75公斤左右。

秧板管理　秧苗长到1叶1心后，灌第一遍水，2～3叶时，浅水勤浇，3叶1心时，保持浅水层（瓜皮水）。拔秧前3天要停水壮秧。要适时追肥，两叶龄时，亩追标准化肥5公斤，后根据苗情追肥2次，亩追标准化肥15公斤。拔秧前5～7天追施“出嫁肥”，亩施标准化肥4～5公斤，以利插秧后扎根快，返青早。

1975年，推广水稻旱育秧苗，1980年后水育秧基本淘汰。1995年，推广塑料板育秧（抛秧用），但由于资金与技术问题，使用者极少。

图5—37　1976年稻农在拔秧

拔秧（又称起秧） 即把秧苗从秧板上拔起，准备运往大田的工序。一般拔秧的前一天向秧田灌水，秧板保持水层5厘米，秧沟水深15厘米，以利拔秧和洗秧。拔秧多由家庭妇女劳作。人坐板凳上，从秧板一端拔起，一人一板，边拔边洗（用板沟水洗）。洗净理齐后，用备好的稻草扎成把，立于身后板沟内，等待运至大田。

大田管理

整地 备插稻地，先深耕，同时亩施土杂肥20车（手推车）或标准化肥40～50公斤作基肥。地耕好后，整好畦埂，修好渠道，放水泡田。吃透水后，纵横水耙4～5遍（牛耙、机耙），然后人工整平一遍，保持5厘米水深以备插秧。

插秧 春稻插秧时间在5月20日前后，夏稻插秧时间在6月25日前后。稻改以来一直为人工插秧。

初插秧时用草绳拉一直线，每人在0.8米的小方畦内插秧4行，草绳间隔15～20厘米系一有色布条，为墩距标准。每墩3～5棵稻苗，亩栽2.5万～3万墩。

图5—38 1976年稻农在插秧

插秧时要两手近水面，两腿拉直线，两眼向前看，拇指标深浅。行距株距要插匀，秧苗浅插要直稳。插秧标准要做到浅：浅水插秧，秧入泥浅；密：合理密植，每亩不少于2万墩；匀：每墩秧苗要匀，相差不过1～2颗；直：秧苗直立，不插伏秧；正：行距整齐，株距为正；顺：顺风向插秧，不插戗秧；早：适期早插，不误农时；新：当天拔秧当天插，不插隔夜苗。

1970年后，右所、川子、丁家官庄等村曾进行插秧机试插，但受诸种条件限制，试验不成功。2005年6月，丁家官庄村使用插秧机插秧。2007年，川子村使用插秧机插秧。

图5—39 21世纪初，稻农用插秧机插秧

田间管理 插秧后3～5天内，稻田保持水层在苗高的2/3，保证护苗、还苗。5天后，保持水层在苗高的1/2，以利于提高水温、地温，增加茎部光照，促使秧苗返青。返青后，稻田水层宁浅勿深，干干湿湿，提高地温，促使秧苗分蘖。在分蘖末期，根据不同情况，适时断水落干，控制无效分蘖。拔节后，一般保持水深5～6厘米，促其拔节生长。在孕穗期，水要足，保持水深6～8厘米，待其落干后要再灌水，以起晒田作用。到水稻蜡黄期，要干湿交替，以干为主，促其上籽粒。收割前10～15天停水落干，保证籽粒饱满，以便收割。

根据水稻生长需要，分期适时追肥。插秧后7～10天，亩追施标准化肥10公斤，分蘖肥5公斤，穗肥10公斤，丰产田适度增加。追肥的方法：浅水追肥，追肥后5～7天不跑水，可与耘耥结合追肥，肥效发挥更充分。1985年，川子村曾试行"一炮轰"法，即在水稻插秧后7～10天，将化肥一次性追施完毕。此法易使水稻前期徒长，稻瘟病盛行，旋被淘汰。1990年后，重视施用磷、钾肥，效果明显。及时耘耥，春稻要两耥一耘，夏稻一耥一耘，结合清除杂苗、恶苗、稗草。1985年后，施用除草醚灭草，耘耥不再受到重视。

病虫害防治 作好稻瘟、细菌性褐斑病、纹枯病、白叶枯病的防治。虫害主要有稻蓟马、稻纵卷叶螟、稻飞虱、稻包虫、二化螟等，应及时防治。

第六章　农业经营管理

不同的历史时期，农业的经营管理有着不同的形式。中华人民共和国成立前，域内无专门农业管理机构。农业合作化以前，农业的经营管理以个人为主。初级社、高级社、人民公社时期，农业经营管理实行公有制。中共十一届三中全会后，域内实行包产到户、到组的责任制。1982年中央一号文件下达，域内全面实行各种形式的联产计酬责任制。

第一节　劳动管理

中华人民共和国成立前，土地为私有制，劳动管理是由土地所有者自行制定，情况不同，管理方法不同。自耕户一般没有管理章程，随意性大，日出而作，日落而息。地主、富农的土地靠穷人给耕种管理。中华人民共和国成立后，随着生产组织形式的改变，劳动管理在不同时期有不同的形式和内容。

互助组　互助组内组员土地私有，收入归己，只是劳动形式上的有机结合。而搭犋组、裸工组等，则是以互利为结合的感情组织，均没有细致的劳动管理。后来推行的私有农具有偿使用，人工、畜工相互抵顶的“三大合理”作法，达到了农具、耕畜、人力报酬合理的目的，其管理上出现了组长、会计，分别负责生产和记工。根据各户的投入，或按季度或按年度结算。加入互助组的农户之间达到互助互利，等价交换。记工方法，基本采用计时工，不搞定额，组长安排农活，民主协商，实行民主管理。

初级社　初级农业社分设生产队或生产组，设队（组）长、记工员。社员干活实行工分制，实行一日一记工。一般男整劳力出勤一天记10分工，女整劳力出勤一天记7分工，男、女半劳力和辅助劳力工分酌减。社委会根据季节对农活统筹安排，并根据农活的时令和任务，分别定出不同的数量及工分，工分多少与质量挂钩，如送粪根据路途远近，分别定出每趟的工分；锄地根据地块远近，不同作物，每亩每遍分别规定工日；收获作物、搬运庄稼、打场晒粮等主要农活，都制定出数量和工日。总之，所有农活都有定额，并分类编制明细表，由小队长或组长带领实施并记好工，记入个人劳动手册，报社委会会计记入个人劳动总账，年终统一参加劳动分配。对从事专业项目的人员，按包工定额记工。社干部（书记、社长、会计）实行定工补助，补工标准与同等劳力相等，其他干部误工记工，干部补助工日，用于日常社务工作。

高级社　高级社规模比较大，由社委会实行统一领导，实行统一核算，计划管理。计划管理分为长远计划、年度计划、季度计划和小段计划，细分为农业生产计划、副业生产计划、农田基本建设计划、劳力使用计划、财务收支计划等。各小队根据社委会的计划制订小队的计划，并组织实施。社委会研究制定劳动定额与管理制度，不管常规定额，还是临时定额，都要提出质量要求，确定工分定额。正常情况下，以一个整劳动力劳动一天能挣10分工日为准，避免工日过虚或过实。

高级社时把劳动管理发展到“三包、一奖、四固定”，即社委会对小队实行包工、包产、包成本，超产奖励，土地、劳力、牲畜、家具固定使用。包工采用总定额包工法，把每种作物每亩从耕、种、锄、割、脱粒、晒干、入库，单项定额累计相加的用工总数为总定额，乘以某种作物的总面积，得出某种作物的全年总包工数。所有的作物包工相加，即为小队全年农业总包工数。社办工副业项目，按照计划和定额分别包工。

包产根据作物面积和耕地等级单产，计算总产量，一般按产量最低的小队为基数，超产部分奖30% ~ 100% 的粮食，有的队奖工日。包成本，以计划成本为标准，多用部分从产量中扣除，节约的成本加到增产部分里一同奖励。牲畜公有，集体饲养，固定专人管理，对饲养员实行“四包、一奖罚”制（包草料、包质量、包积肥、包工分，管好受奖，反之受罚）。社员积肥以质论价，按车记工分同样参加分配。

生产队设队长和记工员，负责农活安排、质量检查。组织社员评工记分，10 天一公布，一月向农业社会计报账。主要干部按同等劳力补助工日，其他干部误工记工；烈军属补一个劳力的有值工日，口粮高于平均数；职工家属补无值工，口粮吃平均数。

高级社以社为核算单位，进行结算分配。工日一般以当年 11 月 30 日截工数为准，扣除义务工和劳动积累工，其余工日为当年参加分配的工日。

人民公社 1958 年，成立人民公社，建社初期，仍实行高级社时的劳动管理制度。生产任务由公社统一安排，劳动力全公社统一调用，按军事编制分成营、连、排，采用“大兵团作战”的劳动形式，白天大干，晚上加班，就地支锅做饭，吃住在工地。上级布置任务，下级立即响应。

1960 年，恢复劳动定额管理，推广“三定”（定农活数量、质量、工分）劳动制度，对调动劳动积极性起了一定作用。

1962 年春，生产队按规定为每口人划出一定数量的自留地、饲料地，并鼓励社员养猪。

生产队 根据农业六十条规定，1962 年下半年，落实“三级所有，队为基础”的管理体制。生产队为一级核算单位，使用“现金收付”记账法记账。土地、牲畜、农具等生产资料由生产大队按人口下拨到生产队，生产队成了独立的经济实体，建立了一整套完整的独立核算的账簿。生产队有队长、副队长、会计、保管、妇女队长等。逐步开始实行劳动管理制度，恢复评工记分管理办法。

1963 年，推广“四小”管理制度，即小段计划、小组作业、小段包工定额、小段检查验收。

1965 年，实行“大寨记工法”，一天 10 工时（早上 2 工时，中午 4 工时，下午 4 工时）。开始时自报公议，比较合理。1966 年“文化大革命”开始，评工片面强调政治，忽视劳动工效，挫伤了农民的生产积极性，破坏了多劳多得的原则。

1971 年恢复生产秩序，劳动计酬仍按计时评工，劳动定额管理恢复。1972 年结束“大寨记工法”。

1973 年，推行“两个基本制”，一是基本工日制：定出社员每年向生产队应投工日数，根据劳力具体情况，写出每个劳力每天的劳动“底分”，然后定出每月出勤天数，计算出全年应干工日数，年终总评；二是基本肥料制：规定每户社员每年向生产队投肥的数量、质量和报酬，超积不奖，少积扣工分，不准个人随便往自留地、菜园地送粪，所有肥料由集体统一分配。户养猪、队垫栏，户里买来生猪，由生产队称重入圈记账，出圈时，再由生产队称重计算出纯增长斤数，计算出每月存栏斤数，按每月 35 公斤起，最高 6 元记账参加年终分配，不足 35 公斤者，依次递减至每月 1 元。此法促使农户增加喂养，达到积肥的目的。其他牲畜估算积肥量确定积肥工，人口按在家常住人口定肥定工，生产队选 1 ~ 2 名积肥员负责管理。有的生产队找常年拾粪员推车或挑筐，到处拾粪，按斤挣工分。另外还有各种补助工日。大队主要干部实行定工补助，其他干部误工记工。生产队干部根据队的规模和工作量，每人补 20 ~ 30 个工日为“跑腿工”。社办教师补同等劳力工日，烈军属补一个整劳力的工日，口粮达不到平均的另补加工日。在大队干副业、林业队、果园、茶园、实验队、海淡水养殖等，由村按照规定开出工日。公社和管理区的“八大员”（被调到公社或管理区工作的人员，公社、管理区不发工资）由所在生产队按规定补工日，在外工作的“亦工亦农”人员和合同工，根据规定，由所在生产队标记同等劳力的工日，须交款买工日，每人每月 10 元、15 元、20 元不等。由用人单位与所在大队协商签订合同。

实施联产承包责任制后，此法废止。

第二节　义务工、积累工管理

义务工　始于1945年前后，为烈、军属代耕、代种时用的义务工。初级社、高级社时，烈、军属每年补助一个整劳力的工日，亦是由全村劳力扣的义务工。人民公社时期，由公社统一组织实施。1962年，以生产队为基本核算单位至实行联产承包责任制，此阶段均依生产队根据实际需要制定。联产承包责任制实施以后，有的村搞集体公益事业等用工，仍用义务工。年初规定每个劳力每年5～10个义务工，根据项目，确定用工量，不出义务工的可以资代劳，年底找清。

积累工　始于农业合作化时期。集体盖办公室、仓库、猪圈及工副业场所、修水库、塘坝、打井、修渠道等农田水利基本建设，都是一次性投入，长期受益的项目，所用工日多，全部参与当年分配不合理（社员入社有先后），同时降低了当年的工值，影响社员的生产积极性。解决的办法：一是当年扣除5～10个基建工，二是基建工转到下年分批参加分配。联产承包责任制实施后，每个劳力每年承担10～20个劳动积累工，不出工的可以资代劳，年底找清。

2002年实行费改税，将农村的劳动管理纳入法制化轨道，根据山东省政府规定，逐步取消统一规定的劳动积累工和义务工。农村“两工”取消后，筹资筹劳按“一事一议”的规定执行。兴办集体公益事业，其资金用工等按照“一事一议”的规定程序，经村民讨论同意后实施。

第三节　财务管理

土地改革前，只有地主、富农才雇有1名或几名人员为其管理账目，其中掌柜的为其管理全部财产，账先生负责记流水账，对佃户进行兑现核算。土地改革后，实现了耕者有其田，农民各自经营自己的土地，管理自己的收入支出，随着组织形式的变化，农村财务管理也随之发生改变。

互助组　一般互助组只记集体用工，进行找补兑现，无财务管理，常年互助组设有会计、记账员。记账员要记好每天出勤人数，在规定的日期内（5～10天）将劳力、牲畜干活的天数汇总，明细到户，交给会计。会计将全年各户所干工日综合，本着互助两利的原则，把一年来各户的用工找齐，作为年终结算。一切公费开支由组内各户均摊。

初级社　属于集体化组织，集体的财产是全体社员的。社章规定，农业社设社长、会计、保管等管理人员，建立了财务制度，设有总账、现金账、明细账、土地账、社员往来登记账、劳动工分账、社会分配账、物资登记簿、土地登记簿等。社章规定，小项开支由社长、社委会决定，大事项开支由社员大会讨论决定。会计管账不管钱，保管管钱不管账，实行账钱分管。社员工日账要日清月结，财务账一季或半年一公布，年度将社员工日、分配和全社收支账目公布上墙，接受社员监督。

高级社　土地归集体所有，牲畜、农具折价归公。实行社委会领导下的统一生产计划、统一管理形式、统一计酬标准、统一收益分配。

高级社规模较大，一村为一社，有的数村合并为一个社，财务管理人员相对增加，除主管会计外，根据需要设分管会计、现金出纳会计、实物保管员等。建立健全了账簿，财务管理制度比初级社更具体、更严格。财务管理有开支审批、现金管理、民主理财等制度。户有经济往来手册，现金开支要有原始发票，粮食物资等出入库要填写三联单，会计、保管、经手人各执一联。会计项目要达到四个相符（账账相符、账钱相符、账实相符、账表相符），财务管理已日趋完善。1958年成立人民公社，原高级社的现金、存款全部上交公社财经部，库存食粮、物资财产一切都归人民公社，高级社财务管理体制废止。

人民公社　初期，实行全社一盘棋，推行工资制，“九包”生活供给制，大办食堂，吃饭不要钱等，使财务制度无法执行。

1962年下半年，贯彻农业六十条后，落实“三级所有，队为基础”的管理体制，生产队已成为经济实体，在落实“三定一奖”“四固定”的同时，参照高级社时的财务管理，进行修改完善。大队设主管会计、出纳会计、保管员等财务专管人员，生产队设会计、保管员和记工员。各种账簿重新建立使用，各种财务管理制度也开始制定实施。

1962年后，财务管理逐步纳入正规，公社对生产队会计定期培训，学习记账、管理。各管理区组成会计网，选一名财务管理水平高、会计业务棒的人担任网长，在涛雒区农技站会计辅导员的指导下，兼顾全管理区的财会指导。区里每季度组织一次财务检查。财务管理已基本达到规范化、制度化。

1964年，“四清”运动开始，从脱产干部到农村干部都主动将多吃、多占、挪用集体的东西，全部自动退赔。这次运动极大地促进了干部廉洁作风，群众满意，干部也受到了锻炼。同时，给财务管理人员也敲响了警钟，为搞好财务管理奠定了基础。

1966年“文化大革命”开始后，农村又一次清账，清查经济问题，对财务管理有所促进。但由于派性斗争，观点不同，处理上有异，财务管理遭干扰破坏。

1971年，财务工作重新恢复并有所发展。一是充实健全财会管理人员。生产大队的会计、保管员，要通过社员民主选举，报公社批准后方可任用，不经公社批准，不准调换。二是生产队建立“六账”（固定资产、现金、粮物、收支、社员往来、公共积累）、“三簿”（社员工分登记簿、预分登记簿、低值易耗登记簿）和七项财务管理制度（财务开支审批制度、现金单据管理制度、民主理财制度、财务账制度、月结月报制度、财务档案制度、财会人员交接制度）。生产队的粮食物资、各种农具等由保管员负责管理。

联产承包责任制 实行“家庭联产承包责任制”以后，集体的财产基本分光，特别是改队建村以后，原来建立的整套财务管理制度已不适应。镇经管站根据党委政府的安排，对各村的财务管理制度进行改进，重新建立健全了各项财务管理制度，详细制定了财会人员管理制度、财务管理制度、民主理财制度、财务审计制度、财务公开制度等。各管理区设财会网长1人，各村成立了民主理财小组。1990年，实行了村级财务“双代管”，由镇经管站代管账目、代管现金，规范了村级财务审计、公开制度，将村级财务管理纳入了制度化、规范化、法制化轨道。

农村财务审计 1988年，镇经管站成立审计站，依法依规对各村、企业、镇内各经济实体，独立行使审计职责。2004年，通过审计退回不合理的开支单据166张，金额合计67465.60元。通过审计，在一定程度上堵塞了财务漏洞，对党风和廉政建设起到一定的促进作用。

第四节 收益分配

收益分配是指劳动成果的报酬形式。从初级社开始，统一经营土地，统一种植作物，统一收获，才有统一的收益分配。主要有粮食分配和现金分配。

粮食分配 初级社时，实行土地分红，劳动所获，扣除生产成本后，再按“地四劳六”进行分配。在粮食分配上，坚持“民主分配，少扣多分”的原则，集体扣留部分不超过全年总收入的40%。

高级社时，取消了土地分红，粮食按人、劳比例进行分配，留出征购任务和各种扣留后，按“人七劳三”或“人六劳四”进行分配。每年夏季和秋季制定粮食预分方案，年底制定决算方案报区委批准后执行。肥料折算出金额，年底和劳动工日一起参加分配。烈、军属口粮水平稍高于平均数，职工家属吃平均数，五保户吃平均数，从公益金中列支。其他如棉花、大豆、花生及小杂粮等按人分配。

1958年公社化时，曾实行过供给制与工资制相结合制度，吃饭不要钱，劳力按月发工资。由于资金收入少，大多数未兑现。1962年下半年，生产队独立核算，粮食分配仍按“人七劳三”，公共提留一般不超过20%。

随着各项事业的发展，各大队根据分配政策，定出不同情况的工日处理办法：对大队干部采取定补和误工记工的办法；烈属、军属，复员军人、退伍军人，社会困难户、五保户、因公伤残等特殊户，根据政策定出照顾标准，交生产队在分配时执行，对参入集体单位，如民办教师、赤脚医生、果园、林业管理人员、实验队（技术队）、各种工副业队人员的工日，经大队平衡后，转给生产队参加分配。

规定的分粮标准是：烈、军属和残疾军人口粮高于平均数，一般高 5% ~ 10%；五保户、职工家属、退伍军人吃平均数；社会困难户可比平均户低 5% ~ 10%；“亦工亦农”人员按上级规定向生产队交钱买工分粮。

实行联产承包责任制后，农户将征购任务、各种提留上缴后，余者全部归己，原来的分配制度从此废止。

现金分配 在初级社时期，由于生产力低下，粮食产量低，又无其他工副业项目，办得好的农业社仅能保证社员粮食收入有所增加。农业社扣除生产费用，很少有现金分配。高级社时，收入虽有所增加，但亦寥寥无几，现金分配兑现多数是社内户户相抵。

人民公社后，生产队在种好粮食的前提下，发展多种经营及工副业项目，现金分配按劳动工日结算，体现了“多劳多得”的原则，但工值不高，直到1980年前，工值高的不足2元，低的仅0.20元。

实行联产承包责任制后，原来的收入分配制度废止，但农民需上缴农业税和各种提留。2006年1月1日开始，农民免交农业税。

第七章　农具　农机

中华人民共和国成立前，域内农业生产工具一直沿用老式犁、耙、耧、耢、手推木轮车及锨、镢、镰、筐等传统工具。中华人民共和国成立后，随着生产力的发展，农业生产工具也不断改进，新式改良农具开始引进、推广使用于生产作业。至 2021 年底，域内农业生产基本实现了机械化。

第一节　概况

域内农业生产工具，中华人民共和国成立前一直沿用老式犁、耙、耧、耢、手推木轮车及锨、镢、镰、筐等传统工具。中华人民共和国成立后，随着生产力的发展，农业生产工具也不断改进，新式改良农具开始引进、推广使用于生产作业。起初，曾大力推广使用七寸步犁、双轮单铧犁、双轮双铧犁、气压式喷雾器、手摇喷粉器、马拉播种机、胶轮手推车、铁制水车等新式农具。1953 年，七区有笨犁 1143 张，七寸步犁 38 张，耙 1038 张，耢 836 张，小木轮车 2926 辆，大喷雾器 6 架，小喷雾器 12 架（1954 年开始使用），水车 7 部。1959 年，域内有七寸步犁 54 张，双轮单铧犁 8 张，双轮双铧犁 14 张，水车 92 部，喷雾器 28 部，十行播种机 16 部，抽水机 3 台。

1962 年后，农村逐步使用柴油机，主要有莱阳产“195 型”、潍坊产“185 型”。1963 年，有电动机 6 台，45 千瓦。至 1971 年底，全公社排灌机械发展到 125 台，1164.975 千瓦。全公社 75 个村，拥有碾米机 45 台，磨面机 58 台，粉碎机 67 台。1972 年后，电力输送到农村，先是用于农副产品加工，后发展到农田灌溉。随着水利工程的建设，机械灌溉成为抗旱保收的重要手段。1975 年，全公社拥有大中型拖拉机 25 台，小型拖拉机 105 台，电动机 80 台，柴油机 210 台。

推行联产承包责任制后，土地由集体经营变为个体承包经营，集体农机具全部作价变卖，农户开始拥有农业机械。1983 年，国家出台了向个体农民发放贷款的政策，农户购置拖拉机数量迅速增加，域内有农机维修网点 12 处。2021 年，域内农业生产基本实现机械化。

第二节　农用机具

农机具种类很多，按用途可分为耕作、播种、排灌、植保、收获、脱粒、运输和农副产品加工机具等。

耕作类机

铁锨 主要用于掘土整地、装卸土肥杂物等。另有一种短柄（长 80 厘米左右）弧形刃铁锨，柄与锨头的夹角为 180 度，主要用于挖穴开沟等，域内广泛使用。

镢 刨地使用的主要农具，除用于翻刨土地外，还可用来开沟、捣粪和收获块根作物。还有镢身薄、镢刃像月牙斧，用于灭茬的镢。

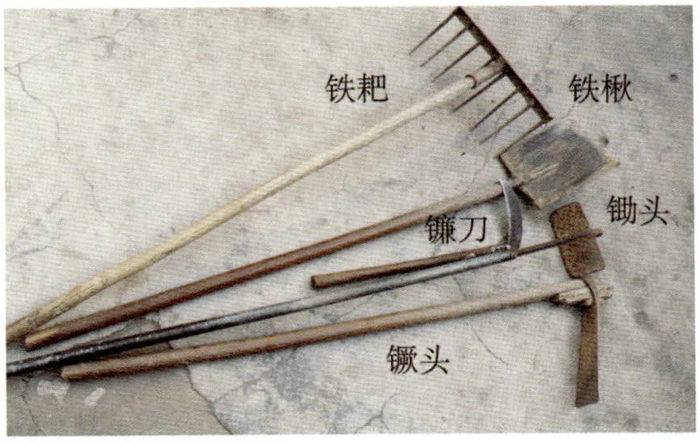

图 5—40 农具

老式步犁 自汉代即已使用，一直沿用至今，始终是耕种土地的主要工具。

新式步犁 20 世纪 50 年代后期，开始推广使用 7 寸步犁、双轮双铧犁、双轮单铧犁等新式农具。1958 年，老式步犁被大量毁坏，双轮双铧犁因畜力不足而造成耕地工具缺乏。1960 年后，老式步犁又重新使用。1962 年，域内有老式步犁 950 张，七寸步犁 23 张。1965 年，有七寸步犁 89 张，双轮双铧犁 24 张。20 世纪 70 年代后，各种步犁大部被机引犁代替。

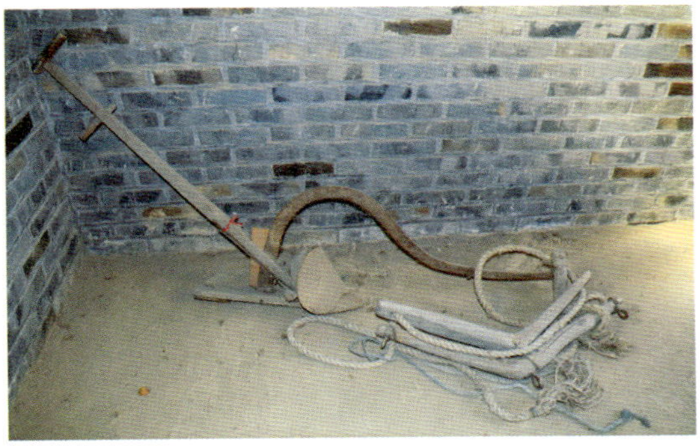

图 5—41 新式步犁

图 5—42 双轮双铧犁

小铲犁 由三角铁焊接而成，形状与老式步犁相似，主要用于稻茬麦播种。1982 年后，是域内种植小麦的主要工具。

机引犁 是拖拉机耕地的配套机具，有双铧、三铧、四铧、五铧等。1963 年，日照拖拉机站曾用机引犁为涛雒各村耕地。1990 年，推广使用旋耕犁。2013 年底域内有各种犁具 2200 部，除零星土地外，其余都用机引犁耕地。

缺口耙、圆盘耙 1964 年开始使用，是动力牵引的配套机具，多用于拖拉机配套的机引耙。2007 年，全镇有机引耙 180 台。

木耙 使用历史悠久。耙体为木制，两条耙梃，上按铁齿，两块边木称栏头，长方形状，大小不一，是碎土平地保墒的主要工具。1965 年全区有 595 盘。20 世纪 90 年代淘汰。

图 5—43 木耙

耢 前有框，凿有榫，两边有堵头（又叫耢腿），中有横板，将蜡条或柞条穿孔别于横板下。夏季播种后，耢上站人，役畜牵拉，两脚交替踩压，平土覆盖种子。20 世纪 70 年代后不再使用。

图 5—44 耢

中耕工具

锄 分大小两种，结构由木把（锄杠）、铁制锄钩、锄刃组成。锄刃形状有方膀、圆膀、直刃、月牙刃等。主要用于田间管理时的中耕、除草、间苗等，俗称“锄地”。另有一种小锄，其制作方式与大锄相同，仅形体缩小，多为妇幼蹲在菜园间苗使用，俗称“菜锄”。

齿镐 又名“挠钩”、二齿、三齿钩，主要用于捣粪、抓拉草垛，勾划土地保墒。

瓜铲 种类繁多，大小不一，均用于松土、除草、间苗和瓜、菜移植，为瓜农必备工具。

镐 又名钢镐、洋镐，近代传入，主要用于较坚硬土地的掘刨和清理树根、田间杂草等。

筢 分为木制和铁制筢头两种。铁筢主要用于小面积土地刨翻后的平整，也用于播种后的覆盖盖种和捣粪。木筢主要用于场间作业。

播种施肥工具

耧 亦称耩子，分独腿和双腿两种。独腿耧沿用已久，木制，有耧斗、耧脚（铁制）、耧腿、耧杆（耧辕）、摆锤、拖板组成，用于播种、开沟等。1958年，大部被毁坏，1962年后有的地方又重新使用。1970年，后不再使用。

砘车 俗称打地轱辘。石制，是播种后用人或牲畜牵引，镇压垄沟，防止土壤水分散发。1970年后，不再使用。

播种机 分畜力和机引两种。1956年，开始引进推广使用马拉的十行播种机15台，因其笨重，使用不便，1958年后，不再使用。20世纪70年代，推广使用三行播种机，主要用于小麦播种。2010年，始使用两行花生播种机，多在岭地平原使用。

提水类农具

戽斗 俗称斗子，形似�子头。戽口固定一木棍，戽底固定一块橡胶皮，两边上下各拴绳一根，两人引绳提斗引水。20世纪60年代前至80年代后，是暂时性、辅助性的提水浇田工具。现稻区仍有少数使用。

撑杆 学名“桔槔”，又叫吊杆。是在汪塘及井中提水用的工具，利用杠杆原理在井旁或池头树上（无树则扎一横架）挂一杠杆，一端系水桶，一端坠大石头，一起一落汲水浇田。现已淘汰。

辘轳 利用轮轴原理制成的一种深井汲水工具。设在深井口，将绳子缠在摇把上用来提，由架子、辘轳头、绳索、斗柄组成。现已淘汰。

蹬车 是一种古老的人力脚蹬提水工具，由蹬杆、提水箱和扶手架组成。

图 5—45 蹬车

蹬杆两侧装有踏板，中间装有转盘齿轮，提水箱两侧及底部由木板组成，下部入水处亦装有转盘齿轮，中间为关联一起的活动挡水板，扶手架起稳定蹬车人员的作用。提水时，人员手扶木架，脚蹬踏板，转盘带动挡水板转动，水从低处提到高处，倒入水田。域内农田使用极少，多用于盐田提水，现已淘汰。

水车 中华人民共和国成立前，有少数地区使用过斗子水车，分手摇、人力脚蹬和畜拉诸种。1956年，磴山区有水车125部。1957年，域内有146部。1964年开始有铁制解放牌人力推水车。1965年，有铁制水车197部。后因抽水机推广应用，水车逐渐被淘汰。

水泵 是机动抽水的汲水机具，适用于机井、大口井、汪塘、扬水站抽水。1962年，开始引进推广，域内有3台，1965年，有水泵8台。1982年，全社发展到350台。此后普遍使用潜水泵。2013年底全镇有水泵925台。

图5—46 水泵

喷灌机 1979年推广使用，因节约水源，不用通过渠道，畦田均能灌溉。1995年，全镇发展到175台。2007年后，喷灌机被普遍使用。

图5—47 喷灌机

其他提水工具有水罐、木筲、铁桶（即洋筲）等，现已被塑料制品代替。

植保农机具

喷雾器 用于农作物喷洒农药，1954年开始，使用手压单管喷雾器。1956年开始使用背负式压缩喷雾器。1970年后，在果园使用手推式高压喷雾器。1973年后，推广使用背负式机动喷雾器。到1985年，全镇有各种喷雾器1400架。1995年达1600架。之后随着农业体制调整，使用量逐年减少，2007年有1200架。2011年后，有背负式电动喷雾器。

图5—48 背负式手压喷雾器

收获脱粒类农机具

铡刀 用于铡饲草。域内已基本淘汰，但偏远山区养牛户仍有使用。

木锨 场间作业工具、用于扬场等。使用至今。

木杈 用于翻晒场上的秸秧或垛垛等。

扫帚 主要用于打扫场上的粮食，现主要用于打扫卫生用。

图5—49 常见使用农具

镰刀 分裤镰和钉镰两种。镰头为铁制，镰把早为木制，2005年后，出现塑料把、钢管把，是使用已久的收割庄稼的工具，用于收割小麦、谷、穇等，域内成片农田已不用，小块、零散地块的庄稼收割仍使用。

碌碡 又叫石磙，分光碌碡、镧碌碡，石头制成，圆柱形。靠人、兽力拉，用来碾压场地和谷物。现很少使用。

扬场机 20世纪70年代推广使用扬场机。1983年后，停止使用。

脱粒机 1964年，使用脚踏（手摇）脱粒机，用于小麦、水稻脱粒。1965年，域内有打稻机

163 架。1975 年，引进机动脱粒机。1983 年，域内有脱粒机 150 台。2010 年后已不多见。

图 5—50　打稻机

收割机　主要用于小麦的收割。1985 年以前，全靠人工用镰刀收割，1985 年，引进推广“一边倒”机动收割机。1996 年，使用联合收割机。2005 年，国家对购买大型农机具实行补助，华山村秦泗安购买福田（4e—2a）牌联合收割机（总价 76500 元，国家补助 10422 元）。2007 年，全镇有联合收割机 4 台。2013 年，有联合收割机 36 台。2021 年域内有联合收割机 18 台。

图 5—51　福田谷神— 2 型收割机在田间作业

手摇地瓜铡　原用的“地瓜铡”，一手按地瓜，一手拢铡把，费力且功效低。后改良使用手摇地瓜切片机。1958 年，改进一批木架手摇地瓜切片机。1964 年，推广铁制手摇地瓜切片机。1990 年后，域内已少见。

花生脱壳机　中华人民共和国成立前，花生多用人工手剥脱壳。20 世纪 70 年代末，推广使用花生脱壳机。1990 年后，开始用机引、电动花生脱壳机，目前广为使用。

运输工具

独轮手推车　是沿用已久的运输工具。中华人民共和国成立后，一直沿用木轮手推车。1952 年，开始用胶轮手推车。1958 年，木轮手推车全部被改制（轴承化），后逐渐使用胶轮手推车，1965 年，域内有胶轮手推车 2663 辆。1985 年，域内有胶轮手推车 6830 辆。1990 年，后有少量农户使用。

图 5—52　胶轮独轮手推车

胶轮地排车　1958 年使用的运输工具，车厢轻便，类似马车。先为人拉，后为畜拉，数量逐年增加。1975 年，域内有 235 辆，1985 年，有 118 辆。1990 年后，很少有人使用。

拖拉机牵引挂车　拖挂有 1 ～ 8 吨多种规格。1958 年引进使用至今。2006 年，域内有大中型拖拉机 216 台。2013 年，有大中型农用拖拉机 350 台。2021 年，域内拖拉机 27 台。

图 5—53　12 马力四轮拖拉机

农用三轮车　1978 年引进使用。2013 年域内有农用三轮车 210 台。

图 5—54 农用三轮车

其他运输工具 扁担、钩担是使用很久的运输工具，现仍使用。木轮牛车中华人民共和国成立前有少量使用，现已绝迹。胶轮马车中华人民共和国成立后使用较多，后逐步减少，现很少见。木轮二把手推车（爬山虎车），中华人民共和国成立后有少量使用，1960 年后少见。

农副产品加工工具

碓 由臼石和粗木质碓身等组成。中华人民共和国成立前后广为使用，主要用于谷物的粉碎、脱皮，也可以粉碎籽粒以成粉状等。1970 年后使用者甚少。

图 5—55 碓

石磨 有大磨、水磨之分。大磨在清末民国初用于磨小麦面粉。水磨又分干膛、湿膛。干膛可磨各种面粉，湿膛（带水）可磨糊子。用 1 ~ 2 人推转或用 1 头驴拉转，谷物从磨眼徐徐添入，随磨齿均匀散开被磨碎，最后从两个磨扇间夹缝中流到磨盘上。20 世纪 60 年代后逐渐被钢磨所代替。2000 年后，水磨又有少量使用。

图 5—56 石磨

石碾 由石制圆体碾砣、碾盘和木轴组成，是用来碾碎粮食和脱掉谷物糠皮的工具，现已绝迹。

箩 用薄椿木板做圆圈，用马尾或尼龙丝做网作罗底用来筛东西，即用手来回推拉抖动，即可获得较细面粉。

粉碎机 主要用于饲料加工粉碎，通过动力机械带动，粉碎饲草和粮食。1962 年开始使用，此后有所改进，使用至今。

图 5—57 农用粉碎机

碾米机 1970 年引进，由柴油机或电动机带动，主要用于稻谷脱壳、磨米用。

磨面机 用于把小麦加工成面粉，用动力机械带动，通过挤压筛选，使面粉和麸皮分离。1965 年引进使用至今。

弹花机 原始的是弹花弓，弹花弓是一张弓形木架，两端由一根皮弦连接。弹花时用木锤打动皮弦，利用弦的震动进行弹花。后改进为弹花机，利用锯齿型滚筒将棉花松软，再通过平面胶滚将弹好的棉絮压成平面，由卷棉轴卷成棉卷使用。1965 年域内有 3 台。1975 年后已很少使用。2000 年后，有机械弹花机 3 套。

榨油机 中华人民共和国成立前后，皆为木制“轧”。1962 年后，改为铁制螺旋式机械榨油。2013 年，域内有 11 台机械榨油机。

第八章　畜牧业

中华人民共和国成立之前，域内畜禽全部由农家单户饲养，因饲养粗放，缺医少药，畜牧业生产长期处于停滞不前的局面。1963 年，域内建立了兽医站，为农户饲养畜禽提供了保障。近年来，政府制定了一系列扶持政策，使畜牧业生产得到了快速发展。

第一节　畜禽

中华人民共和国成立前，域内大牲畜以驴为多，骡为少；小家畜以猪为多，羊极少；禽以鸡为多，鹅鸭极少。中华人民共和国成立后，大牲畜以牛为多，其他较少；小家畜以猪增加量最大，羊也有所发展；禽以鸡数量最多，鹅鸭次之。珍稀畜禽也有发展。

大牲畜

黄牛　当地黄牛，耐粗饲，易管理，繁殖力强，遗传性能稳定，生产性能好，役、肉兼用，体形中等，体质壮，以龙门角、三角居多，蹄大而坚，毛色以黄色为主，黑色次之。2 ~ 3 岁成熟，12 岁终配，母牛终生能产 8 ~ 9 头牛犊。中等体型役牛，日耕 3 亩地左右。土改前，域内黄牛有百多头，均为土地大户者所有。土改后，为了保护、发展耕牛，区政府于 1948 年发出了“禁杀耕牛”的通知。1950 年，县政府又下发了严禁宰杀耕畜的通知。

图 5—58　黄牛

1965 年，域内饲养黄牛 1716 头，能配种的 57 头、能繁殖的 282 头、仔牛 192 头、能劳动的 899 头。由于人民政府一直采取禁杀耕牛的政策，使耕牛数量从中华人民共和国成立初期占大牲畜的 20%，上升到 1970 年的 80% 左右。实行联产承包责任制后，黄牛逐年减少。

1990 年以来，黄牛由原来使役为主，逐步变为役、肉兼用。主要饲养品种为当地黄牛和鲁西黄牛的改良品种。

水牛　本地水牛，清代即有饲养，域内水田区域饲养多。水牛周身呈灰褐色，体躯高大，肌肉丰满，骨骼粗壮，额宽口方，臀部肌肉发达，尾粗短，不宜行走山路，角为拱状，呈弧形，向后伸展弯曲，背毛稀少，毛细而短，汗腺不发达，既怕冷，又怕热，夏季需要常洗澡，冬季需保暖防寒。1964 年稻改后，为适于稻田耕作，稻区村庄从南方引进水牛。1965 年，域内饲养水牛 547 头，能配种的 24 头、能繁殖的 148 头、仔 86 头、能劳动 483 头。1966 年，域内发展到 686 头，1978 年，最多时饲养达 455 头。实行联产承包责任制后逐年减少，1990 年，域内仅有 38 头。2013 年后已不多见。

图 5—59　水牛

驴　役用力强而耐劳，用途广，适于乘、拉、驮。性温顺，易管理，耐粗饲，抗病强，群众评价为“铜驴、铁骡、纸糊的马”。中华人民共和国成

图 5—60　驴

立前，是域内主要畜力，占大牲畜总量的80%以上，集体化后，开始减少。1965年，域内饲养驴39头，能配种的2头、能繁殖的14头、仔驴4头、能劳动的16头。1982年实行联产承包责任制后逐年减少，饲养品种为当地驴和无棣驴的改良后代。

图5—61 骡

骡 骡是马、驴的杂交种，有马骡、驴骡之分。中华人民共和国成立前，饲养较少，1959年，有25匹。现域内极少饲养。

马 原为六畜之首，明清时代就重视养马，主要用于军需。清中后期用于农业，数量开始减少，土改前后已很少饲养。1960年后，马用于拉车运输，数量有所增加。1979年，域内饲养19匹，现饲养极少。

图5—62 马

小家畜

猪 饲养历史悠久，民国初期，涛雒曾是重要的猪肉出口集散地。猪的毛色有黑、白、花、棕色等，以黑色居多。主要品种"沂蒙黑猪"，是当地猪与巴克夏猪的杂交品种。中华人民共和国成立后，猪的饲养发展很快，一是政府实行生猪定购合同，派购任务；二是养猪可享受到补贴饲料粮、饲料地、挣工分、肥料钱等优惠政策。中华人民共和国成立前，以养当地品种"大褶皮"为主，中华人民共和国成立后，曾引进苏联大白猪、荣昌杂交猪。1960年8月，县委对涛雒公社畜牧业确立的生产指标：（1）确保完成60头母猪计划：全配、全准、全产、全活、全壮。人工授精、血配、重配、多次配、分次配、创高产。（2）认真贯彻"三包、一奖、六定"责任管理制（三包：包产、包工、包成本，一奖：超额奖励、减产受罚，六定：定人、定量、定料、定肥、定产、定时，挂牌责任人）。（3）采集野生植物，积集猪、牛饲料。（4）加强领导，抓住机遇，发展生猪养猪事业。

图5—63 猪

1965年涛雒区各公社饲养生猪统计表

表5—10 单位：头

公社	总头数	村饲养	生产队饲养	个人饲养
涛雒	850	36	146	668
小海	736	29	79	628
栈子	759	41	16	702
刘庄	423	51	17	359
李潭	1062	50	137	875
下元	894	44	45	805
廒头	577	—	103	474
结庄	825	67	21	737
水木	920	59	86	775
东湖	1128	86	60	977

1975年，生猪栏存量为18000头。1985年后，引进瘦肉型杂交猪。1987年，存栏27118头。1993年，引进太湖种猪进行改良杂交。1995年后，以饲养瘦肉型猪及其杂交后代为主，引进的品种有杜洛克、汉夏普、皮特兰等。2011年，域内出栏215066头生猪。是年，国家对能繁殖的母猪每头补助100元，全镇存栏母猪16200头，共补助162万元。2021年，域内生猪存栏26273头，母猪存栏2647头。

山羊 域内养羊历史悠久，中华人民共和国成立前，主要饲养当地品种。1956年开始饲养小山羊（狗羊子），因其繁殖快，耐粗饲，肉质好，膻味小，发展较快。1962年，域

图5—64 山羊

内饲养2350头。1965年饲养山羊837只，能配种的80只、能繁殖的309只、仔137只。1974年，引进青华羊，羊羔出生后7～8天取皮。1975年，曾引进过奶山羊、青山羊等。1987年，存栏7012头。2000年开始引进波尔山羊。2021年，域内有山羊305只。

绵羊　当地绵羊，属于短脂尾，粗毛羊品种。中华人民共和国成立前，域内饲养较少，中华人民共和国成立后，有所发展。1965年饲养绵羊81只，能配种的5只、能繁殖的35只、仔12只。是年引进“考力代”“美利奴”。细毛羊改良后，饲养量逐年增多。1970年，域内有178只，2013年发展到1660只。2021年，域内有绵羊190只。

图5—65　绵羊

兔　有肉用、毛用、皮用之分。中华人民共和国成立前，域内饲养较少，主要供观赏、食用和皮用。中华人民共和国成立后，引入新品种开始大发展，随着外贸出口，兔子成为新兴的商品，养兔成为家庭主要饲养业之一。

图5—66　兔

肉食兔，品种主要有大耳白兔、大耳黑兔、青紫兰和狐皮黄兔、灰兔等。1980年后，引进美国加利福尼亚、德国巨型、比利时肉兔等。1988年，饲养11万只。1997年达15.5万只。后因出口量减少而饲养量逐年减少。

长毛兔，白色，从1980年开始饲养，主要是用毛。品种有西德长毛兔、英系安哥拉、法系安哥拉、中系安哥拉长毛兔。因经济效益不佳，饲养量一直很少。

獭兔，主要是皮用。从1995年开始饲养，华山、下元等村饲养3600只。

家禽

是域内农户的主要家庭饲养业之一。

鸡　域内农户普遍养鸡，户均5～8只。当地鸡属小型蛋用鸡种，群众称“笨鸡子”“草鸡子”，毛色混杂。母鸡主要毛色为深浅麻、黑、白色和芦花色，公鸡以黑色红翎为多，红、白和芦花次之。从1953年国家开始收购鸡蛋，鸡蛋成为定购和供应的紧缺货。为完成鸡蛋收购任务，曾实行定购和派购等办法，并制定奖罚政策。因此，养鸡数量不断增加，养鸡业开始转为商品生产。先后引进莱克鸡、安徽鸡等蛋用良种鸡。1982年后，引进推广“星杂288、星杂579、罗斯、海兰”等产蛋鸡。肉用鸡有美国AA、爱维菌等。1983年以后，养鸡业发展迅速，农民养鸡专业户大量涌现。2013年，养1万只蛋鸡以上的有10户，500只以上的有100多户。

图5—67　鸡

鹅、鸭　饲养历史悠久，但饲养数量不多，少数养鹅者，多为看家护院，或为观赏之用。鹅的毛色多为纯白色和雁色。鸭主要靠水场近的户有少量饲养，麻鸭居多，也有红头鸭，数量极少。

图5—68　鹅

图5—69　鸭

特殊动物养殖

水貂　是一种小型珍贵毛皮兽，黑褐色，体细长，与黄鼬相似。1980年，镇良种场、南店村等集体单

图5—70　水貂

位曾建场养貂，年存栏达 1000 多只，1985 年停办。后个体户大量养殖，至 1989 年，全镇养貂 10000 多只。此后逐年减少，2013 年全镇存栏 7000 多只。2021 年，域内水貂存栏 1000 只左右。

狐、貉　属毛皮兽，主要品种为蓝狐。1983 年开始引进饲养，主要分布于下元、南店、右所等村。1998 年养殖最多达 1 万多只，2006 年全镇饲养 4000 多头，2013 年，存栏 3000 头。2020 年后已很少养殖。

鸽　中华人民共和国成立前，主要作为宠物饲养，中华人民共和国成立后，饲养的较多。1985 年，右所村村民刘鸿昌曾引进饲养肉食鸽，数量不多。2004 年，东川子村村民乔祥峰、王运福引进饲养肉食鸽 3000 多只。2013 年，全镇饲养肉食鸽 4000 多只。2020 年后，域内不再有人饲养肉食鸽。

鹦鹉　1978 年，大刘庄集体饲养。1981 年停养。

第二节　饲养管理

畜禽的饲养方式有圈养、棚养、笼养、撒养、放牧、牵牧等，管理形式可分为个体管理和集体管理，基本模式为个人→集体→个体。

个人饲养　1956 年前，畜禽全部是个人饲养。集体化道路以后，随着土地归公，牲畜饲养也全部归集体。实行联产承包责任制后，又转入个人饲养。

集体饲养　1956 年，各村先后由初级社合并为高级农业合作社，个人所养大牲畜全部作价入社，集体统一管理，派专人饲养。1958 年 9 月人民公社成立后，大办养殖场所，平调社员猪、羊。下元人民公社在下元西山建养猪场，占地 10 亩，盖猪圈 40 间，养猪 250 头（其中母猪 80 头），养羊 200 只。各村有牛棚，队队有猪圈。1960 年，集体养猪发展到 5700 头，大牲畜 950 头。1975 年，全公社建养猪场 150 处，盖猪圈 500 多间，养猪 2000 多头。1976 年，全公社养猪达 15000 头（其中集体养猪 3200 头）。联产承包责任制后，牲畜集体饲养宣告结束。

1958 年 5 月下元乡十五养统计表

表 5—11

生产队	集体养殖						社员养殖	
	猪（头）	牛（头）	驴（匹）	马（匹）	骡（匹）	羊（只）	猪（头）	兔（只）
小草坡村	25	2					1	2
孙家营子村	26	7					11	6
高旺庄村	110	38		2	1		20	
李家营子村	24	3				3	22	4
崔家庄子村	13	6					1	
西石梁头村	60	12					6	
丁家营子村	30	9					14	
下元村	326	63			2	31	227	28
东石梁头村	14	15					2	
上元村	96	36						
亚月村	60	27					48	
平家村	149	43	1	1	2		49	35
李家潭崖村	134	34						100
苗家村	68	21					25	50
竹家园村	21	9					18	
大洼村	93	16					78	100
丁家官庄村	84	44					4	70
蒿岭村	90	16					20	90
大草坡村	67	27		1			2	15
黄泥沟村	52	16				63	12	
秦家结庄村	76	28				27	13	7
张家结庄村	69	27				35	2	19
郑家结庄村	51	23					1	
泥田沟村	115	35					3	
相家结庄村	53	30	1				8	15
水木头村	55	15					38	20
六甲庄村	222	27					40	
孟家官庄村	33	4					12	20
小羊卷村	131	42				5	57	56
大沟村	37	8				3	18	40
罗川沟村	85	14				120	2	120
吉掌村	153	18					131	194
大羊卷村	41	8						45
赵家庄子村	30	13					2	35
累计	2693	736	2	1		287	887	1071

专业户饲养 实行联产承包责任制后，饲养业出现了养殖专业户，1986年以来，很多村支持鼓励养殖业的发展，划出养殖小区，规范了养殖业的有序发展。

第三节 饲草 饲料

域内大部平原，河流众多，水源丰富，故饲草饲料丰富。

饲草 也叫粗饲料，来源有三：一是农作物秸秆，如䅟穰、麦穰、稻穰、玉米秸、地瓜秧、花生秧、谷秸、豆秸等，二是各种青草，三是各种树叶。

随着畜牧业的发展和需求，畜多草少，域内引种过牧草，有苜蓿草、大米草、箭舌、豌豆等。

饲料 也叫精料。大牲畜的精料历来以黄豆、黑豆、高粱、豆饼、花生饼为主。棉籽饼也曾作为精料，地瓜干在20世纪60年代也作过精料。1980年后，地瓜面积减少，玉米成为主要精料，同时豆饼、豆粕、花生饼等作为精料的用量也在逐年增多。

1984年，配合饲料开始推广应用，主要三种形式：一是饲料加工企业，主要原料为玉米、麸皮、花生饼、豆粕、添加剂等，二是养殖户自己加工制作，主要原料为玉米、麸皮、花生饼、豆粕等配制而成，三是外地品牌饲料引进，大多来自青岛、莒县、莒南、烟台等地。2007年，个体饲料销售点有26处，年销售各种品牌配合饲料50多万吨。2013年个体饲料销售点有6处，仍在经营。

第四节 疫病防治

中华人民共和国成立前，域内畜禽的疫病防治，均靠民间兽医扎针或用草药偏方治疗。中华人民共和国成立后，人民政府十分重视畜禽的疫病防治工作，培养兽医人员，建立兽医站所，保障了养殖业的健康发展。

防疫 中华人民共和国成立前，由于对畜禽疫病无预防措施，各种疫病流行蔓延，往往造成畜禽大批死亡，给人民带来重大损失。20世纪50年代，猪瘟、猪丹毒、鸡新城疫曾大量流行，1956年的猪瘟病曾使1500多头猪死亡。各级政府对此十分重视，组织起防疫队伍，各村配备1名兽医人员，兽医站负责培训，每年春秋两季对猪进行免疫注射，同时开展了对鸡新城疫的防疫。1965年，对牛进行了“五号病”防疫。1981年，对狗进行了“狂犬病”防疫。1985年对猪、兔、鹅进行了瘟病防疫。2004年，对鸡“禽流感”进行了防疫。2006年，对猪“蓝耳病”进行了防疫。为杜绝传染病疫情发生和蔓延，防疫密度达98%以上。

检疫 集市畜禽检疫工作从1956年开始。1963年，涛雒区畜牧兽医工作站成立以后，对上市交易的畜禽、出境牲畜、食品站收购的生猪等均进行严格检疫。1985年，国务院颁布了《家畜家禽防疫条例》，镇畜牧兽医站有6名兽医人员为考试合格的检疫员，具体负责全镇畜禽的检疫工作。1997年后，按照《中华人民共和国动物防疫法》和《山东省动物防疫条例》负责域内的畜禽产地、集市、出境等项检疫工作。

治疗 兽医站自成立以来，即负责域内畜禽疫病的诊治。2007年，有9名兽医人员，负责全镇75个村的畜禽养殖、防疫、治疗及阉割。制定了详细的规章制度，分片包干，责任到人，保障了畜牧业的健康发展。2021年，兽医站共有工作人员13名，高级兽医师1人，中级兽医师5人，持有检疫证的6名。

第六编　渔　业

阜鑫渔港　（涛雒镇宣传办公室提供）

涛雒镇濒临黄海，海岸线长 16.5 公里，鱼类资源丰富，滩涂广阔，发展渔业具有良好的水域环境，沿海居民历代以渔为业。

有文字记载，1936 年，域内沿海共有渔民 386 户，2060 人，有渔帆船 195 只，水产品总量达 2379 吨。1940 年 2 月，日军侵占涛雒后，渔业生产遭到了严重破坏。

中华人民共和国成立后，渔业得以迅速发展。1978 年后，特别是 1985 年 3 月中共中央、国务院颁布了《关于放宽政策，加快发展水产业的指示》文件，渔业生产进入全面改革快速发展阶段，改变了以捕捞为主的做法，“以养为主”的方针得到贯彻执行，海、淡水养殖快速发展。

2021 年，全镇共有各类渔船 633 艘，总功率 34689 千瓦，从业渔民 2110 人，产量 30119 吨，产值 29600 万元；水产池塘养殖面积 8820 亩，工厂化大棚 270 余万平方米，从业人员 1900 人，产值 93200 万元。

第一章　管理机构及经营体制

涛雒渔业历史悠久，海产资源丰富，沿海居民世代以渔为业。然而中华人民共和国成立之前，历代政府一直视渔业是农业的一个分支，不被重视，域内无专门的渔业管理机构。清朝末年，民间才有渔行，向渔民销售渔需品，收购水产品加工。中华人民共和国成立后，渔业生产得到快速发展，管理机构和经营体制逐步完善。

第一节　概况

涛雒镇濒临黄海，海岸线长16.5千米，滩涂广阔，发展渔业具有良好的水域环境。历代“滨海之民，以渔盐为业”。

清末民国初，渔民、渔船明显增多。到1936年，境内沿海共有渔民386户，2060人，有渔帆船195只，水产品总量达2379吨。抗日战争时期，渔业生产遭到严重破坏。中华人民共和国成立时，域内仅有渔帆船146只，水产品总量1660吨。

1950—1953年，域内渔村相继建立互助组。1954年建立渔、农初级合作社，渔业实现了合作化。1955年，渔业生产除海上捕捞外，还出现了海水养殖业。1957年，渔船总数215只，水产品总量达3020吨。1958年“大跃进”和“文化大革命”期间，由于受“左”倾错误影响，渔业生产发展缓慢。1965年，有机帆船2艘、木帆船397只，水产品产量6482吨。

1978年后，特别是1985年3月中共中央、国务院颁布了《关于放宽政策，加快发展水产业的指示》文件，渔业生产进入全面改革快速发展阶段。“以养为主”的方针得到贯彻执行，海、淡水养殖快速发展。域内沿海渔村先后推行了包产到船（人）、大包干、船网折价归个人等各种形式的生产责任制。调整了水产品购销政策，取消了在计划经济体制下实行30多年的统一收购和派购政策，水产品率先放开价格，实行市场调节。1986年，《中华人民共和国渔业法》颁布实施，渔业生产进入依法管理新阶段，控制近海捕捞，保护水产品资源。镇党委、镇政府抢抓机遇，大作渔业生产文章，在对海洋资源展开充分调查研究后，进行综合开发。全镇捕捞、养殖、加工、育苗、后勤配套及港口建设得到全面提升，构建起门类齐全、功能完善的新格局。1995年，水产品产值1.8亿元，水产企业产值0.96亿元，海洋捕捞产量3.99万吨，产值0.84亿元，海水养殖面积17900亩，产值0.3265亿元。

1995年，国家开始实行伏季休渔制度，明确规定禁渔期和开捕时间。

进入21世纪，随着中国加入世界贸易组织和《中韩渔业协定》签署生效，新修订的渔业法颁布实施，渔业发展环境和渔业管理制度都发生新的变化。“开发、养护、管理”并重的渔业发展思路提到重要议事日程，“质量、安全、效益”成为渔业结构调整的重点和方向。全镇渔业立足新情况，研究新问题，及时调整渔业工作重点和发展目标，依靠科技进步，不断提高渔业发展质量和水平。

2021年，全镇有各类渔船633艘，总功率33656.8千瓦。从业渔民2110人，产量30119吨，年产值29600万元。水产池塘养殖面积8820亩，工厂化大棚270余万平方米，从业人员1900人，产值93200万元。

第二节　管理机构

中华人民共和国成立前，域内无渔业行政机构，渔业生产直属县级分管机构管理。清末至民国初年，涛雒渔业生产直属县级公署房分管，后来县分管渔业的机构几经变异，1920年直属县劝业所管理，1923年改属县实业局，1928年归属建设局，1933年转属第三科。1940年至中华人民共和国成立，先后隶属日照县抗日民主政府建设科，实业科。1950年5月，日照县人民政府设立水产科，渔业生产直属县级分管机构管理。七区党委、政府选派一名副职人员配合县水产科分管当地渔业生产。1976年9月，涛雒公社成立沿海渔业生产领导小组，具体负责域内沿海渔业生产。1998年5月，沿海渔业生产由涛雒镇水产工作站管理。

涛雒水产工作站　1976年春，日照县水产局在涛雒公社设立渔业技术推广站，其主要职责为：对辖区内的渔业生产进行技术指导、人员培训、信息传递、统计管理，配合有关部门搞好海上通信等，隶属县水产局和公社双重领导，编制10人。1991年8月，改称涛雒水产工作站，内设渔技站、渔业经营管理站、渔政管理所，编制14人，仍接受双重领导。至2007年，编制10人，隶属东港区海洋与渔业局和镇政府双重领导，共有专业技术人员8人。2009年，全部权力下放到镇政府。

1976年以来涛雒水产工作站
（渔业技术推广站）站长任职更迭表

表6—1

职务	姓名	性别	籍贯	任职时间
站长	滕以师	男	刘家湾村	1976.3—1984.10
站长	王夫密	男	岚山区	1984.10—1986.2
站长	秦玉迎	男	下元一村	1986.3—1993.3
站长	宋佰玉	男	涛雒七村	1993.4—2008.1
站长	崔恩华	男	后村镇宅科三村	2008.1—2010.11
站长	牟善营	男	杨家洼村	2010.11—2012.7
站长	马先军	男	奎山街道李村	2012.7—2014.10
站长	李玉伟	男	后村镇石桥官庄村	2014.10—2020.3
助理	宋　锋	男	西湖镇上栗山村	2020.4—2022.5
助理	李玉伟	男	后村镇石桥官庄村	2022.6—

涛雒镇水产工作站　1976年9月，涛雒公社成立沿海渔业生产领导小组，组长由公社党委或政府副职兼任，下设办公室，具体负责域内沿海渔业生产的领导工作。1990年，从原党委大院迁至南店村204国道西侧办公。1994年10月1日，随党委、政府一起迁至现办公大楼后楼办公。1998年5月，涛雒水产工作站与涛雒镇渔业生产领导小组办公室合署办公，称涛雒镇水产工作站。

1976年以来涛雒镇水产工作站
（涛雒镇渔业生产领导小组）
负责人任职更迭表

表6—2

职务	姓名	性别	籍贯	任职时间
主任（兼）	申作礼	男	西湖镇	1976—1981.3
主任（兼）	李凤坤	男	栈子一村	1981.3—1989.2
主任（兼）	庄光生	男	大刘庄村	1984.6—1993.4
主任（兼）	韩先陆	男	高旺庄村	1993.4—1996.8
副主任	侯元洪	男	东川子村	1996.8—1997.7
主任（兼）	厉建祥	男	巨峰镇历家庄村	1997.7—2002.2
副主任	王纪福	男	桥西头村	1998.5—2008.1
站长	崔恩华	男	后村镇宅科三村	2008.1—2010.11
站长	牟善营	男	杨家洼村	2010.11—2012.7
站长	马先军	男	奎山街道李村	2012.7—2014.10
站长	李玉伟	男	后村镇石桥官庄村	2014.10—2020.3
助理	宋　锋	男	西湖镇上栗山村	2020.4—2022.5
助理	李玉伟	男	后村镇石桥官庄村	2022.6—

第三节　经营体制

个体渔业　中华人民共和国成立前，域内渔业多数为一家一户个体常年生产，还有一部分半渔、半农、半副业的季节性渔民生产。渔民主要有五类：1. 渔业资本家和船网主：如栈子村的“瑞春”“小马”，他们占有多只大型渔船、较好的网具和充裕的资本，雇佣渔工和贫苦渔民，以剥削为其主要收入方式。2. 富裕渔民：占有较好的捕捞工具及活动资本，自己参加主要劳动，也雇佣一些渔民，独立经营或同其他渔民合伙经营，除自己劳动收益外，还获得工具分红。3. 一般渔民：占有一些捕捞工具，以自己的工具同其他渔民合伙经营，其生活来源全部或主要靠自己劳动。

4. 贫苦渔民：只占有少量的捕捞工具，与别人合伙捕捞，还受船租、高利贷利和雇佣劳动的剥削。

5. 渔工：主要靠出卖劳动力为生，被称为“干踏板”“下雇海”。

上述五类渔民中渔业资本家和富裕渔民约占12%，一般渔民占35%，贫苦渔民、渔工占53%。到1936年，域内沿海共有渔民386户，2060人，有渔帆船195只，水产品总量达2379吨。日军侵占涛雒后，渔业生产遭到了严重破坏。中华人民共和国成立，域内仅有渔帆船146只，水产品总量1660吨。

渔业互助组 1950—1953年，域内有孙家村、刘家湾、东南营等沿海渔村相继建立了互助组，规模一般为2～3条船，10户渔民为一组。收入按劳动力与工具一定比例进行分配，劳力占6～7成，船网等工具占3～4成。劳力按技术高低，船、网等工具按性能和质量，分别评出参加分配的分数，按“分”分配。

初级渔业生产合作社 1954年3月，王家村建立了全镇第一个光明初级渔农业合作社，葛长金任社长。而后各渔业村都相继成立了初级渔业合作社，一村多社，如孙家村就建立5个初级渔业合作社。初级社的经营方式是船、网等渔具折价入股，统一搭配使用。根据生产管理的需要，一般1～2条船划分1个作业组，其收入扣除生产费用后，按劳力（占6～7成）、船网（占3～4成）一定比例分配，劳动所得，按照劳力强弱、技术高低评定基分，按“分”取酬；工具所得，按工具折价入股的金额分配。

高级渔业生产合作社 1956年春，涛雒沿海渔村相继建立高级渔、农业生产合作社。纯高级渔业合作社仅有栈子海员社，其余村为渔、农业高级社。每社下设一个或多个渔业队，如东湖村，即下设5个渔业生产队。高级社收入实行按劳分配，船、网等渔具全部折价归公，统一调配使用，劳动力按照农、渔、副业分成若干生产队，并实行定船网、定劳力、定产值、定工日制度。劳动力在未完成生产任务时，按产值记工；超额完成产值时，超额部分按比例提取奖励。分配中，按照出勤天数和复评的基本工分为依据。1957年，域内渔船总数215只，水产品总量达3020吨。1958年“大跃进”和“文化大革命”期间，渔业生产发展缓慢。

人民公社 1958年9月，海生人民公社成立，将沿海渔业生产村划分为3个渔业营（一营小海管理区、二营栈子管理区、三营东湖管理区），公社统一核算。由于“一平二调”和“瞎指挥”的错误，渔民的生产积极性受挫，产量下降，是年冬天，改为由各管理区核算。1961年3月，停止公社一级核算单位，开始纠正“一平二调”的错误，沿海渔村实行以生产村为基本核算单位，栈子海员村由多村渔民组成。海生人民公社有核算单位17个（纯渔业队1个），共有渔业生产小队48个。1962年下半年，沿海渔村渔、农业普遍改为以生产队为基本核算单位，部分大帆船和海带养殖场仍由生产村经营。1965年，有机帆船2艘、木帆船397只，水产品产量6482吨。1971年，公社辖11个渔业村。

联产承包责任制 1980年冬，日照县水产局首次在孙家村试行生产队对船组实行“大包干”责任制，在落实全年产量、产值、生产费用和各项提留计划的基础上，把应上交生产队的提留款包到船组。完成包干任务后的剩余部分，全部归船组分配。1981年，大包干责任制在沿海渔业生产队推广。1983年，县水产局又在刘家湾村试点，把船网折价归船组，以船组为核算单位的经营体制，而后在全县沿海渔村推行。

深化渔业体制改革 1985年3月，中共中央、国务院颁布了《关于放宽政策，加快发展水产业的指示》文件，渔业生产进入全面改革快速发展阶段。“以养为主”的方针得到贯彻执行，海、淡水养殖快速发展。域内沿海渔村先后推行了包产到船（人）、大包干、船网折价归个人等各种形式的生产责任制。调整了水产品购销政策，取消了在计划经济体制下实行30多年的统一收购和派购政策，水产品率先放开价格，实行市场调节。

1986年，《中华人民共和国渔业法》颁布实施，渔业生产进入依法管理新阶段，控制近海捕捞，保护水产品资源。域内对海洋资源进行综合开发。

全镇捕捞、养殖、加工、育苗、后勤配套及港口建设得到全面提升，构建起门类齐全、功能完善的新格局。1995 年，水产品产值 1.8 亿元，水产企业产值 0.96 亿元，海洋捕捞产量 3.99 万吨，产值 0.84 亿元，海水养殖面积 17900 亩，产值 0.3265 亿元。是年，国家开始实行伏季休渔制度，明确规定禁渔期和开捕时间。

2008 年 10 月，海员村组建了“日照市海昌渔业有限公司”。之后，栈子三村组建了“三盛渔业有限公司”。形成以党支部为核心，以村委会为基础、以渔业公司为依托的党、政、经三位一体相配备的经营体制。2013 年，全镇共有各类渔船 633 艘，总功率 34689 千瓦。

市场经营体制 20 世纪 80 年代开始，大力发展外向型经济，鼓励外资、外企来国内兴办企。1993 年，日照市红旗水产公司（原红旗盐场）与美籍华人丁始媛合资成立涛雒镇第一家水产合资经营企业——日照市丰源水产有限公司。总投资 280 万元，建冷库 1 座，容量 300 吨。

2013 年末，域内有合资、独资水产企业有 8 家，累计吸引外资 1800 万元。2017 年 12 月域内注册的水产养殖企业养殖场 372 家。

2021 年，域内有工厂化养殖大棚 1314 家，水产鱼苗场、育苗户 216 家，国家级、省级海洋牧场各一处，水产冷藏厂及冷链物流加工企业 64 家。

栈子海员工会 清末民国初，栈子村养船大户就远近闻名。中华人民共和国成立后，栈子村养船规模不断扩大。1951 年成立“中国海员工会栈子民船委员会”，1952 年，山东省政府以栈子村渔业发达，渔工多而集中，批准成立栈子海员工会，隶属青岛海运局。渔工有了自己的组织，且享受政府渔工待遇。海员工会与村中的农业户分开，开始独立经营，实行独立核算。1953 年 11 月，对渔民实行粮食供给制。1954 年，随着农村渔业合作化经营体制的兴起，青岛海运局将栈子海员工会下放到县、七区管理。1955 年 12 月，撤销海员工会，成立“日照县栈子乡海员高级渔业生产合作社”。

涛雒口码头工会 1950 年，随小海至青岛的客货航运开通而成立，会员 72 人，待遇由货主供给。小海村、王家村各 36 人，主任王家村人葛云鹳，任职时间为 1950—1958 年，副主任小海村人李克喜，任职时间为 1950—1952 年，副主任王世贵继任时间为 1952—1958 年，办公室 3 间草房。参与航运的客货轮有“玉龙”“日丰”“大舜”“大安”号等，此船隶属青岛海运公司，1958 年停运。码头工会随之解散。

图 6—1　会员证（涛雒镇宣传办公室提供）

（本编照片除署名者外，均由涛雒镇宣传办公室提供）

第二章　港湾　渔港

域内自古有两大自然海口，张洛口、小海口（又称涛雒口），北与夹仓口相接。海口既是渔民出海歇港的落脚之地，又是海运贸易的商业码头，为域内渔业的发展、商贸的繁荣创造了得天独厚的自然条件。20 世纪 90 年代，域内开发了小海渔港和阜鑫渔港，为域内海洋捕捞和海水养殖提供了保障。

第一节 自然港湾

涛雒口 俗称小海口，属自然港湾，位于小海村东。明清时，进出海口的渔船渐多，形成自然海口。

图 6—2 涛雒口

渔民在休渔期，利用渔船进行货物运输，同时也有专营海运的商船出入。清光绪三十二年（1906），进出青岛小港的帆船唯来自涛雒口的最多。20 世纪 30 年代为鼎盛期，有大风帆船 70 余条。1940 年 2 月，日本侵略军占领涛雒后，海运败落。

1950 年，小海码头工会成立。1952 年 7 月，石臼航运站在小海成立民船管理站。同年，码头工会自力更生修造长 50 米、宽 20 米的小码头，泊 20 ~ 30 吨帆船 4 条。20 世纪 70 年代后，停泊能力为 29.4 ~ 110 千瓦渔船 120 艘。

新口 古称张洛口（在今栈子村东），后因泥沙淤积，改口于东南营村东北处，称新口。1974 年，在虎山公社与涛雒公社交界处的江沟上筑起大坝，截断北南海潮涨落，使港湾及海口形成淤积，港湾停泊能力减小。

第二节 人工港口

小海渔港 位于小海村东南，小海河入海口处。1993 年开工建设，隶属小海村。岸壁码头长 180 米，宽 9 米，高潮水深 4 米。29.4 ~ 110 千瓦渔船泊位 8 个，停泊能力 50 艘，总投资 34 万元。1995 年竣工投入使用。

阜鑫渔港 1998 年 12 月，经东港区政府批准，由李家营子村村民郭常伟独家投资兴建，位于栈子村东，占地 600 亩。该渔港为内河引航式码头，一期工程 2000 年 6 月完成，总投资 1800 万元。主要建设项目：开挖航道长 600 米，航道宽 200 米，修航道石墙 600 米和乱石墙 400 米，航道高潮位水深 5.5 米；挖筑港池 25 万平方米，港池水深 4 ~ 4.5 米；配用电路变压器 200 千伏安和 300 千伏安 2 台，主线路 2000 米；从下元三村村后凿井铺设管道引水供码头及渔船用水；建加油站、容量为 1500 吨的冷库、800 平方米办公楼各 1 座；硬化码头道路 1.2 万平方米；建阜鑫渔港服务中心渔船修造厂等。一期工程结束后，该渔港港池内停泊的船只仍受东北风大海潮影响，存有一定安全隐患。后经勘察，对航道北侧大坝（即原挡浪坝）加固筑高。2006 年 5—7 月，又投资 1000 万元，实施汛期挡浪坝加固工程。建成后，有力地遏制了东北风大潮，使入港船只易泊、安全，不再受四面风袭之扰。2021 年，阜鑫渔港已是一座地理位置独特，管理服务优良，水、电、油、冰等配套齐全的新式渔港。港池可同时停泊 441 千瓦以下渔船 400 艘。

图 6—3 阜鑫渔港

第三章　海洋捕捞

域内沿海先民自古以捕渔为业，从事生产活动历史久远。中华人民共和国成立前，但由于历代官府苛捐杂税繁多和渔行的高利盘剥，加之渔船、网具等生产资料多集中于大户，渔业生产发展比较缓慢。中华人民共和国成立后，废除封建剥削制度，并逐步实现对渔业的社会主义改造，充分调动了渔民的生产积极性。改革开放后，渔业生产逐渐实行了各种形式的生产责任制，国家调整了水产品购销政策，渔业生产得到了快速发展。

第一节　概况

据域内王氏、叶氏、郑氏等家乘记载，沿海居民从事网具渔业生产活动历史久远，明朝初年就有拉笮，清朝乾隆年间，拉笮这种捕鱼业已经非常兴旺，同时，渐有渔船近海张网捕鱼。清道光年间，涛雒渔帆船已可远航千里（最大的渔船可载重5000饼，合125吨），到吕泗等渔场捕捞黄花鱼，渔民称之为“打黄花”。每到“打黄花”时节，南下船队浩浩荡荡，其场景颇为壮观。至清光绪年间，域内沿海已发展到十几个以渔业为主的村庄，海洋捕捞生产已具备一定规模。至清末民国初，大船数量及载重量、捕捞量县内首数，仅栈子村就有70余艘多桅大风船。栈子村和涛雒街，渔行、商号密集，仅栈子村就有20余家。水产品大部在本地和西部沂蒙山区销售，也有一部分远销天津、上海、青岛等地。水产品的贸易畅通，更加促进了渔业捕捞的发展。

由于历代官府苛捐杂税繁多和渔行的高利盘剥，加之渔船、网具等生产资料多集中于大户，尽管当时渔业资源甚为丰富，但渔业生产的发展却比较缓慢。日本的侵华战争，更使渔业生产惨遭破坏。1937年8月，停泊在吴淞口的栈子村的37条大船，大部分被国民政府为阻挡日军沿江进犯而沉于江底。1949年与1936年相比，全镇从事渔业生产的渔船由195只减少到146只，渔业劳动力由2060人减少到1600人，渔业产量由2379吨下降到1660吨。

中华人民共和国成立后，党和政府领导渔民废除封建剥削制度，并逐步实现对渔业的社会主义改造。1954年，域内渔业生产有大网船13只、围网船46只、三板船284只、各种渔网157953条。1957年，域内渔业劳动力达2200人，渔船发展到215只，其中到吕泗等渔场捕黄花鱼的大帆船达23只，渔业产量达3350吨。

1958—1961年，捕捞生产受到影响。1961年，全镇海洋捕捞总产量仅1820吨。1963年，涛雒区开始使用机动渔船捕捞。1964年，开始用化纤渔网替代棉线渔网，提高了捕捞能力，渔业产量逐步回升，达3380吨。

1966—1978年，域内渔船机动化和渔网化纤化逐渐普及，船、网数量有所增加。但由于受“文化大革命”影响，资源受到破坏，海洋捕捞产量基本处于徘徊状态。

1980年后，渔业生产逐渐实行了各种形式的生产责任制，国家调整了水产品购销政策，充分调动了渔民的生产积极性。

为了培育海洋水产资源，1985年起，市、区每年都向近海水域放流对虾、牙鲆等苗类。这期间，通过渔船更新换代，推广应用卫星导航、雷达探测仪、船用冷冻机、疏目拖网等一批新技术、新工艺，全镇的渔船船体状况、作业结构、生产水平都发生了很大变化。渔船捕捞能力和水平都得到提高，远外海生产达到了济州岛附近海域。海洋捕捞产量显著增加。是年，机动渔船546艘，总功率18834.375千瓦。1995年，机动渔船715艘，24434.34千瓦。

1995年7月1日，国家开始实行伏季休渔制度，明确规定禁渔期和开捕时间（两个月）。2000年规定：北纬35度以北，黄海海域从7月1日12时至9月16日12时，禁止所有拖网和帆张网作业。北纬35度至26度30分海域，6月16日12时至9月16日12时，禁止所有拖网（杆拖虾暂除外）帆张网作业。6月15日零时至8月19日24时，禁止定置作业渔具在禁渔区线内生产。

2001年，中韩渔业协定生效后，每年有10艘大功率渔船前往韩国专属经济区作业。2009年，有机动渔船504艘，总功率38425.8千瓦，其中135.975千瓦以上的钢质渔船150艘。

2021年，全镇有各类渔船633艘，总功率33656.8千瓦，从业渔民2110人，捕捞30119吨，年产值29600万元，水产养殖池塘面积8820亩，工厂化大棚270万余平方米，从业人员1900人，产值93200万元。

第二节 渔场

涛雒海洋捕捞历史悠久，渔场范围广阔，北至渤海辽东湾，南到舟山大陈岛，东到韩国专属经济区。从作业类型上又可分为定置网具渔场和流动网具渔场。

定置网具渔场 域内近海是多种鱼类产卵、索饵之地，渔民根据其洄游规律，抓住时机，适时定置网具进行捕捞。近海定置网具渔场北自白马河口，南至秦山岛东，水深8～20米等深线内。据1927年《中外渔业概况》载，涛雒近海渔业主要有涛雒口（小海口）、张洛口（新口）和东湖口。沿海各村渔民均在自己所属海口外撑网作业，其所属海区及撑网行地，均沿用历史名称和分界，如张洛口大网作业区，排与排之间基本相衔接，行与行之间相距100庹（约167米）。这些大网行地土改后已确定为就近有关渔村渔场。在渔旺季节，大网渔船也经常到“前三岛”周围、江苏连云港的大山后一带生产，这一带都是域内历史上的定置网具渔场。

除本口渔场外，有些渔民历史上就到外地渔场作业。外口定置网具渔场有南北口之分。南口渔场，早在清朝道光年间，吕泗洋海面已成为域内船队涉猎的渔场。20世纪50年代初，征得当地政府同意，以涛雒为代表的日照渔民，又先后开辟了潮河、苗湾湖、大洋港、新黄河口等定置网具作业渔场。北口渔场，20世纪20年代中期，域内渔民为了谋生，辗转于渤海湾各海口，最后选择了蓬莱的赵格庄等村定居，为域内渔民北上捕鱼创造了有利条件。同期，部分渔民在辽宁省的鲅鱼圈定居，以下海、捻船为生。鲅鱼圈，现在已成为千户大村。之后，又相继开辟了仙人岛等地，为域内渔民赴辽东湾生产创造了有利条件。20世纪50年代初，经省政府和当地政府同意，蓬莱县划定了日照沿海乡镇渔民定置渔网长期生产的场地。继之，又延伸到长岛和黄河口附近各县。南北海口定置网具捕捞量，从20世纪60年代中期开始占捕捞量的50%以上。20世纪80年代初始，每年有许多渔船到辽东湾捕捞海蜇。

流动网具作业渔场 流动网具灵活性强，可根据季节和渔情变化随时移动作业渔场。南起大陈岛、北至辽东湾，都有域内渔民涉猎的渔场。经常进行作业的有海州湾、连青石、大沙、吕泗、长江口、舟山、青海、石岛、烟威、莱州湾、渤海湾、滦河口、辽东湾等渔场。按生产习惯，渔民每年初春到连青石、大沙、长江口等渔场使用流动渔具捕捞越冬鱼虾；4月份到长江口以北海域捕捞鲳鱼；初夏在海州湾和青海等渔场捕捞鲅鱼、鲐鱼和其他鱼类，或到石岛渔场捕捞鲅鱼、梭子蟹和其他鱼类。

海州湾渔场 位于日照近海，是域内渔民传统主要作业渔场。自有捕捞活动以来，渔民就在此生产。沿岸及20米等深以内是定置网、各种流刺网、钓钩、乌贼笼、蛄蝼网、筌网等渔具的主要作业渔场，20米等深以外及附近是围网和拖网的作业渔场。主要捕获带鱼、鲅鱼、鲐鱼、白鳞鱼、黄鲫鱼、对虾、鹰爪虾、鲳鱼、梭子蟹、金乌贼和鲔鱼、籽乌等。

渤海渔场 包括辽东湾、滦河口、渤海湾和莱州湾4个渔场，是多种经济鱼虾的产卵、索饵场，可捕捞几十种经济鱼虾。早在20世纪30年代，涛雒渔民就到渤海湾诸海口从事海洋捕捞，有些渔民并定居于此。中华人民共和国成立后至20世纪90年代初，该渔场是涛雒拖网、对虾流网和海蜇张网作业的重要渔场，每年秋汛都有大批渔船到此生产。1986年伏季，仅捕捞海蜇船就达268只。另外，渔民还在渤海湾黄河口以南，羊口以北从事坛子网生产。90年代末，受海产品资源匮乏及政策影响，涛雒渔民不再到此生产。

烟威渔场 是春秋季节多种鱼虾进出渤海到鸭绿江口产卵、索饵和越冬洄游的过路渔场。烟威渔场西部蓬莱、长岛沿海一带是域内渔民最早开辟的坛子网作业渔场。1927年，选择蓬莱赵戈庄为作业地点，自此，域内渔民有的即开始在此从渔定居。20世纪50年代初，经省政府协调，当地政府专门划定了日照沿海乡镇坛子网生产场地，后延伸到长岛、黄河口附近，同期到辽宁鲅鱼圈。这些渔场是60—80年代涛雒围网和拖网渔船作业渔场之一。主要捕获对象有青鱼、鲅鱼、白姑鱼、对虾、鹰爪虾、带鱼和鲆鲽等。后因水产品资源衰竭，2005年后，域内渔民不再到此生产。

石岛渔场 是多种鱼类北上南下产卵、索饵和越冬洄游的必经通道，同时也是青鱼、对虾、鲆鲽和部分头足类的鱼虾等索饵、越冬场。20世纪60年代至80年代末，是涛雒部分围网渔船春季和拖网渔船秋、冬季作业的重要渔场之一。主要捕获青鱼、鲅鱼、鹰爪虾、鲳鱼、籽乌、鲆鲽和其他底杂类鱼。渔场西北部龙须岛、俚岛一带也是涛雒部分坛子网春季作业渔场。

青海渔场 位于山东半岛南部，水深多在30米以内，沿岸入海河流和港湾较多，是多种经济鱼虾的产卵场地，也是人工增殖对虾的索饵场和回捕作业渔场，是涛雒流网、围网、钓钩和部分小型底拖网渔船作业渔场，主要捕捞对虾、鲅鱼、鲐鱼、带鱼、鲆鲽等。

连青石渔场 位于黄海中央，南临大沙渔场，西接海州湾渔场，东连连东渔场，北依石岛渔场，是鱼虾春季北上和秋季南下越冬洄游的过路渔场，也是对虾、鲳鱼、籽乌等鱼虾的良好越冬场，是涛雒流网、围网渔船传统重要作业渔场。20世纪70年代中期以后，成为涛雒拖网渔船主要作业渔场。主要捕获对象有鲅鱼、鲐鱼、带鱼、白姑鱼、黄姑鱼、对虾、鲳鱼、白鳞鱼和鲳鱼、籽乌等。

舟山和吕泗渔场 舟山和吕泗渔场是历史上中国沿海水域大、小黄鱼的主要产卵场，也是域内传统渔具鲞团网的主要作业渔场。早在清朝道光年间，吕泗渔场已成为域内船队涉猎的渔场。在捕捞黄花鱼的技术方面，已掌握了“以竹筒探入海底，闻其声，下网截取”的作业技巧，称之为“打黄花”。20世纪60年代初期，黄花鱼资源衰退，涛雒渔船相继撤出。

吕泗渔场北部，海州湾渔场南部，以及沿岸灌河口（渔民俗称潮河），射阳河口（俗称苗湾湖）和新黄河口一带，自20世纪50年代初一直是渔民坛子网生产的重要渔场。后因跨界作业受限和资源衰退等，涛雒渔船于90年代逐渐撤出。

大沙渔场 是多种经济鱼虾类的索饵场和越冬场。水深40～70米为主，底质大部为细粉沙和黏土质软区，适合底拖网作业。20世纪70年代以来是涛雒拖网渔船主要作业渔场之一。主要捕捞对象有小黄鱼、带鱼、鳗鱼、鲆鲽和其他底杂鱼等。

长江口渔场 中华人民共和国成立前后，域内沿海部分大帆船即到长江口渔场从事捕捞生产。至20世纪70年代初期，大功率渔船多到该渔场从事拖网作业。主要捕捞对象有带鱼、鲳鱼、白鳞鱼、大小黄花鱼、乌贼、鱿鱼和海鳗等。

韩国渔场 中华人民共和国成立前，域内沿海个别渔村即有渔民到韩国渔场捕捞。中华人民共和国成立后，因受国界水域及诸多限制条件影响，逐渐减少。

2001年6月30日，“中韩渔业协定”生效（协议为5年），根据协议规定，2001年6月30日至2002年12月31日，山东省海洋与渔业厅分配日照市到韩方专属经济区作业的拖网渔船74艘，配额1248吨，全部安排在涛雒镇。2003年，涛雒镇申请入韩拖网船18艘、流网船2艘，配额830吨。2006年，申请入韩拖网船2艘、流网船4艘，配额130吨。2007年，虽有申请办理去韩国专属经济区作业的渔船，却没有一艘渔船按规定到韩国专属经济区作业的。2008 年后，没有再到此作业的渔船。

第三节 渔期

渔期又称渔汛，域内沿海有春汛和秋汛之分，春汛从惊蛰到夏至。惊蛰到谷雨，渔民称“小海市”。这期间，在深海越冬的黄鲫鱼、章鱼、梭子蟹、对虾、爬虾（虾婆）、老鼠鱼、鲬鱼（俗称狗腿鱼）等，先后游到近岸浅海索饵产卵，形成早春的捕捞渔汛。谷雨到夏至，称为“大海市”。这时，北来产卵的鲅鱼、鲐鱼、带鱼、白鳞鱼、鲳鱼、白姑鱼、黄姑鱼、黄花鱼、鹰爪虾、鲆鲽鱼、乌贼、鮹鱼、籽乌、河豚等，相继游到近海产卵生殖，渔民谓“百鱼靠岸”，渔谚“谷雨前后打杂鱼”，形成上半年的捕捞旺汛。秋汛从立秋到小雪，前期以捕捞小白虾（虾皮）、海蜇、鲨鱼、海鳗（勾鱼）、黄鲼、孔鳐（劳板）、安鱇鱼和红娘子鱼为主。白露前后，以捕捞集群洄游的对虾、梭子蟹、鲅鱼、带鱼为主。

20 世纪 70 年代，随着机动渔船的发展，逐步开展了冬捕。每年小雪以后至次年惊蛰以前，沿海各渔村均有大功率渔船去外海捕捞在深水越冬的鱼虾，改变了历史上深冬、初春不出海的习惯。近年去远海冬捕的大功率渔船多时达 350 艘。

章鱼 每年惊蛰前来日照近海，春分到谷雨是旺汛，立夏前后产下卵逐渐游回深海。

图 6—4 章鱼（鮹鱼）

黄鲫鱼 春分以后来到近海，清明至谷雨是旺汛，立夏前后游回深海。

图 6—5 黄鲫鱼

梭子蟹 春分前后来到近海，清明至立夏是旺汛。小满以后产卵，产卵后的梭子蟹成为无黄的“骷髅蟹”。夏秋两季梭子蟹在近海洄游索饵，此时肉少体瘦，称为“水蟹子”，霜降以后逐渐洄游深海。

图 6—6 梭子蟹

鲅鱼（蓝点马鲛） 谷雨前后来到日照近海。立夏至芒种是旺汛，芒种以后产卵逐渐离开近海。7—10 月份在近海索饵洄游的，一般是半公斤左右的小鲅鱼。

图 6—7 鲅鱼

鲐鱼 上半年的汛期和鲅鱼基本相同，下半年很少，不成渔汛。

图 6—8　鲐鱼

带鱼（刀鱼）　谷雨前后来到近海，立夏至芒种为旺汛。芒种以后产卵逐渐离开。7—10 月份有个体较小的带鱼（俗称鳞刀月子），鱼群小而分散。20 世纪 60 年代起，涛雒沿海带鱼资源逐渐衰减，不成渔汛。

图 6—9　带鱼

对虾　清明前后来到日照近海。谷雨至立夏为旺汛，小满以后大部分成年虾产卵死亡。秋季，白露前后当年生的幼虾一般长到 15 厘米左右，适宜捕捞，霜降前后游回深海越冬。1982 年，山东省开始在山东南部沿海增殖放流对虾苗，当年 8 月 25 日开捕，形成涛雒乃至日照近海对虾秋汛。20 世纪 90 年代后，因资源衰退已不成渔汛。

图 6—10　对虾

乌贼　谷雨前后来到近海。立夏至芒种为旺汛，夏至以后大部分乌贼产卵后陆续死亡，故涛雒渔民有“五月端午乌贼掉头”之说。

图 6—11　乌贼

第四节　渔船

木帆船

没有安装机器的渔船，域内木帆船分为多种。

舢板　又称“三板”“驳摇”，是无甲板、无帆，完全靠人力摇橹推进的木质小船。一般以板数区分船的大小，如三板、五板、七板等，统称“三板”。域内沿海多采用五板、七板。主要用作定置网、流网、钓钩作业。20 世纪 60 年代后，“三板”主要用作圆（围）网渔船的“子船”，海、淡水养殖用船，港内交通船。

图 6—12　小舢板

图 6—13　大舢板

风帆船　以帆借风为动力的渔船为风船，木质结构，又称“木帆渔船”。有单桅、双桅、三桅、五桅帆船之分。大船为“沙船”船型，小船为“乌

图 6—14 小舢板大网船

船”船型。按载重量可分为大、中、小型三类。大型渔船的载重量一般为 20 ~ 50 吨，最大的超过 100 吨，中型渔船的载重量一般为 10 吨左右，小型渔船的载重量一般为 2 ~ 3 吨。至 1957 年底，域内拥有木帆渔船 215 只，其中大船 23 只，中型船 94 只，小船 98 只。1960 年，域内共有大小渔船 354 只。1963 年，共有大小渔船 343 只，其中船载重量 1 ~ 5 吨的 302 只，6 ~ 20 吨的 26 只，21 ~ 50 吨的 10 只，51 吨以上的 5 只。是年，风船开始改造为机械动力。1978 年后，渔船全部机动化，不再用风帆。

图 6—15 小舢板钓钩船

机帆船 有帆并安装机器的渔船。1963 年始，域内木帆渔船开始进行改造，船上装备挂桨机、卧机，帆船成为机动力、风帆动力齐备的机帆船。1975 年，域内帆船全部改造成机帆船。

木质机动渔船 1963 年，海员村从外地购进 1 对 812 型木质机动渔船。是年，日照县造船厂独立建成第一艘 14.7 千瓦木质机动渔船，交付王家村试用。1965 年，有较大木质机船 2 艘 88.2 千瓦（每艘载重量 54 吨），捕捞木质机动及木质帆船 397 只（包括养殖木质船）。1976 年，涛雒公社造船厂建成长 28 米、宽 5.45 米、吃水 2 米、载重 100 吨的 91.875 千瓦木质机动渔船 1 对，是本公社制造的最早的大功率机动渔船。1989 年，全镇拥有各类木质机动渔船 546 艘，其中 8.82 千瓦至 14.7 千瓦 136 艘，15.435 千瓦至 44.1 千瓦 386 艘，44.1 千瓦以上 24 艘。2013 年，全镇共有木质机动渔船 452 艘。

图 6—16 木质机动渔船

钢丝网水泥渔船

在域内整个渔船史中仅出现短暂的一瞬。1976 年，公社海带厂、海员村等购买 14.7 千瓦钢丝网水泥渔船，投入海洋渔业生产，后有的改成近海运输。至 1984 年，全部淘汰。

钢质渔船

域内钢质渔船始用于 1990 年，涛雒镇渔业队购进 1 对 YDV876 型 136 千瓦的钢制拖网渔船。该船采用了导管螺旋桨，使渔船拖力增加 20% 以上。之后，桥东头、刘家湾、栈子海员、栈子三村、东南营、曹家村等村相继购进钢质渔船。船型主要为 SDW868、SDW839、SRC891、SRC898 型，主机主要选用了 WD615 系列节能环保型柴油机和 4190ZL、Z6170、ZLCZ—1 系列柴油机，功率多为 110 千瓦至 220 千瓦。域内现有最大功率的渔船在

图 6—17 钢质渔船

海员村，为300千瓦拖网渔船，船型为HC822TCI型，主机型号为6190ZLC1—2。至2009年底，全镇共有钢质渔船150艘。2021年，全镇共有钢质渔船193艘。

玻璃钢渔船

玻璃钢渔船在域内使用时间短暂。2006年8月，栈子三村在威海中复西港船舶有限公司新建105千瓦玻璃钢拖网渔船2艘。翌年春，转让他人去威海海域作业。

第五节　渔具及其使用

域内历代渔民在长期的生产实践中，创造和改进了名目繁多的捕鱼工具，同时，又不断引进新的渔具，大致分为网渔具、钓渔具、杂渔具三大类。作业方式有打、拦、诱、钓、刺、缠、围、拖等。2002年，国家颁布《渔业捕捞许可管理规定》，将渔船作业类型分为刺网、围网、拖网、张网、钓具、耙刺、陷阱、笼壶和杂渔具9种作业类型54种作业方式。

网渔具及其使用

流刺网　俗称“淌网”，是域内传统作业渔具之一，主要用于捕黄鲫鱼、鲅鱼、对虾、鲳鱼等，其次还有捕鲨鱼、白鳞鱼、海蜇、梭子蟹以及黄花鱼、鱿鱼的流网等。

作业方式：渔船于清晨前后抵达渔场，根据风和潮流情况，顶风横流下网。船长操舵，1人在左舷前甲板投放浮子纲，1人系结浮标；2人向外投放网衣，下网至最后，在下叉纲系结一沉石，并连接带网纲，将另一端系于船首系缆柱上随海流飘移。

网具在漂流过程中，若发现浮子潜入水中，表明渔获物较多，应立即起网，一般每天起网一次。起网时，渔船要迎流或迎风操作，先拔带网纲盘于船首，2人在前甲板拔沉子纲，1人在后甲板拔网衣。渔获物较多时，将网拔起装船，返港摘鱼；渔获物少时，边起网边摘鱼。

黄鲫鱼流网　黄鲫鱼流网原为定置刺网（俗称小网）。中华人民共和国成立以前，域内沿海渔民普遍使用，中华人民共和国成立后有所发展，1965年有3356条。至20世纪70年代末，刘家湾村部分渔民试用该网流动作业，始称黄鲫鱼流网，并在沿海各渔村迅速推广。

黄鲫鱼流网为片状，分小条子、大条子两类。小条子长为600扣眼，约16米，大条子长为1200扣眼，约32米，网扣眼均为2.5厘米见方，网宽均为5米。整网为长方形，上下底各有网纲，上纲每隔2米拴一个用竹筒做的漂子，下纲每隔4米拴一块重约1公斤的石块作网脚子，作用是使渔网下沉。网两端各系有2根叉绳，叉绳的一端连接上下网纲，另一端与根绳连接，根绳分别拴在网两头的木桩上（木桩先打入海底泥沙中）。每条网又用脉缆（连接网与网之间的绳）连接起来，然后在叉绳处拴上漂系子（细绳），漂系子上系漂子，漂子上又拴一细绳，在细绳上再拴“樱”（标志物），以便寻找定置渔网。

使用黄鲫鱼流网捕捞有两种方式：一是固定捕捞方式，即用先固定的木桩拴网捕捞。潮水刚返流时开始起网，船驶至网一端，一边起网，一边摘鱼。鱼多时（每网约50公斤以上），可暂不从网上摘鱼，把网和鱼一起放入船中，俗称“抱垛子”，等上岸后，再找人摘鱼。这时，为赶渔汛，可换上备用网。二是流动捕捞方式，20世纪70年代末，大量使用该捕捞方式。先用木钩（亦称木锚）在两端固定黄鲫鱼网，其他方法如同固定捕捞方式。不同之处是木钩可以移动，如果发现其他渔区鱼多，可随时移动木钩与网具。

1986年，域内有黄鲫鱼流网14200条，20世纪90年代后，由于资源衰退，该类网逐渐淘汰。

鲅鱼流网　始于20世纪60年代初的一种上层流刺网。20世纪70年代后，有了较快发展。该网分两类：一类为春秋季用网，俗称4眼网（即每扣眼4厘米见方），主要捕捞鲅鱼、鲳鱼等。一类为夏季用网，称为8眼网（即每扣眼8厘米见方），专捕鲨鱼等。网为数片联结而成，每片网有上下网纲4根（上下各粗细两根），上纲拴有浮子（即塑料葫芦），浮子较大的每隔2.5米拴1个，较小的可间隔2米拴1个，下两纲之间拴上陶制的网脚子，底纲脚子重量必须和浮子的浮力相当，即浮子必须能漂在海面上。

此类网的纲绳分两大类：第一类网纲三种，第一种为船头网纲，较粗实，有10条至20条；第二种为船中网纲，较船头网纲细一些，数量不限；第三种为船尾网纲，更细一些，数量不限。第二类为带头纲，是连接船与网的绳索，称为大小船的当家缆绳，必须非常结实。海上风浪再大，如果带头纲结实，船网就会平安无事，因而带头纲与带头网称为船的生命。网的每端拴有两根绳子，称为叉绳，上叉绳系有漂子，以便网口能在水中张开。使用该类网捕捞时，可从船头方向开始顺网纲而起网，一边拔网，一边摘鱼入舱。20世纪70年代前，靠人工拔网，后改用起网机起网，节省了人力和时间。

其次，还有对虾、白鳞鱼、海蜇、梭子蟹流网等，都曾是域内主要的捕捞渔具。20世纪90年代后，因海洋资源衰减，这些网具逐渐减少或被淘汰。

大网　俗称坛子网，清光绪十三年（1887）由南方引进，因用陶制坛子作浮子，故称坛子网，是沿海渔村传统的双桩定置网具，专用来捕小虾、杂鱼等。1965年，全区有936条。

大网按网口扣眼分三类：一类是1600扣眼的稀网，网口处扣眼8厘米见方，后边扣眼逐渐缩小；二类是1800～2200扣眼的二密网，网口处每扣眼6厘米见方，后边扣眼逐渐缩小；三类是3200扣眼的密网，网口处扣眼5厘米见方，后边扣眼逐渐缩小。以上三类网，其网肚子一般为300扣眼，一般为2厘米至0.3厘米见方。

编织网时，从网口始，每编织1尺（老尺），缩减1扣眼，直到缩至网肚子处，一般为300扣眼。大网网口处用网纲领起。大网编成后，每条大网备两个坛子拴在虾须（即和大网口网纲接头的绳子）和根绳接头处。

使用坛子网捕捞过程：1.打桩（打户）在小潮汛平流时（农历为初九、二十四日）进行。用夯斗把制作好的木桩（根绳一端系于木桩上）打入泥底。桩的排列与流向垂直，两桩的间距随水深而定，一般为水深的5～6倍。根绳的长度相当于水深的2～2.5倍，一端系于浮标，漂于水面。2.挂网（撑网）一般在农历十二日、二十日潮流小、的进行。渔船装载网具、撑杆（俗称撑子）、坛子及叉纲（俗称虾须），到达浮标处之后，先将叉纲（包括已捆好的坛子）系在根绳上。将两桩的叉纲系好后，拉到船上，用力拉紧（两个叉纲能碰头，表示绳长度适中）。然后将叉纲分别穿入撑杆端短绳的眼环中，在末端打一结，以防脱出。上下四根叉纲结好后，再把网耳一端系在叉纲上。系好后，投出网囊、网身，再将撑杆、叉纲一起投出。3.起网平流（平潮）前起网。船只到达网口附近，用木篙捞起叉纲，渔船顺着大网口处，溜到大网后尾将网囊提到船上，把扎绳敞开，把鱼货倒入船舱中。经长期实践，20世纪90年代后，渔民又把大网系上带梢（即在大网坛后与网肚子间拴一条绳），以防大网被海水或因鱼货过多而毁坏。4.解网、拔桩休渔时，趁小潮汛将渔具、钢索等解下，把木桩拔出。

坛子网的编织和作业技术为涛雒一绝，曾有不少外地渔民慕名前来学习。据统计，用其网捕捞的水产品产量曾占到海洋捕捞总产量的一半以上。随着海洋资源、环境变化，坛子网数量逐年减少。

围网　这类网具初为圆网，后经过改进为围网1920年从南方引进，此类渔网具主要有圆围网和鲞团网，其中鲞团网是一种颇有名气的专在吕泗渔场捕捞黄花鱼的有囊围网。现代围网是20世纪60年代逐步发展起来的一种较圆网、鲞团网更为先进的渔具之一，20世纪70年代有了较快发展。域内主要有王家村、沙岭子、小海等村渔民用该类网具捕捞。捕捞对象主要有鲅鱼、鲐鱼、刀鱼、鲳鱼、青鱼等。

圆围网片分为大网（即在中间的主网），傍网，（傍在大网两边的网，比大网略短），贴网（在傍网两边各有三条贴网，分别称为大外贴网，二外贴网和三外贴网，大外贴网比傍网又略短，二外贴网、三外贴网又依次缩短），梢网（在外贴网的外边又各有梢网一条，比三外贴网又短）。

各网片均为长方形，大网（主网）长30余米，其余各网逐渐缩短，至梢网长仅20米左右。大网（主网）宽8～12米，傍网的宽度与大网宽相同，贴网宽15米左右，梢网宽约20米。各网上部扣眼大、稀、少，下部扣眼小、密、多。

大网（主网）与外贴的上部扣眼 5 ~ 6 厘米见方，大网下部最低处扣眼最小，约 4 厘米见方。傍网的扣眼与大网相似，梢网的扣眼最大，约 8 厘米见方，且上下部网眼一样大小。各网片上下都有纲，穿上网纲后，整条网外围便成半圆形。上网纲拴有浮子。20 世纪 70 年代前，浮子多为梧桐木做成，后多为塑料漂子，网下纲拴有石头脚子，石脚子必须光滑，一般钻有孔眼，再在孔眼上嵌入脚石把，然后把脚石拴在下网纲上。脚石大小因网而异，封网时，大网（主网）用大脚石，每块 1 公斤左右，傍网脚石每块 0.6 公斤左右，外贴网脚石每块 0.75 公斤左右，梢网脚石每块 0.6 公斤。底脚子的密度轻重必须与浮子的浮力相适应，大网浮子密度大，傍网、外贴网、梢网密度逐渐变稀，重量也渐轻。捕鱼时，网不论在什么情况下，浮子均能浮在水面，网体会始终站立于水中。网两端各有叉子绳，叉子绳一端拴在上下网纲上，另一端拴在缆绳上，缆绳的另一端与船头相连接。上下网纲有连边绳相接，缆绳与叉子绳相接处拴有漂浮物。

用该网捕鱼时，船可顺圆周而行，边行驶边撒网。船员有明确分工，有张脚子的（即顺拉底脚子的），有张浮子的（即顺接浮子的），还有顺网的。当船转一周时，船员可捞起网两端的漂浮物，这时船头朝网，船员可顺着船头两边的缆绳起网，缆绳必须用葛子或藤子做成，使其始终漂浮，鱼、虾、蟹等逐渐进入网兜。之后，船员便把鱼货倒入船舱中。

图 6—18　围网船作业

围网由圆网演化而来，其结构形式和使用方法与圆网大致相同。所不同的是，围网浮子用塑料葫芦，网底脚子用铅做成，有 60 余个直径约 25 厘米的大铁环均匀地拴在网纲上，每个铁环上拴有长约 3.5 厘米的铁环系，所有铁环用钢丝绳穿起来，以形成网兜。拔网时，用钢丝绞车和稳车起网作业。

拖网　拖网是一种过滤性运动渔具，是现代渔民最主要的捕捞渔具，于 1961 年从烟台学习引进，为帆船单拖网，1965 年域内有 113 条。20 世纪 80 年代中后期，作业方式为机动双船底层拖网。在长期生产实践中，拖网使用方式，网具结构不断发生变化。20 世纪 80 年代末至 90 年代初，域内部分渔船开始用单船底拖网（多为桁拖网）。1993 年后，开始大范围推广使用单船底拖网（用分水板。分水板前期为钢材或木板制作的直型分水板，1998 年后，采用纯钢材制作的“V”形分水板）和双船浮拖网。1995 年后，底拖网普遍使用加裙结构形式，现为捕捞渔船的主要作业网具。

浮拖网属于有翼单囊型双船表层式拖网，它的网目尺寸由小到大，最大网目达到 10 米，网型也逐渐扩大。275 千瓦至 331 千瓦渔船所用网具网口周长最大近 600 米。20 世纪 90 年代初由胶东引进，主要用于 135.975 千瓦以上钢质渔船作业。捕捞品种以小鳞鱵、鲅鱼、带鱼、鲳鱼等经济鱼类为主，现为大功率渔船的主要作业网具。

该类网的制作，包括网片的大小、用料、结构，是根据渔船船体的大小及功率而定。

拖网由翅网、二翅网、三翅网及网肚子的上身、中身、下身及下网肚子（梢网）组成。编织翅网用线粗细与船的功率相关，渔船功率越大，翅网线必须越粗，以下各网线逐渐变细。网的扣眼大小也与船的功率相适应。并由网口至网兜，扣眼逐渐缩小，至网兜子最低处，扣眼约 1 厘米见方，网兜线也要加粗。网兜子另外附有护梢网一条，使用加裙结构，以保护主网。

网的上下边沿都有网纲，上网纲拴有漂子（20 世纪前用梧桐木漂子，后用塑料漂子），漂子的大小与船网的大小相关。底网纲必须用钢丝绳，钢丝绳须进行特殊加工，先在钢丝绳上擦一遍黄油，再用塑料薄膜包好，然后用粗尼龙绳密密缠绕，最后用废的渔网捆在外周。底纲符合要求后，可把生铁瓦（成对的铁质网脚子）用铁丝捆绑在底纲上。底纲除主纲外，还有一条子纲，穿在底网扣眼上，按均距做好标志，在标志处用细绳把子纲扎在底纲上。

整网的两边有连边线（翅网两边的绷绳）和网筋（主网两边的绷绳，一般设2根或4根）。连边线外有网叉子绳，叉子绳外有旋子（可随便转动的器具），旋子上拴有拉纲，叉子绳与拉纲的接头处设有分水板。拉纲须用钢丝绳，粗细须与船的功率大小相适应。船上备有钢丝车，可绕动拉纲。

起网时，用稳车和钢丝车把拉纲依次拉起，网便慢慢靠近船体。之后，船员便可用专门的吊杆把鱼货倒入船舱中。

双拖网捕捞时不用分水板，两船分别连接网的两端向前拉。从20世纪90年代末始，双拖网皆改为浮拖网。双拖网的大底脚子轻，漂子数量也比单拖网多，漂子始终浮在水面上。双拖网的网扣眼也比单拖网的扣眼稀、大。

笮网 拉笮是一种比较原始的渔业生产方法，源自河潮网具生产方式。清朝乾隆年间，近海水产资源丰富，笮网作业非常盛行。笮网是把网撒在水中的过滤性岸拉渔具。笮网为片状，分翅网、二蛋网、网膛三部分，总长一般为600米。翅网扣眼大、稀，每扣眼约5厘米见方，二蛋网每扣眼3厘米见方，网膛每扣眼1.5厘米见方。从翅网至网膛的高度逐渐加大，翅网的高度一般为5米，二蛋网的高度约10米，网膛的高度一般为15米，结网时，从翅网开始，可逐渐增生网扣眼，最终达到要求高度。

笮网有上下网纲，上网纲拴有浮子，底纲拴有陶制泥脚子。翅网的终端上下两边的网纲绳子拴在叉子棍（连接上下网纲与缆绳的棍子）上，整网两端叉子绳上各拴有伸向岸边的千余米缆绳。当时的大笮网高5 ~ 15米，长600米，缏绳多达30盘，每盘100米，需60人才能拉动。

使用笮网捕捞时，首先选择风小浪微的时节点。用大舢板船载有笮网和一边的缆绳，出海时撒放缆绳至海水中（最远处一般800 ~ 1600米，因潮水而定）。再横向撒网，当把网撒到二蛋网时，即竖棹令岸上的人开始拉动缆绳，船继续前行撒网；用小舢板船专装另一端缆绳沿另一边向海水中撒放，迎至大舢板，即把缆绳和网杈绳接上。这时，船工把船棹举起，岸上的人便可拉动缆绳。笮网两端（俗称“两翅”）各安排30人左右，每人沿缆绳拴上自己披在肩上的套子用力朝一个方向拉。人可前后循环往复，一直拉到叉子棍与缆绳子相接处。这时，每端人员再分到网的两边用手顺网纲而拔，至二蛋网接近岸时，两个舢板上的水手们就下到网尾处，按等距离排开，每人用一只脚踏网的底纲，以防鱼从网底逃掉，一直把网拉到海岸上离开水面即可收拾鱼货。

图6—19 拉笮

20世纪60年代前，因近海资源丰富，笮网产量很高，如王家村的三盘笮网，每盘年产量100吨以上。70年代，由于近海资源日渐衰退等原因，笮网生产亦随之减少至歇业、淘汰。

推网 推网属兜状型推移式抄网类渔具，使用历史久远。一般由三根木棍扎成三角形框架，其后设置网袋（即网兜子），称为小推网，由一人手扶网具在底部平坦的浅海中作业，主要捕捞毛虾等。

另一种推网为大叉网，其结构形式与小推网相似。不同点在于：三角形框架的两边改用两根约5米长的竹竿，两竹竿之间有一撑棍，撑棍长短可根据网的大小而定，其后设网袋。网袋有前后网纲，前网纲拴于两根竹竿的底端，后网纲拴在撑棍上，底网纲还要拴上锡质网脚子，以坠住网纲与地面接触。大叉网亦由一人手扶网具在底部平坦、略深的海域作业。

大叉网的辅助工具为高跷。高跷可套在推网者的脚上，作用是增加人在水里的高度，使人能在更深一些的海水中作业。

高跷用木头做成，高度为 1 米左右，为了需要还可以打节（增高）至一、二、三节，每节 0.5 米，整个高跷最高可达 2.5 米。捕捞对象以毛虾为主。现多为渔民赶小海或休闲作业的一种渔具。

图 6—20　推虾皮

旋网　亦称撒网，属掩网型抛撒式掩罩类渔具，有悠久的历史。20 世纪 60 年代前，网衣用料多为棉、蚕丝线，渔网结成后用猪血染过、上锅蒸好，才可使用。后改为棉纶 6 单丝或乙纶单丝线。网衣长约 4 米，张开呈圆锥形，尖顶部拴有拉绳（称手纲），长 10 米左右。网底部有底纲，底纲拴有锡质网脚子，定数为 110 个。在底纲上设有“U”形网兜，底口周长约 20 米。网扣眼分 660 眼、770 眼、880 眼、990 眼四类，扣眼越多，网扣眼即越小，网扣眼趟数就越多。

图 6—21　旋网

用该网捕捞时，手纲顶端拴在手腕上，用双手拎网辅以胳膊肘之力把网尽量撒成圆形。之后，慢慢拉动手纲，最后把网连同鱼虾一起拉上陆地。主要在沿海港口、河道、汪塘等处作业，现多为游渔工具和池塘养殖的收获工具。

地笼网　是 20 世纪 90 年代后兴起的一种延绳型固定式笼罩类渔具。地笼网主体呈长方形，大小、长短不一，由若干涂上防锈漆的方形钢质框子，四周罩聚乙烯网组成。网由细绳固定在等距离的钢质框子四个角上，网的上下两面是密封的，左右两面各留有若干间隔式门洞（即框与框间留有 1 个门洞），门洞口外大里小，呈横式圆台形，利用鱼虾喜欢钻洞的特点，网中放设饵料，诱鱼从大门洞口而入，而难于从小门洞口钻出，网中的小门洞口由细尼龙线吊起，固定在网腔中。鱼虾可向前后沿“S”形路线进入地笼网两端的网兜，网兜的梢部用细绳捆扎，可随时开启取出鱼虾。

地笼网的两端各有 4 条叉子绳，叉子绳一端分别拴在网终端钢质框子四个角上，另一端合为一起拴在铁锚或木桩上，以固定地笼网。该网的作业区域主要分布在浅海及陆地河流、池塘中。

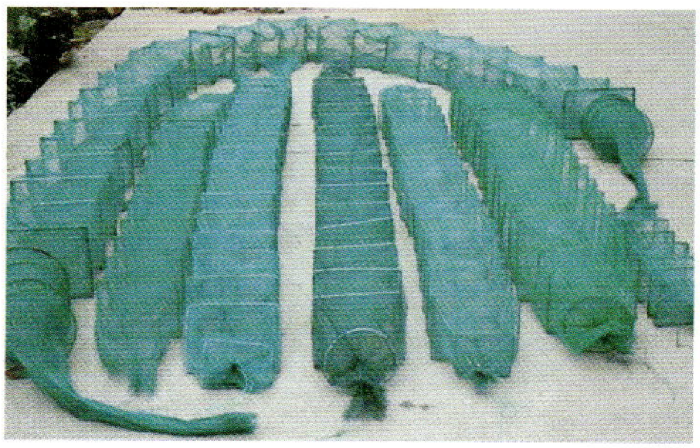

图 6—22　地笼网

钓渔具及其使用

钓渔具主要有带鱼延绳钓、黄姑鱼延绳钓、海鳗延绳钓，其次还有手钓、岸钓等。带鱼延绳钓是 20 世纪 60 年代之前，沿海渔民主要的作业方式之一，后因近海带鱼资源衰退而被逐渐淘汰。鳗鱼延绳钓是又一种传统的作业方式，直到现在仍有渔船用于生产。

钓钩制作，每船需要设竹篩 6 ～ 10 个，在每个竹篩的篩沿用麦秸或稻草捆扎成一圈（草捆直径约3厘米）。钓鱼钩依次插在用草捆扎过的筛沿上，每钩上拴有系子（约0.5米的细网线），钩系子另一端拴在主线上。主线一般长160米，须质地精良，结实耐用。每钓钩间隔1.2 ~ 1.5米。在钓钩上拴有鱼饵（鱼饵可用羊肉或杂鱼做成）。主线的两端各拴在铁锚上以固定，在锚环上拴有漂系子（细绳），漂系上拴有漂子（漂浮物），漂系上再拴有细绳，细绳的另一端拴“樱”（标志物），以便于渔民寻找。

捕捞时，先放撒钓钩，完毕后，在无流（水稳）时，船员乘渔船顺着主线将上钩的鱼及时摘下放入船舱中，并依次把主线盘在筛子里，把鱼钩按顺序插在筛子沿草捆上或把钓钩上拴上鱼饵放撒至水中。

杂渔具及其使用

乌贼笼 俗称卡篛子，属倒须型延绳式笼壶类渔具，是一种比较古老的渔具。利用乌贼喜欢产卵于其他物体的习性，将木框、木条结扎而成的笼型渔具放入海底，诱其入笼产卵而捕获。20世纪50年代初，刘家湾村渔民滕以奉在原有结构的基础上，乌贼笼的制作使用方法：先用木棍做成长方形门框长0.7米，宽0.35米，再用红柳条子数根做成一个圆台体，上方留一小圆门，直径0.12米，再用4根木棒或竹竿扎在木框四角（每根长约1.2米），4根木棒的另一端聚拢，然后把网子套在4根木棒周围，再在大门的四角各拴上1条绳子（每条绳长1.2米）之后，把4条绳子的另一端合在一起，接上3米长的一条绳，再把这绳的另一端拴在固定的底绳上，乌贼鱼可顺小门而入，难于复出，收货时将乌贼鱼可从取鱼口倒出。20世纪80年代，随乌贼资源的减少，乌贼笼逐步被淘汰。

蛣蝼网 亦称海螺网，属洞穴型延绳式笼壶类渔具。利用章鱼等喜欢钻孔的习性，设蛣蝼网捕捉。是比较古老的、独特的传统捕捉章鱼的方法，至今沿用。

蛣蝼网，20世纪60年代前，渔民先用稻草纺织成直径约4厘米的绳子作纲，在绳子上每隔0.75米拴一蛣蝼壳（海螺壳）。20世纪60年代后，稻草绳被尼龙绳替代，海螺壳被陶制泥罐所代替。捕捞时，在渔区铺设数行蛣蝼网。每行长2000米左右，其两端各拴一块大石头，在一端拴一漂子，漂子始终浮在海面。漂子上又拴一条7 ~ 10米的细绳，绳的另一端再拴一“缨”（即标志物），以便于渔民寻找。

捕鱼时，可顺流拉起蛣蝼网，看到蛣蝼壳内有鱼时，即用一小铁钩把鱼钩出，放入船舱中。主要汛期在春天，多为小功率渔船的作业渔具。

蛤耙 是在原采挖贝类简单器具的基础上，于20世纪80年代末改制而成的，属齿耙型拖曳式耙刺类渔具，分为人工蛤耙与船用蛤耙两种，其结构类型相似。人工蛤耙耙头短，耙齿少，网兜拴定简单，有一两米左右的把，便于操作。船用蛤耙耙头宽，耙齿多，网体长，且需用撑杆及网纲。人工蛤耙为渔民赶小海或池塘、滩涂养殖贝类的收获工具，船用蛤耙主要随船在底部较平坦的近海进行贝类捕捞。

中华人民共和国成立后，域内沿海渔民继续使用的渔具有筲网、黄花鱼网、大网（坛子网）、小网（又名黄鲫鱼网）、挂网、篛子网（又称墨鱼网）、蛣蝼网（实际无网）、流网（按网目大小不同分为鲨鱼流网、白鳞鱼流网、鲅鱼流网等）、鲞团网、圆网、手推网、旋网、钓钩等，其中筲网是把网撒入水中的岸拉网，流网、鲞团网、圆网、手推网、旋网、钓钩是流动渔具，其余是定置渔具。钓钩船以钓为主，也兼用蛣蝼网、小网等。

20世纪50年代引进和发展的渔具有虾板网、方网、裤裆网、轻拖网、滚钩、拖钩等。

60年代以后引进和发展的渔具有拖网（机动渔船用）、围网、对虾流网、黄鲫鱼流网、海蜇网、迷魂网等。

20世纪80年代末继续使用的渔具有：大网（坛子网）、拖网、围网、流网、挂网、篛子网、海蜇网、迷魂网、蛣蝼网、钓钩、手推网和旋网等。至90年代，随着捕捞业的发展，主要渔具数量也迅速增多。1995年，域内共有主要各类网具11463条，其中围网162条，拖网1187条，流网2274条，锚流网4850条，挂网2202条，坛子网788条。

部分网渔具作业时间

筲网：5—6月，9—10月。大网（坛子网）：3—

6月，9—11月。蛄蝼网：3—4月。黄鲫鱼、黄花鱼网（在吕泗渔场）：4月初至5月上旬。流网、围网、钓钩：5—6月，7—11月。篱子网（墨鱼笼）：5—6月；拖网：1—6月，9—12月。

第六节　安全助渔导航设备

1954年8月，日照县盐业气象站（址在涛雒），在保障盐业气象预报的同时，主动承担了海上大风预报项目，为附近渔民提供专项义务服务。1957年，日照县委奖励桥东头村1台收音机，用于渔船收听天气预报。1976年初，全镇渔船安装使用无线电定位仪22部，船用雷达4部，超声波探鱼仪2部，10频道对讲机20部。

1993年底，开始引进安装具有高精度、多功能的全球GPS卫星定位导航仪，提高了海上定位精确度，误差15米左右，逐渐淘汰了无线电定位仪的使用。2008年，开始配装符合近海渔业安全网要求的定位对讲机。2009年，配装避碰仪（AZS）。2012年配装北斗终端及电子标签（进出港管理），并免费发放救生衣。

2013年12月，14.7千瓦以上捕捞渔船安装使用卫星导航仪计320部，船用导航雷达（188部），彩色探鱼仪178部。2021年，域内渔船全部安装船用导航系统，大型渔船已全部安装探鱼仪。

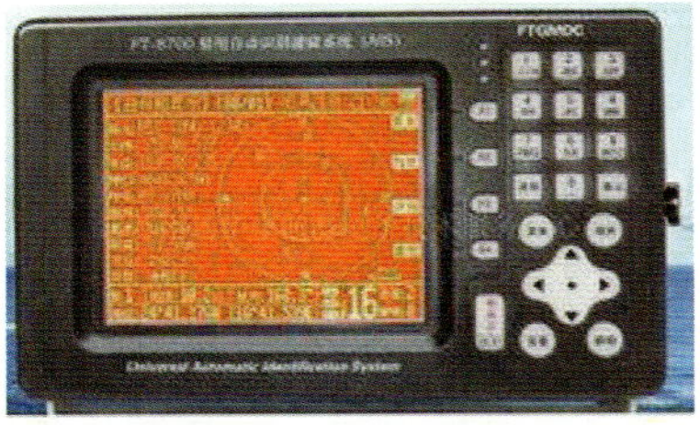

图6—23　船用避碰仪

图6—24　船用海事短波电台

第四章　水产品养殖

水产品养殖，域内兴起较早，分淡水养殖和海水养殖两大类。20世纪50年代末，涛雒最早建起日照第一个淡水鱼种场，当年孵出鱼苗供应市场，推动了淡水养殖业的发展。20世纪80年代，海水滩涂养殖开始兴起，域内先后建起大批海水育苗场、养殖场。2021年底，大棚工厂化海水养殖已普遍推开。

第一节　苗种生产

淡水育苗　1958年，日照县水产服务站在右所村东征地179.82亩，建成日照县淡水鱼种场，负责淡水鱼苗培育和养殖技术指导。

图6—25　鲢鱼

图6—26　鲫鱼

图6—27　鲤鱼

图6—28　草鱼

图6—29　团头鲂鱼

图6—30　南美白对虾

是年，育出鲤鱼苗6万尾、鲫鱼苗2万尾。1965年扩建，开发北半部，建池塘73亩和育苗孵化池100平方米。1972年，易名为日照县渔业技术推广站鱼种场。1976年，易名为日照县淡水养殖试验场。1973—1978年，开发南半部，主要孵化培育鲢鱼、鲫鱼、鲤鱼、草鱼、团头鲂等鱼种鱼苗，基本满足本地淡水养殖鱼苗供给。1978年，育白鲢鱼苗300万尾。

1983年超千万尾，品种也逐渐增多。1993年6月，划归东港区水产局。2002年开始，调整产业结构，以淡水鱼种培育和池塘养殖南美白对虾为主。

1972—2016年日照市（县）淡水养殖试验场负责人任职更迭表

表6—3

职务	姓名	性别	籍贯	任职时间
负责人	裴为章	男	高兴镇	1972—1976
场长	于成顺	男	石臼街道	1976.1—1983.2
场长	王纪昌	男	岚山头街道	1983.3—1988.3
场长	尹相生	男	涛雒镇王家村	1988.4—1993.2
场长	宋 伟	男	日照街道	1993.3—1993.6
场长	司朝青	男	涛雒镇右所村	1993.7—2014.6
场长	刘同语	男	虎山韩家营子村	2014.7—2016.6

海水育苗 随着沿海滩涂的开发，海水养殖业迅猛发展，海水育苗随之兴起。1984年冬，涛雒区政府在沙岭子村前，辟滩涂208亩（其中陆地28亩，水域180亩），建成涛雒育苗厂，属镇办企业。1995年，根据发展和对外业务运营需要，改称日照市龙泰水产发展有限责任公司。主要孵化对虾、河蟹、梭子蟹、罗氏沼虾、扇贝等苗类。

在日照市龙泰水产发展有限责任公司的带动下，村办海水育苗场也迅速兴起。1988年，沙岭子村与日照市国家安全局合作，在村东辟滩涂30亩，投资28万元建成沙岭子村育苗场。育苗水体2000立方米，厂长王维学，技术员王廷民。有固定工作人员16人，社会工20人。主要培育东方对虾苗。1990年，育东方对虾苗1.2亿尾，产值30万元。同时，小海村、孙家村、东南营村也相继建起育苗场。其中小海对虾育苗场与日照市科协合作，技术水平较高，每年在同类育苗场中产量最大，并有大量的无节幼体销往江苏等地。随着农村经营体制的深化改革，这些村办育苗场均于20世纪90年代初转为个人承包。

20世纪90年代初开始，小海和栈子两个管理区有不少村民自筹资金相继建起育苗厂。业著者为涛雒镇小海第二育苗厂、第三育苗厂。1995年，全镇建育苗场18家，育苗水体17600立方米。1999年，日照职业技术学院租用王家村地20亩（在小海村东、老沿海路西侧，租期20年）建水产品育苗实习基地，历任负责人田玉交、丁新、顾成柏。育苗水体3000立方米，主要培育扇贝、梭子蟹、东方虾、南美白对虾苗。2006年对外承包。

2000年，域内新增育苗场6家，增加育苗水体4200立方米。2005年，域内育苗场27家，育苗水体达23210立方米。至2007年，域内育苗场56家，育苗水体6万多立方米，育苗种类有鱼、虾、蟹、贝类等，共计20多个品种。育苗能力105.846亿尾（粒、头），蟹苗1800公斤，年总产值2015万元。

为使水产育苗业的发展规范化、标准化，2005年始，日照市育苗生产实行许可证制度。至2006年，域内有12家育苗场送检苗种样品合格，取得了水产苗种生产许可证。2012年始育大鳞鲆、海参苗种。2021年，全镇海水育苗企业和育苗户发展到216家。

第二节 淡水养殖

汪塘养殖 淡水养殖业始于1958年。川子村、桥东头村等在沿海涝洼荒滩开挖鱼池，修整旧河道，鱼苗由武汉空运至青岛，再用汽车去青岛运回，主要是鲢鱼和鲤鱼。鉴于受“以农为业”指导思想的影响，精养池塘开挖面积较小，淡水养殖主要靠塘坝、旧河道等，又因渔、农争水，海产品丰富，淡水养殖效益一直不高。

1978年后，随着大农业多种经营的发展，淡水养殖面积逐年扩大，养殖品类逐年增多，苗种供给有保障，除原有的鲢鱼、鲤鱼外，鳙鱼、草鱼、鲂鱼、红鲤、罗非鱼、河蟹（中华绒螯蟹）等都相继列为淡水养殖的主要种类。1984 年，西灶子村郑淑瑞和川子村杨春玉被涛雒公社会授予养鱼先进个人一等奖。从是年开始养河蟹，至 1986 年，域内有精养蟹池 246 亩。1990 年后，除原有的塘坝、池塘外，精养池塘开发迅速，养殖面积随之扩大。1994 年，域内淡水养殖面积达 2000 亩。

图 6—31　罗非鱼

图 6—32　河蟹

图 6—33　罗氏沼虾

1996 年，镇政府以川子村为中心，开始筹建一个万亩淡水养殖区，除传统的鱼类养殖外，大面积放养罗氏沼虾、南美对虾、河蟹等，经济效益凸现。1999 年，全镇淡水养殖面积达 6000 亩，当年收获水产品 780 吨，产值 1920 万元。2009 年，域内淡水养殖面积达 8295 亩，产量 1867 吨，产值 3546 万元。2010 年后，因水源不足、品种老化、发病率高、价格低等因素，罗氏沼虾养殖面积逐渐减少，改为养殖南美白对虾。

图 6—34　甲鱼

图 6—35　黄鳝

庭院养殖　20 世纪 80 年代中期，域内在发展淡水池塘养殖的同时，还开发了庭院养殖、稻田养殖等方式。1985 年，涛雒三村村民刘永贤，在自己家中的院子里，挖筑两个直径 4 米、深 1 米的圆形水泥池搞起养殖，开创了域内乃至全市庭院养殖的先河。主要养殖甲鱼和黄鳝，平均年收入在 1.2 万元左右，2002 年转产停业。

稻田养殖　1996 年，川子村村民乔祥鹤、葛桂玉、马先友分别利用稻田 12.5 亩、6.5 亩、4.5 亩，进行试养河蟹，获得成功（当年养成的每只 100 克至 149 克成蟹，价格为每 1000 克 150 元，每只 150 克以上的价格为每 1000 克 220 元），成为镇、市稻田养殖河蟹首创。1998 年，大面积推广养殖。1999 年，域内稻田养殖户 70 家，养殖面积达到 500 亩。1999 年后，将稻田开挖为池塘搞鱼虾（罗氏沼虾）混养，稻田养殖河蟹终止。

1993—2021 年部分年份涛雒镇淡水养殖情况表

表 6—4

年度	面积（亩）	产量（吨）	产值（万元）	年度	面积（亩）	产量（吨）	产值（万元）
1993	905	250	120	2004	4230	950	1250
1994	2000	520	240	2005	3800	1000	1530
1995	2000	550	275	2006	7295	1459	3209
1996	2000	610	430	2007	7580	1668	3670
1997	2000	241	420	2008	8100	1823	3645
1998	2000	260	1050	2009	8295	1867	3546
1999	6000	780	1920	2010	5923	775	2047
2000	8300	1154	2405	2011	5300	650	1800
2001	6225	1200	1928	2012	8295	1335	2737
2002	7030	1140	1735	2013	7290	2400	2770
2003	4225	980	1660	2021	4522	492	1000

第三节 海水养殖

滩涂养殖

池塘养殖，分为池塘养殖和工厂化养殖。

池塘养殖 池塘养殖是利用沿海滩涂开挖成的池塘进行水产品养殖。涛雒镇是全市沿海乡镇中海水池塘养殖起步早、发展快的乡镇之一。1954 年，日照县水产科组织沿海部分渔村干部到河北省黄骅县参观学习。翌年春，王家村、桥东头等各村整修海水池塘 10 余亩，放养鲻鱼、对虾苗，进行养殖试验，获得成功，亩产鱼虾 50 公斤。是年冬季，川子村利用荒废滩涂开挖海水池塘 250 余亩，放养虾、鱼苗，塘内兼插柞木条，养殖牡蛎，亩产鱼虾 15 ~ 25 公斤，塘内柞木条每根收获牡蛎 1 公斤。

图 6—36 鲻鱼

图 6—37 牡蛎

1959 年，为认真落实全省发展港湾养殖规划，涛雒人民公社成立港养连，涂传欣任连长。海生人民公社组织劳力（按工程量分配到生产村），从鱼骨庙处港湾入海口与南店河入海口处筑起堤坝，堤内蓄水面积近 3000 亩。为引进和增殖资源，在县水产局的帮助下，从乳山县购运泥蚶 2000 公斤，投放到该养殖区内。以养鱼为主，兼插柞木条，养殖牡蛎。采用粗养方法，春季开闸门随潮水放进鱼虾苗，初冬排水捕鱼，每年亩产鱼虾 10 公斤左右。1961 年停止养殖。

1967 年，宋家坨、沙岭子、刘家湾、东南营、大朝阳等村相继养殖中国对虾，养殖面积达 950 亩，后由于养虾生产成本渐高，而国家收购价格偏低，到 1978 年，养殖面积减少到 620 亩。

1978 年以后，国家提高了收购价格，中国对虾养殖业迅速发展。公社港养连养殖 80 亩，放养虾苗 42 万尾；沙岭子、宋家坨、海员三个村养殖 170 亩，放养虾苗 92 万尾，总产对虾 5000 余公斤，收入 1.8 万元。

1980 年，全公社养殖面积达 1200 亩，总产量 17040 公斤，平均亩产 14.2 公斤。由于养虾经济效益显著，养虾生产得到发展。

1987年，域内滩涂养殖对虾面积6500亩，总产53万公斤，其中大朝阳村养殖面积730亩，总产11.5万公斤，产值174万元。

1989年，全镇统筹规划，全面发动，大力开发滩涂，修整原来虾池，使域内养虾面积达7200亩，成为全市中国对虾养殖面积最大的乡镇。

1993年，全国暴发世界性的对虾病毒（WSSV）病，中国对虾养殖受其影响，严重滑坡。在域内养殖中国对虾，一般在6—7月发病率高，只长到5～8厘米，经济价值很低，中国对虾养殖面积锐减。1994年，镇水产工作站及时帮助和指导养虾户，启用4700亩改养其他品种，如梭子蟹、日本对虾、贝类、牙鲆鱼等。随着科学技术的不断发展、应用，水产科研单位实地考察、研究，创造出虾蟹混养、虾贝混养、虾鱼混养等养殖新模式，均取得很好的经济效益，使处于低谷的池塘养殖焕发生机。1996年，王家村、桥东头等村开始用海水池塘混养梭子蟹与对虾（中国对虾或日本对虾），每亩产虾10公斤左右，产梭子蟹40～70公斤，经济效益很好。之后，逐年推广扩大虾池混养梭子蟹规模。

1998年，小海育苗场与福建合作，运来长毛对虾无节幼体培育出长毛对虾虾苗，在镇水产工作站的指导下进行虾池试养长毛对虾30亩，后因养殖条件受限而停养。同年，在日照市水产研究所指导下，小海村、马家村首次进行锯缘青蟹养殖，包括与中国对虾混养、单养、精养，从而实现了混养锯缘青蟹收获每亩50公斤，单养每亩150公斤的较高产量。之后因养殖条件不佳，产量日渐减退，2002年，终因经济效益不高而停养。

1999年，域内又引进刀额新对虾进行淡水试养，均因养殖条件不佳而终止。同年，刘家湾、小海、沙岭子等村由日照市水产研究所引进南美白对虾SPF苗种，进行海水试养，但在海水中养殖效果不佳。经过科技人员的努力，该苗种淡化后获得成功，在内陆淡水池塘养殖效果良好，发展较快。

2004年，域内共有海水池塘养殖面积6700亩，主要养殖品种为梭子蟹、日本对虾、中国对虾、缢蛏等。养殖模式多为中国对虾或日本对虾与梭子蟹混养，中国对虾或日本对虾与缢蛏混养。2005年后，宋家坨、朝阳、马家村等村养殖户养殖中国对虾逐渐摸索出一些养殖技术，平均亩产20公斤，养至10月以后，规格大的达24尾/公斤，为各育苗场培育亲虾。

图6—38　人工养殖梭子蟹

工厂化养殖　工厂化养殖是海水池塘养殖的另一种形式，始于2002年。是年，石臼街道刘克福到孙家村承包海岸沙地，建大棚4个，每棚内筑鱼池1000平方米，打深水井，利用地下海水养殖大鲮鲆。当年从莱州购进8万尾鱼苗，养至10个月，每条鱼重0.5公斤以上出售，单价240元/公斤，取得很高的经济效益，带动了域内大鲮鲆工厂化养殖。

2003年，孙家村孙纪印、栈子三村郭常东、大朝阳村秦四勇学习使用该方法开始工厂化养殖，经济效益可观。是年底，域内有工厂化养殖场15家，养殖面积1.2万平方米。2004年，发展迅速，规模扩大，大鲮鲆养殖面积达5万平方米，产量600吨。2005年，养殖面积8.7万平方米，产量近1000吨。2006年，养殖面积17.8万平方米，产量1960吨。

2006年秋，正值大鲮鲆鱼大量上市之际，上海市水产品检疫局检疫出山东沿海养殖的大鲮鲆体内孔雀石绿、氯霉素、呋喃类药物残留严重超标，不能食用。经新闻媒体传播，导致养殖大鲮鲆价格由原来的70元/公斤降至10元/公斤，直接影响到广大养殖户的利益。

事件发生后，市、区、镇三级党委、政府高度重视，多次召开专题会议，查找原因，寻求解决方案。经抽样查验，发现只是个别现象。经多方努力，控制了事态的发展，使养殖户的经济损失降到最低限度。

同时，供电、银行等部门，纷纷给养殖户以帮助，提供方便。执行大农业电价，找补了养殖户电费差价部分。银行部门为养殖户提供信贷方便，缓解了矛盾，使养殖生产健康稳步发展。

在大鲮鲆鱼工厂化养殖的同时，还引进海参、牙鲆鱼、小龙鱼、鲽鱼等，利用工厂化养殖大棚存养车虾、梭子蟹等。

2013 年，因日照国际海洋城基础设施建设的需要，部分滩涂养殖池塘及大棚被征用，工厂化养殖面积减少。2021 年，域内海水养殖面积 8820 亩，工厂化大棚 270 余万平方米，从业人员 1900 人，产值 93200 万元。

图 6—39　养殖大棚

图 6—40　海参

图 6—41　大鲮鲆

图 6—42　鲽鱼

图 6—43　牙鲆鱼

潮间带养殖

1978 年，日照县渔业技术推广站在小海口潮间带养殖 5 亩条斑紫菜，长势好，发病少，亩产 92.5 公斤。翌年，又在刘家湾村东海区潮间带半浮式养殖紫菜 10 亩进行试验，获得成功，亩产达 98.5 公斤。由于后期收获季节常遭风浪破坏，加之市场价格、销路等原因，养殖数量不稳定。1993 年后，市场需求量逐渐增大，有些村或养殖户恢复养殖。1995 年，全镇养殖紫菜面积 400 亩，产量 160 吨，产值 64 万元。2010 年，养殖面积 2000 亩，产量 920 吨，产值 750 万元。2013 年，刘家湾、王家村、东林子头等村的浅海仍有养殖户利用潮间带进行半浮式养殖，养殖面积 3000 亩，产量 1500 吨，产值 1200 万元。

1992 年，在日照市水产局等部门帮助下，涛雒镇滩涂联合公司成立。公司共有 8 个成员单位：市海洋水产资源增殖站、镇政府、红旗水产总公司、刘家湾村、桥东头村、沙岭子村、王家村、小海村。开发夹仓河口以南、小海河口以北 8000 亩潮间带，进行看护管理。从东营市购进文蛤苗 570 吨和菲律宾蛤籽苗 20 吨，人工投放，总投资额 200 万元。由于放养密度过大，缺乏管理经验，加之伏季天气炎热，退潮时滩面温度高，8 月份出现大面积死亡。联合公司解散，养殖场地分到各村。

1996 年，刘家湾等村开始利用潮间带养殖缢蛏，之后又增殖文蛤，暂养海螺等，经济效益可观。是年，全镇潮间带养殖文蛤、缢蛏等 11500 亩，产量 18961 吨，产值 2130 万元。2000 年，受市场行情影响，养殖面积减少，潮间带养殖面积 6000 亩，产量 2600 吨，产值 1140 万元。

图 6—44　条斑紫菜

图 6—45　文蛤

图 6—46　海螺

浅海养殖

域内浅海养殖品种主要有海带、贻贝、扇贝等。1958年秋，海生人民公社在石臼东浅海养殖海带，1964年停养。

图 6—47　海带

1978年9月，公社在东南营村东南浅海进行海带养殖，但终因此海域风大潮高，不适宜养殖海带，1980年秋停业。

1993年，镇水产工作站派人去烟台、蓬莱等地育苗场购进海湾扇贝和木节孔扇贝苗，在刘家湾村东、孙家村村东浅海进行筏式养殖，获得成功。1994年，全镇养殖面积发展到1600亩，产量7500吨，产值2850万元。1995年，扇贝病害较严重。学习外地反季节养殖扇贝技术，冬季从烟台、蓬莱等地育苗场购买木节孔扇贝“老头苗”，翌年7月以前收获出售。这样，虽然产量、产值不及扇贝发病以前高，但因可利用旧养殖笼、浮子等，无需大的投资，养殖效益仍很可观。1996年，全镇养殖面积3000亩，产量7500吨，产值2550万元。后来，由于扇贝流行性病害严重，死亡率高，养殖效益差，养殖面积渐少。

图 6—48　扇贝

图 6—49　贻贝

1993—2021年部分年份涛雒镇海水养殖一览表

表 6—5

年度	面积（亩）	产量（吨）	产值（万元）	年度	面积（亩）	产量（吨）	产值（万元）
1993	15990	6375	1039	2004	11700	7190	8810
1994	17200	7083	2380	2005	10900	8050	12100
1995	17900	8342	3265	2006	19455	10472	17587
1996	23010	27791	6201	2007	21495	10717	12720
1997	20000	5528	1650	2008	22030	16685	17018
1998	12000	6240	4183	2009	23850	19209	19012
1999	10000	5560	3980	2010	24120	21854	20106
2000	11800	6120	4338	2011	24800	24032	21563
2001	10960	6200	4438	2012	23490	24464	22326
2002	11600	6210	4430	2013	22890	26632	25313
2003	11460	6450	4580	2021	26115	15344	93200

海洋水产资源人工增殖

1982年，山东省渔业行政主管部门开始在域内近海人工增殖放流中国对虾。2003年后，每年增殖放流总数为3000 ~ 9000万尾。

增殖放流计划由山东省海洋与渔业厅下达，市海洋与渔业局具体安排实施。增殖的地方品种主要有乌贼、日本对虾、梭子蟹、牙鲆、大竹蛏等。这些品种增殖后，一般在增殖海域附近洄游生活，不游往远处，大部分被当地渔民所捕获。1989年，日照市水产局在刘家湾村东建立了日照市海洋水产资源增殖站，为实施水产资源人工增殖放流提供了行政保障。1992年，山东省水产厅正式批准乌贼列为地方增殖品种，域内近海为该鱼种试验区。

域内近海是增殖放流大竹蛏及牙鲆鱼的适宜海域，2005年开始增殖放流。由日照市水产研究所增殖放流5毫米的大竹蛏3000万粒，放流到大竹蛏保护区。2006年，除市级专业育苗提供牙鲆鱼苗25.65万尾外，日照港集团公司购买25.31万尾牙鲆鱼苗，放流到域内浅海大竹蛏保护区。是年6—7月，日照市水产研究所在大竹蛏保护区内放流5毫米大竹蛏4097万粒。

2006年，小海对虾育苗场与日照市水产研究所、日照市海天水产育苗场共同承担并基本完成省海洋与渔业厅下达的梭子蟹稚蟹2期苗种1500万只的任务，放流到黄家塘湾和涛雒镇东部海域。

图6—50 放流（投放鱼苗）

2013年6月，日照市海辰水产有限公司放流日本对虾苗2749万尾，实际计划为2700万尾；牙鲆鱼苗21.87万尾，实际计划为20万尾；黑鲷40.02万尾，实际计划为40万尾。日照市顺源水产育苗有限公司放流梭子蟹571万只，实际计划为550万只。7月，日照龙泰水产发展有限公司放流牙鲆鱼苗39.2万尾（鱼苗大于6厘米），实际计划为40万尾。日照亘海水产有限公司（原小海第二育苗场）放流牙鲆鱼苗20.35万尾，实际计划为20万尾；放流黑鲷40.65万尾，计划为40万尾。

第四节 水产企业简介

涛雒区（公社）海带养殖场 1958年秋，海生人民公社在石臼东南至山后村东浅海开始进行海带养殖，由海生人民公社集体经营。养殖人员由沿海各渔业村统调100名，养殖海带船33只，海带苗由烟台调入。1959年夏至收海带。1960年，养海带1000台，产海带57911公斤，产值123001元，支出200720元，亏77718元。1961年较好，产海带107284公斤，产值218650元，当年支出133322元，余85328元。1962年，产海带62168公斤，产值243266元，当年支出233822元，尚余9475元。1963年，由涛雒区集体经营。1964年，涛雒公社停止集体经营。是年秋，个别渔业生产村开始在此养殖海带，随着养殖渔业村的增多，养殖海域（浅海）逐渐扩展到臧家荒村东、丝山的乔家墩子村东。1973年全部停止。

日照市龙泰水产发展有限责任公司 1975年，涛雒公社在黄海研究所的帮助下，于沙岭子村前、南沿海路西侧建养虾场。开辟养虾池180亩，盖房屋5间，公社组织人员管理经营，选派刘家湾村原支部书记滕怀绪任场长，有员工8人，黄海水产研究所进行技术指导，主要养殖中国对虾，由于管理规范，技术保证，经济效益可观。

1984年冬，公社在原养虾场的基础上，投资50余万元，扩、改建养殖规模，占陆地28亩，水域180亩，建房屋面积12000平方米，工厂化育苗水体6000立方米，以培育水产品苗种为主。有固定职工60人，社会工200余人，易名“涛雒对虾育苗厂”。1985年春，始培育中国对虾苗。1987年，与中国科学院海洋水产研究所合作，扩大培育规模，实行科学管理，当年成功培育中国对虾苗16.8亿尾。除满足当地用户需求外，还销往广东和丹东等地，几乎遍及中国东部沿海所有省市养殖区。是年，销往广东、福建的苗种就装运了飞机23架次，成为山东、苏北唯一一家大型中国对虾育苗厂，在全国同类育苗厂中育苗产量第一，当年产值600万元。

1995年，育苗厂改称为“日照市龙泰水产发展有限责任公司”，成为涛雒镇集海、淡水苗种培育、养殖为一体的综合性企业，固定资产达1000万元。职工中有初级职称20人，中级职称以上的专业技术人员8人。拥有中国对虾、河蟹、梭子蟹、罗氏沼虾、扇贝育苗场地及植物饵料室，年产中国对虾苗10亿尾，蟹苗1000公斤，罗氏沼虾2亿尾，扇贝苗40亿粒，加工植物饵料500吨。1996年，又添育南美白对虾、日本车虾苗。所培育的各种对虾、蟹、扇贝等苗种，抗病性强，成活率高，除满足山东省、市养殖户的需求外，还远销福建、广东、浙江、江苏、辽宁、天津、安徽等省市，创造了较高的经济效益和社会效益，其中，罗氏沼虾育苗填补了日照市空白，并获市级“星火一等奖”。同时，也是山东以及江北罗氏沼虾育苗规模最大、产量最高的厂家。1999年开发的大黄鱼越冬及养殖试验获得成功，是我国北方该项目的首例。

2001年，随着企业体制改革的进一步深入，该公司由镇办企业转为民营企业。2003年开发了大鲮鲆、牙鲆鱼育苗并获得成功。2012年，该厂转让后不再继续经营。

1975—2012年龙泰水产发展有限责任公司负责人任职更迭表

表6—6

职务	姓名	性别	籍贯	任职时间
场长	滕怀绪	男	刘家湾村	1975—1984
厂长	王纪泽	男	涛沙岭子村	1984—1988
厂长	曹汉光	男	小海村	1988—1995
经理	曹汉光	男	小海村	1995—2012

涛雒公社海带养殖场 1978年9月，公社在东南营村至虎山公社东湖海域围浅海600亩，实用300亩建起海带养殖场，时为社办企业。场长郭建提，员工140人，分4个生产队和1个捕捞队，建办公室及厂房等60余间（当时按人口数分配给各村包建）。主要设备有：动力机船8.82～44.1千瓦10只，其中有2只为水泥壳机船，作业小舢板22条。总投资42万元，其中国家扶助30万元，集体筹资12万元。

图6—51　海带养殖场

每年10—11月，从日照县海带育苗场购苗放养。养殖过程大致为：打木桩围海场放台墩（大方块石，中间凿眼固定铁缆扣），放大缆栓瓷球。夹苗，即在陆地上用2米长，直径约为2厘米的稻草绳或棕绳，上夹12棵海带苗。放苗，把夹上苗的稻草绳或棕绳用小舢板运至养殖区，拴在预置的缆绳上。后施肥管理，次年5—6月收获。

1980年为海带丰收年，公社海带场收干海带138吨，产值11万元。但终因此海域风大潮高，不太适宜养殖海带，加之市场销路不畅等条件所限，公社海带场于1980年秋停业。

东昌食品有限公司 1982年5月，公社党委、政府在204国道西侧，征涛雒六村土地5亩，投资30万元，建成冷藏能力200吨，日冻结能力14吨，1000平方米加工车间的冷库一座，称“涛雒冷藏厂”。厂长周绪文，有职工12人。为县域内第4家（石臼、岚山、奎山），涛雒域内第一家冷藏厂。冷藏厂除冷藏加工水产品，还兼营蔬菜（蒜薹、菠菜等）保鲜加工。产品出口日本、朝鲜等国家。1988年，冷藏厂续建，库容增加200吨，开始专营水产品冷藏加工。1992年8月，冷藏厂与台湾惠盈企业有限公司合资经营，台商占30%

股份，应出资6.3万美元（实出资2万美元），冷藏厂占70%股份，易名“日照惠盈水产有限公司”，总经理周绪文，有职工40人。主要经营水产品加工出口。1993年，加工出口水产品种类有黄花鱼、牙鲆鱼、扇贝、海蜇、鲅鱼等，出口量1000吨，主要出口美国、日本，年创外汇230万美元。

1992—1994年连续3年被评为全国双优企业。2000年，停业待转。

2001年7月，岚山人丁元森独资承包惠盈水产有限公司，并更名为“东昌食品有限公司”。2004年，在原有规模基础上扩建，日冻结能力由原来14吨增至30吨，冷藏能力由原来200吨增至1500吨。水产品冷藏加工种类主要有海捕虾、河蟹、鲅鱼、鲳鱼、黄花鱼等。

2013年，有职工50人，冷藏加工水产品3000吨，其中代加工出口河蟹、海捕虾等水产品500吨，年产值800万元。2021年，有职工26人，年冷藏产品600吨，主要加工马鲛鱼、小黄鱼等速冻食品和深加工水产品，年产值1300万元。

红旗盐场东南营养虾场　位于东南营村东南，原为江沟子。1974年，涛雒公社在东南营村东南角至虎山公社东湖村东，拦江沟子筑堤，截断了南下的海潮，开发荒滩1200亩，建成苇柴场。1975年，始栽植苇柴，至1985年，由于苇柴根系老化，淡水不足而停业。是年，由红旗盐场接管经营，开挖为海水养殖虾池。2001年，镇政府将虾池统一改造并对外发包，进行海水养殖。2013年，因山钢基础设施建设时需用被征用。

日照市海洋水产资源增殖站　1987年5月，日照市水利局和水产局联合，总投资1400万元，在刘家湾村东、赶海园北侧，围海建虾池1150亩。翌年春，建成投入使用。市水产局分得518亩，是年放养中国对虾，效益很好。1989年，市水产局为更好地实施海洋水产资源增殖业务，决定以此为基础，建立日照市海洋水产资源增殖站，属正科级差额拨款事业单位，编制35人，划办公用地20亩，建设1000平方米的基础设施，逐步完善了水、电、路配套工程。1990—1993年，该站承接省水产厅下达日照市的中国对虾增殖放流任务。放流虾苗实施外购、暂养，每年于涛雒近海放流量为9000万尾左右，基本完成任务。1993年，中国对虾暴发流行性病毒以后，中国对虾计划增殖放流量逐渐减少，市海洋水产资源增殖站因未有自己的育苗场，便退出增殖放流。

1998年，增殖站建起育苗场，育苗水体6000立方米，主要培育中国对虾、日本对虾、三尤梭子蟹等。2004年，主要转向大鲮鲆、牙鲆、半滑舌鳎、星斑川鲽等鱼苗的培育，除满足增值站用外，还销往他处。2002年，该站增设工厂化养殖业务，养殖面积1000平方米，至2008年，发展到20000平方米，主要养殖大鲮鲆、牙鲆、海马等。

该站有近500亩的露天养殖池。

图6—52　半滑舌鳎　　图6—53　杂色蛤

（日照市海洋水产资源有限公司提供）

2004年，与国家海洋局海洋研究所和日照市职业技术学院合作，研究开发星斑川鲽全人工育苗技术，获得成功。该项目分别获得日照市科技进步奖一等奖，国家海洋局、海洋科技创新奖二等奖。2007年，与中国科学院海洋研究所合作，实行条斑星鲽、杂交鲆人工育苗技术研究获成功，获山东省科技进步奖二等奖。为加大科研项目投入，推进科研项目的快速发展，2009年，日照海洋水产资源增殖站努力争创与科技部、中国科学院海洋研究所、国家海洋局第一研究所合作项目，获得扶持资金90万元。

2009年，日照市海洋水产资源增殖站成立了日照东鑫现代渔业技术研究所，形成自己的科研体系。聘中国科学院海洋研究所李军教授（博士生导师）、国家海洋局第一研究所王博研究员、中国科学院黄海水产研究所柳学周研究员等为该研究所常年技术顾问。

2018年进行黄姑鱼全人工亲鱼驯化及苗种繁育技术研究；2019年繁育黄姑鱼200万尾，

被列为日照市市长工程。2020年10月发表了半滑舌鳎雌鱼高效人工催产方法专利（公开号CN112243895A）。2021年培育全雌黄姑鱼苗种50万尾。2021年4月鲆优“2号”苗种繁育与推广顺利完成专家验收，此年度推广完成鲆优“2号”苗种500万尾。2021年与福建省水产研究所郑乐云教授合作膨腹海马繁育与推广。

公司被日照市委、市政府评为2021年度乡村振兴示范企业；2021年被山东省农村农业厅认定为黄姑鱼省级原种场；2021年度获得市直机关工委颁发文明单位；2020年、2021年义务放流先进单位；先后多年获得市级水产品质量安全先进企业。

1989年以来日照市海洋水产资源增殖站站长任职更迭表

表6—7

姓名	性别	籍贯	任职时间
吕敏歧	男	海阳县	1989.10—1991.2
姚友胜	男	虎山镇韩家营子村	1991.2—1993.11
尹相朋	男	涛雒镇王家村	1993.12—1996.1
滕照军	男	涛雒镇刘家湾村	1996.1—2014.2
田玉秋	男	涛雒镇刘家湾村	2014.2—

日照水利养殖场　1987年5月，日照市水利局和水产局在刘家湾村东、赶海园北侧，围海建虾池1150亩。翌年春，建成投入使用。市水利局投资240万元，分得水域面积630亩，办公及职工居住区用地21亩。同年，养殖场又投资近百万元修建了水、电、路等配套设施，建房屋60间，属正科级差额拨款事业单位，编制15人。

养殖场建成伊始，主要放养中国对虾，效益很好。1992年，亩产中国对虾150公斤，是历史最高水平，创造了较好的经济效益和社会效益。是年，被省水利厅授予“综合经营先进单位”称号。

1993年，爆发中国对虾流行病，几乎绝产，致使养殖场经济一度受到重大损失。

1995年，虾池养殖在方式上改以往的纯养为虾、蛤、蛏等混养。在体制上，改差额拨款事业单位为“自收自支”事业单位。是年，养殖管理上改集体养殖为个人责任承包养殖。1998年后，承包形式又易为职工完全承包（即一切养殖费用及管理属职工个人负担），年终根据承包水域面积等上缴一定承包费。

2003年7月，开始进行工厂化养殖大鲮鲆，牙鲆等，面积达3800平方米。

2013年，全场有职工32人（事业编19人，企业编13人），其中具有高级技术职称的3人，中级技术职称的9人，初级9人，仍属“自收自支”事业单位。

2020年，公司被山东海洋文旅兼并。

1998年以来日照市水利养殖场场长任职更迭表

表6—8

姓名	性别	籍贯	任职时间
王玉胜	男	碑廓镇	1988.12—1990.6
刘贤栋	男	涛雒镇上元村	1990.6—2007.12
杨洪军	男	岚山街道	2007.12—2018.3
王世东	男	岚山街道	2018.4—2022.2
杨红军	男	岚山街道	2022.3—

日照市红旗水产总公司　前身为涛雒公社红旗盐场。1988年，改部分盐田为对虾养殖池。1989年，成立了日照市红旗水产总公司，董事长滕照友。下辖红旗盐场、第一养殖场（红旗盐场养殖区、养殖面积200亩）、第二养殖场（东南营原红旗盐场养虾场、养殖面积750亩）三个独立经营单位。固定资产151万元，年产值135万元。

1991年，公司建1个百吨库房，冷藏加工水产品，社会效益和经济效益良好。1994年3月，招商引资，实行冷库扩建，冷库与外商丁仕媛合资经营（日照市红旗水产总公司占68%的股份，丁仕媛占32%的股份），成立了“日照丰源水产有限公司”。期间，冷库除冷藏、加工水产品外，还添设水产品养殖饵料加工车间，年加工鲜货饵料500吨，干货饵料200吨，不但保证了总公司养殖需求，而且对外供应。是年，总公司固定资产达580万元，职工300人，产值775万元，公司董事长滕照友被日照市人民政府授予“优秀乡镇企业家”称号。

20 世纪 90 年代末，总公司下辖的红旗盐场因经济效益不佳改成水产养殖。日照丰源水产有限公司经营不善，于 1998 年 3 月宣布破产，后信用社拍卖于他人经营。2002 年 3 月，总公司下辖的 3 个养殖单位，也相继转成个体或联合体承包经营。公司养殖区于 2006 年被农业部农产品质量安全中心审定为“全国无公害养殖基地”。同时，公司申请并经农业部农产品质量安全中心认证审定，养殖的中国对虾为无公害产品。

2013 年，日照市红旗水产总公司有干部、职工 9 人，承包养殖水域 500 亩，按年向镇政府缴纳承包费。2018 年，公司划归日照市东港区水务集团，建设红旗现代渔业产业园。其中一期占地 1000 亩，2021 年完成投资 2.6 亿元，构建现代渔业养殖核心示范区。红旗现代渔业产业园 2020 年入选了首批山东省乡村振兴重大项目库、第二批省级海洋特色产业园区，被评为全国基层农技推广体系农业科技示范基地、日照市 2021 年度乡村振兴示范企业。

日照海辰水产有限公司 1. 基本情况：日照海辰水产有限公司于 2008 年 2 月依法成立，公司注册资金 1001 万元，是一家从事水产新品种“育、繁、推”于一体的水产专业公司。2021 年底，公司资产总额达到 1860 万元。

2. 获得荣誉情况：（1）全国现代渔业种业示范场；（2）国家级中国对虾良种场；（3）国家级水产健康养殖示范场；（4）省级脊尾白虾良种场；（5）渔业资源修复行动省级、市级增殖站；（6）中国对虾种苗 20 强供应基地；（7）国家鲆鲽类产业技术体系良种繁育示范基地；（8）中国对虾“黄海 3 号”、“黄海 4 号”、脊尾白虾“黄育 1 号”苗种研发培育单位，均获得新品种证书；（9）农业部技术推广合作奖 1 项；（10）国家海洋局科技进步二等奖 1 项；（11）山东省渔业技术推广奖二等奖 1 项；（12）日照市星火奖一等奖 1 项；（13）日照市东港区科技进步奖一等奖 1 项；（14）中国对虾无公害产品和基地认证单位；（15）全国水产技术推广总站水产绿色健康养殖技术推广“五大行动”骨干基地。

3. 主营产品情况：主要推广“四虾一鱼一蟹”六个主导水产苗种，四虾：中国对虾、日本对虾、南美白对虾、脊尾白虾；一鱼：牙鲆鱼；一蟹：三疣梭子蟹。

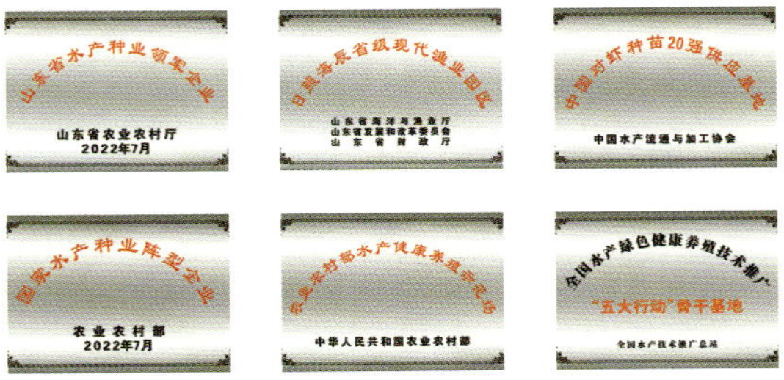

图 6—54 日照市海辰水产有限公司获得的部分荣誉

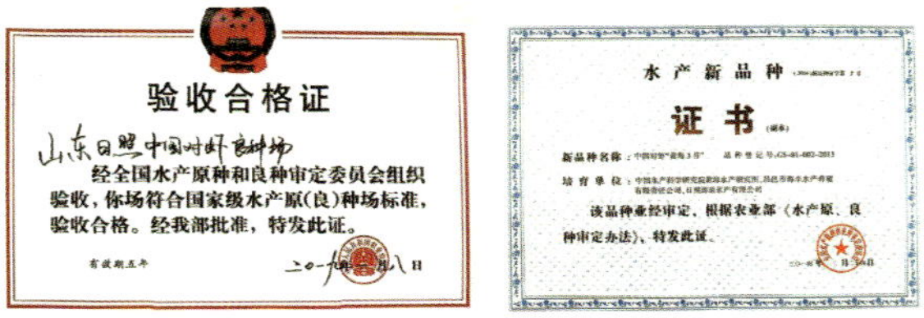

图 6—55 日照市海辰水产有限公司水产新品种证书

第五章 水产品加工

水产品加工，是渔业生产的重要环节，在域内有着悠久的历史，加工方法多种多样，可分为传统工艺和现代工艺两大类。传统工艺主要有腌制、干晒、熏制和糟制，域内加工的名优海产品曾远销全国各地。腌制的乌鱼蛋曾作为贡品送往京城。现代工艺则以冷藏加工、烤制为主。

第一节　卤晒加工

域内水产品卤晒加工，历史悠久。“一把盐，一把刀”的原始加工方法，曾是沿海渔民用以鱼类储存的唯一方法，延续了数百年。20 世纪 60 年代以前，从春分到夏至，在吕泗、海洲湾渔场捕获的白鳞鱼、黄花鱼、鲅鱼、鲳鱼等，均按 1 ∶ 2、1 ∶ 3 的盐鱼比例加工储存后，赴上海、连云港、青岛、日照等地销售。在江苏潮河、苗湾湖、大洋港及渤海湾渔场从事定置坛子网生产的渔船，生产的渔获物加盐储存后，到当地水产供销部门销售或运回。此种做法一直延续到 20 世纪 80 年代初期。

图 6—56　咸白鳞鱼

渔民在长期的水产品卤晒加工过程中，掌握了加工各种海产品的用盐、配料比例和操作工艺，民间的加工工艺逐渐完善，所加工的各种鱼干，咸淡适宜，色美味香。特别是有些海产品的加工和利用方面，更有独到之处，誉满国内外，至今不衰。如白鳞鱼、风蛸干、青鳞鱼干、墨鱼干、鱿鱼干、墨鱼蛋、甜晒带鱼（刀鱼）、鲅鱼披子、金钩虾米、籽乌、海蜇皮、虾皮、米虾酱等数十种产品，不仅畅销国内，而且出口到东南亚、英国、德国、俄罗斯等十多个国家和地区，换取了大量的外汇。墨鱼干、墨鱼蛋、金钩虾米、海蜇皮、虾皮等，均被列为省内名优产品。在 1964 年和 1984 年全国农展会和全国水产品展销会上，涛雒水产供销站提供参展的墨鱼干、墨鱼蛋、海蜇皮等产品均被评为国内名优产品，墨鱼蛋加工技术获国家专利，被指定为国宴用品。

1980 年后，随着海产品冷藏保鲜加工业逐渐兴起，各种水产品以鲜销为主，加工干咸货量减少，主要保留了一些传统品种的加工，如：白鳞鱼、虾米、虾皮、米虾酱、蟹酱、鲅鱼披子、勾鱼披子、小大头鱼、大马哈、墨鱼干、贝类肉干、长蛸、籽乌、海蜇皮、紫菜等。

第二节　冷藏加工

中华人民共和国成立前后，域内海产品储藏多为卤晒加工。冷藏保鲜储存曾采用土冷库的办法，即冬天把清水洼塘的冰块取出，储存在地窖内，第二年天暖时取出用于保鲜海产品，如 20 世纪 60 年代，小海水产供销组就曾用此法冷冻保鲜水产品。

20 世纪 80 年代初始，沿海渔船出远海捕捞时，需带冰块生产。大功率渔船每只需装带冰块 20 吨，冰用完后，回港卸销，大部分销往冷库储藏加工。

1982 年 5 月，涛雒公社建成域内第一座（县域内第 4 座）冷库——惠盈冷库，开始了域内真正意义上的水产品冷藏加工。冷藏加工水产品的工艺比较简单，基本以大块盘冻为主，属粗放加工方式。

1985 年春，日照市水利局在马家村征用土地 9 亩建水利局冷藏厂，库容 200 吨，日速冻能力 17 吨。是年，红旗冷藏厂、供销社冷藏厂相继建成。

以上四家冷藏厂水产品年加工能力达 9800 吨，日冷藏能力 312 吨，日制冷能力 42 吨，冰鲜水产品大包装改为小包装或单体冻（经济鱼类、对虾等）。1998 年，冷藏厂发展到 6 座，冷藏加工能力 1680 吨，水产品年交易量 6500 吨。冷藏加工品类几乎覆盖所有海、淡水产品，非经济鱼类仍用粗放大盘冷冻加工。

2021 年，全镇有水产加工企业（冷库）62 家，年水产品加工能力 65000 余吨。

第三节　名优产品

金乌贼　是乌贼科中个体较大的一种，涛雒近海是主要的产区之一。1983 年，经渔技部门检测，个体鲜重在 500 克以上的占 48%，400 克至 499 克占 25%，最大个体可达 960 克。据测定：金乌贼含蛋白 68.4%，还含 B 族维生素和碘等，营养价值很高。金乌贼既可鲜食，又可加工制干，全身皆宝，内脏中的缠卵腺，是加工乌鱼蛋的主

图 6—57 金乌贼（墨鱼）

要原料，卵巢可加工“乌子饼”，精巢可加工“乌巢”，肝脏可做“乌黄酱”“乌黄油”，乌贼骨（俗称“乌子盖”）可入药。每年捕捞的乌贼鱼，除部分鲜销外，多数加工成乌鱼干，销往外地。

20世纪80年代中后期，乌贼资源逐渐减少。1989年，农牧渔业部批准立项山东省水产厅乌贼增殖试验。1992年，山东省水产厅正式批准乌贼列为地方增殖品种，涛雒近海为试验区之一。从此，每年在试验区实行乌贼资源保护移植（即增殖），使该鱼种在涛雒近海较20世纪80年代有增无减。

墨鱼干 由金乌贼加工而成，素以个体大、肉层厚、色乳黄、味纯正、加工造型美而闻名全国。它既是美味佳肴，也是上好的滋补品，有“北脯”之称。1958年，涛雒水产供销站在县外贸局技术人员指导下，组织人力加工墨鱼干，1963年，产量达125吨，1964年，在全国农业展览会上成为著名展品之一。1984年，全国水产品展销会上被评为名优产品。

图 6—58 墨鱼干

乌鱼蛋 乌鱼蛋圆形而稍扁，乳白色，大型乌鱼蛋似鸡蛋大小，小型似鸽蛋大小，营养丰富、味道鲜美，有冬食去寒夏食解热之功效，且富含人体必需的多种微量元素，为域内名贵的海珍品。

图 6—59 乌鱼蛋

清康熙十一年（1672）《日照县志》中记载：“乌贼鱼口中有墨，蛋属八珍之一。”清末已列为贡品。乌鱼蛋为雌乌贼的缠卵腺，共两对，状如卵，以卵体饱满光洁、蛋层揭片完整，色乳白为上品。食用时先将乌鱼蛋用清水洗净，放入开水中浸一下，捞出入凉水中洗去外皮，再用手一片一片地撕开，再将鱼蛋片放入清水中浸泡一下即可烹调，可以用来烩食和氽汤，久负盛名。

加工制作乌鱼蛋，技术复杂，工艺要求高，历史上涛雒名手较多，如王家村尹相喜，制作的乌鱼蛋，色正味纯，誉满乡里。中华人民共和国成立后，乌鱼蛋加工生产由民间加工销售转为国营生产销售。涛雒水产供销站姚永甫（韩家营子人），曾组织开展乌鱼蛋加工生产。在1964年全国农展会和1984年全国水产品展销会上，涛雒水产供销站提供的乌鱼蛋被评为名优产品。

虾米 以海产羊毛虾加工而成，因虾米色黄、型弯似秤钩，又名“金钩虾米”。体扁、色黄、味美、又有药用价值。据药书《本草纲目拾遗》记载：食海虾，有补肾壮阳的功能。据检测，它所含蛋白质比瘦肉和河虾高20%，维生素高40%，并含有丰富的维生素E和碘。

图 6—60 虾米（扁米）

羊毛虾为多年生，域内近海多有出产。羊毛虾每年5月底到涛雒浅海水域产卵，6—7月为盛期。据县渔技部门1983年测量，虾体一般长5 ~ 9厘米，主要捕捞工具为坛子网和底拖网。

虾皮 是毛虾等加工而成的干品，皮薄肉厚，体态丰满，富含钙、钾、碘、维生素A、蛋白质等成分，生熟皆可食，口味鲜美。毛虾近海均有分布，以刘家湾至东林子头沿海较多。一年有两次旺发期：第一次在5—6月份，个体较小，一般体长

图 6—61 虾皮

1厘米左右，渔民称“红绒”；第二次9月份前后，个体较大，一般体长在2厘米左右，渔民称“二秤钩”。捕捞毛虾主要靠大方网、手推网、拉网，其中“推虾皮”，主要靠推网，技术高的好手，可踏高跷在深水推网。推毛虾已有数百年历史，至今每年仍有少数人员从事该业。

海蜇皮 色乳白，肉坚实，厚薄均匀，耐储存，保质期长。做成菜肴，松脆爽口，不腻不涩，还具有滋补功能，是宴席之佳品。1984年，全国水产品展销会上，涛雒水产供销站提供的参展海蜇皮被评为名优产品。

图6—62 海蜇皮

西施舌 其活体时，口微开，即露出似舌略颤的斧足，肉质洁白如玉，宛若美女西施之舌，故称西施舌。以体大、壳薄、壳内艳丽、肉脆嫩、味美而闻名。含多种氨基酸，营养极为丰富，有润肺、益精补阴之功效。据县渔技部门1984年检测，最大的西施舌个体鲜重100.9克，壳高8厘米，壳长8.5厘米。域内尤以刘家湾村东至东林子头沿海为多。

图6—63 西施舌

采捕西施舌多在冬季，民间方法有二：一是根据其穴居特征“认门”挖捕；二是用碌碡压。历史上多次出现冬季偶遇奇寒天气，且落大潮，西施舌被风驱赶，成堆成堆地在沙滩上，人们唾手可得。

大竹蛏 大竹蛏为日照浅海滩涂珍稀贝类，个体较大，出肉率较高，肉味鲜美且营养丰富，是人们喜食的埋栖型贝类。大竹蛏壳长可达14厘米，一般壳长为壳宽的4～5倍，两壳相抱呈扁桶状，前后两端开口。壳质薄脆，表面光滑。青煮大竹蛏是域内旅海鲜食品中的招牌名菜。

图6—64 大竹蛏

中国对虾 域内沿海是中国对虾自然分布区之一。所捕捞的对虾体长侧扁，晶莹光亮，肉质肥厚细嫩，味道鲜美，营养丰富，是宴请贵宾的美味佳肴，是儿童和孕妇的滋补佳品，是域内著名的海珍产品。对虾除鲜食外，还可加工成无头对虾和虾仁等。由于近海中国对虾资源逐渐减少，为保证这一海上珍品的生产，在中国科学院黄海水产研究所技术人员的指导下，1968年后，宋家坨、沙岭子、刘家湾、东南营、大朝阳等村相继开展了人工养殖中国对虾。2011年，养殖面积（与梭子蟹混养）4500亩，收获中国对虾100吨。2021年，域内养殖面积8800余亩，收获对虾221吨。

图6—65 中国对虾

梭子蟹 因其体状似梭而得名。头胸部两端突出，两螯较长，甲壳表面有紫云纹。梭子蟹肉质细嫩、洁白，膏似凝脂，富含蛋白质、脂肪和矿物质。雌性梭子蟹在春季产卵期间，当地人称为籽蟹；入秋后渐为肥壮，膏黄逐渐增多，称为膏蟹，海捕梭子蟹最肥的时节是谷雨前后，池塘养殖的梭子蟹最肥是重阳节前后。

图6—66 梭子蟹

20世纪80年代自然资源逐渐减少，市水产研究所积极探索人工养殖方法。1996年，小海村、王家村等试养成功，后与中国对虾、日本对虾混养，面积逐渐扩大。2021年已成规模养殖。

蟹籽豆腐 用蟹籽制成，呈淡红色、蜂窝状，用手一捏即出蟹汁，是食品中的佳品。

第六章 渔业科技

随着社会的发展，海洋资源的变化，生产工具的改进，渔业生产越来越需要现代科学技术做引领。传统的劳作方式，旧的捕捞网具，已不再适应今天的渔业生产。科学技术的推广，就越发显得重要。域内随着渔业生产由海洋捕捞向海水养殖业转型，渔业科技也在向着更高更新的境界快速发展。

第一节 渔技推广及培训

渔技推广 20世纪70年代，在域内沿海渔村推广围网技术。80年代，推广中国对虾池塘养殖和亲虾越冬技术，对虾工厂化育苗技术；1992年，推广利用塑料大棚培育对虾早苗技术和罗茨鼓风机增氧技术。1993年后，开始大范围推广使用单船底拖网（用分水板）和双船浮拖网。1995年后，全镇90%以上海水池塘推广养殖三疣梭子蟹。1996年，全镇以川子村为中心，开始推广淡水池塘罗氏沼虾、河蟹混养技术。1997年，开始推广虾池、潮间带滩涂养殖缢蛏技术；推广海水池塘虾、蟹、贝、鱼等生态立体养殖技术，推广二茬车虾和二茬梭子蟹养殖技术。1998年，推广稻田养蟹技术；推广海水池塘吊漂养殖梭子蟹和浅海笼养梭子蟹技术。2003年，开始推广工厂化养殖大鲮鲆技术。2005年，推广海水池塘养殖刺海参技术。

2021年，持续推广南美白对虾、日本对虾、膨腹海马等工厂化大棚养殖技术和秋冬季工厂化大棚水产品暂养技术，全镇南美白对虾工厂化养殖大棚养殖面积达到110万平方米，日本对虾工厂化养殖大棚养殖面积达到20余万平方米，秋冬季工厂化大棚水产品暂养面积达到20余万平方米，膨腹海马工厂化养殖大棚养殖达到9户，已成为新的渔业经济增长点。

渔技培训 1976年后，渔业技术培训工作每年至少举办一次，每年年底召开水产品养殖会议，以会代训，主要培训养殖骨干和技术人员。走出去，请进来，渔业技术推广站技术人员深入基层，进行技术指导或组织小规模的渔技培训。

1993年，中国对虾暴发流行性疾病以后，11月3日，区水产局、区渔业技术推广站在涛雒镇举办对虾养殖技术培训班，培训人员180名。1995年5月12日，镇政府邀请中国科学院海洋研究所王雷博士前来涛雒镇进行对虾养殖技术培训，培训人员300人。1996年5月，镇水产工作站组织养殖骨干60人，前往江苏省赣榆县宋庄学习“宋庄养虾三法”。1997年10月15日，市海洋与渔业局、区渔业技术推广站在川子村举办淡水养殖罗氏沼虾、河蟹培训班，培训人员110人。1998年6月2日，区海洋与渔业局、区渔业技术推广站在李家村举办淡水养殖培训班，培训人员60人。同年，镇水产站技术人员以尹家廒头三村为中心，举办黑鱼、鲤鱼养殖技术培训，培训人员30人。1999年11月15日，东港区渔业技术推广站在尹家廒头一村举办淡水养殖培训班，培训人员30人。是年12月7日，镇水产工作站邀请国家海洋局第一研究所乔聚海高级工程师进行海水育苗技术培训，培训人员70人。

自2004年开始，市、区、镇三级渔业部门，按照国家产业调整政策，组织培训转产转业渔民。是年，全镇共有78名渔民参加水产品养殖技术培训，其中72人取得国家颁发的职业技术资格证书。

2005年后，区渔业技术推广站在沿海渔村开展实施科技入户工程，镇水产工作站具体实施。区渔业科技入户领导小组办公室创办《渔业科技入户快讯》，每年5—11月，每月3期，计21期，宗旨为传播政策信息，推广科学技术，转化科研成果，促进渔业发展。至2013年，全镇科技示范户发展到140家。2021年，新发展科技示范主体13家、科技示范基地1家。

第二节　科研生产示范基地

1958—1997 年，域内科研示范基地仅有淡水养殖实验场。1998 年，东港区政府实施建设水产品养殖“八大基地”，涛雒镇即占三大基地：万亩潮间带滩涂增护养基地，以文蛤为主的虾池综合养殖基地，千亩淡水特种水产品养殖基地。同年，东港区海洋与渔业局通过答辩争取了省政府十大科技示范工程中的“特殊海域滩涂生态养殖模式的研究开发与示范”项目，将潮间带贝、藻间养和海水池塘生态养殖作为示范基地培植。

1999 年，依靠自然优势，又有“三个万亩”养殖基地开发，即万亩淡水养殖开发、万亩潮间带滩涂开发和万亩缢蛏养殖开发。

2003 年，区海洋与渔业局争取了农业部“全国水产品标准化生产示范区”项目，将部分工厂化养殖、海水池塘养殖、海水育苗、水产品加工等场家作为示范基地，推广无公害、标准化生产技术，以大朝阳村为中心的中国对虾养殖区、小海对虾育苗场均被列为示范基地。

第三节　渔业技术科研成果

1953 年，刘家湾村渔民滕以奉在乌贼笼原有结构的基础上，对其加工改进，使乌贼入笼率提高了 20%，后在全区推广。

1979 年，王家村渔民尹德昌等在生产实践中，面对海洋里中上层鱼群用拖网捕捞不到的现状（因拖网限捕捞中下层鱼货），总结经验，参照圆网、鲝团网捕捞方式，改进旧式圆网，逐渐形成围网作业，减少了人力，提高了捕捞量，经济效益大增，开辟了域内沿海渔民成功使用新式围网捕捞生产的先河。

1982 年，涛雒公社渔技站技术员王夫密带着自己的研究成果，参加了市水产研究所组织的“对虾工厂化育苗技术”课题攻关，年内与其他科研人员一起，获山东省优秀科技成果一等奖。

1996 年，日照市龙泰水产发展有限责任公司曹汉光等人组成的科研小组就“罗氏沼虾育苗技术开发”课题进行研发，获得成功。是年，获日照市海洋与渔业科研成果“星火一等奖”。

1998 年，水产工作站王峰等人组织研发的“罗氏沼虾大面积养殖开发”获得成功，获日照市海洋与渔业科研成果“星火二等奖”。

1999 年，水产工作站宋峰、日照市龙泰水产发展有限责任公司曹汉光参加了“东港区海洋与渔业局开发的鲁南大黄鱼引进养殖技术试验”项目，获得成功，与其他科研人员一起，获日照市海洋与渔业科研成果科技进步奖三等奖。

2007 年，水产工作站在大朝阳村中国对虾养殖示范基地进行海水池塘“四放五收”（四放：指据不同生活习性于同一池塘放养中国对虾、三疣梭子蟹、日本对虾、缢蛏或杂色蛤，五收：即不同品类分期收获）立体化覆网式养殖试验，获得成功。经有关部门检测，对这一科研成果给予认证、审定，并指定在全省沿海养殖区推广。

2021 年，全镇培育的梭子蟹、中国对虾苗种、无节幼体产量占全国产量的 60% 以上，远销浙江、河北等沿海养殖区。产业龙头企业日照海辰水产有限公司与中国水产科学研究院黄海水产研究所等科研院校长期合作，参与国家虾蟹产业技术体系等多项国家级和省部级科研与技术推广任务，合作培育出中国对虾“黄海 3 号”“黄海 4 号”和脊尾白虾“黄育 1 号”3 个国审水产新品种，3 项研究成果获省部级以上科技奖励。2022 年 7 月，日照海辰水产有限公司入选山东省、国家水产种业阵型企业名单。

日照市海洋水产资源增殖有限公司参加了国家、省、市科技兴海项目等几十项科研课题，承担“星斑川鲽全人工育苗技术研究”，被国家海洋局评为海洋创新成果二等奖，“半滑舌鳎全人工育苗技术研究”获日照市科技进步奖一等奖，“星斑川鲽优质苗种繁育及养殖技术开发”等项目获山东省科技进步二等奖。2020 年，公司与中国水产科学研究院黄海研究所合作引进鲆鲽 2 号新品种，2021 年 4 月顺利完成专家验收。2021 年底，与福建省水产研究所合作膨腹海马繁育与推广获得成功。

第七编 盐 业

海水晒盐 （涛雒镇宣传办公室提供）

涛雒盐业资源丰富，生产历史悠久，域内有人类活动始，即掌握煮海水为盐的技术，利用海水制盐。历史上，盐业曾是涛雒支柱产业。

西汉时，中央政府即在此设盐官，管理盐业生产，实行专营制度；宋代，涛雒已是全国重要的海盐产区；民国时期，战乱频仍，盐业生产很不稳定；抗日战争期间，沿海盐田大部被日军占领，盐业生产遭到极大的破坏；解放战争期间，解放军在域内开辟新的盐田，盐业生产有了新的起色。中华人民共和国成立以后，广大盐工走合作化道路，改造旧滩，改革生产工艺，技术不断革新，生产规模不断扩大，原盐产量、质量不断提高，盐业生产逐渐走上了稳定发展的轨道。20 世纪 80 年代，盐业生产实现机械化，生产工艺得以改进，劳动生产率和经济效益成倍增长。

90 年代后，随着海产品养殖效益的提高，盐田多被改为鱼池，涛雒的盐业生产规模逐渐缩小。2012 年，域内不再生产原盐。

第一章 机构沿革

涛雒盐业生产历史悠久。域内沿海广阔的滩涂是先民利用海水制盐最早的地区之一。春秋时期，管仲相齐设盐政，盐业即有专门的管理机构。西汉时，中央政府即在此设盐官，管理盐业生产，实行专营制度。之后，历代朝廷皆在域内设有盐业管理机构。中华民国时期，战乱频仍，盐业生产很不稳定。中华人民共和国成立以后，广大盐工走合作化道路，改造旧滩，改革生产工艺，技术不断革新，生产规模不断扩大，原盐产量、质量不断提高，盐业管理机构逐步完善，盐业生产逐渐走上了稳定发展的轨道。

第一节 中华人民共和国成立前的盐务机构

清代及以前盐务机构 涛雒盐区在西汉武帝时即设有盐官，隶属中央大司农，管理盐的产制运销。东汉时设盐官，主收盐税，属徐州刺史部管辖。北宋至道二年（996），京东东路密州在北店始设涛洛盐场（故址今在文泰路与观海路交会处，沿观海路往东30米处路北侧）。金时，涛洛场隶属莒州。元大德九年（1305），涛洛场并入信阳场。元延祐六年（1319），从信阳场析出设涛洛场。明洪武元年（1368），涛洛场隶属山东都转盐运使司胶莱分司。明景泰三年（1452），涛洛场设司令（正七品）、司丞（正八品）、管勾（正八品）各一员。清顺治元年（1644），涛洛场设有盐课大使，为正八品。清雍正六年(1728)，涛洛场设盐课大使一员，攒典一员，书役数名。盐课大使掌收课税，监查产数，验引截角，稽查私盐等。清雍正七年（1729），涛洛场复归胶莱分司管辖。清道光十二年（1832），信阳场大使裁撤，涛洛场大使兼理信阳场。大使为正八品职，其升迁俸禄同县丞知事。

清代涛雒场大使任职更迭表

表7—1

姓名	任职年份	籍贯出身	姓名	任职年份	籍贯出身
赵隆兴	顺治六年（1649）	富平人	张　稽	乾隆七年（1742）	满洲副榜
董国泰			闻　韶	乾隆九年（1744）	大兴监生
方　震	顺治十三年（1656）	宛平人	赵全庆	乾隆三十四年（1769）	
朱斗山	顺治十七年（1660）	昌平人	萧履台	乾隆四十六年（1781）	建阳人
吴帮宁	康熙元年（1662）	大兴人	全　材	乾隆五十二年（1787）	涿州人
祝　悦			丁毓瑾	乾隆五十六年（1791）	武进人
胡一麟			钱万选	嘉庆二年（1797）	泰州人
陈师禾	雍正十一年（1733）	泰州人	胡　晋	嘉庆五年（1800）	大兴人
黄　钟	乾隆元年（1736）	钱塘举人	章庆槐	嘉庆十年（1804）	会稽人
周在图	乾隆四年（1739）	湖南宁乡举人	张履祥	嘉庆十七年（1812）	

续表 7—1

姓名	任职年份	籍贯出身	姓名	任职年份	籍贯出身
章庆槐	嘉庆十七年（1812）	会稽人	将恩溥	咸丰元年（1851）	州长人
孙　湘	嘉庆二十二年（1817）		沈文潮	咸丰二年（1852）	浙江阴山举人
章庆槐	嘉庆二十二年（1817）	会稽人	杨荫文	咸丰四年（1854）	献县监生
李　昙	嘉庆二十五年（1820）		陈本立	咸丰十年（1860）	大兴人
王思齐	道光元年（1821）	宝坻人	程椿寿	咸丰十年（1860）	大兴监生
朱清泰	道光六年（1826）	金匮人	定　泰	同治十年（1871）	汉军附生
文　麟	道光十七年（1837）	满洲人	韩培德	同治十年（1871）	宛平附生
张　惠	道光十七年（1837）	东鹿人	清　廉	同治十一年（1872）	满洲人
朱善骥	道光二十六年（1846）	平湖举人			

中华民国时期盐务机构　1912 年，涛雒场改大使署为盐场公署（公署在“东小园”，故址今在文泰路与民安路交会处），设知事员 1 名，会计、文牍、办事员数名，下设董家滩（一区）、灶子（二区）、桥西头（三区）、黑七子（四区）4 个坨务处。

1913 年，北洋政府以盐税抵押外债，在北京设盐务稽核总所，山东设分所，涛雒设盐务稽核税收局，盐务盐税大权落入洋人之手。1914 年 5 月，涛雒盐务稽核支所成立，隶属山东盐务稽核分所。

1916 年 7 月，改组旧盐巡，成立涛雒盐务警察公署，下设乔家墩子、董家滩、林家滩、灶子、廒头、马家村、桥西头、庄家坨、黑七子 9 处分所，查滩缉私，守护坨垣。是年，涛雒场划分为北区（董家滩）、中区（廒头）、总区（涛雒）、南区（营子）共 4 区。各区添设验放处，归涛雒盐务稽核支所领导。1917 年 12 月，涛雒场建官坨 10 处，取消原有 19 处正、副坨，验收处增至 10 处。第一区：乔家墩子、董家滩、林家滩；第二区：灶子、廒头；第三区：马家村、桥西头；第四区：庄家坨、黑七子、营子。

1922 年 12 月，涛雒盐务稽核支所改称盐税征收局，撤销助理员，改设税收官。

1927 年 6 月，张宗昌部骚扰日照，涛雒场署、盐税局、盐警署 3 机关员、司、兵役全数退居青岛，日照盐务停顿。8 月，国民党山东盐务稽核分所等机关派员筹备恢复涛雒警署。1928 年 5 月，因兵事，各机关再次退入青岛。1929 年 3 月，涛雒盐务恢复，由青口调盐警 52 名，重建盐警署（故址今在民安路与文泰路交会处、文泰路东侧、民安路南侧，为租借）。

1930 年，成立游击缉私队，专司涛雒场查缉私盐事宜。

1931 年 2 月，盐警署改编为盐场警局，局长由涛雒场场长兼任，归涛雒场署领导。5 月，场警局划归盐税征收局领导。不久，改称税警局，设局长、警务长、教练、司务员、巡长等职，计官警 146 人。

1933 年 4 月 1 日，南京国民政府财政部批准，将涛雒盐税征收局与淮北青口盐税征收局合并，改组为涛青盐务稽核支所，隶属淮北盐务稽核分所管辖。1934 年 8 月，淮北税警第一区第三分区因远驻涛雒，改为特别区，由淮北盐务稽核分所划归涛青支所直接管辖。1935 年 3 月，南京国民政府财政部盐务稽核总所遴派毕部纳（外国人）为涛青稽核支所副助理员，驻涛雒办公。

民国时期涛雒盐务机构负责人任职更迭表

表 7—2

盐务机构	姓名	职务	任职年月	备注
涛雒盐务稽核支所	毕禄爵	助理员	1914.5	外国人
涛雒盐税征收局	龙 夷	收税官	1929.5	
	王德檠	收税官	1932	
	严家骅	收税官	1933	
	孟广爰	收税官	1936	
涛青盐务稽核支所	费文尧	代理助理员	1933.4—1934.6	
	张天祥	代理助理员	1934.6—1935.3	
	毕部纳	副助理员	1935.3—1935.10	外国人
	黄竞武	代理助理员	1935.7	离任
	倪灏森	代理助理员	1935.7	
	裴露培	副助理员	1935.12	外国人
涛青场	费文尧	场长	1933.4—1934.6	兼
	张天祥	场长	1934.6	兼
山东税警涛雒区	贺子衡	区长	1932.7—1933.6	
淮北税警第一区第三分区	张宾清	分区长	1933.6—1934.3	
淮北税警特别区	张宾清	区长	1934.8	
	程 ××	区长	1935.8	

日伪时期盐务机构 1937 年 9 月，日本侵略军大举南进，中原沦陷，涛雒盐务机关转移内陆，国民政府在涛雒结束了盐务管理。

1940 年，日伪政府设立伪涛雒盐场公署（故址今在文泰路与民安路交会处，文泰路东侧、民安路南侧），隶属伪山东省盐务管理局，下设涛雒盐务所及缉私盐警。1945 年 9 月，涛雒全境解放，结束了日伪政府的盐务统治。

人民政府时期盐务机构 1940 年 3 月，日照县抗日民主政府在涛雒小海设立税卡征收盐税。1945 年后，日照县工商管理局在涛雒设立盐店，经理王本固，管理盐务，征收盐税。同时，日照工商支局设立廒头盐店，驻张家廒头村。

1948 年 8 月，滨海盐务局成立后，在东门外路南设立涛雒盐务所（故址今在盐业机修厂东邻处），所长卞秀山，副所长刘原春。同时，廒头盐店改称廒头盐务所。

1949 年 1 月，涛雒盐务所改称“安东卫盐务所涛雒盐务分所”，廒头盐务所改称“安东卫盐务所廒头盐务分所”。是年 12 月，安东卫盐务所涛雒盐务分所升为涛雒盐务所，下辖董家滩、廒头 2 个盐务分所和巨峰检查分所。

第二节 中华人民共和国成立后的盐务机构

1950 年 4 月，山东省盐务局撤销滨海盐务局，建立日照县盐场管理处，简称日照县盐管处。涛雒盐务所改称涛雒场务所。1954 年 8 月，日照县盐管处由日照县城迁至涛雒（故址今在文泰路与民安路交会处，文泰路东侧、民安路南侧），加强对涛雒盐区的管理，推动盐田改造建设。1958

年4月，日照盐管处撤销，成立日照县盐务局，仍驻涛雒。涛雒场务所撤销。是年秋，盐工卫生所亦并入涛雒卫生院，各高级社盐场归公社经营。

1962年11月，涛雒盐务所恢复。1968年3月，日照县盐场革命委员会成立，设涛雒、廒头分场，涛雒盐务所并入涛雒分场。1971年5月，日照县革委盐务局成立，9月，撤销涛雒、廒头分场，复设涛雒、廒头盐务所。1984年5月，日照县盐务局改称日照县盐业公司。12月，撤销廒头盐务所。1988年5月，恢复日照市盐务局，在域内下设涛雒盐务所、廒头盐场、日照市盐业机械修配厂。1989年恢复廒头盐务所。1990年8月，涛雒、廒头盐务所升格为正科级事业单位。2006年2月，日照市盐政稽查支队直属四中队在涛雒盐务所挂牌成立。2013年，涛雒廒头盐务所隶属日照市盐务局。

日照市盐业公司 1984年5月，日照县盐务局改称日照县盐业公司。1985年9月，日照市（县级）盐业公司由涛雒镇迁至日照市振兴路（后改称兴海路）新址办公。

1952年以来日照盐业主要负责人任职更迭表（驻涛雒时段）

表7—3

职务	姓名	性别	任职时间	备注
县盐场管理处处长	丁履廉（兼）	男	1952.2—1956.3	1955年12月任日照县副县长
县盐场管理处处长	陈同义	男	1955.10—1958.4	
县盐务局局长	尹德岩	男	1958.9—1971.5	
县革委盐务局局长	马承汉	男	1971.5—1975.11	
县革委盐务局局长	成之庆	男	1976.7—1978.8	
县革委盐务局局长	肖增行	男	1978.8—1984.5	
县盐业公司经理	王庆隆	男	1984.5—1985.5	
市盐业公司经理	王庆隆	男	1985.5—	

涛雒盐务所 1950年4月，日照县盐场管理处成立后，涛雒盐务所改称涛雒场务所，设主任、会计、出纳、统计、干部、生产员、验质员等职，共30人。1958年4月，涛雒场务所撤销，其工作并入日照县盐务局。

1950—1958年涛雒场务所负责人任职更迭表

表7—4

正职		副职	
姓名	任职时间	姓名	任职时间
尹德岩	1950.4—1951.2	赵逸先	1950.4—1951.2
赵逸先	1951.2—1953.11	范　勇	1951.12—1952.12
张振太	1953.11—1954.10	李为爱	1951.2—1955.8
王海赢	1954.10—1955.8	李家述	1955.6—1956.2
李为爱	1955.8—1958.4	韩公高	1955.8—1958.4

1962年11月，成立日照县涛雒盐务所。1968年3月，涛雒盐务所并入日照县盐场革命委员会涛雒分场（所长申云增，仍负责盐务工作）。1971年5月，复设涛雒盐务所。1985年5月，改称“日照市涛雒盐务所”。是年10月，由涛雒东门外路迁驻至原市盐业公司大院。1990年8月，涛雒盐务所升格为正科级事业单位，编制12人。1998年10月，涛雒盐务所迁至南店204国道西侧。2009年，全所共有干部职工27名，负责涛雒镇、高兴镇、巨峰镇和奎山街道办事处食盐专营和盐政执法工作。2010年6月，并入安东卫盐务所。安东卫盐务所在此设食盐批发店。

1962—2010年涛雒盐务所负责人任职更迭表

表7—5

正职		副职		备注
姓名	任职时间	姓名	任职时间	
		汤纪领	1962.11—1967	主持工作
申云增	1967—1968.3	汤纪领	1967—1968.3	
		魏茂松	1964—1968.3	
汤纪领	1971.5—1976.6	庄茂友	1976.6—1984.5	
		李其勤	1978—1981.6	
		宋青年	1978.4—1980.12	
		邹立财	1983—1984.4	
庄茂盛	1984.5—1991.1	成善积	1984.10—1988.8	
		苏同旺	1984.10—1988.12	
		方　悟	1986.2—1991.1	
		成善积	1991.1—1994.3	
成善积	1994.3—1995.2			
成元栋	1995.2—1997.9	方　悟	1995.2—1997.9	
		李大铎	1997.3—1997.11	
方　悟	1997.9—1998.11	王茂亮	1997.9—2000.12	
		孙　凯	1997.11—2000.12	
孙　凯	2000.12—2004.5			
张纪建	2004.5—2005.8	刘　斌	2004.2—2008.11	2007年5月主持工作
魏本超	2006.10—2007.5	魏本超	2005.8—2006.10	主持工作
		相　军	2008.11—2010.6	主持工作

廒头盐务所　1950年4月，撤销廒头盐务分所，其辖区归涛雒盐务所接管。1964年3月，成立日照县廒头盐务所，与廒头合作盐场合署办公。1968年3月，改称日照县盐场革命委员会廒头分场。

1971年9月，恢复盐务所。1984年12月，撤销廒头盐务所，其业务归廒头盐场接办。1989年12月，日照盐务局升格为正处级单位，下设廒头盐务所。1990 年 8 月，日照市廒头盐务所升格为正科级事业单位，编制 5 人。

2008 年后，全所有干部职工 5 名，负责廒头盐场食盐销售和盐政管理工作，在廒头盐场场部办公至今。

1967 年以来廒头盐务所负责人更迭表

表 7—6

正职		副职		备注
姓名	任职时间	姓名	任职时间	
庄纪修	1967—1968.3	申永文	1976—1981.11	
金曰慈	1968.3—1979.9	李家述	1979.9—1980.12	
成元栋	1976.9—1980.12	成善积	1982—1984.10	
郑全运	1982.9—1986.12	方　悟	1991.1—1995.2	正职兼场长
成元栋	1987.3—1994.1	宋佃玉	1995.2—1997.2	（挂职）主持
刘同泰	1994.1—1996.3	庄茂盛	1996.3—1997.2	
庄茂盛	1997.2—1999.3			兼场长
张传明	1999.3—2008.11	庄茂普	2004.8—2007.4	正职兼场长
张纪建	2008.11—	王录田	2007.4—2008.4	正职兼场长
		王录田	2008.5—	

第二章　资源环境

涛雒东临黄海，地处暖温带湿润季风大陆性气候，有 16.5 千米长的海岸线，沿海滩涂广阔，海水资源丰富，盐度较高，适宜盐业生产。盛时，盐区面积占地约 20 平方千米。2021 年底，域内盐田已大部分改造用于海水养殖，只有海洋文旅保留出几百亩盐田作为旅游专用。

第一节　盐区水文及气象

盐区水文　盐区紧靠黄海，盐化潮土仅有滨海潮土的一个亚类，海水资源丰富，水色透明度为 0.5 ~ 1 米，海水盐度 2.5 ~ 2.9Be°，春、秋浓度较高，夏天浓度较低，潮汐为标准半日潮。历年最高潮位为 5.64 米（1974 年 8 月 19 日），最低潮位为 -0.51 米（1968 年 11 月 14 日及 1974 年 12 月 8 日），平均潮差为 2.99 米，平均海面为 2.74 米。涨潮南西流，落潮北东流，最大涨潮流速为 1.286 米 / 秒，最大落潮流速为 0.823 米 / 秒。夏季东北风或东南风，风暴出现在潮汛期内时，会出现潮流高潮，对盐田威胁颇大。

流经盐区入海的河流南侧为栈子河，中间为南店河、川子河，北侧为傅疃河，四条河汇集两处入海，河水常年不断流。1963 年后，涛雒一带旱田改为水田，流域内水田泄水量加大，夏、秋季纳潮海水浓度受淡水影响，降低到 1° Bé 左右。此外，南店河（1970 年）、傅疃河（1974 年、

1975 年）、川子河（1975 年、1982 年）曾因暴雨决堤，冲垮防洪坝，淹没了盐田，冲毁建筑物，滩内积水严重。

盐区气象 盐区处于暖温带湿润季风大陆性气候区，气候温和湿润，四季分明。春季干旱少雨，夏季雨水集中，晚秋旱，无严冬，适宜盐业生产。

域内年平均气温 12.8℃，最低为 11.4℃（1954 年），最高为 13.7℃（1961 年、1978 年）。年内月平均气温一般 8 月份最高，为 26.0℃，最高月 28.5℃（1967 年），最低月 24.2℃（1980 年）；月平均气温 1 月份最低，为 -1.0℃，最高月 1.3℃（1954 年），最低月 -3.6℃（1955 年、1977 年）。极端最高气温 39.3℃（1955 年 6 月 19 日），极端最低气温 -15.4℃（1981 年 1 月 27 日）。

域内年平均蒸发量 1610.2 毫米，历年平均降水量 886.9 毫米；历年平均日照时数 2371.9 小时，日照百分率为 53.5%。常年风向多为偏北和东南。秋季多偏北风，夏季多偏东风，春秋季海陆温差比较明显。

域内年平均雾日为 26.8 天，最多年 127 天（2012 年），最少年 3 天（1975 年）。一般 4—5 月雾日最多。但最近几年内，由于环境污染，年雾或霾日增多。域内年平均气压为 1016.8 百帕；月平均气压一般 1 月最高，为 1027.0 百帕，7 月最低，为 1003.5 百帕，极端最高气压 1045.1 百帕（1981 年 12 月 2 日），极端最低气压 985.4 百帕（1978 年 6 月 29 日）。域内年平均相对湿度为 72.1%，最高年 77.0%（1964 年），最低年 68.0%（1966 年、1981 年）。

第二节 盐区分布及交通

盐区分布 涛雒盐区分布，南至栈子河北岸，北至东、西灶子，西靠 204 国道，东临大海，南北长 13 千米，东西宽 3 千米，占地约 20 平方千米。区内有涛雒盐务所、廒头盐务所、盐业气象站；企业有廒头盐场、盐业机械修理厂、涛雒镇红旗盐场以及庄家圪、马家村、宋家圪、南店、桥西头、沙岭子、大朝阳、小朝阳、竹子河崖、王家村、李家村等 11 个村办盐场。

盐区交通 各盐场距沈海高速、204 国道、341 省道（原名为涛坪公路）沿海公路仅 1 ~ 2.5 千米，原盐外运交通便利。

廒头盐场运盐路由圪地向西至 204 国道，总长 1.5 千米，2006 年由沙土路修建为水泥路面。马家圪至 204 国道 1 千米，2001 年由沙土路修建沥青路。庄家圪至 204 国道的专用路 1 千米，盐道沙土路由盐业部门出资修建维护。红旗圪距 204 国道 2.5 千米，2007 年，由沙土路修建沥青道路。

2021 年，盐田道路均已变为城市道路。

第三章 盐田建设

域内自汉代后就注重盐田建设。清朝以后，盐田规模不断扩大。中华人民共和国成立后，政府对部分盐田进行了改造，盐业产量不断增加，并对部分纳潮困难、产量较低的盐田进行裁废。随着社会经济的发展和产业转型，海水养殖业迅速发展，大部分盐田被改为养殖大棚，盐田随之逐渐减少。至 2012 年，域内已无盐田。

第一节 盐田垦废

盐田开发 清朝以前，域内盐田面积无确切文字记载。清顺治十八年（1661），山东巡抚会同巡盐御史亲自到涛洛盐场丈量滩地，计有灶地 26354.91 亩，草荡地 31759.86 亩。清康熙二年（1663）5 月，从日照县民地内划出灶地 23146.59 亩，荡滩地 3002.25 亩，归涛洛场辖理。清雍正八年（1730），涛洛场原额与新垦灶地 24181.93

亩，自首灶地 569.55 亩，共计灶地 24751.48 亩；自首荡地及续报自首荡地 497.98 亩，新垦滩池地 855.19 亩，滩地原额和新垦滩地 3083.18 亩。清嘉庆十三年（1808），涛洛场共有土淋滩 865 副（副为制盐单位，面积有大有小，无统一标准），分布在涛洛镇东、南、北 19 个村。

清嘉庆年间涛洛场盐滩坐落副数表

表 7—7

坐落	副数（副）	坐落	副数（副）	坐落	副数（副）
涛洛镇东	85	刘家村（今刘家湾村）	25	葛家营东村	67
涛洛镇南	42	沙岭子村	35	张洛庄村	18
马家灶村	74	圈子村	13	廒头村	67
王家村	40	南店村	53	灶子村	91
滕家村（今小海村）	53	黑七子村（今朝阳村）	65	林家滩村	19
夹仓村	12	董家滩村	32		
乔家墩子村	51	竹子河崖村	23		

清道光十二年（1832），涛洛场滩池共有 1226 副，其中开晒者 1208 副，荒废 18 副。所有滩地均为土滩，每副滩铺晒池 5 ~ 6 大方，占地 6 ~ 7 亩。晒池四周筑石围，围内先以碎石瓦砾为基础，再铺砖压平，以减渗漏，滩之格式为长方形，如同农家菜畦。

道光十八年（1838），涛洛场有大沟滩（开沟纳潮者谓之沟滩）56 副，小沟滩 1170 副，计 1226 副，每副滩内有 5 ~ 6 大方池，有结晶池 7000 方。

1912 年，有滩池 759 副，其中大沟滩 532 副，小沟滩 227 副，年产盐 2660 包（每包重 195 公斤）。1915 年，山东盐运使派员清丈滩池，规定涛雒场为 177 副 569.5 份（以 1 人生产者为半份，2 人生产者为 1 份），注册灶丁 1139 人。1925 年，清查定晒池 100 方尺为 1 份，每份 2 人操作，计盐滩 177 副，10276 亩，晒池 677 份 67700 方尺。灶户大多农副渔兼营，以制盐为生的有 735 户。

1942 年，伪和平军陈成功部，在南店河南岸建顺池海滩 1 份 375 亩，名曰“三合滩”。1945 年 8 月 24 日后，由南店村接收。1946 年，日照抗日民主政府发放贷款建设盐田，涛雒范围的各盐业村集资建设盐田 216.3 亩，其中宋家坨 54 亩，马家村 57.3 亩，南店村 55.5 亩，竹子河崖村西滩 49.5 亩（1953 年因纳潮困难废弃）。1949 年冬，八路军滨海二团（驻天后宫）在宋家坨村、南门外的盐碱荒滩上，兴建 3 份转池海滩 247.5 亩。另在王家村建滩 70.2 亩。

1925 年涛雒盐场盐田分布表

表 7—8

项目	盐滩	晒池			
		副数（副）	亩数（亩）	份数（份）	面积（方尺）
第一区	墩子坨	15	870	110	11000
	董家滩坨	17	986	64	6400
	林家滩坨	9	522	35	3500
第二区	灶子坨	18	1044	55	5500
	廒头坨	18	1044	45	4500
第三区	桥西头坨	23	1344	46	4600
	马家坨	26	1508	104	10400
第四区	庄家坨	17	986	78	7800
	黑七子坨	21	1218	99	9900
	营子坨	13	754	41	4100
合计		177	10276	677	67700

图 7—1 八路军滨海二团兴建盐田

1956 年，对土淋滩进行改造和扩建海滩，涛雒场务所接受上级拨款 90740 元，分配给廒头盐场的第一期工程，于 1956 年冬至 1957 年春完成：将成家廒头、尹家廒头、张家廒头、东灶子、西灶子、王家村的土滩 242 份 1849.46 亩改建成海滩 2022 亩。1958 年，涛雒场务所改扩建盐田 31.5 副 2178.3 亩。廒头盐场第二期工程扩建海滩 3 个单元 922.2 亩。征用尹家廒头土地 40 亩、蒲汪 100 亩、阴柳场 30 亩；张家廒头土地 22.2 亩、蒲汪 10 亩、阴柳场 20 亩；成家廒头阴柳场 235 亩，贷款 9800 元。

1959 年，涛雒公社有盐场两处，7369.5 亩，盐工 495 人，至 10 月，底产盐 301918 担。

1974 年冬，经山东省第一轻工业局批准，在涛雒建盐场。1976 年，涛雒社办企业红旗盐场建成投产，盐田总面积达 1066.79 亩，生产能力 2400 吨。是年，涛雒村办盐业队盐田面积达 4533.3 亩。

1989 年，涛雒盐田总面积 7970.7 亩，其中廒头盐场 3285.6 亩，镇办盐场 831.15 亩，村营盐场 3853.95 亩。有部分盐田改成虾池。

盐田裁废 1935 年，涛雒盐税征收局奉令将不便管理之滩给恤铲除，其中灶子 538 方，廒头 92 方，马家村 556 方，桥西头 174 方，黑七子 482 方，庄家坨 140 方，营子一区 1790 方。

1936 年 10 月，涛雒盐税征收局奉令将弃滩不晒满一年之滩给恤平毁，其中灶子坨 242 方，廒头 172 方，庄家坨 180 方，马家村 448 方，黑七子 188 方，桥西头 566 方。

1949 年，全国首届盐务会议制定了“维持现状，改造土淋滩，对少数不便管理的土淋滩实行裁废”的生产方针。至 1950 年，先后裁废孙家村、庄家村、曹家村、李家营子、丁家营子、孙家营子、栈子、东南营、川子、右所、侯家村、小刘庄、刘家湾、桥东头的全部及廒头、灶子、涛雒、南店的部分土淋滩，还裁废了安东卫的部分海滩以及小场场务所的全部海滩，累计裁废盐田 6387.6 亩，转业盐民 1050 人，生产能力降低 20 万担。

1965 年 10 月，经县委、县人委批准，废除涛雒场所辖的李家村、桥西头两个村的 4 份盐田，面积 1091.64 亩，转业盐民 23 人，减少生产能力 1464 吨。

1981 年，涛雒盐务所马家村 6 队和王家村 10 队、11 队，因公社修公路裁废盐田 53.4 亩；1982 年，廒头盐场因老滩改造规划废滩 151.65 亩；1983 年，涛雒盐务所因修路又废滩 175.2 亩。1989 年，全镇盐田面积：廒头盐场 3285.6 亩，红旗盐场 831.15 亩，村办盐场 3853.95 亩。2013 年，域内大部分盐田改为水产品养殖池塘，只有廒头盐场保留 60 亩盐田。

第二节 盐田改造

土淋滩改造

涛雒盐田在唐代以前为海水煮盐。宋代以后为淋卤煎盐。清朝康熙年间改为淋卤晒盐。至中华人民共和国成立前，土淋滩仍占盐田总面积的 40% 以上，产量低，质量差，劳动强度大，旱年人均产量不过百担，涝年仅五六十担。1951 年，政务院在全国盐务工作会议上，提出了“提高质量，增加产量”的方针，号召广大盐民结合当时的技术和个体经济条件，对土淋滩进行技术改造。马家村盐业队盐民马恒福，在几年改造晒池的经验基础上，将四个小晒池改成一个大结晶池（原池 8 ~ 10 平方米），由砖石瓦片池板改造成泥池板，晒盐提水用蹬车。改进后，产量提高了 20%，质量也有了提高，而且省工省料，大大减轻了盐工的劳动强度。日照盐场管理处代处长丁履廉，亲自蹲点马家村盐场指导工作，总结经验，并推广到整个日照盐区。至 1954 年，涛雒盐田基本完成对土淋滩结晶池的改造，并产出了一、二等盐。是年，南店盐工范永宽发明“篷车快轮拉水法”，用以盐田提水。年底，域内有风车 18 辆、蹬车 31 座。1957 年，土淋滩全部改建成海滩。

海滩改造

转池海滩 1954 年，涛雒场务所从淮北青口盐场请来师傅，指导进行转池海滩改造。通过小滩并大滩，扩大了 10% 的盐田面积，将沪沟圩坎改建成蒸发制卤区，提高了盐田的利用率。至 1958 年底，基本完成了改造任务。

顺池海滩 1955 年开始，每年对原设计不合理的蒸结比例、落差、储卤设备等部分进行改造，使之趋向结构合理。在淡产季节，采取轮流作业的方法，间歇进行。

1970 年以后的老滩技术改造，主要为适应新的生产工艺和盐田机械化的要求，把分散零乱的旧盐田逐步改造为扬水、制卤、结晶三集中的新型盐田。

廒头盐场的老滩技术改造工程分两期进行，1978 年冬至 1979 年秋建设第一期工程：重点是改移河道，配套桥梁和五孔泄水闸，加高外圩和盐台，挡潮坝石护坡等，计动用土方 16000 立方米，石方 1350 立方米，沙方 250 立方米，启闭机 10 台，水泥 90 吨，投资 20.5 万元。1980 年冬至 1981 年春，建设第二期工程：建设结晶区 180 亩，改造中高制卤区 1305 亩，以及加固水库、圩坝工程等，计动用土方 272500 立方米，石方 5700 立方米，水泥 200 吨，钢材 10 吨，投资 53.37 万元（包括征用土地 4000 元）。两期工程累计完成改滩面积 261.3 亩。分设两个生产工区，从纳潮、扬水、压池、扒盐全部实现了机械化，结晶区全部塑苫化。1981 年，原盐产量由两年前的 6420 吨增长到 9075 吨。2013 年，盐场大部分盐田改造成虾池，只保留 60 亩盐田。

第三节　坨地建设

原盐归坨，始于清雍正六年（1728），山东盐运使郑蝉宝到涛洛场勘察，根据地势，兴建“干”“元”“亨”“利”“贞”5 处盐坨。雍正十年（1732），因有的灶户所产的盐，距离正坨太远，又有港汊河流间隔，集坨困难，故又于正坨附近设副坨 7 处。雍正十三年（1735），受川子河阻隔，川子等村到“利”字正坨集坨困难，又设川子、滕王、滕李 3 处副坨。清乾隆五年（1740），南店等 4 处滩地所产盐斤须向“干”字正坨或“元”字正坨集存，但受南店河和栈子河所阻，归坨极为不便，故又添设庄家副坨、竹子副坨、滕刘副坨、田家岚副坨。清乾隆二年（1737）后，场署编设巡役看守坨垣。

清乾隆五年（1740）正副坨坐落及距场里程表

表 7—9

正副坨名称	坐落位置	距场里程（里）	正副坨名称	坐落位置	距场里程（里）
干字正坨	涛雒镇东	1	亨字正坨	葛家营子东	10
马家副坨	马家村西	1	孙家副坨	张洛庄南	12
沙岭副坨	沙岭村西	4	利字正坨	廒头庄南	10
滕王副坨	王家村南	2	灶子副坨	灶子庄南	15
滕李副坨	滕家村村西	5	圈子副坨	圈子庄东	8
滕刘副坨	小刘庄东南	2	田家岚副坨	夹仓南	20
元字正坨	南店东	3	贞字正坨	乔家墩南	80
黑七副坨	黑七村东	4	成林副坨	林家滩南	70
竹子副坨	竹子河崖庄西	4	董家副坨	董家滩南	73

1917 年，涛雒场因坨地多，存盐分散，原盐不便管理，山东盐务稽核分所派员调查场产情况，要求盐民存盐进一步集中。经稽核总所、总会办批复核准，当年 8 月拨款开工，12 月建成官坨 10 处，耗资 22062.5 元（银圆），其中购地费 7336.5 元，筑坨开支 9306 元，修建盐警、验放员住房用 5318 元，购置家具支出 102 元。每坨面积大小不均，大者 15 亩（以营造尺计），小者 4 亩，计 10 坨总面积 86.5 亩，可容纳 677 份滩的盐产。官坨落成后，取消了原有正副坨，新建官坨周围筑木桩绕以铁棘，设有桩门，严防偷盗。

1931 秋，各坨修复了排水沟渠，外围刺条坨门，并设立了岗哨。1933 年 12 月，涛雒 10 坨围墙落成，墙上设有铁棘，墙外有壕，门设吊桥，颇为坚固。

1948 年，滨海盐务局成立后，涛雒盐区盐斤集存，仍使用原有官坨，储存销售。1949 年后，盐政统一，坨地建设有了大的发展。1950年，涛雒场务所修建马家坨、庄家坨、廒头坨，总面积14370平方米。各坨均建石基土墙草房2～3间。1959年，新建廒头坨2560平方米。1977年、1978年原盐连续高产，原有坨地已超容量，涛雒盐务所马家坨在涛雒公社红旗盐场南部征地建临时坨地1处，庄家坨建临时坨基3条，以解滩盐集坨之急。至1988年，涛雒盐区共有坨地4处，储存能力2.5万余吨。到2013年，只剩廒头坨。2018年域内无坨地。

第四节　配套设施

防潮（洪）坝　盐田防潮（洪）坝是防御大海潮和洪水侵袭，保证正常生产的重要工程设施。涛雒盐区均筑土坝，重要部位石方护坡。防潮坝总长12100米，高度1.5～5米。1960年以后，对易受大海潮洪水冲击的险工地段逐步以石方护坡加固，共计1800米。

廒头盐场1978年开始盐田改造，建成了全长6150米的防潮防洪土坝，其中川子河岸、夹仓河口500米外砌石墙内筑土方加固。1978—1981年，又修建东西石坝1150米，并对原有土坝筑土加固。1985年夏，市盐业公司拨款5000元，对南坝进行加固。1996年、1999年，盐场共投资7万元，加固维修了场外围防潮坝。2004年4月，投资4万元，加固东大坝（扬水站段）210米。

涛雒盐务所范围有栈子、南店、川子3条河流经场区入海，沿河均筑防潮防洪土坝计5950米，其中红旗盐场北坝紧靠川子河南岸，长1250米，经常受海潮冲击。1982年，石材护坡500米。1986年，根据市长办公会议决定，市盐业公司拨款5万元对大朝阳6号滩北边、南店河下游南岸（老沿海公路小海大桥东）250米堤坝进行砌石护坡。

扬水站　涛雒盐区纳潮原依赖潮汐，海水由港沟经纳潮闸自然流入水池，受风向、潮汐等因素影响很大，缺水现象时有发生，影响生产。1969年后，逐步以机械扬水取代自然纳潮，保证了生产的需要。

廒头盐场于1969年2月自筹资金5万元，在原1号滩东建机械扬水站1座，5月建成。扬水机械为6160型95.55千瓦柴油机，28ZLB—70型轴流泵，扬水能力2430～5000立方米/小时，机房4间，闸门1处。1976年8月，扬水站迁至东南角。1985年5月，投资4.5万元予以扩建，增加扬水设备（同上）1套，机房4间。2002年2月，投资4.5万元，新建一、二、三、四班扬水机房。

1972年3月，山东省盐务局拨款6万元，在庄家坨、马家坨近海处各建机械扬水站1座，土建工程4月份动工，7月份竣工。庄家坨扬水站设在小海村南，南店河、栈子河汇合处，装有4160A型66.15千瓦柴油机1台，直径70型轴流泵1台；马家坨扬水站设在小海村东北，龙王庙西南（沿海公路小海大桥北端西200米处），装有6160型99.225千瓦柴油机1台，28ZLB—70型轴流泵1台。附属工程有渡槽、倒虹吸、过路桥闸门等6座，机房6间。1973年3月安装完毕，山东省盐务局追加投资2万元。1978年5月，庄家坨扬水站扩建，增加机房3间，6160型99.225千瓦柴油机1台，28ZLB—70型轴流泵1台。

1976年，涛雒公社红旗盐场在场东北角建成一座纳潮扬水站，装有黄海2105型14.7千瓦柴油机2台，盐城40轴油泵2台，机房5间。2021年，各类设施均不存在。

通信线路　1956年前，日照盐场管理处设有电话单机1部，秘书科设有通信班，上呈下达，报表及传递信息，全凭通信员骑自行车在盐管处机关和场务所之间往返。1956年，日照盐管处至各场务所及坨地架设盐业专用电话线路：至涛雒场务所及庄家坨、马家坨专线3千米，单机3台；至廒头坨专线7千米。盐业专用线同当地邮电局构成了通信网络。1958年，随机构整编，专用电话线移交邮电局。1984年，涛雒盐务所的庄家坨、马家坨更新电话线2千米。1990年以后，通信线路全部交给邮电部门管理。

输电线路　1974年，廒头盐场由省盐务局专款扶持7927元，自筹资金2万元，从傅疃（日照拖拉机站）接线，架设高压线4千米，安装100千伏安变压器1台，以后逐步建设场内低压线路9千米。1980年，涛雒盐务所与马家村、庄家坨村合伙架设高压线，解决了马家坨和庄家坨用电问题。

机关房屋 明景泰三年（1452），涛洛场署建立，故址今在观海东路北侧，宅院占地面积2000平方米，分为内宅（官宅）和外宅（吏员侍从住）及办公室等。

中华民国时期，涛雒盐税征收局与税警局均居涛雒北门里路东（故址今在文泰路与民安路交会处，文泰路东、民安路南侧），两处四合大院，仅一墙之隔。

1917年，随着10处官坨的建立，各坨务处陆续建设房屋总计40间。

1948年，涛雒盐务所在涛雒街东门外（故址今在盐业机修厂东邻）共建石基土墙草顶房14间。

1954年8月，日照盐管处迁至涛雒北门里，前日照中学校址（故址今在文泰路与民安路交会处，文泰路东侧、民安路南侧），计瓦房90间，二层楼房两栋8间。1958年4月撤盐管处，在此成立盐务局。1984年12月，廒头盐务所撤销后的房屋16间，建筑面积256平方米，交廒头盐场使用，所有权仍属盐业公司。

1985年9月，日照县盐业公司迁日照兴海路，公司在涛雒的原址房屋由涛雒盐务所、盐业机修厂两家管理使用。

1999年夏，涛雒镇政府开始城镇规划建设。根据规划，涛雒盐务所迁至南店204国道（原镇政府经管站处）西侧办公。2010年6月，并入安东卫盐务所。

第四章　盐业生产

在唐代以前，域内原盐生产，多采用海水煮盐。唐代以后，原盐生产技术不断改进，经历了从淋卤煎盐到淋卤晒盐。20世纪50年代末，域内全部采用海滩晒盐，并进行了多次技术改造。技术上的进步，使得原盐的产量和质量都得到了提高。

第一节　原盐生产

海水煮盐

唐代以前，直接以锅煮海水成盐，是为煮盐。

淋卤煎盐

宋、元以后，逐步转变为先制卤，然后煎卤水制盐，是为煎盐。

制卤　淋土 将滩内淋土场之土用木耙犁起，晒干后，泼洒海水，晒干再泼，以增加土内盐分。视土色变灰（白）或暗红（此时土内含盐量较高），用竹耙（独木凿眼装上10厘米长的竹钉，两头钉有木板，板上拴绳，系于人之腰间，倒退拉动）研细，再用木板刮起，用竹筐抬于牢墩（淋卤用，圆形，底铺秫秸，周围筑埂，墩下有井）之上，再用木掀装入淋池。

淋池 淋池一般选在盐场中间。先用锨平整，后用碌碡压实，以防渗卤，再铺上5厘米厚的秫秸（根高，梢低），周围用咸泥筑埂，圆形（很少有方形、簸箕形），高0.8米，直径2米。秫秸梢处留有出卤口，旁挖1坑，用红柳条编织成圆筒状，高1米，埋于坑中，谓之卤井。淋池与牢墩间的小路称为灵脚，一个盐户2～7个淋池。

出卤 将备好的淋土装入淋池（约16竹筐），用脚踏实，以海水浸灌，卤水顺卤槽流入卤井，称为“头浆”。每次可得卤水30担。卤水浓度大小以莲籽测试，若莲籽浮于卤面，其卤成；若莲籽浮于中间，则将莲籽上层的海水用瓢撇出泼掉，莲籽以下即卤水（因黑、黄豆比重大，一般不用之测试卤水浓度）。

清池 卤水淋完之后，用铁锨将淋池之土取出放在牢墩之上，待多半干后抬至晒场摊开，下一轮再用。

煎盐 煎盐所用之器，汉时谓牢盆，后称盘、敞，也称锅，有铜质、铁质两种，圆形、平底、容量 0.2 立方米。清雍正年间，涛洛场除“贞”字坨外，其余各坨均因煎盐成本太重，产量也少，一律改煎为晒，实行淋卤晒盐法。

淋卤晒盐

淋卤 淋卤晒盐的制卤方法，与煎盐制卤方法相同，皆撒（刮）土淋卤。

晒盐 清康熙年间，灶户开始掘滩建池，利用阳光晒盐。在滩内选择适宜地点，建造晒池。池底夯实，再以碎石瓦片铺垫，或用薄砖铺平，以减少渗漏，提高盐质。池周围筑泥埂，中间以缸泥（下层泥）隔成 2.5 平方米小方格，每户 4 ~ 12 个。然后将制成之卤水运于晒池约 5 厘米深，即可利用阳光蒸发结晶。春季 1 ~ 2 天即能成盐；夏季产盐粒大而中空，密度较小；秋冬季 3 ~ 5 天捞盐，粒小坚实，密度较大，质量较好。

土淋滩晒盐技术经过了 200 余年，1950 年初，土淋滩面积占盐田面积的 40% 左右，1956 年，占盐田总面积的 15%，但终因生产工艺落后，较之海滩晒盐，产量低，成本高，质量差，劳动强度大。1957 年春结束了土淋滩生产的历史，全部实行海滩晒盐。

日照盐场管理处 1955 年春制定土淋滩生产操作规程：

（1）开始灌池前，先撤出卤井上层的淡水，并以波美表随时测量浓度，撤到 20° Bé 以上为止。

（2）加卤必须于早晨 7 时至 8 时 30 分加完，在露水大的季节应以傍晚加卤为主。

（3）对卤水的使用与严格控制老卤的方法：①泥池底，有靠卤头的池子，4 月中旬末以前，卤水可以循环使用，但结晶池卤水浓度不得超过 29° Bé，兑卤时浓度须在 14 ~ 15 ° Bé，兑卤后的浓度不得超过新卤 4° Bé。② 4 月中旬末至 9 月底，结晶卤水达到 28.5 ° Bé 时，不论能否扒盐，一律泄出。泄出的卤水二分之一循环使用，二分之一先投入急救卤塘内再提到另一池进行分晒（因土淋滩的结晶池无落差，没法由甲池卡到乙池），俟到 31° Bé 时甩掉不用，或储存再生产卤块等副产品。但在分晒部分扒盐时，应先把池中卤泄出，添入新饱和卤进行扒盐，以便进行洗涤，洗涤后卤水仍留分晒池晒盐。③ 9 月底至 11 月中旬以前，结晶池卤水浓度达到 29° Bé 时，不得循环使用，应撤到另一池内晒制，达到 31° Bé 甩掉不用。④凡是石板瓦片铺的晒池，又无靠卤头，不论在哪一季节内均不得循环使用老卤，一律使用新卤晒制，且不得超过 30° Bé，如超过 30° Bé 即甩掉不用。

（4）12 月份至次年 2 月中旬，应以集中力量培积干土制卤保卤为主，在气候条件许可的情况下，应充分发挥砖石结构结晶池渗透率较小的优势，争取灌一部分池子实行冬季产盐，以提高全年产量。

海滩晒盐

域内海滩晒盐，最早始于 1941 年。1957 年以后全部采用海滩晒盐之法。

海滩晒盐的设施主要有储水池、蒸发池（含调节池）、结晶池、卤库、沟道、坨台等。主要生产工具有戽斗、大扒、二扒、小扒、木锨、大筐、碌碡、铁锨、铁耙、手推车等。盐田机械设备有人力机、蹬车、扬水风车（20 世纪 40 年代始用）、风力机（1968 年始用）、水泵（轴流泵）、压池机、皮带输送机、管道扒盐机等。

图 7—2　扬水风车

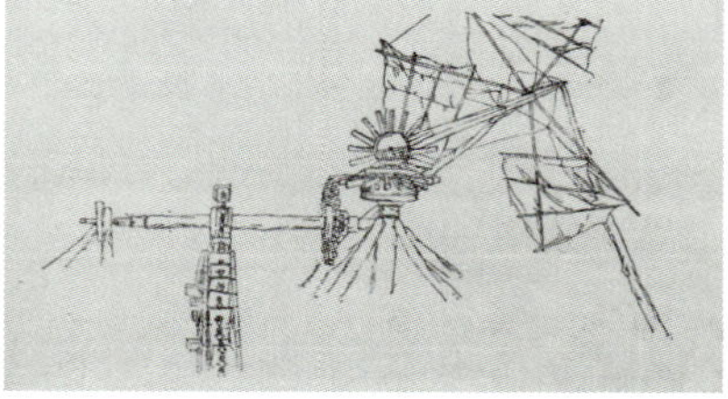

图 7—3　钢质风力机

制盐工艺流程为：

纳潮—制卤—结晶—捞盐—归坨

纳潮 滩内沪沟、水库存水浓度低于海水时放出，换纳新海水；高于海水时，根据下部用水情况下放储存，倒出空位待涨潮时纳存海水。春季蒸发量大时纳潮头，雨季或雨后纳潮尾，以避开淡水。

修滩 以常年保养为主，春秋两次全面修滩为重点，保持滩池平整、坚硬、无烂泥、无青苔，减少渗透，以提高蒸发面积利用率。春初2月上旬，初秋8月，生产淡季进行重点修滩。

制卤 春秋旺季一天一投卤，一步一卡，咸淡区分跑，不跑过堂水。使用横灌斜穿、拉长走水线、卤水倒扬、沟沟养卤、刷卤沟以及人工返水等方法，提高制盐效率。伏季，实行薄灌深储，边制卤边保卤。冬季，蒸发制卤与冰下抽咸结合，气温回升时作好化冰排淡准备。

结晶 实行“新、深、长”结晶工艺，以新为主，深、长适当。灌池卤水深度：平晒池3～4厘米；0.75亩左右的塑苫池5～7厘米；3亩左右约10厘米以上。灌池后，平晒池于翌日晨加卤1.5～2厘米，塑苫池3～5天后加卤5厘米以上。结晶池按7∶3划分新区和分晒区，新区结晶卤水达到28.5° Bé，Na+ / Mg++ 低于2.5时撤出，灌入分晒区结晶，盐种100公斤/池，Na+ / Mg++ 低于1.5时甩撤。

捞盐 捞盐要根据天气情况进行，平晒池滩尽量延长结晶时间，每茬盐最低占用蒸发量40～50毫米；塑苫滩每年于6月、10月两次捞盐，或一年于秋末捞一次，中间每隔5天把结晶碾碎一次，使其充分接触卤水。

图7—4 捞盐

图7—5 归坨

归坨 原盐出池，按质量检测结果，堆存于临时坨台，控卤7天后，化验后定等次，集入大坨，分等堆存。

天气异常处理

根据天气预报情况，按场内生产基础，分别进行处理，不足5毫米的小雨，塑苫滩放开薄膜，平晒滩盐碴厚者以捞盐为主，盐碴薄者，加卤蒙碴，中高级卤水储保2～3行，以防雨量增长冲淡卤；中雨以上，平晒池盐全部捞出，集中饱和卤水适当蒙碴，各级卤水分级储存，下风口排淡；大雨时，平晒滩池盐全部扒出，卤水分级储存。

2005年廒头盐场原盐生产主要机械设备表

表7—10

设备名称	型号	数量（台）	用途
柴油机	195型	6	泵房提卤
电机		15	泵房提卤
水泵	300轴流泵	15	泵房提卤
压池机		8	
皮带机		4	
柴油机	6160A型	3	纳潮站专用
高频塑料热合机	J—116	1	压制塑苫

第二节 产品产量

原盐

盐业生产，原盐是主要产品。清代以前为煎制，盐粒细小，叫做“沫盐”。宋朝煎盐，盛期可达32000石。清朝初期，改为煎晒，盐粒小而洁白，俗称“小盐”。1945年后，海滩晒盐，原盐粒大，色白而硬，称为“大盐”。1978年后，有传统的平晒结晶盐、塑苫结晶盐，但不论何种工艺生产的盐，凡未经加工的，均称作原盐。1978年，域内原盐产量35427吨，比中华人民共和国成立前增长100倍，创历史最高水平。1984年以后，由于晒盐不如海产品养殖效益好，镇、村盐场纷纷将盐田改建养殖池。2003年，镇村盐场全部废除。2006年，廒头盐场产盐5500吨。2009年，产盐1720吨。2012年，域内已停止产盐。

粉盐

廒头盐场粉盐加工厂 1988年，廒头盐场粉盐加工厂开始生产粉盐。该产品是以塑苫结晶经管道输洗的大粒盐加工而成，生产工艺为：

优质原盐—输洗—粉碎—烘干—筛选—包装

粉盐生产所用设备，有普通粉碎机、烘干机、包装封口机等。产品具有纯度高、杂质少、色泽洁白、粒度均匀、食用方便等特点，有1公斤彩印袋装和50公斤大袋装。广泛应用于民食、饮食服务和食品加工等行业。1988年，共生产粉盐1500吨。

1991年，根据市场需求变化，廒头盐场投资100万元，立项开发了洗精盐项目，开工建设了年生产能力1.5万吨的洗精盐厂一处，产品质量执行国家《食用盐国家标准》(GB5451—1992)，1992年7月建成投产。1996年，廒头盐场投资65万元，置换车间设备，添置了化验室设备。2000年，《食用盐国家标准》(GB5461—2000)发布后，廒头盐场投资188万元对粉精盐厂进行技术改造。该场生产的“太阳城”牌洗精盐质量全部符合国家标准，氯化钠含纯达到97%以上，投入市场以来，深受消费者欢迎，填补了日照市食盐市场的一项空白。

大朝阳村粉盐加工厂 1989年秋天，大朝阳村投资27万元，成立粉盐加工厂，属村办企业。产品以涛雒盐务所所辖盐场生产的优质原盐为原料加工而成，其生产工艺为：

优质原盐—卤洗—粉碎—烘干—筛选—加碘—包装

粉盐生产设备有洗盐机、粉碎机、烘干机、包装封口机。产品特点有氯化钠含量高，粒匀色白，食用方便等。包装全部为1公斤彩印袋装。销区主要有涛雒、巨峰、高兴、黄墩、后村、虎山、汾水等乡镇。年产量100～120吨，年利润10万元。

1997年冬，因执行食盐专营政策，大朝阳村粉盐加工厂盐制品生产许可证被吊销，企业转型经营。

加碘盐（食盐）

加碘盐是以原盐或加工盐为原料，将碘化钾（KI）的水溶液，按一定比例均匀地喷洒在原盐粒上或加工盐上而制成的一种盐。1984年7月，山东省人民政府防治地方病领导小组、省财政厅、省卫生厅、省一轻厅、省供销社《关于实行产地食盐加碘办法的联合通知》决定，食盐由原来商业（供销社）加碘改为产区加碘，碘盐加工费用，由产区地（市）县财政部门根据实际加碘数量，每吨按3.6元拨款。1984年，日照人民政府决定廒头盐场为碘盐加工单位，碘盐供应当地（市）区，以防治地方性甲状腺肿大症。由于碘用量少，采用了简单的加工方法，在加工过程中，边筑堆边喷洒碘溶液，然后密封。碘盐比例为1:20000，由市防疫站、市盐业公司监督。1994年6月，山东省盐务局统一部署，碘剂改用碘酸钾（KIO3），停止使用碘化钾（KI）。

1993年，廒头盐场被省盐务局确定为加碘企业，1994年，取得了轻工业产品生产许可证。1996年10月，被确定为国家食盐定点生产企业。1997年10月，该场购置了10/IM型加碘计量泵，结束了人工加碘的历史。1998—2000年，碘盐生产销售量年递增2000吨左右，为推动日照市持续消除碘缺乏病危害做出了积极贡献，经济和社会效益显著。2000年9月，廒头盐场投资188万元，更新碘盐生产线，10月，碘盐生产线通过中盐总公司专家组验收，再次被确定为日照市唯一一家全国食盐定点生产企业。2005年，碘盐年生产能力3万吨，加碘精制盐完全符合食用盐标准（GB5461—2000）。2008年12月，山东省缩减制盐企业而停止生产。

第三节 盐副产品

钙皮（硫酸铜钙） 在制卤过程中，当海水浓缩到 16.75 ~ 22° Be 时，硫酸钙析出量达 80%，制取 1 立方米卤水，可得钙皮 15.97 公斤。钙皮在中、高级制卤区结晶析出，呈土灰色片状。池中生成的钙皮须定期清理废弃。1978 年后，各场所产钙皮被水泥厂用作原料，洗净后每吨售价 15 ~ 18 元。域内盐区年产量 60 ~ 80 吨。

卤膏 卤膏是域内一带传统的盐副产品，以苦卤为原料，加火熬制冷却凝固而成。行销于莒县、诸城等内陆各县，主要用于制作豆腐。

中华民国时期，盐民迫于生计，利用晒盐后的苦卤，于秋冬季节熬制卤膏，自产自销，以补生活，但产量甚少。1946—1948 年，每年生产 1000 余担，每担值 75 公斤高粱。1949—1953 年，每年生产 2800 余担，每担单价 15000 元（旧币）左右。中华人民共和国成立以后，国家对卤膏的生产、销售无管理和纳税规定，仍属自产自销，产量则视销路畅滞而定，主要用于制作豆腐。1975 年后，根据钢铁冶炼、石棉加工制品和生活需要，各村、镇盐场和廒头盐场等单位安排生产，最高年产量不过 400 吨，每吨 100 ~ 120 元。

芒硝 芒硝生产是在 1944 年后，基本上是在冬季利用晒盐结晶后的混合卤，经兑卤于盐田低温结晶而成，呈片、棒或颗粒状。因混有泥沙，故称粗硝，经加水溶解、沉淀、低温结晶即得有水精硝。域内盐业所产芒硝，主要用于土法制医药、畜用等。以销定产，高时可达 500 多吨，销售价格为：1946—1948 年，每担值 75 公斤黄豆；1949—1951 年，每担值 50 公斤黄豆；1952—1954 年，每担值 98000 元（旧币）。在 1963 年前，政府未对芒硝销售价格未作统一规定。1963 年，经县计划委员会批准，每吨按 23 元执行，但加工提纯的精硝价格由盐场自定。1981 年后，粗硝价格由盐场自定，每吨 30 元。

老卤 在结晶过程中撤出的卤度 30° Be 以上的卤水为老卤，其成分为氯化镁。廒头盐场每年生产老卤 0.7 万 ~ 1 万立方米，1996 年开始出售，每立方米 15 ~ 20 元，主要用于活动板房生产和制作豆腐。

2018 年后，随着制盐企业取缔，盐副产品不复存在。

第四节 质量管理

盐的质量，历代都有要求。清嘉庆十三年（1808）编《新修山东盐法志》载“涛雒场盐池以砖石为之，形如棋盘”。就是说为保证盐的色泽，用砖石铺设池底，达到提高质量的目的。

民国初期，开始有了盐的质量标准。据《中国盐政史》载，“食盐以含有 90% 以上氯化钠者为一等盐；含有 85% 以上者为二等盐；氯化纳不足 85% 者，不得用作食盐。一等食盐所含水分不得超过 5%，二等不得超过 8% 以上，水分在 8% 以下，并不含其他妨害生产之杂质者，方准放销。其不合格者，务令改制。改制 3 次不合格者，得呈准停止其制盐”。涛雒场受设备等条件限制，不能对原盐理化指标逐项进行化验。1934 年，两淮运使署设计工程师靳范隅到涛雒场区视察盐务情况时，始对原盐作分析。涛雒场产的盐感观指标为：粒小而坚、色纯白而明、味咸无异味、质轻而干燥。

1952 年，政府盐业工作重点由抓盐政管理转向抓生产管理和技术工作，原盐质量提高很快。1955 年，涛雒盐务所一等盐产量占 68.27%，二等盐占有量 26.24%，三等盐占有 5.49%。1971 年一等盐占 64.13%，二等盐占 35.87%，消灭了三等盐。1976 年，原盐一级品占 99.48%，比 1971 年上升了 35.35%；二级品占 0.52%，比 1971 年下降了 35.35%。

1980 年 3 月，山东省第一轻工业厅根据轻工业部 1978 年颁布的海盐标准和产品质量升级规划的要求，对山东省现行原盐质量标准进行了修订，执行至今。

第五章 运销

旧时，历代朝廷对盐斤的储运销售都有严格的管理制度。中华人民共和国成立后，人民政府对盐斤的储运销售管理办法，在旧有的基础上进行了改进，各项管理制度逐步得到了完善。

第一节 集坨

清雍正六年（1728），山东盐运使郑蝉宝亲临涛洛盐场视察，主建“干”“元”“亨”“利”“贞”5处官盐坨。凡灶户产盐，除计口留食外，其余全部运于坨中储存，报场大使分户注册。场署抽派灶民看守，编设“十家保甲”制度，互相稽查，以防私贩。后因产盐归坨距离太远，影响归坨时间，于清雍正、乾隆年间又三次增设副坨14处。至此，涛洛场共有正副坨19处。乾隆二年（1737）后，场署编设巡役看守坨垣。

1917年，涛雒场因坨地多、存盐分散，不便管理，且年久失修，经山东盐运使转呈中央财政部盐务稽核总所、场公署批准，取消原有的正副坨，拨款建官坨10处。产盐全部归入官坨，按坨务人员指定地点堆放，灶户一家一堆，不准一家数堆。要筑成锥形圆堆，加盖“验”或“卤”字等封印，草苫苫盖，并于盐堆之侧插一竹（木）牌，牌上注明灶户姓名、担数，注册待售。

1949年前后，仍施行原盐归坨制度，盐民产盐集中到临时坨分户蓄存待售，单堆一般储量200吨，小者仅几十吨。1950年废除旧制，开始实行定等、计量、集坨公收制度，一直沿用至今。1951年，集坨管理制度逐步完善，备耗盐由10公斤改为5公斤，即集坨以55公斤作为1担。全面推行淮北长方形筑堆法，盐堆高7～8米，坨基宽12米以上，长度因地形和盐的数量而定，盐堆坡比约为1∶1.5，以苇苫盖，竹签固定。是年，省盐务管理局制发了“滩盐归坨证”“盐民集坨领款折”代替了“进盐坨单”。“滩盐归坨证”为滩盐归坨证明，“盐民集坨领款折”经签章后交盐民（生产单位）收执，作为公收领款的凭证。坨盐放销按先陈后新顺序进行，清坨后发生溢余或亏耗按盐民或生产单位集坨数量比例分配。1961年后，为了节省集坨费用，减轻集坨工作压力和环节，实行原盐集坨和就滩改销同时进行。1970年，开始进行老滩技术改造，实行集中结晶的单位，在结晶区附近建设了储盐坨基，原盐出池后一次落地，不再集运至大坨。到1988年，尚未进行改造的老滩，如廒头盐场的6、8、9班，镇办红旗盐场，各村盐业队，仍继续实行原盐集坨。交通便利的生产班组、生产队亦同时实行就滩放销。但雨季汛期前，滩盐要全部集坨，保证安全。

第二节 装运

清朝时期，涛雒场配销票盐。盐包重量，清初为200斤，以后有6次加课加盐、免课加盐和增加包索耗盐，至清末，包重增加到390斤。清康熙四十七年（1708），盐以席做包，规定引岸盐包捆索3道，票盐捆索两道，不许紊乱，以资区别。清雍正八年（1730），户部覆准山东省票盐除照例筑包225斤之规定，并成为定例。

1913年，每引每票一律定为400斤。1914年，涛雒场销区费县、沂水运盐道路崎岖，大包不便运输，改包为袋，每袋净盐100斤，加皮重4斤，不加卤耗，以符每包416斤之数。包装方法，或筑蒲包以草绳捆之，或装布袋麻袋不等，以后为便利骆驼、驴骡及人力小车运输，每袋重量不予限制，唯每放盐一担，连皮共计104斤。运输方法分车运、畜运、人挑背负、船载4种。清朝至民国初期，涛雒场外运盐斤多经日照城，再经古驿道、官马大道西运。运道计有5条：民岸有日照、莒县2道，商岸有沂水1道，费县有诸满、马庄2道。从涛雒起，运输里程及运费分别为：至日照县城45里，每担0.4元；至莒县城165里，每担0.70元；至沂水县城255里，每担2.5元；至费县的诸满237里，每担2元；至费县的马庄375里，每担2.2元。

1949—1955年，原盐装运仍为人力、畜力运输。1956年以后，原盐运输逐渐改由汽车等机动车辆运输。包装用具仍为蒲包、麻袋，袋装、统装或散装。现行的加耗标准系1981年4月日照县盐务局制定的《仓坨管理制度（草案）》中规定的坨盐百斤加耗0.5 ~ 1.5公斤，滩盐加耗1.5 ~ 2.5公斤，以运达至目的地不亏损为原则。1977—1988年，原盐运输费变化不大，汽车运费一般道路为吨千米0.18元，装包过磅及装车费：散装每吨0.88元，袋装每吨1.25元。

第三节　销售

清朝时期，涛雒场销区盐商运盐，须先向省盐运使司缴纳银两领票（黑扒盐票），持票到场春运盐斤。经场署审核填写到场日期，到滩坨交价买盐，先以升斗量筑包，由场员用官秤验准，再经场署审验截角，签署日期放行。票盐运至销地，须经地方州县官稽查票盐，核实无讹后，再截角签署日期方能销售。销售完毕，填写卖完缴票日期即成残引，解户部核销。

1914年，废除引票改用部颁运盐执照（简称部照）。涛雒场放盐分商运、民运两种，商运之临（沂）、郯（城）、费（县）、沂（水）专商在涛雒设立春运局，直接向山东盐务稽核分所（驻济南）缴纳税款，持领取的乙联准单到运使署领取部照，然后凭准单和部照来场装盐。将在济南领来乙联准单及部照呈送盐税征收局（盐务稽核支所），税局审核与分所发的丙联准单相符后，即将单照留局始行放盐。其手续先由春运局出具请发凭单书，由车驮户呈送税局登记后换发装盐执照赴坨装盐，经仓坨验收人员验照过秤后签名盖单，再来局换领护运凭单以凭护运。盐运至销地后，即将凭单寄局缴销，待准单盐数放完，将部照发还春运局，乙联准单呈缴分所。至于民岸，日、莒两县食盐及猪、渔等盐均在涛雒验放处，缴税领取准单运盐。各种准单有效期：费、沂商盐为1年；日、莒民岸食盐为两个月；陆地猪、渔、萝卜等盐为1个月；海上渔盐，则由涛雒运至吴淞后，经吴淞渔盐秤放局批准作废。

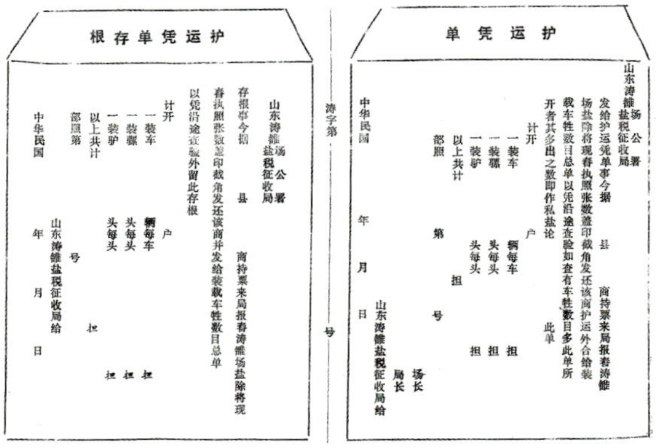
护运凭单存根
山东涛雒场盐税征收局 公署
存根事今据　县　商持票来局报春涛雒场盐除将现
春执照张数盖印截角发还该商并发给装载车牲数目总单
以凭沿途查验外留此存根
计开　户
一装车　辆每车　担
一装骡　头每头　担
一装驴　头每头　担
以上共计　担
部照第　号
山东涛雒盐税征收局给
中华民国　年　月　日

涛字第　号

护运凭单
山东涛雒场盐税征收局 公署
发给护运凭单事今据　县　商持票来局报春涛雒
场盐除将现春执照张数盖印截角发还该商护运外合给装
载车牲数目总单以凭沿途查验如查有车牲数目多此单所
开者其多出之数即作私盐论　此单
计开　户
一装车　辆每车　担
一装骡　头每头　担
一装驴　头每头　担
以上共计　担
部照　第　号
场长
局长
山东涛雒盐税征收局给
中华民国　年　月　日

图7—6　护运凭单

1945年后食盐销售，盐商凭购运证直接到盐店缴款领票，到指定滩坨由验放员验票后装盐过秤，以放足票额为止，口袋除皮3斤，麻袋除皮5斤，并于税票加盖“验讫”印记后出场，然后将放盐票号、滩户姓名及数量，记入划码簿，以备查考。

1950年，开始使用中财部定式华东区盐务管理局统一印制的新税票。购盐单位或自由商贩到场务所购盐，先开单缴纳盐税、盐价款，再凭收款单向填票员报名及运销地点，限定在途运输日期，领取税票，然后持税票和收款单赴指定滩坨装盐，经验放人员查验过磅、加盖验讫印税票随盐同行。1953年后，销盐由使用现金逐步改为转帐支票和银行托收等结算方法。1958年后，税票取消，手续简化，放盐实行五联“销盐凭单”。

1960年后，各盐务所对销区内固定经营原盐的单位，即县供销社或土产、果品公司及其下属单位，实行代办托运及代理一切装运事宜。承运单位直接到坨装盐，由坨地开具“原盐发货单”，运输人持单到指定地交货，盐务所按期通过银行（办事处）划款结算，方便用户。1988年11月，各盐场、盐务所的食盐供应计划，纳入市盐务局统一管理，由市盐务局供销科统一签发“原盐销售发配通知单”，各场所不得随便放销食盐和其他用盐。

销盐凭单

发盐坨地：　　　　　　　　19　年　月　日　　No.

购盐单位						备注
盐类	盐	等级	等	数量	吨　公斤	
项目	每吨单价	金额				
盐价						
盐税						
合计金额（大写）　拾　万　仟　佰　拾　元　角　分						
¥　　元						

放盐单位　　主管　　填单　　出纳　　放盐

图 7—7　销盐凭单

第四节　盐价

清朝时期，盐价以路途远近、运费多少作为盐斤的定价标准，由户部核准。涛雒场销区 7 州县为票地，其各县盐价见下表：

清代盐价表

表 7—11　　　　　　　　　　　　单位：文 / 斤

票地	户部则例所载盐价	嘉庆十三年（1808）盐法志所载盐价	宣统三年盐价（1911）
兰山县	10	16	23
郯城县	12	18	25
费县	12	18	40
蒙阴县	11	17	27
莒县	8	14	不定
沂水县	9.5	14.5	31
日照县	6	12	不定

民国时期，北洋军阀政府和南京国民政府只管征收盐税，不管盐价高低，盐价由商人和盐民商定，行情好时，盐价每担在 0.5 元（银圆）左右，滞销时在 0.2 ~ 0.3 元，因而，涛雒盐民有“黑盐卖金子，白盐卖银子”之说。

1938 年秋以后，日伪敌占区盐价每担 0.12 元（日币），仅换地瓜干 2 ~ 2.5 斤。解放区每担 0.5 ~ 0.8 元，可买高粱 12 斤，高于敌伪区盐价 4 倍以上。1945 年 9 月以后，每担盐由 0.8 元提到 1.2 元，可买高粱 15 斤。1949 年，以盐的生产成本和销路、粮价（标准 100 斤盐换 10 斤高粱）、旺产、淡产和周边场价等情况来掌握盐价，因此，盐价变动频繁，升降幅度较大。以 1949 年为例，2 月 25 日以前，场价一等盐每担 80 元。由于物价普遍上涨，2 月 25 日至 4 月 19 日，一等盐每担 130 元，4 月 20 日至 5 月 11 日，每担一等盐 160 元，6 月份每担一等盐提到 350 元，8 月份一等盐每担提到 1000 元，10 月份，随着物价的连续上涨，一等盐每担提到 2000 元，11 月份 6 次提价，一等盐每担由 3200 元提高到 18000 元。总之，盐价的提高以物价的上涨和销路的畅滞为依据。

1950 年 4 月，日照盐场管理处建立以后，对原盐实行公收统销，盐价的核定逐步合理完善。以小米价格为核价依据，每担原盐收购价等值于 10 斤小米。1951 年后，省盐务局对盐价又作了明确规定，核价依据：以一个常年制盐劳力，连本身在内能养活 3 口人为核算标准，核价方法：（1）参照历年产盐量；（2）每人日生活标准 2 斤小米附加菜、油、衣服、杂项开支；（3）生产工具折旧费；（4）原盐集坨修理费，再加 20% 的利润；（5）土淋滩、海滩盐价分外核定。1954 年以后，由于物价较为稳定，盐价亦相对固定下来。

1950—1953 年，公收价格共变动 20 次，呈低—高—低趋势。最高值出现在 1951 年 1 月，涛雒场务所一等盐 16800 元（旧币）/ 担，二等盐 15800 元（旧币）/ 担，三等盐 14800 元（旧币）/ 担。1957 年 1 月 1 日，涛雒所一等盐 1.00 元 / 担，二等盐 0.80 元 / 担，三等盐 0.60 元 / 担。1959 年后，一等盐 20.80 元 / 吨，二等盐 17.80 元 / 吨，三等盐 11.80 元 / 吨。1979 年 11 月，调整为优等盐 28 元 / 吨，一等盐 28 元 / 吨，二等盐 25 元 / 吨，三等盐 21 元 / 吨。1984 年 5 月 15 日，优一等盐不动，二、三等盐分别调为 28 元 / 吨、25 元 / 吨。1986 年 10 月 1 日，原盐公收不分等级，一律按 45 元 / 吨公收。

出场价由公收价加储存费、运输费、管理费、盐工福利费、盐场建设费、平衡差价和其他费用构成总和。1951 年 1 月，出场价格最高，涛雒场务所一等盐 18500 元 / 担，二等盐 17500 元 / 担，三等盐 16500 元 / 担。1953 年 1 月，一等盐 11900 元 / 担，二等盐 10000 元 / 担，三等盐 8020 元 / 担（以上价格均为旧币）。

1953 年 5 月 3 日，奉山东省盐务管理局鲁政密（1953）第字 2 号通知，日照盐场管理处代收盐场建设费，自 4 月 1 日起改按公收价的 2.6% 征收。9 月 9 日，按华东盐务管理局东道政（1953）字第 115 号通知，调整出场价组合项目统一为：公收价、运输费用、储存费用、场建设费、盐工福利费、其他支出、耗率（暂不执行）、平衡差价（食盐与渔业用盐分别处理），自 9 月 16 日起执行。

1964 年 12 月 20 日，日照盐务局遵照省盐务厅（1964）东轻盐字第 260 号通知，对现行的成本费用作了调整，增加“行政管理费”项目，自 1965 年 1 月 1 日起执行。

1965 年集体盐场原盐出场价成本费用及平衡差价表

表 7—12　　单位：元 / 吨

等　级	出场价	成　本							平衡差价
		收购价	运输费	储存费	行政管理费	其他费用	盐场建设费	合计	
1	34.00	20.80	1.80	2.50	2.00	0.40	3.00	30.50	3.50
2	31.00	17.80	1.80	2.50	2.00	0.40	3.00	27.50	3.50
3	26.00	11.80	1.80	2.50	2.00	0.40	3.00	21.50	4.50

1979 年 11 月，原盐出场价格调整为优、一、二等盐 34 元 / 吨，三等盐 31 元 / 吨；1984 年 5 月 15 日，调整为优、一等盐 39 元 / 吨，二等盐 36 元 / 吨；1986 年 10 月 1 日起，原盐不分等级，出场价格一律按 57 元 / 吨执行。至 2007 年，原盐出场价格为 660 元 / 吨。2008 年后涛雒盐务所停止售盐。

第六章　盐政

春秋时代，管仲相齐，涛雒即享鱼盐之利。汉初，盐业开放民营。汉武帝元狩四年（公元前 119），对食盐实行官营专卖。此后，历代政府对食盐实行直接专卖制和间接专卖制。中华人民共和国成立后，制定了一系列盐业管理政策，对食盐的生产经营实行专卖，并对相关政策不断进行调整、补充、完善。

第一节　用盐管理

盐法

域内盐区，早在春秋时代，即有盐法。汉武帝元狩四年（公元前 119），对食盐实行官营专卖。东汉至南北朝时期，专卖制与征税制交替使用，均设有盐官。唐代至德和宝应年间，先后推行民制、官收、官运、官销的直接专卖制和民制、官收、商运、商销的间接专卖制，产运销有较大的发展。宋代先后推行“折中法”“盐钞法”和“引法”。“折中法”是政府给予商人输送粮草至边塞或京都换取茶盐运销权利的制度；“盐钞法”是商人交钱领钞，钞中载明盐量（每钞一席，220 斤）；“引法”是商人纳钱买得盐引，凭引支盐，自己备办运销工具，贩卖于指定区域。金元时期，承袭此法，并予以更张改进。明洪武三年（1370），仿宋“折中法”行“开中法”，同时实行计口授盐制度。明万历四十五年（1617），又行仓盐折价之法，即官府不再向灶户收盐，而令灶户按引纳银，商人则直接向灶户购盐而不经官，是为商专卖制。自此，国家将收盐、运销之权全部交给商人，这是食盐产、销制度的一大变化。

清代盐法，主要采取官督商办、官运商销、商运商销、商运民销、民运民销、官督民销、官督商销等七种形式。官督商销即引岸制，也称纲法，行之既久切旷。灶户纳税后，才允许制盐，所产之盐不能擅自销售。盐商纳税后，领得引票（政府批准贩盐的凭证），就取得贩运盐的专利权。清道光十一年（1831）又推行“票法”，盐商照章纳税，领票运销，属民制、商收、商运、商销制度，即商专卖制。

民国初期，仍沿用清末的商专卖制。1914年，根据北洋政府颁发的盐税条例，废除引票，改用财政部颁发的运盐执照运销食盐。1931年，根据南京国民政府颁布的盐法，实行就场征税和归坨制度，仍为国家专卖。唯盐斤征税后，商人买卖即可自由，原有的引商、包商、官运、官销一律废止。

1944年8月，山东解放区开始对食盐实行轻税倾销政策，积极推销敌占时的大量存盐。1946年1月，决定对食盐实施严格的行政管理，对原有盐店及行政管理办法全部恢复，建立购运证，划分盐路。

1947年12月，山东省人民政府决定，取消食盐专卖制，沿海盐店只负责办理食盐运销及征税管理，不再收购食盐。1948年5月，山东省工商总局鉴于滨海盐区废除专卖制后，食盐生产及财政收入均受极大损失，报请华东财办批准，决定滨海地区东线盐场由沿海盐店实行专卖管理，统购统销。1949年10月，全国盐务会议决定，沿海盐滩属大盐田范围，均依法收回国有，由盐务机关管理，凡已荒废之盐田及未开垦的荒滩，概归国有，非经盐务机关批准，任何人不得产制盐斤。1952年10月，取消商贩，由供销社统一经营食盐。在管理上，生产运销实行指令性计划，生产产品必须符合质量标准，执行国家规定的公收价格，实行原盐集坨、计划公收，对盐的运销实行统一计划，分区平衡，就近供应，国家规定的销区、销量、价格等项，不得自行改变。

1964年，民营盐场维持现状，不再恢复旧滩和开辟新滩，并恢复“制盐许可证”制度，1965年，收储平衡储备盐。1968年10月，根据山东省革命委员会生产指挥部下达的“开展碘化食盐防治甲状腺肿病”的通知精神，扩大加碘盐的生产和供应，取得显著成效。

1984年11月，日照县人民政府办公室发出《关于严禁毁坏盐田开挖虾、鱼池的通知》，进一步明申：浅海滩涂属国家所有，县、乡（镇）、村营盐田、水库和设施，均属集体财产，非经政府和盐务部门批准，任何单位和个人不得以任何借口改作他用。1988年11月1日，日照市盐务局根据国家计委、轻工业部颁发的《食盐计划管理暂行办法》的通知精神决定：食盐的分配调拨由市盐务局加强计划销售管理，同时停止对社会个体商户的食盐供应，对计划外购盐单位用盐，须到指定的各市、县联社或果品批发部购买，各盐场、盐务所的食盐供应计划，一律纳入市盐务局统一管理。

1990年3月2日，《盐业管理条例》颁布实施。6月6日，《盐业行政执法办法》（轻工业部令2号）颁布，9月1日实施。1992年6月18日，经市政府常务会议同意，市盐业局印发了《日照市人民政府关于加强原盐市场管理的布告》，对原盐生产、经营、地甲病区食盐供应及阻碍盐政执法人员依法执行公务等行为作了公告。1996年5月27日，国务院发布实施《食盐专营办法》，该办法对食盐生产、销售、储存运输和罚则作了法律规范，是食盐管理的重要法规，也是盐业行政执法的主要依据。2003年，省盐务局根据《山东省盐业管理条例》的规定，对制盐许可证到期的制盐企业换发制盐许可证。2006年4月28日，国家发展和改革委员会以2006年第45号令发布实施《食盐专营许可证管理办法》。

场政

盐的生产，历来大都受政府管制，即实行统

海制产的官海政策，早在煎盐时代，其管理就相当严格。

清雍正年间，涛洛场拣选殷实灶户点充灶长，轮查滩垣。因只有15处盐锅，盐斤随时归坨，灶长收管，故仅设灶长30名，不再设锅头。灶丁起煎，首先要向灶长报明时刻，领取旗牌，灶长即以该户煎盐起止时刻，上报坨垣和场署备案，并根据所报时刻，核查盐数。清道光十八年（1838），严禁私产私卖，并规定涛洛场晒盐开止日期，限定滩池数及大小尺寸，毁废所有新增私滩。如有尺寸宽于规定数目或偷挖土池等弊及新增私滩，逾越晒期者，均得治罪。然涛洛场地处海滨，气候欠佳，以其雨水过多，无开晒止晒之例，晴则听灶民滩晒，雨则以锅煎济之。

民国初年，山东省运使署多次派员清丈涛雒场盐田副数。1933年，国民政府财政部公布《制盐许可规则》，涛青场按期办理了制盐许可证，并设专职查产员和验放员（盐民称之为“师爷”），划片管理，定时巡滩，采用作标记等方法，严防盐民偷盐。同时制定了《滩户私行刮埋盐斤暨私熬卤膏处罚办法》，规定滩户私行刮埋盐斤即按情节轻重给以停晒、铲滩或罚苦工等处罚。收盐时间，约在下午2时许，以各坨悬旗为标准，各滩户向坨务处具领名牌，收盐运坨，下午6时，收落坨旗即不准再行铲盐，查产员在坨堆上加盖印记。1934年9月，涛雒盐税征收局布告并通知所属各处，未经允许，私自转移盐滩产权者，取缔其产权。

抗日战争时期，涛雒盐区被日本侵略军及伪军占据，场产管理处于混乱状态，盐民自由产销。1942年，解放区设立盐店收购食盐，运销解放区。

中华人民共和国成立以后，除沿用旧时的场产查验管理方法外，从1950年起还实行了查产、报产、评产管理制度。查产是查产缉私，由盐警督收监放，护仓护坨，押运护解，维持场内治安等；报产是按照实际情况报出生产数量，以防私漏；评产是根据各滩池的具体情况确定生产任务，查、报、评产由盐警与场务所人员共同进行。1950年10月，涛雒所共发放制盐许可证377张。1951年4月，日照盐场管理处根据政务院发布的“关于执行对官僚资本家所建盐田收为国有的决定”和财政部颁发的《全国盐场管理规则》，对场产管理实行盐民报产、集坨领款、报产备查、滩盐归坨四种证件制度，其中盐民报产折为盐民产盐后报告查产员，以及自己记载产盐量之用，由盐民手执，每一独立的生产单位发给一本；盐民集坨领款折，为盐民证明盐斤集坨与领取盐款之用，代替1950年所发进盐坨单，由盐民手执，每一独立生产单位发给一本；报产备查簿，为记载管理区内盐民产盐数量，作掌握生产计划与控制盐斤、保护税源之用，按滩场大小、分散与集中情况，确定20副至50副盐田设固定报查产干部1名，即使用此簿1本；滩盐归坨证，为滩盐归坨之证明，分4联：第一联为存根，滩放人员于滩盐过量后发出时，将该证按项填写好（不填实卸坨数栏），把第一联留存，二、三、四联扯交运盐人护盐集坨，盐斤到坨，收盐人过量填上实收坨数后，将第二联留存，第三联扯交运盐人作领取费用之用，第四联交滩放人员查验后，转交场务所汇总填于盐民集坨领款折，此证大车二三辆每次用1份，小车三五辆每次用1份，肩挑三五人用1份。1952年，盐务工作发生了新的转折，由税收转为工业生产，结束了以税收为主的数千年历史。1964年，恢复“制盐许可证”制度。

各种用盐管理

渔业用盐 域内“渔盐课税”项目清代即已设立。1915年7月，涛雒盐务稽核支所规定，每年3月1日至5月30日渔汛期内发放渔盐，分陆地渔盐和海上渔盐两种。渔户、渔行用盐，必须事先具保，向稽核支所申请领取渔盐折子，持折到验收处纳税领取准单，再到渔盐放销处装运，其中海上渔盐直接由放销处起运装船，在海上腌制渔货，并发给号牌一面。渔户、渔行的门首按规定装订号牌，注明村名、姓名、渔盐额、盐折号数等，以便稽查。渔盐配放地点，有黑七子（朝阳）、庄家坨、桥西头、灶子、廒头等处。1933年12月26日，涛雒盐税征收局召开各口代表会议，公开讨论渔业用盐管理办法，决议：（1）各村推举代表，负责押运渔盐，如查有情弊，除押运人应受惩处外，停发该村渔盐；（2）各渔户、渔行应建立逐日购进盐斤登记簿，以便查核；（3）盐折不准有顶替假借情事；（4）各代表不得向渔户、渔行索取规费。1935年12月，为保证专盐专用，规定对渔盐实行变色办法，变色原料为红麦曲或炭屑，每100斤盐加入1两，放盐时拌入，其费用计入盐价内。1936年6月，两淮运使署规定涛雒场陆地渔盐限额3.3万担/年。1937年5月8日，日照商会、渔会及渔民代表张继均等先后电陈财政部：渔盐用炭屑变色，影响鱼之销路，生计断绝。财政部盐务总局准免渔盐变色，仍发白盐。

1950年6月18日，日照盐场管理处根据山东省盐务局批示精神决定：为照顾渔民生产，渔盐暂免变色或变味，但必须保证专用，不得冒领充食。1957年，根据国务院批准的《渔业用盐发售管理暂行办法》，增加了淡水渔业用盐，对原盐销区内所设立的国营水产供销公司所属腌制加工厂及其他兼营水产品的单位供应渔业用盐，淡水渔业用盐税额与海水渔业用盐相同，供应手续，盐务机关按核定之计划，根据购盐证发售。

1984年10月，根据《中华人民共和国盐税条例（草案）》规定：渔业用盐仍然减税，日照渔业用盐减税后，每吨按29元征收。1986年，根据财政部、轻工部、《国家物价局（1986）轻盐字第57号通知》，1988年底，渔业用盐与食盐同税，不再给予减征照顾。

工业用盐 1950年12月，根据中财部发布的《工农业用盐发售规则》，对于制造酸碱、制药及以盐为原料的工厂和牧场、肥料制造厂用盐，经当地盐务管理局核准登记，发给免税证件，到指定地点缴价运盐。1955年8月，根据财政部、轻工业部制定的《工业用盐发售管理办法》，对酸碱、冶金、油脂肥皂、制革、染料、制冰冷藏、陶瓷玻璃、医药八类工业用盐，免收盐税。涛雒盐区的工业用盐，主要用于制革工业、酸碱工业等。

1984年5月，根据国务院对八类工业用盐的免税范围的调整意见，对酸碱、制革工业用盐，按规定税额（食盐税）减90%征收盐税（每吨15.4元），肥皂工业和饲料工业用盐改按规定税额50%征收（每吨77元），其他工业用盐一律全额征收。

储备盐 1960年，根据国家储备局（1960）储工字第130号和轻工业部制盐工业局（1960）盐字第340号联合通知的规定精神，山东省计委储备物资局与日照县签订1万吨原盐代管合同。涛雒公社第一盐场庄家坨储备2000吨；马家坨2000吨（其中，一、二等各占一半）；廒头盐场储备3000吨（一、二等各占一半）。1978年、1979年两年收购平衡储备盐1万吨，分别储存于涛雒、廒头两盐务所。

第二节 盐税

盐税 为政府对食盐产制运销所征的捐税，是政府的主要财政收入之一。

夏代以贡为税，《尚书·禹贡》中就有青州贡盐的记载。春秋齐桓公时代，盐的产、供、销为国家垄断，盐税盐利收入全归国家。汉初，对食盐采取放任政策，任民采制，官府只向他们征收少量的税，作为皇室收入的来源。汉武帝元狩四年（公元前119），因财政困难，才实行专卖，归国家收入。隋开皇三年（583）到唐开元元年（713）前后共130年间，盐均无税。此后，历代均征收盐税，但征收方法，税额轻重，各有不同。

清代，盐课分为两种，即灶课和商课。

灶课是向灶户征收的灶丁、灶地、盐锅、荡滩地等项课税。清康熙十一年（1672），涛洛场灶丁共935名，每丁征银2钱6分3厘9毫5丝4微2纤8沙，共征银246两7钱9分3厘6毫5丝1微8纤。清康熙五十年（1711），规定涛洛场灶丁原额1073名，以后新增、滋生灶丁永不加赋。清雍正四年（1726），一半丁银摊入地银项下征收，其余每丁摊银1钱4分7厘3毫5丝3忽2微6沙5尘1埃4渺，共征银158两1钱9厘强，照例扣减灶丁银1两4钱3分8厘强。清雍正八年（1730），查明未报灶丁34名，照例增加丁银5两4厘强，原额并新增灶丁共实征银161两6钱7分5厘6毫8丝1忽2微7纤8沙9尘。

煎盐之锅，计数征税。清乾隆元年（1736），新置盐锅15面，每面征银1两5钱。清嘉庆十三年（1808），仍有盐锅15面，每面锅征银1钱2分，年征银1两8钱。清道光十二年（1832），信阳场归并涛洛场后，计有盐锅95面，年征银11两4钱。

商课是向盐商征收的盐税。

涛洛场行黑扒票盐，其商课分为正课、盐厘、加价和杂款4项。涛洛场行中票，每票征银2钱1分6厘6毫7丝。清乾隆八年（1743），行输粟充商法，输谷领票。州县分上、中、下三等，上等县每票输谷2石，中等县1.5石，下等县1石。涛洛场销区莒、日、兰、郯、费、沂、蒙7个州县共输谷22817石，领盐票19492张；每票课银2钱1分6厘6毫7丝，共课银4223两3钱3分1厘6毫。加课，兰、郯、莒、日4岸，每票加银3钱。二五加课，每票2钱5分。

明成化九年（1473）涛洛场销区票课表

表7—13

项目	兰山	郯城	费县	莒州	沂水	蒙阴	日照
票额（张）	4200	2542	1850	4600	4000	800	1500
课银（两）	910.01	550.78	400.84	996.68	866.68	173.34	325.01
输谷（石）	4200	2542	2775	4600	6000	1200	1500

加价有二五加价、解部加价和留东加价。二五加价，每票2钱5分；解部加价，每票4钱；留东加价，每票8钱。

盐厘，每票征银4分6厘。

杂款，包括各种附加税以及其他杂捐规费。四四解费，按票课纸价每两银随征银2厘2毫。债并余零，按票课纸价每两银随征银2厘2毫。引票饭食，每票征银1分4厘5毫。另外，还有养廉费、笔帖式银、都翰公费、领票公费、残票解费、给兵公费、缮书银、盐厘解费、洋款解费、学堂经费等几十种，名目繁多。

日照县盐课银69两2钱4分7厘9毫4丝，其中36两8钱6分在涛雒场征收，解县转解盐政道；32两3钱8分7厘9毫4丝径解盐政道。

1913年，《盐税条例》规定，废除摊入地亩课银，改为就场征税，自由贸易。涛雒场销区每担盐一律征洋1.25元（商岸），每引每票一律定为400斤。1914年3月，征税工作由涛雒场公署移交涛雒盐务稽核支所办理。是年5月，一律采用四联单收税，就场征收。民岸销区域每担盐征税大洋0.7元，属县知事在地丁项目内加征，报解省盐务稽核分所，小票税改由支所征收。1920年11月，涛雒场萝卜盐实行征税，每担征0.4元，每年以1000担为限。民国初、中期，涛雒场场课每年征银307两1钱2分2厘，每百两银随征四四解费银4两4钱，一二积并银1钱2分，两项共计每年13两8钱8分2厘。兼辖信阳场每年征银1231两1分4厘，随征四四解费银及一二积并银51两1钱8厘。两场共计每年征银1503两1钱3分6厘。

1920—1935年涛雒场盐税收入表

表7—14

年份	1920	1921	1922	1923	1924	1925	1926	1927
税收（元）	65415	82049	85773	60725	25070	65844	118249	34443
年份	1928	1929	1930	1931	1932	1933	1934	1935
税收（元）	4699	20016	96669	125772	121962		1750461	1920184

1944年8月，山东解放区对食盐实行“轻税倾销”政策，税率为盐价的10%。1948年1月，滨海行政专署修改产销税率，食盐税从场价征收100%。3月，盐税就场征收，税率为场销价的150%。

1949年以前，贯彻改变广泛增产与轻税倾销政策为增税减产方针，食盐税额成倍增长，自3月15日至9月27日，4次提高税额，食盐税由每担300元，急增至每担4000元（旧币）。

1957年1月起，山东各地的食盐税额每担增加1.6元。1957年以后，各年税率略有调整，但变化不大。1980年10月，对销售的食盐在现行实际征收的税额基数上每吨减税12元。1984年，山东省食盐税额由159元调为154元，食盐每吨减税由12元调为9元。是年10月，精制盐税率由154元/吨减至130元/吨征收，洗粉盐由154元/吨减至140元/吨征收。1986年10月，山东省原盐每吨税额减18元，精制盐每吨税额减21元，洗粉盐每吨税额减18元。

1994年，国家实行税制改革，自7月份开始统一征收盐的资源税和增值税，盐税税种取消，并规定：“中华人民共和国域内开采规定的矿产品或者生产盐的单位和个人为资源税的纳税人。”具体征收时，不再区分盐的品种，对原盐按每吨20元征收资源税。同时，又颁布了《中华人民共和国增值税暂行条例》，条例第一条规定：“在中华人民共和国域内销售货物或提供加工、修理修配劳务以及进口货物的单位和个人，为增值税的纳税义务人，应当依照本条例缴纳增值税。”具体征收时，按销售或批发的总额1.17×17%计缴税。2007年2月1日起，国家下调了盐的资源税，北方海盐资源税按每吨15元征收。9月1日，国家又下调了盐的增值税，盐的适用增值税税率由17%调为13%。2008年之后涛雒不再产盐。

第三节 缉私

汉武帝元狩四年（公元前119），政府垄断食盐产制运销，禁止私煮，但不能禁绝，从此盐分官、私。唐有官盐、私盐名称。私盐仅有场灶偷漏和商贩私售两种形式。五代以后，管制食盐产销愈来愈严，逐渐形成固定行盐区和专商制度。盐利为朝廷和盐商共同垄断，税额既重，垄断利润又高，于是私盐更多。

汉武帝元狩四年（公元前119）规定：“敢私铸铁器煮盐者，鈦左趾，没收其器。”北宋建隆二年（961），宋太祖规定，私制盐3斤以上者处死。明代规定，灶丁将所煎余盐夹带出盐场及私盐货卖者绞；两邻知情不举，杖一百充军，贩私盐被抓获，犯人绞；携带军器者斩，车及牲畜没官。一般人抓获贩私盐者，赏银10两。盐运司拿获贩私盐者，随送至有关部门追断，不许擅自审讯。如有人买私盐食用，减私盐一等论罪，再去贩卖者绞。清代，《盐法本律》规定：“凡贩私盐者，杖一百徒三年；若有带军器者，加一等；诬指平人者加三等；拒捕者斩。凡买食私盐者杖一百，因而货卖者杖一百，徒三年。”

清雍正六年（1728），涛洛场建立5坨，所产盐斤除计口留食外，全部归坨，同时编保甲，十家连坐，互相监督，以防走私。清乾隆二年（1737），涛洛场设巡役35名（清光绪《日照县志》）。清乾隆十六年（1751）选出5人，令执鸟枪，以守坨垣，防止走私。清嘉庆八年（1803），准许盐商自雇巡役，由县丞负责监督管理，发给巡役腰牌，按季点卯，5名官给工食。

1914年12月，《私盐治罪法》规定：“贩私盐不及300斤者，处五等有期徒刑或拘役；300斤以上者，处三等或四等有期徒刑；3000斤以上者，处二等或三等有期徒刑。携有枪械意图拒捕者，加本刑一等。贩私盐罪结伙10人以上，拒捕杀人，伤害致死及笃疾或废疾者，处死刑。伤害人未致死及笃疾者，处无期徒刑或一等有期徒刑。结伙不及10人，伤害人致死或笃疾或废疾者，处死刑或无期徒刑，伤害人未致死及笃疾者，处无期徒刑、二等以上有期徒刑。”

1916年7月，改组涛雒巡警局，成立涛雒盐务警察公署。盐警署下设墩子、董家滩、林家滩、灶子、廒头、马家村、桥西头、庄家坨、黑七子等9处分住所，马步兵计有52人。1918年，涛雒盐务公署盐警驻防分布为：巡长，灶子1人，营子1人；巡目，涛雒、灶子、廒头、桥西头、马家村、庄家坨、黑七子、营子各一人；马巡，灶子、营子各2人；步巡，涛雒、灶子、马家村、黑七子、营子各4人，廒头5人，桥西头、庄家坨各3人。

1924年，涛雒盐警署有盐警111名，枪77支。1924—1929年，由于兵事，盐务机关多次退入青岛，盐警解散。1929年6月，盐警署恢复后，盐警分驻4区：第一区设墩子、董家滩、林家滩3防（墩子设警佐1人，董家滩设巡官1人），第二区设灶子、廒头2防（灶子设巡官1人）；第三区设马家村、桥西头2防（于马家村设巡官1人），第四区设黑七子、庄家坨、营子3防（于黑七子设巡官1人），每防盐警4～8人。署内设巡官1人，带警10余人，专管巡滩及差遣等事。1930年，成立游击缉私队，以巡官1名，带警20余名，专事缉私。1931年2月，盐警署改组为场警局，局长由场长兼任，警长改称警务长，与局长共负管理之责。是年5月1日，划归涛雒盐税征收局管辖，编为涛雒税警局，有局长、警务长、教练、司务员、巡长等官警146名。1932年7月，涛雒税警局改组为区队制，设二等区长1人，三等区佐2人，区长办公处驻涛雒，设二等书记2人，官警6人，长佐警士166人。1933年4月，涛雒盐务划归淮北管理，税警局改编为淮北税警第一区第三分区。

1933年6月淮北税警第一区第三分区驻防情况表

表7—15

部队名称	警力（人）	防区
第三分区分区部	13	涛雒
第五十七队	37	灶子、马家村、黑七子
第五十八队	37	营子、廒头、桥西头、庄家坨
第五十九队	29	墩子、董家滩
第六十队	25	小场

1937年7月，全面抗日战争爆发，国民党在日照的盐务机关南撤。1940年，日伪政府盐务机关（驻石臼所）设立盐警队，缉私护税。1943年以后，日照盐务归抗日民主政府的工商机构管理，内设盐务股和武装缉私队（后改称经济工作队），专管缉私和监管业务。1949年，滨海盐务局设立工作队（监护连，队长宋薄藩、教导员鲁振友），计有100余人，负责滨海区的缉私护税事宜。1950年4月，监护连改编为山东盐警四大队，下设九、十两个中队。全年共缉获私盐案件1570起，实缉私盐2171.84担，受到处罚的939人次，经教育释放的7998人次。1952年，共查获私盐案件169起160人次，辑获私盐282.22担。

1953年以后，随着人民生活条件的改善，盐场由个体经营向集体所有制过渡，销售对象的变化，群众觉悟的提高，偷私漏税已是个别现象。

1958年6月，根据财政部、轻工业部《关于盐税移交税务机关接办的通知》，盐税征收工作，交由税务机关办理，盐场的查私工作仍由盐务部门负责，盐场以外的查私工作，则由税务机关负责。7月1日起，盐务部门查获的私盐案件，全部移交当地税务机关处理。

1959—1991年，缉私工作主要由盐务所和税务部门负责，盐务所查获后移交税务部门处理。这一时期由于产销相对平衡，社会经济秩序较好，私盐贩销现象很少。

1993年，盐政执法纳入行政执法范围，在执法上，要求正规化和法治化。2009年，执法装备进一步加强和完善。

第四节　盐场及服务单位

日照市廒头盐场

日照市廒头盐场坐落于涛雒镇驻地北7千米处，东至傅疃河入海口西岸，南靠川子河，西邻张家廒头村，北接灶子村。1989年，全场滩涂面积25769.1亩，其中原盐有效生产面积2166.45亩，海水养殖面积5666.7亩。主要产品有原盐、洗精盐和海、淡水养殖品。

1957年以来廒头盐场负责人任职更迭表

表7—16

职务	姓名	性别	籍贯	任职时间
场长	张纪先	男	涛雒镇张家廒头村	1957—1958
场长	刑仲清	男	后村镇	1959—1964
场长	梁培均	男	巨峰镇	1964—1966
场长	申云增	男	虎山镇	1966—1967
副场长（主持）	成元栋	男	涛雒镇成家廒头村	1970.3—1976.9
场长	成元栋	男	涛雒镇成家廒头村	1976.9—1980.12
副场长（主持）	郑全运	男	涛雒镇东灶子村	1980.12—1982.9
场长	郑全运	男	涛雒镇东灶子村	1982.9—1986.12
场长	成元栋	男	涛雒镇成家廒头村	1987.3—1994.1
场长	刘同泰	男	虎山镇韩家营子村	1994.1—1996.3
场长	庄茂盛	男	涛雒镇南店村	1996.3—1999.3
场长	张传明	男	涛雒镇张家廒头村	1999.3—2008.11
场长	张纪健	男	岚山区	2008.11—2014.12
场长	许连海	男	两城镇	2014.12—

宋、元、明、清时代属涛洛场。民国年间，属涛雒场中区第二区，计有盐民250人，土淋滩1849.35亩。1956年冬，盐业进入发展阶段，在原

5处高级盐、农业生产合作社的基础上，成立廒头盐业联合社，对土淋滩进行改造扩建。1957年，第一期工程结束并投产，1958年第二期工程建成投产，隶属金星人民公社，称金星公社廒头盐场。1959年，改称涛雒人民公社第二盐场。1962年，落实"三级所有、队为基础"的政策，公社将盐田退还给张家廒头等有关村，村皆不接收，从而成立廒头合作盐场。1968年3月，改称日照县盐场廒头分场。1971年8月，经中共日照县委研究决定，转为县营集体企业，改称日照县廒头盐场，工人实行工资制。1985年5月，改称日照市廒头盐场。

1978—1979年的第一期老滩改造工程，重点是改移河道，修建配套桥梁和五孔泄水闸，加高外圩、盐台及挡潮坝砌石护坡等，投资20.5万元。1980—1981年，第二期工程改造结晶区180亩，高级制卤区1305亩以及加固水库、圩坝工程等，总投资53.37万元。两期工程共完成改滩面积2742亩，分设两个生产工区，从纳潮、扬水到压池扒盐全部实现了机械化，结晶池全部塑料薄膜苫盖。按照老滩技术改造总体规划，还有六、九、十班的老滩4909亩拟改为储水池和初级制卤区，投资计划23万元。1984年、1986年，先后将改造规划中的储水池改为养虾池362亩，一水两用。1986年，投资10万元又将改为制卤区的原五、八班分别恢复晒盐。1989年3月，投资4万元，新建三级卤库6座。1989年冬至1990年春，改造制卤区420亩，扩建水库52.5亩。1991年11月，盐场滩田技术改造项目获得市经委批准，总投资41万元，其中企业自筹11万元，贷款30万元。1991年冬至1992年春，盐场自筹资金11万元，贷款30万元，改造初级制卤区270亩，新建卤库4座，容量1.2万立方米，改建中高级卤库6座1.2万立方米，并对54亩结晶池进行防渗漏处理，将制盐八、九班合并为制盐三工区。2009年3月，将一、二工区合并为一个工区。

1984年，建成对虾养殖池120亩，当年收获对虾3.73吨，实现利润1万元。1986年，对虾养殖面积达到395亩，收获对虾7.60余吨，实现利润32.24万元。1987年3月，被山东省第一轻工业厅授予"海产品养殖先进单位"称号。

1978年，盐田总面积3060.6亩，职工186名，全年生产原盐13040吨，全员劳动生产率9286元/人，盐工实物劳动生产率131吨/人，原盐成本11元/吨，完成工业总产值130万元，实现利润17.33万元，创历史最高水平。被中共山东省委、省革委命名为"全省盐业大庆式企业"。1981年开始使用管道扒盐机收盐。1988年5月，被中共日照市委、市政府授予"文明单位"称号。

1963年，一等盐占41.22%，二等盐占27.41%，三等盐占31.37%。1970年，取缔了三等盐，一等盐占79.26%，二等盐占20.74%。1979年，开始有了优质盐，占26.73%。1981年，取缔了二等盐。1983—1985年，优质品率达100%。1981—1988年，原盐氯化钠平均含量均在94%以上。

图7—8 盐场盐田

1988年，场内设有党支部、团支部、工会等党群组织，下设两个原盐生产工区和9个生产班以及12个养殖班组，共有职工120名。盐田面积3135.6亩，其中养殖面积482市亩。固定资产原值96万元，净值73.3万元。有汽车3部，拖拉机1台，压池机3台，皮带输送机2架，柴油机23台，电动机18台，水泵40台，管道扒盐机组1套。企业实行投标承包后，加强技改措施，投资近6万元，改造治理了结晶池和蒸发池，并新增对虾饵料加工机组1套，实现对虾饵料自给。全年生产原盐8670吨（优、一级品率100%，平均氯化钠含量94.81%），加工粉盐1500吨，收获对虾26.2吨，完成工业总产值127万元，实现利税120.7万元，其中利润10.3万元。

1991年投资100万元，开工建设生产能力1万吨的洗精盐厂1处。1993年，被省盐务局确定为加碘企业。是年4月，企业投资24万元，新建办公楼1处。1999—2000年，投资150万元，新建职工家属楼5栋30户。2001年，投资36万元，新建职工宿舍楼2栋、平房8间，改善了职工居住条件。

2006年，固定资产850万元，职工167人，滩田总面积3865.35亩，其中有效生产面积2166.45亩，海、淡水养殖面积850亩，生产原盐5500吨，生产多品种碘盐3012吨。

2007年，生产原盐3100吨、多品种盐3938吨，实现养殖租赁收入40.2万元。2008年，企业生产转型，利用蒸发池新建对虾养殖池338亩，总养殖面积1180亩，实现养殖租赁收入80万元。2008年底至2009年1月，新建养殖池356亩，单亩承包价格超过1000元。

2009年，日照开航水产有限公司成立，廒头盐场成为其中一个养殖区，养殖品种有中国对虾，大鲮鲆、贝类等。2010年，公司建冷库一座，为养殖区提供养殖饲料。

2013年，在职职工170人，主要从事养殖业生产；另有4人承包60亩盐田生产食盐，年产量400吨。是年，开始工厂化养殖，建大棚8个（面积8000平方米），养殖大鲮鲆、对虾等，由4人承包经营。

涛雒镇红旗盐场

位于涛雒镇驻地东北8.5千米处，东临傅疃河，南邻双园路，西接桥西头盐田，北与廒头盐场一河之隔，属涛雒镇办企业。其产销计划及场政管理隶属涛雒盐务所。

1974年，经山东省第一轻工业局批准建场。设计原盐年生产能力2400吨，省盐务局拨扶持款14万元，当年冬天由公社水利营人员参加兴建，公社管委派杨军三负责。1976年春，建成盐田1066.8亩。第一年产盐182吨，定名为“涛雒人民公社革命委员会红旗盐场”。1978年，有职工38名，产盐2513吨，实现工业总产值23.4万元，上缴利润2.32万元。1981年，有职工32人，产盐1270吨，企业总收入6.67万元，上缴利润3.5万元。1986年，生产原盐1320吨，收获对虾32吨，养殖利润达28万元。1988年，有职工43人，其中管理人员5人，盐田总面积831.15亩，其中盐田改养殖对虾池240亩。配套机械有扬水柴油机、小型管道扒盐机组、压池机、载重汽车等设备，固定资产49万元，净值38万元。全年产盐1530吨，上缴镇政府5.14万元，职工人均年收入2450元。

1989年10月，盐场成立日照市红旗水产总公司，注册资金350万元。1991年5月，公司建冷藏厂1座，成立日照市丰源水产有限公司。1992年，总公司固定资产260万元，年产值750万元，利税90万元。1998年3月，日照市丰源水产有限公司破产拍卖。2002年3月，企业实行集体承包经营，设管理人员9人，年上缴镇政府承包费。是年，831.15亩盐田全部改造成虾池，停止产盐。

1975—2002年涛雒镇红旗盐场场长任职更迭表

表7—17

姓名	性别	籍贯	任职时间
李秀山	男	涛雒镇	1975—1976
李启章	男	涛雒镇涛雒七村	1976—1980
滕以山	男	涛雒镇桥东头村	1981—1987
滕兆友	男	涛雒镇桥东头村	1988—2002

涛雒镇曙光盐场

该场位于涛雒镇驻地东、南部。1991年4月，经市委、市政府批准，涛雒盐区南店等11个村办盐场合并组建曙光盐场，属镇办股份制企业。盐场设董事会，会长丁元增，副会长庄光生、宋京年，各盐业村书记为董事。组建曙光盐场的宗旨是解决涛雒镇各村滩田分散、工艺落后、产量低、质量差的落后状况，将各盐业村分散的滩田进行统一规划，实施技术改造，建成符合“三化、四集中”要求的新型盐田，适应现代制盐生产技术要求。

建场后，首先对原有盐田进行了统一规划、扩建。1992年1—6月，首期工程：合并南店、庄家坨滩场，完成技术改造，为曙光盐场一分场，场长庄光启；1993年2月，进行二期技改工程：改造大朝阳盐场，为曙光盐场二分场，场长秦泗华；

改造合并竹子河崖、小朝阳盐田，为曙光盐场三分场，场长宋德昌。因技改贷款一直不能到位，二期技改工程仅完成总量的50%，被迫于同年5月停工，盐田归还各村。完成合并技改的村按并入的滩田面积分红，没有合并的村办盐场仍独立核算、自主经营。

因海水养殖效益好于原盐生产，1993年6月起，各村办盐场纷纷废盐滩建虾池。1995年，合并改造的一分场亦分滩田回归各村。2002年，域内盐业村唯有南店村产盐845吨。2003年，各盐业村停止产盐，涛雒镇曙光盐场实际处于名存实亡状态。

村盐业队

域内各村办盐田，分布在北起东川子河南岸，南到栈子河口北岸的海边，南北长约10千米。南部滩田集中，北部与农田交错。有盐业生产的11个村，均设盐业队，产销计划及场政管理等均属涛雒盐务所。

涛雒各村盐田，古为涛雒场辖区。中华民国时期，有土淋滩地5810亩，盐民742人。1942—1949年，共建海滩930余亩。1949—1950年，裁废了营子坨（清代的“亨”字坨，盐滩113.1亩）。1950—1957年，改扩建海滩2805余亩，结束了淋卤晒盐的旧工艺。1958年，在三处高级盐农业生产合作社的基础上，成立了“海生人民公社涛雒盐场”，设盐业部，负责对公社所有盐滩的管理，办公地址在宋家坨。主管李秀山（大刘庄），指导员宋开太（宋家坨），营长宋光提（竹子河崖），会计宋开娟（竹子河崖）。盐业部下设四个工区，有盐田4734.15亩。1959年，改称“涛雒人民公社第一盐场”。是年，莒南县大山人民公社在涛雒南店村和侯家村的滩地开发盐田晒盐。1962年，公社将盐田退回村，交专业盐民经营，自负盈亏。大山盐田即移交给有关村。

1964年，社会主义教育运动期间，村从专业盐民中收回盐田，设立盐业队经营。1978年，产盐19874吨，创历史最高水平。

1986年以后，因盐价低和受社会养虾影响，大量盐田改建成养虾池，至1988年，盐田改建虾池面积已达1090亩。

1988年，涛雒盐区11个盐业村，设11个盐业队，下设33个生产队，专业盐民267人，盐田面积3833.25亩（其中养虾面积1089.45亩），生产能力7600吨，实产原盐10156吨，收获对虾77.45吨，各盐业队向村交利润共计12.03万元。

2003年，各盐业村停止产盐，盐田全部改建成虾池。

马家村盐业队 又称马家村盐场，为村办企业，盐田位于镇驻地东0.5千米处，盐田分布于该村周围，东与沙岭村盐田毗邻，南与宋家坨盐田相连，北邻农田，原盐集运于马家坨。

立村后，以制盐为主。宋代为涛雒场辖区，淋卤煎盐。清代有滩池74副，民国时期有土淋滩240亩，盐民70户，年产盐400吨。1949年，有海滩230亩。1952年，有盐田328.35亩，年产盐550吨。1956年，与宋家坨、王家村、沙岭子村组成曙光1号高级盐农业生产合作社，社长马恒福。1958年，人民公社化后，盐田收归海生人民公社涛雒盐场。1962年退还村，交专业盐民经营，自负盈亏。1964年，又收回归村，设盐业队经营。1978年，产盐2846吨，创历史最高水平。

1988年，该队有盐民40人，分设5个生产队。盐田总面积482.25亩，其中沟滩地改养虾池69亩。扬水柴油机5台44.1千瓦，全年产盐1598吨，全部为优、一级品，收获对虾2600公斤，上交村承包利润10500元（其中原盐9000元），人均收入2158元。

1991—1993年并入镇村联办“曙光盐场”，为独立核算。1999年，盐田及沟滩改虾池面积达1600亩，2000年停止产盐，全部改成养虾池。

宋家坨盐业队 又名宋家坨村盐场，为村办企业，盐田位于镇驻地东0.5千米处，南店河北岸，西临市盐业机修厂，东与王家村盐田相邻，北与马家村盐田相邻，产盐集运于马家坨。该村产盐起源甚早，清代为镇东85副滩池的一部分。中华民国初期，有土淋场90亩。1946年，把地主的盐滩，分给贫农。1949年冬，海防团（一个营），在村西盐碱荒滩上，兴建了转池海滩247.5亩（2队），1950年建东滩，生产面积301.2亩。1953年春，在两个常年互助组的基础上，由22户盐民组成全县盐业第一个合作社——曙光盐农业生产合作社，社长宋纪方。1955年全村42户村民107口人全部入社，实现合作化。1956年1月与马家村、王家村、沙岭子村组成曙光1号高级盐农业生产合作社。1958年盐田归海生人民公社涛雒盐场。1962年退回村，交专业盐民经营，自负盈亏。1964年改由村盐业队经营。1985年起盐田沟滩兼养对虾。

1988年，有专业盐民26人，分设4个生产队，盐田总面积307.2亩，沟滩养虾池98亩，扬水柴油机8台70.56千瓦，年产盐1077吨，收获对虾7250公斤，交村承包利润10800元（其中原盐7000元），盐民人均收入3385元。1991年至1993年并入镇村联办“曙光盐场”，为独立核算。1999年，全部改为养虾池，停止产盐。

王家村盐业队 又名王家村盐场，为村办企业，盐田位于镇驻地东1.5千米处，盐田分布于该村周围，产盐集运于马家坨。该村自立村即产盐。清代有盐滩40副。中华民国时期，有土淋滩场360亩。1948—1952年，建海滩3份，生产面积285亩。1949年冬，滨海二团在村北盐碱荒滩上兴建海滩70.2亩（10队）。1956年，与宋家坨、马家村、沙岭子村组成曙光1号高级盐业生产合作社。1958年，盐田归海生人民公社涛雒盐场。1962年退还村，交专业盐民经营，自负盈亏。1964年，村收回盐田，设盐业队经营。

1978年产盐1241吨，创历史最高水平。1988年，有盐民14人，分为两个生产队，盐田总面积208.35亩，其中改沟滩养虾池78亩，扬水柴油机3台26.46千瓦，产盐394吨，收获对虾3150公斤，交村利润1400元，盐民人均收入1486元。1991—1993年，并入镇村联办“曙光盐场”，为独立核算。1996年，停止产盐，全部改为养虾池。

南店村盐业队 又名南店村盐场，为村办企业，盐田位于镇驻地东南2千米南店河南岸，西与庄家坨村盐田相连，西北距该村1.5千米，原盐集运于庄家坨。该村盐田古为涛雒场域，淋卤煎盐。清代有盐滩53副。民国时期有土淋滩600亩。1942—1948年，建海滩，生产面积321.9亩。1954年，范永宽发明“篷车快轮拉水法”，提高效率0.5倍。1956年，与黑七子（朝阳）、竹子河崖、庄家坨等村组成曙光2号高级盐业生产合作社。1958年，盐田归海生人民公社涛雒盐场。1962年，公社将盐田退还村，交专业盐民经营，自负盈亏。1964年，收回归村，设盐业队经营。1978年产盐2351吨，创历史最高水平。1986年开始利用沟滩改挖虾池养殖对虾。

1988年，有盐民30人，分设3个生产队。有盐田总面积428.3亩，养殖对虾63亩，扬水柴油机4台35.28千瓦，年产盐1654吨，收获对虾6500公斤。上交村承包利润13000元（其中原盐7000元），盐民人均收入2547元。

1991年，并入镇村联办“曙光盐场”。是年与庄家坨村盐业队组成曙光盐场一分场。1995年，盐田归村盐业队。2003年，停止产盐，盐田全部改为养虾池。

庄家坨村盐业队 又名庄家坨（1962年前属于南店）盐场，属村办企业，盐田位于村东，南店河南岸，东与南店村盐田相连，原盐集运于庄家坨。早在宋代即已产盐，清代属镇南范围。中华民国时期，有晒土场150亩。1949年建海滩1份，生产面积111.9亩。1955年1月，组成盐农业生产合作社。1956年，与黑七子（朝阳）、竹子河崖、南店村组成曙光2号高级盐业生产合作社。1957年，完成对土淋滩的改造，全部实现了海滩晒盐。1958年，盐田归海生人民公社涛雒盐场。1962年，公社将盐田退还村（1962年与南店分开），交专业盐民经营，自负盈亏。1964年村收回盐田，设盐业队经营。

1978年产盐1728吨，创历史最高水平。1988年，该队有盐民26人，其中女工1人，分为4个作业组。盐田411.9亩，沟滩养殖对虾123亩，扬水柴油机6台52.92千瓦，产盐1060吨，收对虾7300公斤，上交村承包利润4000元，盐民人均收入2046元。

1991年并入镇村联办“曙光盐场”。是年，与南店村盐业队组成曙光盐场一分场。1995年盐田归村盐业队。2000年，停止产盐，盐田全部改为养虾池。

大朝阳村盐业队 又名朝阳村盐场，属村办企业，盐田位于镇驻地东南2.5千米处，盐田分布于村东、村北，原盐集运于庄家坨。宋代即为涛洛场重点盐村。古代制盐方法开始由海水煮盐逐渐转变为先制卤后煎卤水制盐。清代有滩池65副。中华民国时期，有土淋滩场300亩。1951年，盐田改造划归日照县盐管处管理。1952年，有土淋滩场583.5亩，年产盐540吨。1953—1955年，利润1.19万元。改土淋滩为海滩，生产面积394.8亩。1954年，成立利华盐农业生产合作社。1956年，与竹子河崖、南店、庄家坨村合并成立曙光2号高级盐业生产合作社。1957年，新建海滩2份350.4亩。1958年，盐田归海生人民公社涛雒盐场。1962年，公社将盐田收回归村，交专业盐民经营，自负盈亏。1964年收归村，设盐业队经营。同年，盐业队下放到6个生产小队，每个小队一份盐滩。盐业队每年上交集体21600元，盐民吃国库粮（商品粮），工日参加社员年内决算分配。

1978年，产盐4463吨，为历史最高。1987年，开始用大水田开挖虾池养殖对虾。1988年，有盐民61人，分设5个生产队，盐田949.65亩，扬水柴油机18台164.64千瓦，产盐2144吨，收对虾27450公斤，上交村承包利润12000元，盐民人均收入2163元。

1991年，并入镇村联办“曙光盐场”。是年，成为镇村联办曙光盐场二分场，1993年，改为村盐业队。2000年，盐田全部改为养虾池，停止产盐。

竹子河崖村盐业队 又称竹子河崖村盐场，属村办企业，盐田位于镇驻地东南2.5千米处，与黑七子（大朝阳）村盐田交叉，西距该村1千米，原盐集运于庄家坨。在宋代已淋卤煎盐。清代有盐滩23副。中华民国时期，有滩场180亩。1953—1955年，改土淋滩为海滩，生产面积270亩。1956年，与南店、黑七子（大朝阳）、庄家坨村合并成立曙光2号高级盐业生产合作社。1958年，盐田归海生人民公社涛雒盐场。1962年，公社将盐田收回还村，交专业盐民经营，自负盈亏。1964年，收归村，设盐业队经营。1978年产盐2151吨，创历史最高水平。1987年开始养殖对虾。

1988年，有盐民31人，分设3个生产队，盐田总面积442.05亩，扬水柴油机9台79.38千瓦，产盐911吨，收对虾8950公斤，上交村承包利润11500元，盐民人均收入2080元。

1991年，并入镇村联办“曙光盐场”。1992年，与小朝阳盐业队组成曙光盐场三分场。1993年，改为村盐业队。1996年，盐田全部改为养虾池，停止产盐。

小朝阳村盐业队 又名小朝阳村盐场，属村办企业，盐田位于镇驻地东南3千米，栈子河北岸，原盐集运于庄家坨。宋代已淋卤煎盐。民国时期，有滩场60亩。中华人民共和国成立后，经过互助合作运动，成立了建华盐农业生产合作社，将土淋滩改造扩建为海滩。1958年，盐田归海生人民公社涛雒盐场。1962年，与黑七子（大朝阳）村分开为海生人民公社的一个生产村。是年，公社将盐田退还村，交专业盐民经营，自负盈亏。1964年，村收回盐田，设盐业队经营。1978年，产盐947吨，创历史最高水平。1987年，开始养殖对虾。

1988年，有盐民10人，盐田总面积197.25亩，其中养虾池66亩，扬水柴油机3台35.28千瓦，全年产盐301吨，收对虾9000公斤，上交村承包利润1000元，盐民人均收入3000元。

1991年，并入镇村联办“曙光盐场”。1992年，与竹子河崖盐业队组成曙光盐场三分场。1993年，改为村盐业队。1994年，全部改为养虾池，停止产盐。

沙岭子村盐业队 又名沙岭子村盐场，属村办企业，盐田位于村西与马家村盐田相连，原盐集运于马家坨。宋代就已淋卤煎盐。明代盐业大发展，晒盐成为村主导产业。清代有滩池35副。民国时期有土淋滩场240亩。1956年，将土淋滩改为海滩，总面积120亩（取缔南、北两滩）。1956—1958年，与王家村、马家村、宋家坨组成曙光1号高级盐业生产合作社。1958年，盐田归海生人民公社涛雒盐场。1962年，公社将盐田退回村。村成立盐业生产队，自负盈亏。1978年，产盐685吨，为历史最高产量。

1988年，有盐田总面积119.7亩，盐民8人，产盐325吨，向村交承包利润400元，盐民人均收入3200元。1991—1993年，并入镇村联办“曙光盐场”，为独立核算。1994年，盐田全部改为养虾池，停止产盐。

李家村盐业队 又名李家村盐场，属村办企业，盐田位于镇驻地东北 2.5 千米处，原盐集运于马家坨。立村即制盐。中华民国时期有土淋滩场 90 亩。1949—1950 年，裁废了部分土淋滩。1952—1957 年，改建为海滩，生产面积 224.4 亩。1956 年，与桥西头村组成曙光 3 号高级盐农业生产合作社。1957 年，又改建海滩 1 份 103.5 亩。1958 年，盐田归海生人民公社涛雒盐场。1962 年，公社将盐田退还村，村设盐业队经营，自负盈亏。1965 年，又裁废盐田 1 份 126.75 亩。1978 年，产盐 387 吨，创历史最高水平。

1988 年，有盐田总面积 85.35 亩，盐民 7 人，产盐 224 吨，交村承包利润 600 元，盐民人均收入 1750 元。1991—1993 年，并入镇村联办"曙光盐场"，为独立核算。1997 年，停止产盐。1998 年，全部改为养虾池。

桥西头村盐业队 又名桥西头村盐场，为村办企业，盐田位于镇驻地东北 8.5 千米，川子河南岸，东北角与镇红旗盐场相邻，原盐集运于马家坨。在古代即有产盐，清代滩池属滕家村（现小海村）范围。民国时期，有土淋滩 180 亩。1949 年，裁废了部分土淋滩。1952—1957 年，改建海滩 83.1 亩。1956 年，与李家村组成曙光 3 号高级盐农业生产合作社。1958 年，盐田归海生人民公社涛雒盐场。1962 年，公社将盐田退还村，村设盐业队经营，自负盈亏。1965 年，裁废盐田 30 亩。1978 年，产盐 1163 吨，创历史最高水平。1985 年，开始利用盐田养殖对虾。

1988 年，有盐民 14 人，盐田 206.25 亩，其中盐田养虾池 85 亩，扬水柴油机 5 台 44.1 千瓦，产盐 325 吨，收获对虾 4750 公斤，交村承包费 6500 元，盐民人均收入 3500 元。

1991—1993 年，并入镇村联办"曙光盐场"，为独立核算。1998 年，停止产盐，盐田全部改为养虾池。

日照市盐业气象站

日照市盐业气象站建于 1952 年 1 月，站址在日照城西岭烈士塔附近。1953 年 1 月，正式开始进行地面气象观测和预报，服务于盐业生产。1954 年 8 月，日照盐务管理处迁往涛雒时，该站随之搬迁至涛雒街东门外路南（今日照市盐业机修厂南侧），设 2 名专职气象员。

1953 年，山东省盐务局统一配发百叶箱 1 个，干湿球温度表一套，日照计 1 个，蒸发皿、雨量器、地面温度表、风向器各 1 套。1954 年 8 月，除利用小型天气图制作预报外，还搜集汇编了大量的本地天气谚语和民间观天经验资料，并且喂养了各种家禽、鱼类，以利观测，预报准确率有了很大提高。该站在保障盐业气象预报的同时，主动承担了海上大风预报项目，为附近渔民提供专项义务服务。1956 年，架设了两根 15 米的木杆，上挂黑白球和红白灯，白天挂黑球夜间挂红灯表示有大风，白天挂白球晚上挂白灯表示无大风。在地方强对流天气将引起大风之前，该站就直接通知当地水产部门采取预防措施，当地渔民、农民颇为受益，该站也得到上级主管部门好评。

1959 年，预报准确率达 80.23% 以上，省工业厅予以表彰，并拨给 4 套电石信号灯。1973 年，配备温度自动计表、湿度自动计表、气压自动计表等气象仪器。

1978 年，日照市盐业气象站共有人员 5 名，设有资料室、传真室、测报室等，配备 72—I 气象电传真机、电接风向风速仪等大量仪器仪表，能够利用资料分析长期天气谚语、图表、资料，采取回归法和阴阳叠加法制作 24 小时和旬、月、年天气预报。中长期天气预报在降水量、蒸发量、日照时数等方面，准确率达 70% 以上，对盐业生产起到了很大的作用。至 1985 年，全站计有大小设备仪器 30 种，共 64 件。1974—1982 年，共建房屋 9 间。1990 年，盐业气象站撤销。

盐工卫生所

1952 年 12 月，日照县盐管处盐工卫生所在涛雒街成立。1958 年，并入涛雒卫生院。

日照市盐业机械修配厂

位于宋家坨村西边，涛雒一村东边，南连气象站，北依涛沙路，占地面积 4186 平方米。

1970 年，经日照县革命委员会批准，投资 4.52 万元建厂，购置了部分简易维修设备，于 1971 年 3 月投入生产，定名为"日照县盐业机械修配厂"。

1972 年，有职工 45 人，增加了普通车床等维修设备，承担了县域内盐田机械的一般维修。建厂初期，借用涛雒盐务所房屋办公、居住。1973 年，投资 45183 元，建房屋 55 间，厂内又添置上海 50 型拖拉机 1 台。1976 年，开始生产拖拉机运盐翻斗车、皮带输送机、轴流泵和盐田机械配件等，还多次派专人去潍坊、青岛等盐业机修厂学习盐业机修技术。

1984 年，根据盐业发展需要，投资 5 万元，购置安装塑料制品和塑料袋彩色印刷生产设备，生产塑料食品袋和聚乙烯塑料管，企业扭亏为盈。1985 年 5 月，改称“日照市盐业机械修配厂”，1986 年，添挂“日照市塑料包装厂”厂牌。1988 年，分设“日照市机床维修厂”，实行内部承包租赁，服务也由原来的专对县域内盐业机械维修，开始面向社会服务。是年，厂内始设党支部、团支部、工会等党群组织。实行领导班子集体承包，又聘用一名善管理、懂生产的副厂长，在原有机修、塑料制品两个车间的基础上，恢复了翻砂车间，对“机床维修厂”实行社会招标承包，开阔了经营渠道，搞活了企业经济。

1988 年，厂内共有车床 8 台，钻床 1 台，塑料彩印机一套，吹朔机两套，72SA64—10 切拉机一套。固定资产达 72 万元，全年生产 300 轴流泵 71 台，塑料彩印食品袋 23.8 吨，完成工业总产值 56 万余元，实现利税 5.5 万元，其中利润 3 万元，产值、利润创历史最高水平。自此，日照盐业机械修配厂也由国营企业转为集体承包企业。

1992 年底，投资 30 万元筹建“永新三合板厂”，厂址在原盐业气象站处，建房屋 20 多间，有职工 35 人，后又投资 40 万元，上成套设备：大、小型旋切机各 1 台，压板机、砂光机、切边机、烘干机各 1 台，小型锅炉 1 座。至 1995 年，永新三合板厂从盐业机修厂析出，成为日照市盐务局直属独立经营单位，负责人先后有成积斌、刘从军。2002 年，该厂停业。

1993 年，日照市盐业机械修配厂固定资产达 140 万元，年产值 78 万元，利税 5 万余元，职工 65 人。

随着企业体制的进一步改革和维修市场的发展，厂内工人不断流向其他企业，2007 年，有职工 10 人，生产经营实行自负盈亏。

1970 年以来日照市盐业机械修配厂厂长任职更迭表

表 7—18

姓名	性别	籍贯	任职时间
姜文彬	男	安东卫街道	1970—1978.7
孙华顺	男		1980.12—1983
费洪举	男	虎山镇大河坞村	1984.10—1990.9
庄茂波	男		1990.9—1991.10
刘从军	男		1991.10—1993.12
许家烈	男		1994.1—1994.12
秦玉山	男	高兴镇小訾家庄村	1994.12—

曙光盐农业高级生产合作社

合作化时期（1956 年），域内成立了曙光盐农业生产高级合作社。1958 年人民公社成立后，盐田归海生人民公社。1962 年盐田归生产村。

1956 年涛雒场务所盐（农）业生产合作社基本情况表

表 7—19

社名	建社日期	形式	成员村	户数（户）	盐工（人）数	总面积（亩）	生产面积（亩）	备注
曙光 1 号	1956.1	高级	宋家坨村、马家村、沙岭子村、王家村	145	131	1471.05	835.39	盐农社
曙光 2 号	1956.1	高级	南店村、庄家坨村、黑七子村、竹子河崖村	176	186	1814.34	1262.1	纯盐社
曙光 3 号	1956.1	高级	桥西头村、李家村					盐农社
曙光 4 号	1956.1	高级	张家廒头村	83	83	485.8	479.72	盐农社
曙光 5 号	1956.1	高级	东灶子村		77	336.5	330.83	盐农社
曙光 6 号	1956.1	高级	西灶子村	77	48	179.4	177.24	盐农社
民生 6 号	1955.8	高级	北王家村	36	19	119.8	109.5	盐农社

涛雒镇志

TAOLUO ZHENZHI

第八编　工　业

位于涛雒的华东国际物流城　（涛雒镇宣传办公室提供　摄于 2021 年）

域内工业生产历史悠久，中华人民共和国成立前，主要是个体作坊式生产，有冶铁、纺织、印染、条编、面食加工、木器制作等传统手工业。作为真正意义上的工业，从20世纪50年代兴起，70年代进入实质性发展阶段，中共十一届三中全会之后，域内工业呈现出镇办、村办、联办、个体办四位一体的良好局面。进入21世纪，以涛雒工业园区建设为平台，以招商引资为突破口，推动了域内工业超常规、跨跃式的大发展。至2021年底，全镇有民营企业147家，重点企业18家，成为全镇的经济支柱。

第一章 工业管理

涛雒工业生产历史悠久，唐朝即有冶铁业、锻铸业和染织业等。明清时代手工业兴盛，手工作坊式的小厂（场），成为当时主要的工业形式。清末民国初，域内商业空前繁荣，促进了当地工业的发展。中华人民共和国成立后，人民政府提倡发展工业生产。1953 年经过社会主义工商业改造，兴办手工业合作社。1970 年以后，社办企业迅速壮大。1981 年后，镇办、村办、联户办、个体办等各种形式的企业全面发展。1985 年开始探索企业改制，实行厂长（经理）承包制，1998 年集体工业企业全部改制为民营企业。2021 年底，全镇有民营企业 147 家，其中重点企业 18 家，成为全镇经济支柱。

第一节 概况

清末民国初，域内工业已初具规模。1949 年，各种手工业作坊发展到 196 处。

1949 年 10 月后，域内木器加工、洪炉、烧窑、采石、食品加工、运输、编织、造船、染织、建筑等多种行业兴起，较突出的有李家潭崖村、崔家庄子村的编织，涛雒街丁家的食品加工、王家洪炉等。

1953 年，开始进行社会主义工商业改造，到 1956 年，已有 9 家工业生产合作社，有兼营农业的个体手工业者 188 人。

1958 年，海生人民公社、磴山人民公社各兴办工业企业 9 家。1961 年 6 月，根据中央“调整、巩固、充实、提高”的方针，两公社将原来的 9 家合作社业务上交县联社管理，其他企业陆续停业。

1962 年 12 月，涛雒人民公社与下元人民公社合并，称涛雒区。原下元人民公社的机械厂、酿酒厂、木器加工厂、缝纫社等企业并入涛雒区同类企业，其余社办企业解散。

1966—1976 年“文化大革命”期间，涛雒人民公社的工业生产受到了不同程度的影响。

1975 年，涛雒人民公社成立工业领导小组，专抓工副业生产，至 1976 年初，共兴办企业 8 家，固定资产 68.5 万元，职工 316 人。1984 年，社办企业由 8 家增至 15 家，较大规模的有日照县涛雒拖配厂、涛雒建筑公司、涛雒造船厂、涛雒红旗盐场、涛雒育苗厂等。队办企业发展到 46 家，从业人员 1358 人。1993 年，全镇职工增加到 2846 人。村办企业在镇办企业带动下，发展到 89 家，个体企业发展到 128 户。1994 年末，开始对镇办企业改制。1996 年初，继续深化企业改革。1998 年，除涛雒建筑公司、涛雒造船厂、涛雒拖拉机站 3 家较大的企业外，其余镇办企业全部变为民营企业。同时，陆续对村办企业进行改制，民营企业发展到 128 家。截至 2002 年，95% 的村办企业变为民营企业。

2021 年，全镇民营企业 147 家，其中规模以上企业 18 家。实现年增加值 30.39 亿元，实现产品销售收入 90.66 亿元。

第二节 管理机构

企业办公室 1958 年，海生人民公社和磴山人民公社为加强对本公社的工业管理，均成立了工业部，分别由党委副书记王家臣、王元昌分管公社的工业生产。

1962 年 12 月，涛雒人民公社与下元人民公社合并为涛雒区，由区委副书记王元昌分管，并成立了由 3 人组成的工业领导小组，具体指导和管理涛雒区的工业。“文化大革命”初期停止。

1971 年初，为加强工业管理，在原多种经营管理的基础上，恢复工业领导小组。1975 年，成立公社工业领导办公室。1978 年 12 月，原公社工业领导办公室改为社队工业办公室。1984 年 6 月，改为多种经营乡镇企业办公室。1985 年 6 月，改为镇企业办公室。

1975 年以来涛雒镇企业办公室（工业办）负责人任职更迭表

表 8—1

职务	姓名	性别	籍贯	任职时间
公社工业领导办公室	侯世明	男	涛雒镇侯家村	1975—1978.12
社队工业办主任	侯世明	男	涛雒镇侯家村	1978.12—1982
社队企业办主任	王元昌	男	日照街道	1982—1984.6
多种经营企业办公室	王元昌	男	日照街道	1984.6—1985.6
镇企业办主任	勇天安	男	威海市	1985.6—1986
镇企业办主任	常进全	男	巨峰镇尚家河村	1986—1992
镇企业办主任	崔为堂	男	涛雒镇涛雒一村	1992—1995
镇企业办主任	牟墩峰	男	涛雒镇李家潭崖村	1995—1997
镇企业办主任	张明君	男	河山镇大岭村	1997—2001
镇企业办主任	董书儒	男	西湖镇荻竹二村	2001—2007.11
镇企业办主任	李海明	男	南湖镇黄山前村	2007.11—2010.11
镇企业办主任	孙雪梅	女	涛雒镇孙家村	2010.11—2015.3
镇企业办（主持工作）	郭江华	女	巨峰镇柳古庄村	2015.3—2022.6
镇企业办主任	王麦杰	男	诸城市	2022.6—

1976 年以来涛雒镇企业党总支书记任职更迭表

表 8—2

职务	姓名	性别	籍贯	任职时间	备注
书记	侯世明	男	涛雒镇侯家村	1976.2—1982.10	
书记	滕怀连	男	涛雒镇刘家湾村	1982.11—1984.6	党委宣传委员
书记	丁元增	男	涛雒镇苗家村	1986.6—1993.4	党委副书记
书记	高月军	男	日照街道小石场村	1993.4—1994.12	党委副书记
书记	李世营	男	后村镇	1995.1—1997.12	副镇长
书记	张明君	男	河山镇大岭村	1998.1—2001.6	党委副书记
书记	贺照禄	男	后村镇	2002.2—2003.3	副镇长
书记	于西庆	男	两城镇于家村	2003.4—2005.12	副镇长
书记	董书儒	男	西湖镇荻竹二村	2006.1—2011.12	副镇长
书记	李海明	男	南湖镇黄山前村	2011.12—2019.7	副镇长
书记	孙开峰	男	涛雒镇大洼村	2019.7—2021.12	党委委员副镇长
书记	陈新华	男	西湖镇	2021.12—	党委委员副镇长

企业党总支 1976年，为在工业企业中加强党的领导，成立党总支。党总支书记由企业办公室主任担任；1982年后，均由党委、政府分管工业的领导兼任。

第三节 经营机制

私营企业经营

清末民国初，域内工业主要是私营手工业，有砖瓦窑业、铸造业、木器加工业、编织业、建筑业、采石业、食品加工业、油坊等。个体手工业者大都是农忙种田，农闲经营。生产设备极为简单，多者一车（铁匠），少者一担。经营方式多属自产自销，有的以产品换原材料，有的来料加工。1910年2月，栈子村人叶汝朋（字寿三）与夏陆沟村留日学生马官和在栈子村合资开办了织布厂，并在日照县首次使用锅驼机作动力。至1939年，因地理位置、原料、传统手艺等条件，有些私营手工业在域内凸显出它的发展优势，如酱菜酿造、熟食加工、竹编、苇编、蒲编、铸铁、金银饰品制造、木器加工等，这些作坊大都是前店后坊，自产自销，涛雒街里有这样的铺号20多家。1940年后，因日军侵占涛雒，这些铺号大都关闭。

1945—1958年，域内的私营手工业迅速复兴，经营方式也趋向合资联办，如兄弟合作、族人共建、朋友投资、邻里结伴。这期间，域内有木匠铺子68家，铸铁制造30户，编织38家，缝纫铺8家，油坊19家，食品加工18家，砖瓦窑9座，商业合作社6个，从业人员568人。

改革开放后，国家允许私营企业经营，域内私营企业得到蓬勃发展。

集体企业经营

1953年，开展了社会主义工商业改造。域内绝大多数手工业者或加入集体兴办的合作社或归田务农，私有制手工业逐渐萎缩。涛雒镇、七区逐步建立了铁业社、木业社、缝纫生产合作社、理发社、酱菜酿造社、编织联合社等。在组织形式上均建立健全董事会和监事会，制定管理制度。生产工具大部分是社员自带作价入股，每人再缴纳部分股金，组织常年生产，其收益分配是：按纯利26%为公共积累（其中58%为公积金，20%为企业建设基金，10%为劳力返还金，5%为教育金，4%为福利金，3%为奖励金），2%上交联社管理费，72%为工人工资。合作社组建后，因资金困难，产品销路不畅，加之生产任务不足，社员工资收入较低，缝纫社、理发社月工资人均20万～22万元（旧币，以下同）。酱菜酿造社，编织社月人均工资18万～24万元，唯铁业社、木业社月人均工资在35万元左右。

1954—1955年，有部分社员闹退社，甚至造成个别合作社春组织秋垮台，明年再另来的局面。到1957年，除归县联社管理的合作社以外，域内区办企业4处，从业人数103人；社（村）办企业12处，从业人员113人；个体小手工业者126人。

1957年涛雒区、磴山区工副业一览表

表8—3

类别	项目名称	数量（个）	参加人数（人）	备注
区办	建筑社	2	68	1. 表内统计情况是当时已经正式投产的，备建项目未在内 2. 域内共有劳力13500个，参加工业生产的劳力686个，占总劳力的5%
	理发组	1	13	
	修配车行	2	22	
社（村）办	砖瓦窑厂	5	52	
	条编组	4	20	
	酱菜酿造社	1	15	
	木业组	2	26	
合计		17	216	

1958年成立人民公社后，私有制手工业已不复存在。在“全民大办工业”的推动下，磴山人民公社和海生人民公社干部群众率先参加了全县在高旺庄开辟的“大炼钢铁”基地的建设，共建炼铁炉42座，从业人员最多达5200人。在大炼钢铁的同时，还兴办了公社企业9处，其中规模较大的有下元机械厂、下元酿酒厂、下元木器加工厂、涛雒铁木业社、涛雒酿酒厂、涛雒盐场。

1961—1965年，在“调整、巩固、充实、提高”的方针指导下，对“大跃进”中新建的厂矿、企业，采取关停并转和精简职工的措施，进行了整顿，其中，域内有社办企业9处，从业人员485人，工业总产值达13.26万元。后又按照中央《关于城乡手工业若干政策问题的规定（试行草案）》经过调整和改制后，至1965年底，个体手工业得到一定恢复。

公社企业职工收益分配大致分三个阶段。第一阶段：1958年9月至1959年5月，采取“吃饭不要钱每月发4元”的分配办法。第二阶段：1959年6月至1962年12月，采取四、四、二（即按纯利40%为工人工资，40%上交公社，20%为奖励基金）的分配办法。第三阶段：1963年1月至1965年3月，对机械、木器加工、缝纫、酱菜、酿制等单位分别采取了“一、九”“三、七”和“四、六”分配办法（但各厂自制产品销售所实现的利润全部上交公社）。历年职工平均工资是：1958年人均18元/月；1959年人均24元/月；1960年人均26元/月；1961年人均32元/月；1962年人均33元/月；1963年人均34元/月；1964年人均35元/月；1965年人均38元/月。

1961年涛雒公社手工业生产财务年度决算主要指标汇总表

表8—4 单位：万元

企业名称	固定资产		全部流动资金		自有资金		银行贷款		年利率总额	全年上缴公社	全年留成	企业亏损额	各种税金	
	原值	净值	合计	定额流金	合计	其中股金	贷款	存款					合计	其中所得税
铁木业社	80	70	120	4	8	2	2	1.5	3	0.5	0.8	0	1.2	0.6
建筑社	25	22	26	1.8	5	0	8.5	5	11	4	3	0	6	2
造船厂	30	24	60	3	3	1	3	1	2.5	0.3	0.3	0	0.8	0.5
酿酒厂	8	7.5	0.8	0.5	0.3	0	2	0.5	0.6	0.2	0.1	0	0.3	0.1
化工厂	8	7.8	0.8	0.6	0.5	0	2	0.5	0.5	0.15	0.06	0	0.2	0.08

1966—1976年，除原有的部分生产合作社还能维持生产外，人民公社成立后兴办的企业大都停产。

1978年，成立社队工业办公室，负责全社工副业生产。以全社的泥瓦匠、铁匠、木匠、修车匠、缝纫匠、修表匠、小五金制作者、刻字匠、石匠、理发匠等12大类近百名能工巧匠为骨干，重新组建了建筑队、缝纫组、理发组、搬运队、拖拉机站（后改为农机服务站）等社办企业。全公社企业工人人均月工资由19元提高到31元，该工资交所在生产队50%，按同等劳力标准记工分，剩余部分归个人，属于离土不离乡的庄户工人，亦称“亦工亦农”。

1981年开始，企业逐步实行了承包经营责任制和厂长负责制，全公社社办工业发展到13处，从业人员3560人。其分配原则是：按劳分配，多劳多得，实行岗位工资、计件工资等形式。

承包经营责任制 1984年，域内有社办企业15家，其中亏损企业有2家，亏损额达2.5万元，仅苇柴场当年就亏损1.8万元。镇党委、镇政府在全社7家企业中推行“一包三改”。一包：对企业实行承包经营责任制。三改：改革干部制度，由委任制改为选举、招聘制；改革劳动用工制度，由固定工改为合同工；改革分配制度，由固定工资改为浮动工资，将个人利益与企业经济效益挂钩，分配原则是：各尽所能，实行计件工资，上不封顶，下不保底。

在承包经营合同上明确规定厂长（经理）享有八权：生产决策权、产品价格浮动权、企业资金再生产的自行支配权、资金筹集权、企业内部各种形式的承包权、人才开发权（对技术人员的聘用，选任领导班子的权利）、物资选购权、对职工的奖惩权。扩权松绑，调动方方面面的积极性，企业发展加快，形成了镇办企业发展壮大的鼎盛时期。1987 年，镇办企业总产值 1097 万元，利润 237 万元。1993 年，有镇办企业 13 家，其中规模以上企业有 3 家，从业人员 1965 人。

股份制改造　1994 年 10 月，在镇办集体企业中开始推行股份制和股份合作制改革。历时一年多，对 8 家镇办企业进行改革，分别选出了董事会，监事会，制定公司章程。股份制改革使产权关系发生了变化，由单一的所有制变为多元化产权结构，企业的资产由集体所有变为股东共有，使企业和职工的利益息息相关。

深化企业改革　1996 年 2 月，镇党委、镇政府出台了“深化企业改革实施方案”，对全镇 10 家企业实施深化改革，其中对经营不善而宣告破产的日照日兴塑料制品有限公司、日照丰源水产有限公司进行拍卖（合资企业）。其他企业也从 1997 年 1 月进行宣传发动，10 月进行清产核资。至 1998 年，除涛雒建筑公司、涛雒造船厂、涛雒拖拉机站 3 家较大的企业外，其他企业改制完毕，并办理企业变更登记等各种手续的完善工作。至此，镇集体企业已基本改制为民营企业。

村办企业经营

村办集体企业始于农业合作化时期。1962 年后，村兴办工业，均属传统的手工业项目：有编织、木匠铺、砖瓦厂、铁匠炉、采石、打草绳等，多以生产队为经营核算单位。工人可从生产队抽调，社员干工干农都一样，记工分参加生产队分配，有的农忙务农，农闲干工。

1978 年，上级号召大力发展社队工业，队办工业有了较快发展。有资金实力的村开始发展规模企业。1984 年，原队办工业改为村办工业。其时，村办企业已发展到 36 家。通过内部挖潜，扩大规模，利用在外地工作的家乡人帮忙，再就是与院校科研部门联姻办法扩大外延，引进了部分技术含量较高的项目。1985 年，新建 12 家村办企业，增加固定资产 86 万元，当年实现产值、利润各为 115 万元和 8.6 万元，上交国家税金增长 6 倍。1987 年，村办企业总产值 3172 万元，利润 351.6 万元。

1993 年，村办企业已发展到 89 处，从业人员 1325 人，固定资产达 665 万元。村办企业成为全镇的一大经济支柱。

1997 年，村办企业进行了改制，1998 年后，村办企业除少数采取承包经营或租赁经营外，其余全部改制为独资或合资的民营企业。

第四节　技术改造

1957 年，政府号召大搞技术革新活动，提高了工人的生产积极性和创造性。涛雒铁木业社洪炉组原每天生产锄刃 185 个，技术革新后，每天生产 410 个，次产品率由原来的 12% 降低到 2%，生产效率提高 1.2 倍。

1959 年，涛雒铁木业社铸造工庄建良、王延平等人经刻苦钻研，改进了化铁炉的结构和进料方式，由原来每公斤焦炭化 2.5 公斤生铁，提高到化 6 公斤，全年节约焦炭近 1 万公斤，计 1200 多元。1962 年，该社洪炉组派人去石臼学习新技术，在制作船用 250 ～ 500 公斤铁锚时，改固定洪炉为移动洪炉，获得成功。

技术革新和增产挖潜始终是企业的主线。1963 年，铁木业社选派庄茂波、潘为成到济南机床二厂学习车床操作技术；翌年，又请该工厂的吕师傅到厂指导，生产的拖拉机发叉、轴承、横拉竿、上下连扳、桥喜法兰质量均达到一级标准，畅销国内各大拖拉机制造厂。铁木业社木工组的郭见爱、张传志两位师傅，学习朝鲜制作草包机的技术，结合本地生产情况，经过反复试验，改进了草包机的结构，生产出新型草包机，提高生产效率近 2 倍，给社员带来了丰厚的经济效益。

1973年，日照盐业机械修配厂派人到潍坊、青岛等地学习生产技术，结合本地实际操作，改进研制出拖拉机运盐翻斗车、皮带输送机、轴流泵等盐业机械，大大减轻了体力劳动强度，提高了生产效率。

1982年，涛雒铁木业社易名日照县拖拉机配件厂，成为当时县域内生产拖拉机配件的龙头企业。在庄茂波、潘为成、秦玉早等师傅的共同努力下，经过多次实验，成功研制出B635牌牛头刨床，改制了原小型拖拉机配套的犁铲。这些产品，一经上市，深受客户的青睐，使厂内经济效益大增。

第五节　园区建设

招商引资　1988年，引进香港兴利贸易公司与涛雒合资建厂。1989年5月，港商投资105万元，涛雒投资方出资315万元，建“日照日兴塑料制品有限公司”，安装现代化塑料制品生产线7条。1999年因经营不善宣告破产。

1993年，日照市红旗水产公司（原红旗盐场）吸引外资建立“日照丰源水产有限公司”，建设库容300吨冷冻库1座，水产品养殖饵料加工生产线1条。

2000年，成立了由镇党委书记牵头的6人招商引资领导小组，负责全镇的招商引资工作。2001年5月，成立招商引资办公室，办公室设在镇企业办公室内。2007年，招商引资项目86个，引进外资144.9亿元，全镇从事工业生产人员8672人，拥有固定资产3187亿元；完成工业产值39.69亿元，工业增加值12.02亿元；实现销售总收入38.9亿元，出口交货值6.01亿元，利润8.43亿元，税收0.42亿元。形成以机械制修、建筑建材、食品加工、交通运输、化学工业、水产品养殖加工等6大门类、42种行业、数百种产品的工业大镇。工业税收占全镇财政收入的40.8%。

2019年、2020年招商引资工作，连续两次获东港区年度考核一等奖，工业经济排名在全区前列，其中方鼎科技被评为山东省瞪羚企业、省技术创新示范企业，入选工信部第二批专精特新小巨人企业。

2021年，全镇18家规模以上企业实现工业总产值12.6亿元，同比增长59%；营业收入17.5亿元，同比增长108%。纳入双招双引考核项目完成固定资产投资10.65亿元，实际利用外资546万美元。

钢铁产业园　钢铁产业园全称为“东港区钢铁配套产业园”，分南北两个工业片区。北片区位于沈海高速公路以东、341省道两侧、204国道以西；南片区位于高旺庄村以南、临钢路以北、厦门路以东区域。

北片区2002年开始建设，始称“涛雒工业园”（详见第一编第二章镇驻地规划建设）。

2012年，日照国际海洋城管委在原工业园北侧，204国道以西、中盛路以北，规划面积2.8平方千米，建立海洋产业园区。先后落户园区的环保、海洋生物等大型科研企业有：山东港源海洋生物工程有限公司、日照贝斯特环保生物科技有限公司、国家海洋技术中心（日照）产业化基地、日照海大博远海洋生物科技有限公司等。

2016年，国际海洋城撤销。2017年后，海洋产业园区成为“东港区钢铁配套产业园”北片区，主要以钢铁精深加工、高端装备制造特色产业为主导，重点围绕山东钢铁、日照钢铁两大钢铁龙头企业发展钢铁精深加工及配套服务，形成较完整的钢铁产业链，打造全市钢铁配套产业中心。

东港区钢铁配套产业园南片区始建于2017年9月。南片区以高新技术为引领，大力招引钢铁产业链高端产品制造企业。2021年底，已入驻济钢金属、罗克兰国际物流、德汇新基建、沪汇精密机械等一批重点项目。

南北两个工业片区初步规划面积18平方千米，重点发展与机械装备制造业相配套的现代物流、循环经济等产业。至2021年底，已入驻企业35家，其中规模以上工业企业18家。已形成了以中瑞机械装备制造、力山特、汇丰电子、中盛锻造、方鼎科技等企业为龙头的东港区机械制造产业集群。

第二章 工业结构

域内工业不同时期有不同的类别，概括起来重工业主要有炼铁、铸造、锻造、船舶修造、机械制修和化工生产，有机器设备和交通运输工具的修理等；轻工业主要有纺织、印染、抽纱，有服装、鞋帽加工及缝纫，有渔网编织、包装制品及小五金生产，有酿造腌制、肉类及粮油食品加工，有木材加工、塑料制品、玻璃钢制品、化工及电子设备生产等。有些产业起步早，发展稳中求进，具有较强的市场竞争力；有些产业随着社会的发展和科技的进步，逐渐被新兴产业所取代。

第一节 铸造、锻造业

清朝末期，域内有6户从事冶炼铸造业，洪炉7座，从业者22人，主要生产船用铁钉、钩、链及简单农具等。涛雒街王家、刘家洪炉，南店村庄家洪炉，是域内有名的铁匠世家。

民国年间，由于战事繁多，铸造业受到影响，有的业主另择他业。1949年后，该业发展迅速。1953年，涛雒街成立了铁业社，有洪炉6座，社员18人，主要生产镢、锨、耙、铲等农具。1956年，铁业社与涛雒木业社合并，称涛雒铁木业社。1958年，磴山人民公社在下元村西建机械厂，房屋20间，职工89人，设洪炉、机械、翻砂、铸钢等车间，主要生产各式农具、犁铲、锅、鏊子等。1963年，并入涛雒铁木业社。

1958年，涛雒铁木业社建船舶修造厂，设洪炉组一个，主要生产船用铁件。

1959年6月，日照县高旺钢铁厂撤销，成立日照县高旺机械厂。马成春任党委书记，王起沛任厂长，人员500余名。主要生产铁锅、鏊子和农用水车。1962年停业。

1963年后，铁木业社规模壮大，下设洪炉、机械、翻砂、铸钢等车间，干部职工达330多人，成为域内第一家大型集体企业。

1970年，日照县盐业机修厂在涛雒成立，主要服务于县域内盐业生产，设翻砂、洪炉、机械等车间。

1981年，涛雒造船厂扩大规模，除洪炉外，又添翻砂、机械铸造等车间。20世纪90年代初始，域内渔业发展加快，先后成立了小海造船厂、孙家村船舶修造厂、阜鑫渔港服务中心渔船修造厂，分别设洪炉、翻砂、机械等车间。2003年工业园建成后，入住园区的以铸造、锻造为主的工业企业大部分设有洪炉、翻砂、机械车间。2013年，域内除以上工业企业继续经营外，还有个体洪炉户5家，有的还伴有翻砂、锻压。至2021年，域内无个体洪炉，其业务已被现代化的锻压企业替代。

第二节 船舶修造业

中华人民共和国成立前，域内渔船大部分从外地购进，本地只有修船工，有活时由懂技术的师傅临时组织，员工少则几人，多则有几十人。一般夏冬季活多，称之为给船上护（即给木船修捻漏缝、涂刷桐油等护理）。这些修船工无活时转向他业。

中华人民共和国成立后，随着海上捕捞业的发展，带动了修造船业的发展。1958年，根据域内海上生产的需要，涛雒铁木业社在小海村东北角（沿海公路小海大桥北端西侧100米处）建船舶修理厂，设洪炉2座，职工22人，业务带班乔瑞英，固定资产20万元，年产值8万元。1975年，在临沂地区水产局的资助下，成立涛雒公社造船厂。

图 8—1　建造中的木质机动渔船

2013 年，域内有船舶制修厂 4 家，分别是日照顺风船业有限公司、小海造船厂、孙家村船舶修造厂、阜鑫渔港服务中心渔船修造厂。2021 年，域内有船舶修造企业 3 家，分别是日照市金航渔业有限公司、日照阜鑫渔港渔船修造有限公司、日照市春秋工贸有限责任公司。

第三节　机械制修业

中华人民共和国成立前，域内仅有几家个体铁业制造专业户。中华人民共和国成立后，机械制修业主要是集体兴办的铁木业社、盐业机械修理厂等。随着农业、渔业、盐业机械的逐步增加和集体、民营企业的不断发展，机械制修业也不断发展壮大。

农机制修　1953 年，涛雒铁业社成立后，仅能生产镢、锨、锄等农具。1958 年，该社就发展有机械、洪炉、翻砂、铸钢、木业、车行、白铁等多个车间；同时，磴山人民公社成立了下元机械厂，设有机械、翻砂、洪炉、铸钢等车间，生产 53 式人推水车、双铧犁等农机具。1963 年，涛雒铁木业社派人外出学习，回来后大批量制作打草包子机，满足了域内及周边村的需求。至 20 世纪 80 年代，主要生产拖拉机配件，故易名日照市涛雒拖拉机配件厂。该厂生产的 B635 牌牛头刨床和拖拉机犁铲一度成了销遍全国的抢手货。至 2021 年底，域内无农机制造企业；有承山修造厂（农机维修）企业 1 家，正常经营。

渔机制修　1963 年开始帆船挂机，随之产生船用机械修配业。1975 年，涛雒造船厂开始制造船用尾轴系统、起网机、舵系螺旋桨等。1993 年春，孙家村建机械修配厂，主要服务于沿海机船的维修。2000 年，阜鑫渔港服务中心渔船修造厂开始对大功率钢质渔船进行维修。至 2021 年底，域内有渔机制修企业 3 家，其中日照金航渔业有限公司有制造和维修渔机能力，日照阜鑫渔港渔船修造有限公司、日照市春秋工贸有限公司仅有维修能力。

盐机制修　1970 年，日照县盐务局在涛雒街东门外南侧建盐业机械修配厂。起初，仅能承担县域内盐田机械的一般维修。1973 年，选派人员到潍坊、青岛等地学习后，开始生产拖拉机运盐翻斗车、皮带输运机、输油泵和盐田机械配件等。至 2021 年底，域内无盐机制修企业。

车辆制修　20 世纪 60 年代，公社机械厂开始修理手推胶轮车、自行车。70 年代初，小功率柴油机渐多，小型拖拉机进村，域内有不少村办起了修车（机）组。80—90 年代，各种农业机械、摩托车进村入户，为之修理服务业发展迅速，域内沿国道、省道、沿海公路及部分村办起车辆制修场所，1998 年达 20 家。规模较大的有：拖拉机站机械修理组，涛雒七村拖拉机修理厂、川子村农用车辆配制厂等。

2021 年，域内汽车修理厂成规模的 3 家，规模较小的汽车修理店 20 家，电动车维修点村村都有。

第四节　高旺钢铁基地

1956—1957 年，山东第四勘探队（时驻临沂）在高旺南岭以东区域进行实地钻井勘探，结论为此处地下金属复合矿产丰富。

1958 年下半年，日照全县开展大炼钢铁运动，以高旺南岭为厂区，以丁家营子村为矿区，作为日照县大炼钢铁基地之一。

基地管理　1958 年 9 月初，在高旺庄成立日照县高旺矿区钢铁生产基地指挥部，县委书记李鲁生、书记处书记牟步善亲临指挥。磴山人民公社书记、海生人民公社书记等全部入住指挥部。9 月下旬，各公社、县直机关、驻日照部队等单位的人员集中至高旺矿区（最多时达10万人），实行军事化管理，每单位为一个炼铁营，展开大炼钢铁大会战。

矿区搭建工棚3500间，设食堂200多处，中心商店一处，广播放大站一处，工地卫生所一处，矿区粮油供应站一处。各炼铁营设男女公共食堂各一处，安24印大锅数口，以地瓜干粥、地瓜煎饼为主食。

矿石采集 1958年8月下旬，中共日照县委钢铁生产基地指挥部选建高旺矿区。涛雒乡、下元乡的120名矿石采集突击队员进驻高旺矿区，捡拾收集裸露地表的铁矿石，堆积待炼。9月下旬，各公社小矿、小厂一律停止采、炼，人员、设备齐集高旺矿区，挖掘矿坑，开采矿石。从高旺庄东南岭往东一直延伸到丁家营子村，遍布数以百计的大小矿坑。成规模的有清水矿、浑水矿、两城矿、丝山矿等18处，矿深30余米。浅矿开掘靠肩抬车推，较深矿就用十几人拉一辆小推车，最深矿则用柴油机带动绞车收放缆绳，一次拉几辆或十几辆小推车。掘矿所需炸药，由100余人的搬运队伍去临沂车推炸药、肩挑雷管，10天往返一次。至9月底，高旺矿区共采铁矿石33000余吨，除供基地炼铁炉使用外，盈余部分装车、船外销，支援临沂、济南、青岛等地的炼铁厂生产。12月，采矿队伍陆续撤离高旺矿区。

钢铁冶炼 1958年9月初，高旺矿区钢铁生产基地成立。随后由县商业局负责成立炼铁厂，在高旺庄前、公路以西建炼铁炉18座，主要为1.5立方米地上小高炉、1立方米猪嘴式炉和0.3立方米地下小高炉，并配备机械鼓风机等先进设备。每座小高炉设炉长、会计、技术员各1人，添料员数人。每日三班轮流上岗，每班13人，主要生产灰口铁、白口铁、马蹄铁和海绵铁等。

9月下旬，全县23个公社、3个县直单位的26个钢铁营齐集高旺矿区作业。为多出铁，早出铁，各钢铁营各自为战，土法上马，拆除旧祠堂等古建筑，收取其旧砖块建各种类型的小土高炉200余座，使用手拉风箱吹风。结果投料生产后，炼炉结底，炉体报废。

图8—2 1958年9月初开炉炼铁

图8—3 1958年，大炼钢铁时高旺庄小高炉

12月初，因原料不足，暂停猪嘴炉和地下小高炉作业，保证高炉生产。此外，收集民间废铁及饭锅、鏊子等砸碎投炉化铁。至12月底，共产生铁3000余吨，粗钢产品大多为废品。

燃料供给 炼铁所用焦煤，初期满足供给，11月份第一周，钢铁生产开展卫星周活动，生产规模不断扩大，焦煤等燃料告急。钢铁生产基地指挥部当即决定组织7000人去临沂、罗庄、枣庄等煤矿购煤，并到社员家中收集木材、房料和木制家具作炼铁燃料。各公社组织人员伐树闷木炭炼焦煤，运往高旺炼铁厂（时称“卫星钢铁一厂”）。伐树过程中一度出现乱采滥伐现象，一些古树名木遭到破坏，大量植被林、经济林和“四旁”树木被砍伐。至12月底，各地伐树闷制木炭共3000余吨。

科技活动 为迅速提高炼铁、采矿技术，高旺钢铁生产基地于10月1日开办红专大学，分设开采、冶炼、建炉、动力四个系。开设红专中学班14个，高小班81个，初级班295个，1300多人参加培训学习。各营、连部配备政治干事、文化干事、文化教师，在炼铁队伍中开展政治、技术、文化活动。

1958年12月19日，中共中央宣布全国提前12天完成钢产量翻番任务，整顿炼铁企业。1959年初，高旺矿区钢铁生产基地下马。

第五节　高旺金矿

1989年冬，经山东省黄金公司批准，成立高旺金矿，由山东沂南金矿承建且安排挖掘。1990年4月，沂南金矿选派部分干部，先行进驻高旺庄村，与当地政府、相关村庄、单位等协调建矿事宜。1991年，干部、职工200人进驻高旺庄村，开始建设矿区。

经探明，高旺金矿区共有5个矿体群，10个矿体，其中丁家营子矿段最好，主要有磁铁矿、黄铁矿、黄铜矿、辉铜矿、自然金矿等。

矿区建设主要在丁家营子村后及东北角和西北角。1991年，开始在丁家营子村东北角开掘长为300米的斜井，安装轱辘马连体车及管道，主要功能为通风、抽水、运料等。

1992年，高旺金矿干部及各类人员增至400人，购买原高旺医院房屋和场地，整修后改为矿区办公室、后勤处、家属院等。是年，在丁家营子村西北角开始挖掘深200米竖井，与斜井相通，断面7米 ×5米的巷道（全部用木料支撑），地面设施也随之兴建。1994年4月正式投产。地下开采，使用人工电钻凿眼，装药放炮，轱辘马运料。

1992年，与青岛警备区协商，借用凤凰山山洞存放炸药，多时达10吨，派专人看管、司药，2000年撤销。

1995年，为方便矿工及家属就医方便，在生活区建卫生所1处，医务人员多时达9人。2001年撤销。

经开采生产，高旺金矿铁、铜含量较高，黄金含量甚少，所开采矿石运往外地洗炼，经济效益较差，于2002年停止作业，留有17人守护矿区、办公区、生活区。

第六节　服装

1911年初，域内始有裁缝铺。1918年，有裁缝铺6家，最兴旺的是涛雒街“葛家裁坊”，有员工8人，主要给涛雒街的大户人家缝制便衣。1930年初，有缝纫师傅9人，已能制作中山装。

1949年，有裁缝铺12家，缝纫机14台，主要承接来料加工成衣。1953年，涛雒街部分裁缝铺联合组建缝纫组1处，有缝纫机6台，从业人员9名，主要经营来料加工。除制作便衣外，还生产一些垫肩、布质手套等劳动保护用品；同时还有个体缝纫铺14家，从业人员48人。

1956年，涛雒缝纫生产合作社建立，社员23人，自带缝纫机19台。民主选举产生了理事会、监事会。生产人员分3个小组，其中一个剪工组，两个机工组，各组选出1名组长管理本组生产及其他事务。还根据生产业务特点制订了会议、工作、财务管理等项制度。主要加工民用服装，小批量生产衬衣、棉衣、工作服等。1958年，海生人民公社在涛雒缝纫生产合作社的基础上，成立公社被服厂，负责人刘为礼，有职工25人，自带缝纫机20台。主要经营来料加工单、棉衣，给供销社做些劳保用品和成人内裤，年产值2.2万元。1964年因管理不善停业。

1966年，成立涛雒公社服装厂，把涛雒公社较有名的裁缝师刘为一、王茂海等组合在一起，并以师带徒，共16人，有缝纫机12台，锁边机2台，加工成衣、鞋帽、劳动保护用品，承接供销社服装制作。是年，域内有的村开始办缝纫组，至1973年，有32个村成立了队办缝纫组，有缝纫机212台，有的村缝纫组还添置了锁边机，保证了化纤布料的制衣质量。从业人员298人，固定资产22万元，年成各式服装25620件。各村从业人员以高出该村同等劳力的20%记工分。1982年后，逐渐解体或转营。

随着市场经营的繁荣，人们对衣着的意识也

有了新的变化，出现了做衣不如买衣的新情况。涛雒社办队办缝纫厂家已利微难撑，个体缝纫组也受到一定影响。1984 年，域内个体缝纫户仅存 27 家，从业人员 82 名，主要缝制春、秋季节服装。1993 年，有服装加工户 30 家，从业人员 95 人，有的还需赶集收料加工，经济效益不佳。

1996 年，涛雒镇成人教育中心为适应社会需求，开办服装培训班，3 期共培训学生 168 人，为镇内外培养了一批新式缝纫人才。1998 年后，上海、温州等地的缝纫师到涛雒拓展业务，为发展、推动涛雒的服装业发挥了很大的作用。

2003 年，域内有羽绒服制作、翻新个体户 5 家，年制作羽绒服 500 多件，翻新 1000 多件，纯利 7 万余元。

2007 年，域内个体服装加工户 32 家，从业人员 102 名，固定资产 189 万元，年完成各类服装 38580 件，纯利 92 万元。2021 年，域内有个体服装户 9 家。

第七节　鞋帽

域内早期人们穿戴鞋帽大都是自己制作或私人专业制作，1911 年，涛雒的鞋帽店铺有 5 家，最大的要数涛雒三村王宝林开设的“王家鞋帽”，员工 9 人，年产单、棉帽 2000 余顶，单、棉鞋 3000 余双。其余几家员工 3 ~ 7 人，全部手工制作。产品多为布鞋，麻绳纳制的鞋底，布帮园口单鞋和棉鞋。丁家官庄“利生鞋铺”生产牛皮底布鞋，均为前店后坊，自产自销。抗日战争时期，鞋帽业大都关闭。

夏天人们穿的是用稻草夹上布条或红麻编织的草鞋或鞋垫子，冬天穿的是用稻草或蒲草夹上苇柴缨子编织的草鞋，俗称“毛窝子”。

1953 年，域内有鞋帽铺 4 家，成衣兼缝帽店 2 家。

1958 年，海生人民公社在涛雒街里成立鞋帽厂，厂长葛云鹤，员工 16 人。主要生产圆罩顶单帽、三大扇罩棉帽和圆口单布鞋，高帮五眼棉布鞋，有时还为本地供销社或单位加工制作。年产单、棉鞋 4000 双，单、棉帽 3000 顶，年产值 2.26 万元。1963 年停业。

20 世纪 60 年代，用废胶皮外车胎，经高温处理后，做成鞋垫子，称“日照凉鞋”。后因各式塑料凉鞋大量上市，“日照凉鞋”逐渐被淘汰。

20 世纪 70 年代后，由于国营鞋帽厂的兴起，各式鞋帽溢于市场，涛雒域内的鞋帽业因规模小、管理差而逐渐停业。

第八节　工艺制作

抽纱　中华人民共和国成立前，绣花是民间妇女的手工工艺，女孩子从 10 岁前就由长辈教其绣花。常见的绣花有荷包、鞋头、鞋垫子、腰围裙、云肩、枕头，烟包子、门帘及儿童身上的饰物等。绣品种类有丝绣、挑花、插花、割花等。民间大型绣品无过于姑娘出嫁陪送的门帘，其顶端有绣沿，左右两边有锦绣花边，中间绣有“鸳鸯戏水”“喜上梅梢”等吉祥图案。门帘既是新婚洞房的装饰品，又是新娘子手工的展示物。随着精美花布的生产和机绣的发展，手工刺绣渐少。

抽纱作为一项单独的刺绣工艺，始于 1978 年。由公社工业领导办公室与日照县乡镇企业局下设的绣花厂联系成立了涛雒公社绣花厂。有 60 人各自带缝纫机绣花，后上万能绣花机 10 台，甩干机 1 台，职工增至 112 人。首任厂长李桂兰，主要生产三六方台布、被罩等，产品销往美国、德国、法国等，年产值 100 万元，利税近 10 万元。1984 年停业。

从 1999 年开始，域内有 18 家个体抽纱经营户陆续建成生产，他们分别与日照锦绣抽纱制品有限公司等单位联系，承接来料加工，从业人员 176 人，年产值 108 万元。2013 年，有 6 家购买了电脑控制机刺绣抽纱，提高了产品质量。

2005 年后，十字绣工艺也进入了不少家庭，一些妇女利用闲时，按既定图样使用缝衣针和七彩线手工制作，成品可馈赠亲朋好友，也可买卖，还可以供人们装饰、欣赏和使用。

编织　早在清乾隆年间，李家潭崖村就有竹编业。民国时期，竹编业发展迅速，带动了周边村，有竹编业户 140 多家，从业人员 280 多人。

到1955年，村里成立了竹编合作社，有社员60人。至20世纪70年代，村里建起竹编厂，员工80多人，年产竹制品19600件（套），其中精品有猫笼子提篮、提盒、鸟笼子等，产品除满足本地需求外，还销往沂水、诸城、连云港等地，有些产品还远销日本、朝鲜等国家。年产值6万多元，成为村内经济支柱。后因塑料制品的替代，到20世纪90年代初，竹编厂解散，但至今还有一些个体竹编户，为农渔业编制一些必需用品。

崔家庄子村的苇编业，早在清末即有手艺人。编制的花席、带托子的细苇笠，既具实用性又具观赏性。尹家廒头一村（原高家廒头）的丝织妇女头发网罩，美观大方、经济耐用。大草坡村和东、西林子头村用蒲叶编织蒲包，工艺精巧、式样繁多。域内还有条编器具，编织草鞋、蓑衣等手工艺，既满足了当时人们的生活需求，又展示了制作者的工艺创造。

扎制 清末民国初，域内用荻柴扎制风筝、灯笼、表仪等物品的能工巧匠很多。1949年后，有名的扎匠要数川子村的李忠堂，南店村的庄聿宗和东风村的梁立秋。此时，域内扎制上述物品的门户有8家，他们的制品特色鲜明、栩栩如生，深受用户的青睐。

小海村的王均祥，扎制的“耍故事”的道具：龙船，形貌逼真，活灵活现；鱼，鳞、尾鲜明，口张气鼓；鳖，头、爪灵敏，伸缩自然；虾，针尖、尾展，蜷挺不凡；蟹，螯爪锋芒，眼珠时凸时陷；蛤蜊，纹络清晰，张翕自如。演出时，道具随人意亦动亦静，惟妙惟肖，情趣盎然。

其他 2001年春，海员村的郭常峰与驻青岛韩国投资企业海民工艺品有限公司联合，在栈子村成立了东港区国鑫玩具厂。主要生产不同类型的仿生物玩具，既能突出各类生物的特征，又能体现制作者的创新理念。产品大都出口南美及欧洲一些国家。年产值180万元，利税25万元。

2003年后，出现了玻璃制品个体户3家，在平板玻璃上使用高压喷绘、雕刻花鸟等图案，供居室内外装饰之用。铁艺制作个体户2家，制作家居及单位门窗、楼梯扶手的花样组合。

第九节 木业 小五金

木业 木业分两大派：旱木匠、水木匠；大都为个体经营。早在清道光年间，涛雒四村任昌年之先祖就开办木匠铺，其后人继承祖业，主要生产桌、椅、箱、橱、柜等家具。桥东头村滕照喜之祖辈是远近闻名的水木匠，常年从事修船业，子孙辈继承祖业。

旱木匠活分两类，一是硬木活，1949年前，专以硬木料制作车桩、车轮、犁、耙等工具，如川子村的王伯增、王伯尧制作的木车，远近闻名。另一种是软木活，如涛雒七村侯照祥开办的木工作坊，主要生产嫁妆、家具、棺木、房架及门窗，精品有“八仙桌”“龙凤围屏床”等，技艺久负盛名。1949年后，曾受聘参建涛雒大礼堂、高旺医院、日照一中等。这些从业者，多系世代相传，绵延至今，有200多年的历史。

中华人民共和国成立前，水木匠主要服务于船舶的维修。在维修船舶时，从材料的选择、规划设计、到工艺操作，均有自己独特的要求。从业人员有东南营村的乔祥来，孙家村的孙纪中、孙纪先等。

中华人民共和国成立后，木业得到恢复和发展，合作化时期，就有一些木工组、初级木工合作社。1953年，在涛雒街里联合组建了木业生产作坊，主要为公社修理制作农具或房屋用料等。1956年，并入涛雒铁业生产合作社。

20世纪60年代后，有不少生产村，如下元一村、涛雒七村、丁家官庄村等，陆续成立了木器加工组，以师带徒，扩大规模。仍为手工作业，以做农机具和家具为主。

1978年，涛雒建筑工程公司成立木器厂，独立核算。有员工22人，主要服务于本公司所需，兼营其他来料加工，制作各式木器。1983年，因经营不佳而停业。

1981年后，个体木器加工厂发展到8家，从业人员68人。主要制作房屋架构、门窗和家具。

1990年，有水木匠把头6人，他们忙时可组织200人上阵修造船舶。作业方式为海上有活时临时组织，没活时解散。

小五金　在清朝中晚期，涛雒三村的王家洪炉、刘家洪炉和南店村的庄家洪炉就为修理船舶、修理打制农具、房屋建筑等制作大头钉、两尖钉、门鼻子、门包角等。涛雒一村马恒顺，到徐家园村学习小五金制作和修理技术，回村后，成为远近闻名的“锢漏子”。以上各业，世代相传至今。

清朝末期，诸城县许孟（今属五莲县）人张进善到涛雒一村开设“玉华银楼”。主要生产手镯、狮猴、怪兽、古董玩具。其后人张崇勋、张崇旭、张崇相继承祖业。经营方式，自制自销或来料加工，1960年停办。多年后其后人重操其业。

白铁业　清末民国初，涛雒三村的高为许，涛雒四村的季兆祥，马家村的马光泗等人，就开办白铁业铺，均为手工作业，前店后坊，主要生产烧水壶（快壶）、浇水壶、铁盘、漏斗等。皆为子承父业，世代相传。

1956年，涛雒街成立了白铁业合作社，有社员6人。主要生产水壶、铁盆、水桶等，年产成品近万件。1964年因经营不佳而停业。

制修衡器　中华人民共和国成立前，涛雒四村就有张家修秤铺，因其公正至信，工艺精良，生意红火。1949年后，其后人继续操其业。1976年，涛雒公社成立综合服务社，聘请张清红、张清波两兄弟组成修秤组，主要制修杆秤。1986年服务社撤销后，兄弟俩继续经营。后因金属台秤、电子秤等逐渐增多，1993年兄弟俩分开。后张清波仍制修杆秤，兼做销售台秤。

第十节　包装制品

清末民国初，域内就有使用蜡条、柳条、秫秸、竹篾、草蒲等编筐、编篓、编篮、编包等传统手工业。1916年，傅疃丁竹三到涛雒街水门里租房5间，雇工16人，从事酒篓、油篓的编织、糊贴。产品除供本地用外，还远销江苏、潍坊等地。20世纪30年代，涛雒街南门里张守来成为远近闻名的“油篓匠”。招用编织、糊贴员工10人，成立了“油篓”铺。抗日战争时期停业。

大草坡村村民用草蒲编织蒲包的手工业，历史久远。1956年前后，村内有70%的男女劳力，在农闲时从事该业，产品销往当地及周边区县。广泛用于农、渔、盐业产品包装。至20世纪90年代，塑料制袋替代了蒲包，该业因无市场而终业。

用草绳编织网兜子是域内大部分村民的传统手艺。特别是一些山村居民，现在仍有操业者。编织这种网兜子时，先用稻草搓成直径为0.4厘米

图8—4　草兜圈（摄于1974年前后）

左右的双股绳，根据所需网兜子大小排底，边搓绳边向上兜圈编织，最后锁沿。网兜子眼一般呈方形，边长6～10厘米，是盛装零星渔具、玉米棒子、地瓜、地瓜干、柴草等之佳具。

1963年，涛雒铁木业社学习朝鲜制作草包机的技术，制作的木质草包子机开始在涛雒村试用。不久，因该业操作简便，投资少，见效快，男女老幼皆可动手，很快在全区大部分村兴起。编制这种草包子一般需经纺梃、拉梃、织片、编边、缝制成包五道工序，熟练的可日织40片。至20世纪70年代，编织的草包子被广泛用于农业、渔业、盐业产品的包装，亦可为水利、交通之用。供销社常年收购，致使该业大兴，有的村几乎家家从事该业，域内日产草包子曾达到68000多个，其收益成为从业家庭的主要经济来源。20世纪80年代，塑料编织袋取代了草包子，该业随之消失。

20世纪70年代，涛雒公社在域内有条件的村发展栽植紫穗槐木，用槐木条编制果筐、胶轮车用篓（大小不等）等，既经济又耐用，该业曾一度成了条编中的主导产业。

1981年以后，纸箱包装、木箱包装，塑料包

装等制品逐渐替代了条、竹、蒲、稻草等编织物的包装制品，现在蒲包编织已不再见，条、竹、稻草等包装制品也日渐减少。

第十一节　渔网编织

农业合作化前，沿海渔村大部分村民农闲时从事织网，纯手工家庭作业，以备自用。农业合作化后，个人织网与集体织网相结合，仍为手工作业，除供自用外，还可售予他人。

渔网编织的工具有塞子和梭子，它们均用厚竹片削制而成。塞子为长方形，用以规范网眼尺，一般长约 10 厘米，宽 0.2 ~ 10 厘米。梭子缠线织网时用，长约 20 厘米，宽 2 ~ 3 厘米，中间刻一长方形带齿孔，根据网眼大小而确定梭子大小。

20 世纪 60 年代前，所有网具（网衣、网绳等）材料主要用棕、麻、蚕丝和棉等纺线制成。结成的网，使用前用猪血施染、蒸煮。1964 年，开始推广使用锦纶、乙纶等化纤材料。20 世纪 80 年代中期前，网衣制作工艺全部为手工编织。1986年后，域内开始购进并使用机织网衣（主要用于拖网），1987 年底，首次使用垫空型处理工艺，使网具性能大大提高。

1996 年，海员村委会征地 7.2 亩，投资 190 万元，建起了织网厂，有织网机 3 台、盘线机 1 台、导线机 2 台、拉伸机 1 台、成形蒸汽罐 1 个，员工 30 人，年产各类网 3600 多条；产品除供本村用外，还销往周边乡镇，后因管理不善而停业。

进入 21 世纪，栈子海员村的叶京明、傅存余，东南营村的孙曾先，庄家村的庄佃云先后办起个体网具厂，既产又销。产品除满足当地用外，还远销连云港、烟台、威海等地。

第十二节　建材业

采石　明清时期，人们只能捡敛一些天然石块砌墙盖房。清末始有石匠，使用锤、錾子等工具，凿眼破石。有的是子承父业，有的招徒施教。1949 年前，域内西南丘陵诸山村，村村有采石业。1949 年后，建筑业的快速发展带动了其业的发展。20 世纪 60 年代始，有些靠山的村成立采石队，以师带徒，扩大采石规模。1971 年，域内有石匠 72 人，有名的石匠要数上元村的秦玉深和华山村的孟善军，他们凭着丰富的实践经验，把握石头脉络，打出的石头块整面平。1972 年春，公社基建营组建 38 人的采石队，在华山村、簸箕笃子村、下元一村、大草坡村的山场采石，为房屋建筑和农田水利建设提供了足够的石料。

20 世纪 80 年代末，随着泥砖的大量烧制和水泥预制品的上市应用，建筑所用石料逐渐减少，因上级主管部门对采石业的限制和管理，到 2007 年末，除华山和簸箕笃子村有少许个体石匠上山采石外，其他均已停止开采。2013 年后，域内无采石业。

采沙　早在清朝末年，域内沿海渔村在渔闲时，即用船装海沙运至江苏、上海等地出售，支援当地建设。中华人民共和国成立后，此业继续。20 世纪 80 年代停止采运。域内大量用沙始于 20 世纪 70 年代初，后日益增多。沙源有海沙、河沙。起始，用沙可随便掘取。20 世纪 90 年代初，国家禁采海沙，建筑用沙多为河沙。2004 年后，取河沙需经矿产资源部门批准。因域内河沙沙源量少，未能满足建筑之需，因此，所用河沙多从域外购取。

砖瓦烧制　砖瓦制作历史悠久。早在清朝道光年间，涛雒街人丁汝锰（字铠轩）在西门外（今涛雒二村小西庄）处购地 5 亩，建小型砖窑一处。聘用山西一吴姓师傅指导，专烧青砖，有大有小，主要供给涛雒街大户人家建筑之用。

1927 年，下元村与上元村的 10 家大户合资在下元村北（旧址尚存），建大型立式砖瓦窑两座，取名“同盖瓦厂”，占地 120 亩。主要生产小青瓦，兼产青砖。由于泥料上乘，烧制精巧，生产的砖瓦曾远销连云港、上海等地，瓦上印有“同盖瓦厂”字样。

中华人民共和国成立前，域内立窑烧制砖瓦者有 5 家。中华人民共和国成立后，砖瓦业发展较快，1958 年，海生人民公社在南店村西南端河畔，建大型马蹄窑 1 座，占地 16 亩，负责人庄聿克，有员工 23 人，年产青砖 48 万块、鞍子瓦 0.8 万页、平瓦 16 万页、脊瓦 0.5 万页，年产值 2.76 万元。

1972年，下放给南店村生产、管理。1975年，开始用柴油机作动力生产，用煤炭作燃料烧制，减轻了工人劳动强度，提高了产品质量，次品率由原来的3%降至1%。

20世纪60年代至80年代末，右所、西石梁头、川子、大草坡、丁家营子、桥西头、下元三村、涛雒一村、西灶子、李家村、庄家村等十几个村建起立式砖窑，其中西石梁头村、下元三村、右所村专门烧制青砖、青瓦。1982年后，这些窑厂生产主要环节均以机械替代人力劳作，以煤炭作燃料。累计年产砖868万块，产瓦48万页，产值68.6万元，从业人员258人，成为各个村主要经济来源。

1982年7月，涛雒公社在上元村建大型地上立体循环砖瓦窑1座，生产红砖、红瓦。1993年迁下元三村，1999年停业。

1983年，昌邑砖瓦业主陈孝忠、陈孝飞到涛雒投资，先后在西石梁头、庄家村、南店等村建设地沟循环窑，生产砖瓦。1986年李家村、1989年崔家庄子村办起了循环窑厂。大部分的窑厂转为个人承包经营。至1990年，全镇窑厂14处，固定资产96.5万元，年产红砖5800万块、红平瓦200万页，从业人员456人。

1992年后，大多数窑厂因土源受限而陆续下马停产。至2007年，域内仅有下元一村2座，簸箕笃子村、华山村各一座，均为循环式窑，继续生产。固定资产480万元，年产红砖3200万块。从业人员282人。

2013年后，域内无烧制泥砖、瓦的窑厂。

木材加工 1945年8月24日前，建筑所需梁、檩、杈、柱的整修，门窗户搭的组装，均为木匠手工操作。使用的工具主要有：斧、锯（大、中、小）、推刨、凿子、锛、羊角锤、墨斗子、拐尺等。1949年，域内有木匠102人，其中涛雒街丁家木匠铺，下元一村徐家木匠铺，以制作品类齐全，做工精巧而闻名乡里。

1953年，涛雒镇成立了木业组，除制作桌、椅、箱、柜外，还承揽建筑木料的加工。1956年并入涛雒铁业社。入社后，仍为房屋建筑制作门窗、梁、檩等。

1966年后，全公社有65%的村办起了木业组，为本村及周边村庄社员制作家具和房屋建材。

20世纪70年代后，木材加工开始机械化。1978年，涛雒建筑队投资20万元建起锯木厂，上850型带子锯两台，年锯木5600立方米。所锯木材50%为造船所用，其余部分用于加工门窗户搭，年加工门窗9800套，加工房屋架子185套。

20世纪90年代后，涛雒七村宋光济、李其章，竹子河崖村宋开运，孙家村孙树尚，栈子村傅高先，先后办起带子锯锯木厂。这些锯木厂，除加工海上造船所用木料外，还承揽房屋建筑木材的加工制作。1995年后，铝合金、塑钢、不锈钢等逐渐代替了建筑木材，大多带子锯厂已陆续停业。

水泥预制 1976年，涛雒建筑队在小海村东北角投资5万元，建水泥瓦厂，职工12人，年产水泥瓦30万页。1988年，东风村肖建国等人组建水泥预制厂，主产水泥瓦，员工6人。至1990年，烧制的泥瓦渐多，水泥瓦因其质量不佳而停产。

1976年，涛雒建筑队在办公驻地大院内，建水泥预制品厂，主要产品有楼板、过梁、立柱、槽型板、过木等。同时还加工农用和农村建房用的挑翅、檐板、遮阳板、地砖等。

20世纪80年代后，涛雒水泥预制厂渐多，业著者有涛雒镇振兴建筑公司水泥预制厂，涛雒四村高月军、涛雒二村李宗华、庄家村黄纪昌等，主要生产农用和农村建房用的建材，每处4～8人，年产水泥预制品3万余件。

1993年，域内有水泥预制厂15家，从业人员98人，固定资产126万元，年产各类农用和农村建房用品52万件。

2003年后，楼房及平房建筑多采用混凝土现浇灌，水泥预制构件用量逐渐减少，有些原生产厂家遂改为生产水泥空心砖。2013年，域内水泥预制厂12家，从业人员75人。

苇柴场 自20世纪70年代开始，农村房屋建筑日兴，建房需要大量苇柴作把子。当时购买苇柴大都需到江苏东海、新浦等地，既贵又不方便。面对此情，1974年，涛雒公社工业领导小组，在本域内择地考察论证后，在东南营村东南角至东湖村东，拦海筑堤，开发荒滩1200亩。1975年成立苇柴场。是年，从江苏新浦等地购来苇柴苗，开始栽植，由孙纪合、郭敬章具体负责，员工 12 人。实行分片管理，责任到人，集体收售。1978 年，苇柴长势兴旺，产干苇柴 6.8 万公斤，除满足本公社集体、个人使用外，还销往他乡。至 1985 年，由于苇柴根系老化、淡水不足而停业。同时苇柴场由镇办企业红旗盐场接管，开挖虾池，转向海水养殖。

苇柴板厂 20 世纪 70 年代，农村建房大都是草屋，用苇柴结束成把子做屋扒。2003 年，涛雒七村李其章率先投资 8 万元，在南店村建起苇板厂，机器操作，年产苇柴板 2.2 万平方米。建房者可直接到厂家定做购买。2008 年停业。

2007 年后，域内又有涛雒七村（2019 年 6 月停业）和大草坡村建起苇柴板厂（2012 年停业）。

第十三节　建筑业

早在清初，域内许多庙宇和楼台亭榭的建筑及清末涛雒街坚固美观的圩墙，特别是四门城楼的设计，无不彰显古代建筑业能工巧匠的技艺。有些就出自涛雒建筑工匠之手。

涛雒四村张传明，继承祖业干建筑，中华人民共和国成立后，参与建设 204 国道傅疃大桥、涛雒公社域内的大型工程，是涛雒域内乃至县域内有名的建筑匠。大羊卷村的崔永祥，建筑技艺精湛，知名度颇高，成为域内建筑业的资深师傅，曾设计建造了涛雒公社大礼堂。他曾带徒数十人，传艺授道，使每个徒弟都能学到真本领。高旺庄村的孙树娥，擅长建筑桥梁，参与了域内原 204 国道上的大小桥梁的建筑。

中华人民共和国成立初期，建筑队伍处于个体活动状态，有工程临时凑班子，搭伙包揽，没有固定的组织，工资按技术高低分配。主要是为当地农民修建房屋或从事县、社等机关单位的建设。纯手工操作，没有机械设备。使用的工具主要有手锤、八磅锤、錾子、瓦刀、镘子、招板子、吊坠、墨斗子、拍扒等。1956 年，域内有临时建筑队 18 个，从业人员 320 余人。1957 年，涛雒区、磴山区均成立建筑合作社，社长分别为张传明和孙济元。主要承揽域内公共基本建设工程。

1958 年，工农业生产出现畸形发展，建筑业也受到一定影响。高旺大炼钢铁时，工程量大增。建厂房、筑高炉，由于建筑材料原始，建筑设备落后，有的工程需几个月，甚至年余。如下元村孙济元等人组织的建筑队，建设下元人民公社机械厂、酿造厂，就用了一年半的时间。

1966 年，涛雒公社成立综合服务社，社长张振东组建了建筑队，队长由社长兼任，业务领班崔永泽，瓦工 16 名，除建筑房屋外，还承建水利工程。1978 年，发展成为涛雒建筑工程公司。

1981 年以后，农村建筑业迅速发展，至 2003 年域内共组建建筑公司（队）25 家。大都参与了涛雒商业街、仿古街两侧商居楼群的建设。

20 世纪 90 年代中期，国家建设主管部门严把建设质量和施工队伍的资质关。全镇有 3 家建筑公司资质晋升为 3 级，分别是涛雒建筑工程公司、涛雒振兴建筑公司、日照市昌华建筑公司。2013 年，除了 4 家建筑公司外，域内还有村级长年建筑队 23 个，规模较大的业主有大草坡村的孙树军、高旺庄村的迟玉顺、涛雒七村张守全等。全镇从业人员 2300 余人。

建筑业的迅速发展，技术装备和人员素质也不断提高。施工工具从最初的平板、瓦刀、斧头、锤子等，发展到使用大型塔吊、搅拌车、井子架、振捣器、绞车、钢筋切割机等施工机械。2018 年，全镇建筑施工人员中拥有专业技术职称的 56 人，专业技术工人 520 人。

域内建筑企业在发展初期仅限于域内一些普通住房的修建，后逐步走出县市省境域，承揽交通、工业、军事、科技等部门的大型工程，由原来单一的土建为主，逐步向安装、装饰、预制件加工和防水、防震等多行业多门类科技含量较高的层次发展。取得了较好的经济效益。

第十四节　粮油食品加工

粮食加工

1962 年以前，粮食的加工，主要靠人踏碓、推磨、碾压。1962 年，右所村第一个建起了磨坊，用柴油机带动磨面机、磨糊子机、碾米机，加工粮食。1台磨面机每小时加工面粉150公斤，1台磨糊子机每小时可磨粮食80公斤，1台碾米机每小时可碾米180公斤。至1972年，域内90%的村建起了粮食加工作坊。

1978年后，粮食加工开始向集体化、规模化、标准化发展。1979年，涛雒公社在涛雒西门外建面粉厂1处，购大型磨面机组1套，每小时磨标准面粉600公斤，员工25人，除供本公社事业单位用面外，当地或周边居民亦可以用小麦兑换，还可以现金购买，十分方便，后因村办面粉厂逐渐增多，效益不佳，1994年停业。

1981年，涛雒一村建起全镇第一家队办小型面粉厂，从山东泗水县机械厂购进日加工小麦4000公斤、出粉率为80%的面粉加工设备1台（套），配用动力为30千瓦电动机。其后东风、李家潭崖、高旺庄等村先后办起了较大型面粉厂，从20世纪90年代转为个人承包。1994年，涛雒粮油管理所在院内建面粉厂一处，安装淄博产面粉加工设备1台（套），日加工小麦6万～8万公斤，出粉率70%～80%。2007年停产。是年，姜中明在涛雒镇良种场租建大型面粉厂。2022年末，域内有粮食加工厂（坊）50余处。

饲料加工

随着养殖业的发展，禽畜饲料由原来的以糠、草、菜为主变为以玉米、麦麸等混合饲料为主，饲料加工主要依靠各村粮食加工厂（坊）。从20世纪80年代开始，较大规模的养殖场，如南店村庄建东开办的综合养殖场，自配加工设备，自给自足。20世纪90年代后，有专门饲料加工（配制饲料）的厂家，如下元二村秦玉波在高旺庄租房建起饲料加工厂，每年可加工混合饲料120万公斤，纯利5万元。

20世纪80年代开始，域内海、淡水养殖业日益繁荣，喂养鱼、虾、蟹等用的饵料日渐增多，单靠购买成品饵料既不经济又不方便，域内遂出现了个体、集体饵料加工厂家，如东川子的王茂友、王运青等开办的饵料加工厂，年产饵料各近10万公斤。1990年，涛雒镇对虾育苗场，自办饵料加工厂，年产各类饵料60万公斤。1993年，涛雒红旗水产公司下设的日照丰源水产有限公司建饵料加工厂，年产饵料70万公斤。

2007年，涛雒镇有饲料（饵料）加工厂26家，多为个体经营。年产饲料（饵料）2500万公斤，基本保证了域内禽畜及水产品养殖之需。2013年后，域内养殖户大多购买成品饲料或自己加工饲料。

熟食加工

有些品类在涛雒已延续几百年。中华人民共和国成立前，均为个体加工，设店铺者无几，多为流动作业，以业主姓氏定物名，从业近百人。他们或集市摆摊或沿街叫卖。

涛雒古镇东临小海海口，清末民国初，是远近闻名的商埠。商贾云集，店铺林立，为之而生的饮食服务业，名吃荟萃。有名的要数涛雒四村高家的“西记”饭庄，涛雒二村黄家的“同会馆”。至今已有百多年的历史。此时，涛雒的炕饼，不仅经营的业主多，而且质量好。涛雒四村高兴吉的水饺，涛雒二村黄永梅的香油果子（油条），涛雒六村王家的豆腐，均以物美价廉而深受欢迎。右所丁家制作酱瓣，始于清道光年间，具有甜、酸、香、粘等独特口味，老幼皆喜欢，既能食之，又有药用价值，是馈送亲友的佳品。栈子王家的海鲜面，下元陶家的大蒸包等各具特色，誉满域内外。

1953年，粮食实行统购统销，个体熟食加工被取缔。有国营和集体厂店加工，涛雒供销社东、西两饭店，涛雒综合服务社饭店，他们所需水饺、面条、炕饼、馒头等食品，均自己加工制作。

1978年后，熟食加工业重新活跃起来，开始出现了燃煤烙大饼机、烙煎饼机、导热油烙大饼机、馒头机、压面条机、电烤箱等新型设备，食品加工趋向多样化。20世纪80年代，涛雒二村黄庆群、黄庆德、黄庆全三兄弟继承祖业，操起涛雒黄家羊肉面老字号饮食业。20世纪90年代后，涛雒的熟食加工大都转向个体经营。

煎饼 是域内民间传统食品。1962年前，靠人推或畜拉石磨磨糊子，妇女平地支鏊子，以燃柴草烙煎饼。1963年开始，各村逐步用上了粮食粉碎机，解除了人力磨面、磨糊子的劳苦。1978年后，人民生活水平提高，不少家庭妇女走出家门，从事各种职业，烙煎饼者日渐减少，煎饼加工、销售业应运而生。1978年春，涛雒粮所成立了煎饼坊，使用燃烧煤旋转鏊炉，分组作业，日产煎饼200公斤，主要供应本镇企、事业单位食堂。20世纪80年代后，涛雒街、栈子就有个别家庭妇女，使用煤球组合炉支鏊子手工烙煎饼出售，一户日产煎饼40公斤。20世纪90年代后，域内始用机器鏊子烙煎饼（涛雒粮所），该鏊子有不同规格，大型的可日产千余公斤，小型的可日产500公斤。2013年，全镇有手工煎饼加工户8家，机器煎饼加工户10家，计日产煎饼1400公斤，基本满足域内人们日常生活之需。2021年，域内村村都有了煎饼加工作坊。

大饼（又叫炕饼）　炕饼属域内传统食品。中华人民共和国成立前，燃柴炉手工制作。仅涛雒街里操炕饼业者就有16家，业著者要数涛雒一村王仕金，涛雒二村黄兆华，涛雒三村张永胜，涛雒七村郑希彦等，均为自产自销，各家日产炕饼50公斤左右。当日产当日销，所产炕饼色、香、味、脆俱佳，誉满域内外。

1981年后，域内制作炕饼的专业户20家，除涛雒街有些传统业主外，又有涛雒五村刘家、栈子村傅家、崔家庄子张忠范、下元二村刘茂林等，各家日产炕饼20 ~ 60公斤，多为手工制作，自产自销。2000年后，有些业主用导热油加热炉代替了燃柴草炉烙饼。

从20世纪90年代开始，域内有高旺庄村庄家，开始制作芝麻牛排烧饼，别具特色。崔家庄子村贾世存，使用导热油加热烙油炸饼，皮薄、香脆、味美，日产近50公斤，日产日销。

馒头　中华人民共和国成立前，域内加工馒头，以涛雒二村李月仁“饽饽店”里的高桩硬面馒头为著名。1953年后，粮食实行统购统销，个体馒头加工户已不存在，只有国营或集体经营好的饭店加工少许馒头。

20世纪80年代，馒头加工户逐渐增加，由纯手工制作逐步发展为机械化加工。开始使用和面机、搅拌机、馒头机，燃煤大蒸笼代替了燃柴小蒸笼，产量大幅增加。2021年，域内有馒头店近20家。

油条　俗称“香油果子”，域内早在清朝中期即有制作。清末民国初，随着域内商贸业的鼎盛，炸油条的作坊仅涛雒街里就有8家。1953—1978年，只有集体办的饭店、熟食店制作出售。所用主要原料：小麦面粉、食用油。以色黄、体松、质脆、味香为佳品。1978年后，域内逐渐又有制作者。2021年，域内油条经营户有20余家。

凉粉　中华人民共和国成立前，域内即有人家制作，原料以豌豆、绿豆为主。中华人民共和国成立后，涛雒街、大草坡、华山等村仍有人制作凉粉出售。因食其可降温解暑，只在夏季经营，一般规模不大，走街串巷销售。近年来，因其制作原料受限，域内已极少有制作凉粉出售者。

蟹籽豆腐　20世纪60年代前，水产品丰盛，每年春天惊蛰后捕获到很多梭子蟹。母蟹未产籽前称童蟹，产子后称籽蟹。蟹籽开始附着在母蟹的圆脐的绒线上。捕获后人工把蟹脐上的蟹籽用手剥下，放在盆内的清水中淘洗掉蟹籽附着的脐绒线毛，盆内只剩下细小的蟹籽。用加工粮食的石磨人工推动磨成糊浆。推磨过程中不断用勺子把盆中带水的蟹籽灌入磨眼中，加工出淡红色的蟹籽浆，收集后倒入铁锅中小火慢煮，熬煮时不能搅动，待熬熟成为一整体时，再将经搅匀的鸡蛋黄均匀的浇在已成型的固体上，使之外观更漂亮，即成美味的蟹籽豆腐。待在锅内凉透后，用刀切成块取出，即可食用或出售。

黑蟹籽不能用，影响外观。制作中不加任何佐料，纯天然美食。

豆制食品　大豆可制成豆腐、豆脑、豆汁等等。在涛雒，制作豆腐的条件得天独厚，使用的卤水可就地而取，故自古以来涛雒的豆制品长盛不衰。

中华人民共和国成立前，域内大多数村有豆腐坊，有的村甚至有几处，如下元就有6家，他们均为个体手工制作，用石磨磨糊子，包袱挤压出生豆汁，再下锅烧沸即可饮用，使卤后又可吃豆脑、豆腐。

1953年后，粮食实行统购统销，黄豆种植面积大减，豆制品原料受限，但制作豆腐仍在农家传承。20世纪70年代，有不少生产队成立了豆腐坊，如东川子第二生产队等，日产豆腐40 ~ 60公斤，仍纯手工制作，豆腐渣、浆可用来作养猪的饲料。

1981年后，豆腐、豆脑、豆汁制作大都为家庭经营，安装电动磨豆机代替石磨，既省工又省时。制品或定点或走街串巷销售。可用钱买亦可用大豆换，日产日销。1988年，75个行政村，村村都有豆制品专业户，仅涛雒四村就有8家。2021年域内有三分之二的村仍有豆制品专业加工户。

榨油

域内榨油业历史久远。早在清朝道光初年，上元村秦志坦、秦志侃兄弟俩就创办了“大生堂”油坊。建房12间，有大小碾坨各一套、油榨机3部，饲养拉碾驴马12匹，用石锤夯挤榨油。雇用外地榨油师傅、销售员工26人。既产花生油，又产大豆油，年产油420担（每担100斤）。大都运到小海口装船销售到江苏、上海等地。至清道光末年，因经营不善而停业。

清咸丰年间，大草坡村傅维斗开办利生油坊，既产花生油，又产大豆油，人工用石锤夯挤榨油，年产油200担。除供本地居民用外，还远销青岛、江苏等地。抗日战争时期停业。1968年，大草坡村集体办起了油坊，用小型螺旋榨榨油。不久，改为大型螺旋榨榨油，因原料受限，每年仅秋冬两季榨油，可来料加工，亦可以料兑换。1981年后，由本村社员傅承约、傅承吉个人承包该油坊，继续从业。

清末民国初，右所村丁汝谦创办油坊，榨油方式为驴拉碾砣压糁，人工炒糁、包装、石锤夯挤榨油。抗日战争时期停业。1959年，右所村由原日照县油脂公司职工黄庆奎（右所村人）发起，建起队办油坊，有房屋7间、员工8人，石碾碾糁，石锤夯挤榨油，工具简陋，产量有限。1962年扩建，称右所村榨油厂。改用小型螺旋铁榨榨油，仍为石碾碾糁。是年底，购买柴油机1台，带粉碎机加工糁。翌年，与日照县油脂公司联系，开始常年为其加工花生油兼榨大豆油、棉籽油。有员工22人。1975年底，改用电机加工糁，上大型螺旋榨油机4部，年加工原料1200吨，榨油近500吨，是县域内最大的队办榨油厂。1982年，右所村榨油厂与县油脂公司的加工业务终止，榨油厂先后被右所村村民黄庆栋、黄庆地个人承包，常年榨油，至1990年因经营不良而停业。2005年后，右所村先后又有陈德峰、黄秀昌、黄爱昌建起家庭油坊，从事榨油业。

2021年，域内油坊大都使用大锅或机械炒糁，机械榨油。

第十五节　酿造腌制

酿造

中华人民共和国成立前，右所丁姓制作酱瓣的副产品为糯米酒；赵家庄子丁元修开设了酿制黄米酒家庭作坊，产品出售作药引子。世代相传，至今仍有承业者。

中华人民共和国成立后，个体酒坊因原料受限无经营者。1956年，涛雒区供销社设酿造厂，有厂房10间、职工12人、大瓷缸26口，酿制豆瓣酱、酱油、米醋。供应本区单位及居民生活之用。20世纪70年代，规模扩大，经营鼎盛。至1999年，因商业体制改革停业。

1958年，磴山人民公社在下元村西北建起酿酒厂，厂长王兆西，有工人25人，利用地瓜干传统制曲发酵酿制白酒。年产成品酒3000公斤，产值5万元。

涛雒酒厂创建于1958年，厂址在西门外（今涛雒中心初中北侧），占地15亩，工人32人，年产白酒5000公斤，产值8万元。1963年，下元酒厂并与涛雒酒厂。1964年，涛雒酒厂因原料不足设备简陋而停业。

腌制

酱菜腌制　域内腌制萝卜、白菜、辣菜、辣椒等咸菜，民间自古有之。

京东菜　清咸丰年间，涛雒街人丁汝镇（字禹山）创办了“裕源”商号，腌制酱菜（俗称冬菜），远销青岛、上海、东南亚等地。光绪年间，其子丁惟普（字德臣）继承父业，继续经营酱菜制作（作坊在今涛雒七村），规模较大。从滕县请来单学雨为师，收丁惟地、丁惟国兄弟二人为徒。丁家兄弟二人苦练切菜技术，练出了一手好刀法。

“裕源”为切晒大白菜雇用30余人，忙季多到50多人，年产菜干7500 ~ 8600公斤，成品远销南京、上海等地，年销200坛左右（每坛80公斤）。由于所产之冬菜条索细匀、色泽金黄、清香宜人、美味可口，形、色、味都别具一格，美名誉满上海等地，被称为“京冬菜”（京：即泛指北方名牌特产）。每年农历三四月间，货到上海，争相抢购。

制作京冬菜的主要原料为大白菜，多在刘家菜园（今涛雒七村域内）自种。菜园内有一口涛雒街周围仅有的甜水井。每年冬季收大白菜50万公斤左右。

京冬菜的制作工艺有：鲜菜处理，切菜，晒菜，配佐料操碾，装坛捣紧加置缸头，封口闷发，共六道工序。

1936年11月，“裕源”生产的京冬菜在青岛展销会上获金质奖，成为名特产。

京冬菜，在当地还有其他商号如“同生”等商号亦做此生意。

1953年后，涛雒“裕源”商号及京冬菜制作因政策原因、原料供应不足，“裕源”商号已无能力再生产。后日照县酿造厂沿用“裕源”老字号制作工艺继续生产京冬菜。

海产品腌制　清朝中期，沿海渔民在长期的实践中总结出腌制海蜇、白鳞鱼的方法，世代相传，不断改进，尤以小海、刘家湾、王家村、东南营等村腌制的海蜇、白鳞鱼独具特色。海蜇皮薄透明，味美质脆；白鳞鱼形态完美（鱼鳞完好不脱落），味鲜可口。刘家湾村和沙岭子村渔民使用小海虾（俗称米骨朵虾）腌制的米虾酱，堪称美味佳肴。至今，这些腌制的海产品，仍享誉省内外。

图8—5　腌制好的白鳞鱼

蜇皮腌制　渔民在长期的生产实践中，不断总结经验，对海蜇皮的制作工艺有独到之处。制作的海蜇皮色乳白，肉坚实，厚薄均匀，耐储存，保质期长。做成菜肴，松脆爽口，不腻不涩，还具有滋补功能，是宴席之佳品。1984年，全国水产品展销会上，涛雒水产供销站提供的参展海蜇皮被评为名优产品。

海蜇皮制作工艺：大致分三步。第一步，把捕捞到的鲜海蜇，放到沙滩上切、揉、搓、磨，使其除掉头、爪、脖子等下水货，俗称“除红子”，再用海水洗净剩下的海蜇皮，一张张摞起来；第二步，把洗净的鲜海蜇皮按每50公斤加盐0.3公斤，矾0.15公斤的比例，视其量大小，混放到陶瓷缸或水泥砌筑的池子里（加盐为防腐，用矾可止化，盐少易腐烂，矾多不“瘦身”，故盐、矾、海蜇皮比例需把握准，使用要均匀）。在缸或池子里存放48小时左右，即可把海蜇皮子捞出，经初次加工的海蜇皮，表层基本封牢，肉层2厘米左右。第三步，二次使用盐、矾，即按每50公斤海蜇皮加盐10公斤、矾5公斤（盐、矾需加工成粉末后混用），放到缸或池子里再加工，把海蜇皮摆一层，撒一层盐、矾末，存放3天后即为成品海蜇皮。每5公斤鲜海蜇皮约加工成品海蜇皮0.5公斤。

米虾酱腌制　中华人民共和国成立前，沿海渔村周围的洼塘、沟、汊盛产米咕嘟虾，米虾酱即用米咕嘟虾加工而成。春、冬两季为最佳收获时间，渔民用手推网（用做蚊帐的布料制成）捕捞后，以清淡水洗除杂质，按虾、盐1 ∶ 0.25的比例，混置于坛中，坛口用牛皮纸盖严后再用黄泥密封。经过1个夏季的自然发酵，便成米虾酱，色浅红，味鲜美，即可食用。若配以鲜豆腐食用，堪称绝佳美餐。近几年，米虾酱越来越广为人知，深受客户青睐，成为涛雒一名优产品，产量逐年增加。刘家湾村、沙岭子村每村每年产量都在4000公斤以上。

第十六节　糕点

中华人民共和国成立前，域内制作糕点的铺号有6家，仅涛雒街就有4家。这些铺号均为前店后坊，涛雒七村宋家制作的糕点风味独特，质量上乘，有蛋糕、桃酥、麻花、蛋匹及中秋月饼等多个品种。皆以上等面粉为主料，以红白糖、香油或花生油调制，制坯模型各异，以木柴烤炉烧制。有密炉、油炸、糖酥、包馅等不同工艺。月饼馅有红糖、白糖和冰糖，核桃、红绿丝、枣泥等。其色、香、味俱佳，酥脆甜蜜，回味绵长。成品包装以纸盒和牛皮纸为多，主要为走亲访友或节日馈赠品。

中华人民共和国成立后，域内糕点业发展较快，1953 年，私人从业者被禁止。供销联社建糕点厂，聘涛雒七村宋师傅指导，使用木柴烤炉，生产马蹄酥、开口笑、蛋糕、麻花、门挂鼻等大众糕点。有员工 12 人，日产各式糕点 200 公斤。1972 年，扩大生产规模，上燃煤导热油烤箱 1 座，员工增至 16 人，除生产原糕点品类外，又添蛋糕、桃酥、蜜三刀、饼干、兰花根、蜜饯、中秋月饼等，日产糕点 600 公斤。1982 年，又上电烤箱、电饼铛烤箱，有员工 26 人，糕点品类达 20 多种，成为域内糕点主要生产厂家。1999 年，因商业体制深度改革，市场再度开放而停业。

1978 年，涛雒粮所建熟食站，主要生产经营各类糕点，有工人 28 名。使用导热油烤箱、电烤箱。产品有鲁酥、饼干、糖三角、蜜饯和中秋月饼等大众糕点，日产 600 公斤。自产自销，批发、零售，20 世纪 90 年代，因粮食系统体制改革而停产。

1984 年春，高旺乡在高旺庄建糕点厂，11 月投产。聘上海糕点师傅指导，招乡办工人 18 名，生产中西式高档糕点。投产半年，就生产各类糕点 2.5 万公斤，产值 4 万元。后因糕点品类与当地需求不适宜，1986 年停业。

第十七节　肉类加工

屠宰业　清末民国初，域内有常年经营生猪屠宰户 4 家，季节性杀猪者 22 人。业著者数涛雒三村崔照礼开办的猪行，房屋 8 间，雇工 6 人，日宰量达 20 余头。主要进行猪披（屠宰后的生猪）腌制贸易，成品装船运至上海、广东、广西等地销售，1938 年停业。

中华人民共和国成立前后，域内屠宰生猪业仍多为私人经营，有 41 家。为收猪、宰猪，开铺或赶集售肉，也有向外批发，如涛雒街的崔家和陈家，此模式一直延续到 1958 年。

1954 年秋，涛雒供销联社下设屠宰组，负责人秦福森。集体经营杀猪售肉，亦收购活猪从石臼所装船运至青岛出售。

1958 年，食品组扩大规模，实行域内生猪独家屠宰经营，下设 12 个售肉点，不准个人经营此业。随着市场经济的发展，1980 年后，允许个人经营屠宰或售肉，肉食品市场开始繁荣。

1945 年前后，域内涛雒四村宋全忠，专营杀牛，除卖生肉外，还开老汤锅，一般在冬、春季节宰杀。1948 年，国家实行禁杀耕牛，经营此业者已无市场。

域内羊肉饭馆有多家，用羊肉者多请人或自己宰杀羊。1980 年后，羊肉上市渐多，但域内专营杀羊者甚少，多为外乡宰羊者前来销售。

白条鸡上市始于 20 世纪 90 年代，经营此业最早以涛雒街居多。

熟肉加工　中华人民共和国成立前，域内经营熟肉食户 15 家，其中经营猪下货熟品 4 家，熟牛肉 2 家，熟羊肉 6 家，熟狗肉 3 家。这些业主均为自制自销，或定点或赶集。也有以此办起特色饭庄。经营猪下货熟品业著者数涛雒三村刘家；经营牛下货熟品业著者数涛雒四村宋全忠；经营熟羊肉业著者数涛雒四村高常祥和涛雒三村黄永祯、黄老七兄弟俩；经营熟狗肉业著者数下元二村刘为桂和涛雒街祝家。20 世纪 60 年代禁止个体经营，由食品站或饭店专营。

1981 年后，经营熟肉食品个体户逐渐增多，最早是涛雒三村张守利，日产销熟猪下货等 60 公斤。1982 年，域内经营熟肉食品者达 15 户。2013 年，全镇经营各类熟肉食品户 36 家。

第十八节　纺织

棉织　棉纺织业始于手工捻线，徒手编织，进而纺车纺线，用木制推拉布机，手拉脚蹬用木机织布。清末民国初，刘家湾就有前织坊、后织坊，业著者要数滕培释之祖辈所经营的作坊，到 1949

年后，该业日趋衰竭。

1910年2月，栈子人叶汝朋与高兴镇夏陆沟留日学生马官和合资在栈子村开办织布厂。有织布机20余台，工人七八十名，并在日照首次使用锅驼机作动力，主要生产粗布、柳条子布、方格布，后由于受“洋布”的冲击，1939年停产。

1964年春，亚月村在时任青岛纺织品站负责人牟跃三（亚月籍）的帮助下，建起了织布厂。占地5亩，投资9.5万元，建厂房25间，购旧织布机7台。丁明生为厂长，从各生产队抽调40人。从青岛国棉厂、诸城国棉厂购来一些下脚料、纺织被套、手套等。两年后，又从青岛厂购进15台织布机，并与日照县百货公司合作，纺织半棉白细布、蚊帐等。至20世纪70年代，厂内有员工100多人，并用电动机作动力，日产细白布1300多米，年纯利3.5万元。1984年，停止生产。

丝织　涛雒先民以土法缫丝捻线，以传统木机织成土绢或疙瘩绸，织艺同棉织。用蚕丝线编织发髻网是尹家廒头村的家庭传统手工业。旧时，妇女，特别是老年妇女，善留长发，在脑后扎成发髻，外用网兜装束，简便易行。该村清末就有从事该业者，民国时期，已具规模，农闲时，全村妇女齐动手，产品销遍日照大地，还远销沂水、潍坊等地，成为远近闻名的发髻网编织村。20世纪90年代后很少见。

旧时沿海渔民织网所用的原料，有的是蚕丝线，大都为手工作业。用蚕丝线纺织成的网具，不但坚韧耐用，而且耐水性好，便于存放。到20世纪60年代，海上用以捕捞之网具大都由尼龙丝线替代。

麻纺　中华人民共和国成立后，域内有苗家村、李家潭崖、廒头、赵家庄子、石梁头等村盛产狼麻、红麻、苘麻，由供销合作社统一调配至涛雒四村、栈子村等绳厂，纺织海上捕捞用绳和农业生产用绳。产品销往域内外各地。此业一直延续到20世纪70年代末。

草纺、胶丝纺　域内沿海渔村渔业的发展，带动着草纺业的发展。20世纪60年代前，均为手工制作。20世纪中期，山东荣成、乳山等地发展海带养殖，需大量不同规格的养殖用绳，经两地联系，域内的侯家村、竹子河崖村、大刘庄村先后成立了纺绳厂，原料为稻草，有纺车80余架、成绳机12套，用绳急时，还需夜间加班。当地产原料不够，还远到江苏购买。20世纪70年代又在绳中添加棕毛，到80年代添加胶丝。成绳直径有1～4厘米，日产成品绳3000公斤以上，大都供山东半岛沿海浅海养殖之用。该业收益为村经济支柱。1981年后，各村集体纺绳厂解散。个体或联合体开始从事纯胶丝绳生产。至2021年底，有侯家村侯学胜等6户继续生产。

针织　中华人民共和国成立前，人们善用捻成的棉、毛线，手工编织手套、帽子、袜子等。中华人民共和国成立后，这种工艺在涛雒街、栈子等地仍被传承。20世纪60年代，各种毛晴纶、棉纶、涤纶线及其纺织品大量上市，民间的土针织品日渐减少。20世纪90年代后，已有针织机进入个体户。2000年，涛雒四村郭建德在涛雒商业街成立针织店铺，购先进的针织机4台，有员工4人，年织成衣近千件。2021年，域内有4家针织户继续经营。

第十九节　印染

印刷　20世纪30年代，高兴怀古村人丁禄卿、丁明斋在涛雒街开办“文友”石印局（亦称丁家印刷局），涛雒葛氏开办的“广生”石印局，用石印机为各商号及社会团体印刷文书、账簿、商标、广告、包装盒、土杂钞等。每逢年节还印制套色年画。1945年，“文友”石印局接受民主政府领导，加入滨中印刷厂，并由涛雒迁往日照城关。

染色　民国初期，涛雒七村宋纪东创办宋家染坊。有房屋5间、雇员6人、大锅2口、大染缸6口，颜料为蓼蓝沤制的靛蓝，染色有浅蓝、深蓝等。印染布料或新旧成衣，常年经营。

1964年，涛雒七村集体办起了染坊，负责人张传甲。有员工10人、房屋10间、12印大锅4口、大染缸12口，有5人常年跑外收新旧布料、成衣回来进行染制。年染新旧布料、成衣11多万块（件），利润2.5万元。1982年停业。

第二十节 企业选介

中华人民共和国成立后，涛雒的工业迅速发展，设立了众多各具特色的工厂和公司企业，为涛雒工业发展和经济增长做出重要贡献。改革开放以后，伴随科技进步和社会发展，部分落后的工业企业逐渐退出历史舞台，本节选取不同时期具有一定影响力的工业企业加以介绍。

山东力山特智能科技股份有限公司 该公司位于临钢路以北、园区一路以西，是山东钢铁集团有限公司旗下综合性科技企业，是山东省国资委资产证券化重点推进企业，是山钢集团上市主推单位。公司成立于2018年4月，注册资本9000万元。公司主要从事智能起重机研发、制造，酸循环再生设备研发制造，环保工程等业务，下设10个经营单位，两个分公司（钢城分公司、济南分公司），两个控股子公司。公司是山东省认定的高新技术企业，2022年省重大项目，科技部“国家工业烟气除尘工程技术研究中心”和环保部“国家环境保护工业烟气控制工程技术中心”的山东省分部，山东省瞪羚独角兽企业，山东省日照市专精特新企业，中国重机协会理事会员单位。公司与山东大学、西安建筑科技大学、浙江大学等高校机构组建产学研基地，建设有市级重点实验室一个，至2021年已取得计算机软件著作权34项、专利40余项、省级技术创新4项。拥有起重机械制造（含安装、修理、改造）A级资质、建筑机电专业承包叁级资质、环境工程设计（大气污染防治工程）专项甲级、ISO9001质量环境职业健康安全管理体系认证等多项资质。该公司为技术密集型企业，主营业务智能起重机技术研发、酸再生循环经济等业务，技术工艺均为行业领先技术，是国家人工智能、循环经济碳达峰碳中和重点鼓励产业。其中酸再生技术是推动国内废酸处理行业革命性技术，具有良好的经济效益和社会效益。

图8—6 公司生产场地一角

日照锦湖金马化学有限公司 成立于2007年，坐落于涛雒工业园区内，2009年7月建成投产。是由韩国锦湖石化株式会社与金马工业集团共同投资4亿元组建的合资公司。公司是国家级高新技术企业、国家级专精特新“小巨人”企业，是中国合成橡胶工业协会合成胶乳分会的副理事长单位。公司占地152亩，员工143人。公司专业生产羧基丁苯胶乳系列产品，年生产能力15万吨，产能规模位列国内第三，根据胶乳分会数据监测，2022年，该公司在造纸涂布细分领域的市场地位居全国第二。公司是《羧基丁苯胶乳》国家标准的制定企业，此项国标的制定填补了国内胶乳产品国家标准的空白。公司产品广泛应用于造纸、地毯、建材、人造草坪等领域。造纸行业主要用于客户的铜版纸、白板纸、白卡纸、食品卡纸、烟卡纸、热敏卡纸等中高端涂布纸生产。公司产品通过了美国FDA和德国BFR食品接触类材料认证。拥有省级合成胶乳工程技术研究中心1处、省级企业技术中心1处。2022年，公司拥有相关专利23项，其中发明专利9项；产品销售量11万吨，年产值6.3亿元，上缴税金2229万元。

方鼎科技有限公司 成立于2003年，是一家专注于夹层玻璃生产线的研发、生产、销售、服务于一体的高新技术企业。公司致力于为军工、特种玻璃等深加工企业提供夹层玻璃技术全套解决方案。拥有D1、D2压力容器生产制造资质和全系列、自动化的夹层玻璃设备产品，在细分市场处于领先地位。公司建有山东省工程实验室、山东省企业技术中心、山东省工业设计中心、山东省院士工作站等十余个省市级研发平台。先后获日照市科技进步奖二等奖2项、山东省企业技术创新优秀成果二等奖1项，山东省装备制造业优秀新产品奖1项。至2021年，公司拥有授权专利140余项，其中发明专利14项，实用新型专利

118 项；参与制定国家标准 1 项、行业标准 2 项，主持制定团体标准 5 项。公司重视品牌建设，注册商标 3 项，商标被认定为山东省著名商标。在法国、意大利等 15 个国家进行国际商标注册，扩大方鼎品牌影响力。先后通过了 ISO9001：2015 国际质量管理体系认证、ISO14001：2015 环境管理体系认证、ISO45001：2018 职业健康安全管理体系认证、GB/T29490—2013 知识产权管理体系认证、AAA 级标准化良好行为企业认证、两化融合 AA 级贯标认证，DCMM 二级认证，产品取得欧盟 CE 认证、加拿大 CSA 认证、日本 PSE 认证、英国 UKCA 认证。公司先后获国家级专精特新重点小巨人企业、山东省瞪羚企业、山东省制造业单项冠军企业、山东省高端品牌培育企业、山东省技术创新示范企业、山东省优质品牌、山东省知名品牌等 30 余项省级荣誉称号。

日照汇丰电子有限公司 该公司位于钢铁配套产业园汇丰路中段。成立于 2002 年，是国家级高新技术企业。公司注册资金 2400 万元，占地面积 11.6 万平方米，2021 年有员工 200 多人，中高级技术人员 70 多人。主营产品为压缩机接线端子、储液器、铜管件等产品。现具备年产各类压缩机储液器 1200 万只、空调压缩机接线端子 1 亿只、新能源铜管件 2000 万只的能力。公司通过了 ISO9001 质量管理体系认证、ISO14001 环境管理体系认证、美国 UL 安全体系认证、TS16949 等体系认证。公司拥有专利二十多项。2021 年，公司有职工 160 人，年产品销售量 11 万吨，年产值 6.3 亿元。

日照中盛锻造有限公司 该公司成立于 2005 年 10 月，坐落于钢铁配套产业园北区中盛路中段北侧，占地 99 亩，建筑面积 11000 平方米，注册资金 2000 万元，2006 年 10 月建成投产。是一家民营企业。配有五条锻造生产线，3 吨程控电液锤生产线，俄罗斯产 2500 吨、1600 吨热横锻生产线；400 吨、300 吨双盘摩擦压力机生产线。有模具、工具制作等，机械加工设备 22 台，热处理、表面处理等设备 90 余台（套）。主要监测装置有：化学分析仪、光谱分析仪、布氏 / 洛氏硬度计、金相显微镜、三坐标、测厚仪、粗糙度检测仪、拉力实验机及磁粉探伤机等，总投资 5000 万元。

公司主要产品为汽车、拖车、机车及工程机械配件，集装箱及建筑配件等。产品除供国内客户外，还出口美国、西欧、日本等国家。

公司于 2006 年 5 月通过 IS09001 质量管理体系认证，2007 年 10 月通过 IS16949 质量管理体系认证。2013 年获日照市 AAA 级信用企业称号。

2021 年，产品销售数量 12 万吨，产值 12000 万元，上缴税金 145 万元。2021 年，公司有职工 155 人。

日照市拖拉机配件厂 该厂的前身为涛雒铁业组。1953 年春，涛雒镇工商联合会组织 6 家洪炉户（其中一家为巨峰大王家沟村）建成铁业组。位于 204 国道东侧，租民房 3 间为办公室，建作业棚 6 间，职工 21 人，固定资产 520 元。主要生产小农具，年产值 3.5 万元，利税 3000 元，工人月工资平均 34.5 元。1955 年 1 月，铁业组新增洪炉 12 座，职工达 50 人。1956 年，与木业组合并，改称涛雒铁木业社。1957 年春，在现址（观海路与 204 国道交会处沿观海路往西 400 米处路北）征地 21.3 亩，建房屋 66 间，开始生产。1958 年，有干部职工 260 人，由原来单一生产小农具逐步面向工业、机械等方面发展。下设机械、洪炉、翻砂、铸钢、木业、车行、白铁 7 个车间。1961 年，购进 66.15 千瓦柴油机 1 台，配发电机发电。购 53k、53t 型车床各 1 台，40 公斤空气锤 1 座，固定资产达 50 余万元，年产值 28 万元，利税 4 万元，工人平均月工资 54 元。1963 年，涛雒铁木业社与下元机械厂合并，易名日照县农机厂。有些产品如双骅犁、机器配件、8.82 千瓦拖拉机配件等产品，走出日照，畅销齐鲁大地。1968 年，该厂与县内的化肥厂、缫丝厂、水泵厂结成合作工厂。1970 年，先后选派杨克田、田洪余等 5 人到济南板营铸钢厂学习铸钢技术。使各类铸钢件的优质品率提高了 2 倍。1971 年，厂内实行班组生产管理，定额承包。1973 年，该厂从集体企业升级为全民所有制企业，工人享受国有企业待遇。同时，厂内加大生产设备的投资，购“东风”牌汽车、“拉达”拖拉机各一辆，C616 型车床 3 台，固定资产达 55 万元，年产值 70 余万元，利税 10.5 万元，工人月平均工资72元。至1978年，工业体制实行改革，该厂又转为集体所有制企业，成为涛雒公社社办企业。1982年易名日照县拖拉机配件厂，简称拖配厂。1984年，投资50万元，扩大生产规模。又新添“解放”牌大货车、“50铃”小货车、“桑塔纳”轿车各1辆，C620型车床3台，C623型车床4台，C616型车床3台，万能平板躺床2台。生产三轮、四轮拖拉机配件有：拖拉机变速发叉，泰山12轴承，2、3、4档座，轴承座，横拉竿，上、下连板，桥喜法兰等。随着企业体制改革的逐步深入，1986—1987年，该厂有近40名技术骨干离厂，致使厂内生产实力受挫。厂内主产品不得不由拖配件转向铸钢件。1994年实行企业改制，转为民营企业。

1953年以来日照市拖配厂（铁木业社、农机厂）负责人任职更迭表

表8—5

职务	姓名	性别	籍贯	任职时间
社长	李世余	男	亚月村	1953—1958
厂长	宋光珠	男	涛雒四村	1958—1967
厂长	王茂森	男	巨峰镇	1967—1979
厂长	刘克金	男	右所村	1979—1994
厂长	梁培昌	男	涛雒三村	1994—

日照市东港区涛雒车辆修理厂 该厂前身为涛雒七村拖拉机维修厂。1993年3月转为民营企业，易名为日照市东港区涛雒车辆修理厂。同时被日照市东港区公路运输管理所核定为“二级车辆维修企业”。厂址在涛雒七村204国道西侧，占地面积2800平方米，建筑面积450平方米。主要设备有烤漆房、升降机、扩股机等。设钣金、喷漆、电工、发动机、底盘等维修作业班组。年修理大、中型车辆2000余套。

涛雒化工厂 1958年，海生人民公社在西门外建化工厂，占地13亩，厂长叶连慈，有工人22名。土法生产肥皂、草纸、兼产化肥。用盐场制盐时的副产品钙皮（硫酸铜钙）加磷土，经立窑焙烧后，用水激碎再碾成细粉，即成化肥。1960年，又在涛雒东门外建化肥厂，有员工20人，用同样的方法生产化肥，终因产品质量太差，1963年停业。

日照市塑料包装制品厂 1984年，日照市盐业机械修配厂投资5万元，购置安装塑料制品和塑料袋彩色印刷生产设备，成立“日照市塑料包装厂”，生产聚乙烯塑料管和塑料食品袋。有塑料彩印机一套，吹塑机两套，725A64—10切粒机一套。占地2000平方米，固定资产达38万元，职工22人。产品除在本市销售外，还远销山东临沂、江苏等地。年产值36万元，实现利税3.5万元，1992年因管理不善而停产。

日兴塑料制品有限公司 1989年5月，涛雒镇凤凰山实业公司与香港兴利贸易公司合资兴建日照日兴塑料制品有限公司，引进国外20世纪80年代后期先进设备，生产塑料制品。

公司位于镇驻地西341省道北侧，使用镇良种场土地18亩。1989年5月30日领取营业执照开始土建，房屋建筑面积1520平方米。公司注册资本416.64万元，其中港方占25%，流动资金63万元，外汇流动资金86万美元。引进的设备有大型塑胶再生机、注塑机、塑料控管机、弯管机等24台套。1990年4月试产。设计年生产能力：再生原料1800吨，打包带1100吨，吸管6200吨，注塑产品490吨。购进日本产集装箱车、50铃货车、面包车各1辆，于1990年7月2日正式投产。

1989年底，该公司通过文化考核，面向社会招聘职工150名，要求每人带资2000元上岗。试产后，人均月工资175元。不久，有部分职工不愿在该公司工作，撤资离去。

投产不久，港方所承担的25%的资金不能如期到位，进口原料质次价高，不履行产品外销合同，并于1990年8月15日撤走全部人员，致使公司运营陷入困境。

港方撤走后，镇党委、镇政府经多方努力，开始独家经营，但终因负债额过大，于1999年10月依法宣告破产。

右所玻璃钢厂 1979年，右所村在村东首，依204国道旁建起化工厂，占地6亩，投资13万元，有职工10余人。主要生产农用皮带蜡、土肥皂、蜡烛等，年产值20万元，利税1.2万元。1988年，

承包给本村村民陈德贺，称涛雒右所玻璃钢厂。主要生产玻璃钢瓦、玻璃钢水管及海、淡水养殖使用的玻璃钢船等。年产值近100万元，利税8.5万余元，2021年继续经营。

涛雒七村化工厂 1993年，涛雒七村在村内投资50万元，建化工厂，占地4亩。厂长侯学斌，有员工8人。主要设备：小型锅炉1台，反应釜2座，杀磨机1台。主要生产107胶，纸箱上光防潮剂，其中后者为专利产品，曾出口日本、韩国。年产值40万元，利税3.5万元。2005年转为民营企业，厂长郑培祥。至2007年，又添置球磨机1台，搅拌机1台，主要生产乳胶漆、渔船防污漆，其中后者因污染海水而禁产。

涛雒建筑工程公司 1966年，涛雒公社成立综合服务社，组建了建筑队。办公地址在原来公社党委大院内，张振东任队长，万鸿德任会计，队员32名。承建域内公、民用房屋。1969年，在涛雒街西门口，征用土地3亩，盖办公室和仓库，面积250平方米，建筑工人60名，主要担负本公社公共建筑，固定资产达1.8万元。无建筑机械，工人月平均工资30元左右。

20世纪70年代初，建筑队从综合服务社析出，独立经营、核算。1976年，在204国道与观海路交会处往西300米处南侧，原涛雒铁业社对过，征地21亩，建办公室、仓库等，面积达1100多平方米。下设1个木器加工厂，1个水泥预制厂，华山村、簸箕笃子村、下元一村、凤凰山4个采石场，职工400余人。1978年，上850型带子锯2台，摇头竿2个，麻捣机5台，煞浆机5台，8.82千瓦四轮拖拉机1台。涛雒建筑队已初具规模，遂易名涛雒建筑工程公司。可承揽社内、外较大型的公共建筑工程。

20世纪80年代初，石臼港码头、兖石铁路开工建设，公司抓住机遇，最早参与这两大工程建设。1981年，承建石臼港检修大楼（6层），总造价100余万元。1982年，承建石臼戴家村铁路桥，造价130多万元。工程质量均被交通部一航局评为优质工程。为后来北到青岛、烟台、威海、龙口、潍坊，南去连云港、上海、温州等地承接大型工程建设打下了坚实的基础。公司固定资产135万元，年产值500余万元，利税28.5万元，工人平均月工资（含奖金）280元。

1992年，公司在涛雒七村204国道西侧，征地7亩，盖综合办公楼一幢，建筑面积达1500平方米；添置运输车1辆，轿车2辆，塔吊3座，建筑工人500余名。承建的工程也由一般的楼房建筑向科技含量较高的建筑工程迈进，如青岛前海飞机坪的建筑，在海水下浇筑混凝土作业，水上高25米，顶端面直径32米，总造价150多万元。连云港核电站部分工程建设等，都获得优质工程。公司资质也由四级晋升为三级。

2001年，涛雒建筑工程公司也由集体企业转为民营企业。

1966年以来涛雒镇建筑工程公司（建筑队）负责人任职更迭表

表8—6

职务	姓名	性别	籍贯	任职时间
队长	张振东	男	涛雒五村	1966—1976
经理	崔永祥	男	涛雒四村	1976—1984
经理	万鸿德	男	涛雒六村	1984—2005
经理	万志斌	男	涛雒六村	2005—

竹编厂 涛雒公社竹编厂建于1977年，厂址位于204国道与观海路交会处沿观海路往西300米处南侧。有职工24人，房屋20间。分三个组：一组圆竹、二组方筐、三组筛子。

一年加工淡竹4万公斤，毛竹1.2万棵。通过走出去学习，样品由42个增加到56个。主要编制椅子、方筐、筛子、盘碗厨、篮子等。除满足本地用，还销往沂源、五莲、昌邑、临沂等地。1985年，随着塑料制品的广泛利用，竹编厂随之下马。

2021年涛雒镇域内企业名单（73家）

1. 日照锦湖金马化学有限公司
2. 日照汇丰电子有限公司
3. 日照钊通木业股份有限公司
4. 日照市华昌机械有限公司

5. 日照天台山食品有限公司
6. 日照五光十色工贸有限公司
7. 日照美鑫机械有限公司
8. 日照山河超细材料科技有限公司
9. 日照嘉丰物流有限公司
10. 日照新正源吸管有限公司
11. 日照牛博光伏有限公司
12. 日照瑞尔电子科技有限公司
13. 日照卓识环保科技有限公司
14. 山东联盈清洁能源有限公司
15. 日照港达安装工程有限公司
16. 山东名邦食品股份有限公司
17. 青岛举鑫日照食品有限公司
18. 山东力山特智能科技有限公司
19. 山东日照中瑞国际物流有限公司（山东中瑞机械装备制造有限公司）
20. 山东容创金属科技有限公司
21. 山东水务管道有限公司
22. 日照尚峰钢铁有限公司
23. 日照济钢金属科技有限公司
24. 日照罗克兰智慧物联产业园项目
25. 山东众工钢制品科技有限公司
26. 山东明晋实业有限公司
27. 山东德汇电力设备有限公司
28. 瑞茂金泰（山东）智能设备制造有限责任公司
29. 日照赞盈机械设备有限公司
30. 山东龙佰钛业科技有限公司
31. 方鼎科技有限公司
32. 日照金丰达淀粉制品有限公司
33. 日照汇丰如意饲料有限公司
34. 日照华圣机械有限公司
35. 山东中泰海华环境科技有限公司
36. 山东大福粘合剂股份有限公司
37. 日照市海润磨具有限公司
38. 日照永堃市政工程有限公司
39. 日照众生海洋生物科技有限公司
40. 康麦施（日照）农业科技有限公司
41. 日照颂懿机械制造有限公司
42. 日照环岛净水材料有限公司
43. 日照欣丰环保科技有限公司
44. 铧邦钛合金关节加工项目
45. 日照盛峰包装制品有限公司
46. 日照中盛锻造有限公司
47. 日照韩和工贸有限公司
48. 日照鼎立钢构股份有限公司
49. 日照优承精密机械有限公司
50. 日照新日通沥青有限公司
51. 日照市华旗金属制品有限公司
52. 日照港丰热电有限公司
53. 日照三好服饰有限公司
54. 日照友铸机械制造有限公司
55. 朴初工业科技（山东）有限公司
56. 日照海岱工业装备有限公司
57. 山东弼盈智慧物流有限公司
58. 山东星辰电气科技有限公司
59. 山东日照瑞尔德装备制造有限公司
60. 圣海供应链有限公司
61. 山东中天盛科自动化设备有限公司
62. 日照德通新材料科技有限公司
63. 日照市金航渔业有限公司
64. 日照国际海洋城宏建贸易有限公司
65. 日照市伊兰生物技术有限公司
66. 日照市禹海红旗海洋工程有限公司
67. 日照市禹海蓝莓湾生态农业旅游有限公司
68. 山东海洋文化旅游发展集团有限公司
69. 日照市圣海置业有限公司
70. 日照东方太阳城景区运营管理有限公司
71. 文旅开发有限公司
72. 济南神光冶金设备制造有限公司
73. 日照市涛雒阜鑫渔港有限公司

2021 年涛雒镇“四上”企业一览表

表 8—7

（一）规模以上工业企业（18 家）	
1. 日照汇丰如意饲料有限公司	2. 山东中瑞机械装备制造有限公司
3. 日照韩和工贸有限公司	4. 日照金丰达淀粉制品有限公司
5. 山东力山特智能科技股份有限公司	6. 山东名邦食品有限公司
7. 日照锦湖金马化学有限公司	8. 山东容创金属科技有限公司
9. 日照中盛锻造有限公司	10. 日照鼎立钢构股份有限公司
11. 日照汇丰电子有限公司	12. 日照大福粘合剂有限公司
13. 方鼎科技有限公司	14. 日照山河超细材料科技有限公司
15. 青岛举鑫日照食品有限公司	16. 山东日照瑞尔德装备制造有限公司
17. 日照德通新材料科技有限公司	18. 山东中泰海华科技有限公司
（二）有资质的建筑企业（6 家）	
1. 日照海洋文旅建设发展有限公司	2. 日照市义泰建筑工程有限公司
3. 日照市汇通工程机械有限公司	4. 日照晨旗建设有限公司
5. 港达安装工程有限公司	6. 日照市鑫铎机械工程有限公司
（三）限额以上贸易企业（批零）（7 家）	
1. 山东日照中瑞国际物流有限公司	2. 山东润曦钢材销售有限公司
3. 山东钢铁集团日照国际贸易有限公司	4. 日照东唐国际贸易有限公司
5. 日照圣海供应链管理有限公司	6. 日照济钢金属科技有限公司
7. 日照市茂源石油化工有限公司	
（四）规模以上服务企业（4 家）	
1. 日照嘉丰物流有限公司	2. 日照恒耀环保科技有限公司
3. 山东明晋实业有限公司	4. 山东海洋文化旅游发展有限公司

涛雒镇志

TAOLUO ZHENZHI

第九编　商业　贸易

涛雒镇商业街　（涛雒镇宣传办公室提供　摄于2021年）

域内商贸业的发展，得益于渔、盐之利，水陆交通便捷等独特优势。明末清初，商贸业发展缓慢。清末民国初，商贸业发展进入繁荣阶段，涛雒一度成为日照南部的商业重镇。抗日战争时期，日伪军侵占涛雒，各大商号、店铺相继关闭，商贸业萧条衰败。中华人民共和国成立后，商贸业得以全面恢复，形成国营、集体商贸垄断经营的局面。改革开放以来，市场逐步开放，个体商贸日益繁荣，恢复和设立了多处集贸市场，粮油和日用品供销、水产品批发零售、加油站、燃气站、网店应运而生。2000 年后，镇驻地先后建起了商业街、仿古街、餐饮服务街，商业经营再度繁荣，涛雒已成为现代商贸业的大市场。

第一章　商业

涛雒历史上就是鲁东南商业重镇，古有涛雒口、张洛口海航要津，北与夹仓口相接，西接内地，辐射鲁中南内陆腹地，是重要的商品集散地。优越的地理位置和便利的水、陆交通，为商业的繁荣提供了得天独厚的条件。

涛雒两海口早在宋代之前即行通航，明代中后期，宋、王等诸家先后从江苏东海北迁涛雒，经营渔、盐、农、工等业。整个商业以鱼、盐为主，外地客商把当地土特产运至涛雒外运，返回再将盐运至当地销售。周而复始，常年往返，使涛雒逐渐走上繁盛。清康熙二年（1663），实行海禁，涛雒商业发展趋缓。清康熙十八年（1679），海航开禁。涛雒口、张洛口先后对外通商，把内地的土特产经水陆用船运到外地。涛雒口“商贾云集，货船萃焉”，成为县城南部的一个商业重镇。改革开放以来，域内先后建起了商业街、仿古街，恢复和设立了多处集贸市场，一批超市、批发站、网店应运而生，商业经营再度繁荣。

第一节　清代及民国时期的商业

清代商业

德源　清道光十四年（1834）山西典当商张元梓慕名来到涛洛街，建当铺（故址在今观海路与文泰路交会处、观海路北侧文泰路西侧），立字号为“德源”，建山西式二层木楼3幢，计36间，开张营业。清同治三年（1864）歇业。

图9—1　德源当铺原址（申华提供）

五大德源　清光绪二年（1876），黄县人在涛雒街开设典当行，立字号为“五大德源”。

广记　清咸丰年间，涛雒人丁汝鏴字铠轩，开办土特产百货行，商号为“广记”，主要收购生米、生油、披猪等土特产品，运往上海。运回当地所需的布匹、大米、面粉、红白糖、纸张等百货。是涛洛街最早、最大的一家官僚资本商业，鼎盛时有土地2500亩、大风船4只，资金达70万银圆，雇佣40余人（在临沂、诸城、潍坊设常年收购点）。除在涛雒开办“广记”外，还在上海、青口两地设“广记”分号。

裕源　商号有土地3000亩，经营莱庄、茶庄、土特产综合业务（详见第八编第二章第十五节京东莱）。

义利商号　位于域内大草坡村十字路口东南角，由李联宽（字广廷，1787—1851）于清道光二十八年（1848）前后创立。主要是将本地收购的花生米、干果、披猪等农副产品通过海运到上海等沿海城市销售，返回时采购布匹、红白糖、纸张等日用品在当地分销。李联宽之子李章（字子评，1834—1895）经营期间商号生意最为兴隆，有用于海运的大帆船，在夹仓等地设有店铺和仓库，并兼营黄酒酿造销售。财力雄厚，在当地很有影响。到李章之子李守禄（字德臣，1863—1912）经营时，逐渐衰落，在1912年破产关闭。

协记　清同治初年，丁惟寰（字资廷）独资开办土产百货业，商号为“协记”，有大风船4艘，土地1500亩，资金60万银圆，主要经营生米、生油、披猪、茶叶。

福隆　清同治年间由日照牟氏十六世亚月村牟衍桢三兄弟创立，第二代传人牟子忠，第三代传人牟济民。地址在涛雒东西大街的西南拐角处。福隆商号又称“牟家行”。经营范围比较广，有各式各样的生活必需品，包括花生油、盐、米一类的饮食用品，以及水缸、坛子、家具等日常生活用品。到民国初年，福隆商铺的业务主要由第二代传人牟子忠负责经营，来往于日照和上海两地，商铺经营达到鼎盛。日军占领涛雒后，福隆商铺经营萧条，之后关闭。

同生　清同治年间，丁健五、丁凤五兄弟合资创办“同生”商号，有大风船4艘、土地1000亩，资金40万银圆，经营菜庄、生米、披猪、茶叶（旧址照片见前彩页）。

益昌　清光绪年间，滕善农（桥东头村人）、庄仁普合资开办“益昌”商号，有土地500亩，资金50万银圆，主要经营布匹、茶叶、桐油、生米、生油、披猪、米、白面等日用百货。

同源福　清宣统年间，潍县人王基臣到涛雒，立号“同源福”，主要经营绸缎业。

益泰　清末庄智堂创办“益泰”，经营运庄业。

万茂　清末牟子仲创办“万茂”，经营运庄业。

济生堂　清道光十九年（1839）涛雒人丁乘开办中药房，立号“济生堂”。后来丁纫秋、丁希梅先后负责经营，曾聘请郑家结庄人秦恩普为坐堂中医。地址在涛雒北大街以西不远的地方。

玉华银楼　创办于清末民国初，由诸城县许孟镇（今属五莲县）人张进善在涛雒街开办，主要业务是银器饰品制作销售。第二代张则枚时期最为鼎盛，在镇内十字路口北街路西和东大街路北都有店铺。第三代传人张崇勋还在青岛楼山后开过分店。日军侵占涛雒时所有店铺关闭，之后是零星加工经营。

中华民国时期商业

民国时期，涛雒商业达到鼎盛，名声之大，盖过县城。至1937年，涛雒街立字号的商家就有128家，“裕源”“广记”“协记”等老字号都有上千亩土地，自养五桅大风船，资金60万元至100万银圆不等。栈子村商号、鱼行23家，首数小马商号。青岛各大公司买办也在涛雒开办洋行。旅社、饭店等服务性商业也有新的发展。涛雒海口南通中国海州、淮安、上海、福州、台北以及南洋岛国，北达天津、大连、丹东、海参崴，东到朝鲜、日本等地，逐渐发展成为南北商业贸易之咽喉。

瑞春　1912年，栈子叶汝朋独资开办，鱼行性质，有大风船12艘。后开办青岛裕泰轮船行，有轮船7艘。

小马　1912年，栈子傅寿山独自开办，有大风船11艘。开办鱼行。

永记　1912年，萧世基（字自堂）独家创办，萧世基初期在涛雒开设的是零售店铺，逐渐发展到经营土产杂货及海上运输等业务，拥有4艘大帆船。永记收购西部的花生等土特产，用船运往上海市场，返回时运来大批纸张等日用品。永记有常驻上海的采购员，在上海设有分号往返涛雒和上海、青岛等地。萧世基之后，他的儿子萧鸿琛接管了永记的生意，其时正值兵荒马乱，各路兵马队伍纷纷向其征收给养或令其负责征收给养，使其生意逐现窘迫。1940年前后商号结束经营。

福来福　1912年，丁惟仕独家创办。

庆和　1912年，丁惟晋（字象明）独家创办。丁观详（字育涛）继承，有资金32万银圆。

盛源　1915年左右，聂连阶创办。

长治　1915年左右，丁银亭创办。

照相　1915年，诸城人王作证在涛雒街开办照相馆。

利生　丁惟沂（字鲁泉）1923—1937年独资创办。租用涛雒南门里“旷视山房”的房屋4间做营业房。有资本5000元，职员4人。经营土产等多种业务，还经营利生鞋铺，在丁家官庄开办熟牛皮的作坊。利生关闭后，丁惟沂回到老家丁家官庄居住，1947年去世。

聚祥　该商号民国年间由孙守信（1850—？）创办，其房产及产业主要在大草坡村东西大街北孙家胡同，在域内小海口及石臼所、安东卫等地有“聚祥”店铺及仓库。经营期间还出过限量的钱票，凭票可在聚祥所有店铺购买和出售物品。还有一艘25吨级的“聚祥”号四桅大帆船。主要业务是通过海运进行货物贸易。

姚记药铺 1928 年，右所姚姓在涛雒街开办中药房。

太和堂 1928 年，某姓开办中药房。

兴华堂 1928 年，某姓开办西药房。

六和 1929 年左右，刘雨三独家创办，有资金 15 万银圆。

恒记 1929 年左右，丁心一独家创办，土地 800 亩，有资金 40 万银圆。

长泰 1929 年左右，陈星堂合资创办，有资金 18 万银圆。

春泰 1929 年左右，滕玉杰与刘寿堂合资创办，有资金 9 万银圆。滕玉杰（字汉三），曾任涛雒西街街长。滕玉杰先在西街开设信记当铺，之后联合多家入股春泰商行，成为第一大股东。“春泰”设有专职的会计、采购、销售、伙夫、助杂等人员。商行主要从事土特产贸易、商品批发等业务。滕玉杰之后，由其子滕锡桂接手了“春泰”“信记”的日常经营。1940 年日军占领涛雒后，“春泰”“信记”破产倒闭。

德士古 1929 年，即墨人马乐泉在涛雒街独家创办。

大明公司 1929 年，江西人袁鹤楼在涛雒街独家开办。

亚细亚 1929 年，朱绍五独家开办。

美孚 1929 年，某姓独家开办。

桐池 1929 年，丁丰详（字蔚桐）开办。

梁家坊子 1931 年，梁姓开办。

邱家坊子 1931 年，邱姓开办。

连丰 1932 年左右，张家廒头尹荆山独资创办。

信丰 1932 年左右，丁履赐（字岳初）独资创办。

福顺 1932 年左右，牟性和丁性合资创办。

新顺和 1932 年左右，贾西平合资创办。

太昌 1932 年左右，宋旭东合资创办。

同兴隆 1932 年左右，丁子展与他人合资创办。

德兴义 1932 年左右，陈德全独资创办。

同丰 1932 年左右，张家廒头尹守琮创办，之后由尹茂刚负责经营。地址在涛雒南大街路西。台湾富商尹衍梁的祖父尹德琳曾是同丰号经营的得力助手，后在涛雒独建和兴号。

石印局 1934 年，汇昌银号开始印刷土杂钞，为有关商铺印刷钞票；同时，日照县公安局二分局郎姓局长也为商铺印刷钞票。1937 年停业。

1937 年七七事变后，涛雒各大商号相继关闭。1940 年 2 月 4 日，日军占领涛雒时，汉奸陈成功办起了“成功商行”，同时刘功臣办起“三义成商行”，均经营土产百货业。还有王金明开办的“合记”、宋继廷开办的“和记”、王红久开办的“红增”、王基臣开办的“同源福”、丁佰言开办的“吉春”，以上五家都是经营土产杂货，将大批土特产运往青岛、日本，带回洋货，高价出售，大发横财。此外还有“同日膏店”（专卖大烟），潍县人开办的绸缎庄“同升泰”。由于侵略者的横行，日货的垄断，涛雒商业走向萧条、衰败。

抗日战争胜利以后，涛雒私营商业得以恢复。

第二节 中华人民共和国成立后的私营商业

中华人民共和国成立后，国营商业体制日臻完善，私营商业也相当兴盛。1951 年，开始对私营业进行登记，取消了一些行业。对私营商业的经营范围、经营方式，开始进行限制。1952 年“五反”运动后，政府又调整税收，放宽贷款，对私营商业予以扶持，使私营业有了很快发展。1955 年，涛雒镇私营商业从业人员达 360 人。1956 年，对资本主义商业实行社会主义改造，经过清产核资，对综合商店、代购代销，合并入供销社；全行业合营（中药业）、自产自销（肉食业）、供销社附属（酱园、糕点业），令其采取弃商就农等多种形式，对私营商业进行了社会主义改造。

1957 年，私营商业在组织上纳入各种改造形式，在经济上纳入了社会主义计划经济轨道，基本上完成了社会主义改造任务。

1958 年后，个体经济全部被取消，国营、集体商业全面发展。

1978 年以后，国家实行对外开放、对内搞活的各项经济政策，个体经营商业，呈现出市场繁荣、生意兴隆的崭新局面。

批发零售店铺

至1990年，域内有个体商业户260户，到1997年发展到400户，从业人员1440人。2000年后，涛雒商业街、仿古街相继建成招商，使商业发展走上了快车道，个体商业得到迅速发展。2013年，域内商业户发展到1200家。2021年，域内有个体商户1500家，形成了门类齐全、布局合理、经营灵活的大市场。

金祥批发部 1980年，涛雒五村村民王平玉在文泰路东侧、观海路南侧的十字路口东南角开办批发零售部，经营烟酒糖茶、水果类商品。1999年，迁至商业街西首南侧，新建商铺营业，称“镇中批发部”，继续从事日用百货商品批发零售业务。2004年，转租庄涛经营，改称“金祥批发部”，经营业务主要为烟酒糖茶副食品等产品。2021年仍继续营业。

兴隆综合门市部 1985年开业，地址在涛雒七村204国道西侧，主要经营日用百货、农资产品、小五金、装饰材料、家用电器等。2002年扩大规模，建二层楼4个门面房经营。业主张传甲，涛雒七村人，从业职工12人。2021年已停业。

汇丰超市 1992年，汇丰超市在涛雒商场开业，业主米文光（侯家村人），职工3人，经营烟酒糖茶等生活日用品，经营方式为批发、零售。是域内早期开办的个体私营商业。1996年，下元三村黄庆民承接经营。1998年，涛雒四村张永亮承接经营。1999年，涛雒四村宋开峰承接经营。2001年，汇丰超市迁至204国道与341省道交会处（原农机配件公司门市部）。2021年仍继续营业。

劳保用品服务部 1995年，马家村村民马先升，租用七村房屋（204国道西侧）开办军人用品服务社。1999年12月迁至商业街西端北侧营业，改称劳保用品服务部。主要经营工作服、手套、雨衣、鞋帽等劳保用品，另有针织服装类产品销售，职工3人。2021年仍继续营业。

顺达超市 2000年开业，店址在涛雒商业街中段南侧，主要经营日用百货、食品类商品、学习用品、化工产品等。业主刘加法，李家潭崖村人，从业职工6～7人。2021年仍继续营业。

科技、电脑、手机城 1980年，涛雒一村宋佃余，在原供销社对面建电器维修部，主要维修各类收音机、手表等电器产品，后专修电视机、手机等。2001年，迁至商业街西首内、北侧营业，改称科技电脑手机城，主要维修和销售电脑手机等电子产品，职工5人。2021年仍继续营业。

电波家电商场 1980年，南店大队庄建波在南店村西首开办家电维修铺，主要维修收音机、手表等。2003年迁至204国道东侧建三层楼房，经营电子家电业务。2021年仍继续营业。

田城家电 1982年，涛雒一村田洪军，在涛雒一村开办家庭电器维修部，主要维修收音机等电器产品。2002年迁至商业街营业，改称田城家电，业主田文胜，主要经销和维修手机、电脑等家用电器和煤气灶等产品，职工3人。2021年仍继续营业。

海尔专卖店 1984年，涛雒三村村民刘从金在观海中路南侧开办电器维修部，以修理收音机、手表为主，后维修电视机、电冰箱等产品。2000年，迁商业街营业，称海尔专卖店，主要经营“海尔”“美的”牌彩电、冰箱、天然气灶具等，职工4人。2021年仍继续营业。

鱼类

1950年前后，沿海渔村村民，捕鱼卖给鱼行及个体鱼贩，后来由国营水产公司统一经营。1978年后，个体渔船、海淡水养殖业发展较快，2013年，全域内从事海、淡水产品经营的业户达360家。2021年底，域内有水产养殖户1273家。

肉类

1950年前后，域内猪肉经营规模较大有涛雒街崔家猪行、陈家猪行，属屠宰加工销售一条龙服务。1953年，由供销社设屠宰组，1956年，食品公司下设食品站统一经营。1978年以后，由食品站屠宰、个体户销售。到2013年，个体猪肉销售户120家，个体熟肉加工销售户30家。2021年底，域内有猪肉个体经营户113家，个体熟肉销售14家。

蛋类

1950年后，农家养鸡生蛋大多卖给供销社，换取生活日用品。1978年以后，农家养鸡渐少，专业养鸡户增多。1990年，涛雒养鸡大户达98家，规模较大、养殖较早的有涛雒五村丁英平、南店村庄建东。养鸡户卖给商贩或直接送蛋到超市、商铺销售。至2021年底，域内主要养鸡户共有28家，其中蛋鸡养殖户12家、肉食鸡养殖户16家；蛋鸡养殖户规模较大的为南店村庄建东养殖场，数量超过14万只；肉食鸡养殖户规模较大的为亚月村李宗全养殖场，数量超过1.5万只。

副食品类

烟 中华人民共和国成立前，烟类主要以私营商户经营当地黄烟叶为主，也有从蒙阴、沂水、莒县等地贩来销售。卷烟为有钱人的奢侈品，故很少经营。中华人民共和国成立后，卷烟由供销社统一经营。1978年以后，个体经营当地黄烟者渐少，卷烟由烟草公司专卖，品种档次提高，香烟由原来的几分、几角钱一盒，到几元、几十元甚至上百元一盒。

酒 抗日战争胜利后，以私营商户经营当地酒坊所产高粱酒为主。中华人民共和国成立后，以60° 瓜干酒为主。1959年，涛雒、下元人民公社均有酒厂，生产的白酒就地销售，外地瓶装酒销量极少。1978年以后，人民生活水平逐步提高，个体经营户增多。1990年前以销售散酒及低档瓶装酒为主；1995年后以销售中档酒为主，散酒销量很低。2000年后，茅台、五粮液、郎酒等高档酒开始摆上货架。

糕点糖果 抗日战争胜利后，以私营商户销售当地产品为主。中华人民共和国成立后，开始销售青岛、烟台等城市产品，但销售量很少，由供销社统一限量供应。1980年后市场化供应，销量大增，个体工商户增多。

奶制品 1970年开始出售奶粉。1990年后奶制品品种增多，销售量开始大增。

饮食类

抗日战争胜利后，饭铺和小吃到处可见，并有许多出名的食品，如裕源的京冬菜、祝家的烧鸡、宋家的大饼、右所的酱瓣等。1953年统购统销开始，私人餐饮业逐渐被取缔。1978年后，私营餐饮业重新得到发展。1980年，黄家羊肉面馆开张营业。个体餐饮业逐渐增多，有全羊小吃、水饺、海鲜、驴肉、狗肉、大排档、烧烤等，牛肉拉面、羊肉串、麻辣串等各种传统食品更随处可见。到2021年底，域内从事个体餐饮的有367家，零食小吃不计其数。

怡然居 1993年开业，店址在涛雒七村204国道西侧，承办婚宴、会议用餐等，业主郑涛，涛雒七村人，从业职工4人，2009年停业。

纯真大酒店 1993年2月开业，地址在涛雒汽车站东侧，故称站前饭店，2005年改称站前大酒店。2010年注册纯真大酒店，除经营饭店业务外，兼营旅社服务，新建3层楼房，有标准间24间，可同时入住100人。业主刘德贤，涛雒七村人，从业职工8人。

傅氏家园 原名傅家坊子，创始于清朝末年，位于涛雒南门外南店河桥南头东侧。2007年迁至南店村西204国道西侧营业，建有傅氏家园婚宴中心、雅间、大众饭厅等，业主傅先进，南店村人。从业职工3人。

涛雒茶炉 清末民国初，涛雒商业发达，客商及脚夫来往不绝，故街道茶炉业异常活跃，仅涛雒街里，就有茶炉十几座，遍布五大圩门里及十字大街，其中水门里韩家茶炉开业较早，名声较大。

茶炉业主因家境不同，规模亦大小不一，大者炉灶有12个炉眼，小者也有6个炉眼。水壶以铁壶为多，也有泥壶，铜壶则极少。大户茶炉多用牛车拉大木桶去水门外甜水井拉水，小户则雇人去水门外挑水。

中华人民共和国成立后，茶炉业主较少，只有南门里、北门里、十字大街机关较多的地方有茶炉业户。1980年后，居民家庭用热水全部自给自足，茶炉业遂销声匿迹。

涛雒面锅 最著名的羊肉面馆有高家和黄家面馆。清朝末年，涛雒贸易繁荣，高、黄两家办起了饭馆，在竞争中求生存，创造出“羊肉面条”名吃。高家由高常祥带领三个儿子开办“西记”，黄家由黄永祯、黄老七兄弟俩开办“同会馆”。两家各有千秋。

羊肉面所用面粉，由人工石磨磨制成“七五”面粉。每百斤面粉加碱粉0.25公斤、食盐0.25公斤、水15公斤，搅拌均匀用手揉制，次数越多面色越白弹力越大，然后用擀面杖手工擀碾放皮，擀至面皮薄如纸透明发亮，后用刀切成四棱形。

两家用羊多系五莲山、乔子山及磴山的优良品种，每只百斤左右。购来后圈养一段时间，随吃随宰。宰羊时将活羊洗澡梳毛、开刀放血、剥皮掏脏、清水冲洗。再用口小罐形铁锅慢火清炖至八成熟时，取出肉块，剔出羊骨，切成薄片备用。

烹调羊肉汤时，将原汤、切好的肉片加酱油（1%）、大蒜（1%）、姜片（0.3%）、葱（5%）等佐料，进行泡制。吃时再加香油、醋少许，并加香菜或韭黄借以调味。好的羊肉汤，清澈透底，汤肉分明，清香扑鼻。民间流传着“吃了涛雒羊肉面，不再围着天下转”的赞誉。

计划供给时期，不允许个人经营。1978年后，涛雒个体面锅又重新开张迎客。

旅馆类

中华人民共和国成立后，傅家坊子、悦来店等私营旅馆继续经营。1966年后，私营旅店被供销旅社代替。1980年后，集体和个体旅馆开始兴起，204国道两侧，先后建起了“平安旅社”“车站旅社”“东方红旅社”“托府旅社”“中盛大酒店”等。2021年，域内有旅馆117家。

东城宾馆　1988年开业，地址在涛坪路东首南侧，称东方红旅社，2008年注册东城宾馆，业主张艳，涛雒四村人，从业职工4人。2021年仍继续营业。

金都宾馆　2003年开业，地址在涛坪路东首北侧，业主宋艳，涛雒四村人，从业职工4人。2021年仍继续营业。

宜安宾馆　2012年开业，位于涛坪路东首南侧，内设标准间、单人间、双人间，配备空调、电视、淋浴、宽带上网等，业主尹相华，张家廒头村人。2021年仍继续营业。

民俗旅游宾馆　2005年，刘家湾赶海园开园后，刘家湾、下元一村等村开办民俗旅游宾馆，接待外地游客食宿。

维修业

抗日战争胜利后，维修业主要由铁匠、木匠、锢漏子组成。1956年，维修工匠组织起来，成立维修产业组织“铁木业社”。私人经营维修的极少。

1980年后，个体自行车、家电维修户增多。随着家用电器的发展，个体维修从修收音机、手表到修电视机、电冰箱、空调、电脑、手机等。1990年后，摩托车、汽车、电动车维修都先后产生。2018年，域内个体维修业12户。2021年，域内共有个体维修240家。

孙家车行　中华人民共和国成立后，涛雒一村村民孙继顺凭借自己手艺，开办家庭车行，为集体和个人修理小推车轮胎、轴承等，也修理喷雾器、切瓜切片机等农具。20世纪60年代以后，开始修理自行车。1976年，车行并入涛雒公社综合服务部。1984年，由孙树森子承父业，继续开办个体车行。1988年，建二层小楼，扩大修理范围。2000年以后，以修理摩托车、电动车为主，兼修农用生产机械及农用汽车等。

兴业大福车行　1980年，涛雒六村社员叶京浦，在204国道西侧建房5间，开办自行车修理厂，2000年在原址重建3层楼，从事电动车、摩托车维修和经销。

照相业

照相馆　1946年，日照城关人葛本川父女二人在涛雒街十字大街东南角（故址在今观海路与文泰路交会处、文泰路东侧）开办照相馆。

1953年，日照县政府工商科照相馆在涛雒设立照相点，负责人刘连昌，1961年划归涛雒供销社照相馆。

蓝天照相馆　1988年，申仕信在高旺庄开办。1992年迁址涛雒，承租涛雒镇土地管理所房屋营业，同时，分别在虎山、巨峰等地设5个经营点，从业人员20人。1997年购置彩色扩印机一台（日照市乡镇中第一家使用此机器），有数码相机5台，置有婚纱影楼，是域内最大的照相馆。2013年，设2个经营店，从业人员7人。另有“长宏照相馆”等。此外，流动照相人员和摄影爱好者随处可见。

理发业

抗日战争胜利后，男性农民多剃光头，剃头均由私人经营，每逢集日，挑担赶集，露天理发。1956年，成立合作理发店，使用手推子，1985年后，使用电推子。个体理发户增多，理发增设电吹风、烫发、染发等服务项目。2018年，域内有个体理发馆20处。2021年，域内有理发馆65处。

万宝理发铺 1984年开业，称理发铺，2003年称万宝理发，店址在观海路东首北侧，业主万志宝，涛雒一村人。

张家理发店 1987年10月开业，称新颖理发店，店址在涛雒四村（204国道西侧），业主张守福，涛雒四村人，职工5人，1997年改称张家理发店。2006年业主张永勤（子承父业），从业职工3人。

浴池

1950年初，域内有私营浴池1处。1956年，供销社浴池开业后，即无私营澡堂。1990年，开始出现个体澡堂。到2018年，有个体经营浴池13家（一般为秋后经营，春节前后停业）。

万宝浴池 2011年12月开业，位于观海路东首北侧，业主万志宝，涛雒一村人。

生产资料

1978年后，开始出现个体经营化肥、农药、小型农业机械、石油、废旧物资收购、建材等行业。2013年，经营化肥农药的个体户有35家，农机产品3家，废旧物资收购10处，建材经营40家。

2021年，域内有经营农药的店、点67家，农机16家，废瓶回收13家，建材193家。

胜业竹木经销处 1999年9月开业，店址位于涛雒七村（204国道东侧），主要经营毛竹、水竹、淡竹（多从江西、湖南、浙江购入），兼加工竹梯、竹排、竹筐、竹篓等竹制品，业主牟善文，李家潭崖村人，从业职工4～5人。2021年仍继续营业。

日照市绿园农业生产资料有限公司 成立于1999年3月，名为日照市绿丰种苗公司，注册资本500万元，址在南店村204国道西侧（原镇经管站平房4间），经理庄景亮，职工8人。经营业务：批发农林业有害生物防控、防治农药，农业机械销售，化肥及作物良种的零售。2003年春，迁至204国道与观海路交会处、国道西侧办公经营，8月，更名“日照市绿园农业生产资料有限公司”。2007年，迁至204国道与观海路交会处西行200米路南办公。下辖日照北路55号和南店村（204国道东侧）两个农资超市，有职工12人，主要经营化肥、农药、小型农用器械、种子等。2021年仍继续营业。

第三节 集体商业

涛雒供销合作社 1945年9月，涛雒区创办利民纺织社，1946年4月，改称中心社，1947年9月，组建“滨海区日照县涛雒区联合供销社”，简称涛雒区联社，社址在下元村，主要经营煤油、盐、火柴、毛巾、袜子、锄、镰、锨、镢等小宗生产、生活用品。

1950年5月，七区（涛雒）区公所成立后，涛雒区联社从下元村迁至涛雒街（故址今在现观海路与文泰路交会处，观海路北侧、文泰路西侧），下设财会、统计、办公室等办事机构，全社共有职工60余人，下设18个门市部。1951年，为解决资金不足发展社员入股，每股3元，入股资金1万元。1953年，涛雒联社并入县联社。西林子头合作社为七区联村供销合作社，简称“区联社”。

1954年，涛雒联社改称涛雒供销合作社，设立日用百货、生产资料门市部、中西药房和粮油房等，主要经营煤油、食盐、火柴、肥皂、毛巾、袜子、锄、镰、锨、镢等生活用品和生产资料，代购粮油、棉花、猪、羊等，下设村门市部。

1956年1月，日照区划调整，域内分设涛雒区和磴山区，将大沟、赵羊、水木、李家潭崖、石梁头、泥田沟、磴山、下元、上元、高旺庄10个门市部划归磴山区。1958年1月，涛雒供销合作社改称“日照县涛雒乡商店”。1959年1月，各商店体制下放到人民公社，改称“日照县涛雒人民公社商业科”。1960年1月，人民公社商业科体制收回县商业局，改称“涛雒人民公社商店”。1961年9月，人民公社商店随县供销社与县商业局分开，称日照县“涛雒人民公社供销合作社”。1962年12月，涛雒、下元两公社合并为涛雒区，撤销下元人民公社供销合作社，保留涛雒供销合作社。1971年4月，因区划调整，涛雒供销合作社将东湖、韩家营子、结庄门市部划归新成立的虎山供销合作社。1971年7月，涛雒供销合作社随县供销社与县商业局合并。之后，涛雒供销合作社在驻地设百货、副食品、生产、纱布、五金门市部和采购站各1处，饭店两处；在农村设有张家廒头、刘家湾、王家村、竹子河崖、栈子、高旺庄、下元、赵羊、李家潭崖9处门市部。为增收节支，实行老仓库改造，实现仓储楼垛化。1972年8月22日，《大众日报》发表《发扬一条扁担的革命精神》的文章，全面报道了涛雒供销社勤俭办社的事迹，临沂地委商业局号召全区商业系统认真学习涛雒供销社的办社经验、推广涛雒供销社实施的“六定”“八簿”“三本账”的经营管理方法。是年，将西灶子、右所、孙家村、西林子头、大草坡、丁家官庄6处代销店改为分销店，视同农村门市部管理。1975年7月，供销社随县供销社与县商业局分开，称“日照县涛雒人民公社供销合作社”。

1976年，涛雒供销社在204国道k369+50米处西侧，征地31.6亩，新建饭店、旅社、加工厂，经营规模进一步扩大。1977年，涛雒供销社被评为省级“大寨式企业”。1978年5月，更名为“日照县涛雒供销合作社”。是年，获全国双学“先进单位”称号（双学指工业学大庆、农业学大寨）。1980年，被省供销社授予先进仓储单位。1982年，被省供销社授予“先进基层社”称号，党支部书记刘维瑞被授予山东省“劳动模范”称号。1985年，在西饭店、旅社、加工厂南侧新建冷库1座，开展水产品经营。1986年，被省供销社授予“先进单位”称号。

1987年，涛雒供销社在204国道K369+180米处东侧，征地11亩，将采购站（又称土产门市部）（今观海路中段北侧）、生产店（南店村东北角）搬至新址。1998年，停止收购废品。

1991年，驻地有纱布、百货、副食品、五金、杂品、生产、农机、批发8个专业店，旅社、照相、饮食等服务网点。酱菜加工、面食加工、糕点加工等项目一应俱全。

1992年，沿204国道369K+50米处西侧新建供销商场，与酱园、饭店、旅馆同为一个大院。是年底，全社仓储面积4647平方米，营业用房22048平方米，职工宿舍3240平方米，冷库750平方米，汽车6部，是东港区资产规模最大、门店、职工人数最多、经济效益最好的基层供销社。

1993年，推行抽本承租改革，除农资、农采、冷库等大部门外，全部实行社有民营。1995年至1998年，大力发展社员股金。1999年，受股金挤兑影响，经营中断。是年5月，进行产权制度改革，除204国道两侧大院外，其余资产全部变卖筹资兑股，经营门店全部改为民营。

1945年以来涛雒供销社主任（经理）任职更迭表

表9—1

职务	姓名	性别	籍贯	任职时间
经理	郑世梅	男		1945.9—1946.2
经理	解希文	男	西林子头村	1946.2—1946.5
经理	牟子金	男		1946.6—1946.9
主任	丁原贺	男	西林子头村	1948.1—1950.10
主任	傅田余	男	栈子一村	1950.10—1952.10
主任	刘泽生	男	李家潭崖村	1952.11—1956.6
书记	李翰注	男		1958.3—1958.7
主任	王世臣	男		1958.6—1963.6
书记	杨汝法	男	虎山镇	1959.3—1961.9
书记	丁原玳	男	碑廓镇	1961.9—1964.12
主任	刘维瑞	男	巨峰镇后黄埠村	1963.6—1964.12
书记	刘维瑞	男	巨峰镇后黄埠村	1964.12—1985.12
主任	李松业	男	虎山镇	1966.6—1974.12
主任	秦洪曰	男	碑廓镇	1976.1—1981.10
主任	姜秀芹	男	华山村	1983.3—1992.7
主任	刘维坤	男	巨峰镇前崖下村	1992.7—

下元供销合作社 1956年1月，日照区划调整，域内分设涛雒区和磴山区。涛雒供销合作社将大沟、赵羊、水木、李家潭崖、石梁头、泥田沟、磴山、下元、上元、高旺庄10个门市部划归磴山区，建立磴山区供销合作社（址在下元）。1958年2月，根据区划变动，改称日照县磴山乡商店。1959年1月，各商店体制下放到人民公社，改称日照县磴山人民公社商业科。1960年1月，人民公社商业科体制收回县商业局，改称下元人民公社商店。1961年9月，人民公社商店随县供销社

与县商业局分开，称日照县下元人民公社供销合作社。1963 年，涛雒供销社、下元供销社两社合并为涛雒区供销合作社，撤销下元人民公社供销合作社。

1956—1961 年磴山、下元供销社负责人任职更迭表

表 9—2

职务	姓名	性别	籍贯	任职时间
副主任	姜秀常	男	华山村	1956.3—1956.5
副主任	庄聿提	男	南店村	1956.3—1958.6
副主任	解仁秋	男	西林子头村	1956.3—1958.6
副主任	朱江田	男		1956.3—1958.6
副主任	丁原玳	男	碑廓镇	1956.5—1958.6
书记	丁原玳	男	碑廓镇	1956.5—1958.3
书记	解仁秋	男	西林子头村	1958.3—1958.6
副主任	纪常云	男		1956.5—1958.6
主任	丁原玳	男	碑廓镇	1958.6—1959.3
副主任	尹世法	男		1958.6—1960.7
副经理	丁原玳	男	碑廓镇	1959.3—1961.9
副主任	王书生	男		1959.3—1963.7
书记	丁原玳	男	碑廓镇	1960.1—1961.9

供销社饭店 1971 年春建立（位于今观海路与文泰路交会处，观海路南侧、文泰路西侧），隶属涛雒供销社，饭店总面积 513 平方米，建筑面积 300 平方米（20 间房），职工 12 人，1976 年冬，称东饭店，1999 年因供销社改制而停办。

高旺饭店 1971 年春建立（在高旺庄前原 204 国道东侧），隶属涛雒供销社，占地面积 4 亩，建筑面积 500 平方米，为一独立大院，职工 16 人，1976 年冬停办。

供销饭店、宾馆 供销饭店位于今 204 国道 K369+50 米处西侧，1976 年冬开始营业，时称西饭店，隶属涛雒供销社。供销宾馆与供销饭店为一个大院，建筑面积 768 平方米（32 间房），职工 18 人。1999 年 5 月，因供销社改制而停办。

供销社照相馆 1961 年，日照县商业科将涛雒照相点下放给涛雒供销合作社，涛雒供销合作社照相馆成立，馆址在涛雒二村（今文泰路西侧），负责人裴振诺（裴家村人），职工吴廷江（江苏连云港人）和王士秀（沙岭子村人），主要设施有照相厅、暗室、洗印晾干室，主要器材为“三条腿”支撑箱式照相机。1973 年，负责人为申士信（高旺庄人），照相器材升级为室内专用推拉式座机，另有活动用 120 型海鸥相机、玛尼亚相机、柯达彩色相机、数码相机等。1980 年负责人王延美（下元三村人）。1988 年负责人丁兆年（水木头村人）。1999 年，供销社系统改制，涛雒供销社照相馆随之停业。

图 9—2 推拉式座机照相机

图 9—3 数码照相机

管理区商店 涛雒供销社成立后，在每个管理区设综合商店（俗称门市部）1 处，每处 3 ~ 5 人，其中下元综合门市部成立于 1954 年，职工 5 人，建筑面积 300 平方米，经营烟酒副食、日用百货、布匹鞋帽、加工酱菜等商品，后又逐渐增营化肥、农药、生产工具等商品。营业额：1970 年 5 万元，1980 年 9 万元，1990 年承包给个人经营；廒头（张家廒头）门市部 1971 年从村中迁到村后，占地 3 亩，建筑面积 300 平方米，有门市、仓库、宿舍 20 间、

职工3名，1991年由个人经营。

土产门市部（又称采购站） 涛雒供销合作社建立后，设立土产门市部，位于今观海路中段西侧，收购土产中草药材如：海马、沙参、白蒿、玉竹、乌贼骨等转卖给中药铺，也收购废旧物品如：废旧金属、废玻璃、杂骨、旧棉絮、旧书纸、布条、绳头等。1957年，废金属列为国家一类物资，由供销社统一收购，各部门及代购代销点也代为收购，1978年迁至南店，1999年改制为个人经营。

代购代销店 1960年开始，涛雒供销社在比较偏远及人口较多的村庄设立代购代销店，主要经营油、盐、酱、醋、火柴、肥皂、副食、文具、糖茶、烟酒杂品等日用百货及生产资料，方便群众生活。由于市场的变化，1983—1993年，域内代购代销店先后撤销。

食品站 1953年，涛雒联社在涛雒二村（今文泰路南首东侧）设屠宰组，公私兼营屠宰生猪并腌制披猪，1954年秋迁至右所村后建站，存养生猪兼屠宰生猪。1956年迁至涛雒北门里路东（今341省道与文泰路交会处，341省道南侧、文泰路西侧），成立食品站，隶属县食品公司，与县食品公司联购联销，独家经营生猪收购、屠宰、批发、零售及生猪外运业务，职工20人。

1945—1998年涛雒食品站站长任职更迭表

表9—3

姓名	性别	籍贯	任职时间
秦福森	男	虎山镇秦家结庄村	1954—1975
王金年	男	虎山镇泥田沟村	1976—1981.10
刘福贤	男	高兴镇刘家尧王村	1981.10—1990
费洪国	男	奎山街道两河村	1990—1991
高兴玉	男	东石梁头村	1991—1993.10
费洪国	男	奎山街道两河村	1993.10—1994.10
尹世华	男	孙家营子村	1994.10—1998

1976年冬迁至右所村东建新站，占地4亩，办公室3间，加工车间4间，门市房4间，猪圈4间，仓库8间，宿舍17间，职工11人，其中站长1人，会计出纳各1人，验级员1人，临时工5人，担负着全公社75个大队的生猪购销业务。1998年10月破产。2012年7月，日照国际海洋城基础设施开始建设，建筑物全部被拆除。

合作货站 1953年4月，县联社在涛雒设立货站（今“五宅”斜对过），仓库面积184.6平方米，经理梁兴一，1956年8月迁至岚山头。

直属第一军用供应社 1955年3月26日，县联社在涛雒建立供应社，主要采购物资，供驻军使用，经理梁兴一，1956年4月迁至日照城西相家庄驻军师部驻地。

日照农机公司配件门市部 1981年3月，日照农业机械公司在涛雒设门市部，称“农机配件门市部”，地址在涛雒汽车站对过，营业平房5间，经营农业机械及配件，业务经理先后有郭为章、乔军锋、安建江。1987年，为扩大业务规模，拆除旧房建二层楼房营业。2001年门市部停业，房产转卖个人。

商贸中心 1987年，在204国道K368+350米处东侧，征用七村土地，建成开业，隶属日照商贸中心。1996年停业。

烟酒糖茶批发站 1992年，日照市糖茶站在涛雒设立批发站，称涛雒烟酒糖茶批发站，地址在204国道西侧k368+200米处，占用涛雒七村土地5亩，建二层办公楼一座，仓库12间，主要经营烟酒糖茶批发业务，职工15人。2001年，该站撤销，2005年，场地及建筑物转中石油公司建加油站。

日照凌云涛雒购物中心 2004年8月，日照凌云集团承租涛雒供销社商场大楼经商营业，称凌云购物中心，一楼经销日用百货、自行车、家用电器等；二楼经营服装类。2012年7月，凌云购物中心迁至原开元超市营业，改称日照凌云涛雒购物中心，一楼经销日用百货、服装类、食品类，二楼经销家用电器类。2013年11月，此商场大楼由个体承租，经营家具。

开元超市 2008年，莒南县开元百货公司在涛雒开展业务，于204国道K369+180米处西侧建设商场，称“开元超市”，一楼经营日用百货类、家用电器类，二楼经营服装类。同期在孙家村、丁家营子、下元一村开设开元超市连锁店。2012年7月停业，商场转租于日照凌云购物中心。

图9—4 开元超市

综合服务社 1976年，涛雒公社党委、革委成立综合服务社，由工业组具体领导。综合服务社主任丁元志，会计张金传、丁肇堂。办公室设在文泰路中段东侧，下设的各部门皆在大街两边，利用部队撤走后空置的营房营业。主要服务部门有成衣铺（负责人秦仕永）、理发铺（负责人崔为信）、修秤铺（负责人张青波）、维修铺（负责人孙树森）、门市部（负责人葛桂兰）、展销部（负责人丁秀兰）、掌鞋铺（负责人张守山）、饭店（负责人申亭）、旅社（负责人丁玉平）等。服务社职工36人，月工资30元，交生产队15元记工分参加生产队钱粮分配。1986年，综合服务社撤销，下属各部门人员解散。

第四节 商品购销

日用百货

抗日战争胜利前，涛雒工业十分薄弱，日用百货从外埠购进。如清咸丰年间“广记”“裕源”等商号从上海、安徽等省市购进布匹、米面、红白糖、纸张、茶叶、百货类商品。清光绪年间，栈子富商叶汝朋开办土产行运庄，与日本直接通商。民国时期，“永记”“庆和”等商号从上海、安徽、浙江杭州等地购进土布、棉花、红白糖、茶叶、桐油、洋火（火柴）、洋油（煤油）、煤炭等。商品购销主要由私营商号经营，也有的走街串巷、集市街头交易。

抗日战争胜利后，集体国营商业逐步形成，村社和镇、区供销社为群众提供购销服务。1956年4月，对私营商业实行社会主义改造。1957年，私营商业在组织上纳入了各种改造形式，在经济上纳入了社会主义计划经济轨道，商品购销逐步由供销社经营。

1954年，使用棉花票、布票。布票开始每人每年31市尺，后逐年减少。1960年每人每年3.3市尺。1955年开始使用全国通用粮票和山东省粮食厅印发的山东省食、油料票证（棉、粮、油国家控制，私营业户不得经营）。后凭票购买的商品逐年增多，最多时定量供应和凭票供应的商品达40多种。1970年后部分商品开始免票购买。至1984年，除名牌自行车、名牌缝纫机、彩色电视机、茅台酒等商品外，其他商品全部免票供应。

1981年以来，供销社大力发展供销业务，不断改善经营管理。1982年后，允许个体商业户进行商品销售，个体工商户逐年增多，逐渐占据了商品经营的主导权。

生产资料

农机具 中华人民共和国成立前，域内传统农具有锨、镢、锄、镰、手推车、篓等，大多由当地铁匠、木匠、编织匠制作，少数由外地购入。1949—1950年，区联社以高价收购、低价出售的方式，从各行业中收购中小农具，然后供应农民。1952年，开始供应新式农机具及农药器械，如水车、七寸步犁、耘锄、喷雾器等。1955年，县供销合作社在涛雒设新式农具销售点。1956年，农具归农业合作社集体购买。1958年，销售柴油机，1960年，销售粉碎机，1970年，销售碾米机。1978年后，抽水机、电机、8.82千瓦手扶拖拉机、8.82千瓦四轮拖拉机等小型农机具进入平常百姓家。1990年后，域内农户开始购买大型拖拉机、农用汽车。

化肥 中华人民共和国成立前，区联社供应的肥料主要是饼肥。1952年，推广试用硫酸铵（肥田粉）。1953—1955年，化肥由供销社经营，对资金不足的农业合作社、互助组等实行赊销，销售额大增。1956—1958年，对化肥实行计划供应，按作物种植面积统一分配和奖售。1962年，开始使用氨水，生产大队建氨水池。1968年后，大量推广使用钙镁磷肥。1973年，开始经营复合肥和钾肥。1980年后，市场逐渐放开，1994年，化肥农药由供销社专营。

农药 中华人民共和国成立前后，区联社只经营少量农药，如砷石（砒霜）、苦楝树皮等。1952年后，农药品种开始有滴滴涕、鱼骨粉、白砷石、西力生、石灰硫磺合剂、氟化钠等。1953年，又增加了"六六六"粉剂。1956年，新增乐果、敌敌畏、敌百虫、1605等。1970年，有甲胺磷。1983年，新添50%的辛硫磷、比久、拉索。是年，按国家规定，淘汰可湿性"六六六"、223乳剂、DDT粉、粘虫脒、敌百虫，报废二臭氯丙烷、稻脚青、除草剂，禁用稻脚青。1985年后，农药由粉剂转向乳剂，向高效低毒转化。新添除草剂、植物生长调节剂等。

农副产品

1949年，涛雒区联社为国家代购粮食、棉花、油料等。1953年，国家对粮、棉、油实行统购，仍由区联社设点代办。1955年，代购业务移交粮食部门。

1961年开始，对部分农副产品收购实行奖励与补偿，以调动广大群众交售农副产品的积极性，对生猪、鲜蛋实行定购、派购。1962年，生猪收购采取奖励工业品的办法，1964年，改为奖励饲料、化肥和布票。1967年，改为2公斤生猪奖励0.5公斤粮食的办法。

1983年，国家调整了农副产品购销政策，逐步取消了特定物资的统购和派购政策，允许自由上市，使市场逐渐活跃起来。

第五节　集市　商场

集市

域内交通方便，经济繁荣，商品贸易历史悠久，集市交易异常活跃。中华人民共和国成立前，域内设立的集市有涛雒集、下元集、栈子集、大洼集、大草坡集。中华人民共和国成立后，人民政府关心民众生活，支持农村经济发展，域内又先后设5处集市。2021年，域内有集市10处，皆为5日一集，日期交错。

涛雒集 据《日照县志》记载，涛雒建集始于清康熙十一年（1672），集日为逢五排十，是域内立集最早，规模最大的集贸市场。1940年前，集场设在涛雒街里，1940年后迁至南门外涛雒八村东边、南边。1982年，因集场用于水产品养殖开发，除禽畜、柴草交易市场留原处，其他物资交易市场迁至涛雒街里十字大街。1984年8月，迁至涛雒五村。集场占地面积110亩，按商品品类别划分区域。

20世纪80年代前，交易商品主要有水产品、果菜、日用百货、食品、生产工具、禽畜、柴草等。90年代后，随着物资交易方式的变化，牲畜、柴草已脱离集市贸易。服装类、食品类物资在集市交易中日趋繁荣。

图9—5　涛雒大集

下元集 据《日照商业志》记载，清光绪十二年（1886），已有下元集，集日为每月农历逢四排九。中华人民共和国成立前，集场设在下元村西南河两岸，1950年前后移至村西河两岸，为域内规模较大的集市之一。主要交易物资有海货类、果菜类、日用百货类、食品类、生产工具类、禽畜类。20世纪80年代后，因高旺集、东风集的设立，使下元集规模变小。1985年，集场迁至村中心大街，主要交易物资有果菜类、食品类。

栈子集 早在清末民国初，即有早市和晚市，早市主要交易柴草，晚市主要交易海产品。1955年，七区人民政府批准设立此集市，逢一排六为集日，集场设在栈子村十字大街上。市场主要经营水产品、蔬菜类、粮食类、柴草类等百姓日用生产生活用品。1978年后，经营规模扩大，百货类、食品类、生产工具类等一应俱全。

大洼集　民国初年有集市，逢三排八为集日，上市物资有粮食、水果、茶叶、时令瓜菜、肉禽、海货、服装、食品、小百货等，集场位于在村中十字大街上。抗日战争时期，日本侵略者在集市上空投下炸弹炸死丁姓、宋姓二人和房屋两间，整个村庄被炸得无法正常生活，集市无法正常开业，迁到苗家村南河崖树林里一段时期。日本投降后，集市又复迁到大洼庄。1955年，集市迁至苗家村。

苗家村集　中华人民共和国成立前，苗家村即有粮菜小市。中华人民共和国成立后，交易规模不断扩大。1955年，经七区政府批准设立集市，逢三排八为集日。上市物资有粮食、水果、茶叶、时令瓜菜、肉禽、海货、服装、食品、小百货等，集场位于村中十字大街上。

其他集市　1984年后设立的集市有高旺集（三、八逢集）、大草坡集（二、七逢集）（1940—1954年曾设集市后取缔）、东风集（四、九逢集）、刘家湾集（二、七逢集）、孙家村集（四、九逢集）等。

小市

小市指规模小于集市的单纯生活用品交易场所，一天一市，域内小市最早出现于明代，存在于人口稠密的村街，有早市、晚市之分，民众统称之为小市。小市是五天大集的补充，便于新鲜货物即时交易，很受民众欢迎，故延续至今。

涛雒小市　为早市、晚市。初始场地在南门里大街两旁，上市产品以鲜鱼、蔬菜为主。1994年8月，迁至204国道东侧涛雒四村商场开市，规模扩大，交易产品更加丰富，外地商贩亦慕名前来赶市。2019年5月，在涛雒大集场地南半部，建涛雒小市（集贸市场式）。

交易品类：1978年以前，海货类：早春以虾、风蛸鱼类为主；仲春以黄鲫鱼、对虾、乌贼鱼等杂鱼为主；夏季以蛤蜊、海碴子等贝类为主；秋季以鲅鱼、梭子蟹等为主；冬季以干、咸鱼为主。1978年后，随着冷冻海产品的增多，一年四季都有冷冻海产品上市。蔬菜类：早春以菠菜为主；仲春以茼蒿、韭菜、小白菜、黄瓜等为主；夏季以辣椒、茄子等为主；秋季以小白菜、瓜类杂菜为主；冬季以大白菜、萝卜、芹菜为主。熟食类：猪头肉、牛肉、狗肉、羊肉、大饼、油条等。水果类：春天有红水萝卜，夏天有瓜类，秋天有桃梨等。1978年后，品类更加丰富。

栈子小市　初为早市，清晨开市交易，早饭后散市。主要交易柴草，满足船用、家用燃料之需，故称小市为“柴草市”。后来早市改为晚市，交易物品种类不断增加，赶市的民众越来越多，延续至今。

庙会和山会

庙会　亦称庙市。古时，人们为祭祀列祖列宗、龙皇神佛或前代先哲，修筑庙堂，焚香祈祷，祀者络绎不绝，商贩也随之进入庙会经商，后逐渐形成以贸易为主的庙会。域内庙会有：凤凰山庙会（玉皇庙会），行会日期（农历，下同）为四月八日—十二日，正会期为10日；天后宫庙会，行会日期为九月八日—十日，正会期为9日；牛王庙会，行会日期为六月二十三日—二十五日，正会期为24日；龙王庙会，行会日期为二月一日—三日，正会期为2日。

山会　亦称山集，是由旧时延续而来的一种集市交易形式。它的交易活动要比普通集市繁荣，一般每年春秋各1次，借以交流物资，调节余缺，发展生产，繁荣经济。涛雒山会逢会日期（农历）春为二月二十五日，冬为十月二十五日。

庙会、山会逢会期间，方圆几百里的善男信女、巨贾小商、巫师戏团、百工杂役等上万人，从四面八方云集而来，各种摊铺应有尽有，物资极为丰富。参与行会者除本地乡民、商人外，还有潍县、黄县、临沂、高密、青岛及江苏、河南、安徽、山西等地的客商。交易的物品主要有潍县的丝绸、黄县的杂货、临沂的铁刃器、江苏的竹器、河南的药材、安徽的文房四宝，还有嫁妆、首饰、皮货、木器、豆饼、粮棉、日用百货、水产品、手工艺品及名优特产品。

山会在日军侵占涛雒后，失去往日繁荣，时有时无，人数和上市物资较民国初期锐减。中华人民共和国成立后，人民政府开放山会交易。

1958年后，山会逐渐萧条。“文化大革命”期间，山会停止。1980年后，山会恢复。20世纪90年代后，由于商业网店的增多和日常集市的繁荣，山会逐渐失去往日的繁荣。

商场

1981年后，商品经济快速发展，集体与个体商场、商店、门市部纷纷建立，街道开始向专业化经营发展，成为不同类型的商业街。镇驻地主要有商业街和仿古街。至2013年，沿204国道两侧开发建设商业楼160栋。2021年，域内有超市248家。

涛雒商场　1985年，任守荣与涛雒四村联合在204国道东侧填水塘（原护城河）20亩，合资开发建立商场经营至今。经营熟食加工、干鲜海产品、蔬菜水果、机电维修类、服务类店铺等。

商业街　西起涛雒汽车站，东至文泰路，全长230米。1996年动工兴建，2000年建成营业。以经营服装、百货、家电、通信类商品为主，形成综合性商业街。至2018年，共有个体商户80家。2021年，有个体商户94家。

仿古街　位于观海路中段，全长320米。1999年动工改建，2002年建成仿古一条街，建设仿古楼100栋。主要经营建材、五金、医药、摩托车、电动车、副食品类商品和美容美发服务项目。至2018年，共有个体经商户87家，属门类齐全的综合性商业街。2021年，有个体商户42家。

木材市场　日照县物资局于1978年在341省道与204国道交会中心东侧建物资供应站，主要经营木材、钢材等。其间多次转包，1996年，商业街规划建设时拆除。

涛雒七村木材市场　1986年，涛雒七村在日照县涛雒物资供应站北边临墙建成，兼木材加工。1987年，物资供应站木材市场停业，木材营销大都在七村木材市场进行。因场地太小，不能满足使用，1994年迁至204国道东侧，经营各类木材、竹材。

第二章　粮油及水产品供销

粮油供销历朝历代都设专门的管理机构，并有相对规范的管理制度。明、清时期，政府主要征收税粮、地丁粮、漕粮和屯粮四种；民国初期承袭清制，后期田赋额基本未变，但各种附加税日增；中华人民共和国成立后，粮油管理和供销制度随社会的发展而变化，1985年4月1日，按照国务院统一规定，取消粮食统销，实行购销同价。1993年以来，粮油价格由市场调节。

1956年，国家对水产品收购、加工、销售和渔需物资供应基本纳入计划经济体制，水产品实行统购统销。改革开放后，水产品市场经济取代了计划经济。

第一节　粮油购销机构

涛雒粮油管理所　1940年3月，日照县抗日民主政府成立，设立财粮科，二区（涛雒）区公所设立财粮员（1942年曾称粮秤员），负责征收“抗日救国公粮”，动员群众完纳赋税。1946年，设立涛雒粮库（故址在“山房”旧址，今观海中路路南侧），设主任1人（丁澜州，水木头村人），副主任1人，会计、干事、司秤等人。1949年，由区联社代办。1950年春，改称涛雒支库，下辖马疃、下元、林子头、涛雒、巨峰5个分仓。是年11月支库裁并，称涛雒粮库，设主任、会计、科学推广员和保管员。1953年，国家实行粮食统购统销，仍由区联社粮店代办。是年，七区征购粮食合计10678.5公斤（小麦2184.5公斤、秋粮8494公斤）。1954年，设油料收购组，主要对花生实行统购，对其他小油料芝麻、蓖麻子等也进行部分统购，对花生的统购规定为售料、售油均可，如售18～19公斤花生油可顶50公斤生米，售生米50公斤可返还花生饼 24 公斤。是年 7—11 月，七区粮库对 10150 户、48982 人，统购粮食 9094972 公斤，其中瓜干 4396970 公斤。

1955 年 4 月 15 日，日照县进行“国合分工”，将原供销部门经营的粮食业务全部移交给粮食部门经营。同时，涛雒粮库改称涛雒镇粮食管理站，设正、副主任。涛雒镇粮食管理站下设涛雒分站，设主任、会计、保管、营业员等。1956 年 1 月区划调整，改称涛雒区粮食管理所，下辖夹仓、金家沟、林子头、涛雒 4 个分站。1956 年，油料收购组改称基层油脂收购组。1958 年 1 月，基层油脂收购组合并到粮食管理所，改称涛雒粮油管理所。

1959 年 1 月，粮食机构下放到人民公社管理，涛雒粮油管理所改称涛雒公社粮油管理科，设正、副科长和科员、会计、出纳、保管等。1960 年底撤科，恢复涛雒粮油管理所。

1962 年 12 月，区划调整，下元粮油管理所并入涛雒粮油管理所。涛雒粮油管理所下辖涛雒、高旺庄、林子头 3 个粮站。是年 8 月，粮所内设粮油议价收购站。1969 年，涛雒粮油管理所在右所村东侧建粮库。1971 年 3 月区改社，改称涛雒人民公社粮油管理站，撤销林子头粮站。1978 年，右所始设粮站。

1984 年 6 月，社改区，改称涛雒区粮油管理所，下辖涛雒、右所、高旺 3 个粮站。是年 9 月，所内设饲料加工站、粮油议购议销站、熟食品加工站。1985 年 5 月，改称涛雒镇粮油管理所。

1988 年 12 月，涛雒粮油管理所下辖涛雒、右所（同年在院内南端建成大库投入使用、库容为 750 吨）、高旺庄 3 个粮站。1992 年，涛雒粮油管理所搬迁到右所粮站办公。1999 年 3 月，高旺粮站撤销。是年 6 月，粮食系统进行体制改革，政策性业务和经营性业务分离，粮油管理所负责政策性粮食的收购、调拨和储存等业务，有职工 8 人。是年，涛雒镇按规划搞仿古街建设，观海路中路南侧沿街房屋的土地处理给个人按规划搞建设；没有处理的（独立的家属院 12 户，库房 8 口、容积 54 吨，土地面积 4000 平方米）物产的权属，于 2011 年 11 月国际海洋城成立时归涛雒镇政府；路北侧的库房及其附属建筑物处理给个人，按规划搞建设。

2008 年，拆除沿 204 国道及院内部分平房，建五层商居楼房计 5000 平方米，全部对外销售。2012 年 7 月，日照国际海洋城基础设施建设，拆除了全部库房及新建楼房四户计 800 平方米。至此，涛雒粮油管理所场地基本不存在。

1963—2012 年涛雒粮油管理所负责人任职更迭表

表 9—4

职　务	姓　名	性别	籍　贯	任职时间
所长	葛开三	男	涛雒三村	1963—1965
所长	庄文宣	男	上元村	1965—1971
所长	胡献廷	男	三庄镇	1971—1973
所长	许加元	男	日照街道	1973—1978
所长	葛允仁	男	王家村	1978—1979
所长	迟令贵	男	高旺庄村	1979—1982.4
副所长（主持）	张秉海	男	安徽省	1982.4—1984
所长	王允平	男	碑廓镇	1984—1987
所长	郭运章	男	碑廓镇	1987—1989
所长	孙树枝	男	巨峰镇	1989—1990
所长	迟明泉	男	大洼村	1990—1999.7
所长	杨子亮	男	蒋家庄子村	1999.7—2002.8
所长	李　伟	男	上蔡庄村	2002.8—2012.7

下元粮油管理所　1955 年 4 月，县粮食机构调整，设七区粮食管理站，站址在下元村，下辖下元（址在高旺）、苗家村、西林子头 3 个分站。管理站设正、副主任，分站设主任、会计、保管、营业员等。

1956 年 1 月，区划调整，改称磴山区粮所，下辖下元、虎山 2 个分站。1958 年 1 月，将 1954 年设立的基层油脂收购组合并到粮食管理所后，改称下元粮油管理所。

1959 年 1 月，粮食机构下放到人民公社管理，改称下元公社粮食管理科，设正、副科长和科员、会计、出纳、保管等。1960 年底，恢复下元公社粮油管理所名称。1961 年 10 月 10 日，接手管理高旺矿区粮油供应站。1962 年 12 月，下元粮油管理所撤销，并入涛雒粮油管理所，高旺矿区粮油供应站改设为粮站。

1955—1962 年下元粮油管理所所长任职更迭表

表 9—5

姓名	性别	籍贯	任职时间
刘克奎	男	石臼街道	1955—1958
秦福远	男	虎山镇秦家结庄村	1958—1961
邢全清	男	西湖镇	1961—1962

高旺矿区粮油供应站 1959 年 1 月，县粮食局设立高旺矿区粮油供应站，专为高旺铁矿职工提供生活服务。站长宋庆英，职工 4 人，占地面积 20 亩，仓库容量 100 万公斤。1961 年 10 月 10 日，高旺矿区粮油供应站撤销，合并于下元粮所。

日照市粮食局冷藏厂 1988 年 8 月，日照市粮食局在高旺庄村西南角、204 国道东侧，建成“粮食局冷藏厂”并投产运行。2002 年，划归日照市石臼粮油转运站。2003 年 9 月，石臼粮油转运站改制为民营企业，称日照金粮油脂有限公司。

第二节 粮油购销

田赋 公粮征收 明、清时期，田赋主要有税粮、地丁粮、漕粮和屯粮 4 种。民国初期，田赋承袭清制；后期，田赋额基本未变，但各种附加税日增。主要征收银两、现洋。

公粮是 1940 年 3 月，县抗日民主政府成立后采取的一种征实制度。征收办法主要有 4 种：（ 1 ）公平负担，就是按照“多有多出，少有少出”的原则进行公粮分配。1941 年 6 月至 1941 年 10 月实行此法。（ 2 ）按产量累进负担，就是在丈量土地，评议地级的基础上，按地级评定产量，再按产量累进计算负担。其中包括 1942 年 11 月至 1944 年 12 月实行的“征粮新办法”和 1945 年 1 月至 1948 年 2 月，实行的“按地亩折合产量负担办法”。（ 3 ）按地亩负担，就是根据各户人均土地的多少，在扣除一定负担减免后，对减免以外的土地依照统一标准按地亩征收。该办法自 1948 年 3 月实行，至 1949 年 7 月计征农业税止。（ 4 ）借征负担，是在国家粮食供给严重不足的情况下采取的一种公粮预征办法。1947 年春、1948 年春各借征了一批公粮，借征比例为当年秋季负担的 30%。借征的粮食，以下季负担抵顶，抵顶后有余者，待粮源充足后，根据当地情况归还。

1945 年涛雒镇公粮负担情况表

表 9—6

全年人均耕地面积（亩）	折合产量（斤）	最高负担率（%）
0.50 以下	90 以下	0
0.51 ~ 1.80	90 ~ 320	10
2.00 ~ 3.80	360 ~ 684	20
4.00 ~ 5.80	720 ~ 1044	30
6.00 ~ 7.80	1080 ~ 1404	35
7.80 以上	1404 以上	35

1947 年涛雒镇公粮负担情况表

表 9—7

全年人均耕地面积（亩）	折合产量（斤）			征收率	
	累进量	产量	累进差	征收率	累进差
0.60		90		0	
0.61 ~ 1.05	0.14	91.5 ~ 157.5	21	1.8 ~ 3.6%	0.9
1.06 ~ 2.70	0.14	159 ~ 405	21	4.95 ~ 18.45%	1.35
2.71 ~ 4.50	0.19	406.5 ~ 675	28.5	19.8 ~ 30.60%	1.8
4.51 ~ 4.70	0.19	676.5 ~ 705	28.5	31.50%	—
4.70 以上	按折合产量 35% 征收				

1949 年 5 月，为简政便民，将公粮、田赋、柴代粮、乡村经费附加粮等负担合并归一，计征农业税。农业人口每人免去 7 分地的负担，其余按每年每亩 46 斤征收，其中包括公粮 30 斤、田赋粮 5 斤、柴代粮 5 斤，乡村经费附加粮 6 斤。缴纳农业税以小麦、玉米、高粱、大豆、谷子为主，斤顶斤计算，其他农作物折主粮征收。是年，涛雒区共征收公粮 966000 斤。

粮油统购 1953 年 11 月，根据政务院“关于农村实行粮食计划收购和计划供应”（简称统购统销）的指示，取缔粮食自由市场，实行粮食计划收购和计划供应，规定余粮户在留足口粮、种子、饲料和缴纳农业税后，国家购其余粮的 80% ~ 90%，购后人均余粮 109.5 公斤。

1954 年对统购粮发放预购定金，其款为统购粮折款的 20%，春耕前发放，麦、秋统购粮时收回。同年域内购粮 40 万公斤，购后人均留粮食 141.5 公斤。统购粮价格定为每 50 公斤：小麦 9.5 元，玉米 7.07 元，瓜干 4.69 元，大豆 9.28 元。由于对农民手里的余粮数量没有底，在统购任务的分配上有些脱离实际，统购方法上带有一定的强制性，造成了或没购足或购了“过头粮”的不均衡现象。

1955 年 8 月，国务院发布了《农村粮食统购统销暂行办法》，粮食统购实行“定产、定购、定销”和“超产部分增购量不超过增产总量的 40%”的政策，调动了农民的生产积极性。1956 年 7 月，县粮油统购任务由原来的个体户为单位交售改为以农业合作社为单位交售。1956 年和 1957 年，曾产生较严重的购“过头粮”现象，返销农村 120 万公斤。

1958 年粮食收购取消三定，实行大购、大销，所产粮食全部收购，再按需返销，即根据社队粮田面积和粮食产量，分配统购粮数额，当年域内购粮 70 万公斤，购后人均口粮 186.5 公斤。1959 年，粮食减产，征购任务却增长，给农民生活和农业生产造成严重困难。1960 年，对统购粮食实行加价，鼓励卖粮，以人均 50 公斤统购粮为基数，超过部分按统购价的 10% 加价。1961 年，粮价提为每 50 公斤：小麦 11.78 元、玉米 8.29 元、瓜干 6.8 元、大豆 12.8 元。1962 年，国家对任务内和超购粮奖售棉布、胶鞋、针织品、烟糖、化肥等工业品。

1949—1981 年涛雒镇农民口粮表

表 9—8　　单位：公斤

年度	社员人均总口粮	年度	社员人均总口粮	年度	社员人均总口粮
1949	142	1960	124.5	1971	197.5
1950	183	1961	186.5	1972	223
1951	183.5	1962	140.4	1973	233
1952	152	1963	135	1974	198.5
1953	109.5	1964	197.5	1975	210
1954	141.5	1965	186	1976	201
1955	148	1966	192	1977	199.5
1956	158	1967	217.5	1978	233
1957	127	1968	192.5	1979	253.5
1958	186.5	1969	195.5	1980	265.5
1959	143	1970	183.5	1981	270

备注：1. 社员人均总口粮 = 人均分配量（扣除种子和饲料粮数）+ 自营人均量。2. 薯类五折一

1966 年，统购任务实行“一定五年不变”（实际执行到 1970 年），当年购粮 95 万公斤，购后人均口粮 192 公斤。1971 年，对超购粮奖工业品，超购粮每百元奖售化肥 40 ~ 60 公斤。1978 年起，超购加价 30%。1980 年超购加价 50%。1981 年，实行粮食征购包干“一定三年不变”。1985 年全镇合同定购任务 500 万公斤，1990 年总任务为 338.5 万公斤，1995 年总任务为 313.2 万公斤。1999 年实行定购价与保护价并轨，各种粮食收购价格降低。2000 年又进一步适当调整各种粮食保护价。至 2003 年，全镇年年超额完成任务。

2004 年，粮食市场放开，取消粮食定购。

农村粮油统销 1953 年 11 月，国家对农村实行粮食供应。域内农村粮食统销主要是对沿海盐民及渔民的口粮供应。农村统销标准开始时无统一规定。1955 年 10 月，开始规定用粮标准：每年每人 120 公斤，1957 年调为 180 公斤，1962 年为 160 公斤，1963 年改按每人每日 0.25 公斤供应，1966 年调为每人每年 167 公斤，1971 年为 173.5 公斤，1973 年 150 公斤，1980 年后为 200 公斤。

统销粮的粮色以杂粮、小麦为主，间或供应部分全麦粉和大豆。粮色比例按当地实际库存情况而定，历年来变化频繁，难以逐一统计。

1965 年，涛雒区统销指标供应的大队有 63 个，7260 户，29040 人，供应粮食 250 万公斤。

1955—1988 年涛雒农村供销粮食比例统计表

表 9—9

时间	杂粮（%）	瓜干（%）	小麦（%）	大豆（%）
1955.1	80	20		
1960.1	35 ~ 40	45	5	10 ~ 15
1964.1	20	70		10
1968.1	50	40	10	
1973.1	40	50	10	
1978.1	30	50	20	
1983.1	40	40	20	
1988.1	40	20	40	

食油供应始于 1955 年 10 月，域内主要供应沿海盐、渔民。供应标准为每人每年 1.6 公斤。1955—1961 年，按每人每年发油票 1.5 公斤。1961 年 10 月后，按临沂地区粮食局分配的农村食油统销指标照顾供应。1985 年 4 月 1 日起，恢复每人每年 1.5 公斤的标准，渔民、盐民每人每年发油票 1.5 公斤。1992 年 10 月，取消农村粮油统销。

第三节 粮油供应

城镇粮食供应 （即计划供应） 1940 年，日照抗日民主政府成立后，对人民军队和地方党政机关工作人员实行粮食供应，供应标准随着战争形势变化而调整，其中 1942—1944 年，每人每日供应标准为 1 ~ 1.25 公斤。

1953 年 10 月以前，粮食自由交易，各集市均有销售。城镇非农业户口食用粮油，均来自市场交易。1953 年 10 月，根据政务院《关于实行粮食的计划收购和计划供应的命令》（统购统销），对城镇非农业人口按区域规定定量计划供应。供应的粮食主要为面粉、大米、杂粮和薯类，供应户口按核定供应数量，发给购粮证（购粮小本或粮票），凭证或粮票购粮。

1955 年 10 月 1 日，执行国务院《市镇粮食定量供应暂行办法》，开始对非农业人口实行以人分等定量供应，具体规定定量人口的粮食定量标准和粮色比例。等级评定办法是：发动群众，民主评定；编造成册，送当地粮管所审核。按户分单位发给购粮证，凭证购买。

1958—1959 年，粮食产量严重不实，搅乱了国家的粮食计划安排，加上自然灾害，造成粮食紧张。1961 年，粮食供应日趋紧张，是年 9 月，再度压缩粮食定量，使定量压缩到最低水平。

1962 年，中央对国民经济进行调整，形势有了好转，农业生产开始回升，粮食供求矛盾有所缓和，粮食定量标准逐步有所增加。

1971 年 10 月，为适应改善人民生活的需要，根据上级指示对定量标准作了全面调整，较 1961 年一般提高 1 公斤左右，基本适应了各类人员的实际情况。

1955—1971 年部分年份粮食定量标准情况表

表 9—10

人员	等级	1955.10	1959.5	1961.9	1971.10
		公斤 / 人 · 月			
特重体力	1	30	30	27	28
	2	27	28	25	26
	3	25	25	23	24.5
重体力	1	24.5	24.5	21	23
	2	22	22.5	19	21.5
	3	20	20	17	19.5
轻体力	1	19.5	18.5	15.75	15.5
	2	17	17.5	14.75	17
	3	14.5	16	13.75	16
脑力（职工）	1	16	15.5	13.5	16.5
	2	15.5	16.5	16.5	15
脑力（职工）	3	15	15	15	15
	4	13.5	13.5	13.5	13.5
大中学生	1	18	18	15.25	17.5
	2	17	17	14.25	16
	3	16	16	13.25	15
	4	14.5	14.5	14.5	14.5
居民		12 ~ 28.5	13.5	11.5	13.5
儿童	六至不满十岁	9 ~ 11.5	9 ~ 11.5	8. ~ 11.5	10 ~ 13
	三至不满六岁	6 ~ 8.5	6 ~ 8.5	5.5 ~ 7.5	7 ~ 9
	一至不满三岁	3 ~ 5.5	3 ~ 5.5	2.5 ~ 4.5	3.5 ~ 6

食油供应 1955 年对定量人口按每人每月 0.15625 公斤供应。1959 年，调整到 0.1875 公斤。1960 年 10 月，调整为 0.11 公斤。1963 年 3 月，全部按 0.0625 公斤供应。1964 年 12 月，调整为 0.15 公斤。1973 年 4 月，改为 0.25 公斤。

进入 20 世纪 90 年代，粮食供应价与市场价已经区别不大，吃供应粮的人数越来越少。2001 年 5 月 1 日，国家取消了粮食食油供应。

驻军供应 对驻军的粮食供应，中华人民共和国成立前，按照“好粮食供应部队”的原则进行。中华人民共和国成立后，按照“先部队，后地方”的原则供应。涛雒粮所负责供应的部队，主要有涛雒营房、虎山营房、小海边防哨所等驻军。2001 年后不再供给。

1951—1987 年涛雒军供粮色比例统计表

表 9—11

时间	粗粮（%）财政供应	粗粮（%）价购供应	细粮（%）财政供应 面粉	细粮（%）财政供应 大米	细粮（%）价购供应 面粉	细粮（%）价购供应 大米
1951.1—1952.12	65	65	35		35	
1953.1—1954.6	50	50	50		50	
1954.7—1955.2	10	10	90		90	
1955.3—1956.12	60	30	40		70	
1957.1—1957.4	40	20	48	12	60	20
1957.5—1962.4	30	20	35	35	60	20
1962.5—1963.2	30	30	60	10	60	10
1963.3—1967.6	30	20	35	35	60	20
1967.7—1977.12	35	20	35	30	60	20
1978.1—1980.4	30	20	35	35	70	10
1980.5—1983.3	25	15	45	30	65	20
1983.4—1985.3	25	20	45	30	45	35
1985.4—1986.12	10	5	60	30	75	20
1987.1—1987.6	10	0	60	30	75	25

工商用粮供应 工商用粮供应主要包括对食品业（饮食业、糕点业）、副食业、酿造业和酒精工业的粮油供应。

1950 年前后，对公营工业用粮油，除自行采购外，由粮食部门采购。自 1953 年 11 月起，对食品工业先后实行了计划供应，供应数额与上一年各行业平均需用量相同。1955 年 10 月，实行以粮带油供应制度：饮食糕点业 50 公斤粮食带 2 公斤食油（1960 年，业户根据实际需要编造计划，报县粮食局批准后，按批准计划供应）。1958 年 10 月，开始对农村食品业供应粮油，供应标准与国营食品业供应标准相同。1966年停止供应。1980年，恢复对公社、大队和个体办的食品业粮油计划供应，年底停止。1981年，恢复以粮带油供应制度：饮食业按每50公斤粮食带2.5公斤食油，糕点业每50公斤粮食带9公斤食油。1984年7月，实行“包干制”，超过包干基数部分，由各户自行解决。1988年4月1日，取消工商行业粮油平价供应指标，工商行业所用粮油改为自由采购。

粮油票证　1941年6月，域内开始使用滨海专员公署统一印发的粮票，发放范围主要是享受供给制待遇的机关团体外出工作人员和部队。1946年6月，山东省政府决定粮票发行权归山东省粮食总局，并责成鲁中、鲁南、滨海3个分库凭山东省粮食总局支拨书代印代发。1947—1948年，使用山东省粮食总局发行的新粮、料、草票，分麦粮票、秋粮票、马料票、柴草票、马草票5种。1949年7月1日起，停用原山东省粮食总局发行的旧版粮草票，同时启用山东省粮食总局新发行的粮、料、草（柴）票。

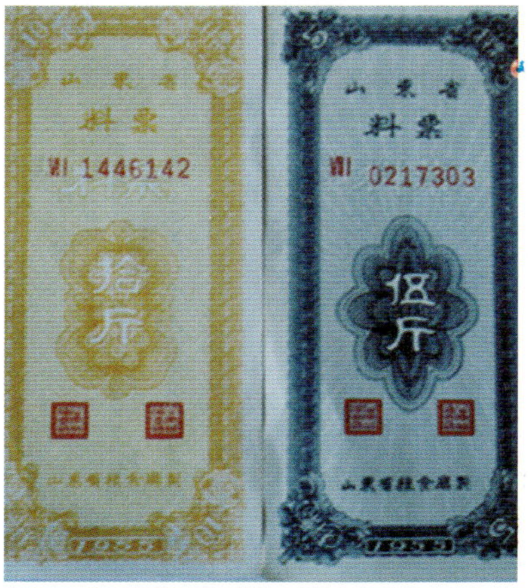

图 9—6　山东省粮草票

图 9—7　山东省粮票

1949—1953年，流通粮票仍为1949年版山东省粮票。1950年7月15日，域内开始通用华东财政经济委员会印发的麦秋粮票，其中秋粮票改为杂粮票，并增设大米票。

1953年，机关团体工作人员由供给制改为薪金制，有价粮票停用。1955年11月，域内开始实行“全国通用粮票”和省粮食厅印发的山东省粮、油、料票证。

1978年8月1日，域内开始流通山东省革命委员会粮食局印制的“山东省侨汇专用粮票”。1992年10月，除军用粮票外，其他粮票一律停止流通。

1955年10月，食油票开始流通，域内沿海盐民、渔民开始使用“山东省商业厅农村食油购买票”。1956年，开始流通使用临沂专员公署工商科印制发行的农村食油购买票。1957年，流通使用山东省粮食厅印制发行的食油购买票。1958年1月，农村食油票停止使用。

1960年1月，域内定量人口及沿海盐民、渔民开始使用山东省粮食厅印制发行“山东省食油票”，该票分季使用，跨季或过季无效。1961年10月，油票使用期限由季改为年，但仍只限流通一次。1966年7月1日，改为循环使用。油票作为城镇定量人口和农村统销人口购油凭证。1992年10月，食油票停止流通。

第四节　粮油管理

粮油储存　1940年3月，二区（涛雒）区公所成立，向群众征收的公粮大多就存在群众家里，由存粮户代管。日军扫荡时，分散埋藏于山洞或事先挖好的地窖里。1947年，国民党军队窜犯日照，盘踞石臼所期间，不断进行扫荡，广大人民群众利用缸、罐作盛粮器具，藏于炕洞或埋于地下保护。

1950年前后，区公所将征收的公粮存放于“山房”大院及祠堂内。1953年，实行粮食统购统销后，为适应粮食储存的需要，涛雒粮库建仓810平方米，粮食容量140万公斤。1954年，开展“无虫粮食”活动，粮仓达“四无”（无虫、无霉、无鼠雀、无事故）标准。1964年，涛雒粮所在院内建造了全县第一块水泥晒场，提高了粮食的暴晒效果。1978年，建立右所粮站，建设高标准粮仓1830平方米，粮食容量达470万公斤。1978年以后，农业生产发展很快，粮食入库量大幅度增长，涛雒粮所扩建粮食储备库，改善了粮食储存条件，解决了“卖粮难、储存难，运粮难”的问题。

1965年以前，油品保管是用油篓、铁桶、大瓷缸盛装。1965年后，建造了半地下油池和露天油池。1975年，右所粮库安装2个各为80吨的钢板油罐。为防止散存灌装溢出问题，1984年，涛雒粮所安装了“100吨油罐自动保安器”，较好地解决了散存灌装油脂的溢出问题。随着粮油价格的放开，不再储存食油，2003年拆除。

粮油调运　1940年，征收公粮有限，无大批量的粮油调拨与运输。1946年，设立涛雒粮库，粮油调拨服从于战争，上级根据战争发展情况下达粮油调拨计划。

1949年，区公所征收的粮油就地入库，由国家统一调拨。1953年下半年，为保证粮食统购统销政策的实施，进一步加强了粮食统一调拨制度，对粮食调拨，必须按质、按量、按时完成。

粮油市场　1945年前后，粮油经营属私有制经营，粮商粮贩从乡村及外地购买粮油，到集市出售，政府机关、商民团体及饮食业所需粮油，均靠市场自由采购。

1953年冬，实行粮食统购统销后，加强粮食管理。是年12月25日，日照县人民政府开展取缔粮商粮贩活动，改变私人粮商操纵粮价局面，稳定了市场粮食价格。

1954年7月，建立国家粮食市场。每年夏秋两季粮油征购入库期间，属国家统购的粮油品种不准进入粮食市场交易，只准卖给国家。收购的粮油品种，可以进入国家粮食交易市场进行交易，价格基本与国家牌价相同。1955年，国家对粮食实行“定产、定购、定销”的三大政策。

1956年4月起，对国家粮食市场进行整顿。1958年粮食收购取消“三定”，实行大购、大销，所产粮食全部收购，再按需返销。1959—1962年，由于受“大跃进”和自然灾害影响，粮价上涨异常，每公斤瓜干达3.4元，且有价无市。

1963年，粮食价格恢复正常，每公斤瓜干0.38元。是年6月，允许生产队和社员个人上市出售粮油，允许农民和职工上市购买自食粮油，但不允许生产队“四坊”（油坊、粉坊、磨坊、豆腐坊）上市买卖，也不允许机关、团体、部队、学校和厂矿等单位上市购买粮食。1965年粮食实行征购“一定五年不变”的政策。

1966年“文化大革命”开始后，国家关闭粮食市场，粮油市场贸易多以黑市成交，价格高于国家价格。

1979年，粮食集市贸易放开，允许社员通过集市进行粮油买卖，国家仅对小麦、玉米、稻谷、大豆、花生等几种主要粮种按国家规定价格收购和供应，其他品种可以进行自由贸易。

1985年1月，中共中央、国务院下达《关于进一步活跃农村经济的十项政策规定》，粮食由统购统销改为合同定购，粮食政策放宽，市场活跃。

1993年国家宣布放开粮食经营，粮油经营跨入了全面市场化的历程。

粮油价格　1945年前，粮油市场自由购销，价格主要受供求关系和通货膨胀的影响而变动，因此价格极不稳定。1952年，国家对农业税采取实物征收，控制了一定数量的粮食，有力地平抑了粮价，保障了人民生活对粮油的需要。

1953—1984年，国家对粮油实行统购统销。涛雒粮所按政策对非农业人口、农村缺粮人口、工商行业用粮等，都执行统销牌价。

1985年4月1日，按照国务院统一规定，取消粮食统销，实行购销同价。1993年后，粮油价格由市场调节。

1954—1990 年涛雒镇粮油统购统销牌价

表 9—12 单位：元／50 公斤

品种	价格＼时间	1954	1960	1961.5	1963.9	1966	1979.5	1987.4	1990
小麦	统购价	9.50	9.50	11.78	11.78	13.60	16.70	16.70	19.08
	统销价	10.06	10.30	10.30	11.78	13.60	13.60	13.60	21.00
玉米	统购价	7.36	7.40	8.29	8.29	9.50	12.30	12.30	13.04
	统销价	7.79	8.01	8.01	8.29	9.50	9.50	9.50	15.00
高粱	统购价	7.07	7.11	8.29	8.29	9.30	11.64	11.64	—
	统销价	7.49	7.70	7.70	8.29	9.30	9.30	9.30	45.00
大豆	统购价	9.28	9.80	12.80	12.80	14.20	34.00	34.00	37.00
	统销价	9.84	10.51	10.51	12.80	14.20	14.20	14.20	10.80
瓜干	统购价	4.69	5.90	6.80	6.80	7.70	10.14	10.14	12:00
	统销价	5.14	6.70	6.70	6.80	7.70	7.70	7.70	13.04
谷子	统购价	6.91	6.96	8.48	8.06	9.40	—	—	15.00
	统销价	7.33	7.56	7.56	8.06	9.40	—	—	—
米大麦	统购价	8.30	7.50	8.80	8.80	10.80	12.80	12.80	—
	统销价	8.90	8.25	8.25	8.80	10.80	10.80	10.80	18.30
小米	统购价	9.53	9.55	11.30	10.80	13.00	—	—	21.00
	统销价	—	10.34	10.34	10.80	13.00	—	—	41.70
大豌豆	统购价	7.60	7.21	8.60	8.86	11.00	—	—	34.00
	统销价	8.15	8.01	8.01	8.86	11.00	—	—	19.14
粳稻	统购价	—	—	9.30	9.30	11.30	14.35	14.35	19.14
	统销价	—	—	9.00	9.30	11.30	—	—	22.00
穇子	统购价	4.20	4.20	5.00	5.00	—	—	—	—
	统销价	4.50	4.65	4.65	5.00	—	—	—	—

1953—1990 年涛雒镇油脂统购统销牌价表

表 9—13 单位：元／50 公斤

品种	价格＼时间	1953	1957.4	1959.1	1961.5	1965.10	1979	1987.4	1990
花生果	统购价	10.60	10.50	13.52	19.00	19.00	31.20	36.00	52.15
	统销价	—	—	16.06	22.80	22.80	31.20	31.20	67
花生仁	统购价	17.40	17.40	21.35	29.99	29.99	48.00	55.38	74.23
	统销价	—	—	25.18	35.69	35.69	48.00	48.00	96.50

续表 9—13

品种	价格	1953	1957.4	1959.1	1961.5	1965.10	1979	1987.4	1990
油菜籽	统购价	14.20	14.90	14.90	22.30	22.30	36.00	—	54.15
	统销价	—	—	—	26.20	26.20	36.00	—	70.40
花生油	统购价	39.70	41.40	49.38	72.30	70.44	115	132.69	177.69
	统销价	46.50	46	55.63	76	80	80	80	231
芝麻油	统购价	—	—	—	81	77.90	128	—	—
	统销价	—	67	76	90	95	95	95	—
豆油	统购价	42	42	48.38	71.3	69.4	116	—	215
	统销价	47.5	47	54.63	75	80	80	80	215

第五节 水产供销

概况 清朝末期，仅涛雒街有名鱼行就有20多家，商号（鱼行）除捕捞外，还经营水产品购销和渔需物资供应。商号(鱼行)资本雄厚，既经商，也养着大船，如“广记”商号在上海、青口等地设分号，养大风船4条，资金达70万银圆。春季多南下吕泗渔场捕黄花鱼，渔汛过后，多经营海运。除采购日用百货，还采购渔需物资，如棉布、棉纱、毛竹、桐油、桅木、猪血等。域内各大鱼行的收购与销售，陆路可达临沂、兖州、泰安、诸诚、潍坊、淄博等；海上北达青岛、烟台、威海、天津、大连、丹东等，南通连云港、上海、福州、台北、基隆等沿海各大港口。

民国初年，栈子村的“瑞春”“小马”等商号(鱼行）兴起，仅“瑞春”就拥有12条大帆船，成为域内规模较大的经营商。

日军侵占涛雒后，这些商号不能正常营业，经营业务基本控制在日本的水产组合之下。

抗日战争胜利后，沿海渔村都建立了渔业供销联合经营体(简称“联营”)，主管海产品收购、加工、包装、销售及渔需品供应等。

1956年，渔获物收购、加工、销售和渔需物资供应基本纳入计划经济体制，水产品实行统购统销。

改革开放后，水产品供销以市场经济取代了计划经济，出现了批发交易、集市贸易、码头现场买卖、冷藏加工销售等多元化。水产品除在本地销售外，还大量销往市外、省外和国外。同时，大量外地产品也涌入，实现了产品的有无互补。渔需物资供应多渠道，品类齐全，价格也随着市场供求的变化而变化。

2013年，全镇水产品购销专营户主要有87家（包括水产冷库26处），渔需物资经营户主要有32家，全年经营额达40834万元。

2021年，域内有水产品经营户28家，冷藏厂80家，渔需物资经营户12家。

水产供销公司 1951年3月，日照县政府水产科在涛雒街成立渔业供销联社（俗称“大社”故址今观海中路路北侧），主任王树珂，副主任葛云标（王家村人），主要经营水产品的收购、加工、销售和渔需物资供应。1956年3月，渔业供销联社改名为日照县水产供销公司。1962年迁至日照商业局大院内办公。

涛雒水产供销站 1954年，涛雒供销合作社在渔业供销联社西邻成立涛雒水产供销站。1956年秋，涛雒水产供销站从涛雒供销合作社析出，隶属日照县水产供销公司，在原社址（占地4.5亩）建房屋50间，挂牌独立经营。涛雒的渔获物收购、加工、销售和渔需物资供应基本纳入计划经济体制，水产品实行统购统销。水产品收购主要以本地渔民生产的渔获物为主，水产品销售在满足本地供应的同时，根据国家计划要求，主要由县水产供销公司负责中转到外地，水产品购销价格也由国家计划控制。渔需物资供应渠道全部由国家控制，具体由县水产供销公司负责采购和销售，品种有数百种，如棉布类、棉纱类、油类、木材类、竹类、麻类、棕类、船用五金、机械等。

1957年至1958年夏季，涛雒水产供销站为发展业务，先后在王家村、曹家村、东湖村、韩家营子村建立4个水产供销组，分别租用民房，经营业务为海产品收购、加工、包装、销售、渔需品供应等，水产供销站共有干部、职工87人。

1958年秋开始，涛雒水产供销站对4个水产供销组进行选址、扩建，充实人员，加强领导。首先在小海码头附近征地19亩，建房100多间（包括存、晾海货大棚），撤王家村水产供销组，成立小海水产供销组；撤曹家村水产供销组，在东南营村东北角征地20亩，建房屋60余间（包括存、晾海货大棚），成立新口水产供销组；在小东湖（东湖三村）征地20亩，建房屋22间，撤东湖庄水产供销组至小东湖（东湖三村），成立东湖水产供销组；在韩家营子村东征地42亩，建房屋40间，将韩家营子水产组搬到新址（1971年，东湖、韩家营子两个水产供销组划归虎山水产供销站）。

1959年，涛雒水产供销站固定资产达32.5万元，年经营额18.6万元，利税5.2万元。

根据渔民要求，1967年和1969年，小海水产供销组又在小口子、夹仓口各设1个水产供销点。

1960年，涛雒水产供销站为强化集中经营和管理，根据有关政策，责令域内58户从事水产品加工、销售、渔需供应的小商小贩加入水产供销站管理，全站在编干部、职工达到145人。1964年，小商小贩全部撤出水产供销站，自谋职业

"文化大革命"之初，水产供销系统精简在编人员，涛雒水产供销站仅留36人，领导、经营着整个涛雒水产供销业务。至1968年，固定资产39万元，年经营额为192万元，利税6.5万元。

1978年，涛雒水产供销站有在编干部、职工72人，固定资产48万元，年经营额425万元，利税13.5万元。

1987年，涛雒水产供销站在204国道（367K+800米处)东侧征用涛雒五村土地15.5亩，先后建办公室、门市部、冷库，随后，水产供销站从涛雒街里（观海中路中段路北）迁至此处。全站固定资产达230余万元，年经营额350万元，利税10.6万元。

1995年后，水产供销站业务范围大减，下辖的小海水产供销组和新口水产供销组无经营业务，企业体制也由全民性质转向集体性质，职工工资无保障，部分职工另谋他业，两个水产供销组停业。2004年7月，水产供销站冷库宣布破产。

1956年以来涛雒水产供销站负责人任职更迭表

表9—14

姓　名	性别	籍　贯	任职时间
庄茂仁	男	小海村	1956—1962.3
李茂文	男	高兴镇	1962.3—1964
刘泽生	男	李家潭崖村	1964—1966
刘考祥	男	虎山镇东湖一村	1966—1967
尹相生	男	王家村	1967—1969
董怀春	男	碑廓镇	1969—1973
田洪友	男	宅科村	1973—1977
黄锡友	男	岚山街道	1977—1988
庄佃连	男	庄家村	1988—1992
韩纪秋	男	虎山镇韩家营子村	1992—1993.2
尹相生	男	王家村	1993.2—1998
尹德营	男	刘家湾村	1998—

小海水产组　隶属于涛雒水产供销站。1958年于王家村搬迁至小海码头，占地16.4亩，分前、中、后三院，共有房屋34间；有东西长54米、宽10米的鱼货加工大棚1座，棚内建有深2.5米、宽5米、长7米的水泥池8个，用于加工腌制海货；后院有容150吨的地下储油池1个；在小海河北岸建有加油码头，有容量30吨的油罐1个，看护房2间。水产组负责人先后有刘见贤、王致周、李学欣、马承周，员工最多时达十几名。主要负责渔需物资的供应，鱼货的收购、销售和加工。

1987年后，随着市场开放，员工逐渐减少，2004年破产。

高旺水产物资储、转运站 1959年，涛雒水产供销站为储存、转运水产品方便，在高旺村南端、204国道（原道）西侧，建水产物资储、转运站，征地8亩，建房屋5间，筑露天垛墩10个，以储运海产品之用。

1972年，涛雒水产供销站在高旺水产物资储、转运站加建船用油品供应处，从济宁购进50吨大油罐5个，存油专供海上机动渔船之用。1995年物资储、转运站停业。

涛雒水产门市部 1959年，涛雒水产供销站在涛雒街南门里（文泰路南端往西50米处路北）买房子10余间（原利生商号），开设水产门市部。1995年停业。

第三章 能源供给

域内居民生产生活的能源供给主要是煤炭、燃油和燃气等。中华人民共和国成立前，域内仅有极少数养船大户和个别大商号用船或车从域外购入煤炭。中华人民共和国成立后，煤炭输入主要是政府调拨。煤炭最早大批量进入是1958年，主要供高旺庄炼铁基地。1990年前后，域内煤炭供应市场逐步放开。域内燃油供应始于1970年前后，随着社会的发展，燃油供应从一家到多家，从计划到市场。域内沼气的生产、应用始于1970年，一般以户为单位，于院内建沼气池。域内1993年春始有液化气站，为用户供气，2009年建设天然气供气设施，2013年春正式为用户供天然气。2021年，域内有液化气站1家，管道供气公司1家。

第一节 煤炭

中华人民共和国成立前，域内仅有极少数养船大户和涛雒街个别大商号用船或车从境外购入煤炭，数量甚微。中华人民共和国成立后，百业待兴，域内煤炭输入方式主要是政府安排系统调拨。煤炭最早大批量进入域内是1958年，高旺庄成为县内大炼钢铁基地之一，在县委成立的临时指挥部的安排下，调得力干部常驻临沂罗庄等煤矿，组织大批小推车队伍运煤，以供大炼钢铁之需。

20世纪90年代初，域内煤炭供应市场逐步放开，专营煤炭、加工蜂窝煤的个体户逐渐增多。随着工业、农业、渔业的迅速发展，特别是农村群众生活水平的提高，煤炭的需求量及类型既大又多，2021年，域内煤炭加工厂9家。

涛雒煤炭供应站 1961年，日照县煤建公司为重点供应急需煤炭的渔民、盐民生活之用，在涛雒公社小海村拓建煤场一处，称“日照县煤建公司小海煤站”，该站坐落在小海村与小海码头之间，占地面积4亩，建办公用房5间，站长李敬业，有员工4人。按计划指标购进煤炭，按计划指标供应域内的渔业、盐业、渔民、盐民、事业单位及工作人员的生产、生活用煤，发放煤票，凭票购煤。1968年，小海煤站迁至右所村东，征地13亩，建房22间，改名“日照煤建公司涛雒煤站”，站长徐延峰，有职工4人，实行计划供给。1978年，该煤站易名“日照县燃料公司涛雒煤站”。计划批量已远远不够域内之需，公社工办协同煤站安排专人分赴外地，通过协作、补偿贸易等手段购进一些计划外煤炭。除供给成品煤炭外，还根据用户需求，加工蜂窝煤（俗称“煤球”），以满足域内用户需求。2000年，体制改革，煤站撤销，场地、房产一并处理给中国石化山东分公司。

新口煤炭供应站 1961年，日照县煤建公司在域内新口（东南营）水产站设煤站一处，专供涛雒南部沿海渔民、事业单位及员工用煤，1976年撤销。

第二节 燃油

域内燃油供应始于20世纪70年代初，随着工农业、交通运输业等迅猛发展，从无到有，从一家到多家，从计划到市场。到2021年，域内沿交通要道，形成了规模性的燃油供给网络。

船用油品供应处 1972年，涛雒水产供销站在位于高旺庄村南端、204国道西侧的干海货储运站内增建船用油品供应处，先后从济宁购进50吨储油罐5个，最多时储油200余吨，专供北至夹仓口，南至韩家营子口以内的海上机动渔船用油。计划分配，凭票据购油。20世纪90年代初，随着市场经济逐渐替代计划经济，该油品供应处也就失去了原有的功用，于1992年停业。

农用石油供应站 1987年5月开工建设，是年年底营业，站址在右所村东隶属涛雒农业机械管理站，占地面积约1200平方米，设储油罐4个，最大储油量达80吨。油源为上级有关部门批拨，按计划保障域内农用机械用油，售油器械为桶和磅秤，有工作人员3人。1990年3月，该站在204国道368K+200米处东侧，征地2400平方米，建起新式加油站，设储油罐5个，最大储油量220立方米，加油机4台，添设小型加油罐车2台，有工作人员12人，负责人郭卫章。随着经济体制改革，该加油站的经营方式也由完全计划供应逐渐走向市场营销，服务范围面向社会。1992年，于夹仓口设加油点1处，置容量20立方米储油罐1个，因地理位置不适，年底撤销。1995年10月停业。

日照物资加油站 该站建于1988年3月，站址在南店村204国道西侧，占地2000平方米，储油罐3个，最大储油量60立方米，加油机4台，职工5人，1994年10月停业。

港口石油公司高旺加油站 该加油站为民营企业，站地址在高旺庄村南端、204国道东侧，建于1991年，占地3000平方米，翌年春开始营业，储油罐4个，最大储油量80立方米，加油机4台，有工作人员6人。2000年，该加油站与中国石油天然气股份有限公司山东日照销售分公司合资经营，易名为“中国石油天然气股份有限公司山东日照经营分公司第12加油站”（储油罐增至5个，最大储油量120立方米，加油机4台，其中刷卡自助加油机2台。

水产局加油站 1993年，日照市水产集团涛雒水产站在大草坡村东、204国道东侧加油站1处，占地2600平方米，储油罐3个，最大储油量60立方米，加油机4台，有工作人员7人。2002年停业。

黄金加油站 1993年，高旺金矿在高旺庄村南、204国道西侧建立加油站1处，占地2000平方米，储油罐4个，最大储油量80立方米，加油机4台，有工作人员4人，主要服务于高旺金矿。2002年停业。

中石化工股份有限公司山东省日照石油分公司日照第12加油站 该站建于1993年2月，站地址在涛雒七村204国道西侧，占地面积7500平方米，最大储油量150立方米。2013年，有加油机6台，工作人员5人，负责人刘玉。2022年仍继续营业。

茂源石化加油站 建于1995年，属民营加油站，站址在田家园北、204国道东侧，占地5300平方米。2013年，该加油站有储油罐4个，最大储油量120立方米，加油机8台，工作人员6名。

中石化工股份有限公司山东省日照石油分公司日照第57加油站 1996年，在大草坡村204国道西侧建立，占地10000平方米，储油罐4个，最大储油量120立方米，加油机4台。至2013年，有工作人员4人，负责人冷丙华。中石化工股份有限公司山东省日照石油分公司日照第65加油站该站坐落在右所村东204国道东侧，建于2001年5月，占面积8000平方米。至2013年储油罐4个，最大储油量120平方米，有加油机4台，工作人员4人，2021年仍继续营业。

阜鑫渔港加油站 该站坐落在栈子村东，阜鑫渔港西侧，属民营加油站，1999年开工建设，2003年正式营业，有储油罐10个，最大储油量410立方米，有加油机8台，工作人员8人。2005年，因南沿海公路改道，该站停业改建，2010年，重新营业。至2013年，有储油罐6个，最大储油量

180 立方米，有工作人员 8 人，加油机 8 台，2021 年仍继续营业。

中国石油山东日照销售分公司第 8 加油站 该站前身为东港区供销合作社加油站，建于 1996 年秋，站址在南店村 204 国道西侧。1999 年 10 月，被中国石油山东日照销售分公司购买并重建，面积扩大至 1970 平方米，2000 年春开始营业。设储油罐 5 个，最大储油量 200 立方米，加油机 8 台。该站 2005 年被山东省石油销售分公司授予“三星级加油站”称号。

第三节 燃气

液化气

海龙液化气站 1993 年春，小海村与农业银行合资，于东川子村前、204 国道东侧，建域内首座液化气站，名为“银鑫实业有限公司”，占地面积 6 亩，建办公用房 8 间，设储气罐 3 个，最大容气量 65 立方米（约 30 吨），站长周家堂，有职工 5 人。1996 年，由个体承包经营，改称“东方液化气站”。2004 年 7 月，该站因经营不善而破产拍卖，经村集体公开招标，由王世龙竞标经营，易名“海龙液化气站”。2007 年，又改名为“龙兴液化气站”。2010 年，该站面积扩大至 10 亩，建办公大楼 1 栋。2011 年春，恢复原称“海龙液化气站”。2013 年，该站法人代表王世龙，站长张守柱，有职工 6 人。2021 年仍继续营业。

栈子液化气站 1997 年，由傅华余等人合资兴建，站址在栈子一村东南角、沿海公路西侧，占地 5 亩，建办公用房 5 间，设储气罐 2 个，最大储气量 30 立方米（约 14 吨），有工作人员 3 人。2002 年停业。

天然气

2009 年 6 月，山东一达燃气集团涛雒有限公司成立，坐落于涛雒镇驻地北首右所村 204 国道东侧，10 月 1 日开工建设，占地面积 19.6 亩，建筑面积 437 平方米。公司气源是借助国家西气东输工程，从日照天然气总站以管道方式输入。2013 年，有职工 15 人。

2013 年春，正式对外供气，供气范围：日照国际海洋城管委办公楼、涛雒镇党委政府办公楼、涛雒工业园部分企业、日照五中、涛雒粮所居民楼、刘家湾赶海园及居民小区、栈子新建居民楼等。供气方式：主管道公司负责铺设，户区（小区）管道用户集体负责，户内管道用户自负。实行一户一表制，交钱买卡供气，同城同价。2021 年仍继续营业。

沼气

沼气的生产、利用在域内始于 1970 年，一般以户为单位，大队提供技术指导，生产队出工，个人出料，于院内建沼气池。其方法为：按设计在地下挖坑，墙体用三合土夯制，形成一个大的泥缸状；设进料口和出料口。里边放上猪粪便、人粪便、玉米秸等。密封使其发酵生气，安装导气管，将发酵后产生的沼气引出，用以做饭、烧水、照明等。至 1981 年全公社 75 个大队，共建设沼气池 1060 个。由于使用的材料及技术较差，利用时间较短即废弃。

进入 21 世纪，各级政府注重环保型新能源开发，扶持个人建沼气池，提供等值千元的水泥、石子、沼气管、沼气灶等原料。2013 年，域内有 13 个村 236 户建设沼气池，利用沼气照明、烧水做饭，既卫生又经济，发展势头良好。2016 年后，逐步被淘汰。

涛雒镇志

TAOLUO ZHENZHI

第十编　水　利

涛雒南店河　（李世成摄于2021年5月）

涛雒历史上水、旱灾害频繁。据史料记载，特大干旱20—25年一遇，较大水灾18—20年一遇，西南部山岭地带山洪较多，东及东北部湖洼地带常遭涝灾。

中华人民共和国成立后，党委、政府十分重视水利工程建设，投入大量的财力、物力、人力，带领广大群众进行了不懈的奋斗。20世纪50年代初，以疏河筑堤、开掘农井为主，初步提高了抗御水灾和抗旱、排涝的能力。20世纪60年代至70年代，对水、旱灾害从根本上进行了治理。在平原地区进行除涝改碱、治理河道和打井抗旱；在山丘地区大力兴修塘坝、扬水站和喷灌等水利工程，掀起了群众性的水利建设高潮。这期间，日照水库灌溉主干渠及分干渠先后有3条流至或流经域内。20世纪80—90年代，重点加强管理，挖潜配套，提高效益。进入21世纪，主要进行了主河道治理与设施配套、水资源环境保护及防汛抗旱工作，保障全镇工农业生产与人民群众生活用水需要，为全镇经济社会全面快速发展奠定了坚实基础。

第一章 防汛 抗旱

涛雒地处黄海沿岸，丘陵平原交错，旱涝灾害时常发生。中华人民共和国成立后，党和政府重视抗旱防汛工作，每年都制定规划，进行河道治理。组织人员检查和维修，抢修水利险工、险段工程，发动人民群众投入防汛抗旱，保证了人民生命财产安全。

第一节 机构

1974年，日照县水利局在涛雒公社设立水利组，隶属日照县水利局，编制8人，正股级，办公室设在公社党委大院。1982年，改称涛雒水利站。1985年，水利站迁至涛雒二村小西庄西南角处，办公室2间，仓库5间，占地9亩，工作人员12人。1988年11月，水利站下放到乡镇管理，县水利局在业务上进行指导，编制8人。2009年12月，办公室迁至党委办公楼。2021年，水利站有工作人员3人。

1974年以来涛雒水利站（组）负责人任职更迭表

表10—1

职务	姓名	性别	籍贯	任职时间
组长	滕兆晋	男	桥东头村	1974—1975.8
组长	张传香	男	碑廓镇	1975.8—1976.7
组长	王玉胜	男	碑廓镇	1976.8—1982.8
站长	王玉胜	男	碑廓镇	1982.8—1988.6
站长	陈令田	男	涛雒三村	1988.6—2006.10
副站长	张 弘	男	虎山镇东湖一村	2006.10—2007.8
站长	张 弘	男	虎山镇东湖一村	2007.8—2017.3
助理	张守桂	男	丁家营子村	2017.3—2018.5
助理	卢 强	男	两城镇两城六村	2018.5—

第二节 河道治理

域内地势整体西高东低，东临黄海，故域内河流整体呈东西走向，由北向南依次有混沟河、廒头河、川子河、右所河、巨峰河（赵家庄子至大刘庄翻板闸）、南店河、竹子河、高旺河、林子头河，历史上这些河道因河堤受损、河床淤塞，行洪不畅，时常泛滥成灾，殃及人民生命财产安全。1975年、1976年，连续两年出现了较严重的水灾，受害面积65平方千米，人口达40500人，造成倒塌房屋3680间，伤残5人，直接经济损失240多万元。党和政府多次组织人力、物力进行大规模的河道治理。

混沟河治理 1976年，进行直道治理，各大队分配土石方，出义务工，动用土石方26万立方米，投入2.1万元。2000年10月，再次进行治理，治理河长1182米，河宽25米，动用土石3.6万立方米。2022年投资对混沟河进行全线治理。

廒头河治理 1976年，全公社组织劳力进行疏道筑堤治理，各大队分配土石方，出义务工，动用土石方6.3万立方米，投入5.04万元。

王家楼子河治理 王家楼子河从川子西湖进入域内至204国道（域内段长670米），过国道进入川子河。域内段2000年10月进行治理，治理河道河宽30米，动用土石方3.6万立方米。

川子河治理 川子河域内长5千米，历史上曾几次泛滥成灾。党委政府曾几次进行挖新填旧，疏河筑堤综合治理。第一次在1974年冬，第二次是1978年秋冬进行川子河改道及小海湖排涝同步进行，第三次是1991年秋冬进行治理，第四次是1998年冬，四次治理共动用土石方86万立方米，总投入123.5万元。2018年，川子河治理，投资2500余万元，治理川子河204国道以东段4000米，2019年投资1500万元对204国道以西段实施了生态治理工程。

图 10—1　2018 年川子河治理

右所河治理　1976 年，由涛雒管理区组织各村劳力进行挖新填旧治理，动用土石 2.5 万立方米，投入 2 万元。

2012 年，日照国际海洋城管委对右所河、川子河、廒头河进行改道，右所河、廒头河改道入川子河。

南店河治理　南店河属巨峰河分支，因上游水势猛，中下游两岸河堤矮，历史上曾有多次决堤成灾。1997 年 10 月，全镇组织劳力加固增高堤岸，共动用土石方 13.6 万立方米，投入 47.6 万元。2012 年 6 月，又进行了一次大的治理，称巨峰河工程治理。治理河道从域内赵家庄子村至小海村入海口，全长 9.74 千米。主要治理工程为：河道疏浚段长 9.74 千米，筑堤段共长 19.78 千米，其中：干流左堤复堤 7.12 千米，干流右堤复堤 7.7 千米，干流新筑左堤 2.62 千米，干流新筑右堤 2.04 千米，支流赵家庄子河入河口段右堤筑堤 0.3 千米；建筑物共 28 座，其中新建涵洞 8 座，加固接长涵洞 20 座；新建上堤坡道 15 处。总投资 3130 万元，其中，国家配套 1300 万元，日照市配套 313 万元，日照国际海洋城管委配套 1272 万元，涛雒镇政府 245 万元。2013 年 6 月完工。2017 年，南店河治理工程，投资 1.3 亿元，治理河道 5000 米，沥青硬化 8 千米，12 万平方米，栽植高规格银杏树 2000 余株，栽植花草 300 亩。

竹子河治理　竹子河指拦河翻板闸至入海口。1999 年冬，治理 204 国道桥东至老沿海公路桥往东 500 米段。2000 年冬，治理 204 国道桥往西至翻板闸段，长 1300 米，宽 130 米。进行疏直、拓宽、加固等综合治理。总工程量按全镇的农村劳动力分配到各村，直接受益管理区的劳动力是两倍的任务。共搬运土方 109 万立方米，投入 270 万元。在治理时为防海潮阻碍施工，镇政府安排大朝阳村委会负责在老沿海路东 500 米处建设临时拦潮坝 1 处，并建设闸门 1 座，海潮来时把闸门关死，海潮退时提闸放水，有效地控制住海潮给施工造成的麻烦，使工程顺利进行。

图 10—2　1999 年竹子河治理

高旺河治理　高旺河流经上元村、下元村、崔家庄子、高旺庄、孙家营子、李家营子等地域，日照水库南干渠下元一村至高旺段排洪入该河，在栈子村西汇入竹子河。1999 年全镇组织劳力进行治理，动用土、石 3.8 万立方米，投入 15.2 万元。

林子头河治理　2000 年初春由郭庄、栈子两个管理区组织劳力进行疏道、筑堤治理，搬用土石方 11 万立方米，投入 44 万元。

2022 年，投入 1000 余万元，对丁家营子河的大草坡至孙家村沿海路桥以西段，进行治理。

第三节　救灾

1965 年 7 月，涛雒成立防汛大队。1980 年，防汛大队改称防汛指挥部，由公社党委副书记任指挥，有关部门负责人为成员。防汛指挥部的主要任务是：汛前对各类水利工程进行检查维修，及时掌握汛情，根据上级防汛部门制定的小型水库、塘坝及洪水调度方案，落实河道清障任务，及时组织民工对险工、险段进行抢修，管理、调拨和使用防汛物资。指挥部下设 9 个防汛指挥分部，管理区主要领导任指挥，并组织抢险队、常备队、后备队，制订防汛预案，备足备好防汛物资，落实各项防汛措施。每年6月1日至9月30日为防汛期。干旱时，组织干部群众进行抗旱。2012年后，域内多次遭遇台风袭击，其中2012年10号达维台风，2013年温比亚台风，2018年10号安比台风，2019年9号台风利奇马，给人们财产造成巨大损失。2017年又多次遭遇旱涝灾害。

防汛 1957年7月12日，域内不到24小时降雨248.2毫米，南店河河水泛滥，河堤多处决口。涛雒区委、区政府立即组织干部、群众1000余人，到险区抢堵河堤，疏散受灾群众，搬运重要物品等。翌日，调集900余名青壮劳力，搬运土石3800余立方米，修复河堤，逐渐恢复生产。

1975年8月12—14日，3天阴雨连绵，降雨301.2毫米。时值海潮顶托，域内主要河道水满溢堤，共决口235处，日照水库域内干渠被山洪冲毁决口多处，洪水冲毁水利建筑物29处，有54个大队被洪水包围，5119户进水，倒塌房屋2559间（集体584间，个人1975间），有36户的粮食、衣物、房屋被水冲光，洪水浸泡粮食36万公斤，冲走粮食4.45万公斤，损失麦种7.75万公斤（其中被水冲走3475公斤），洪水冲走生猪30头，猪窝倒塌砸死生猪16头，4.8万亩作物浸泡水中（其中，1.7万亩减产3～4成，7000亩减产5～8成，3500亩绝产），浸水化盐10.1万公斤、盐硝8.75万公斤。

灾害主要集中在沿海4个管理区，其中，东川子村、尹家廒头村、桥东头村、曹家村、庄家村、小刘庄村等，因地势低洼，户户进水，受灾严重，东川子村受灾最为严重，村里村外一片汪洋，主要街道平均水深1.5米。

灾情来临第一时间，公社领导带领全体机关干部，冒雨指挥疏散灾民堵堤口，疏水抢险，武装部组织沿河各村民兵1500余人在各险段奋勇抗灾，最大限度地减少了受灾损失。东川子村和尹家廒头村因这次大水整体搬迁。

1976年6月22日，降雨288.4毫米，暴雨中心在巨峰镇域，最大降雨量达359毫米，当日下午，涛雒公社204国道以东，北起廒头，南至郭庄村前河，大部分村庄处在一片汪洋之中，平地水深0.8米，到傍晚时分，倒塌房屋1700多间，重伤1人，家具柴草等顺波漂流。公社领导及工作人员53人，到受灾较重的廒头、小海、刘庄、栈子等管理区指导抗灾，医务部门组织22名医护人员分赴受灾大队抢救受伤人员，上级领导也亲临现场，指挥抢险救灾，调集人力、物力，帮助灾民恢复生产。

抗旱 1955年春旱，1—5月降雨78.5毫米，旱情严重威胁小麦生产和春播，特别是域内西南有些山村，人畜饮水出现了告急。七区党委、政府抽调20多名干部，组成抗旱工作队，分赴几个旱情严重的村帮助“双保”，凿井通渠，引水灌溉小麦1.12万亩，抗旱播种农作物0.82万亩。

1984年，8、9、10三个月仅降雨96.6毫米，造成秋季大旱，5万余亩农作物受干旱威胁。区委区政府组织干部群众，全力投入抗旱保苗，造墒播种，日出动2万多劳力，利用一切可利用的水源，将所有的抽水机具全部启动，有些山村用车拉，用桶提，肩挑人抬。全公社干部群众齐心协力，昼夜奋战，抗旱保苗2.8万亩，山岭地的花生、大豆等作物仅减产2成。

1997年1—5月降雨量不足90毫米，河水断流，地下水位下降2.5米，严重影响小麦生长和春播。涛雒镇领导全力以赴，组织发动群众，抗旱“双保”，实行“五具”（汽车，拖拉机，小胶轮车，抽水机，水桶）齐上阵；“五水”（库水，塘水，沟水，河水，井水）统归用，日出动劳力2.2万个。为解决水源不足，大力挖掘地下水，当年新打机井32眼，新盖机井房18间，配用电机、柴油机28台（套）（其中，东石梁头村、南店村等试打塑料管井成功，实行定额作业，16人平均两昼夜打1眼机井）。抗旱浇麦2.8万亩，抗旱保春播1.2万亩。

第二章　水利工程

历史上，除菜园地进行汪塘人工取水灌溉外，农田几乎无取水工程。中华人民共和国成立后，人民政府通过组织打井、拦河、筑坝，大力发展水利设施，从单一的人力灌溉发展到自流灌溉和机电灌溉。2021年，域内共有水库37座，塘坝19座。

第一节　日照水库灌溉区

涛雒是最早受益于日照水库灌溉的乡镇之一。1960年，日照水库东干渠南分干渠水经奎山公社流向涛雒公社北及东北部。1964年，域内全长3.5千米，流量为3.75～2.3立方米/秒，同时配建和续建支渠1100米。2013年仍供水。后为保障城市用水和山钢用水，日照水库已停止对域内供水。

1964年，日照水库大洼分干渠水由巨峰流入域内西部，域内全长4.9千米，水流量为1立方米/秒，同时配建和续建支渠980米。是年，苗家村与平家村在两村中间通过的干渠上安装水力发电机组，利用干渠的水进行水力发电。1985年，停止对涛雒西岭供水。

1968年4月，日照水库南大干渠水流经域内，西起赵家庄子村，东至大草坡村后流向虎山公社。南大干渠水在涛雒区流经14个村，长8.8千米，水流量为8.5立方米/秒，共设8个分流出水口，从西向东依次有赵家庄子、东风、簸箕笃子、下元、高旺村、大草坡等村，每个分流出水口配建续建支渠600米至1700米不等。为防止山上下泄的水流，冲毁干渠，在下元一村建过渡槽1处，在华山村建过渡槽两处，面积均为5米×8米，保护了干渠的水流畅通安全。2003年，停止对域内供水。2021年，为保障城市用水和山钢用水，日照水库未向涛雒提供农业灌溉供水。

日照水库对域内的供水期，有效水浇面积3.6万亩，特别是为域内的2.02万亩水稻的种植提供了有利的水源条件，使粮食亩产量由原来的248公斤增加到472公斤，也为以后部分村的淡水养殖奠定了基础。

第二节　水利配套设施

刘庄拦河翻板闸　在大刘庄村西南、巨峰河分支（南店河、竹子河）处。竹子河上的拦河翻板闸闸室长150米，闸板高1.5米；南店河上的拦河翻板闸闸室长60米，闸板高1.5米；闸板（水泥预制）厚均为0.10米。1964年3月，由县水利局组织建设，是年6月建成使用。搬运土石10500立方米，石砌护河堤2055平方米，贮水25万立方米，总投资60万元。主要由刘庄、下元、栈子管理区受益，扩大有效灌溉面积4620亩。2020年因翻板闸损坏被拆除。

川子拦河翻板闸　川子拦河闸分上下两处。上处在川子村北，1985年，由水利局建设，坝长12米，闸板高2米，厚0.10米，动用土石方2500立方米，储水4万立方米，投资14万元，扩大有效浇灌面积1200亩；下处在川子村东北角，1997年，由日照水库管理局承建，2月动工，6月建成使用，坝长30米，闸板高2米，厚0.10米，动用土石650立方米，储水8万立方米，投资25万元。自此川子湖、小海湖的灌溉有了保障，扩大有效灌溉面积1855亩。2020年因翻板闸损坏被拆除。

栈子河橡胶坝　为综合开发竹子河两岸经济效益，经涛雒镇党委、政府多方调研，市、区水利部门把关，在栈子村后建橡胶坝一座，是日照市首座橡胶坝。工程于2000年12月启动，由山东省地质八队对橡胶坝基进行了地质勘探，日照市水利局设计院设计，东港区水利建筑工程安装公司承建，2001年12月正式开工建设。2002年6月，施工单位对坝袋进行首次充水试验，7月竣工。坝总长168米，总储水量542.8万立方米，兴利储水量392.8万立方米，兴利水位4.6米，死水位2.2米。坝轴线与河道中心线垂直，靠近河道南岸设调节闸2孔，用于冲刷坝前淤泥，调节坝前水位。坝体节分3跨，单跨净宽5.20米，挡水高度2.5米；采用冲水式坝袋挡水，双线锚固，顺水流自上而下依次设铺盖、底板、消力池、海漫、防冲槽等。工程按20年一遇防洪、防潮标准设计。

工程总投资458.6万元，开挖回填土沙为3.79万立方米，砌石0.40万立方米，浇筑钢筋混凝土0.42万立方米，投工3.2万个。2016年对坝袋进行了更换。

栈子河橡胶坝第一挡海潮，可防止海潮侵袭；第二拦河水，可压碱和发展水产品养殖；第三可补给地表水，开发利用苇场滩地；第四可发挥生态效益。

图10—3 栈子河橡胶坝

亚月扬水站 1961年4月，下元公社亚月机灌站奠基，1964年竣工。引提日照水库大洼分干渠水，扬程18米，配用1台8.82千瓦柴油机为动力抽水，灌溉面积680亩。

1970年，县委工作组进驻该村，经详细调研了该村农田水利等情况后，决定在建扬水站的基础上续建渡槽，由日照县水利局设计，上级扶助3.2万元，亚月村出工建设，1971年12月建成使用。渡槽为钢筋混凝土浇筑槽38节，总长380米，每节重2吨；投工15600个，总投资7.2万元。建成后，高兴镇的南辛庄子村，域内的蒿岭村、丁家官庄、宋家坨和涛雒一、二、三、四村等村的部分农田也得以自流灌溉。共扩大水浇面积2550亩，旱改水稻田200多亩，粮食产量由原来的亩产200公斤，猛增到420公斤。到20世纪90年代中期，因水源不足，水费较高，管理欠佳，停止使用。

图10—4 扬水站配备渡槽

华山扬水站 建于1970年，由县水利局扶持指导，华山大队出工兴建。水源为日照水库南大干渠水，扬程为50米，36.75千瓦柴油机作动力，配套槽380米，总投资4.5万元，扩大水浇地1200多亩。至20世纪90年代因水源不足而废弃。

上元扬水站 建于1978年，由县水利局扶持指导，上元大队出工兴建。水源为日照水库南大干渠水，扬程为48米，36.75千瓦柴油机作动力，配套引水石渠380米，上端流水石渠500米，输水管道为 ϕ0.20米混凝土浇筑管，埋入地下，管长为550米，总投资4.2万元，扩大浇地950亩。1984年废弃。

丁家官庄扬水站 建于1978年，涛雒人民公社水利站勘测、设计、施工，丁家官庄村出工修建。水源为巨峰河水，扬程9.5米，配套设施有17.64千瓦柴油机，后改用18千瓦电机为动力抽水，渡槽1000米，投资1.2万元，改善和扩大水浇地面积800余亩。

松林扬水站 建于1992年，由镇水利站设计、施工，松林村出工修建。水源为巨峰河水，地下埋口径为0.16米塑料管460米，扬水站扬程为9.5米，配用15千瓦电机为动力抽水，总投资2.8万元，扩大水浇面积500亩。

2013 年涛雒镇域内扬水站一览表

表 10—2

村庄名称	建设年份	工程位置	工程特征			
			水源	水泵型号	扬程（米）	灌溉面积（亩）
崔家庄子村	1975	村前	塘坝	25 混流泵	15	150
南店村	1975	村西	南店河	125	19	800
庄家坨村	1978	村北	南店河	25 混流泵	12	200
丁家官庄村	1978	村西南	巨峰河	250#	10	613
刘家湾村	1982	村西	付疃河	25	14	700
大刘庄村	1986	村西南	南店河	25 混流泵	20	600
大草坡村	1986	村东	塘坝	250		1000
东林子头村	1989	村西	机井	30 混流泵		500
松林村	1990	村西南	南店河	320	10	180
西林子头村	1993	村西	郭庄河	250	12	500
高旺庄村	1993	村西北	高旺河	25 混流泵	20	760
东石梁村	1995	村东南	巨峰河	Y180M—4	25	800
李家潭崖村	1995	河南	李潭河	7.5	16	450
马家村	1995	川子村后	川子河	25	16	300
李家村	1995	村北	川子河	25	15	100
马家村	1996	村后	汪塘	25	12	150
李家村	1996	村西	川子河	25	15	180
苗家村	1996	村西南	苗家村河	50	27	510
西石梁头村	2000	村北河崖	石梁河	IS150—125V—250	20	1011
栈子一村	2002	河西	栈子河	250	25	210
栈子三村	2002	橡胶坝西	栈子河	250	35	123
李家潭崖村	2003	河南	李潭河	18.5	19	700
小朝阳村	2003	栈子北河	栈子河	25 混流泵	40	360

2013 年涛雒镇域内渡槽一览表

表 10—3

村庄名称	工程位置	修建年份	全长（米）	槽口宽 × 深（米）	水源	浇灌农田
东川子村	村后	1963	30	1×1	日水东大干	川子湖、小海湖
混沟河村	干渠	1963	30	1×1	干渠上	
苗家村	村前	1964	185	1×1	日水大洼分干	覆盖苗家村湖、东风湖

续表 10—3

村庄名称	工程位置	修建年份	全长（米）	槽口宽 × 深（米）	水源	浇灌农田
大洼村	村东	1964	45	1×0.6	日水大洼分干	覆盖大洼东岭农田
南店村	村西	1964	400	1×0.8	南店河水	覆盖南店湖
高旺庄村	村前	1968	520	1×0.8	日水南大干	覆盖高旺南岭及以东诸村农田
华山村	村后	1970	380	1×0.6	日水南大干	1200 亩
华山村	村后	1970	380	1×0.6	日水南大干	1200 亩
亚月村	村西	1971	380	1×0.8	日水大洼分干	覆盖亚月村北岭农田
丁家官庄村	村西	1978	1000	0.6×0.5	巨峰河水	800
右所村	村后	1978	200	0.8×0.4	二道河储水	覆盖右所湖
右所村	村后	1979	300	0.8×0.4	二道河储水	覆盖村后全部滩地

廒头河倒虹吸 为日照水库东干渠穿越廒头河而建，主体工程建于 1963 年秋至 1964 年春，断面为椭圆形，中部宽 2 米，中高 2.5 米，全长 130 米。

川子河倒虹吸 为日照水库东干渠穿越川子河而建，主体工程建于 1963 年秋至 1964 年春，断面为椭圆形，中部宽 2 米，中高 2.5 米，全长 100 米。

高旺村前倒虹吸 为日照水库南干渠支渠穿越 204 国道而设立，位于高旺村南，截面为高、宽各 1 米，全长 36 米，1968 年秋建成。

以上倒虹吸自日照水库停止对域内供水而停用。

第三节 井灌

1950 年前后，域内的水井很少。凿井灌溉也只限种植蔬菜面积较大的村庄，以便浇灌菜园之用。1962 年，县水利部门在高旺庄村指导打水井，人工挖凿，用石砌井壁，一般井身为圆形，井口为方形，直径大的有 1.6 米，小的有 1 米，井深在 6 ~ 8 米，安装人力水车抽水浇灌农田。1977 年，在公社水利组的帮助下，东风村，下元三村，东、西石梁头村，开始使用“大锅锥”法打机井，这类井的打法是边挖边下水泥筒子，内径为 0.7 米，后又改为“对口抽”，直接使用铁管或钢管，直径一般为 0.2 米，井深 8 ~ 12 米。至 20 世纪 80 年代，这种井管用塑料管代替，配机电动力水泵抽水浇灌农田。1978 年，学习外地打大口井的经验，在公社水利组指导下，苗家村等村开始打大口井：开始用人工挖掘，出水后用石块砌井壁，井口直径一般为 10 ~ 15 米，深为 12 ~ 5 米，蓄水量多，灌溉面积大，得以迅速推广；后又改用沉盘打法，即先用混凝土打底盘座，边挖井体边沉底盘座，再在底盘座上边用石砌井壁，这种打法省工省料，提高效率，到 1998 年，域内有 14 个村用该法各打大口井 1 眼，配电动机泵，扩大浇地 2890 亩。2021 年，域内有各类水井 860 多眼，有效灌溉面积 20000 余亩。

第四节 塘坝 洼塘

域内多为平原河川，地表贮水有限。中华人民共和国成立前后，域内只有自然形成的几个洼塘。从 20 世纪 50 年代至 60 年代初，按照“以蓄为主，小型为主，社队自办自主”的水利建设方针，在县水利部门的帮助下，磴山人民公社率先在丘陵山区因地制宜地兴建一批塘坝和洼塘。

域内第一个塘坝兴建于 1954 年，簸箕笃子初级社修建了石渠溢洪的塘坝，配套了先进的台阶式放水闸门，使全社的部分农田浇上水，县、地区、省级领导不断组织有关部门来参观学习及召开现场会，推广用黏土筑坝、石渠溢洪、台阶式放水闸的先进方法修建水利设施，为全县乃至全省兴修水利提供了科学的先进经验。

1959—1960年，由磴山人民公社组织全社劳力，奋战一冬春，在下元村西南角、小驴山后，建成一座塘坝，设计灌溉农田1000亩。1970年后因水源严重不足，不再使用。

1964年冬，华山村在庄前建塘坝1座，蓄水7.8万立方米，设计灌溉农田1100亩。

域内第一个人工修建的洼塘为上元村东大洼，建于1959年冬，动用土石0.2万立方米，贮水近2000立方米，可浇灌田地150亩（2007年填平）。后又有簸箕笃子村，下元一、二、三村，东风村，赵家庄子村，崔家庄子村和大草坡村兴建了一批洼塘。至20世纪70代初，对原建的塘坝、洼塘配套设施进行了改建、完善。

2010年涛雒镇域内塘坝分布一览表

表10—4

村名	塘坝名称	村名	塘坝名称
亚月村	西湖塘坝	下元三村	凤凰塘坝
丁家官庄村	汪石头塘坝	华山村	岭前塘坝
上元村	热窝塘坝	华山村	南林塘坝
大草坡村	村后塘坝	华山村	龙潭塘坝
崔家庄子村	西南塘坝	华山村	团粮塘坝
簸箕笃子村	西沟塘坝	华山村	金翅塘坝
东风村	南岭塘坝	华山村	苏林塘坝
下元一村	龙潭塘坝	华山村	大梨行塘坝
下元一村	村后塘坝	华山村	东山塘坝
下元一村	下元塘坝	华山村	东山后塘坝

20世纪80年代后，由于大型泥砖窑的兴建生产和204国道、沿海公路的建设、改建、扩建所用土石的大量取运，域内出现了如下元一村、华山、簸箕笃子、丁家官庄、崔家庄子等村的较大型的泥、石洼塘。至20世纪90年代，由于日照水库农用水源逐渐受限，域内充分利用塘坝、洼塘的贮水潜力，继续兴建塘坝、洼塘，如上元村和下元一、三村等又先后建塘坝6座，洼塘5处，缓解了水源供需矛盾。

2013年，全镇有塘坝21座，洼塘275处，总容量208万立方米，灌溉农田面积达4200多亩。2021年，全镇共有水库3座，塘坝19座。

第五节　饮水及供水

中华人民共和国成立前，域内人、畜饮水水源各异，水的质量不同，丘陵山村多为山泉，土草味大；临河的村庄为河泉，鱼腥味浓。有的村民直接饮用河水，无卫生保障。沿海渔村及部分村庄人畜饮用井水，水质大都为娄水，对人体有一定危害。遇到旱情，有的村庄饮水之源不足，需到数里路之外，靠瓢舀手提，肩挑人抬取水。中华人民共和国成立后，各级党委、政府把解决人畜饮用水作为一项政治任务来抓。20世纪50年代，随着集体化的发展，在政府水利部门的指导下，域内有32个村用人工挖掘饮用水井35眼，解决了2.6万人的吃水难的问题。进入20世纪60年代初，公社水利部门根据“先山村，再沿海，后除氟”的发展思路，根据各村现有的水量、水源，按照“重修巩固好的，改进开凿新的，协调引进远的”原则，利用10年时间，让村村有水井，户户有水吃，井井保质量。20世纪70年代用钢管为井管取水。80年代后钢管小型人力压水井改为塑料管，平原村庄几乎家家户户用此类井取水。20世纪90年代末，镇水利站又帮助东、西林子头等村打水井，建水塔，各村用上了自来水。

涛雒镇水利站自来水厂　原为涛雒公社水厂。1973年春，县水利局扶持5万元，公社筹集1.6万元，公社水利组自行设计、施工，在公社驻地西南角，打大口井1眼，井深12米，口径7米，配用BH—12型柴油机为动力，命名为“涛雒公社水利站自来水厂”，为水利站的下属单位。1975年，镇直主要单位和驻地的5个村通自来水。此时，域内已有打钢管小型人力压水井。1978年，为解决小海管区用水，临沂地区水利局投资18万元进行设施建设。1982年，小海管区8个村用上水利站自来水。1985年，水厂更新设备，改为2105大型柴油机、15千瓦电机各一台为动力，建高12米的水塔1座，水柜容量40立方米，使涛雒、小海管区17个村，镇驻地企事业28个单位，1.4万人用上了自来水。同时，更名为“涛雒镇水利站自来水厂”。1990年，在南店河上游打对口抽，增加供水量。1992年，用沉盘打大口井建第二水厂，与1973年建的第一水厂合用。1993年后，两水厂日供水不足600立方米（日需水量1000立方米）。2002年11月，镇水利站在刘庄河闸以西200米处打沉盘井1口，补给驻地用水。2007年1月，自来水厂从水利站析出，自来水厂并到龙泉供水有限公司。

刘庄管区水厂 1977年，刘庄管区8个村联合，在小刘庄村西建水厂1处。1988年，根据水检报告，水中含氟量太大，重新进行改水，因除氟设备费用太贵，停止供水。

栈子合作水厂 1987年，栈子一、二、三村和海员村、庄家村、孙家村、丁家营子村合作，在丁家营子村西北角建水厂1处。资金来源：临沂地区财政拨款15万元，县水利局扶持和各村筹集资金68万元。水厂至各村用 φ0.2 米的水泥管，后改用塑料管送水到村。各村自行设计安装到户，使7080人用上了自来水。1993年，因高旺金矿在此建矿区，水源受限，水质变差而停止供水。

日照市自来水供水厂 位于刘家湾村西北，2004年开始建设，征用刘家湾村土地15亩，2005年开始供水。

日照东港龙泉供水有限公司 俗称镇供水中心。2006年8月，该公司在东石梁头村东建水厂1处，投资800万元，占地12亩，建房屋15间，建筑面积460平方米，运用沉盘法打大口井1眼，井深16米，口径6米，安装变频调压设备5台。2007年1月竣工，开始供水，同时，纳入涛雒镇水利站自来水厂。日供水能力为8000立方米，供水范围为镇驻地企事业单位、工业园区、赶海园及周边42个村庄，受益人口5万人。

第六节 截潜流 固定喷灌

西林子头潜流工程 1995年，镇水利站对西林子头村后河进行实地勘测后，自行设计、施工，西林子头村出工，投资5万余元，对其河潜流进行堵截，目的是把河底地下水进行堵截贮存，保证一定量的地表水与地下水不流失。工程长48米，设4.5米的潜力池，底部闸室宽4米，顶宽2.5米，石砌与混凝土浇筑相结合，可贮地表水1.5万立方米，河底地下有效藏水面积1.6万平方米，可扩大浇灌面积300余亩。

苗家村潜流工程 1996年，镇水利站自行设计、施工，苗家村出工，投资14.5万元，在该村扬水站一侧建截流工程1处。工程长135米，底宽5.5米，上顶宽1.5米；石砌与混凝土浇筑相结合，可贮地表水10万立方米；河底地下有效藏水面积8.1万平方米；安装18千瓦电机抽水设备1套，可扩大村北岭浇灌面积700余亩。

李家潭崖村潜流工程 2006年，在李家潭崖村前河大桥东边建潜流工程1处。李家潭崖村出工，投资45万元。工程基础下挖至岩层，长105米，底部宽5.5米，顶宽1米；石砌与混凝土浇筑相结合。建成后贮地表水6万立方米；河底地下有效藏水面积7万平方米，扩大两岸水浇面积500余亩。

亚月茶园固定喷灌网 2005年，镇水利站在亚月村投资15万元，建固定喷灌网络1处，水源为村内塘坝之水，专用于村内茶园浇灌。安装11千瓦电动机抽水，主管道0.75米塑料管800米，园内终端使用0.38米塑料管12万米，亩茶园使用喷嘴8～12个，浇灌方式为喷灌，覆盖茶园面积为360亩。

东石梁菜园固定喷灌网 2007年冬，水利站勘测、设计、施工，投资近30万元，使用村内机井之水，建固定喷灌网络1处。为适合大棚蔬菜浇灌，采用滴灌方式，主输水管棚外为直径0.38米塑料管，棚内为塑料扁管，总浇灌面积180亩。

第七节　黄淮海平原农业综合开发

1988 年，国家投入配套资金对黄淮海平原进行综合开发，特别是对黄淮海中下游农业，改造中低产田、水利配套和农田林网为主的综合开发。1988—1993 年第一阶段中，对域内 4000 亩以上的湖区农田打机井砌石渠，分期进行综合整治。

1990 年廒头湖、右所湖各村砌石渠一览表

表 10—5

村名	石渠长度（米）	集体投资（万元）	上级扶持（万元）
田家园村	480	2.88	1.52
成家廒头村	1200	7.2	2.88
张家廒头村	640	3.84	1.536
西灶子村	660	3.96	1.584
尹家廒头三村	490	2.94	1.176
东川子村	2200	15.4	6.16
右所村	2670	18.69	7.476

1992 年小海湖、川子湖各村砌石渠一览表

表 10—6

村名	石渠长度（米）	集体投资（万元）	上级扶持（万元）
东川子村	3600	25.2	10.08
马家村	1600	11.2	4.48
沙岭子村	1400	9.8	3.92
王家村	1500	10.5	4.2
小海村	300	2.1	0.84
桥西头村	600	4.2	1.68
桥东头村	1200	8.4	3.36
李家村	800	5.6	2.24
刘家湾村	2700	18.9	7.56

1994—1997 年的第二阶段中，以扩大灌溉面积、改善除涝面积、增加机械作业量为目的，加强水利设施的建设。

图 10—5　小海湖石渠

1994 年东风湖、下元湖、李潭湖各村砌石渠一览表

表 10—7

村名	石渠长度（米）	集体投资（万元）	上级扶持（万元）
簸箕笃子村	450	3.15	1.42
东风村	2800	19.6	8.82
华山村	2000	14	6.3
大羊卷村	800	5.6	2.52
赵家庄子村	1400	9.8	4.41
东石梁头村	1050	7.35	3.3
西石梁头村	1600	11.2	5
高旺庄村	1500	10.5	4.72
下元一村	1800	12.6	5.67
下元二村	1100	7.7	3.46
下元三村	2100	14.7	6.6
苗家村	1500	9	4.05
竹家园村	1100	6.6	2.97
李家潭崖村	1600	9.6	4.32
南店村	2800	19.6	5

第十一编　林　业

涛雒沿海防护林　（李世成摄于2021年6月）

域内有竹子河、廒头河、林子头河等流经，西南部为磴山山脉，山、海、河地理条件优越，气候湿润，适宜各种树木生长。自古以来，勤劳的涛雒人民视植树造林、种植果木为传统美德，在宅旁院内、田头路边广泛地栽植树木花果。中华人民共和国成立后，党和政府出台了一系列有利于林业发展的法规、政策，极大地促进了林业的发展。至 2021 年末，全镇林地面积 23673.75 亩，其中山场林地面积 8356.5 亩，沿海防护林面积 1834.8 亩，用材林面积 2893.5 亩，经济林面积 14390 亩，竹林面积 324 亩，林木绿化率达 20.8%。有挂牌保护的三级古树 3 棵。

第一章 林业资源

涛雒西依磴山山脉，东临黄海，地理条件优越，气候湿润，适宜各种树木生长发育。中华人民共和国成立以前，域内乡土树种资源丰富。中华人民共和国成立后，陆续引进大量用材林及花卉园林树种。据 2021 年统计，约有 37 科 100 余种。

第一节 树木种类及林地分布

域内山场林地主要分布于磴山北麓山系的笊篱头山、光腚山、牛王庙山、石盘山、鸡鸣山、横岭、草坡山、二寨垛山、大寨垛山（天台山）、莱山、竹山、驴山、凤凰山等，以松树为主要树种，另有柞树、刺槐、枰柳树等。沿海防护林位于黄海岸边，北起夹仓口，南至东林子头村前，主要树种为松树、刺槐、棉槐及柞树等。用材林包括速生丰产林等，主要分布竹子河、南店河、右所河、东川子河、廒头河岸堤坝及两岸堤角保护地，磴山东麓山脚下亦有部分种植，主要树种为 69 杨、72 杨、刺槐、水杉、毛白杨等。经济林主要分布在 204 国道以西丘陵地带，以苹果树、桃树为主，另有少数板栗、核桃，204 国道以东平原地亦有部分梨树、桃树。竹林主要分布在巨峰河两岸，主要竹种为淡竹。

据 2021 年统计，域内山场林地面积 8356.5 亩，沿海防护林面积 1834.8 亩。用材林面积 2893.5 亩，经济林面积 14390 亩，竹林面积 324 亩。

第二节 林木蓄积

据 1983 年林业资源调查，涛雒公社林地面积 16422 亩，林木总蓄积为 21768 立方米，其中，松树面积 9471 亩，蓄积 6261 立方米；刺槐 1832 亩，蓄积 3077 立方米；杨树 625 亩，蓄积 933 立方米；其他树 53 亩，蓄积 186 立方米；疏林面积 27 亩，蓄积 5 立方米；“四旁”树木蓄积 10306 立方米。森林覆盖率 13.6%。

2021 年，全镇林地面积 23673.75 亩，林木蓄积量 21805.7 立方米，其中松树 5584.8 亩，蓄积量 3317.3 立方米；杨树 2323.5 亩，蓄积量 5644.2 立方米；其他树种 15765.45 亩，蓄积量 12844.2 立方米。林木绿化率 20.8%。

三级古树 2021 年域内有挂牌保护的三级古树 3 棵：（1）大草坡村棠梨树 1 棵。（2）东石梁头村银杏树 1 棵。（3）镇党委院内桂花树 1 棵。

图 11—1 大草坡村后棠梨树

（李世成摄于 2022 年 11 月）

图 11—2 东石梁头村银杏树

（丁真海摄于 2023 年 10 月）

图 11—3　镇党委大院内的桂花树
（李世成摄于 2023 年 6 月）

凤凰山银杏树　生长于凤凰山顶，是清康熙年间凤凰山顶建玉皇庙时所植。因土壤肥沃，生长旺盛，远远望去，独居挺拔，故为周边几十里内人们活动的坐标，特别是东部沿海渔民航海时，该树成了自然标志。抗战时期，敌伪在此修炮楼，战事频繁，树也深受其害。抗日战争胜利后，虽然缺乏管理，树体外表常受到人为砍、剥，但大树仍然生机盎然。1975 年，涛雒公社派人将其砍伐，用来制作办公用桌、椅等。

天后宫银杏树　该树生长在天后宫（故址今在 341 省道与海滨四路交会处、海滨四路往北 100 米处路西侧）前殿西头。天后宫落成后，清乾隆年间栽植。1950 年，海防团驻涛雒时将其砍伐，用来造船。

图 11—4　20 世纪 70 年代凤凰山银杏树消失前的远景视图　（李世成摄影并制作）

1950—2021 年涛雒镇古稀树木一览表

表 11—1

树种	地点	树龄（年）	树高（米）	胸径（米）	备注
银杏	东石梁头村	120	16	0.75	生长正常
桂花	镇党委院内	123	2.5	0.20	1983 年从上元村移出
银杏	凤凰山顶	320	20	1.4	1975 年伐
银杏	天后宫	280	15	0.82	1950 年伐
棠梨树	大草坡村后	120	15	0.43	生长正常
黄杨树	鱼骨庙	120	15	0.5	1968 年枯死

第二章　绿化造林

旧时，域内树木，以自然生长和居民自发栽种为主。中华人民共和国成立以后，人民政府逐步调整、完善绿化政策，大力倡导、支持栽植树木，封山育林，荒滩造林，绿化山川。到 2021 年末，域内的林木绿化率达到了 20.8%。

第一节　采种　育苗

中华人民共和国成立以前，域内植树零星，树种杂乱，以自然生长为主，大量栽植，需到外地购苗。中华人民共和国成立后，人民政府推行“群众自采自用为主，政府调剂扶持为辅”的方针，提倡群众自己采种育苗植树造林。至 1955 年，域内群众累计采集橡子等大粒树种 3500 公斤，松子等小粒树种 1200 公斤，育苗 128 亩，造林 3500 亩。

1956 年底，土地入社，林木也作价归集体所有，农业社普遍成立林业队（组），负责育苗、植树、造林、护林。1964 年，政府从外地调入黑松子等树种，分给林业队培育，召开育苗现场会，总结推广毛白杨嫁接、苹果根接、桑树袋接、泡桐培根等育苗方法，加快苗木的繁殖步伐。至 1965 年，域内有刘家湾、华山等大队育苗场8处，育苗156亩，培育各种树苗130万株。1973年，引进水杉苗，华山等生产队栽植成功，发展水杉林120亩，增加了域内林木树种。

1979年1月，涛雒良种场成立苗圃繁育基地，专门拨出100亩土地，抽调林业技术人员，进行69杨、72杨的繁育树苗工作，育出的树苗全部供域内集体和个人栽种。1985年，育苗场地扩大至230亩，年供应市场杨树苗46万棵，对域内林业发展作出巨大贡献。

杨家洼是域内家庭杨树苗育苗村，从1980年开始，每年为社会培育大量杨树苗。1990年后，育苗由个人自行选择。随着时代的发展，绿化环境的苗木需求量大增，市场价格不断上涨，域内出现了许多繁育绿化苗木的专业户。1994年，下元三村秦玉良在村西南岭建苗圃场60亩，繁育百日红、大叶女贞及玫瑰等。2003年，姚久胜在上元村租赁土地103亩，繁育杨树苗、绿化树苗。2005年12月，业主孙玲于尹家廒头村前租赁土地50亩，繁植苗木，主要品种有龙柏、柳树、玉兰、桂花等。2008年，下元二村秦玉波、付瑞利等承包岭地135亩，繁育红叶石楠、小龙柏等树苗。

2011年后，先后发展起来的苗圃场有亚月苗圃场、李家潭崖苗圃场、杨家洼苗圃场、上元苗圃场，多者200亩，少者70亩。多繁育小龙柏、紫叶李、红叶石楠、大叶女贞、黑松等，也有杨树、垂柳等树苗。苗木销售多通过网络销往外地。

第二节 治山造林

域内有磴山山脉等大片山场林地。1950年后，人民政府推行“普遍护林、重点造林”的方针，大力开展荒山造林和封山育林活动，积极恢复和培育林业资源，同时层层发动群众，制定护林公约，禁止扒山皮、刨草根、上山砍柴和乱放牛羊。高级农业合作社成立后，山林打价随土地入社，有山场的行政村都成立林业队，设护林员。1957年，封山育林27000亩，育林方式主要为直播橡子（柞树种），栽植赤松、黑松等。

1965年春，有山林的生产大队组织青年突击队上山，挖鱼鳞坑，截水沟，植松栽果。以后十年，在县、公社林业部门指导下，或购种育苗，植苗造林；或购苗直补林场，使域内85%的山场得到绿化。1978年，引入刺槐、棉槐上山，大力发展针、阔叶混交林。当时的口号是：山上松，山中槐，山下四园（果、茶、桑、竹）巧安排。1982—1992年，补植造林1800亩，推动了山区的林业生产。1992年后，主要为采伐更新、补植造林。至2021年，全镇封山育林10191.3亩。国家级公益林（沿海防护林）1834.8亩，省级公益林（山场面积）8356.5亩。

第三节 海滩造林

域内有长达21千米的海岸线，1955年前，海滩大部荒芜，孙家村至韩家营子沿海尚有流动沙丘，终年风沙肆虐，危害农田，仅有刘家湾村海滩生长着少量的麻栎、赤松、刺槐、臭椿、柽柳、棉槐等树种。1955年，人民政府号召沿海一带群众造林，绿化海滩。是年春，县林业科与团县委联合召开青少年造林绿化海滩誓师大会，并组成联合造林工作组，到刘家湾村进行海滩绿化试点，调拨松树苗栽植，建设沿海防护林。按省人民政府《关于划分荒山海滩发展技术暂行办法》规定，划分海滩到行政村，按村划片植树，组织发动刘家湾、桥东头、沙岭子、川子、尹家廒头、张家廒头、成家廒头、小海、王家村、栈子、东南营、曹家村、东林头、西林头、东湖、韩家营子等行政村的群众，在北起夹仓口，南至韩家营子村与潘家村交界处，长达21千米的17000亩的海滩上，栽植黑松、刺槐、棉槐等百万株，直播橡子和枰柳种600公斤，采取乔、灌行间混交造林方式，获得成功。海滩面貌焕然一新。1959年，山东省沿海造林现场会议与会人员前来刘家湾林场参观。其成果作为典型，在省农业发展展览会上展出。《大众日报》以《降服“黄龙”》为题（副题为《日照县涛雒公社封滩造林经验》）对涛雒公社海滩造林的经验作了专题报道。刘家湾大队社员刘润贤因造林成绩突出，获华东局劳动模范称号。至1960年，域内营造沿海防护林12000亩，从根本上改变了沿海地区的自然面貌，收到了防风固沙、保护农田的良好效果。1965年春，中央人民广播电台记者王春林以《刘家湾奋战十年，荒滩变绿洲》为题，报道了刘家湾村封滩造林的事迹，在中央人民广播电台播发。从20世纪70年代起，以更新树种补植树苗造林为主。从90年代初开始，随着南沿海公路的修建、沿海水产品养殖业的发展、工商业户，特别是山钢精品基地的建设，沿海防护林面积逐渐减少。2021年，域内沿海防护林有1834.8亩。

图11—5　2011年海滩造林景况

第四节　河滩造林

1953—1956年，域内群众普遍采取插条造林的方式，在河道两岸大量栽种加拿大杨树；有的利用植苗造林方式，在河堤两侧栽植刺槐；有的在低洼的河漫滩栽植杨树、柳树，发展荻苇等，实行林草间作，收到良好的蓄水固堤效果。1964年，域内西南部山区大力培植天然杍柳等野生树苗，同时栽植毛白杨、小叶杨等树苗；中东部平原及地势低洼地区，利用河滩栽植杨树、柳树、刺槐等树木。

1976—1979年，域内利用整治河道、加固堤坝的生产运动，开展了大规模的河滩造林运动。郭家庄子河自林子头村至丁家营子村河段，都栽植了杨树、刺槐；高旺河自高旺至李家营子、栈子河段，普遍栽植杨树、竹子；巨峰河自赵家庄子至南店段河滩，栽植了杨树、刺槐和竹子；右所河、川子河和廒头河河滩都栽植了杨树、刺槐、榆树等。

1986年，右所村在村北二道河“五一”大桥以北河滩地营造丰产林，栽植Ⅰ—69杨、Ⅰ—72杨130亩，计13000棵，大刘庄村、高旺村、苗家村等都相继建设丰产林，全镇丰产林面积达530亩，共栽植速生杨53000棵。

1990年，全镇河滩造林面积230亩。2013年，全镇河滩造林面积130亩。2021年新增30亩。

第五节　农田林网

1974年，涛雒公社党委、政府组织重点大队干部去临沂、郯城、兖州等地参观学习平原绿化经验，在域内开展了农田林网建设。川子湖区、右所湖区、南店湖区、高旺湖区、下元湖区等农田治理工程中，实现了路、渠、林网化。新修建的农村生产路及大小渠道两旁都整齐地栽植了毛白杨、小叶杨、刺槐、棉槐等。至1978年，农田林网已初具规模，其中341省道丁家官庄村后至苗家村后段栽植的两倍体毛白杨长势良好，至今尚存。1986年，农田林网面积达230亩。

1991年，涛雒一村在西岭农田改造中，规划林地30亩，植银杏树3000棵。

2001年，镇党委、镇政府引进三倍体毛白杨树，栽植于204国道两侧20米内，同时，在刘家湾村后大量栽植，但因该树种域内不适宜，2013年后相继处理掉。2004年春，同三高速公路建成后，域内路两侧20米内全部进行绿化，栽植杨树、松树等。村村通道路两侧采用绿化树木进行绿化，2021年道路植树1500棵。

图11—6　2020年学校师生在义务植树

第六节 村镇绿化

1950年前后，域内农村“四旁”植树稀少，西部山区及平原地区绿化略好，沿海地区土地碱化严重，树木成活率极低，树木品种以国槐、榆树、楸树、枰柳等乡土树种较多，大树占的比例较多。1953年，人民政府引入刺槐、梧桐、白杨树等速生用材树木，加快了村镇绿化进程，农村的街道及路旁，农家的院里院外都栽上了树，至1974年，全公社行政村基本实现绿化。1984年，域内“四旁”树木达25万株，人均达4株。

随着人们生活水平的提高，农村街道两旁，用材树变成了观赏树。2000年，镇政府在整修204国道涛雒段时，在国道两旁栽植供观赏的芙蓉花700棵。2006年，镇政府在镇驻地中心建小型街心公园，栽植雪松、果树、垂柳、翠竹及各类花草，开辟健身广场，为居民提供悠闲的活动场所。2008年，西林子头、大草坡、孙家村、西石梁等村相继建街心公园。2013年后，大多用红叶石楠进行绿化。是年，全镇“四旁”树木有13000株，2021年域内村镇绿化新增30亩。

第七节 采伐更新

次生林改造 中华人民共和国成立前，域内磴山山麓赤松林多为低产的天然次生林，树干弯曲低矮，只能作为柴草，烧窑、做饭用。由于修枝强度大，加之松毛虫危害严重，林相极差，不能发挥保持水土、涵养水源的作用。为了提高防护作用和经济效益，磴山林场所属的生产大队于1964年开始采取补植刺槐、更新树种的方法改造次生林，其中华山大队营造赤松与刺槐混交林的治林工作取得成功，其经验在全县推广。

1973年，华山大队林区作为县林业局的试点单位，进行了林区抚育间伐试验，将有培养前途的赤松林，采取留优去劣、抚育间伐、保护植被、保持水土、生物防治等综合营林技术措施，促进林木的生长，取得很好的经济效益。1985年测定，每亩赤松林蓄积量达9.89立方米。次生林改造获得成功，改变了次生林不能成材的状况，扭转了单纯修枝取柴的薪炭林经营模式。这一科学营林技术措施在全县得到推广。

1989年，域内磴山林场又采取隔离带整地方式，引种试栽火炬松获得成功，将次生林改造推广到新的水平。

迹地更新 1964年，域内各生产大队普遍对林场进行采伐更新，主要采取“拔大毛”的做法，伐老留小，留强去病，采伐树种以杨树为主，为队集体和社员提供建房用材。1975年，山地林场刺槐陆续成材，各生产大队对10年生刺槐进行轮伐更新。1982年，各生产大队对河滩林进行采伐更新，重新栽植欧美杨、69杨、71杨等。1985年，东川子村河滩林采伐更新，将4000余棵成材杨树分给村民，解决村民建房用木材问题。2002年，赵家庄子河西崖55亩杨树林采伐更新，增加集体收入。2011年，下元三村在高速公路两侧采伐更新杨树4500棵。2012年南店、高旺、栈子等村采伐更新杨树270亩，全部更新栽植69杨、72杨等。是年，受台风影响，东风、右所、下元、李家潭崖等村被台风刮倒树木80亩，一次性采伐更新。

义务植树 域内群众有在清明节前后植树的良好习惯。清宣统元年（1909），域内响应县署大力植树的号召，栽种一些树木。1915年，民国政府正式通令，清明节为植树节。1928年，民国政府又将清明植树节改为“总理逝世纪念植树节”。1930年，国民政府农矿部将每年3月5—19日定为“造林运动宣传周”。在植树节、造林宣传周期间，域内都有植树活动。日军占领涛雒后，植树活动中止。中华人民共和国成立后，域内群众响应“普遍护林，重点造林”的号召，遵守“只准造林不准开荒”的规定，从封山育林入手，坚持不断开展造林绿化活动。1979年2月23日，第五届全国人大常委会第六次会议通过决定将每年3月12日定为中国植树节。从此，义务植树在域内已成常态。

第三章　经济园林

域内植桑养蚕历史悠久，但中华人民共和国成立前，未成规模。果树及其他经济林木多为零星栽植。中华人民共和国成立后，域内大力发展经济林木，种植规模不断扩大。2021年，域内有黄桃、桑树、茶树等经济园林数万亩。

第一节　果园

概况

中华人民共和国成立前，域内果树多为零星栽植，很少有成片的果园。1955年，山东省政府奖励给簸箕笃子村灯塔壹号社苹果树苗2000株，自此，域内有了成片的苹果树。1964年，在农村社会主义教育工作队的指导帮助下，开始建果园，苹果发展较快，相继有华山（县林业局调苗木，在村前沿山脚下东西建林600亩）、下元西山下、上元西山下、郭家庄西北、丁家官庄西北、东风村前、簸箕笃子前、李家潭崖河南、东南营前、右所西、涛雒一大队西岭、下元二大队北、下元三大队前、蒿岭东、大洼西北、南店西北、涛雒七大队后、大草坡北岭、赵家庄子西南等先后建起了果园，至1978年，域内有果园2000亩。

1978年，公社管委成立了果树协会，会员40人，1980年发展至200人，其中有果树技术能手58人，农民高级技师3人，中级技师16人，农民技术员38人。先后出现了右所、南店、高旺、华山、涛雒七大队、大草坡、下元一大队、东风、赵家庄子、西灶子等村的果树样板园。从1982年开始，果园逐渐承包到户，果业发展加快，在果树品种上，向名、优、特发展，以市场价格为导向，苹果、桃、梨、杏、葡萄、柿子等多样发展。1987年，栽植山楂树300亩。

2000年后，因城市建设和工业园区建设用地，域内果园面积减少。至2006年底，域内共有果园6700亩，其中苹果1800亩，主要分布在右所、涛雒七村、丁家官庄等村；梨树100亩，主要分布在涛雒四村、西灶子、东灶子、张家廒头等村；葡萄10余亩，主要分布在华山村；桃树4600余亩，主要分布在高旺庄村204国道西侧和孙家营子村204国道东侧（此两处于2010年因物流园的建设被砍伐掉），蒿岭村后，苗家村北、西，丁家官庄村西南，小草坡村西北，涛雒三村西岭，亚月村前等；另有山楂、柿、枣、银杏等杂果30亩，多为零星分布。

果树栽培

苹果　域内苹果主栽品种不断更新。1980年前，主栽品种有小国光、金帅、红香蕉、红玉等，1980—1997年引进新的品种有红富士、嘎啦、红将军等。2021年，域内有苹果园260亩。

图11—7　富士苹果

梨　梨树主要分布在大洼、涛雒四村、竹家园、西灶子等村。1993年以前，以栽植车头梨为主，1993年后，引进新品种丰水梨等。

桃　中华人民共和国成立后，域内大力发展果园，桃树栽植数量增多，1966年以前，以栽六月红为主。1999 年，始栽植黄金桃、冠 5、冠 7 等。2006 年，域内有桃园 1000 亩。2021 年，全镇有桃园 11600 亩，主要分布在李潭管区、郭庄管区等。

图 11—8 黄金桃

杏 杏树是古老的家庭栽植果树之一。1993 年以前，主要以零星栽植为主，1993 年后，才有成规模的杏园，主要分布在华山、上元等村。1966年以前以麦芸杏等居多，1998年后，引进凯特、金太阳等，分布在簸箕笃子村、亚月村。2013 年后，只有零星的杏树。

葡萄 域内栽植葡萄历史悠久。1980 年后，果园发展较快，葡萄种植面积增加。1985 年，域内种植葡萄面积 96 亩，主要分布在高旺村、簸箕笃子村、下元二村等。2018 年，域内有 68 亩，主要品种有巨峰、泽玉等，2021 年域内种植葡萄面积 10 亩。

板栗 1975 年，域内板栗栽植面积 290 亩，主要分布在大洼、丁家官庄、华山、东风、上元、下元三村等村，仅丁家官庄村就栽植60余亩。是年，开始嫁接改造，引进金丰、实丰、红利等品种。

枣 枣树域内原本有零星栽植，1950 年后，栽植面积有所增加。1998 年后，枣的价格一直居高不下，枣树栽植面积也随之增多。至 2021 年，域内有枣树面积 20 亩，主要品种有梨枣和冬枣。

核桃 1950 年后，域内核桃在山区村有零星栽植。2009 年 9 月，虎山镇人吴家余在上元村后岭承租土地建园，后又于下元村前承租土地发展核桃园 1 处，两园面积为 206 亩，植树 1.5 万株，主要品种有辽核、青香、核丰、新丰、鲁果等。

其他果树 柿树、樱桃、李子、无花果、海棠、石榴等多为零星栽植。

果树管理

土肥水管理 1960 年前，栽果树多以小穴栽植。1960 年，开始挖 1 米见方的大穴，先回填熟土，后栽植。1962 年，林业站推广深翻扩穴，在多年的果树周围挖 0.7 米深、0.8 ~ 1 米宽的环形坑，熟土回填。1971 年，提倡种绿肥压青，改良土壤，推广果园浇封冻水、花前水、花后水，并总结果园土壤含水量在 15% 左右时就应及时浇水，涝了就及时排水。1984 年，开始推广地膜覆盖、盖草、穴储肥水等技术。

1976 年前，果园施化肥成龄树每株 2 ~ 3 公斤，幼龄树每株 0.5 ~ 2 公斤，分别在 5 月下旬和秋后各施一次。1989 年，推广配方施肥，追果树专用肥和叶面喷光合微肥，同时应用萘乙酸、多效唑等激素肥料。

整形修剪 1950 年前，域内果树基本不修剪整形，任其自然生长。1960 年前后，开始培训果树修剪整形技术员，1965 年普及推广。1972 年前，苹果树采用“三大主枝疏散分层形”，即留出中央领导干，基层三大主枝，二层两个主枝，三层一个主枝；主枝的基角要求 60°，腰角 70°，梢角 65° 左右，并在主枝层间留一空的辅养枝，以辅养树体，促其早结果。1980 年采取“轻剪、长放、多面枝、整形结果并举”的修剪技术，改一年一次修剪为一年四季修剪，根据树龄大小全部修剪，大树采用干疏层技术，幼树采用主干疏层。1985 年后，多栽植短枝型品种，且密植矮化，多采用小冠形树形，成纺锤形或圆形。

梨树参照苹果树的修剪方法；桃树一般采用“开心型”修剪；葡萄采用“棚架式”和“篱壁式”整形修剪；柿子、板栗多采用“疏层型”和“开心型”修剪；其他杂果只抽密枝、弱枝，一般不搞修剪。

病害防治

腐烂病 主要危害苹果树的枝干，梨、板栗等果树也有发生。防治方法：加强水、肥土的管理，增强树势，提高抗病能力，控制负载量，壮树稳产，刮涂病斑，涂抹福美砷，平平加液，或涂浓碱水。1970 年后，于春季萌芽前推广嫁接补洞技术，早春喷三遍石硫合剂。2010 年后，施用的药物有福星等。

烂果病 危害较重的是轮纹病和炭疽病，主要危害苹果、梨、桃、葡萄等果树的果实，此病为病菌孢子所致，使果肉腐烂变苦。防治方法：清除枯枝，摘除病果，实行果实套袋。药物防治：可在5月下旬喷三遍波尔多液或代森锰锌、多菌灵、甲醛托布津、大生M—45、退菌特、百菌清等。2010年后，施用的药物有午唑醇等。

早期落叶病 主要是褐斑病，危害苹果、山楂、梨、桃等果树的叶片，使果树落叶早，影响果树生长，同时影响果品产量质量。防治方法：秋冬清扫落叶，以根除病源为主。药物防治：与烂果病的药物防治方法相同。

根腐病 主要危害苹果、桃、梨、葡萄等树根的根系，主要有根朽病、白卷病，可引起果树植株死亡。防治方法：注意果园排涝，保持土壤通气性良好，切除病根，药物消毒，严禁重茬建园。

其他病害 一般按以上几种病害来防治，药剂施用相同。

虫害防治

域内果树的虫害较多，主要红蜘蛛、桃小食心虫和蚜虫。

红蜘蛛 主要危害苹果、山楂、桃、梨、板栗等果树的叶片，引起早落叶，一般一年发生6～9代，严重时出现世代交叉，成虫在树皮裂缝和杂草中越冬，3月下旬至4月下旬上树危害。防治方法：刮老皮，清除落叶和杂草，消灭越冬虫卵。药物防治：1970年起，相继使用杂虫醚、水胺硫磷、三氯杂螨醇、克螨特等均有效；1980年起，相继使用克螨特、克螨净等药物防治，为避免害虫产生抗体，注意交替使用农药，提高防治效果；2010年后，施用药物有甲维碱、高氯、康宽、螨灵、阿维菌灵等。

桃小食心虫 主要危害苹果、桃、杏、山楂、梨、枣树的果实，老熟幼虫在树下作茧越冬，5月下旬开始出土化蛹，成虫羽化产卵，孵化后幼虫入果危害，一年发生1～2代。防治方法：可在5月下旬进行地面撒药或培土，6月上旬至7月上旬，喷1500倍1605或2500倍桃小灵防治幼虫，发现病果要及时摘除，2010年后，施用的药物有甲维碱、康宽等。

蚜虫 主要危害果树的叶片和新梢，重者叶片皱缩，发黄脱落，新梢细弱弯曲，影响果树生长和结果。防治方法：1960年起，喷洒1500倍的氧化乐果防治有效，1985年起，使用蚜虱净、蚜灭多、抗蚜威等药物进行防治，2010年后，施用的药物有吡蚜酮等。

其他虫害防治 可结合以上三种主要害虫的防治方法进行防治。1985年开始推广使用脂类农药；1990年后，为生产无公害优质果品，推广使用低毒高效灭幼脲3号等生物农药。

第二节　桑蚕

域内植桑养蚕历史悠久，有蓖麻蚕、椿蚕、桑蚕三种。

蚕的种类

蓖麻蚕 用蓖麻叶饲养的蚕，一是人工采叶喂养，二是将蚕放在蓖麻棵上让其自食，蚕体大，蚕色褐，产量低、质量差，20世纪60年代后少见。

椿树蚕 以食椿树叶为主，蚕个大，褐色，产量低，多是自生，人工放养者少，各户收蚕后，自行抽丝，打线用。20世纪80年代后，椿树减少，椿树蚕亦少见。

桑蚕 又名家蚕。域内桑蚕植养历史悠久，清末有商人经营桑蚕。1950年前，域内没有成片的桑园，多是栽在地边、地堰、地界、场院或屋后等处的单株桑，户栽桑，户养蚕，土法加工，自产自用。1958年，乔木桑改为中干桑，实行粮桑分开。1976年，桑树由四边地堰逐步移向良田，推广粮桑间作。1985年，政府倡导植桑养蚕，全镇发展桑田70亩，域内有东风村、下元二村、高旺庄村、郭庄村、大草坡村、下元三村、丁家官庄村等成片桑园。1996年，蚕茧价格下跌，出现了刨桑现象，镇政府及时采取措施，保护桑园。同时，东港区丝绸公司对蚕农实行优质服务承诺，保护蚕农利益，进行茧价补贴（春茧每公斤贴2元，夏茧每公斤贴1元，中晚秋蚕每公斤2元）和化肥补贴（每亩桑补贴专用肥50公斤、尿素10公斤），从而稳定了蚕茧生产。

1997年春季，张种产茧在40公斤以上的村有下元二村、东风村、赵庄子村，有21个养蚕户张种产茧超过50公斤；亩产值超过2000元的养蚕户有120户。2006年，域内有桑园1100亩，年产茧120000公斤，产值390万元。2013年，域内有桑园1180亩，年产蚕茧92000公斤，产值380万元。2021年，产蚕茧30000公斤，产值162万元。

1982—2021年部分年份涛雒蚕茧站植桑养蚕统计表

表11—2

年份	桑园面积（亩）	产茧（公斤）	年份	桑园面积（亩）	产茧（公斤）
1982	20	1000	1999	1500	150000
1983	25	1300	2000	1500	150000
1984	30	1500	2001	1500	150000
1985	70	3500	2002	1500	150000
1986	80	4000	2003	1100	120000
1987	85	4250	2004	1100	120000
1988	90	4750	2005	1100	120000
1989	100	66000	2006	1100	120000
1990	500	45000	2007	1100	93400
1991	600	60000	2008	1060	107100
1992	650	65000	2009	1060	91300
1993	900	90000	2010	1060	96600
1994	950	95000	2011	1000	96500
1995	100	100000	2012	1000	90600
1996	1100	110000	2013	1180	92000
1997	1300	130000	2021	400	30000
1998	1400	140000			

桑园管理

1950前，域内桑树多任其自然生长，一般不进行管理，因而产量低。1985年，建成成片密植桑园后，管理技术也引起了足够的重视，措施主要有五条：1.施肥浇水：刚建园时，每年施一次肥；1970年后，每年施两次肥；1980年后改为每年施四次肥（第一次，春分后，亩追土杂肥35车，桑树专用肥50公斤，硝酸铵或碳酸氢铵50公斤；第二次，在6月份夏伐后仍以土杂圈肥和速效肥为主；第三次，在8月份，要求亩施桑树专用肥50公斤，尿素25公斤；第四次在秋后，封冻前施土杂肥为主），同时，应视桑园墒情，一年四季适时进行浇水，以保桑树的生长。2.防治虫害：桑园的主要虫害有桑尺蠖、桑象鼻虫、桑瘿纹、桑螟虫、红蜘蛛、桑蓟马、桑天牛等。1988年后，桑园打药治虫基本都是蚕茧站统一进药，技术员把关，一个村、一片园在统一时间内打药，这样，可达到联防联治的目的（一般在4月份养蚕前打一次，6月份夏伐后打一次，9月份秋蚕后打一次，10月份打一次关门药）。特殊年份，视病虫危害程度，蚕茧站及时组织打药捕杀。3.桑树修剪：1985年，桑园皆为成片密植园，桑的枝条多少，健壮与否，除肥水外，修剪也是关键环节。修剪主要分两次：一是夏伐，即是喂完春蚕后，伐条留拳，发出的枝条多，且粗壮有力；二是冬季剪梢，是指喂完晚秋蚕，于霜降后，把根枝条上的1/3剪去，把株内弱小枝条、枯枝、枯桩剪除。4.清除萎缩病桑树：1990年后，由于栽桑面积大，从外地购进桑苗多，带入了桑树萎缩病菌，此病难以防治，且蔓延较快，1998年，域内桑园已发现此病，蚕茧站指导养蚕户采取措施，有效地控制了发病。5.烟雾防冻：每年早春，桑树萌芽，常有不同程度的晚霜冻害，遇此天气，人们可在地头堆放柴草，生火闷烟，烟雾顺风吹入桑园及漂浮上空，以调节气温，预防桑园冻害，减少损失。

在桑园管理上，蚕茧站对域内植桑户实行“四统一”，即统一打药时间，统一浇水遍数，统一施肥次数和数量，统一修剪标准。

图11—9 南店村桑园

蚕的管理

1950年前后，域内少量农户养蚕。1970年，涛雒供销社生产股组织有桑树的村成立养蚕专业队，实行集体养蚕，养蚕由供销社管理，桑园归林业部门管理。1982年，日照县丝绸公司成立后，桑蚕专营，形成了规范管理。

小蚕共育　1982年前，由供销社采购站把蚕种分给各养蚕户，各户自行饲育管理小蚕，由于技术掌握不好，出蚕、育蚕参差不齐，小蚕死亡较多。从1982年开始，推广小蚕共育技术，由丝绸公司蚕茧站派人驻村，在同一地方、同一蚕室，组织专人饲养小蚕，到龄时，再分发给养蚕户进行饲养，便于统一技术指导，消毒防病，节省人力物力，小蚕成活率达98%以上。

地面养蚕　实行地面养蚕，选择树林，通风向阳，地面平整，砌成畦状，制成拱棚，上面覆盖塑料薄膜，畦内外消毒，即可养蚕。

大棚养蚕　1981年，实行联产承包责任制后，桑园也逐步进行承包到户，有的户承包桑园较多，为解决蚕室不足，自1990年推广“良桑饱食，稀放均放”技术，实行大棚养蚕。2006年底，全镇已发展养蚕大棚300个，主要分布在高旺、下元、丁家官庄、竹家园等村。大棚收完蚕茧后，可养鸡、种菜，一棚多用，提高经济效益。2013年，全镇有养蚕大棚256个。2021年，有养蚕大棚80个。

超前扩座　2000年，推广规模省力化养蚕技术，实行“4+1”或“5+1”模式，即每户栽桑4亩或5亩，建一个养蚕大棚，便于超前扩座，多养稀放，大蚕饲养改为省力化的地面条桑育，降低了劳动强度。

上簇　蚕养到一定程度就要作茧，自用桑养蚕以来，直至1989年前，营茧工具一直用麦秸扎把，或制成蜈蚣簇上茧。1989年后，推广优质方格簇，现已全部普及，并一改过去人工拾茧为自动上簇。

在整个养蚕过程中，自1990年后，推广“四统一”“八配套”技术。“四统一”即桑园统一施肥、浇水，统一打药治虫，统一共育小蚕，统一蚕室消毒；“八配套”即简易蚕台或蚕匾、方格簇、消毒罐、地火笼、除沙网、专用喷雾器、贮桑棚、贮沙坑的全面配套。在此基础上，试验推广了“四改一扩”蚕改模式，即，改偏房为正房，改小屋为大屋，改地上加温为地下加温，改一面窗为对流窗。

图11—10　大棚养蚕

茧的收购

蚕上簇后，几天就结茧，技术员根据蚕头上簇个数与养蚕户签订合同责任书，并一起预估茧产量，双方印证签字，养蚕户与技术员各执一份。

预约交售　蚕茧站根据合同到各户检查蚕茧的化蛹程度，结合蚕茧站的收烘能力，提前发给蚕农预约的售茧证，蚕农按时持证到本镇蚕茧站售茧。

售前初验　鲜茧到站后，由初检者查看售茧证、排号，合同手册相符的，进行收购，司磅员称重后，只喊数量，不念交者村名、人名，双方认可后，将茧输入茧棚。

平台抽样　有负责人将输入的茧，按排号每份以5点抽样的办法，抽一定数量的茧，递入密码验级室。

密码验级　验级员在密码验级室内，用检查仪器对运来的茧进行水分、茧层、解舒率、茧丝长等次进行测实，确定茧的价格后填写卖茧单，然后由负责人将茧单交与售茧人。

市场管理

1985年前，蚕茧以大队为单位交售，供销社采购站收购。1986年后，蚕茧一律由丝绸公司统一收购，镇政府根据上级要求，规定域内所有养蚕户，蚕茧一律售给蚕茧站，不准外流。镇政府成立了蚕茧领导小组，与各村签订蚕茧责任书，严防茧外流，年底按合同兑现奖罚；对外地来域内收购者，实行举报有奖。售茧期间，组织专门队伍，昼夜巡查，确保蚕茧市场的稳定，维护好蚕农的利益。

管理机构

涛雒镇蚕茧站成立于1999年，直属东港区丝绸公司领导，具体业务由虎山蚕茧站负责，原站址（借用）在204国道东侧，于2000年迁入南店村西办公，建房屋20间，其中办公室2间，凉茧棚8间，宿舍7间，伙房1间，总占地6亩。站内有热风烘干机1台，有工作人员5名，负责全镇植桑村的桑园管理和蚕的饲养技术指导及蚕茧的收烘管理工作。

2001年以来蚕茧站站长任职更迭表

表11—3

姓名	性别	籍贯	任职时间
胡延连	男	碑郭镇	2001.2—2002.2
张念中	男	虎山镇	2002.2—2004.2
安玉亮	男	陈疃镇	2004.2—2006.2
郑世恩	男	后村镇	2006.2—2013.2
辛本秋	男	黄墩镇	2013.2—2017.12
秦玉湘	男	下元二村	2017.12—2019.12
郑世恩	男	后村镇	2019.12—2021.12
闫早恩	男	奎山河套村	2021.12—

第三节 茶园

1966年前，本地有极少茶树，可采集叶子烧水饮用，人们日常用茶由南方茶区购进。1966年，日照县进行南茶北引试验成功。1967年，华山大队在庙园前的4亩地里试种成功，随之，部分大队陆续种植。1972年，大羊卷大队在庄前建茶园12亩。1973年后，公社果茶站不断组织有关大队人员进行茶业技术培训学习。1974年，在全公社进行大面积推广，先后有亚月大队在高家岭东侧种茶150亩，大洼大队在村西北种植50亩，华山大队在村前种植50亩，下元一大队在村西山下种植50亩，上元大队在竹山东坡种植50亩，长势良好。随着市场需求的不断加大，域内茶园面积也逐渐增加。1974—1980年，域内茶叶由村集体经营，1980年后，原集体茶园由个人承包经营，1990年后，部分村村民在自己承包的土地上种植茶树。2013年，域内茶园面积达3200亩，年产绿茶24000公斤。2021年，产量11万公斤。

图11—11 采茶

茶叶的制作

名优绿茶的制作大致可分为摊晾、杀青、造型、干燥四道工序。

摊晾 为了蒸发部分水分使叶质变软，便于在加工过程中造型，鲜叶采摘以后要进行摊晾，随着水分的蒸发，在多芽叶内部产生一系列的变化，对提高茶叶品质能产生积极效果。

杀青 名优绿茶制作过程的关键工序。必须遵循三个基本原则：1.高温杀青：先高后低的原则。2.抖闷结合：多抖少闷的原则。“抖”是为了发挥水分和青草气，而“闷”是为了迅速提高叶温。3.嫩叶老杀、老叶嫩杀的原则。嫩叶含水量高，酶的活性强，纤维素少，杀青要适当偏重。老叶的嫩度相对较差，含水量低，应适当嫩杀，保持叶面湿润，利于造型。杀青适度的特征：叶质柔软，略带黏性，叶色暗绿，嫩梗折而不断，青草气消失，微有青色。

造形 应遵循温度先高后低的原则，“轻、重、轻”的原则。造形初期，芽叶含水量较高，为使芽叶成形，用力要轻；中期芽叶含水量适当是成形的关键，要促进成形，用力要重，后期随着茶叶含水量的减少，稍轻用力，继续造形，使之固定和完善，若用力过重，茶叶易断碎，白毫易脱落。

烘干 为了除去茶叶中的水分，便于储存包装，继续破坏酶的活性，塑造特定的芽叶外形，继续促进芽叶内的化学变化。

茶叶科技

近年来，随着科技的不断发展，茶叶的种植和制作，科技含量也不断增加，茶叶种植要求遵循无公害和有机茶的生产技术操作规程，合理施用肥料、农药、除草剂、植物生长调节剂等，积极采用增施有机肥技术，提高土壤肥力，采用生物防治技术，保证环境和产品的安全。茶叶制作由手工发展到用机械，工艺流程也有了很大的进步，使茶叶的制作更具有科学性。

机制扁形名优绿茶的工艺流程　1. 摊晾：根据制作要求标准采摘茶叶，利用抽风气流传递式摊青架进行立体摊放，利用鲜叶分级机对摊青原料进行分级。2. 杀青：日照绿茶原料相比较而言芽头较肥壮，叶片较厚大，杀青时可优先选用 40、50、60 滚筒杀青机，蒸汽杀青机及微波杀青机等。3. 理条：优先使用上洋及天峰茶机厂生产的 11 槽不锈钢理条机，5 槽或 7 槽不锈钢多功能机效果也较好。4. 扁茶成形：浙江新昌天峰板式扁形茶炒制机效果好，也可以用 5 槽或 7 槽不锈钢多功能机完成。5. 磨光：用机械辉锅或电炒锅来进行磨光。6. 提香：用提香机完成提香。

条形、曲毫形名优绿茶的工艺流程　1. 摊晾：根据制作要求按标准采摘芽叶，利用抽风气流传递式摊青架进行立体摊放，用鲜叶分级机对摊青原料进行分级。2. 杀青：杀青时可选用 40、50、60 滚动杀青机，蒸汽杀青机和微波杀青机。3. 轻柔：利用 30、35、40、45 型揉捻机进行揉捻。4. 初烘：利用 901、941、6ch—3 型名优茶烘干机进行初烘。5. 理条：可优先使用上洋茶机厂生产的 11 槽不锈钢理条机进行理条。6. 提香：用提香机完成提香。

主要茶厂

亚月茶厂　亚月大队于 1976 年在庄西茶园内建成，房屋 20 间，有烘干机 2 台，揉捻机 2 台，杀青锅 5 口，有专职制茶人员 13 名，有茶园 150 亩，以后又有所扩大，最高年份可年产优质绿茶 7500 公斤。计划经济时代，成品茶由县茶叶公司包购包销一部分，国家每年奖励部分化肥和粮食，其余部分，自行销售。1978 年后，成品茶可自由销售。1981 年，茶厂由村民丁明新承包经营，生产的茶叶注册为“亚月绿茶”。1985 年，获得山东省优质绿茶第二名。2000 年，村集体茶园分包到户，茶厂由李宗金承包至 2010 年合同到期。2011 年后，茶厂停业。

大洼茶厂　1979 年，于村西北角建茶厂，建房屋 6 间，安装滚桶 2 个，杀青锅 1 个，揉捻机 1 台，8.82 千瓦柴油机 1 台。大队集体经营至 1984 年，1984 年后由个体承包。1994 年，茶厂迁至 341 省道北边。

涛雒良种场茶厂　1990 年，涛雒良种场在场部办公大院建设茶厂，厂房 10 间，建筑面积 300 平方米，主要生产设备有杀青机 1 台、揉捻机 2 台、烘干机 2 台、电炒锅 5 口，另有上料机、筛选机等辅助设备，年生产能力制茶 1 万公斤。茶源覆盖本场茶园 140 余亩及周边村庄个体专业户的茶园。茶叶品种有雪青、龙井、雀舌、银针等日照绿茶。2008 年茶厂随场部迁 341 省道以北建新厂房。2009 年 5 月，“尧王青”绿茶在首届中国日照绿茶节上被评为一等奖。2011 年，茶厂新建发酵室，研制生产日照红茶。2021 年，涛雒良种茶厂面积 60 亩，以生产高档茶为主，每亩产茶 40 公斤。

下元一村茶厂　位于鸡鸣山东麓，建于 2010 年，覆盖茶园 1100 亩，建筑面积 1500 平方米，杀青机 2 台，揉捻机 3 台，各种烘干机 15 台，生产茶品全部电气化，由村民申伟承包经营，炒制的茶品有龙井、雪青、绿茶等。2011 年，注册“下元青”商标，同时，申请了绿色食品认证、有机食品认证和 QS 认证。2017 年因山东海洋文旅征用被拆除。

第四节　竹子

域内栽植的竹子品种有淡竹、紫竹和毛竹三类。2021 年，域内竹林面积为 324 亩。

淡竹　又称坐地竹，杆细长、叶翠绿，多用于家庭竹制品加工，也用于塑料大棚撑杆等，淡竹一般生长于河崖两旁的沙质土地。域内分布较广，但各处面积较少，主要分布在巨峰河两岸从赵家庄子起至栈子地段，也有的生长于平原地区的沟河边，主要有右所、上元、下元二村、东风、簸箕笃子、东西石梁头等村。2000年统计，域内有淡竹林600亩。淡竹加工业主要集中在李家潭崖和竹家园村及镇竹编厂等，产品多为竹篮、竹筐、竹筐箩、竹笊篱、竹食盒等农家生产生活用品。集体化时大队成立竹编厂，产品销售本地及外地。1978年后，竹制品加工产业逐渐萎缩，竹制品逐渐退出市场。

紫竹 域内现存极少，在上元、东风、簸箕笃子、华山等村少量生长。紫竹杆细、皮厚、色紫，是制造京胡、笛子等民族乐器的材料，也是村人制作旱烟袋杆的最佳用材。因面积极少，没有开发利用。

毛竹 为域内南竹北移品种。1965年由县林业局从浙江省德清县引进竹苗，免费提供给李家潭崖、竹家园两个大队试验栽植。李家潭崖村建毛竹园10亩，竹家园村建毛竹园30亩，当年移栽成功，长势良好，至1972年，毛竹最大围径（竹根上1米）10厘米。2000年因土地经营权变化，毛竹被砍伐。2021年，丁肇中祖居院内有少量毛竹。

第五节 花卉

随着人们生活水平的提高，从事花卉栽植的人员和花卉的品种逐渐增多。1978年后，养花、观花成为美化环境、家庭文明的部分内容。1980年后，外地名贵花卉也逐渐引进。为满足人们对花卉的需求，养花大户也应运而生。1984年，亚月大队王运田利用庭院栽培花卉到市场销售，1986年扩大规模，在村西利用承包地建花卉大棚两个，为域内最早的养花专业户。1994年，下元三村村民秦玉良兄弟三人，建花卉大棚8个，年产鲜花64万株，产值20万元。2013年底，全镇养花专业户发展到4户，建起花卉大棚20个，面积20亩，年产鲜花160万株，花卉苗木200万株。至2018年底，域内的花卉品种有180余种，分木本、草本、松柏、酱肉质4类。

主栽花卉

菊花 菊科，菊属，多年生须根草本花卉，是域内传统名花，栽培历史悠久。菊花除观赏、美化环境外，花可食、可饮、可入药；地栽、盆栽均可。品种有400多种，按开花季节分为两类：一是秋菊，二是四季菊。秋菊颜色多，黄色的有黄牡丹、大王、光辉、金带、生辉等；红色的有状元红、大红袍、朱牡丹等；紫色的有紫绣球、紫气东来；粉紫色的有粉雪、西施浣纱等；黑色的有墨菊、包公面、青龙卧墨池等；绿色的有绿云、绿荷等；粉色的有粉芙蓉、粉金刚、贵妃醉酒等；白色的有白牡丹、玉绣球、银丝、浴月、献瑞等；复色的有三彩凤、帅旗、雪照红梅等。

杜鹃花 杜鹃科，杜鹃属。域内原只有本地杜鹃花，有映山红、双花、单花、绒花、毛叶等，花瓣颜色单调。1960—1982年，先后引进10多个新品种：日本杜鹃、西洋杜鹃、红珊瑚、红双花、玉女等“新八种”和“朝霞、晚霞、五宝珠、粉天惠，粉五宝”等“特八种”。其他品种及变种很多，以红、复、白色居多，粉紫色次之，黄色极少。

玫瑰 蔷薇科，蔷薇属，多年生木本花卉，是域内家庭主栽花种之一。原多属传统品种。2000年后，从外地引进20个新品种：红柏林、小白鬼、戴安娜、红衣主教、莎莎90、阿班斯等。

月季 蔷薇科，蔷薇属，地栽、盆栽均可，是机关绿化和家庭栽培的主要花种之一。主要品种有月季牡丹、紫景宫等。1978年后，又引进粉和平、黄和平、凤花月季、北京红帽等60个品种。

茶花 又名山茶花，山茶科，山茶属。主要品种有：云南大理、银粉牡丹、紫袍等，最著名的有云南大山茶花，其特点是花大，叶大粗糙，花径可达19厘米。

桂花 木樨科，木樨属，域内传统花木，以秋桂和四季桂居多。秋桂有金桂、银桂、丹桂。金桂的特点是花金黄色、味香浓；银桂的特点是花黄白或淡黄色，香味次于金桂；丹桂又名朱桂，花橘红色，浓香；四季桂的特点是植株矮小而叶较密，花黄白色。管理好时，除严冬、酷夏无花外，其余季节都能开花，以秋季花最多，唯花香较淡。此外，还有籽桂、柳叶桂等。

域内最古老的桂花为镇党委院内的一棵金桂（20世纪80年代初，由上元村刘姓农户家迁到涛雒公社党委大院，1994年随党委搬迁至今址），已有123年的树龄，其株高2.5米，柱冠直径东西为3.8米，南北为4米，开花时，满树金黄，香味四溢。

盆景

1978年前，域内盆景植物有黄杨、梅庄等，但数量极少。1978年后，随着花木的发展，盆景增多。主要树种有松、梅、榆、连翘、黄杨、黄荆、金银花、紫薇、绣带、迎春、六月雪、银杏等。1986年后，从外地引进的盆景树种有雀梅、南天竹、小叶黄杨等。

第四章 林木与鸟类保护

旧时，对林木的保护，以人工防护为主。中华人民共和国成立以后，采用人工防治、药物防治和生物防治相结合的办法，取得良好效果。华山村驯养灰喜鹊灭虫的办法，在生产利用和学术上具有国际先进水平，是生物防治森林虫害的创举，是一次重大的科研成果和发明。改革开放以来，域内采取多种措施，切实抓好林木保护，严格按照林长制的相关要求，落实好镇村级林长的巡林工作。

第一节 病虫害种类

据1983年林木病虫害普查，域内林木害虫有200余种，隶属6目26科。鳞翅目主要害虫有赤松毛虫、大袋蛾、栎天社蛾、杨天社蛾；鞘翅目主要害虫有光肩星天牛、青杨枝天牛、榆兰金花虫等；双翅目主要害虫有柳瘿蚊；直翅目主要害虫有华北蝼蛄等；半翅目主要害虫有蚜虫、松吹泡虫等；膜翅目主要害虫有栗瘿蜂等。此外，林螨类害虫有6种以上，主要有苹果红蜘蛛、山楂红蜘蛛、茶壁虱等。

林木虫害以松毛虫危害最重：1924年，域内磴山山区发生松毛虫害，并不断向其他山林区扩散，大片松林被吃光；1962年开始，磴山林区及沿海防护林区都有松毛虫害发生；1978年爆发的松毛虫害特别严重，对松树林木造成极大威胁。其次为大袋蛾（俗称吊死鬼、吊死娘娘等），1964年开始大量发生，主要危害刺槐、法桐、榆树、苹果树等，为域内二大虫害。再是危害柞岚的栎毛虫（义和虫）、危害杨树的杨天社蛾、白杨透翅蛾、光肩星天牛等。苗木病虫害主要有金龟子、地老虎、象甲等。2007年侵入域内的美国白蛾成为近年来危害林木的最主要害虫，其特点是繁殖力特强，每年4—8月可繁殖3代害虫，危害严重，表现在食量大、生长快，侵害树木的全年生长期，叶子全部吃净，直至树木死亡。

域内林木病害有30余种，以腐烂病、溃疡病、立枯病、白粉病、轮纹病等发生较重，主要有危害刺槐的溃疡病，危害泡桐的丛枝病，危害苹果的腐烂病、炭疽病，危害苗木的立枯病等。部分地区程度严重，影响了林果业的发展。

第二节 病虫害防治

人工防治 1950年前，域内防治主要采取人工剪杀松毛虫和打疫树皮等办法，人们在长期的防治中，探索出秋季人工采蚁（初孵幼虫），冬季绑草把诱杀幼虫等办法。1950年后，采用人工防治、生物防治相结合的方法，效果明显。

1972年，涛雒公社党委、政府组织所属林区的群众动手灭虫，人工采摘松毛虫108.6公斤。1978年春，磴山林区的华山大队组织400余人上山，捉拿越冬松毛虫46.5公斤，计75万条。川子大队组织青年团员和学校中小学生到沿海防护林灭虫，计剪杀、捕捉松毛虫28万条。这些措施对控制松毛虫情的发展起了一定的作用。

2007年，美国白蛾虫害侵入域内，镇党委、镇政府发动群众，大打人工灭虫战。（1）灯光诱杀成虫：在野外无高大障碍物的地方悬挂杀虫灯诱杀成虫。（2）剪降网幕：在美国白蛾各代幼虫网幕期，利用高剪刀降网幕，集中销毁。（3）围草诱蛹：在老熟幼虫下树化蛹前，在树干离地面1 ~ 1.5米处捆绑草把，诱集幼虫进去化蛹，化蛹后集中草把烧掉灭蛹。（4）人工挖蛹：美国白蛾化蛹后，组织人员在树皮裂缝、墙缝、砖石瓦块下进行人工挖蛹，集中消灭。人工灭虫，对根治美国白蛾虫害起了很大作用。

药物防治 1956年，涛雒林业工作站组织磴山林区群众施用“六六六”农药防治松毛虫，效果显著。1963年开始，县人民政府每年扶持“六六六”农药，支援林区生产大队消灭松毛虫，春季采取单管喷雾器药杀松毛虫，秋季则采用布袋撒“六六六”粉杀伤初孵幼虫，收到良好效果。1965年后，又陆续使用敌百虫、DDT、1605、1059等剧毒农药。但因不能同一时间全面防治，仍不能从根本上控制虫情的发生和蔓延。1973年8月，在省林业厅的大力支持下，县林业局在磴山林区首次使用飞机喷药灭虫，此次喷洒“二二三乳剂”，杀虫率达94%。1975年8月，县林业局在磴山林区进行二次飞机喷药防治。1978年5月，县林业局在磴山林区、沿海防护林进行三次飞机超低量喷雾防治。飞机防治松毛虫害效果良好，但易漏片，同时消灭了害虫的天敌，加之松毛虫繁衍快，3 ~ 5年又蔓延成灾。1986年，磴山林区群众运用树木绑毒绳法，施用敌杀死等药灭虫，效果较好。

2007—2013年，美国白蛾虫害蔓延全境，林木损害严重。西部地区山场、河滩林场、丰产林等，由市林业局调用飞机喷药防控；东部沿海地区海、淡水养殖面积大、分布广，无法使用飞机防控，故发动群众，组织防控专业队，以车载高压喷雾器和大功率大口径喷雾器喷药防控，施用的喷药方法：（1）用25%灭幼脲悬乳剂1500 ~ 2000倍液或20%杀铃脲悬浮乳剂7000 ~ 8000倍液喷雾；（2）用苏云金杆菌（BT）每毫克5万目标单位原药1000 ~ 1500倍液喷雾；（3）用1%苦参碱可溶液剂与柴油1:10混合喷烟，或用1.2%苦烟乳油与柴油1:9混合喷烟。此外，群众还发明了许多手工施用方法：（1）用打孔机在树干基部以45度角打孔，注入噻虫嗪、吡虫啉乳油等内吸性杀虫剂；（2）用2.5%溴氰菊酯10毫升加废机油1公斤混合，在树干上涂10 ~ 15厘米宽的毒环，或用上述药液浸泡草绳，于老熟幼虫下树化蛹前绑在树干上药杀下树幼虫。药物防治对控制消灭美国白蛾虫害起了重大作用。

生物防治 域内害虫的主要天敌有：昆虫有60余种，隶属5目9科，主要种类有广腹螳螂、大草蛉、瓢虫、寄生蝇、赤眼蜂、食虫蝽象、蜻蜓等；鸟类有灰喜鹊、啄木鸟、小燕子等。它们对人类防控虫害起了一定作用。

2007—2021年，域内防控美国白蛾时期，群众在各大林区采用释放周氏啮小蜂的方法灭虫，主要措施是选择气温20℃以上的无风天气，上午10时至下午5时，按美国白蛾幼虫和周氏啮小蜂1:3的比例放蜂，灭杀美国白蛾蛹，取得良好效果。

人工驯养灰喜鹊防治松毛虫 1976年，县林业局在域内磴山林区进行放养赤眼蜂治松毛虫实验。1977年，县林业局在华山大队召开生物防治虫害座谈会，交流推广生物防治经验。当人们发现灰喜鹊有食松毛虫的习性后，遂引起各级林业部门的高度重视。是年秋，日照县林业局技术员张天印主持，经山东省林业厅争取到林业部资助资金5000元，在华山大队搞人工驯养灰喜鹊灭松毛虫试验，由华山大队的宋全富具体负责驯养。

主要做法是：（1）从饮食着手。灰喜鹊食虫种类较多，吃松毛虫是其一。为使灰喜鹊乐于主食松毛虫，驯养工人把在大自然中捕获的20只雏鸟，用小笼子驯养，适时喂松毛虫，或捕些蚂蚱，或小羊羔肉切碎以辅之。其间，驯养人员服饰专一，以哨音为令喂之，致使灰喜鹊能随哨音而动，之后大面积驯养，一般10 ~ 15天即成，可实行朝放暮宿，以哨音为号，以致驯养员吹着哨子漫山转，鹊群就会随之辗转。在驯养中，为观察雏鸟食虫种类，还使用扎颈喂养，即用皮筋适度勒紧小鸟脖子，等大鸟飞来喂食后，驯养员瞬取小鸟口中食虫，并对其进行分析、调节，以便达到灰喜鹊主食松毛虫之目的。（2）注重繁殖。①自然繁殖：一只雌鹊年仅孵化一窝，每窝5～20粒蛋不等，孵化期15～16日，孵化率为83%，孵活率90%左右，雏鸟发育18～20天离巢出飞，该鸟每天啄食15次左右，每次进食松毛虫3～5条。②人工助繁：一种方式是在林中用木头支起“10米×15米”大笼放置灰喜鹊繁殖；一种方式是用人工仿筑巢，以引灰喜鹊繁殖，驯养多时达700多窝，3000余只。据观察记录，一只成鸟日食松毛虫（幼虫或成虫）40条左右。

图11—12 人工驯养灰喜鹊（涛雒镇宣传办公室提供）

经过三年的努力，获得大量的科学数据，使林区的灰喜鹊大增，灭虫效果十分显著，使华山村及周边山林受益面积达5600多亩，随后域内的西南部山区及沿海都受益，使每公顷林木储蓄量增加28立方米，确实是既经济又环保之举。华山的训鸟治虫经验《利用灰喜鹊防治松毛虫试验初报》在1978年《中国林业科学》3期发表。是年5月，在山东科学大会上，华山的训鸟治虫成果，获中共山东省委、省革委颁发的《在向科学技术现代化进军中作出显著成绩》奖状。

而后又有20多种报刊作了报道。1978年和1982年12月，分别在长春召开的北方九省（市）防治松毛虫协作会议和大连召开的鸟类保护环境工作会议上做过专题介绍。1982年以来，先后有18个省市的有关单位到华山参观学习，江西、吉林、安徽、江苏、四川、北京等省市推广此经验均获成功。

1983年，北京、上海科教电影制片厂和中央新闻纪录电影制片厂分别在华山摄制了《灰喜鹊》《巧调天兵》等片，其中科教片《灰喜鹊》获得1984年“金鸡奖”和“优秀科教片奖”，并于1985年3月18—24日在葡萄牙举行的农业环境电影节上，获“金葡萄”一等奖。此项实验成果于1984年10月16—18日，经中国林科院、中国科学院动物研究所、南京林科院等单位专家教授鉴定，一致认为，此项科研“在生产利用和学术上具有国际先进水平，是生物防治森林虫害的创举，是一次重大的科研成果和发明”。

1985年11月20日上午，瑞典林业技术推广中心项目专家古斯塔夫·费雷德里森，由林业部科技司处长李中选陪同，到华山村考察山地造林和驯鸟治虫的情况后说：“你们的以鸟治虫是很先进的，这种方法比化学农药防治害虫好得多。华山的松林扶育间伐很成功，每公顷林木蓄积量增加28立方米。”

在华山村驯养灰喜鹊灭松毛虫取得成功后，市林业局又在大沙洼林场及市域内的林场都设立了人工驯养灰喜鹊灭松毛虫的点。1986年，华山村的驯养点撤并到大沙洼林场。

1989年3月21日，日照市十届人大常委会作出灰喜鹊为日照市鸟的决定。

第三节　鸟类保护

概况　涛雒东临黄海，西依磴山山脉，山水相依，草木繁盛，自然风景优美，鸟类资源丰富，是禽鸟迁徙和繁殖的理想之地。据清康熙十一年（1672）《日照县志》记载，时磴山一带，“麋鹿（四不像）往来，鹳鹤上下”。1950年前后，域内生存的鸟类有100余种，农林益鸟就有60多种，其中珍稀鸟类有丹顶鹤、大天鹅、草鸮、黄嘴白鹭、雕鸮、灰鹤、鸳鸯、纵纹腹小鸮等。据1975年涛雒林业站工作人员调查，时磴山林区高大的杨树上尚见鹭类等鸟营巢繁殖，悬崖绝壁亦有雕隼猛禽栖息，滩林中常有鹞鹰盘旋，田野活动着喜鹊、灰喜鹊、家燕、黄雀、乌鸦等。1980年后，高大树木日趋减少，一些鸟类逐渐失去营巢条件，大型鸟类渐少，田间投放的灭鼠饵料，亦使喜鹊、长耳鸮等益鸟遭受株连，药死甚多，喜鹊亦不常见。

1986年后，人民爱鸟护鸟意识有所增强，鸟类种群数量逐渐增多。2013年调查，域内生存的鸟类达130余种，农林益鸟有80多种。2013—2021年，域内大力推进野生动植物保护，鸟类种类繁多，种群数量增加，尤其野鸭数量不断扩大。

图 11—13 国家一级重点保护野生动物中华凤头燕鸥在刘家湾赶海园嬉戏、觅食（刘家湾赶海园提供）

保护措施 域内人民历来有爱鸟护鸟的传统习惯，在长期的与农林虫害斗争中，他们更加认识到农林益鸟的重要性，对农家院屋檐下的燕子窝，河滩大树上的喜鹊窝，都自觉加以保护，为家燕、喜鹊、灰喜鹊等鸟类繁殖创造条件。1979年，涛雒公社革委转发了县科委、县林业局等单位联合下发的《关于大力保护益鸟的通知》，提高了群众保护益鸟的思想意识。1982年，县政府制定并颁布了《关于鸟类保护管理条例》，依法将灰喜鹊、喜鹊、杜鹃、大山雀、灰掠鸟、猫头鹰、家燕、啄木鸟、伯劳、黄鹂、夜鹰、大苇莺等列为重点保护鸟类，同时确定每年4月23—29日为“爱鸟周”。域内磴山林场建为鸟类保护区，主要保护对象为森林生态和灰喜鹊鸟，严禁乱捕、滥猎鸟类。“爱鸟周”活动中，涛雒林业站工作人员运用广播、座谈会、表彰会、电影晚会、鸟类图片标本展览、组织青少年悬挂召鸟箱、巡回放映科教片等多种形式，大力宣传国家有关保护鸟类的法令及爱鸟护鸟知识，教育广大干群自觉保护鸟类，对乱捕滥猎鸟类的行为及时进行处理。1989年12月，华山村一位退休干部发现一只飞不动的丹顶鹤幼鸟，带回家精心饲养十几天后，送交林业部门。

第五章　林业管理

旧时，域内没有专门的林业管理机构。中华人民共和国成立后，人民政府领导群众大力发展林业生产。20世纪50年代中期，域内开始设立专门管理机构，管理林业。改革开放以来，域内加强森林资源管理和林地保护，落实森林防火的各项措施；加强对现有古树名木的科学养护，使林业管理更加科学和规范。

第一节　管理机构

民国时期，域内无专门的林业管理机构。中华人民共和国成立后，涛雒区人民政府领导群众大力发展林业生产。

1956年，县林业科在涛雒设立林业工作站，站址在区公所大院，有工作人员3名，王绍通任站长，张天印任技术员，丁元兰为工作人员。林业站的职责主要是宣传党的林业方针政策，组织林区群众将林木打价入社，对域内的集体林场进行保护管理。1988年，涛雒林业站由市林业局下放至涛雒镇人民政府，称涛雒镇林业工作站。域内的树木、果树、桑树、茶叶树、竹子、花卉苗木等，统属林业站管理，并负责植树造林、护林防火工作。2013年，镇林业站有工作人员6名，其中中级技术职称人员3名，初级技术职称人员2名，技术员1名。2021年，镇林业站有工作人员3名。

1956 年以来涛雒林业工作站负责人任职更迭表

表 11—4

站长	姓名	性别	籍贯	任职时间
站长	王绍通	男	临沭县	1956—1958
站长	周绪论	男	西林子头村	1959—1964
站长	瞿振乐	男	荣成市	1965—1975
站长	潘召喜	男	奎山街道	1976—1980
站长	丁兆华	男	巨峰镇平家村	1981—1984.3
站长	杨春利	男	高兴镇范家村	1984.11—1986.1
站长	范丰学	男	三庄镇官庄村	1986.1—1993.7
副站长	张守桂	男	丁家营子村	1993.7—1996.8
站长	张守桂	男	丁家营子村	1996.8—2018.5
助理	卢　强	男	两城镇两城六村	2018.5—2019.9
助理	周复艳	女	岚山安东卫街道	2019.9—2021.3
助理	刘　彬	男	涛雒镇	2021.3—2022.6
助理	宋　锋	男	东港区西湖镇	2022.6—

第二节　林权变革

林木确权发证　民国年间，域内山场皆属民有，主要山场有磴山林场、大旺山林场、梭罗树西山林场、凤凰山林场，大多集中在地主富农手中，雇人看管经营。1947 年，土改运动中没收了地主富农的山场林木，分给贫下中农，但仍属私有制。1951 年，县人民政府颁发土地证时，山场林亦随之颁发林木确权证。1955 年，域内社员商量林木打价入社问题。1956 年，县林业科在磴山区小羊卷村（今华山村）进行了林木打价入社试点，全村 3680 亩山林全部打价入社。至 1957 年，域内山场皆打价入社，山林归集体统一经营。1958 年秋，山场、滩场林木全部归人民公社所有。

1961 年，根据中央下达的林业政策的规定，域内涛雒、下元人民公社将所属林场全部下放，由生产大队集体和个人所有经营。1962 年，下元人民公社小羊卷大队集体管理山林的经验在全县推广，其主要做法是山林由大队组织林业专业队统一管理，管理人员按各生产队的土地、人口、劳力比例抽调。1963 年春，涛雒区政府将下放个人的山林全部收归大队集体所有，统一管理。1964 年 1 月，涛雒区委、区政府遵照日照县委指示，成立林木确权发证领导小组，吸收林业站等有关部门参加，到各大队组织学习人民公社“六十条”和林业政策“十八条”，对所有林地进行丈量，划界确权，登记填表，经审批后，填证发证。凡集中成片的树林、果林，确权归生产队，宅基旁、自留地及坟地确权归社员所有。在华山大队进行试点，确权发证成功后，在全区开展。随之日照县人委下达林权发证工作意见，在全县推广涛雒区小羊卷大队林权发证试点的做法，开始一次大队林权发证工作。林木确权发证后，对林木进行规范管理，严禁乱砍滥伐。区委遵照上级指示，实行谁栽谁有，鼓励群众植树造林。“文化大革命”初期（1966—1968 年），大搞所谓“割资本主义尾巴”，部分大队将宅基旁、自留地及坟地树木收归集体，造成林权混乱。1982 年，域内又进行了二次大队林木确权发证，这次确权发证，仍坚持将山场、滩场、路渠及丰产林树木归集体所有。1983 年，域内农村全部推行家庭联产承包生产责任制，部分大队划分自留山、责任山等，由个人经营收益。1986 年，又陆续收归集体所有。1990 年后，村民在自家承包土地上栽植的林木归个人所有。

域内果园一直由集体统一管理。1985 年，域内农村实行农果分离，推行承包责任制。域内农村集体果园全部为村民专业户承包经营。

林木采伐发证　1985 年 1 月，《中华人民共和国森林法》实施，规定集体采伐自用的少量木材，超过 5 方以上，报县级人民政府主管部门批准，发给采伐证，方可采伐。采伐林木的单位或个人，必须按照许可证的面积、株数、树种限期完成更新造林任务；对未经批准的擅自砍伐者，依照《中华人民共和国森林法》的规定，按破坏林木论处；对借口乱砍滥伐树木，不听劝阻者，进行严肃处理，情节严重者，依法制裁。

第三节　森林防火

1950年前后，山林防火任务主要靠护林员负责，发现火情及时扑灭或报警。20世纪70年代后，出现了山林树木密度增加、荒草落叶无人收拾、坟地上山导致上坟烧纸增多的现象以及游人上山野餐、吸烟等活动，火警灾情时有发生。

20世纪80年代以后，党委政府号召时时处处防火，并规定每年10月至翌年5月为森林防火期，冬至节、春节、清明节扫墓祭祀期间为重点防火期。每年节点，镇领导干部、脱产干部、村干部、护林员全部出动，设防火警示牌，建防火检查站，插防火红旗，建防护林房，以防止发生森林火灾，同时，镇成立了以预备役人员为骨干的灭火应急小分队，随时准备出发灭火。

2021年，全镇配备的消防设施和器材有：消防车2台，森林消防车1台，高压水泵2台，细水雾灭火器20台，风力灭火机30台，油锯20台，铁锹200把，砍刀80把，打火把200把等。另外，在天台山林区、磴山林区打通隔离带宽8米，长总计17840米，便于森林消防车灭火；投资12万元在下元西山（鸡鸣山）山顶建储水池3座，采用引水上山的办法预防火灾；伏季在山林、坟地喷洒除草药物，消除火源，并在坟地设烧纸池，使火灾发生的概率变为零；在重点林区路口、景区入口处安装语音提示报警系统，远程视频、语音提示及终端3处；安装高扬程水泵4台，消防栓64个，喷淋头64个，铺设石管网线12千米。

涛雒镇志

TAOLUO ZHENZHI

第十二编　经济管理

红旗现代渔业园区育苗养殖场　（涛雒镇宣传办公室提供　摄于2021年）

明清时期，财税实行中央集权制，所有赋税征收、解缴、留用均由朝廷决定，知县负责征收赋税，地方乡绅代为征收。1940 年 3 月，日照县抗日民主政府成立，设财粮科，二区设财粮助理员，负责田赋、公粮的征收和保管。次年，区公所财粮助理员负责财粮工作。中华人民共和国成立后，仍然设置此职，负责域内农业税收、国库券的推销认购工作。1986 年 3 月，涛雒镇财政所成立。

1940 年，抗日民主政府设财政科，在涛雒设立税长。是年，设财粮科，在小海村设厘税长，征收盐税。1947 年 6 月至 1949 年 3 月，竹（赣榆）日（日照）工商支局在涛雒设立海关税务所。1949 年，滨海工商管理局将税务工作部分移交给日照县财政科，科内设税务股，下设涛雒税务所。1950 年 5 月，日照县人民政府税务局设立涛雒税务所，1969 年 12 月，税务所与工商所合署办公，称税收市场管理小组，不久各自独立办公。1994 年 7 月，设涛雒国税所和地税所。2018 年 10，涛雒国税所和地税所合并，设立国家税务总局日照市东港区涛雒税务所。

1946 年以前，域内工商业由商会与政府机构一起管理。1946 年 2 月，山东省工商总局二分局日照支局在涛雒设立海关和新华贸易公司，负责进出口货物监管和对外贸易。1953 年 9 月，涛雒市场交易活动归日照县人民政府一交易所（驻城关）管理。1957 年 6 月，划归巨峰市场交易管理所管理。1961 年 12 月，日照县人民委员会设涛雒市场交易管理所，管理涛雒、下元等市场交易活动，1967 年 6 月，更名为涛雒工商行政管理所。2018 年，更名为涛雒市场监督管理所。

清代中叶，外地富商即来涛雒镇开当铺，设钱庄，经营金融业。中华人民共和国成立后，特别是改革开放以来，随着经济的发展，多家金融部门在涛雒镇设立经营机构。

明代实行土地私有制和屯田制，清朝沿用明制。民国时期，日照县政府成立民政科，主管土地的买卖、出租、抵押、典当、赠与、继承等事宜。1946 年 7 月，开始土改运动，区、乡、村成立不同层次的土改组织，负责土地改革。1987 年 2 月，涛雒镇政府成立土地管理办公室。是年 7 月，成立涛雒镇土地管理所。2002 年 6 月，改称涛雒镇国土资源管理所。2019 年 3 月，更名为涛雒自然资源所。

第一章　财政

域内历代财政收入都以农业税、盐税为主要来源。中华人民共和国成立后的财政管理体制，经历了由“高度集中，统收统支”到各种形式的“统一领导，分级管理”的体制改革过程。1986 年，涛雒财政所成立。1987 年，镇级财政开始由市级财政代为编制财政预算、决算，市（县）级为一级财政。1995 年，镇财政为一级财政。本着求稳定、求发展的原则，尽量压缩一般性开支，量力而行，勤俭办事业，保证了镇财政的良性运转，促进了各项事业的发展。2006 年，取消农业税。

第一节　机构

明清时期，财政实行中央集权制，所有赋税征收、解缴、留用均由朝廷决定，知县负责征收赋税，地方乡绅代为征收。1940 年 3 月，日照县抗日民主政府成立，设财粮科，二区设财粮助理员，负责田赋、公粮的征收和保管，由于处在抗战时期，财粮助理员不固定。1945 年 8 月 24 日，涛雒区全境解放。次年，区公所财粮助理员徐公三负责财粮工作。中华人民共和国成立后，仍然设置此职，负责域内农业税收、国库券的推销认购工作。

1946—1986 年涛雒公社（区、乡、区）财粮助理任职更迭表

表 12—1

姓名	性别	籍贯	任职时间
徐公三	男		1946—1958.1
韩文垣	男		1958.1—1962.12
丁亨祥	男	右所村	1962.12—1968.2
秦玉岩	男	上元村	1971.3—1977.12
丁亨祥	男	右所村	1978.3—1980.11
李建永	男	曹家村	1980.11—1983.5
胡廷先	男	虎山镇郑家结庄村	1983.5—1985.5
滕兆晋	男	桥东头村	1985.5—1986.3

1952—1962 年涛雒公社（镇、区、乡）财粮助理任职更迭表

表 12—2

姓名	性别	任职时间
王济祯	男	1952.12—1956.4
梁作福	男	1956.4—1962.12

1986 年 3 月，镇财政所成立（在镇党委大院内办公），隶属日照市财政局。1993 年 3 月后，隶属东港区财政局。2011 年 11 月，隶属日照国际海洋城管委财政局。2016 年 12 月，隶属东港区财政局。2021 年，有职工 7 人，其中经济师 3 人，助理会计师 3 人，高级经济师 1 人。

1986 年以来涛雒镇财政所负责人任职更迭表

表 12—3

职务	姓名	性别	籍贯	任职时间
所长	滕兆晋	男	桥东头村	1986.3—1993.10
所长	辛崇良	男	巨峰镇前崖下村	1993.10—1996.11
副所长	庄门春	男	小海村	1996.11—1998.6
所长	安佰全	男	河山镇九山子村	1998.7—2009.10
所长	丁宝文	男	两城镇	2009.10—2012.4
所长	翟玉刚	男	河山镇小洼村	2012.4—2017.8
所长	黄　玫	女	涛雒二村	2017.8—

第二节　财政体制

中华人民共和国成立后，实行“高度集中，统收统支”的财政管理体制。为了迅速制止通货膨胀，稳定物价，恢复和发展国民经济，中央对全国财政经济工作实行集中统一管理，一切收支事项、收支办法、收支范围和收支标准，都由中央审核，一切财政收支统一纳入国家预算，收入上解、支出下拨、结余上缴，财政和财力均集中于中央，日照县仅是一级报账单位。1953 年，财政管理从高度集中转变为“划分收支，分级分成，分级管理”，实行“固定比例、收入分成、支出包干”的管理体制，取消了大行政区一级财政，建立了县（市）一级财政，实行中央、省（市）、县（市）三级体制，乡镇财政纳入县财政预算。1955 年，实行“固定收入、固定比例分成、调剂收入”的管理体制。1958 年，实行“固定收入、固定比例分成、调剂收入、以收定支”的财政政策。是年，建立公社级财政，由县财政划给一定收入范围，实行收支包干。

1980 年，进行财政体制改革，“划分收支，分级包干”（分灶吃饭），一定五年不变，县级为一级财政。1986 年，对乡镇实行“定收定支，超收分成”的乡镇财政管理体制。1988 年，对乡镇将“超收分成”改为“按上年增长”分成，此管理体制一直延续至 1992 年。

1992 年 12 月，东港区成立，对涛雒镇实行“定额上交，剩余自留，按每年递增 5%”的财政管理体制。1993 年，东港区建立初期，税源小而分散，适宜高度集中的管理体制，区政府实行“统收统支，核定收入，增长分成，一年一定”的财政管理体制，全区的财政收入捆在一起，所有财力区、乡（镇、街道）两级共享，乡（镇、街道）财政保证完成区财政下达的任务，区财政保证区、乡（镇、街道）两级的支出，集中主要财力保工资、包吃饭、保障全区经济发展正常运行。1994 年，区政府实行“核定收入，支出包干，增长加超收分成”的财政管理体制。

1995 年 5 月，涛雒镇根据东港区人民政府下达的《关于实行分税制财政体制的决定》，实行“划分税种，核定收支，缺口分担，增支自负，自求平衡，一定三年”的财政管理体制，使区、镇两级各有固定收入，不设置共享税，是一个比较彻底的分税制财政管理体制。镇财政固定收入有：镇属工商税、企业所得税、上缴利润及亏损补贴（含镇供销社）、农业税、农业特产税、契税、行政性收费、其他收入。区、镇两级收入基数确定后，涛雒镇财政管理体制为“上解资金体制”，涛雒镇根据区财政局预算编制的具体要求和办法，遵照《中华人民共和国预算法》的规定，本着量财办事、量力而行和收支平衡的原则，编制本级预算草案，并经法定程序确定后上报东港区财政局。

1998—2000 年，实行“划分税种，核定收支，自求平衡，一定三年”的财政管理体制。

东港区二轮分税财政体制，是对一轮体制的完善与优化。涛雒镇根据该体制按 1997 年上解资金额和 1998 年调整后的收支范围，先行计算上解资金额，然后用财政收支增长因素对比计算收支净增加量，确定 1998 年上解的资金额，并依照确定的基础比例逐年按 5% 递增上解资金。二轮分税制财政管理体制，区、镇之间仍不设共享税，并适当调整区、镇两级财政收入，扩大镇级财政收支范围。1998 年，将区级增值税 25% 部分和资源税下划为镇级固定收入。1999 年，又将工商税收滞补罚收入下划为镇级财政收入。是年，取消 5% 递增上解资金规定，让利于镇级财政，用于弥补经费之不足。

2001—2013 年，仍实行“划分税种，核定收支，自求平衡”的财政管理体制。

自 2013 年起，对增值税、营业税、企业所得税（含企业所得税退税，下同）、个人所得税、资源税、房产税、城镇土地使用税、土地增值税、耕地占用税和契税收入比核定的 2012 年收入基数增长部分，由省与市县按照 15 ∶ 85 的比例分成。其中，耕地占用税 2013—2015 年省级暂不分成。省级分享的税收，年终由市县通过体制结算上解。

从 2019 年起，对市县增值税、企业所得税、个人所得税和资源税、房产税、城镇土地使用税、土地增值税、耕地占用税、契税收入比 2017 年增长部分，省与市、省财政直接管理县（市，以下简称省财政直管县）按照 20 ∶ 80 的比例分成。

其中省级分成部分，执行中作为市县收入，属地征管、就地缴库，年终由市县通过体制结算上解省财政。

第三节　财政收入

预算内收入　1949 年，为简政便民，山东省政府规定将田赋、公粮、公草合并征收，统称农业税，由财政部门征收。1952 年，七区实行农业税折粮征收。1964—1985 年，实行农业税折粮征收，分正税、附加税。

1986 年，日照市财政局为调动各乡镇增收节支的积极性，实行乡镇财政，市财政局根据各乡镇财政经济状况，对乡镇财政实行“定收定支，超收分成”的财政管理体制。镇财政收入的来源主要是工商税、农业税和上级补助。

1986 年，镇财政开始实行财政预算、决算，由市财政局代为编制。至 2009 年，工商税收呈现快速增长的势头。2021 年，全镇预算内收入为 17788 万元。

1995—2021 年涛雒镇预算内收入统计表

表 12—4　　单位：万元

年度	工商税收	农业税收	非税收入	预算外资金调入	上级补助	合计
1995	58.57	364.96		46.34	24.41	494.28
1996	148.35	468.06			30.94	647.35
1997	160.68	532.54			73.24	766.46
1998	272.66	579.12			95.90	947.68
1999	295.57	608.08			107.72	1011.37
2000	322.30	617.43			137.20	1076.93
2001	192.36	520.03		40.00	176.98	929.37
2002	209.01	691.29			495.94	1396.24
2003	135.56	910.60			617.51	1663.67
2004	212.35	133.00			1123.38	1468.73
2005	356.89	86.00			1402.04	1844.93
2006	787.35	70.00			1222.53	2079.88
2007	1151.79	100.00			1489.45	2741.24
2008	1613.31	130.00			2159.43	3902.74
2009	1730.35	181.49			2392.42	4304.26
2010	1789.75	0.00	34.69		2906.09	4730.53
2011	1760.00	0.00			2752.52	4512.52
2012	2914.80	0.00	87.20		2976.00	5978.00
2013	4117.00	0.00			1858.00	5975.00
2014	5357.00				948.00	6305.00
2015	6964.00				2127.00	9091.00
2016	4806.00					4806.00

续表 12—4

年度	工商税收	农业税收	非税收入	预算外资金调入	上级补助	合计
2017	8700.00	974.00	407.00		2001.00	12082.00
2018	10867.00	616.00	509.00		326.00	12318.00
2019	12082.00	846.00	441.00		80.00	13449.00
2020	13801.00	503.00	436.00		2281.00	17021.00
2021	16239.00	174.00	486.00		889.00	17788.00

1995—2021 年涛雒镇农业税收一览表

表 12—5　　　　单位：万元

年度	农业税			农业特产税	耕地占用税	契税	合计
	正税	附加税	小计				
1995	38.32		38.32	326.60		0.04	364.96
1996	63.83		63.83	404.23			468.06
1997	55.59		55.60	476.83		0.11	532.54
1998	54.59		54.59	524.52		0.01	579.12
1999	52.21		52.21	550.75		5.12	608.08
2000	46.16		46.16	561.72		9.55	617.43
2001	40.66		40.66	464.77		14.60	520.03
2002	229.60		229.60	456.02		5.67	691.29
2003	226.60		226.60	679.00		5.00	910.60
2004	132.00		132.00			1.00	133.00
2005	44.00		44.00			42.00	86.00
2006			0.00			70.00	70.00
2007			0.00			100.00	100.00
2008			0.00			130.00	130.00
2009			0.00			181.49	181.49
2010			0.00				0.00
2011			0.00				0.00
2012			0.00				0.00
2013			0.00				0.00
2014			0.00				0.00
2015			0.00				0.00
2016			0.00				0.00

续表 12—5

年度	农业税			农业特产税	耕地占用税	契税	合计
	正税	附加税	小计				
2017			0.00		974.00		974.00
2018			0.00		616.00		616.00
2019			0.00		846.00		846.00
2020			0.00		503.00		503.00
2021			0.00		174.00		174.00

预算外收入 预算外财政收入是财政收入的必要补充。

1996年，山东省人民政府下发《关于贯彻国发(1996)29号文件,加强预算外资金管理的通知》,规定将预算外资金纳入预算管理。

域内有预算外资金收支活动的单位有镇(村)办企业办公室、土管所、计划生育办公室、司法所、民政所、中小学等。各单位依照规定的项目、标准和程序收费，每月到财政所凭专用收费票据报账，纳入财政预算外资金收入，并对各单位资金收入起到一定的监督作用。2011年，停止预算外资金收支。

第四节 财政支出

预算内支出 1986年以前，镇财政支出由市财政局拨款。1986年开始，镇财政实行财政收支预算管理，年初编制当年财政支出预算草案，提交镇人代会审议通过后实施。镇党委、镇政府严格财务管理，勤俭办一切事务、压缩一般开支，保证重点项目开支，使财政支出更好地服务于域内各项事业的发展。

1995—2021年涛雒镇预算内支出一览表

表 12—6 单位：万元

年度	支援农村生产支出	农林水支出	文体广播支出	计划生育支出	教育支出	医疗卫生支出	社会保障和就业支出	行政管理支出	优抚救济支出	公共安全支出	城乡社区支出	其他支出	上解支出	合计
1995		12.53	0.92	4.63	208.14	10.16		63.49	28.55			3.50	162.36	494.28
1996	33.30	22.45	1.10	5.76	321.37	5.52	21.43	39.60	29.67			18.10	149.05	647.35
1997	49.50	23.19	1.11	12.11	346.37	4.25	16.12	116.21	28.92			11.98	156.70	766.46
1998	32.00	17.18	0.77	5.42	203.95	8.17	73.74	42.48	16.92			220.45	326.60	947.68
1999	45.40	26.78		23.40	330.40	7.87	81.66	35.57	22.48			90.71	347.10	1011.37
2000	31.47	39.77		11.56	376.68	11.40	96.53	44.82	33.50			99.10	332.10	1076.93
2001	21.20	41.33		17.00	341.00	4.60	72.24	56.10	47.20				328.70	929.37
2002	8.30	97.89		35.45	488.76	8.70	146.74	36.78	55.18			133.50	384.94	1396.24
2003		117.50		47.60	561.00	12.50	179.00	34.30	51.60			163.29	496.88	1663.67
2004		145.00		50.94	475.92	6.13	280.00	62.97	76.59				371.18	1468.73
2005		208.03		20.02	665.09	5.00	319.70	37.40	16.03			42.62	531.04	1844.93
2006		88.10		33.56	879.04	4.00	277.92	43.57	137.34				616.35	2079.88

续表 12—6

年度	支援农村生产支出	农林水支出	文体广播支出	计划生育支出	教育支出	医疗卫生支出	社会保障和就业支出	行政管理支出	优抚救济支出	公共安全支出	城乡社区支出	其他支出	上解支出	合计
2007		110.33	1.61	125.61	80.52		399.25	79.68					1944.24	2741.24
2008		172.37	2.40	101.49	14.21		636.32	97.95					2878.00	3902.74
2009		170.56	2.92	64.93	0.00		399.14	328.91					3337.80	4304.26
2010		172.79	2.95		79.46	28.15	788.27	158.57				23.00	3477.34	4730.53
2011		404.27	3.21		26.45	15.90	327.27	133.44				73.00	3528.98	4512.52
2012		296.30	3.00		1629.00		1156.70	153.00					2740.00	5978.00
2013		1255.61	4.00		1736.00		1612.39	460.00				315.00	592.00	5975.00
2014		627.00	11.00			165.00	315.00	439.00		22.00	1363.00		3363.00	6305.00
2015		581.00	7.00	158.00			195.00	815.00		90.00	1845.00		5400.00	9091.00
2016		572.00	12.00	127.00			213.00	526.00		10.00	1379.00		1967.00	4806.00
2017		804.00	16.00	480.00	160.00		2358.00	706.00			393.00		7165.00	12082.00
2018		637.00	17.00	478.00			2734.00	709.00			111.00		7632.00	12318.00
2019		547.00	22.00	472.00			2664.00	680.00			60.00		9004.00	13449.00
2020		880.00	24.00	482.00	71.00		4464.00	1163.00		307.00	73.00	30.00	9527.00	17021.00
2021		1385.00	280.00	505.00	258.00		4095.00	1002.00		194.00	411.00	567.00	9002.00	17699.00

1997—2010 年涛雒镇预算外收支明细表

表 12—7　　单位：万元

年份	收入	支出	当年结余
1997	2.07	0.35	1.72
1998	0.73	1.06	－0.33
1999	126.22	72.19	54.03
2000	135.21	84.54	50.67
2001	217.98	136.01	81.97
2002	239.26	161.99	77.27
2003	141.85	218.38	－76.53
2004	324.96	261.91	63.05
2005	289.34	274.67	14.67
2006	309.26	254.75	54.51
2007	50.07	150.41	－100.34
2008	1.11	0.05	0.06
2009	1.15	1.13	0.02
2010	0.49	0.44	0.05

预算外支出　预算外财政支出是财政支出的一个重要组成部分，它弥补了财政预算内资金的不足，对发展域内各项事业起了重要作用。

第五节　财务管理

预算管理　中华人民共和国成立初期，为了迅速制止通货膨胀，稳定物价，恢复和发展国民经济，安定人民生活，国家实行“高度集中，统收统支”的财政管理体制，地方一切财政收支统一纳入国家预算，收入上解，支出下拨，结余上缴，财权和财力均集中于中央。日照县为一级报账单位，干部仍实行“实物供给制”，乡村各项经费，由县人民政府在不超过国家公粮 15% 的范围内，征收地方附加公粮解决。

1953 年，国家财政从高度集中转变为“划分收支，分类提成，分级管理”，县开始成为一级财政，编制预决算，各区、镇财政列入县财政预决算，实行定支不定收、结余留用的管理体制。

1958 年，国家实行“固定收入，固定比例分成，调剂收入，以收定支”的财政管理体制。是年，建立了公社级财政，由县财政划给一定收入范围，实行收支包干。

1980 年后，实行“划分收支，分级包干”的财政管理体制，即按经济体制规定的隶属关系，明确划分中央和地方的收支范围，实行分级包干，公社财政实行报账制度。

1986 年，镇财政所成立，1987 年，开始编制镇财政预算。自建立镇财政以来，涛雒镇严格执行《中华人民共和国财政法》，每年由镇财政编制预算草案，提交镇人民代表大会审议通过后，严格执行。

行政事业单位的财务管理 行政事业单位的财务管理分为行政经费管理和事业经费管理。行政经费管理主要用于党政机关和司法部门的费用，事业经费主要用于发展经济建设、文教卫生、优抚救济等事业。

1953 年，县为一级财政，区、镇行政事业单位的财政纳入县级财政预算，七区和涛雒镇对党政机关、文教卫生、农林水等单位实行预算管理，统一开支标准，固定支出，经费实报实销，超支自负。1955 年，对行政事业单位实行定员定额的管理办法。1959 年，对行政事业单位实行“预算包干、专款专用、年终结余、下年再用”的管理办法。是年，将行政事业单位划分为全额预算、差额预算、自收自支三种类型的预算管理办法。

1981 年，县财政对人民公社行政人员公用经费实行“预算包干、超支不补、结余留用”的管理办法。

1985 年，将定员定额管理改为定编、定员、定额管理。

1991 年，镇党委、镇政府专门成立了物资财产清查小组，对镇机关及事业单位的公共财产清查入账，对新购办公用品严格手续，从严控制，压缩经费开支。1992 年，镇党委、镇政府制定了《关于镇村两级财务管理的暂行规定》，规范各行政事业单位的财务管理。

统筹费管理 1985 年，开始向社会征收教育集资等。1986 年，全镇人均集资 8.75 元。

1990 年，根据《山东省农民负担条例》规定，开始向农民收取统筹费，包括教育、计划生育、民政优抚、道路维修、民兵训练五项费用，简称“五统”，征收标准依据国务院 1990 年 12 号文件规定，控制在上年人均纯收入的 5% 以内。每年由财政所制定征收方案，经镇党委、镇政府审核后，报市农民负担办公室批准，再经镇人民代表大会审议通过后实施，对农民 70 岁以上的老年人、伤残退伍军人、社会持证残疾人免收统筹费。

为搞好学校建设和校舍改造，1992 年，涛雒镇向全镇农民集资建设涛雒镇第三中学，1994 年，集资建设涛雒镇第二中学。此外还有各管理区对所辖小学校舍的建设、修缮，向辖区内的农民集资，根据具体情况确定集资额。每次所集资金，全部用于域内中小学校建设和校舍改造。

历年统筹费收缴均纳入财政预决算，专账管理，用于教育、计划生育、民政优抚、道路修筑和维护、民兵训练等方面的经费开支。根据国家规定，2002 年停止征收统筹费。

1995—2001 年涛雒镇统筹费收支统计表

表 12—8 单位：万元

年度	收入数	支出数						
		合计	教育	计划生育	民政优抚	道路等社会公益	民兵训练
1995	265.76	265.76	90.88	55.8	50.22	45.21	23.65
1996	276.45	276.45	94.54	58.05	52.24	47.02	24.6
1997	281.96	281.96	96.43	59.21	53.29	47.94	25.09
1998	298.3	298.3	102.01	62.64	56.37	50.74	26.54
1999	306.84	306.84	104.93	64.43	57.99	52.19	27.3
2000	316.7	316.7	108.31	66.5	59.85	53.86	28.18
2001	334.94	334.94	114.54	70.33	63.3	56.97	29.8

实行转移支付 实行转移支付是对取消乡镇统筹、降低农业特产税税率、取消屠宰税、调整村提留提取办法等，地方净减收部分，给予适当补助。转移支付额的确定，参照税费改革前乡村两级办学、计划生育、优抚、乡村道路修建、民

兵训练、村级基本经费以及教育集资等统计数据，按照各项经费开支需求和税费改革后地方减少收入额，根据中央对地方转移支付系数计算确定。

第六节　农业税

封建社会，域内农业税主要有税粮、地丁粮、漕粮和屯粮4种，结算成银两分夏税、秋税两次交纳。

中华人民共和国成立后，域内征收的农业税包括农业税（正税和附加税两部分）、耕地占用税、特产税、契税。1988年，开征耕地占用税和农业特产税。

农业税　是国家向一切从事农业生产的单位和个人，按土地亩数、产量和税率计算征收的国税。

中华人民共和国成立后，山东省人民政府发布的《农业税征收暂行办法》规定，将田赋、公粮、柴草粮合并征收，统称农业税。征收原则为“依率计征，依法减免、增产不增收、稳定农民负担”。长期以来，为防止物价不稳，农业税以征收实物（粮食）为主，所以农业税俗称“公粮”。

1950年，农业税统一采取按人计亩，扣除7分标准地免征点后等量负担的办法征收，实行夏、秋两季征收，夏季预征，全年统算，减免在秋季一次办理。主粮小麦、大豆、玉米、高粱、谷子为“标准粮”，斤顶斤，不折扣。税额一律折合为“标准粮”计算，每斤“标准粮”的价格为0.10元。

1951年，全省统一税制，开始评产，扣除每人50公斤免税额后，每亩全年按10公斤计征，农业附加税按20%征收，七区平均常产为每市亩75公斤。

1952年，进行查田定产工作，统一了土地面积的计算标准（5市尺为一杆，240平方杆为1市亩），将土地划分成九个等级，将土地证发到农民手中，以1950—1952年的平均实产量为参考，确定常年产量，税率不变。是年，按中央指示取消当年地方附加，只征农业税。1954年起，农业税地方附加粮降为10%。

农业生产合作社建立后，1955年夏征时，对入社土地一般仍在社员名下依率计征，秋征时，推行以社为单位负担农业税的办法。1956年7月，发征粮券票给社员户，由农业合作社集体纳粮。

1962年，农业税改为以生产队为基础的基本核算单位负担，全国实行统一的比例税率，按常产依率计征。征收农业税采取以标准粮纳税，以货币结算的办法，域内涛雒人民公社、下元人民公社按全县平均税率11.04%缴纳农业税。1967年，标准粮价格调整为每市斤0.127元，1979年，调整为0.15元。

1983年，凡实行统一核算分配的生产队，农业税仍由生产队统一缴纳结算，凡实行大包干生产责任制的，农业税由户缴纳，将税额及接收库点通知到户，以便群众缴纳。

1985年，改为合同定购，继续执行“合理负担、依率计征、依法减免”的农业税政策，农业税由原来征收粮食为主，改为粮食“倒三七”比例折征代金（30%按原统购价，70%按原超购价），域内执行实物抵缴现金结算和折征代金两种办法征收农业税。1988年，农业税按每公斤新标准粮单价0.4257折合成金额，逐级分配落实到纳税单位，再落实到承包户。

1993年，山东省财政厅下达《关于农业税征收粮食实物若干问题的通知》，规定农业税计算征收的基础仍然是实物，随着粮食价格的开放，单位价调整为每公斤0.68元，1996年为1.46元，1999年为1.36元，2000年为1.18元。

2002年，农村税费改革后，域内农业税计税面积50979.8亩，执行《东港区农村税费改革实行方案》，农业税按农作物的常年产量（1994—1998年5年平均常产764公斤）、计税价格和税率计征，一律征收代金，由财政部门征收，征收方式为“三定”（定时间、定地点、定税额）和“五到户”（计税土地面积核定征收到户、税额核实到户、纳税通知到户、税票开具到户、税款征收到户），标准粮单位价格每公斤为1.10元，并保持相对稳定，一定5年不变，是年税率调整为6%，2004年为3%，2005年为1%。2006年，取消农业税。

农业特产税　1983年11月，国务院颁布《关于对农林特产征收农林特产税的若干规定》，对从事农业特产品生产或认购取得收入的单位和个人征收农林特产农业税，简称农林特产税。征税范围：园艺收入（水果、茶、桑、花卉、苗木、药材等）、林木收入（竹子、木材、柞树等）、水产收入（水生植物、淡水养殖、滩涂养殖、产品收入等）、畜牧产品、贵重食品等。根据本镇实际，从1988年开始征收农林特产税，税率在5%至15%不等。1993年，国务院决定，将农林特产税与原产品税中的部分应税农产品税目合并征收农业特产税。1995年经济园林收税标准每亩为：苹果200元、蚕茧130元、茶145元、新桑园40元。2004年，域内停止征收农业特产税。

耕地占用税 1987年4月1日，国务院发布了《中华人民共和国耕地占用税暂行条例》，规定对占用耕地建设或者从事其他非农业建设的单位和个人征收耕地占用税。耕地占用税的征税范围为：占用已开发的从事种植、养殖的滩涂、草场、水面和林地；厂矿企业、铁路占用耕地；国营农场和国营农林场圃等单位在耕地上建房或从事其他非农业建设用地。1988年，日照市执行山东省人民政府1987年8月1日通知，每平方米耕地征税的平均额为3.8元。对土地占用税的征收，由镇财政所实行一次性征收，上缴县级财政，方式为委托土地管理部门代征与财政机关自征相结合，此办法实行至今。

契税 1952年国家开征契税，凡土地房屋买卖、典当与交换，均由成典人缴纳契税。买契税按买价征收6%，典契税按典价3%，赠予按现价值6%征收。1957年、1959年停止征收，1982年按原税率恢复征收。1991年停止再次征收。1992年，根据财政部发布的《契税暂行条例》规定，对域内房屋买卖恢复开征契税。

第七节 农村税费改革

根据中共中央、国务院《关于农村税费改革试点工作通知》（中发〔2000〕7号）文件精神和《山东省农村税费改革试点实施方案》、《东港区农村税费改革（试点）实施方案》的要求，涛雒镇于2002年7月制定了《涛雒镇农村税费改革（试点）实施方案》，开始进行农村税费改革。

1995—2013年涛雒镇征收农业税一览表

表12—9　　单位：元

年份	农业税	农业特产税	契税	合计
1995	38.32	326.60	0.04	364.96
1996	63.83	404.23		468.06
1997	55.59	476.83	0.11	532.54
1998	54.59	524.52	0.01	579.12
1999	52.21	550.75	5.12	608.08
2000	46.16	561.72	9.55	617.43
2001	40.66	464.77	14.60	520.03
2002	229.60	456.02	5.67	691.29
2003	226.60	679.00	5.00	910.60
2004	132.00		1.00	133.00
2005	44.00		42.00	86.00
2006			70.00	70.00
2007			100.00	100.00
2008			130.00	130.00
2009			181.49	181.49
2010				0.00
2011				0.00
2012				0.00
2013				0.00

为保证改革的顺利进行，成立了税费改革领导小组，下设办公室，每个管理区、村均成立领导小组，明确分工，责任到人，各负其责。镇党委、镇政府按照减轻、规范、稳定的总体要求，全面理顺农村分配关系，规范农村基层税费征收，减轻农民负担，推动全镇农业产业调整，巩固农村基层政权，确保农村社会稳定，促进农村社会生产力和农村经济持续健康发展。按上级有关规定，农村税费改革的主要内容是三取消（取消镇统筹费，取消农村教育集资等方面向农民征收的行政事业性收费和政府性基金、集资项目，取消屠宰费）、两调整（调整农业税，调整农业特产税）、一改革（改革村提留征收使用办法）。集体实施

以1999年第二轮土地延包档案为基础，核实土地面积，张榜公布，登记造册，通知到户。每户应负担的费税逐户填写，发放到户，农民称为“明白纸”。2002年10月，全镇税费改革工作全部结束。

调整农业税 农业税缴纳税额，按照农业税土地面积、粮食产量、标准粮计税价格和规定的税率征收。

核实土地面积 凡第二轮土地承包合同中已确定土地等级的，原则上按土地承包合同中的登记核定，尚未进行第二轮土地承包或第二轮土地承包不规范、群众意见较大的，可根据群众意愿，继续实施或完善第二轮土地承包，再据此确定计税面积，根据年产量、土壤条件和生产条件，划分不同等级，按村核定。

核实常年产量 在核实农业税计税年产量时，根据实事求是、区别对待、不高于实际产量的原则核定。组织农业、财政、土管、统计等部门和村民代表，根据1994—1998年的主要农作物5年的平均产量和省统一规定的比例折算为标准粮后确定。全镇常年产量为760公斤/亩。

计税价格和税率根据国家规定的粮食收购保护价和本地市场价格等因素，确定农业税计税价格为每公斤标准粮1.10元，并保持相对稳定，一定5年不变，根据上级规定，新的农业税实行比例税率，税率为6%。

调整农业特产税 根据中央、省、市、区关于农业税和农业特产税不重复交叉征收，农业特产税率高于农业税率的要求，在征收过程中合并征收环节，调整农业特产税的征税范围和税率，滩涂水产养殖收入，均征收农业特产税，计征依据按正常年景核定。

生产农业特产品的应缴纳税额，按照农业特产品的实际收入和规定的税率计算征收，收购农业特产品的应缴纳税额，按照收购的金额和规定的税率计算征收。

改革村提留征收使用办法 改革前，村提留的征收由农民按人均上缴，改革后，按新的农业税和农业特产税附加的形式收取，农业税附加的比例为正税的40%，农业特产税附加的比例为正税的10%～20%。这两项附加属村集体资金，由镇财政专户存储，村委会安排使用，镇经管站实施监督管理。村内兴办集体生产公益事业的所需资金不再向农民固定收取，实行“一事一议”的办法解决，由村委会或村民代表会议讨论决定，实行村务公开，村民监督和上级审计，一年内每个村民所负担的“一事一议”“一事一决”资金，最多不超过15元，具体数字由镇政府提出，报区政府备案。

改进农业税、农业特产税及附加的征收管理方式 农业税及附加的征收，一是实行纳税登记制度，征税机关对纳税人计税土地面积、常年产量、适用税率等核实登记，发放纳税卡，经纳税人签字后作为纳税依据；二是改进征收方式，农业税按照农作物常年产量和规定的税率，一律征收现金，由镇财政所直接征收，或委托粮食部门在收购粮食、结算粮款时代扣代缴，对尾欠户上门征收；三是合理确定纳税期限，农业税分夏秋两季征收，夏征期限不少于30天，秋征期限不少于60天；四是实行纳税通知制度和实行“三定”（定时间、定地点、定税额）征收办法；五是健全农业税征管体系，以农业税专管员为主，在村内聘请2～3名协税员协助征收；六是禁止农业税征收和生产费用混征，禁止镇村干部代征，禁止违反政策乱征，禁止弄虚作假，虚收“空转”。

对农业特产税及附加的征收，按农村特产品的生产周期，在农业特产品收获、收购季节，由财政所按规定的征收程序集中征收。

实行农业税、农业特产税减免 税费改革后，对农业税实行“轻灾少减、重灾多减、特重全免、分级负担”的灾歉减免政策，同时继续保留社会困难减免和鼓励生产性减免政策：对农村中的烈属、残废军人、退伍军人、特困户等给予减免农业税照顾；对70岁以上的老年人，免征新增农业税及附加；对依法开垦荒地、荒滩或用其他方法扩大耕地面积所取得的收入，在一定时期内免征农业税。

规范兴办公益事业筹资筹劳政策 对不承包土地或承包土地明显低于当地人均水平、并从事工商业或养殖业活动，且改革前承担上缴镇统筹和村提留的农村居民，按照“均衡减免、公平负担”和权利与义务对等的原则，在确保明显减负的情况下，参照改革后种地农民的负担情况，向其收取一定的乡村公益事业金：对不承包土地的农村居民，每人每年收取不超过90元；对专门从事农特产品生产的，也可以参照上述规定向其收取一定数额的乡村公益事业金。乡村公益事业金属村集体资金，实行镇管村用。

原镇统筹费取消后，修建镇村道路不再向农民固定收取。村级道路所用建设维护资金，由村民会议协商自行解决；镇级道路所用建设维护资金，由镇以上政府负责安排。

根据中央、省、市、区有关政策规定，逐步取消统一规定的劳动积累工和义务工。2002年控制在每人15个，2003年控制在12个，2004年控制在10个，2005年取消“两工”。“两工”取消后，抢险救灾、发展集体生产和公益事业所必需的用工，采取“一事一议”和“一事一批”的办法解决，禁止强行以资代劳。“一事一议”批准劳动用工每年最多不超过10个，区域性防洪抗旱工程和生产公益设施的建设和维护，由镇政府提出申请，报区政府批准执行，一般每个劳动力不超过5个工。

税费改革后，省、市、区对农民实行了很多的补助，以鼓励农民增收。

2006年取消农业税。

第二章　税务

明清时期，税收以田赋为主。民国时期，田赋征收基本沿用清制，但税种有所增加。抗日战争时期，日伪政权在涛雒横征暴敛，人民更加不堪重负。1949年，日照县财政科设立涛雒税务所。此后域内税务机构不断调整、完善，不断改革税制，调整税率，减轻了人民负担，促进了经济的发展。

第一节　机构

清代，税收以田赋为主，由县衙门直接管理，征收田赋以牌为单位，由乡长、地方乡绅催缴钱粮。民国年间，县知事公署专司税收，区钱粮柜设若干征收人员，具体办理钱粮征收，由区长、镇长、乡长催办。抗日战争时期，日伪军仍沿用国民政府财税制度，横征暴敛，人民不堪重负。

1940年，抗日民主政府设财政科，在涛雒设立税长。是年，设财粮科，二区（涛雒）设财粮助理员，负责田赋、公粮的征收和保管，在小海村设厘税长，征收盐税。1947年6月至1949年3月，日照工商支局改名为竹（赣榆）日（日照）工商支局，在涛雒设立海关税务所，阮赠余任主任，王金城任监委。1949年4月至1950年4月，地方税收移交日照县财政科，在涛雒设立稽征所，郭建祥任所长，范崇峰任副所长。

1950—1994年涛雒税务所负责人任职更迭表

表12—10

职务	姓名	性别	籍贯	任职时间
所长	郭建祥	男	海员村	1950.5—1951.1
所长	王立志	男	三庄镇	1951.1—1956.3
所长	周祥艾	男	碑廓镇	1956.3—1961.3
所长	孔庆尊	男		1961.3—1965.10
所长	梁吉培	男	巨峰镇	1965.10—1975.12
所长	龙喜庭	男		1979.6—1980.12
副所长	范崇臣	男	岚山头街道	1981.1—1983.3
所长	范崇臣	男	岚山头街道	1983.3—1985.4
副所长	秦玉航	男	碑廓镇	1985.3—1987.7
所长	秦玉航	男	碑廓镇	1987.7—1992.1
所长	孔宪法	男	三庄镇	1992.1—1993.7
所长	别海平	男	日照街道	1993.10—1994.7

涛雒税务所 1949年，滨海工商管理局将税务工作部分移交给日照县财政科，科内设税务股，下设涛雒税务所。1950年5月，日照县人民政府税务局设立涛雒税务所，所址在今涛雒观海路与文泰路交会处往西50米处南侧。1969年12月，税务所与工商所合署办公，称税收市场管理小组，不久各自独立办公。1972年，税务所迁至观海路与204国道交会处往西200米处路北侧。1988年，在镇驻地204国道西侧建税务办公大楼。1993年3月，称东港区涛雒税务所。1994年7月撤销。

下元税务所 1961年3月，日照县人民政府税务局设下元税务所，所长张守顺。1962年10月撤销。

涛雒国税所 1994年7月，东港区国家税务局成立，设涛雒国税所，所长赵光军，副所长刘明贤。1996年6月撤销。

涛雒国税分局 1996年6月，东港区国家税务局设涛雒国税分局，负责涛雒、巨峰、大坡三个乡镇的税务管理征收工作。2005年12月撤销。

1996—2005年涛雒国税分局局长任职更迭表

表12—11

姓名	性别	籍贯	任职时间
黄武昌	男	岚山街道	1996.6—1997.4
赵光军	男	巨峰峰镇	1997.4—2000.3
李　勇	男	日照街道	2000.3—2001.8
姜运灵	男	两城镇	2001.11—2005.12

涛雒国税分局撤销时，东港区国家税务局石臼分局在涛雒设征收点，在原办公楼办公。2010年11月，迁至镇建筑公司办公楼办公。2013年12月，迁至右所村前204国道西侧租大楼办公。

涛雒地税所 1994年7月，东港区地方税务局成立，设涛雒地税所，副所长李守平主持工作。1995年2月，李守平任所长。1999年11月撤销。

涛雒地税分局 1999年11月，东港区地方税务局设涛雒地税分局，辖区为涛雒、巨峰。2004年9月撤销。

1999—2004年涛雒地税分局局长任职更迭表

表12—12

姓名	性别	籍贯	任职时间
陈淑林	男	虎山镇陈家庄子村	1999.11—2001.11
卢彦亮	男	后村镇	2001.11—2004.9

涛雒地税征收点 2004年10月，东港区地税二分局（驻石臼）设涛雒地税征收点，负责人胡宗伟。2005年12月后，涛雒地税直属东港区地税局城郊分局管理，负责人先后有胡宗伟、张守军、田慧娟。办公区域及办公楼闲置，隶属东港区地税局。

涛雒地税所 2010年7月，日照市地税局东港分局在涛雒设立税务所。2018年10月，与国税合并。

2010—2018年涛雒地税所所长任职更迭一览表

表12—13

姓名	性别	籍贯	任职时间
张浩之	男	三庄镇	2010.7—2011.4
李业彬	男	岚山街道	2011.4—2017.1
王昌平	男	巨峰镇	2017.1—2018.9

2018年10月30日，国家税务总局日照市东港区涛雒税务所挂牌成立。

2018年以来涛雒税务所所长任职更迭一览表

表12—14

姓名	性别	籍贯	任职时间
李业彬	男	岚山街道	2018.10—2021.9
丁晓曦	男	临沂市兰陵县	2021.9—2022.11
张　伟	男	东港区三庄镇	2022.11—

第二节　税收

中华人民共和国成立前税收 清初税收仍沿用明代“一条鞭”法，域内税收以田赋为主，分税粮、地丁粮、漕粮和屯粮4种，一年分上忙、下忙两季征收银两。清雍正四年（1726），清政府推行“摊丁入亩”“地丁合一”制度，将应征收的丁银摊入田赋之中合并征收，称“地丁银”，平均每亩（老亩）征银2分3厘2毫。另外，清代还征收盐税、契税、厘金、货物税、营业税及灶丁银等，但数量甚少。

民国初期，赋税征收多沿清制，无甚更动，税收仍以田赋和间接税为主，其间，军阀混战，省自为政，地方税捐，名目繁多，域内百姓苦不堪言。1913年开征印花税。1915年开征烟酒牌照税。1926年开征卷烟统税。1931年，扩大统税课征范围，后统税和烟酒税合并改称货物税。1936年开征所得税。1939年开征非常时期过分利得税。1940年开征遗产税。1941年田赋改征实物。

民国中期，域内征收的主要税种有田赋、契税、盐税、厘金、货物税、营业税、印花税、屠宰税和交易税等。至民国末期，历经演变，渐次形成关税、盐税、直接税、货物税、田粮和地方各税等五个税系。另外，民国时期域内附捐（附税）名目繁多，逐年增加，域内征收的附捐有河工特捐、中学附捐、水警附捐、招商承办捐、理黄堵口附捐、军鞋捐、汽车路附捐、商行捐、商渔船捐、牛驴过境捐、食堂捐、税契附捐、赈灾捐和政府附加、建设附加、自治费、清乡费、招待费、军事善后捐、讨赤特捐及手续费等，多如牛毛的附捐杂费，有时超过正税的7倍，老百姓苦不堪言。

抗日战争时期，域内为敌占区，日、伪、顽军更是横征暴敛，人民更加不堪重负。赵家庄子村是敌伪顽经常出没之地，也是八路军游击区，全村共50户（能负担的只有38户，其余皆赤贫者），500口人，130亩土地（老亩），1942年对各方的负担详记如下：1.对日伪的负担（4月30日至8月26日）：小麦440.75公斤；白面79.75公斤；大米80.25公斤；小米252.5公斤；煎饼9.5公斤；黄瓜40.5公斤；干柴1883公斤；麦秸69公斤；木头25棵；茶壶1把；砖头244块；糯米10公斤；鸡蛋312个；付洋2557.60元。以上所征共合洋7313.59元。2.对顽军的负担（4月27日至7月20日）：小麦1765公斤；麦粉25.8公斤；大米87.5公斤；煎饼76.25公斤；糯米7.75公斤；马料费68元；干柴415公斤；鞋子费348.50元；付洋381.25元。以上所征合洋9413.55元。3.本村公用费（5—8月）：包括出差、送夫、雇壮丁、招待费等，共合洋1403.65元。从以上详记可以计算出，仅4个月时间，村民共负担洋19257.34元，每月每户负担洋128.38元，每人每月负担洋12.84元，每亩土地月平均负担洋49.37元以上。

1940年，日照县抗日民主政府成立后，根据中共山东分局批示，在废除苛捐杂税的基础上开征正税。域内征收的税种主要有：田赋、公粮、契税、盐税、货物税、出口境税（进出口货物税）、营业税、牲畜税、交易税等。1945年，人民政府实行“按地亩折合产量负担办法”计征公粮田赋。以全年收入180市斤粮食为一中亩（市亩），按人均地亩数分等征收公粮：一等户土地6～7.8中亩，征35%；二等户土地4～5.8中亩，征30%；三等户土地2～3.8中亩，征20%；四等户土地0.51～1.8中亩，0.5中亩以下者免征。

中华人民共和国成立后税收　中华人民共和国成立后，人民政府的税收方针是“取之于民，用之于民”，税收原则是“依法征收，合理负担，最大限度地减轻人民负担，鼓励人民发展生产”。随着政治经济形势的变化，税收制度也多次变革，主要经历了统一税收（1950年）、修正税制（1953年）、试行工商统一税（1958年）、试行工商税（1973年）、税收制度的全面改革（1983年）和国税、地税分征（1994年）及国税、地税合并（2018年）等7次重大变革。

1949年，人民政府为简政便民，将公粮、田赋、柴代粮、乡村经费附加粮等负担合并归一，统称农业税，由财政部门征收。1950年，域内实施按产品或商品流转额和按所得额以及不同行为等课税为主体的复税制，并开征了货物税、工商业税、盐税、存款利息所得税、印花税、交易税、屠宰税、使用牌照税等8个税种。

1953年，日照县根据政务院批准财政部提出的《关于税制若干修正问题的报告》和《商品流通税试行办法》，对税制进行了变更，合并停征了一些税种。在域内开征的有农业税、契税、商品流通税、货物税、工商营业税、工商所得税、印花税、盐税、屠宰税、牲畜交易税、车船使用牌照税、利息所得税、文化娱乐税13个税种。

1958年9月，国务院颁布了《工商统一税条例（草案）》，其主要内容有：简并税种；简化纳税环节；减少中间环节的征税；工商所得税成为一个独立的税种；统一全国农业税制。在域内开征的税种有11种：农业税、契税、工商统一税、工商所得税、车船使用牌照税、屠宰税、牲畜交易税（1960年停征，1962年恢复征收，1967年停征，1970年恢复征收，1971年停征）、利息所得税（1959年停征、1999年11月1日开征、2008年10月9日停征）、文化娱乐税（1959年停征，1961年恢复征收，1966年停征）等。

1973年1月，开始执行国务院1972年3月颁发的《中华人民共和国工商税条例（草案）》的规定，合并税种，试行工商税，简化税目税率，降低了农机、农药、化肥、水泥税率，提高了手表、缝纫机的税率。经过改革，域内征收的税种有：农业税、契税、工商税、工商所得税、屠宰税、牲畜交易税（1978年停征）、车船使用牌照税（1978年停征）等共7种。

1983年，国家规定对国有工业、商业、交通运输业实行一步利改税。1984年，进行了两步利改税和工商税制的全面改革。1979—1992年，域内征收的税种有32个：农业税（2006年停征）、契税（1992年复征）、农林（业）特产税（1988年开征，2004年停征）、营业税（1984年开征）、牲畜交易税（1990年停征）、盐税、国营企业所得税（1984年开征）、国营企业奖金税（1985年开征）、集体企业奖金税（1986年开征）、事业单位奖金税（1986年开征）、国营企业工资调节税（1989年开征）、城乡个体工商户所得税（1986年开征）、个人所得税（1985年开征）、个人收入调节税（1988年开征）、建筑税（1984年开征）、固定资产投资方面调节税（1991年开征）、屠宰税（1989年停征）、房产税、车船使用税、城镇土地使用税（1989年开征）、印花税（1988年开征）、工商所得税（1990年停征）、工商税（1985年停征）、工商统一税（1986年开征）、私营企业所得税（1992年开征）、中外合资经营企业所得税（1990年开征）、外商投资企业和外国企业所得税（1991年开征）。

1993年12月，国务院颁发了《关于实行分税制财政管理体制的决定》。1994年1月起，东港区对税制进行了全面的、结构性的改革，建立以增值税为主体，以消费税和营业税为补充的新型流转税制度。新税制突破原计划经济体制下统收统支的分配格局，强化了税收组织财政收入和宏观调控的功能，将税种进行了合并，税率进行了调整。

1994年7月，地税和国税建立后，分别担负征收税务任务。域内征收的税种有：农业税包括农业税（2006年取消）、农业特产税（2004年取消）、耕地占用税（1987年开征）、契税；工商税包括增值税、消费税、营业税、企业所得税、个人所得税、外商投资企业和外国企业所得税、固定资产投资方向调节税（2000年停征）、房产税、车船使用税、车船使用牌照税、印花税、屠宰税（2002年7月取消）、土地增值税（2001年开征）。

第三节　税收管理

税务登记

1950年10月，政务院公布了《工商业纳税暂行条例》及实施细则，规定纳税人在开业后的20天内，必须向当地税务机关办理登记手续。七区成立了由区长任主任，财粮助理、区合作社主任、乡（镇）合作社主任、银行、工商联、交易所等组成的工商登记委员会，对域内的合作社、油坊、私人商业户全部办理了税务登记手续。1951年，对生产植物油、迷信品等业户，海上1 ~ 10吨的船只进行登记。1954年，对经营性的40多种手工业生产行业进行登记。1964年，对集体企业、供销合作社、手工业社、运输合作社、小商小贩户、手工业户、各种车辆（汽车、人力车、兽力车、自行车）、各种船只（机动船、非机动船）进行登记。1982年9月，财政部发布《关于办理税务登记的通告》，税务所根据通告精神，在域内全面开展税务登记发证工作。1986年4月，国务院发布《中华人民共和国税收征收管理暂行条例》，税务所在域内进行了登记换证工作。1993年，东港区税务局成立，税务所对域内国有企业、集体企业、私营企业、有限责任公司以及应税船舶、应税车辆、各种类型的个体工商户进行登记。2005年3月，涛雒国税分局、地税分局联合办理税务登记，负责域内税务登记、变更、注销申请及发（收）证、换证、验证、非正常户认定、停复业工作。2007年全面启用了“外部信息管理系统”，按季度提取工商、统计等部门相关涉税登记信息，逐项开展分析核实，漏征漏管户纳入税务管理。2011年2月1日起，税务登记证工本费取消。

纳税申报

中华人民共和国成立之初，纳税申报的规定在各个税种之中，纳税户均应进行纳税申报，纳税大户须按期以表格形式向税务机关进行申报，个体工商户则采取自行申报，税务机关按申报额及其他纳税资料，核定交纳税额。

1962年，对财务制度比较健全的国营企业、供销合作社、手工业、运输合作社以及社队企业实行“三自纳税”（自报、自核、自缴），纳税单位应报送纳税报表，以便税务机关辅导和监督。1986年，《税收征收管理暂行条例》颁布后，对纳税申报作了统一规定，纳税人纳税申报时间和代征人申报时间，纳税时间，由税务机关确定。

1988年起，推行纳税人上门申报纳税为主的征管改革，明确了征纳双方的权利和义务，增强了社会纳税意识，征管质量和工作效率有了明显提高。1995年，取消了税务专管员分户管理制度，建立了以纳税人自核自缴为基础的申报纳税制度，推行增值税一般纳税人纳税申报“一窗式”管理工作，实行“一窗两人”模式，将原防伪税控认证和申报窗口合并，实行防伪税控认证、报税、申报“一窗式”管理。1998年，在域内实行电子申报工作。

2001年，推行“多元化”纳税申报方式。在纳税人自愿的基础上，推行银行网点申报、网上申报和电话申报，坚持推行一户成功一户。2005年7月，执行国家税务总局《增值税一般纳税人纳税申报“一窗式”管理操作规程》，统一在办税服务厅设立申报征收窗口，集中受理增值税一般纳税人纳税申报。

征收方式

中华人民共和国成立后，域内征收税款方式有3种：自收税款、委托代征和委托代扣。

自收税款　对于会计制度健全的工商业户，经税务机关审定，认为企业的账簿可资为征税依据者，定为查账户，其营业税和营业所得税都是依据账簿记载计算，采取自报自查，依率计征的办法征税；对于会计制度不够健全的工商业户，采取自报公议、民主评议的办法依率计征；对于没有建立账簿的个体工商户，在民主评议的基础上，采取定期定额的办法征收。

委托代征　1996年12月，应纳增值税的农村集贸市场零散税收、临时经营的个体工商户及需要检验征收的个体业户的税收，实行了委托代征办法。1997年10月，对所有缴纳增值税、消费税的纳税人实行税款预储办法，强化了对增值税、消费税的主动管理，保证国家税款及时、足额入库。

委托代扣　从1983年10月开始，对个体手工业、商业、饮食、修理服务等业户，不论采取何种付款形式购货，均由批发部门按照扣税规定代扣代缴商业零售环节的税款，对集体商业、饮食服务业等以现金或现金支票购货的，也由批发部门代扣代缴税款。

2002年10月，国务院颁发《中华人民共和国税收管理法实施细则》，确定常用的税收方式主要有查账征收、查定征收、查验征收、定期定额征收、代扣代缴征收、委托代征。2005年5月份，推广税库银应用系统，实现纳税人网上申报成功实时扣缴税款，提高税款征收效率。

税务检查

主要是对国营集体企事业单位、个人经营单位、代扣代缴单位、代征人和有关各税的偷税、漏税、抗税、欠税和纳税中存在的问题进行稽查，以此严格税收法纪，保证财政收入。1951年，涛雒税务所对域内的合作社、私营行栈及屠宰户进行税务大检查，查出漏纳税额8590元，全部进行了补交。1960年税务大检查时，查出域内一土产代理站漏税295元，依法进行了补缴。1993年后，东港区税务局稽查队会同涛雒税务所每年对域内的工商业户进行税务检查。2002 年，加大了对税收征管的管理工作，3 月到 5 月底，对 2001 年 1 月以来纳税人的发票管理制度进行了检查，维护了普通发票的正常管理秩序，堵塞了税收管理漏洞，达到监控税收的目的。

2003 年，本着“注重实效、不走过场、查深查透、有效纠正、促进规范”的原则，开展税收执法检查工作，并针对税收执法工作建立了“三项制度”：一是请示记录制度；二是巡回检查制度；三是实行责任连带制度。

“税收分析预警系统”上线运行。围绕系统应用，完善了税收分析、纳税评估、税务稽查、监控管理间的互动运行。

2008 年，紧紧围绕“税收分析预警系统”和“纳税评估系统”两个系统开展税源监控，促进了税收管理质量的提高。集中开展了农产品加工、纺织等行业的税收专项整顿，提高了行业管理水平。

税收征管深入开展，以深化税源专业化管理为切入点，积极推进税收征管改革；依托“两个系统”开展案头分析，启动开展纳税评估和税务稽查，实现税源管理互动运行。

信息征管

1997 年 6 月，域内所有纳税户纳入了计算机管理，国税分局与区局局域网络联网，达到纳税数据的互相交流和信息共享。

2001 年，金税工程在东港国税成功运行，实现了增值税专用发票微机化管理、网络化管理。在域内推行金税 CTAISI.0 税收征管软件，对纳税人的应征税款、入库税款、欠缴税款、处罚款及滞纳金等数据实行全程监控。

2006 年，综合征管软件 V2.0 和税收执法管理信息，分别于 8 月 1 日和 9 月 1 日顺利上线运行，提高了征管质量和效率，规范了税收执法行为。

2013 年 10 月 8 日，金税三期工程顺利上线，实现单轨运行，为进一步完善征管体系打下了坚实的基础。

分类征管

1996 年 9 月，推行“以纳税申报和优化服务为基础，以及计算机网络为依托，集中征收、重点稽查”的新征管模式。根据增值税一般纳税人生产经营规模、财务管理水平、纳税意识以及增值税专用发票使用情况，将其计划分为 A、B、C 三种类型，并采取不同的管理方法。

1997 年，对域内个体工商户实行了分类化管理：对有固定生产经营场所、月纳税在 300 元以上的个体工商户，实行查账征收，对生产经营规模小的个体工商户，实行定期定额管理。

1998 年，坚持集中征收与划片管理相结合的原则，设置管理服务、征收会计、税源控制、稽查监督四个基本工作岗位；对征收管理应用文书如税务登记、发票管理、法规咨询、征收会计、税源监控、税务稽查等，做了进一步的理顺和明确。

第三章　市场监督管理

明、清、民国时期，工商业由商会与政府机构管理。1946 年，域内始有工商管理机构，负责海关进出口货物监管和对外贸易。中华人民共和国成立后，工商管理机构逐步健全，维护了市场秩序。1978 年后，工商部门改变过去管得过死过紧的倾向，恢复和发展了集市贸易，促进了商品流通。2018 年政府机构改革，工商行政管理改为市场监督管理。

第一节　机构

商会　域内工商业在明清时期一直由官府管理。1912 年，涛雒商会成立，协助官府管理。会长任期 2 年，可连选连任，一任会长丁纫秋（涛雒街人），二任会长庄治东（涛雒街人）。日伪侵占涛雒后，涛雒伪商会会长刘公臣，后换丁子和，抗战胜利后，商会解散。

行会　清末民国时期，域内商贸无政府专管机构，但各行各业都有历史上形成的行会。行会依靠官府和豪绅的支持，管理该行行务，包揽官府交给的税收任务。每个行业的行会，各有不同层次的管理人员，为首的称庄客、行头、行师等，分管一地一区的称行人、经纪等。1940 年，日军侵占涛雒后，行会自行消亡。

粮行　旧时，域内粮行有行头 2 人，行人 20 多人。行人轮流上市，专管涛雒、下元集市粮食交易的计量，靠收取量升费和掉升粮为收入，其收入要向行头交一定提成，行头则专管巡查粮市，协调粮价、管理行人等。

牙行　旧时域内设牙行（牲口交易看牙，故称牙行），行头 2 人，经纪若干。牙行成员由行头任免，多为退伍骑兵头目，其子孙袭业。牙行人员不仅控制一方牛、马、驴、骡的价格，并有监控牲畜出入境的特权，其收入按牲畜成交额提取，收费后发给买主官发证件，方能免受查扣。该行按规定向官衙库房交纳税银。

行栈　清末民国初，域内有“鱼行”“油行”“花生行”“米行”“酒行”“披猪行”等 10 数行栈，其主人尊称“庄家”。行栈既是存货之处，又是介绍成交的地方。行头有评定质量、协调价格之权。行栈收取存货费、成交费。行头按规定向衙署交纳本行税银。

工匠行　清末民国初，域内铁匠、铜匠、银匠、木匠、泥瓦匠、剃头匠等行各有行头，行头负有到官府应差的义务，如城建修补、刑具修配、犯人理发等零工。行头有权集结行内工匠，查处无师从业者，凡不合行规者，有权没收其工具、货物，甚至殴打。本行对衙署只有徭役之劳，而无纳税之责。

涛雒市场监督管理（工商行政管理）所　1946 年 2 月，山东省工商总局二分局日照支局在涛雒设立海关和新华贸易公司，负责进出口货物监管和对外贸易。

1953 年 9 月，涛雒市场交易活动归日照县人民政府一交易所（驻城关）管理。1957 年 6 月，划归巨峰市场交易管理所管理。1961 年 12 月，日照县人民委员会设涛雒市场交易管理所，管理涛雒、下元等市场交易活动，所址在今涛雒观海路与文泰路交会处、观海路南侧往西 50 米处（孙家车行东邻）。

1961 年以来涛雒市场监督管理（工商行政管理）所所长任职更迭表

表 12—15

姓名	性别	籍贯	任职时间
秦福远	男	虎山镇秦家结庄村	1961.12—1975.12
刘克杰	男	虎山镇东湖一村	1975.12—1976.6
周建亭	男	高兴镇	1976.6—1980.1
李宗木	男	大坡镇	1980.1—1984.10
黄胜昌	男	岚山街道	1984.10—1987.1
张立玉	男	岚山街道	1987.1—1988.1
许崇文	男	涛雒镇上元村	1988.1—1990.8
顾东明	男	巨峰镇	1990.8—1995.7
王红平	男	秦楼街道	1995.7—1999.8
张守青	男	黄墩镇	1999.8—2006.2
代华平	男	岚山街道	2006.2—2010.7
苏勋交	男	秦楼街道	2010.7—2019.5
杨　磊	男	高新区河山镇	2019.5—2021.4
成　刚	男	开发区奎山街道	2021.4—

1967 年 6 月，更名为涛雒工商行政管理所。1969 年 12 月，与税务所合署办公，称税收市场管理小组，不久各自独立办公。1970 年，所址迁至涛雒八村集市西邻（南门外桥南约 100 米处路东侧）办公。1971 年 3 月，改称市场管理所。1972

年12月，复名为工商行政管理所。1985年1月，迁至涛雒五村大集西邻建办公场所（办公室为平房）。2005年，拆除平房改建为二层楼房。2013年，有公务员3名，设巡查队和内勤综合室，管辖10个集贸市场、218家企业、1838家个体工商户。1997—1999年，被日照市工商行政管理局授予“先进集体”称号。2007年，被日照市工商行政管理局授予“先进工商所”和“达标工商所”称号。

2018年，涛雒工商行政管理所更名为涛雒市场监督管理所。

日照国际海洋城工商分局 2012年7月，日照市工商局在涛雒设立日照国际海洋城工商分局，办公地点在涛雒工商所大楼内，有工作人员10名，首任局长万辉。2016年随国际海洋城撤销而撤销。

第二节 市场管理

清末，市场物价管理通过“牙人”“经纪”以中间人的身份参与市场交易来平抑物价，上市物资管理主要是禁止私人插手经营食盐。但因市场由一些封建帮会、商会、乡绅富豪等势力把持，真正受管理和限制者只是一些小商小贩及平民百姓。民国时期，市场管理沿用清制。国民政府向市场投放大量货币，地方政府发放“田赋券”，驻军发放“粮秣券”，商号私印“票子”，五花八门的货币充斥市场，致使市场混乱，货币贬值，物价飞涨，百姓持券不敢过夜。

中华人民共和国成立后，人民政府开始对市场进行管理。1950年，市场管理的重点是稳定物价，打击投机倒把活动，对人民日常生活的主要物资集中交易，禁止买空卖空，取缔黑市交易，严厉打击投机奸商。1952年秋，配合“五反”（反行贿、反偷税漏税、反偷工减料、反盗骗国家资财、反盗窃国家经济情报）运动，加强市场管理，刹住了市场混乱之风。

1953年，粮油实行统购统销政策，严格粮食市场管理，禁止私人经营粮油，农民自产自销的农副产品上市交易，需要经过批准，持证经营，对破坏统购统销的粮商粮贩，依法打击惩处。因之物价稳定，社会购买力增强。

1958年，在“大跃进”和“人民公社化”过程中，农村取消自留地，禁止家庭副业生产，实行“公共食堂化”，农民不准赶集。是年秋季取消集市，域内市场交易中断。1959年9月，恢复集市贸易。

1960年，域内物资奇缺，物价飞涨（瓜干每公斤1.00元，萝卜每公斤0.80元，鸡蛋每个0.80元）。为平抑物价，活跃市场，日照工商局于1961年设立涛雒市场交易管理所，对商业、饮食业、修理服务业进行登记，取缔无证商贩，允许国家三类物资（农副产品）上市成交，允许有证商贩进入市场交易，允许买卖双方自由议价。上市商品品种和数量日益增加，市场价格逐步回落。是年12月，小麦每公斤由1.6元下降到0.8元，花生油每公斤3.8元下降到2.45元，猪肉由每公斤3.5元下降到1.6元，鸡蛋每公斤3.2元下降到1.9元，白菜每公斤0.16元下降到0.05元，萝卜每公斤0.16下降到0.05元。

1963年，市场交易管理所重点打击弃农经商的粮商粮贩和贩卖布票、粮票的投机倒把分子。1964年12月，配合“四清”运动，发动群众检举、揭发那些屡教不改的投机倒把分子。1965年，市场秩序大有好转。

1979年以后，涛雒工商行政管理所解放思想，放宽政策，支持生产，促进流通，恢复和繁荣集市贸易。1980年初，废除“逢五排十”的规定，恢复历史传统集日。1983年2月，大力宣传国务院《城乡集市贸易管理办法》，配合有关部门搞好集市治安，为社员群众提供安全交易环境。

1984年，工商所对市场实行科学化管理，落实“三定五包”（三定：定人员、定岗位、定职责；五包：包管理、包服务、包秩序、包宣传、包卫生）的管理措施，实行划行归市、明码标价、持证经营，制止坑骗行为，集中查处乱收费（驻村或地方人员擅收地皮费、护树费、占摊费、派给费）等现象，市场管理逐渐完善。

1990年4月，工商所积极宣传国家工商局《集贸市场管理基本规范》，推行市场“三规范”（经营活动规范化、管理工作规范化、服务设施规范化）工作的落实，及时解决市场规划、建设、管理中出现的问题。

1993 年，工商所的工作重点是提高市场组织化，注重市场交易规范，把集贸市场交易活动纳入法治轨道，同时开展打击非法经营和欺行霸市行为，维护市场秩序，配合有关部门对粮油、成品油、蚕茧、药材、食盐等进行清理整顿。

2003 年，工商所针对“非典”疫情，加强对集市卫生秩序的整治力度，对集贸市场加强预防监控与消毒管理。2005 年，针对禽流感疫情，加强了市场防治工作。2007 年，开展了对海产品市场检查执法行动。

第三节　工商企业管理

登记发照　清末，工商企业登记管理与市场管理、户籍管理和赋税征收合为一体进行，登记之后，官府发给牌照，方能开张营业。民国时期，对工商企业登记管理沿用清末制度，强调营业牌照“应悬于众目易见之处，以便稽征机关随时核查，营业停止时应将证照缴还原处注销”。

1946 年 4 月，县工商支局依照《山东省办理营业执照规则》，对域内所有商号、摊贩进行了登记，办理了营业执照。至 1949 年 12 月，域内工商企业全部进行了临时登记，尔后，转入经营性管理。

1963 年 3 月，市场交易管理所对已经开业的合作社、区营企业进行登记，未经批准登记的工商企业一律不准开业，对四种特种行业（旅店业、旧货业、印铸刻字业、修理业）重新换发营业执照。1965 年底，对民办副业进行登记发证，纳入管理范围。

1966—1976 年“文化大革命”时期，工商行政管理只剩下了市场管理和打击投机倒把两项任务，工商企业登记中断。

1980 年 5 月，工商行政管理所根据国家经委、农委、工商总局《关于开展工业企业普查登记的通知》精神，对域内工业企业进行了普查登记。1981 年 6 月，对商业、餐饮业、服务业、交通运输业进行了清理登记，打击了非法传销和不正当竞争。

1983 年 9 月，根据国家工商局《关于印发全国统一营业执照的通知》精神，工商所对域内工商企业统一换发新的营业执照。是年底，组织了一次对工商企业的换照检查工作。

1988 年 5 月，工商所依照国务院《企业法人登记管理条例》及实施细则，对域内 8 户工业企业展开了企业法人登记换发新企业法人营业执照的工作。1991 年，营业执照实行全国统一编码。

2005 年，对流通领域业户，建立流通领域业户档案，进行有效监管。

监督检查　中华人民共和国成立初期，对企业的监督检查主要是核定投资金额，控制商品价格，防止私营企业在经营中偷工减料，以次充好，哄抬物价，以维护国家计划。

1956 年 8 月后，企业登记管理工作由对私营企业监督管理转向对私营企业、合营企业的社会主义改造。1963 年，工商部门贯彻国务院《工商企业登记管理试行办法》，开始对公有制企业进行登记和监督管理。

1966—1976 年，工商管理工作被削弱，对企业的开、关、转、迁和变更生产范围等监督管理失去了控制。

1978 年后，恢复了工商企业登记管理工作，监督管理工作也逐步走上了健康发展的轨道。1981 年，对企业实行定期年度检查制度，日常监督检查工作全面展开。1982 年，开展了对工商企业大检查活动，对域内违法经营者补办登记手续并处以经济罚款，或吊销营业执照，对违规企业进行通报批评。

1988 年 2 月，根据省工商局印发《关于加强对重点行业企业监督管理的意见》精神，工商所开展了农药、地膜、化肥三项专营登记的摸底调查工作。

1996 年，工商所加强了对企业的经常性的日常监管工作，先后对石油、粮食、农业生产资料经营单位进行了清理整顿工作。

2004 年 2 月，工商所根据上级要求把非煤矿山、危险化学品、民用爆破和烟花爆竹等纳入重点管理，增强监管工作的主动性和及时性。2005 年，配合有关部门，对食品、药品、文化市场、网吧、改装、集贸市场、旅游市场及危险化学品、中介机构、卫星地面接收设施等领域进行了专项整治。2013年，重点是保证食品、药品安全，对假冒伪劣、药物残留、过期食品、冰冻畜禽的销售，进行严厉打击。

第四节　合同管理

清朝时期，域内人们在经济往来中为达到一定的经济目的，互相订契约，立字据，找保人，自然形成了一种经济合同。官府对契约的管理，尚无专职机构，一般由商会或同行业组织监督执行，如遇纠纷，商绅、官府出面调解、裁决。民国时期，政府始终未推行经济合同制，国民党统治区内对买卖合同的管理主要是通过物品交易所进行。

1950年9月，政务院财政经济委员会颁布《机关、国营企业、合作社等签订契约暂行办法》规定："合同纠纷由各级财政经济委员会处理，处理无效时，双方须向人民法院起诉。"直到1956年，域内合同由日照县计划委员会管理，主要是管理一些私营工商业、农民与供销、国营单位之间的经济合同。1958—1960年，经济合同流于形式，合同制管理在域内一度废止。

1962年初，落实中央经济调整政策，合同制在域内又开始实行，对合同的管理也有了加强，同年4月1日起，推行"工农业产品合同制"。1966年以后，合同管理再度废止。

1978年后，国家以经济建设为中心，经济合同管理工作开始恢复，成为工商行政管理机关的主要工作之一。1982年7月，《中华人民共和国经济合同法》颁布实施，工商所选配合同管理员，对域内各企业、经济单位、个体工商户、农村经营承包户的合同订立、鉴证、仲裁进行管理。1987年，对合同管理员统一培训考核，颁发了市工商局经济合同管理员证书，实现了持证上岗。

1988年6月，市工商局在工商所设立工商局经济合同仲裁委员会派出庭，对外挂牌受理案件。1995年9月，《中华人民共和国仲裁法》实施后，经济合同的仲裁移交仲裁委员会执行。

1993年10月，工商所对域内农副产品定购、加工定做、财产租赁、房屋租赁、建设工程施工等经济合同推行全国统一文本。

第五节　广告商标管理

广告形式

域内清朝至民国，广告形式多样，常见的有叫卖、声响、实物陈列、招牌、"幌子"、文字广告等。

叫卖广告　一般是行商小贩走街串巷用不同的叫卖声招徕顾客，往往边喊边卖，有的还编成顺口溜现唱现卖。

声响广告　是一些行商小贩用不同的器物摇、打、划、吹发出不同的声音，代表不同的行业，如货郎摇"拨朗鼓"、卖油的敲"油棒"、染布的摇"小铜锣"等等，听见声响，便知卖何物，无需询问。

实物广告　商品陈列广告在当时也较为普遍。商家将一部分经挑选的商品摆在门前摊床上，方便顾客挑选。有些店铺门前悬挂实物，代表经营行业，如车行挂旧车圈，弹棉花的挂旧棉被等。

招牌广告　清末民国初，出现了路牌、灯箱、商品陈列等广告，也有了以对联为内容的广告形式。

"幌子"广告　多为酒家、茶馆所用，一般用青布或白布，制成旗一样的形式，上写"酒"或"茶"字，理发店则画上理发工具，以示经营的业务。日伪侵占涛雒后，这种广告形式改为"模型"、"图画"和"文字"等。

中华人民共和国成立以后，广告有所发展，出现了报纸、电台、路牌、橱窗等广告形式。1956年，国家实行高度计划经济，统购统销，凭票购物，广告业随之萎缩。1966—1976年广告停止。

1978年改革开放以后，域内工商业迅猛发展，市场竞争日趋激烈，广告宣传的重要作用受到企业、商家的关注，广告事业获得了新生，得以迅速恢复和发展，出现了报刊、广播、电视、路灯、霓虹灯、宣传车、橱窗、条幅、广告牌、店前演唱等多种形式的广告，走街串巷的小贩也用上了喇叭、录音播放。

广告管理

中华人民共和国成立初期，域内没有独立的广告行业，广告登记只限于发布自我宣传广告的商人，也没有专门的登记管理机构。1982 年 2 月，国务院发布《广告管理暂行条例》，规定各级工商行政管理部门为广告管理机关，对广告、经营单位、客户、内容和各种广告媒体进行全面管理，域内的广告管理工作逐步规范。1985 年起，工商所每年对广告的印刷单位、户外广告的张贴物及广告牌统一进行检查清理，发现虚假广告、违禁广告等及时处理。

商标管理

清末民国初，商标由商会和同业公会进行管理，并无商标注册，只是单纯地保护商标专用权，不管商品质量，不保护消费者利益。

1950 年 8 月，政务院颁布《商标注册暂行条例》，实行商标统一注册。1951 年，工商、公安等部门对域内旧中国遗留下来的一些表现为反动、丑恶、带有封建迷信和殖民地色彩的私营店铺使用的招牌、标记进行了清理。

1964 年 3 月，域内开展了换发商标注册证的工作，通过换证，达到清理整顿商标的目的。1966—1976 年“文化大革命”期间，域内未注册任何商标。

1978 年以后，工商行政管理所依据中央工商总局《关于清理商标的通知》精神，对域内已使用的商标做了一次彻底清理。

1983 年 3 月，《中华人民共和国商标法》及《实施细则》颁布施行后，商标管理进入依法管理新阶段，工商行政管理所在做好商标注册的同时，加强对其使用情况的管理。

1987 年，根据省工商局《关于整顿和加强商标印制管理的通知》要求，工商所在域内组织了多次商标管理大检查，对违犯商标法的单位和个人严肃处理。

第四章　金融

涛雒镇历来商业发达，故各朝各代各种货币流通活跃。清代中叶至民国初期，各地商家即在涛雒街设立当铺、钱庄，活跃了金融业。抗日战争时期，日伪侵占涛雒，金融业遭破坏。中华人民共和国成立后，人民政府管理金融市场，建立金融机构，开展金融业务，支持全镇经济发展。1978 年改革开放以后，多家银行都在此设立机构，开办业务，对涛雒镇各业发展作出贡献。

第一节　机构

清代中叶，外地富商即来开当铺、设钱庄，经营金融业。

当铺　亦称“典当”或“押当”，是中国封建社会古老的一种金融行业，专为私人提供抵押品贷款，在中国有悠久的历史。涛雒街开办当铺最早出现在清朝中期。清道光十四年（1834），山西典当商张元梓慕名前来，在涛雒十字街北拐角处（故址今在文泰路与观海路交会处，文泰路西侧、观海路北侧），开设“德源”当铺，建二层木板楼房（山西样式）3 幢，计 39 间，从业人员 20 名，经营方式为门市营业，清同治三年（1864）歇业。清光绪十二年（1886），黄县人张氏到涛雒开设“五大德元”当铺，1921 年停业。

清末民国初，域内集镇及乡村还开设了不少“辍当”，即向当铺领用典当之款以作资本，押得物品再转押于当铺，故又称“代当”，俗称小当铺。辍当经营者多是小业主，经营方式多为门市收当，也有的赶集出摊收当，多数本小利薄，乡里青黄不接之时，能缓解燃眉之急。

清末民国初涛雒镇域内部分辍当铺一览表

表 12—16

铺主		从业人数（人）	铺号	坐落地址		房屋间数(间)	开业时间	歇业时间
姓名	籍贯			原址	现址			
郭希永	栈子村	3	利顺成	栈子草市	栈子二村	5	清朝中期	1920 年
万裕杰	涛雒二村	2	复春	涛雒街海货市中部	涛雒二村	6	清朝中期	1926 年
丁立甫	涛雒七村	2	源吉	涛雒街海货市南头	涛雒二村	3	清朝中期	1927 年
庄奎章	涛雒三村	3	裕太和	涛雒西门里	涛雒三村	7	清朝中期	1937 年
贾西平	贾家桃园村	3	新顺和	永记商号东边	涛雒三村	5	清朝中期	1935 年
滕汉三	涛雒三村	5	信记	镇武庙南	涛雒三村	8	清朝晚期	1927 年
宋某某	涛雒四村	1	福记广	北粮市西头	涛雒四村	3	1918 年	1923 年

银号 1920 年春，丁惟溪（字廉泉，涛雒丁家官庄人），与其妻舅郑东府（邵疃人，时任天津东莱银行经理刘子山的秘书）及其他人合资在涛雒东门里租“三槐堂”丁希梅的房子（故址今在观海路与文泰路交会处、沿观海路往东 80 米处北），集资约 1.5 万元开办存、贷款业务，取名“汇昌银号”，为日照县唯一一家“银行”。银号性质类似钱庄，唯资本业务较钱庄大，其组织管理形式近似银行。银号设董事会，丁伯弢（苗家村人）任董事长，董事 10 余人。丁惟溪任总经理，总会计丁慕陶（涛雒赵家庄子人），银号业务由郑东府具体指导，总务会计丁季彦（涛雒丁家官庄人），收账员丁立收（涛雒丁家官庄人）。在临沂分设“汇通”银号，会计丁立燕（右所人）；在巨峰分设“汇丰”银号，经理兼会计丁竹如（涛雒竹家园人），收账员丁立昶、张乐真（皆为涛雒丁家官庄人）。各银号都出票子，在青岛印刷，票券号头分别为“汇通银号”“汇丰银号”，背面印有丁惟溪半身像，面额都是壹元。开展存款和放款业务，存款月息 1 分，放款月息 2.5 ~ 3 分。1924 年，丁惟溪认为原址营业显得偏僻，在未经股东同意的情况下擅自动用 6000 余元资金，在商号比较集中的涛雒街西南隅（古址今在观海路与 204 国道交会处，沿观海路往东 50 米、再直拐往南 50 米处）建石楼一处（11 间，因资金不足只建一层），门头筑有石匾，刻字“汇昌银号”。1926 年秋，银号迁至新址营业，因其占压资金太多，股东不满，大批退股。1927 年春，因日常业务无钱经营而被迫挂出牌子“歇业归账”。

图 12—1 汇昌银号石匾

日丰公司分庄 1930 年，日照城关“日丰公司”钱庄在涛雒设立“日丰公司”分庄（故址今在观海路与文泰路交会处，沿文泰路往北 200 米处路东），经理张家廒头人尹子荣，副经理涛雒东王家村人葛仲玉。1934 年，日照日丰公司迁至涛雒与分公司合并。是年底倒闭。

中华人民共和国成立以后，随着经济的发展，国家金融机构不断增多，多家银行都在此设立机构。

农商银行涛雒支行（涛雒农村信用社） 1951 年 6 月，中国人民银行日照支行设立涛雒营业所。1952 年 11 月，人民银行日照支行涛雒营业所在平家村（今巨峰镇）王德安生产互助组试办信用互助组。1954 年 1 月，涛雒供销社在栈子设立栈子渔业社信用部，在小海设立小海渔业社信用部。6 月底，全部转为信用社。12 月，中国人民银行日照支行设立七区（下元）营业所，七区区政府下辖的乡全部建立了信用社。各信用社设主任 1 人，会计 1 人，开展存贷业务，组织社员入股（均没有固定办公场所）。信用社行政事务和业务工作，归人民银行管理。1964 年，农业银行成立后，转归农业银行管理。1965 年，农业银行合并于人民银行后，复归人民银行管理。

1972 年 5 月，信用社进行体制改革，9 个管理区信用社撤销，合并 1 个大社，称"涛雒公社信用社"，设营业储蓄所，办公地址在今文泰路与观海路交会处往北、文泰路东侧 25 米处。各管理区同时设业务员 1 人，经济较发达的大队设代办站，经办人称代办员。

1976 年，信用社在原址西侧建二层小楼作为办公场所。1980 年，又迁至 204 国道与 341 省道交会处西 100 米，建办公大院。1981 年 10 月，农业银行涛雒储蓄所设立，信用社行政与业务复归农业银行管理，社、所合署办公。1985 年 6 月，为支持"三农"及沿海农村经济发展，涛雒信用社增设涛雒（涛雒分社于 2007 年 8 月撤销）、栈子两个分社。年底，涛雒信用社股金达 435276 元，公积金达 2353601 元，公益金达 52793 元，固定资产金额 1756963 元，盈余金额 2020890 元。

1987 年，涛雒信用社在 204 国道东侧建三层营业楼。1994 年，信用社行政与业务脱离农业银行管理，复归人民银行管理。信用社、农业银行储蓄所分离。

1997 年，信用社被日照市农村金融体制改革领导小组授予"先进单位"称号。

1999 年 5 月，涛雒信用社接收建设银行涛雒分理处因撤销而停办的业务及资产。

2004 年，信用社体制改革，山东省农村信用社联社、山东省农村信用社联社日照办事处相继成立。是年，涛雒信用社改称涛雒农村信用社，发行股金 80 万元，其中投资股 60 万元，资格股 20 万元。农村信用社所辖网点全部实现省辖通存通兑。

2007 年，农村信用社共有干部职工 13 人，业务范围包括吸收公众存款；发放短期、中期、长期贷款；办理国内结算；代理发行、代理兑付、承销政府债券；买卖政府债券、金融债券；办理银行卡业务；代理首付款项及代理保险业务；经中国银行业监督管理委员会批准的其他业务。

2015 年底，涛雒农村信用社更名为东港区农商银行涛雒支行。

1972 年以来涛雒信用社主任（农商支行行长）任职更迭表

表 12—17

姓名	性别	籍贯	任职时间
郑全轩	男	西灶子村	1972—1986
刘玉贤	男	李家潭崖村	1987—1995
刘加培	男	三庄镇	1996—1999
许经林	男	陈疃镇	2000—2002
申陆法	男	西湖镇	2003—2005
苏宝华	男	岚山头街道	2006—2007
陈绍康	男	苍山县	2008—2010.8
朱友军	男	河山镇	2010.8—2013.9
刘家顺	男	李家潭崖村	2013.9—2016.8
董瑞城	男	莒县浮来山镇	2016.8—2018.7
刘加顺	男	李家潭崖村	2018.7—2019.8
王万旭	男	南湖镇	2019.8—2022.5
徐晟雄	男	陈疃镇	2022.5—

1994—2021 年涛雒镇信用社储蓄贷款统计表

表 12—18　　单位：万元

年份	居民储蓄	企事业存款	各项贷款
1994	3200	530	2000
1995	3500	580	2500
1996	4200	850	2800
1997	4600	1100	3100
1998	5200	1200	4200
1999	5800	1300	5500
2000	6100	1500	6500
2001	7800	2000	7500
2002	8500	2100	8000

续表 12—18

年份	居民储蓄	企事业存款	各项贷款
2003	10000	2000	9000
2004	11000	2000	9200
2005	12000	2000	9500
2006	12500	3000	13000
2007	13000	3500	17000
2008	14000	4000	17400
2009	19000	6000	17800
2010	20800	7000	18200
2011	22000	7500	18500
2012	28000	8200	18900
2013	35000	9000	19200
2014	42000	13000	20000
2015	49000	16000	21000
2016	55000	18000	21500
2017	64000	19000	21700
2018	69000	21000	22000
2019	76000	22000	25000
2020	87000	25000	28000
2021	99000	29000	31000

中国农业银行日照市分行涛雒支行 1951 年 6 月，中国人民银行日照县支行在涛雒设立营业所。1960 年 11 月，改称人民银行办事处。历任主任宋文奎、季为瑚、张石生、郑全太、车风涛、吕守太。1964 年 3 月，中国农业银行日照县支行在涛雒设立办事处，主任韩孝如。人民银行、农业银行两行营业所合署办公。1965 年 12 月，两行合并，称人民银行办事处，历任主任卞为亮、刘更贤、刘瑞贤、宋全文。1985 年 10 月，改称农业银行办事处，主任先后为袁安新、相升昌、王秋华。1994 年与信用社分离，迁至镇驻地北端 204 国道东侧办公，主任刘汉忠。2003 年 3 月，改称农行涛雒分理处，主任魏波。2007 年后，分理处主任先后为丁兆和、马松明。2013 年 5 月，主任杨克峰，干部职工 7 人，业务实现全国联网。2013 年 12 月，又迁至右所村前 204 国道西侧，租用办公楼办公。2016 年 8 月，主任金鑫诚。

农业银行主营农村金融业务，办理农村信贷、储蓄、存款业务及领导农村信用社工作。1990 年吸纳储蓄、存款 500 多万元，2005 年达 800 万元，2007 年超过亿元。历年累计投放农业贷款 16 亿元，投放镇办企业贷款 6 亿元。2021 年，涛雒支行行长张永雷，职工 9 人，年存款总额 7 亿元，贷款 1.5 亿元。2022 年 6 月，行长由王永铭接任。

高旺矿区储蓄所 1958 年 12 月，中国人民银行日照支行设立高旺矿区储蓄所。1960 年初撤。

涛雒镇农村合作基金会 1991 年 10 月，涛雒镇人民政府报请日照市农业委员会批准，成立了以镇经管站为依托的农村合作基金会，与经管站合署办公，负责人庄茂格。基金会的业务主要以“欠转贷”形式解决村民拖欠村集体款问题；以村民归还的贷款作为村集体入会基金，定期结算分红；与此同时，在本镇范围内开展融资活动，吸收社会资金，开展存、贷款业务。利用融集资金，以小额、短期、高效为原则，支持村集体、镇办企业、农户的经济发展。1999 年，融资总额达 1963.75 万元，投放余额为 1439.22 万元。历年累计融资总额超过 1 亿元。

1999 年，按照国务院办公厅《整顿农村合作基金会工作小组清理整顿农村合作基金会工作方案的通知》精神，6 月 13 日，东港区召开全区清理整顿农村合作基金会会议，6 月 14 日，向全区基金会员发布公告，对全区农村基金会进行清盘关闭。涛雒镇成立清理整顿工作组，工作组进行清产核资、分类处理、清收借款、分期兑付。镇政府向入会者承诺，由中央财政专项贷款，按年度按比例退还个人本金，2006 年 1 月，兑付比例为 35%，2012 年初，兑付完毕。

涛雒供销合作社股金 供销合作社社员股金是供销社成立之时的原始资本。供销社在财务管理上，一直把社员股金作为自有资金管理。

1951 年，涛雒联合供销合作社为解决资金不足的问题，发展社员入股，每股 3 元，共募集资金 1 万元，供销社定期核算分红。1962 年，供销社为扩大经营范围，开展大规模的增股、扩股工作。至1976年，股金本息全部兑付完毕。

1978年改革开放以后，私营企业及个体工商户迅速发展，供销社在农村一统天下的局面被打破。由于体制僵化，历史包袱沉重，金融部门压缩贷款规模等原因，供销社流动资金越来越少，生产难以为继。1993年初，社内体制改革，再一次展开扩股集资活动。1995年初，根据上级“发展股金，服务三农，壮大供销队伍”的指示，供销社成立股金办事机构“股金会”。“股金会”大力发展社员股金，高息吸收社会资金。是年底，供销社大量股金被东港区供销社股金调配中心调走，支援贫困乡、镇供销社。1997年，供销社用社员股金兴建蔬菜冷风库等。至1998年上半年，资金余额高达1200万元。1999年1月，根据上级指示，停止“股金会”运作，东港区供销社遂爆发大规模挤兑风波，大批股民要求退股。风波很快波及涛雒供销社，流动资金被抽净，用于兑股，但对外拆借调走的资金无法抽回兑股，固定资产投资无法变现兑股，资金缺口1080万元。1999年5月，镇政府成立“商粮供改革领导小组”，以化解危机。首先向所有股民书面承诺，按期按比例逐步兑付退还，同时，采取法律手段，追讨外调拆借资金；供销社进行以产权置换为内容的改革，对固定资产采取“能卖则卖，宜租则租，以卖为主”的做法，出售门面店，变现资金，用于股金兑付。2006年1月，股金兑付比例为8%，2015年初，股金兑付完毕。

中国建设银行涛雒分理处　1989年4月，中国建设银行日照支行在涛雒设立代办站，在204国道K368+700米处东侧建办公楼，丁兆伍任主任，干部职工6人。1990年，居民储蓄额为1000万元，企事业存款200万元，各项贷款达500万元。1991年，代办站改称中国建设银行涛雒储蓄所。1996年10月，改称中国建设银行涛雒分理处。1999年5月，涛雒分理处撤销，经办业务及资产并入涛雒信用社。

涛雒邮政储蓄营业所　1986年4月，邮电部、中国人民银行达成协议，邮电局开办邮政储蓄业务。是年9月，涛雒邮政储蓄所成立，主任申伦典，干部职工5人，邮政储蓄所的主要业务为吸纳居民存款，有定期存款、活期存款、有奖储蓄等。1996年，居民储蓄超过100万元，1999年达800万元，2004年上升到4000万元。2013年，干部职工11人，累计储蓄1.5亿元。2021年12月，田荣任经理。是年，累计储蓄3.1亿元。

日照银行股份有限公司涛雒支行　2013年5月，日照银行股份有限公司涛雒支行成立，租用涛雒交通管理所办公楼营业，行长臧运武，有工作人员9名。2015年11月，行长于海涛，2019年9月，行长由宋莹莹接任，2022年8月，行长由吕宏阳接任。2021年，存款总额超10亿元。

经营项目吸收公众存款；发放短期、中长期贷款；办理国内外结算；办理票据承兑与贴现；代理发行、代理兑付、承销政府债券；从事同业拆借；代理买卖外汇；从事银行卡业务；代理收付款项及代理保险业务等等。2013年6月，开始代理涛雒镇政府行政、事业人员及离退休人员工资发放。

第二节　货币　债券

货币

货币分金属币和纸币

金属币　制钱有青、黄铜之分，圆形方孔，俗称“小钱”。域内流通的制钱有汉代的“五铢”；有唐代的“开元通宝”；有明代的“崇祯通宝”“大明通宝”等5种；有清代的“咸丰重宝”和“顺治”“康熙”“乾隆”“光绪”等“通宝”12种。每枚制钱称“一钱”，又称“一文”，一千文为一吊。制钱一直沿用到清末民国初。

铜圆，俗称铜板，圆形中间无孔铜铸。域内流通的铜圆有“光绪元宝”（当制钱十文和二十文两种）、“大清铜币”（当制钱十文、二十文和五十文3种）、“孙中山开国纪念币”（当制钱二十文）及部分省制的铜币（当制钱五文、十文、二十文不等）。铜圆一直使用到1937年全面抗日战争爆发。

图 12—2　汉至清朝铜币

银币，清末域内流通的主要货币，白银铸成，分为两大类，一类称银两，俗称“元宝”，即称量货币，有大元宝（重 50 两，马蹄形）、小元宝（重 10 两左右，秤砣形）、银锞子（重一至五两不等，馒头形），还有碎银（重一两以下）作为辅币（1933 年废两改元后，银两停止流通）。另一类称“银圆”，圆形，俗称“洋钱”“钢钱”“大洋”，开始是从外国流入的银圆。清末民国初，当地流通的有“大清银币”，标准重量为“库平七钱二分”，因铸有龙的图案，也称“龙洋”。域内流通的有“孙中山开国纪念币”“袁世凯头像”（也称袁大头），币值壹元，还有一些省制的银圆。另有英国、西班牙、墨西哥等国流入的银圆也在市场流通。同时还有五角、二角、一角、五分的银质辅币。

清末民国初域内流通的金属币值情况表

表 12—19

名称	别名	基础单位		货币单位	式样重量	币值进位
		单位	币值			
制钱	铜钱	枚	一文	佰、吊	圆形、薄板、中间方孔，每枚重五钱	每枚值一文，百文为“佰”，千文为“吊”
	小钱					
铜圆	大铜板	枚	二十文	吊、串、贯，三者币值相同	圆形，薄板，每枚当十文的重库平二钱	大铜板每枚值二十文，小铜板每枚值十文；大铜板五十枚为一吊，但市场习惯二十五枚为一吊
	小铜板		十文			
银两	元宝	支	五十两	两	元宝，马蹄型，重五十两；元锞子，馒头型，重一～五两；碎银，一两以下	1933 年“废两改元”，后禁止银两流通，以银圆为本位币
	元锞子		一～五两			
	碎银	一两以下	按两计算			
银圆	洋钱	枚	一元	元	圆形，薄板，每枚重库平七钱二分	铜圆与银圆比值随市场浮动，起初铜圆两吊八顶银圆一枚，后到十吊顶银圆一枚
	大洋					

1957 年后，中国人民银行陆续发行镍质硬币为：面额为壹分、贰分、伍分、壹角、伍角、壹圆。

图 12—3　金属币

1979 年以来，中国人民银行日照支行在域内发行金属流通纪念币 41 套。有中华人民共和国成立 35 周年、40 周年、50 周年纪念币，有联合国成立和抗日战争胜利 50 周年纪念币，有香港、澳门回归纪念币，有毛泽东、周恩来、刘少奇、宋庆龄诞辰 100 周年和朱德诞辰 110 周年纪念币，有国家运动会、亚运会、乒乓球锦标赛纪念币，有大熊猫、金丝猴、华南虎、丹顶鹤、中华鲟纪念币，有发现敦煌藏经洞 100 周年纪念币，有兵马俑、长城、故宫、孔庙纪念币。1979 年，国务院正式授权中国人民银行发行金银纪念币。这是中国现代金银币发行的起点。金银币不直接参与货币流通，但属国家特种法定货币，具有观赏、收藏价值。至2007年，已发行10大系列、130多个项目，1300多个品种，题材涉及中国上下五千年历史，主要有重大纪念性题材系列、杰出人物系列、珍稀动物系列、十二生肖系列、古典文学名著系列、中国传统文化及佛教艺术系列等。中国现代金银纪念币，设计雕刻精美，有明确规格、成色和质量标准，并严格限定发行量。

纸币 宋、金时曾发行交子、会子和交钞，又称钞引，用纸张印刷，面额大的称大钞，小的称小钞，与金属币同时使用。元、明、清三朝还发行宝钞，也是纸币，域内俗称纸币为钞票。

图 12—4 清末纸币

1935年，南京国民政府禁止银圆流通，改为纸币，主要有“银两票”“银圆票”“民生票”“田赋流通券”等。

1935年，南京国民政府实行币制改革，宣布白银国有，禁止银圆、铜圆流通，以中央银行、

图 12—5 法币

中国银行、交通银行（后增加中国农民银行）所发行的纸币为法定货币，简称“法币”。域内流通的有交通银行的面额为壹圆、伍圆、贰拾伍圆、壹佰圆券；中央银行壹圆、伍佰圆券和壹分、伍分、壹角券等辅券；中国银行的壹圆、伍圆、伍拾圆券；中国农民银行的壹角、壹圆、伍佰圆等券，还有中国实业银行的壹圆券。

地方券是在域内流通的地方上发行的纸币，有1918—1936年山东省银行发行的壹圆券、拾圆券；山东省民生银行发行的贰角券、伍角券。1916—1936年，山东平市官钱局、青岛市农工银行、徐州平市官钱局等发行的五十枚铜壹券和一百枚票券和角票。1937—1941年，国民党赣榆县和日照县政府发行“赣榆县田赋流通券”壹圆券、“日照县田赋流通券”壹圆券和伍圆券。1940年，国民党五十七军驻日照部队的“陆军一百一十一师粮秣流通券”“陆军保安二师粮秣流通券”壹圆券。

1940—1945年，日军侵占涛雒期间，日伪“中国联合准备银行”发行的拾圆、壹佰圆、伍佰圆伪币，也在域内流通过。

民国初期，时局不稳，经济萧条，货币泛滥，域内民间商号出了不少土杂钞。土杂钞俗称“钱贴”“土票”或“票子”“庄票”等，在本地流通，各商号互相兑换。早期的土钞用毛笔书写商号名称、出票日期。土钞一般用长17厘米、宽7厘米左右的绵纸，一式二联，上联存根，下联票面，中间骑缝编号盖章，面额有贰佰、肆佰、陆佰、壹吊、贰吊、伍吊、拾吊，通称“佰票”“吊票”。1934年前后土钞泛滥，涛雒有商号83家，出土杂钞的有73家，还有几家开茶馆的也出票子，另有一家在临街的屋山头卖花生果的，出的票子商号叫“靠山堂”。1935年，“币制改革”后，土钞发展到铅印，涛雒石印局1934—1937年为各商号印制了大量土杂钞，有些大商号到青岛铅印，版面比较美观。土杂钞的泛滥造成信誉危机，挤兑风潮时有发生，许多商号因之倒闭，更严重的是一些地主、商人搜刮百姓更加厉害。涛雒街铺号“尚志堂”，蓄意出了横竖两种版面的票子，有人拿着竖版票子到他家兑换，他便拿出横版票子作证据拒兑，反之亦然，民众气愤地说：“尚志堂的票

子——横竖不点。”七七事变后，土杂钞随之消亡。

1938年，山东抗日根据地成立北海银行，发行北海币。北海币面额有壹角、伍角、壹圆、伍圆、拾圆，后有壹佰圆，壹仟圆。1945年8月涛雒解放后，北海币作为主要货币在域内流通，直至发行人民币为止。

图12—6　北海币

1948年12月1日，中国人民银行成立并发行一套人民币。

图12—7　第一套人民币

北海银行日照办事处，受中国人民银行委托，在日照先后发行面额壹圆、伍圆、拾圆、贰拾圆、伍拾圆、壹佰圆、贰佰圆、伍佰圆、壹仟圆、伍仟圆、壹万圆、伍万圆券等12种。1949年2月开始在域内流通。人民币与北海币按1∶100固定比值流通，北海币只收不放。

1955年3月1日，中国人民银行发行第二套人民币，收回通行一套人民币。新币面额：主币有壹圆、贰圆、叁圆、伍圆、拾圆5种，辅币有壹分、贰分、伍分、壹角、贰角、伍角6种。新币壹圆等于旧币壹万圆。所有旧币均由中国人民银行按法定比率全部收回。是年4月1日，和一套人民币停止流通。

图12—8　第二套人民币

1962年4月15日，中国人民银行开始发行第三套人民币。面额壹圆、贰圆、伍圆、拾圆、壹角、贰角、伍角等。1964年4月15日，苏联代印叁圆、伍圆、拾圆3种人民币停止流通。在1980年4月15日发行了面额为壹角、贰角、伍角和壹元4种金属币。第三套人民币和第二套人民币面值相等，在市场上混合流通。

1987年4月27日，中国人民银行发行第四套人民币。主币面额为壹圆、贰圆、伍圆、拾圆、伍拾圆、壹佰圆6种；辅币有壹角、贰角、伍角3种。第四套人民币与第三套人民币面额等值，在市场上混合流通。

1999年10月1日，中国人民银行发行第五套人民币。有壹佰圆、伍拾圆、贰拾圆、拾圆、伍圆、壹圆（同时发行金属币1元、5角、1角）。第五套人民币与第三套、第四套人民币在市场上等值，共同流通。2000年7月1日，停止第三套人民币在市场上流通。

图12—9　第三套至五套人民币选录

（上为第三套人民币，下为第五套人民币）

债券

人民胜利折实公债　1950年1月，中央人民政府发行人民胜利折实公债，年息5厘，分5年偿还。债券面额单位为“分”，有1分、10分、100分、500分，每分牌价以大米6斤、面粉1.5斤、白细布4尺、煤炭16斤的平均批发价的总合计，牌价由人民银行每10日公布一次。推销对象主要是工商业者、城乡殷实富户和农村集镇的商行、坐商。是年2月认购，3月完成。1951年后，每年3月31日至9月30日由人民银行日照支行分期还本付息，1955年9月30日兑完，兑付牌价每分2.494元，为照顾持券人的利益，延长兑付期半年，至1956年3月底结束。

国家经济建设公债　1954—1958年，国家连续发行经济建设公债，年息4厘。每年1—11月推销，次年9月兑付，抽签对码，分期偿还。1954年的公债，分8年偿还。1955—1958年发行的公债，分10年偿还。1968年全部偿还清。

国库券　1981年，国家发行国库券，面额有拾圆、伍拾圆、壹佰圆、壹仟圆4种，单位购买年息4厘，个人购买年息8厘。是年涛雒公社认购4万元。1988年涛雒镇认购8.6万元。1994年认购12.5万元。1997年，根据财政部和人民银行的通知要求，国库券停止对单位和个人销售，由各金融机构组建承购保销团，承销国库券的发行。

第三节　存款　信贷

存款

包括单位存款和居民储蓄存款两个部分，是人们保存价值、寻求增值、调节消费的重要形式，也是金融部门赖以存在的基础，在聚集资金、支持生产、发展经济、调节货币流通、缓和市场供求矛盾等方面发挥了重要作用。

单位存款　包括财政性存款、企事业单位存款、农村集体存款等。单位存款以活期为主，同时也办理定期存款。

储蓄存款　居民个人存款。主要有活期储蓄、定期储蓄、定活两便储蓄、有奖储蓄、教育储蓄、保值储蓄等形式。

中华人民共和国成立以来，国家鼓励保护人民储蓄，域内银信部门认真执行国家政策，大力开展储蓄业务，不断提高信誉，储蓄存款业务发展迅速。1960年，域内各信用社储蓄总额只有2.1万元。1977年，存款55.3万元。1988年，存款985万元。1999年，存款达7100万元。2002年，存款超过亿元大关。2013年，域内存款达10.73亿元。2021年，域内存款达33.1亿元。

贷款

清末至民国时期，域内没有官办金融机构，信贷形势主要是典当业、钱庄和银号。1945年，北海银行日照办事处发放农、渔贷款，扶植农渔业生产。中华人民共和国成立以后，金融部门大力支持经济发展，发放各种贷款，主要有商业贷款，预购定金贷款，农、渔业贷款和乡镇企业贷款等。

民间借贷　清朝末年，域内开设的“德源”和“五大德元”当铺，专为私人提供抵押贷款，以收取利息。典当者，多为镇街居民、小手工业者、乡村贫民，这些人遇一时急需或青黄不接，只得当物借款解决困难；也有一些破落户，以典当家产维持生计；还有些富贵者，出门怕贵重物丢失而存当的。质当的物品多是衣服、首饰、金银铜器、古玩、字画、玉器、农具等，质当期满，当户必须交足本息，将当物赎回。到期无力赎回，称为“死当”。死当之物，当铺自行处理。

中华民国初年，域内开设了钱庄及银号，以放账为主要业务，赚取利息。“汇昌银号”的放钱利率为月息三分和二分五厘两种，十个月为期，即百元到期本息为130元或125元。其放钱手续：一是凡借贷者一律找保人承担，保人必须是“汇昌银号”信得过的，并且有一定的家产作抵押，借贷者到期还不上，保人要负责偿还；二是借贷者必须首先持土地、房屋等财产作抵押，作抵押的财产价值至少要超过借贷本息之和的50%；三是做好抵押文契，交“银号”保管。借贷文契写明借贷的起止日期和本息金额，借贷者、保人签字画押。借贷到期，本息还清，才能赎回文契。如到期无力偿还，则利上翻利，再另立文契，还是十个月为期，最多允许延期三次，三次还不上，就拍卖土地、房屋归还。很多借贷者因利息高无力偿还而倾家荡产。1924年春，右所村民宋福林因饥向“汇昌银号”借贷10元，当年没还上，三年时间利滚利，被迫将仅有的七分土地卖掉还钱，一家人背井离乡，四处逃荒谋生。

民国时期，私人借贷主要是借钱和借粮。出借户多是农村富户或商人，借钱户多是贫苦农民。放贷时，贷主与贷户先定“契约”，找保人作保，贷户须指土地或房屋抵押，有时甚至以人口作抵押，过期还不上，立账搏折。贷钱一般是月息2分至4分，储粮一般是春借秋还，春借一斗谷、夏还一斗麦，或春借一斗，秋还一斗半。在军阀混战和抗日战争时期，通货膨胀，物价飞涨，民间还有名目繁多的苛捐杂税，广大穷苦百姓生活在水深火热之中。

中华人民共和国成立后，政府兴办信用合作社，取缔私人借贷，打击高利贷活动。人民生产、生活经商有困难，都可以申请贷款解决。1983年以后，国家收缩银根，压缩贷款规模，贷款出现困难，一些个体经营户为应急需，向私人借款，月息1分至2分不等，高于国家利息。

农业贷款 1951年春，区联社信用部向农民发放实物贷款（主要是小麦、高粱、黄豆等），社员月息1分5厘、非社员月息2分。1953年春，在物资交流大会期间，银行向农民发放贷款45300万元。

1960年，银行、信用社向公社发放支农贷款35.2万元，解决生产队生产上的资金困难。

1964年，区银行、信用社发放贷款42.6万元，支援农村生产队发展农、渔业生产。

1972年，信用社支援农村发展农副业，发放贷款1.3万元，购买拖拉机、柴油机、灌溉设备、良种及大牲畜等，发展副业18处。

1988年，信用社投放贷款90万元，支持石梁头村、高旺村、廒头一村、下元二村等发展大棚蔬菜（西瓜）生产，当年人均收入增加500多元。

1996年，信用社在18个沿海村投放资金1400万元，支持渔民生产，新造渔船120只。

1998年，信用社为支持水产养殖业生产投放资金2200万元，如东川子、廒头等村的淡水养殖，刘家湾、小海、栈子等村的海水养殖等，当年养殖户户均增收8000元。

2000年，信用社在全镇75个村建立小额农民联保贷款网络，支持农民发展生产，这一新型贷款形式使4500户农民受益致富。

2002年，信用社在18个村投放资金750万元，支持农民发展果、茶、桑业生产；投资200万元，支持建养鸡场35个，养猪场48个，特种动物养殖场12个。

2003年，村村通（道路）工程启动，信用社投放贷款40万元，保证了工程顺利施工。为加快城镇建设步伐，保证商业街、仿古街、204国道沿街开发及旧村改造工程实施，从1998年至2003年，共投放贷款1500万元。

2004年，信用社在沿海8个村投放资金1300万元，支持渔民发展工厂化养殖基地，养殖大鲮鲆鱼和海参。

2006年，投放个体工商贷款4900万元，支持群众买运输车100多辆。

2021年，域内各金融机构发放农业各项贷款金额3.1亿元。

镇办企业贷款 为了支持企业发展壮大，信用社多年来投放大量资金，使之不断扩大规模。1976年，对社办育苗场、机械厂、红旗盐场、造船厂等发放贷款3000多万元。1989年，对镇水产冷藏厂、惠盈冷藏厂发放贷款2000万元，支持企业扩大规模。1999年，支援镇办企业贷款超过5000万元。

第四节 保险

1952年，中国人民保险公司日照支公司对域内重点渔村试行渔船保险，1953年10月停办，1956年2月恢复，域内98%的渔船参加保险，1958年停办，1985年2月再次恢复渔船保险至今。投保方式为1956年以前，由船主投保，1956年后由生产大队以船为单位投保，1985年后，由船主以船为单位投保：财产投保于中国人民保险公司日照支公司，人身意外伤害投保于人寿保险公司。2007年7月，山东省渔业互保协会负责沿海渔船保险业务，由省、市、区、渔民（个人）按一定的比例缴纳人身保险费。2013 年 1 月，人身保险标准以船为单位投保。

中国平安人寿保险股份有限公司日照中心支公司涛雒营业部成立于 1997 年 10 月，经理高月军，办公地址在建设银行涛雒分理处大楼。业务范围：人寿保险、财产保险、团体保险及平安银行业务。2012 年，营业部迁至右所村前 204 国道西侧，租用办公楼办公。另外，域内保险公司代办还有泰康、中国人寿等。

第五章　土地管理

历代官府都重视土地管理，土地权属统一登记在册。土地变动，必须办理过户，税赋转移等手续。1950 年后，土地变动报区公所批准。1956 年，土地全部入社，归集体所有，国家征用集体土地给予赔偿。政府对强占、浪费和破坏土地者，按国家有关法规给予行政或法律处分。

第一节　土地管理机构

明代实行土地私有制和屯田制，清朝沿用明制。民国时期，日照县政府成立民政科，主管土地的买卖、出租、抵押、典当、赠与、继承等事宜。1946 年 7 月，开始土改运动，区、乡、村成立不同层次的土改组织，负责土地改革。1987 年 2 月，涛雒镇政府成立土地管理办公室。

涛雒自然资源（国土资源管理）所　1987 年 7 月，成立涛雒镇土地管理所。2002 年 6 月，土地管理所与地矿管理所合并，改称国土资源管理所，工作人员 2 人。2003 年 7 月，国土资源管理所受日照市国土资源局垂直领导，工作人员 5 名。2005 年 9 月，迁至南店村 204 国道西侧办公。2012 年 2 月，日照市国土资源局日照国际海洋城国土资源分局成立，撤销涛雒国土资源所。2017 年 1 月，日照国际海洋城国土分局撤销，复设涛雒国土资源管理所。2019 年 3 月，涛雒国土资源管理所更名为涛雒自然资源所。

1987 年以来涛雒自然资源（国土资源管理）所负责人任职更迭表

表 12—20

职务	姓名	性别	籍贯	任职时间
土地管理助理	李济年	男	南湖镇黄山前村	1987.2—1987.7
土地管理所所长	李济年	男	南湖镇黄山前村	1987.7—1989.4
土地管理所所长	王世进	男	高兴镇王家楼子村	1989.4—1993.6
土地管理所所长	刘从生	男	虎山镇东湖二村	1994.1—1998.5
副所长	宋开波	男	涛雒一村	1998.5—1999.5
土地管理所所长	沈永军	男	右所村	1999.5—2002.6
国土资源所所长	沈永军	男	右所村	2002.6—2003.6
国土资源所所长	李安国	男	巨峰镇前崖下村	2003.7—2007.7
国土资源所所长	安　飞	男	两城镇王家滩村	2007.7—2009.2
国土资源所所长	秦泗明	男	莒南县团林镇	2009.2—2011.7

续表 12—20

职务	姓名	性别	籍贯	任职时间
国土资源所所长	辛本强	男	二朱曹村	2011.7—2012.2
国土资源所所长	辛本强	男	碑廓镇二朱曹村	2017.1—2017.8
国土资源所所长	卜云峰	男	秦楼街道小卜家庵子村	2017.8—2018.1
国土资源所所长	阎丰祥	男	奎山街道河套村	2018.1—2018.8
国土资源所所长	郑培春	男	巨峰镇水洪沟村	2018.8—2020.5
自然资源所所长	阎丰祥	男	奎山街道河套村	2020.5—2022.1
自然资源所所长	胡长富	男	莒县招贤镇四村	2022.1—

日照市涛雒地矿管理所 1989年成立，办公地点在拖拉机管理站，所长先后由张传荣、朱传成、陈常伟、刘柱强担任。2002年6月，并入国土资源管理所。

第二节 土地、矿产资源管理

土地资源管理

地籍管理 清代、民国时期，土地使用权归土地所有者。清代对土地普遍进行清丈，记入各户名下，登记造册，以牌社为单位报州衙存档。土地、房屋买卖，要将“文书”报州衙，付3%的地价费，买回官契。官契、文书俱全，才有法律效力。民国时期仍实行清代的办法，但官契价提高到地价的6%。

1946年“土改”后，进行土地申报定产，到1947年“复查”后完成。1951年，开始查田定产，由日照县人民政府将土地证发到农民手中，这是中华人民共和国成立后第一次土地确权发证。至1952年完成查田定产任务。经查田定产，七区共有耕地6.2万余亩。1956年，土地全部入社，土地归集体所有。

1990年，涛雒镇根据各村实际面积，比对航拍面积图，进行了土地详查，落实到每个村庄，与地面吻合。村与村之间，确定边界，现场走界，埋设界桩，确定土地面积，填写土地登记申请卡、土地登记卡、土地归户卡，由镇人民政府出具土地权属来源证明材料，由土管局填写土地登记申批表，报市人民政府审批，颁发集体土地所有证。

据2005—2008年的土地详查，全镇土地总面积171009.8亩，其中耕地56162.6亩，占土地总面积的34%，园地8563.2亩，占土地总面积的5%，林地15320.7亩，占土地总面积的9%，其他农用地18268.6亩，占土地总面积的11%，居民及工矿用地24498.5亩，占土地总面积的14.1%，交通用地1986亩，占土地总面积的1.2%，水利设施用地604.7亩，占土地总面积的0.3%，未利用土地43605.5亩，占土地总面积的25.4%。

根据2017年第三次全国国土调查成果，全镇土地总面积11160.85公顷，其中湿地1003.14公顷（沿海滩涂1002.92公顷，内陆滩涂0.22公顷）；耕地1954.9公顷（水田367.08公顷，水浇地1577.96公顷，旱地9.86公顷）；种植园用地1348.7公顷（果园1184.7公顷，茶园114.46公顷，其他园地49.54公顷）；林地1587.03公顷（乔木林地717.22公顷，竹林地21.69公顷，其他林地848.12公顷）；草地150.48公顷（其他草地150.48公顷）；商业服务业用地220.59公顷（商业服务业设施用地136.27公顷，物流仓储用地84.32公顷）；工矿用地500.22公顷（工业用地496.18公顷，采矿用地4.04公顷）；住宅用地1024.03公顷（城镇住宅用地2.45公顷，农村宅基地1021.58公顷）；公共管理与公共服务用地71.42公顷（机关团体新闻出版用地19.73公顷，科教文卫用地34.06公顷，公用设施用地12.93公顷，公园与绿地4.7公顷）；特殊用地84.53公顷；

交通运输用地560.98公顷（铁路用地18.92公顷，公路用地304.85公顷，城镇村道路用地85.78公顷，交通服务场站用地10.69公顷，农村道路86.72公顷，机场用地4.53公顷，港口码头用地49.49公顷）；水域及水利设施用地1996公顷（河流水面363.08公顷，水库水面0.06公顷，坑塘水面1445.04公顷，沟渠153.51公顷，水工建筑用地34.31公顷）；其他土地658.83公顷（设施农用地633.56公顷，田坎23.57公顷，裸土地0.19公顷，裸岩石砾地1.51公顷）。

个人和集体建设用地，镇直和企业用地，只要符合整体规划，建前经申报、审批，建后经实际测量，随后发放集体土地使用证和房产证，两证具有法律效力，任何个人和集体不得侵犯。如遇统一规划需要拆迁，国家或集体另行批地，并对房产作出赔偿。全镇从1989年开始，对农民宅基地、个体及集体企业用地确权发证。

建设用地管理　民国时期，土地分国有、省有、县有和个人所有4种所有制，土地管理由县政府民政科管理。中华人民共和国成立以后，土地管理由民政局负责。1956年，农村土地改为集体所有制，土地权属实行国家、集体两级所有。域内建设用地（包括国家建设用地、镇村公共建设、工副业建设和农村居民住房建设用地），1986年以前为协议征地，用地单位与大队协商，具体由市民政局承办，1987年以后，由市土管局承办。具体审批程序是：（一）镇村公共建设、工副业建设用地，用地单位写出用地申请计划，一式两份，报镇土管所，镇政府同意后，报送计划委员会，批准后，送市土地管理局，报经市政府同意后，土管局办理用地手续。（二）国家单位用地，首先向镇土管所写出报告，经镇政府同意后再与被征地单位协商，协商一致，报计划委员会，批准后，报市土管局，市政府批准后，由土管局办理用地手续。（三）农村居民建房用地，建房户向村委会写出申请，经村委会同意，将本年度应建房户汇总，向镇政府提出申请（每户填一份用地申请书），镇政府批准后，填写“村民建住宅申请用地报告书”，报市政府批准后，办理用地手续方可建设，在宅基地使用证下达前不得抢先建设。从1999年开始，镇土管所只负责农村居民建房用地的审批管理工作，其余非农业建设用地一律由东港区土管局直接负责。

1989年，镇人民政府对农村居民建设用地管理作出规定：“农村建设应以旧村改造为主，农村居民建设用地要按照批准的镇村建设规划安排，建房用地实行计划管理，严格控制用地规模，要充分利用原有的宅基地和村内空闲地，不占或少占耕地。鼓励利用劣地建房，有条件的地方提倡建楼房。”每户居民宅基地面积镇驻地为135～167平方米，山区农村为167～200平方米。村内主街宽8～10米，辅街6～8米，进户巷4米。

1989年，对农村住宅占地进行了清查处理。清查的范围是1982年以来新建、改建、搬迁、旧村改造中骗取批准的（冒名顶替、假造理由、隐瞒年龄、以女娶男为借口的）；违法占地建设的（违背规划、未批先建、批少多建、私自圈地、扩建）；买卖宅基地（不履行手续、私自买卖宅基地、买房后进行翻新、卖房后又划宅基地的）等。对违法占地建设的拆除房屋，按占地面积进行相应的罚款，收回非法占用的土地；批少占多的，多占部分拆除，并按多占部分进行相应的罚款；未批先建的，对符合条件未超出面积、未影响规划的予以保留，补办两证，补交土地占用税，并分别处以罚款；对违背规划、造成影响的限期拆除；对批准后划而不建的，押金由集体上交，吊销批准手续。

宅基地有偿使用　1989年8月，镇人民政府为控制土地锐减，开始对全镇农村宅基地实行有偿使用：农村宅基地属于集体所有，经批准使用的宅基地，住户只有使用权，而没有所有权；农村宅基地的使用者为本村农民、现役军人、在校学生、非农业户口在本村居住的、离退休干部职工回本村定居的、婚后男方到女方定居的；按每户只能有一处符合标准的宅基地，每平方米收取使用费0.10元，面积超出部分，每平方米加收0.30元至0.50元；农村宅基地有偿使用费以村为单位，每年征收一次；村民委员会对村民宅基地以户为单位进行实地丈量登记造册，对照规定使用面积，计算出有偿使用和超用部分的使用费总额，收取方案张榜公布，以便群众监督；收取的宅基地有偿使用费10%上缴镇人民政府，用于土地管理的费用开支和市土管局提留，其余部分留村用于村庄规划、旧村改造及农田基本建设等公益事业。农村宅基地有偿使用于1990年废止。

农业用地管理　土改后，域内土地分国有和农民所有两种形式。1956年，农村土地改为集体所有。是年10月，县人民委员会发出文件，停止农村土地产权变更登记。1958年9月，土地所有权归人民公社，人民公社使用土地是无偿拨用。1962年，《农村人民公社工作条例修正草案》颁布，确立“三级所有，队为基础”的管理制度。

1982年，《中华人民共和国宪法》又明确重申：“农村和城市郊区的土地，除有法律规定属于国家所有的外，皆属集体所有，宅基地和自留地、自留山，也属集体所有”；承包农户只拥有土地使用权，所有权仍归生产大队。1988年10月，日照市人民政府发布《日照市人民政府关于城乡居民建房用地规定的布告》，对城乡居民建房占地批准条件及占地数量做出严格规定，确定农民建房的原则是“旧村改造，向山坡转移，向空中发展，调整规划布局”。1989年实行农村宅基地有偿使用，同时鼓励个人和单位开发利用荒滩、荒地，对闲散地、工矿废弃地进行复垦。是年，日照市人民政府发布《关于在农业内部产业结构调整中严格控制滥占乱用耕地的通知》，对农业用地进行严格管理。

土地保护　1996年，按照《东港区基本农田保护规划》，涛雒镇政府组织编制了基本农田保护区域。2003年完善此工作，对保护地域树立了基本农田保护标志牌。2017年全国第三次国土调查，全镇基本农田28658.55亩。

矿产资源管理

矿产资源属国家所有，地表或地下的矿产资源的国家所有权，不因其所依附的土地所有权或使用权不同而改变。域内的矿产资源主要有石材、黄沙、地下水和烧砖用的黏土。

1990年，镇人民政府印发了《涛雒镇矿产资源监督管理暂行规定》。集体或个体开采矿产资源必须依法申请，经村民委员会同意并报镇政府批准，然后由矿产管理所报经市矿管局审核，领取采矿许可证，方取得合法采矿权。依法保护采矿权不受侵害，保障矿区的生产秩序不受影响和破坏。

个人自采自用的黄沙和黏土等普通建筑材料，由村委会批准，在规定地点，按规定数量开采，可不领取采矿许可证。

对未取得采矿许可证的，越境开采矿产资源的，买卖、出租或转让矿产资源的，变更开采范围或矿区范围的，变更企业名称或采矿权人而不办理变更手续的，全部没收其非法所得，并处以30%以下的罚款。

在域内从事矿产资源开发、加工和利用矿产资源的各类企业和个人，必须按照国家有关规定，依法缴纳矿产资源补偿费：建筑用石材每立方米0.50元，黄沙每立方米0.50元，砖瓦黏土每立方米0.20元，水泥预制按比例折算出矿石、黄沙量，按销售额的3%交纳补偿费。矿产资源补偿费由镇矿管所负责征收。收取的矿产资源补偿费镇提留10%，村提留20%，其余70%上缴市土管局。

自2001年开始，域内矿产资源由区土管局统一管理。2001年后，收取矿产资源费，实行一车一票方式进行管理。2018年，日照市自然资源局东港分局报经区政府批准，实行市场化统一处置、收取矿业权收益入缴国库方式管理。

第十三编 政党 群团

涛雒镇办公楼 （涛雒镇宣传办公室提供 摄于 2021 年）

中国共产党成立后，域内有一大批先进分子先后加入了中国共产党，相继建立了党的组织。1932年春，中共涛雒区委成立。1938年中共下元特别支部在下元村成立。1939年春，中共日照第二区（涛雒）分区委成立。此后域内党组织不断发展壮大。1959年5月，召开了第一届党员代表大会，至2022年1月，共召开了十五届党员代表大会。中华人民共和国成立后，特别是改革开放以来，历届涛雒党委坚持党的基本路线，加强党的建设，认真贯彻执行党中央和省、市、区委方针政策，立足涛雒实际，制定实施一系列重要决策部署，团结带领全镇人民锐意改革，开拓进取，使全镇国民经济和社会各项事业保持了持续、快速、健康发展，政治安定、社会稳定、人民群众生活水平全面提高的良好局面。

第一章 中共涛雒镇地方组织

中国共产党成立后，有一大批先进分子先后加入了中国共产党，相继建立了党的组织。1932年春，中共涛雒区委成立。1938年中共下元特别支部在下元村成立。1939年春，中共日照第二区（涛雒）分区委成立。此后域内党组织不断发展壮大，在中国革命和经济建设的各个历史阶段，发挥着先锋模范作用。

第一节 活动概况

早期党组织活动

1924年秋，丁家官庄村的丁履俱（参加革命后改名丁君羊、丁基实）在上海同济大学读书时，由恽代英、邓中夏介绍加入中国社会主义青年团，年底，由党组织派往山东做秘密工作。1925年春，由中共山东地方执委书记尹宽和王翔千介绍加入中国共产党，任中共山东省执委常委，分工统战和学生工作。1926年春，丁君羊介绍在济南的日照籍学生安哲、郑天九加入中国共产党，对日照及涛雒的党组织活动和建设，起了重要的指导作用。1928年春，安哲根据中共山东省委的指示，回到日照组建中共日照县委。随后派中共党员到涛雒秘密发展党员，并于1932年春，建立中共涛雒区委，书记丁原澂，隶属中共日照中心县委领导，有中共党员53名，党小组5个。涛雒区委积极领导和发展党的地方组织，组织党员秘密活动，宣传党的主张，揭露反动派的本质，秘密散发传单，张贴“农民大众团结起来”“打倒土豪劣绅”“打倒帝国主义”等标语口号，在社会上引起了强烈反响。同时，广泛发动群众，建立青年团，组织了佃户会、觅汉会、渔民会、盐民会等，推动了革命高潮的到来。

1932年10月，中共涛雒区委组织中共党员参加了日照中心县委组织的“日照暴动”之攻打涛雒的“暴动”。“暴动”失败后，涛雒区地方党组织遭到破坏。

1936年秋天，中国共产党地下工作者张姓（莒县人）及张传文、滕茂平（2人为官庄村人，在莒南皮革厂打工时加入中国共产党）一同回到官庄，张姓及张传文介绍王允轩与其妻尹氏加入中国共产党，从事党的宣传活动。

抗日战争时期党组织活动

抗日战争爆发后，中国共产党大力倡导抗日民族统一战线，国共两党实现第二次合作。1938年春，国民党57军112师中共地下工委派出赵志刚等人，以“五十七军日照宣传队”的名义，到下元庄一带，开展了轰轰烈烈的抗日宣传活动，成立了“日照县抗日民众联合会”（简称区联会）。国民党进步人士王建一（柳古庄村）是“区联会”负责人之一，牟友民、秦寄萍（上元村）、郑干（西灶子村）、牟锋、高夔宸、丁勋南（涛雒街）、丁孟野（右所村）、郑炎、郑怡（女）、丁名原、丁履学（蒿岭村）、马承泽、赵明德、丁君谦（苗家村）等都是“区联会”的骨干。对外“区联会”的主任是赵志刚，副主任是王建一。区联会在涛雒各村做群众工作，利用一台收音机和一台油印机，将每天收到的抗日消息刻印成传单到各村和集市上散发；召开群众大会，举行抗日救亡演讲会；还组织了一个文艺宣传队（队长、编导均由秦寄萍担任），成立了“血花剧团”，编演抗日戏剧。由秦寄萍、郑怡等人主演的《放下你的鞭子》，深受群众欢迎，有力地鼓舞了群众的抗日情绪，吸收了大批爱国青年投入抗日宣传活动，在青年学生中发展了部分党员。6月，成立了中共下元“特别支部”，赵志刚任书记，委员李欣、王国栋。10月，国民党57军112师奉命南下“保卫武汉”。下元特支又与莒县的国民党六十九军新六师中共地下工委取得联系。是月，中共丁家官庄村党支部成立，隶属下元特支。11 月，在下元特支的基础上，中共日照临时县委在涛雒丁家官庄村成立，赵志刚任书记，范干民、秦亢青、范希彭分别负责组织、宣传、交通工作。临时县委受国民党六十九军新六师中共地下工委领导。是月，中共涛雒党支部成立，隶属中共日照临时县委。

1939 年春，中共日照第二区（涛雒）分区委成立，隶属日照县委领导。同年，区内中共栈子、苗家村、下元、孙家村党支部成立，开展抗日宣传活动。1940 年 2 月 4 日（农历 1939 年十二月二十七日），日军侵占涛雒，二区分区委及村党组织转入地下活动。为了广泛发动和组织群众开展抗日救国运动，二区分区委于 1940 年 3 月建立区中队。1942 年 9 月，涛雒分区委成立。1943 年 8 月，区委成立人民武装部抗日自卫委员会（简称区武委会）。在分区委的领导下，抗日武装力量狠狠打击驻涛雒的日军及伪军陈成功部，发展巩固以磴山为中心的抗日根据地，在农村秘密建立民主政权和群众组织。到 1944 年，部分村成立农救会、妇救会、青救会、儿童团、自卫团、民兵队等，开展反奸诉苦、清除反革命势力斗争，深入发动群众，开展“双减”（减租减息）运动。在斗争中党组织不断培养发展积极分子入党，到 1945 年 8 月，全区共有中共党员 197 名，分布在 58 个村，其中，42 个村建立党支部，16 个村建立党小组。

解放战争时期党组织活动

1945 年 8 月，涛雒全区获得解放。1946 年 5 月，根据县委统一部署，全区党员干部带领人民群众开展了土地改革运动，广泛开展了“谁养活谁”和“天下穷人是一家”的阶级教育。以农救会为主，组织贫雇农和广大群众对地主进行说理斗争，召开诉苦大会，群众觉悟迅速提高。6 月，中共日照县委在涛雒召开了 5 个区 6000 余名佃农参加的减租减息联合大会，严惩汉奸恶霸地主，决定实行二五减租。7 月，土地改革全面展开，至 1947 年上半年结束。从地主、富农中没收的土地、房屋、牲畜、农具、粮食等分给无地或少地的贫雇农，真正实现了“耕者有其田”。

1947 年 7 月，中共中央华东局发出关于土改复查的新指示，区委根据指示精神要求，“彻底克服富农路线，消灭封建残余，必须进行土改复查”在工作中要求，“一切权力归农会”，“一切由贫雇农当家作主，各级领导干部到农村参加土改复查，要先向农会交权”。

在土地改革和土改复查运动中，全区没收了地主、富农的土地、房屋、大牲畜、农具、粮食、浮财，分给贫雇农和部分中农。涛雒分区委积极组织发动全区群众参军、参战，出夫支前，支援全国解放事业。从 1946 年至 1948 年，全区出夫支前民工 2820 人次（1946 年 12 月鲁南战役，1947 年 2 月短期民工到临沭前线转运军粮，5 月孟良崮战役，1948 年 9 月济南战役，11 月淮海战役）。有 189 名青壮年参军，有多名指战员为全中国的解放事业光荣献身。1947 年 7 月，全区中共党支部、党员开始公开，到 1948 年 8 月，全区各村中共党支部、党员全部公开。1949 年 9 月，全区有中共党员 585 名。

社会主义建设初期党组织活动

1950 年 5 月，七区（涛雒）分区委成立，书记刘贤文。分区委带领全区人民开展了土地改革、镇压反革命、抗美援朝三大运动。1950 年 11 月，开始进行镇压反革命运动，对反动道首、顽军官、伪保长、地主富农分子（统称为“四类分子”），经政府批准后，交群众管制改造。1951 年，分区委领导全区人民，开展了轰轰烈烈的抗美援朝、保家卫国运动。组织群众开展优待烈军属工作，教育和鼓舞全区人民以极大的革命热忱和劳动热情，投入到恢复和发展国民经济中，开展捐钱活动，购买飞机大炮，以实际行动支援抗美援朝。

1952 年 1 月，开展“三反”（反贪污、反浪费、反官僚主义）运动。2 月开展五反（反对行贿、反对偷税漏税、反对盗窃国家资财、反对偷工减料、反对盗窃国家经济情报）运动，教育了广大党员和干部。领导域内民众认真贯彻执行党在过渡时期的总路线，对农业、手工业和资本主义工商业进行社会主义改造（简称“三大改造”），开展合作化运动。1956 年，域内各村都成立高级社。是年底，“三大改造”任务基本完成，以生产资料公有制为基础的社会主义经济制度在域内确立。

1957 年 4 月，中共中央发出“关于全面开展整风运动的指示”。是年底，域内开始整风运动。

1958 年 5 月，县委召开“四级”干部大会，进行整风。会后涛雒、磴山乡委组织全体机关干部职工，进行集中整风，两个乡的工商业者也进行了整风。

1958 年 9 月，成立了海生（涛雒）人民公社和磴山（下元）人民公社。

1959 年 7 月，下元人民公社中共党员总数 837 名，涛雒人民公社中共党员总数 888 名。

1962 年，落实中国共产党八届中央委员会第十次全体会议通过的《农村人民公社六十条》，实行三级所有、队为基础、生产队为一级核算单位的体制。

1962 年 12 月，涛雒区建立，提出一个中心（以生产为中心）、一个动力（正风正区）、一个结合（正区与生产）。

1964 年 1—4 月，社会主义教育运动（四清运动）开始。在农村中“清工分，清账目，清仓库和清财物”。其间，区委响应县委提出的“大学大寨，迅速掀起春季农业生产高潮，艰苦奋斗改造河山”的号召，集中人力物力打好农田水利基本建设、积挖运肥、植树造林、春播会战，狠抓麦田管理。

1964 年 3 月，涛雒区委对农村基层组织进行了整顿。整顿前的情况为，全区 93 个党支部，其中，一类支部 40 个，占 43％；二类支部 42 个，占 45％；三类支部 11 个，占 12％。全区改选支部 1 个，调整书记 2 人、大队长 2 人，调整生产队长 17 人。整顿后情况为：全区 95 个生产大队，共有大队干部 471 人，其中，支部书记 93 人，副书记 47 人，大队长 76 人，支部委员 160 人，大队会计 95 人。

1965 年 10 月，县委组织“四清”（清政治、清经济、清组织、清思想）工作组，区委抽调骨干人员进行配合，进驻重点村庄，采取以点带面、全面展开的方法开展运动。全区生产大队以上干部 1991 名、农村党员 1675 名、团员 2551 名、贫下中农积极分子 6500 名、社员 3 万多人参加学习。成立了贫下中农协会 58 个，贫下中农小组 281 个。有 26 个大队转入第二步工作：重点打击投机倒把、封建迷信、神婆神汉、二宅先生、盗窃国家资财等。

在农村“四清”的同时，机关干部、职工进行了自我检查，有的主动作了退赔。

“文化大革命”时期党组织活动

1966 年 5 月，“文化大革命”开始。冬，域内的各中、小学生一起“大串联”。机关、学校、农村成立了名目繁多的“红卫兵”组织。

1970 年 1 月，涛雒人民公社革命委员会党的核心领导小组成立，代行党委职权。2 月开始“一打三反”运动（即打击反革命破坏活动和反对贪污、反对投机倒把、反对铺张浪费），发动群众，对有反革命破坏活动、贪污、投机倒把、铺张浪费行为进行全面揭发批判。对全公社 95 个大队、社直 11 个单位中揭发出来的问题进行定案处理。

1971 年 3 月，涛雒公社党委成立。10 月中旬，农村整党建党的工作全面展开。经过半年时间的整党建党，提高了广大党员、干部的思想觉悟，从机关到农村党的基础组织得到恢复。

1976 年，涛雒公社党委被评为省、地“农业学大寨”先进单位。

改革开放以后党组织活动

落实政策　1978 年 12 月，公社党委认真落实党的各项方针政策，组织“实践是检验真理的唯一标准”大讨论，在各个领域进行拨乱反正。

实行联产承包责任制　1981 年冬，党委在试行联产到组、联产到劳等多种生产责任制的基础上，开始实行联产承包责任制。到 1983 年，域内各大队全部实行联产承包责任制。

基层党组织建设　党委认真组织落实历届农村党支部换届工作。换届工作中，大胆创新，采取“两票制”选人用人，支部书记、主任“一肩挑”，最大量减少村两委成员基数，进一步减轻农民负担。狠抓经济建设、精神文明建设。全镇开展了争创先进单位和先进模范人物活动，出现了全国精神文明创建工作先进单位和先模人物。

强化理论学习，发展商品经济　1985 年，镇党委逐步推行农副产品派购制度改革和产业结构调整，大力发展茶、果、瓜、菜等经济产物，商品经济发展出现新局面。1987 年，组织广大党员干部，集中学习《发展乡村商品经济常识》一书，运用商品经济理论武装党员、干部头脑，提高整体素质和能力。1989 年，镇党委按照“提高经济效益，抓好工业生产，完善承包合同制”的工作思路，狠抓村镇企业的发展。1990 年，把基层党组织建设成为带领群众勤劳致富、发展集体经济、建设社会主义新农村的坚强领导核心。1993 年，团结、带领全镇人民发展经济和社会各项事业，在域内开展社会主义教育活动。1995 年，进一步推进农业和农村改革，加大农业内部调整力度，加速农业和农村经济市场化、商品化进程。1999 年，完善农村土地承包机制。2012 年后，农村土地实施流转运作，充分发挥更大经济效益。

图 13—1　涛雒镇党委、镇政府全体人员合影
后排左一傅田余（副书记）、中间左三王成宝（镇长）
（中华提供）

第二节　组织机构

镇（区、社、乡）党组织

涛雒区委员会　1932 年春，中共涛雒区委建立，书记丁原澂，隶属中共日照县委。

区委积极领导和发展党的地方组织及群众团体。10 月 13 日，配合中心县委组织发动攻打涛雒的日照南路暴动。暴动失败后，党组织遭到了敌人疯狂的镇压，6 名党员被敌人逮捕杀害，中共涛雒区委解散。

二区分区委　1938 年 11 月，中共涛雒党支部成立，书记丁君谦，隶属中共日照临时县委。1939 年春，中共日照县委第二区分区委建立，书记丁君谦，隶属中共日照县委。

涛雒分区委　1942 年秋，以地名称谓称涛雒分区委，书记孙树礼，隶属中共日照中心县委。1945 年 8 月，涛雒全境解放。1946 年 3 月，涛雒分区委根据上级指示，在全区民主建立 8 个乡（镇），设立党总支。

七区分区委　1950 年 5 月，按序号称谓称七区分区委，驻地涛雒街，辖 24 个乡（镇）党总支，隶属中共日照县委。1952 年 11 月，七区分区委迁至下元庄，机构设置不变，辖 24 个乡党总支，隶属中共日照县委。

涛雒镇委　1952 年 11 月，涛雒镇（乡级）从七区析出，成立涛雒镇党委（办公地点为原七区分区委办公地），隶属中共日照县委，设副书记 1 人，委员 5 人。

涛雒区委　1956 年 1 月，撤销涛雒镇委，成立涛雒区委，辖 11 个乡（镇）党总支，隶属中共日照县委。

磴山区委　1956 年 1 月，七区委改称磴山区委，辖 15 个乡党总支，隶属中共日照县委。

涛雒乡党委　1958 年 1 月，撤涛雒区委建涛雒乡委，辖 7 个乡党总支，隶属中共日照县委。

下元乡党委　1958 年 1 月，撤磴山区委建下元乡委，辖 9 个乡党总支，隶属中共日照县委。

海生人民公社党委　1958 年 9 月，以命名称谓称海生人民公社委员会（始设常委），隶属中共日照县委。

磴山人民公社党委　1958 年 9 月，以命名称谓称磴山人民公社委员会（始设常委），隶属中共日照县委。

涛雒人民公社党委　1959 年 2 月，按地名称谓改海生人民公社称涛雒人民公社党委，隶属中共日照县委。

下元人民公社党委　1959 年 2 月，按地名称谓改蹬山人民公社称下元人民公社党委，隶属中共日照县委。

涛雒区委　1962 年 12 月，撤涛雒人民公社党委和下元人民公社党委，设立涛雒区委，驻地涛雒街，隶属中共日照县委。工作机构设办公室和组织、宣传、监察等，群团组织仍为青年、妇女和武装。下设 10 个公社，公社成立党委（党委内设组织委员、宣传委员、监察委员和武装部）。

1968 年 11 月，撤区改公社，后又划区。

涛雒人民公社革命委员会党的核心领导小组　1970年1月，涛雒人民公社革命委员会设立党的核心领导小组，代行党委职责，组长由军代表王忠诚担任，隶属日照县革命委员会党的核心领导小组。

涛雒人民公社党委　1971年3月，涛雒人民公社党委建立，隶属中共日照县委（设书记1人，副书记3人，组织、宣传委员各1人，其他为委员），下设9个管理区党总支。1980年7月，设11个党总支（下辖106个党支部：农村75个，机关、学校、镇直、企业31个）。

图13—2　涛雒公社党委常委合影　前排左三刘世增、左四杨作田　　（申华提供）

涛雒区委　1984年6月，涛雒人民公社党委改称涛雒区委，隶属中共日照县委，下设1镇3乡党委（涛雒镇、高旺乡、李潭乡、廒头乡）。

涛雒镇党委　1985年5月，涛雒区党委改称涛雒镇党委，隶属中共日照市委（县级），撤销一镇三乡党委，下设4个党总支。是年，党委设统战委员，设立信访、老干部办公室。群团组织有武装、青年、妇女。1987年，设11个党总支（农村9个、镇直1个、镇企1个）。1989年11月，隶属中共日照市委（地级市）。1993年1月，隶属中共东港区委。2011年12月，隶属中共日照国际海洋城工委。2016年12月，隶属中共东港区委。

1932年以来涛雒镇（区、乡、社）党委书记、副书记任职更迭表

表13—1

单位	职务	姓名	性别	籍贯	任职时间	备注
涛雒区委	书记	丁原澂	男	涛雒一村	1932年春—1932.10	
二区分区委	书记	丁君谦	男	苗家村	1939年春—1940年冬	
		孙树礼	男	孙家村	1941.1—1942.9	
	副书记	秦聿会	男	虎山镇秦家结庄村	1940.3—1942.8	
		厉席卿	男	五莲县街头镇	1940年冬—1942年春	
		魏振东	男	涛雒五村	1941.4—1942.8	
涛雒分区委	书记	孙树礼	男	孙家村	1942.9—1946.4	
		秦聿会	男	虎山镇秦家结庄村	1946.4—1948.1	
		徐光布	男	江苏赣榆	1948.1—1949.9	
		刘贤文	男	虎山镇张家结庄村	1949.10—1950.5	
	副书记	魏振东	男	涛雒五村	1942.9—1945.3	
		秦聿会	男	虎山镇秦家结庄村	1942.9—1946.4	
		胡维祯	男	上元村	1946.4—1948.7	
		刘贤文	男	虎山镇张家结庄村	1948.7—1949.10	
		吕清轩	男	巨峰镇	1950.4—1950.5	
七区分区委	书记	刘贤文	男	虎山镇张家结庄村	1950.5—1951.6	
		郭常芳	男	奎山街道小古镇村	1951.11—1952.6	

357

续表 13—1

单位	职务	姓名	性别	籍贯	任职时间	备注
七区分区委	书记	陈同义	男	江苏省赣榆县	1952.7—1952.12	
	副书记	吕清轩	男	巨峰镇	1950.5—1951.8	
		宋世仪	男	岚山街道	1950.12—1951.5	
		梁增培	男	巨峰镇	1951.6—1952.3	
七区分（磴山）区委	书记	陈同义	男	江苏省赣榆县	1952.12—1954.4	
		武纪三	男	沂水县	1955.1—1956.1	
	副书记	武纪三	男	沂水县	1953.9—1955.1	
磴山区委	书记	武纪三	男	沂水县	1956.1—1958.1	
	副书记	韩帮鹤	男	巨峰镇	1956.8—1958.1	
		王元昌	男	日照街道	1957.2—1958.1	
下元乡委	书记	武纪三	男	沂水县	1958.1—1958.9	
	副书记	王元昌	男	日照街道	1958.1—1958.9	
磴山人民公社党委	书记	武纪三	男	沂水县	1958.9—1959.2	
	副书记	王元昌	男	日照街道	1958.9—1959.2	
		郑作爱	男	虎山镇	1958.9—1959.2	
下元人民公社党委	书记	武纪三	男	沂水县	1959.2—1961.6	
		安丰岩	男	两城镇	1961.6—1962.12	
	副书记	王元昌	男	日照街道	1959.2—1962.12	
		郑作爱	男	虎山镇	1959.2—1962.6	
		王常兴	男	碑廓镇	1960.8—1962.9	
		吕建清	男	高兴镇	1960.3—1962.12	
		罗映林	男	碑廓镇碑廓一村	1961.6—1962.12	
		李建臻	男	巨峰镇	1961.12—1962.12	
涛雒区委	书记	陈同义	男	江苏省赣榆县	1962.12—1968.3	
	副书记	范伟春	男	蒿岭村	1962.12—1968.3	
		王元昌	男	日照街道	1962.12—1968.3	
涛雒公社、区革委党的核心领导小组	组长	王忠诚	男	禹城县	1970.1—1971.3	军代表
	副组长	王元昌	男	日照街道	1970.1—1971.3	
涛雒人民公社党委	书记	刘希增	男	日照街道前将帅沟村	1971.3—1977.11	
		杨作田	男	奎山街道宋家窑村	1977.11—1980.5	
		单联云	男	黄墩镇单家沟村	1980.5—1983.2	

续表 13—1

单位	职务	姓名	性别	籍贯	任职时间	备注
涛雒人民公社党委	书记	杨科田	男	碑廓镇西杨家庄子村	1983.2—1984.6	
	副书记	张纪稳	男	黄墩镇	1971.3—1980.5	
		申作礼	男	西湖镇	1972.9—1980.7	
		周绪贵	男	东风村	1977.6—1978.7	
		肖德晋	男	东风村	1977.8—1982.1	三不变
		胡日常	男	虎山镇虎山堡	1978.8—1982.3	
		单联云	男	黄墩镇单家沟村	1979.11—1980.5	
		徐茂远	男	陈疃镇东石墩村	1980.5—1984.6	
		刘银贤	男	李家潭崖村	1980.5—1983.4	
		焦安美	男	西湖镇大花崖村	1982.1—1983.4	
		崔俊章	男	平度市蟠桃镇	1983.4—1984.6	
		梁作美	男	高兴镇	1983.4—1984.6	
涛雒区委	书记	王厚勤	男	莒南县坪上镇柞墩村	1984.6—1985.5	
	副书记	于刚业	男	岚山头街道佛手湾村	1984.6—1985.5	
		王仕芝	男	虎山镇前稍坡村	1984.6—1985.5	
		丁兆华	男	巨峰镇平家村	1984.12—1985.5	
涛雒镇委	书记	王厚勤	男	莒南县坪上镇柞墩村	1985.5—1990.2	
		丁兆华	男	巨峰镇平家村	1990.2—1993.1	
		孙开河	男	奎山街道夹仓一村	1993.1—1997.1	
		韩纪亮	男	安东卫街道	1997.2—2001.2	1999.2—2001.2 区政协副主席（兼）
		张桂伟	男	沂水县许家湖镇许家湖村	2001.2—2002.12	2001.2—2002.12 区长助理（兼）
		王一冰	女	巨峰镇六甲庄子村	2003.3—2006.1	
		张玉栋	男	青州市	2006.3—2007.11	
		宋　波	男	巨峰镇	2007.11—2010.7	
		刘森林	男	巨峰镇	2010.7—2011.12	
		胡明乐	男	奎山街道大岭村	2011.12—2014.1	
		秦泗收	男	日照街道向阳河村	2014.1—2016.4	
		孙　强	男	两城镇泉子沟村	2016.4—2016.12	
		厉华珍	女	秦楼街道厉家庄子村	2016.12—2019.4	副处级
		万　磊	男	日照街道	2019.8—2021.12	
		陈　彬	男	岚山区高兴镇	2021.12—	

续表 13—1

单位	职务	姓名	性别	籍贯	任职时间	备注
涛雒镇委	副书记	王仕芝	男	虎山镇前稍坡村	1985.5—1987.2	
		丁兆华	男	巨峰镇平家村	1985.5—1990.2	
		丁元增	男	苗家村	1985.5—1993.4	
		王世湘	男	小海村	1985.5—1987.3	
		丁元春	男	小刘庄村	1987.3—1989.5	
		张孝柏	男	巨峰镇前山旺村	1989.5—1993.4	
		陈淑顺	男	虎山镇陈家庄子村	1990.2—1993.4	
		高曰军	男	日照街道小石场村	1990.11—1994.3	
		李增森	男	巨峰镇巨峰一村	1993.4—1993.7	
		张守信	男	三庄镇小庄村	1993.4—1997.2	
		韩纪亮	男	安东卫街道	1993.7—1997.2	
		厉保安	男	南湖镇丁家沟村	1994.5—1997.1	
		邱玉梅	女	诸城市	1995.3—1997.3	挂职
		李其福	男	涛雒镇涛雒六村	1995.5—1997.2	
		李同春	男	日照街道后鹅庄村	1997.2—1998.12	
		张明君	男	河山镇大岭村	1997.2—2002.1	
		朱纪来	男	黄墩镇梁山三村	1997.2—1999.8	
		范文青	男	三庄镇范家楼村	1997.2—2003.3	
		张守元	男	陈疃镇沈疃村	1998.4—2004.4	挂职
		邱丰森	男	秦楼街道董家滩村	1999.1—2002.1	
		宋玉桦	女	高兴镇申家庄村	1999.2—2001.2	
		闫华章	男	河山镇许家官庄村	2002.2—2006.3	
		王纪业	男	桥东头村	2002.10—2003.3	
		杜美珠	女	郯城县	2001.2—2007.11	
		徐茂云	男	陈疃镇东石墩村	2001.2—2003.3	
		李海峰	男	秦楼街道吴家台村	2003.3—2007.11	
		张守忠	男	日照街道西十里铺村	2003.3—2006.12	
		胡明乐	男	奎山街道大岭村	2006.3—2010.7	
		孙　强	男	两城镇泉子沟村	2007.11—2016.4	
		刘　峰	男	三庄镇	2010.7—2011.12	
		时文彬	男	陈疃镇姜疃村	2009.9—2011.12	挂职
		白宗秋	男	南湖镇安家庄子村	2011.12—2015.3	

续表 13—1

单位	职务	姓名	性别	籍贯	任职时间	备注
涛雒镇委	副书记	董书儒	男	西湖镇荻竹二村	2015.3—2017.7	
		时文彬	男	陈疃镇姜疃村	2016.4—2016.12	
		孙　强	男	两城镇泉子沟村	2016.12—2018.9	副处级
		邱志刚	男	三庄镇邱家庄村	2017.7—2019.6	
		万　磊	男	日照街道	2018.9—2019.4	
		李海明	男	南湖镇黄山前村	2019.1—2020.4	
		魏玉金	男	岚山区碑廓镇	2020.3—2021.1	
		武德峰	男	岚山区高兴镇	2021.3—2021.12	
		安宝春	男	南湖镇	2021.2—	
		潘　娜	女	陈疃镇	2021.12—	

1952—1962 年涛雒公社（镇、区、乡）党委书记、副书记任职更迭表

表 13—2

单位	职务	姓名	性别	籍贯	任职时间	备注
涛雒镇委	副书记	费守忠	男	日照街道	1952.12—1956.1	主持
		王安龙	男		1953.1—1954.4	
		傅田余	男	栈子一村	1953.7—1956.1	
涛雒区委	书记	宋瑞乾	男	黄墩镇侯家沟村	1956.1—1957.1	
		王智民	男	栈子庄村	1957.1—1957.12	1957.1—1957.12 副县长（兼）
	副书记	傅田余	男	栈子一村	1956.1—1958.1	
		费守忠	男	日照街道	1956.1—1958.1	
		刘恕远	男	临沂市沂南县	1956.1—1957.3	
		胡日常	男	虎山镇虎山堡村	1956.1—1958.1	
		王家臣	男	日照街道	1957.1—1958.1	
涛雒乡党委	书记	郑成信	男	五莲县	1958.1—1958.9	1958.1—1958.9 县委副书记（兼）
	副书记	费守忠	男	日照街道	1958.1—1958.9	
		王家臣	男	日照街道	1958.1—1958.9	
海生公社党委	书记	费守忠	男	日照街道	1958.9—1959.2	
	副书记	王家臣	男	日照街道	1958.9—1959.2	
		吴家宗	男	虎山镇虎山堡村	1958.9—1959.2	
涛雒公社党委	书记	费守忠	男	日照街道	1959.2—1960.5	
		陈同义	男	江苏省赣榆县	1960.6—1962.12	

续表 13—2

单位	职务	姓名	性别	籍贯	任职时间	备注
涛雒公社党委	副书记	王家臣	男	日照街道	1959.2—1962.12	
		吴家宗	男	虎山镇虎山堡村	1959.2—1962.12	
		杨允孝	男		1960.2—1962.12	
		范伟春	男	蒿岭村	1961.5—1962.12	
		周祥艾	男	碑廓镇	1961.6—1962.12	

1945 年以来涛雒镇（区、乡、社）党委秘书任职更迭表

表 13—3

姓名	性别	籍贯	任职时间
杨德运	男	大朝阳村	1945.1—1947.7
黄栋昌	男	涛雒镇	1947.7—1948.12
佐成敏	男		1949.1—1949.9
庄培华	男		1951.11—1954.6
李宗金	男	高兴镇	1954.7—1966.7
赵从昌	男		1966.8—1971.2
相玉平	男	巨峰镇相家楼村	1971.5—1978.4
郑培田	男	巨峰镇郑家大沟村	1978.5—1982.1
牟大勇	男	奎山街道	1982.1—1984.6
王伟举	男	沙岭子村	1984.6—1988.8
徐延林	男	丁家官庄村	1988.8—1990.5
杨春利	男	高兴镇范家村	1990.5—1993.4
孙长春	男	后村镇	1994.8—1997.2
王海洲	男	莒县城阳镇	1997.2—1999.9
杨善军	男	侯家村	1999.9—2003.10
葛云沛	男	王家村	2003.10—2004.5
刘祥娜	女	奎山街道东长河村	2005.5—2007.8
孙传欣	男	大草坡村	2007.8—2008.11
丁建元	男	竹家园村	2010.2—2014.10
范文果	男	巨峰镇后山北头村	2014.10—2017.8
宋全慧	女	涛雒一村	2017.8—2018.5
吴海明	男	涛雒七村	2018.5—2021.4
姜云琛	男	开发区东南李家村	2022.6—

1952—1962 年涛雒公社（镇、区、乡）党委秘书任职更迭表

表 13—4

姓名	性别	籍贯	任职时间
申论典	男	西湖镇	1952.11—1954.9
许家堂	男		1956.1—1957.12
庄培华	男		1957.12—1961.7
孙常先	男	涛雒镇	1961.7—1962.6
杨保军	男		1962.6—1962.12

管理区党组织

管理区党组织是镇党委下属的派出机构，是从抗日战争时期的联防民兵中队党组织及后来的乡党总支、公社（乡级）党委演变而来的。

联防党组织　1942 年 3 月，日照县二区抗日民主政府，为适应抗日战争的需要而建立的村与村之间的联片组织，主要是各村武装民兵组成的联合防御组织。联防设民兵中队，中队设党组织，负责人为指导员，与队长共同负责。联防工作主要负责联片内的各村民兵抗敌、防匪、防特的组织指挥及出夫、支前、动员参军、优军优属等工作。联防干部从各村村干部中选拔，由区委任命。由于在战争环境下，干部设置不全，变动性比较大。

乡党总支委员会　1946 年 3 月，涛雒分区委首次开始民主建立乡（镇）政府。乡设党总支，总支负责人称指导员，设有分管妇女、武装、文教、财粮工作的负责人，乡指导员由分区委任命。设 8 个乡（镇）。

各乡（镇）指导员及任职时间

涛雒镇　徐宣忠　1946.3—1948.11
　　　　司建余　1948.11—1949.3
　　　　傅田余　1949.5—1949.9（镇长兼）
虎山乡　赵洪爱　1946.3—1949.9
小海乡　刘为泽　1946.3—1948.12
夹仓乡　牟墩友　1946.3—1948.9
　　　　任节恩　1948.10—1949.9
李潭乡　牟学斋　1946.3—1949.4
　　　　范为春　1949.5—1949.9
高旺乡　郭建祥　1946.3—1949.9
义和乡　刘为高　1946.3—1949.3
　　　　庄文宣　1949.4—1949.9
水木乡　庄聿坤　1946.3—1948.11
　　　　牟乃吉　1948.11—1949.9

1950 年 1 月至 1950 年 5 月涛雒区设 24 个乡（镇）党总支。

各乡（镇）党总支书记及任职时间

涛雒镇　傅田余　1950.1—1950.5
　　　　　　　　（总支副书记主持）
刘庄乡　李秀山　1950.1—1950.5
右所乡　丁立甫　1950.1—1950.5
东河乡　常进同　1950.1—1950.5
韩营乡　张纪田　1950.1—1950.5
林东乡　周绪论　1950.1—1950.5
新口乡　—
栈子乡　庄瑞连　1950.1—1950.5
小海乡　刘为合　1950.1—1950.5
桥东乡　姜秀常　1950.1—1950.5
李潭乡　刘泽生　1950.1—1950.5
水木乡　牟乃吉　1950.1—1950.5
大沟乡　姜秀常　1950.1—1950.5
赵羊乡　姜秀彦　1950.1—1950.5
下元乡　庄文宣　1950.1—1950.5
石梁乡　丁原建　1950.1—1950.5
高旺乡　申斌起　1950.1—1950.5
磴山乡　王运德　1950.1—1950.5
泥田乡　张纪余　1950.1—1950.5
虎山乡　马世律　1950.1—1950.5
朱家乡　张纪田　1950.1—1950.5
崔阳乡　杨保全　1950.1—1950.5
罗黄乡　崔玉培　1950.1—1950.5
桥南乡　张守金　1950.1—1950.5

1950 年 5 月，七区（涛雒）分区委建立，设 24 个乡（镇）。1952 年 12 月，涛雒镇（乡级）从七区析出，设涛雒镇党委，隶属中共日照县委。七区分区委迁至下元庄，辖 24 个乡党总支。

各乡党总支书记及任职时间

涛雒镇	傅田余	1950.5—1950.10（总支副书记主持）
	刘泽生	1950.11—1952.10
刘庄乡	李秀山	1950.5—1956.1
右所乡	丁履甫	1950.5—1956.1
东河乡	常进同	1950.5—1952.1
	李传深	1952.3—1956.1
韩营乡	张纪田	1950.5—1956.1
林东乡	周绪伦	1950.5—1956.1
新口乡	郑全文	1952.9—1954.4
	罗纪庚	1954.4—1956.1
栈子乡	庄瑞连	1950.5—1951.6
	傅东元	1951.7—1953.10
	金兴昌	1953.12—1956.1
小海乡	刘为合	1950.5—1956.1
桥东乡	姜秀常	1950.5—1950.10
	刘茂贤	1952.5—1956.1
李潭乡	刘泽生	1950.5—1950.10
	丁履奎	1953.1—1956.1
水木乡	牟乃吉	1950.5—1952.5
	陈为启	1952.6—1956.1
大沟乡	姜秀常	1950.10—1951.11
	郑全文	1951.12—1952.9
	申斌起	1952.9—1954.4
	郑全文	1954.4—1956.21
赵羊乡	姜秀彦	1950.5—1951.11
	王茂太	1951.12—1956.2
下元乡	庄文宣	1950.5—1951.12
	刘现宝	1952.1—1956.1
石梁乡	丁履建	1950.5—1956.1
高旺乡	申斌起	1950.5—1952.9
	庄甲彬	1952.9—1954.4
	申斌起	1954.4—1956.1
上元乡	许加胜	1952.12—1956.1
磴山乡	王运德	1950.5—1956.1
泥田乡	张传余	1950.5—1956.1
虎山乡	马世律	1950.5—1955.12
朱家乡	张纪田	1950.5—1955.12
崔阳乡	杨保全	1950.5—1955.12
罗黄乡	崔玉培	1950.5—1955.12
桥南乡	张守金	1950.5—1955.12

1956年1月，成立涛雒区委，隶属中共日照县委，辖11个乡（镇）党总支；七区分区委以地名称谓磴山区委，辖15个乡党总支；日照县新设立虎山区，虎山乡、朱家乡、崔阳乡、水车乡、罗黄乡、桥南乡划归虎山区。2月，虎山区撤销，虎山乡、朱家乡、水车乡、崔阳乡、罗黄乡、桥南乡复归磴山区。

涛雒区各乡党总支书记及任职时间

涛雒镇	庄家斌	1956.1—1957.12
小海乡	刘为合	1956.1—1957.12
桥东乡	刘茂贤	1956.1—1957.12
栈子乡	金兴昌	1956.1—1957.12
刘庄乡	李秀山	1956.1—1957.12
林东乡	周绪伦	1956.1—1957.12
东湖乡	李传深	1956.1—1957.12
夹仓乡	陈淑坤	1956.1—1957.12
李台乡	席思德	1956.1—1957.12
山后乡	田志祥	1956.1—1957.12
金沟乡	韩敬凯	1956.1—1957.12

磴山区各乡党总支书记及任职时间

下元乡	刘现宝	1956.1—1956.5
	秦福久	1956.5—1957.12（副书记主持）
高旺乡	申斌起	1956.1—1957.12
泥田乡	张传余	1956.1—1957.12
磴山乡	王运德	1956.1—1957.12
大沟乡	郑全文	1956.1—1957.12
赵羊乡	王茂太	1956.1—1957.12
水木乡	陈为启	1956.1—1957.12
李潭乡	丁履奎	1956.1—1957.12
石梁乡	丁履建	1956.1—1957.12
虎山乡	马世律	1956.2—1957.12
朱家乡	张纪田	1956.2—1957.12
水车乡	崔兆坤	1956.2—1957.12
崔阳乡	杨保全	1956.2—1957.12
罗黄乡	崔玉培	1956.2—1957.12

桥南乡　张守金　1956.2—1957.12

1958 年 1 月，撤涛雒区委建涛雒乡党委，辖 7 个乡党总支；撤磴山区委建下元乡党委，辖 9 个乡党总支。

涛雒乡各党总支书记及任职时间

涛雒乡　庄家斌　1958.1—1958.9
小海乡　刘为合　1958.1—1958.9
桥东乡　刘茂贤　1958.1—1958.9
栈子乡　金兴昌　1958.1—1958.9
刘庄乡　李秀山　1958.1—1958.9
林东乡　周绪伦　1958.1—1958.9
东湖乡　李传深　1958.1—1958.9

下元乡各党总支书记及任职时间

下元乡　刘现宝　1958.1—1958.9
高旺乡　申斌起　1958.1—1958.9
泥田乡　张传余　1958.1—1958.9
磴山乡　王运德　1958.1—1958.9
大沟乡　郑全文　1958.1—1958.9
赵羊乡　王茂太　1958.1—1958.9
水木乡　陈为启　1958.1—1958.9
李潭乡　丁履奎　1958.1—1958.9
石梁乡　丁履建　1958.1—1958.9

公社党委　1958 年 9 月至 1962 年 12 月，人民公社化期间，不再设乡党总支。1962 年 12 月，撤涛雒人民公社党委和下元人民公社党委设立涛雒区委，下设 10 个公社。公社成立中共委员会，由 5 ~ 7 名委员组成。成员由区委考察，提出候选人，报县委批准后，召开公社各村党支部成员大会，进行选举。书记由脱产干部担任，选举后，由县委公布。委员从各村党支部书记中选择，选举后，由区委公布。委员会设书记 1 人，副书记 1 ~ 2 人，设组织、宣传、监察委员；设青年、妇女工作委员；设有武装部，配备专职武装部长。公社党委与管委，设 1 名人员担任文书，负责日常事务。

各公社书记及任职时间

涛雒公社　刘玉田　1962.12—1968.3
小海公社　吴家宗　1962.12—1968.3
刘庄公社　周保增　1962.12—1966.8
　　　　　吕建清　1966.8—1967.5
廒头公社　姜秀常　1962.12—1968.3
栈子公社　周祥艾　1962.12—1968.3
水木公社　吴茂仁　1962.12—1968.3
下元公社　吕建清　1962.12—1966.8
　　　　　杨德三　1966.8—1968.3
结庄公社　李建臻　1962.12—1966.7
　　　　　李宗全　1966.7—1968.3
东湖公社　孙树铭　1962.12—1964.5
　　　　　侯世明　1964.5—1968.3
李潭公社　侯世明　1962.12—1964.5
（副书记主持）
　　　　　刘现宝　1964.5—1968.3
（副书记主持）

管理区党总支　1971 年 3 月，涛雒人民公社党委建立，原 10 个公社调整改为 9 个管理区（原来的东湖公社、结庄公社大部分大队划归虎山公社，水木公社的部分大队划归巨峰公社），设 9 个党总支。

各管理区党总支书记及任职时间

涛雒党总支　周祥艾　1971.3—1973.3
　　　　　　周绪贵　1973.3—1975.8
　　　　　　焦安美　1975.8—1981.11
　　　　　　王奎昌　1981.11—1983.3
　　　　　　滕兆晋　1983.3—1984.6
廒头党总支　吴家宗　1971.3—1972.6
　　　　　　李学仁　1972.6—1978.4
　　　　　　秦玉岩　1978.5—1981.10
　　　　　　丁昶元　1981.10—1983.3
　　　　　　韩先陆　1983.3—1984.6
小海党总支　范崇棣　1971.3—1979.11
　　　　　　韩敬实　1980.1—1983.3
　　　　　　丁兆华　1983.4—1984.6
郭庄党总支　吴茂仕　1971.3—1978.9
　　　　　　郑承友　1978.9—1979.9
　　　　　　肖增产　1979.9—1980.12
　　　　　　韩先陆　1981.1—1983.3
　　　　　　顾永辰　1983.3—1984.2

栈子党总支	陈同现	1971.3—1976.6
	宋佃宁	1976.6—1980.12
	刘为学	1981.1—1984.6
刘庄党总支	秦福森	1971.3—1975.7
	傅志芳	1975.7—1983.3
	王奎昌	1983.3—1984.6
李潭党总支	刘现宝	1971.3—1980.10
	肖增产	1981.1—1984.6
东风党总支	孙树伍	1971.3—1976.2
	王元春	1977.12—1981.11
	顾永辰	1981.11—1983.3
	李建永	1983.3—1984.6
下元党总支	朱仲田	1971.3—1978.4
	李学仁	1978.4—1980.10
	李金三	1981.1—1981.11
	宋玉增	1981.11—1984.6

一镇三乡党委 1984年6月，涛雒人民公社党委改称涛雒区委，管理区合并调整为一镇三乡。各乡（镇）设党委书记、副书记各1人，由区委委派脱产人员担任，并行文公布。

乡（镇）党委书记、副书记及任职时间：

涛雒镇书记	王仕芝	1984.6—1984.11（兼）
	张成桂	1984.11—1985.5
廒头乡书记	丁昶元	1984.6—1985.5
副书记	韩建义	1984.6—1985.5
李潭乡书记	梁作美	1984.6—1984.11
副书记	刘为学	1984.6—1985.5
书记	王世湘	1984.11—1985.5
高旺乡书记	滕怀连	1984.6—1985.5
副书记	王世湘	1984.6—1984.11

管理区党总支 1985年5月，涛雒区委改称涛雒镇委，1镇3乡撤销。11月涛雒镇委下设4个党总支委员会。

各总支书记及任职时间

涛雒党总支	李其平	1985.11—1987.7
李潭党总支	刘为学	1985.11—1987.7
廒头党总支	韩先陆	1985.11—1986.9
	胡廷先	1986.9—1987.7
高旺党总支	韩建义	1985.11—1986.9
	韩先陆	1986.9—1987.7

1987年撤销4个党总支，恢复原9个管理区党总支。

各党总支书记及任职时间

涛雒党总支	宋玉增	1987.7—1990.3
	王　奎	1990.3—1990.8
	万志军	1990.8—1993.4
	王运普	1993.4—1993.8
	郭立章	1993.8—1994.4
	朱纪来	1994.4—1997.2
	葛云沛	1997.2—1998.5
	孙常春	1998.5—1999.1
	刘相建	1999.1—2001.4
下元党总支	李建永	1987.7—1990.3
	李溪陪	1990.3—1992.4
	刘从生	1992.4—1993.4
	姚守春	1993.4—1996.4
	徐延林	1996.4—1996.11
	丁惟海	1996.11—1998.5
	陈令田	1998.5—1999.2
	孔令前	1999.2—2000.2
	孙志强	2000.2—2001.4
廒头党总支	胡廷先	1987.7—1990.3
	丁兆斌	1990.3—1993.4
	庄光全	1993.4—1993.8
	孙志强	1993.8—1999.1
	董书儒	1999.1—2000.2
	王进升	2000.2—2001.4
李潭党总支	王运普	1987.7—1993.4
	刘从生	1993.4—1993.12
	王中华	1993.12—1997.1
	宋　平	1997.2—1998.5
	周家全	1998.5—1999.5
	徐衍福	1999.5—2001.4
东风党总支	万志军	1987.7—1990.8
	庄光全	1990.8—1993.4
	厉建祥	1993.4—1996.5
	张守桂	1996.5—2001.4

小海党总支	王奎昌	1987.7—1990.3
	宋玉增	1990.3—1993.5
	孙树坤	1993.5—1996.5
	厉建祥	1996.5—1998.5
	周家文	1998.5—1999.9
	王海州	1999.9—2000.8
	孔令前	2000.8—2001.4
刘庄党总支	刘为学	1987.7—1993.5
	葛云沛	1993.5—1994.12
	周家文	1994.12—1998.5
	刘从生	1998.5—1999.1
	于　冰	1999.1—2000.2
	许家申	2000.2—2001.4
栈子党总支	韩先陆	1987.7—1993.4
	丁兆斌	1993.4—1996.4
	姚守春	1996.4—1998.1
	侯元洪	1998.1—1999.5
	辛崇良	1999.5—2000.2
	董书儒	2000.2—2001.4
郭庄党总支	李溪培	1987.7—1990.3
	李建永	1990.3—1996.4
	丁兆斌	1996.4—1997.12
	孙长春	1997.12—1998.5
	宋　平	1998.5—1999.1
	孙志强	1999.1—2000.2
	孔令前	2000.2—2000.8
	王　峰	2000.8—2001.4

2001 年 4 月撤销党总支，设立工作线。

2003 年 2 月恢复党总支

各党总支书记及任职时间

涛雒党总支	刘相建	2003.2—2005.5
	孔庆阳	2005.5—2006.2
	申　杰	2006.2—2007.3
	刘相建	2007.3—2007.11
	于西庆	2007.11—2009.9
	宋　磊	2009.9—2011.12
	王宗启	2011.12—2012.7
	李海明	2012.7—2014.6
	佘淑光	2014.6—2014.10
		（副书记主持）
	佘淑光	2014.10—2015.2
	王培永	2015.2—2017.2
下元党总支	贺召禄	2003.2—2003.3
	胡明乐	2003.3—2005.5
	杨培田	2005.5—2007.1
	徐丽荣	2007.1—2009.3
	宋　磊	2009.3—2009.9
	张　弘	2009.9—2010.11
	马先军	2010.11—2012.7
	白宗秋	2012.7—2013.5
	李友树	2013.5—2014.9
	金秉昌	2014.9—2017.2
廒头党总支	孔令前	2003.2—2003.3
	李宗常	2003.4—2005.5
	王兆平	2005.5—2009.9
	马先军	2009.9—2010.11
	张志强	2010.11—2012.10
	王培勇	2012.10—2015.2
	井忠刚	2015.2—2017.2
李潭党总支	许家申	2003.2—2005.11
	张守桂	2005.11—2007.11
	宋　磊	2007.11—2009.3
	徐丽荣	2009.3—2009.9
	徐衍福	2009.9—2013.5
	丁元博	2013.5—2017.2
东风党总支	杨培田	2003.2—2005.5
	孙志强	2005.5—2007.11
	张守桂	2007.11—2013.5
	张　弘	2013.5—2015.3
	陈为志	2015.3—2017.2
小海党总支	王海洲	2003.2—2003.3
	王　峰	2003.3—2005.5
		（副书记主持）
	刘相建	2005.5—2007.3
	申　洁	2007.3—2007.11
	王进升	2007.11—2011.11
	董书儒	2011.12—2014.10
	张志强	2014.10—2017.2
刘庄党总支	刘从生	2003.2—2005.11

	安佰全	2005.11—2007.8
	田金玉	2007.8—2008.4
	马先明	2008.4—2009.9
	李海明	2009.9—2010.7
	焦栋英	2010.7—2012.10
	张志强	2012.10—2014.10
	孙元成	2014.9—2017.2
栈子党总支	杜美珠	2003.2—2003.3
	于西庆	2003.3—2003.5
	李海峰	2003.5—2005.5
	胡明乐	2005.5—2006.3
	王进升	2006.3—2007.11
	王　峰	2007.11—2009.9
	刘相建	2009.9—2013.5
	马先军	2013.5—2017.2
郭庄党总支	姚守春	2003.2—2005.5
	王进升	2005.5—2006.3
	葛云沛	2006.4—2007.11
	焦栋英	2007.11—2009.9
	崔恩华	2009.9—2010.7
	李海明	2010.7—2012.7
	马先军	2012.7—2013.5
	申　琪	2013.5—2017.2

2017 年 2 月调整为 8 个党总支

各党总支书记及任职时间

涛雒党总支	王培永	2017.2—2018.5
	卜凡军	2018.5—2022.6
	代　茹	2022.6—
下元党总支	孙元成	2017.2—2020.3
	代　茹	2020.3—2022.6
	吴明信	2022.6—
廒头党总支	金秉昌	2017.2—2019.9
	卜庆晓	2019.9—2022.6
	张念兵	2022.6—
李潭党总支	张　弘	2017.2—2018.2
	张念兵	2018.6—2020.3
	高　磊	2020.3—2022.6
	安　冬	2022.6—
小海党总支	井忠刚	2017.2—2018.5
	牟萍（女）	2018.5—2020.3
	申　琪	2020.3—2022.3
	代　茹	2022.3—2022.6
	乔征青	2022.6—
刘庄党总支	丁元博	2017.2—2018.2
	张　弘	2018.2—2020.3
	张念兵	2020.3—2022.6
	陈常磊	2022.6—
栈子党总支	马先军	2017.2—2018.5
	陈为志	2018.5—2022.6
	卜庆晓	2022.6—
郭庄党总支	申　琪	2017.2—2020.3
	孙元成	2020.3—2022.6
	司京占	2022.6—

村党组织

村支部委员会　1938 年 6 月，中共下元特别支部成立后，秘密发展农村青年加入中国共产党，在农村成立党组织。1938 年 10 月，丁家官庄党支部成立。1939 年，栈子庄、孙家村、苗家村、下元建立党支部。

抗日战争时期，党员多数以党小组的形式活动。1946 年开始，涛雒分区委以派工作队的形式到未建立党组织的村庄发展党员，建立党组织。是年，全区有 85 个村建立了党支部，党员少的村庄由几个村建一个党支部。党支部一般由 3 ~ 5 名委员组成，设书记 1 人，副书记 1 ~ 2 人，并设组织、宣传、青年、妇女委员。1948 年 8 月，党组织全部公开以后，党支部是农村的主要领导集体。1962 年，域内各村都建立了党组织。

村党支部的组成　1946 年后，农村党支部组成人员由分区委任命，派专人到村召开党员大会宣布。支部成员一般由 1 ~ 3 人组成，党员少的村只设 1 名支部书记，党员多的村，分设组织、宣传委员。

1948 年后，村支部开始通过党员代表会议选举产生。先由乡党总支提出候选人，报分区委审查批准，确定支部书记、副书记、组织、宣传等委员人选后，分区委派员与乡党总支人员一起，到村庄召开党员大会，将候选人交由党员大会酝酿讨论，然后表决通过，任期不定。此方法一直持续到1965年。

1966年6月，有农村党支部94个（涛雒公社党总支辖9个、刘庄公社党总支辖7个、下元公社党总支辖9个、结庄公社党总支辖8个、水木公社党总支辖10个、李潭公社党总支辖10个、廒头公社党总支辖11个、小海公社党总支辖9个、栈子公社党总支辖11个、东湖公社党总支辖10个），党员总数2090名（涛雒公社171名，刘庄公社145名，下元公社197名，结庄公社236名，水木公社228名，李潭公社223名，廒头公社173名，小海公社210名，栈子公社224名，东湖公社283名）。

"文化大革命"开始后，农村党支部受到冲击，无法工作。1970年1月，党组织恢复活动，称革命委员会党的核心领导小组。1971年3月，恢复村党支部，成员数增多，一般设5～7人（设书记1人，副书记1～2人，委员2～4名），选举仍由党总支提出候选人，报公社党委批准后，召开全大队党员大会，无记名投票选举，选票过半数即为当选，任期不定，只有支部书记出现空缺时，才进行补选。

1984年改队建村，党支部的选举办法有所改变，由镇党委派人与管理区党总支一起到选举村，召开党员大会，由党员提出候选人，汇总后报镇党委审查批准后，由党员投票，实行差额选举，一般只设一个差额。

1996年，村党支部选举首创实行"两票制"。2001年后，党支部成员数量压缩，一般大村3～4人，小村1～3人，要求党支部委员、村委委员交叉任职，即"一肩挑"。2007年，全镇75个行政村，党支部书记、村委主任"一肩挑"的69个村，占92%，两委委员"一肩挑"的204人，占95%。2011年换届时，党支部书记、村委主任"一肩挑"的57个村，占76%，两委委员"一肩挑"的150人，占70%。2014年换届时，党支部书记、村委主任"一肩挑"的54个村，占73.0%，两委委员"一肩挑"的77人，占40.7%。2017年换届时，党支部书记、村委主任"一肩挑"的66个村，占88.0%，两委委员"一肩挑"的86人，占61.0%。2021年换届时，党支部书记、村委主任"一肩挑"的75个村，占100%，两委委员"一肩挑"的161人，占70.9%。

图13—3　丁家营子村党支部换届选举现场

第三节　党员代表大会

第一次党员代表大会　中共涛雒人民公社党委第一次代表大会于1959年5月8日在公社驻地大礼堂召开，出席大会代表80名，邀请社员代表195名列席会议，大会选举产生中共涛雒人民公社委员会，选举费守忠为书记，王家臣、吴家宗为副书记。中共下元人民公社党委第一次代表大会于1959年5月10日在公社驻地召开，出席大会代表80名，邀请社员代表185名列席会议，大会选举产生中共下元人民公社委员会，选举武纪三为书记，王元昌、郑作爱为副书记。

第二次党员代表大会　中共涛雒人民公社第二次代表大会于1960年1月18日在公社驻地大礼堂召开，出席大会代表47名，邀请社员代表135名列席会议，大会选举产生中共涛雒人民公社委员会，选举费守忠为书记，王家臣、吴家宗为副书记。中共下元人民公社第二次代表大会于1960年5月中旬在驻地召开，出席大会代表47名，邀请社员代表135名列席会议，大会选举产生中共下元人民公社委员会，选举武纪三为书记，王元昌、郑作爱为副书记。

第三次党员代表大会　中共涛雒区第三次代表大会于1963年4月上旬在公社驻地大礼堂召开，出席大会代表95名，大会选举产生中共涛雒人民公社委员会，选举陈同义为书记，范伟春、王元昌为副书记。

第四次党员代表大会 中共涛雒人民公社第四次代表大会于1971年3月3日在公社驻地大礼堂开幕，5日闭幕，出席大会代表288名，大会选举产生中共涛雒人民公社委员会，选举刘希增为书记，张纪稳为副书记。

第五次党员代表大会 中共涛雒人民公社第五次代表大会于1982年1月15日在公社驻地大礼堂召开，出席大会代表149名，大会选举产生中共涛雒人民公社委员会，选举单联云为书记，徐茂远、刘银贤、焦安美为副书记。

第六次党员代表大会 1984年11月26日至12月1日，涛雒区“一镇三乡”分别召开党员代表大会(列为第六届)，选举产生了各镇、乡党委会。中共涛雒镇第六次代表大会于1984年11月30日在驻地召开，出席大会代表70名，大会选举产生中共涛雒镇委员会，选举张成桂为书记；中共李潭乡第六次代表大会于1984年11月26日在驻地召开，出席大会代表51名，大会选举产生中共李潭乡委员会，选举梁作美为书记，刘为学为副书记；中共高旺乡第六次代表大会于1984年12月1日在驻地召开，出席大会代表60名，大会选举产生中共高旺乡委员会，选举滕怀连为书记，王世湘为副书记；中共廒头乡第六次代表大会于1984年12月1日在驻地召开，出席大会代表41名，大会选举产生中共廒头乡委员会，大会选举丁昶元为书记，韩建义为副书记。

第七次党员代表大会 中共涛雒镇第七次代表大会于1987年7月27日在镇驻地大礼堂召开，出席大会代表140名，选举产生中共涛雒镇委员会，选举王厚勤为书记，丁兆华、丁元增、丁元春为副书记。大会选举产生中共涛雒镇纪律检查委员会，选举丁元智为书记。

第八次党员代表大会 中共涛雒镇第八次代表大会于1990年11月27日在镇驻地大礼堂召开，出席大会代表140名，选举产生中共涛雒镇委员会，选举丁兆华为书记，张孝柏、丁元增、陈淑顺、高曰军为副书记。大会选举产生中共涛雒镇纪律检查委员会，选举丁元智为书记。

第九次党员代表大会 中共涛雒镇第九次代表大会于1994年5月13日在镇驻地大礼堂召开，出席大会代表140名，大会选举产生中共涛雒镇委员会，选举孙开河为书记，韩纪亮、张守信、厉保安为副书记。大会选举产生中共涛雒镇纪律检查委员会，选举朱纪来为书记。

图13—4 中国共产党涛雒镇第九次党员代表大会会场（摄于1994年5月）

第十次党员代表大会 中共涛雒镇第十次代表大会于1997年5月21日在镇党委四楼会议室召开，出席大会代表146名，大会选举产生中共涛雒镇委员会，选举韩纪亮为书记，李同春、张明君、邱丰森为副书记。大会选举产生中共涛雒镇纪律检查委员会，选举徐延林为书记。

第十一次党员代表大会 中共涛雒镇第十一次代表大会于2002年1月下旬在镇党委四楼会议室召开，出席大会代表146名，大会选举产生中共涛雒镇委员会，选举张桂伟为书记，范文青、闫华章为副书记。大会选举产生中共涛雒镇纪律检查委员会，选举闫华章为书记。

图13—5 中国共产党涛雒镇第十一次党员代表大会会场（摄于2002年1月）

第十二次党员代表大会　中共涛雒镇第十二次代表大会于2006年12月31日在镇党委四楼会议室召开，出席大会代表174名，大会选举产生中共涛雒镇委员会，选举张玉栋为书记，李海峰、胡明乐为副书记。大会选举产生中共涛雒镇纪律检查委员会，选举杨培田为书记。

第十三次党员代表大会　中共涛雒镇第十三次代表大会于2011年12月26日在镇党委四楼会议室召开，出席大会代表167名，大会选举产生中共涛雒镇委员会，选举胡明乐为书记，孙强、白宗秋为副书记。大会选举产生中共涛雒镇纪律检查委员会，选举王宗起为书记。

第十四次党员代表大会　中共涛雒镇第十四次代表大会于2017年1月8日在镇党委四楼会议室召开，出席大会代表167名，大会选举产生中共涛雒镇委员会，选举厉华珍为书记，孙强、董书儒为副书记。大会选举产生中共涛雒镇纪律检查委员会，选举佘淑光为书记。

第十五次党员代表大会　中共涛雒镇第十五次代表大会于2022年1月4日在丁肇中实验中学办公楼五楼报告厅召开，出席大会代表167名，大会选举产生中共涛雒镇委员会，选举陈彬为书记，安宝春、潘娜为副书记。大会选举产生中共涛雒镇纪律检查委员会，选举胡文秀为书记

参加中共山东省第二次党代会代表

宋纪方　宋家坨村

参加日照市党代会代表

日照市第八次党代会（1990年8月22—24日）

丁兆华　涛雒镇党委
陈淑顺　涛雒镇党委
丁元智　涛雒镇党委
王伟举　涛雒镇党委
韩培国　涛雒镇党委
刘维瑞　涛雒供销社
宋光提　涛雒初中
曹汉光　涛雒育苗场
张永秋　涛雒卫生院
刘为奎　涛雒一村
丁伟善　丁家营子村
刘俊贤（女）　西林子头村
肖增胜　东风村
孙继任　孙家村

日照市第九次党代会（1995年12月8—11日）

孙开河　涛雒镇党委
张守信　涛雒镇党委
滕兆泽　刘家湾村
孙纪任　孙家村
丁元林　涛雒造船厂
高月芹（女）　下元二村

日照市第十次党代会（2003年4月8—10日）

范文青　涛雒镇党委
孔令前　涛雒镇党委
黄子秀　涛雒农技站

日照市第十一次党代会（2007年3月14—18日）

张玉栋　涛雒镇党委
黄庆林　下元一村

日照市第十二次党代会（2012年2月26—29日）

胡明乐　涛雒镇党委
黄庆林　下元一村

日照市第十三次党代会（2017年2月14—17日）

厉华珍　（女）　涛雒镇党委
李友树　涛雒农技站

日照市第十四次党代会（2021年2月12—15日）

陈　彬　涛雒镇党委
郭长峰　东港区涛雒镇海员村

参加中共东港区（日照县、日照市）党代会代表

日照县第五次党代会（1980年9月12—15日）

单联云　涛雒公社党委
勇天安　涛雒公社党委
郑成友　涛雒公社党委
马先奎　涛雒公社党委
刘银贤　涛雒公社党委
迟令桂　涛雒粮所党委
秦玉岩　涛雒公社党委
郑全运廒头盐场
王运慈（女）涛雒供销社
丁履宏　右所村
张永秋（女）　涛雒卫生院
叶连国　栈子三村
刘贤宝　桥东头村

葛家会　川子村
刘俊贤（女）　西林子头村
申斌起　高旺庄村
庄建友　南店村
肖德晋　东风村
徐茂亭　丁家官庄村

日照县第六次党代会（1984 年 9 月 16—18 日）

王厚勤　涛雒镇党委
丁昶元　涛雒镇党委
王仕芝　涛雒镇党委
滕怀连　涛雒镇党委
梁作美　涛雒公社
刘维瑞　涛雒供销社
秦福兰　下元二村
刘俊贤（女）　西林子头
肖增胜　东风村
尹守竹　张家廒头
葛云贡　大刘庄村
刘为奎　涛雒一村
刘贤祝　涛雒机械厂
王玉芹（女）　涛雒供销社
宋光提　涛雒初中
丁元喜　大洼村

日照市（县级）第七次党代会（1987 年 8 月 28—30 日）

王厚勤　涛雒镇党委
丁昶元　涛雒镇党委
滕怀连　涛雒镇党委
丁元春　涛雒镇党委
陈淑顺　涛雒镇党委
刘俊贤（女）　西林子头村
刘为奎　涛雒一村
丁为善　丁家营子村
肖增胜　东风村
尹守竹　张家廒头村
乔贞华　涛雒五中
宋光提　涛雒初中
刘贤祝　涛雒机械厂
刘维瑞　涛雒供销社
王纪丛　沙岭子村

东港区第九次党代会（1995 年 11 月 4—6 日）

孙开河　涛雒镇党委
韩纪亮　涛雒镇党委
张守信　涛雒镇党委
历保安　涛雒镇党委
李其福　涛雒镇党委
朱纪来　涛雒镇党委
范文青　涛雒镇党委
徐延林　涛雒镇党委
宋玉桦（女）　涛雒镇党委
徐茂秀（女）　涛雒卫生院
丁元林　涛雒造船厂
孙延成　涛雒五村
滕兆泽　刘家湾村
孙继任　孙家村
郑培祥　涛雒七村
高月芹（女）　下元二村

东港区第十次党代会（1998 年 3 月 12—13 日）

韩纪亮　涛雒镇党委
朱纪来　涛雒镇党委
范文青　涛雒镇党委
徐延林　涛雒镇党委
赵光军　东港国税分局
曹汉光　涛雒育苗场
叶连宽　海员村
孙志明　大草坡村
徐茂秀（女）　涛雒卫生院
秦洪芬（女）　涛雒初中
庄建德　涛雒三村
郭常祥　涛雒良种场
李绪永　涛雒二村

东港区第十一次党代会（2003 年 3 月 1—3 日）

范文青　涛雒镇党委
王纪业　涛雒镇党委
徐茂云　涛雒镇党委
闫华章　涛雒镇党委
王海洲　涛雒镇党委
杜美珠（女）　涛雒镇党委
郭常泗　涛雒初中
姜运灵　东港国税分局

徐茂秀（女） 涛雒卫生院
丁元林 涛雒造船厂
黄子秀（女） 涛雒农技站
孙纪任 孙家村
李绪永 涛雒二村

东港区第十二次党代会（2007年1月15—17日）

张玉栋 涛雒镇党委
李海峰 涛雒镇党委
胡明乐 涛雒镇党委
杨培田 涛雒镇党委
于西庆 涛雒镇党委
刘祥娜（女） 涛雒镇党委
黄庆平 涛雒镇计生委
丁履波 丁家营子村
王廷彬 涛雒镇派出所
平永田 涛雒拖拉机站
宋年青 宋家坨村
郑　坤 涛雒五村
梁　艳（女） 涛雒一中

东港区第十三次党代会（2012年1月10—12日）

胡明乐 涛雒镇党委
孙　强 涛雒镇党委
白宗秋 涛雒镇党委
焦栋英（女） 涛雒镇党委
宋庆华 右所村
郑　坤 涛雒五村
滕怀胜 桥东头村
吕其来 沙岭子村
丁明斌 西林子头村
平纪欣 高旺庄村
张俊丽（女） 桥西头村
马先玉 马家村

东港区第十四次党代会（2017年1月13—16日）

厉华珍（女） 涛雒镇党委
孙　强 涛雒镇党委
董书儒 涛雒镇党委
宋百柳 涛雒镇党委
高　磊 涛雒镇计生委
杨善军 丁肇中实验中学
平纪欣 高旺庄村
吕其来 沙岭子村
郭江辉 栈子三村
李宗臣 涛雒二村
王　芹（女） 下元一村

东港区第十五次党代会（2022年1月14—17日）

陈　彬 涛雒镇党委
安宝春 涛雒镇党委
潘　娜（女） 涛雒镇党委
宋全慧（女） 涛雒镇党委
张念兵 涛雒镇党委
陈为志 涛雒镇党委
黄　玫（女） 涛雒镇党委
乔卫东 涛雒镇卫生院院
孙　明 涛雒镇丁家官庄村
平纪欣 日照市汇通工程机械有限公司
孙　江 涛雒镇东南营村
王　芹 涛雒镇下元一村

第四节　纪律检查

监察委员　1952年，中共七区分区委设立监察委员，1955年改称为纪律检查委员。其职责是在党委领导下，围绕党的中心任务，对党员干部进行党规党纪教育，对违纪案件及时进行监察查处，教育党员加强党的纪律性，增强党的团结，纯洁党的组织，确保党的各项工作顺利进行。

1952—1954年，在“三反”“五反”运动及农村“整党”中，对违纪党员进行处理。

1966年，“文化大革命”开始后，纪检工作受到冲击，工作停止。

1978年后，公社党委先后下发了关于加强党纪党风建设的一系列文件，要求各级干部“不准用公款请客送礼、不准吃请受贿”等“六不准”，严禁搞不正之风。

纪律检查委员　1980年2月，公社党委增设一名纪律检查委员，由丁元智担任。负责对党员干部进行党规党纪和党的优良传统教育；同时按照各级党委的指示，认真贯彻执行《党内政治生活的若干准则》，重点整治不正之风和经济犯罪活动；落实了农村基层干部政策（全社农村党员干部，在历次运动中受处理的、受刑事处分的、受党纪政纪处分的、劝退、自退、不予登记的，按照政策，通过调查摸底，纠正了“冤、假、错”三类案件，并给予恢复党员关系），通过复议落实，基本上达到了干部、群众、本人满意。

1982—1984年，个别党员干部因经济问题被处理，分别被警告、留党察看、开除党籍。1986年，集中进行整党工作，采取集体会诊和个人对照检查相结合，谈心、交心，转变作风，给予严重警告处分的2人、留党察看的1人。

纪律检查委员会 1987年7月，设立镇纪律检查委员会，由5名委员组成。纪委建立后，认真履行“保护、惩处、教育”职能，狠抓了纠正党内不正之风和党政干部的廉政建设。1988年，在各总支、党支部内设1名纪律监督员，全镇形成党纪监督网络。

1998—2000年，共查处党员违纪案件11起，处分党员29人次，其中，开除党籍1人，留党察看3人，严重警告7人，警告13人，取消预备党员资格1人。

2012年，镇纪委认真落实执行反对铺张浪费、杜绝公款消费、严格执行禁酒令等规定，并采取明察暗访、举报电话等措施，得到很好的效果。

2013年6月，开展教育实践活动，主要任务集中解决“四风”（形式主义、官僚主义、享乐主义和奢靡之风）问题。12月又执行中央八项规定、“六条禁令”，对违反者进行严肃处理。

2014年，深入开展清退会员卡、整治“庸懒散”、整治“会所中的歪风”、查处“吃拿卡要”、专项治理“小金库”、行政执法大检查等专项活动，通过治理，腾退办公用房678.47平方米。

建立信访矛盾排查化解机制。结合党的群众路线教育实践活动，建立完善“经常排查、定期分析，信息预警、事前防范，及时化解”的信访矛盾化解机制，认真落实信访双向承诺制。

2015年4月，严格落实中央八项规定，坚持不懈纠正“四风”。成立了镇党委书记任组长的党风廉政建设领导小组。明确了党政领导班子成员、镇直各部门主要负责人、村级组织负责人的责任。同上述负责人签订党风廉政建设责任书。对全镇党员干部队伍始终保持高压、常态化监督检查，并将检查记录整理归档。

采用各种形式开展党风廉政建设教育、宣传法律、法规、财经纪律。利用每周周五集中学习时间，宣读学习相关法律、法规、财经纪律，观看警示教育片，免费发放警示教育书籍。

2016年，全面落实主体责任和监督责任，聚焦监督执纪问责，深化标本兼治，创新体制机制，强化党内监督，把纪律挺在前面，持之以恒落实中央八项规定精神，着力解决群众身边的不正之风和腐败问题。

2017年初，对党风廉政建设责任制进行分解和细化，镇党委书记与班子成员、站所负责人、村党支部书记签订党风廉政建设责任书126份，将“一岗双责”责任到人。

制定出台《中共涛雒党委关于对机关作风不当行为进行问责的暂行办法》。问责暂行办法作为全镇开展作风建设的重要抓手，确保了活动问责有据、有力、有效。

2018年，紧紧围绕区“能力建设年”活动的要求，结合实际，对全镇105名纪检委员和村监委主任进行法律法规、廉洁履职教育培训，初步解决了农村纪检委员和村监会主任“干什么、怎么干”等问题。

2019年，根据区纪委工作部署认真做好扫黑除恶专项斗争监督执纪问责工作，全面筛查镇党员干部及行使公权力人员涉黑涉恶及充当黑势力“保护伞”问题。

进一步深化村级廉政建设，加强对作风督导检查力度，聚焦扶贫领域问题线索，深挖问题根源，从源头上杜绝群众身边的腐败问题。

2020年，加强党风廉政学习，党政联席会议强调党风廉政建设5次，利用中秋节、春节关键时间节点召开会议专题部署党风廉政建设。

开展以案释法，用身边的事教育身边的人。用镇纪委在日常执纪监督中发现的一些问题，处理的党员干部的本土案例，教育本地基层党员干部，特别是农村“两委”干部，接地气的方式开展廉政教育，切实扎实思想上的根基。

1987 年以来涛雒镇纪律检查委员会书记任职更迭表

表 13—5

姓名	性别	籍贯	任职时间
丁元智	男	高兴镇合庄村	1987.7—1993.4
朱纪来	男	黄墩镇梁山三村	1993.4—1997.2
徐延林	男	丁家官庄村	1997.2—1999.1
刘相建	男	黄墩镇草涧村	1999.1—2002.2
闫华章	男	河山镇许家官庄村	2002.2—2003.3
李海峰	男	秦楼街道吴家台村	2003.3—2006.3
张守忠	男	日照街道西十里铺村	2006.3—2006.12
杨培田	男	后村镇大曲河村	2006.12—2009.9
刘相建	男	黄墩镇草涧村	2009.9—2011.12
王宗起	男	河山镇城壕村	2011.12—2015.2
佘淑光	男	日照街道日升社区	2015.2—2017.7
李瑞国	男	秦楼街道董家滩村	2017.7—2019.7
刘晓军	男	南湖镇西明照村	2019.7—2021.10
胡文秀	女	陈疃镇	2021.12—

2021 年，严抓换届纪律，保障农村换届、县乡换届工作有序开展。大力宣传、严把关口、畅通举报渠道，全面核查候选人资格，全程监督，发现问题依纪依法从速从严查处，为换届选举环境织牢“安全网”。

开展专项检查，狠抓工作作风。对全镇“双节”期间开展监督检查、各村疫情防控、春冬季两季防火、夏季防汛工作情况进行督导检查。

第五节　党务工作

组织工作

1941 年 3 月，中共日照二区分区委设立组织委员，由孙运广担任。1950 年后，配备 1 ~ 2 名组织干部，主要任务是：发展壮大党员队伍，建立健全党的组织，培养选拔干部，注重发现、培养积极分子入党。

1951 年下半年，根据上级关于整顿基层组织的指示，半年时间以乡为单位，进行学习整顿，提高党员的政治觉悟，解决了党员在“三反”“五反”运动中暴露出来的问题，增强党支部的战斗堡垒作用。注意培养选拔各级领导干部，在出夫支前、土改复查中表现突出，有一定组织能力的党员，选拔安排到各村领导岗位上。农业合作化运动中，全区涌现出大批办社积极分子加入中国共产党。

1963 年，根据中共八届十中全会精神，实行全党动员、全民动手，在全区范围内开展“社会主义、集体主义、爱国主义”教育。制定了评选“五好党支部”的标准（政治思想领导好、民主勤俭办社好、干部作风好、支部领导的好、贯彻执行方针政策好），实行“三会一课”（党员大会、党支部会、党小组会和党课）制度。

1964 年 1—4 月，全区 95 个大队进行了面上的社会主义教育运动（即清工分、清账目、清财物、清仓库的“四清”）。通过分散学习、集中整顿，对全区干部中存在贪污、违法乱纪、吃请受贿、闹不团结、认为当干部吃亏不愿干等现象，由内到外，自上而下进行，凡有违纪行为的做了检查，受到了组织处理。

4 月，区委组织区干部 10 人，公社干部 13 人，到生产队与群众同吃同住同劳动，要求这些干部，吃饭要做到“五吃五不吃”：照顾困难户不吃，无办饭的不吃，根子不正的不吃，有传染病的不吃，干部家不吃，向有劳动力户家吃，贫下中农根子正的户家吃，有办饭的户家吃，无传染病的户家吃，口粮五大两以上的户家吃。

1965 年秋，全区开展了争创“五好”系列活动，全区共评出五好大队 40 个，五好生产队 120 个，五好社员 1500 人，五好干部 650 人；评出中、差的，以生产队为单位进行面对面的批评教育，对提高群众觉悟起了很大的促进作用。

1966 年 6 月，区委下设 10 个公社党委，1 个党总支（商业），有 105 个党支部（其中，农村 93 个，工业 2 个，交通 1 个，商业 3 个，金融 1 个，文教卫生 3 个，机关 2 个），党员总数 2268 名。

1970年，全区开展整党工作，各级党组织逐渐恢复，党组织工作纳入正常。1977年底，全公社有基层党支部79个，其中农村党支部75个。

1979年，恢复“三会一课”制度，党员领导干部除按时参加所在党支部、小组生活会外，每半年召开一次领导班子民主生活会，坚持每年进行一次民主评议党员活动。是年底，评出先进党支部13个，优秀党员112名。

1982年，对农村党员进行冬季培训，主要学习内容为中共十二大会议有关文件和党章。1983年，对农村党员进行党性观念、宗旨观念、法治观念教育，经常组织党员上党课、听广播、大讨论，提高广大农村党员政治素质和法治观念。

1984年，按照“坚持标准、保证质量、改善结构、慎重发展”的方针，注意解决党员队伍老化问题，注重在工、商、农、学等行业工作第一线发展青年党员。对农村党支部领导班子构成及成员配备逐步按“四化”（革命化、年轻化、知识化、专业化）要求进行调整，选举办法也由等额选举向差额选举转化，选举方法逐步规范、科学，民主程度不断提高。恢复组织员入党谈话制度。

1986年11月，根据《中共中央关于整党的决定》和市委部署，开始整党，党员全部参加。经过认真学习有关文件，在提高思想认识的基础上，联系实际，对照检查和集体整改，达到“增强宗旨观念，增强理想观念，增强组织纪律性，增强党支部带头作用，增强党员的先锋模范作用”的目标。

1987年，开始建立入党积极分子培养写实制度，规定入党积极分子必须经过基层党支部一年以上的培养，方可吸收入党。镇党委注重将具有高中以上学历的科技带头户、民营经济中的先进分子吸收为培养对象。

1988年4月，对域内农村党支部进行“三评一考”工作，主要内容为：1.评班子，对村“两委”班子的团结协作、工作成效、工作作风以及凝聚力、战斗力等方面，分优秀、适应、基本适应、不适应4个等次进行评价；2.评在职干部，对现任的“两委”干部、计生主任、村会计，从党员观念、维护大局、工作成效、廉洁自律等方面，分优秀、称职、基本称职、不称职4个等次进行评价；3.评党员，对党员从思想政治、党性观念、模范作用、维护大局、组织纪律等方面，分优秀、合格、基本合格、不合格4个等次进行评价，并按本支部党员总数的5%评出优秀共产党员；4.全面考核，按照工作实绩考核，分类考核村工作，根据考核结果，计算村党支部书记工资。是年，域内农村全部开展党支部达标升级工作。

1989年4月，镇党委对基层党支部和干部的政治态度、思想素质、道德品质、工作实绩进行全面评价、审议、考察和审核，主要有“达标升级”“上争创”“三级联创”。“达标升级”对农村党支部进行全面评议、综合考核，考核结果直接与村干部年终工资待遇挂钩。

1990年，为适应农村经济体制改革的实际需要，在镇直、农村普遍建立了统一的党员活动制度，使分散活动为集体活动。刘家湾村党支部根据渔村特点，开展了“党小组建在船头上”的活动。12月1—3日，中共中央组织部在日照召开了沿海地区党建工作现场会，观看了刘家湾村党支部的做法，刘家湾村党支部被山东省委组织部表彰为优秀基层党支部。

1994年，落实区委《关于进一步加强入党积极分子队伍建设的意见》文件精神，要求每个基层党支部常年保持5～10名入党积极分子，每年至少发展一名新党员。1996年，实行“党员联系户”等管理措施，加强基层组织建设。

1996年，农村党支部换届实行“两票制度”，规定党支部在党员选举前，必须先由村民推荐，推荐票不过半数的不列入候选人。具体做法分为四步：1.搞好民主评议，对在职村干部综合考评，不称职的干部不列为候选人；2.实行民主推荐，在做好宣传引导的基础上，每户发一张推荐票，写明选人条件、推荐职数，以无记名方法填票，按应选人数的两倍推荐；3.综合考察，对确定的考察人选进行党内、党外全面考察，“好中选优”，确定候选人提交镇党委会讨论决定；4.召开全村党员大会，按照“党章”规定程序，进行投票选举。3月，提倡村“两委”交叉任职，以减少村干部基数，减轻农民负担。

1997 年，创新民主决策的形式，实施村务大事村民公决制度，对于完善村民自治、密切干群关系、改进领导方法、维护农村稳定具有积极意义。

1998 年 10 月，村民质询会议制度的施行，建立起干部群众对话平台，给群众发言权，将村务办理置于阳光之下，促进干部的“公正、公开”，消除群众疑惑、误解，为化解各类矛盾、改善干群关系、建设和谐社会，发挥了积极作用。开始利用夏季休渔期间，对沿海各渔村党支部进行换届，至 2002 年结束。1999 年有党支部 106 个，3035 名中共党员（其中农村支部 75 个，党员 2445 名，镇直支部 31 个，党员 590 名）。

2000 年，学习中央组织部下发的《关于发展党员实行五项制度的意见》的文件，落实五项制度：民主推荐入党积极分子制度，对确定为发展对象的入党积极分子进行测评、公示制度，实行发展对象预批、培训制度，党委派出人员参加党支部大会制度，组织人员考察、谈话制度。

2001 年，在农村实行党支部换届或调整中，实行“两推一选”办法。村民委员会换届选举中，实施村支部书记、村委会主任“一肩挑”，支部成员、村委委员交叉任职，减少村两委干部基数，减少村集体开支。

2002 年，镇党委、镇政府重新下发了《关于农村干部管理的规定》的通知，对农村干部提出 10 条基本要求，对农村在职干部和退休干部的行为准则做了明确的规定。按照“四化”标准，选拔优秀人员充实到农村“两委”班子中。深入开展“三级联创”，争创“五个好”党委、“五个好”党支部（即建设一个好的党支部班子，培养锻炼一支好的党员队伍，选准一条好的发展路子，完善一个好的经营机制，建立一套好的民主管理制度），全镇共评出“五个好”党支部 42 个。

2005 年 5 月，全镇机关、企事业单位的党员参加了第二批保持共产党员先进性教育活动，建立了领导小组，下设办公室，11 月结束。全镇第二批先进教育活动的 26 个单位、13 个组织，查摆出的问题，都整改完毕。经群众满意度测评，满意度为 96%。12 月，农村第三批保持共产党员先进性教育开始，改“三评一考”为“四评一考”，即增添考评退职干部（已退职、仍享受村固定补贴或经镇党委批准已退职但未领取补贴的原村干部），从党性观念、维护村“两委”工作、组织纪律等方面进行量化评价。

1941 年以来涛雒镇委（区、乡、公社）组织委员任职更迭表

表 13—6

姓名	性别	籍贯	任职时间
孙运广	男		1941.3—1944.12
孙运先	男	涛雒镇	1944.12—1945.8
秦振玉	男	虎山镇	1945.8—1947.12
刘贤宝	男	下元三村	1947.12—1948.12
李万廷	男		1949.2—1949.12
姚永业	男	虎山镇	1949.12—1951.1
李常举	男		1951.1—1953.4
庄纪修	男	涛雒镇	1953.4—1955.5
魏延钦	男	碑廓镇	1955.6—1956.5
刘贤宝	男	下元三村	1956.5—1962.12
金兴昌	男	涛雒镇	1962.12—1965.5
马世成	男	巨峰镇	1965.5—1968.3
徐茂仁	男	下元一村	1971.3—1977.11
勇天安	男	乳山市育黎镇	1978.5—1984.6
丁惟生	男	苗家村	1984.6—1987.2
陈淑顺	男	虎山镇陈家庄子村	1987.2—1990.2
王伟举	男	沙岭子村	1990.2—1993.4
范文青	男	三庄镇范家楼村	1993.4—1998.12
周家文	男	涛雒一村	1998.12—1999.9
王海洲	男	莒县陵阳镇	1999.9—2003.3
胡明乐	男	奎山街道大岭村	2003.3—2007.11
于西庆	男	两城镇于家村	2007.11—2009.9
宋　磊	男	西湖镇下栗山村	2009.9—2011.12
焦栋英	女	西湖镇花园村	2011.1—2013.12
宋百柳	男	黄墩镇侯家沟村	2015.3—2017.7
田　娟	女	田家园村	2017.7—2018.7
王　超	男	秦楼街道	2019.7—2021.2
宋全慧	女	涛雒一村	2021.2—

1953—1962 年涛雒公社（镇、区、乡）组织委员任职更迭表

表 13—7

姓名	性别	籍贯	任职时间
姜秀常	男	华山村	1953.9—1954.7
牟学斋	男		1954.7—1955.12
陈常玉	男		1955.12—1957.8
庄纪修	男	涛雒镇	1957.8—1957.12
杨云效	男	奎山镇	1957.12—1958.7
金兴昌	男	涛雒镇	1960.2—1962.12

2006 年，落实东港区委《关于进一步加强农村入党积极分子队伍建设的意见》的文件精神，进一步规范、完善党员发展工作机制。5 月，圆满结束了农村第三批保持共产党员先进性教育活动。

2009 年，执行市委提出的实行党群“双直通车”，核心是服务，要求做到政策、信息、服务、民意民情四项直通。

2010 年，在党员队伍中实行“五帮五促”包联责任制，开展“双带双联”活动，要求党的基层组织齐抓共管，搞好党员管理工作。

2012 年，党委政府领导成员实行“一联三带”联系村制度。

2013 年，全镇有党总支 10 个，党支部 137 个，党员 4208 人（女党员 675 人）。

2022 年，全镇有党总支 8 个，党支部 116 个，党员 4307 人（女党员 831 人）。

宣传工作

1945 年 3 月，中共涛雒分区委员会设宣传委员。宣传工作此后在党委领导下，宣传党的方针、政策，对党员进行经常性的思想教育，统一思想认识，调动广大党员干部的积极性，努力完成党的中心任务。

党员教育 1947 年 7 月以前，党组织尚未公开，宣传工作是秘密进行的。主要工作是结合斗争实际，学习党内文件，对党员进行形势任务教育，提高和增长党员的斗争意志；党员开展批评与自我批评教育，统一思想，统一行动。

1948 年开始，党员教育实行大课制度，以乡为单位，半月一次。每次由县委工作组或区负责人主讲，总支书记、区宣传委员配合。大课的主要内容以党章为教材，结合当地革命斗争实例讲解，要点有：如何实行民主集中制、党的性质教育、党组织公开的意义、基层党支部的工作方法等。

中华人民共和国成立后，以定期召开党小组生活会的方式对党员进行教育。1963 年，开始实行“三会一课”制度，使党员受到系统教育。宣传雷锋事迹，广泛开展学习雷锋活动。

1965 年 2 月，区委根据日照县委发出的进一步学习毛泽东哲学著作的通知，全区掀起了学习《毛泽东选集》的热潮，强调通读《毛泽东选集》第三卷，熟背“老三篇”（《为人民服务》《纪念白求恩》《愚公移山》）；强调“活学活用，急用先学”。“文化大革命”期间，人手一册《毛主席语录》。

1979 年，恢复“三会一课”制度。党员领导干部除按时参加所在党支部、小组生活会外，每半年召开一次领导班子成员民主生活会，每年进行一次民主评议党员活动。

1982 年，对农村党员进行冬季培训，主要学习内容为中共十二大会议精神和党章。1983 年，对农村党员进行党性观念、宗旨观念、法治观念教育。经常上党课、听广播、大讨论，提高广大农村党员政治素质和法治观念。

1995 年 7 月，开展“两学”活动（学《邓小平文选》、学中共十四大党章），采用召开会议、传达文件、看录像、讲课等方式。1996 年，开始实行每个月召开一次党支部会、党小组会，每三个月召开党员会，上一次党课，并做到“六簿”（支部会议记录簿、党员会议记录簿、好人好事记录簿、党费记录簿、党员电教记录簿、组织活动记录簿）、“一册”（党员点名册）齐全。域内有 7 个村建起了“党员之家”，配备了电视机、录放机，建起了电教室，开办“远程教育”，并设有党的发展史、党员活动园地、党员光荣榜等栏目，对党员进行教育。

1999 年，在农村党员干部中开展“三学”活动（学党章、学法规、学政策），基层党员干部参学率达 98% 以上。

2000年3月，各级党组织把“三个代表”的学习当作一项经常性工作来抓。2001年11月，开展了“三个代表”重要思想学习教育活动。整个活动分动员准备、集中学习、对照检查、整改提高4个阶段进行。组织9个督导组深入到村，组织开展了学教活动，各村以党支部书记为主成立学教领导小组，扎扎实实学习，真正做到党委提出的“干部受教育、群众得实惠、不走过场、注重实效”的要求，涌现出大批结合实际解决本村实际问题的好典型，对全镇工作的开展起到了有力的推动作用。

2002年，开展“三个代表”重要思想学习教育活动回访复查，抓好各项整改措施的落实。

2003年1月，开展了“党章集中学习月”活动，分集中学习、对照检查、民主评议、整改提高4个阶段进行，要求村干部、农村党员、科技知识分子学习不少于100学时，村干部和60岁以下的农村党员每人至少掌握1～2门实用技术，20%以上的村“两委”成员达到农民技师水平，70%以上的青年党员获得绿色证书或成为农民技术员，40%以上的党员成为科技示范户。2004年，全镇全部实施远程教育。

2005年1月，开展保持共产党员先进性教育活动，要求党员做到“三个到位”，即思想认识到位，领导表率到位，工作措施到位。把学习和落实科学发展观，作为“开展保持共产党员先进性教育活动”的主要内容。2007年，注重把学习和实践科学发展观紧密结合起来，为改革开放发展提供思想动力。

2010年，全镇农村开展了党支部成员联系党员、党员联系群众的“双联双带”活动，发展农村大好形势，带领村民共同致富。

2014—2020年，在开设党的理论教育、党性教育主体班次的基础上，立足涛雒镇实际，开设精准扶贫、渔业发展、农业发展、水产养殖等专题培训，积极向党员传播实用技术。

2021年，依托下元一村党性教育基地，建立镇级党校，制订培训工作计划，全年共举办镇村干部集中培训班、村“两委”换届工作培训班、党史学习教育专题班、新任村“两委”成员集中培训班等各类培训班6次，对全镇的党员进行轮训。

整党整风教育 1952年8月，全区党员参加了整党运动。在整顿中，着重对党员进行党章教育，加强思想建设，按照党章规定，对党员进行审查。凡是符合标准条件的党员，准予登记，不够条件的不予登记，并区别性质进行组织处理。

1957年春，根据中共中央《关于整风运动的指示》，域内开展了以反对官僚主义、宗派主义和主观主义为主的整风运动，发动干部群众向党组织提出批评和建议，帮助党整风。但运动后期开展了反右斗争，出现了严重扩大化的错误，给以后党的工作带来不应有的损失。

1964年4月，开展社会主义教育运动，时称“面上社教”。全区95个大队的干部参加了“四清”运动。在组织学习、提高思想认识的基础上党员干部“洗手洗澡”，参加运动的人都作了检查，有经济问题的大都作了退赔。

1965年10月至次年7月，以山东省副省长余修（化名郑泽伟）为大队长的山东省“四清”工作队进驻涛雒，工作队与群众同吃、同住、同劳动，采取“一带一”的方式进行社会主义教育运动，时称“点上社教”。

1983年8月，农村联产承包责任制后，社会上出现了新的问题，日照县委按照地委的部署，在涛雒公社搞整党试点。全社75个生产大队，按照县委整党试点分两批进行的要求，第一批进驻42个大队。未进驻的33个大队，也明确规定由附近驻村整党工作组以点带面，负责被带大队组织党员统一听党课、学习整党文件，提高思想认识，使党员干部自觉解决存在的问题，但不按试点大队的标准考核验收。

按照地委整党试点的部署，结合涛雒实际，整党试点分三个阶段进行：一是上好党课，学习好文件，把广大党员的思想进一步统一到党的十一届三中全会精神上来，是整党的关键；二是改选党支部，建立新的领导班子；三是抓整改、抓落实、建立各项新的规章制度。通过这次整党，使广大党员受到了党性教育和锻炼，达到了预期目的。

1985年6月进行整党。整个运动经历了学习文件、对照检查、集中整改、组织处理、党员登记、检查验收和发展整党成果七个阶段。

1987年2月，组织开展了“新时期共产党员如何发挥先锋模范作用”的大讨论，历时半年，96%的党员参加了讨论，进一步提高了思想认识。

党校教育　1987年，镇党委党校成立，由镇党委书记任校长，宣传委员任副校长，聘请专职人员讲课，对党员分批进行培训，全年培训党员干部4期、480人次。1988年，各党总支都配备了党课教员、辅导员。1990年后，党委注意把培训与学习农业科学知识、学习致富经验相结合，培养党员干部成为农民劳动致富的带头人。1999年2月，镇委对农村干部进行农村政策、法规培训教育，全镇375名村两委成员集中进行培训，提高了农村干部带领群众发展经济，搞好两个文明建设的本领，为实现全镇农业和农村工作跨世纪发展的雄伟目标提供了组织保证。

2000年后，镇委到市委或区委党校聘请教授，到涛雒对党员进行党在新形势下的教育培训。组织农村支部书记分批次到区委党校进行集中短期培训。2003年，镇党校开办了农村村主任培训班，集中进行思想教育、科技教育。2005—2007年，分批对农村党支部书记开办学习培训班，进行科学知识培训教育。

2013—2014年，在全镇开展了党的群众路线教育实践活动。

2015年，在全镇开展了“三严三实”专题教育，按照“严以修身、严以用权、严以律己和谋事要实、创业要实、做人要实”的要求，全面加强党员队伍建设。

2016年，在全镇开展了“两学一做”专题活动，全镇党员学党章党规、学系列讲话，做合格党员。

2017年，全镇开展了认真学习领会习近平新时代中国特色社会主义思想，坚定维护以习近平同志为核心的党中央权威和集中统一领导，全面贯彻落实党的十九大各项决策部署。

2018年，在全镇开展了基层党建提升年活动，全面加强农村基层党组织建设。

2019年，在全镇开展了“不忘初心、牢记使命”主题教育。

2020年，在全镇开展了基层党建全面提升年活动，推动农村基层党建全面进步、全面过硬。

2021年，在全镇开展了党史学习教育专题活动，动员全镇党员认真学习百年党史。

1945年以来涛雒镇（区、乡、公社）宣传委员任职更迭表

表13—8

姓名	性别	籍贯	任职时间
丁履厚	男	右所村	1945.3—1946.7
徐宣忠	男	虎山镇	1946.7—1948.12
庄聿坤	男	巨峰镇	1949.1—1949.9
田光留	男	秦楼街道	1949.10—1952.12
侯世明	男	侯家村	1954.5—1960.6
吕守梓	男	巨峰镇	1960.4—1968.3
勇天安	男	乳山市育黎镇	1971.3—1978.5
马先奎	男	奎山街道	1978.8—1981.9
滕怀连	男	刘家湾村	1981.9—1984.6
潘曰合	男	日照街道小古城村	1984.6—1984.12
丁元春	男	小刘庄村	1984.12—1987.3
韩培国	男	岚山头街道官草汪村	1993.4—1993.4
陈为平	男	奎山街道郭家湖子村	1993.4—1994.5
徐延林	男	丁家官庄村	1994.5—1997.2
孙常春	男	后村镇西代家村	1997.2—1999.1
孔令前	男	西湖镇上栗山村	1999.1—2003.3
孔庆阳	男	黄墩镇孔家口子村	2003.3—2006.2
申　洁	男	北京路街道山后二村	2006.3—2007.11
徐丽荣	女	三庄镇徐家沈马庄村	2007.11—2011.12
董书儒	男	西湖镇荻竹二村	2011.12—2015.3
田　娟	女	田家园村	2015.3—2017.7
刘晓军	男	南湖镇西明照村	2017.7—2019.7
陈新华	男	西湖镇	2019.7—2021.12
陈雨田	男	岚山区岚山头街道	2021.12—

1955—1962 年涛雒公社（镇、区、乡）宣传委员任职更迭表

表 13—9

姓名	性别	籍贯	任职时间
刘玉平	男		1955.1—1960.5
赵玉相	男		1960.5—1962.12

统战工作

中华人民共和国成立初期，党组织通过各种方式，团结爱国民主人士、知识分子和民族工商业者，使其积极参加党的各种政治活动。中共八大以后，进一步提出了各民主党派实行“长期共存，互相监督”的方针。

1978 年，统战工作恢复，开始解决历史遗留问题，在县委统一指导下，公社党委进行了纠正错划右派工作，经过慎重调查，错划右派全部纠正，进行安置工作或办理退休手续，对其家属、子女全部落实了政策。

1985 年，对海外人员进行第二次普查，查清了域内归侨华侨及港澳台胞。其后，每年都接待回大陆探亲的侨胞。台胞积极参与支持家乡公益事业，为促进两岸交流作出一定的贡献，如尹家廒头二村尹书田、尹衍枢，涛雒四村丁永详、张永岑，苗家村丁润田等。

1985 年 6 月，乡镇配备专职统战委员。1997 年统战委员裁撤，统战工作在乡镇由党委委员分管。2002 年归党委宣传委员负责。

1985—1997 年涛雒镇统战委员任职更迭表

表 13—10

姓名	性别	籍贯	任职时间
李其平	男	高兴镇东牟家村	1985.6—1987.2
王伟举	男	沙岭子村	1987.4—1990.2
徐延林	男	丁家官庄村	1990.2—1997.2

信访工作

中华人民共和国成立后，信访工作由区公所文书兼任。对信访中反映的问题，一般由文书随时解决。需派人查处的，区委领导决定派专人或调查组调查处理，基本上无信访积案。

1961 年，按照县委部署，涛雒、下元公社党委设立人民来信来访领导小组，党委副书记任组长，秘书、文书兼任信访工作。“文化大革命”开始后，信访工作停止。

1971 年，公社党委复设人民来信来访领导小组。1979 年，受理人民来信 12 封，其中县转来 5 封，接待来访群众 15 人次，大部分问题当时已解决。

1985 年，设专职信访助理．陈为平任助理，专管信访工作。1989 年 1 月，设信访办公室。1990 年，受理人民来信 15 件，来访 18 起 19 人次，结案率达 100%

1998 年后，党委加强了对信访工作的领导，制订了六项信访工作制度（领导分工包案制、案件督察制、信访承诺制、信息反馈制、轮流接访制、信访工作例会制）；建立信访工作汇报、月报制度；开展了“变群众上访，为干部下访”活动，使信访、初访苗头在基层及时得到解决，消除社会不安定因素。

至 2006 年底，对受理的来信来访案件，逐一到村、部门进行查处，结案率达 97% 以上。2007 年，区以上交办案件按期处结率达 100%，并全部结案。至 2021 年，每年有群众上访，但经认真工作，都得到妥善解决。

1989 年以来涛雒镇信访办公室主任任职更迭表

表 13—11

姓名	性别	籍贯	任职时间
陈为平	男	奎山街道郭家湖子村	1989.1—1992.3
丁履海	男	西石梁村	1992.5—2002.1
孙志强	男	东南营村	2002.2—2007.11
马先明	男	陈疃镇卞家庄村	2007.11—2008.4
黄庆明	男	巨峰镇西赵家庄子村	2008.4—2010.10
迟庆春	男	奎山镇郭家湖子村	2010.10—2011.12
宋百柳	男	黄墩镇侯家沟村	2011.12—2013.5
王均峰	男	三庄镇前石沟崖村	2013.5—2019.1
丁天宝	男	巨峰平家村	2019.1—

老干部工作

1985年，镇老干部办公室建立。其工作职责，是根据上级有关政策、规定落实离退休干部的政治、生活等应享受的待遇，发挥他们在实际工作中应有的作用，为离退休人员的需要做好服务工作。2007年，全镇离休干部11人，退休干部39人，其中党员48人。

成立了老干部活动室，相应的办公、学习、娱乐等场所初具规模。老年健身活动广场上，还修建了门球场、排球场等，为老干部提供了“老有所养、老有所乐”的活动场所。在一年一度的“老年节”期间，组队参加市、区举办的活动，多次受到上级领导的表彰奖励。

为便于离退休党员的组织生活，建立了老干部党支部1个，由退休干部任党支部书记，历任书记分别为葛允秋、刘为学、丁兆斌。实行例会制度，每月一次支部会。组织老干部学习时事，政治，向老干部通报镇党委、政府的主要工作决策，倾听老干部的建议和意见。

2021年，全镇有离休干部2人、退休干部47人。

1985年以来涛雒镇老干部办公室负责人任职更迭表

表13—12

姓名	性别	籍贯	任职时间
丁兆斌	男	丁家官庄村	1985.6—1990.3
胡廷先	男	虎山镇郑家结庄村	1990.3—1993.5
刘为学	男	涛雒四村	1993.5—2000.10
单丽丽	女	高兴镇王家楼子村	2000.10—2004.8
胡明乐	男	奎山街道大岭村	2004.8—2006.10
陈令田	男	涛雒三村	2006.10—2013.11
庄光青	男	庄家坨村	2017.3—

第二章　群众团体

中国共产党成立之后，在党的领导下各类群众会团体相继建立，为配合党的工作，完成党在各个历史时期的任务起到了很好的作用；1949年之后，域内部分清末延续下来的反动群团组织如三番子等，相继被取缔或自行消失。2021年，域内主要群众团体有教育工会、共青团、妇女联合会和少先队等。

第一节　农民团体

农民抗日救国会　1940年开始，部分村先后成立起农民抗日救国会，简称“农救会”。在分区委领导下，积极组织群众开展抗日救国反伪活动。1945年底，农救会改称农民联合会（老百姓仍称农救会）。1946年，积极响应区委号召，组织广大农民出夫支前，抬担架，送军粮，动员参军参战，开展土地改革运动，斗地主，分田地，彻底砸烂了几千年的封建土地制度，真正翻身当了主人。1954年该组织撤销。

贫下中农协会　1964年社会主义教育运动（“四清”）中，涛雒区及10个公社都建立了贫下中农协会，简称“贫协”。各大队也相继成立了贫下中农协会，经民主选举出各贫协主任。1964年12月，日照县召开第一届贫下中农代表大会，全区出席代表30人，其中党员6人，贫协主任16人（公社、大队），妇女代表8人。

“文化大革命”开始，贫下中农协会被贫下中农代表大会取代。1968年3月，涛雒区召开首届贫下中农代表大会，到会代表215名，会议选举了区贫下中农代表委员会，由15人组成。1972年3月，公社贫下中农协会恢复。是年，日照县召开第二届贫下中农代表大会，全公社出席代表230人，其中女代表34人。

贫下中农协会的主要工作：“文化大革命”前，贫协特别强调阶级教育，如开忆苦思甜会，吃忆苦饭，看阶级教育展览；配合党的中心任务，协助、监督干部认真执行党在农村的各项政策；协助、监督干部实行民主办社等。1968 年，实行贫下中农管理各行各业，全公社各中小学、供销社、合作医疗室等，都派驻了贫管组。1972 年后，贫协工作主要抓组织建设和思想建设，进行阶级成分复议，从中农中新划分出部分下中农，以壮大贫下中农阶级队伍，还抓了“四类分子”政策落实工作。

1979 年 6 月，贫下中农协会撤销。

图 13—6　贫代会分组讨论

1964—1979 年涛雒区（公社）贫下中农协会主任任职更迭表

表 13—13

职务	姓名	籍贯	任职时间
贫协副主任	陈庆云	巨峰镇	1964.2—1965.10
贫代会主任	李绪深	涛雒二村	1968.3—1969.3
贫代会主任	滕新亮	上元村	1971.3—1972.3
贫协主任	滕新亮	上元村	1972.3—1977.12
贫协主任	赵龙遂	巨峰镇	1978.3—1979.6

第二节　职工团体

供销社工会　1953 年，建立供销社工会，时称“店员工会”。1984 年，厉福桂任工会主席，安丰章任副主席，工会会员 120 人。1999 年，随着体制改革，工会撤销。

教育工会　中心小学工会，1953 年 5 月在涛雒完全小学成立，会员 56 名。“文化大革命”开始，工会停止活动。1979 年 9 月恢复工会组织，设专职主席。先后组织教师去济南、泰安、西安、北京等地参观学习 20 次，同时组织会员在三八妇女节、五四青年节、教师节进行羽毛球、乒乓球、篮球、象棋比赛及文艺演出活动。2013 年，会员 186 人。工会主席先后由王仕柳、尹世祥、葛长华、丁成元担任。

中心初中工会　1987 年 4 月成立，会员 18 人。2013 年，有会员 215 人。工会主席先后由庄聚田、陈令祥、刘凤贤、葛秀芳、滕怀祥、滕兆泽、李宗升担任。其间，工会组织不断调整充实和加强教职工参政议政意识。

水产工会　涛雒镇水产站工会成立于1957年，会员 87 名。至 1960 年，会员发展到 140 名。2005 年企业破产，工会组织解体。

卫生工会　涛雒卫生院工会成立于 1958 年。1978 年后，工会主席先后由杨学爱、徐茂秀、张春华、赵峰担任。工会每年三八妇女节、五一劳动节期间组织会员进行乒乓球、象棋比赛等文体活动，解决困难职工 12 套住房，为职工办实事、好事，送温暖、献爱心。

廒头盐场工会　廒头盐场工会建立于 1973 年 6 月，会员 1235 名，工会干部均为兼职。1984 年 10 月，盐业机构改革后，设专职工会主席。工会主席先后由魏茂松、张传柱、庄茂胜、郑全勤、刘克悦、郑培恩、相恒全担任。2013 年，有会员 874 名。2020 年 8 月 6 日，廒头盐场划转到山东海洋文旅集团，廒头盐场工会随之撤销。

第三节　青年团体

组织建设　1939 年 6 月，二区（涛雒）开展抗日救亡活动，部分村成立青年抗日先锋队（青抗先），1940 年 3 月，改称青年抗日救国联合会（青救会）。1945 年 12 月，改称民主青年联合会。1949 年 1 月，中共中央《关于建立中国新民主主义青年团的决议》下达后，全区展开了全面建团工作。1949 年 10 月，召开中国新民主主义青年团全区第一届团员代表大会，选举产生区团委会。至 1951 年，大部分村建立团支部。

1957年7月，中国新民主主义青年团改称中国共产主义青年团，简称“共青团”，全区开始大量发展团员。1958年5月，下元乡、涛雒乡召开共青团团员代表大会，选举产生乡团委会。

1965年，全区建立团支部102个，团员2563名。“文化大革命”开始，共青团停止活动。1971年5月，共青团恢复活动。1972年通过整团建团，全社建立团支部85个，团员发展到1925名。

共青团涛雒镇委员会于2013年11月26日召开第十三届团代会。有团支部143个。教育团委从涛雒镇团委析出（两团委并列），首任团委书记赵丽。

主要工作 抗日战争时期，青救会在党的领导下，宣传抗日救国思想，培养大批抗日骨干，发动大批青年走向抗日前线，揭露日、伪、顽的真面貌，反敌除奸。

解放战争时期，广大青年响应“打倒蒋介石，解放全中国”的号召，积极参军，支援前线，全区掀起参军支前高潮。1946—1947年，全区青年参军参战的有189名，青年民工支前的有1532人次。

抗美援朝运动中，全区有109名青年踊跃参军，保家卫国，有3305名团员青年捐款36万元，有4519名团员青年为军属开展了助工、代耕活动。农业合作化运动中，广大团员青年积极参加农业社，许多青年担任了社长、会计，许多青年团员被选为优秀社员、突击队员，受到团县委的表彰奖励。

1954年11月，域内基层团组织进行了整顿，先后建立起文艺宣传队35个，夜校60处。

1956年，团员青年响应党的绿化祖国号召，进行海滩造林5700亩，绿化河滩荒地1685亩，沿公路植树2.2万棵。

1963年，团组织开展了争“四好”团支部、“五好”青年竞赛活动，开展向雷锋同志学习的活动，涌现出大批模范单位和积极分子。涛雒团委被团县委授予“新长征突击队”称号，15名团员被授予“优秀团员”称号，23名青年被授予“新长征突击手”称号。

1983年，农村实行家庭联产承包责任制以后，团组织开展了“责任田里创高产，科学实验当尖兵”活动，出现了青年专业队、青年科技示范户，有17人被评为县级技术员。是年，团组织响应团中央“采集树种、草种支援甘肃”的号召，采集树种507公斤、草种422公斤，超额完成任务。

1987年，团组织开展了实用技术培训活动和“五队一校”活动，收到了很好的效果。

1990年，镇团委在全镇青少年中开展了“学赖宁，学雷锋”活动，义务上街做好事。1992年，全镇开展了敬老服务活动，成立敬老服务队，对敬老院五保户实行人员、对象、项目、时间“四定位”服务。

2000年，镇团委工作重点放在加强基层组织建设上，注重扩大团组织的覆盖面，域内三处初级中学成立了团总支；民营企业组建团总支、团支部。

2001年，团委与镇农技站联合举办跨世纪青年农民培训班，重点讲授水产养殖、食用菌栽培、西瓜大棚搭建、果茶管理、葡萄、花卉种植等高产高效致富技术，共办青年培训班9期。2002年，镇团委组织了首届青年文化艺术节，中学生歌咏比赛。

2005年，镇团委充分发挥共青团组织的优势，加快农村剩余劳动力的转移工作，向日照、青岛及本镇招商引资企业输送劳动力2500余人，使1000多名团员青年实现上岗就业。在全镇招商引资工作中，团员青年引进项目8个。组织了“传五四火炬、展时代风采”公路杯环城跑活动、全镇书画展活动、中学生歌咏比赛活动、登山比赛活动等。

2006年，团委召开团员青年大会，大力表彰了在“抗洪抢险”“华山、下元山灭火”行动中表现突出的38名优秀团员青年。

2007年5月，镇团委组织了“庆五四迎奥运”篮球比赛，组织团员参加了日照市东港区第二届农民运动会，并获团体总分第五名的好成绩。10月，组织了“百佳青年”“优秀青年工作者”“红旗团支部”的评选活动，并进行表彰。

2008年5月，镇团委按照上级要求，组织广大团员、进步青年向汶川地震灾区捐款、捐物。

1949 年以来涛雒镇（区、乡、公社）团委负责人任职更迭表

表 13—14

职务	姓名	性别	籍贯	任职时间
书记	徐家喜	男	东港区	1949—1950
书记	马世成	男	巨峰镇	1951.5—1956.6
书记	孙常先	男	涛雒镇	1956.6—1964.7
书记	勇天安	男	乳山市育黎镇	1965.7—1971.3
书记	郑培田	男	巨峰镇郑家大沟村	1971.3—1978.9
副书记（主持工作）	周家富	男	东风村	1978.9—1978.10
书记	陈为平	男	奎山街道郭家湖子村	1978.10—1984.6
书记	陈祥明	男	大坡乡薄家口村	1984.8—1985.11
书记	杨春利	男	高兴镇范家村	1985.11—1990.2
副书记（主持工作）	孟　青	男	三庄镇	1990.7—1991.8
副书记（主持工作）	葛允沛	男	王家村	1991.9—1998.5
书记	孙　明	男	孙家村	1998.5—1999.9
书记	范玉堂	男	三庄镇官庄村	1999.9—2003.7
副书记（主持工作）	田金玉	男	黄墩镇田家沟村	2003.7—2005.11
书记	田金玉	男	黄墩镇田家沟村	2005.11—2008.4
书记	李　明	男	后村镇蔡家官庄村	2008.4—2011.12
副书记（主持工作）	宋全慧	女	涛雒一村	2011.12—2012.2
书记	宋全慧	女	涛雒一村	2012.2—2017.8
负责人	温雅慧	女	招远市	2017.8—2020.4
书记	陈彦君	女	日照东港区	2020.4—2020.4
书记	姜云琛	男	北京路街道	2022.6—
副书记（主持工作）	初林魁	男	青岛平度市	2022.6—

2009 年春，组织部分农村青年赴寿光蔬菜博览会参观学习，促进了域内蔬菜种植业的发展。

2011 年，完善团员学习、团干部培训、团籍注册制度，并按照制度抓好落实。关注农村留守儿童的成长。

2013 年，镇团委牵头，与农村信用社合作，帮扶农村青年创业，办理200万元人民币小额贷款。倡行社会慈善事业，落实“圆梦大学救助”活动。每年救助域内贫困大学生 3 ~ 4 名。教育团委按照上级团委要求，适时组织广大团员青年学生开展捡拾“白色垃圾”（塑料袋、塑料纸等）活动，到镇敬老院参加义务劳动和文艺演出。

2021 年，15 天内高质量完成全镇 75 个村团支部换届工作，年内共评选五星级的团支部 63 个，四星级的团支部 29 个。在小草坡村率先建设校外少先队阵地，设立红领巾书屋、红领巾百果园、红领巾种植园、红领巾科普园等活动阵地，相关典型经验被《中国共青团杂志》刊登。在九九公益日期间，组建战队 2 支，170 余人次参与，筹集来自全镇各级团组织、“两新”组织、爱心人士等社会各界爱心捐款 1.85 万元。开展第五届“从涛雒走向世界”大学生欢送会，为全镇 420 余名涛雒籍大学新生送行，以此为契机建立了涛雒镇大学生交流群，与学生们搭建了交流平台；召集 7 名涛雒在外学子回家乡实习，搭建了“青鸟学子”与家乡联动的实践平台；与中国海洋大学管理学院博士生团队建立为期三年的合作交流，架起了博士和青年之间的桥梁。

第四节　妇女团体

组织机构　1939 年 5 月，二区成立了日照县第一个妇女组织“妇女抗日救国联合会”，简称“妇救会”，会长刘克。1946 年春，改称民主妇女联合会。1958 年 10 月，又改名为妇女联合会，简称妇联，有磴山公社、涛雒公社妇女联合会。1962 年 12 月，改为涛雒区妇联。

“文化大革命”运动中，妇女组织处于瘫痪状态。1971 年，妇女工作恢复正常。1979 年 12 月，恢复名称“妇女联合会”。2021 年，镇妇女联合会辖妇女代表委员会（妇代会）79 个（农村 75 个、镇直机关 1 个、学校 2 个、卫生院 1 个）。

主要活动　抗日战争时期，域内大部为日伪占领区，斗争形势十分残酷，但许多妇女勇敢地走出家门，加入中国共产党组织，积极投身于抗日救国运动，如 1942 年入党的东石梁村张传相、孙家村王玉兰；1943 年入党的西林头村李茂兰、涛雒五村相玉兰；1944 年入党的右所村王懿、马家村陈为秀；1945 年入党的小刘庄村肖培兰、下元村侯照兰、松林村韩见英、涛雒四村白永英等。下元、小羊卷（华山）一带村的“妇救会”秘密发动群众，宣传抗日，发展党员，动员妇女参加“识字班”“妇救会”等群众抗日团体，组织妇女为八路军、武工队战士做军鞋军袜、拆洗缝补衣被、隐藏救护伤病员等。上元村胡大娘，送儿参军打东洋（日本）成为后人佳话。

解放战争时期，妇联发动妇女积极动员青年参军、拥军支前、救护伤员。妇联组织的“识字班”，白天站岗放哨、盘查行人，晚上去夜校学文化，读报宣传。组织发动妇女为前线战士做军鞋、纳鞋垫，为前方部队碾米磨面烙煎饼、烙大饼。1946 年，妇联发动妇女积极参加反奸诉苦、减租减息斗争和参政当家运动。1947 年 8 月，国民党八十三师进攻日照，还乡团从青岛武装还乡，占据石臼所一带，形势异常紧张，区妇联干部仍坚持战斗在第一线。区妇联主任董明英（西林子头村人），在沿海一带渔村作土地改革宣传发动工作时，遭国民党八十三师驻涛雒某部袭击，不幸被捕，但她坚贞不屈，英勇牺牲，时年 26 岁。

中华人民共和国成立后，妇联带领妇女积极宣传婚姻法，维护妇女儿童合法权益，对青少年、妇女开展了广泛的宣传教育，使全区妇女工作健康发展。1955 年合作化时期，妇联积极组织广大妇女，走出家门，参加田间劳动，有不少的村出现了女社长，真正顶起了“半边天”的作用。1956 年，域内有 1 万名妇女参加生产劳动。1958 年，在农业生产中涌现出大批妇女先进个人和劳动模范，有不少的生产大队出现女队长。1973 年，全公社妇女常年出勤的有 0.8 万人，季节性出勤的有 1.2 万人，有 225 名妇女参加了科学实验队，有 18 个“三八”积肥队，有 7 个女编织队，有 50 个“铁姑娘队”，有 12 名女会计，有 75 名女队长。

1978 年以后，农村妇女充分发挥个人聪明才智，大作商品经济文章，在水产养殖、畜禽饲养、茶果管理、瓜菜栽培、加工服务、传统工艺等行业大显身手。公社妇联组织妇女开展社会主义精神文明建设活动，争创“五好家庭”“三八红旗手”“三八红旗集体”。1979 年 2 月，南店大队幼儿教师傅承荣被全国妇联表彰为“三八红旗手”。10 月，公社妇联配合上级党组织大力宣传提倡计划生育政策。1987 年，全镇人口自然增长率由 1971 年的 22.5‰下降到 6.23‰，人口达到稳定增长。1990 年，全镇 75 个村基本办起了幼儿园。1991 年，镇妇联组织全镇妇女开展了“双评”（评先进、评五好）活动，全镇共评出优秀妇女干部 30 名，“三八红旗手”30 名，优秀幼儿教师 15 名，“五好家庭”25 户，“好婆婆”50 名，“好媳妇”50 名，女致富能手 30 名。1997 年，妇联组织妇女大力开展“双学双比”（学文化、学技术，比成绩、比贡献）活动，全镇 1.3 万名参赛妇女在种植、养殖、加工等方面各显其能，以妇女为主的专业户 1200 户，有 30 名妇女评为区、市“三八红旗手”。在创建“巾帼文明示范岗”活动中，全镇有 2 个单位获区、市级“文明岗”称号。2003 年，妇联组织开展了“五好文明家庭”创评活动，受各级表彰的“五好文明家庭”发展到 1200 户（其中被评为区、市级的 15 户），评出“好媳妇”300 名、“好婆婆”250 名。

2005 年，妇联组织广大妇女开展了创建“平安家庭户”活动，组织“巾帼文明宣传队”，调解家庭暴力，救助贫困儿童，为孤儿买保险。至 2007 年，全镇涌现出“平安家庭”示范户 1000 户，有 50 名妇女被镇妇联评为先进个人，有 20 个村妇代会被评为先进集体，有 6 个村妇代会被区、市妇联授予“先进妇代会”称号，有 8 名妇女干部被区、市妇联授予“先进工作者”称号。2008 年 3 月，组织全镇农村妇女干部到江苏淮安周恩来故居、连云港等地参观学习。落实农村妇女干部学习、培训制度，提高她们的思想觉悟和工作能力。

2010 年后，落实农村妇女免费健康查体制度，做好妇女、儿童维权、妇幼保健等工作。与人社部门一道，依托社会培训学校，对广大农村妇女进行创业、就业技能培训。

2012 年 3 月，镇妇联组织召开纪念国际三八妇女节 102 周年暨总结表彰大会，表彰了 12 个先进妇代会、30 名好婆婆、30 名好媳妇、10 名“三八红旗手”、16 名巾帼岗位明星。继续实施贫困母亲救助活动。

1939 年以来涛雒镇（区、公社）妇联（妇救会）负责人任职更迭表

表 13—15

职务	姓名	性别	籍贯	任职时间
妇救会会长	刘　克	女	大朝阳村	1939.5—1946.4
妇联主任	董明英	女	西林子头村	1946.4—1947.8
妇救会会长	尹世美	女	奎山街道	1947.8—1949
妇联主任	赵文志	女	两城镇	1949—1962.12
妇联主任	牟淑香	女	碑廓镇	1962.12—1972
妇联主任	傅世先	女	海员村	1972—1978
妇联主任	刘原艳	女	莒南县	1978—1983
妇联主任	严风英	女	巨峰镇	1983—1984
妇联主任	丁惟芬	女	奎山街道丁家楼村	1984.3—1991.1
妇联主任	夏西莲	女	济南市	1991.1—1993.4
副主任（主持）	宋玉桦	女	高兴镇申家庄村	1993.4—1995.5
妇联主任	宋玉桦	女	高兴镇申家庄村	1995.6—1997.02
妇联主任	宋年荣	女	宋家圪村	1997.2—1999.4
副主任（主持）	刘春香	女	虎山镇东湖二村	1999.4—2000.8
妇联主任	刘春香	女	虎山镇东湖二村	2000.8—2007.8
主任	牟　萍	女	后村镇大曲河村	2007.8—2012.1
妇联主席	宋全慧	女	涛雒一村	2018.5—2019.9
妇联主席	耿晓红	女	聊城莘县	2019.9—2020.4
妇联主席	邵　莹	女	岚山区安东卫街道	2020.4—

注：1952—1955 年，涛雒镇妇联主任先后由李玉兰、刘为桂兼任。

第五节　少年团体

儿童团　1943 年，随着抗日根据地的扩大，在部分村设立儿童救国团，时称“儿童团”，设团长 1 人。其主要任务是在“青救会”领导下，宣传党的抗日政策；在村头、路口站岗放哨，查看路条，盘查行人，防止敌人破坏；为八路军和抗日政府送信报警；在村里做一些拥军优属工作。抗日战争胜利后，随着各地小学的普遍建立，儿童团大多成为学生，称儿童团员。1947 年，域内儿童团员发展到 1560 人。中华人民共和国成立后，不再使用“儿童团”名称。

少年先锋队　1949 年 10 月 13 日，团中央发布《关于建立中国少年儿童队的决议》，公布了《中国少年儿童队章》。1950 年春，涛雒中心小学成立少年儿童队。1953 年改称少年先锋队，简称“少先队”，域内有队员 1245 名。1966 年“文化大革命”开始，少先队停止活动。冬，各学校建立“红小兵”组织，取代少先队。1978 年 11 月，少先队组织重建，恢复活动。

20 世纪 50 年代，少先队广泛开展“五爱”（爱祖国，爱人民，爱劳动，爱科学，爱护公共财物）教育。60 年代，开展向雷锋学习活动。80 年代，开展“人人争戴小红花，人人争做小主人”活动和争创“金星大队”活动。1991 年 9 月，中心小学少先大队开展了社会实践活动，先后去盐场、果园、养殖场参观学习，亲自动手劳动，体验生活，学习社会知识，被团省委、少工委授予“功勋大队”称号。1997 年，开展“迎香港回归”及“手拉手献爱心”教育活动。1998 年，开展贫困学生救助活动，有 16 名学生获得经济救助 3.2 万元。2004 年，开展小公民道德建设教育活动。2008 年，组织广大少先队员向汶川地震灾区捐款 3.57 万元。

第六节　其他团体

青红帮　民间俗称“三番子”“三滴水”“家里”，其前身系“白莲教”，创始人罗氏，属反清组织，后改安清组织，称安清帮。清末传入涛雒，渗透到各行各业各村，在社会上有很大势力。涛雒解放后，该帮自行消失。

日照商会涛雒分会　清宣统元年（1909），日照始设商务会，实行会董制，会董由各大商号派人充任。域内因商业繁盛，故同时设立涛雒分会。

涛雒商务会　1912 年成立，会长丁纫秋（涛雒一村人）。日伪侵占涛雒后，涛雒伪商务会会长刘公臣。抗日战争胜利后，商会解散。

涛雒商会 2009年1月，涛雒商会成立，设会长1名，副会长5名，秘书长1名，会长黄文。

科学技术协会（简称科协） 1979年10月，涛雒科技协会成立并召开代表大会，选出领导班子。1985年配备专职主任，首任主任许田世。1995年，会员120人。镇协会下设养貂协会、养鱼协会、瓜菜协会、花卉协会。2002年，黄子秀任主任。

个体劳动者协会 1984年5月成立，办公室设在工商所。个体劳动者协会按照“三自”（自我教育、自我管理、自我服务）职责，帮助个体会员解决经营中的实际困难，对会员进行文明经商、优质服务教育，促进了个体经济的稳定发展。

残疾人联合会 1990年10月成立，第一任会长王奎昌。2001年联合会下设肢残人协会，盲人协会，聋哑人协会。

涛雒镇志

TAOLUO ZHENZHI

第十四编　政权　政协

涛雒镇农村换届选举现场　（涛雒镇宣传办公室提供　摄于 2021 年）

中华人民共和国成立后，人民翻身当家作主人，彻底摆脱了封建统治。中国共产党实行人民代表大会和政治协商制度。1949—1954 年，实行各界人民代表会制，域内先后召开了十一届各界人民代表会。自 1954 年实行人民代表大会制度，镇（区、公社）人民代表大会是基层地方国家权力机构，由选民直接选举的人民代表组成。1957—2022 年，涛雒镇（区、公社）共召开了十四届人民代表大会。

镇政协工作机构始于 1986 年 1 月，为更好地联络市、区政协委员会发挥桥梁、纽带作用。其职责是：组织政协委员参政、议政，开展考察、调查等活动，为全镇的经济社会发展建言献策，贡献力量。

第一章　权力机构

中华人民共和国成立之前，劳动人民对国家和地方发展没有表达意见的权力。中国共产党领导全国人民推翻了“三座大山”，建立中华人民共和国，实行人民代表大会和政治协商制度。政权建设逐步完善，人民真正享有参政议政的权力，真正翻身做了主人。

第一节　涛雒区议事会

据《日照市志》载，清朝末年，曾效仿西方的议会制。1911 年 11 月颁布宪法，宣布将立法权移交国会。1912 年 3 月，涛雒人丁惟汾当选山东省议员，后当选为国会众议员。日照奉命实行自治，县设参事会，涛雒区设议事会，选举丁惟佩（字纫秋）为议长，并由议事会选出董事 2 人。区议事会决定涛雒自治事项。1914 年，袁世凯解散国会，日照的自治也随之停止，涛雒区议事会自行废止。

第二节　各界人民代表会

中华人民共和国成立后，域内实行各界人民代表会制，为区级协商机构，由工会、农会、民主妇女联合会、青年团、工商界、手工业等各界人民推选的代表组成。1949 年 11 月至 1954 年 7 月，先后召开十一届各界人民代表会。1954 年，实行人民代表大会制度后，域内各界人民代表会被区人民代表大会代替。

第三节　人民代表大会

1954 年，开始实行人民代表大会制度。区（镇）人民代表大会是基层地方国家权力机构，由区、镇内选民直接选举的人民代表组成。

1954—1960 年，下元（七区、磴山）共召开三届人民代表大会。

七区第一届人民代表大会　第一次会议于 1954 年 6 月 5 日在驻地（下元）召开，到会代表 90 名。李汉宗作《政府工作报告》。大会讨论并通过了报告，作出了相应的决议。民主选举产生了新一届区人民政府区长、副区长。

磴山区第二届人民代表大会　第一次会议于 1957 年 7 月在驻地（下元）召开，代表 57 名。张纪顺作《政府工作报告》。大会讨论并通过了报告，作出了相应的决议。选举区人民政府区长、副区长。

下元人民公社第三届人民代表大会　第一次会议于 1960 年 3 月 20 日在驻地（下元）召开，代表 57 名。傅培礼作《政府工作报告》。大会讨论并通过了报告，作出了相应的决议。选举公社管委会主任、副主任。

1957—2022 年，涛雒共召开了十四届人民代表大会。

涛雒区第一届人民代表大会　第一次会议于 1957 年 7 月在驻地召开，代表 59 名。金守臣作《政府工作报告》。大会讨论并通过了报告，作出了相应的决议。选举区人民政府区长、副区长。

涛雒人民公社第二届人民代表大会　第一次会议于 1960 年 3 月 22 日在驻地大礼堂召开，代表 59 名。傅田余作《政府工作报告》。大会讨论并通过了报告，作出了相应的决议。选举公社管委会主任、副主任。

涛雒人民公社第三届人民代表大会　第一次会议于 1981 年 12 月 14 日在驻地大礼堂召开，代表 178 名。徐茂远作《政府工作报告》。大会讨论并通过了报告，作出了相应的决议，选举公社管委会主任、副主任。

涛雒区第四届人民代表大会　第一次会议于

1984年8月在驻地大礼堂召开，代表90人。于刚业作《政府工作报告》。大会讨论并通过了报告，作出了相应的决议。选举区人民政府区长、副区长。

涛雒镇第五届人民代表大会 第一次会议于1987年3月25日在驻地大礼堂召开，代表90名，丁兆华作《政府工作报告》。大会讨论并通过了报告，作出了相应的决议。会议选举镇人民政府镇长、副镇长。

涛雒镇第六届人民代表大会 第一次会议于1990年2月16—17日在驻地大礼堂召开，代表104人。张孝柏作《政府工作报告》，勇天安作《人大工作报告》，滕兆晋作镇《1989年财政决算和1990年财政预算（草案）报告》。会议通过了相关报告并作出了相关决议。会议选举镇人大主席团副主席，镇人民政府镇长、副镇长。

涛雒镇第七届人民代表大会 第一次会议于1993年4月17—18日在驻地大礼堂召开，代表108人。李增森作《政府工作报告》，丁元智作《人大工作报告》，滕兆晋作《1992年财政决算和1993年财政预算（草案）的报告》。会议通过了相关报告并作了相应的决议。会议选举人大主席团主席，镇人民政府镇长、副镇长。

图14—1 涛雒镇第七届人民代表大会第一次会议代表合影

涛雒镇第八届人民代表大会 第一次会议于1996年2月28—29日在党委四楼会议室召开，代表79人，韩纪亮作《政府工作报告》，张守信作《人大工作报告》，辛崇良作《1996年财政决算和1997年财政预算（草案）的报告》。会议通过了以上报告并作出了相关决议。会议选举镇人大主席团主席、副主席，镇人民政府镇长、副镇长。

涛雒镇第九届人民代表大会 第一次会议于1999年2月22—23日在党委四楼会议室召开，代表75人。范文青作《政府工作报告》，张明君作《人大工作报告》，安佰全作《1998年财政决算和1999年财政预算（草案）的报告》。会议通过了以上报告并作出了相关决议。会议选举人大主席团主席、副主席，镇人民政府镇长、副镇长。

图14—2 涛雒镇第十届人民代表大会第一次会议代表合影

涛雒镇第十届人民代表大会 第一次会议于2002年3月21—22日在党委四楼会议室召开，代表81名。范文青作《政府工作报告》，刘从生作《人大工作报告》，安佰全作《2001年财政决算和2002年财政预算（草案）报告》。会议通过了以上报告并作了相关决议。会议选举镇人大主席团主席、副主席，镇人民政府镇长、副镇长。

第二次会议于2003年4月18日在党委四楼会议室召开，代表81名。闫华章作《政府工作报告》，刘从生作《人大工作报告》，安佰全作《2002年财政决算和2003年财政预算（草案）报告》。会议通过了以上报告并作了相关决议。会议选举镇人大主席团主席、

图 14—3　涛雒镇第十届人民代表大会第二次会议代表合影

镇人民政府镇长、副镇长。

第三次会议于 2004 年 2 月 21 日在党委四楼会议室召开，代表 81 名，闫华章作《政府工作报告》，刘从生作《人大工作报告》，安佰全作《2003 年财政决算和 2004 年财政预算（草案）报告》。会议通过了以上报告并作出了相关决议。

第四次会议于 2005 年 5 月 31 日在党委四楼会议室召开，代表 81 名。闫华章作《政府工作报告》，王兆平作《人大工作报告》，会上书面印发了涛雒镇《2004 年财政决算和 2005 年财政预算（草案）报告》。会议通过以上报告并作了相关决议。会议选举镇人大主席团副主席。

第五次会议于 2006 年 4 月 3 日在党委四楼会议室召开，代表 81 名。李海峰作《政府工作报告》，王兆平作《人大工作报告》，会上书面印发了《涛雒镇 2005 年财政决算和 2006 年财政预算（草案）报告》。会议通过了以上报告并作出了相关决议。选举镇人大主席团主席，镇人民政府镇长、副镇长。

第六次会议于 2007 年 4 月 19 日在镇党委四楼会议室召开，代表 81 名。李海峰作《政府工作报告》，王兆平作《人大工作报告》，书面印发了镇《2006 年财政决算和 2007 年财政预算（草案）报告》。会议通过了以上报告并作出了相关决议。

涛雒镇第十一届人民代表大会　第一次会议于 2008 年 1 月 15 日在党委四楼会议室召开，代表 84 名。胡明乐作《政府工作报告》，王兆平作《人大工作报告》，会议书面印发《财政工作报告》。会议通过了以上报告并作出了相关决议。会议选举镇人大主席团主席，镇人民政府镇长、副镇长。

第二次会议于 2009 年 2 月 28 日在党委四楼会议室召开，代表 83 名。胡明乐作《政府工作报告》，王兆平作《人大工作报告》，书面印发了《财政工作报告》。会议通过了以上报告并作出了相关决议。

第三次会议于 2010 年 3 月 8 日在镇党委四楼会议室召开，代表 83 名。胡明乐作《政府工作报告》，刘相建作《人大工作报告》，书面印发了《财政工作报告》。会议通过了以上报告并作出了相关决议。会议选举镇人大主席团副主席，镇人民政府副镇长。

第四次会议于 2011 年 6 月 24 日在镇党委四楼会议室召开，代表 83 名。刘峰作《政府工作报告》，刘相建作《人大工作报告》，会上书面印发了《财政工作报告》。会议通过了以上报告并作出了相关决议。审查和批准了《涛雒镇国民经济和社会发展第十二个五年规划纲要》。会议选举镇人大主席团主席，镇人民政府镇长、副镇长。

涛雒镇第十二届人民代表大会　第一次会议于 2011 年 12 月 28 日在镇党委四楼会议室召开，代表 83 名。孙强作《政府工作报告》，刘相建作《人大工作报告》，书面印发了《财政工作报告》。会议通过了以上报告并作出了相关决议。选举镇人大主席团主席，镇人民政府镇长、副镇长。

第二次会议于 2016 年 7 月 16 日在镇党委四楼会议室召开。时文彬作《政府工作报告》，白宗秋作《人大工作报告》，书面印发了《财政工作报告》。会议通过了以上报告并作出了相关决议。选举镇人大主席团主席，镇人民政府镇长、副镇长。

涛雒镇第十三届人民代表大会　第一次会议于 2017 年 1 月 13—14 日在镇党委四楼会议室召开，代表 84 名。孙强作《政府工作报告》，白宗秋作《人大工作报告》，书面印发了《财政工作报告》。会议通过了以上报告并作出了相关决议。选举镇人大主席团主席，镇人民政府镇长、副镇长。

第二次会议于 2017 年 11 月 4 日在镇党委四楼会议室召开，代表 71 名。孙强作《政府工作报告》，董书儒作《人大工作报告》，书面印发了《2017 年上半年财政预算执行情况的报告》。会议通过了以上报告并作了相关决议。选举镇人大主席团主席，镇人民政府副镇长。

第三次会议于2018年8月27日在镇党委四楼会议室召开共有代表84名，实到72名。孙强作《政府工作报告》，董书儒作《人大工作报告》，书面印发了《财政工作报告》《涛雒镇总体规划方案》。会议通过了以上报告并作了相关决议。

第四次会议于2018年12月26日在镇党委四楼会议室召开。代表84名。万磊作《政府工作报告》，董书儒作《人大工作报告》，书面印发了《2018年财政预算执行情况和2019年财政预算（草案）的报告》。会议通过了以上报告并作了相关决议。选举镇人民政府镇长。

第五次会议于2019年11月4日在丁肇中实验中学学术报告厅召开。代表73名。孙开峰代表政府作《政府工作报告》，邱志刚作《人大工作报告》，书面印发了《2018年财政决算和2019年上半年财政预算执行情况报告》。会议通过了以上报告并作了相关决议。选举镇人大主席团主席，镇人民政府副镇长。

第六次会议于2020年8月1日在丁肇中实验中学学术报告厅召开。代表82名。魏玉金作《政府工作报告》，书面印发了《人大工作报告》和《2019年财政决算和2020年财政预算执行情况报告（草案）》。会议通过了以上报告并作了相关决议。选举镇人民政府镇长。

涛雒镇第十四届人民代表大会 第一次会议于2022年1月8日在丁肇中实验中学召开，代表81名。安宝春作《政府工作报告》，邱志刚作《人大工作报告》，书面印发了《财政工作报告》。会议通过了以上报告并作了相关决议。选举镇人大主席团主席、副主席，镇人民政府镇长、副镇长。

参加中华人民共和国人民代表大会代表

第五届　肖德晋　东风村

参加山东省人民代表大会代表

第一届　范永宽　南店村

　　　　宋开铭　竹子河崖村

第二届　范永宽　南店村

第三届　范永宽　南店村

第六届　傅承荣（女）　南店村

第七届　尹相溪　尹家廒头二村

参加日照市人民代表大会代表

市第十二届人民代表大会第一次会议（1990年1月10—14日）

丁兆华　涛雒镇政府

勇天安　涛雒镇人大

魏振东　涛雒五村

滕兆泽　刘家湾村

丁原友　苗家村

肖德晋　东风村

孙纪任　孙家村

葛云茂　王家村

孙志明　大草坡村

王均荣（女）　东灶子村

徐世炳　日照五中

宋光兰（女）　涛雒三村

高月芹（女）　下元二村

胡艳红（女）　涛雒初中

王玉芹（女）　涛雒供销社

王茂华　东川子村

费守英（女）　竹家园村

刘克金　涛雒机械厂

范丰学　涛雒林业站

范崇祥　南店村

刘为保　栈子三村

市第十三届人民代表大会第一次会议（1993年3月6—10日）

张孝柏　涛雒镇政府

尹相溪　尹家廒头二村

刘克金　涛雒机械厂

孙纪任　孙家村

宋光提　涛雒初中

高月芹（女）　下元二村

滕兆泽　刘家湾村

市第十四届人民代表大会第一次会议（1998年2月22—27日）

韩纪亮　涛雒镇党委

宋玉桦（女）　涛雒镇政府

孙纪任　孙家村

马丽娟（女）　涛雒初中

王汉志　涛雒卫生院

市第十五届人民代表大会第一次会议（2003年2月20—26日）

孙纪任　孙家村
王汉志　涛雒卫生院
孙纪顺　大草坡村
尹　玉（女）　涛雒初中
李秀云（女）　下元三村

市第十六届人民代表大会第一次会议（2008年1月4—8日）

宋　波　涛雒镇人大
王宗强　涛雒卫生院
厉　萍（女）　高旺村
黄子秀（女）　涛雒镇
孙纪顺　大草坡村
黄庆林　下元一村

市第十七届人民代表大会第一次会议（2012年3月20—24日）

胡明乐　涛雒镇党委
马祖余　锦湖金马
相振满　郭家庄子村
黄庆林　下元一村
薛茂芮　汇丰电子

市第十八届人民代表大会第一次会议（2017年2月23—28日）

厉华珍（女）　涛雒镇党委
黄庆林　下元一村
侯元录　东川子村
田春燕（女）　宅科村

市第十九届人民代表大会第一次会议（2022年2月18—22日）

陈　彬　涛雒镇党委
黄庆林　下元一村
王　超　盛鼎高新材料有限公司
田春燕（女）　宅科村

参加东港区（日照县、日照市）人民代表大会代表

日照县第一届人民代表大会第一次会议（1954年7月5—10日）

七区代表：
李汉宗　七区区公所
范永宽　南店村
宋开焰　竹子河崖村
刘为玉　上元村
徐宣庭（女）　后水车沟村
赵明甫　前水车沟村
崔照安　梭罗树村
申维景　高家村
丁履地　桥南头村
董学兰（女）　朱家官庄村
杨省三　下元小学
庄文兰（女）　水木头村
丁惟绪　高旺庄村
庄茂田　高旺庄村
徐同德　（相家）结庄村
丁景润　平家村
丁元华　丁家官庄村
陈为来　（郑家）结庄村
庄茂章　下元村
牟乃令　李家潭崖村
杨安玉　六甲庄子村
丁祥甫　高旺庄村
张传任　郭家庄子村
傅香余　栈子一村
常进兰　东湖村
申松斋　大刘庄村
葛常金　王家村
涛雒镇代表：
王庆宝　涛雒镇政府
张振东　涛雒一村
牟宗生　涛雒六村

日照县第二届人民代表大会第一次会议（1957年1月16—21日）

涛雒区代表：
金守臣　涛雒区区公所
张振东　涛雒一村
李世英（女）　涛雒三村
高兴合　涛雒四村
林保君　涛雒小学
范永宽　南店村
葛常金　王家村

傅香余　栈子一村
宋光秀（女）　宋家坨村
张传贤　山后二村
张传任　郭家庄子村
张传臻　夹仓乡公所
金立荣（女）　金家沟村
臧成旺　臧家荒村
王廷东　夹仓四村
陈德永　西林子头村
常进兰（女）　东湖庄村
宋开铭　竹子河崖村
牟宗生　涛雒六村
李世玉　小合坞村
申松斋　大刘庄村
磴山区代表：
张纪顺　磴山区区公所
刘为玉　上元村
陈为来　郑家结庄村
丁元华　丁家官庄村
庄茂田　高旺庄村
庄文兰（女）　水木头村
丁惟绪　高旺庄村
董学兰（女）　朱家官庄村
丁景润　平家村
杨省三　下元小学
牟乃令　李家潭崖村
崔照爱（女）　梭罗树村
杨安玉　郑家大沟村
徐向德　（相家）结庄村
庄茂章　下元村
申维景　高家村
肖汉章　小羊卷村

日照县第三届人民代表大会第一次会议（1958 年 5 月 26—31 日）

涛雒乡代表：
傅田余　涛雒乡公所
范永宽　南店村
宋开铭　竹子河崖村
宋光秀（女）　宋家坨村
傅香余　栈子一村
张守祥　涛雒三村
张振东　涛雒一村
王纪早　沙岭子村
葛常金　王家村
任昌年　涛雒四村
孙秀玉（女）　孙家村
庄建美（女）　刘家湾村
胡德堂　韩家营子村
孙兰先（女）　栈子庄
常进兰（女）　东湖村
郑全轩　涛雒信用社
下元乡代表：
傅培礼　下元乡公所
庄茂章　下元村
刘孝颖　下元小学
刘为玉　上元村
王洪兰（女）　簸箕筜子村
丁元华　丁家官庄村
徐尚德　（相家）结庄村
丁平兰（女）　水木头村
丁祥甫　高旺庄村
庄建喜（女）　小羊卷村

日照县第四届人民代表大会第一次会议（1960 年 11 月 30 日至 12 月 5 日）

涛雒公社代表：
邵安思　涛雒公社管委
傅香余　栈子一村
宋开铭　竹子河崖村
范永宽　南店村
贺金额　小刘庄村
郑全轩　涛雒信用社
任昌年　涛雒四村
侯世贵（女）　王家村
张守祥　涛雒三村
尹茂仁　廒头盐场
张传荣　东湖村
姚永玉　韩家营子村
王纪早　沙岭子村
宋光秀（女）　宋家坨村
傅承荣（女）　南店村

张传兰（女）　东南营村
常进兰（女）　陈家庄子村
孙俊生　日照五中
侯世贵（女）　王家村
下元公社代表：
傅培礼　下元公社管委
杨百栋　西石梁头村
徐尚德　相家结庄村
陈为乐　黄泥沟村
丁元华　丁家官庄村
丁祥甫　高旺庄村
丁京辉　平家村
刘为玉　上元村
赵吉坡　泥田沟村
张纪芬（女）　张家结庄村
丁平兰（女）　水木头村
庄建喜（女）　小羊卷村
张传臻　张家廒头村

日照县第五届人民代表大会第一次会议（1963年5月19—27日）

罗映林　涛雒区政府
侯世明　涛雒区政府
丁京辉　平家村
孙俊生　日照五中
王芳圃　涛雒卫生院
侯元佩　涛雒镇兽医站
高明五　涛雒三村
丁祥甫　高旺庄村
尹茂仁　廒头盐场
刘为玉　上元村
傅香余　栈子一村
杨百栋　西石梁头村
宋开铭　竹子河崖村
范永宽　南店村
贺金额　小刘庄村
张传臻　张家廒头村
郑全轩　涛雒信用社
徐同德　相家结庄村
陈为乐　黄泥沟村
任昌年　涛雒四村
张守祥　涛雒三村
丁元华　丁家官庄村
刘考祥　东湖一村
孙树早　曹家村
张传荣　东湖三村
姚永玉　韩家营子村
丁履学　杨家洼村
赵吉坡　泥田沟村
王纪早　沙岭子村
傅承荣（女）　南店村
宋光秀（女）　宋家坨村
张传兰（女）　东南营村
常进兰（女）　陈家庄子村
张纪芬（女）　张家结庄村
丁平兰（女）　水木头村
庄建喜（女）　小羊卷村
侯世贵（女）　王家村
滕昌兰（女）　李家潭崖村
王安富　小海村

日照县第六届人民代表大会第一次会议（1966年3月25—30日）

刘庄公社　贺金额　范永宽　傅承荣（女）
　　　　　侯元佩　秦福森
东湖公社　庄茂礼　常进兰（女）　姚永玉
　　　　　费立佐
栈子公社　张传兰（女）　傅香余　孙树早
　　　　　叶连奎　孙传任
廒头公社　尹茂红　张传臻　郑培轩　尹茂仁
涛雒公社　丁履钦　司燕宁　万惠民
　　　　　罗映林　尹德岩
下元公社　赵吉坡　刘为玉　杨百栋
　　　　　丁祥甫
李潭公社　丁履学　滕常兰　丁京辉
水木公社　薛文桂　肖德晋　芦纪诺
结庄公社　邵新荣　徐同德
小海公社　王安富　侯世桂（女）　刘海贤

1968年3月11日，日照县革命委员会成立大会召开，此次大会列入第七届人民代表大会。1969年落实中央关于解决山东问题的批示后，县革委补充了部分新委员。

日照县第八届人民代表大会第一次会议（1978年3月28—30日）

杨作田　涛雒公社革命委员会
刘为玉　上元村
庄建友　南店村
王茂胜　涛雒供销社
滕照芹（女）　刘家湾村
丁兆安　小刘庄村
宋开铭　竹子河崖村
葛允茂　王家村

日照县第九届人民代表大会第一次会议（1981年12月31日至1982年1月3日）

徐茂远　涛雒公社革命委员会
郑全运　廒头盐场
魏振东　涛雒五村
肖德晋　东风村
孙慧萍（女）　涛雒小学
王运慈（女）　涛雒供销社
丁仕文　右所村
丁履宏　右所村
王仕兰（女）　涛雒三村
葛家会　东川子村
滕照芹（女）　刘家湾村
葛允茂　王家村
牟墩录　李家潭崖村
丁汝成　苗家村
丁履娟（女）　亚月村
宋开铭　竹子河崖村
丁兆安　小刘庄村
庄建来　丁家营子村
丁履荣　右所村
申斌起　高旺庄村
刘为玉　上元村
孙兰先（女）　栈子二村
尹世增　王家村

日照县第十届人民代表大会第一次会议（1984年8月26—29日）

于刚业　涛雒区政府
丁汝成　苗家村
牟墩录　李家潭崖村
庄光云（女）　涛雒小学
丁履娟（女）　亚月村
肖德晋　东风村
高月琴（女）　下元二村
丁原升　西林子头村
李华亭　大草坡村
丁履宏　右所村
庄建友　南店村
丁兆安　小刘庄村
葛允茂　王家村
滕兆泽　刘家湾村
徐茂秀　涛雒卫生院
王世桂（女）　小海村
郑全昌　涛雒邮电局
王茂华　东川子村
王均荣（女）　东灶子村
魏振东　涛雒五村
孙志明　大草坡村
孙纪茂　孙家村
王仕兰（女）　涛雒三村

日照市（县级）第十一届人民代表大会第一次会议（1987年4月9—12日）

丁兆华　涛雒镇政府
勇天安　涛雒镇人大
王均荣（女）　东灶子村
丁秀娟（女）　孙家营子村
滕兆泽　刘家湾村
葛云茂　王家村
牟墩录　李家潭崖村
任雪年（女）　苗家村
丁兆安　小刘庄村
孙纪任　孙家村
张传光　张家廒头村
魏振东　涛雒五村
宋光兰（女）涛雒三村
肖德晋　东风村
宋全珍（女）华山村
尹德录　涛雒初中
徐世炳　日照五中
王玉芹（女）　涛雒供销社

侯世美（女）　侯家村
高月琴（女）　下元二村
丁国原　丁家官庄村
丁原升　西林子头村
孙志明　大草坡村
叶京军　栈子三村

东港区第十三届人民代表大会第一次会议（1993 年 2 月 26—28 日）

丁兆华　涛雒镇党委
丁原智　涛雒镇人大
张孝柏　涛雒镇政府
范丰学　涛雒镇林业站
丁秀娟（女）　孙家营子村
丁原友　苗家村
丁仕泽　涛雒工业办公室
王茂华　东川子村
孙纪任　孙家村
孙志明　大草坡村
庄吉兰（女）　高旺庄村
庄建国　东石梁头村
宋光英（女）　涛雒卫生院
宋年荣（女）　涛雒小学
范崇祥　南店村
郑培祥　涛雒七村
费守英（女）　竹家园村
高月芹（女）　下元二村
滕兆泽　刘家湾村
尹相溪　尹家廒头二村
刘克金　日照市拖配厂
丁明昌　日照五中

东港区第十四届人民代表大会第一次会议（1998 年 1 月 14—17 日）

李其平　涛雒镇人大
丁元林　涛雒镇造船厂
王廷伦　沙岭子村
王周平　西石梁头村
尹永新（女）　张家廒头村
尹相芝（女）　王家村
尹相凯　涛雒初中
庄吉兰（女）　高旺庄村
牟敦广　李家潭崖村
孙纪云（女）　西林子头村
孙纪任　孙家村
孙君芳（女）　栈子一村
宋明君　竹子河崖村
郑培祥　涛雒七村
韩冰　涛雒供销社

东港区第十五届人民代表大会第一次会议（2003 年 1 月 18—21 日）

王一冰（女）　涛雒镇人大
范文青　涛雒镇政府
刘从生　涛雒镇人大
孙纪任　孙家村
丁国元　丁家官庄村
丁元林　涛雒造船厂
丁兆波　涛雒中心小学
马雪梅（女）　东川子村
王廷伦　沙岭子村
王周平　西石梁头村
刘乃建　涛雒三村
孙玉玲（女）　大草坡村
杨以堂　南店村
张　玲（女）　高旺庄村
赵贵兰（女）　涛雒信用社

东港区第十六届人民代表大会第一次会议（2007 年 12 月 8—11 日）

宋　波　涛雒镇人大
胡明乐　涛雒镇政府
王兆平　涛雒镇人大
丁履波　丁家营子村
丁国元　丁家官庄村
尹世国　涛雒七村
王秀花（女）　刘家湾村
王培春　小海村
平永田　涛雒拖拉机站
孙义先　孙家村
庄仕秀（女）　小朝阳村
刘祥娜（女）　涛雒镇政府
庄建光　南店村
许传海　上元村

李　霞（女）　涛雒一中
宋喜红（女）　东川子村
郭常东　栈子三村
黄　文　涛雒三村
曾善红　东风村
薛贸芮　汇丰电子

东港区第十七届人民代表大会第一次会议（2012年2月1—5日）

胡明乐　涛雒镇党委
孙　强　涛雒镇政府
刘相建　涛雒镇人大
刘　静　沙岭子村
丁仕武　高旺庄村
卜照霞（女）　大羊卷村
王东升　中瑞集团
王永志　涛雒镇派出所
王宗强　涛雒镇卫生院
尹世国　涛雒七村
尹相瑞　王家村
叶庆顺　海员村
孙纪顺　大草坡村
孙尚峰　孙家村
张　敏　涛雒镇中心初中
陈　青　小朝阳村
侯元录　东川子村
郭常东　栈子三村
黄子秀（女）　涛雒农技站
黄　文　涛雒三村
韩　敏（女）　中兴锻造有限公司

东港区第十八届人民代表大会第一次会议（2017年1月20—24日）

孙　强　涛雒镇党委
时文彬　涛雒镇政府
白宗秋　涛雒镇人大
庄廷芳（女）　大朝阳村
丁海涛　海洋城管委市政中心
丁仕武　高旺庄村
傅冠强　栈子一村
金　凤（女）　山东悦一生物有限公司
李召雪（女）　涛雒卫生院
林艳艳（女）　丁肇中实验中学
刘兆义　涛雒六村
牟善花（女）　簸箕笃子村
秦美丽（女）　苗家村
孙纪顺　大草坡村
孙尚峰　孙家村
滕照中　刘家湾村
朱纪海　山东名邦食品有限公司
王均合　山东方鼎安全玻璃科技有限公司

东港区第十九届人民代表大会第一次会议（2022年1月18—22日）

陈　彬　涛雒镇党委
安宝春　涛雒镇政府
邱志刚　涛雒镇人大
薄玉波　区城市管理和综合行政执法局涛雒中队
丁仕武　高旺庄村
傅冠强　栈子一村
李召雪（女）　涛雒卫生院
林艳艳（女）　丁肇中实验中学
刘兆义　涛雒六村
孙纪顺　大草坡村
张　毅　涛雒七村
庄建庆　南店村
庄建坤　小海村
郭江辉　栈子三村
于冬冬　东灶子村
高月琴　丁家官庄村
王　晨　曹家村
韩苗苗　崔家庄子村
薛喜华　日照汇丰电子有限公司
王　娜　茉鑫食品有限公司
郭　惠　日照海辰水产有限公司
张小龙　日照德通新材料科技有限公司
田广亭　举鑫九州（山东）食品有限公司
郑德华　山东港口集团日照港凤凰开发建设有限公司
宋广玲　山东海洋文化旅游发展集团有限公司

第四节　办事机构

人大工作办公室　1987年1月，设立镇人大工作联络办公室，办公室设主任、副主任、人大工作联络员。1989年1月，镇人大工作联络办公室改称镇人大工作办公室。

1987年以来涛雒镇人大负责人任职更迭表

表14—1

职务	姓名	性别	籍贯	任职时间
副主任	勇天安	男	乳山市育黎镇	1987.1—1990.2
主席	丁元智	男	高兴镇	1993.4—1994.4
主席	张守信	男	三庄镇小庄村	1994.4—1997.2
主席	张明君	男	河山镇大岭村	1999.1—2001.2
主席	张桂伟	男	沂水县许家湖镇	2001.2—2002.12
主席	王一冰	女	巨峰镇六甲庄子村	2003.3—2006.1
主席	张玉栋	男	青州市	2006.3—2007.11
主席	宋　波	男	巨峰镇	2007.11—2010.7
主席	刘森林	男	巨峰镇	2010.7—2011.12
主席	刘相建	男	黄墩镇草涧村	2011.12—2016.5
主席	白宗秋	男	南湖镇安家庄子村	2016.5—2017.7
主席	董书儒	男	西湖镇荻竹二村	2017.7—2019.1
主席	邱志刚	男	三庄镇邱家庄村	2019.6—
副主席	勇天安	男	乳山市育黎镇	1993.5—1994.4
副主席	李其平	男	高兴镇东西牟家村	1994.4— 2002.2
副主席	肖增产	男	华山村	1995.4—1995.12
副主席	丁兆斌	男	丁家官庄村	1996.2—1999.1
副主席	韩先陆	男	高旺庄村	1997.2—1999.1
副主席	刘从生	男	虎山镇东湖二村	2002.2—2005.3
副主席	王兆平	男	南湖镇花峡峪村	2005.3—2009.9
副主席	刘相建	男	黄墩镇草涧村	2009.9—2011.12
副主席	邱志刚	男	三庄镇邱家庄村	2019.2—

人大主席团　1993年3月，镇人大工作办公室撤销，设立镇人大主席团。主席团设主席、副主席，配备专（兼）职人大文书。镇人大主席、副主席由镇人民代表大会选举产生。

1988年以来涛雒镇人大文书任职更迭表

表14—2

姓名	性别	籍贯	任职时间
王坤英	女	南湖镇三合疃村	1988.1—1990.3
刘清华	男	日照街道	1990.7—1993.3
田　娟	女	田家园村	1996.4—2000.1
刘祥娜	女	奎山街道东长河村	2000.1—2007.12
田　娟	女	田家园村	2009.9—2015.3
代　茹	女	北京路街道山后一村	2017.8—2020.3
邵　莹	女	安东卫街道北街村	2020.3—

工作职责　（1）检查和督促宪法、法律、法规和上级人民代表大会及其常务委员会决议在本镇内的执行。（2）决定召集和主持本届人民代表大会会议，对本届人民代表大会负责并报告工作，决定召集下届人民代表大会第一次会议。（3）听取镇人民政府工作情况的报告，检查和督促镇人民政府对镇人民代表大会决议、决定的贯彻执行。（4）讨论本镇内的重大事项，向镇人民政府提出建议或者提请镇人民代表大会会议审议决定。（5）根据镇人民政府的建议，决定镇人民代表大会通过的建设计划、财政预算的部分变更。（6）督促镇人民政府研究办理镇人民代表大会代表的视察和调查，指导代表小组开展活动，密切联系代表，听取和反映他们的意见和要求。（7）受理人民群众对本级国家机关和工作人员的申诉和意见。（8）决定接受镇长、副镇长的辞职，并报下一次人民代表大会会议备案。镇长因故不能担任职务的时候，从副镇长中决定代理人选。（9）指导选区内的依法罢免、接受请辞和补选人民代表大会代表。（10）办理镇人民代表大会和上级人民代表大会常务委员会交付的其他事项。

第二章　行政机构

明代以前，域内行政机构无考。明代域内行政机构始有史料记载。明代，实行乡、隅、里、甲制度。清初，实行乡、里、村制，后实行乡、社、村制。民国时期，区下设乡（镇），并推行保甲制度。人民政府成立以后，取消旧时不合理的行政机构，逐步建立健全了人民政府行政管理机构。

第一节　旧时行政机构

在金、元代以前，域内行政区划无史料可考。

明代的行政机构，实行乡、隅、里、甲制度。乡设乡约，隅设隅头，里设里正（也称里长），甲设甲首。据明万历十八年（1590）《日照县志》记载，域内属进贤乡竭忠一隅涛雒里、纪家庄里。以110户为1里，里有里长、老人；每11户为1甲，甲有甲长；每年在10甲长中选出1名为首者，称甲首。甲首协助里长催缴税银，办理里中事务，老人负责摊派徭役。税银征收由官府派员，在里、甲人员协助下催缴，农户亲到州衙缴税。无钱交税的则被拘役。

清朝初期，实行乡、里、村制。清乾隆年间，开始实行乡、社、村制。据清光绪十一年（1885）《日照县志》载，涛雒属南乡南上一牌涛雒社和南上二牌石梁社、西乡西上一牌尹家社。以乡、社选出的乡长等催缴税银，多以牌为单位收缴，统一解缴州衙。

民国时期，区下设乡（镇），并推行保甲制度。乡设乡长，保设保长，甲设甲长。

1931年，全县分为七个区，涛雒为第二区。区正式作为县政府的派出机关，设立区公所，置区长1人，下设财粮助理员、文教助理员等各1人，区丁数人。乡、镇建立乡、镇公所，设乡、镇长各1人，乡丁数人。1933年实行保甲制，村实行邻、闾制，5家为邻，五邻为闾，村设村（庄）长1人。

1940—1945年，第二区被日伪军侵占，伪区公所实行保甲制。伪第二区公所下设涛雒、高兴、栈子3个伪乡公所，其势力所及村庄多改为甲。抗战胜利后，撤销日伪时期的名称，一律恢复原来的名称。

第二节　人民政府

二区区公所（1940.3—1942.9）　1940年3月，日照县抗日民主政府第二区区公所建立，驻地先后在六甲庄子、下元、大刘庄、下元、涛雒街。区公所设区长、副区长、文书、公安助理、文教助理、区武装中队指导员、中队长等。

涛雒区区公所（1942.9—1950.5）　1942年9月，按地方称谓称涛雒区区公所，办公地点不固定。组织磴山、小羊卷一带群众进行武装抗日斗争，为八路军筹集生活资料。1945年3月，区以下分设联防，每个联防设中队，中队设指导员、中队长、副中队长等若干人。8月24日，日军撤退，涛雒全境解放。1946年3月，涛雒区公所开始实行地方行政管理，相继成立了涛雒、虎山、小海、夹仓、李潭、高旺、义和、水木8个乡（镇）。1947年4月，乡（镇）公所设乡长、文书、民政助理、财粮助理、文教助理、民兵中队长等职。

区公所成立后，在全区范围内发动群众，开展抗日救国运动，并先后在各村建立村级政权和农救会、青救会、妇救会、民兵队、儿童团等群众组织，发动群众参军参战，出夫支前，给烈军属代耕，开展土地改革、土地复查、生产自救活动，努力提高人民生活水平，开办抗日夜校。

七区区政府（1950.5—1956.1）　1950年5月，按序号称谓称七区，驻地涛雒街，区政府及办事机构未变。1952 年 12 月，七区区公所迁至下元庄，辖 24 个乡（新设上元乡）。

涛雒镇政府（1952.12—1956.1）　1952 年 12 月，涛雒镇（乡级）从七区析出，设涛雒镇政府，隶属日照县政府，办公地点为原七区办公地点。设镇长、副镇长、文书、公安助理、文教助理等。辖涛雒街 6 个行政村。

1953 年，镇政府积极引导开展互助合作组织，全镇共成立 32 个一类互助组，13 个二类互助组。1954 年，大力发展初级合作社，域内大多数村不同程度地成立一个或几个初级合作社。

1955 年 2—6 月，涛雒镇参加日照县委举办的办社骨干培训会议。第一批 8 名，第二批 4 名，第三批 2 名；另外信用社 2 名，并培训会计 9 名。时有老社 2 处，新社 6 处。信用合作社成立筹备委员会，认股 210 人，股金 120 万元。1 处供销合作社，5000 股，有 4 处门市部，手工业组织 37 个。

磴山区政府（1956.1—1958.1）　1956 年 1 月，原第七区改称磴山区，下辖 15 个乡。

1956 年，工商业社会主义改造顺利完成。磴山区下辖的下元乡有一处信用合作社，423 人入社。

涛雒区政府（1956.1—1958.1）　1956 年 1 月，涛雒镇政府撤销，设立涛雒区政府，下辖 11 个乡。

1956 年，政府组织各村合并初级社成立高级社（每村为一个高级社），建立村级政权（1954—1956 年大部分政权集中到乡级政府），土地由原来的农民个体所有成为高级社集体所有。

涛雒乡、下元乡政府（1958.1—1958.9）　建立涛雒乡后（1958 年 1 月），撤涛雒区、磴山区（辖 7 个乡镇）、下元乡（辖 9 个乡），机构设置不变。

磴山人民公社管理委员会、海生人民公社管理委员会（1958.9—1959.2）　1958 年 9 月，涛雒设磴山人民公社管理委员会、海生人民公社管理委员会，辖区不变。设管理区，撤销乡（镇）政府。

下元人民公社管理委员会、涛雒人民公社管理委员会（1959.2—1962.12）　1959 年 2 月，域内按地名称谓称下元、涛雒人民公社管理委员会。

1959 年 3 月，下元公社有 35 个行政村，5800 户，28902 人；土地面积 122552 亩（山林 73000 亩、耕地 49552 亩）。

1959 年 5 月，涛雒公社有 41 个行政村，7732 户，36715 人，办食堂 149 处、托儿所 21 处、敬老院 12 处、妇产院 6 处。

涛雒区政府（1962.12—1968.3）　1962 年 12 月，撤涛雒公社和下元公社，设立涛雒区，驻地涛雒街，下辖 10 个公社，95 个生产大队，528 个生产队。

1965 年，全区有 10 个公社（其中有 3 个渔业公社：小海公社、栈子公社、东湖公社），95 个生产大队（其中有 17 个渔业大队，10 个盐业队），547 个生产队（其中 65 个渔业队）。

1965 年涛雒区各公社土地面积、户数、人口统计表

表 14—3

公社	集土地面积（亩）	自留地（亩）	总户数（户）	农业户（户）	渔业户（户）	盐业户（户）	人口（人）	农业人口（人）	渔业人口（人）	盐业人口（人）
涛雒	8660	610	1496	1496			6637	6637		
小海	6204	490	1750	748	873	129	8495	3292	4790	413
栈子	5501	506	1655	927	728		7614	4299	3315	
刘庄	4217	307	855	702		153	3942	3656		286
李潭	15478	1069	1637	1637			7859	7859		
下元	9443	703	1402	1402			6635	6635		
廒头	7430	608	1045	1045			4956	4946		
结庄	9756	760	1342	1342			6483	6483		
水木	8898	682	1285	1285			6168	6168		
东湖	10946	926	1758	1306	452		8569	7106	1463	

涛雒区革命委员会（1968.3—1968.11） 1968年3月，涛雒区革命委员会成立，驻地涛雒街，下设政治部（政工组、宣传组）和生产指挥部。区内所辖的10个公社的95个大队都成立了革命委员会。

1968年，区革命委员会成立打击投机倒把盗窃破坏活动指挥部，通令《严厉打击投机倒把盗窃破坏活动》。

涛雒人民公社革命委员会（1968.11—1970.4） 1968年11月，撤涛雒区革命委员会改称涛雒人民公社革命委员会，驻地涛雒街。

全公社95个生产大队，490个生产队，14687户，71663人（男36171人、女35492人），耕地面积91608亩。

涛雒区革命委员会（1970.4—1971.3） 1970年4月，改涛雒人民公社革命委员会为涛雒区革命委员会。

涛雒人民公社革命委员会（1971.3—1976.10） 1971年3月，涛雒区革命委员会改称涛雒人民公社革命委员会，驻地涛雒街。是月，区划调整，涛雒辖区内的结庄公社大部、东湖公社的部分大队划归虎山公社；水木公社部分大队和李潭公社的平家村划归巨峰公社。涛雒公社新设郭庄、东风两个管理区。至此，涛雒公社设9个管理区，辖75个生产大队。

1971年冬至1973年春，大搞农田水利基本建设，公社组建水利基建营。

图14—4 1972年农田基本建设现场

1975年春，公社革命委员会开始接收安置下乡知识青年。

1975年，掀起“农业学大寨”运动高潮，大搞农田基本建设。

涛雒人民公社管理委员会（1976.10—1984.6） 1976年10月，涛雒人民公社革命委员会改称涛雒人民公社管理委员会。

涛雒区政府（1984.6—1985.5） 1984年6月，涛雒人民公社管理委员会撤销，建立涛雒区政府。撤销下设的管理区，设涛雒镇（辖原涛雒、小海、刘庄管理区）、高旺乡（辖下元、栈子、郭庄管理区）、李潭乡（辖李潭、东风管理区）、廒头乡（辖廒头管理区），时称“一镇三乡”。是年冬，改队建村：生产大队改称村，生产队改称村民小组，社员改称村民，行政村设立村民委员会。

涛雒镇政府（1985.5—） 1985年5月，撤销涛雒区及下设的“一镇三乡”，设立涛雒镇人民政府，驻地不变，辖区不变。

镇政府所属单位 2021年，镇政府所属单位：党政办公室、财政所、民政办公室、卫计办、企业办公室、招商服务中心、统计站、农业综合服务中心、林业站、水利站、文旅办、畜牧兽医工作站、农村经济管理服务站、人力资源和社会保障所（前身为劳动保障事务所）、退役军人服务站、水产站、中心初中、应急管理中心、司法所、环保办、消防站、规划站、卫生院等。

驻涛雒镇市、区属部门 2021年，驻涛雒镇市、区属部门：钢铁配套产业园区服务中心、市场监督管理所、农商银行、派出所、小海边防所、法庭、交通管理所、交通警察中队、涛雒执法中队、消防救援站、税务所、农业银行、日照银行、九银村镇银行、邮政储蓄银行、邮政局、蚕茧站、网通（电信）、供电所、粮所、蚕茧站、高速公路管理站、供销社、廒头盐场、鱼种场、水利养殖场、水产增殖站、刘家湾赶海园、自然资源所、广电网络中心建管所、丁肇中实验中学、涛雒中心小学、滨海湾小学、栈子小学、天台山小学、中心幼儿园、卫生院、水厂等。

1940年以来涛雒镇（区、乡、社）政府领导人任职更迭表

表 14—4

<table>
<tr><th>机构</th><th>职务</th><th>姓名</th><th>性别</th><th>籍贯</th><th>任职时间</th><th>备 注</th></tr>
<tr><td rowspan="3">二区区公所</td><td rowspan="3">区长</td><td>丁学征</td><td>男</td><td>石梁头村</td><td>1940.3—1940.12</td><td></td></tr>
<tr><td>尹新坡</td><td>男</td><td>王家村</td><td>1941.2—1941.5</td><td></td></tr>
<tr><td>迟兆荣</td><td>男</td><td></td><td>1941.6—1942.9</td><td></td></tr>
<tr><td rowspan="12">涛雒区区公所</td><td rowspan="8">区长</td><td>尹新坡</td><td>男</td><td>王家村</td><td>1942.9—1945.2</td><td></td></tr>
<tr><td>王治东</td><td>男</td><td></td><td>1944.2—1945.8</td><td></td></tr>
<tr><td>孙晓竹</td><td>男</td><td>东南营村</td><td>1945.8—1946.5</td><td></td></tr>
<tr><td>王治东</td><td>男</td><td></td><td>1946.5—1947.7</td><td></td></tr>
<tr><td>牟敦荣</td><td>男</td><td>虎山镇桥南头村</td><td>1947.7—1948.3</td><td></td></tr>
<tr><td>郑淑道</td><td>男</td><td>巨峰镇</td><td>1948.3—1949.1</td><td></td></tr>
<tr><td>王康木</td><td>男</td><td>巨峰镇</td><td>1949.2—1949.11</td><td></td></tr>
<tr><td>李其存</td><td>男</td><td>碑廓镇</td><td>1949.11—1950.5</td><td></td></tr>
<tr><td rowspan="4">副区长</td><td>徐舜卿</td><td>男</td><td>虎山镇</td><td>1942.9—1947.7</td><td></td></tr>
<tr><td>吴元纯</td><td>男</td><td>虎山镇</td><td>1947.7—1947.9</td><td></td></tr>
<tr><td>尹世密</td><td>男</td><td></td><td>1948.3—1949.10</td><td></td></tr>
<tr><td>陈德亭</td><td>男</td><td></td><td>1948.3—1949.10</td><td></td></tr>
<tr><td rowspan="6">七区人民政府</td><td rowspan="3">区长</td><td>李其存</td><td>男</td><td>碑廓镇</td><td>1950.5—1951.5</td><td></td></tr>
<tr><td>李汉宗</td><td>男</td><td>江苏省赣榆县</td><td>1951.5—1955.4</td><td></td></tr>
<tr><td>金守臣</td><td>男</td><td>秦楼街道小孙家村</td><td>1955.4—1956.1</td><td></td></tr>
<tr><td rowspan="3">副区长</td><td>王少林</td><td>男</td><td></td><td>1951.12—1954.4</td><td></td></tr>
<tr><td>金守臣</td><td>男</td><td>秦楼街道小孙家村</td><td>1953—1955.4</td><td></td></tr>
<tr><td>陈庆云</td><td>男</td><td>巨峰镇</td><td>1955.4—1955.12</td><td></td></tr>
<tr><td rowspan="3">磴山区人民政府</td><td>区长</td><td>张纪顺</td><td>男</td><td>黄墩镇张家蒲汪村</td><td>1956.1—1958.1</td><td></td></tr>
<tr><td rowspan="2">副区长</td><td>陈庆云</td><td>男</td><td>巨峰镇</td><td>1956.1—1958.1</td><td></td></tr>
<tr><td>吕建清</td><td>男</td><td>高兴镇</td><td>1956.5—1957.12</td><td></td></tr>
<tr><td rowspan="2">下元乡政府</td><td>乡长</td><td>傅培礼</td><td>男</td><td>莱阳县苗家乡</td><td>1958.1—1958.9</td><td></td></tr>
<tr><td>副乡长</td><td>陈庆云</td><td>男</td><td>巨峰镇</td><td>1958.1—1958.9</td><td></td></tr>
<tr><td rowspan="2">磴山人民公社管委会</td><td>主任</td><td>傅培礼</td><td>男</td><td>莱阳县苗家乡</td><td>1958.9—1959.2</td><td></td></tr>
<tr><td>副主任</td><td>陈庆云</td><td>男</td><td>巨峰镇</td><td>1958.9—1959.2</td><td></td></tr>
<tr><td rowspan="4">下元人民公社管理委员会</td><td rowspan="2">主任</td><td>傅培礼</td><td>男</td><td>莱阳县苗家乡</td><td>1959.2—1961.7</td><td></td></tr>
<tr><td>罗映林</td><td>男</td><td>碑廓镇碑廓一村</td><td>1961.7—1962.12</td><td>兼</td></tr>
<tr><td rowspan="2">副主任</td><td>陈庆云</td><td>男</td><td>巨峰镇</td><td>1959.2—1962.12</td><td></td></tr>
<tr><td>秦玉森</td><td>男</td><td>涛雒镇上元村</td><td>1960.2—1962.12</td><td></td></tr>
</table>

续表 14—4

机构	职务	姓名	性别	籍贯	任职时间	备注
下元人民公社管理委员会	副主任	马振东	男	莒县	1962.6—1962.12	
		孙丛利	男	孙家营子村	1962.6—1962.12	
涛雒区人民政府	区长	邵安思	男	安东卫街道	1962.12—1963.2	
		罗映林	男	碑廓镇碑廓一村	1963.2—1968.3	
	副区长	马振东	男	莒县	1963.1—1964.3	
		孙树铭	男	碑廓镇	1964.5—1968.3	
		翟龙度	男	岚山镇	1964—1965	
涛雒区革命委员会	主任	岳焕贵	男	安丘县	1968.3—1971.3	区改社、社改区
	副主任	陈同义	男	江苏省赣榆县	1968.3—1971.3	
		申论典	男	西湖镇	1969.1—1971.3	
		徐茂仁	男	下元一村	1969.1—1971.3	
		曲振乐	男	蓬莱县	1968.3—1971.3	群众
		张传坤	男	张家廒头村	1968.3—1971.3	群众
		王元昌	男	日照街道	1970.1—1971.3	
		王忠诚	男	禹城县	1970.1—1971.3	军代表
		臧金彩	男	胶南县	1969.1—1971.3	
涛雒人民公社革命委员会	主任	刘希增	男	城关前将帅沟村	1975.3—1977.11	1971.3—1975.3 无正职
		杨作田	男	奎山街道宋家窑村	1977.11—1980.5	
		徐茂远	男	陈疃镇东石墩村	1981.11—1984.6	
	副主任	陈同义	男	江苏省赣榆县	1971.3—1972.9	
		臧金彩	男	胶南县	1971.3—1979.10	
		张传坤	男	张家廒头村	1971.3—1981.10	
		申论典	男	西湖镇	1971.3—1981.10	
		王元昌	男	日照街道	1971.3—1971.10	
		徐茂仁	男	下元一村	1971.3—1971.10	
		曲振乐	男	蓬莱县	1971.3—1971.10	
		王元昌	男	日照街道	1975.11—1978.10	
		张平禄	男	岚山头街道	1975.11—1977.4	
		李凤坤	男	栈子一村	1978.4—1984.5	
		相玉平	男	巨峰镇相家楼村	1978.4—1980.5	
		张守业	男	虎山镇后稍坡村	1978.11—1983.6	
		侯世明	男	侯家村	1979.4—1981.10	
		刘银贤	男	李家潭崖村	1979.9—1981.10	
		郑承友	男	巨峰镇	1979.9—1981.11	
		李金三	男	岚山头街道官草汪村	1981.9—1983.2	

续表 14—4

机构	职务	姓名	性别	籍贯	任职时间	备 注
涛雒人民公社革命委员会	副主任	马世成	男	巨峰镇	1981.11—1984.5	
		宋佃永	男	涛雒一村	1982.7—1984.5	
		丁昶元	男	右所村	1983.6—1984.5	
涛雒区人民政府	区长	于刚业	男	岚山街道佛手湾村	1984.6—1985.5	
	副区长	丁兆华	男	巨峰镇平家村	1984.6—1985.5	
		庄光生	男	大刘庄村	1984.6—1985.5	
		宋佃永	男	涛雒一村	1984.6—1985.5	
涛雒镇人民政府	镇长	王仕芝	男	虎山镇前稍坡村	1985.5—1987.2	
		丁兆华	男	巨峰镇平家村	1987.2—1990.2	
		张孝柏	男	高兴镇前山旺村	1990.2—1993.4	
		李增森	男	巨峰镇巨峰一村	1993.4—1993.7	
		韩纪亮	男	安东卫街道	1994.4—1997.2	1993.7—1994.4 无正职
		李同春	男	日照街道后鹁庄村	1997.2—1998.12	
		范文青	男	三庄镇范家楼村	1998.12—2003.3	
		闫华章	男	河山镇许家官庄	2003.3—2006.3	
		李海峰	男	卧龙山街道吴家台村	2006.3—2007.11	
		胡明乐	男	奎山街道大岭村	2007.11—2010.7	
		刘 峰	男	三庄镇	2010.7—2011.12	
		孙 强	男	两城镇泉子沟村	2011.12—2016.4	
		时文彬	男	陈疃镇姜疃村	2016.5—2016.12	
		孙 强	男	两城镇泉子沟村	2016.12—2018.9	副处级
		万 磊	男	日照街道	2018.9—2021.2	
		安宝春	男	南湖镇	2021.2—	
	副镇长	丁兆华	男	巨峰镇平家村	1985.5—1987.2	
		李建永	男	曹家村	1985.5—1987.4	
		丁昶元	男	右所村	1985.5—1990.3	
		庄光生	男	大刘庄村	1985.5—1993.4	
		宋佃永	男	涛雒一村	1985.5—1994.4	
		李其平	男	高兴镇西牟家村	1988.4—1994.4	
		王坤英	女	南湖镇三合疃村	1990.3—1994.9	
		杨西善	男	河山镇	1992.2—1994.4	
		韩纪亮	男	安东卫街道	1993.4—1994.3	1993 年 7 月后主持工作
		韩先陆	男	高旺庄村	1993.4—1997.1	
		李世莹	男	后村镇	1994.4—1999.1	
		姚守春	男	虎山镇韩家营子村	1994.4—2002.3	

续表 14—4

机构	职务	姓名	性别	籍贯	任职时间	备 注
涛雒镇人民政府	副镇长	刘智贤	男	高兴镇	1994.5—1999.1	
		周绪文	男	郭家庄子村	1994.9—1999.1	三不变
		宋玉桦	女	高兴镇申家庄村	1995.5—1999.1	
		辛崇良	男	巨峰镇前崖下村	1999.1—2002.3	
		刘从生	男	虎山镇东湖二村	1999.1—2002.3	
		许加申	男	陈疃镇	1999.1—2002.3	
		丁元林	男	西林子头村	1999.1—2002.3	三不变
		徐茂云	男	陈疃镇东石墩村	2001.2—2003.1	
		杜美珠	女	郯城县	2001.2—2003.3	
		刘相建	男	黄墩镇草涧村	2002.2—2009.9	
		贺照录	男	后村镇贺家沟村	2002.2—2003.3	
		杨培田	男	后村镇大曲河村	2002.10—2006.11	
		于西庆	男	两城镇于家村	2003.3—2006.3	
		李宗常	男	陈疃镇	2003.3—2005.5	
		董书儒	男	西湖镇荻竹二村	2007.11—2011.12	
		焦栋英	女	西湖镇花园村	2007.11—2011.12	
		高 磊	男	三庄镇	2009.9—2011.12	
		时文彬	男	陈疃镇姜疃村	2009.9—2011.12	挂职
		周绪龙	男	后村镇	2010.6—2012.6	
		尚洪滨	男	两城镇	2011.12—2017.2	
		辛崇明	男	黄墩镇黄墩一村	2011.12—2012.12	
		李海明	男	南湖镇黄山前村	2011.12—2017.7	
		张志强	男	三庄镇三合岭村	2015.3—2017.7	
		李 明	男	后村镇蔡家官庄村	2015.3—2017.7	
		王均峰	男	三庄镇前石沟崖村	2017.7—2019.7	
		宋全慧	女	涛雒一村	2019.7—2021.2	
		杨茂强	男	两城街道	2019.7—2021.12	
		陈雨田	男	岚山区岚山头街道	2019.8—2021.12	
		司京占	男	岚山区碑廓镇	2021.5—	
		陈新华	男	西湖镇	2021.12—	
		金秉昌	男	日照经济技术开发区金家沟村	2021.12—	
		许如银	男	平邑县平邑街道	2021.12—	

1952—1962 年涛雒人民公社（镇、区、乡）政府领导人任职更迭表

表 14—5

机构	职务	姓名	性别	籍贯	任职时间
涛雒镇人民政府	镇长	郑全禄	男	西灶子村	1952.12—1953.11
		王庆宝	男		1953.12—1955.10
	副镇长	王立志	男		1954.5—1956.2
		王少林	男		1954 年春—1956.2
涛雒区人民政府	区长	金守臣	男	秦楼街道小孙家村	1956.2—1958.1
	副区长	范　勇	男		1956.2—1957.12
		王立志	男		1956.2—1956.6
涛雒乡人民政府	乡长	傅田余	男	栈子一村	1958.1—1958.9
	副乡长	王延修	男		1958.1—1958.9
		范　勇	男		1958.1—1958.9
		周祥爱	男	碑廓镇	1958.1—1958.9
海生人民公社管理委员会	主任	傅田余	男	栈子一村	1958.9—1959.2
	副主任	王延修	男		1958.9—1959.2
		范　勇	男		1958.9—1959.2
		周祥爱	男	碑廓镇	1958.9—1959.2
涛雒人民公社管理委员会	主任	傅田余	男	栈子一村	1959.2—1960.7
		邵安思	男	安东卫街道	1960.8—1962.12
	副主任	王延修	男		1959.2—1960.1
		范　勇	男		1959.2—1962.9
		周祥爱	男	碑廓镇	1959.2—1961.6
		庄茂仁	男	小海村	1959.3—1960.10
		李秀山	男	涛雒镇	1960.2—1962.12
		惠英林	男		1960.2—1962.3
		秦福森	男	虎山镇秦家结庄村	1960.11—1962.6

1952—1962 年涛雒公社（镇、区、乡）政府办公室文书任职更迭表

表 14—6

姓名	性别	籍贯	任职时间
任宋玉	女		1952.11—1954.12
刘玉平	男		1954.12—1955.10
厉建绪	男		1955.11—1955.12
庄建儒	男	南店村	1956.2—1962.4
卢立臣	男	黄墩镇	1962.4—1962.12

1947 年以来涛雒镇（区、乡、公社）政府办公室文书任职更迭表

表 14—7

姓名	性别	籍贯	任职时间
李学德	男	虎山镇张家结庄村	1947.9—1948.10
葛允秋	男	华山村	1948.10—1949.10
丁履如	男	右所村	1949.10—1952.6
孙运田	男	虎山镇	1952.7—1953.3
王锡球	男	两城镇	1953.3—1957.8
徐茂仁	男	下元一村	1958.1—1962.12

续表 14—7

姓名	性别	籍贯	任职时间
卢立臣	男	黄墩镇	1962.12—1982.3
李其平	男	高兴镇西牟家村	1982.3—1984.6
许田世	男	高兴镇	1984.6—1984.9
丁履海	男	西石梁头村	1984.9—1992.5
郭立章	男	海员村	1992.5—1993.8
孙长春	男	后村镇	1993.8—1994.8
王海洲	男	莒县城阳镇	1994.8—1997.1
杨善军	男	侯家村	1997.1—1999.9
葛云沛	男	王家村	1999.9—2003.10
刘祥娜	女	奎山街道东长河村	2003.10—2005.8
田金玉	男	黄墩镇田家村	2005.5—2007.8
李　明	男	巨峰镇蔡家官庄村	2007.8—2009.9
耿晓红	女	聊城市莘县	2011.6—2019.9
姜云琛	男	日照开发区	2019.9—2022.6
徐彩红	女	东港区石臼街道	2022.6—

第三节　管理区

联防

1945—1946年，涛雒区设8个联防片区：涛雒、虎山、小海、夹仓、李潭、高旺、义和、水木。联防片区设联防队长，负责联防片区的日常工作。

乡政府

1946年3月设乡，称乡人民政府。涛雒区建立8个乡（镇），只设指导员。1947年4月设乡长、副乡长，由全乡群众代表选举产生。乡政府下设文书、民政员、公安员、民兵中队长，均由半脱产或不脱产干部担任。

涛雒区各乡（镇）长及任职时间

1947—1949年

涛雒镇　丁茂三　1947.4—1947.6
　　　　庄茂仁　1947.7—1947.9
　　　　王洪合　1948.4—1949.5
　　　　傅田余　1949.5—1949.9
　　　　（总支副书记兼）
虎山乡　王兆征　1947.4—1949.4
小海乡　李其松　1947.4—1947.7
　　　　庄甲斌　1947.7—1949.9
夹仓乡　郑全禄　1947.4—1948.12
李潭乡　李玉兰（女）　1947.4—1949.5
高旺乡　陈同生　1947.04—1947.07
　　　　（副乡长主持）
　　　　李其松　1947.7—1949.9
义和乡　孟宪斋　1947.4—1949.3
　　　　张金太　1949.4—1949.9
水木乡　傅东元　1947.4—1949.9

1950年1月至1950年5月　（涛雒区设24个乡、镇）。

涛雒镇　傅田余　1950.1—1950.5
李潭乡　丁原智　1950.1—1950.5
水木乡　陈为启　1950.1—1950.5
虎山乡　高为堂　1950.1—1950.5
小海乡　葛国彩　1950.1—1950.5
刘庄乡　贺金爱　1950.1—1950.5
右所乡　宋庆荣（女）　1950.1—1950.5
东河乡　刘为兴　1950.1—1950.5
韩营乡　姚守卜　1950.1—1950.5
林东乡　王兴年　1950.1—1950.5
新口乡　孙树差　1950.1—1950.5
栈子乡　金兴昌　1950.1—1950.5
桥东乡　刘茂贤　1950.1—1950.5
赵羊乡　王茂太　1950.1—1950.5
下元乡　秦福久　1950.1—1950.5
石梁乡　庄建本　1950.1—1950.5
磴山乡　孙夫先　1950.1—1950.5
泥田乡　张成更　1950.1—1950.5
朱家乡　朱迪秀（女）　1950.1—1950.5
崔阳乡　徐宣佃　1950.1—1950.5
罗黄乡　崔保龙　1950.1—1950.5
桥南乡　陈建宝　1950.1—1950.5

1950年7月至1955年12月　1950年5月，七区建立，辖24个乡（镇）。1952年11月，涛雒镇（乡级）从七区析出设立涛雒镇，办公场所为原七区办公地，隶属日照县政府。七区办公地迁至下元，辖24个乡政府。

涛雒镇 傅田余 1950.5—1950.10
（总支副书记兼）
刘泽生 1950.11—1952.10
（总支书记兼）
韩营乡 姚守卜 1950.5—1956.1
东河乡 刘为兴 1950.5—1956.1
林东乡 王兴年 1950.5—1953.4
罗纪庚 1953.4—1954.4
新口乡 孙树差 1950.5—1952.10
罗纪庚 1952.11—1953.3
王兴年 1953.4—1954.4
罗纪更 1954.5—1955.11
刘庄乡 贺金爱 1950.5—1956.1
右所乡 宋庆荣（女） 1950.5—1956.1
小海乡 葛国彩 1950.5—1956.1
栈子乡 金兴昌 1950.5—1953.11
庄茂聚 1954.1—1954.11
桥东乡 刘茂贤 1950.5—1952.1
滕照娟（女） 1952.1—1956.1
下元乡 秦福久 1950.5—1956.1
高旺乡 许家美（女） 1952.5—1956.1
泥田乡 张成更 1950.5—1954.11
磴山乡 孙夫先 1950.5—1956.1
赵羊乡 王茂太 1950.5—1951.11
肖增科 1951.12—1953.7
肖德晋 1953.7—1956.1
水木乡 陈为启 1950.5—1952.5
丁元绥 1952.6—1956.1
李潭乡 丁元智 1950.5—1956.1
石梁乡 庄建本 1950.5—1956.1
虎山乡 高为堂 1950.5—1955.12
朱家乡 朱迪秀（女） 1950.5—1955.12
崔阳乡 徐宣佃 1950.5—1955.12
罗黄乡 崔保龙 1950.5—1955.12
桥南乡 陈建宝 1950.5—1955.12

1956—1957 年 1956 年 1 月，日照县区划调整，撤销涛雒镇，设立涛雒区，辖 11 个乡；七区改称磴山区，辖 15 个乡。是月，日照县新设立虎山区，磴山区下辖的虎山乡、朱家乡、崔阳乡、罗黄乡、桥南乡划归虎山区。2 月，虎山区撤销，虎山乡、朱家乡、崔阳乡、罗黄乡、桥南乡复归磴山区。

涛雒区各乡：
涛雒乡 宋庆荣（女） 1956.1—1957.12
小海乡 葛国彩 1956.1—1957.12
桥东乡 滕照娟（女） 1956.1—1957.12
刘庄乡 贺金爱 1956.1—1957.12
林东乡 罗纪更 1956.1—1957.12
东湖乡 刘为兴 1956.1—1957.12
夹仓乡 费守栋 1956.1—1957.12
李台乡 许延松 1956.1—1957.12
山后乡 申永春 1956.1—1957.12
金沟乡 裴提章 1956.1—1957.12
磴山区各乡：
下元乡 秦福久 1956.1—1957.12
高旺乡 许家美（女） 1956.1—1957.12
磴山乡 孙夫先 1956.1—1957.12
赵羊乡 肖德晋 1956.1—1957.12
水木乡 丁元绥 1956.1—1957.12
李潭乡 丁元智 1956.1—1957.12
石梁乡 庄建本 1956.1—1957.12
虎山乡 高为堂 1956.2—1957.12
朱家乡 朱迪秀（女） 1956.2—1957.12
水车乡 崔兆坤 1956.2—1957.12
崔阳乡 徐宣佃 1956.2—1957.12
罗黄乡 崔保龙 1956.2—1957.12
桥南乡 陈建宝 1956.2—1957.12

乡改公社

1958 年 1 月，涛雒区改称涛雒乡，辖 7 个乡：涛雒乡、小海乡、桥东乡、栈子乡、刘庄乡、林东乡、东湖乡；原夹仓乡、李台乡、山后乡、金沟乡划归新设立的夹仓乡。磴山区改称下元乡，辖 9 个乡：下元乡、高旺乡、泥田乡、磴山乡、大沟乡、赵羊乡、水木乡、李潭乡、石梁乡；原虎山乡、朱家乡、水车乡、崔阳乡、罗黄乡、桥南乡划归新设的虎山乡。9 月，涛雒乡改称海生人民公社，下元乡改称为磴山人民公社，原下设的乡政府撤销。1959 年 2 月，海生、磴山人民公社改称涛雒、下元人民公社。12 月，夹仓公社撤销，张成乡划归下元公社。

公社管理委员会　1962年12月，涛雒人民公社管理委员会和下元人民公社管理委员会撤销，设立涛雒区，下设10个公社。

各公社社长及任职时间

刘庄公社	秦福森	1962.12—1968.3
涛雒公社	李秀山	1962.12—1968.3
小海公社	王海迎	1962.12—1968.3
廒头公社	秦洪彦	1962.12—1964.2
	肖增科	1964.2—1968.3
李潭公社	滕新亮	1962.12—1964.5（副社长主持）
	苗玉昌	1964.5—1966.8
水木公社	陈庆云	1962.12—1965.1
	肖宗礼	1965.1—1968.3
下元公社	肖增科	1962.12—1964.2
	秦洪彦	1964.2—1968.3
结庄公社（原磴山乡）	秦玉森	1962.12—1968.3
东湖公社	杨汝法	1962.12—1968.3
栈子公社	陈德泽	1962.12—1963.7
	庄茂仁	1963.7—1968.3

管理区　1971年3月，区划调整，撤销涛雒区，建立涛雒人民公社革命委员会。原下设的公社撤销，改设9个管理区：涛雒、刘庄、小海、廒头、李潭、下元、栈子、东风、郭庄，不设行政干部。1975年，各管理区配备了不脱产的行业管理人员，时称"八大员"：文书、兽医防疫、广播、农技推广、民政、调解、农机、林业等网长。八大员每月4～6元的生活补助，参加所在大队生产队的年终分配。1980年，"八大员"裁撤。

一镇三乡　1984年6月，管理区撤销，涛雒区下设"一镇三乡"。

乡（镇）长、副乡（镇）长及任职时间

涛雒镇	镇长	丁兆华	1984.6—1985.5
	副镇长	李其平	1984.6—1985.5
高旺乡	乡长	王奎昌	1984.6—1985.5
	副乡长	李凤坤	1984.6—1985.5
廒头乡	乡长	李建永	1984.6—1985.5
	副乡长	陈为平	1984.6—1984.9
李潭乡	乡长	宋佃永	1984.6—1984.11
	副乡长	韩先陆	1984.6—1985.5
		常进全	1984.6—1985.5

1985年5月，涛雒区改称涛雒镇，"一镇三乡"撤销。11月，设4个管理区。管理区一般不设行政干部，特殊时期设主任。

1987年，撤销4个管理区，恢复原9个管理区。2017年2月，调整为8个管理区。2021年底仍为8个管理区。管理区一般不设行政干部，特殊时期设主任或副主任。

第四节　村自治组织

明代推行里甲制，以110户为一里（相当于现在的村、街），里设里正（后称里长）。11户为一甲，甲设甲长，每年选一甲首，与里长同理里中事务。里长、甲长的选举，以缴税银多的依次选出10户，最多者为里长，其他依次任甲首，10年轮流一遍，其中遇有里长贫穷，则在110户内评选补充。

里长、甲长初时负责传递公文，催缴税粮，后成为征收苛捐杂税的执行者，有的则成为"歇家"，与衙役联手，盘剥百姓。

清代沿用明制，但有所改动。以10户立一牌长，10牌立一甲长，10甲立一保长。每户发一印牌，写明姓名、人口。清乾隆二十五年（1760）规定，牌长、甲长三年一更换，保长一年一更换。

1912年，国民政府成立，公布县、区、乡、里自治制度。县设县长，区设区长，乡设乡长，村（里）设村长。村长不为民选，而由区、乡长指定地方豪绅任之。

抗日战争胜利后，各村逐渐设立中共党支部，建立村政权。村长的选举由村党支部提名，报区委区政府同意后，由村民大会举手表决通过，作为正式当选。村长没有任期，只有出现空缺时才进行补选。

互助组　变工互助始于1946年下半年。解放战争时期，变工互助有了较大发展。土地改革结束以后，产生了互助组。

1952 年 5 月七区部分乡（镇）互助组基本情况表

表 14—8

乡（镇）	长期组							季节组	
	组数（组）	户数（户）	男整劳力（人）	男半劳力（人）	女劳力（人）	耕畜头数（头）	耕地亩数（亩）	组数（组）	户数（户）
涛雒镇								6	64
大沟乡								8	47
小海乡								8	35
东河乡	1	5	5				52.5	1	6
虎山乡	4	12	16	11		4	126	57	180
李潭乡	1	3	3	1		1	22	6	28
右所乡								6	28
下元乡	9	49	50	21	2	12	466	6	30
水木乡	26	123	113	59		16	410	7	24
赵羊乡	10	58	56	19		10	397	50	250
刘庄乡	20	120	101	32	37	2	442	21	92
韩营乡	17	86	90	25	3		697	20	28
桥东乡								8	31
高旺乡								12	37
朱家乡	21	125	116	20	74	38	1788	7	28
林东乡	31	189	196	24	34	14	2256	5	24

初级合作社　1953 年底，开始成立初级合作社，社长代行村长的部分职责。1954 年，根据《中华人民共和国宪法》之规定，农村基层政权为乡政权，撤销村长制。

1955 年 11 月七区部分初级生产合作社基本情况表

表 14—9

村名	社名	性质	建社时间	社长	副社长	会计
东湖村	爱国一号社	农、渔	1954.12	张传荣	王彩	刘克均
	爱国二号社	农、渔	1954.12	常见喜	常进西	费守祜
	建国三号社	农、渔	1955.2	刘为柱	丁履佐	刘桂英
	爱国四号社	渔	1955.2	刘克勉	丁元安	刘桂兰
	爱国五号社	农	1955.2	李克足	费鸿昌	费春廷
	爱国六号社	渔	1955.2	刘群昌	刘保任	刘秀昌
	建国七号社	农	1955.2	刘惟桂	刘克音	刘克敏

续表 14—9

村名	社名	性质	建社时间	社长	副社长	会计
刘家湾村	前进社	农、渔	1954.11	刘世春	滕怀云	滕干卿
	先进社	农、渔	1954.12	滕怀绪		滕以汾
	新进社	农、渔	1955.2	刘怀贤	刘润贤	滕照孔
	刘明贤社	农	1955.9	刘明贤	刘为瑞	宋丰堂
	连进社	渔、农	1955.9	刘世增	张念彩	刘世有
	东进社	渔、农		刘世早	尹世瑞	刘世富
桥东头村	同进社	渔、农	1954.12	王廷爱	刘贤保	滕以干
	滕以春社	渔、农	1955.9	滕以春	李木春	滕以富
	王廷来社	渔、农	1955.9	王廷来	王廷芬	王廷义
王家村	光明社	渔、农	1954.3	葛长金	尹世厚	葛国旺
	工农渔业社	渔	1955.1		尹德太	葛长轩
	光胜社	渔、农	1955.1	尹相乃	尹德乾	葛国世
	新光渔业社	渔	1955.1	葛云玉	葛国仁	尹德岳
	新胜社	渔	1955.10	尹德宣	尹德合	尹相奎
小海村	同立生产社	渔、农	1955.1	宋佃东	王致英	王振书
	进步生产社	渔、农	1955.1	王均培	王振多	王砚文
	公立社	渔、运	1955.9	刘贤同	王均孝	王振佐
沙岭子村	胜利渔业社	渔	1955.1	王廷友	王纪结	王纪泽
	真明渔业社	渔	1955.1	王仕宜	王廷轩	王廷信
	新利社	渔、农	1955.2	王廷松	王仕迎	王华池
	建华社	渔	1955.1	孙树甸	王均录	王安立
李家村	新华社	盐、农	1954.12	李见平	王伟明	王安福
桥西头村	新光社	盐、农	1955.3	王纪需	郑淑永	王廷義
庄家坨村	曙光社	盐、农	1953.2	宋纪方	宋光秀	宋开臣
	盐丰社	盐	1955.1	庄茂全	庄茂仔	庄建树
	海生社	农	1955.2	庄建廷		庄茂金
黑七子村	利华社	盐	1954.3	秦玉乐	宋光年	司朝德
	黎明社	盐	1954.12	庄聿盛	庄茂礼	秦玉義
	利新社	盐	1955.3	庄聿荣	司见兴	
马家村	新生社	盐	1955.1	马恒福		马寿山
	新建社	农	1955.9	马承傅		马承举

续表 14—9

村名	社名	性质	建社时间	社长	副社长	会计
右所村	爱国社	农	1954.1	丁履根		刘克桢
	前进社	农	1954.1	司建余	丁履祝	丁履荣
	勇进社	农	1955.1	秦洪杰	黄兴华	宋夫明
	红星社	农	1954.3	姜永平	丁履荣	陈德山
	建国社	农	1955.3	徐宣伦	郭建五	黄庆连
高旺庄村	民主一号社	农	1955.1	李长春	庄茂地	庄建瑞
	民主二号社	农	1955.1	厉明海	王安同	阚兴聚
	民主三号社	农	1955.1	迟令海	叶连珍	丁履福
	民主四号社	农	1955.1	秦福义	沈国宣	丁介原
栈子一村	红星社	农	1955.1	傅为存	叶春荣	周绪兰
		渔	1955.10	孙方道	傅高余	叶星堂
栈子三村	长胜社	渔	1955.1	宋家明	刘为同	尹世成
		渔		高为堂	田洪选	叶连宗
		渔	1955	许衍喜	许衍群	冯德英
栈子二村	爱国一社	渔	1955	张纪永	郭建记	叶连博
	爱国二社	渔	1955	郭仲春	叶连礼	李方成
海员村	海员工会	渔	1955	庄瑞连	孙方道	叶星堂
东南营村	前进社	渔、农	1954.12	孙树民	张传兰	孙传合
	爱华社	渔、农	1955.10	孙树密	孙树同	张纪美
	同心木工社	木、农	1955.10	孙茂清	孙纪春	乔相荟
庄家村	西社	渔	1955.3	庄佃恒	庄佃先	庄维孝
	东社	农	1955.2	庄佃坤	庄顺吉	庄佃旺
曹家村	新建社	渔	1955.1	周绪迎	罗仕绩	李其中
	新成社	渔	1955.1	孙建江	唐庆会	唐明栋
	新立社		1955.1	胡秀桂	周绪权	李其春
孙家村	同合社	渔	1955.1	孙树从	孙树永	孙会先
	新胜社	渔	1955.1	孙鹤亭	孙正密	孙树合
	新华社	渔	1955.2	孙纪茂	孙延月	孙纪宸
	新合社	渔	1955.8	孙纪孝	孙树乙	孙纪义
	新安社	渔	1956.1	孙树恒	孙树群	孙纪信

续表 14—9

村名	社名	性质	建社时间	社长	副社长	会计
陈家庄子村	联合社	农	1954.12	陈淑升	孙淑宴	陈木生
	三合社	农	1955.1	陈淑昌	陈良善	陈美善
	前进社	农	1953.12	孙淑永	张传任	侯学田
东林子头村	同心社	农	1955.1	胡见贵	崔木永	韩见志
	孙树正社	农	1955.2	孙树正	庄廷祥	韩见荣
西林子头村	利民社	农	1954.12	丁为祥	丁履祜	丁兆凤
	胜利社	农	1955.1	王进年	丁元福	丁梅祥
	西林子头社	农	1955.9	丁为树	王瑞年	庄义忠
	侯永加社	农	1955.11	侯永加	丁可昌	丁仕昌
上元村	前进一号社	农	1955.1	宋连奎	滕希有	秦洪钊
	前进三号社	农	1955.1	秦洪富	秦玉阳	秦仕功
	前进六号社	农	1955.1	郭公禄	刘现文	秦洪学
	前进七号社	农	1955.1	刘月山	秦裕良	许加兰
小草坡村	前进二号社	农	1955.1	王茂新	王茂利	王有斋
大草坡村	前进四号社	农	1955.1	刘禄昌	孙纪林	孙传福
	前进五号社	农	1955.1	周官祥	高俊升	王海亭
大合坞村	爱国九号社	农	1954.12	徐纪荣	刘立仁	费立芳
	爱国十号社	农	1955.1	李茂芳	李茂迎	李中信
	爱国八号社	农	1955.1	李兆玉	张传林	李兆林
小合坞村	爱国十一号社	农	1955.1	李宗凤	徐公利	费立全
	爱国十二号社	农	1955.8	刘克轩	徐公学	徐云先
结庄村	同兴社	农	1955.1	徐宣召	刘加同	孙先友
	连营社	农	1955.1	宋光仁	张传福	刘加春
	联合社	农	1955.2	张培元	徐光玉	徐有山
	同进社	农	1954.12	刘为松	尹世岭	秦洪楹
	建华社	农	1955.1	李孟起	李溪凤	李溪珊
	同心社	农	1954.3	陈为来	陈为治	陈德增
	联胜二号社	农	1954.11	徐宣永	秦洪荣	秦洪日
	联胜三号社	农	1955.1	孙树润	孙树登	孙树祯
	新建社	农	1955.1	秦洪云	吴甲英	陈德玉
	群利社	农	1955.1	徐宣永	秦德荣	陈为新
	联胜五号社	农	1955.1	宋开深	王云桂	王玉芹

续表 14—9

村名	社名	性质	建社时间	社长	副社长	会计
结庄村	联胜六号社	农	1955	陈为官	孙树俊	陈为祯
	联胜一号社	农	1954.11	陈德存	徐惠民	赵铭三
	联胜四号社	农	1955.1	秦洪维	徐法乐	徐法升
	胜华八号社	农	1955.1	徐法波	徐法淑	徐立芳
	联合社	农	1955.1	陈德存	王云东	赵铭三
	联明社	农	1955.2	赵洪全	秦洪谦	孙传光
	联胜九号社	农	1955	秦福带	徐法治	徐立美
	胜华九号社	农	1955.2	秦洪云	李顺其	陈德玉
竹子河崖村	建华社	农	1954.1	宋开铭	程济宽	侯世柏
	小乡盐业社	盐	1955.1	宋光提	宋光斌	宋开涓
小刘庄村	红旗社	农	1954.1	贺淑干	庄聿甲	贺安林
	红利社	农	1955.1	贺淑宝	庄聿孟	丁兆安
大刘庄村	前进社	农	1955.1	李其森	庄建深	陈德明
	胜忠社	农	1955.8	葛云贡	潘以文	金光恕
侯家村	先锋社	农	1954.2	侯世祥	庄茂平	侯世池
	胜华社	农	1954.12	侯元存	侯世亮	侯世玉
泥田沟村	同建社	农	1954.3	孙建良	王安成	黄红升
下元村	胜星社	农	1954 年春	庄茂璋	王茂礼	庄文奎
	红旗社	农	1954.12	徐宣娥	徐茂雨	徐茂槐
	先锋社	农	1954.12	申同锦	王苏平	孙树源
	爱国社	农	1954.12	秦洪奎	秦玉苔	秦洪顺
	联合社	农	1954 年冬	秦聿贵	秦福先	秦洪锦
	红星社	农	1954.12	秦洪光	王茂山	秦洪钦
	胜星三号社	农	1955.1	秦聿贵	秦福坤	秦洪锦
	建民社	农	1955.1	杨孟宗	李曰中	秦玉奎
	胜星一号社	农	1955.5	庄茂彩	孙先利	庄文奎
	胜星九号社	农	1955.8	王安忠	李正先	庄贯英
	先锋社	农	1955.11	申同锦	王苏平	潘为胜
崔家庄子村	工农社	农	1954.12	刘世义	孙树快	贾义昌
	胜星十号社	农	1955.7	贾仁昌	贾森元	刘贤苗
	胜星十一号社	农	1955.8	宋光略	陈为陆	刘为升
郑家大沟村		农	1955.9	郑茂莪	郑全山	郑全宗

续表 14—9

村名	社名	性质	建社时间	社长	副社长	会计
罗川沟村		农		祝德元	庄明志	王安法
		农		徐明永	庄聿芬	王安怀
孟家官庄村	统一农业社	农	1954.2	裴德胜	秦泗合	秦玉介
	民主社	农	1955.1	杨安度	杨淑原	王文聪
	三合社	农	1955.1	赵明山	顾慎皆	顾可阶
	东明社	农	1955.1	李其友	丁兆祜	孙开兰
	新华社	农	1955.1	刘为龙	秦洪波	王文芬
赵家庄子村	荣华社	农	1955.1	朱维仁	张传世	宋光明
	繁荣社	农	1955.1	丁为胜	丁元枢	丁为泉
小羊卷村	同心社	农	1954.12	刘为绪	李延岭	郭常聚
	同顺社	农	1954.12	刘克贤	高悦和	曾广盛
	同建社	农	1955.1	刘恩贤	宋子明	姜秀富
大羊卷村	红光 1 号	农	1954.11	牟乃仁	牟乃昌	牟敦恩
	红光 2 号	农	1954.12	牟敦坡	崔永法	崔永成
吉掌村	红星社	农	1955.1	肖增林	杨广芳	秦福崇
	富强社	农	1955.1	周绪臣	顾廷林	王均再
簸箕笃子村	灯塔社	农	1954.1	王儒平	王茂平	王仿平
李家潭崖村	胜利社	农	1954.4	金贵昌	丁履学	牟墩原
	爱华社	农	1954.12	刘世卓	陈怀恩	陈卿相
	新成社	农	1954.12	赵明淑	郭公留	马世松
	红星社	农	1955.1	牟乃亮	牟乃田	牟墩录
	同利社	农	1954.8	牟乃者	刘学贤	刘为学
蒿岭村	建华社	农	1954.9	范为新	宋佃子	高兴宝
苗家村	爱国社	农	1953.12	崔为善	丁履臣	丁汝成
	顺利社	农	1954.4	徐立足	丁元祥	周绪合
	建国社	农	1955.1	庄绪吉	丁元斗	张传玉
竹家园村	前进社	农	1954.12	刘贤春	丁履爱	丁履苗
	庆华社	农	1955.1	丁履若	丁为海	庄建岗
平家村	爱华社	农	1954.3	赵均宏	丁兰昌	赵均亮
	红星社	农	1955.1	高华足	丁履佑	丁兆迎
	荣华社	农	1955.1	刘兰昌	韩子芳	李云兰

续表 14—9

村名	社名	性质	建社时间	社长	副社长	会计
平家村	爱国社	农	1955.1	王善喜	赵卫发	王德松
	前进社	农	1955.1	高悦祥	乃秀河	高华荣
	赵君喜社	农		赵君喜	吕景落	丁原均
	丁履瑞社	农	1955.8	丁履瑞	周文奎	丁兆娥
大洼村	发明社	农	1955.1	丁元升	宋延年	丁元德
	光明社	农	1955.4	宋延年	池令申	丁始桂
	中华社	农	1955.5	秦洪起	郭常远	丁兆生
水木头村	卫国社	农	1955.1	丁惟连	陈同义	丁元喜
	先进社	农	1955.1	宋庆新	苗玉红	丁元臣
	统一社	农	1955.1	丁原贵	丁为芹	丁玉亭
	新华社	农	1955.1	刘善五	宋家适	丁清海
丁家官庄村	星光社	农	1954.8	丁元华	孙树友	丁东海
	文华社	农	1954.12	张传文	盛华换	王永平
	新建社	农	1954.12	徐茂亭	李延年	孙照各
		农	1955.9	林宝亭	孙照福	丁玉函
松林村	红华社	农	1955.1	刘为京	傅维红	庄茂宜
	爱国社	农	1955.2	杨艾田	孙先喜	孙树和
亚月村	前进社	农	1954.7	王纪彩	丁合善	牟墩岗
		农	1955.1	孙芳友	孙树山	李世建
西石梁头村	周绪善社	农	1955.8	周绪善	张守坤	李业绪
	杨百栋社	农	1955.9	杨百栋	王光平	
东石梁头村	庄茂臣社	农	1955.9	庄茂臣	沈百安	王均分
	葛云平社	农	1955.9	葛云平	丁履芳	丁履英
丁家营子村	前社	农	1954.9	张传吉	张传运	庄建安
	后社	农	1954.1	庄运田	庄永吉	孙纪先
孙家营子村		农	1955.1	孙维根	孙维江	孙相文
李家营子村		农	1955.4	李建存	宋开绪	郭建顺
南店村	新生社	农	1953.9	庄建堂	范永宽	庄建余
	胜利社	农	1953.9	范永善	杨爱法	范庆和
	新立社	农	1953.11	庄建松	庄朋全	庄茂俊

1955 年 11 月涛雒镇初级生产合作社一览表

表 14—10

村名	社名	性质	建社时间	社长	副社长	会计
涛雒一村	爱国初级社	农	1954.3	祝照明	葛国贤	宋佃坤
	张振东社	农	1954.3	张振东	陈学法	聂东相
涛雒二村	爱国初级社	农	1955.4	李其沂	丁原志	庄建喜
涛雒三村	建国初级社	农	1954.9	庄茂义	丁元泗	庄善堂
	爱国初级社	农	1955.3	韩玉法	刘克孝	庄义祥
涛雒四村	老社	农	1954.3	宋光珠		刘克生
	新社	农	1955.4	沈玉安		秦洪元
涛雒五村		农	1954.10	万振宫	万洪友	丁元柱
涛雒六村	群立一号	农	1954	丁惟来		李金绪
	群立二号	农		王懋金		尹永喜

1955 年 11 月张成乡初级生产合作社一览表（隶属六区）

表 14—11

村名	社名	性质	成立时间	社长	副社长	会计
成家廒头村	国华	农	1954.10	成立松	成永池	成建元
	曙光	农	1954.11	成玉岭	成立铎	成建元
	新华	农	1955.6	成玉岩	成永禄	成建元
尹家廒头村	荣华	农	1954.7	尹德红	滕兆玉	尹永积
	强华	农	1954.8	尹德利	高为宣	高为山
	顺华	农	1954.9	尹茂修	贺淑君	贺淑芳
	民华	农	1955.8	相同增		尹永会
张家廒头村	仁华	农	1954.8	张传甫	尹永洪	尹永伦
	兴华	农	1954.9	张传伍	张纪桂	张佩轩
	春华	农	1954.10	张纪先	张传晋	尹德全
西灶子村	红星	农	1954.10	郑作宝	郑淑岱	郑建民
东灶子村	曙光	农	1954	郑培三	郑培架	郑作美
田家园村		农	1955.4	田玉芹	田玉法	田洪展
北王家村		农	1954	刘校一	郭常林	
圈子村	建华	农	1954.8	马世廷	乔祥栋	马承惠
	爱华	农	1954.9	马世录	乔瑞锦	乔瑞锡
宅科村	旭光	农	1954.8	郑淑岭		郑淑新

高级社 1956年成立高级社时，社长取代村长职责。

生产大队 1958年9月，人民公社成立后，设生产大队，大队长取代社长。

1961年3月，中央颁布实施《农村人民公社工作条例（草案）》，简称“农业六十条”。1962年，落实中国共产党第八届中央委员会第十次全体会议通过的《农村人民公社六十条》，实行三级所有，队为基础。大队设管理委员会，管理全大队的行政事务，设大队长1人，副大队长1人，委员3～5人。大队下设生产队，生产队成立队委会，设生产队长1人，副队长1人，妇女副队长1人，会计1人，保管1人。1968年，大队管理委员会改称大队革命委员会。1982年春，复称大队管理委员会。

第五节 村民委员会换届选举

1984年冬，改队建村，生产大队管理委员会改称村民委员会。村民委员会一般由5～7名委员组成，由村民大会选举产生。设正副主任、文书、治保主任、妇女主任、民兵连长。1985年，撤队并账，各生产队的所有账目合并到村委，生产队撤销，设村民小组。

根据《中华人民共和国宪法》规定，村民委员会是“群众性的自治组织”，其成员由村民选举产生，任职三年，届时要进行换届。村民委员会换届选举工作在镇党委政府领导下，由民政部门组织进行。1984年秋，县政府在涛雒一村进行试点，按行政村设立村委会，取得成功。结合试点，后在全镇开始进行换届选举。至2021年，共进行十三届村民委员会换届选举。

第一届村民委员会选举 1984年12月8日，根据中共日照县委、县人民政府《关于改队建村的工作意见》精神，辖区75个大队结合改队建村，进行了首届村民委员会选举。为保证选举成功，镇成立村委选举领导小组，组织了96名脱产干部包村帮助选举。

选举工作首先进行选民登记。有选举权的村民，农村户口企业职工，在校学生，都在户口所在地登记；无行使选举权的精神病患者，经选举委员会确认，不予登记。1985年1月，域内75个行政村全部完成选举，选出村委主任72名，村委委员289名。各村委会根据需要下设调解、治安、计生、民政、经管等委员会主任，大多数由村委成员分工负责。

在一至五届村委会选举中，候选人一般由村党支部酝酿提名，经镇党委审批后，再进行投票选举。自第六届村委会选举开始，采取直选方式。

第六届村民委员会换届选举 1999年1月完成。依照《村委会换届选举工作实施方案》的规定，村委会换届选举，先民主推举村民换届选举委员会，由选举委员会主持换届选举，选举过程要做到选民登记、推荐候选人、选举办法、选举结果“四公开”。经选民海选出的候选人，要发表演说。选民投票实行差额选举。“投票选举时，可以在村民委员会候选人中一次投票选举出村民委员会主任、副主任和委员，也可以先选出村民委员会成员，再由选民从其中选举主任、副主任。”投票结束后，开箱验票、清点选票，报告投票结果。核对无误后，公开进行唱票、计票。选举结束后，当选主任要发表任职演说。会后，将选举结果报上级机关备案。是届，域内75个行政村共选举出村主任73人，村委委员275人。

第八届村民委员会换届选举 2005年1月，完成第八届村民委员会选举。根据东港区委文件精神和涛雒镇制定的实施方案，此次村民委员会换届选举不同于往届，实行村“两委”成员交叉任职，严格控制村“两委”职数。1000人以上的村，不超过3职；1000人以下的村一般不超过2职。经过这次换届选举，村党组织成员、村委会成员交叉任职的，届后任职207人（届前147人），比率92%；党支部书记和村主任“一人兼”的，届后任职71人（届前35人），比率95%，两委成员总数225人，而届前298人，减少职数73人，职数比上届少25%。选举成功74个村，只剩1个村未选举，选举成功率为98.7%。

第九届村民委员会换届选举 2007年12月，完成换届选举。全镇75个村中，村委主任连任的55人，初次当选20人；村委委员初次当选的66人。村委主任交叉任职的68人，比率91%；村委委员交叉任职的 204 人，比率 83%。村委新班子中，共产党员 209 人；女性 27 人。大学学历的 16 人，中专学历 44 人，高中学历的 101 人，初中及以下的 65 人。年龄 46 ~ 59 岁的 47 人，36 ~ 45 岁的 113 人，35 岁以下的 46 人。75 个村选举一次成功，选举成功率为 100%。

第十三届村委会换届选举 2021 年 4 月 1 日至 5 月 11 日完成。本次村委会换届选举与村党支部换届同时进行，简称“两委”换届。全镇 75 个村共选举产生村“两委”成员 336 人。其中村委会成员 270 名，交叉任职 161 人，交叉任职比例 70.9%；本土党组织书记、主任“一肩挑”占比 100%。妇女进村委率和 35 岁以下年轻干部进“两委”率 100%。村委会主任平均年龄 50.15 岁。其中，45 岁及以下的 16 名，占 21.3%；46 岁至 59 岁的 54 名，占 72%；60 岁及以上的 5 名，占 6.7%。全镇 336 名村“两委”成员平均年龄 44.42 岁。其中，35 岁以下的 79 人，占 23.5%；36 岁至 45 岁的 79 名，占 23.5%；46 岁至 59 岁的 173 名，占 51.5%；60 岁及以上的 5 名，占 1.5%。“两委”成员中，高中（中专）学历 134 名，占 39.9%；大学专科学历 80 名，占 23.8%；大学本科及以上学历的 11 名，占 3.3%。336 名村“两委”成员中，女性成员 121 人，占比 36.01 %，平均年龄 41.28 岁；村委会主任中，女性 2 名，占 2.7%。女性“两委”成员中，初中学历 30 名，占 24.79%；高中（中专）学历的 54 名，占 44.63%；大学专科学历的 31 名，占 25.62%，大学本科及以上学历的 6 名，占 4.96%。

第三章 政协

1986 年 1 月，涛雒镇设立了专门政协工作机构。其主要职责是：组织驻涛雒镇的各级政协委员参政议事，开展考察、调查等活动，组织驻镇的市、区政协委员参加市、区政协全会等。努力调动各级政协委员以及社会各界的积极性，为经济社会发展建言献策，贡献力量。

第一节 机构

学习联络组 1986 年 1 月，设立镇政协办事处委员学习联络组。

政协联络办公室 1990 年 2 月，设立政协联络办公室（正科级单位），负责全镇的政协工作。2002 年 1 月，镇政协联络办公室撤销，政协工作由镇党委宣传委员负责。2011 年 12 月，设立政协工作办公室（正科级单位）。2013 年 3 月，政协工作办公室撤销，政协工作由党委副书记负责。2017 年 7 月，复设政协联络室（副科级单位），主任由党委副书记兼任。

1990—2002 年政协工作（联络）办公室负责人任职更迭表

表 14—12

职务	姓名	性别	籍贯	任职时间
主任	丁元增	男	苗家村	1990.2—1993.4
主任	邱丰森	男	两城镇董家滩村	1999.1—2002.2
主任	时文彬	男	陈疃镇姜疃村	2011.12—2013.3
主任	邱志刚	男	三庄镇邱家庄村	2017.8—2019.6
副主任	宋佃永	男	涛雒一村	1993.5—1994.3
副主任	丁兆伦	男	小刘庄村	1995.3—1997.2
副主任	常进泉	男	巨峰镇尚家庄村	1997.2—1999.1
副主任	刘智贤	男	高兴镇	1999.1—2002.3
副主任	周绪文	男	郭家庄子村	1999.1—2002.3

第二节 政协工作

镇政协工作办公室是联络市、区政协委员的工作机构。其主要职责是：组织驻涛雒镇的各级政协委员参政议事，开展考察、调查等活动，组织驻镇的市、区政协委员参加市、区政协全会等。

1985年以来，办公室把“三胞”（港澳台胞）联谊活动作为重点，在组织接待“三胞”回乡探亲活动中铺路搭桥。1988年3月，成立台侨联谊领导小组，组长丁元春。在“三胞”到故里投资建设、捐资助学活动中穿针引线，做了大量工作，激发了“三胞”热爱祖国的热情、眷顾乡梓的亲情。

1999年，政协联络办公室先后组织驻镇的市、区政协委员进行了两次考察：一次是针对企业改制后的情况，考察了域内的民营企业，提出重点发展民营企业的新思路；一次是考察了川子河、南店河、高旺河、林子头河的治理工程，参加视察的委员们一致认为治理措施得力，工程质量好，是造福百姓的百年大计工程。

在干好本职工作的同时，积极做好镇党委、政府的中心工作。按照统一部署，帮助李潭管理区重点发展果、茶园；小海管理区发展工厂化养殖大棚；廒头管理区发展淡水养虾池；刘庄管理区发展养鸡等。

2000年，先后组织驻镇的区政协委员进行了3次考察活动：考察了6家民营企业；考察万亩淡水养殖和万亩滩涂开发；考察果园、茶园、桑园。

2005—2007年，在筹建刘家湾赶海园，拆迁、安置有关居民过程中，驻镇的市、区政协委员，多次考察、调查，走进拆迁村、户，做深入细致的思想工作，协助党委、政府顺利完成了拆迁、安置工作。

2012—2013年，日照国际海洋城基础设施建设中，大量的涉农事宜和有关村居拆迁问题需要解决。政协工作办公室组织驻镇的市、区政协委员，深入个别村、部分户，做村民思想疏通工作，加快了整个工程的进展。

2016年，国际海洋城撤销，涛雒政协在市、区政协领导下开展工作。2022年，镇政协委员联络室立足政协定位，围绕中心大局，为全镇社会经济全面协调发展献智献力。5月27日，组织驻涛雒镇区人大代表、政协委员到日照职业技术学院新校区、伊兰生物技术有限公司、红旗现代渔业产业园区等地进行实地考察，聚焦群众关心的热点难点问题，积极建言献策。2022年承办东港区政协十一届一次会议委员提案3件，认真采纳和落实提案所提建议，切实做到办理提案与解决问题、改进工作、促进发展相结合，委员沟通率达、办结率均达100%。

第三节 历届政协市、县、区委员名单

政协日照市委员会

第四届委员会第一次会议（1990年1月9—13日）

张孝柏 涛雒镇党委
马世鹤 东川子村
丁作民 涛雒五村
尹相溪 尹家廒头二村
傅承荣（女） 南店村

第五届委员会第一次会议（1993年3月5—9日）

丁昶原 涛雒初中

第六届委员会第一次会议（1998年2月21—26日）

丁明新 亚月村

第九届委员会第一次会议（2012年3月19—23日）

丁仕全 高旺庄村

第十届委员会第一次会议（2017年2月22—27日）

丁仕全 高旺庄村

政协东港区（日照县、市）委员会

政协日照县第一届委员会第一次会议（1981年12月30日至1982年1月4日）

丁作民 涛雒五村
尹相溪 尹家廒头二村
傅承荣（女） 教师
庄秀平（女） 教师

政协日照县第二届委员会第一次会议（1984年8月25—30日）

丁元春 涛雒镇党委
马世鹤 东川子村

丁作民　涛雒五村
徐世炳　日照五中
尹相溪　尹家廒头二村
傅承荣（女）　教师
庄秀平（女）　教师

政协日照市(县级)第三届委员会第一次会议(1987年4月8—12日)

丁元春　涛雒镇党委
马世鹤　东川子村
丁作民　涛雒五村
徐世炳　日照五中
尹相溪　尹家廒头二村
傅承荣（女）　教师
庄秀平（女）　教师

政协东港区第五届委员会第四次会议（1996年3月6—9日）

张守信　涛雒镇党委
丁海兰（女）　涛雒初中
赵淑芬（女）　大草坡村
刘泽花（女）
葛允建
丁兆臻
丁昶原　涛雒初中

政协东港区第六届委员会第一次会议（1998年1月12—16日）

范文青　涛雒镇党委
孙长春　涛雒镇党委
常进全　涛雒镇党委
秦洪征　涛雒农技站
董峰涛　涛雒卫生院
丁海兰（女）　涛雒初中
赵淑芬（女）　大草坡村
庄建东　南店村
侯世格　侯家村
丁明新　亚月村
丁明昌　日照五中
王培娇（女）　小海村

政协东港区第七届委员会第一次会议（2003年1月16—20日）

闫华章　涛雒镇党委
孔令前　涛雒镇党委
肖光娟　涛雒镇党委
丁海兰（女）　涛雒初中
刘孝昌　涛雒六村
郭常伟　阜鑫渔港
张平书　栈子一村
尹永生　尹家廒头二村
庄建东　南店村
王培娇（女）　小海村
姜先顺　华山村

政协东港区第八届委员会第一次会议（2007年12月7—10日）

徐丽荣（女）　涛雒镇党委
王　青（女）　涛雒镇统计站
刘乃健　涛雒三村
杜玉书　信伟粮油
张平书　栈子一村
高明山　涛雒卫生院
丁兆彬　涛雒初中
赵迎春（女）　日照五中
王培娇（女）　小海村

政协东港区第九届委员会第一次会议（2012年1月31日至2月4日）

时文彬　涛雒镇党委
董书儒　涛雒镇党委
黄庆平　涛雒镇计生委
王　青（女）　涛雒镇统计站
杨善军　涛雒初中
韩　柏　涛雒交管所
张守桂（女）　小海村
厉　萍（女）　高旺庄村
孙　玲（女）　尹家廒头三村
李业彬　地税所

政协东港区第十届委员会第一次会议（2017年1月19—23日）

董书儒　涛雒镇党委
王　青（女）　涛雒镇统计站
黄　文　涛雒三村
张守波　五光十色工贸有限公司
孙　玲（女）　尹家廒头三村

王秀兰（女）　涛雒小学
董春梅（女）　金丰达淀粉制品有限公司
厉　萍（女）　高旺庄村

政协东港区第十一届委员会第一次会议（2022年1月17—21日）

于　坤　涛雒党委
王运红　小草坡村
庄　磊　日照海来鑫渔业有限公司
张　阳　日照德瑞物流公司
张　霞（女）　日照鼎盛电器开关有限公司
张守波　日照五光十色工贸有限公司
郑　伟　日照职业技术学院
潘　娜（女）　涛雒党委
宋全慧（女）　涛雒党委

涛雒镇志

TAOLUO ZHENZHI

第十五编　公安　司法　应急管理

涛雒镇派出所　（涛雒镇宣传办公室提供　摄于2021年）

域内人民政法机构始建于20世纪40年代，中华人民共和国成立后逐步健全。1945年开始设立边防派出所；1979年5月设立涛雒法庭；1952年后各村治保委员会负责本村的民事调解，1979年1月设立司法调解机构；2005年4月成立安全生产监督管理办公室，后更名为应急管理中心。域内公安、法庭、司法、应急管理机关的建立与加强，对维护人民政权和人民群众的合法权益，打击犯罪，维护社会稳定，调解人民内部矛盾，保障改革开放和经济建设的顺利进行发挥了重要作用。

第一章 公安

域内民国初期设立警察分所。日伪时设立日伪警察分所。20世纪40年代，人民公安建立。中华人民共和国成立后，公安机构和队伍建设逐渐完善。1945年起，域内公安工作由边防派出所负责。1982年，日照县公安局在域内设立涛雒派出所。

第一节 机构

民国警察分所 1917年，涛雒成立警察分所，所址在涛雒街（今观海路与文泰路交会处）。设分所长、警务长各1人，巡警9人，雇员数人。警察着黑色服装，有枪5支，隶属民国日照县警察所。分所长、警务长、巡警由县警察所选派。警察分所分管辖区内户籍、治安、逮捕、拘押以及执行查船、查栈、捕匪、缉奸等任务。1928年，被国民政府日照县公安二分局替代。

民国日照县公安局二分局 1928年，国民党日照县公安局成立，在涛雒设二分局（址在原警察分所）。首任分局长王茂庭，设巡官兼书记1人，警长2人，警察、夫役32人，配枪13支。其职责是以维护驻地治安为主，晨查出港船只，夜查客栈，防止违禁物品从海上运进内地。1939年10月，日军侵占日照后，二分局撤销。

日伪警察分所 1940年春，涛雒日伪警察分所成立，所址在原日照公安二分局处。该所初有30人，下设保安、警务、警法3个组和1个特务班（特务班10人，驻涛雒街“山房”），隶属日照县日伪警察所。保安组管理户口、保甲、训练壮丁、制发通行证等；警务组主管财务、人事、给养；警法组专管司法、民事案件的审理；特务班主要任务是负责翻译官的安全，刺探抗日军政情报，协助日军捕杀抗日军民。1945年8月，日本投降后，日伪警察分所解除。

涛雒公安派出所 1945年12月至1981年，域内的公安工作由边防派出所负责。1982年，日照县公安局在涛雒设立公安派出所，所址在涛雒街（今文泰路与观海路交会处，沿文泰路往北30米东侧）。自此，公安派出所和边防派出所明确分工，既各有自己的管辖区域和担负的职责，又相互支援，协同作战。

1982年，涛雒公安派出所辖45个行政村及辖区内县直、社直所有单位。1984年6月，辖56个行政村和辖区内所有企事业单位。1997年，拆除办公平房，建两层办公楼22间。

1982年以来涛雒公安派出所所长任职更迭表

表15—1

姓名	性别	籍贯	任职时间
尹世钦	男	涛雒镇王家村	1982—1984.9
佘显界	男	奎山街道傅疃村	1984.9—1986.9
尹世钦	男	涛雒镇王家村	1986.9—1990
秦玉合	男	河山镇	1990—1994
陈　杰	男	日照街道	1994.4—1998.5
成志修	男	奎山街道	1998.5—1999
徐庆迎	男	岚山区虎山镇	1999—2002.10
王廷斌	男	岚山头街道	2002.10—2008.4
王永志	男	胶南县	2008.4—2014.4
单　杰	男	岚山区黄墩镇	2014.4—2019.10
唐　良	男	岚山头街道	2019.10—2021.12
赵善明	男	莒县	2021.12—2022.9
申家江	男	岚山区巨峰镇	2022.9—

2005年6月，迁至镇党委办公楼西侧办公，建有三层楼1幢，平房15间。2013年，辖56个

行政村和辖区内所有企事业单位的户籍管理及治安工作。

2021年，涛雒公安派出所辖区面积84平方千米，负责辖区56个行政村和辖区内所有的企事业单位的户籍管理及治安工作。常住人口47901人、16177户。

1999年6月，涛雒派出所被省公安厅评为“全省公安派出所档案工作规范化先进单位”；2005年，被省公安厅评为“换发二代证工作先进单位”；2006年，被公安部审定为“全国一级派出所”。

涛雒交警中队 2006年7月设立，队址在涛雒七村204国道东侧，隶属东港区公安局交警大队。队长安磊，指导员孙续敬。主要负责域内路面交通管理，道路交通安全宣传，五小车辆挂牌办证，轻微交通事故处理等。

交警中队自成立以来，在公路沿线建立了省市区交通安全村16个；与日照五中、涛雒二中等9个单位或村居，共同开展了交通道路安全示范创建活动，保证了辖区道路畅通。2008年被省公安厅评为“一等路查中队”。2021年，被涛雒镇人民政府评为城镇管理先进单位和平安建设先进单位。

第二节 主要工作

惩治反革命

除奸反特 抗日战争和解放战争时期，日伪以及国民党反动派不断向根据地、解放区派遣汉奸、特务，从事策反、暗杀、刺探情报等破坏活动。锄奸反特便成为中国共产党在这一历史时期的重要任务。1940年，中共日照县公安局在二区设公安特派员，部分村设公安员，组织和领导锄奸工作。区公安特派员对上负责及时汇报本区治安工作情况，落实上级指派的任务；对下负责组织、领导村公安员的工作。

1943年春，涛雒区部分村民兵配合县公安局侦查员，深夜奇袭栈子伪乡公所，活捉罪大恶极的伪乡长周仙舟，并把他的十大罪状布告贴在伪乡公所的大门上，然后押到海滩将其正法。

1945年秋，涛雒人民政府将未及逃跑的日伪时期涛雒特务班的骨干分子顾东仁、傅小秃和涛雒伪乡长宋作周抓捕。以上3人，依仗日军势力，在涛雒街及周边村无恶不作，民愤极大。涛雒人民政府、公安分局组织召开数千人公审大会，并将3人在涛雒街西南隅正法。10月，涛雒区召开了几千人参加的“公审控诉大会”，处决了汉奸董寿堂等两名罪犯。

1946年，各村公安员，在上级指导下，维护着土地改革的顺利进行。

1948年春，涛雒公安分局在下元村北活捉了一名持枪特务。经审问，该特务夜间随小队从海上登陆后，窜至磴山一带进行破坏活动，在返回途中掉队，迷失方向被捉。

1949年8月，济南公安局逮捕了曾在涛雒犯下滔天罪行的大汉奸陈成功。1950年4月28日，将其押至涛雒，在涛雒召开万人公审大会。陈成功等罪大恶极的反革命分子在涛雒被依法处决。

对反动党、团、特清查登记 1949年春，根据县委指示，对返乡的旧军、政、警、宪、特人员进行登记。对罪大恶极分子，严惩不贷；对一般胁从人员，只要悔过自新，不再进行反革命活动，既往不咎。1951年底，登记工作基本结束。

取缔会道门 20世纪40年代初，反动会道门“圣贤道”“同善社”“一贯道”等传入域内，后渐有发展。这些组织的道众受道首蛊惑，常与恶霸地主、土匪沆瀣一气，狼狈为奸，传播封建迷信，进行反革命活动，成为残害人民的帮凶。

1951年春，遵照省、县人民政府关于取缔反动会道门的指示，涛雒公安分局经排查摸底，共查出会道门69人，其中一般参与者67人，小头目2人。对这些人，根据不同情况，给予适当处理。

海防保卫 1945年12月，涛雒公安分局成立后，管理进出海口船只，打击海匪和特务的破坏活动，保卫海上和口岸安全。1946年春，县人民政府和滨海军分区后勤部，鼓励和支持涛雒人民依托小海口、张洛口等海上自然口岸建立商行，使抗日战争时期一度关闭的涛雒街私人商户陆续开店营业。随着沿海口岸通商船只增多，敌特、海匪在海上和沿海渔村活动猖獗，掠夺商品物资。大汉奸朱信斋之子朱德玉，网罗逃亡汉奸、地主，成立“黄海队”，在海上抢劫渔船、渔网，劫持渔民。1946年初夏，“黄海队”骨干分子流窜至域内沿海，伺机抢劫渔船和网具。涛雒公安分局和联防队迅速组织人员出击，匪徒仓皇逃窜。

1947年秋，涛雒公安分局划归海上公安局领导。1948年6月，中共日照县委决定，在涛雒区专设海上斗争指挥部，统一指挥反海特斗争。是年10月至1954年6月，涛雒公安分局虽曾几次撤销与恢复，几度变更隶属关系，但海防保卫任务一直未变。

1960年10月12日零时左右，夜间巡逻民兵突然发现刘家湾村东沙岭树林中有11颗信号弹升空。执勤民兵马上报告了涛雒边防派出所、涛雒公社武装部。两部门迅速组织警力、民兵前往搜查，发现是特务为扰乱社会治安，制造恐慌而安装的定时信号弹，特务已逃离。1962年五一节期间，敌特分子在沿海、磴山区域连发15颗定时信号弹，涛雒边防派出所、涛雒区武装部及时识破，稳定社会治安。

1964年6月3日，国民党台湾当局派武装特务一股，窜犯日照沿海，涛雒边防派出所、驻军、民兵在县边防大队临战指挥部的统一指挥下，进入沿海滩头阵地，24小时严阵以待。敌特未敢近岸，海上北逃。6日，备战解除。

社会治安管理

1940年12月，二区设公安特派员（县公安局先后派牟某、秦福久任区特派员），部分村设公安员。区特派员领导村公安员，保卫群众利益，检举制止造谣破坏分子的活动，组织站岗放哨等。

1945年12月，涛雒公安分局成立，组织联防队在全区各村民兵配合下，维护全区的社会治安。针对旧社会遗留下来的一些陈俗陋习，如吸大烟、赌博、嫖娼等，均进行大力宣传其危害，根据群众举报，进行排查，一旦发现，按照有关规定、条例，严肃处理。1952年，各村设治保委员会，具体负责治安保卫工作。

1964年，涛雒区根据上级指示，针对域内海外关系多、阶级成分复杂之现状，组织分类管理，进行不同形式的社会主义教育，使被教育者认清形势，积极投入到社会主义建设中来。“文化大革命”期间，虽然极左路线对社会治安管理有所影响，但绝大多数群众思想觉悟较高，坚持正确的方向，社会治安管理工作仍能继续沿着社会主义的方向发展。

1984年改队建村，是农村改革非常时期。各村成立了治安巡逻队，由4人至6人组成。各村治安主任和民兵连长带队轮流巡逻，有效地维护了社会稳定。1986年，在全镇9个管理区，3个镇直企业中分别组建了治安巡逻队，每个队5～7人，1990年撤销。

1991年，根据中共中央7号文件精神，乡镇也要设立相应的社会治安综合治理领导机构，健全办事机构或配备专人负责，成立了社会治安综合治理领导小组，组长由镇党委副书记兼任。综合治理小组与各行政村签订了社会治安综合治理责任书。

1994年12月，成立了社会治安综合治理办公室，专管社会治安。

1995年后，每年初，镇党委、镇政府即下发“平安建设实施意见”，是全镇年内社会治安管理的总要求、总目标。在年初，镇综治办与各村党支部、村委会签订本年度社会治安综合治理目标责任书。年底，进行评估、考核，并实施社会治安一票否决制。

1997年3月，根据上级有关指示，在域内75个行政村、45个镇直企事业单位，设立了社会治安综合治理办公室，办公室主任由村委会主任、单位主要领导兼任。

1999年，与镇直和驻涛雒的市、区直单位签订了社会治安综合治理目标责任书。同时，镇党委制订了全民普法教育实施工程。

2001年8月，被中共日照市委、市人大常委会、市政府评为（1996—2000年）全民普法、依法治理先进单位。

2001年4月，镇党委遵照上级指示，结合本镇实际，制定了关于“严打”整治斗争实施方案。

2003年后，小海边防派出所、涛雒公安派出所，在大力实施社会治安综合管理的同时，在镇直单位和村居设立警务室，有力地维护了域内的一方平安。为了更好地使学法、懂法、执法落实到基层，有利于依法治村，小海边防派出所和涛雒公安派出所分别于2008年7月和2009年7月共有17名干警到农村兼任党支部副书记，有力地促进了农村综合治理工作的全面落实。

2014—2019年，涛雒派出所、小海派出所为维护社会稳定做了大量卓有成效的工作。为服务“山东精品钢基地”建设，设立了郭家庄子社区警务室；集中警力对镇驻地沿街门面房等重点区域，开展了专项信息采集工作；在辖区内开展了打击“黄赌毒”“扫黑除恶”“打霸治痞”专项行动；扎实推进“青日连”高铁建设片区村庄征地维稳工作；加强了天网工程建设，各村居安装视频探头，打造了16个技防示范村，督促无探头的村居及探头不超过5个的村居安装探头；在全区率先完成了户籍业务进驻镇便民服务大厅工作；在服务东方太阳城天台山田园综合体、精品钢基地等大项目建设中，围绕工资工地纠纷，深入摸排、打击违法犯罪，共处理工资纠纷11起，帮助农民工结算工资计102万余元。小海边防派出所2018年被山东省总队评为先进基层党组织，2019年被省总工会表彰为全省“工人先锋号”。

2020年，涛雒派出所对辖区视频监控网络进行重新规划布局，做到了主要道路、重要点位的全方位监控。

2021年，小海边防派出所加强了涉海要素摸排，全面摸清辖区沿海要素底数，登记造册渔村22个、船舶586条、涉渔中介5家、水产加工企业和船厂等用工场所6家，并逐一建立渔村、涉渔企业等反恐信息员40余名；强化“三无”船舶清理，其间累计查获 “三无”船舶87条，净化了沿海生产和治安环境。全年以中国共产党成立100周年安保为主线，坚持“打防结合，以打促防”，全力维护辖区社会稳定。2021年被市公安局评为先进集体。涛雒派出所在年度绩效考核中被评为优秀等次，并被市公安局集体嘉奖。

枪支弹药、爆炸物品管理

1946年5月，遵照滨海行署《关于建立枪证制度的训令》，公安部门对各级党政人员携带的短枪和弹药进行登记，颁发持枪证，对各村的民兵枪支进行统一核对、烙印，持枪人由公安局登记发证。

1951年6月，公安部发布《枪支管理暂行办法》，对散存社会上和个人手中的枪支弹药进行收缴。1957年，公安部颁发《炸药物品管理规则》，加强了对民用爆炸物制造、使用、购买、销售、运输、贮存等环节的管理。

1995年，根据上级指示，对散存在社会上的猎枪、有杀伤力的气枪、土炮进行集中收缴，全镇共收缴各类枪382支，子弹数百发。在全社会广泛宣传枪支弹药管理法规。对民用炸药、雷管等物品，由东港区有关单位统一定点销售发放。翌年，在治爆缉枪行动中，又收缴各类枪47支、子弹82发。

特种行业管理

1949年10月后，公安机关对旅馆、饭店、刻字、印刷、旧货收购、车行、修理等行业，采取登记审查制度，定期检查。1982年以来，依据特种行业管理有关规定，同工商部门一起，对域内特殊行业采取集中整顿，核发证件，对符合规定、要求的重新办理许可证，并建立了一户一档的管理档案。

自行车、摩托车管理

1975年，派出所协助工商部门对自行车实行管理。1978年12月，派出所接管了自行车管理业务，配备了自行车专门管理人员，负责域内自行车的登记、挂牌、建档和年审。2002年后，公安机关不再管理自行车业务。

2002年10月，摩托车归公安机关管理后，对全镇的摩托车进行挂牌和办理驾驶证，并每年进行一次年审。

打击刑事犯罪

抗日战争时期，公安部门的主要任务是铲除汉奸，保卫人民政权和保护军事设施，保卫政治、经济、文化建设。解放战争时期，重点是反特剿匪，巩固人民政权，保护人民群众的生命财产。中华人民共和国成立初期，开展镇压反革命运动。农业合作化时期至“文化大革命”前，主要以维护集体经济和侦破凶杀、抢劫、盗窃、强奸等各种刑事案件为重点，以保卫生产安全，巩固人民公社集体领导，预防犯罪为主。

1963年，全区10个公社，破获大小偷盗案18起，其中大案1起，折合金额586.50元，强奸案2起，逮捕3人，治安处罚17人。

1970年1月起，开展“一打三反”运动，至年底共挖出现行反革命分子6人（其中逮捕2人）、历史反革命分子12人；破获贪污盗窃案7起，合人民币38656元（退赔22576元）。

1978年，全社共发生各类案件32起，其中盗窃案4起，刑事案3起，缴获自行车3辆，查获现金655元，衣物一宗，处理历年积案6起，作案人退赔受害单位和个人现金1863元。

1983年8月，根据中央《关于严厉打击犯罪活动的决定》的要求，公社党委与派出所等相关部门组成“严打”领导小组，党委书记任组长。首次进行拉网式“严打”，严查和打击“黄、赌、毒”领域里的犯罪分子，重点打击杀人、放火、爆炸、强奸、抢劫、盗窃、流窜犯罪和流氓团伙，逮捕处理一批犯罪分子。

1984年改队建村，处在改革非常时期，为了清除隐患，给改革开放创造健康的发展环境，涛雒区组织政法部门对重点场所、重点人物，搞了两次“战役”。共抓捕各类犯罪分子7人。

1993年冬，镇党委、镇政府组织了一次“破积案，挖团伙，追逃犯”的专项斗争，一举破获了12起积案，抓获各类犯罪分子21人。腊月二十五日，涛雒大集上来了一伙流窜扒手，便衣公安干警仅用了一上午就将他们一网打尽，追回盗窃现金7566元。

1996年，按照上级统一部署，开展了“打击车匪路霸，扫黑除恶和打击拐骗妇女儿童”的斗争。对沿海水产品贸易和涛雒集贸市场上的强买强卖，欺行霸市的行为进行打击整顿，有力地维护了市场秩序。

1998—2000年，涛雒公安派出所和小海边防派出所，根据市、区公安局的统一安排，开展了反偷渡、打击流窜作案、盗窃机动车犯罪的专项斗争，破获案件97起，其中刑事案件21起，治安、刑事拘留27人。

2002年，在深化严打整治斗争中，派出所按照“事实清楚，证据确凿，定性准确，程序合法，处罚得当”的原则，挖出地痞、霸头5人，破获各类案件37起，刑事案件7起，抓逃犯2人，处理违法犯罪18人，其中刑事拘留9人，取保候审1人。

2004年，派出所加大对“双抢”（抢夺、抢劫）犯罪的打击，受理“双抢”报警案件57起，其中刑事案件13起，移交刑警队6起；侦破9起，刑事拘留9人。涛雒公安派出所和小海边防派出所共查处无证无牌摩托车68辆，处罚56人。破获机动车偷盗案8起，起获赃车23辆，抓获违法犯罪分子25名，其中流窜案犯8人。

2005年，派出所按照上级指示，又一次拉网式严厉打击自行车、电动车、摩托车盗窃分子。

2011—2013年，侦破较大刑事案件5起，其中故意伤害他人案4起，系列盗窃案1起。

2019年，先后侦破无人售货机现金被盗案和村民家中被盗案两起，抓获犯罪嫌疑人两人。

2021年，破获电动自行车电瓶被盗案2起，抓获犯罪嫌疑人2人；入室盗窃案1起，抓获犯罪嫌疑人1人；工地被盗案1起，抓获犯罪嫌疑人2人；苗圃被盗案1起，抓获盗窃嫌疑人3人。另外，通过核查流动人口，抓获网上逃犯3人。

户政管理

1945年12月，涛雒公安分局为维护辖区治安，特别是沿海治安，首次进行了户口登记工作。1949—1952年，为保卫和巩固新生政权，按照县公安局的部署，正式实行户口管理。这期间，不限制户口迁移。1953年7月，借全国第一次人口普查之机，涛雒公安派出所开始着手户口变动登记工作，逐步建立迁入、迁出、出生、死亡4项人口变动登记制度，此项工作具体由区政府文书负责。1956年后，加强了农村户口的管理工作，建立了户口年报制度。1958年，《中华人民共和国户口登记条例》颁布后，对域内户口进行了全面的登记和核对，逐步建立了户口卡档案。

1964年，国家出台了关于户口迁移政策的规定，控制农转非，实行婴儿出生随母落户的原则。建立农村户口四项变动登记和居住在旅馆、饭店、招待所的流动人口登记、注销制度，加强对居民四项变动和流动人口的管理。1971 年实行职工居民家属农转非（千分之二转非）。

1982 年第三次人口普查后，户口管理工作改卡片管理为簿册管理，由公社管理改为派出所管理。

1985 年，《中华人民共和国居民身份证条例》颁布实施，涛雒镇 1987 年 8 月开始实行。凡年满 16 周岁以上有常住户口和无户口人员（含户口待定人员）均需办理居民身份证。至 1988 年底，全镇首批办理居民身份证 36350 件。此后，凡够年龄者，可随时办理，办理实行收费制度。身份证制度列为户口管理的一项经常性业务。1992 年 1 月，涛雒派出所户籍管理办公室被日照市公安局授予“全区文明户籍室”。

1994 年，涛雒派出所对户籍实行微机化管理。1999 年 6 月，居民身份证号码升至 18 位数字。2003 年，对农村户口实行城市化管理，对域内 75 个行政村实行户口簿、门牌号、居住方位三位一体管理办法。2005 年 7 月 5 日，域内开始换发第二代居民身份证。居民身份证改为公民身份证。是年 10 月 1 日，取消农业和非农业户口，统一为居民户口。

2007 年，涛雒公安派出所和小海边防派出所，分别对辖区内特种行业的暂住人口、流动人口变动频繁的有关单位和在域内经商、打工的暂住人口，进行了多次清查，共查出暂住人口 387 人，在工商所和计划生育部门的配合下，有 138 人补办了暂住证。将域内刑满释放、帮教人员登记造册，输入微机，监控、帮教任务由干警包干，并由各村或单位派专人做好帮教工作，防止其重新犯罪。

2008 年后，户政管理工作结合域内实际不断创新，户籍业务已进驻镇便民服务大厅。

第二章　法庭

1979 年以前，域内没有专门司法审理机构。1979 年 5 月，日照县人民法院在域内设立法庭，负责域内的民事经济纠纷以及轻微刑事案件的审理工作。之后几经撤并，于 2000 年复设涛雒法庭至今。

第一节　机构

1979 年 5 月，日照县人民法院在涛雒设法庭，负责人丁履根。涛雒法庭负责审理域内的民事、经济纠纷及轻微刑事案件。1989 年 6 月，市人民法院根据工作需要，把涛雒法庭升格为中心法庭，除本法庭的工作外，还负责组织、协调、督导巨峰、高兴、大坡 3 个乡镇的人民法庭的审制工作。

1997 年 5 月至 2000 年 6 月，根据市、区人民法院的统一安排，涛雒法庭撤并至奎山法庭，涛雒镇域内案件需到奎山法庭办理。

2000 年 7 月，复设涛雒法庭，租用楼房办公。工作范围为域内所有企事业单位和 75 个行政村。2005 年，涛雒法庭被山东省高级人民法院授予“五化法庭”称号。2011 年 6 月 27 日，涛雒法庭迁至镇驻地以北 204 国道西侧，新建的办公楼办公。

1980 年以来涛雒法庭庭长任职更迭表

表 15—2

姓名	性别	籍贯	任职时间
刘　健	男	巨峰镇	1980.1—1980.7
丁智元	男	涛雒七村	1980.7—1984.4
王玉佩	男	青岛市	1984.4—1986.7
乔相冲	男	栈子一村	1986.7—1990.8
刘建华	男	虎山镇东湖一村	1990.8—1993.5
傅　斌	男	海员村	1993.5—1994.5

续表 15—2

姓名	性别	籍贯	任职时间
胡彦博	男	碑廓镇	1994.5—1997.5
卢绪念	男	黄墩镇	2000.7—2001.4
丁元景	男	西林子头村	2001.4—2003.5
王向东	男	陕西省	2003.5—2006.7
秦国栋	男	秦楼街道	2006.7—2008.4
李宗刚	男	南湖镇	2008.5—2010.1
安晓辉	男	日照街道	2010.1—2016.2
法乐红	男	安东卫街道	2016.2—2020.5
王邱信	男	山东临沂市	2020.5—2021.1
王　军	男	山东五莲县	2021.1—2022.8
李治升	男	山东沂水县	2022.8—

第二节　审判工作

1979 年，日照县人民法院在涛雒公社设立人民法庭，域内民事案件由涛雒法庭审理，主要审理婚姻、继承、抚养、债务、宅基地、赔偿案等民事案件和轻微刑事案件，其中沿海渔村民事案件较多。是年，涛雒法庭接办案件 18 件，结案 14 件，以经济合同、债务纠纷、婚姻家庭及赡养案为多。1982 年，受理案件 28 件，结案 19 件；1995 年，受理案件 178 件，结案 162 件，存案 16 件；1999 年受理案件 191 件，结案 182 件，存案 9 件。有 62% 以上的案件调解撤诉。

法庭在案件审理过程中，注重做好说服教育工作，以调解为主，判决为辅，防止矛盾激化。2008 年春，小海管理区某村一名原村干部因虾池承包问题与村民委员会发生纠纷，该村数 10 名村民联合起来反对该承包人低价承包上等虾池，双方僵持不下，械斗随时可能发生。法庭当即组织人员赶赴现场，协同边防派出所，向双方讲明法律规定，指导承包双方于当天达成新的协议，从而平息了事态。

2000—2021 年涛雒法庭办案情况表

表 15—3　　单位：件

年度	受案	结案	存案
2000	179	176	3
2001	185	181	4
2002	190	185	5
2003	186	182	4
2004	202	192	10
2005	225	212	3
2006	282	278	4
2007	322	312	10
2008	340	330	10
2009	404	393	11
2010	202	204	9
2011	182	185	6
2012	329	303	6
2013	247	245	8
2014	279	262	48
2015	356	358	46
2016	495	492	49
2017	373	387	35
2018	281	281	35
2019	279	285	29
2020	234	263	0
2021	211	193	18

法庭针对近年来离婚案件及家庭纠纷不断增多的现实，以婚姻家庭教育学校为阵地，定期举办离婚当事人学习班，集中进行婚姻家庭、伦理道德和法治教育。2004—2005 年参加学习班的 20 对离婚当事人中，就有 8 对夫妻破镜重圆。农闲季节，法庭结合宅基地、婚姻、赡养等纠纷案件多发的实际，深入辖区到村入户，宣传有关土地、婚姻家庭及老年人权益保障法等法律法规，教育村民尊老爱幼，开展争创“五星级光荣户”和“好

媳妇”“好妯娌”“好婆婆”等活动。对普遍存在的案件，法庭有选择地到村开庭审理，以案讲法，教育村民，化解矛盾，发挥了人民法庭第一道防线的作用。

为预防和减少诉讼纠纷，减轻审判工作的压力，法庭还注重充分发挥民事调解组织的作用，加强与民事调解组织的联系，搞好对民事调解组织的指导和人员的培训。2009 年，法庭协同司法所举办民事调解干部培训班 2 期，培训民事调解干部 100 人。建立法庭与基层调解组织联系制度，对未诉至法庭、有激化苗头的纠纷，法庭协同调解组织共同处理，及时化解矛盾。

2008 年春，省高院刑二庭庭长孟健在市中级人民法院刑庭庭长陈令春的陪同下，到涛雒法庭就刑释人员离婚家庭事宜进行调研，对涛雒法庭该项工作的做法给予充分肯定。

2009 年 6 月，市中级人民法院就民商事（海水养殖）现场会在涛雒召开，涛雒法庭庭长李宗刚作了典型发言。

2011 年，涛雒法庭创作的司法为民送法到集市、田间地头、渔船码头、农家炕头农民画，受到最高人民法院、山东省高级人民法院的肯定，庭长安晓辉同年受到市中级人民法院的表彰。

2012—2013 年，审理涉及重点工程的农村建设过程中出现的各类纠纷、金融借贷纠纷以及建筑领域拖欠农民工工资的纠纷案，均公开公正地予以解决。

2014—2016 年，涛雒法庭持续加大收案力度，收案量逐年增加，为有效解决社会矛盾提供强大法治保障。

2017—2018 年，涛雒法庭逐步建立诉讼服务站、法治宣传点等便民举措，努力构建集诉讼服务、普法宣传、法治教育等内容为一体的司法便民服务网络。

2019 年，涛雒法庭加大诉源治理力度，与涛雒镇司法所联动较好，在诉源治理方面能够相互配合，多次解决未进入法院程序案件；在涉及村委人员案件中，与司法所联合调解成功。

2020 年，涛雒法庭高度重视法治文化建设，紧密结合法院工作特点和文化建设规律，把法治文化融入各项工作中，并开展法官进校园等普法宣传活动。

2021 年，涛雒法庭着力于优化营商环境，因涛雒镇企业较多，针对企业诉讼，本着诚实信用原则，加大调解力度，为企业排忧解难，保障企业发展。

第三章　司法行政

1952 年后，域内各村治保委员会负责本村的民事调解。1954 年，乡设调解委员会，领导各村调解人员搞好民事调解工作。1964 年冬，涛雒区在区驻地对各大队的调解主任进行培训。

1979 年 1 月，涛雒公社设立司法调解机构。在搞好调解工作的同时，深入进行普法教育，对提高广大干部、群众遵纪守法的自觉性起了重要作用。1984 年后，各村成立了村民调解委员会，在村委大院或社区服务中心设调解室，使司法调解工作走向规范化、制度化。

第一节　司法所

1979 年 1 月，涛雒公社设司法助理，其主要任务是调解处理民事纠纷。1986 年 4 月，涛雒镇法律服务站成立，司法助理兼任站长。1990 年 8 月撤销司法助理，设立司法所，法律服务站隶属司法所。司法所行政上隶属镇政府，业务上受日照市司法局指导。主要职责是搞好普法教育，做好民事调解工作，指导法律服务站，为经济建设保驾护航。

1991 年，涛雒镇法律服务站更名为涛雒镇法律服务所。法律服务所主要任务：代为诉讼、非诉讼和诉讼代理，可以收费；业务上受司法所监督。

1979—1990 年涛雒镇（公社）司法助理任职更迭表

表 15—4

姓名	性别	籍贯	任职时间
丁智元	男	涛雒七村	1979.1—1980.7
李济年	男	南湖镇黄山前村	1982.3—1986.4
丁兆伦	男	小刘庄村	1986.4—1990.8

1990 年以来涛雒镇司法所负责人任职更迭表

表 15—5

职务	姓名	性别	籍贯	任职时间
所长	丁兆伦	男	小刘庄村	1990.8—1996.8
所长	崔为堂	男	涛雒一村	1996.8—1999.12
副所长（主持）	迟庆春	男	奎山街道郭家湖子村	1999.12—2005.11
所长	迟庆春	男	奎山街道郭家湖子村	2005.11—

第二节　普法教育

“一五”普法　1986—1990 年，是第一个五年普法教育阶段。主要对公民进行普及《中华人民共和国宪法》《中华人民共和国刑法》《中华人民共和国刑事诉讼法》《中华人民共和国民事诉讼法（试行）》《中华人民共和国婚姻法》《中华人民共和国继承法》《中华人民共和国经济合同法》《中华人民共和国兵役法》《中华人民共和国民法通则》《中华人民共和国治安管理处罚条例》的宣传、学习、教育。

“二五”普法　1991—1995 年，为第二个五年普法教育阶段。在总结第一个五年普法教育经验，巩固法律教育成果的同时，主要以《中华人民共和国宪法》为核心，学习宣传《中华人民共和国行政诉讼法》《中华人民共和国义务教育法》《中华人民共和国水法》和《中华人民共和国治安管理处罚条例》等法律法规。

“三五”普法　1996—2000 年，为第三个五年普法教育阶段。镇党委制定实施方案，司法所组织落实。开通了“148”法律服务热线。先后购买了《中共中央法制讲座汇编》《三五普法教材汇编》《山东法制报》等 10 余种普法教材及报刊 1500 份，脱产干部、村两委成员、企业负责人和事业单位干部、职工人手一册，在全镇普及《中华人民共和国宪法》《中华人民共和国劳动法》《中华人民共和国妇女权益保障法》《中华人民共和国村民委员会组织法》等有关法律知识。

“四五”普法　2001—2005 年，为第四个五年普法教育阶段。镇党委制定并颁布了《在全镇公民中开展“四五”法制宣传教育的规划》。宣传的主要法律法规有《中华人民共和国行政复议法》《中华人民共和国教育法》《中华人民共和国合同法》《中华人民共和国产品质量法》《中华人民共和国土地管理法》《中华人民共和国预防未成年人犯罪法》《中华人民共和国交通法》《中华人民共和国刑法》和打击邪教维护稳定有关规定、世界贸易组织相关法律知识等。

“五五”普法　2006—2010 年，为第五个五年普法教育阶段。2008 年是“五五”普法的重点年份。东港区委下达了“2008 年普法治理工作重点”。镇党委制定了普法规划，全面推进“法律五进”（法律进机关、法律进万家、法律进学校、法律进企业、法律进乡村）工作，重点学习《中华人民共和国宪法》《中华人民共和国环境保护法》《中华人民共和国道路交通法》《中华人民共和国土地管理法》《中华人民共和国婚姻法》《中华人民共和国预防未成年人犯罪法》等法律。

“六五”普法　2011—2015 年，为第六个五年普法教育阶段。进一步宣传学习《中华人民共和国宪法》《中华人民共和国刑事诉讼法》《中华人民共和国合同法》《中华人民共和国民法》等法律。

“七五”普法　2016—2020 年，为第七个五年普法教育阶段。镇党委成立“七五”普法工作领导小组，下发工作要点、考核办法。积极推进“法律六进”，加强领导干部学法用法建设，健全党委中心组学法、全体干部集体学法、法治培训等制度，每月开展法律知识培训，不断提高领导干部学法用法的自觉性。不断加强法治文化阵地建设，打造独具特色的法治公园、普法一条路等法治文化阵地，扎实开展民主法治示范村创建活动，打造下元一村、栈子一村等民主法治文化示范村。

“八五”普法 2021—2025年，为第八个五年普法教育阶段。突出学习宣传习近平法治思想，持续推进宪法学习宣传教育，广泛学习宣传民法典，深入宣传安全生产、扫黑除恶、乡村振兴等与中心工作密切相关的法律法规，深入宣传党内法规。

第三节 学校法治教育

1979年以前，国家对中小学生没有系统地进行法治教育。中学由公社或管理区分管教育工作的干部在学校放假前作安全讲座，小学由村里负责治安调解工作的干部在放假前讲解安全和护青公约。

1979年以后，随着法律法规颁布、实施，由司法机关对宪法、刑法等法律法规系统地、有计划地进行解读。学生入社会到各行各业工作、劳动，有一定的法律约束，犯罪的青少年逐年减少。从1986年“一五”普法开始，全镇的学校法治教育纳入正轨。镇内司法干警按照规划对中小学生进行法治教育，中学还专门设了法制课。学校聘请司法人员、公安干警，每学年到各个学校集中对学生上法治教育课不少于两次，并进行基础法律常识考试。至2005年，增强了中小学生的法律意识。镇政府颁发聘书，聘任派出所、司法所所长，为兼职法治教育副校长。“四五”普法教育时期，组织实施了“育才工程”，增强了学生的法治意识，提高了辨别是非的能力。至2021年域内学校法治教育已成常态。

第四节 司法业务

1952年，乡（镇）设立调解委员会，各村设民事调解员，负责调解村民之间的纠纷。

1954年春，落实政务院颁布的《人民调解委员会暂行组织条例》，开展人民调解工作。1956年，执行日照县法院制定的《调解工作意见》。

1957年，各社（高级社）建立了3～5人的调解委员会或调解小组。1963年，落实山东省人民委员会下发的《关于加强调解工作的通知》，全区有调解委员320人。

1964年，农村调解委员会组织学习雷锋活动，民事纠纷案件明显减少。1966—1972年调解组织处于瘫痪状态。1973年，公社将各级调解组织重新组建，建立健全了调解委员会。1979年，各大队设调解主任1人（大部分由大队革委会主任兼任）。1980年，各管理区设1名调解网长，负责本管理区的调解工作。

1986—1990年，镇司法所和法律服务站（所）办案320余件；深入企、事业单位及村居、家庭600余次；调解处理民事案件280余件，诉讼代理66件，非诉讼代理95件，代书法律文书135件，排查民间纠纷18次；代政府解除疑难纠纷12件，为政府提供司法建议9条，采纳6条；办理公证和协议公证298件，解答法律咨询620余人次；防治民事转刑事11起18人。依法为集体、个人挽回经济损失近百万元。被52个单位聘为法律顾问。

1994年，司法所在区司法局的指导下，在涛雒七村、王家村、大草坡村搞赡养老人试点工作。经过1个月工作，签订赡养合同360份，圆满完成试点工作，为全镇推广赡养老人合同的签订，奠定了良好的基础。

1996—2000年，在司法所及有关部门的配合下，域内农村成功进行了“土地延包”合同、完善渔业生产及水产品养殖承包合同的签订，共签订合同2万余份。1999年，司法所与法律服务所共收受案件143起，结案126起，其中主要有：婚姻家庭纠纷案46起，结案42起；宅基地纠纷32起，结案29起；赔偿纠纷28起，结案25起。为集体和个人书写诉状26件；签订合同46件；创经济收入4.8万元；为企业挽回欠款28.5万元。

2009年后，开展社区矫正工作，对缓刑、假释、监外执行的人员，进行教育管理。至2021年，共接收社区矫正人员404人。

2000—2021 年涛雒镇司法所、法律服务所受理案件情况表

表 15—6

年份	受理案件总数（件）	成功率（%）	其中					为集体或个人代书诉状（件）	其他（件）	签订合同（份）	劳务（件）
			婚姻纠纷（件）	邻里纠纷（件）	赔偿纠纷（件）	其他纠纷（件）	调解起数（件）				
2000	137	87.5	28	25	23		135	19	1	40	1
2001	129	89	30	17	25		126	18		39	
2002	135	86	29	18	26		131	37		35	
2003	129	92	31	17	20		125	29	2	19	1
2004	153	93	27	31	17		150	38	1	27	2
2005	151	96	39	27	19		148	19	3	42	1
2006	147	95	43	29	23		144	25		29	2
2007	159	99	47	26	21		156	26	2	31	4
2008	173	98	49	34	20		16	38	1	27	3
2009	175	98	52	31	27		171	18	2	40	5
2010	185	98	54	33	29		175	27	1	20	
2011	174	98	53	31	29		175	26	2	21	
2012	170	98	50	31	20		170	25	3	35	
2013	172	99	48	34	20		176	29		39	
2014	182	98	48	39	25	78	180	45	1	42	
2015	191	98	49	42	27	81	189	43	2	39	1
2016	192	99	48	43	28	81	190	45	1	41	
2017	195	99	47	45	29	82	194	47	3	45	
2018	193	98	46	46	30	83	191	42	2	47	1
2019	208	98	47	49	35	91	206	45	3	52	1
2020	210	98	46	50	36	92	208	43	3	65	
2021	209	99	45	49	37	93	208	47	4	68	1

第四章　应急管理

中华人民共和国成立后，党委政府十分重视应急管理工作，不断完善应急组织管理机制，提高预防和处置突发事件的能力。2005 年 4 月，涛雒镇成立安全生产监督管理办公室。2009 年 4 月，涛雒镇成立了涛雒消防站，是全省第一家镇级专职消防站。2019 年 4 月，安全生产监督管理办公室更名为应急管理中心。

第一节　应急管理中心

涛雒镇安全生产监督管理办公室于2005年4月成立。主要担负辖区内非煤矿山、危险化学品、烟花爆竹的安全生产、使用等管理工作，定期到该类企业或单位进行安全检查、督导。

2009年，镇安监办被日照市安监局授予“安监生产先进集体”称号，获奖金2万元。

2019年4月，安全生产监督管理办公室更名为应急管理事务服务中心。

2005—2021年涛雒镇安全生产监督管理办公室（应急管理中心）负责人任职更迭表

表15—7

姓名	性别	籍贯	任职时间
董书儒	男	西湖镇荻竹二村	2005.4—2005.11
王　峰	男	两城镇西张家庄村	2005.11—2009.9
佘淑光	男	日照街道日升社区	2009.9—2010.9
李华诚	男	南湖镇盛代疃村	2010.9—2011.12
庄光青	男	涛雒镇庄家圪村	2011.12—2016.2
李华诚	男	南湖镇盛代疃村	2016.2—2017.3
吴明信	男	浙江省桐庐县	2017.3—2017.8
宋开民	男	日照街道	2017.8—2021.12

第二节　消防站

涛雒镇消防站于2009年4月17日建成并投入执勤，地址位于涛雒镇中盛路北50米，投入经费300余万元，占地3300平方米，建筑面积800平方米，是山东省第一个镇级政府专职消防站。站长井忠刚，专职消防队员14人。行政管理隶属涛雒镇政府，业务管理隶属东港区公安消防大队。主要服务于域内所有企事业单位、公共场所和广大农村。主要任务：宣传消防知识，培训消防人员，制定消防预案，实施消防灭火救援等工作。于2016年完成了事业单位法人登记工作。2018年7月，整体移交日照市东港区消防救援大队。2018年交接后，新增基础用房5间，2019年新建训练塔一处，以满足执勤战备工作的需要。涛雒消防救援站现有消防救援人员16人，其中消防员1人，政府专职消防员15人。配备泡沫干粉联用消防车、泡沫水罐消防车和森林小型水罐消防车各1台，消防员个人防护装备、灭火救援器材、抗洪抢险和森林火灾扑救等常规装备。消防救援站主要担负辖区内火灾扑救，抢险救援，森林防灭火和抗洪抢险等应急救援工作，涛雒消防救援站辖区面积约为112平方千米和沈海高速727～742千米，同时辐射周边乡镇。

2019年，共接警出动84次，其中火灾扑救2起，抢险救援12起，社会救助70起。出动消防车119台次，队员743人次，保护财产价值1000余万元。积极配合涛雒镇党委、政府工作，中队共圆满完成7次消防安全保卫任务，组织队员对全镇森林防火重点部位检查及路况熟悉12次，联合镇林业站、部分村举行森林火灾演练2次。对全镇75个行政村的农村消防工作“十个一”工程进行了全面推进。

2020年，中队共接警出动109次，其中火灾扑救56起、抢险救援19起，社会救助20起。出动消防车160台次，队员986人次，保护财产价值1100余万元。2020年，被市消防救援支队评为先进基层单位。

2021年，共接出警95起，其中火灾扑救64起，抢险救援19起，社会救助12起。出动车次164次，出动人次1017次，抢救被困人员13人，保护财产1067.15万元。防消联勤单位334家、执勤保卫9次、消防宣传培训演练56家单位。积极协调党委政府新建25个农村应急救援站并配备消防摩托车1辆、灭火装备器材、应急救援物资等。

涛雒镇志

TAOLUO ZHENZHI

第十六编　军　事

海上民兵训练　（海员村委提供　摄于 2021 年）

涛雒自古就是军事重地。明朝初期，朝廷就派兵驻守海防。民国时期，各种武装力量交替驻守涛雒。从20世纪40年代起，中共领导的武装力量，就在域内开展军事斗争，1940年3月至1945年，涛雒区中队配合主力部队打击日、伪、顽反动势力，为保卫和巩固抗日根据地发挥了重要作用。1947—1949年，域内共有586人参军，为解放战争的全面胜利做出了贡献。改革开放以来，镇党委、政府积极抓好民兵组织建设，大力支持预备役部队建设，多次受到上级组织的表彰和奖励。2021年7月，海员村民兵维权连党支部，被中央军委国防动员部授予先进民兵党组织称号。

第一章 地方武装

涛雒镇地处鲁东南沿海，有两个天然海口，有贯通南北的大道，是苏北与山东半岛交通必经之地，又有辐射内陆的交通网，水陆交通便捷，经济富庶，自古为军事重地。涛雒历代都有地方武装，为保家安邦发挥了积极的作用。

第一节 人民地方武装

区中队 1940年3月，中共日照县二区区中队成立，丁学征任队长，尹新坡任指导员，队员40人，隶属中共日照县委和滨海军区领导。主要任务是：配合主力部队打击日、伪、顽反动势力，保卫、巩固抗日根据地。1945年后，指导各管理片联防队的各项工作。1946年5月，王治东任队长，秦聿会任指导员，区中队有50人编入滨海军分区二团。1947年底，又有70多人编入日照独立团二营。1948年10月10日，区中队撤销，大部分队员编入华东野战军。

人民武装部 1943年8月，涛雒区在下元成立人民武装部抗日自卫委员会，简称区武委会，刘加根任主任。主要负责涛雒区民兵组织的发展和军政训练，开展对敌斗争。1945年8月，区武委会改称区人民武装部，设部长1人。1954年，区武装部撤销。1958年9月，成立海生人民公社、磴山人民公社军事部，各设部长1人。1960年1月，公社军事部改称公社人民武装部，主要负责民兵组织建设和军政训练，做好兵役登记和征兵工作，组织民兵在保卫祖国和社会主义建设中发挥骨干作用。1962年12月，涛雒人民公社与下元人民公社合并成立涛雒区，设涛雒区人民武装部，驻涛雒街。10个公社（乡级）均设武装部，下辖105个民兵连。1968年12月，公社武装部撤销。1971年春，恢复公社武装部，下辖77个民兵连（75个大队、2个社直单位）。1985年6月，公社武装部改称镇人民武装部，下辖75个民兵连。

1986—2021年，域内一直保持75个基层民兵连，基干民兵和普通民兵人数年年有变化。为适应社会的发展，结合域内特点，域内民兵组织在保持基层民兵连数量不变的情况下，还设立了民兵应急预备分队、海上运输分队、海上综合保障分队等。

1945年以来涛雒镇人民武装部负责人任职更迭表

表16—1

职务	姓名	性别	籍贯	任职时间
部长	司建余	男	右所村	1945.8—1950.3
部长	李永善	男		1950.3—1952.6
部长	吴奇科	男	虎山镇	1952.6—1954
部长（军事部）	张仕义	男	江苏省邳州市	1958.9—1960.1
部长	张仕义	男	江苏省邳州市	1960.1—1964.10
部长	岳焕贵	男	安丘县	1964.10—1968.12
部长	许更荣	男	虎山镇	1971.4—1978.5

续表 16—1

职务	姓名	性别	籍贯	任职时间
部长	徐茂远	男	陈疃镇东石墩村	1978.5—1981.5
部长	宋佃永	男	涛雒一村	1981.5—1982.6
部长	丁元和	男	高旺庄村	1982.6—1984.11
部长	赵庆宝	男	巨峰镇西赵家村	1984.11—1990.10
部长	李其福	男	涛雒六村	1990.1—1995.5
部长	厉建祥	男	巨峰镇厉家庄村	1995.5—2001.3
部长	姚守春	男	虎山镇韩家营子村	2001.3—2005.5
副部长（主持）	王进升	男	南湖镇大宅科村	2005.5—2005.11
部长	王进升	男	南湖镇大宅科村	2005.11—2011.11
部长	李　明	男	巨峰镇蔡家官庄村	2011.12—2015.3
部长	李海明	男	南湖镇黄山前村	2015.3—2017.7
部长	张志强	男	三庄镇三合岭村	2017.7—2019.7
部长	潘维波	男	高新区河山镇	2019.7—2021.12
部长	李常乐	男	莒县刘官庄镇	2021.12—

1958—1962 年下元人民公社武装部部长任职更迭表

表 16—2

姓名	性别	籍贯	任职时间
吴奇科	男	虎山镇	1958.9—1958.12
张仕义	男	江苏省邳州市	1958.12—1960.4
肖宗礼	男	郯城县肖家村	1960.4—1962.12

县大队一中队　1939 年夏，丁履学等人成立了抗日游击队，初仅 10 多人。是年底，发展到 60 余人、枪，被中共日照县委收编为县大队一中队，丁履学任中队长，活动在磴山、凤凰山一带。1940 年 3 月，栈子村有 50 余名热血青年奔赴磴山，参加了县大队一中队，一中队有 100 余人、枪。是年秋，根据上级指示，县大队一中队部分队员由朱光军、荣超带领第一次升级编入八路军 9 支队一团七连，后又逐步扩大，屡次“升编”。1943 年 3 月，县大队与滨海独立团合编为滨海警备团。

区联会武装部　区联会即“抗日民众联合会”。1938 年 6 月，国民党军 57 军 112 师与中共地下工委在下元成立抗日民众联合会，简称区联会。区联会内设武装部，王国栋任部长，有队员 30 余人、枪。主要任务是打击盗匪，保卫家乡。把各村地主武装组织起来，统一指挥。经团结、教育，又有许多进步知识分子先后参加，这支地主自卫武装的指挥调度权便逐渐掌握在中共党组织手中，成为一支人民地方武装组织。后因战局形势恶劣，斗争转入地下，分散居住于庙堂、学校，活动于域内西南部山区。1941 年春，被编入二区区中队。

第二节　非人民地方武装

团练　清咸丰三年（1853）初，农民起义军占领南京，各地起义队伍风起云涌，迅猛发展，清政府的统治岌岌可危。为了挽救这一局面，咸丰皇帝下令大江南北各省在籍官绅举办团练，以期与农民起义军对抗。清咸丰十年（1860）冬，捻军一部攻取赣榆县青口，日照知县张书升、士绅丁守存倡修涛雒圩子，督促乡民发展团练。涛雒团练长丁鸿基有团丁 120 人，隶属沂州团练。

平时参加生产，利用农闲时间训练，保护地方大户人家利益，维护地方封建秩序。清末民国初解散。

联庄会 20世纪20年代末，军阀混战，国民党政府为扩充势力，便于统一组织、指挥，在城乡组织联庄会。1931年，根据国民党山东省政府发布的联庄会暂行章程，域内庄与庄建立了联庄会，会长由庄长兼任。规定凡20～45岁的男子均得充当会员，会员分常备会员和后备会员两种，操纵权掌握在国民党顽固派手中。"七七事变"后，联庄会自行解散。

民团、商团 清末民国初始兴，称团防。至20世纪20年代末，域内富豪巨绅、大小地主纷纷购枪雇人办民团，或独家，或几家联办，少则几人，多则几十人，初时为看家护院，后逐渐趋于听从国民党政府调遣，联合行动。

1932年初，涛雒街各大商号集资联办武装，称商团。团长丁惟瑞，有60余人、枪，隶属国民党日照县政府，团部驻在"山房"北侧一幢二层小楼上（今观海路中段北侧）。

民团和商团的团丁，有的是从佃户雇工中选拔，有的是由佃户雇工轮流充任，有的是雇佣兵痞、流氓等游手好闲之辈。首领或由地主、商家自己充任，或雇佣旧军官担任。主要任务：抵御盗匪洗劫，弹压民众起事。1932年10月，参与镇压了中共日照县委组织的暴动。抗日战争全面爆发后，民团、商团自行解散。

第二章 兵役

民国以前，兵员以招募为主。民国时期，政府兵员以招募和抓丁的方法解决。中国共产党领导的武装力量，先后实行志愿兵役制，义务兵役制，义务兵和志愿兵相结合的兵役制。另外，域内从1956年开始实施预备役登记制度，对符合条件的公民进行预备役登记。

第一节 募兵制

清末募兵 清末朝廷招募兵员，由山东省按察使司将招募兵员数目分配各州县，各州县衙派专人到各大村、集、镇设招募士兵处。规定：凡土著居民，年龄在20～40岁，身高1.6米以上，能举百斤，能行山路，五官端正，无不良嗜好，无暗疾者，检验合格，即招为新兵。一般每年招募一次，有战事时也临时招募。

民国时期的募兵 民国初期，军阀混战，各军队为扩充自己的势力和地盘，直接到各地设招兵处，张贴"招兵告示"，招募新兵。除少数无业游民和穷苦百姓因生活所迫应招外，多数农家子弟不愿当兵，社会上流传着"好铁不打钉，好儿不当兵"的说法。有时候官府还实行按招募新兵数封官的办法，招兵者因当官心切，为凑足募兵数，不得不强行抓丁当兵。为逃避被抓，许多青年离乡背井，远逃他地。

1933年和1946年，南京国民政府曾两次颁布兵役法，因当时战事四起，时局动乱，无法贯彻执行，实成空文。兵员仍采用招募和抓丁的方法解决。

在20世纪30年代，实行抽丁制，即按地亩或人头抽丁。各村抽丁办法不尽相同，有的直接抽丁到户，按地亩多少轮流出丁；有的按地亩多少凑钱买丁；有的按每户青年多少出丁；商家、富户均是出钱买丁或雇人当兵。故当兵者多为穷苦子弟、无业游民，也有少数兵痞以此为业，反复卖丁，每个壮丁价款100～300元。

1935年，曾实行"挑富户兵"的办法，对富户兵进行军事训练。按规定，凡25亩土地以上的户，出1人，自备枪支参加县以上的军事训练班；凡15亩土地以上的户出1人，参加所在区组织的军事训练班。多数富家子弟，不愿受训练之苦和打仗生命之忧，纷纷出钱、出地、出粮雇穷人家子弟代其当兵，时称“雇富兵”。

抗日战争全面爆发后，在实行抽丁制的同时，南京国民政府还利用地方豪绅、乡贤名流，打着抗日的旗号，以亲朋关系、结拜兄弟等形式四处招兵。如1938年春，牟希禹等人组织的国民革命军别动总队第二十八支队第九纵队一大队，大队长李衍修就曾利用亲朋联系亲朋的手段，在域内招募近40人扩充自己的队伍。一时，各种旗号的“抗日”队伍蜂拥而起，不少青年朴素的民族感情被利用而误入歧途。许多土顽、汉奸头目还利用封官许愿等手段欺骗青年，组织自己的队伍。如1943—1945年，汉奸陈成功即利用一些地痞、流氓四处拉拢、欺骗部分青年参加伪和平军。为扩充兵源，国民党政府还组织地方上的所谓抗日队伍，使用各种手段收编各土匪武装和社会上一些地痞、流氓组成的杂牌军，然后委任官职，封为正式“国军”。

第二节　志愿兵役制

1940年3月，中共二区成立区中队，有队员40多人。后来，实行地方部队升级的办法，为主力部队输送兵员。区中队将那些身体好、思想进步的优秀青年输送到主力部队中，使主力部队兵员的数量和质量得到保证。

在实行地方部队升级的同时，抗日根据地内还直接动员青年民兵参军入伍，不同时期有不同的要求和条件。1943年规定：凡年龄在16岁到45岁的青壮年，只要愿意接受共产党的领导，决心抗日，不分男女、民族、出身和宗教，都可自愿参加抗日队伍。是年冬，仅小羊卷村（今华山村）就有5名青年参军。入伍战士披红戴花，村人敲锣打鼓欢送，十分隆重热烈。

1944年规定：凡年龄在18～45岁，无不良嗜好，历史清楚，未受处分的青壮年可自愿参军。涛雒区有138名青壮年参加了八路军。

1945年，抗日战争结束，解放战争即将开始，涛雒区在全区广泛开展“保家乡，保饭碗，保卫胜利果实”和“参军光荣”的宣传教育。全区有78名青壮年参加了中国人民解放军。各村组织村民为参军者披红戴花，敲锣打鼓欢送入伍。

1947年，土地改革（复查）运动中，作为具有光荣革命传统的涛雒区广大人民，一面发展生产，一面宣传动员出夫支前，一面发动青壮年踊跃参军，到1949年，涛雒区有586人参军。

1949年，征兵条件又有新规定：年龄在18～40岁，身强力壮者为合格，地主富农出身的青壮年可以参军，政治上不清的敌特分子和被开除军籍者不能入伍。

1950年，为响应毛泽东主席“抗美援朝，保家卫国”的号召，全区广大青年自愿报名参军，有98名适龄青壮年参军。

1951年，国家规定：年龄在18～25岁，能认识常用字的男性公民，可自愿参军，地主分子、官僚、资本家子女及被政府逮捕、判刑、管制和剥夺政治权利的人一概不征，全区有116名青年参军。1954年，志愿兵役制被义务兵役制代替。

第三节　义务兵役制

1954年11月，根据中华人民共和国政务院征集补充兵员的命令，七区和涛雒镇试征义务兵。首先在广大农村展开宣传教育，然后发动适龄青年自愿报名参军，有125名适龄青年应征入伍，试征任务顺利完成。

1955年7月30日，《中华人民共和国兵役法》正式颁布，规定从此实行义务兵役制，取消志愿兵役制。“兵役法”规定：①凡年满18～22周岁的男性公民都有义务服兵役；②身体健康；③政治纯洁；④自觉自愿。征兵一般在冬季进行，一年一次。是年冬，征兵工作开始，七区和涛雒镇分别成立由党委主要领导任组长的征兵领导小组，设立征兵办公室，召开以村、单位主要负责人为骨干的动员会，以各种形式宣传发动，使义务兵役制的规定及有关政策家喻户晓、人人明白。先以各村为单位报名审查，由村主要负责人和民兵连连长带领适龄青年到征兵办公室报名登记。经目测、体格检查、政治审查，合格者方能批准入伍。域内各村，有近千人自愿报名，适龄青年应征入伍。

1978年，开始实行义务兵与志愿兵相结合的兵役制。

第四节 预备役

根据《中华人民共和国兵役法》的规定，域内从1956年开始实行“预备役”制度。规定：凡年龄在18～40周岁的男性公民和有专业技术的女性公民，只要身体健康，政治清白，都要进行登记，服预备役。预备役分两种：军官预备役和士兵预备役，士兵预备役分一类预备役和二类预备役。是年开始，第一次预备役登记，后每年登记一次。1966年“文化大革命”开始后，预备役登记中断。1980年，预备役登记恢复。

1981年，民兵组织改革。实行民兵与预备役相结合的制度，凡符合民兵条件的均编入民兵组织服预备役。基干民兵为一类预备役，普通民兵为二类预备役。

1984年，新兵役法实施，预备役仍分为士兵预备役和军官预备役。士兵预备役又分两类，第一类为18～28周岁的基干民兵，第二类为29～35周岁的普通民兵。第一类预备役基干民兵年满29周岁转入第二类，第二类普通民兵年满35周岁时退出预备役。

预备役军官包括：退出现役转入预备役的军官，确定服军官预备役的士兵和高等院校的学生及非军事部门的专业技术人员，要统一进行登记，报请上级军事机关批准。

为贯彻落实兵役法第十三条规定和全军兵员会议精神，根据上级有关部门的指示，1985年在全镇进行了兵役登记，并确定预征对象，设涛雒镇兵役登记站，办公室设在涛雒镇武装部，由镇党委主要领导负责，镇武装部具体实施兵役登记工作。

1989年开始，对退出现役的军队干部统一进行预备役军官登记并颁证。

第三章 民兵 预备役部队

民兵和预备役部队是在中国共产党领导下的不脱离生产的群众武装，是中华人民共和国武装力量的组成部分，是中国人民解放军的助手和后备力量。20世纪40年代，域内就建立了民兵组织，民兵在保家卫国、经济建设、抢险救灾、打击犯罪、维护社会治安等方面，作出了突出贡献。

第一节 民兵组织

域内民兵组织前身为“自卫团”。1942年秋，山东军区相继发布《八一训令》和《人民武装抗日自卫团暂行组织条例》，规定：凡年满18～50岁的男子都要参加自卫团（后称民兵）。涛雒西南部22个村，组建了游击小组或民兵基干班。后随着形势发展，组建民兵班组的村庄渐多，并逐步设立了村团部。至1945年夏，全区设团部56个、民兵基干班72个，民兵1200多人。

解放战争时期，全区各村均建立了民兵组织，区设武装部，实施对民兵的组织领导。挑选民兵中的战斗骨干，组建了涛雒区民兵子弟兵营。至1949年，全区民兵发展到2200人。

1952年后，中央军委相继颁布了《中华人民共和国民兵组织暂行条例》和《中华人民共和国兵役法》及“建立民兵基干团的指示”，按照民兵组织便于领导、便于活动、便于执行任务的原则，进行了组编，以行政村为单位组建民兵连，实行普通民兵制。凡年满18～40周岁，身体无残疾和精神病的男性青壮年，经宣传教育，在自愿的基础上，普遍吸收到民兵组织中。18～25周岁的为基干团民兵。

1958年，中共中央决定扩大民兵组织，实行全民皆兵。毛泽东主席号召大办民兵师。海生人民公社和磴山人民公社民兵组织迅速扩大，凡年满18～50周岁的男女公民，都编入民兵组织。海生公社组建1个民兵团，下辖7个民兵营，其中2个基干民兵营；磴山公社组建1个民兵团，下辖9个民兵营，其中3个基干民兵营。

1961年，国务院颁布新的民兵工作条例。根据条例，对民兵组织进行调整，按照“组织落实，政治落实、军事落实”（简称“三落实”）的要求，民兵组织进入了“整顿、巩固、提高”阶段。域内两个公社武装部于冬季进行了民兵工作“三落实”的检查，做法是：在进行思想教育的基础上作好年度总结、出入转队、干部调整、清点装备、健全规章制度等，保证超龄民兵出队，适龄青年及时入队。1962年12月，域内两个公社合并为涛雒区，成立了涛雒区武装部，加强了对全区民兵工作的组织领导。

“文化大革命”初期，民兵工作受到冲击，组织处于半瘫痪状态。1967年2月，随着解放军实行“三支两军”（支工、支农、支左，军管、军训），域内民兵组织负责人在部队支持下，参与工作。1970年，民兵工作恢复。涛雒区民兵响应毛泽东主席“备战备荒为人民”和“深挖洞，广积粮，不称霸”的号召，一边生产，一边训练，维持社会治安。

1981年底，遵照中央指示，对民兵组织进行调整改革，实行民兵与预备役结合编组的方法，将年满18～35周岁的男性公民编入民兵组织，服预备役，取消了机关、社会事业单位的民兵组织。

1982年，根据山东省54号文件要求和临沂军分区“1982年民兵组织整顿实施计划”安排，公社党委将民兵组织整顿列入日程，凡基干民兵在60人以上的大队，组建了基干民兵连，不足60人的组建了基干民兵排。

1993年6月，镇党委、镇政府根据涛雒特点，成立了一支以基干民兵为主体，以应付突发事件发生的机动队，由武装部部长任队长，党委书记任教导员，主要从镇驻地及周围部分村挑选。其主要任务是：1.当遇到不法分子冲击党政机关或抢劫、破坏时，应急小分队立即集结，配合公安部门出击遏制；2.与公安部门配合，追击、搜捕犯罪分子；3.当发生地震、洪水等大的自然灾害和海上突发事故时，组织参加抢险救灾；4.随时执行上级军事机关下达的应急任务，维护域内社会稳定。

2021年，全镇民兵结合域内特点，成立了应急预备排、海上运输分队等。

第二节　预备役部队

1993年后，预备役登记由东港区武装部进行，定时梳理一类预备役、二类预备役人员，对于年满35岁的服役人员，镇武装部通知其退出预备役。

1999年6月，山东军区陆军预备役高射炮兵师4团1营在涛雒镇设2连连部，现役军官张立新任连长，涛雒镇常务副镇长姚守春任指导员，镇武装部副部长王进升任副连长。下辖涛雒镇、高兴镇、石臼街道各1个排，战士主要从有相关专业的农村退役军人中选定，除集中学习训练外，其他时间在家劳动。主要担负着沿海、城镇防空任务。按照上级统一安排，每年定期进行演练，年度接受领导检点。

2005年3月，根据省军区统一调编，原山东军区陆军预备役高射炮兵师某团某营某连改编为山东军区陆军预备役炮兵师某团某营某连，连部仍设在涛雒镇，连长由现役军官黄某担任，涛雒镇党委副书记张守忠任指导员。下辖涛雒镇2个排、石臼街道1个排，战士主要从农村有相关专业的退役军人中选定，每年定期集中学习、训练，其他时间在家劳动，主要任务是沿海防务。年度接受领导检点。

2连自2005年改编后至2022年，连部及指挥排、炮1排均设在涛雒镇。涛雒镇自始至终坚持做到基干民兵与预备役士兵不混编，既抓好民兵组织建设，也支持好预备役部队建设。在历年基本军事科目训练和专业训练以及预备役部队点验等活动中，成绩名列前茅，多次取得团体第一并有多人被评为先进个人的良好成绩。2015年，根据上级有关2015年度演训任务的指示精神，按照中共日照市委、市政府办公室转发《日照市2015年预备役部队组织整顿工作安排》和《日照市

2015年预备役部队战备训练工作安排》的通知要求，涛雒镇为该团2连及时更新补充部分必需的应急拉动战备物资，结合地方实际情况，按照先急后缓，逐步补充配齐战备物资器材的原则，购买携行物资、指挥器材、连部设施、炊事用具及其他物资共计942件62060元。在各项建设上均走在了1团的前列，圆满完成了迎接师首长的检查考核验收任务。

第三节 武器装备和管理

民兵初建时，所用武器主要是从民间收集的大刀、长矛（扎枪子）、土枪等。后来，部队将部分在战斗中缴获的枪支弹药配发给民兵，使其装备逐步改善。1945年，部分村的民兵使用上了汉阳造、日式三八大盖步枪等。武器由村干部、联防队员、民兵队长保管。

1946年5月25日，滨海地区行署制发了“关于建立枪证制度的训令”，对民兵用枪实行登记管理，短枪交县调换长枪；所有脱产干部、工作人员携带之短枪，均持有县制发的枪证；地方部队干部短枪由军队统一制发，并责成公安机关负责登记签证。

1948年，根据鲁中南军区第六军分区和鲁中南区第六专署的通令，规定脱产的武装干部及党、政工作人员要携带短枪，但须携带枪证，所有在乡荣军、复员军人、村干部、民兵及一般公民均不得使用或私藏短枪，持有者一律交县处理，民兵使用之枪械，均由县武装部登记、发证。

中华人民共和国成立后，域内属上级配发武器的重点区之一。1949—1951年，民兵所用的土枪、土炮等逐渐被淘汰，配备了各式较先进的轻、重武器。

1958年，民兵武器装备有很大改善，增加了苏式步骑枪，苏式“五一”“五四”式冲锋枪，苏“五三”式轻机枪，美产“零三”步枪和“马克沁”重机枪。武器由持枪人保管，各村民兵队统一指挥使用。

1960年，民兵装备了步马枪、冲锋枪、轻重机枪和“八二五”迫击炮及弹药。4月27日，涛雒四村民兵连连长涂传欣出席全国民兵代表大会，受到了毛泽东主席的接见，中央军委赠给“五六”式半自动步枪1支、子弹100发。

1966年，“文化大革命”开始，民兵武器由各村民兵连统一集体保管，专人负责，并定期擦拭保养。

1970年，民兵武器更新，装备了部分国产“五六”式冲锋枪和“五六”式轻机枪。后为加强海防武装力量，部分沿海民兵连还配发了国产“六三”式全自动步枪、“五四”式手枪、“六〇”迫击炮、“八二”迫击炮、无后座力炮、12.7毫米高射机枪、“四〇”火箭筒等，原有武器全部淘汰。

1976年，根据山东省军区要求，日照县革委会人民武装部下发了《关于认真搞好民兵武器管理维修意见》的文件，凡有武器装备的民兵连，需建立配备武器室，实行武器枪橱管理，必须符合防潮、防火、防虫、防盗要求，配备1～2名兼职维修员。全公社民兵连（包括社直单位民兵连），全部实现专室、专橱、专柜管理。

1980年，遵照上级指示，各武装民兵连武器全部集中到公社武装部保管。1985年底，民兵武器统一集中到县人民武装部专设的武器库集中管理。从此，民兵组织不再存放、保管武器装备。1987年，涂传欣所持有的1960年军委所奖的步枪收归县人民武装部保管。

2020年，涛雒镇民兵器材库由涛雒法庭迁回镇党委大院，为规范镇武装部“三室一库”及硬件设施建设，同年，在党委政府大力支持下，申请资金，对镇民兵战备器材库单独设置并进行了装修升级改造，并按标准配齐配强全镇战备物资器材库，对装备、服装等缺失的及时进行补充更换。

第四节 军事训练

抗日战争初期，受形势所迫，民兵不能进行系统的军事训练。为尽快提高战斗力，在各种军事行动空隙进行军事训练。大刀、长矛、土枪是主要的训练武器，有时还学习一些军事知识和伤员救护知识。抗日战争后期，民兵军事训练以队列、射击、投弹、刺杀、爆破等为主，军事知识和实战技能逐步得以提高，具备了一定的战斗力。

解放战争时期，涛雒区民兵的主要任务是维护境内治安，加强海上防御，组织参军支前，筹备军需用品。训练内容是：行军疏散、隐蔽、防空，轻武器的使用，看押俘虏，海上防御，制作担架、救治伤员等。随着斗争形势的发展，留守民兵在搞好农业生产的同时，还学习一些站岗放哨、巡逻盘查、传递消息等治安常识。

中华人民共和国成立后，民兵组织基本健全，训练逐步正规化、制度化。在“劳武结合”的原则下，利用农闲季节进行军事训练，训练科目发展为多兵种、多科目的技术、战术训练。大批复员、转业军人回村或单位担任民兵基层干部，成为民兵训练的骨干或教练。

1951 年，七区武装部根据县人民武装部的部署，制定了统一训练科目，内容主要有射击、投弹、爆破、通讯、急救巡逻等。1958 年，大办民兵师，民兵的训练发展到注重大兵团、多兵种的作战训练，走上了生产劳动与民兵训练相结合的路子。

1959 年，民兵训练提高到政治觉悟和军事常识相结合、利用地形地貌和基本动作相结合，训练对象以基干民兵为重点，学习射击原理和技术。下元公社还组织部分基干民兵进行以无线电和救护为重点内容的训练。

1964 年春，为加强沿海军民联防，提高地方民兵的应战技能，临沂军分区在日照县涛雒区东南营村设民兵培训、联防基地。军分区选派优秀的教练员进驻该村指导训练，该村及周边村民兵连从组织到迎战能力均得以加强和提高。针对沿海特点，设瞭望哨多处，掩体数里长，昼夜联防。东南营村、孙家村等涌现出一批思想进步、军事技术过硬的优秀民兵，如马成先、乔相凤、马世英、孙传秀等人，在区、县、地区、省组织的民兵大比武中均获得优异成绩。驻防期间，临沂军分区副司令员陈善男，参谋长孔世军等经常亲临指导。1967 年，军分区教练员撤回。

1964 年 10 月，全军开展军事大比武活动，带动了地方民兵练武比武热潮。涛雒区先后涌现出刘家湾、小海、王家村、东南营、右所、南店、华山大队和涛雒一、二、三、四大队等一批训练有素、军事过硬的民兵连。涛雒四大队荣退军人、民兵连连长涂传欣和孙家村大队女民兵排排长孙传秀，在山东省民兵训练比武大会上，参加了冲锋枪对隐显目标、水上运动目标射击比赛，涂传欣荣获全能一等奖，孙传秀获得一个二等奖、两个优秀奖。之后，涂传欣参加省军区拍摄的特技射击表演纪录片时，获特等奖，并参加了临沂军分区赴各县巡回表演。

“文化大革命”初期，民兵训练被冲击。1970 年，恢复民兵训练，以四打（打坦克、打飞机、打空降、打水上漂浮物）、三防（防原子、防化学、防细菌）和民兵班排的攻防战术为主要内容。

1975 年，民兵建立了专业分队，增设了新式武器训练项目，在原基础上，增加了“八二五”迫击炮、“八二”无后座力炮、“六〇”迫击炮、127 毫米高射机枪、“四〇”火箭筒等新式武器及通信、卫生器材的使用技能训练。重点分布在小海管理区、栈子管理区、李潭管理区各大队，训练采取集中与分散相结合的方式进行，同时突出专业分队的强化训练。

1983 年冬，涛雒公社武装部根据县人武部统一安排，组织基干民兵进行集中训练 7 天、分散复习 2 天的军事训练活动。内容包括射击、投弹、单兵战术、爆破等，经考核优秀率达 85%。公社党委、革委会和人武部联合规定：各村民兵连连长的补贴不低于同村党支部书记、大队长补贴的 60%。

1984 年，根据中央军委批转《关于民兵军事训练的安排》，涛雒区民兵骨干分期参加了县人武部举办的军事技术基础训练，还有人参加了专业分队的训练。

1992 年，域内基干民兵参加了日照市武装部组织的军事训练。镇武装部组织民兵在镇驻地进行军事训练，经考核均取得优异成绩。

1996 年，域内有人参加了东港区人武部组织的通信炮兵训练。

1999 年 5 月，域内王勇等基干民兵参加了东港区人武部组织的有线通信培训，历时 15 天。

2000 年 4 月，域内基干民兵相振武参加了东港区人武部组织的无线报话通信培训，历时 15 天。

2006年8月，镇武装部组织民兵应急分队在涛雒二中进行军事训练，主要训练内容为部队共同科目和军事理论学习，历时10天，参加训练50人，均达到训练要求。

2010年8月，镇武装部组织民兵应急分队40人，在涛雒消防站进行消防科目训练，历时7天，圆满完成学习任务。

2013年7月，镇武装部组织民兵应急分队，在涛雒中心小学进行抗洪抢险科目的理论学习和实际操作训练，采取课堂和课外相结合的方式，历时7天，全面提高了参训人员抗洪抢险素质。

2014—2022年，镇武装部每年都组织民兵进行抢险、防汛训练。

第五节 民兵活动纪略

涛雒民兵自组建以来，历经抗日战争、解放战争、社会主义革命、社会主义建设和改革开放时期，在保卫胜利果实、保卫家乡、参军参战、出夫支前、战备执勤和经济建设等方面，圆满完成了各项任务。

1946—1948年，为支援鲁南、孟良崮、济南、淮海等战役，涛雒区出动支前民工2820人次、小车380辆次、担架182抬次、运输船54只，运送粮食等物资30万公斤。由民兵组成的子弟兵团，随主力部队南下，参加了解放全国的战争。留守的全区民兵一边生产，一边带领广大群众，为部队碾米、磨面、做军鞋和救护伤员，生产支前两不误。

1947年6月，在支援孟良崮战役中，华山村民兵姜神功，遇敌不惧，赤手空拳从敌人手里夺得一支大盖枪，受到上级领导表彰，记一等功一次，奖大盖枪一支。曹家村民兵孙树高在船上智擒敌特分子，缴获轻机枪一挺。

1948年2月6日（农历1947年十二月二十七日）夜，还乡团一股8人，潜入石所村，企图抢劫武器，被该村夜间巡逻的民兵发觉，及时开枪，击毙一正要翻墙入民兵队部的还乡团成员，其他还乡团成员见势不妙，抢上被击毙的还乡团成员，落荒而逃，民兵无一伤亡。同时，另一股还乡团12人，夜间窜入刘家湾村抢劫武器，被该村正在执勤的民兵发现，英勇还击，敌人未能得逞，狼狈逃窜。6月，遵照中共日照县委的决定，涛雒区专设海上斗争指挥部，统一指挥反海特斗争，尤其沿海村，组织留守民兵编队昼夜巡逻，严阵以待，随时消灭海上来犯之敌。12月，根据滨海地委、军区指示，中共日照县支前指挥部在涛雒设立民兵工作站，涛雒区选派强有力的区、村民兵干部负责，储备粮食数千斤、柴草若干，确保外地民兵和民工路过时有饭吃、有水喝，为支前作出了贡献。

1949年2月，区委、区政府挑选大帆船28只、民兵35名、水手140名，支援人民解放军渡江南下。10月，选调大帆船10只、水手100名，参加支援解放东南沿海的战斗。

1958年10月，日照水库动工。域内两公社从各大队挑选基干民兵组成基干民兵营前往，营长涂传欣、教导员王兴年。涛雒基干民兵营上下团结，不畏艰难险阻，苦干加巧干，在全县所有参战单位第一次评比中，一举夺得帅旗。至1959年春，日照水库主体工程基本竣工时，全县共进行了35次评比，涛雒基干民兵营33次获得帅旗。工地指挥部负责人曾说："如果没有涛雒基干民兵营参战，整个工程就会延期3个月。"营长涂传欣、基干民兵丁履全被评为全省水利建设模范民兵。同时，还涌现出宋光存、葛云纪等一批优秀的民兵代表。1959年5月，中共山东省委书记舒同来日照考察工作，并接见了涂传欣等人，高度评价了他们为社会主义建设作出的贡献。

1959年，为落实军民联防，涛雒沿海渔村基干民兵以挂钩或混编形式配属部队行动，筑工事、搞演练，昼夜执勤、巡逻，严防敌特海上偷袭。

是年，涛雒公社从沿海各大队挑选150名基干民兵，组建港养连，连长涂传欣，驻东沙岭鱼骨庙，后有一个排移驻刘家湾村东岭，租用桥东头住户田广平家房屋，一面从事海水养殖和捕捞，一面与驻军联防。

1960年2月，民兵代表宋光存、葛云纪出席日照县社会主义群英大会。4月19日，涂传欣出席了全国民兵代表大会，作了题为"黄海之滨大练兵”的发言。4 月 27 日下午 3 点 45 分，涂传欣等部分代表在北京怀仁堂后院受到了毛泽东主席及其他中央领导的接见。接见时，中央军委奖励涂传欣“五六”式半自动步枪 1 支、子弹 100 发。

1975 年 8 月 14 日，因连日降雨，又适逢大海潮，廒头管理区的川子村、尹家廒头等村，遭遇特大水灾，人民群众生命财产受到严重威胁和损失。涛雒公社武装部根据公社党委统一部署，迅速从各村招集基干民兵组成救援队，以最快的速度赶到受灾村，向右所村、涛雒街转移受灾群众 1000 多人，受灾群众无一人因水灾而伤亡，财产损失降到最低限度。

1997 年 6 月 27 日，镇武装部组成 36 人的机枪方队，经 1 个月的训练后，于 7 月 27 日，参加了庆八一东港区民兵阅兵暨市区领导过军事日活动。

2002 年 5 月 2 日凌晨 2 时，镇武装部接到东港区武装部紧急命令，到河山镇山场进行灭火救灾。镇武装部迅速组织 30 人按规定时间赶到，与其他灭火人员一道，将山火扑灭，受到区委、区武装部的表彰。

2007 年 9 月 11 日 20 时左右，因巨峰河上游突降暴雨，下游河水猛涨，域内南店河已出现两处决口，小海河入海口两岸的养殖池已被洪水拉平，情况紧急，镇党委、镇政府实施应急预案，由镇武装部迅速组织涛雒、小海两个管理区的基干民兵赶赴抗洪第一线，经两个多小时的奋战，控制住了凶猛的河水，使灾情降到最低限度。

2007 年 12 月 22 日 22 时，镇武装部接到东港区武装部紧急命令，到河山山场进行灭火救灾。镇武装部迅速组织人员，由张志强带队，按时赶到火灾现场，与其他灭火人员一道，将山火扑灭。

2009 年 8 月 23 日 10 时，镇党委、镇政府接到东港区抗旱救灾指挥部命令，要求组织人员赶赴日照街道张郭村抗洪救灾。镇武装部迅速组织应急分队，由张志强带队，按时到达目的地，圆满完成了抢险救灾任务。

2018 年 6 月，上合组织青岛峰会期间，镇武装部组织海上民兵，出动 150 船次，打捞近海浒苔，受到上级表扬。

2021 年 7 月 1 日，海员村民兵维权连党支部，被中央军委国防动员部授予先进民兵党组织称号。

第四章　驻军　兵事

涛雒自古就是军事重地。明初，朝廷就常年派兵驻守海防。民国时期，各种武装力量经常驻守涛雒。从 20 世纪 40 年代起，中共领导的武装力量，就在域内开展军事斗争，打击敌人，取得了抗日战争和解放战争的胜利。中华人民共和国成立后，人民解放军在域内驻防，或在沿海进行海训。

第一节　驻军

右所　明洪武年间，朝廷为防倭寇（日本海盗），设立安东卫，辖左、中、右、前、后 5 个千户所。在域内设右所（今右所村），驻正、副千总和百总等首领，设马、步兵近 2000 人。右所在张洛口南岸（今东南营村）、刘家湾村旧村东各设立营盘 1 处，常年派兵驻守海防。至清代初期，安东卫职能被安东营替代。

营盘　清顺治十六年（1659）设安东营，隶属青州营。域内建有 3 处营盘驻兵，除承用明时张洛、刘家湾两处外，又在孙家营子村西建一处营盘。每处营盘有马兵 28 人、步兵 92 人，主要担负小海口、张洛口的海防任务。1912 年，营盘驻兵撤离。

巡防营　清光绪二十六年（1900），沂州府设立沂防营。清光绪二十九年（1903）沂防营改为巡防营，有兵员50人，装备步马枪，分驻涛雒街和小海村，防守海口、维持地方治安。清宣统三年（1911）夏，巡防营复改沂防营。1915年，沂防营被改编为山东陆军第五混成旅。

山东陆军5师20团3营4连 1915年春，该部150余名官兵驻涛雒街、右所、南店，装备有步枪、机枪，主要守卫海防、维持地方治安。1918年春撤离。

奉军4师混成旅 1927年2月，该部（师长方永昌）接替临沂防务。适值日照境内以涛雒为中心的大刀会及盐民起事，与盐巡奸商展开斗争。4月，混成旅旅长王恩毓奉命率部前往镇压，驻涛雒街。王至涛雒后，经调查核实，未与盐民发生冲突。不久，方永昌以放纵大刀会和起事盐民为由，擒杀王恩毓于涛雒，并将其部队就地遣散。

南京国民政府财政部税警2分团4营 1936年秋，该营部和步兵1连驻涛雒街和南店，机枪连驻刘家湾和小海，步兵2连驻右所和亚月，步兵3连驻高旺和下元。驻涛雒期间，修筑过环海公路及沿海防御工事（丁家营子村前河上大桥）。1937年，上海“八一三”事变后，该团南下参加“淞沪抗战”。

滨海军区6团 1942年1月，八路军115师教导2旅6团一部，开始活动在涛雒西南山区，寻机袭击域内日伪军。1943年4月，6团与抗敌自卫军1团、教导5旅13团的1个连以及临（沂）赣（榆）东（海）游击大队合编为滨海军区6团（称老六团）。曾国华任团长，刘西元任政委，贺东生任参谋长。驻涛雒期间，宣传发动群众，组织击溃义和岭日伪据点、端掉凤凰山日伪军碉堡等战斗。抗战胜利后，开赴东北。

滨海军区第四武工队 1943年7月，滨海军区从部队和地方抽调20余名干部，组成滨海军区第四武工队，队长于境清、指导员刘希涛。活动在日伪军占领区，开展敌后斗争，宣传党的政策，建立和恢复党组织，发动群众，打击敌人。1945年1月，受山东军区政治部通令嘉奖。秋，第四武工队解散，所属队员有的回原部队，有的被编入日照海防大队。

滨海2团 1947年9月，该团1连官兵进驻小海村，执行海防任务。不久，因战事所需，部队奉命调离。

滨海军分区海防1团 1949年5月，该团3营驻涛雒（营部及1连驻南店村、小海、栈子村，2连驻涛雒街，3连驻右所村）。天后宫有1棵银杏树，被海防团砍伐造了大船。在宋家坨盐碱荒滩上，兴建三份转池海滩247.5亩。1950年8月，该部队调往青岛。

某部教导营 1953年，抗美援朝结束，人民解放军某部教导营进驻栈子村，主要任务是对抗美援朝荣归的部队部分基层官兵进行培训及军民联防，1957年撤离。

中国人民解放军310大队 1953年，该大队驻防小海，设有营部，部队住民宅。1954年秋，于村东北角建营房，是年该大队奉命调离。

山东军区警备10团 1954年10月，该团一部进驻小海村，担负海上、陆路任务。翌年，在该村建营房一处，1957年奉命调离。

济南军区守备2师警备通讯连 1955年，该连进驻小海营房。1958年移防。

中国人民解放军守备26旅 1957年秋，该旅1个排32名官兵进驻刘家湾村东北沙岭（东北嘴），占地1.2亩，盖营房6间（后称红房子）。主要执行海防、生产任务。分别在夹仓口南岸黄堰岭东与大江崖西、大江崖东与东北嘴西及东北嘴东西岗岭之间，筑起了三座大坝，拦住了海水，坝内深水养鱼，浅水种植水稻。1971年撤离。

中国人民解放军陆军68军204师612团 1959年3月，该团进驻日照执行国防施工任务，团部驻涛雒，施工部队分驻西南山区诸村。主要担负修建盘山公路，开凿凤凰山、竹山等山洞。1960年秋，完成任务撤离。

北京军区空军探照灯6团2营 1963年夏，该营奉命进驻域内海青公路两侧，设探照灯站，主要担负监防鲁东南沿海上空敌情任务。驻防时间一年余。

中国人民解放军陆军68军高炮团 1964年秋，为配合北京军区空军探照灯6团执行守卫海防、空防任务，该团1营营部驻涛雒。驻防时间一年余。

中国人民公安部队日照县边防大队 1964年，

该大队（1966年称中国人民解放军日照县边防大队）1连官兵进驻小海村，主要担负海上御敌和维护地方治安，1976年奉命调离。

守备营 1967年7月，守备26师某守备营，遵照上级指示，进驻涛雒街。营长王忠诚、教导员王庆龙。时值“文化大革命”初期，部队主要任务是开展“三支两军”（即支工、支农、支左，军管、军训）工作。1969年，该营继续留驻涛雒，主要任务是帮助地方“抓革命，促生产”，维护社会治安。1976年，该营隶属青岛警备区守备4团。1984年秋，该营撤离涛雒。

中国人民解放军某部 1970年春，该部驻下元三村，对凤凰山山洞洞壁进行混凝土浇筑。是年冬撤离。

陆军68军守备2师 1970年，该部1连（后属青岛警备区守备4团）官兵进驻栈子村，进行军民联防、开垦荒滩种植水稻。1985年撤离。

中国人民解放军68军守备2师1连 1971年5月，中国人民解放军68军守备2师1连官兵（1个警犬训练组）进驻刘家湾村，整修、建房屋12间，主要担负军民联防，农作物种植任务。1976年撤离（后小学迁入）。

海训部队 1999年后，中国人民解放军每年派部队入驻涛雒，进行夏季海上训练。

日本侵略军 1940年2月4日（农历1939年十二月二十七日），日军井上炮兵大队1中队百余人，由佐藤中队长带领，侵占涛雒，驻涛雒街“五宅”（即丁肇中祖居）。涛雒社会经济遭到严重破坏。

日军侵占涛雒后，修城墙、筑炮楼，扶植伪政权，拼凑伪警备队，组建特务班，疯狂屠杀抗日军民。1940年5月，佐藤中队留遣1个10人的小分队驻守涛雒，队长岩简，其余撤走。小分队依仗涛雒四周城墙，平日只限开城北门通行，其他三门各派1个日本兵带领10多名“把棍子队员”（使用武器把棍子，称“把棍子队”）看守。“南布事件”（见本章第二节兵事·伪自卫队起义）发生后，迁到涛雒街西南隅，原汇昌银号石楼。

1945年5月，日军广莱大队200余人侵驻涛雒，控制海岸和交通要道。在日本宣布无条件投降后，该部拒降，受到八路军和地方武装的沉重打击。

1945年8月24日，日本广莱大队及原驻涛雒的日本侵略者北逃，在右所遭到伏击。

日军还收买、诱骗域内地痞、流氓、游手好闲者组织随从伪军50多人，分驻在亚月、成家廒头等据点。日本投降后，这些伪军少数顽固分子受到政府的严惩，其余胁从者遣散回家。

伪和平建国军 1941年，汉奸陈成功由日军提供枪支弹药，网络兵痞、流氓18人，在石臼所成立“中国和平建国军”，后移驻夹仓，成立司令部，自任少将司令。采取欺骗、收买和抓捕等手段，扩充实力。1943年，队伍达到500人，1945年上半年，增至800人。先后占据北至夹仓、南至潘家村沿海地区，在涛雒街、栈子村等设立据点，是日军的走狗和帮凶。据不完全统计，1941—1945年，伪和平军在域内残杀抗日军民700余人，烧毁民房1800余间，掠夺群众财产不计其数，罪恶累累，罄竹难书。日本投降后，伪和平建国军残部逃至泊里投靠伪滨海警备军，其首领陈成功只身逃往青岛，1949年8月，被济南市公安局逮捕。1950年4月28日，县人民政府在涛雒召开公审大会，将陈成功等罪犯处以死刑，就地执行。

伪日照警备队第八中队 1942年9月，国民党日照保安16团李衍修部2营7连连长薄祝云，带全连120多人投降日军，编为伪日照警备队第八中队，驻涛雒街，帮助日军对共产党控制区进行“扫荡”，破坏共产党地下组织，捕杀抗日军民。该部与陈成功部因利益关系，时有摩擦。至1944年，伪和平军防区大都被日照警备大队占领。1945年8月，该部随日军北逃至日照城。

第二节　兵事

捻军打涛雒 清咸丰十年（1860）冬，丁守存回故里，正值捻军一部攻取赣榆县青口。涛雒人心惶惶，有的跑到山上匿居，有的乘船到海上。见此情景，丁守存召集涛雒乡绅议筑圩之事，但乡人顾虑重重，未筑圩。

清咸丰十一年（1861），春，捻军欲攻占沿海镇域的消息日甚，万不得已，在日照县知县张书升、士绅丁守存的督促下，涛雒乡绅集议后，修筑圩围，发展团练，以御外患。9月，捻军李成部由皖入鲁，6日入日照县，7日兵临涛雒，时涛雒圩围未竣，因海潮涨满圩壕，捻军未能逾越，遂北上。涛雒族人惧捻军再扰，加快筑圩速度，且添置炮楼10座，安土炮10门。10月，捻军由北向南旋至涛雒，想再度攻占，视圩围竣固，大炮威然，团练齐齐，戒备森严，只得离去。

大刀会打涛雒 民国初期，国民政府沿袭旧制在涛雒驻盐巡，地方乡绅组建民团，各大商号组建商团。盐巡、民团、商团武装有300人枪。由于战乱，盐税不时增重，奸商操纵市场，盐民深受压迫、剥削，群众积怨甚久，盐民与官府之间的斗争时有发生。大刀会头目王景贤（巨峰镇相家楼人）等人自安东卫一战后，直捣涛雒。

1927年4月2日（农历三月初一），王景贤等人发动县内大刀会、联庄会员数千人包围了涛雒，他们首先占领了南店、天后宫等处，时县内各地大刀会仍源源而来。大刀会员每人一把大刀，声称吞下符子，念着咒语，“刀枪不入”，每逢念咒，声震数里。镇内盐巡、民团、商团惊恐万分，整天紧关城门，不敢迈出城外半步。在固守求援的同时，城内盐巡、民团于4月4日下午假托议和，招王景贤等人入城谈判，大刀会有人怀疑有诈，缘梯登城墙探视城内动静，不料被巡城的民团发现，民团团长丁惟瑞首先发枪，击中一大刀会会员，当场身亡。城内盐巡及民团方知大刀会并非刀枪不入，于是，纷纷对包围涛雒的大刀会员开枪射击。由于事出突然，大刀会又未作防备，会员被打死近百人。王景贤等人一看对会众不利，遂下令撤退。后为了弹压涛雒大刀会及盐民起事，直鲁联军张宗昌派兵驻涛雒。

王恩毓旅长之死 1927年4月，大刀会攻打涛雒，城内盐巡、民团、奸商恐惧不堪，一面紧关城门，加强防守，一面向官方告急求援。时奉军张宗昌率部驻守山东，其第四师（师长方永昌）接替临沂防务。张宗昌接到涛雒电告后，指示方永昌派混成旅旅长王恩毓率部前往涛雒，对大刀会、举事盐民进行弹压。

王恩毓率部进驻涛雒后，虽然当地盐巡、奸商非常欣喜，但王恩毓通过侧面调查了解，大刀会、盐民举事皆由当地盐巡、奸商所逼，故未对大刀会、盐民大动干戈。盐巡、奸商看到王旅长未对他们的“仇敌”施压，便密告张宗昌，张得知后，非常恼火，遂密令驻守临沂的方永昌率部队前往涛雒严惩王恩毓。

方永昌率部队潜到涛雒街西南一带，方永昌仅带几个警卫，以考察防务为名，来到王恩毓旅部、民团驻地（今观海路中段路北）二楼，双方谈话后下楼，王恩毓被身后的方永昌击中身亡，方永昌急令所率部队进驻涛雒。王恩毓死后，方永昌遵照张宗昌的旨意，就地解散了混成旅，有不愿回家的，另行收编。

日照暴动（南路） 1932年10月，中共日照中心县委根据山东省委关于在日照迅速举行武装起义的指示，决定10月13日发动日照暴动，其中南路暴动由县委组织委员陈雷、宣传委员郑天九指挥，率领300多名暴动队员，以攻打商业重镇涛雒街，夺取驻涛雒的国民党县公安局、盐警、商团和民团的200多支钢枪、2门迫击炮，解决暴动队伍的武器弹药和经费问题为目标。为了配合中心县委的部署，涛雒区委积极行动，发动党员、团员、进步群众，积极备战，并在民团中秘密发展党员。同时，与中心县委约定，由涛雒街内党员、团员为内应，看到外面攻城信号，就打开圩门，收缴豪绅富商枪支，迎接暴动队伍入城。13日深夜，暴动队员会集于涛雒圩墙西门外（今204国道与观海路交会处，沿204国道往北200米处），准备攻城。此时，涛雒区委接到报告，敌人已发觉暴动队伍攻占涛雒的计划，全面加强了防守力量。将近天亮时，区委书记丁原溦冒险縋城而出，报告了镇内敌情。紧急情况下，暴动队伍遂改变计划，转向西进发。当天下午即打开了平家村、苗家村，收缴地主武装，扩大队伍。随后又连克数十村庄，发动农民向土豪劣绅展开斗争，焚烧地主的地契文书，分发了粮食浮财。暴动队伍按预定计划北进五莲山与北路队伍会合。14日，涛雒反动势力关闭圩墙四门，进行了疯狂的大搜捕，后又到周围各村进行搜捕。前后共有8名中共党员被捕入狱，5名党员被杀害，25名群众被关押。涛雒区地方党组织被破坏殆尽。

李衍修部攻打吉掌村 1938年农历正月，刘桂堂匪部20余人驻吉掌村（今东风村），对该村及周边各村烧、杀、抢、掠，无恶不作。李衍修部驻巨峰、大坡一带，得知这一消息后，于农历二月初二拂晓将吉掌村包围，天亮发起攻击，在村人的帮助下，当场毙死刘匪15人，有4名刘匪逃出村外亦被群众抓获打死。

抗日联军打涛雒 1940年4月，八路军日照县大队、抗敌自卫军、国民党军111师各一部，联合攻打涛雒日军据点。12日拂晓，抗日联军从涛雒南部、西部包抄过来。日军仓促应战，一面紧关城门、加强防守，一面电告日照城日军井上大队。由于日军侵占涛雒后，重修了围墙，深挖了壕沟，新筑了炮楼，易守难攻，抗日联军几经发起攻击，日军严防死守，终未克。早饭时分，日照城井上大队派骑兵前来增援，抗日联军不得不向西南磴山方向撤退。日军追至下元村，未敢深入，烧了几处民房后撤回。

伪自卫队起义 日本侵略者驻涛雒后，为固守且实施侵略计划，加强了防御，利用收买、诱骗等手段，在当地组建了伪自卫队。队员经培训，每人发一根把棍子做武器，故称其为“把棍子队”。队员大都是穷苦百姓，队长宋加山在丁华民（丁华民受57军中共地下党的领导）的教育引导下，组织进步青年反抗日本的侵略。涛雒圩围墙有5个门，仅北门、水门通行，有日军昼夜组织把守，其他三门整天紧锁，每个大门派1名日本兵负责，带领12名把棍子队队员昼夜守护。1940年10月12日晚饭后，把棍子队队员庄建昌（涛雒二村人）、庄茂善（涛雒五村人）受宋加山的指示，首先在北门控制了看门的日本兵，夺取了一挺歪把子机枪，奔上南门，庄建昌与其他队员控制了日本兵小南布，派人爬上炮楼，打昏了守楼的日本兵，劫取小钢炮1门，从小南布身上取出钥匙，敞开南大门，劫持日本兵小南布，西转奔至唐家河，投入鲁东抗日游击大队李济五部。

小羊卷突击战 1941年9月，中共二区区公所移驻小羊卷（今华山村），开展宣传，发动群众，组建抗日队伍，发展党组织等活动。7日（农历七月十六日），日照县保安16团团长李衍修部1营、2营及4区队，拂晓从东、北两面将小羊卷包围，发起进攻。区公所人员兵分两路进行突围，一路向南四门口方向突围出去，一路向东，遭到了敌人的强大火力阻击，被困于村南林的一间场院屋子里。在这紧急时刻，向南突围出去的区公所人员与驻在竹山、浦净庵一带的日照县3大队1中队赶来，向敌人发起攻击。被困的区公所人员一部分冲出了敌人的包围，有5人牺牲，敌人伤亡数人。

栈子战斗 日伪军侵占栈子后，在村南部依托一座财主大炮楼，建立起防守据点。1941年12月，驻栈子日伪军不断扫荡解放区，抓青壮年100余名，准备送到东北当劳工。根据上级命令，八路军山东纵队2旅独立团决定攻打栈子日伪据点，解救被抓人员。在团政委赵昭率领下，参战部队黄昏前从莒南县团林镇李家桑园出发，于凌晨进入前沿阵地。经过激烈战斗，将100余名被抓人员全部救出。

该部1连，部署在村西北角，栈子河南岸大堤外，准备打击由涛雒出援的日伪军。在主攻部队打响后，由涛雒出援的日伪军约1个连兵力冲到河中心，遭到1连迎头痛击，日伪军后撤。1连撤出阵地，沿原路返回，转移到虎山镇结庄南山沟南岸时，遭到日伪军伏击。由于地势不利，一连多次突围均未成功，最后与敌人展开白刃战。参加此次战斗的八路军共89人，有43人突出包围，有46人牺牲。

为缅怀46名无名烈士，2004年清明节前夕，东港区委、区政府在日照烈士陵园东南侧竖起一座高164厘米、宽80厘米的“栈子战斗无名烈士纪念碑”。

兰家岭阻击战 1942年6月，麦收刚结束，涛雒日伪军数百名，到小羊卷（今华山村）的兰家岭抢粮。中共日照县大队通过内线得知情报，迅速动员群众藏粮匿财，及时组织小羊卷及周边村的民兵，在兰家岭东西岭设下埋伏，布好了口袋阵。22日上午约8点钟，敌人从吉掌村（今东风村）进入伏击圈。指挥员一声令下，枪声聚起。敌人仓促应战。县大队及民兵东西夹击，敌人不敢恋战，只得丢下数具尸体而逃，县大队及民兵伤亡4人。

林子头战斗 1944年3月24日，中共日照县大队（驻邱后）、涛雒区中队从县敌工部得到情报，驻义和岭的伪警备五中队到栈子据点换防的具体时间和必经之路。县大队、涛雒区中队召开会议决定，在西林子头设立伏击，消灭敌人。由县大队队长王允武带1个中队和1个警卫班埋伏在西林子头村外，涛雒区中队埋伏在西林子头村里东、西大街两边的房子里。第二天中午12点左右，敌人1个中队稀稀拉拉从义和岭方向而来。敌人刚走近伏击圈，却又突然顺着一个岔道改向东林子头村而去。王允武大队长当机立断，改变计划，带领队伍撤出了西林子头，冲向东林子头，向敌人发起了猛攻。敌人阵脚大乱，来不及抵抗，就狼狈地逃回义和岭据点。此战斗打死敌人10多名，缴获步枪30多支，县大队有3人受伤。

南店河北岸突围战 1944年3月26日拂晓，魏振东率涛雒区中队和县公安局股长王明清等人奉命保护“日本反战同盟”宾田，从磴山一带去涛雒日伪据点喊话，瓦解敌人。行至南店河北岸（今翻板闸北端），遭到了百余名日伪军包围，魏振东先头部队组织突围。经激战，区中队及宾田撤出包围圈。在撤离到苗家村时，王明清不幸牺牲，另有两人受轻伤。

六甲庄子战斗 1944年4月底，八路军滨海警备团团部及1、2连驻防六甲庄子，发动群众，开展对敌斗争，扩大抗日根据地。5月4日夜，涛雒日伪军500余人偷袭六甲庄子。日伪军首先抢占了六甲庄子村东岭、南岭及村西有利地形，形成包围之势。5日拂晓，日伪军向警备团发起进攻。警备团1连在连长陈凤来的率领下，随即向村东反击，夺回东岭。团部和2连向村西发起反击，打开突破口，向相家楼、白虎山一线转移。1连占领东岭后，遭到东岭、南岭两股敌人的疯狂反扑，几经激战，1连伤亡较大。警备团4连从黄埠子赶来增援，向敌指挥所发起攻击，日军指挥官赤松被击毙，敌慌忙撤退。此役警备团牺牲47人，敌伤亡多人。

张家廒头伏击战 1941年和1942年，驻日照日军收罗国民党顽固派、汉奸等，成立了日照县“新民会”分会，从事间谍活动，科长以上为骨干分子。滨海军区和二区党委要求武工队严惩“新民会”科长以上人员，打击日伪军的气焰。1944年4月，滨海军区第24武工队在张家廒头一带设伏，击毙涛雒伪区长丁竹如，活捉新民会科员王某。

凤凰山战斗 1945年5月8日傍晚时分，八路军第六团、警备团各一部及巨峰区中队，集结于上元村，准备拔掉凤凰山据点。该据点仅驻扎一个伪军班，但因地势居高临下，工事坚固、易守难攻。次日拂晓，发起攻击。八路军首先动员山下伪军家属向山上伪军喊话，但山上伪军心存侥幸，一意拒降。最后在火力掩护下，炸毁炮楼，除伪班长逃跑外，其余伪军缴械投降。八路军各参战人员无一伤亡。

解放栈子 1945年8月中旬，山东警备10旅19团和涛雒区民兵包围了栈子据点。十几天围而不打，据点里断水断粮。22日夜，部队和民兵向据点发起进攻。碉堡底下，早被八路军挖好通道，放好炸药，炸开了碉堡。日伪军把院东南方的院墙扒开一个大豁口而逃走，栈子解放。

涛雒镇志

TAOLUO ZHENZHI

第十七编　民　政

涛雒镇敬老院　（涛雒镇宣传办公室提供　摄于 2021 年）

民政工作关系到广大人民群众的切身利益，党委、政府历来十分重视。1940年3月，域内即设民政助理员，负责民政工作。抗日战争胜利后，民政工作主要承担起动员群众、参军参战支前、拥军优属、生产自救等主要任务。

中华人民共和国成立后，民政工作肩负着拥军优属、复退安置、移民安置、生产救灾和社会赈济、婚丧改革、社会福利、社会养老保险与居民医疗保险、村委选举及社会保障事务管理等任务。民政工作对社会主义经济建设的快速发展起了重要作用。

第一章 机构

旧时，域内无专门从事民政工作的机构。1940 年 3 月，二区政府设民政助理员，负责民政工作。1985 年 6 月，设立民政办公室。1990 年 4 月设立劳动服务站，2004 年 2 月改称人力资源和社会保障所，主要负责劳动力输出、社会养老保险与居民医疗保险等。2018 年 12 月，退役军人事务工作从民政办公室划出，单设退役军人服务站。

第一节 民政办公室

1940 年 3 月，二区设民政助理，负责全区的民政工作。1963 年，民政助理裁撤，民政工作由文书或财粮助理兼管。1971 年 3 月，复设民政助理。

1949—1985 年涛雒公社（区、乡）民政助理任职更迭表

表 17—1

姓名	性别	籍贯	任职时间
李其松	男	大刘庄村	1949.10—1952.6
王中章	男	虎山镇	1956.1—1962.12
韩培同	男	巨峰镇	1971.3—1978.8
魏茂甲	男	碑廓镇	1978.8—1981.2
李根志	男	下元三村	1981.2—1985.6

注：1956—1962 年涛雒区民政兼负责磴山区民政。

1985 年以来涛雒镇民政办公室负责人任职更迭表

表 17—2

姓名	性别	籍贯	任职时间
李根志	男	下元三村	1985.6—1997.7
侯元洪	男	东川子村	1997.8—1999.4
葛允沛	男	王家村	1999.5—2007.11
牟善营	男	杨家洼村	2007.11—2010.11
卜凡军	男	秦楼街道小卜家庵子村	2010.11—2017.3
秦　浩	女	下元二村	2017.3—2017.8
刘　彬	男	大洼村	2018.5—2021.3
周复艳	女	安东卫街道汾水村	2021.3—

1985 年 6 月，撤销民政助理，设立民政办公室，设主任 1 人。1990 年 5 月，兼管残联工作（残联于 2009 年 7 月设专职干事 1 名）。

2021 年，民政办公室有工作人员 5 名。

第二节 民政委员会

1950 年，大批复员转业军人和残疾军人需要安置，七区设置了复员委员会，一名副区长兼任主任，民政助理、财粮助理、区文书为委员。1956 年安置高潮过后，复员委员会裁撤，工作由民政助理负责。

1952 年 10 月，按照县政府指示，区设拥军优属委员会，下辖的乡都设立了拥军优属委员会。区拥军优属委员会由副区长、民政助理和财粮助理员 3 人组成。1954 年 9 月，区、镇拥军优属委员会改为民政委员会，一名副职担任民政委员会主任，民政助理及财粮助理为委员，区以下乡设不脱产的民政主任，各村由村长兼任民政员，基本形成了区、乡、村三级民政网络。“文化大革命”期间，民政委员会受冲击停止工作。

第三节 人力资源和社会保障所

1990 年 10 月，涛雒镇设立劳动服务站。2004 年 2 月，改称劳动和社会保障事务所，其主要任务为技能培训。为使农民工有一技之长，适应劳务市场需求，事务所先后开办技术培训 4 期，聘请专业老师及专业技术人员任教，传授电气焊接技术、缝纫刺绣技术、木工实用技术、微机操

2004 年以来涛雒镇人社所长任职更迭表

表 17—3

姓名	性别	籍贯	任职时间
李兴元	男	涛雒四村	2004.2—2004.6
尹永保	男	尹家廒头二村	2004.6—2005.10
董书儒	男	西湖镇荻竹二村	2005.10—2007.8
徐延福	男	西湖镇	2007.8—2015.3
郑　磊	男	三庄镇竖旗三村	2017.8—2019.9
郑　美	女	西灶子村	2019.9—2021.3
郭江华	女	岚山区巨峰镇	2021.3—2022.6
高　磊	男	后村镇东高家村	2022.6—

作技术等。至 2010 年，培训合格学员 447 人。2011 年 7 月，改称人力资源和社会保障所（简称“人社所”）。2013 年 10 月 1 日，镇人力资源和社会保障所与日照国际海洋城管委人社中心合署办公，办公地址在右所村前 204 国道西侧，有工作人员 10 名。负责全镇的劳务输出、农村社会养老保险、退休人员管理、城镇居民医疗保险等工作。

2016 年，国际海洋城管委撤销，涛雒人社所恢复独立办公。

第二章　拥军优属

抗日战争时期，拥军优属承担着组织群众支前和帮助抗属耕种收割，房屋修缮等工作。解放战争时期，承担着动员群众、参战支前等艰巨任务。中华人民共和国成立后，拥军优属主要工作是复退安置，慰问驻防部队，落实好烈士家属、军属、残疾军人和复员军人的生活优待政策，定期定量发放抚恤金等。

第一节　拥军　支前

拥军　1943 年，区政府在西南部山区村庄，组织起农救会、青救会、妇救会、儿童团，积极开展拥军优属工作。帮助抗属耕种收割、修缮房屋、挑水劈柴、推磨烙饼、拾柴搂草等。各级干部在发动群众搞好拥军优属工作的同时，组织群众、民兵支援前线，先后有 210 人参加了八路军。

1946 年春，区政府再次掀起了参军拥军高潮。全区人民积极发展生产，支援前线，各村均开展拥军优属工作，订立拥军公约，优待军属和荣誉军人。共青团组织青壮年应征参军，至 1949 年，域内共有 615 名青壮年参加了人民解放军。儿童团、识字班站岗放哨，查路条，妇救会给解放军拆洗衣服，做军鞋军袜。1947 年，妇救会识字班为军队做军鞋 8560 双，碾米、磨面、烙大饼、烙煎饼 6400 公斤。是年春节，区政府筹集猪肉 200 公斤、蔬菜 140 公斤、面粉 200 公斤，慰问驻防部队。

在抗美援朝运动中，全区许多青年胸戴大红花参加了中国人民志愿军。区委、区政府对入朝参战的志愿军和烈士家属逐户进行慰问和抚恤，并帮助他们解决生活中的困难。逢年过节，组织共青团、妇联为他们送慰问信、光荣匾、光荣灯。

1952 年，区政府从农村抽调文艺骨干组成小剧团，春节期间敲锣打鼓到各村为烈军属慰问演出，开展广泛的拥军优属活动。区政府拨款为烈军属修缮房屋，拨款帮助解决烈军属及荣誉伤残军人子女失学问题，组织人员为烈属、革命军人、革命残疾军人家属代耕田地。

1965 年春节，涛雒区组织召开烈、军、荣、残、复、退军人家属代表参加的拥军优属茶话会，会后赠送了礼品。春节期间，送光荣灯，为军人写慰问信，送面粉、猪肉、鱼、粉条、对联和年画。为部分烈属、残疾军人及复员军人新建或修缮房屋。

1967—1978 年，组织毛泽东思想文艺演出队，每逢八一、春节，都到驻防部队慰问演出。

1979 年对越自卫反击战期间，公社共青团、妇联为参战部队官兵送去慰问信，鼓励战士安心服役，为国争光。

1980年，落实对义务兵发放家属优待金政策，直接发放现金。

1998年，镇党委成立“双拥”领导小组，镇党委书记任组长，镇长任副组长，各有关部门负责人任成员。“双拥”工作出现新的局面。2001年以来，解放军海训部队每年夏天都来域内海域训练。镇双拥领导小组对海训部队全力支持，解决住宿、水、电等困难，并送去慰问品。1998年和2004年，涛雒镇被日照市委、市政府、日照军分区授予“拥军优属先进单位”称号。2022年全镇合计收到立功、受奖喜报61人次，其中立功喜报19人，个人三等功10人，二等功2人，立功受奖人数居全区各乡镇前列；2022年全镇发放、悬挂光荣牌30余块。

1998—2022年，每逢“八一”，镇党委、镇政府积极开展双拥慰问活动，先后到区消防大队及小海边防派出所等走访慰问；各村结合“到基层去、到退役军人中去”活动，两委成员分组联系村内所有退役军人及各类优抚对象，深入各户，与他们见面谈心、沟通交流。结合信息采集、悬挂光荣牌、部分退役士兵社保接续、就业创业和困难帮扶等工作，对退役军人生产生活困难情况进行摸底，逐人建立台账，逐户落实帮扶措施。

支前 1946年10月，中共涛雒区委成立支前指挥部，区委书记任指挥，区长兼区中队长任副指挥，民政助理、财粮助理等任成员，领导全区的支前工作。支前民工实行常备民工、短期民工制。

图17—1 支前小车队（摄于1947年）

图17—2 支前担架队（摄于1947年）

凡20～45岁的男子均属常备民工，18～19岁和46～50岁的男子均属短期民工。各村大部分干部和民兵都被列入支前民工名单。

1946年12月，涛雒区常备民工编为一个大队，短期民工编为民工预备队，随时应调支援鲁南战役。民工不定时被县民工大队抽调，随县大队转战郯城、枣庄、苍山等地支前，1947年1月凯旋归来。1947年1月，支援莱芜战役，5月支援孟良崮战役，共出常备民工800人次、小车120辆次、担架80副、支前带队领导干部13人次。

1948年11月，淮海战役打响后，涛雒区组成一个随军运输连，为解放军运送弹药、粮食和生活用品。连内配备通讯员、卫生员、生活管理员、炊事员、木匠等。随军转战，行程近万里，为解放军运送弹药6000多箱，粮食16万斤。

1949年2月，涛雒区组织35名民兵，140名船员，28只帆船，编入华东野战军16团渡江作战，历时10个月，先后参加了解放淞、沪、杭、福州、厦门的战斗。是年10月至1950年春，又派出民工100人、帆船10只，进行海上运输，参加解放舟山群岛战役。

第二节 群众优待

1940年，二区根据县抗日民主政府“优先抗日家属”的指示和山东战工委颁布的《优待抗日军人家属条例》《抚恤抗日阵亡、荣誉军人暂行条例》规定，落实对革命烈士家属、革命军人家属、革命残疾军人和复员军人的生活优待照顾政策。

1947年，区委组织群众帮助无劳力或缺乏劳力的烈军属、残疾军人和复员军人耕种土地、收割庄稼，组织青年、民兵、妇女为孤老烈属、单身残疾军人和复员军人挑水、扫院子、磨面、打柴拾草等。严重困难者，政府给予粮草钱款补助。至 1949 年，群众优待主要以定工代耕方式进行，普遍采用小拨工和大拨工形式，方式是以村为单位，计算出烈军属代耕土地的用工数，由村长或其他干部拨工耕种收获。

1950 年，开始实行固定代耕，需代耕的地由专人负责。1951 年，全区固定代耕的村，由村指定专人负责固定代耕烈军属的土地。1953 年，随着农业生产的发展，由变工互助组发展到农业生产合作社，农村生产和分配形式发生变化，优待方式也随之改变，代耕由大小拨工固定到组和社，烈军属的土地由组或合作社代耕。

1957 年 2 月，山东省《高级农业生产合作社优待劳动工日暂行办法》颁布，优待方式由代耕改为优待劳动工日参加集体分配，保证优待对象的生活水平不低于当地的一般群众。具体采取“定额定工，定工劳动，定工补助”的“三定”办法。1961 年优待办法规定，优待工日受奖不受罚，鼓励优抚对象参加劳动，多劳多得。

1981—1983 年，农村实行联产承包责任制，实行义务兵同社员一样分得一份责任田的办法。优待标准，烈属的优待要高于义务兵家属，对烈军属、荣残军人免除义务工。

1983 年，实行现金优待，以筹资为主，筹粮为次，对孤老烈军属残疾复员军人则以筹粮为主。

1986 年开始，群众优待由村统筹支付改为由镇统一统筹，统一标准，统一兑现，使优待制度更加完善。

1988 年，域内 75 个村，村村建立了拥军优属服务小组，开展帮工和送温暖活动。除按时发放优待金外，还对其家属免除统筹、提留等各项集资。

2000—2013 年，及时足额发放抚恤金和补助金。对二等以上伤残军人的医疗费一律实报实销，对获得“优秀义务兵”喜报的义务兵，发放奖金。

2014—2021 年，办理退役军人优待证。优待证全国统一制发，统一式样，印有优待证种类名称、持证人姓名、持证人性别、持证人相片、发放单位等信息。持证人凭优待证按照《中华人民共和国退役军人保障法》和国家有关规定，享受公共交通、文化、旅游等方面的优待服务。

第三节　补助　抚恤

补助

国家给优抚对象的补助，包括定期定量补助和临时补助两种形式。

定期定量补助　1950 年开始，国家对生活极端困难的烈军属按月发放实物。1953 年，确定补助的对象主要是孤老烈属，包括病故、失踪军人家属、烈士遗孤。对每个家庭只有 1 人的每月补助 2 万 ~ 3 万元（旧币）；有 2 人的每月补助 3 万 ~ 5 万元（旧币）；有 3 ~ 4 人的烈属和年老病弱的复员军人家庭，只作个别照顾。1954 年 11 月，国家拨给涛雒镇生活资料辅助款 1520 万元（旧币），生活补助款 160 万元（旧币），对孤寡或年老病弱、全部失去劳动能力的贫苦农民的烈军属，定期定量分发补助。1960 年，适当放宽补助条件，提高补助标准，补助对象又增加了在乡老红军和享受优待工日之后生活仍有困难的烈士直系亲属、三等残疾军人、年老病弱的复员军人。烈属家庭 1 ~ 2 口人的，每月补助 3 ~ 4 元；3 口人以上的户，每月最高不超过 8 元；复员军人（不包括家属）每人每月不超过 5 元；二等荣复军人已享受固定抚恤，一般不再补助；三等荣复军人进行一次性临时补助：三等甲级每人 30 元，乙级每人 20 元；残疾民兵、民工、三等甲级每人 20 元，乙级每人 15 元；老红军和在校烈士遗孤补助标准稍高。保证上述人员的月口粮不低于 16.5 公斤，每人每月供应食油 0.5 公斤，鱼、肉等副食品各 0.5 公斤。

1978 年，域内的烈属及在乡复员军人，享受定期补助。

1979 年 10 月，根据民政部、财政部《关于改进优抚对象定期定量补助工作的规定》精神，提高了标准。对定补对象进行全面复查，对标准低的做了调整。

2006 年，优抚对象的抚恤金定补款再次上调，在乡复员军人每人每年再增发240元，其中抗日战争时期入伍的在乡老复员军人，生活补助标准每人每年不低于2560元，其他时期入伍的在乡老复员军人，生活补助标准每人每年不低于2060元，带病回乡的退伍军人，每人每年生活补助标准不低于840元。城镇户口烈属，每人每年增发780元，农村户口烈属，每人每年增发480元，六级伤残军人、因参战伤残，抚恤金每年5820元，因公伤残，抚恤金每年5460元。

2012年，落实国家为伤残军人、复员退伍军人、带病回乡人员、“三属人员”（革命烈士家属、因公牺牲军人家属、病故军人家属）、涉核参战人员、赴朝待命人员、60岁以上退伍士兵、60岁以上烈士子女及义务兵奖励政策。

2021年，域内对老复员退伍军人、抗美援朝时期入伍赴朝待命人员、带病回乡人员、涉核参战人员、60岁以上退役士兵，如数发放补助金。

临时补助 一些优抚对象虽享受群众优待和定期定量补助，但由于各种原因，生产和生活上还会遇到困难。对此，国家每年都给予临时补助，对优抚对象发放救济款，解决治病、修房和生活生产困难。

1978年后，优抚对象的衣食问题已基本解决，临时补助重点用于解决他们的无房、严重缺房和治病方面的困难。

2003年，对重点优抚对象医疗实行每年定额补助。七级伤残军人年补助80元，烈属年补150元，抗日复员军人年补100元，解放战争时期老复员军人年补80元，抗美援朝时期老复员军人年补60元。对大病住院实行500元内自理，500～3000元政府报销20%，3000～5000元报25%，5000元以上报30%，对个别生活特别困难的，政府再给予帮助照顾。

2007年8月后，优抚对象享受医疗保障待遇，参加相应的城镇职工基本医疗保险、城镇居民基本医疗保险和新农村合作医疗。2022年，对没有享受普惠20性救助政策，以及无法享受普惠性社会保障政策的退役军人和其他优抚对象，生活确实严重困难的，经履行困难帮扶审批程序后，给予困难帮扶，单次救助最高不超过3万元。

抚恤

阵亡病故抚恤 清朝末年，制定《恤荫恩赏章程》，死亡、伤残将士由国家抚恤。范围分为阵亡、伤亡、因公殉命、积劳病故、临战受伤五类。享受世职荫监、恩抚金待遇。阵亡抚恤，根据生前官职大小、地位高低分别抚恤。有一次性恩恤金和长期性恩恤金两类。

民国初年沿袭清制。1931年，民国政府曾颁布过《陆军海军空军暂行条例》，但由于政府腐败，后成为一纸空文。

人民政府对牺牲或病故的现役军人、人民警察、国家机关工作人员和参战民兵、民工实行国家抚恤。抚恤标准，战争年代无统一规定。

中华人民共和国成立后，对牺牲、病故的军人和革命工作人员，根据人民政府的现实条件进行抚恤。1950年12月，对革命军人和革命工作人员牺牲、病故的以及参战民兵、民工牺牲的，发给一次性抚恤金（粮）。抚恤分牺牲、病故两类，按生前职务分为5个等级。之后，抚恤标准多次调整、提高。

残疾抚恤 革命战争和社会主义建设时期，因战、因公伤致残的革命军人、民兵、民工和革命工作人员，经个人申请，医疗鉴定，军队或民政部门审查并评定残疾等级后，可终身享受国家抚恤。

1950年12月，经政务院批准颁布了《革命残疾军人优待抚恤暂行条例》，全国统一了革命残疾军人评残条件和残疾等级，分四等六级：四等即特等、一等、二等、三等；六级即特等、一等、二等甲、二等乙、三等甲、三等乙。根据此项条例，七区对残疾军人进行复查、评级、换证。1962年和1972年，又进行了评残换证。对于部分残疾等级发生变化的，作了检评调整，对原残疾完全消失、身体恢复健康者，在原证上签“残疾消失、留作纪念”字样，不再换发新证，不再享受抚恤。

2001年1月，对在乡三等伤残军人及伤残工作人员，补助费在每人每年150元的基础上，三等甲级提高到300元，三等乙级提高到250元。

2021年底，域内有伤残军人33人，全年发放822640元的抚恤金。

其他待遇 1962年，烈军属、荣复军人因病治疗，按“在家休养，就地治疗”的办法，除病情严重者由国家负担外，原则上谁治疗谁拿钱。确有困难，可报经公社批准，由国家负担一部分。从1979年开始，对生活不能自理、饮食起居需要人照顾的特等、一等残疾人员，发给护理费，每人每月36元，副食品价格补贴2.5元；在乡的特等、一等残疾军人及家庭户口可以“农转非”；革命残疾军人可以凭证明，在乘坐国营交通单位的车船时，享受半价车船票。1983年，对二等乙级以上（含二等乙级）的残疾军人，一律实行公费医疗；在乡三等残疾人员，因伤口复发，治疗费用由民政部门实报实销；经批准安装、修理假肢、配镜的经费，可由民政局实报实销。

第四节　烈士褒扬

中华人民共和国成立后，镇党委、镇政府多次举办革命烈士公祭活动。每年清明节，镇团委、妇联组织青年、妇女、学校师生去四门口、涛雒五村、下元三村、东林子头等村烈士墓地扫墓，以革命烈士的英雄事迹，激发青年一代的爱国热情和拥军爱民思想，继承革命先烈光荣传统，争取更大光荣。

1983年7月，全镇213名革命烈士换发革命烈士证明书，其中补证的1名。

2013年，为60岁以上的烈士子女13人发放补助30420元，对“三属”人员（革命烈士、因公牺牲军人、病故军人的家属）补助61665元。

自中国共产党成立以来，域内共有革命烈士213名。

第三章　复退军人与移民安置

中华人民共和国成立后，域内民政部门按照国家政策，对复退军人进行妥善安置。做好外迁和接收移民工作。2021年，镇退役军人服务站有3名工作人员，服务域内各类优抚对象。

第一节　志愿兵安置

中华人民共和国成立后，志愿兵安置工作是按照“原籍安置、逐级负责”的原则进行的。1950—1956年，七区、涛雒镇共接收安置复员军人123名、残疾军人108名，其中有的担任了村党支部书记，有的担任了初级农业合作社社长，有的担任了初级合作社会计，有的择优录用为镇、区领导干部。

对于有特殊情况的复员军人、残疾军人，尽量安置照顾好。有的复员军人回家后没有房子住，家中人口多，生活困难，合作社采取集体救济、个人备料、群众帮工的方式使其盖起了新房，过上了幸福生活。

1978年，优抚对象调查摸底时，复员军人中有带病回乡的、年老体弱生活困难的、年老孤身的，都得到了妥善安排和抚恤照顾。对残疾严重的、行动不便的孤寡老人，由村集体供养，安排专人或近邻照顾，使他们幸福地安度晚年。

第二节　义务兵退伍安置

1955年7月，国家颁布实施《中华人民共和国兵役法》，取消了志愿兵役制，实行义务兵役制。从此，接收安置对象重点是退伍军人。从1958年开始，按照“从哪里来，回哪里去”的原则对退伍军人进行安置。以后国家还逐步完善了退役安置的具体条件。择优录用了一部分退伍军人充实到党政、企事业单位工作。

1978 年，对退伍军人、带病回乡的，按政策落实工日补助和优抚照顾。

1979 年，国家对退伍军人、残疾军人的安置作出新规定。对特等、一等残疾军人，因伤残后遗症需要经常医疗处理的，或者生活需要人护理的，回家安置不便照顾的，或单身一人无依无靠的，分别由征集地区的省、自治区革命残疾人员休养院接收入院休养。不符合条件的或本人自愿回家者，则帮助回家安置，回家后享受残疾军人各项待遇，由国家供应商品粮；生活不能自理，饮食起居需人扶助者，发给一定数额护理费。

2013 年底，对全镇的退伍军人，通过推荐协调，有的进入到基层领导班子和镇办企业单位工作；有的到镇村企业单位担任领导职务或成为技术骨干。对自谋职业的退伍军人，在工商、税务、金融等方面给予优惠政策。

至 2021 年底，全镇退役军人中有多人担任村党支部书记和两委成员。

第三节 移民

外迁移民 中华人民共和国成立后，根据上级指示，域内曾多次组织向东北移民，支援边疆建设。第一次是 1955 年 3 月，部分户以及个人去黑龙江省开荒，主要安置在嫩江、讷河、依安、克山等县；第二次是 1956 年 3 月，又有部分户及个人被安置在嫩江、讷河；第三次是 1959 年 7 月，第四次是 1960 年 5 月。

接收移民 1958 年 10 月，日照水库开工建设，大批移民需要安置。从 1966 年至 1972 年，域内共接收安置库区移民 6 批计 173 户 504 人，其中丁家官庄 48 户 119 人；杨家洼 5 户 13 人；李家潭崖 15 户 41 人；苗家村 28 户 123 人；高旺庄 18 户 40 人；东风村 8 户 20 人；右所 51 户 148 人。从 2006 年第三季度开始至 2013 年 6 月，市级以上财政对库区移民给予每人每季 150 元的生活补助。水库库区移民补助在逐年提高。2021 年，每人补助标准 600 元。

第四章 救灾救济和社会福利

旧时，域内没有专门的救灾救济机构。抗日战争胜利后，人民政府非常重视救灾、救济工作。中华人民共和国成立后，人民政府大力发展社会福利事业。改革开放以来各项社会福利不断完善，至 2021 年，全镇有五保对象 251 人、农村低保对象 917 人、城镇低保对象 6 人。

第一节 救灾 救济

救灾 抗日战争胜利前，域内没有专门的救灾救济机构。在灾难之年，政府也安排放赈、设粥棚等赈济灾民。有些乡绅富户也为灾民做一些善事，如涛雒的“山房”“五宅”，每逢春荒之时均开粥棚，烙大饼，赈济灾民。

抗日战争胜利后，人民政府重视救灾工作。救灾的同时，大力发动群众恢复生产，进行抗灾自救。

1948 年，涛雒区遭受了严重的水灾、雹灾和虫灾，有 25 个村庄受灾，两万亩粮田被淹没，其中有 1.2 万亩绝产。大灾过后，中共涛雒区委、区政府组织 3000 名劳力上阵，挖沟排水，疏通河道，抢救出 5000 亩春、秋农作物，并在绝产土地上抢种荞麦、蔬菜等，使灾害降到最低限度。

1949 年春，区委、区政府落实县委搞好春季生产和救灾工作的指示精神，要求农村广大干部群众采取切实措施，保证“不饿死一个人，不荒一亩地”。7 月，遭遇大风灾，海潮灌田。8 月，大雨连绵 5 日，湖洼地汪洋一片，有 19 个村庄受水灾，庄稼绝产达 8000 亩。大灾过后，区委、区政府成立了救灾委员会，组织受灾村庄青壮年劳力修堤排水，组织工作队下基层帮助村民生产自救，节约开支，度过灾荒。

1952年春，特大旱灾。区政府组织群众利用现有的水源抗旱保麦，肩挑人抬，牲畜拉水，解决了部分地块的旱情。打井挖泉，利用水车浇地抗旱。村民之间开展互帮互借和自由借贷，暂时解决生活上的困难。

1957年7月10—15日，3次暴雨成灾，持续降雨506.2毫米，并伴有7～8级大风，庄稼受灾面积达2万亩。秋大旱，9月整月无雨，10月仅降雨3.6毫米，11月降雨20.9毫米，比常年同期少90%，地瓜、玉米、水稻、花生严重减产。区政府发动群众，户与户之间，村与村之间开展互帮互助活动，拾草挖菜充饥。

1960年，涛雒、下元两个公社在生产救灾调查排队中，一类生活略为好的村有18个，二类村24个，每人每天口粮5两。疾病患者398人，其中水肿病人359人，干瘦病39人。为救治病人，公社驻地设疗养院2处，营养食堂2处，为水肿病人及干瘦病人发放营养品等。至1961年，治好水肿病人310例。

1975年8月14日8时至15日8时，日照县降暴雨301.2毫米。全公社有8个村庄受水灾，冲塌房屋2559间，农田受灾6500亩，其中14日晚10点，川子河大水漫堤，川子大队街道水深1.5米，房屋倒塌80%，成一片汪洋；廒头盐场大围多处溃堤，盐池水深1.5米，造成严重经济损失。面对特大灾害，公社党委及时组织青年民兵赶赴灾区，转移灾民，安排灾民生活。灾后组织未受灾大队，在人力、物力、财力诸方面，支援受灾大队，恢复生产，建设房屋，安定生活。组织川子村和尹家廒头一、二、三村进行整体搬迁。

1985年8月19日夜，域内风雨交加，20—22日，两次大暴雨，雨量245毫米。秋作物倒伏0.8万亩，受灾面积1.2万亩；冲化食盐71万公斤；撞损船只5艘；47人受伤；直接经济损失180万元。灾后，镇党委、镇政府组织群众抗灾救灾，恢复生产，修缮房屋168间，整理倒伏玉米6000亩。组织镇直部门捐款1.2万元，下发受灾村户。受灾村户很快恢复正常生活。

1986年7月27日，域内遭受龙卷风和大雨袭击。有6个村受灾，倒塌毁坏房屋123间，刮倒成材树420棵。镇领导组织脱产干部，察看灾情，抢修房屋，处理倒树，整理倒伏玉米等，使灾害降至最小。

1992年8月31日，遭受大暴雨和海潮袭击。1200亩庄稼被淹，沿海虾池2400亩被海潮冲毁，损失惨重。灾后，镇党委政府组织人员抢救被损堤坝，调整养殖品种，最大限度减少灾害。

预防灾害 抗灾救灾要以预防为主。按照《中华人民共和国防洪法》《防洪条例》及防火的规定，镇党委、镇政府积极落实实施方法。一是落实组织机构；二是落实专业队伍；三是落实技术人员；四是落实物资资金。对于村属小塘坝，制订预防措施，责任到人，对于易决口的川子河、南店河、竹子河，确定靠河的12个村庄分段管理，其任务是加固河堤，清除内障，准备救灾物资。组织起一支强有力的专业队伍，汛前提早预防，做到万无一失。对于沿海捕捞船只，配备抗灾救生设备，保证联系通畅，确保平安。组织有关村认真组织节假日上坟祭奠防火。

救济 中华人民共和国成立初期，区民政部门遵照上级“生产自救，群众互助为主，政府救济为辅”的指示开展工作，主要救济灾民生活和帮助发展生产，救济的对象是无依无靠的孤老伤残及遗孤、逃荒要饭及无家可归的孤儿寡女，大部分以粮食救济灾民。

1950年，日照县人民政府拨给区4000公斤救济粮、棉衣620件。区委、区政府根据实际情况分发到特困户。

1952年，国家拨给七区贫困户、烈军属生产补助粮3100公斤，社会救济款3000千万元（旧币）。区政府全部按规定分发给贫困户、烈军属。

1953年，国家拨给七区、涛雒镇社会救济款和烈军属救济补助款，拨给冬季救灾布匹、棉花、棉被、棉裤、绒衣、大衣、布袋、蚊帐、棉袄、军装、单衣、鞋等，区、镇政府及时把这些救济物资按规定全部发放到灾民及烈军属手中。

1963年春节，日照县下拨到区社会救济款和烈军属救济款1.2万元，棉衣800件、棉絮300套、木材 12 立方米、鞋 1300 双。区政府按规定及时分发到户。贫农贷款、无息贷款、社会救济贷款、生活无息贷款等都安排到户。

1965 年，涛雒区将县人民政府拨发的救济布、社会救济款、烈属荣复救济款，发放到户，还为个别户过春节拨发小麦、棉絮等。

“文化大革命”时期，除去农村灾区紧急救济，其他救济项目基本处于停顿状态。

1985 年，涛雒镇因台风和暴雨灾害，损失严重，政府发放了救济款，帮助受灾群众重建家园。

1992 年，镇政府发放了救济粮、救灾款，解决了灾民和特困群众的生活困难。此后，每年都发放救济款、物品等给特困户。

第二节　社会福利

中华人民共和国成立后，中国共产党和人民政府为人民群众办了许多福利事业。1956 年，开始实行“五保”；1958 年，开始创办敬老院。随着经济的发展及体制的变革，社会福利事业也得到同步发展。

福利

五保户供养　1956 年 1 月，《全国农业发展纲要》规定：劳动者在年老生病或丧失劳动能力时，“在生活上给以适当照顾，做到保吃、保穿、保烧、保教、保葬，使他们生养死葬都有指靠”。人们将吃、穿、烧、教、葬五项保证简称“五保”。是年，农业合作化后，依靠集体的力量，对农村丧失劳动能力，生活来源无保障的老、弱、孤、寡、残疾农民实行“五保”，使其在吃、穿、烧、教、葬五个方面得到保证，不低于一般农民的生活水平。五保户供养所需由所在大队从公益金中支付，标准各村不一，多数村庄人均保养口粮 250 ~ 300 公斤，月零花钱 2 ~ 5 元，疾病治疗费由集体承担；对年龄大而多病、生活不能自理者，大队指定邻近住户或其亲属负责照顾，由大队支付一定的报酬。五保户死后一切财产归集体所有。

1964 年，对五保户中的特困户，除大队照顾外，国家又供给一定量的粮食和现金。

1983 年 3 月，公社对域内五保户进行普查登记，全公社有 337 户、376 人。统一规定每人每年口粮不低于 250 公斤，每月零花钱 5 ~ 8 元。

1990 年 10 月，涛雒镇敬老院成立。全镇五保户中，有 25 户五保老人由镇敬老院供养，其他由所在村分散供养。分散供养的五保老人，每人每年 250 公斤小麦、120 元零花钱。镇政府每年还不定期为五保老人巡回诊病查体。

1994 年，“五保”改为吃、穿、烧、医、葬五个方面。

2006 年 3 月 1 日，国务院制定的《农村五保供养工作条例》施行，对供养总则、供养对象、供养内容、供养形式、监督管理、法律责任等都作了明确规定，进一步保障了五保户的权益。

2007 年，域内 75 个村有五保户 197 户、207 口人（镇敬老院入居 34 户 35 人），按新标准都进行了妥善安排。

2021 年，全镇五保对象为 251 人，其中集中供养 17 人，每人每月 880 元，电价补贴 8.2 元 / 户・月；分散供养 234 人，每人每月 880 元，电价补贴 8.2 元 / 户・月。总供养金额 2575995.8 元。

敬老院　1958 年，各大队办起敬老院，将五保老人组织起来，吃住一起。1959 年大多数敬老院解散，少数大队敬老院办至 1960 年。

1985 年，刘家湾村办起集体居住、分散生活的敬老院，入院五保户老人 7 户 10 人。

1990 年 10 月，镇政府在高旺庄村前（原高医院家属院）办起涛雒敬老院。首任院长平永康（高旺村人）。1999 年 5 月，侯元洪（东川子村人）任院长。敬老院占地 6.1 亩，建房屋 49 间，总建筑面积 900 平方米，固定资产达 120 万元。配备管理人员 3 名。第一批入院五保老人 15 人（其中女 5 人）。除保障老人生活外，每月每人补贴零花钱 5 元。

最低生活保障　1998 年，东港区建立了农村特困救助制度。2006 年，农村特困救助改为农村居民最低生活保障制度（简称农村低保）。2007 年 1 月，开始发放最低生活保障金。全镇有低保对象 870 人，每人每月 15 元，由民政办公室会同村委会一起发放给低保者。10 月，由信用社通过信用卡发放。每村低保人员一般按村农业人口的百分之三评定。

2013年，全镇有农村低保对象2590人，共发放低保金额3529470元；城镇低保对象6人，共发放14748元；为百岁老人（5人）发放生活补助，人均年发放1920元；为90～99岁高龄老人213人发放生活补助，共发放255600元；发放孤儿生活补助（4人）28800元；为遗属（8人）发放遗属补助30432元；发放优抚对象丧葬费（8人）39436元；发放临时救助金50000元；发放大病救助金67356元；为40%的精减退职（5人）发放补助28200元。

2021年，全镇有农村低保对象917人，共发放低保金额4435416.2元；城镇低保对象6人，共发放15456.8元。

农村社会养老保险 1992年，全镇69个村开展农村社会养老保险，有8081人参保，总保额250640元，其中个人交纳养老金与集体补贴比例为3:1。1992—1998年，全镇75个村，有20091人参保，收取保金316.2万元。1998年以后，未办理入保业务。2001—2004年，全镇有320人领取养老保险金，共发放养老金114633元。

2006年11月，涛雒镇政府在大草坡村组织实施了新型农村社会养老保险试点，共有83人参保，占适龄参保人员的49%，缴纳保费62339元。2007年，试点扩大到4个村，当年共有656人参保，缴纳保费1187192元。

至2013年底，全镇共有42064人参保，共缴纳保费15367000元。是年，共有12253人领取保费9546953元。至2021年，域内新型农村社会医疗养老保险已纳入规范化轨道。

残疾人福利 1990年，全镇有残疾人3840人，占总人口的6%。2013年，2670名有劳动能力的残疾人自主创业，占残疾人总数的65%。全镇有福利企业1处，安置残疾人10名。每年定期免费为残疾人查体，分门别类制定康复医疗和功能训练计划，组织他们定期治疗训练。2009以来，先后为64名白内障患者送去光明，为19名儿童麻痹瘫痪者进行手术矫治。镇政府免除了残疾人的义务公益事业费和其他社会负担，残疾人治病优先，免收挂号费。

补助

遗属补助 1964年，国家对干部牺牲或病故后的遗属发放遗属补助费，分别从行政、事业经费中开支。1980年，国家人事局颁布《关于国家机关、事业单位人员死亡后遗属生活困难补助暂行规定》，对遗属补助对象作出了相应规定：父亲、丈夫年满60岁，母亲、妻子年满50岁，未及此年龄已丧失劳动能力的可作为补助对象；子、女、弟、妹年满18周岁以后不再列为补助对象。但正在普通中学学习或基本丧失劳动能力的，可予以补助。

1995年，国家人事局颁布的《关于国家机关、事业单位工作人员死亡之后的遗属补助问题的通知》规定，遗属补助由各单位自行处理。

老党员生活补贴 1979年，对中华人民共和国成立前入党的（以下简称“老党员”）生活有困难的84名老党员，给予生活补贴，发放生活补贴款3360元，年人均40元。

1999年，对老党员发放生活补贴，其中抗日战争时期入党的老党员，年人均生活补贴100元，解放战争时期入党的老党员，年人均生活补贴50元。

2005年，对抗日战争时期入党的20名老党员发放生活补贴，人均年发放生活补贴840元；对解放战争时期入党的255名老党员发放生活补贴，人均年生活补贴100元。共发放42300元。

2007年，全镇56个村有老党员205人，共发放老党员临时生活补贴187080元。2012年，为老党员共发放生活补贴465375元。至2022年，域内为老党员发放生活补贴已成为一项正常性的工作。

国家对农村危房改造补助 2009年，国家对农村“五保户”“低保户”“贫困户”居住的危房进行补助改造，补助标准为每户3000元。至2011年，共补助643户、2572间。2012—2013年，补助标准为每户16000元，共补助18户86间。2013年后农村困难户建房补助标准逐年提高。2022年补助标准是：翻建新房最高22000元，修缮房屋最高8000元。

第五章 婚丧管理与改革

中华人民共和国成立后，域内实行男女平等、婚姻自由、一夫一妻制新的婚姻制度，买卖婚姻、童养媳、娃娃亲、指腹为婚等旧婚习俗得以彻底铲除。人民政府还倡导丧事从简，对重葬厚殓的殡葬习俗进行改革。2018年后，各村都成立了红白理事会，大力倡导婚事、丧事文明简朴办理。

第一节 婚姻管理

1945年3月16日，《山东省婚姻暂行条例》颁布，条例规定："男女平等、婚姻自由及一夫一妻制。重婚、早婚、蓄婢纳妾、童养媳、买卖婚姻、租妻抢婚等陋习一律禁止。"

1950年5月1日，第一部《中华人民共和国婚姻法》颁布。区委、区政府组织全体干部群众学习、宣传落实新婚姻法，认识旧婚姻的危害，自觉与旧婚俗作斗争。买卖婚姻、童养媳、娃娃亲、指腹为婚等旧婚习俗得以彻底铲除。全区形成了婚姻自主、恋爱自由、寡妇再嫁等新事新办的社会风尚。

新婚姻法实施以后，开始实行婚姻登记制度，登记管理由县民政科主管，区公所文书承办，后由区民政助理负责办理。

1960—1962年生活困难时期，曾出现变相买卖婚姻的现象。1963年生活好转后停止。1964年，"社会主义教育运动"以后及"文化大革命"时期，一些青年男女婚姻受家庭出身、成分、社会关系及养儿防老传统思想等影响，用换亲、转亲方式结婚。

20世纪70年代中后期，为控制人口增长，促进计划生育工作开展，曾实行高于法定婚龄（女23岁，男25岁或双方50岁）方能登记的办法。

1986年1月，县民政局在镇民政办公室设婚姻登记科，结婚登记手续由镇民政办公室承办。婚姻当事人直接到户口所在地民政办公室办理登记手续。1994年6月，婚姻登记由民政、计生、派出所联合办理。1997年5月1日以后，婚姻登记改由东港区民政局婚姻管理处办理。

离婚、复婚登记程序与结婚登记大致相同。对复婚者，在发给他们结婚证时，收回离婚证，由婚姻登记机关注销其离婚证。

第二节 丧葬改革

域内旧的殡葬习俗是木棺土葬。官宦人家、豪门贵族崇尚厚葬，讲究奢华。殡葬要经过看坟地、砌坟、备寿衣、做棺木、死后念经做道场、扎祭品、出殡请吹鼓手吹喇叭等6大项23小项活动。

中华人民共和国成立后，人民政府倡导丧事从简，对重葬厚殓的殡葬习俗进行改革。20世纪50年代，主要倡导文明简朴、节约办丧事、反对封建迷信和铺张浪费。1964年，社教运动开始，改出殡哭灵为开追悼会，推行以生产大队为单位设置公墓。社教运动中，将分散的坟墓集中到公墓，域内增加耕地面积1500余亩。

1973年，日照县筹建火化场。1975年7月，县委、县革委会下发了《关于推行火葬、实行丧葬改革的通知》。1976年2月5日，日照火化场正式启用。1978年，域内火化率为95%。初时推广以生产大队为单位建骨灰堂，后又改为土葬骨灰盒。

20世纪80年代初期，火化减少，土葬回潮。1984年6月，涛雒区委、区政府成立丧葬改革领导小组，制定了具体的规章制度和严格的奖罚措施。此后火化率一直保持在100%。

2002年，公路两侧大田100米内坟墓全部迁出，移至村内集体公墓或移到远离公路的合适的地方，恢复耕地350亩。

2018年后，域内各村均成立了“红白理事会”。村里的红白事，均由理事会安排。

涛雒镇志

TAOLUO ZHENZHI

第十八编　文化　艺术

天台山太阳文化节　（涛雒镇宣传办公室提供　摄于2019年）

涛雒，历史文化艺术底蕴深厚，渊源流长，至2021年域内经文物部门已普查确认并予以保护的有西林子头、田家园、亚月、东灶子、大羊卷、小刘庄等古文化遗址10余处。历史上出现了大批历史文化名人和优秀作品，如清代丁允元的《滋德堂集》、丁旹的《半奎楼记》、丁士一的《春余集》、丁续曾的《寄畅斋诗文集》、秦露的《东庐遗集》、丁守存的《旷世山房文集》和丁惟汾的《毛诗解诂》《方言音释》等。中华人民共和国成立后出现了画家王板哉、中科院院士叶连俊和诺贝尔物理奖获得者丁肇中等大批文化骄子。

中华人民共和国成立前，涛雒域内没有专门的文化管理机构，民间文艺活动，一般由富有的商号、乡绅富户、大姓族群或有一定威望的文艺爱好者组织。中华人民共和国成立后，党和人民政府在广大农村开展扫盲运动和普及文化教育，文化管理工作由党委宣传委员分管。20世纪70年代，农村办起“青年之家”。21世纪后，全镇75个村都建有“文化大院”，开展各项文化、健身、娱乐活动。

第一章　机构

中华人民共和国成立之前，域内历代文化艺术管理机构，均无文字记载。中华人民共和国成立之后，涛雒镇设文化管理机构，分为两个部分。一是1953年秋设立的文化管理站，职责是负责在条件好的村组建文工团，并先后组建了文艺宣传队、电影放映队，建立了图书室、阅览室、书画展览室、游艺室等。二是从1958年起设立广播电视管理机构，并由早期的有线广播放大站发展到2021年的山东省网络有限公司日照分公司涛雒网络建管所。

第一节　文化管理站

1953年秋，涛雒镇创建日照县第一个区（镇）级文化管理站（简称文化站），站长由镇党委副书记费守忠兼任。1958年，涛雒公社文化站组建了以右所大队文工团主要演职人员为骨干的涛雒文工团；下元公社成立以高旺大队主要演职人员为骨干的下元文工团。1961年，文工团解散。1962年，文化站撤销。

1976年6月，涛雒公社成立民办公助文化站，站长尹德惠，工作人员1名，办公室设在公社党委大院。1978年，文化站组建涛雒公社业余文艺宣传队、电影放映队，迁至公社大礼堂办公。1980年，文化站迁至公社院内办公，建立图书室、阅览室、书画展览室、游艺室等。1985年5月，日照县文化局整顿乡镇文化站，文化站改制为事业单位。

电影放映队　1978年5月，涛雒公社电影放映队成立，队长徐茂峰，职工2人，隶属公社文化站，业务由县电影公司管理。电影队设在涛雒公社党委大院，有办公室3间。1982年，东风大队购买电影机，成立电影放映队，秦玉海、王贵富为放映员。1983年，下元三大队由刘加进、朱永光、郑世亮三人组成电影队，购置电影机一部，在本村设立电影院，村民购票看电影。随后又有12个村先后组建电影队。1984年，涛雒区电影队改制为民营。

1953年以来涛雒镇文化管理站负责人任职更迭表

表18—1

职务	姓名	性别	籍贯	任职时间
站长（兼）	费守忠	男	日照街道	1953.9—1962.3
站长	尹德惠	男	王家村	1976.6—1990.3
站长	丁元沛	男	高旺庄村	1990.3—1999.5
站长	王贵芬	女	日照街道小古镇村	1999.5—2004.11
站长	刘祥娜	女	奎山街道东长河村	2004.11—2007.8
副站长（主持工作）	张念兵	男	虎山镇桥南头村	2007.8—2008.10
站长	张念兵	男	虎山镇桥南头村	2008.10—2017.3
负责人	宋全慧	女	涛雒一村	2017.3—2017.8
站长	温雅慧	女	烟台市	2017.8—2018.4
文旅服务中心主任	代　茹	女	开发区山后村	2018.4—2020.4
文体服务中心主任	牟　萍	女	东港区后村镇	2020.4—2022.6
文体服务中心主任	张念兵	男	虎山镇桥南头村	2022.6—

日照电影公司涛雒电影管理站　1985年，日照电影公司在涛雒镇成立电影管理站，站长秦玉秋。1987年，日照电影公司涛雒电影管理站撤销。

涛雒电影管理站　1987年，涛雒镇成立电影管理站，站长徐茂峰。管理和指导全镇14个村办电影放映队。1989年3月，王振伟任电影管理站站长。1993年，村电影队停办，镇电影管理站撤销。

2007年11月起，根据国家、省、市、区的要求，按照每村每月一场电影的标准，东港区文旅局开展了农村公益电影放映活动。按照国家、省、市要求，自2010年起，全区农村公益电影放映全面数字化，每年均圆满地完成了全区的农村公益电影放映工作。

第二节　广电网络建管所

1958年，日照县广播站在高旺铁矿家属院内建起第一个有线广播放大站。后铁矿撤销，广播放大站亦关闭。1964年底，为配合社会主义教育运动，放大站再次启动。1965年，广播站从高旺迁至涛雒区大礼堂院后的平房办公，用1140型柴油机带动发电机发电，供广播站用电。广播喇叭接到普通百姓家，每天早、午、晚3次广播，每日播出时间6小时50分钟。1970年，迁至今观海中路北侧原新华书店院内东平房。

1972年，户户安装有线广播（小喇叭），收听新闻、天气预报及文艺节目等。1976年，8个管理区各配备了1名管理网长（涛雒管区未设网长），负责广播线路设施的维护及用户使用费（每户每月0.2元）的收取工作。1978年，涛雒公社75个大队实现了“一村一线”，广播线路实现专线化，生产大队通播率达到100%。1979年，全公社广播线路基本实现水泥杆化。是年9月，日照无线广播正式开播，域内收音机逐渐普及，有线广播不再受到用户重视。

1984年，广播放大站改称广播站。1988年9月，日照市广播电视局进行体制改革，将乡镇广播站的人、财、物下放到乡镇管理，业务由市广播电视局指导。

1993年，广播站改称广播电视站，隶属东港区广播电视局。2000年5月，迁至党委办公大楼办公。

2004年6月，搬迁至涛雒七村大修厂院二楼（党委西大门对过），改称为有线网络中心建管所。是年7月，划归日照市广播电视局垂直管理，改称为日照广播电视台网络信息中心涛雒建管所。2007年5月，搬迁至涛雒七村居民楼（地址在204国道西侧）办公。2008年5月，迁到“五宅”茶楼办公。2009年底，体制改革，涛雒建管所改称为日照广电信息网络有限公司涛雒网络建管所。2010年12月，改称山东省网络有限公司日照分公司涛雒网络建管所。

1965年以来涛雒网络建管所（广播放大站、广播站、广播电视站）负责人任职更迭表

表18—2

职务	姓名	性别	籍贯	任职时间
负责人	王纪泽	男	沙岭子村	1965—1968
站长	刘云昌	男	涛雒三村	1968—1969
负责人	庄佃昌	男	上元村	1969—1999.5
站长	张传武	男	日照街道西十里铺村	1999.5—2004.2
所长	王　群	男	岚山头街道官草汪村	2004.2—2009.1
所长	张秀海	男	两城镇两城四村	2009.1—2012.1
所长	刘贤伟	男	河山镇申家坡村	2012.1—2014.8
所长	郑　军	男	后村镇大后村	2014.8—2018.8
站长	高月超	男	东港区南湖镇	2018.8—

第二章　文学艺术

域内历史上文学艺术繁荣，艺术门类众多，人才辈出。明清时期达到鼎盛，涌现出一大批历史文化名人，以及优秀的文学作品，其中最早的作品有清康熙年间丁允元所著《滋德堂集》等。民间文艺最具特色，渔民号子和水族舞是域内一种特有的民歌形式，2006年被列入市级首批非物质文化遗产名录。中华人民共和国成立以后，域内民间书画摄影、民间戏曲、民间工艺都得到了很好的传承和发展。

第一节 文学创作

中华人民共和国成立前文学人物

秦露（1703—1734） 字昆雪，号东庐樵子，男，上元村人。著作多散失，仅存《东庐遗集》

秦瑛 字豫初，号莲渠，男，秦子炤三子，涛雒镇上元村人，上元秦氏十二世，道光二十六年（1846）岁贡，候选训导。曾辑录有《海曲鸿泥诗钞》稿本二册，简称《海曲诗钞》。著有《介山堂诗草》，并有诗选入《海曲诗抄》与《海曲诗抄续刻》。

丁允元	丁 泰	丁 岂
丁士一	丁法曾	丁梦阳
丁守存	丁惟鲁	丁续曾
丁麟年	丁惟汾	丁 昱
丁士可	丁汝为	

以上丁氏家族14人的文学创作成就详见本志第二十五编丁氏家族。

丁良善（1829—1893） 原名杨善，字少山，男，苗家村人。

丁士嘉 字伯谟，号固菴，男，著有《步奎楼诗集》。

丁恺曾 字萼亭，男，著有《望奎楼诗集》四卷。

丁延穗 字瑞野，号蓍塘，男，著有《有斐斋诗集》。

丁守孚 字信中，号桐庵，男，著有《此君斋诗集》。

丁明善 字照初，男，著有《环山书屋诗集》《游艺山房杂记》。

丁以此 字竹筠，男，著有《我有园诗稿》2卷、《毛诗正韵》4卷。

丁汝彪 字九章，号暝庵，男，著有《暝庵诗集》。

丁宜曾 字椒圃，男，著有《农圃便览》。

丁光曾 字为龙，号鬈荫，男，著有《西天草记》。

丁大训 字彝轩，男，著有《滇游路记》2卷。

丁锡钧 字慎庵，号亦鹤，男，著有《占验奇书》。

丁锡宠 字龙章，男，著有《车战说》《龙章琐言》。

丁懋五 字伯才，号槑山，男，著有《说文解字均隶》《校刻篆字论语考证》。

丁傚诚 字敬菴，号鉴塘，男，著有《蹇贞录》。

丁汝绶 字紫生，号石荪，男，著有《操琴要诀》。

丁惟晋 字象明，男，著有《求德楼文稿》。

丁惟彭 字达千，男，著有《中国山水技法基础》《新君居印集》。

秦兆瀛 学者，男，清末廪贡，钦赐州同衔，后举乡饮大宾。博学淹灌，被聘为光绪《日照县志》参校，著有《海曲赋钞后集》行世，此书是一部日照古代先贤文集，弥足珍贵。

中华人民共和国成立后文学人物

郑全刚（1942.7—2007.3） 男，西灶子村人，国家广电总局中日电影合作制片公司总经理，著名电影导演。创作编导了《魔鬼部门七三一》《蚂蚁事件》等近10部科教、记录、专题短片，创作完成多部故事影片，对外合作拍片30多部。较有影响的有《南京大屠杀》《唐伯虎点秋香》《龙旋风》《卧虎藏龙》等。

滕肇甲 笔名常民，男，1941年4月25日出生，刘家湾村人，大专学历，高级政工师。曾先后任大连市委秘书、处长，交通银行大连支行副行长兼机关党委书记、工会主席，大连市关心下一代委员会副主任等。作品发表杂文二十余篇，其中多篇编入《中国金融家大辞典》并多次获奖，长篇小说《银楼硕鼠》是国内第一部反映银行系统贪腐的长篇小说。（详见本志人物第三章）

滕怀森 男，1948年1月出生，刘家湾村人，大学本科学历，中学高级教师，从事中学语文教学40余年，历任高中语文教师、教导主任、副校长等职。退休后致力于日照海洋文化的探索与研究，先后参与了《山东区域文化通览·日照卷》《日照文化简史》等书的编写和光绪《日照县志》文白对译版的校译等。在各类书籍、报刊发表海洋文化内容的散文近百篇，个人专著《日照渔家文化》获第五届日照文艺奖，已被清华大学图书馆、中国农业大学图书馆、中国海洋大学图书馆，以及山东省图书馆等全国十几所大学及地方图书馆收藏。现为山东省历史学会理事，日照市人文与自然遗产保护开发促进会常务理事，日照海洋文化促进会理事，日照文艺评论家协会会员，日照作家协会会员，《日照文览》责任编辑。

尹德惠　男，1949年出生，王家村人。1976年后，相继创作现代吕剧《锁龙记》《花烛夜》《渔乡三月》等。1983年，发表新编历史京剧《道同》，获山东省创作演出二等奖；1984年，创作小戏《赶集路上》获山东省农民创作奖；1988年，创作吕剧《双结网》，参加山东省第二届艺术节会演获得金奖。

王世群　又名王苏灵、苏灵，男，1952年12月出生，本科学历，中共党员。第六届日照市政协委员，第七、八届市政协常委、文史资料和港澳台侨外事联谊委员会主任，曾任中国美术家协会日照创作中心常务副主任、日照市侨联文化艺术联谊会名誉会长、中国科学研究院学术委员会特邀研究员，《中国评论导刊》杂志社特约评论员。第二十二届国际历史科学大会山东代表兼分会场主持，2012年起，先后受聘任山东大学、曲阜师范大学、山东师范大学兼职教授及地市多处院校客座教授。社会讲座课题《佛学与唐代文化之发展》《儒学智慧与人生》《人类生命之摇篮——海洋文化》等。

参与征编出版山东省政协《山东文史集粹》《山东重大考古发掘纪实》《山东重点文物保护纪实》《齐鲁百年名碑集》《齐鲁戏曲集锦》和巨型影画集《中央领导在山东》等十多部文史专著。主持编辑日照市政协出版的《日照文史》十部、《日照烽火录》四部；出版主编书《山东文化通览·日照卷》《日照考古录》《日照进士录》等二十余部。在各类报刊发表诗词、散文、评论、小说二百七十余首（篇）并荣获多种奖项。

1996、1999、2002、2005、2007年连续五届次获全省优秀文史工作者称号；2007年11月、2009年7月，分别获全国优秀文史工作者称号；2012年6月，获山东省《山东区域文化通览》编纂工作先进个人称号。

丁建元　男，1956年7月出生，东石梁头村人。山东友谊出版社副总编、编审。先后发表散文200余篇，近百万字，收入《中国当代散文精品大观》《中国散文集品·当代卷》《散文200期精品丛书》《中国风景散文三百篇》《山东新文学系列（1900—2000年）》《新艺术散文精品选》《孟子故里·名人行踪》《沂蒙山好人记》《画布上的灵眼——色与线与善与恶》等几十种选本，出版专著有《眷恋黄昏》《恋山的野菊》《寻找生命的原色》《中夜的风铃》等。

丁海涛　男，1958年5月出生，右所村人。海军航空工程学院青岛分院学员旅副政委。著作有《来自大海的疑问》等。

李世成　男，1960年出生，大草坡村人，曾任日照广播电视台（集团）总经理，兼任日照广电艺术团团长、日照市电视艺术家协会主席、日照市动漫艺术协会主席；是中国电视艺术家协会会员、山东省纪录片学术研究委员会常务理事、教育部学位中心学位论文评审专家。任总编导创作的动画片《山海传奇》获中国电视金鹰奖三等奖；主创的《百年人·日照魂》等4部电视作品获省文艺精品工程奖；任总编导组织创作的《金牌情》等6件电视作品获山东省泰山文艺奖。任总导演的日照市春节联欢晚会2006—2012年，连续七年获省电视艺术“牡丹奖”一等奖，其中获最佳撰稿奖1次；负责撰稿的动画片《银杏与白果》获省二等奖；参与策划、统筹或监制出品电影、电视剧多部，其中电影《人活一张脸》获国家电影局和山东省的奖励。参与主创的10多部电视作品已由齐鲁电子音像出版社出版。出版《日照商铺银号》《思与行——广播影视作品选》等书籍多部，是本志书主要编纂者之一。详见本志人物第三章。

田文阁　男，1964年出生，宅科村人，本科学历。1984年7月参加工作，曾任中学教师、公务员、记者、媒体总经理。是临沂市人民政府智库高级专家，日照地方文化研究者，创办日照市乡土文化研究会。撰写、主编日照地方文化史料、深度经济报道。著长篇经济通讯《现代威亚：给日照带来什么？》长篇报告文学《浴血东进——八路军第 115 师第 343 旅第 686 团征战纪实》，史学随笔《老家日照》；主编《浴血日照·日照抗战散记》；策划、主持大型乡土文化抢救活动“让城市留住乡村记忆——山东精品钢日照基地建设搬迁村纪实”；参与策划“来王府井看海”等城市旅游营销。参与诺贝尔奖得主丁肇中主持的 AMS 项目大型电视专题片《挑战未知之旅》的拍摄（山东卫视）；创意拍摄电视散文《日照》《西藏》；创作歌曲《读汉字》《护士》；撰写城市观察系列随笔《城之道》；策划百幅海洋“渔事画”（非遗）系列创作。

郑飞　男，1982 年 10 月出生，西灶子村人，中国戏曲学院研究生毕业，上海交通大学博士在读，央广传媒集团央广文化总编辑、首席运营官，剧作家、评论家、影视制作人，中国电视艺术家协会会员、中国戏剧家协会会员、中国戏剧文学学会理事、北京电影协会理事。编剧作品有电影《音乐会》《永远的旗帜》《武当少年》、电视剧《把一切献给党》《开漳圣王》、舞台剧《奥运圣火记》《双城记》《还魂三叠》、专题片《跟着总书记学党史》《龙行天下》等。其中《永远的旗帜》获全国戏剧文化奖，《还魂三叠》获得联合国教科文国际剧协音乐剧大奖、全国戏剧文化奖优秀剧目大奖，《奥运圣火记》获奥运文艺展演优秀作品奖，《血与火》获中国新闻出版政府奖。另有《因为爱所以分手》《原乡人的家国春秋与美丽哀愁》等数十篇文艺评论发表于《中国文化报》《中国剧本》等报刊杂志。

第二节　书画　摄影

书画

宋铁梅（1855—1940）　男，竹子河崖村人，清末秀才。字画双绝，尤长于画鹰，也画鹤、竹及牡丹。画鹰时常题“鹰（英）雄独立”四字，足见其志趣不凡。名重乡里，誉满一方，时人有“宋（铁梅）鹰戴（渔村）鱼”之赞誉。其工笔画《鹰》收录于《〈日照文存〉书画卷》。

王板哉（1906—1994）　男，北王家村人，当代著名国画家。擅长花鸟、草虫、鱼、藤类写意，作画尤重写生。后调扬州书画院搞美术创作，并担任兼职教授。作品被多家美术馆（院）收藏，有的被送到国外展出。被列入《中国现代美术家名鉴》《中国艺术家辞典》《中国美术家人名辞典》《美术词林》等。其国画《双鱼图》已被《日照市志》收录。

孙辑然　又名鲁光（1909—1999），孙家营子村人，军旅画家。其父孙惟莹，号宗鲁，字松生，清末秀才，为人正直，能善画，曾获清末书法比赛大奖。受父辈影响，他自幼就酷爱美术，1918 年入学读书，1922 年正式学画。在其父和花鸟画家卜寿臣的指导下，他不倦地临摹宋、元花鸟名作，从而掌握了传统绘画的技法。中学时代，他又学西画、素描、速写等，使他有了深厚的基本功底，并养成了在艺术上一丝不苟的认真精神。

1931 年，鲁光考入由刘海粟创办并担任校长的上海美专国画科，在大师们的精心授意和新文艺、新思想的影响，他开阔了视野，绘画艺术不断得到升华。1933 年毕业后，因其学习成绩优异被留在该校任美术教员。

1937 年，卢沟桥事变爆发，鲁光毅然投笔从戎，奔赴延安参加了革命队伍，历任丁玲战地剧团文艺干事、后勤部军需干事等职。参加抗大学习后，被派往日照担任游击队大队长、敌工科长等职。1945 年调往八路军 115 师政治部工作。1949 年 3 月他奉命参加了毛主席迁京的保卫工作。中华人民共和国成立后，调往中南军区任职，1965 年副军职离休。

鲁光一生艺术成就卓著，是中国画坛著名的花鸟画家，作品在国外多个国家展出并被收藏。

丁乐原　男，1926 年 4 月出生，涛雒镇人，作品曾先后在全国参展并多次获奖。主要奖项有 1998 年“汤显祖杯”全国书画展金杯。曾获《国际著名书画艺术家》荣誉证书及“首届敦煌国际书画艺术大展”入选参展及收藏证书等。

孙笙先　男，1930 年 8 月出生，东南营村人。其书法作品多次参展，发表诗词百余首，书法作品入编《中国当代书画家名典》《当代书法、美术、诗词界人名图鉴》《中国文艺辞典》等。

韩秀英　女，母家为高兴镇南辛庄子村，嫁下元村秦德凝为妻，自幼工绘画，花鸟草虫无不能。

又受秦家书香门第耳濡目染，技艺大增，所绘作品栩栩如生，巧夺天工。

丁履镇　男，1938年5月出生，高旺庄村人，四川美术学院副教授，国画系副主任。其作品手法新颖，敢于突破成规，奇趣横生。擅长人物画，其作品被国内外名人或单位收藏。

庄殿龙　男，1938年10月出生，高旺庄村人，中国美术家协会会员，其作品构图严谨，功力深厚，技艺娴熟，气韵生动。尤工牡丹，有“牡丹君子”之雅号。他创作的工笔国画《建设中的石臼港》获“全国农民画展”二等奖；写意画《牡丹》获“牡丹杯国际书画大奖赛”三等奖；《葡萄》获“迎奥运全国画展”银质奖并收藏于国家体育委员会；《墨竹》在《山东教育》发表；《雄鹰展翅》《写意葡萄》被江苏盐城新四军革命纪念馆收藏。曾获“世界杯全国奖艺术家”称号，作品被编入《二十世纪国际现代美术精品荟萃》《国际现代书画家大辞典》。

李绪国　男，1947年出生，小海村人，曾任日照市文化馆馆长、日照市群众艺术馆副馆长，群文研究馆馆员。1981年入临沂教育学院，师从画家王小古进修中国画，1990年毕业于山东艺术学院。现为山东省美术家协会会员，山东画院高级画师，日照市美术家协会顾问。其作品以国画山水和人物为主，多件作品入选省以上画展或获奖和入编画集，国画人物《海盐》《鲁南曙光》先后被山东省党史陈列馆收藏。作为执笔主创人员之一，历时半年创作了130米山水画长卷《日照路桥万里图》并进京展出，国画山水《家住深山白云间》被济南南郊宾馆收藏，《种德堂》被日照市作为礼品赠送给诺贝尔物理学奖获得者丁肇中。

刘波　男，1961年出生，涛雒四村人；日照市美术家协会副主席；政协日照市书画联谊会理事；政协东港书画联谊会副会长；民革日照中山画院副院长；日照市东港区美术家协会主席；2003—2005年毕业于中国艺术研究院研究生院；2012—2014年毕业于中央美术学院；研究生学历；创作的中国画作品二十余幅入选中国文联，中国美术家协会等部门主办的全国大型专业展览；所创作的中国画山水画作品风格鲜明独特，被多家专业机构或专业人士收藏；现为中央美术学院教授姚鸣京工作室画家。作品获日照文艺奖。

付成峰　男，1963年出生，海员村人，山东省美术家协会会员，日照市首届青年美术家协会副主席，第二届齐鲁文化之星，山东省首届农村十大文化青年，市级农民画非遗传承人，省农民书画研究会理事，作品多次获国家级省级大展奖项，并出国展览，《人民日报》《中国农民报》《中国青年报》《大众日报》《中国美术全集》美术等都刊登过作品，代表作有大篷歌、追渔歌、转关歌、夏忙秋丰等。

日照农民画村

东林子头村是日照市唯一的一处农民画村。

画作《赶海》《渔家乐》《渔满网》等，获“第二届国际（北京）文化创意博览会殿堂奖”；付成峰画作《刹流》《推虾皮》《槐树扬花乌贼肥》等，获“济南第二届齐鲁艺术博览会金奖”；画作《瑞雪渔村》《拉笮号子》《安全归来》等在日照市庆国庆迎全运“慧通、鼎城杯”艺术大展中获特等奖。2015年，东林子头村拆迁后，农民画室移至镇文体中心。

图18—1　2017年5月，市区领导到农民画村调研（涛雒镇宣传办公室提供）

摄影

1987—989年，供销社照相馆丁肇年摄影作品《集市一角》《新农村》《计划生育好》在山东省供销系统摄影大赛中，连获第三名。

第三节 戏剧

流行戏剧

京剧 京剧在域内历史悠久，广为流传，俗称之为“大戏”。清朝末年，每逢山集、庙会或重大节日，多请外地戏班演出，当地演员也时常搭班演出。民国初年，域内京剧演出活动影响较大的有右所、下元等村。所演节目皆为传统历史剧，如《玉堂春》《捉放曹》《柳荫记》《别窑》等。涛雒戏班同乐会也颇有名气，鼓师金宝亭，琴师孙子章，花脸张润，老生丁子和均很有名，演出主要剧目有《坐宫》《空城计》《辕门斩子》等。琴师孙子章(字光文)在京剧同仁乐友中名气最大，他曾拜为梅兰芳操琴的琴师丁汝绶为师，故造诣颇深，同乐会每有演出，即邀他伴奏。

1958 年，涛雒文化站组建“涛雒文工团”，到高旺铁矿工地、农村街头等搭台唱戏，群众称为“野台子”戏，深受群众欢迎。演出的剧目以历史传统戏为主，如《空城计》《苏三起解》《借东风》《西厢记》等。1967 年后，大队文艺宣传队演出过现代样板戏，如《红灯记》《智取威虎山》《沙家浜》《平原作战》等。1978 年后，恢复演唱历史传统剧。1985 年后，京剧演唱渐少。域内的京剧爱好者，在农闲季节自发地组成“小戏班”，在集市街头演唱京剧唱段。

吕剧 中华人民共和国成立之初，吕剧由外地传入境内。因其内容通俗，曲调委婉动听，深受广大群众喜爱，很快在老百姓中传开。各村的业余剧团纷纷排演。20 世纪 60 年代初，电影吕剧片《李二嫂改嫁》在域内放映后，排演吕剧一时形成热潮。《小姑贤》《王汉喜借年》《王定保借当》《龙凤面》《妹妹易嫁》《柜中缘》等吕剧风靡一时。1964 年后，演出的现代剧目有《红嫂》《丰收之后》《农奴戟》《渔乡三月》《锁龙记》《红灯记》等。1986 年后，吕剧演出逐渐减少。

茂腔 清末民国初，域内就有茂腔流传。因唱词的乐名尾部常有八度翻高的特点，所以也叫“冒腔”，群众称其为“周姑戏”“肘鼓子”。茂腔最早只是乞讨者作为“唱门子”要饭的唱腔，肩背布袋，怀抱月琴，自弹自唱或二人搭档，一人操琴，一人打板引腔。后来，逐渐发展到由几人搭档成班，在简易舞台或集市一角，三两个演员，头用手巾一包，脸用粉墨一抹，怀抱柳叶琴，手敲竹筒板，便忸怩作态，演唱起来。所演剧目，多接近生活而又通俗易懂，常演剧目有《三劝》《张郎休妻》等。域内唱该戏者甚少，多是外乡人前来赶集串村演出。

业余文艺活动

自中华人民共和国成立至 1962 年，域内的群众业余文艺活动蓬勃发展，多数村庄都成立庄户小剧团，当时右所、平家村、高旺等村的业余剧团较有代表性。在农闲季节，排练了许多群众喜闻乐见的文艺节目，特别春节期间的舞狮子、耍旱船、踩高跷等，活跃了乡村文化生活。

1963—1966 年，为配合社会主义教育运动，不少村的小剧团相继排演了《三世仇》《夺印》《血泪仇》等剧目和一批短小精悍的歌舞文艺节目，影响很大。1966 年“文化大革命”开始，“业余剧团”改名为“毛泽东思想业余文艺宣传队”。

1967—1976 年，多数大队成立了“毛泽东思想文艺宣传队”，排演节目到周边大队交流演出，活跃农村群众文化生活，剧目一般为革命现代京剧、革命现代吕剧等。每年冬春，公社组织代表队排练节目，出席县组织的文艺会演。

1976 年冬，公社文化站组织了 40 多名文艺爱好者，成立“涛雒公社业余文艺宣传队”，排练了耍旱船、踩高跷及说唱等文艺节目，春节期间，到县城大街进行演出。

图 18—2 20 世纪 80 年代，文艺宣传队在演出

（涛雒镇宣传办公室提供）

1978年后，相继创作演出了《渔乡三月》《赶集路上》《双结网》等现代吕剧，到各村及周边乡镇演出，影响极大。

1993年后，镇、村文艺活动逐渐停止。

第四节　民间文艺

民间文艺，是域内重要的文化形式，又是文化延续和传承的重要载体。

号子　号子是境内一种民歌形式。民间流传的号子大致可分为劳动号子和渔民号子两大类。劳动号子主要有“一人领喊众人合”的打夯歌，还有农民在打场或耕作时呼喊的吆喝牛的号子。渔民号子在镇内沿海渔村普遍流行（撑船、起网、打户、成缆等），曲目丰富，表现力强。

水族舞　起源于明洪武到永乐年间（原涛雒鱼骨庙天碧画有记载），在镇内沿海一带渔村盛行。

水族（鱼、鳖、虾、蟹，蚌等）造型多采用竹篾、白绸布或棉纸，轧制好外形后用彩笔勾画，形象逼真、惟妙惟肖。其表现形式大致分两种：一是集体即兴表演，众多男女根据自己的喜好，选择一种水族造型套在自己的身上，随音乐模仿水族的各种姿态，手舞足蹈。由于水族造型奇特、色彩鲜艳、千姿百态，加之表演者众多，气氛欢快而热烈，深受人们喜爱。二是带有剧情的表演，通过人与水族的特有联系和特定环境，描述爱情、伦理、寓言故事。

域内常见的剧情水族舞有《鹬蚌相争》《渔翁与蚌精》《哪吒闹海》等。剧情常运用拟人手法，情节曲折生动，贴近生活。2006年，水族舞被列入区、市级首批非物质文化遗产保护名录。

2007年，对水族模型及水族的舞蹈动作进行改进，使道具更趋轻便，舞蹈动作更加规范，创作了水族舞《水漫金山》。

2009年，中央电视台第七套节目曾播出了涛雒“水族舞”的部分章节。2011年，中央电视台第十套节目在《品读城市——日照》中，对涛雒小海“水族舞”进行了介绍。2013年，水族舞被列为市级非物质文化遗产。

龙灯　龙灯是用竹子、木条、布扎制，分龙头、龙身、龙尾三部分，一般分9～12节，长约20米。演出时，头前一人持“引珠”，引“巨龙”作穿云破浪之状，做“龙抬头”“龙攀高”等舞蹈动作。

踩高跷　是域内常见的民间娱乐形式。技艺高超者表演“扑蝴蝶”，演员扑滚在地立卧自如。常演剧目则是一些富有民间生活情趣的小故事，男女间插科打诨，互相逗笑，活泼有趣。

耍旱船　旱船为竹子制作的船型道具，周围饰以各色彩绸，多由一俊俏小伙扮作“美女”，“坐”在船楼内，充当船娘子。船艄公手持桨板，伴随鼓点，做出“拔锚”“收缆”“行船”等动作。船后配一男性扮演的“傻婆”，说笑逗闹，群众称之为“耍旱船”。演出时，通常有四五个青年女子跟在其后伴唱《满江红》等名曲。每到春节，乡间耍旱船屡见不鲜。

第五节　民间工艺

剪纸

域内剪纸是日照市第三批非物质文化遗产。

福棚花　贴于福棚之上的剪纸花。旧时农家结婚在室内用芦苇、画纸扎天棚称为“福棚”。在福棚边角及中央贴上各种彩纸剪的吉祥图案，有“龙凤呈祥”“富贵不断”“双蝶戏花”等，装点得五彩缤纷，增强喜庆气氛。到20世纪90年代后，随着住房结构的改变和新材料的问世，“福棚”和“福棚花”逐渐消失。

窗花　是旧时农家过春节用作装饰窗子的纸剪品。旧时没有玻璃，农家窗棂以白纸封糊，用红黄绿彩纸剪上吉祥物的图案，贴在上面，美观、大方、喜庆，剪贴的形象以花卉、动物为主，也有人物、历史故事。该艺术在民间流传广泛，心灵手巧的农妇皆会。

代表性传承人　宋开律（绿）女，1961年生，日照市东港区涛雒镇四村人；中国民间文艺家协会会员，中华文化促进会剪纸艺术委员会委员，山东省民间文艺家协会会员，曲阜师范大学民俗文化研究中心特聘研究员，日照市剪纸艺术研究会会长，日照市民间文艺家协会副主席；日照市工艺美术协会副会长，日照市第三批非物质文化遗产剪纸项目代表性传承人，山东外国语职业技术学院特聘讲师，日照市教育系统剪纸（指尖艺术）团“百佳社团”团长。

1996年，作品载入日照市人民政府对外文化宣传专题网站，三次获日照文艺奖。

刺绣

刺绣原是民间妇女的精心手工工艺，常见的绣花品有荷包、鞋脸、鞋垫、腰围、云肩、枕头、烟包、门帘和儿童服装饰品。绣品的工艺有丝绣、挑花、插花、割花等。民间大型绣品当为姑娘出嫁陪送的门帘，其顶端有绣沿，左右两边有锦绣花边，中间绣有吉祥物，如“鸳鸯戏水”“喜上梅梢”等图案。门帘中线两边有两条长飘带，称之为“门帘带”，上面绣有图案。门帘既是新房的装饰品，又是新娘手工的展示物。随着精美花布的生产和机器绣花的发展，刺绣手工绣品日渐少见。

雕刻

石雕　中华人民共和国成立之前，域内的石雕多见于各种石碑和大型建筑物。20世纪90年代中期，域内有从事石刻墓碑的艺人，主要分布在镇驻地、张家廒头村和高旺庄村。

木雕　域内木雕刻始于清朝末期，多见于屋宇、厅堂的雕梁、木器家具上镂刻雕琢的各种图案及房廊门窗边角，作为装饰点缀。域内雕刻艺人众多，著名的民间艺人当数清末下元村秦孟进。

印雕　中华人民共和国成立后，雕刻工艺发展缓慢，有涛雒三村宋家金从事印章雕刻。随着电脑刻字的出现，雕刻艺人已不多见。

微雕　清末，下元村秦孟进，雕刻技艺精湛，在普通桃核上雕刻的“八仙过海”“十八罗汉”等至今被人们所珍藏。

船雕　涛雒渔业发展历史悠久，与渔业相关的民俗和手工技艺非常多，传统小木船制作便是其中之一。整个小船按照传统帆船大小比例缩制而成，包括大船的全部构件。通体木质，形象逼真，极具观赏价值。域内制作船雕有名的有小海村的王均祥、王世雁、孙家村的孙树秋、东川子村的马先岩。

小船刻制最早由清朝末年小海村民王安宝开始扎制和刻制微型渔船模型。曾名噪一时，他把这技艺传给其子王振文，王振文又传给后人王钧祥，从此小海的微型渔船刻制名声越来越大。王钧祥把这技艺传给儿子王世雁后，父子作品十只微型渔船曾在无锡水浒城展出。近几年，孙家村孙树秋开始刻制微型渔船，并在省里获奖，与王世雁共为第四代传人。

图18—3　船艺第三代传人王均祥与第四代传人王世雁研讨技艺　（牟敦波摄于2001年）

编织

竹编　竹编制品以提篮、食盒、筐箩、筛子、竹筐等为主，另有椅子、桌子、果盘、笊篱、鸟笼等60余个品种，竹编以优质毛竹、淡竹、水竹等为原料，经过编织、烘烤、定型、上色等多道工序制成，造型别致，光洁轻便，透气性好，远销东南亚及港台地区。李家潭崖村是从事竹编制品的专业村。

草编　民间草苇编手工艺者就地取材，利用秆、秸、草编制各种生活用品。有些还染上彩色图案，经济实用，美观大方，如：苇席、苇笠、蓑衣、草鞋、草垫、网兜、麦秸或稻草帘子、蒲包、蒲团、扇子、菜篮、果盒、杯套、盆垫、草帽、草枕、草席、高粱莛子盖顶等，品种多，销路好。

条编　境内条编的主要材料为本地产柳条、荆条和蜡条。成品为篮子、簸箕、筐子等日常生活用品及戽斗、囤子、篓子、苫子等生活用具，既经济又实用，有些还可成为工艺品被摆设或收藏。

织网　沿海渔村大部分村民农闲时从事织网，纯手工家庭作业，以备自用。

第三章　图书

域内图书发行销售，在1965年后的30多年间，一直由国有新华书店涛雒门市部负责。随着科学文化事业的发展，2000年后，图书市场被个体经营的书屋占据，2021年，域内经营文化产品的个体户已发展到10多家。域内的图书馆2017年前都分布在规模较大的学校内，2020年后农村书屋迅速发展，2021年已有24个村建立了农家书屋，涛雒镇还因此获山东省“书香之乡”称号。

第一节　图书发行

新华书店　1965年2月，日照县新华书店在涛雒设立门市部，店址在涛雒街里（今观海中路北侧），经理裴宗林（裴家村人），职员1人。主要经营文学艺术类、体育卫生类、工具书类等书籍，也经营个人字画、小人书（连环画册）等，年销售各类书籍12万册。负责涛雒区中小学教科书的发行。年营业总额15万元。此后经理分别为李克勋、李云峰。1998年，新华书店门市部迁商业街东首路北营业。2010年4月，门市部关闭。

图18—4　1975年新华书店旧址（申华提供）

知识书店　2000年4月，右所村民丁海冰开办的一处综合性书店。店址在204国道K367+900米处东侧。经营书籍有：文学艺术类、历史哲学类、教材教辅类、农林科技类、医药卫生类和工具书类等。年销售书籍刊物约5000册，年营业额约8万元。

其他书屋　2000年后，随着科学文化事业的发展，域内开办了许多个体经营的书屋。至2018年，经营文化产品的个体户有10多家，其中有影响的是三味书屋（涛雒三村）、百草园书屋（涛雒五村）、聪明书屋（涛雒七村）、东方音像图书（涛雒四村）、天王音像图书（涛雒四村）、阳光书社（栈子一村）、卓琳书屋（栈子二村）、一诺书屋（高旺村）、天才书屋（涛雒五村）等。

第二节　图书阅览

日照五中图书馆　建于2003年9月，建筑面积1200平方米，藏书6万余册，报纸60余种，刊物90余种。藏书共22大类，主要有文学、教育、历史、综合性图书等，为学校师生提供教育、教学和学习服务。图书来源于学校购置和社会捐赠。年发放借书证1300个，年接待读者2万人次。2005年，图书流通量4.2万册次。2017年，随五中迁离涛雒。

景辰图书馆　涛雒中心初中景辰图书馆，建于2001年4月，建筑面积1100平方米。藏书2万余册，报刊40余种。主要服务于师生教学、学习。图书来源于学校购置和社会捐赠。年接待读者2000人次以上。

永苓图书馆　涛雒中心小学永岺图书馆，建于2007年5月，建筑面积1000平方米。藏书2.6万册，报刊30余种。年图书流通量1.5万册次。

图书室　1995年以来，党政机关、农村文化大院相继配套建设图书室。至2018年，域内共建成图书室56处；各图书馆藏书总量达16.8万册，报刊 80 多种，每年读者超过 2 万人次。

至 2021 年底，域内新建东港区图书馆分馆涛雒图书馆，农家书屋 26 家，涛雒镇获评山东省“书香之乡”。

2021 年涛雒镇农家书屋统计表

表 18—3

序号	行政村（社区）	面积（平方米）	藏书量（册）	联系人（管理员）
1	涛雒镇涛雒一村	20	1452	周秀芹
2	涛雒镇涛雒三村	70	3000	李国龙
3	涛雒镇涛雒四村	20	500	李　英
4	涛雒镇涛雒五村	15	600	尹相峰
5	小海村	26	1828	王　浩
6	王家村	15	367	尹雷雷
7	刘家湾村	33	3000	刘加芝
8	沙岭子村	50	1500	牟文华
9	桥东头村	60	2000	丁梦圆
10	李家村	52	550	王久玉
11	栈子一村	60	1500	丁　超
12	海员村	20	460	付　平
13	孙家村	30	1100	孙秀玲
14	大草坡村	26.4	2100	崔银玲
15	小草坡村	67	3000	刘淑兰
16	高旺庄村	60	4000	申迎春
17	下元一村	60	5000	徐延峰
18	崔家庄子村	80	480	韩苗苗
19	东风村	30	1500	肖玉伟
20	东石梁头村	20	1200	刘春霞
21	杨家洼村	30	886	梁　俊
22	亚月村	30	1000	丁　丽
23	张家廒头村	36	300	王　煜
24	东川子村	80	320	陈维琪
25	东南营村	78	1100	侯　彦
26	西灶子村	40	380	黄训英

第四章　文物

涛雒是历史文化名镇，域内文物古籍众多。根据考古发现，域内现有西林子头、田家园两处龙山文化遗址，已发现的还有亚月汉代古墓群。古建筑遗址以及现存的古建筑处所，镇驻地较多，也分布于一些农村。域内庙宇建筑积历代之数超过百处，由于多种原因，2021 年域内已无庙宇，只有部分遗址。这些文物古迹对于人们了解历代社会制度、礼教、信仰、建筑、生活、民俗等具有十分重要的意义。

第一节　古文化遗址

西林子头遗址　属龙山文化遗址，位于西林子头村南 1000 米处，属平原高台地遗址。土质为灰褐色，文化层厚 1.5 米。遗址东西约 300 米，南北约 250 米，总面积为 7.5 万平方米。历年出土的器物有石刀、石斧、石锥、石锤等。1988 年普查时，地表上暴露遗物较多，文化堆积极为丰富，采集标本有夹砂黑陶器物残片和泥质黑陶器物残片等。1989 年 3 月，日照市人民政府将其列为县级文物保护区。

田家园遗址　属龙山文化遗址，位于田家园村东 500 米、宅科村西 1000 米处。遗址东西 250 米，南北 200 米，面积 5 万平方米。属平原高台地遗址。出土的器物有夹砂黑陶器物残片和泥质黑陶器物残片等。1989 年 3 月，日照市人民政府将其列为县级文物保护区。

亚月汉代古墓群　位于亚月村东北 200 米处。墓地东西 300 米，南北 250 米。原有墓葬 7 座，1965—1978 年平掉 5 座。在土层中，发现有泥瓦罐、带花纹的方砖、铜镜等文物。根据文物的形制、纹饰等，确定为汉代墓葬。今存 2 座，墓高 6 米，边长 20 米。1979 年 11 月，日照县革命委员会将其列为县级文物保护单位。

小刘庄遗址　位于小刘庄村北，竹子河崖以南，所在地形为冲积层，为汉代文化遗存。遗址基本呈正方形，东西长 76 米，南北宽 70 米，面积约 5300 平方米。南部紧邻小刘庄村民居，西部临 204 国道。采集有汉代的陶器残片。

东灶子遗址　位于东灶子村，为汉代文化遗存。地表种植农田，地势平坦，东、南、西三面为海产品养殖区，北部紧邻农田。东西长 210 米，南北宽 96 米，面积 2 万余平方米。地表陶片稀少，采集有汉代文化的陶器残片，为第三次全国文物普查新发现。

大羊卷遗址　位于大羊卷村南 200 米，一处自南向北倾斜的缓坡上，为汉代、西周时期文化遗存。遗址基本呈长方形，南北长 170 米，东西宽 140 米，面积约 2.38 万平方米。南北向村村通公路穿过遗址中部，北部一条东西向小河穿过，小河南岸路西侧为苗圃和看护房，河北岸为桑园和大棚，东南部为竹林，东北部为桑园和大棚。地表散见陶片，采集有西周、汉代的陶器残片。地面种植桑园、苗圃、竹园，对遗址造成一定的破坏。

涛洛场（民间俗称涛雒衙门）遗址　明景泰三年（1452），朝廷在涛洛场设司令（正七品），主管盐务。涛洛场驻地是一大院（古址今在观海路与文泰路交会处、沿观海路往东 300 米路南侧）。大门面南，门前两侧各有一尊石狮。院内正房三间，飞檐立柱，两边是对称的厢房，整个建筑全部使用青砖青瓦。清朝末年，该机构撤销，房屋改作他用。后因年久失修，该建筑倒塌。

御史碑遗址　坐落于下元村北，高 3 米，汉白玉大理石刻成。清乾隆年间，下元秦姓为先人秦国龙而立。秦国龙在清雍正年间任福建按察司按察使授通议大夫（从二品），执掌刑狱。地方官员从其碑前经过，文官下轿，武官下马。1954 年，此碑毁掉。

涛雒古圩遗址　涛雒古圩建于清咸丰十一年（1861）春，圩墙呈椭圆形，圩内东西最长 628 米、南北最长 525 米，面积 30 万平方米，是清末进士丁守存为对抗捻军而主持修建的一座“堡垒”。

圩墙周长 1600 多米，高 5 ~ 6 米，上宽 3 ~ 4 米，下宽 6 ~ 8 米，圩墙外层以大石砌成，顶部以砖垒女墙；内层以砖石混砌；中间以濠土填实。上设 10 座炮楼，内置石雷、石炮、鸟铳等。四周皆为圆角，为便于观察，不留射击死角。圩正门共有 4 座，以十字大街相连：东为观海门，南称朝阳门，西叫望岱门，北作奎光门。另在圩西北角专设一门，为圩内居民取水之用，俗称“水门”。各圩门洞上呈拱形，宽 6 米，高 4 米，大门两扇。门洞之上设岗楼，由大门两内侧沿石阶上下，其主要作用是瞭望敌情。

圩濠俗称“海子”，是圩墙外边第一道防线，濠宽 10 米左右，深 3 ~ 5 米，濠土取出用于填充圩墙夹层；濠成，掘河引海潮灌之，大潮之时，波涛汹涌，人不能越；圩门前，濠上架设吊桥，供车马人行。圩濠、墙之间有一围平地，宽 6 ~ 10 米；以楠木为桩，铁丝相连，保护濠墙。1947 年，人民政府为防国民党军队利用而发动群众将圩墙扒平。今圩濠大部淤平，仅南半部分遗迹尚存。

“五宅”遗址　清光绪二十四年（1898）建成。位于涛雒十字大街东南处（今文泰路与观海路交会处，文泰路东侧、观海路南侧），占地面积10000平方米。五宅是涛雒丁氏五处宅院的总称，包括种德堂（为丁肇中祖居）、慎德堂、观兰堂、古梅轩、同生堂。抗日战争时期大部毁于战火。1989 年 3 月，日照市人民政府将其列为县级文物保护单位。2002 年，涛雒镇人民政府复原种德堂建筑。

旷视山房遗址　旷视山房位于古圩内（今观海路南侧）。建于清光绪二年（1876）六月，时丁守存从湖北督粮道、署理湖北按察使任上退职，还乡涛雒。参照湖北督粮道衙门的设计，筑起一座二进二出的大宅院，取名为“旷视山房”，民间俗称“山房”。

图 18—5　山房老房屋

（李世成提供　摄于 1985 年前后）

旷视山房整个院落分为宅院、祠堂、草料场、汪塘、街道等，总占地面积 8200 平方米。建筑使用的木料、小瓦、方砖等都是从南方购买，船运至此，建筑工匠亦从南方雇用。宅院主要建筑有主房 19 间，附属建筑 35 间。室内、室外地面均用 40 厘米见方的南方的大青砖铺地。宅院从整体看呈长方形，东西较长，南北较短。因与邻里宅基有碍，宅院又分为前后两部分，前部东西长 82 米，南北宽 45 米；后部东西长 74 米，南北宽 15 米。占地面积约 4800 平方米。宅院内，由房屋及花墙间隔成多个大小不等的小院。

大门位于宅院前墙东半部的中间，朝南开。大门洞高 2.5 米，宽 2 米。门楼建成亭子形，四角做梢，梢上安装狗、兽装饰物。两扇木质棕色大门紧闭，此门平时一般不开，只在接待官员贵宾和年节、婚丧之时开门。大门上方挂有李鸿章亲题“一门三进士”横匾。大门两侧各建四间小房屋为门房，各设两扇小便门。门前是长 2 米的石条砌成的台阶，共 9 层，台阶之上是一平台，宽 1.8 米，门两侧各安放石狮子一尊。故有人称之为“五朝门”，为忌讳此说，后来两侧便门封堵三门，只留一门。

大门与前客厅之间是一个小院，南北宽 8 米，东西长 10 米。院内青砖铺地，靠东侧有一花坛，内有太湖石假山。东西两侧各有花墙，花墙中间设拱形门。前客厅 3 间，房顶是用青砖、小青瓦建成的起脊瓦房，最高点 6 米。房宽 6 米，前檐高 3.5 米，廊檐宽 2 米。出头梁雕荷花图案，廊子前两根红色木柱下垫石鼓。前墙 1 米以上是用红木雕刻的花格窗，夏挂竹帘，冬挂棉帘。东间无间壁墙，西间有木间壁墙。此客厅主要用来接待官员及来访客人。

前客厅中间一间设前、后门，两门在一直线上，正对大门。其后的后客厅、前宿舍房门设置与前客厅相同。

出前客厅后门，有二层石条台阶，向北是后客厅，前后客厅之间，是一条东西人行道，宽 3 米，两侧墙各设一圆门。

后客厅建筑形式与前客厅有所不同，主房 3 间，房顶建成亭子式样；两侧各建耳房 1 间，耳房稍低于主屋；主房、耳房均设向南开拱形门。后客厅西间是书房，东间用来接待至亲。

出后客厅后门，便是前宿舍院。此院为封闭式正方形四合院。前宿舍有正房 3 间，正房两侧各接耳房一间，也是开向南圆门。东西各设厢房 3 间。此处房屋都是青砖小瓦建成的起脊瓦房。

前宿舍往北，是一条东西向 3 米宽的人行道，两头为拱形门。从人行道东门进入东院，靠大院东墙为南北向东屋 9 间，是伙房和佣人的宿舍。人行道与后宿舍之间建一道东西花墙，中间设拱形门。进其门，便是后宿舍院，后院南北宽 5 米。后宿舍设计与前宿舍大致相同，只是没有后门，此宿舍为老太太居住。

从人行道西门往西进入西院。在后宿舍西侧靠后建方形二层小楼一座，此楼用水泥建造，平顶，四米见方，高 6.5 米。此楼周围由围墙和花墙围成一个长方形独立小院，小院南北较长。有一荷花池，池内水上有荷花、水下有金鱼。院内地面都铺青砖。在西墙靠南处设一拱形门。出西墙拱门是一花园，园内除花草外，还种植桃树、杏树、核桃树等。在花园东南角有水井一眼。

花园北面建私塾房屋 6 间，东三间由私塾先生生活居住，西三间供教学用。房前栽一排棕榈树。

花园以南，为东西一排 6 间粮仓。从粮仓东头至大院前墙建一道南北墙，将山房宅院西南部隔出一个最大的场院，南北 40 米，东西 30 米，场院内建有十多个粮墩（高出地面的台子，台上是一个圆形粮囤，主要盛稃子）。此场院东墙靠北设一便门，方便打工者出入。前墙设大门一个，收租粮时使用。场院的西南角，修建小炮楼一座。

整个宅院前是东西大街，街宽 15 米。大街东头与南北街交接处，修建一座拱形大门，门洞宽 2 米，称之为“东哨门”。门洞北侧建房屋 1 间，南侧建房屋 2 间。门楼顶建岗楼，住长工，看家护院。

在街南侧（正对大门）修建一过街影壁，高 6 米，长 22 米。影壁中心塑着 1.5 米见方的大“福”字，福字是用仙鹤和蝙蝠组合而成，是丁麟年和丁惟霨两人的合作杰作。

将大门以内的房门都打开，就能从后宿舍正房门往南一直望到影壁墙上的大福字。

影壁墙南是一个池塘，谓之“南大汪”，东西长 20 米，南北宽 10 米，四周用石条砌成。汪塘东头靠南北大街处建有一道南北花墙，花墙两端设拱形圆门。附近老百姓都到这里洗衣服，小孩来此夏天洗澡、冬天滑冰。

南大汪以西，距东哨门约 65 米处街南侧，有房屋 20 余间，均为雇工居住。房前是广场（长 30 米，宽 20 米），用来存放草料。

草料场西侧，是山房祠堂，占地南北 26 米，东西 16 米。大门朝南开，大门楼高大气派。门前有石砌台阶。靠大门楼西侧建有房屋 3 间，为守祠堂人的住所。院中央建苏州式小亭一座。院内栽杨树、种花草。祠堂前台阶两侧各植铁树一棵，最后端是祠堂 3 间。房屋高大，坐落在平台阶之上。平台都用大正方石料铺成。祠堂前面有四根红木柱，柱下石鼓。屋顶用多重小瓦建造，前出廊后出厦，四周出梢。屋脊中央，安放 1 米多高的陶制狮子，狮子胸前戴一个大铜铃铛，十分威武。狮子背上突出三叉铁针，用来避雷电。屋脊及四梢安装了许多哈巴狗子、张叉兽做装饰。祠堂门及两侧窗是木质雕刻的花棂。屋内地面铺大方砖；正面设许多龛台，供奉了丁家祖先牌位；前有供桌，上摆贡品、香烛之类；桌前红毡铺地，以备族人年节祭拜。

七七事变后，山房人员皆弃家逃亡他乡。日伪军占领涛雒后，把“山房”作为据点，先后将小二层楼、粮仓、部分附属物拆除，其他建筑保持原样。

抗日战争胜利后，区中队在大门外西侧房内

（此房是王姓开的绸缎庄，商号“同元福”）存放炸药，于1946年2月份自爆，将此处房屋炸毁，其他房屋未受破坏。

“山房”宅院先后曾作为镇公所、区公所驻地。后来区公所迁往“五宅”。“山房”即作粮库使用。之后，“山房”老屋及祠堂被逐次拆光，今整个院落属东港区粮食局。

大碑楼子遗址 位于下元村北古道西侧，并排两座青石碑，高8米。碑顶雕盘龙，碑座为石龟，外镶青砖。是清朝光绪年间下元秦氏“九宅”和“前庭房”为秦兆钢等而建。村民称其大碑楼子。1964年破“四旧”时被推倒。

第二节 古建筑 古碑刻

域内古建筑遗存镇驻地较多，另有几处分散在农村。

中共下元特别支部旧址 旧址位于下元二村村居内，原为秦氏家族祠堂，作为祭祖的重要场所。房屋东西长10.5米，南北宽4.6米，房高5.23米，占地面积48.3平方米。房屋所在院落南北长25.6米，东西宽15米，院落面积384平方米。1938年6月，由国民党东北军57军112师667团派出的抗日宣传队，在下元村祠堂内成立了特别支部。11月，在官庄改建为中共临时县委，12月，在小曲河正式建立中共日照县委。

汇昌银号石楼 该石楼是日照县第一家私营银行汇昌银号的营业用房，位于涛雒三村。始建于1924年，是以石料砌墙、钢筋混凝土浇灌的11间楼房，因资金不足只建一层。东西长约25米，宽约8米。西侧一间及楼梯在村庄修整南北道路时拆除。抗日战争期间曾被日军作为据点。石楼院门朝南，有一石匾，刻有“汇昌银号”四字。现为三村集体财产，虽进行了一些改建，整体保护较好。

图18—6 汇昌银号石楼旧址

（李世成摄于2014年6月）

下元秦氏东祠堂 秦氏东祠堂建造于清康熙年间，重修于1935年8月，已有三百余年，是下元秦氏六支七世祖秦玫的祠堂，至今完整保存。

图18—7 下元秦氏东祠堂

（涛雒镇宣传办公室提供 摄于2009年10月）

五宅祠堂 位于丁肇中祖居西南侧约150米，原为一进四合院。西接旷视山房，东临南尚至堂，北面是五宅开办的铺号—同生茶庄。据考，最早建成于清乾隆年间，是供奉丁氏先祖的一处祠堂。

图18—8 五宅祠堂（李世成摄于2009年9月）

现存正房3间，东厢房3间，正房东西长约10米，南北宽约3米。西厢房3间及南大门房1间已拆除。整个院落面积约400平方米，现存房屋均为硬山式屋顶，上覆青瓦，夯土墙壁，房门两侧各有一扇棂窗。房前有回廊，以明柱承重。

五宅祠堂具有典型的清代北方建筑风格，保存较好，已列入文物保护单位。

利生商号营业房 该营业房位于丁肇中祖居西南侧约160米，毗邻五宅祠堂，始建于清同治年间，是旷视山房保留至今仅有的遗存，属晚清时期建筑。现存房屋3间，东西长约10米，南北宽约3米。屋顶原为清代青瓦，60年代因漏雨而改用现代瓦，但主体建筑及门窗依旧。利生商号是1924年涛雒丁家官庄丁惟汾的堂兄丁惟沂租用旷视山房的房屋创办。

图18—9 利生号营业房（李世成摄于2016年6月）

庆和商号营业房 该房位于涛雒四村，原为一座东西长100余米，南北宽80余米的大院，而且有清式房屋数十间，现存东院墙及二层楼一座，面阔四间，砖木结构，木板楼梯（楼梯已拆除），二楼为木地板，青砖为墙，青瓦覆顶。长约15米，宽约5米。因周围皆为普通民房，该座二层楼突兀而立，风格独特，保存较好。庆和商号创建于民国初年，从事海运商贸，创始人丁惟晋，历任山西广灵、大同、浙江永嘉等县知县。

图18—10 庆和号二层楼（李世成摄于2016年6月）

东石梁头丁氏祠堂 祠堂位于东石梁头村中部，是丁氏家族的一处老祠堂，为清代末期瓦房建筑。原存3间主房已部分坍塌，墙基尚存，东侧看护房保存较好，院落中银杏树生长旺盛。东西长15米，南北宽13米，面积约195平方米。为第三次全国文物普查新发现。2018年涛雒镇政府为美丽乡村建设项目出资，重建了丁氏祠堂。

图18—11 东石梁头丁氏祠堂遗存景况

（李世成摄于2014年8月）

右所村黄氏家族牌 位于右所村前50米树林内，周围为树林和村居。石碑长0.6米，宽0.12米，高1.5米，占地面积约0.9平方米。该石碑内容为黄氏家族的家谱碑，年代为清代，为第三次全国文物普查新发现。

第三节 庙宇

域内庙宇建筑积历代之数超过百处。民国初年，域内庙宇尚存60余处。中华人民共和国成立后，庙宇已所剩无几。后有些因年久失修，自然坍塌，有的在历次运动中，被人为毁掉，域内无庙宇，只有部分遗址存在。今择其历史上影响较大的庙宇要者，简介如下：

海龙王庙（又称鱼骨庙） 位于镇驻地东2

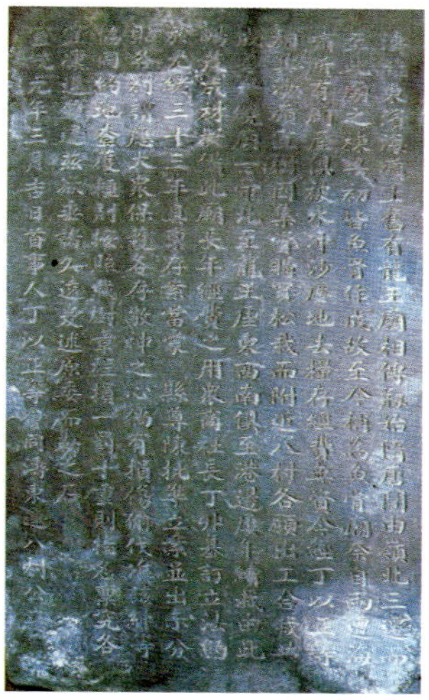

图 18—12 鱼骨庙石碑

千米的大岭南首的海边上（今南沿海公路的小海大桥北头西200米处）。初期于夹仓口南岸的沙岭坡上，全用鱼骨、鱼鳞建成的一间小庙。庙里仅塑龙王一像，并取名鱼骨庙。后被大汛潮冲毁。隋朝初年，西移到大岭后的龙王崖处，扩建为三间，除塑有龙王像外，还塑有几位海神像。明（1909）万历仲夏，迁至大岭中部的“烟台”附近。清宣统元年，迁至大岭南首。1966年冬，被“红卫兵”毁掉塑像，后全部拆除。场地被造船厂扩建用。

大岭南首的海龙王庙院为二进庙堂，占地1600平方米，无院墙。前殿3间，正中塑龙王爷像，左右分立霹雳将军、闪电娘娘、风女、雨师、龟相、夜叉、虾精、蟹将八位神像。殿堂正上方悬“海不扬波”金字大匾。门联曾文“浮云长长长长长长长消，海水朝朝朝朝朝朝朝落”“千江有水千江月，万里无云万里天”等。前殿西边为五神堂，共3间，中间塑有雹公像，左右为牛头、马面二王塑像。东西两间分别为火神和财神二像。

图 18—13 鱼骨庙（李绪国画于2021年）

后殿供菩萨娘娘，坐于莲花座上。左右为善财童子、龙女、韦陀、青鸟。正堂上悬“海晏河清”金字大匾。门联曾文“碧海岸上慈悲主，苍松林海普济仙”等。门东侧立有青石碑一座。院中有两棵黄杨树。后殿西边有偏房4间，为看庙人住处。

山门（旧时称庙的第一个大门为山门）前有戏台，戏台两侧竖匾上书对联为“此时忙渔也忙农也忙工商亦忙忙里偷闲闲来看看；这班戏生也高旦也高净末亦高高而且好好上听听”；有两灯标，后为照壁，西侧西厢房3间，为僧舍。

天齐庙 建于隋朝初年，庙中有碑文记载。位于涛雒古圩内十字大街西北角拐角处，清朝末年毁坏。

天齐庙院长、宽各约10米，大殿3间，正中塑天齐老爷神像。此庙因该神与天上玉皇有亲戚关系而得名。土家谁死了人，就持扫帚端簸箕到庙上求神扫七，意为免灾。庙门联文为“上观玉皇自是求情解厄，下莅宫殿依然慈悲普济”。

玉皇庙 位于涛雒西岭东南方岭脚处，面临南店河。庙院南北50米，东西40米。庙内有碑记载，此庙始建于隋朝，明清两代又多次重修，抗日战争时期因无人管理而损毁。

庙院正殿3间，中间塑张玉皇，金童玉女左右站班。正堂上悬大匾，书“大哉乾元”4个大字。门头横书“昊天上帝”。门联为“玉殿仙班称大宰，皇矣上帝谓天尊”。堂内左鼓右磬，人们上庙敬神时，先击鼓鸣磬。东厢房3间塑雷震爷爷，面西而坐，近班左童男右童女，外立二文士，左梁灏，右甘罗；再外是左右二武士。门联为“孔夫子盛馔变色，刘使君失箸胆惊”。西厢房3间驻镇武爷爷，蓬头散发，掐指赤脚，其脚下踩龟蛇二将；站班人左持三尺剑，右执七星旗。屏帐内有周公段、桃花女夫妻二人执勤。门联是“万法归宗三尺剑，五云毕献七星旗”。

东厢房南头有钟楼1座，内悬八卦钟。钟高、粗各有1.8米。每晨星辰未落，寺内僧人就敲钟，因之山门写有“半岭云烟响水鼓，一天星斗法晨钟”的联文。

清静庵 位于华山村东南的山坡上。始建于元朝，毁于七七事变前后。庵院占地400平方米。

分前后殿，前殿3间塑送生娘娘，端坐台上，左臂抱有小孩，小孩手中擎着红桃，台座由4个小孩承托着。后殿3间，正间是木雕像，为千手千眼的三皇姑；西间塑韦陀大将。东西厢房各3间，以作禅房客室之用。

牛王庙 位于华山村东南竹园前边。此庙为祈祷牛子安全而修建。庙房3间，正中塑牛王爷，左有孙悟空，右有猪八戒塑像，旁有小牛泥塑。山门上有小楼，楼前有戏台，人们常在农历正月二十三日上庙敬神或许愿唱戏。建庙毁庙时间已无案可考。

安金寺 位于大洼村东，寺院占地1000平方米。始建于明初，清光绪年间重修过一次，为土家合众共祀的主寺，民国初年被拆除。寺院后殿3间，中间塑老佛爷漆金像，座下为莲花盆，盆下有仙童4名托座。东西两间塑八大罗汉。每逢天旱，四周村民即来此求雨、或许戏唱戏。门联为“颂仙经，祈四时风调雨顺；拜宝忏，祝八方国泰民安”。前殿塑牛王爷，西边一间塑牛疙瘩王爷。前殿西头山门1座，山门后为照壁，照壁后一间房塑韦陀神像。

磴山寺 位于镇驻地西南7.5千米的磴山山巅，海拔约358米。明朝初年大移民时，和尚昌禄（寂藏）和弟子照明来此开山草创简庙，始称“磴山寺”，又名“红云寺”。清顺治元年重建此庙，寺庙渐具规模。后此庙毁于抗日战火。

寺庙为三进庙堂。后殿塑准提菩萨（千手千眼），正堂悬一木匾，上书“心同日月”4个大字。殿门曾书对联“众生善恶来眼底，万方忧乐注心头”。院内有银杏树1棵，胸径约0.5米。院内西侧有水井1眼，井水清澈见底，清爽适口，香中带甜，涝不加多，旱不减少，名之曰“阴阳井”。

中殿3间，住老佛爷，正堂悬“风调雨顺”金字大匾。门联常文“日月同悬红云寺，风云常护山中城”。阶前有鱼池，约3米见方，清明如镜，冬不结冰，暑不烫人。池上架一天桥，人临其上，飘飘然如入仙境。

前殿是四大天王（东方持国天王多罗吒、南方增长天王毗琉璃、西方广目天王毗留博叉、北方多闻天王毗沙文）。正堂大匾书写“国泰民安”4个大字。门联文为“世外凭临三面环山一面水，云中结构三分人力七分天”。院内有东西厢房各两间，为僧舍。门联是“山廓容我静，名利任人忙”“青山之高绿水之长岂必佛方开笑口；徐行不困稳地不跌无妨人自纵心游”。

山门外略偏东南方约10米处，立一石碑，高1.9米，宽0.9米，正面标题“创建磴山寺碑记”。背面标题“创建磴山寺善信结社（捐款人名）”。庙东南约50米处，有一座石建筑物——和尚塔。塔正面书“开山前庵”。庙西南约150米处有石柱两座。

镇武庙 位于涛雒古圩望岱门里大街北边。始建于明代，拆除于民国初年。庙内大殿3间，东厢房3间，南屋3间作配房。山门里有二门，成为2进院落。

大殿塑镇武爷像，大舅左边手持三尺剑站班，二舅右边手持七星旗站班。屏风后有周公段、桃花女夫妻值勤。正堂内匾上是“水得参天”4个大字；门联为“万法规从三尺剑，五云毕献七星旗”。

老爷庙（关帝庙） 建于明代，始称谬王庙（文史记载，明代称关羽是庄谬义勇武安显灵英济王），位于涛雒古圩奎光门外西北100米处。《王氏家谱》中载碑文说，此庙于“康熙十三年罹地震之变，几为平壤。属古刹名甚………”日后重建，改称老爷庙。抗日战争时期毁于战火。

庙分前后殿，前殿3间供关羽像，手持《春秋》聚精细观。左周仓、右关平，各现精躁神态。悬“海晏河清”4个大字，门联为“河北醉归怒斩曹瞒六将，江南赴宴笑倾鲁肃三杯”。后殿正中端坐着金面菩萨，上方悬“普渡众生”匾额。

山门下5级台阶，门联为“福音不随流水去，神明时送海涛来”。东间塑马夫、马童，西间塑马草、马料。

上元关帝庙 位于上元村西北角，占地面积400平方米，分为两个院落。据传，此庙为明朝进士李藩（今后村镇人）修建。七七事变前被拆除。

此庙大殿3间，正堂塑有关帝圣君像。其左有周仓、右有关平，神塑英武，栩栩如生。正堂上悬“亘古一人”金字大匾。殿前有古柏2株，树干挺拔，形如姊妹并立。庙门联为“门外远山石卧虎，殿前古柏树蟠龙”。大殿西头1间塑菩萨娘娘，丰面丽姿，温和慈善，盘腿搭坐于莲花座上，手持宝卷静观。大殿院东另有小院，东屋3间，属僧舍。

张洛庙 位于曹家村西北角，因靠近张洛口而得名。是明朝山西张氏兄弟5人因海上航行遭风许愿而修建的。1966年，庙内神像被毁。

庙院占地250平方米。大殿3间，正中供奉着檀木雕成的金面菩萨娘娘，其左右是童男童女站班。其像不仅雕工异常精致，并设有活动机关。进庙者左脚一踏板，童男即缓缓前移，右脚一踏板，童女即姗姗迎来。东边是送生娘娘，臂托活泼的仙童；西边是赤亨暗视、恶然于表的眼鼓娘娘；东南角则是有肃杀之状的痧子娘娘；西南角是以满脸星辰式的痘瘘哥哥。此庙曾以佛像神奇而著称于一方。院内有东西厢房各两间，分别为僧房和库房。另有山门1间。

张家廒头关帝庙 位于张家廒头村西北角，建于明代中期，清乾隆十八年（1753）重修，七七事变前拆除。庙堂两间，东间供关帝，周仓、关平左右站班。正堂上悬“亘古一人”大匾。每年农历五月十三日上庙祈雨敬神。西间供菩萨，每年农历四月十九日受香火，为合一供祭，人们每年正月初一就上庙敬神。

龙王庙 位于栈子村北河南岸土岗上。建于明朝后期，清末被改作学校。庙院正殿3间，塑龙王爷神像，左右站水族武士。正殿上方悬“海晏河清”金字大匾，门联常用“浮云长长长长长长长消，海水朝朝朝朝朝朝朝落”文。西殿3间，为僧舍。山门的东侧是钟楼，其内悬镐钟、外挂海市图像。

玉皇庙 位于涛雒镇驻地西南5千米的凤凰山之巅，占地600平方米，始建于清朝初期，毁于抗日战争时期。庙院后殿3间，塑有玉皇大帝，左金童右玉女站班；正堂上方悬大匾书“威灵孚佑”4个大字。人们传说，玉皇大帝是农历四月初八的生日，这天来敬神求神的特别多。院中有银杏树1株，胸径1.4米，枝盖参天，为海上作业时辨别其方向的主要参照物，伐于1975年。前殿塑有大、二、三奶奶。土人有病时往往上庙里求神，求其保佑疾病早好，时人编了顺口溜：大奶奶轻、二奶奶重、三奶奶送了命。

临海寺 坐落于下元村东河崖之上，占地面积300平方米，始建于清初，七七事变前被拆除。后殿是菩萨娘娘端坐于莲花宝座上，左童男右童女站班。前殿供玉皇大帝，案前是金钟木吒分列两边，中间有金鼎香炉。每逢农历四月初八，人们上香敬神。前殿东头1间塑韦陀神像，以镇淫女，大殿前有石碑1座，记载建庙时的有关说明。

天后宫 位于涛雒古圩奎光门外东北200米处（今341省道与海滨四路交会处、沿海滨路往北100米处西侧），占地5000平方米，始建于清乾隆二十一年（1756）。抗日战争时期大部毁于战火。1965年残垣拆除，改建为学校。2022年遗址尚存。

宫院建前后两座大殿，各自独立成院。前殿（又称大殿）5间，其中主殿3间。正中主座为天后圣母宫，左有红脸千里眼桃妖站班，右有黑脸顺风耳柳怪站班。两头为配殿（坠房），东为罗宣火神殿；西为比干财神殿。正堂门头雕“天后行宫”4个大字。殿中正堂悬“海不扬波”大匾。另有“薄波如天”“同庆安澜”“万古长新”等50多个匾额悬于殿中。前殿向南紧连中脊突起的卷棚，殿前檐与卷棚后檐形成一条“天河”。前殿东西两边各有厢房9间。东厢房北头6间出复檐带明柱，最北头1间是青龙殿，其余为僧舍、客厅、仓库等。前殿西头有银杏树1棵，树干胸径0.82米。

后殿为光绪年间加修，住关公老爷，两边站班人左有周仓，右有关平。东西两头分别站严颜、廖化。正堂匾是“心同日月”。门对联常用“马过五关思汉主，花开三月想桃园”。

天后宫山门上建有戏楼3间，正面有大遁1个，上书“和神人”3个大字。另有3面画壁：正壁画贪狼，以诫贪顽之人；左壁画腾龙；右壁画猛虎。山门外为过街照壁。

三官庙 位于涛雒古圩观海门外百米路北处（341省道与民安路交会处），北望天后宫，西依护圩濠，清乾隆年间修建。民国初年拆除神像，作为学校。

三官庙坐北朝南，正殿3大间，两边各有配殿3间，另有东厢房6间和山门。正殿为三官老爷：天官、地官、水官。天官赐福、地官赦罪、水官解厄。尧为天官，舜为地官，禹为水官，都是上古圣主。东西配殿分别塑有火神爷和财神爷像，其余的房舍为僧房客舍等。

龙王庙 位于涛雒古圩观海门外东500米处，是清咸丰年间涛雒人宋培出钱修建，七七事变前被拆除。

庙正堂3间，中塑龙王爷像；东西两边为鱼、鳖、虾、蟹四大水族站班。东厢房3间，为守庙人住房。

第十九编　教　育

丁肇中实验中学　（涛雒镇宣传办公室提供）

涛雒镇历史上有着重教兴文的优良传统。明清时期，县办儒学，乡办乡学、义学，农村塾学教育发展迅速。至清末，涛雒教育达到极盛，科举制度下大批文人科举成名，明清两代全镇考取进士 14 人，举人 36 人（不含考中进士者）。民国时期，倡兴新学，部分基层民众有了读书的机会。但因战乱，学校时办时停，教育事业受到严重冲击。

中华人民共和国成立后，党委、政府十分重视教育，中、小学普通教育、幼儿教育和成人教育全面发展。改革开放以后，涛雒教育迎来了黄金发展时期，20 世纪 80 年代，党委、政府加大对教育的投入，实施“三配套”、“六改造”工程，建立“四中心”，1986 年开始实施九年义务教育。90 年代，对中小学布局进行了调整合并，省“两基”验收顺利达标，初步形成了幼儿教育、普通教育、成人教育全面发展的大好局面，劳动人民文化素质得到普遍提高。据不完全统计，恢复高考以来全镇考取硕士研究生 435 名，博士研究生 117 名，有“状元镇”之美誉。

第一章　塾馆教育

私塾是封建社会农村办学的主要形式。明清时期，塾馆教育发展迅速，至清末，达到极盛，大批文人科举成名。民国时期，倡兴新学，限制私塾。直到1947年，人民政府在各村兴办学校，私塾才最后终止。

第一节　私塾　乡学

私塾　是封建社会农村办学的主要形式。至明朝中叶，域内私塾发展即进入全盛时期，到晚清，达到极盛。仅涛雒圩里，就有塾馆30余处，其他如苗家村、右所、西林子头、下元、栈子、刘家湾等村，每村皆有几处塾馆并存。

私塾设馆有三种类型：一是私塾先生自设“门馆”，接收近村学童，按年龄大小、文化程度高低、家境贫富等情况，决定全年学费，双方协定后，方可入馆；二是本村或邻村经济状况一般的学童家庭，联合聘请先生，称为“团馆”或“村馆”；三是豪门富户，单独聘请名师教授子弟，称为“东馆”或“家馆”。

民国初期，倡办学校，限制私塾。1920年，国民政府严令取缔私塾，或将塾师赶走，派教员到校执教，学生改读国民课本；或是取消私塾，学生分送国民小学就读。塾师年龄在40岁以下者，参加政府办的教员训练班，取得任教资格，充任国民学校教员。此法虽推行多年，但域内仍有私塾存在。

抗日战争时期，涛雒街仍有私塾9处，学生75人。直到1947年，人民政府在各村兴办学校，私塾才最后终止。

乡学　是乡镇贫家子弟免费接受教育的学塾，与义学（义学：由国家或私人办的免费书塾，办学经费主要来源于学田地租收入）大同小异。办学经费主要是靠学田出租收入，有的由大户捐款兴办。其教学内容和教学方法与私塾相符。据史料记载，清道光十九年（1839），域内曾办过乡学，详情无考。

第二节　科举

科举考试制度

科举考试制度始于隋开皇七年（587），废于清光绪三十一年（1905）。

县试　府试　院试　是选拔生员（秀才）的三级考试。县试每年举行一次，试期多在二月，录取的童生再经过府试及院试合格之后，得取于府学或县学读书，谓之身入“黉门”。

乡试　三年一次，试期多在八月，全省秀才均在省城参加考试，考中者为举人，第一名叫解元，正额叫举人，副额叫副榜。

会试　于乡试次年春天在京城贡院举行，各省之举人皆可应试，考中者叫贡士，第一名叫会元。

殿试　又叫廷试，由皇帝亲自主持，会试后得贡士资格的参加。殿试一甲（等）三名，赐进士及第，第一名叫状元，第二名叫榜眼，第三名叫探花。二甲均赐进士出身，第一名通称传胪。三甲赐同进士出身。

明清两代，域内共考取进士14人，其中丁氏家族13人；举人36人（不含考中进士者）。

明、清科考名录如下：

进士

齐宗道　男，右所村人，明嘉靖十三年（1534）举人。明嘉靖十七年（1538）进士（三甲5名）。官至四川道御史。

丁允元	丁　泰	丁　岂
丁士一	丁续曾	丁匀曾
丁颖璞	丁守存	丁凤年
丁惟禔	丁麟年	丁惟鲁

丁惟彬

以上丁氏人物及第情况详见第二十五编丁氏家族

举人

马进图　男，马家村人。明嘉靖元年（1522年）壬午科举人。授山西祁州知州，诰授奉政大夫。

齐宗贤　男，右所村人。明嘉靖十三年（1534年）甲午科举人。

葛凡　男，涛雒人。清顺治二年（1645年）乙酉科举人。授陕西略阳县知县。

宋重　男，竹子河崖村人。清顺治十一年（1654）甲午科武举人。

牟蕴护　男，右所村人。清康熙五十年（1711）辛卯科副举人。清康熙五十三年（1714）顺天甲午科举人。

丁裕曾	丁士价	丁士群
丁式曾	丁士可	丁法曾
丁延相	丁龙曜	丁梦桂
丁梦阳	丁　炜	丁葵藩
丁塏玉	丁堃玉	丁守炳
丁增玉	丁守伟	丁明巂
丁予懃	丁惟普	丁鸿标
丁惟溥	丁惟膴	丁　昱
丁绍曾		

以上丁氏人物中举情况详见第二十五编丁氏家族

牟蕴秀　男，大羊卷人。清雍正二年（1724）甲辰科举人。

牟东郊　男，涛雒人。清乾隆二十七年（1762）壬午科举人。

成季相　男，成家廒头人。清乾隆五十七年（1792）戊申科举人。

田汝芙　男，沙岭子人。清乾隆五十七年（1792）壬子科举人。

牟之宁　男，沙岭子村人。清嘉庆二十一年（1816）丙子科举人。蒲台县教谕。

牟彦鲁　男，沙岭子村人。清光绪十年（1884）甲申科举人。

第二章　幼儿教育

中华人民共和国成立后，各级人民政府十分重视幼教事业，1952年，日照县认真贯彻教育部颁布的《幼儿园暂行规程》，在县妇联设立儿童福利部，负责儿童的教育管理，对农村生产合作社幼教人员进行培训。1957年起，域内始有托儿所、幼儿园。2021年，域内在园幼儿1468名，学前1年入园率达100%。

第一节　幼儿园发展与分布

发展历程　1957年，域内相继办起了农忙托儿所、幼儿园18处，入园幼儿300余名，幼儿教师20余名。

1958年域内办起托儿所90处，入园儿童3580人。托儿所设食堂，就餐儿童达2750人。由于办托条件不完备等原因，这些托儿所多为季节性托儿所，多数春季开所，秋后停办。1962年，因生活困难等原因，域内托儿所全部停办。

1970年，域内农村开始兴办学前幼儿班，称为“育红班”。幼儿学习小学一年级教材，学习毛主席语录，唱语录歌。幼师和小学教师一起参加学区业务学习，出现幼儿教育小学化、成人化倾向。

1977年，农村“育红班”复称幼儿园。1978年，幼教事业得到快速发展，域内75个大队办幼儿园26处，38个班，在园幼儿1200人，幼教人员38人。

1990年，托幼工作由妇联移交到教育部门主管。市教委先后下发了《关于加强幼儿教师管理的意见》《日照市幼儿园分类标准》等文件，幼儿园管理逐步规范化。1991 年，全镇设幼教专职辅导员 10 人，幼教工作提高到了一个新水平。

1993 年 12 月，东港区托幼办公室成立，学前教育纳入“四中心”学校行列，中心幼儿园园长由教育局统一任用。1994 年 11 月，涛雒中心幼儿园成立。此时，全镇有镇中心幼儿园 1 处、小学附设幼儿园 8 处、民办幼儿园 32 处。大、中、小幼儿班 42 个，入园幼儿 1260 人，幼儿教师 46 名。1998 年后，实行“幼小一体化”管理，联办小学开始附设学前幼儿班。

2004 年，东港区教育局对域内 36 处幼儿园办园资格进行审核，为 16 处幼儿园颁发了日照市幼儿园办园许可证，占总园数的 44%。2007 年，东港区教育局对各幼儿园办园资质重新审核，域内有 8 处幼儿园办理了山东省学前教育办园许可证，占总园数的 20%。

至 2008 年，润田小学、栈子联办小学、景伊小学、临钢小学、下元小学等联办小学先后附设学前幼儿班，各村个体幼儿园大多停办。至 2009 年，专车接送幼儿的幼儿园发展到 8 处。2010 年，中心幼儿园下设的分园有涛雒三村的黄蓝绿幼儿园、涛雒四村的颖利幼儿园、东南营幼儿园、王家村苗苗幼儿园、高旺庄小明星幼儿园等。

2021 年，域内共有幼儿园 6 处 42 个班，在园幼儿 1468 名，幼儿教师 132 名。全镇学前 3 年幼儿入园率 98%，学前 1 年入园率达 100%。

南店大队托儿所 1958 年，南店大队在庄建春院中兴办全日制托儿所一处，园长徐茂玉。房屋 12 间，实行寄宿制。幼儿吃、住、服装全由托儿所负责。全大队 3 ~ 6 岁幼儿 101 名全部入托，分大班、小班。教师自编教材，自编节目，教认字，读拼音，唱儿歌，做游戏。统一发给小衣服、小手巾，管理规范。所内食堂办得好，粮食供应及时，孩子就餐、休息井然有序。所内有滑梯、秋千等游乐器械，成为孩子的乐园。所内教师带领孩子搞勤工俭学，扫麦粒，拾瓜干，拣花生，培养孩子热爱劳动的感情，同时又锻炼了孩子的体质。1959 年，幼儿园赢得区、县、省、中央妇联一致好评。全国妇联授予幼儿园“高举毛泽东思想伟大红旗而奋斗”的锦旗一面。省委书记舒同题词“高举毛泽东思想伟大红旗奋勇前进”锦旗一面。1962 年，因生活困难等原因，南店大队托儿所停办。

涛雒镇中心幼儿园 1994 年 11 月，成立涛雒镇中心幼儿园。园址位于观海东路南侧原党委大院。园长 1 人，幼师 6 人，入院幼儿 210 人。招生范围涛雒 1 ~ 8 村、镇直机关及企事业单位应入园幼儿。配备脚踏风琴、录音机、VCD、投影仪、放像机、电视机和微机等，还添置了课桌椅及文体用具。2002 年 10 月，中心幼儿园迁至中盛路北侧，按市级一类幼儿园标准办园。2004 年，实行“幼小”一体化管理。镇中心幼儿园先后在景伊、下元、栈子、润田、临钢 5 个小学设分园。

图 19—1 涛雒中心幼儿园（李世成摄于 2021 年 6 月）

1994 年以来涛雒镇中心幼儿园园长任职更迭表

表 19—1

姓名	性别	籍贯	任职时间
傅德先	男	海员村	1994.11—1997.8
袁照富	男	巨峰镇薄家口村	1997.8—2009.8
丁明研	男	大草坡村	2009.8—2011.3
王　鹏	男	松林村	2011.3—2021.7
滕怀波	男	桥东头村	2021.8—2022.7
秦泗海	男	下元二村	2022.7—

2010 年 3 月，中心园下设 5 个分园，依次是红黄蓝幼儿园、颖利幼儿园、东南营幼儿园、王家村苗苗幼儿园、高旺明星幼儿园。

2013 年，设大、中、小 5 个教学班，入园幼儿 130 余人，幼师 13 名。2016 年 1 月，中心幼儿园迁到东川子村后。

第二节　幼儿教师培训

中华人民共和国成立初期，域内农村保教员多为中老年妇女，文化水平低，不及初小程度的一半以上，更不会歌舞游戏。1958年，盲目发展时的保教员年龄更为偏大。为解决幼师缺乏、水平低下的问题，域内妇联和教育部门曾配合采取办短训班的办法进行轮训，每期3～7天。同时利用星期天集中学习辅导。使其有较大幅度的提高，以解急需。

1977年，幼儿教师利用寒暑假进行普通话、三笔字、音美舞蹈、游戏等基本功训练。

1979年始，对幼师多次进行整顿调整，将文化低，不适应幼教工作者调出，充实年龄小、有文化、能歌善舞者，通过培训优先上岗。1984年始，域内幼儿骨干教师有80人次分期分批到县培顺班学习。

1991年，镇设幼教专职辅导员，对幼师的文化水平、教学能力，进行有计划的培训。1993年，有2名幼师考入师范学校深造。1994年10月起，对幼儿教师建立档案，并进行五项技能和教学常规培训。域内幼师有120人次接受集中培训。

1996年后，每年安排一定时间，集中通研教材，学习儿童教育学、心理学，使每位幼师掌握一定的培养幼儿的技能技巧。1997年，对39名幼师确认资格并颁发证书。

1998年8月后，开展幼儿教师教育法规、声乐、舞蹈、普通话、简笔字、键盘、三笔字、玩具制作和技能九项通用基本功达标活动。2007年至2009年，每年暑假期间，组织域内幼师参加市托幼班举办的幼教理论培训班、新教材通研培训班，使幼儿教师水平不断提高。

2021年，域内共有幼儿教师132名。由幼儿教师撰写的《跳方游戏》等25篇论文在《山东教育》发表，16篇获省级以上奖，28篇获市、区级奖。

2006—2021年部分年份涛雒镇幼儿园基本情况表

表19—2

年份	园所处数（处）	入园儿童数（人）	教职工数（人）						教师资格（人）
			幼师总数	园长数	本科	专科	幼师毕业	其他	
2003	30	2150	89	1		15	47	27	12
2004	31	2230	90	1		14	50	26	14
2005	28	2113	86	1		15	46	25	14
2006	28	2050	87	1		16	45	26	15
2007	32	2212	90	1	1	16	51	23	16
2008	30	2100	87	1	1	18	45	24	15
2009	34	2010	97	2	4	20	52	25	18
2010	33	1980	95	2	4	23	55	20	18
2011	32	1988	86	2	5	23	43	20	23
2012	32	1940	85	2	5	35	30	15	24
2013	21	1780	108	2	5	35	62	6	35
2021	6	1468	132						

第三章　普通教育

域内小学教育始于清光绪二十九年（1903），清光绪三十一年（1905）清政府取消了一年一度的“童子试”，域内应时取消了私塾教育，办起了学堂。1912年，国民政府下令学堂一律改称学校，堂长改称校长。域内初中教育始于1945年初。中华人民共和国成立后，中、小学普通教育全面发展，1968年始，位于涛雒的日照五中开始招收高中生。改革开放以后，域内教育迎来了黄金发展时期，有“状元镇”之美誉。20世纪80年代，党委、政府加大对教育的投入，实施“三配套”“六改造”工程，促进了教育的大发展。90年代，对中小学布局进行了调整合并，省“两基”验收顺利达标。

2021年，域内有四个小学校区，共有57个教学班，在校小学生2314人。有初中1所，30个教学班，在校生1226人。

第一节　小学教育

概况

清光绪二十九年（1903），清政府迫于维新派压力，改革科举制度，颁布《奏定学堂章程》，推行新学。涛雒街“五宅”改塾馆建学堂。清光绪三十一年（1905），栈子庄应时取消了私塾教育，办起了栈子乐育小学堂。之后，域内各大商号及乡绅、富户，也都纷纷效仿，聘请教师，办起学堂。1912年，国民政府下令学堂一律改称学校，堂长改称校长。栈子小学在1945年初，办起一个小学戴帽初中班，学习初中课程。是年8月，栈子解放，初中班的学生，有的参加八路军，有的到人民政府工作，有的转学，戴帽初中班遂停办。这是域内最早的中学教育。

1912年，涛雒街乡绅丁钧石、丁麟祥等人，拆除涛雒街东门外“三官庙”（今341省道与民安路交会处）内神像，办起私立丁氏小学校，专收丁氏子女入学。1918年，丁氏小学校改称国民初等小学校，各姓儿童皆可入学就读；栈子乐育高等小学堂改称栈子乐育高等小学校。1922年，涛雒国民初等小学校改称乡立高等小学校；栈子乐育高等小学校改称栈子两等（初、高等）小学校。

1923年，初、高等小学校改称初、高级小学校。初级小学为1～4年级，高级小学为5～6年级，1～6年级为完全小学。域内有两所完全小学：涛雒完全小学，6个教学班，学生260人；栈子完全小学，6个教学班，学生240人。

1932年，为便于实施义务教育，县内各行政区设立学区。二区遂将涛雒高级小学改称中心国民学校，设校长一人，负责在全区推行义务教育。

1936年4月，日照县政府在涛雒街北门外天后宫（今海滨四路与341省道交会处、沿海滨四路往北100米处西侧）设立“乡农学校”，组织有钱人家男性青年入学（学生需自带给养及枪支弹药），推行梁漱溟的“管、教、养、卫”联合体制。是年底，二区中心国民学校设有以下学点：涛雒、孙家村、夹仓、傅疃、连五村（裴家村、张家村等5个村庄）。

1937年，二区共有完全小学7所，初级小学16所，义务小学（短期小学）20所，成为日照县小学教育最为发达的区域。

1938年后，域内为日伪军占领区，学校纷纷解散。1940年，仅有涛雒、栈子等几处小学正常上课。日伪政权插手教育，采取种种措施，极力推行奴化教育，强令各学校3～6年级设立日语课（由翻译官任教）等。

1945年，涛雒区共有小学8所，其中涛雒小学6个班210名学生，栈子小学8个班270名学生。5月，涛雒区公所设立文教助理，具体负责全区教育工作。秋，日照县立抗日模范小学从大坡区土山村迁至栈子小学上课，初冬，该校迁至日照城关。

抗日战争胜利后，人民在政治上翻了身，迫切要求文化翻身。在国家财政不能满足人民文化要求的情况下，群众基础较好的村庄开始自筹资金，自聘教师，自办小学。至1946年，涛雒共办起民办小学12处，聘请民办教师20余人。

1947年8月，国民党军第八十三师一部占领涛雒，还乡团从青岛武装归乡占领石臼所，一时形势紧张，各小学再次停课，涛雒区仅有王家村小学（为个体办学）坚持上课。1948年，形势好转，大部分小学复课，栈子小学成为涛雒区教育中心。

1949年，全区有小学16所，教师24人，学生460名。

中华人民共和国成立以后，区委、区政府重视发展教育，组织农村兴办民办小学。至1952年底，全区共建各类小学42所，在校学生达1200余名，公办教师53人。1956年，县文教科在涛雒区及碰山区进行了公办小学转民办小学试点，有12处公办小学转为民办小学。1958年，贯彻国家与群众"两条腿走路"的方针，域内教育事业得到快速发展，基本实现村村办小学。1959年下半年，贯彻中央对教育工作的"巩固、调整、提高"的指示，落实山东第一次烟台会议精神，开始调整设学布局，合班并校，扩大完全小学规模，试办联办小学，撤销规模小、学生少、条件差的民办小学。域内共撤销民办小学16所，学生转入其他学校就读，动员15周岁以上超龄学生回生产队参加农业生产。

1964年，贯彻上级两种教育制度的指示，一是坚持全日制办学，以公办带民办，发展民办小学教育；二是采取半工半读等多种形式（半日班、早班、午班、晚班）办学，以解决适龄儿童特别是女童入学难的问题。

1966年"文化大革命"之初，学校招生被停止，小学教育处于混乱状态。1968年11月，小学公办教师转回本村任教或劳动，学校管理失控，教学秩序混乱。年底，域内部分小学为解决小学毕业生升学问题，开始办戴帽初中班。1976年，域内小学教育开始稳步发展，逐渐走上正轨。

1977年，国家恢复高考制度，教学质量成为社会热点，群众的办学热情空前高涨，小学入学率在98%以上。1984年春开始，实行小学校舍"三改造"（改造危房子黑房子、土台子、泥凳子）和"六配套"（校舍配套、课桌凳办公座椅配套、基本教学设施配套、图书资料器材配套、师资配套、学校管理制度配套），改善办学条件。

1986年4月，全镇共有小学43所，172个班，在校学生6020名，教师305人（公办教师129人）。1987年，实行市、乡（镇）分级办学。是年，涛雒中心小学成立，负责全镇小学的教学工作。1994年，小学实现5年初等义务教育。1995年11月，"两基"（基本普及九年义务教育和基本扫除青壮年文盲）验收，全镇各项指标达到省定标准，提前1年完成"普九"任务。1998年，开始对域内小学校舍进行全面改造。

2013年，全镇有小学9所，86个教学班，在校学生4072人，教师234人。适龄儿童入学率100%，巩固率99.9%，毕业率99.5%。

2021年，东港区教育局理顺教育管理体制，域内成立涛雒镇中心小学，负责管理镇域内4个校区：中心校区，滨海湾校区，栈子校区，天台山校区，共57个教学班，在校学生2314人，教职工152人，教师学历全部达标。

涛雒学区

涛雒镇中心小学 该校的前身为涛雒小学。1912年，丁钧石、丁麟祥等乡绅在涛雒街东门外"三官庙"（今341省道与民安路交会处）创立私立丁氏小学校。1922年，改称涛雒乡立高等小学校。1923年，称涛雒高级小学校，始为完全小学。1932年，设立学区，为学区驻校，改称中心国民学校，辖本行政区内各小学。1936年，学校扩大办学规模，新建二层教学楼一座，设置教室6个。1937年七七事变后，局势混乱，教学楼未及启用。学生全部撤回涛雒街里，先后在郑王庙（今观海中路中段涛雒三村办公楼处）、西南隅（汇昌银号处）、山房（今观海中路中段南侧）、西小园、东小园（今文泰路与民安路交会处、沿民安路往西50米处路北侧）等处办学。1947年8月，国民党军八十三师一部窜占涛雒，学校皆被迫停办。至此，涛雒小学历任校长有丁钧石、丁麟祥、丁惟佩（字幼秋）、丁史言、丁伴宾、陈玉良、丁健、丁惟来等。

1948年11月复学，先后在东小园、五宅、山房等处分散办学。1950年，学校集中办学：5～6年级学生，迁回东门外三官庙原校址上课，教室为北小楼和东厢房，共8个班，为七区教育中心；1～4年级学生，迁至北门外天后宫（今海滨四路与341省道交会处，沿海滨四路往北100米处西侧）上课，教室为前后殿，东、西厢房，共12个班。1962年，学校1～4年级学生，从天后宫迁至北门里日照五中原校址。1968年秋，小学下放到各村办学，在部分村设教学点，后陆续撤销，学生并入涛雒小学。1976年，三官庙校舍成危房，5～6年级学生，合并至北门里新校。是年，学校办戴帽初中班1个，学生50人，1978年停办。"文化大革命"时期，涛雒区革委会教育组驻该校。1979年5月，为涛雒公社中心校。1987年，更名为涛雒镇中心小学，由中心校校长滕以汾兼任，负责全镇小学教育教学工作。是年，有10个教学班，540名学生，招生覆盖周边10个村及企事业单位。2002年，扩建中心小学，建高标准五层综合教学楼和学术报告厅，配套多媒体教室、语音室、微机室、劳技室等。调整办学格局，合并纳入涛雒镇第二小学学生。2004年2月，合并纳入丁家官庄小学学生，招生范围扩大至14个村及附近企事业、机关单位。2005年，有教学班16个，在校学生850人。学生入学率、巩固率、毕业率均达100%。

2006年，台胞丁永详和夫人张献苓，捐资为学校建成永苓图书馆1座。2007年，学校建成校园网，与国家教育主干网、信息中心连接。任课教师人手微机1台，实现了教育教学信息化。

2009年，有教学班22个、学生1280人、教师60人。2012年，因日照国际海洋城基础设施建设，小海联办小学拆迁，学校又合并纳入王家村、小海、沙岭子村的小学生，招生范围扩大至17个行政村。有教学班24个、学生1379人、教师58人，教师学历达标率为100%。2015年9月，学校迁至东川子村后，改称涛雒小学。

2015年8月，有教学班20个、学生888人、教师75人，新教师学历达标率100%。招生范围25个行政村。

图19—2 东港区涛雒镇中心小学

（涛雒镇宣传办公室提供）

涛雒镇中心小学先后获山东省教学示范学校、山东省地震科普示范学校、全省教育系统模范职工之家、山东省乡村温馨校园、山东省红色文化传承示范校、市级语言文字规范化示范学校、全市学校安全工作先进单位、日照市中小学素质教育示范学校、日照市十佳师德建设先进单位、日照市文明示范学校、日照市依法治校示范学校、日照市规范化学校、日照市文明校园、东港区教育系统行风建设先进单位、东港区目标管理绩效考核先进单位等多项称号。

1948年以来涛雒学区校长任职更迭表

表19—3

学区驻地学校	姓名	性别	籍贯	任职时间
涛雒小学	王义波	男	涛雒镇	1948.11—1949.12
	梁启锋	男	巨峰镇	1950.2—1952.2
	鞠　若	男	海阳县	1952.2—1952.8
	卢玉志	男	安东卫街道	1952.9—1953.2
	蔡恬一	男	日照街道	1953.2—1955.8

续表 19—3

学区驻地学校	姓名	性别	籍贯	任职时间
涛雒小学	焦子荣	男	后村镇	1955.9—1956.11
	林保君	男	日照街道	1956.11—1959.8
中心小学	张守全	男	南湖镇	1959.9—1960.8
	韩邦栋	男	秦楼街道	1960.9—1961.8
	李　伟	男	诸城市	1961.9—1968.10
	匡静远	男	日照街道	1968.10—1970.7
	王仕柳	男	沙岭子村	1970.7—1979.8
	滕以汾	男	刘家湾村	1979.8—1989.8
	尹世祥	男	王家村	1989.8—1990.8
	丁成元	男	右所村	1990.8—2001.8
	丁志明	男	大洼村	2001.8—2009.9
	周全胜	男	涛雒一村	2009.9—2015.7
涛雒小学	范文波	男	巨峰镇后山北头村	2015.8—2021.7
中心小学	范文波	男	巨峰镇后山北头村	2021.8—

右所小学　1936年，村民丁仕文利用村南庙创办私立小学，教室3间，办公室1间，学生20余名，多年级复式。1950年，转为村办小学。设复式教学班1个，学生40余人。1958年，为4个班级，学生150名，公民办教师4名。1969年，在大队办公室东南角建学校，为完全小学。1974年至1978年，办戴帽初中班，1976年至1978年办高中班1个。

1996年，右所村与东川子村在右所村前联合建校办学，称“涛雒第二小学”。设1～5年级5个教学班，学生250人，教师7人（其中民办教师5人）。2002年，并入涛雒中心小学。

涛雒五村小学　创办于1957年，村办小学，设1～3年级1个复式教学班，教师1名。先后有多人任民办教师。1970年，并入涛雒小学。

涛雒七村小学　1957年，村办全日制初级小学，校址在村东南角，借用民房2间。设1～2年级1个复式教学班，学生30余人，教师1人。1967年，学校规模扩大，迁至村后5间公房办学，设1～3年级2个教学班，学生60余人，教师2人。1970年，迁至西岭果园办学，教室6间，1～3年级2个教学班，教师2人。1971年，迁回村里，教室9间，设1～3年级3个教学班，学生60余人，教师3人。1980年，并入涛雒中心小学。

涛雒六村小学　创办于1958年5月，村办小学，20名学生，多年级复式教学。1960，年设1-3年级3个教学班。1975年，设1～5年级5个教学班，为完全小学。1985年，并入涛雒中心小学。

宋家坨小学　创办于1962年，利用村内两间空房办学，设1年级1个教学班，学生20人，教师1人。1963年，设1～2年级1个复式教学班，学生33人，教师1人。1968年，迁至村后原盐务所空置旧房办学，设1～5年级3个教学班，学生70人，教师3人。1985年，并涛雒中心小学。

涛雒四村小学　创办于1963年，初级小学1年级1个教学班，学生22人，教师1人。1964年，设1～2年级1个复式教学班，学生32人，教师1人。3年级以上的学生到涛雒小学学习。1980年，并入涛雒小学。

马家村小学　创办于1965年，始为工读班。1968年，办初级小学，设1个复式教学班，学生30人，教师1人。1972年，在村东北角建校，设教学班4个，学生120人，教师4人。1981年，并入涛雒小学。

小海学区

刘家湾小学　创办于1947年8月，初级小学，设1年级1个教学班，学生20人，教师1人。1948年，设1～2年级2个教学班，学生70人，教师2人。1963年，为学区中心学校。1970年8月，学校搬迁至村东，为完全小学。1985年8月，学校因水灾搬迁至新村西头闲置的一处部队营房办学，设1～5年级6个教学班，学生230人，教师8人。1995年2月，3～5年级学生并入小海联办小学。2004年2月，学校1～2年级师生并入小海联办小学。

沙岭子小学　1948年，村民王润阶利用自家的东厢房，办1～3年级复式教学班1个。1950年，转为村办小学，设1～3年级1个复式教学班，学生40余人，教师1人。1967年，办1～5年级5个班，学生180名，教师9名。因“文化大革命”派性斗争激烈而停止办学，学生自行觅学。1970年，恢复办学。1973年，设小学1～5年级5个教学班，学生150名，教师6名，为完全小学。1995年2月，并入小海联小。

桥东头小学　创办于1949年，利用村中间的5间民房办学，设1～4年级1个复式教学班，学生40人，教师1人。1958年，设1～4年级3个教学班，学生90人，教师3人。1967年至1968年，在村前建新校。设1～5年级5个教学班，为完全小学。1971年，学校办戴帽初中班，1973年，初中班并入小海联中。1978年，设1～5年级7个教学班，学生300名，教师8名。1995年2月，3～5年级学生并入小海联小。2000年2月，1～2年级师生并入小海联小。

王家村小学　创办于1951年，利用村西头老盐坨4间西屋办学，设1～2年级2个教学班，学生50名，教师2名。1953年，设1～4年级4个教学班，学生130名，教师5名。1968年，设1～5年级5个教学班，学生180人，教师7人，为完全小学。1970年，有教学班7个，学生260名，教师9名，为学区中心。1995年，3～5年级师生并入小海联办小学。2002年2月，1～2年级师生并入小海联小。

小海小学　创办于1952年，村办初级小学，设1～3年级3个教学班，学生120人，教师3人。1965年，新建校舍，设1～5年级5个教学班，学生180人，教师5人。1994年，新建校舍，设1～5年级5个教学班，学生170人，教师7人。1995年2月，3～5年级学生并入小海联小。2000年2月，1～2年级学生并入小海联小。

李家村小学　创办于1957年，借用民房办学，设1～2年级2个教学班，学生40名，教师2名。1966年8月，在村东南角与桥西头联合办学，称“桥李”小学。1970年，设1～5年级5个教学班，学生150名，教师6名，为完全小学。1995年2月，3～5年级学生并入小海联小。2000年2月，1～2年级学生并入小海联小。

桥西头小学　创办于1958年8月。利用民房办学，设1～2年级2个教学班，学生46人，教师2人。1966年8月，与李家村联合办学，称“桥李”小学。

滨海湾小学（小海联办小学）　1995年2月，小海联中撤销，小海管理区的刘家湾、小海、王家村、桥东头、桥西头、李家村6个行政村的小学3～5年级和沙岭子村小学1～5年级的学生迁入，称小海联办小学，设14个教学班，学生720名，教师36名，为完全小学。2000年2月，合并纳入办学村的1～2年级学生及夹仓四村“江南十三户”的适龄儿童，学生的入学率、巩固率、毕业率均达100%。2011年，设1～6年级13个教学班，学生684人，教师30人，教师学历达标率为100%。2012年9月，学校因日照国际海洋城管委进行基础设施建设而拆除，开挖为环球海。小海村、王家村、沙岭村的学生转入涛雒中心小学；刘家湾村、桥东头村、桥西头村、李家村的学生转至涛雒二中院内上课，设1～6年级6个教学班，学生306人，教师21人，仍称小海联办小学。2015年，学校迁至滨海湾小区新校舍，改称滨海湾小学。

图19—3　滨海湾小学（李世成摄于2023年5月）

刘庄学区

南店小学 1943年至1944年，村民庄丰章、庄茂勋办小学初级班、高级班各一个。1953年，转为村办小学，在村北头改建马棚为校舍，设1～2年级2个教学班，学生60人，教师2人。1960年，学校迁至村东南角玉皇庙办学，设1～2年级2个教学班。1968年，设1～5年级5个教学班，学生180人，教师7人，为完全小学。1976年，设戴帽初中班1个。1984年，初中班合并到刘庄联中。1985年，为学区中心。1995年，3～5年级学生并入刘庄联办小学。2000年，1～2年级学生并入涛雒中心小学。

竹子河崖小学 创办于1948年底，利用村西程家祠堂办学，设1～2年级1个复式初级教学班，学生30人，教师1人。1952年，设1～6年级6个教学班，学生200人，教师8人，为完全小学。1963年，为刘庄学区中心。1975年，迁至村西北角建校，设3～5年级3个教学班，学生120人，教师6人；1～2年级学生安排至侯家村小学就读，1976年撤回。1993年2月，学生全部并入刘庄联办小学。

大刘庄小学 创办于1951年，利用村西北角一处公房办学，设1年级1个教学班，学生40人，教师1人。1967年迁至村前办学，设1～2年级复式教学班1个，学生40人，教师1人。此后与小刘庄小学合作办学，一处设1～2年级，另一处设3～5年级，轮流招生。1993年2月，3～5年级学生并入刘庄联小。1997年9月，1～2年级并入刘庄联办小学。

侯家村小学 由侯元吉个人创办于1952年，学生5～9人。1955年，转为村办小学，设复式教学班1个，学生18人，教师1人。1968年，2个教学班，学生24人，教师2人。1971年，在村中建教室6间，2个教学班，50名学生，教师2人。1975年，纳入竹子河崖1～2年级学生。1976年，在村西北建新校舍，设3个教学班，70名学生，教师3人。1982年，纳入庄家坨全部师生。1993年2月，3～5年级并入刘庄联小。1997年9月，1～2年级并入刘庄联小。

大朝阳小学 创办于1952年，设复式教学班1个，学生30人，教师1人。1958年，学生40人，教师2人。1968年，设1～5年级5个教学班，学生180名（含小朝阳学生），教师8名。1969年，在村西南角新建校舍。1993年9月，3～5年级并入刘庄联小。1997年9月，1～2年级并入刘庄联小。

庄家坨小学 创办于1963年，利用村东北角盐丰社队部办学，设1～3年级2个教学班，学生20人，教师2人。1976年，新盖校舍8间，设1～5年级5个教学班，学生80人，教师5人，为完全小学。1982年，合并到侯家村小学。

小刘庄小学 创办于1966年，在村前头办学，设1年级1个班，学生12人，教师1人。此后与大刘庄合作办学。

刘庄联办小学 1993年2月，大刘庄、小刘庄、竹子河崖、侯家村4处小学的3～5年级学生，转至原刘庄联中校舍，组建刘庄联办小学，设6个教学班，学生246人，教师10人，为刘庄学区中心。9月，大朝阳小学3～5年级学生并入。1995年，南店小学3～5年级学生并入。1997年9月，大刘庄、小刘庄、竹子河崖、大朝阳1～2年级学生并入，使之成为一所完全小学。设1～5年级10个教学班，学生360人，教师16人。2009年，设1～6年级6个教学班，学生192人，教师11人。2013年，设1～6年级6个教学班，学生130人，教师19人。教师学历达标率100%。2014年9月，并入涛雒中心小学。

下元学区

上元小学 创办于1943年，由秦佰淦利用秦家西祠堂办学，设1个教学班，学生26人。1945年，转为村办小学，设2个教学班，学生32人，教师2人。1950年春，迁至秦家东祠堂，设1～4年级3个教学班，学生50人，教师3人。1965～1967年，办小学半日班。1968年，设1～5年级5个教学班，学生100余人，教师6人，为完全小学。1969年，学校办戴帽初中班1个，1971年并入下元联中。1999年，3～5年级学生并入大草坡小学。2002年，1～2年级并入大草坡小学。

高旺小学 创办于1948年，利用村中心丁氏祠堂办小学，设2个教学班，学生40余人，教师2人。1967年7月，在村后偏东建新校，设1～5年级5个教学班，学生260人，教师8人。1969年，办戴帽初中班1个，1971年并入下元联中。1986年，纳入崔家庄子小学1～3年级学生。1993年3月，为学区中心。1996年5月，学校由村后迁至村前东南角。1998年，纳入丁家营子小学、孙家营子小学学生，设1～5年级11个教学班，362名学生，19名教师。

图19—4 高旺小学（涛雒镇宣传办公室提供）

2008年5月，设1～6年级6个教学班，学生200人，教师14人。不再为学区中心。2015年，并入栈子小学。

崔家庄子小学 创办于1958年9月，设1年级1个教学班，学生20名，教师1名。1960年，设1～3年级3个教学班，学生78名，教师3名。1966年，改建学校。1968年，设1～5年级5个教学班，学生120名，教师6名，为完全小学。1973年，在村后新建学校。1985年，4～5年级学生并入高旺庄小学。1986年，1～3年级学生并入高旺庄小学。

天台山小学（下元小学） 1950年春，区人民政府在下元村利用原秦氏祠堂房舍办学，称下元小学，设1～2年级2个教学班，学生60名，教师3名。1954年，设1～6年级，为完全小学，成为下元学区中心。

1960年，1～4年级学生，迁至新校舍（下元人民公社机械厂空闲厂房）。1963年，5～6年级学生亦迁至新校舍。学校有6个教学班，210名学生，13名教师。招生范围覆盖下元、上元、高旺、崔家庄子、东石梁、西石梁等村庄。2003年3月，东石梁小学、西石梁小学的学生并入该校，设1～5年级5个教学班，学生230名，教师11名。

2008年5月，下元小学随下元一村搬迁至新村西，为学区中心。东风联办小学的学生合并到该校，设1～6年级12个教学班，学生440名，教师31名。2013年，设1～6年级12个教学班，学生448名，教师27名，教师学历达标率100%。2015年8月改称天台山小学。

图19—5 天台山小学（李世成摄于2023年5月）

下元教会小学 1931年，域内下元村耶稣教教徒秦强农，呈请批准，在下元村创办教会小学，收1～2年级学生30余人，组成1个班，教师由诸城"瑞华浸信会"派遣的姚笛担任。课程设置与国民小学基本相同，增设背诵圣经文句、祈祷、礼拜等科目。1932年，美籍瑞典传教士到下元视察，查看教室内陈设、挂像等，斥责姚笛信仰不轨，遂令秦强农将姚笛逐走。1934年，因入教者太少，经费不足，学校关闭。

郭庄学区

丁家营子小学 由孙树鹏创办于1943年，为私立小学。1953年，转为村办小学，利用村前公房办学，设2个复式教学班，学生60人，教师2人。1966年，学校迁至村中央公房，设1～5年级5个教学班，学生120人，教师6人。1970年，学校办戴帽初中班1个，1972年，初中学生全部并入郭庄联中。1972年，纳入小草坡3年级学生。1976年，学校纳入小草坡1～2年级学生。1985年，在村后建新校。1998年，并入高旺小学。

大草坡小学 创办于1946年，当年学生30人，教师2人，1950停办。1952年，在村西北角利用公房办学，设1～2年级1个复式教学班，学生34人，教师1人。1965年，1～4年级4个教学班，学生150人，教师5人。1970年3月，在村后建新校舍，设1–5年级5个教学班，学生160人，教师7人，为完全小学。1971年，办戴帽初中班1个，1972年，初中班并入郭庄联中。1981年，在村东头建新校舍，纳入丁家营子小学小草坡籍全部学生；设1～5年级5个教学班，学生192人，教师8人。1999年，纳入上元村小学3～5年级学生。

2002年，纳入上元村1～2年级学生。2008年，并入临钢小学。

图19—6　大草坡小学（李世成摄于2008年5月）

西林子头小学　创办于1947年，利用丁家祠堂，办2个复式教学班，学生70人，教师3人。1949年，迁至村西南大院。1952年，为完全小学，隶属东湖学区管理，设1～6年级9个教学班，学生400人，教师16人。招生范围覆盖虎山堡以北、高旺庄以南的村庄。学校历任负责人丁履景、丁介甫、林治国、许洪海、董怀盛等。

1971年，西林子头小学隶属郭庄学区，为学区教育中心。1977年，在村西北新建校舍，设1～5年级10个教学班，学生350名，教师15名。因校舍不足，先后在郭家庄子、东林子头设教学点，安排4～5年级学生就读。1981年，教学点学生回校上课。1986年，纳入郭家庄子、东林子头村小学的全部学生。2008年6月，并入临钢小学。

郭家庄子小学　创办于1958年，设复式教学班3个，学生43名，教师3人。1972年，在村东北新建校舍，设1～5年级3个复式教学班，学生90名，教师5人。1986年，并入西林子头小学。

小草坡小学　创办于1958年，学生20名，教师1人，1962年停办。1967年学校恢复，设2个小学初级教学班，教师2人。1969年，设1～3年级复式班1个，教师1人。1972年，3年级学生并入丁家营子小学。1976年9月，1～2年级学生并入丁家营子小学。

东林子头小学　创办于1958年，设1～2年级复式班1个，教师2人。1968年，设1～2年级2个教学班，教师2人。1986年，并入西林子头小学。

临钢小学　2008年6月，郭庄管理区6个行政村和下元管理区的上元村，联合在小草坡村前办学，建成一座三层教学楼，因新校临近钢厂，故称临钢小学，为郭庄学区中心，设1～6年级12个教学班，学生386人，教师22人。2013年，设1～6年级12个教学班，学生486人，教师24名，教师学历达标率100%。2015年9月，除上元村的学生并入天台山小学外，其他村的学生并入栈子小学。

栈子学区

栈子小学　清光绪三十一年（1905），村中大户人家利用村后的龙王庙（又称后庙）殿堂及厢房，联合办起栈子乐育小学堂。校长郭益三，校董叶才一、叶光庭等。教师由郭仲连等。第一批学生有许耀林、郭建培等。时任日照市教育馆馆长叶光庭捐一架四组风琴。

1912年，扩大办学规模，改称栈子乐育小学校。1922年，称栈子两等（初、高）小学校，为完全小学。1923年，改称栈子小学，设6个教学班，学生250名，教师12名。1937年冬，抗日战争形势紧迫，时局紧张，小学一度停办。1938年春，学校复学，从龙王庙迁至叶家祠堂及“小马”商号大院分散办学。1940年，全部迁至“瑞春”大院办学，习惯称“瑞春小学”。1941年，汉奸陈成功的特务营进驻栈子，日伪政权插手教育，强力推行亡国奴化教育，强迫学生学习日语。1945年春，学校办戴帽初中班1个，设1～6年级8个教学班，学生280人。8月，栈子解放，戴帽初中班因学生大量参军、从政而停办。9月，日照县抗日模范小学从大坡土山迁至栈子小学上课，年底又迁至日照城关。1947年8月，国民党军队重点进攻山东时，学校被迫停办。1948年11月复学，为完全小学，学生来源于周边村庄，成为涛雒区教育中心。

1978 年，庄家村小学 3 ~ 5 年级学生合并到该校。1992 年，学校设 1 ~ 5 年级 12 个教学班，学生 550 人，教师 18 人。1993 年 2 月，学校 3 ~ 5 年级并入栈子联办小学。1997 年，学校 1 ~ 2 年级学生并入栈子联小。

孙家村小学 1930 年，村中大户人家在村前南庙（张洛庙）联合办学，设 3 个教学班，学生 150 人，教师 4 人。1940 年，因战乱，学校被迫分散于孙家村、曹家村等大户人家上课。1947 年，国民党重点进攻山东，学校停办。1948 年，转为村办小学，设 1 ~ 6 年级 3 个复式教学班，学生 140 人，教师 6 人。1951 年，学生集中在村东北角一处公房就学，设 1 ~ 3 年级 3 个教学班，学生 90 人，教师 4 人。1968 年，迁至村东南角生产队的空置房子，设 1 ~ 5 年级 5 个教学班，学生 260 人，教师 8 人，为完全小学。1975 年春，平整东南林坟地建校舍，设 8 个教学班，学生 320 人，教师 10 人。1984 年冬，庄家村 1 ~ 2 年级学生并入。1993 年 2 月，3 ~ 5 年级并入栈子联小。1997 年 6 月，1 ~ 2 年级并入栈子联小。

东南营小学 创办于 1945 年，利用农户闲置的房屋办学，设 1 ~ 2 年级 1 个复式教学班，学生 28 人，教师 1 人。1974 年，在村北建新校舍，设 1 ~ 5 年级 5 个班，学生 230 余人，教师 13 人，为完全小学。1999 年，与曹家村合资，在两村之间建学校，设 1 ~ 5 年级 9 个教学班，学生 350 人，教师 14 人，为完全小学。2006 年，并入栈子联办小学。

曹家村小学 创办于 1949 年，利用村西北角张洛庙办小学，教师 1 人。1955—1960 年，在村东北角办 2 个教学班，学生 38 人，教师 2 人。1961 年，在村后办 3 个教学班，学生 58 人，教师 5 人。1976 年，在村东南沙岭建新校舍，设 1 ~ 5 年级 5 个教学班，学生 200 人，教师 6 人，为完全小学。1995 年，在村后建新校舍。1999 年，与东南营合资办学，称东南营小学，曹家村小学并入东南营小学。

庄家村小学 创办于 1953 年，利用村中央的一处公房办小学，设 1 ~ 2 年级 1 个复式教学班，学生 30 人。1965 年，在村后建新校舍，设 1 ~ 3 年级 3 个教学班。1975 年，在村东北角建新校舍，设 1 ~ 5 年级 5 个教学班，为完全小学。1978 年，3 ~ 5 年级学生并入栈子小学。1984 年冬，1 ~ 2 年级学生并入孙家村小学。

孙家营子小学 创办于 1964 年，利用村东一处民房办学，设一年级 1 个教学班，学生 20 人，教师 1 人。1966 年，迁至村后，利用公房办学，设 1 ~ 3 年级 3 个教学班，学生 80 人，教师 4 人。1968 年，设 1 ~ 5 年级，为完全小学。1972 年，办戴帽初中班 1 个，1973 年，并入孙家村初中班。1983 年，与李家营子合办小学，李家营子小学 1 ~ 2 年级学生并入。学校设 1 ~ 5 年级 5 个教学班，学生 120 人，教师 6 人，为完全小学。1998 年 8 月，并入高旺小学。

李家营子小学 创办于 1964 年，初时借用村东一处闲置的民房为教室，设一年级 1 个教学班，学生 26 人，教师 1 人。1965 年，设 1 ~ 2 年级 1 个教学班，学生 30 余人，教师 1 人。1983 年，与孙家营子合办小学，学生全部并入孙家营子小学。

栈子小学（栈子联办小学） 1993 年 2 月，栈子一、二、三村和海员村、孙家村、庄家村，

图 19—7 栈子小学（李世成摄于 2023 年 5 月）

图 19—8 2015 年前的栈子联办小学

（涛雒镇宣传办公室提供）

利用原栈子联中校舍联合办学，称栈子联办小学，设3～5年级9个教学班，学生450名，教师20名，为栈子学区中心。

1997年夏，栈子小学、孙家村小学1～2年级学生并入该校，成为完全小学。

2006年8月，建三层教学楼1栋。是年，东南营小学并入。2013年，有6个年级12个教学班，学生598人，教师21名，教师学历达标率100%。2015年8月，学校迁至栈子庄后，改称栈子小学。

李潭学区

丁家官庄小学 1945年，在鼎立小学的基础上创办，设1～4年级4个教学班，学生160人，教师6人。1967年，在村东建新校舍。1980年，设1～5年级5个教学班，学生220人，教师8人。1983年，丁家官庄与松林村、杨家洼村合作办学。2004年2月，并入涛雒中心小学。

苗家村小学 创办于1951年，利用村中央的丁家祠堂办学，设1～3年级2个教学班，学生60人，教师2人。1970年，在村东建新校舍，设1～5年级5个教学班，学生200人，教师7人，为完全小学，是李潭学区教育中心。1986年，纳入竹家园村小学。1995年8月，并入李潭联办小学。

李潭崖小学 创办于1951年，利用村东公房办学，设1～3年级1个复式教学班，学生40人，教师1人。1986年，学校迁至李潭崖村后，设1～5年级6个教学班，学生300人，教师9人，为完全小学，为李潭学区教育中心。1995年8月，并入李潭联办小学。

亚月小学 创办于1951年，利用村西北角牟家行屋办学，设1～2年级1个复式教学班，学生30人，教师1人。1964年，增至2个班，教师2人。1965—1966年，曾办过半日班。1967年，设1～5年级5个教学班，学生180人，教师7人。1968年，办戴帽初中班，1975年，初中学生全部并入李潭联中。1985年，亚月、蒿岭、杨家洼3个村联合办学，在亚月村西南角建设新校，仍称亚月小学，设1～5年级5个教学班，学生240人，教师6人。1998年8月，3～5年级并入李潭联小，1999年8月，1～2年级并入润田小学。

大洼小学 创办于1951年，利用村中心一处公房办学，设1～3年级1个复式教学班，学生30人，教师1人。1956年秋，设1～5年级5个教学班，学生130人，教师7人。1968年，迁至村办公大院，设1～5年级5个教学班，学生140人，教师7人，为完全小学。1995年8月，并入李潭联办小学。

竹家园小学 创办于1952年，利用村前的一处公房办学，设1年级1个教学班，学生20人，教师1人。1966年，设1～2年级2个教学班，学生40人，教师2人。1986年，并入苗家村小学。

蒿岭小学 创办于1952年，利用原村中央的一处公房办学，设1～2年级1个教学班，学生40人，教师2人。1971年秋，学校随村庄搬迁，在新村中间建新校舍，设1～4年级3个教学班，学生80人，教师3人。1985年，并入亚月小学。

松林小学 创办于1958年10月，利用村中心大队办公室办学，设1年级1个教学班，学生30人，教师1人。1964年，学校发展到1～5年级3个复式教学班，迁至村前的9间公房办学。1983年，与丁家官庄联合办学，两村可相互交流招收学生，设1～3年级3个教学班，学生120人，教师3人。2004年2月，并入涛雒中心小学。

杨家洼小学 创办于1965年8月，利用公房办学，设1年级1个教学班，学生18名，教师1名。1966年，设1～2年级的1个复式教学班，学生26人，教师1人。1968年8月，学校迁至村南一处公房，设1～2年级2个教学班，学生28人，教师2人。1985年，并入亚月新建学校。

润田小学 1995年8月，李潭学区将李潭小学、苗家村小学、亚月小学和大洼小学整合，利用原李潭联中校舍办学，称李潭联办小学，设1～5年级10个教学班，学生300人，教师22人，为完全小学。1998年，设1～5年级11个教学班，学生410人，教师20人。

1999年5月，台胞丁履昕（祖籍苗家村，父丁润田）捐资25万元人民币，周围4个村集资4万余元，对学校进行了扩建和改建，改称润田小学。2006年，设1～6年级11个教学班，学生350名，教师22名。2013年，设1～6年级6个教学班，学生 280 人，教师 12 人，教师学历达标率 100%。2015 年，该校丁家官庄、松林的学生并入滨海湾小学，其他村庄的学生并入涛雒小学。

鼎立小学 1934 年，丁惟汾（字鼎丞）出资在其家乡丁家官庄村兴办一处学校，称“鼎立小学”。

鼎立小学位于村中央，利用原丁氏房宅改建而成。教室、办公室为瓦房 14 间，呈“丁”字形排列（正房、西厢房），东边为操场，有篮球架、单杠、双杠、沙坑等。

丁惟汾出资购地 100 亩（合 250 市亩）作为校产，以地租作为办学经费。校长由其族弟丁贯臣担任，事务由丁岳初管理。聘日照籍留日、留俄学生及本地的知识青年任教。教师伙食由学校供给。

1935 年春开学，学生 100 人，分 3 个班，不分村庄、不分姓氏，男女兼收，免交学费。学生自备学习用具入学，学生统一校服：男生穿黄军装，戴大盖帽；女生着士林布旗袍。课程设语文、数学、常识、地理、卫生、英语、大仿（毛笔字）、音乐、美术、体育等，每天 7 节课。周六下午开周会，挂孙中山像、唱歌。主要歌曲为《三民主义歌》《满江红》《秋天的快乐》等。

1937 年 12 月，时局不稳，学校停课。次年夏复课。1940 年 2 月，学校因日伪军侵占涛雒而停办。

东风学区

簸箕笃子小学 创办于 1949 年，利用王淑平东屋办学。1952 年，小学迁至沈洪全家，1958 年小学停办，学生到华山村、六甲庄子村上学。1960 年，在大队院复办小学。1970 年，在村前办学，设 1 ~ 5 年级，为复式班。1978 年，5 年级并入东风小学。1982 年，1 ~ 4 年级并入东风小学。

东石梁小学 创建于 1949 年，利用村中丁家祠堂办学，设 1 ~ 3 年级 2 个教学班，学生 70 名，教师 2 名。1983 年，东、西石梁村合作办学，在两村之间的村前新建学校，称石梁小学，设 1 ~ 5 年级 5 个教学班，学生 160 人，教师 7 人，为完全小学。2003 年 3 月，并入下元小学。

赵家庄子小学 创办于 1950 年，利用村西北角的丁家祠堂办学，设 1 ~ 3 年级 2 个教学班，学生 60 人，教师 2 人。1972 年，在村东头新建校舍，设 1 ~ 5 年级 5 个教学班，学生 120 人，教师 6 人，为完全小学。1977 年，纳入大羊卷 3 ~ 5 年级学生。1986 年，纳入大羊卷 1 ~ 2 年级学生。1987 年，1 ~ 3 年级并入东风小学。1990 年，4 ~ 5 年级并入东风小学。

东风小学 创办于 1951 年，利用村前的一处公房办学，设 1 ~ 3 年级 2 个教学班，学生 70 人，教师 2 人。1965 年成为完全小学。1971 年，设东风管理区后，为东风学区教育中心。1978 年，簸箕笃子小学 5 年级的学生并入。1982 年，在东风村东北角建新校舍，设 1 ~ 5 年级 5 个教学班，学生 200 人，教师 7 人。簸箕笃子小学 1 ~ 4 年级学生并入。1987 年，纳入赵家庄子小学 1 ~ 3 年级学生。1990 年，纳入赵家庄子小学 4 ~ 5 年级学生。1992 年，纳入华山小学 4 ~ 5 年级（5 个教学班，学生 220 人，教师 8 人）。1993 年 2 月，并入东风联办小学。

华山小学 创办于 1951 年，在东山、西山及村里设教学点，分散办学，设 1 ~ 3 年级。1967 年，在原村公所集中办学，设 1 ~ 5 年级 5 个教学班，学生 160 人，教师 7 人。1969 年，设初中戴帽班 1 个，1971 年并入东风联中。1978 年，学校扩建，设 1 ~ 5 年级 10 个教学班，学生 330 人，教师 13 人。1992 年，4 ~ 5 年级并入东风小学。1993 年 2 月，1 ~ 3 年级学生并入东风联办小学。

大羊卷小学 创办于 1951 年，利用村东一处公房办学，设 1 ~ 3 年级 2 个教学班，教师 2 人，学生 40 人。1976 年，设 1 ~ 5 年级 5 个教学班，学生 130 人，教师 7 人，为完全小学。1977 年，3 ~ 5 年级学生并入赵家庄子小学。1986 年，1 ~ 2 年级学生并入赵家庄子小学。

西石梁小学 创办于 1951 年，村办小学。1958 年，在村中一处公房办学，设 1 ~ 2 年级 1 个复式教学班，学生 30 人，教师 1 人。1983 年，与东石梁村合作办学。

东风联办小学 1993 年 2 月，东风联办中学的学生并入涛雒第三初级中学，东风管理区的东风、赵家庄子、华山、簸箕笃子、大羊卷 5 个行政村，利用东风联办中学的校舍，联合成立东风联办小学，设 1 ~ 5 年级 10 个教学班，学生 400 人，教师15人。2008年5月，并入下元联小。

廒头学区

东灶子小学 由村民郑全鹏创办于1946年，郑全鹏自任教师，学生10人。1958年，转为村办小学，为初级小学，设1～2年级2个教学班，学生63人，教师2人。1970年，在村东南角建新校舍，设1～5年级5个教学班，学生140人，教师5名。1977年，北王家村小学并入该校。1984年，3～5年级学生并入西灶子小学。1995年，1～2年级学生并入西灶子小学。

尹家廒头小学 由尹相津创办于1947年，尹相津自任教师，收学生45人。1948年，转为村办小学，利用村中央一处四合院办初级小学，设1～4年级2个复式教学班，学生84人，教师2名。1952年为完全小学，是廒头管理区教育中心，设1～6年级6个教学班，学生210人，公办教师8人。1968年，设戴帽初中班。1971年，在尹家廒头三村北建新校舍，设小学1～5年级5个教学班，初中2个教学班，学生总数286人，教师12人。1974—1975年，张家廒头初中学生并入该校。1976年，在新村东建新校舍。1980年，初中班并入廒头联中。1995年，为初级小学，并入廒头联小。1996年，1～2年级学生返回廒头小学。2005年，1～2年级并入景伊小学。

成家廒头小学 创办于1948年，利用成家祠堂办1～2年级复式教学班1个，学生30人，教师1人。1965年，推到祠堂，建新校舍，设1～5年级5个教学班，学生160人，教师6人。1968年，办小学戴帽初中班，1980年，初中班并入廒头联办中学。1990年，并入张家廒头小学。

张家廒头小学 创办于1951年，利用尹德培旧居办初级小学，设复式班1个，学生40余人，教师1人。1953年，迁至村中公房“大楼”办学，设1～4年级4个教学班，学生160余名，教师5名。1969年，办小学戴帽初中班。1974年，初中并入尹家廒头初中班。1976年，复办戴帽初中班。1980年，初中学生并入廒头联中；成为廒头学区教育中心。1990年，纳入成家廒头小学1～5年级。1995年，并入廒头联办小学。

西灶子小学 创办于1951年，村办初级小学，设1～4年级4个教学班，学生130余人，教师5人。1963年，设1～6年级，为完全小学。1968—1980年，办小学初中戴帽班。1976年，学校设1～5年级5个教学班，初中2个教学班，学生总计350余人，教师9人。1981年，初中并入廒头联中。1984—1985年，东灶子小学1～5年级学生并入该校。1986年，纳入宅科小学3～5年级学生。1988年，为廒头学区教育中心。1990年，5个行政村（西灶子、东灶子、北王家村、宅科、田家园）合资在西灶子村西南角建校，称西灶子小学，设1～5年级6个教学班，学生250名，教师9名。2005年秋，并入日照景伊小学。

东川子小学 创办于1951年，利用村公所办1～3年级复式教学班1个，学生30人，教师1人。1959年，迁至村西北角仓库办学。至1966年，一直为初级小学。1967年，设1～5年级4个教学班，学生160余人，教师4人。1968年，办小学戴帽初中班1个，学生40余人，教师2人。1975年，因遭水灾随村搬迁至新村南，设1～5年级5个教学班，初中2个教学班，学生280人，教师9人。1982年，初中学生并入廒头联办中学。1995年，3～5年级学生并入右所小学。1996年，与右所村合资，在右所村前建校办学，称“涛雒第二小学”。1998年，1～2年级学生并入涛雒第二小学。

北王家村小学 创办于1954年，利用农户闲置的3间房子办学，设复式教学班1个，学生23人，教师1人。1958年，并入夹仓小学。1963年，复办小学，设1～3年级2个教学班，教师2人。1974年，设1～4年级2个复式教学班，学生70人，教师2人。1977年，并入东灶子小学。

宅科小学 创办于1958年，设1–2年级复式教学班1个，学生18名，教师1名。1964年，设1～4年级2个复式教学班，学生60人，教师2人。1969年，建设新校舍，设1～5年级4个教学班，学生120名（含田家园村部分学生），教师5名。1973年，纳入田家园小学全部学生。1986年，3～5年级并入西灶子小学。1995年，1～2年级并入西灶子小学。

田家园小学 创办于1964年，设1～2年级1个复式教学班，学生16人，教师1人。1970年，设1～3年级2个教学班，学生30人，教师2人。

1973 年，并入宅科小学。

廒头联办小学 1995 年春，廒头联中学生并入涛雒二中后，张家廒头小学迁入该校，改称廒头联办小学，设 1 ~ 5 年级 6 个教学班，学生 240 人，教师 7 人。是年秋，纳入尹家廒头小学 1 ~ 5 年级学生。因横过公路危险，尹家廒头小学 1 ~ 2 年级学生返回尹家廒头小学上课。2003 年，尹家廒头小学 1 ~ 2 年级又并入本校。2005 年 10 月，并入日照景伊小学。

日照景伊小学 成立于 2005 年 4 月，以“五卅”烈士尹景伊名字命名。校址在张家廒头村西北，建二层教学楼，按照规范化学校标准设置。10 月，建成启用。设 1 ~ 5 年级 8 个教学班，学生 390 人，教师 18 人。为廒头学区中心。学生来源于廒头管理区的 10 个行政村。2013 年，设 1 ~ 6 年级 6 个教学班，245 名学生，19 名教师，教师学历达标率 100%。2015 年 9 月，并入涛雒中心小学。

图 19—9 日照景伊小学（李世成摄于 2023 年 5 月）

日照景伊小学建有尹景伊烈士事迹陈列馆和一尊尹景伊烈士半身花岗岩雕像，为学校德育教育和爱国主义教育的重要基地。2005 年 5 月，学校被评为日照市党史研究所确定的“中共日照市党史学习教育基地”。是年 9 月，学校又被日照市委党校确定为“日照市爱国教育基地”。2006 年 5 月，学校被山东省关心下一代工作委员会、山东省政法委、山东省教育厅、共青团山东省委、中共山东省党史研究室联合认定为“山东省关心下一代教育基地”。

五卅景伊学校 1931 年，为纪念五卅运动中牺牲的尹景伊烈士，丁惟汾和尹景伊胞兄尹志伊发起，在张家廒头尹景伊烈士祖宅建景伊学校，为全日制公办学校。学校实行新式教育，老百姓称之为“洋学”。

五卅景伊学校由尹志伊担任校长，卜汉章负责业务，尹振东管理财务。学校经费来源于国民党中央政府“沪案救援会”。学校学生来自廒头乡的青年，教师由学校从青岛聘请。学生统一穿着校服，校服统一为蓝布长衫，圆葫芦帽。学费、学习用具由学校提供。学校课程设国语、算术、历史、地理、卫生、国画、体育等，每日 7 节课。所唱歌曲主要有《五卅惨案歌》《抗日救亡歌》等。学校《校歌》的歌词是：“天昏地暗，沪江边，英国逞强权，残杀我青年。弹如雨，血如泉，人死愤空拳，尸横大道前。野蛮大和魂，野蛮不列颠。同胞勿忘五月三十，国民十四年”。

1932 年 10 月，中共日照县委发动的涛雒暴动失败后，学校受到冲击（国民党反动派怀疑学生中有共产党活动）而停办。1933 年春，尹志伊校长从上海带回英国赔偿尹景伊烈士抚恤金 3000 大洋，学校得以复课，并隆重举行开学典礼。学生一律穿着中山装，戴硬盖学生帽，教学秩序恢复正常。1938 年秋，学校因日本侵略及教育经费不足而被迫停办。

第二节 中学教育

概况

栈子小学在 1945 年初，办起一个小学戴帽初中班，学习初中课程。是年 8 月，栈子解放，初中班的学生，有的参军，有的到人民政府工作，有的转学，戴帽初中班遂停办。这是域内最早的中学教育。

1951 年夏，山东省日照中学在涛雒街北门里成立，首届招收两个初中班、100 名学生。1954 年 5 月，学校迁至日照县城北郊。1958 年，利用原山东省日照中学校舍成立日照县第五中学。

1958 年夏天，贯彻上级“两条腿走路”的办学方针，日照县政府在涛雒街西小园办渔盐中学（中等专业技术学校）。同期，下元乡在下元村办红专学校。9 月，红专学校转为农业中学，

1959年，确定为县重点农业中学，1961年5月停办。

1964年，贯彻执行中央两种教育制度的决定，恢复和兴办农业中学。涛雒区在全县率先办起农业中学。至1965年，先后有涛雒、下元、栈子、小海、李潭、东湖等公社办起农业中学，共设13个教学班，学生600余人。农中的教师由回乡的高中毕业生担任，报酬由公社负责落实，实行工分制，年终回生产队参加分配。农中的学生学习农业技术课，比普通中学比重大，有学农基地，学生的劳动时间也相对较多。

1967年，应届毕业生留校进行“文化大革命”。秋，各中学停止招生。

1968年秋，日照五中开始招收高中班，成为完全中学。涛雒区农业中学和村小学戴帽初中班得到快速发展。到年底，区内共有民办初中27所，44个教学班，学生达2300人。

1971年，行政区划调整后，管理区内的大队以农中为基础联合办学，故改称“联办中学”，简称“联中”。域内有涛雒、小海、栈子、郭庄、下元、东风、李潭、刘庄联中。

1973年，日照五中招收学生由各村贫下中农推荐。1975年，进一步贯彻上级“就近入学”的指示，涛雒公社下辖的9个管理区开始筹建民办高中。1976年，9个管理区均设民办高中班，学制两年。1978年，民办高中不再招生。

1980年，廒头学区成立廒头联中。1982年，每个学区只保留1所联中。涛雒中心小学在东门外原教学楼办两个重点初中班。在全公社9所联中二年级学生中进行考试，选拔54名学生组成一个班；在全公社往届生中考试，选拔54名学生组成一个复习班。从9所联中挑选教师9名。经过一年的学习、复习，参加1983年的升学（中专、高中）考试，升学率为92%。1983年，用同样的方式招收两个班。但因上级下达文件，严禁办重点班、复习班，学生学习不足3个月即解散，师生回到原来的学校。

1986年，域内有联中9所，64个教学班，在校学生3134人，教职工192人（公办教师75人）。

1987年，教育体制改革，实行市、镇两级办学，中、小学分部管理。1988年，涛雒中心初中筹建，并于次年面向全镇招生。1992年，涛雒镇再次调整学校布局（计划全镇设三处初级中学），合班并校。1993年2月，涛雒镇第三初级中学建成启用，合并纳入栈子、郭庄、下元、东风联中的学生。是年，涛雒中心初中合并纳入涛雒联中（部分）、刘庄联中、李潭联中的学生，改称涛雒镇第一初级中学。1995年2月，涛雒镇第二初级中学建成启用，合并纳入涛雒联中（部分）、廒头联中、小海联中的学生。至此，域内9所联办中学合并调整为3所初级中学。

2012年10月，涛雒第三初级中学撤销，师生分别并入涛雒一中和涛雒二中。

2021年，域内有初中1所，30个教学班，在校生1226人。

学制

1968年以前，学校一直沿用1922年民国教育部颁布的壬戌学制，初中实行三年制，秋季始业。1968年，中学改为“二二”制（即初中、高中各修业二年），改秋季始业为春季始业。1973年，初、高中各年级均顺延半年毕业或升级。从1974年起，重新改为秋季始业。1978年，中学学制开始有计划地恢复“三三”学制，当年招收的初中一年级，其中部分班修业二年，部分班修业三年。1983年，各中学全部恢复“三三”学制。1991年，根据国家教委指示，初中进行三年改四年的学制实验。1992年，全镇改为四年制。2003年，按市教育局下发的《关于全市义务教育学段统一实行“六三”学制的通知》，域内义务教育学段统一由“五四”学制向“六三”学制过渡。是年，各小学1～3年级开始实行“六三”学制，小学其他年级和初中阶段依旧实行“五四”学制。2006年，域内小学、初中实行“六三”学制。

中学简介

山东省日照中学　1951年，经山东省文教厅批准，日照县在七区驻地成立山东省日照中学（故址今在文泰路与民安路交会处、沿民安路往东100米处路南侧），设初中2个教学班，招收学生100人，由县文教科长丰星垣代理校长。1953年，江寅高到校主持学校工作。1954年5月，学校迁至日照城北郊（今日照一中西校区）。

图 19—10　山东省日照中学旧址

（涛雒镇宣传办公室提供）

山东省日照第五中学　1958 年春，日照县利用原山东省日照中学校舍，成立山东省日照第五中学，设 2 个初中班，招收学生 108 名，学制三年。1960 年，在右所西南岭建新校舍（今 204 国道与中盛路交会处、沿中盛路往西 300 米处路北）。

图 19-11　日照第五中学（李世成摄于 2017 年 8 月）

1962 年，学生迁入新校。1968 年秋，招收首届高中 2 个班，学生 104 人，学制为二年，成为一所完全中学。1971 年，学校下放到公社管理，更名为日照县涛雒公社中学。是年，因各学校设联办初级中学及小学办戴帽初中班，学校不再招收初中班，成为一所普通高级中学。1978 年，更名为日照县涛雒中学。1982 年，增设两个重点初中班，学制三年，成为完全中学。1986 年，复称山东省日照五中学。1991 年，不再招收初中班，为普通高级中学。2004 年 7 月，被评为山东省规范化学校。

2006 年，有教学班 24 个，学生 1400 余人，教职工 116 人。2013 年，有 30 个教学班，在校学生 1800 人，教职工 136 人。2016 年，学校整体搬迁到日照经济技术开发区。

1958—2016 年山东省日照第五中学校长任职更迭表

表 19—4

职务	姓名	性别	籍贯	任职时间
校长	徐子真	男	江苏省	1958—1961
校长	田光留	男	秦楼街道	1961—1971
校长	马承春	男	巨峰镇	1971—1982
校长	罗纪升	男	涛雒镇曹家村	1982—1984
校长	乔贞华	男	涛雒镇栈子一村	1984—1987
校长	曹为庚	男	日照街道上李家庄子村	1987—1993
副校长（主持工作）	平英俊	男	涛雒镇华山村	1993—1997
校长	平英俊	男	涛雒镇华山村	1997—2009
校长	尹德宝	男	涛雒镇尹家廒头三村	2009—2016

丁肇中实验中学　创建于 1988 年 8 月，位于观海路西首北侧，占地 50.2 亩。按国家规定标准办学，建教室 72 间，2 层办公楼和实验楼共 48 间，图书室、器材室及特种教室 12 间，伙房餐厅 12 间，操场 3800 平方米，学校基础设施配套齐全。

图 19—12　丁肇中实验中学

（李世成摄于 2021 年 5 月）

1989 年 8 月，学校面向全镇招生，设 1 ~ 3 年级 9 个教学班，学生 450 名，教师 42 名，称涛雒镇中心初级中学

1993 年 2 月，纳入涛雒联中（部分）、刘庄联中和李潭联中师生，改称东港区涛雒镇第一初级中学。1995 年，纳入涛雒联中（部分）学生，

有教学班24个，学生1280名，教师90人。

2001年4月，台胞丁永详，捐资建成景辰楼（图书楼）。

2005年，学校确立了“文化立校、科技兴校、质量强校”战略，编写了第一本校本教材《历史文化名镇——涛雒》，获教育部“先进科研成果奖”。

2006年6月，学校完成了义务教育阶段“五四”学制向“六三”学制改革，设初中1～3年级18个教学班，学生920名，教职工66名。2009年8月，学校改称为日照市东港区涛雒镇中心初级中学。

图19—13　2000年8月，镇党委、镇政府为高考中取得优异成绩的涛雒籍考生颁发荣誉证书和奖金

（李世成提供）

2012年，新建学生公寓楼。是年9月，纳入涛雒镇第三初级中学初三级部师生。2013年，设1～3年级15个教学班，790名学生，教师94名（其中，研究生学历2名，本科学历72名，专科学历20名；高级职称教师22名，中级职称教师51名，助级职称教师21名）。2015年8月，改称丁肇中实验中学。是年9月，学校纳入涛雒镇第二初级中学师生。

1988年以来丁肇中实验中学校长任职更迭表

表19—5

姓名	性别	籍贯	任职时间
宋光提	男	亚月村	1988.8—1993.12
郭常泗	男	华山村	1993.12—1997.3
滕怀祥	男	刘家湾村	1997.3—2003.10
杨善军	男	侯家村	2003.10—2017.9
牟善友	男	高旺庄村	2017.9—2021.7
顾伟成	男	东港区西湖镇	2021.8—

涛雒第二初级中学　创建于1994年3月，学校位于右所村东204国道东侧，占地71.4亩，建教室96间，二层办公楼、实验楼36间，学生食堂、餐厅12间，1995年2月，纳入涛雒联中（部分）、廒头联中、小海联中的学生，称涛雒镇第二初级中学。设1～3年级20个教学班，1200名学生，68名教师。

2003年3月，台胞尹衍增兄弟五人，捐资建“复生教学楼”。2006年，设1～3年级18个教学班，学生1100名，教师67名。

2012年10月，纳入涛雒镇第三初级中学部分师生。同时，挪教室两排24间，楼房6间，供小海联小的部分师生用（小海联小因日照国际海洋城基础设施建设拆除）。

2013年，有18个教学班，964名学生，教师84人。其中，本科63人，专科21人；高级教师25人，中级教师41人，助级教师18人。2015年9月，学校并入丁肇中实验中学。

涛雒镇第三初级中学　创建于1992年4月，学校位于204国道高旺庄段西侧，西临崔家庄子村，占地面积67.2亩，建教室72间，二层办公楼24间、实验楼20间。

图19—14　涛雒镇第三初级中学

（涛雒镇宣传办公室提供）

1993年2月，纳入栈子、郭庄、下元、东风4处联中学校的师生，称涛雒镇第三初级中学，设1～3年级18个教学班，学生1380名，教师63名。2006年，有24个教学班，学生1200名。2012年，设1～3年级12个教学班，学生608名，教师47名（其中，本科35名，专科12名；

高级职称教师 11 名，中级职称教师 26 名，助级职称教师 10 名）。

2012 年 9 月，初三年级师生全部并入涛雒中心初中；是年 10 月，初一和初二的学生分村庄并入涛雒镇中心初中和涛雒镇第二初级中学。

涛雒联办初级中学　1964 年 8 月，涛雒公社在涛雒街北门外天后宫成立涛雒农业中学，设初中一年级教学班 2 个，学生 112 人，教师 3 人。由公社党委秘书秦玉奎兼任负责人。1965 年，设 1 ~ 2 年级 3 个教学班，学生 162 人，教师 4 人。从右所、涛雒三大队、马家村筹地 4 亩，作为学校学农实验基地。1971 年，行政区划调整，涛雒 1 ~ 8 大队在涛雒农中联合办学，称涛雒联办初级中学。

图 19—15　1988 年涛雒联中教师合影

（涛雒镇宣传办公室提供）

1976年，设1 ~ 3年级6个教学班，学生320人，教师 10 人。1980 年，纳入右所戴帽初中班。1987 年，为涛雒镇初中教育中心。

1993 年，涛雒镇初中学生划片招生。涛雒 1、2、3、4、6、8 村学生并入涛雒一中。1995 年 2 月，涛雒 5、7 村和右所村学生并入涛雒二中。

小海联办初级中学　1965 年 8 月，小海公社办农业中学。借用刘家湾村民宅 5 间作为教室、办公室，设 1 个初中班，学生 55 人，教师 2 人。1966 年，迁至小海公社窑厂办学，设初中 2 个班，学生 96 人，教师 5 人。以废弃砖窑厂为学农实验园地，所得收入作为办学经费。

1972 年，管理区的 7 个大队（刘家湾、沙岭子、王家村、小海、桥东头、桥西头、李家村）集资，在沙岭子村东北建新校舍，1973 年建成启用，称小海联办初级中学。设 1 ~ 2 年级 4 个教学班，学生 190 人，教师 12 人。1976 年，学校设民办高中班。为解决校舍不足，在刘家湾、沙岭子、小海分设初中教学班，1979 年撤回。1995 年 2 月，并入涛雒二中。

刘庄联办初级中学　创建于 1968 年，刘庄公社利用大刘庄大队 5 间公房办学，设初中 1 年级 1 个教学班，学生 45 人，教师 2 人。1969 年，学校迁至侯家村，借用民房上课。1971 年，刘庄管理区集资，在侯家村西建新校舍，称刘庄联办初级中学。设初中 1 ~ 2 年级 3 个教学班，学生 136 人，教师 6 人。1975 年，设 6 个教学班，学生 300 人，教师 9 人。1993 年 2 月，并入涛雒一中。

下元联办初级中学　1964 年 8 月，下元公社在下元二大队河西原秦家祠堂办农业中学，教室 12 间，设初中一年级 1 个教学班，学生 55 人，教师 3 人，负责人秦玉江。1969 年，迁至下元二大队西原下元公社机械厂办学，设 1 个教学班，学生 40 人，教师 3 人。1971 年，下元管理区 6 个大队联合办学，称下元联办初级中学。1975 年，有 4 个教学班，学生 200 人，教师 7 人。1976 年，管理区在校内办民办高中班，初中班在上元、高旺 2 个小学设初中教学点。1979 年，高中班撤销，各教学点的学生回下元联中。1993 年 2 月，师生并入涛雒三中。

郭庄联办初级中学　1971 年区划调整后，郭庄管理区在原东林子头大队西北角借用民宅建学校，称郭庄联办初级中学。设初中 1 个教学班，学生 50 人，教师 4 人。1972 年，设初中 1 ~ 2 年级 2 个班，学生 94 人，教师 6 人。1976 年，管理区 6 个大队联合出资，在郭家庄子大队后河南岸新建校舍，设初中 1 ~ 3 年级 6 个教学班，学生 340 人，教师 14 人。1993 年 2 月，并于涛雒三中。

栈子联办初级中学　1964 年 8 月，栈子公社在丁家营子大队西北角，用已废弃的 1958 年建的电厂厂房办农业中学。设初中一年级 2 个教学班，学生 110 人，教师 3 人。1968 年，学校迁至在孙家村大队东北角新建的校舍，设初中一年级1个班，学生 50 人，教师 2 人。因“文化大革命”中的派性斗争严重，几个月后解散。1969 年复学，不久又解散。1970 年 8 月复学，称孙家村联中。1976 年，设 2 个高中班，因校舍不足，在孙家村、东南营、栈子、曹家村等小学分设初中教学点。1977 年，纳入庄家村初中班。1977 年夏，拆孙家村联中，在栈子庄前建新校舍，称栈子联办初级中学，设 1 ~ 3 年级 6 个教学班，学生 300 人，教师 18 人。1979 年 8 月，各教学点的学生陆续撤回栈子联中。1993 年 2 月，师生全部并入涛雒三中。

李潭联办初级中学 1965 年 8 月，李潭公社在苗家村原丁家祠堂办农业中学，设初中一年级 1 个教学班，学生 50 人，教师 2 人，负责人丁明进。1966 年，迁至李家潭崖小学大院内。1971 年，设 2 个年级 4 个教学班，学生 200 人，教师 13 人，称李潭联办初级中学。1985 年，李潭乡政府撤销，李潭联中迁至原乡政府驻地，设 1 ~ 3 年级 6 个教学班，学生 300 人，教师 18 名。1993 年 2 月，并入涛雒中心初中。

东风联办初级中学 1971 年区划调整，东风管理区由各大队集资，在东风大队西石岭子建学校，称东风联办初级中学，设 1 ~ 2 年级 2 个教学班，学生 110 名，教师 6 人。1976 年，学校设民办高中 1 个班，因教室不足，在华山小学设初中教学点（1 个班），1979 年，教学点的学生撤回联中。1983 年，设 1 ~ 3 年级 6 个教学班，学生 300 名，教师 15 名。1993 年 2 月，并入涛雒第三初级中学。

廒头联办初级中学 1980 年，廒头管理区利用原民办高中校舍办学，由成家廒头和张家廒头小学戴帽初中班学生合并迁入，称廒头联办初级中学。设初中 1 ~ 2 年级 2 个教学班，教师 4 人。1981 年春，西灶子戴帽初中班、尹家廒头戴帽初中班合并纳入。1982 年春，东川子戴帽初中班合并纳入，教室不足，借用成家廒头原小学校舍，设初中 1 ~ 3 年级 6 个班，学生 360 人，教师 13 人。1995 年 2 月，师生并入涛雒二中。

第四章 成人教育

中华人民共和国成立后，成人教育广泛开展，劳动人民文化素质得到普遍提高。域内成人教育主要分为农民业余教育、职工业余教育、成人职业教育三类，多种形式的成人教育，对促进域内经济发展发挥了积极的作用。

第一节 农民业余教育

平民学校

域内的农民业余教育始于民国初年，即平民教育。学生大多为贫寒子弟及商家的小伙计等。一般附设在涛雒、栈子等全日制小学校，由校内教员兼任教师，一般为冬闲时开课讲授，春忙时停学干活，有半日校、夜校等。1915 年，涛雒小学平民学校有学生 38 人，每晚学习 2 个小时。所用石板、石笔由夜校发给。

1929 年，域内民校有 3 处，学生 80 多人。1931 年，涛雒、夹仓、刘家寨、范家村、虎山堡等相继成立了民众半日校、夜校。

平民学校的课程主要有《民众识字课本》《三民主义三字经》和《民众识字千字文》，此外，还有珠算和简单的算术知识，以及伦理道德常识等。

乡农学校

第二次国内革命战争时期，梁漱溟倡导“乡村建设运动”，大力兴办乡农学校。学校“政教合一”，既进行封建宗法教育和地主武装训练，又行使一乡的行政权。1936 年 4 月，二区区公所在涛雒街北门外天后宫，开办乡农学校。教员由学校统一聘用，学员大多从富家子弟中抽调。办学宗旨是培养“新的政治习惯”，建设“新的社会结构”。学员入学要自带枪支弹药，交生活费 9

元，服装费3元。每期收生3个班，每班20人左右，学期3个月。办学经费由地丁附捐中开支。训练内容分为军事、文化两大类，教材为《乡农学校学员手册》。军事课占70%，进行操练和武器使用训练；文化课占30%，其中包括国民党的宗法、政治教育等。七七事变后，学校自行解散。

冬学识字班

1940年2月，日伪军侵占涛雒，中共二区分区委转入地下活动，以磴山为根据地，在结庄、上元、华山等村开展抗日宣传活动，并开办抗日夜校。是年冬，组织青少年、妇救会等办起冬学班6处，学员200多人。冬学班既学文化，又宣讲抗战道理。1942年冬，冬学班发展到10多处，学员300多人。有的冬学班成为教育民兵的最好学校，除进行文化、政治教育外，着重进行军事常识及一般活动规律教育，成为教育干部、群众的一种好形式。1943年，根据地不断扩大，冬学班发展到60个，学员1000人；妇女识字班20个，学员600人。

抗日战争胜利后，夜校、午校、早校及妇女识字班又有了较大的发展，涛雒成为全县办冬学班最积极的地区之一。夜校、午校班有160个，学员3500人；妇女识字班90个，学员2000人。妇女识字班多为未婚女青年。据1947年统计，学员通过一年的业余学习，多数能阅读报纸，学会记账，会写简单的应用文。

农民业余脱盲教育

中华人民共和国成立后，人民政府十分重视农民业余教育。1949年冬，域内恢复和发展冬学班42处，入学者1260人。1950年春，域内常年民校发展至32处，加之冬学班，全区有1600人参加业校扫盲学习。是年9月，七区贯彻第一次全国工农教育会议确定的“开展识字运动，逐步减少文盲”的方针，组织各行政村农民，参加扫盲教育学习。

1952年5月，教育部发出了《关于各地开展“速成识字法”教学工作的通知》。7月，域内组织、推行“速成识字法”教学。扫盲干部厉福陵、相玉班等组织有文化的青年35名，在右所南庙小学举办业校民师培训班，培训业余民师。涛雒、右所、高旺、下元、栈子、平家村、东湖、孙家村等规模较大的行政村，先后成立业余扫盲班42个，学员1300人，使用速成识字课本教学。根据速成识字教学法特点，教授常用字、急用字、同音字等，学习60天后，通过测验，85%的学员符合脱盲标准，颁发脱盲证书。

1953年冬，为普及农民业校教育，七区和涛雒镇在右所南庙举办大型业校民师培训班。域内各村派一人参加培训学习，培训结束后作为民师回村举办业校扫盲班。1954年，域内常年班、半日班、夜校班等多种形式的业余教育全面开展，扫盲工作红红火火，农民业余教育全面普及，大批农民摘掉了文盲的帽子。

在农民业校脱盲教育运动中，涌现出许多扫盲积极分子。右所民师丁履钦，1955年被评为日照县扫盲模范教师，1956年出席临沂地区扫盲积极分子代表大会，又出席山东省扫盲积极分子代表大会，荣获“扫除文盲奖章”。是年9月，被团中央授予“扫盲优秀教师”称号。1956年7月至1958年7月，连续三年出席山东省扫盲大会，并被评为“优秀民师”。

1958年，水木村使用拼音识字教学法扫除文盲的报告中记载：水木村共149户，706人，14～40岁男女青壮年218名，其中识字人员40名，文盲178名。自6月20日共组织两个火箭班，11个学习小组，其他采取送字上门进行包教包学等形式。入学人数共235名，占青壮年文盲总数的132%，35天的学习时间，162人摆脱文盲状态，加原有的40名识字人员，全村共202人脱盲，占青壮年总数的92%，基本实现青壮年无盲村。

1960年1月，中共日照县委宣传部、日照县文化局联合组成推广新文字工作组，进驻下元人民公社西石梁头村，推广新文字，开展脱盲教育工作。以生产小队为单位，以有文化的青年为教员，根据社员年龄不同，分成少年组、中年组、老年组，多种形式开展脱盲教育活动。除夜校学习外，街头巷尾、田间炕头，到处都是学习的课堂。能者为师，互教互学，“一帮一、一对红”，成为一种时尚风气。谁扫除了1个文盲，谁立功1次。大路口和食堂门前，设置识字岗、黑板报，不认识黑板报上的汉字或拼音字母者，不准过路，不准吃饭。形成了人人学文化、处处学文化的氛围，摘除文盲帽子成了个人、家庭最大的光荣。下元公社组织识字擂台赛，识字多者拔红旗、戴红花，敲锣打鼓送回家。此运动一直到1960年底结束，西石梁头大队全员脱盲。是年冬，日照县委组织总结会后，脱盲教育工作在各个公社推开。1961年春，临沂地委宣传部部长到日照总结西石梁头扫盲经验，《大众日报》以《活跃在农村的一支扫盲队伍》为题作了专题报道。

1963年，涛雒区在域内推广学习马庄区邢家沟和巨峰区东沟两处农民业校办学经验，建立区重点民校10所，28个班，学员860人。1965年，域内常年民校13所，各种学习班组59个，学员2400人。

1966年，“文化大革命”开始，业余教育停顿。1970年，涛雒区在域内推广学习南湖区万家坪大队发动群众学政治、学文化、大办业余学校的经验，举办学政治、学文化业校28处。1972年，业余学校一律改称“五七红校”。1977年3月，经地区验收，全公社青少年文盲、半文盲脱盲率达99%以上，高标准扫除了青少年文盲。1995年10月，顺利通过了省、市两级验收，实现“两基”，成为率先扫除青壮年文盲的乡镇。

1950—1993年涛雒镇（七区）扫盲校长任职更迭表

表19—6

姓名	性别	籍贯	任职时间
徐发济	男	虎山镇	1950—1962
丁元仕	男	奎山街道	1962—1963
丁东明	男	巨峰镇	1963—1966
葛长华	男	涛雒镇王家村	1970—1993

农民业余专业技术教育

农技培训 1962年，下元公社党委农技工作站在全公社贯彻“农业八字宪法”，推广科学种田技术。1964年，涛雒区推行稻改技术。1965年，涛雒区委在华山、李潭崖等大队推广“南茶北引”“南竹北移”获得成功，广大农民从中学到特产种植专业技术。1973年开始，公社农技站不断组织有关大队人员进行茶业技术培训学习。1994年6月，在南店村举办水稻抛秧技术推广学习培训班，全镇水稻种植村选派专人参加培训学习。2008年4月，在苗家村、蒿岭、高旺、李家潭崖、亚月等村，分别举办“黄金”桃树管理培训班，150名“黄金”桃树种植人员接受培训。2009年以来，开展农业科技入户活动，培训花卉、蔬菜、养殖、林果、茶桑等专业技术指导员500名。2010年5月，在下元三村，以夜校形式举办花生施肥、病虫害防治培训班，50名技术骨干参加学习培训。

农机培训 1978年3—5月，农机工作站培训拖拉机手50人，复训驾驶员38人，机械修理工22人，农机手210人。1980年3—6月，培训大中型拖拉机手58人，其中大型拖拉机手6人，液压、电器系统工作人员14人。

畜牧兽医培训 1968年底，畜牧兽医站在右所大队举办鸡、猪养殖、防疫、治疗技术培训班，全公社95个大队派专人参加培训学习。1975年，在日照五中举办生猪病防治技术培训班，历时一周，主要培训猪瘟、猪月痿、猪肺疫的防治技术，全公社75个大队派专人参加培训学习。1978年11月，域内爆发生猪“五号病”（“口蹄疫”），除封闭交易市场措施外，同时举办培训班，请临沂畜牧局专家讲授“五号病”的病源、传播途径、防治方法（早发现、快治疗、严隔离、小损失），全公社75个大队派专人参加培训学习。

水产养殖培训 1997年5月，水产工作站在东川子村举办“罗氏沼虾养殖技术”培训班，对80多名淡水养殖人员进行了培训。1998年3月，在党委会议室举办“虾池综合利用”专题讲座，全镇100多名对虾养殖户代表接受培训学习，解决了对虾养殖转折时期的难题。2008年3月，在王家村举办海参（刺海参）养殖技术培训班，5个村80名海参养殖专业人员接受技术培训。2009年3月，在小海村举办虾苗、蟹苗、鱼苗繁育技术培训班，全镇大棚育苗专业户60余人参加学习培训。2013年7月，在日照五中科技报告厅举办国家鲆、鲽产业技术和产业经济、病害防治及循环水养殖技术培训班，全镇有230余名鲆、鲽养殖人员参加培训学习。

第二节　职工业余教育

1950 年 6 月，国务院《关于职工业余教育的指示》颁布后，域内的县直部门盐管处、水产科、供销社等单位下属企业部分职工，开始参加相关学校学习。1953 年，涛雒供销联社所属组织及镇、区的集体企业铁业组、木业组、缝纫生产社、理发社、编织联合社等职工，组织参加业余学习。各社（组）分别制定学习制度，保证每周 6 个小时的学习时间。每天下午下班后，学习一个小时。既学习上级文件，提高认识，树立集体观念；又学文化，学业务，学管理，学经营，学记账，学珠算等。急需什么学什么，缺少什么学什么。实行能者为师，以老带新的原则，互教互学，共同进步。域内共成立职工业余学习小组 28 个，参加学习的职工 300 人。

1958 年大办工业时，各企业对职工进行扫盲和专业技术培训。学习形式采取以师带徒的办法，开展技术革新比赛等，大力提高职工的专业技术水平。文盲、半文盲脱盲率达 80% 以上。1960 年，主要整顿调整职工业余教育。下元人民公社在 1960 年 1 月作出决定：3 月 8 日前，各类专业学校要达到 44 个班，学生 1265 名；业余小学 120 个班，学生 4620 人；业余中学 15 个班，学生 390 人。“文化大革命”期间，社队企业职工业余教育基本停止。

1978 年后，职工业余教育得以恢复。1982 年，公社党委针对社队企业职工不断增加的现状，对“文化大革命”期间的初、高中毕业的青年职工进行文化补习与考试，以提高青年职工的劳动素质，提高产品质量，提高生产效益。同时，每年举办 1 ~ 2 期培训班，主要培训社、大队企业的厂长、经理和农村党支部书记，学习内容主要为企业管理知识。

1995 年后，域内各企业皆制定了学习培训制度，根据各自的特点举办培训班。采取请进来、走出去的方法，请大专院校的教授、专家来企业举办培训班，讲授专业知识；同时企业选派优秀青年职工到大专院校定向培训学习，成为企业技术骨干。2000 年后，主要对职工进行“新理念、新知识、新技术、新工艺、新方法”等专项培训。2010 年后，主要进行岗前、岗中、岗后培训。

第三节　成人职业教育

日照速成师范班　1952 年 3 月，山东省日照中学（校址在涛雒）附设招收 4 个速成师范班，学生 200 人。原定修业一年，学习半年后，因急需教师，从中挑选 150 人，提前于 9 月中旬结业，参加教育工作。余者转沂水专署第六速成师范（1952 年 10 月成立，校址在日照城关完小）继续学习。

山东日照师范　1956 年夏，利用日照中学原校舍，成立了山东省日照师范学校，校长徐子真，教师 22 人。当年招收三年制初级师范 4 个班，学生 208 人（其中女生 37 人），于 9 月 1 日开学。此届学生学习两年，于 1958 年暑假提前毕业，学校迁至日照城西岭（今日照师范学校）。是年 8 月，招收第一届中师 4 个班，学生 168 人，学制三年，同时招收一年制初师速成班 4 个，学生 204 人。因房屋所限，中师班在新校上课，速师班在涛雒原校舍上课，直至 10 月 1 日搬至新校。

日照县红专学校　1958 年夏，在涛雒街北门里“西小园”成立日照县渔盐业中学。学校由日照县委主办，日照县水产局、盐务局联合组成的沿海水产工作部承办，为中等专业技术寄宿学校，学制三年。学校始称“日照县渔盐业中学”，校长由日照县委书记李鲁生兼任。

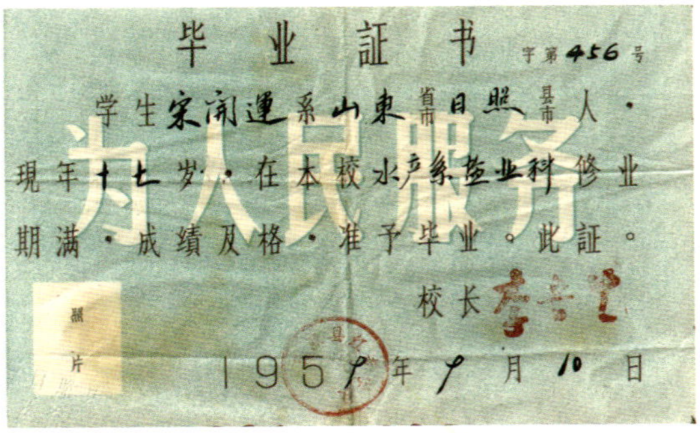
毕业証书　字第456号
学生宋訚运系山东省日照县人·现年十七岁·在本校水产系盐业科修业期满·成绩及格·准予毕业。此証。
校长
像片
1959年9月10日

图 19—16　日照县红专学校学生毕业证书

（涛雒镇宣传办公室提供）

学校设水产系捕捞科、养殖科和制盐科3个专业3个班。学生来自全县沿海各村的高小毕业生，在涛雒盐管处统一报名、统一考试、统一体检。首届录取学生135名，其中女生12名。教职工由政府选派，共15名。课程除学习基础课语文、代数、理化外，各学科还学习不同的专业知识：捕捞科专业学习渔船驾驶、网具使用、气象及器械等知识；养殖科专业学习水产品的养殖与加工等知识；制盐科专业学习晒盐、化工、气象及机械等知识。

学校设有实习基地，学生每学期集中时间到基地实习。捕捞科学生去岚山渔业队实习远海捕捞技术；养殖科学生去石臼养殖连实习贝类、海带养殖技术；制盐科学生去涛雒东门外（今341省道与观海东路交会处东侧）校办盐场实习晒盐技术。

学校教室整齐，条桌单凳，宿舍床为木制单人床，学习用品由学校提供。学生生活费由政府供给，口粮粗细各半。学校建菜园一处（在涛雒七村），生产蔬菜供师生食用。学校操场设在“东小园”广场。

1958年秋，学校改称“日照县红专学校”。1959年9月，因国家经济困难，学生提前毕业。大多数学生分配到相关专业的单位就业。学校随之停办。

下元农业中学 1958年9月，磴山人民公社在下元大队成立下元农业中学，简称下元农中，学制三年。学校校长由磴山人民公社党委书记武纪三兼任，副校长申斌启主持工作，教导主任杨奎远。

学校占地26亩，教室、办公室、宿舍、伙房计20间，牛屋、猪圈、羊栏等共6间，晒场1处。招生范围为下元、赵羊、李潭和结庄管理区的小学毕业生。设4个教学班，学生178人，教职工由公社选派和学校自聘，计16人。学生除学习语文、代数、理化等基础知识课外，还学习农业知识课及自编教材植物栽培、动植物保护等。在下元村东北角，置生产实验园地42亩；养牛2头、猪2头、羊20只。学校师生生活自给自足，学生负责课本费，公社提供其他费用。

1959年，经日照县人委批准，下元农业中学被确定为县办重点农业中学。1960年，下元农业中学有耕地215亩，种植小麦、大麦、地瓜、土豆、花生、高粱、谷子、玉米、大豆、蔬菜、红麻、红参、芝麻等作物。

1960年，下元农业中学被评为全国行业评比中获评先进单位，教导主任杨奎远代表单位出席了全国教育、文化、卫生、体育、新闻方面社会主义建设先进单位和先进工作者代表大会。

1961年5月，人民公社体制变动，下元农业中学按政策退还从大队平调的土地和房屋，失去起码的办学条件，加之正值国民经济困难时期，学校停办。

教师培训班 1976年8月，涛雒公社党委和县革委教育组批准，在涛雒公社中学招收一个48人的教师培训班，学制为一年。学生来源为民办教师及高中毕业生，学生结业后回村任民办教师。

成人教育中心 1993年8月，成人教育中心学校在原涛雒联中成立。学校为提高待业青年的学历和专业技术水平，先后开设了“机电班”“服装班”和“财会函授班”。举办了水产养殖、家庭养殖、蔬菜栽培等农村实用技术培训班。指导各村成立农民文化技术学校，初步形成了以镇成人教育中心为骨干，村农民文化技术学校为基础的成人教育网络，有计划地普遍地对农民进行专业技术教育。2015年8月，成人教育中心撤销。

1993—2015年涛雒镇成人教育中心校长任职更迭表

表19—7

姓名	性别	籍贯	任职时间
滕怀山	男	刘家湾村	1993—1997
郑培江	男	西灶子村	1997—2009
丁雪舰	男	西林子头村	2009—2015.8

第五章　教师

清末、民国时期，教师社会地位低下。中华人民共和国成立后，教师的社会地位不断提高，特别是《中华人民共和国教师法》颁布实施，保障了教师的社会地位，人民教师备受政府和人民的尊重，教师的素质和教学积极性得到了极大提高。

第一节　教师来源与任用

教师来源　清朝末年，域内的私塾先生，多由秀才（生员）、“老童生”（未考中秀才的老学子）及当地有学问的人担任。为适应推行新学之需，清光绪三十年（1904）日照开始办师范教育。清光绪三十一年（1905）日照师范传习所创办，毕业的学生大都被聘任教。

民国初期，师范学校（包括省立、府立、县立）的毕业生渐多，师资得以不断补充。但因待遇和地位低下，教师队伍极不稳定。

1945年后，域内的小学教师大都来自县文教科培训和录用的人员。部分村小学的教师，则为本校聘用的知识青年（民办教师）。1949年秋，县文教科从青岛招聘百余名教师到日照任教，到涛雒区任教的教师就有12名。

1951—1952年，域内公立小学的教师，多是大店师范、沂水专区第三速成师范、沂水联师和山东省日照中学附属速师班毕业的学生。此外，县人民政府先后从社会知识青年和民办教师中，招考录用人员，经短期培训后，部分学员被分配至域内任教。1953年后，教师主要来源于三条渠道：一是各级师范学校的输送；二是民办教师考试后转为公办教师；三是从社会上招用民办教师。1958—1962年，县教育局分配到域内的教师，有的来自江苏省，有的来自山东省济南、青岛、高密等地市，有的来自沂水师范、莒县师范及本公社红专学校毕业的学生。1964年，从回乡高中毕业生中，选拔部分优秀者，任农业中学教师。1968年，从退伍军人中招收人员，充实教师队伍。1975年，从上山下乡知识青年中，招收人员任小学教师。1971年、1978年和1984年，分3次将部分民办（代课）教师转为公办教师。1978—1981年，根据上级有关文件精神，教职工离、退休可安排一名子女顶替补员。1995年后，域内中小学教师主要来自莒南师范、日照师范和临沂师范专科学校的毕业生。

民办教师的增加，域内曾出现三次高峰：一次是1958—1960年；第二次是1964—1972年；第三次是1975—1978年。1981年，对民办教师队伍进行整顿，先后辞退部分民办教师。1985年，对民办教师实行登记在编制度，自此不再增加新的民办教师。1987年12月，对1985年登记在编的民办教师进行建档，发放民办教师任教证书。此后，多次对民办教师转正，经考试政审，合格者转为公办教师。2002年，全镇合格的民办教师转为公办教师，民办教师这一群体在域内已不存在。

教师任用　清末，域内塾馆先生由学东聘用，所聘年限不等。学堂教师由堂长延聘，聘期多为一年。

1912年，学堂改称学校，学校教师由办学单位的校长聘用。

1945年后，小学教师是群众推选和政府选派相结合。1996年后，根据《中华人民共和国教师法》的规定，公办教师由上级主管部门认定教师资格，发给资格证书，担任相应的教学工作。

2000年后，毕业生不再统一分配，教师实行公开选聘。2006年暑期，为适应义务教育学制改革（“五四制”改为“六三制”），部分初中教师调整到小学任教。2007年开始，教师补充机制为面向有教师资格证的大中专毕业生公开招考。

第二节　教师培训

民国初期，日照县教育局每年利用假期在县城举办教员讲习会、教员训练班和教学研究会等，以提高教师业务能力。这一时期，域内的小学等教员大多数都参加过培训学习。

抗日战争时期，涛雒为日伪侵占区，教师受到控制打压，教育受摧残。

抗日战争胜利后至中华人民共和国成立前，域内有130余人次参加县文教科举办的教师培训班。有部分青年教师被选送到滨海中学、滨海中学师范部学习。

1950年，域内教师根据县文教科制订并印发的教师学习计划，每月自学36小时，每周集体学习6个小时。1951年，七区建立星期天学校，组织教师利用星期天学习文化与业务。1952年后，七区先后有计划地抽调文化业务较低和有培养前途的青年教师20余人，赴胶州专区教师轮训班、诸城师范学校，继续学习深造。抽调部分教师，参加县文教科举办的各类短期训练班和假期文化补习班。1955年，域内全体低年级教师在麦假和秋假期间，参加文化补习班和汉语拼音培训班学习，提高业务能力。

1956—1965年，域内教师230余人次，参加了县师范举办的函授和自学学习，其中达到初师毕业的55人，达到中师毕业的52人。1982—1987年，全镇公办、民办教师参加日照县（市）教育局组织的教材教法学习考试，有190名教师获得教材教法合格证书。至1998年，全镇有45名初中教师参加“三沟通”（高师函授、卫星电视教育、自学考试相沟通）培训学习，并先后取得相应专业毕业证书。

1995年开始，中小学青年教师利用星期天、节假日主动学习计算机使用知识、技能。1996年7月起，全镇开展中小学教师基本功训练活动。

2003年，中小学各年级，一律使用全国统编教材，各年级教研组，开展本年级教师听课评课活动。

2007—2021年，全镇新课改教师进行通识和学科培训，并参加全省统考，做到持证上岗。

1978—2021年部分年份涛雒镇教师学历达标情况表

表19—8

年份	小学（中师）	初中（专科）	高中（本科）
1978	39%	0.16%	8.1%
1988	60%	18%	27%
1993	57.24%	41.07%	39.23%
2002	99.11%	89%	71%
2007	99.29%	94.95%	90.63%
2013	100%	99%	95%
2014—2021	100%	100%	100%

第三节　教师待遇

清末、民国时期，教师社会地位低下，无参政议政权利。

中华人民共和国成立后，教师的社会地位不断提高，受到政府和人民的尊重。

1959年后，重视并提高教师的政治待遇。1960年6月，南店幼儿园傅承荣出席山东省先进幼儿工作者、山东省文教战线群英会。

1963年至1965年底，全公社教师投入社会主义教育运动，有部分教师参加县委集训。其间，教师队伍涌现出一批学习毛泽东著作的积极分子。

“文化大革命”中，教师队伍受冲击。1977年，整个教育基本走上正轨。是年，南店小学民办教师庄秀萍（女），被评为临沂地区先进工作者。

1978后，国家为提高教师的社会地位，落实了知识分子政策。对符合农转非条件的教师家属和子女，办理了农转非手续。为30年以上教龄的教师颁发荣誉证书。全社会出现了“尊师重教”的良好风气。教师被誉为“人民教师”“人类灵魂工程师”。在政治上，对符合条件的教师及时吸收加入中国共产党。1981年5月，傅承荣在山东省托幼工作先进代表大会上被树为个人标兵。1982年，域内有9名教师出席地区代表大会。1984年，有9名教师被授予临沂地区优秀教师。1986年，傅承荣出席全国教育系统劳动模范表彰大会，被授予人民教师奖章。1989年，有2名教师被评为全国优秀教师、优秀教育工作者。1994

年 1 月，开始实施《中华人民共和国教师法》，依法保障了教师的社会地位。有的教师被选为不同届次的市党代表、人大代表、政协委员，区党代表、人大代表、政协委员及镇党代表、人大代表，代表人民教师行使参政议政权利。

第六章　教育行政

域内的教育行政管理始于 1906 年，由日照县教育行政机构“劝学所”管理域内各类学堂。中华人民共和国成立以后，各级政府均设教育机构，管理教育教学工作，随管理体制的改革而不断变化。2021 年，域内成立中心初中、中心小学、中心幼儿园，实施对辖区各类学校的行政管理。

第一节　行政管理

清光绪三十二年（1906）前，日照县无独立的教育行政机构，官办、公立、私立学校的建立、变更、停办，概由地方长官核准。清光绪三十二年（1906），域内各类学堂，皆隶属日照县教育行政机构“劝学所”管理。学堂设监学 1 人，主持学堂全面工作。

民国成立后，学堂改称学校，教育行政机构仍沿袭清末“劝学所”制，监学改称校长。1923 年 3 月，日照县政府撤销劝学所，设立教育局，掌管全县教育工作。域内各类学校统为县教育局管理。

1945 年 5 月，涛雒区公所设立文教助理，管理全区的各类学校教学工作。

自中华人民共和国成立至 1956 年，域内小学由县、区两级管理。县文教科直接决定公办小学的建立、变更、停办；核定由区、乡、村人民代表会议决议的群众办小学的设立、变更、停办等事宜；统一领导公、民办和私立小学。区公所除设文教助理外，还增设扫盲干部一人，负责域内农村扫除青壮年文盲工作。

1957 年秋，域内撤销文教助理。1958—1961 年，教育事业管理权下放，公办的全日制小学由公社直接领导，民办的小学则由生产大队负责，仅在业务上接受公社指导。1962 年 4 月，涛雒人民公社复设文教助理。1966—1970 年，域内小学一律下放到生产大队办，农村小学由贫下中农管理。1970 年 5 月，涛雒区革命委员会设教育组，开始加强中小学管理。1979 年，公社撤销教育组，建立公社中心小学，设中心校长，中心校长统一管理全公社的教育工作。1984 年下半年，教育机构改革，涛雒区教育工作由中心校进行全面管理，中心校长下设两名副校长，分别管理小学、联中教学工作。1986 年 7 月，《中华人民共和国义务教育法》实施，建立了以县乡为主，分级办学、分级管理的义务教育管理体制。1987 年 7 月，贯彻落实《中共中央关于教育体制改革的决定》，改革管理体制，涛雒镇政府成立教育委员会，主任丁元春，副主任宋佃永，成员韩培国、滕兆晋、宋光提、滕以汾，办公室设在涛雒小学，滕以汾兼任办公室主任。同时，实行中小学分部管理，成立 4 个中心校，即中心幼儿园、中心小学、中心初中、中心农民技术学校，分别管理各部的行政业务。

1992 年 4 月，在教育系统设立教育委员会，简称“教委”，并成立“四中心”，即中心初中、中心小学、成教中心、幼教中心。自此，涛雒镇教育形成了教委领导下的“四中心”管理格局。

1993 年，东港区教委成立，仍实行分级办学、分级管理的模式。域内各校实行“校长负责制”。

1945—1979 年涛雒文教负责人任职更迭表

表 19—9

职务	姓名	性别	籍贯	任职时间
区文教助理	徐润石	男	日照县炕头村	1945.5—1945.11
区文教助理	李相玉	男		1945.11—1949.1
区文教助理	丁茂三	男		1949.1—1951.6
区文教助理	申　鑑	男		1951.7—1952.11
区文教助理	马家琪	男		1952.12—1953.12
区文教助理	芦玉志	男		1954.5—1956.2
公社文教助理	庄建儒	男	南店村	1962.4—1962.12
区文教助理	庄建儒	男	南店村	1962.12—1966.10
区教育组长	庄建儒	男	南店村	1970.5—1971.3
公社教育组长	庄建儒	男	南店村	1971.3—1979.6

1979 年以来涛雒镇（公社、区）教育负责人任职更迭表

表 19—10

职务	姓名	性别	籍贯	任职时间
公社中心校长	滕以汾	男	刘家湾村	1979.8—1984.6
区中心校长	滕以汾	男	刘家湾村	1984.6—1985.5
镇中心校长	滕以汾	男	刘家湾村	1985.5—1987.7
镇教委主任	宋光提	男	亚月村	1992.4—1994.9
镇教委主任	纪开国	男	巨峰镇后山北头村	1994.10—1997.5
镇教委主任	郭常泗	男	华山村	1997.6—2003.10
镇教委主任	王伟海	男	桥西头村	2003.11—2009.9
镇中心校长	杨善军	男	侯家村	2009.10—2017.8
镇中心校长	牟善友	男	高旺庄村	2017.8—2021.8
镇中心初中校长	顾伟成	男	东港区西湖镇	2021.8—
镇中心小学校长	范文波	男	岚山区巨峰镇	2021.8—
镇中心幼儿园园长	滕怀波	男	桥东头村	2021.8—2022.8
镇中心幼儿园园长	秦泗海	男	下元二村	2022.8—

2002 年以来，“以县（区）为主”的管理体制不断完善，镇教委对学校的管理功能有所弱化。

2009 年 10 月，镇教委撤销，设中心校长，统管全镇的教育教学工作。2014 年 8 月，日照国际海洋城管委教育局成立，涛雒中心校长撤销。

2015 年 7 月，日照国际海洋城教育局组织教育干部全员竞争上岗，实施 1141 工程，辖区内设高中 1 处，初中 1 处，小学 4 处，中心幼儿园 1 处，隶属教育局管理。

2017 年 1 月，海洋城撤并，教育重新隶属东港区管理。

2021 年 8 月，东港区重新理顺涛雒教育管理体制，设立中心初中、中心小学、中心幼儿园，恢复“三中心”管理体制。

第二节　学校管理

清光绪三十年（1904），域内初、高等小学堂执行清政府颁布的《学生管理通则八章》。1917 年，域内小学及部分村塾执行民国政府教育部颁布的学校管理规程。因受封建教育制度的影响和束缚，多数学校执行不力，体罚学生现象依然存在。

抗日战争时期，域内多为日伪占领区。日伪在涛雒、栈子等小学强迫学生学习日语，实行“奴化教育”，引起爱国师生的反对。

中华人民共和国成立后，学校内部设校长、副校长、主任等，组成学校领导班子，实行校长负责制。1950 年起，各小学以《小学生守则》为学生的行为准则，用来督促学生进步，“好好学习，天天向上”。1959 年后，实行中国共产党学校党支部委员会领导下的校长分工负责制。教育干部的任用主要实行委任制，教师实行分配制。一般完全小学设校长、副校长、教导主任各 1 人，并分工做少先队工作。中学及规模较大的学校设校长 1 人，副校长 2 ~ 3 人，中层干部若干人，学校成立校长室、教导处、总务处、团支部办公室等。“文化大革命”中，学校受到冲击，贫下中农管理学校。1978 年后，学校管理逐步正规化，教育部门出台了《小学生一日常规》《初中生行为规范》和学校各项规章制度，中小学校管理逐步规范。

1987 年，镇教育系统建立起“四中心”。“四中心”既是学校领导机构，又是学校业务活动中心，

实现了校长、园长岗位负责制。

1990年以后，学校增设政教处、教导处。教学上按学科成立教研组，在教导处领导下，开展教研活动。各教学班由班主任负责该班学生的日常管理。1992年后，在镇政府领导下，调整中小学布局。1993年，实行“校长选聘责任制，教职工定编聘任制，岗位目标责任制，年终考核奖惩制”为主要内容的学校内部管理体制改革。1995年，全镇初中调整为3所。2008年，全镇小学调整为9所。2009年10月后，实行初中中层领导班子和小学学区校长竞争上岗，使中小学教育教学工作更加规范有序。

2021年，全镇有中心初中1所；中心小学1所，下设3个校区，隶属中心小学管理。

第三节　经费管理

清末，私塾的经费，基本上由求学者自行负担；东馆的一切费用，均由本家承担；同族办学，经费多数来自本族公产（公田、公山的收入）；一庄或数庄联合办的村塾，经费由学童家庭分别承担；塾师自开门馆，学童交费入学；乡学办学，费用则靠庙产地租、士绅捐助。

民国时期，教育经费来源于田赋附捐、学田租金、基金利息及其他学捐。县立学校，教育经费由学生交纳学费，不足部分由县政府补足；区办和村办学校，教育经费靠田赋附捐、学生交纳学费和募捐等办法筹措，如涛雒小学、栈子小学的办学经费，大部分源于商行捐和商、渔船捐；私立学校，教育经费由主办者负责筹集，如鼎立小学的办学经费，由主办者丁惟汾个人出资购地100亩，作为校产，以地租收入为办学经费，学校教室、教学设施和教师伙食亦由他个人提供；教会小学，学校费用由办学者筹集募捐，如下元教会小学，其教育经费由瑞典耶稣教浸信会筹集募捐。

中华人民共和国成立后，教育经费正式纳入国家预算，根据国民经济和教育发展状况逐年增加。实行“两条腿走路”的办学方针，以国家拨款为主，地方自筹为辅，多渠道筹集资金。公办学校以国家拨款为主（1952年以前拨粮），民办学校以地方自筹为主，国家补助为辅。

学杂费是学校经费的有益补充。1961年，县文教局制定了《日照县中小学经费收支标准》，对中小学学杂费的收费标准、时间、减免比数和管理使用等具体办法作了规定：每人每学期，公办小学，初级1元、高级1.5元；民办小学，初级0.8元、高级1元；公办中学，普通高中3元、初中2元。公办中、小学收取的学杂费由县文教局统一管理，根据具体情况有计划拨给学校使用。

1968—1970年，小学和多数中学不收学杂费。办学经费主要是民办公助，国家补助一点，社队筹集一点，师生勤工俭学收入一点，“三股劲拧成一股绳”。公办中学经费从国拨经费和勤工俭学收入中开支，小学一律下放大队，日常办公费用由勤工俭学收入或大队公益金解决。

1974年，山东省革命委员会财政局、教育局、卫生局联合下发《山东省中小学财务管理若干问题的意见》，规定农村民办学校实行民办公助的办学办法，国家主要补助民办教师工资，校舍建设、设备购置维修等费用，靠地方群众集资或“投工献料”解决。1977年，恢复收取学费：初中每人每年2元，小学每人每年1.5元，另收取适量杂费。

1978年后，政府重视教育，办学经费投入大幅增加。教育经费来源：一是国家财政拨款（教师工资、公务费、建设费等）；二是地方政府投入；三是学校收取的学杂费和勤工俭学收入；四是企事业单位和干部群众的捐助。1985年，开始实施中小学校舍“三改造”“六配套”工程，除县教育局拨给部分经费和物资外，全年全镇用于“三改造”“六配套”的经费达30余万元。

自1985年开始，在镇内收取教育集资款。1986年，根据国务院《关于征收教育费附加的暂行规定》，开始征收农村教育费附加，用于支持学校经费开支。2002年停收。

在建设涛雒中心初级中学时，实行全镇统筹。在建设二中、三中时，除全镇统筹外，各办学单位还承担了教室等设施费用。小学由办学单位负担。

2004年，中小学实行义务教育阶段“一费制”

收费办法，每生每学年：小学1～2年级160元、3～5年级210元、初中300元。2006年，不再收取义务教育阶段学费，2007年后，不再收取义务教育阶段杂费及教科书费。

捐资助学 涛雒人民自古就有为发展教育事业捐资助学的优良传统。

清光绪十二年（1886）春，涛雒进士丁麟年，为日照奎峰书院捐钱3000贯，以此生息，做教师酬金及学校费用。

清光绪三十年（1904），涛雒镇栈子村叶汝朋捐立日照县公立高等小学堂。捐京钱五百余千及建筑材料三百余斤，合洋七百元。又于清光绪三十一年（1905）创立栈子初等小学堂，收栈子及临近村儿童入学。捐助京钱一千余，之后十一年中捐京钱一万二千余千，共合洋五千余元。

涛雒镇栈子村叶春墀（字玉阶），1931年，捐出祖宅的大半为栈子小学做校舍。

1935年，栈子村叶光庭，为栈子小学捐赠一架四组风琴、连体式课桌凳及双洞条桌、长桌凳等。

1935年春，丁惟汾在其家乡丁家官庄村捐建完全小学一处，名为鼎立小学。捐建瓦房10间、侧房3间、伙房1间作为校舍，出资置地100亩为学田，以地租作为教员薪金、办公经费。

1936年，涛雒镇商会捐资（集资）3000元，在东门外（故址今在341省道与观海路交会处）为涛雒小学建二层（楼板为木质）教学楼一座。

1989年，尹家廒头二村台商尹书田，捐资100万元，为日照一中建书田教学楼一座。

1990年，尹书田之子尹衍樑捐资120万元，为日照一中建体育运动馆。

1998—1999年，苗家村台商丁履昕，捐资3万美元和1.3万元人民币，用以新建润田小学及润田小学奖学金。

2000年，涛雒二村台商丁永详，捐资54.7万元，为涛雒中心初中建实验楼。

2000年，苗家村美籍华人丁履延，捐资3万美元，为日照实验高中建图书馆一座。

2002年，尹家廒头二村台商尹衍栋等弟兄五人，捐资100万元，为涛雒二中建復生教学楼和阶梯学术报告厅一处。

2005年，苗家村台商张家镔，捐资1.54万美元，为润田小学建礼堂一座。

2006年，涛雒二村台商丁永详、张献苓夫妇两次捐款75万元，为涛雒中心小学建永苓图书馆及水冲式厕所。

2011年，涛雒籍人，北京大学退休教授张传玺，为涛雒中心小学捐款20万元人民币，设奖学基金。

2011年，台商丁永详、张献苓夫妇分别在中心初中、中心小学设立奖学金1.8万元、永苓奖学金2.2万元，用于奖励品学兼优的学生和教师。

2015年，中国驻墨西哥文化交流中心主席郭伟成代表其父亲郭万亭捐赠栈子小学20万元人民币建万亭图书馆。其后三年，郭伟成每年资助栈子小学三名学生和一名带队教师赴上海参加小主人报举办的夏令营和培训活动。2019年后，郭伟成每年捐赠栈子小学6000元用于栈子小学万亭奖学金。

2020年，涛雒栈子村退休校长叶秀裕，捐款10万元，为栈子小学设立希望奖学金。

第四节 教学设施

清末，县内少数官学（书院、儒学）有固定教室、桌凳、少量图书。乡间私塾校舍设备都很简陋，教室多数借用富户闲房或民房，学童桌凳均需自备。

民国初、中期，学校数量不断增加，但校舍设备一如既往，无大改观。域内小学，除涛雒小学、栈子小学、鼎立小学、景伊小学等知名学校有固定校舍、配套桌凳和少量的教学挂图、图书、乐器外，其他各村办小学和私塾的办学条件依然很差。

中华人民共和国成立之初，域内学校的校舍简陋，除原有学校的房屋、设备外，大部分校舍是利用土改时没收的地主的房子改建而成，少部分是临时借用空置的民房作教室，极少数利用庙宇作教室。课桌多为门板或木板，学生自带小方凳。互助合作时期，域内高级小学一般有课桌凳，村办小学由学生自带桌凳上课。高低不齐、长短不一，条件极差。1964年，大办工读小学校时，原有校舍不足，多数需借用民房，甚至利用生产队牛棚、粪库稍加改造作为教室。“文化大革命”时期，校产、教具受到很大损失。

1979年开始，涛雒公社党委政府积极发动群众“投工献料”，建设新校园。到1985年底，涛雒镇成为日照市第三批“三改造”“六配套”验收合格的乡镇，从根本上改变了办学条件。

1987年，教育体制改革后，镇中心初中、中心小学、幼教中心和成教中心，由镇党委、政府直接管理。2008年廒头景伊小学、临钢小学、下元小学教学楼先后建成投入使用。小海联小、刘庄联小、润田小学、高旺小学进行了装修扩建。2009年，全镇中小学任课教师计算机占有率达90%以上。

2015年，全镇教育调整管理体制，新建改建学校9处，新建学校全部按照省级规范化学校配备。所有教室全部安装交互式电子白板，接入校园网，实现班班通。

2021年8月，东港区重新理顺教育体制，成立中心初中、中心小学、中心幼儿园，由东港区教育和体育局、镇党委、镇政府直接管理。

第二十编　卫生　体育

涛雒中心卫生院　（涛雒镇宣传办公室提供　摄于2021年）

抗日战争胜利前，域内医疗机构大都是私人设立，少数为私人合资联办，挂牌行医，立铺卖药。1950 年前后，域内开始办集体诊所。1958 年秋，以涛雒卫生所为中心，联合下元卫生所、林子头卫生所、盐工卫生所、廒头卫生所、栈子卫生所、结庄卫生所（时为下元乡管辖）、供销社药股、药材批发部，成立涛雒卫生院，隶属县卫生科。1960 年，高旺炼铁厂工地卫生所，与自三庄迁来的县医院结核肝炎科合并，在高旺庄组成日照县第二人民医院，是日照南部的医疗中心。1963 年，改称高旺人民医院。1993 年，高旺医院整体搬迁至岚山区。2021 年，域内有卫生院 1 处，医务人员 78 人（医生 61 人，护士 17 人），病床 60 张；有村级卫生所 42 处，村医务人员 69 人，病床 126 张。

涛雒自古就有武术、跳绳、摔跤等群众性的体育活动。清朝末期，随着小学教育的发展，学校体育成为域内主流。中华人民共和国成立后，域内小学、初中、高中体育课逐步设立、完善，学校体育已成为一门不可缺少的课程。体育器材主要由自己动手制作和上级拨配，逐渐完备。1978 年后，域内学校落实教育部颁布的《体育教学大纲》，认真上好体育课，组织各级各类体育活动，使广大师生丰富体育知识、增强身体素质、提高体育成绩。1990 年后，镇党委、镇政府贯彻国务院提出的《全民健身计划纲要》，制定了《涛雒镇群众体育工作发展规划》，使群众体育工作扎实稳妥地开展起来，呈现出前所未有的崭新景象。1997 年，涛雒镇被山东省体委命名为山东省“体育先进乡镇”。2000 年，镇党委、镇政府通过各种渠道、方式，给各村规划建设文体广场，购置体育器材，丰富广大农民体育活动方式，激发农民体育兴趣，增强广大人民的体质。2020 年，争创为“省级老年太极拳之乡”。2021 年，全镇体育设施覆盖率达 100%，全镇建有文体大院、健身广场 90 余处，晨晚练活动站点 77 处，社会体育指导员达 230 余名。

第一章 卫生

中华人民共和国成立前，域内疾患防治主要靠中医药，私人开设药铺，医药合一。19 世纪 20 年代传入西医西药。1948 年，域内有中、西医医疗机构 20 余家，从业人员 39 人。1950 年前后，开始办集体诊所。1968 年，农村实行合作医疗。1981 年后，合作医疗停办，先后采取集体办、乡医联办、个人自办等多种形式办医。2004 年，开始实行新型农村合作医疗。卫生医疗机构逐步建立健全，医疗制度不断完善，先进的医疗技术得到推广和应用，爱国卫生运动深入开展，一般疾病都能得到及时有效治疗，一些危害人民健康的传染病、地方病，得到消灭或基本消灭。2021 年，域内有卫生院 1 家，医务人员共 78 人，病床 60 张；村级卫生所 42 家，村医务人员 69 人，病床 126 张。

第一节 医疗机构

抗日战争胜利前，域内医疗机构大都是私人设立，少数为私人合资联办，挂牌行医，立铺卖药。

秦氏药铺 清道光八年（1828），下元村秦姓开办。擅长医治产妇乳汁不盈症。清咸丰二年（1852），域内闹饥荒，免费熬药为贫穷产妇治疗乳汁不盈症。鉴于秦氏义举，县衙于次年赠“济世修德”匾一块。至秦信斋，承袭祖业，坐堂接诊。1914 年停办。

济生堂 清道光十九年（1839），涛雒街丁姓独家在涛雒街里（今文泰路中段西侧）立号开业。1928 年，丁惟佩（字纫秋）继承祖业，联合“三槐堂”的丁希梅，郑家结庄的秦恩浦等，下元村的秦阶成等 5 家集股，充实资金九千多块银圆，扩大药业经营规模。堂铺有经理、账房先生、坐堂先生、司药及炊事人员共 13 人，多时达 20 人。是日照县域内资金多、药品种类全、以批发为主兼营零售的屈指可数的大药房。

药品主要从上海“协成源”药庄购进，共经营 600 多个品种。该堂研制的中成药“夺命丹”“梅花点舌丹”“点喉丹”等，临床应用，治疗效果甚佳。日本侵略者占领涛雒时，迁至东南营村营业。日本侵略者投降后，迁回涛雒街“西小园”处营业。1950 年 4 月，济生堂划归日照县医药合作社，人员几经变更，最后并入涛雒卫生院。

丁氏药铺 清道光二十二年（1842），西林子头村丁姓开办，行医卖药。至清光绪年间，丁公恒承袭先祖医业，坐堂诊疾，开方售药。擅长治疗疙瘩疖子，使用自己炮制的“拔毒膏”，能把患者身体隐匿部位的疙瘩、疖子，用药后转移至人体明显处进行治疗。经几代人经营，规模逐渐扩大。1950 年，并入林子头联合诊所。

双奉斋 清光绪四年（1878），上元村秦福宸（字惺斋）在本村开办。行中医之术，擅长医治肠伤寒、斑疹伤寒。使用自己炮制的“调经丸”疗效显著。后其子秦鸿基继承父业，继续坐堂就诊，卖药治病，1945 年停办。

张家药铺 清末，栈子村张姓创办。至 19 世纪 30 年代，第三代传人张仲恒，深谙其先辈中医医术，看病售药。1940 年，日伪占领栈子村后，张家药铺被迫迁到桥南头村。1948 年，迁回栈子村营业。1950 年，栈子村以张家药铺为中心，成立保健站。

同济堂 1915 年，由下元三村秦信斋、秦绍九，合资开办。既坐堂接诊，也应邀出诊，行中医，开方售药，雇佣伙计 2 人。秦信斋善治妇科疑难病症，秦绍九专治内科诸病。1926 年歇业。

惠民大药房 1923 年，青岛大药房股东尹莘农（张家廒头人），派寿光人王立阶，从青岛携带西药品和医疗器械，与莒县刘仲玉父子、岚山头人张竹泉，在涛雒街开办。主要经营药品和器械批发、零售。翌年，附设诊所，由从烟台毓璜顶教会医院学医毕业的王立阶坐堂就诊，开方售药。至此，西医西药正式在域内传开。但由于当时人们对西医认识尚不足，经营不太景气，1930年停办。

益寿堂 1913年前后由大草坡村孙守山（字岳五）在本村创办。他在治疗疮、疔、疖方面有独到的医术，在针灸、外科小手术方面有过硬的治疗办法，在方圆百里有一定的影响。其子孙志仙（字仕轩）继承父业，孙守山父子既坐堂把脉也应邀提箱出诊。抗日战争爆发后，孙志仙积极参加抗日战争，并成为一名中共地下党员，抗日武工队员及磴山附近的党组织曾经把“益寿堂”作为地下联络点和召集会议的落脚点。1947年土改时“益寿堂”药铺歇业。

孙家营子村诊所 1926年，孙家营子村孙玉岩，在营口教堂医院学医期满，回乡行医，开办了孙家营子诊所。起初自己坐诊卖药，不久，为发展家乡西医，带徒弟数人（如栈子村的傅洪三）。规模逐渐扩大，房屋由原来的3间增至6间，增设诊断床、观察床、病床各1张。实施西医诊治黑热病（俗称“大肚子”病），在域内首次引用“吐酒石”注射剂医治，疗效显著，人称“洋先生”，不少患者百里之外慕名而至。后又在碑廓、安东卫开设诊所。抗日战争时期，被迫停业。

更生药房 1926年，下元村秦保红（字景飞），于营口教堂医院学医期满，回村开办。在今下元三村村后建二层木质小楼1幢，病床4张。实施西医之术诊治疾病，因业务需要，曾聘请日照城名医许某协助医务，另雇伙计3人。擅长医治疙瘩疖子，尤其擅做“尿塞”（尿道结石）手术，号称“洋先生”。1945年停业。

太和堂 1928年，南店村人庄以点在涛雒街开办，堂址在今涛雒街里文泰路与民安路交会处南40米文泰路西侧，有沿街门面房3间，里面正房3间。主要经营中药批发、零售自己炮制的“重九丸”。高薪聘请坐堂医生、药师各1人，伙计2人，诊病卖药。1940年，日本侵略者占领涛雒，被迫停业。

除上述药铺、药店、药堂、诊所外，抗日战争胜利前，域内还有下元村的“秦氏保生堂”、涛雒街里的“姚氏石药铺”、栈子庄的“杨家药铺”“傅家诊所”、东石梁头村的“丁氏药铺”等。

抗日战争胜利后，随着新时期各项工作的快速发展，医疗卫生机构，由过去私人开设，逐步过渡到集体或国家组织承办。

下元药社 1945年，下元秦保鄂（字仲祥），开办下元药铺。行中、西医，擅长诊治疙瘩疖子，可做一般手术。1948年11月，秦保鄂报名参加淮海战役前线救护队，下元药铺停业。淮海战役胜利后，秦保鄂返乡继续行医。1949年春，以其为中心成立下元药社。秦保鄂带徒坐堂，有时出诊登门，诊治本村及周边村患者。1953年，秦保鄂被政府调至外乡卫生院，下元药社并入七区卫生所。

苗家村药社 1945年春，苗家村丁履祥，从青岛回老家，以自己所学，办起私人诊所，行医卖药，治病救人。1951年，苗家村药社成立，丁履祥为坐诊医生，另有司药和杂工各1人。丁先生行中、西医，擅长诊治疙瘩疖子，能做一般外科手术，对一些疑难症状，采取相对应治疗法。1957年，苗家村药社与李家潭崖药社合并，成立李家潭崖卫生所。

七区下元卫生所 1953年春，七区以下元药社为基础，成立七区卫生所，所长乔瑞卿，吸收周边村庄医生共5人。有医务人员9名，其中中医3名，西医2名，妇科医生1名，其他3名。内设诊断床、观察病床各1张，病床4张。隶属县卫生科，开展卫生、防疫和医疗等工作。1958年冬，并入涛雒卫生院，原下元公社卫生所成为涛雒卫生院下元门诊部。

林子头卫生所 1950年春，西林子头药社与上元药社、栈子药社、郑家结庄药社、韩家营子药社联合，在西林子头丁氏祠堂成立林子头联合诊所。设诊断床、观察病床各1张，病床2张。有医务人员6人，其中老中医2人、西医1人、其他3人。主要担负域内东南部（包括现在虎山镇的东湖管理区和结庄管理区）的卫生防疫和疾病医疗工作。1957年春，县卫生科对各地联合诊所进行整顿，是年秋，林子头联合诊所改称林子头卫生所，医务人员增至7人。翌年，并入涛雒卫生院，原林子头卫生所成为涛雒卫生院林子头门诊部。

栈子卫生所 1950年，栈子庄在村中成立保健站。医务人员张仲恒、叶秀华、冯志秀，房屋5间。1954年，改称栈子卫生所，同时兼并杨家药铺，房屋增至7间，设病床2张，医务人员5人，自负盈亏。担负着栈子庄及周边的卫生防疫及疾病治疗工作。1958年，并入涛雒卫生院，原栈子卫生所成为涛雒卫生院栈子门诊部。

涛雒卫生所 1952年5月，济生堂与涛雒供销社药股合并，在五宅成立涛雒卫生所。房屋8间，医务人员7名，其中中医2名，西医2名，妇科医生1名，其他2名，开始使用处方售药。担负着涛雒街各单位、各村的卫生防疫和疾病治疗工作。1956年，迁至原济生堂处（今文泰路中段路西侧）。

盐工卫生所 1952年12月，日照县盐管处盐工卫生所在涛雒街成立。有房屋6间，医务人员7名，面向全县盐业生产战线上的广大盐工及其家属服务。卫生所下派医务人员，下盐滩巡回就诊。1958年，并入涛雒卫生院。

廒头卫生所 1945年，张家廒头尹茂彩，在张家廒头尹氏祠堂，开办廒头药社，有房屋5间。1958年，夹仓乡设廒头卫生所，有医务人员6名，以中医、妇科为主。设治疗病床1张，担负着廒头及周边村庄的疫情报告及疾患诊治工作。1960年，并入涛雒卫生院，原廒头卫生所成为涛雒卫生院廒头门诊部。

以上卫生所，1958年以前，大多为传统的中医诊治疾病，靠的是“望、闻、问、切”，医疗器械仅有听诊器、牛毛针及简易手术刀等，所设病床很少。1968年后，村级医疗机构，均具备了体温表、血压计、注射器、消毒煮沸器及一般的缝合手术器械等。

涛雒镇卫生院 1958年秋，以涛雒卫生所为中心，联合下元卫生所、林子头卫生所、盐工卫生所、廒头卫生所、栈子卫生所、结庄卫生所（时为下元乡管辖）、供销社药股、药材批发部，成立涛雒卫生院，隶属县卫生科。房屋23间，病床10张，职工20人，其中，中医4人，西医4人，妇产科2人。下设下元、林子头等门诊部。1959年，迁至西小园。1964年，门诊部先后移交大队开办。

1958年以来涛雒镇卫生院负责人任职更迭表

表20—1

职务	姓名	性别	籍贯	任职时间
院长	舒元法	男	高兴镇	1958—1959
院长	王升光	男		1959—1961
院长	吕际仁	男	蒙阴县	1961—1969
院长	叶连凯	男	涛雒镇高旺庄村	1969—1980.12
院长	王纪卓	男	涛雒镇小海村	1980.12—1982
院长	郭公亮	男	虎山镇	1982—1985
院长	李仕爱	男	巨峰镇	1985—1993.9
副院长（主持工作）	滕以友	男	涛雒镇桥东头村	1993.11—1996.6
院长	张传明	男	涛雒镇刘家湾村	1996.6—1997.3
院长	荆永玉	男	两城镇	1997.3—2000.9
院长	王汉志	男	三庄镇	2000.9—2006.10
院长	王宗强	男	南湖镇	2006.10—2012.3
院长	高明山	男	高兴镇	2012.3—2017.5
院长	乔卫东	男	后村镇	2017.5—2022.6
院长	单锋波	男	黄墩镇单家沟村	2022.6—

1971年8月，迁至涛雒六村，占地6.2亩，建房屋60间，其中，建走廊式病房24间，病床20张。设内科、外科、妇产科、化验室、X光室、心电图室等科室。1985年，有职工32人，主要设备有30毫安X光机、心电图机、高倍显微镜、烘干厢、简易手术床等。

1992年5月，卫生院整体迁至341省道镇驻地段路北，占地15亩，建筑面积1810平方米。购置了200毫安X光机、尿十项分析仪各1台。1995年，被省卫生厅评审为一级甲等卫生院。1997年，被确定为国家级爱婴医院。

2002年，增添胎儿监护仪、血液分析仪、电动洗胃机各1台。2005年，增添半自动生化仪1台、“长安”牌救护车1辆。2006年，购置颈颅多普勒、微量元素分析仪各1台。2007年，购置心电监护仪2000、微波治疗仪、38型血凝仪各1台（套）。2008年，添置数字彩超1台。2009年，购置牙科治疗机（椅）1套，增设儿科、医保科、理疗科、防保科（计划免疫接种门诊）、“一体”办公室、B超等科室，设床位41张。2010年，新增200毫安X光机、迈瑞330型生化分析仪各1台。2013年，添置迈瑞全自动生化仪1台。是年，有职工48人，其中，女职工24人；副高级职称1人，中级职称14人。

2021年，域内有卫生院1处，医务人员共78人（医生61人，护士17人），病床60张。

涛雒检疫站　20世纪60年代初，中国沿海部分省、市出现霍乱、副霍乱（二号病）疫情。涛雒地处黄海岸边，有小海、新口（东南营）两个自然海口。1964年春，县防疫站在涛雒设立检疫站，借用小海供销社水产组房屋3间作工作场所，负责人杨宝记，有职工4人，分设新口（东南营）检疫点，借用民房3间，有职工2人，负责人乔瑞兴，化验室设在涛雒卫生院。主要负担着沿海渔船、船员、陆路交通的检疫检索。海上作业的船只及船员，必须接受检疫并办理证明方能出入；国道上过往运输车辆及乘、驾人员，必须接受检疫后才能离去。

1970年秋，面对新的疫情“钩端螺旋体”，检疫站对疫源进行检测、监控。协同卫生院、畜牧兽医站等单位，对域内带菌猪进行圈养和治疗，控制和消灭传染病。

1973年，省政府拨款，于涛雒六村（204国道与观海路交会处往西约300米北侧）征地2.8亩，建房屋20间。是年秋，涛雒检疫站从小海、新口迁至新场所。负责人郭明江，有职工4人。省卫生厅为涛雒检疫站配备了高倍显微镜、冰箱、烘干箱、培养箱、高级消毒柜、化验器械等设备，并规定检疫站把检测、监控结果直接、及时上报省有关部门。

1987年，检疫站工作人员调回市防疫站，域内检疫工作移交涛雒卫生院防疫科负责。由张金权带领卫生院部分医务人员继续履行疫病监测、监控职责。1993年，并入涛雒镇卫生院防保科。

日照县第二人民医院（高旺医院）　1960年，高旺炼铁厂工地卫生所，与自三庄迁来的县医院结核肝炎科合并，在高旺庄组成日照县第二人民医院，是日照南部的医疗中心。医院占地面积138.5亩，房屋212间。1963年，改称高旺人民医院，有职工43人。

20世纪60年代至70年代末，医院拥有县内一流的医疗队伍，如内科的安子佰、汪新三，外科的牟敦联、马荣生等，中医科的卢方然、秦玉桂，检验科的郑希胜，放射科的徐志宣，麻醉科的范开田等；在救治百日咳、乙型脑炎、流行性脑脊椎膜炎等，抢救有机磷中毒者，做腹部手术、卵巢肿瘤摘除、胃部分切除术、子宫切除等手术，对血液细胞数、骨髓、胃肠道的检查等技术，均达到了县内领先水平。在全面落实计划生育工作中，1978年和1981年，张秀兰两次获全省计划生育工作先进个人称号。

1986年，有职工78人，房屋212间，占地面积148.5亩。设5个行政科室、8个临床科室、6个医疗科室，有病床70张，购置救护车1辆，有B超机、300毫安X光机、心电图机各1台（套）。已能开展脾切除、胆囊取石、乳癌切除、子宫肌瘤手术、附件肿瘤手术等。按照上级统一部署，办起高旺卫校，培养具有国家承认学历的中专人才100人；周边卫生院前来进修学习的人数达250人，培养乡村医生近300人。自制药品有：四环素、土霉素、山楂丸、棕色合剂、部分液体、甘露醇等。

1992年，有正式职工64人，其中，中医师3人，西医师17人，护师5人，中药师、西药师各1人，检验师1人，西医士1人，护士6人，助产士3人，西药剂士1人，检验士2人，其他人员22名。新添置医疗器械，主要有万能手术床、胃肠减压器、电动吸引器、脚踏吸引器、无影灯、高压消毒锅、高频电刀、手摇电钻、半导体针淋机、淋醉台、电自动呼吸器、晶体管台式牙钻车、电动离心机、杜色比色计、充电比色计、电干燥厢、分光光度计、培养厢、电泳仪、膀胱镜和电生理机等。

1993年，高旺医院整体迁至汾水，更名为日照市第二人民医院。

1960—1993 年高旺医院院长任职更迭表

表 20—2

姓名	性别	籍贯	任职时间
秦聿会	男	虎山镇秦家结庄村	1960.3—1963.7
金宋臣	男	石臼街道	1963.7—1977.6
庄聿发	男	巨峰镇	1977.6—1982.8
韩洪新	男	东港区	1982.8—1984.10
吕 军	男	莒南县十字路街道	1984.10—1993.12

乡村卫生所（室） 中华人民共和国成立后，农村医疗卫生随着生产关系的变更，也逐步由个人过渡为集体经营。1956—1966 年，绝大部分大队建保健室，安排有专业知识和技能的人担任保健员。1968 年冬，村集体实行合作医疗。先在沙岭、上元等村试点，结合王家村大队办合作医疗的经验，后在全区逐渐铺开。原大队卫生员改称“赤脚医生”。全区 95 个大队有 78 个实行合作医疗。1981 年后，大队集体办卫生室陆续解体。各大队先后采取集体办、乡医联办、个人自办等多种形式办医，“赤脚医生”亦更名为“乡村医生”。是年，经地区统考，有 56 人领取了乡村医生证书。1986 年底，域内有农村卫生室 78 个，其中集体办 8 个，合作医疗 2 个。有乡村医生 86 人。

2004 年，随着新型农村合作医疗工作的全面落实，整顿、规范办医环境，调配、充实医务人员，在全镇重新组建乡村卫生室，易名为“卫生所”。有的数村并建，形成了最基层的新型农村合作医疗网络。2009 年，桥东头村卫生所长李福年，获山东省卫生厅授予的“优秀乡村医生”称号。2013 年，共建 39 处村级卫生所，有医务人员 118 人，隶属镇卫生院管理，覆盖域内 75 个行政村。

2021 年，域内村级卫生所 42 处，村医务人员 69 人，病床 126 张。

医药救国联合分会 1946 年，涛雒区根据县委要求，广纳域内从医人员，成立医药救国联合分会，简称医联会。选派华山村村医姜安亭任会长，隶属日照县卫生科，具体负责涛雒区的医药卫生工作。医联会 7 天举行一次例会，总结工作经验，提出任务要求。主要任务是：募集资金、药品支援前线，选派医务人员参加战地医疗救护队。1949 年解体。

第二节 医疗队伍

中医

域内中医历史源远流长，私人开设药铺，医药合一。诊断疾病靠望、闻、问、切。治疗疾病靠针灸、推拿、拔罐子和中草药。域内历代曾涌现出许多医术精湛、医德高尚的中医。

1948 年，域内有从事中医药人员 39 人，部分中医兼修西医，纯中医药队伍相对削弱。但在农村，中医药在疾病防治中仍担当主要角色。

20 世纪 50 年代初，涛雒区、磴山区政府，为加强医疗队伍建设，发展域内医疗卫生事业，分别聘请县内知名中医来域内行医，如涛雒卫生所聘夹仓村老中医王芳圃坐堂应诊，磴山区下元卫生所聘郑家结庄老中医秦恩浦坐堂应诊。这两位老中医在域内从医多年，带徒弟数人。

1955 年后，国家对从事中医药人员采取鼓励政策，大力提倡以师带徒，中医药队伍逐步扩大。1971 年，涛雒公社卫生院设中医科，还选派域内从医者，到各级举办的各类中医药学习班学习，期满后，回本单位从事中医药工作。

1989 年，涛雒卫生院有中医师 2 人，中药师 1 人，中医士 1 人；高旺医院有中医师 3 人，中药师 2 人，中医剂士 1 人，其他中医 1 人；乡村医生中擅长中医者 10 人。

2021 年，涛雒卫生院有主治中医师 6 人，主管中药师 2 人，中药师 2 人。乡村医生中擅长中医者 8 人。

西医

清末民国初，西医西药随天主教传入域内。1924 年，寿光人王立阶从烟台毓璜顶教会医院学医后，在涛雒开设门诊。至此，西医、西药正式在域内传开。1926 年，孙家营子孙玉岩在营口天主教堂学医期满后，回乡行医。此后，下元三村秦保红等人在外地学西医成名，分别回故乡办诊所，运用西医、西药为民诊治疾病。

中华人民共和国成立后，国家在继续发展中

医中药防治疾病的同时，亦大力发展西医西药。20世纪50年代中叶，域内有从事西医西药的医务人员9名，有不少中医医生亦开始兼学用西医、西药。

20世纪60年代后，西医西药已在临床应用上居绝对优势。1963年，高旺医院有职工43人，其中，从事西医、西药的医务人员达27人；涛雒卫生院有职工24人，从事西医、西药的医务人员有10人。1986年，高旺医院有职工78人，其中，从事西医、西药的技术人员达30人；涛雒卫生院有职工32人，从事西医、西药的技术人员有14人。2021年，涛雒卫生院有医务人员共78人，其中从事西医的医生50余人；村级卫生所42处，村医务人员69人，多为中西医结合的医务工作者。

域内名医简介

秦鸿基（1893—1980）　字肇堂，男，上元村人，出身于中医世家。1932年，继承父业从事中医，曾受聘于涛雒济生堂任坐堂先生，1945年秋，回村从医。1947年，受日照县医药救国联合会派遣，参加孟良崮战役前线救护队。1949年冬，被政府派往西林子头卫生所行医。1951年春，调大坡新五区卫生院任主治中医师。1956年，调巨峰卫生院，任主治中医师。擅长诊治妇科、儿科多种疾病。带徒数人，传承中医医术。1971年退休。

张仲恒（1907—1993）　男，栈子二村人，生于中医世家。抗日战争胜利前，在村开办诊所。抗日战争时期，曾自己赴虎山镇桥南头“抗日模范村”从医。中华人民共和国成立之初，为发展家乡医疗卫生事业，放弃外地大医院的邀聘，立足栈子村行医，是栈子村卫生所创办人之一。擅长诊治妇科、内科诸多病症。1972年，被涛雒公社卫生院招用，直至退休。

孙傅氏　张洛庙（隶属曹家村）人，擅长用艾灸法医治儿科高热惊厥、破伤风、脑炎等症，治愈的患病儿不计其数。

梁作明　苗家村人，擅长给烧、烫伤者配制药剂。

王修平　字梅生，簸箕笃子村人，延承祖传秘方，主治疙瘩、疖子、蛇胆疮等，号称“野先生”。

丁元秀　赵家庄子村人，继承祖业，配制药剂，专治骨质增生。

第三节　医疗制度

公费医疗制度　1952年，七区内的事业、企业单位的国家公职人员，开始享受国家“公费医疗”待遇。1953年5月，国家企、事业单位的工作人员，开始使用“医疗证”。凡享受公费医疗待遇的人员，可凭证到所在工作区域国办医院就诊、取药，职工家属（子女、父母亲）给予医疗半费报销。1957年9月，公费医疗实行县、区两级管理：每人月指标的40%由县统一掌管，用于城市医院和疗养院病人（含健康查体）的开支；60%由各区掌管，用于门诊费用开支；公费医疗费超支数额逐年增多。1965年，全年享受的公费医疗费用人均14.80元。1976年，根据有关政策，亦工亦农职工本人享受公费医疗待遇，与正式职工同等对待。1978年，改革公费医疗制度，实行经费包干制。1979年，停止使用公费医疗证，享受公费医疗的人员到指定医院就诊，需自付药费，然后回本单位凭单据报销。1988年1月，公费医疗开始实行“一包、二定、三把关”和超支“三挂钩”的管理办法。“一包”即是定额包干：在职职工每人每年36～45元，离退休人员80元，二等乙级以上残疾军人110元；“二定”即定点医院就医，医院确定公费医疗医生；“三把关”即医务人员、医药人员、财务人员严把处方关、取药关、报销关；超支“三挂钩”即是：超支部分由本人、单位、医院按比例三方承担。1993年7月，经费实行定额包干责任制。

2001年3月，公费医疗制度再次进行改革，原公费医疗制度停止执行，改名“医疗保险制度”。是年8月，涛雒镇实施《东港区城镇职工基本医疗保险暂行规定》，原《东港区公费医疗管理实施细则》及有关公费医疗规定同时废止。涛雒卫生院于是年10月设医保门诊，负责全镇的医疗保险业务。区医疗保险处为参保人员建立基本医疗保险个人医疗账户，其资金属个人所有，只限用于个人医疗消费，超支不补，结余滚存。

农村合作医疗制度　1964年，沙岭子大队和王家村大队，为方便群众，各自成立了大队卫生室，集体盖房子，组织医务人员。医务人员实行工分制，参加生产队的分配。办医经费由大队与社员共同出资承担，大队按每人每年 4 元投入，社员每人每年缴 4 元。社员一般疾病不出村，医药费报销 15%，患重病者，凭单据医药费报销 30%。是域内农村合作医疗的雏形。

1968 年，总结沙岭子大队、王家村大队的经验，在域内推行农村合作医疗制度。医疗卫生室由大队管理，医务人员实行工分制，参加生产队的分配。办医经费由社员、生产队、大队共同出资，实行互助互济。社员诊治疾病，实行一定比例的减免，无统一标准。1976 年底，域内 75 个大队，有 62 个大队办起了合作医疗，占大队总数的 82.6%，有赤脚医生 86 人。

1981 年，农村开始实行联产承包责任制，实行合作医疗的大队逐渐减少。1986 年后，除沙岭子村、王家村等仍坚持村办合作医疗外，其他村均由乡村医生承包。

2004 年，开始实行"新型农村合作医疗"。翌年，75 个村全部执行。原"卫生室"更名为"卫生所"。2008 年，全镇共有 63863 人参加"新农合"，新农合覆盖率 100%，农民参合率达 95.6%。新农合资金来源由中央、省、市、区财政、村集体及个人按一定比例筹集。2021 年，域内新农合参保 43733 人。

2009—2021 年部分年份涛雒镇新型农村合作医疗一览表

表 20—3

参合年度	参合人数（人）	个人筹资标准（元）	各级补助（元）	补偿比率
2009	60420	20	80	门诊 25%
2010	62772	20	210	门诊 35%
2011	62381	50	200	门诊 35%；一级住院 65%；二级住院 50%；三级住院 45%；重疾 70%
2012	58122	60	240	门诊 50%；一级住院 80% 药品 90%；二级住院 60%；三级住院 50%；重疾 70%
2013	54764	70	280	门诊 50%，一级住院 80%；药品 90%；二级住院 65%；三级住院 55%；重疾 70%
2021	43733	360	600	一级住院，实施基药制度，起付线至 30 万元报销 90%，其他医院报销 80%；二级住院起伏线至 5000 元，报销 70%，5000 元至 15 万元报销 80%，15 万元至限额报销 80%；三级住院起付线至 1 万元，报销 55%，1 万元至 15 万元报销 60%，15 万元至限额报销 75%

第四节 疫病防治

疫苗接种

预防接种 域内预防接种工作始于 1946 年。是年，在县卫生科的组织和领导下，涛雒区政府聘用社会乡医，到部分村庄给群众种牛痘，预防生痘子（天花），并开始接种伤寒、霍乱二联菌苗，当年种牛痘 1856 人，接种伤寒、霍乱二联菌苗 9650 人。以后每年都进行接种，接种的范围和人数逐年增多。1950 年，县卫生科在七区组织社会乡医，成立一个防治组，开展黑热病防治及预防接种工作。1952 年，为群众种牛痘 18760 人，接种伤寒、霍乱菌苗 13420 人。当年还为 650 人接种精白类疫苗。1957—1980 年，先后开始接种百白二联疫苗、乙脑疫苗、卡介苗、精破类疫苗、脊髓灰质类疫苗、麻疹疫苗、流行性脑脊髓膜炎菌苗、狂犬疫苗、钩端螺旋体菌苗等。这些疫苗接种，有力地控制了相关传染病的发病和流行，如天花，域内自 1953 年后，即无病例发生。

计划免疫 1980 年，涛雒公社按照卫生部颁发的《预防接种工作实施办法》规定的免疫程序，有计划地对儿童实施预防接种，即儿童计划免疫。以生产大队为单位，对 0 ~ 12 周岁的儿童建立了预防接种卡。1981 年后，卡介苗接种每年分两次，对 6 个月以内的婴儿接种和一次对在校 1 年级和 5

年级学生进行加强接种。1982 年，儿童实行统一免疫程序。1983 年，加强了计划免疫冷链建设，配备疫苗冷藏运输车、电冰箱等，使预防用生物制品从储存、运输到村级（单位）接种实行冷链运转，保证了生物制品的免疫效果。1985 年，根据卫生部、教育部、全国妇联《关于试行预防接种证制度的通知》规定，儿童预防接种，实行填写“预防接种证”制度。1986 年 9 月，镇卫生院成立了儿童预防接种门诊，对域内儿童预防接种实施双月运转，后逐渐缩短运转时间，至 2005 年，达到周运转。1987 年，域内开始接种乙肝疫苗。

1991 年 12 月，《山东省儿童计划免疫管理办法》发布施行，规定每年的 4 月 25 日为全省儿童计划免疫活动日，对儿童计划免疫使用疫苗，包括卡介苗、脊灰疫苗、麻疹疫苗、百白破三联制剂、白破二联制剂和乙脑疫苗。儿童入托、入园、入学须持预防接种证。1992 年，开始将新生儿列为乙肝疫苗接种对象重点，实行出生、1 个月、6 个月三针接种法。

1993 年 10 月，免疫接种实行“一人一针一管”制度。当年儿童计划免疫“四苗”（卡介苗、百日破三联、脊灰疫苗、麻疹疫苗）接种率达到 96%。是年 12 月，开展消灭脊髓灰质炎强化免疫活动，总服苗率达 98% 以上。

1994 年，按照区卫生局的统一部署，将乙肝疫苗纳入计划免疫程序，实行冷链同步运转，当年接种率达到 87.3%。

1995 年，计划免疫改以村为单位分散接种为在镇卫生院接种门诊集中接种。

1996 年 1 月，涛雒镇通过了国家对儿童“四疫苗”接种率达到 85% 以上的目标验收。

1998 年，停止 7 岁、12 岁儿童卡介苗复种。1999 年，加强接种门诊的规范化建设，配备微机 1 台，实现计划免疫微机管理。是年 9 月 14 日，国家计划免疫工作检查组来涛雒镇检查计划免疫工作，对 1997 年度出生儿童“四疫苗”和乙肝疫苗的接种、建卡、建证、用卡、用证及 1992 年至 1998 年出生儿童麻疹强化免疫接种进行考核。“四疫苗”接种率、乙肝疫苗接种率、建证建卡、用证用卡率和麻疹强化免疫接种率均达到 100%。

2000 年，通过了无脊髓灰质炎状态国家级验收。2001 年，镇卫生院预防接种门诊被命名为市级规范化门诊。

2021 年以来，开展了麻腮风疫苗、水痘疫苗、流感疫苗的接种工作。

免疫规划 2005 年，对域内 8 月龄至 15 周岁儿童进行了麻疹疫苗的查漏补种，消灭免疫空白。全镇查漏补种麻疹疫苗 1862 人，补种率达 98.5%；是年 6 月份，又对 1 ～ 15 周岁儿童进行甲肝疫苗的查漏补种工作，共补种甲肝疫苗 1930 人，接种率达 99%。同时，重点开展了脊灰、乙脑、麻疹、百白破三联等疫苗的加强接种，累计接种 2456 人。

2006 年，对域内 8 月龄至 15 周岁儿童，再次进行了麻疹疫苗查漏补种，同时，根据省卫生厅、教育厅《进一步加强流行性腮腺炎预防控制工作的通知》和《山东省 15 岁以下儿童乙肝疫苗查漏补种实施方案》的要求，对 8 月龄至 15 周岁儿童开展了一次流行性腮腺炎疫苗的查漏补种和 15 岁以下儿童乙肝疫苗查漏补种。是年 7 月，儿童免疫规划工作实行计算机信息网络管理，服务对象是 0 ～ 6 岁儿童，技术服务工作内容：儿童终生预防接种相关资料的微机化管理，自动制定儿童预防接种计划并进行接种预约，提供接种情况、免疫规划和疾病预防基本知识查询，接种资料网上传输和统计管理人群免疫状况评价以及疾病流行预测、预报等。

2009 年，镇卫生院防保科对域内部分人群实行甲型流感疫苗接种。

常见传染病的防治

天花 俗称“生痘子”，是一种烈性呼吸道传染病。中华人民共和国成立前，域内各村有不同程度的流行。1935—1936 年，小羊卷（华山）患病 32 人，死亡 2 人，病愈者有 5 人留有不同程度的“麻面”。

1946 年，在县卫生科的组织领导下，开始为广大民众接种牛痘。至 1949 年，域内适合接种的民众全部接种。1951 年，基本控制流行。1953 年，此病在域内绝迹。为防止该病复染，域内于 1964 年、1972 年和 1977 年分别进行全民接种疫苗，其余年份实行重点人群接种。1981 年，域内停止牛痘疫苗接种。

霍乱与副霍乱　霍乱是由霍乱弧菌所致的一种烈性（甲类）肠道传染病，也称“二号病”。该病以剧烈吐泻症状为主，发病急、传播快、死亡率高。常因剧烈吐泻，短时间内脱水，脏器衰竭死亡。1920—1935 年，域内几度流行，死亡 200 余人。中华人民共和国成立后，区委、区政府对重点人群实行伤寒、霍乱二联疫苗接种，使该病得到有效控制。

1964 年，涛雒建立渔港检疫站和交通检疫站，对来往行人、旅客实行检疫和访视，开展疫源检索。至 1977 年，域内无发病。1978 年，小海村和曹家村发生霍乱病疫情，发病 66 例，死亡 1 例，由于防治措施得力，未造成疫情再度蔓延。从 20 世纪 80 年代初到 2021 年，域内再无霍乱疫情发生。

麻疹　俗称“生瘀子”，是由麻疹病毒所致的一种急性呼吸道传染病，每年的 3 月至 5 月份为发病高峰季节。中华人民共和国成立前，域内流行极为严重，几乎每年都发生流行，是造成小儿死亡的主要传染病之一。该病发病率及由此而造成的死亡确切数字已无法考证。

中华人民共和国成立后，该病在域内流行仍然非常严重，自 1950 年到 1970 年的 20 年间，该病每年的发病率一直占域内各种传染病发病率的首位。1955 年，域内麻疹大流行，共发病 822 例，患病率为 2.2%，死亡 7 人，病死率 0.85%，发病占当年各种传染病发病总数的 8.6%。此后的 1957 年、1959 年、1962 年、1964 年、1965 年，域内每年发病都在 500 例以上。1965 年发病最多，高达 952 人，患病率为 3.1%，死亡 4 例，病死率 0.42%。最后一次发病高峰是 1971 年，患病 802 例，患病率 2.1%，病死 2 例，病死率为 0.24%。

20 世纪 70 年代前，该病无特效的防治方法，主要是在流行季节，公社卫生院组织技术力量到各大队宣传预防知识，做好患儿的隔离护理等。用紫草、玄参、贯众等中草药熬汤，给易感儿童服用。1968 年，域内首次接种麻疹疫苗，当年接种 3686 人。从 1973 年开始，在域内适龄儿童中进行大规模的预防接种，但因漏种现象普遍存在，疫苗未经低温处理，影响到接种的效果，故 1980 年以前，域内麻疹时有发生，个别年份还出现局部流行。

1980 年，开始实施计划免疫，麻疹发病得到有效控制，发病率大幅度下降。1983 年，全社发病仅 2 例，不久治愈。1993 年发病 1 例，被治愈。1998—2000 年，镇卫生院全面落实《山东省麻疹监测方案》，将麻疹疫情纳入到脊灰疫情专报系统，进行了两次麻疹疫苗强化免疫。对 8 个月龄至 7 周岁儿童，全部接种一针麻疹疫苗。1995 年后，域内麻疹病例几乎绝迹。

流行性出血热　是以老鼠为传播媒介（老鼠携带的螨传播流行性出血热病毒）的自然疫源性疾病，发热、出血为其主要临床表现。典型病例分五期，即：发热期、低血热休克期、少尿期、多尿期、恢复期。

1973 年，县人民医院确诊首例流行性出血热患者，以后每年均有发病。1979 年，发病率开始升高，1980—1982 年，呈流行趋势，其中，1981 年流行达到高峰，全公社患病 42 例，发病率达万分之六点八，死亡 2 人。该病发病早期，因诊治经验不足，多有误诊，延误治疗或因转院诊治加重病情，故早期死亡率较高。1985—1988 年，再次出现发病高峰，其中，1986 年发病 44 人，发病率为万分之七点二，死亡 3 人。1981 年，开展灭鼠防病活动，至 1989 年，达到“无鼠害”镇标准，出血热发病呈下降趋势。1992 年，域内发病 8 人，全部治愈。

1999 年，对重点人群注射出血热疫苗，发病率明显下降。2005—2021 年，域内无发现该病例。

狂犬病　系由过滤性狂犬病毒所致的中枢神经系统传染病。狂犬病狗或带病毒的狗、猫是该病的主要传染源。

中华人民共和国成立前，域内发病情况无文文字记载。1951 年后，该病在域内呈间断、散在性发病。1979 年，日照县成立了狂犬病防治领导小组，涛雒公社认真落实县领导小组发布的《关于扑灭狂犬病和捕杀家犬的通告》，半个月捕杀家犬 90% 以上。1980—1981 年，对剩余家犬逐个登记检疫，全部注射兽用狂犬疫苗。自 1979 年，凡被狗咬伤者，开始注射狂犬疫苗。从 1995 年，使用浓缩狂犬疫苗。自2001年10月1日起，停用人用浓缩狂犬疫苗，更换使用副反应少、稳定性好、免疫效果可靠的人用狂犬病纯化死疫苗。2005年后，全镇落实以动物和暴露人群免疫为主的综合预防措施，有力地控制了狂犬病的发生。

结核病 俗称“痨病”，是由结核杆菌所致的呼吸道传染病，人身体除毛发和指甲外，其他脏器均可患病，但以肺结核为多。

中华人民共和国成立前，患者几乎村村都有，发病情况无法考证，且无特效药物治疗，病死率较高。中华人民共和国成立之初，开始用异烟肼、链霉素治疗，虽是特效药，但药品价格昂贵，绝大多数病人无钱医治。用该药治疗者，也多因间断治疗，常产生耐药性而成为难以治愈的慢性病人。从1958年开始，开展卡介苗接种预防结核病，对6个月内的新生儿初种，7周岁和11周岁的儿童进行加强免疫接种。1979年，在临沂地区结防院防痨科的帮助下，成立日照县结核病防治所，组织开展结核病普查。至1982年，域内共查出肺结核200余例，对普查出的肺结核病人，根据病情拟定初、复治排菌病人6 ~ 8个月短期治疗（增添了利福平、吡嗪酰胺、乙胺丁醇等特效药）方案，病人在家治疗，定期复查。1981年，采取“四个一点”（国家照顾一点、乡镇支持一点、大队帮助一点，病人负担一点）的办法，落实治疗经费。1992年，启动实施世界银行贷款中国结核病控制项目，对确诊的结核病人实行免费治疗。1994年后，域内医疗单位发现结核病人一律归口转诊到市结核病防治所诊治。

病毒性肝炎 域内病毒性肝炎，主要有甲型肝炎和乙型肝炎两种。甲型肝炎也称黄疸型肝炎，是由肝病毒所致的消化道传染病；乙型肝炎是由乙肝病毒所致的血源性传播的传染病。

自1959年开始，国家对病毒性肝炎实行疫情报告制度，是年，域内报告发病5例，以后每年都有散在发病。从1974年开始，发病呈上升趋势。1977—1978年，连续暴发流行，高峰时，域内病例达189人。1983年，李家营子大队发病66人，均属甲型肝炎。

20世纪60—70年代，对甲型肝炎的预防，主要是对病人早发现、早隔离、早治疗。病人所接触过的物品及排泄物用漂白粉消毒，搞好饮水饮食卫生，加强粪便管理和灭蝇工作；对易患儿童密切接触者用板蓝根、茵陈、丹参、大枣等中药预防；组织饮食从业人员和托幼教师健康查体；医院、卫生室搞好隔离消毒。到20世纪80年代，做到一人一针一管消毒。从1984年始，对用过的医疗器械实施过氧乙酸二次消毒。1987年后，普遍推行使用一次性注射器和输液器。

1987年开始，对新生儿实行乙肝疫苗接种。1998年，开始对检出的孕妇乙肝表面抗原性者，实行母婴乙肝免疫球蛋白阻断治疗。2000年后，域内甲型肝炎和乙型肝炎报告发病率分别为万分之零点一四和万分之一左右。

伤寒与副伤寒 该病是由伤寒杆菌所致的一种肠道传染病。中华人民共和国成立之前，伤寒病在域内长期流行。从1917年至1944年，域内就曾发生过12次暴发流行，发病1200余例，病死180多人。1944年，郭家庄子村61户，发病309例，病死13人。

1949年，域内实施注射伤寒、霍乱“二联”菌苗。以后连续20年，对重点人群进行“二联”或“三联”菌苗注射。同时加强了“三管一灭”（即管水、管粪便、管饮食、消灭苍蝇）和“四改造，五建设、六统一”为重点的农村卫生基本建设，改善环境卫生，故发病率逐年下降，有时连续几年无发病例。2000年后，域内未发现该病例。

流行性脑脊髓膜炎 简称“流脑”，是由脑膜炎双球菌引起的一种急性呼吸道传染病。15岁以下儿童发病居多，每年3—4月为高发季节，是1960—1979年危害儿童身体健康的最为严重的传染病之一。

1945年，域内流行过该病，具体情况无记载。从1951年到1961年，域内每年发病10例左右，病死率高达30%到40%。

1962年，域内流脑第一次大流行，属日照县重发病区，共报告发病142例，发病率为2.92‰，死亡13人，病死率为9.1%。1965—1968年，连续4年大流行，每年发病率都在2‰以上，其中，1967年，流行最为严重，共发病212例，患病率为 5.582‰，死亡 15 人，死亡率为 7.1%，这次流行波及域内各个大队。1977 年，域内再次发生大流行，共发病 82 人，发病率 0.54‰，死亡 3 人，死亡率为 3.65%。

20 世纪 60 年代及以前，主要用中药熬汤预防；对重点户及周围户或重点村，15 岁以下儿童口服磺胺类药物。1967 年，开始在流行季节使用 2‰ 呋喃西林液滴鼻、咽喉等。1972 年，开始使用流脑菌苗预防接种。从 1983 年开始，每年对所有适龄儿童接种流脑疫苗，使流脑发病率逐年下降。

1983 年，域内发病 7 人，均治愈。1993 年后，域内无病例发生。2006 年，山东省将流脑疫苗列入儿童计划免疫接种。

流行性乙型脑炎　简称“大脑炎”，是由乙脑病毒经蚊虫传播的急性传染病。10 岁以下儿童发病居多，死亡率高，治愈后多留有智力低下等后遗症。每年 7—8 月为发病高峰期。

该病自 1950 年域内开始有病例报告，是年发生 2 例，死亡 1 例，以后每年都有散在发病。1955 年和 1961 年，死亡率分别高达 52% 和 56.5%。1956—1971 年，域内发生多次较大流行，主要有：1956 年，26 例，患病率为 0.52‰；1966 年，29 例，患病率为 0.58‰；1967 年，18 例，患病率为 0.42‰。

1957 年，域内开始试用乙脑疫苗，当年接种 60 人份。1978 年，开始对适龄儿童接种乙脑疫苗，当年接种 15890 人。

1980 年后，该病发病呈持续下降趋势。1986—2009 年，域内共发病 5 例，均治愈。

脊髓灰质炎　俗称“婴儿瘫”，是由脊髓灰质炎病毒引起的一种消化道传染病。每年夏季是发病高峰，1 ~ 5 岁儿童发病较多。患儿愈后多留有下肢不同程度的瘫痪状态。

自 1951 年开始，域内有病例报告，是年发病 4 例，死亡 1 例。1952 年和 1966 年，是发病高峰年份，分别发病 7 例和 6 例，其次，1965 年和 1970 年，各发病 2 例。1971—1982 年，共发病 6 例。

1968 年，域内开始试服脊灰疫苗，俗称“婴儿瘫糖丸”。1969 年，在全社范围内普服疫苗，服苗对象是出生 2 个月至 7 周岁儿童，当年服苗 9888 人份。1980 年后，脊灰疫苗纳入计划免疫。自普服疫苗后，发病率逐年下降，1983 年后，域内无病例发生。

1993—1996 年，落实《全国消灭脊髓灰质炎行动计划》和《全国消灭脊髓灰质炎强化免疫日活动实施方案》，在全国第一、二个强化疫日，域内对 0 ~ 4 个月龄儿童，全部实行 4 次强化服苗。1993 年 12 月 5 日和 1994 年 1 月 5 日，全镇服苗儿童各为 1960 人和 1922 人，服苗率分别为 96.8% 和 96.2%。1995 年 12 月 5 日和 1996 年 1 月 5 日，全镇服苗儿童分别是 1644 人和 1692 人，服苗率分别为 98.2% 和 98.5%。2000 年，通过无脊髓灰质炎状态国家级验收。至 2021 年，域内连续近 40 年未发现脊髓灰质炎病例。

钩端螺旋体病　简称“钩体病”，是一种自然疫源性急性传染病。带菌的散养猪、狗是该病流行的主要传染源。该病的主要表现是高热、头痛、全身无力，眼结膜红肿、腿痛、腹股沟淋巴肿大，每年 6 月至 7 月份发病居多。1970 年 7 月，域内雨水型钩体病暴发流行，全年发病 582 例，病死 1 例，波及 65 个大队。1971—1981 年，10 年间发病 378 例，无死亡记录。疫情发生后，卫生院在县防疫站、县医院的配合指导下，成立钩体病防治小组，进行流行病学调查，针对发病原因，采取将猪散养改为圈养的办法，控制和消灭传染源；对患病者使用青霉素等药物治疗。1982 年后，域内再无发病。

黑热病　俗称“大肚子病”，是以中华白蛉为传染媒介，由杜氏利什曼原虫所致的一种虫媒传染病。

该病在域内蔓延流行历史较长。自 1940 年开始，滨海专署卫生科即组织地方医生用“吐酒石”治疗黑热病。但因战乱，加之医疗条件差，未能得以推广，该病流行一直未能得到控制。1948 年，对域内 45 个自然村 26795 人进行普查，患病 246 人，发病率 0.92%。1949 年，域内患病率为 5.2‰，是全县高发区之一。

1950 年后，在县卫生科的领导下，七区成立了黑热病防治组，在全区范围内对黑热病开展了普查普治。从 1950 年到 1954 年，共免费用“斯锑黑客”治疗252人，同时，使用“六六六”等药物喷洒消灭传播媒介白蛉子，使黑热病发病率逐年下降。1951年，域内患病122人，至1956年下降到13人。1962年，域内仅发病1例。1965年，通过了省、地联合验收，自此，黑热病在域内绝迹。

麻风病 俗称“大麻风”，是由麻风杆菌经密切接触传染的一种慢性传染病，分结核样型、瘤型和界限型。主要侵犯皮肤黏膜和周围神经，也可侵犯深部组织和器官。潜伏期平均为2～5年，短者数月，长者超过10年。该病病程长，晚期病人口歪眼疤，局部溃疡流血，肢体残缺，难以治愈。

该病在域内发病约有数百年历史。中华人民共和国成立前，患者无人管理，不知隔离，无法治疗，致使该病蔓延流行。中华人民共和国成立后，党和政府对该病的防治十分重视。1953年，县卫生科组织人员在域内对该病进行普查试点，至1956年，共查出现症病人31人。为了对麻风病人进行集中治疗，1958年，县委、县政府在虎山镇下寺和陈疃镇的罗汉寺，建立两处麻风村，隔离、免费收治病人。1959年，域内累计登记病人42人，去麻风村隔离治疗26人。对住村病人和社会已确诊的病人，均采取口服氨苯砜、苯丙砜、氨硫脲治疗，患者陆续治愈。1975年和1982年，连续进行了两次全面普查，查出病人5例。至1984年，域内累计登记病人67人，治愈54人，治愈率80.6%，在治病人13人。至1990年，域内麻风病达到基本消灭的标准。2009年，域内尚有治愈存活病7例，由市“皮防站”医生和镇卫生院兼职医生定期到病人家庭随访，病者均在家服药巩固稳定。2021年出现麻风病4例，均得到免费救治。

手足口病（HFMD） 是由肠道病毒引起的急性肠道传染病，多为学龄前儿童发病，3岁以下年龄组发病最高。其早期主要表现为发热，部分患者伴有手足口腔等部位出现疱疹、咳嗽、呕吐等，有的病例病情进展快，临床表现多样，有短期内出现急性呼吸窘迫综合征、中枢神经系统异常和心力衰竭等器官功能损伤，可在数小时内死亡。该病传染性强，传播途径复杂，流行强度大，传播快，极易在短时间内造成流行，四季均可发病，夏季为高发季节。

2006年，域内发病1例。在这之前，国家尚未将手足口病列入法定传染病管理，因而域内该病虽有报告，但报告发病数不够准确。疫情发生后，镇卫生院防保科根据东港区制定的《东港区手足口病监测方案（试行）》和《东港区手足口病应急预案》，成立了24小时值班制度和预检分诊及疫情网络直报制度。2009年，域内手足口病共报告发病90例，发病率为12.8‰。至2021年，无死亡病例发生。

地方性传染病

丝虫病 丝虫病是以蚊子为传播媒介的一种寄生虫病，其成虫寄生于人体淋巴系统，可使患者反复出现急性淋巴管炎，晚期患者会出现肢体及阴囊象皮肿（俗称粗腿、大蛋）、乳糜尿。

1956年前，该病在域内的患病情况无资料记载。1956年9月，域内居民感染率23.1%，其中通过蚊子感染的18.3%。1957年，省丝防大队对泥田沟大队（隶属磴山区）进行丝虫病流行病学调查，受检1169人，微丝幼阳性162人，阳性率为13.9%，将日照县定为中度流行病地区。1958年，在县卫生部门的指导下，涛雒卫生院组织人力、物力，开始对丝虫病进行普查，并有计划地全面防治。至1982年，共组织12次全民性丝虫病普查，受检21.6万余人次，查出丝虫感染阳性者8241人，及时给予免费治疗。对11个丝虫病高发村庄的9852人，进行全民性服药防治。1980—1982年，连续4次普查，微丝幼感染率为1.4%。1983年，经上级检查验收，达到省规定的基本消灭丝虫病的标准。1995年，对廒头管理区11个村进行了检测，未发现微丝幼阳性者及丝虫感染的蚊虫。到2003年12月，经省确认，涛雒镇已达到消灭丝虫病的标准。

疟疾 俗称“发疟寒”“打摆子”，是以蚊子为媒介传播疟原虫所致的一种血液寄生虫病。域内发病主要是“间日疟”。

中华人民共和国成立前，为域内主要地方病之一。1951—1986年，累计发病2.8万余人次，仅1961年9月一次疟疾大流行，即发病5200余人，发病率高达11%。20世纪60年代初，涛雒卫生院按照县防疫站的统一部署，加强了灭蚊防病的宣传教育，并对现疟病人予以治疗，对疫区群众进行全民性服药预防。1970 年后，发病率逐年下降。1983 年，域内仅发病 12 例，疟疾基本得以控制。

1986—1988 年，对疟史病人用乙胺嘧啶和伯胺喹啉进行休止期根治。镇卫生院设发热门诊，对发热病人进行采血镜验，对来自高疟区人员进行服药预防。至 1988 年，疟疾基本消灭。1992—2021 年，域内未发现疟疾病例。

地方性甲状腺肿　简称“地甲病”，俗称“瘿脖子”，是由缺碘引起的甲状腺肿，是甲状腺代偿性增大的结果。域内发病时间较长，但无资料记载。1980 年，省地方病防治所等单位，对涛雒公社社员进行甲状腺肿调查，结果显示，域内居民缺碘轻微。1986 年，市政府颁布了《关于搞好地甲病病区碘盐供应，禁止非碘盐销售的布告》，遏制了非碘盐在缺碘病区的销售，对甲状腺肿病区人群补服碘油丸防治，地甲病基本控制。1991 年，实行了碘盐销售许可证制度。1995 年，推行特需人群补服碘油丸。1996 年，域内居民达到消除碘缺乏病目标。2000 年，达到消除碘缺乏病阶段目标。2001—2009 年，域内继续按照《消除碘缺乏病危害目标规划》要求，加强碘盐批发、销售、食用各环节的监督、检查力度，确保全民食用碘盐质量，巩固了消除碘缺乏危害目标的成果。

地方性氟中毒　该病是由于长期饮用含氟量超标水而引起的氟中毒损害。中华人民共和国成立后，域内个别村庄有发病。1981 年，首次对发病严重的侯家村、竹子河崖村生活饮用水检验，含氟量为 2.0 毫克 / 升。10 月，对两大队进行氟中毒普查，共查 1015 人，普查率为 96.5%，查出氟斑牙患者 638 人，患病率为 62.90%，两大队被确定为氟中毒中等病区。1982 年，开始对饮水超氟区进行改水。1988 年，侯家村、竹子河崖等 8 个村，由国家拨款和村民集资，进行改水，饮水达到了国家规定的质量标准，使该区 5800 余人免除病害。1988—1993 年，对侯家村、竹子河崖等 8 个村，每年进行 3 次（丰水期、平水期、枯水期）水质水氟含量的检测，水氟含量小于 1.0 毫克 / 升，保持了饮用水质一级指标。1996 年 5 月，域内以上 8 个村，通过了省卫生厅对氟病区进行的考核验收，达到了省基本控制地方性氟中毒标准。2001 年，市防疫站地方病科复对域内氟病区进行调查考证，水含氟量小于 1.0 毫克 / 升，确认降氟改水工程管理和运转正常，未发现新病区。自 2007 年起，该氟病区饮用水由镇供水中心供水。

第五节　妇幼保健

中华人民共和国成立前，域内无专业妇幼保健机构。生孩子沿用传统的接生方法，由接生婆接生（也有的经孕妇自行处理），在土炕上或在锅门口铺上草生孩子，所以小孩出生俗称“落草”。小孩出生后，用普通剪刀或镰刀剪断脐带。用破布条或破衣服包裹，有的干脆放到破旧棉絮里，无消毒措施，卫生状况恶劣，故产妇难产、产后感染和新生儿破伤风等发病率高，死亡率高。加至广大妇女家境贫寒、衣食无着、产后劳作，多留下严重的“月子病”。儿童天花、麻疹、白喉、流脑、乙脑、脊髓灰质炎等传染病连年流行，广大妇女儿童生命安全无保障。

中华人民共和国成立后，党和政府高度重视广大妇女儿童的身体健康，建立妇幼保健机构，培养专业技术人才，改造旧产婆，推广新法接生，并出台了一系列的妇幼保健政策，推动了妇幼保健工作的发展。1958 年，涛雒卫生院成立，内设妇产科，配备专业技术人员 2 名。1963 年，区、生产大队两级妇幼保健网基本建立。至 20 世纪 70 年代中期，基本普及了新法接生，1976 年，新法接生率达到 96.8%。1980 年以后，新法接生率达到 99% 以上。同时，积极开展妇幼保健、儿童保健工作，普查普治妇女病。自 1994 年以来，涛雒镇贯彻实施《中华人民共和国母婴保健法》，依法开展各项妇幼保健工作，保障了广大妇女儿童的身体健康。2007 年，孕产妇死亡率由 1994 年的 0.4‰降至 0.21‰；婴幼儿死亡率由 1994 年的 15.4‰降至 5.2‰。2020—2021 年，住院分娩率连续两年达到 100%，孕产妇死亡率为零。

镇、村两级保健网建设　涛雒卫生院成立后，配有妇幼保健人员 2 名，是从事过卫生所工作的人员，经过参加上级短期培训或带训，在卫生院从事接生工作。1964年4月，县医院举办了为期1个月的助产士培训班，涛雒卫生院选送1名学员参加，结业后回公社卫生院工作，增添了妇幼保健工作的技术力量。主要任务是在上级业务部门的指导下，推广新法接生。20世纪70年代以后，卫生院妇幼保健人员增至4人，有1名是妇幼专业学校毕业的，其他是护士或医生，经过上级有关部门进行带训，从事妇幼保健工作。同时，卫生院选拔女乡村医生，经过带训，从事育龄妇女放环等计划生育工作，也配合在职妇幼人员开展妇幼保健工作。

1972年，卫生院设置了妇产科门诊，开展平产接生、妇女病普查普治及指导农村接生员普及新法接生工作。1982年，卫生院妇产科有助产士2人，为卫生院妇幼保健工作的技术骨干。

1993年后，镇卫生院妇产科共有医务人员6名，设有诊断室、产房，配有检查床、简易产床、接生包、脚踏吸引器、血压计、听诊器、听筒等设施。

1996年2月，东港区卫生局制定了《东港区乡镇医院妇产科基本标准》，对乡镇卫生院妇产科技术力量的配备、基本设施、器械设备、救急药品、宣传版面、工作制度等作出明确规定。涛雒镇卫生院认真贯彻落实该标准规定，妇产科人员达3人，所配备人员具备中专以上学历、妇幼医师以上职称。1997年，开展创建爱婴医院活动和母婴保健技术服务执行许可证的审验，促进了《乡镇医院妇产科基本标准》的落实。涛雒镇卫生院妇产科做到诊断室、检查室、分娩室分开，增设了宣教室、待产室和产科病房，建成爱婴国家级医院。

2001年，东港区卫生局印发《东港区镇、街道卫生院妇产科抢救药械配备标准》的通知，镇卫生院根据这一通知要求，多方努力，全面落实，确保妇产科急诊抢救工作顺利开展。至2013年，镇卫生院妇幼保健工作各个方面均达到了上级规定标准。

村级接生员及妇婴保健员　1949年，县卫生院举办了首期“新法接生培训班”，涛雒区选送8名妇女干部参加培训3个月，结业后回原地担任接生员。1950年，对域内原有的14名旧产婆和12名新接生员进行了新法接生知识培训。到1980年，全公社有接生员48人。为加强对农村接生员的组织领导，公社于每个管理区选出1名接生员网长，并建立了例会制度，通过例会交流接生经验。

20世纪80年代后期，提倡住院分娩，随着住院分娩率的逐年提高，农村接生员的作用逐渐淡化。域内孕产妇入院分娩率已达到82%以上，农村接生员的任务主要是：宣传孕期保健知识，发现早孕，建卡，陪同孕妇到医院进行孕期检查。

1996年，根据《中华人民共和国母婴保健法》的有关规定，家庭接生员接生，须由各乡镇、街道医院根据需要，写出家庭接生人员报告，经区卫生局统一培训、考核，对接生场所验收合格，取得家庭接生员技术合格证书后，方可开展接生。但接生员无一申请家庭接生，至此，农村接生员终止了接生。

1999年，学习竖旗山乡妇幼保健保偿工作经验，在域内75个村实行妇女主任担任妇幼保健员。2000年8月—9月，域内75个村的妇女主任分四期，参加了区妇联、卫生局联合举办的以妇幼保健知识为主要内容的培训班。2000年后，域内全部落实了由村妇女主任担任村级妇幼保健员的工作，镇、村两级妇幼保健网得到了进一步健全。

孕产期保健　中华人民共和国成立前，农家妇女怀孕至6个月后，仍需进行较强体力劳动，直至生产，有的甚至在劳动中生产。妇女生孩子都靠老娘婆接生，她们既无医疗器械，又不懂消毒盒接生技术，因而滞产、难产、产后大出血、产褥感染、新生儿破伤风等时有发生。中华人民共和国成立初期，党和政府对此非常重视，把改造旧产婆（老娘婆）、推广新法接生、“一包、三消毒”（即剪刀、扎线，包布消毒、脐带消毒、会阴消毒）作为当时妇幼保健工作的重点。

1954年起，政府为每个接生员无偿配备一套接生包（剪刀、止血钳、扎线、绷带等），做到用前锅蒸消毒。1958年，涛雒卫生院设立妇产科接生。1978年，普及新法接生率达98.2%。

1982年后，域内孕产妇陆续集中到高旺医院（县级）、涛雒公社卫生院分娩，入院分娩率达

80% 以上。1986 年，对孕妇建卡、建簿，即“四卡”“四簿”（婴儿出生、新生儿死亡、孕产妇、孕产妇死亡登记卡、簿），用卡上报，管理记录上簿，实行系统化管理。

1990 年 6 月后，卫生部门要求孕产妇全部到医院分娩。全镇住院分娩率达 96.6%，新法接生率 99.8%，杜绝了产褥热和新生儿破伤风。

1995 年，落实《中华人民共和国母婴保健法》，东港区政府出台《东港区妇幼保健保偿管理暂行办法》，符合入保条件的妇女和儿童，可自愿向其居住地的妇幼保健机构缴纳一定数额的保偿金，妇幼保健机构为其提供相应保健服务，保健保偿收费标准为每个入保孕妇 100 元。是年，全镇有 36 个村的 198 名孕妇入保。

2000 年，区卫生局对乡镇卫生院产科病例书写进行了考评，提高了镇卫生院妇产科孕产期保健工作质量。是年，在域内 32 个村各推选 1 名村妇幼保健员，参加了区卫生局组织的以孕产期保健知识为主要内容的培训班。

2006 年，区卫生局开展了对妇产科人员关于产科急诊急救知识的培训。域内各村妇幼保健员发挥作用，带领孕产妇定期到卫生院进行孕期检查，或陪同到医院分娩，确保孕产期保健质量。是年，在镇卫生院或区医院、妇幼保健站等医疗机构分娩 256 例，办理孕妇入保 196 人，全年孕产妇保健系统管理率 96.4%，住院分娩率连续多年达到 100%，孕产妇死亡率为零，婴儿死亡率降至 5.82‰，出生缺陷率为 9.28‰。是年 12 月，根据《山东省助产技术管理办法》的有关规定，镇卫生院妇产科申请开展助产业务，并经有关业务部门考核验收，达到一级助产标准。

2009 年 7 月起，根据上级有关部门指示，农村孕产妇分娩一律入区级以上医疗机构。

儿童保健　儿童保健工作始于 1946 年，涛雒区根据日照县卫生科的统一部署，先后对儿童全部实行了牛痘菌、脊灰疫苗、精白类、流脑菌苗、卡介苗、百白二联、精破类、乙脑疫苗、麻疹疫苗等预防接种，控制或消灭了严重危害儿童健康的天花、麻疹、百日咳、流脑、乙脑、脊髓灰质炎等传染病的发生或流行。

1951—1977 年，域内儿童保健依托农村托儿所进行。

自 1978 年开始，公社卫生院每年都组织医务人员，对学龄前儿童进行健康查体，注重小儿贫血和佝偻病的查治。1979 年，配合县妇幼保健站，首次对学龄前儿童大规模健康普查，共查体 6860 人，查出各种患病儿童 1220 人。1983 年，进行第二次普查，以独生子女为重点，普查 7 岁以下儿童 3220 人，实查率为 61%，查出各种小儿疾病近 20 种 1262 人，儿童贫血发病率为 28%，佝偻病发病率为 12%。对此均采取了治疗措施。

1986 年 4 月，镇卫生院按照市妇幼保健站的部署，开展儿童保健咨询，指导、督促托儿所、幼儿园落实卫生部颁发的《托儿所、幼儿园卫生保健制度》。1992 年，开展对儿童推行“四、二、一”查体（1 岁内每季度查体 1 次，2 ~ 3 岁每年查体 2 次，4 ~ 7 岁每年查体 1 次）制度，实行儿童系统保健管理。1994 年，全镇实行保健系统管理的儿童有 1620 人，管理率为 42.1%。是年 4 月，为 3 ~ 14 岁儿童补服了碘油丸，服用率为 98.2%。

1997 年，全镇在开展创建爱婴医院活动的同时，继续抓好儿童保健保偿与出生医学证明签发和儿童计划免疫门诊接种的综合工作，落实儿童保健的系统管理，提高管理质量，做到“表、卡、册”齐全，科学育儿。母乳喂养知识宣传到位，对查体儿童作出营养发育评价，对影响儿童发育因素进行指导，查出的体弱儿童实行专案管理。

1999 年 3 月，根据《托儿所、幼儿园卫生保健管理办法》中“托儿所、幼儿园的工作人员每年必须在当地妇幼保健机构进行一次健康查体，工作人员体检合格，方能上岗”的规定，镇卫生院配合区妇幼保健站，对域内所有托儿所、幼儿园工作人员进行全员查体，发现不健康者 5 人，依法调离工作岗位，对其余合格者颁发“健康证”，持证上岗。以后，每年对从事托幼工作人员进行一次健康查体。1999—2000 年，在全镇开展了新生儿疾病筛查工作，如新生儿按脚印，筛查先天性甲状腺功能低下症和苯丙酮尿症，共采血 582 人，检出先天性甲状腺功能低下 1 例，由市新筛中心给予免费治疗。

2003年，区妇幼保健站设立听筛中心。从2004年1月1日起，镇卫生院配合区妇幼保健站，对出生后1个月、3个月新生儿到区妇幼保健站进行2次筛查，对确诊为听力障碍者，采取干预治疗，指导落实康复训练治疗。

至2009年，全镇儿童入保，落实“四、二、一”查体制度，实行系统管理。对新生儿两病筛查、听力筛查，查出的疑似病例，均转市、区妇幼保健站落实免费治疗。

妇女保健 主要是指妇女劳动保护和妇女病查治。中华人民共和国成立后，域内妇幼保健工作在各个不同的历史时期，着重落实《劳动保险条例》《山东省女工保护工作暂行规定》等文件精神，指导农村、机关、厂矿、企事业单位搞好妇女“五期”（月经期、孕期、产期、哺乳期、更年期）劳动保护，落实各项保健措施。

1960年以来，子宫脱垂、尿瘘、宫颈炎、阴道炎是困扰广大妇女的常见病、多发病，被列为妇女病查治的重点。1960年，涛雒人民公社、下元人民公社首次对域内妇女子宫脱垂发病情况进行了调查，查出子宫脱垂病人126例，其中，Ⅰ度患者58人，Ⅱ度患者35人，Ⅲ度患者33人，采用土单验方治疗。县妇保站坚持每年到涛雒，对其中20%～30%患者进行随访，以指导治疗。此后，结合计划生育工作的开展，坚持每年有计划地开展查治妇女病工作。

1972年，根据省、地关于“普查普治妇女病”的部署，公社卫生院配合县妇保站、高旺医院，在域内开展妇女病普查普治工作。共查6850人，查出妇女病20余种，各种病患者计1952人，发病率为28.5%，治疗962人，治愈504人，好转452人。1978年，查出子宫脱垂患者42人，尿瘘者8人，采用手术和明矾注射液宫内注射疗法进行治疗，治愈和好转率达95.5%。1985—1986年，镇卫生院和镇计生委携手，对域内6295名妇女进行健康查体，各种妇女病的总发病率为20.8%。由于多年坚持妇女病普查普治，使子宫脱垂、尿瘘等妇女病均得到了相应的治疗。

1994年，镇卫生院与镇计生委联合对各村、企事业单位从事妇女工作的负责同志，进行了妇女“五期”保健知识培训。1995年，镇卫生院组织开展妇女健康查体，共检查妇女5886人，查出各种患病者1109人，患病率为18.84%，对患病者都提出了相应的治疗意见。1997年，随着创建爱婴医院工作的开展，通过举办各种类型的培训班，加大了妇女保健知识的宣传力度。1998年，在域内企事业单位开展对女职工进行健康查体，共查26个单位，312名女职工，查出患病者42例，患病率为13.5%，对患者进行相应治疗，并建立健康档案。

进入21世纪后，各级医疗机构根据新时期妇女病患者的新特征，加大查治力度，对农村、企事业单位广大妇女，每年都进行健康查体，发现病患者，及时提出治疗建议，使妇女保健工作逐步走向科学化、制度化。

第六节　医药品经营

中华人民共和国成立前，域内药品经营均系私人开办。主要为中药材（含成药），西药极少。经营的药品，除自己就地购置外，大都由青岛、上海等大药房购进。中华人民共和国成立后，药品经营由国家统一计划购销，域内设专营机构。

涛雒医药分公司 1967年春，涛雒药材经营组成立，场所位于涛雒街北门里，占地880平方米，有房屋28间，隶属日照县药材公司。担负涛雒、巨峰、大坡、高兴4个公社217个大队医疗室、5处医院和4个兽医站的药械供应。

1993年，涛雒药材经营组划归日照医疗器械采购供应站，更名为日照市医药公司涛雒分公司。是年5月，在204国道西侧涛雒五村征用土地3333平方米，建三层办公营业楼1栋，面积837平方米；仓库1排，面积435平方米，于1995年初建成投入使用。主要从事中、西药品和医疗器械的批发经营业务，经营1000多个品种。原药材经营组场所改为零售药店，名为日照市真诚大药房有限公司涛雒零售店。2002年3月，该零售店迁至商业街东端，划归涛雒医药分公司管理。原涛雒药材经营组场所，于2004年对外出售。

1964—2003 年涛雒医药分公司（经营组）负责人任职更迭表

表 20—4

职务	姓名	性别	籍贯	任职时间
主任	王稀明	男	岚山区巨峰镇	1967.3—1971.3
主任	张玉田	男	岚山区高兴镇	1971.3—1972.4
主任	苗维法	男	东港区后村镇	1972.4—1973.6
主任	张守玉	男	东港区南湖镇	1973.6—1992.5
主任	吕祥喜	男	东港区日照街道	1992.5—1993.1
经理	唐永斋	男	莒县寨里河乡	1993.1—1995.3
经理	张瑞青	男	莒县阎庄镇	1995.3—2001.3
经理	张守义	男	岚山区安东卫街道	2001.3—2003.6

2003 年，随着国家对药品经营业实行《药品经营质量管理规范》（简称 GSP）的强制认证，涛雒医药分公司批发经营业务撤销，并入岚山医药分公司。

涛雒镇药房　1995 年，日照真诚大药房有限公司在涛雒设零售店，拉开了域内集体或个人开办大药房的序幕。至 2013 年底，域内共有满足注册条件的大药房 28 家，经营品类有药品、保健品、卫生用品及医疗器械等。

2021 年，域内有药房零售店 23 家。

2013 年涛雒镇药房一览表

表 20—5

名称	业主	地址
真诚大药房	付　伟	右所村
民康药店	丁开慧	商业街东首
仁和大药房	刘加坤	涛雒镇驻地
瑞阳大药房	姜秀瑞	涛雒国安路东侧
健康大药房	刘　红	栈子一村
鸿祥药房	庄玉娟	东风村
爱民药房	滕怀雷	刘家湾村
仁华大药房	刘加坤	簸箕笃子村
玉泰药房	秦忠嗣	右所村
济民大药房	刘昌燕	栈子一村
汇众大药房	孙成现	涛雒商业街
福生堂大药房	刘振峰	曹家村
鑫源大药房	朱仕友	高旺庄村
众康药店	丁惟常	丁家官庄村
万福堂大药房	黄　伟	涛雒四村
仁济大药房	杨学爱	涛雒国安路
为民大药房	刘维明	李家潭崖村
盛源药店	刘家春	涛雒三村
盛华药店	滕　玲	刘家湾村
盛康药店	王世峰	小海村
大勇大药房高旺连锁店	王　燕	高旺庄村
大勇大药房涛雒连锁店	牟　涛	南店村
宝兴堂大药房	尹永艳	涛雒三村
大勇大药房栈子连锁店	葛长峰	栈子村
福源大药房	王　霞	涛雒镇驻地
传德大药房	于　丽	曹家村
健康大药房	唐艺闽	栈子一村
仁华大药房	王贵兵	簸箕笃子村

第七节　爱国卫生

环境卫生整治　中华人民共和国成立之初，县政府规定，每年 5 月和 12 月，进行 5 天的卫生大扫除。域内各村、各企事业单位认真贯彻落实，从未间断。1952 年 3 月 21 日，一架标有 SUS 的飞机，在涛雒沿海上空撒下了大量带细菌的苍蝇、蚊子、花盖虫、黑甲虫、飞蚂蚁等。日照县委、县政府，及时组织指导区委、区政府，发动群众，开展除害灭虫突击活动。是年，全区各个村修井台、加井盖 60 余眼，掘山泉 20 多处，捕鼠 15360 只，堵鼠洞 5280 个，灭蝇 32.6 公斤，灭蛉 16210 平方米。1956 年，域内掀起以除“四害”（麻雀、老鼠、蚊子、苍蝇）为重点的爱国卫生运动，各村成立了捕鼠队、捕雀队。是年，共捕鼠 3.6 万只，挖蝇蛹 210 公斤，基本达到“三洁”“四无”（街道洁、家庭洁、厕所洁，无鼠、无雀、无蚊、无蝇）

的村庄 15 个，学校 16 处，所有粮食无鼠害。

实行农业合作化以后，为达到多积肥、讲卫生的目标，从积肥入手，狠抓“四改造”（改造厕所、猪羊牛圈、鸡窝、泼水汪）、“五建设”（建田间猪圈、牛圈、羊圈和厕所、肥池）、“六统一”（统一管理人粪尿、猪粪、畜粪、鸡粪、污土、干灰）为重点的积肥卫生基本建设，使农村卫生面貌大为改观，疾病减少。

1965 年 3 月，全省积肥卫生现场经验交流会在日照县召开，涛雒公社作了经验介绍，概括为“两管、五改”（管水、管粪，改造厕所、畜圈、鸡窝、水井和环境）。

1975 年，公社党委发动群众，开展以除害灭病为中心，以“两管五改”、大办沼气为重点的爱国卫生运动。1979 年，全公社改良水井 69 眼，建手压水井 326 眼，自来水塔 6 座，改造厕所 765 个，建三连通沼气池 265 个，整修街道 1520 条，疏通沟渠 265 条，农村卫生面貌得到较大改善。

1981 年，公社根据上级指示，从卫生文明建设入手，以治理脏、乱、差为重点，深入开展爱国卫生运动。1982 年 3 月，开展第一个文明礼貌月活动，全公社 3 万余人参加了治理脏、乱、差的卫生大扫除。清送垃圾，治理卫生死角，特别是公社驻地涛雒街诸村，疏通污水沟，整修治理街道，清除白色污染，使社内卫生面貌大为改观。同时，把卫生和环境美作为评比文明单位、文明村、五好家庭的重要内容。1985—1989 年，涛雒镇曾三次获“日照市爱国卫生先进乡镇”称号。

1993 年，根据东港区创建办公室的指示，镇政府成立了由镇长为组长的创建卫生乡镇领导小组，重点对镇驻地涛雒街，沿 204 国道诸村进行整治。疏通老街道 3000 米，治理污水沟 6 条，卫生面貌大为改观。

1998 年后，全镇在旧村改造、绿化、美化、行业卫生管理、厕所改造、畜禽限禁养殖、除害防病以及村居背街小巷卫生整治管理和居民卫生、健康教育等方面，都不断取得新的进展。镇建委在镇驻地组建 12 人的专职环保队，担负镇驻地主要街道的公共卫生工作，各村也组建了 2 ~ 3 人的保洁队，定点设立了垃圾桶、垃圾箱或垃圾池，有专车定期外运，常年负责本村的清洁卫生工作。2003 年，镇委、镇政府根据区委、区政府关于开展双创（创国家卫生城和国家环保模范城）的总体部署，调整充实“双创”领导小组成员，由镇长任组长，镇直、区直驻镇各部门一把手为成员。召开全镇“双创”动员大会，落实党政领导干部划片包村责任制。对双创标准中专业性强的项目，如五小行业整治、除“四害”、传染病防治、健康教育等，分别成立了专项领导小组和技术指导小组，实行专业对口指导。层层签订责任书，实行责任追究制。使全镇创城工作从面到点，从行业到单位，达到无缝隙覆盖。

2005 年，镇政府又根据区创建指挥部制定的《东港区 2005 年创建国家卫生城市暨国家环保模范城市实施意见》，实行一把手总负责，属地管理、属地负责，谁主管谁负责，一岗双责和职能部门分工负责的“五项”责任制。对领导不力、失职渎职者，严肃追究责任。动员全镇各级、各部门广大党员干部、群众向创建国家卫生城市发起最后冲刺。为彻底解决镇驻地及各村卫生问题，采取部门、企事业单位对口支援村居的办法，对辖区内的 75 个行政村 160 余千米的“村村通”道路进行改建、硬化，并对排水沟一同进行整治，实行了街道不露土、污水走暗沟，彻底改变了街道、水渠等脏、乱、差的局面。2006 年，涛雒镇被授予“省级环境优美镇”称号。2009 年，全镇共建成卫生先进单位市级 3 个、区级 11 个、镇级 25 个。2013 年 9 月，镇环卫运行中心建成使用，日送压缩垃圾块 40 余吨。

病媒生物防治　病媒生物是指能传播疾病，对人类有害的生物，主要有老鼠、苍蝇、蚊子、臭虫（蟑螂），俗称“四害”。除“四害”运动兴起于 20 世纪 50 年代初期，当时是指消灭麻雀、老鼠、苍蝇、蚊子；60 年代改为消灭老鼠、苍蝇、蚊子、臭虫。

老鼠主要传播鼠疫、流行性出血热、斑疹、伤寒等疾病。20 世纪 60 年代以前，主要用捕鼠夹、捕鼠笼及挖、堵鼠洞等方法灭鼠。1973 年，公社内发生流行性出血热病，且死亡率较高。该病即由黑线姬鼠传播，公社、大队都成立了领导机构，发动群众集中灭鼠。每个生产队配备 2 ~ 3 名投药员，用磷化锌或毒鼠磷拌毒饵，于每年春、冬组织大规模的野外和室内灭鼠。1976年后，全公社推行敌鼠钠盐饵灭鼠。1986年，镇政府全面落实市委办公室转发的《关于在全市开展灭鼠“一役达标”活动的方案》通知精神，在全镇开展了大规模的灭鼠活动，使用对人畜低毒的嗅敌隆，室内野外同时灭鼠，室内采用毒饵盒灭鼠法，使鼠类密度大幅下降。1988年，全镇上下积极参与全市开展的创建“无鼠害”市活动。

1993年12月9日，镇卫生院派出2名防疫医生，参加了东港区爱卫会办公室组织的灭鼠技术培训，培训结束后，按照区爱卫会的灭鼠统一部署，实行镇集体拌毒饵。当月11日，全镇统一投药，15日投药全部结束。1997年，全镇再次开展了冬春灭鼠活动，由于统一行动、集中捕杀，老鼠存活量急剧下降，流行性出血热比1996年下降18.74%。

1998年，国家禁止使用剧毒急性灭鼠药。2003年4月，全镇再次开展了集中灭鼠活动，镇统一配置毒饵，各村组织专业队，按户均4两毒饵投药，做到不漏村、不漏户、不漏房间。12月中旬，省创建灭鼠先进城市考核鉴定组到日照市进行灭鼠考核，日照市达到创建灭鼠先进城市的标准，涛雒镇为日照市步入全省灭鼠先进城市的行列作出了贡献。

“四害”之一的臭虫，由于20世纪60年代“六六六”等农药的广泛使用，至20世纪70年代已基本消灭。

蚊子主要传播疟疾、丝虫病、乙型脑炎等。20世纪70年代省防疫站在涛雒镇进行土法灭蚊试点，冬季用六六六烟熏剂，对房屋、地窖、山洞等场所熏杀越冬蚊，春夏季蚊子繁殖季节，采取翻盆倒缸、疏通沟渠、减少积水、管理滋生地，控制蚊子滋生。至20世纪90年代，家庭主要使用对人体危害小的菊酯类杀虫剂灭蚊。

苍蝇主要传播肠道传染病。20世纪50年代主要以捕打、挖蛆蛹等措施消灭。60年代开展“四改造、五建设、六统一”的卫生活动，推行“两管五改”，粪便实行无害化处理，改造厕所，控制蝇蛆滋生。1993年，镇卫生院防保科在区防疫站领导下，成立了蚊蝇消灭小分队，每年从4月中旬开始到10月中旬结束，对全镇驻地的机关、企事业单位，用K素灵、嗅腥菊酯和奋斗呐等药物进行滞留喷洒。1994年，喷洒单位57个，计1340平方米。后扩大范围，对重要饮食服务单位和公共场所等进行药物滞留喷洒，共用赛波凯、敌敌畏等药物19公斤，滞留喷洒5860平方米。2001年，镇政府按照区爱卫会制定的《日照市东港区（2001—2002年）除“四害”工作规划》，对除“四害”的工作标准、总体目标和年度工作计划及工作措施、组织领导等都作了明确的规定。全镇除“四害”工作建立起长效管理机制。

2003年，是创建国家卫生城市的攻坚年，镇卫生院根据镇政府意见，成立了抓双创除“四害”领导小组，对所辖区分成9个大片，镇卫生院组织抽调9名卫生监督员，实行分片包干，进行两次集中消杀活动，共清除蚊蝇滋生地160余处，喷洒消杀药品80公斤，有效地控制了蚊蝇密度。2003年8月，市、区爱卫会联合督查组来涛雒镇进行考核，现场检查部分小卖部、超市、饭店、学校等8个单位，286间房屋，有蝇房间率0.15%，防蝇设施合格率99.20%，均未查到蟑螂成虫、若虫或卵荚。

改水　20世纪70年代以前，域内农村饮用水源主要有井水、河水（渗水）、泉水。1952年反细菌战时，七区在上级扶持下，就已着手改良水井，主要加高井台，井口加盖，防止水源污染。1963年，公社在县卫生防疫站的指导下，对涛雒七村、南店等6个自然村、12眼水井进行水质检验，总硬度、硫酸盐、氟化物、砷、铅，均未超过国家标准，蒸发残渣、氨氮、亚硝酸盐、氯化物、铁、铜、锌等有机部分，超过国家标准，细菌学指标均超标。

20世纪70年代后期，在农村兴起了建手压插管井，个别富裕的生产大队建起自来水塔。至80年代，手压插管井在广大农村基本普及。80年代后，农村压水井因深度不够及受地表水污染，水质质量差，以村为单位或联村改建自来水，统一供水普遍推行。1995年，自来水受益面积达39.5%。1997年，镇政府认真落实区政府把农村兴建自来水列为小康村建设的重要内容和扶贫工程项目。是年，扶持12个村建自来水，受益人达1.8万人。2005年，省政府提出在农村实施自来水村村通工程。对此，按照区政府统一部署，镇政府把这项工程的实施作为为民办实事的大事来抓。2006年8月，在东石梁头村东巨峰河畔，投资120万元建成涛雒供水中心，可供域内34个村及42个单位高质量饮用水，至2013年，域内农村全部用上了安全、卫生的饮用水，受益率达到100%。

改厕 1950年以前，域内广大农村厕所以深坑式为主，有的坑壁用石块或砖砌成。1950年后，区委、区政府按照上级指导，从生产出发，从积肥入手，积极开展了以“四改造、五建设、六统一”为重点的爱国卫生运动，生产队为农户集体改厕。自1960年起，农村厕所陆续改成前盆后缸（水泥制成）式厕所，粪尿单集，不渗不漏，既保证了肥源，又杜绝了蝇蛆滋生。至20世纪80年代，农村新建农户，多以棚式砖混结构的前后双池厕所。

1990年，镇政府遵照市政府提出的于1995年前基本达到初级卫生保健规划目标，把农村改建卫生厕所列为初保工作的重点，制定卫生厕所的标准是有棚有墙，不渗不漏。在原来前盆后缸式或前后双池式的基础上普遍进行改造，将双翁漏斗式无害化厕所改良为双池漏斗式无害化厕所。至1995年底，域内累计享有卫生厕所人口达1.62万，卫生厕所普及率25%。

2005年以来，全镇以国家改厕项目为契机，分别在刘家湾村、大草坡村等搞了水冲三格化粪池式无害化厕所建设试点。地面、墙壁铺贴瓷砖，有的与太阳能洗澡间相结合，使农村改厕向高层次发展。至2013年，域内卫生厕所普及率达98.2%，其中，新无害化厕所达到28.5%。2021年域内厕所改造已全部完成。

“非典”防治 2003年4月，全国进入了抗击非典型性肺炎紧急状态。

涛雒镇也和全国各地一样，在各级党委、政府领导下，立即行动起来，“非典”防治工作在域内迅速展开。

结合涛雒镇实际，在小海码头和栈子码头，204国道域内段两端，同三高速公路出入口，341省道，南沿海路域内主要路口，设立监测检查站，对外来船只、车辆进行消毒，对外来人员登记查体，各单位均指定专、兼职“非典”报告员、检测员、检查员。各学校实行晨检制度，给学生测体温。75个行政村设村级监测、检查点152个，对入村车辆检查消毒，外来人员登记、查体，避免“非典”疫情传入。

“禽流感”防治 2012—2013年，国内部分省市及山东省个别市地出现了N7H9禽流感病例。针对这一疫情，镇党委、镇政府认真组织镇卫生院、兽医站等单位有关人员，在域内对家禽养殖户、家禽市场进行定期卫生、防疫指导检查，印发预防该病情宣传材料，制定应急预案，杜绝了该病情在域内的滋生。

第二章　体育

涛雒自古就有武术、跳绳、摔跤等群众性的体育活动。清朝末期，随着小学教育的发展，学校体育成为域内主流。中华人民共和国成立后，域内小学、初中、高中体育课逐步设立、完善，学校体育已成为一门不可缺少的课程。体育器材主要由自己动手制作和上级拨配，逐渐完备。

1978年后，域内学校落实教育部颁布的《体育教学大纲》，认真上好体育课，组织各级各类体育活动，使广大师生丰富体育知识、增强身体素质、提高体育成绩。

1990年后，镇党委、镇政府贯彻国务院提出的《全民健身计划纲要》，制定了《涛雒镇群众体育工作发展规划》，使群众体育工作扎实稳妥地开展起来，呈现出前所未有的崭新景象。1997年，涛雒镇被山东省体委命名为山东省“体育先进乡镇”。

2000年，镇党委、镇政府通过各种渠道、方式，给各村规划建设文体广场，购置体育器材，丰富广大农民体育活动方式，激发农民体育兴趣，增强广大人民的体质。

第一节　学校体育

域内的学校设体育课始于清末。清光绪三十三年（1907），栈子庄由各商号、养船大户捐资，办起“乐育高等小学堂”，每周安排2节体育（时称体操）课。1912年，教育部颁布的小学校教则中规定：体育要旨“强健体质，活泼精神”。根据这一规定，域内各小学校开足体育课时，充实体育内容。把体操分为普通体操和兵式体操。普通体操主要有徒手操、哑铃操、棍棒操等；兵式体操有列队、走、跑、匍匐前进等项目。1922年，全国教育联合会提出《改革学校教育案》后，学校把体操课改为体育课，要求小学校每天增设1小时的课外活动。在活动项目中，增加跑、跳、踢毽子、投掷等内容，有条件的学校还添加篮球。学校设有专职体育教师，学校体育课除安排有体育特长的教师兼任外，有时还聘请政府部门的有体育特长的工作人员兼任。

1934年，鼎立小学创建，非常注重儿童体育。建设操场，每周安排3节军训课。练队列、习投掷、训跑步。设篮球架一副，有单、双杠，是域内小学体育健身楷模。

1937年，涛雒、栈子两所完全小学，为学生强身健体，开辟简易操场，全程开设体育课，定时举行运动会。1943年春，涛雒完全小学举行春季运动会（在今中心小学南边广场），成绩优秀者可获得小学生书包1个。本次运动会，既检阅和提高了学校体育课的教学水平，又带动了其他各小学体育工作的开展。

1950年下半年，毛泽东主席发出“健康第一、学习第二”的号召，更加鲜明地确立了学校体育在教育教学工作中的地位。自此，在小学全面开设体育课。同时，学校体育课易名“育体课”。1951年夏，山东省日照中学（日照一中）在涛雒创建，广大师生自己动手，勤俭办体育，在校内建有操场、沙质跑道、篮球架、单、双杠等体育设施，给域内学校体育带来新的活力。

1953年，毛泽东主席向青年学生发出“身体好、学习好、工作好”的号召，学校体育更得到了重视。涛雒、栈子、西林子头等完全小学，率先配备了有体育专长教师任育体课，每周除2节育体课外，又增加了早操，丰富了课外活动内容。一些条件差的小学，也克服无操场、无教材的困难，体育课上，由老师带领学生做游戏，进行跑、跳、步伐练习等。

1956年，开始实行《中小学体育教学大纲（草案）》，“育体课”又改为“体育课”。是年12月上旬，涛雒区组织召开了各小学体育任课教师会议，统研体育教学大纲，认真学习县教育局《关于改进小学体育工作和试行小学体育教学大纲的意见》，成立了体育教研组。通过开展学习与研究活动，部分教师掌握并运用了由开始部分、准备部分、基本部分和结束部分构成的体育教学法。按照大纲要求和学生实际，坚持平日积分，期中评定和期末考试相结合，考查学生体育成绩。是年，许多学校因陋就简，自制体育活动器具。据统计，域内各学校共自制手榴弹、体操棒、接力棒、实心球、线球、跳绳、拔河绳、跳高架、单、双杠等3000件，仅下元小学就制作了20种560件。

1958年，日照第五中学在涛雒建立，通过师生艰苦劳动，校内有了简易操场、篮球场、乒乓球台和单、双杠等体育设施。不久，各处学校体育课基本变成了劳动课。1959—1961年，人民生活困难，学生营养不良，体质下降，为减少体力消耗，根据上级指示，学校压缩了体育活动时间，有的学校甚至停开体育课。1962年5月后，随着人民生活水平有所提高，学校体育教学逐渐恢复正常。自此，域内中、小学生运动会定期举行。除检查督促学校体育教学计划的落实外，还选拔组建队伍参加县中、小学生运动会。

1967年后，学校体育课改为“军体课”，增加了军事训练内容，主要有队列训练、急行军、打背包训练、投掷手榴弹训练、匍匐前进、紧急集合训练等。

1970年春，学校恢复体育课。但这一时期学校的体育课为了落实毛泽东主席的“五七”指示，多被生产劳动所代替。1976年，学校体育逐渐步入规范化快车道，中学、部分小学都配备了专职体育教师。1977年，“文化大革命”后首届日照县中、小学田径运动会召开，涛雒公社初中组、小学组，分别取得团体总分第三名和第六名的好成绩。

1978年，教育部颁布《体育教学大纲》，各类学校都认真执行“两操一课”（早操、课间操、体育课）的规定，每周上好两节体育课和课外活动课，还经常开展一些正常的体育赛事，如拔河比赛、广播体操比赛、队列比赛、篮球比赛等。不少联中、小学还组建了田径队、篮球队等。涛雒小学组建的篮球队曾几次代表涛雒公社小学参加县级篮球比赛，成绩均在前六名之列。是年，在日照县中学生运动会上，涛雒中学取得团体组总分第五名的好成绩。

1981年8—9月，镇教育组两次组织部分中、小学体育教师，参加县教育局和体委组织的教师训练班，统研《体育教学大纲》《中小学体育工作暂行规定》和体育教材，给中小学体育教学，确立了方向和注入了新的活力。推动全镇中小学三操（早操、课间操、眼保健操）、两课（体育课、音乐课）、两活动（课外活动、文娱活动）全面深入的开展。

1984年，高旺乡中小学广大师生，因陋就简，在下元联中举办了中小学生春季田径运动会，全面检阅和极大地推动了全乡中小学体育教育教学工作。同时，选拔和组建了初中田径队，代表涛雒区参加了是年日照县中学生春季田径运动会，并获初中组团体总分第五名，涛雒中学（日照五中）获高中组团体总分第六名。

1985年，日照五中有专职体育教师6人，各联中小学有专职体育教师4人。没有专职体育教师的联中和小学，均配备了具有体育专长的兼职体育教师。建立操场18处，篮球场22处。绝大多数学校较好地开展了长、短跑和体操、篮球、羽毛球、乒乓球、投掷等项体育活动。是年春，涛雒区在下元联办中、小学校，举办了全区中学生春季田径运动会。有9个初中代表队，近200名运动员参加比赛。经过激烈角逐，初中代表队获团体总分前三名的是下元联中、涛雒联中、小海联中。此次运动会还选拔组建了参加日照县中学生田径运动会的区代表队，经过10多天的再次训练，是年4月，在县中学生春季田径运动会上，涛雒区初中代表队荣获团体总分第二名。

1989年，镇中心初中组队参加日照晋升地级市后首届中学生篮球比赛，涛雒初中组男队获第二名，女队获第四名。

1990年后，中小学皆坚持“三操”“两课”“两活动”制度，学校体育得到全面发展，域内中小学生的体育达标率在95%以上。

1993年，全镇中小学学习、贯彻《东港区学校体育工作评价标准》，更加重视学校体育工作，不断改善、更新原有体育设施。是年，日照五中开始对新生入学第一周进行军训。1993年、1995年，镇第三初级中学、第二初级中学相继建成启用。各初中建有标准操场、篮球场、乒乓球室等体育设施。1995年，初中共有专职体育教师8人，小学有专职体育教师5人。

图20—1　涛雒区中学生春季田径运动会涛雒联中代表队师生合影

1996年，在东港区中学生春季田径运动会中，日照五中获高中组团体总分第一名。是年，在东港区中学生篮球比赛中，获得第三名。

1997年，涛雒中心初中被省教育厅命名为“山东省体育（篮球）传统项目学校”，涛雒二中被日照市体育局、日照市教育局命名为“日照市体育（田径）传统项目学校”。1998年，涛雒第三中学被日照市体育局、教育局命名为“日照市体育（田径）传统项目学校”。

1998年，镇初中代表队，参加东港区中学生春季田径运动会，获团体总分第四名。

2001年4月，日照五中在东港区中学生春季田径运动会中，获高中组团体总分第一名。6月，日照电视台和东港电视台先后以《五中素质教育，音、体、美专业成绩突出》为题作了专题报道。12月，日照五中被日照市体育局、日照市教育局命名为“日照市体育传统项目学校”。

2002年10月，日照五中被烟台大学体育学院确定为学院培训基地。是年，在东港区中学生篮球比赛中，该校男队获高中组第二名。

2004年，在东港区中学生春季田径运动会上，涛雒二中获团体总分第五名，该校女生王丽娜，四项全能成绩1888分，破区纪录。葛丽霞100米栏成绩17″2，破区纪录。涛雒三中获团体总分第八名，学生孙大伟四项全能成绩2466分，破区纪录，跳高成绩1.81米。是年11月，在由日照市体育局、市教育局、日照市田径运动协会联合举办的“中国人寿保险杯”日照市体育传统项目学校田径比赛运动会上，涛雒二中获女子团体第五名，男子团体第六名，并获得“体育道德风尚奖”；涛雒三中获男子团体总分第四名，并获“优秀组织奖”。

2005年，根据九年义务教育新课改要求，体育课改称“体育与健康”课，小学1～3年级体育课，由原来每周3节调至4节，4～6年级及初中，由原来每周2节调为3节。是年，在东港区中学生春季田径运动会上，日照五中获高中组团体总分第三名，男子篮球比赛第三名，女子篮球比赛第三名。2005—2007年，涛雒二中在区中学生春运会上，连续三年获初中组团体总分第一名

2009年，教育部、国家体委联合下发通知，要求在中小学体育教学中，让学生每日增加1小时自由活动，命名为“阳光体育”。2010年，根据市教育局、市体育局指示，在中小学增设“阳光体育”。高中学校增设健美操（徒手操、器械操、啦啦队操）、跳绳、活力板绕桩等；初中学校主要有跳绳、活力板、乒乓球、踢毽子、羽毛球等；小学则以跳绳、踢沙袋、传递手帕、老鹰捉小鸡等游戏为主。“阳光体育”的时间主要放在中午第二节课和下午第二节课后，名之曰“大课间活动”。在校内以班或小组为单位，定场地、定项目、定方式、定标准、保质量。是年，在东港区中小学春季田径运动会上，涛雒二中获初中组团体总分第三名；涛雒中心小学获团体总分第二名，是该校建校以来，在县、区级比赛中取得的最好成绩。

2011年，日照市体育局、教育局在莒县举行中学生篮球比赛，涛雒中心初中组队参加，男篮获第三名，女篮获第二名。

2012年，镇党委、镇政府对全镇9处小学开展大课间活动进行督导检查，并进行评估奖励。是年，日照五中被日照市体育局、教育局授予“学校体育工作先进集体”。在日照市中学生篮球联赛中，涛雒二中男队获第三名，涛雒中心初中女队获第一名，并分别代表日照市中学生（初中组）参加山东省在烟台市举行的篮球联赛，涛雒中心初中女队获初中组第九名。

2013年，在日照市中学生春季运动会上，日照五中在新增添的阳光体育项目比赛中，跳绳类、男子活力板绕桩、体操类成绩突出，获团体总分第二名。是年，在镇中小学春季田径运动会上，首次将阳光体育中的跳绳类运动列入比赛项目。

第二节 群众体育

涛雒镇自古就有武术、跳绳、踢毽子、荡秋千、搁“五福”、下象棋、掰手腕、摔跤等群众性体育活动。到清末民国初，有踩高跷、耍龙灯、跑旱船、舞狮子等活动。

抗日战争和解放战争时期，民间体育活动受到严重影响。中华人民共和国成立后，群众体育活动得以恢复、发展。特别是1978年后，传统体育活动逐步开展，新的体育项目以不同的特色和方式进入广大人民的生活中。

1990年后，涛雒镇认真贯彻国务院《全民健身计划纲要》，制定了《涛雒镇群众体育工作发展规划》，使群众体育工作扎实稳妥地开展起来。群众体育活动遍及乡村，活动人群由先前的单位

职工、青壮年，扩展到广大农村的农民、老年人、幼儿、残疾人等不同群体；由开始的分散性、娱乐性，逐步发展为以健身、益智为目的的有组织的活动。

1997 年 12 月，涛雒镇被省体委命名为山东省第四批“体育先进乡镇”。

2021 年，全镇体育设施覆盖率达 100%。现全镇建有文体大院、健身广场 90 余处、晨晚练活动站点 77 处，社会体育指导员达 230 余名。

农民体育

历史上域内的农民体育项目首推武术。主要是一些富豪大户，聘请武术人才，教习子弟或佣人，为的是强身健体，保家护院，抵御盗贼。有组织的农民体育始于 20 世纪 50 年代初，广大农村以民兵为主体，组织开展跑操、跳高、跳远、掷手榴弹、打靶等军体活动。至 60 年代初，随着保家卫国、发展经济形式的开展，广大民兵组织军体活动已成制度化、规范化。

中共十一届三中全会以后，农民体育逐渐普及与提高，活动项目不断增加，体育设施不断完善。公社经常组织群众体育赛事，以便及时了解域内体育活动情况，相互交流经验，提高体育活动水平。

1992 年，镇政府在全镇选拔、组织代表队，参加日照市体委举办的农民体育比赛，获得团体总分第三名。1993 年，东港区成立后，域内农村体育工作步入规范化、正常化。

2001 年，涛雒镇代表队参加了日照市体育先进乡镇运动会，获得团体总分第四名。

2004 年 9 月 4 日，由日照市体育局、日照市农业局、日照市农民体育协会主办，日照市东港区人民政府承办，涛雒镇人民政府协办的“华泰杯”第二届体育先进乡镇运动会在日照五中举行，有 22 个乡镇（街道）代表团参赛。竞赛项目有男女乒乓球单打、男子三人篮球、男子负重跑、“五福”棋（即放牛棋）、扁担拔河等。涛雒镇代表团由 15 人组成，获团体总分第二名，并获“体育道德风尚奖”和“优秀组织奖”。

2007 年 5 月，涛雒镇代表队参加了东港区第二届农民运动会，获团体总分第五名。

图 20—2　第二届农民运动会放牛棋比赛

2008 年 5 月，日照市体育局、日照市农业局、日照市农民协会，在岚山区安东卫街道举行日照市“岚山信合杯”第四届体育先进乡镇农民运动会。涛雒镇代表队获团体总分第二名。

2009 年，涛雒镇在日照五中承办了东港区第三届农民运动会，涛雒镇代表队获得第三名。

2011 年，东港区庆祝第三个“全民健身日”体育进社区广场展演，在刘家湾村广场举行，域内有 3 个代表队参加展演。

职工体育

涛雒职工体育始于 20 世纪 50 年代末，主要集中在政府机关和一些较大的企事业单位。活动项目有象棋、篮球、踢毽子、跳绳、拔河等。

20 世纪 60 年代初，职工体育活动日渐活跃。活动内容在原基础上又增添跑步、体操、羽毛球等。1966—1976 年，受“文化大革命”影响，职工体育难以保证。“文化大革命”结束，职工体育得以恢复，至 20 世纪 80 年代，职工体育迅速发展。活动中进行“传、帮、带”，各类竞赛不断，特别是教育系统、卫生系统、金融系统，经常进行篮球、象棋、乒乓球等友谊赛。同时，还积极选拔优秀选手参加县、地区、省级职工体育运动会。1980 年 3 月，涛雒金融系统选派刘宝贤，参加临沂地区职工象棋比赛，获第一名，10 月，参加山东省在青岛举行的职工象棋比赛，获第二名；1984 年 10 月，涛雒教育系统推荐王振年，参加临沂地区职工乒乓球比赛。1985 年后，镇党委、镇政府发挥人才优势，打破行业界限，充分利用部分人的体育专长，组织、辅导各业职工体育活动，大面积提高职工体育活动水平。1990 年后，随着经济的发展，职工体育活动越来越丰富，除传统项目外，台球、太极拳、导引养生功、钓鱼等活动不断开展。东港区建区后，涛雒镇积极组织、落实东港区委、区政府对职工体育工作的要求。在域内组织各类竞赛的同时，选拔和组建队伍参加高一级的各类比赛，取得较好成绩。域内信用社、大型加油站、凌云超市等单位的职工，每天坚持做班前操和广播体操；镇党委、镇政府和卫生院、中心初中等单位，建起了体育活动室，开展了一系列体育活动，活跃了机关干部、职工的文体生活。

2000年后，域内职工体育活动，呈现种类繁多、形式多样的景象，除保留传统项目外，还发展了健身操、健身球、羽毛球等多种活动内容。活动人群也逐渐扩大，各级各类比赛活动经常不断，形式新颖、灵活、适体。镇党委、镇政府曾多次安排、选拔、组建运动团队，积极参加区、市级职工体育赛事，并取得较好的成绩。

老年体育

20世纪80年代后，域内离、退休人员逐渐增多，涛雒镇对老年体育工作非常重视。镇政府以离、退休人员为主干，成立老年体育协会，制定工作制度和活动计划。及时与有关体育部门联系，聘请有体育专长的老师，来域内组织开展象棋、台球、秧歌、舞蹈、太极拳和老年引导养生功的教学活动。定期举行老年人象棋、搁“五福”、台球等体育活动比赛，还组织垂钓爱好者到洼塘、河流进行钓鱼技艺交流，并选拔、推荐选手参加县、市老年体育竞赛。

1995年，国务院下发《全民健身计划纲要》，要求“积极发展社区体育，做好社区体育工作”。涛雒镇遵照东港区委、区政府指示，积极围绕“纲要”精神，加强宣传，结合镇域实际，将社区体育场地设施建设，纳入农村社区建设规划。

进入21世纪，广大农村加大老年体育设施投资。至2013年，域内先后有11个社区建老年活动室，室内置象棋、乒乓球、扑克牌等文体活动设施。有18个社区、村居建设了活动广场。镇政府大院、大草坡社区大院、刘家湾社区广场、孙家村社区广场等成为该区域中、老年人晚练场地，参加晚练老年人达600余人。许多社区的老年体育爱好者还自发购买了健身器材和服装。

2020年争创为“省级老年太极拳之乡”。

部分传统体育活动项目简介

打梢子棍 起源于清朝初年，清中后期达到鼎盛。此项活动在域内首数右所村。其棍分打棍、招棍。打棍，用一根直径约5厘米粗、长约2米的腊木杆（称主杆，其木柔而坚硬、富有弹性），它的一端装有15 ~ 20厘米长的铁链，与另一根粗与主杆相似，长约0.5米的腊木棒相接制成。招棍，粗、长与打棍主杆相当。

梢子棍原是一种二人活动锻炼身体的器材，也是一种防身护家的工具。既能锻炼体力，又能验其耐力；既能锻炼灵活性，又能激奋人的视力。中华人民共和国成立后，逐渐演变成一种艺术表演形式。

下象棋 二人对下，设棋盘，双色棋子。各有1帅（将）、2相、2仕、2车、2马、2炮、5兵（卒）计16子。对界之营，按规定路线出子、对杀，章法灵活机动，变化无穷，终有输、赢、和之说，是一种较好的文娱活动，更是一种较高级的脑力体育运动。

搁“五福” 又称“放牛棋”“搁大棍”，是一种重在脑力活动的体育项目。两人对下，设棋盘，双色或异形棋子若干。其始，双方各为组建自己阵营随意放子。同时，一方因成功组建自己阵营而吃掉对方棋子。棋盘满子后，按规定设空（若首次双方均无成功组建阵营、各无失子，双方可按自己需要除掉对方一子设空）先后行子，终有输、赢、和之说。其活动因不受场地和棋具等限制，常见于田间地头、街头巷尾。老幼皆宜且妙趣横生，尤为广大农民所喜爱。现已被正式列为日照市农民运动会比赛项目。

踢毽子 用两个古硬币（也称“通宝钱”），几缕彩色布条或一束鸡翎，按一定方式捆扎即可做成。踢时，一人一个或几人一个均可，可单独踢，也可几人混合踢。浑身用劲，腿、脚、眼配合运动。以连续踢数量多者为胜。是自古以来青少年非常热爱的一种体育活动。

荡秋千 将一根绳两端拴到树上或柱上，便可做成一个简单的“秋千”。是少年儿童喜欢的一种活动。

跳绳　分单人、双人、多人、花样跳绳若干种。跳时身体轻如烟，形如燕，是少男少女爱好的一种运动。

第三节　体育设施

中华人民共和国成立前，镇内体育设施几乎为零。中华人民共和国成立之初，仅在镇党委、镇政府和个别企事业单位设简易篮球架、单双杠等。20 世纪 80 年代后，随着体育事业的发展，域内体育设施大为改观，不仅更换和增加了篮球架、单双杠等，有些单位和村居还添置了羽毛球、台球、乒乓球等设施。还出现了不少个体商业性体育设施。

1998 年，涛雒五村村民刘平昌，在原公社大礼堂旧址，建起东港区首家个体经营性镇级文化体育中心。建有篮球场、旱冰场、乒乓球室、台球室，设台桌若干张，满足了体育爱好者的需求。

2006 年，国家体育总局下发了《关于实施农民体育健身工程的意见》，镇党委、镇政府积极采取措施，并向上级有关部门申请，争取山东省体育彩票中心扶持，实施农民体育健身工程。随着新农村建设的快速发展，以行政村为主要实施对象，以经济、实用的小型公共体育健身场地设施建设为重点。2013 年，有丁家营子、大草坡、下元一村、庄家村、孙家村、郭家庄子、小草坡、西林子头、东林子头、高旺庄、上元、小海、王家村、沙岭子、刘家湾、涛雒一村、东川子、东灶子、东石梁头、栈子一村、大洼、松林、李家潭崖、苗家村、小朝阳、张家廒头、东风、下元三村、孙家营子等村庄，建有农民体育健身设施，占全镇行政村的 40%。在这些农民体育健身设施中，场地、器材大小不等，但均设有篮球架，另有健身器材多者达 18 种（套）。有不少村居还建有健身路径。

2008 年 5 月，刘家湾赶海园管委会，在沿海公路小海大桥南端东侧，建海滩高尔夫球练习场，占地面积 300 余亩（含潮间带），设 38 个打击位。另设高尔夫专卖店、高尔夫会馆、垂钓园等配套设施。是日照唯一一家沙滩高尔夫练习场。2012 年，接待游客中的练习者 39000 余人次。

2021 年，镇驻地已建成文体广场，设有灯光篮球场、乒乓球场、健身路径、儿童游乐场地、太极拳练习场地、门球场地等；文体中心内设有健身房、舞蹈室、棋牌室；204 国道党委大院左侧设有健身公园。

第二十一编 旅 游

天台山景区 （涛雒镇宣传办公室提供 摄于2022年）

域内海陆物产富饶，生态资源丰厚，人文历史厚重，具有良好的旅游发展资源。1999 年以来，镇党委、政府相继开发建设了刘家湾赶海园、丁肇中祖居等旅游风景区和科学文化教育基地。2017 年，市委、市政府设立日照市太阳文化旅游度假区，成立了管委会，启动了以天台山为核心区域的东方太阳城项目的建设。自此，域内文旅项目的开发建设和管理协调职责，由市属国有企业山东海洋文化旅游发展有限公司承担。至 2022 年底，以太阳文化、世界五大太阳文明体验为核心的天台山旅游区一期系列精品文旅项目建设已经完成并运营，使涛雒逐渐成为一处重要的太阳文化旅游目的地。

第一章　东方太阳城与太阳文化

涛雒镇依山傍水，环境优美，人文历史深远，旅游资源丰厚。1999年以来，域内开始规划、开发建设旅游基础设施，相继建成了一批旅游景区和科学文化教育基地。

域内先民自古就有观日出、拜太阳的习俗，天台山是先民祀日的重要场所。2007年起，社会各界开始重视对域内太阳文化的研究和开发，中共日照市委、市政府为此成立了日照市太阳文化旅游度假区管委会，启动了东方太阳城项目的建设。先后举办了太阳文化国际研讨会和太阳文化节等活动。到2022年底，以太阳文化、世界五大太阳文明体验为核心的天台山旅游区一期系列精品文旅项目建设已经完成并运营，使涛雒逐渐成为一处世界级太阳文化旅游目的地。

第一节　天台山与太阳文化起源

镇驻地西南6千米处，有一座由大寨山、小寨山、财山、石盆山等五个峰峦组成的大山，因最东侧的山峰形似一只引颈长啼的雄鸡，朝向东方鸣叫，周围百姓称此山为“鸡咘咘喽”山。此山主峰海拔258米，东邻凤凰山，西南与磴山相依，北靠尧王城遗址，山顶有古人观日的平台。2007年，下元一村的200多户村民整体搬离此山。是年，旅美博士鞠志国等人，根据山上文化遗存，研究挖掘太阳文化，并将开发建设的部分命名为“天台山大东夷历史文化园”。自此，“天台山”便不断出现在媒体报道中。

日照因“日出初光先照”而得名。据清康熙《日照县志》卷一记载：“县去海二十里，日出初光先照，故名。形升若盆，色如火，水扶日而上，滚滚如银浪。”生活在日照地区的先民自古就有观日出、拜太阳的传统，每年都举办元旦迎日出、农历六月十九日过太阳节的活动。

日照是东方太阳文化的起源地。日照上古属东夷文化区域，区域内拥有大量的大汶口文化和龙山文化遗址，其中尧王城遗址的太阳崇拜痕迹尤为明显。尧王城遗址出土墓葬的头像均朝向三千米处的天台山，而天台山是先民祀日的重要场所，进一步佐证了太阳崇拜的存在。

第二节　初期研发

2008年，鞠志国等人在保护开发天台山的同时，开始关注和研究东夷民族历史和民俗文化，出版《日出先照》等著作。2009年，成立日照太阳文化研究会。其间，鞠志国等人投资对2000亩的山场进行保护，对山上的遗迹进行了初步发掘，修建了部分简便的盘山道路，阶梯式登山石道。一些新闻单位开始关注和报道天台山与涛雒太阳文化的研发，到天台山观光的游客逐渐增多。

2016年，天台山的开发建设由国有企业山东海洋文旅集团接管负责。

第三节　开发和管理机构

域内旅游业的开发建设分两个阶段，以2017年东方太阳城项目建设全面启动为标志，之前域内刘家湾赶海园、丁肇中祖居等旅游风景区的建设和管理以东港区和涛雒镇政府为主；东方太阳城项目全面启动后，市委、市政府成立日照市太阳文化旅游度假区管委会，承担了域内文旅项目的开发建设任务和管理的协调职责。

镇政府管理机构　涛雒镇旅游办公室于2006年5月成立，刘春香任办公室副主任主持工作，2006年8月任主任。2008年9月，卢强任办公室主任。是年，在全省旅游行业强乡镇评比中，涛雒镇获“山东省旅游强乡镇”称号。2017 年 3 月，改称涛雒镇文化旅游办公室，简称文旅办，宋全慧任主任。2017 年 8 月，温雅慧任主任。2018 年 4 月，代茹任主任。2019 年 7 月改称文化旅游服务中心，为副科级单位，牟萍任主任。2022 年 6 月，文化旅游服务中心改称文化旅游体育服务中心，张念兵任主任。

山东海洋文旅集团 2011 年，日照国际海洋城投资有限公司（简称海投公司）成立。为市管正职规格企业，杨洪福为法定代表人，赵东江为总经理。负责涛雒片区（时称国际海洋城）基础设施、公共设施等开发建设。成立之初在涛雒中盛路海洋城管委大楼办公，2017 年搬迁至原涛雒二中校园办公。

2012 年 10 月，海投公司启动涛雒片区市政道路工程及综合管廊建设，道路工程布设海洋大道、蓝色大道、滨海二路等“两横四纵”六条主干道，将特色产业、居住、商业及环球海现代生活中心有机连接起来。综合管廊实行规划、建设、管理、经营四统一模式，管廊内布设电力、信息、给水、热力等管线。

2013 年，环球海（后改称太阳湖）水系开挖工程、市政道路工程、综合管廊建设相继完工。

2014 年，海投公司陆续进行国际海洋城中心初中、小学，滨海湾小学、幼儿园等教学硬件设施提升项目建设。

2016 年，海投公司改革提升为山东海洋文化旅游发展有限公司（简称山东海洋文旅集团），赵东江任董事长。其主要任务是承担东方太阳城的开发建设。

太阳文化旅游度假区管委会及办公室 2017 年，日照市太阳文化旅游度假区设立，核心区域为东临黄海，西至沈海高速、天台山西麓，南倚天台山与磴山风景区，北至瓦日高速一带，占地约 82 平方千米。扩展区为涛雒全域、岚山区尧王城遗址保护区和磴山风景区。是年，日照市太阳文化旅游度假区管委会成立。市委常委、统战部部长杨留星兼任管委会主任。

管委会负责度假区总体规划、产业发展、项目建设等重大问题议事决策等工作。管委会下设办公室，办公室设在山东海洋文旅集团，赵东江兼任办公室主任，办公地点仍在原涛雒二中校园。

是年，山东海洋文旅集团与东港区人民政府签署为期 20 年整体开发合作协议，就涛雒全域 112 平方千米及海岸线 16.5 千米（不含钢铁配套产业园区）进行统一开发建设。

第四节　太阳文化的传承

恢复举办太阳文化节 中国历史上流传最广的太阳生日是农历六月十九日。2010 年，日照太阳文化研究会与涛雒镇政府及下元一村共同在天台山主峰举办首届太阳文化节祭日大典，恢复了中断多年的历史文化传承。之后每年举办一次，参加人数逐年增加，活动内容逐渐丰富。2016 年开始，太阳文化节由山东海洋文旅集团组织举办，规模和影响越来越大。

图 21—1　2021 年天台山太阳文化节祭日大典（山东海洋文旅集团提供）

元旦迎日祈福活动 2019 年开始，每年元旦，山东海洋文旅集团在刘家湾赶海园广场举办元旦迎日祈福活动，至 2022 年，已举办四届。使“太阳在这里升起”成为山东省重要旅游文化品牌之一。

举办太阳文化研讨会 山东海洋文旅集团先后举办 2017、2018 两届中国（日照）太阳文化国际研讨会。

2017 年 9 月 28 日，首届研讨会在日照开幕。来自埃及、印度、希腊、秘鲁等世界太阳文化崇拜地城市的代表，国内太阳文化研究领域的专家、学者，以及省市相关领导 200 余人参加。与会代表围绕“太阳文化挖掘与开发利用”主题进行研讨，发布了《共同推进太阳文化挖掘与开发利用倡议书》。

2018年12月7日，第二届研讨会在日照开幕。来自全国文化旅游领域的20余名专家、学者以及省、市、区县相关部门的200余人参加。与会人员围绕“太阳有源——创意无限”主题，以太阳文化与旅游富市、太阳文化与文创产业融合发展、“东方太阳城”品牌打造、旅游文创产品开发等作了研讨和主旨演讲。

成立研究院 2018年，山东海洋文旅集团成立日照东方太阳城文化旅游研究院有限公司（简称：研究院），专职负责域内文化研究梳理、文化转化活化、项目策划规划、文创研发设计、艺术软装设计等文化创意产业。2022年底，研究院有员工23人，其中研究生9人，是一支以教授、博硕士为核心，以青年骨干为主的文旅研究人才队伍。范军杰任院长。

研究院编辑发行内部刊物《太阳文化研究》，出版《太阳文化文集》《太阳文化简明读本》《天台山文集》《涛雒文化·文集》《东方太阳城海内外征联集锦》等多项研究成果。

成立楹联学会 2018年11月，日照楹联学会成立，山东海洋文旅集团研究院范军杰任会长。创作更多以太阳文化为主题的优秀作品，扩大日照太阳文化的影响是学会活动的主要内容之一。

2018年，举办东方太阳城杯海内外征联大赛。2018年、2019年连续两年举办东方太阳城杯诗歌节。

第五节 东方太阳城

2017年，东方太阳城项目建设全面启动。项目内容：打造一座圣山——日照天台山；一个标志——太阳文化中心；一个小镇——太阳风情水镇；一条文化休闲带——太阳海岸带系列文旅精品，建设世界太阳文明的传世之作。

截至2022年9月，东方太阳城项目建设已完成投资21亿元，建设天台山旅游区（一期）、太阳文化中心、太阳风情水镇、刘家湾赶海园等精品文旅项目，打造具有文化特色的山岳游、小镇游、滨海游线路，开启“接山连海、山海联动”的全域旅游格局。

天台山旅游区（一期）和太阳文化中心

天台山旅游区一期 此项目2021年已建成运营。项目总面积42.7公顷，建设用地10万平方米，建筑总面积1.35万平方米，完成投资4.8亿元。项目以太阳文化、世界五大太阳文明体验为核心，主要建设游客中心、太阳街市、太阳客栈、天台书院、扶木宫、观日台等单体项目，同时配备餐饮、住宿、停车场等完善的基础设施。

太阳街市是太阳文化特色街区，十多家特色店铺分列街市两旁，仿古建筑风格古朴典雅。店铺以地方特色美食、非遗手工艺和五国太阳文化商品为主，是太阳文化特色街区。整个街市以流水串联，有山水画卷亭台楼阁之美。

太阳客栈是日照市首个以“太阳文化”为核心，十二星次和二十四节气文化为主题打造的高端精品度假民宿，拥有十二星次景观圆床房、二十四节气主题房等精致客房49间。客栈温泉水引自地下水源，深度1800米，出水温度42℃，呈弱碱性（pH7.3）。

扶木宫以“扶桑树”为文化核心点，围绕扶桑树通过各种艺术形式讲述日出扶桑、羲和浴日等太阳文化故事，诠释“嵎夷汤谷，日出扶桑”之地，打造了一处心灵净化祈福之地。

天台书院占地12520平方米，建筑面积2246平方米，分别为天台书院主殿、说文堂、尔雅阁、广韵轩4个单体建筑和嵎夷、南交、昧谷、朔方4个穿堂空间。项目以书为媒，兼具文化社交、主题养生、品茗养性等功能，主建筑以太阳文化为主题，充分挖掘太阳文化、古籍典籍，配合四时有序的文化主题，呈现富有内涵的文化交流空间。

观日台位于天台山顶部，占地4300平方米，建筑面积347平方米，建筑高24.8米。该项目设计以陵阳河遗址出土的大口尊日月山陶文符号为启发，以天圆地方的宇宙认知为整体布局，结合日照本土文化特色，通过壁画、浮雕、艺术装置等形式，融入太阳文化元素，是一处融观象测日、迎日祈福、圣火采集、文化演艺等功能于一体的标志性建筑。

太阳文化中心 此项目位于天台山旅游区，是东方太阳城的地标性建筑，也是日照市文化地标，占地面积 64776 平方米，建筑面积 47733 平方米，地下 2 层，地上 6 层，高（最高点）48 米，计划投资 13 亿元。项目入选 2018 年山东省重点项目、2019 年山东省文化旅游重点贴息项目、山东省重点文旅项目库。太阳文化中心定位为绚烂多姿的世界太阳文化的集中展示地、体验地，将立足《易经》《山海经》《尚书》三大古籍，探寻华夏文明太阳文化的根源，讲述中华民族世代赓续的易学文化、太阳故事、测日历法、四时四方体系、二十四节气文化，同时创意展现世界各文明的太阳文化成就，通过建筑空间、实景演艺、艺术展陈、浸入式体验等形式融汇太阳文化的过去、现代、未来，打造令游客流连忘返的太阳之旅。至 2022 年底，项目主体已经完工，室内设计装修、艺术设计等工作还在进行中。

太阳风情水镇

小镇是东方太阳城的游客集散中心，位于 204 国道以东，南店河两侧，2020 年 10 月小镇内已建立婚纱旅拍基地。小镇主要涵盖接待展示中心、度假公寓、度假中式合院、配套停车场以及地下车库等，同时配备完善经营业态。到 2022 年底，启动区已具备试运营条件。

图 21—2 涛雒风情水镇（李世成摄于 2023 年 5 月）

太阳湖

太阳湖（环球海）2013 年开挖完成，地处海洋大道起点东侧，毗邻滨海湾生活区，背靠锦钰太阳城小区，东岸拥有 10 亩景观绿化基地，沿岸生态环境优越，以太阳文化、涛雒本土文化为特色，是名副其实的文化之湖、宜居之湖。2021 年，对域内市民免费开放（详见第一编第二章环球海）。

图 21—3 涛雒太阳湖（田文娟摄于 2022 年 7 月）

刘家湾赶海园

赶海园是东方太阳城项目之一，2008 年建成营业（详见本编第二章刘家湾赶海园）。

天台山旅游区二期

二期规划面积约 200 亩，建筑面积约 6 万平方米，2021 年 8 月已完成土地招拍挂，正在完善分期规划设计方案。将主要建设游客中心、商业街、特色民宿、太阳文化体验馆、综合停车场，打造集文化旅游、康养休闲、科普研学、特色商业于一体的旅游目的地。

2022 年 1—10 月，东方太阳城吸纳游客 84 万人次。东方太阳城项目带动大量周边居民就业。《人民日报》、《光明日报》、新华社、中国网、《大众日报》、“学习强国”学习平台、日照日报、日照广播电视台等媒体，先后多次报道东方太阳城项目建设情况及景区景色等内容。其中，《山东日照：深挖太阳文化资源打造旅游产业新品牌》《山东日照：“看风景”“品文化”两相宜》等文章在央媒刊播，扩大了涛雒的对外影响。

第二章 刘家湾赶海园

刘家湾赶海园位于刘家湾村以东，距日照市区 12 千米，规划区海岸线 5.4 千米，占域内海岸线的 32%。1999 年开始投资建设，2008 年 4 月正式开园。营业以来，先后获“国家 AAAA 级旅游景区”“全国科普教育基地”“山东十大生态旅游景区宣传示范景区”“山东十大影视拍摄基地”“最受游客喜爱的魅力景区”等称号。

第一节 行政管理

刘家湾赶海园创建伊始，涛雒镇党委委员于冰具体负责筹建工作。2002 年，经东港区政府批准，成立刘家湾赶海园管理处，隶属涛雒镇政府，负责人于冰。2003 年 3 至 9 月，刘家湾赶海园划归东港区政府管理，更名为东港区刘家湾赶海园管理委员会，为正科级事业单位，负责人袁洪文。2003 年 9 月至 2004 年 11 月，又划归涛雒镇政府管理，负责人由涛雒镇镇长闫华章兼任。2004 年 11 月至 2011 年 11 月，重新划归东港区政府管理，为正科级差额补助事业单位，编制 8 人；下设自收自支事业单位“园区服务中心”，编制 12 人。赶海园管理委员会主任先后由以下人员担任：崔久军（2004 年 11 月至 2006 年 11 月）、崔社勇（2006 年 11 月至 2007 年 11 月）、肖建华（区旅游局局长兼，2007 年 11 月至 2010 年 9 月）、王海洲（区旅游局局长兼，2010 年 9 月至 2011 年 11 月，其间由赶海园副主任秦绪言主持工作）。

2011 年 11 月至 2016 年 9 月，隶属日照国际海洋城管委会，负责人秦绪言（副主任，主持工作）。2016 年 9 月，划归山东海洋文化旅游发展有限公司，由其控股子公司日照星光海岸景区运营管理有限公司管理。公司法人先后由以下人员担任：2016 年 9 月至 2017 年 7 月，潘金峰，（副经理高卿主持工作）；2017 年 7 月至 2021 年 8 月，安强；2021 年 8 月后，宋广玲。

第二节 开发与经营

景区开发 赶海园于 1999 年立项，2000 年春，由涛雒镇政府开始运作筹建。园内有 6500 亩的潮间带，滩平沙细，浅海盛产竹蛏、纹蛤、四角蛤、杂色蛤、马蹄蟹、花旦蟹、虾皮、海蜇等 40 余种海产品。有古老的鱼骨庙遗址、千亩沿海防护林带，空气清新、冬暖夏凉，被誉为“天然氧吧”。

至 2001 年 5 月，建成沙土面停车场 1 处，沙土路 1300 米，绿化地面近千平方米，简易厕所 2 处。2002 年，完成赶海园西环路（刘家湾村西侧）路基建设，建成海边 4 处景观木屋。2003 年，修筑沿海防护堤 310 米。

2004 年 11 月，编制了《刘家湾赶海园总体规划》，总体规划面积 5.15 平方千米。按照新的规划由市政府投资进行开发建设。

经过几年的建设，园区开发利用面积达 2.8 平方千米，占总规划面积的 54%。于 2008 年 4 月 30 日，正式开园营业。

中心园开园营业的同时，根据规划，又开发金沙岛景区。2008 年下半年，建成高尔夫球练习场、海水浴场、垂钓园、高尔夫球练习场会员会馆等，完成建筑面积 1100 余平方米。2009 年春，金沙岛景区正式对外营业。

至 2011 年，赶海园总投资 8000 余万元，建成既富有海洋自然生态景观特色又突出人文民俗特点的国家 AAAA 级旅游景区。

至 2021 年，赶海园内主要建有两座角锥太阳塔、七座圆形太阳塔、一座海神庙、一处卡丁车场地、一处木屋民宿酒店区、一处潜水街区海鲜餐厅等场地。

图 21—4　刘家湾赶海园鸟瞰图
（本章照片除署名者以外，均为刘家湾赶海园提供）

景区经营　2002 年 4 月 3 日，赶海园参加日照市政府在北京人民大会堂举行的旅游新闻发布会；是年秋，在国内（南京）旅游交易会上，日照市旅游局重点推介了刘家湾赶海园旅游区。

赶海园正式开园后，随着景区景观的逐步完备，接待游客数量、门票收入逐年增加。2019 年接待游客 30 余万人次，实现门票收入 600 余万元。

2013 年 5 月，刘家湾赶海园接管了丁肇中祖居的旅游业务。2021 年，因受客观因素影响，接待游客下降至 4 万余人次。

第三节　景区游览

整个景区由赶海园景区和金沙岛景区两大板块组成，突出赶海拾贝特色，集休闲度假、海上游乐、海水沐浴、沙滩运动、高尔夫球练习于一体。

赶海园景区

图 21—5　赶海活动

赶海活动　落潮后，滩平沙细，游客在沙滩上扒蛤蜊、拾海螺、捉海蟹等赶海活动；涨潮后，滩平水浅，专门开辟了推虾皮，捞海蜇，钓鱼、虾、蟹，拉网等传统海上作业活动。游客可以乘船观海，参观渔民摆布的“迷惑网”，享受收获的喜悦。

观海潮　园内每天可以看到潮涨潮落时的奇观：落潮时，海水迅速消失，仅剩下裸露有波叠的滩涂和来不及洄游到大海的鱼、虾、蟹、贝；涨潮时，海水上涌，万亩滩涂迅即淹没，极为壮观。

海洋生物馆　分类展出千余种海洋生物，大至凶猛的大白鲨，小至纤细的藻类生物；上至千年高寿的海龟，下至存活短暂的海洋微生物。

图 21—6　馆内鲨鱼标本

海神庙　是以当地一个真实的民间故事——“海龟救难”为原本策划而建。庙内供奉着东海龙王。

图 21—7　海神庙（李世成摄于 2023 年 5 月）

木栈道　木栈道全长 900 余米，采用防腐木材建造，为景区链接各展馆而增添了一道美丽的景观带。

图 21—8　木栈道

海之门演艺广场（现为海神广场）　是景区中心广场，游客在此可以观看水族舞、耍旱船、踩高跷等民族风情表演和吕剧等传统地方戏曲演出。

赶海艺术中心　赶海艺术中心也是日照农民画基地，内设黑陶艺术展、日照农民画展等，能够同时容纳百人研学团队开展研学课堂。

逐日卡丁车　占地面积 10300 平方米，含成人赛道 900 米，儿童赛道 200 米，可同时容纳 10 ~ 20 辆卡丁车同时竞速。场馆内基础设备齐全，头盔、服装等装备一应俱全。

图 21—9　逐日卡丁车

金沙岛景区

金沙岛景区位于涛雒镇沿海路中段。北邻 AAAA 级景区刘家湾赶海园，西靠天台山景区、涛雒风情水镇和丁肇中祖居，南望山钢景区。金沙岛景区海岸线长约 1.3 千米，总面积 14 万平方米（240 亩），三面环海，松林绿树，水清浪稳，自然天成，是休闲娱乐、拥抱大海的最佳场所，也是一处集露营度假、海水浴场、运动娱乐、婚纱摄影于一体的滨海度假区。

金沙岛拥有原生态的海滩，沙滩露营、海鲜大咖、沙滩骑马、休闲度假等，景区在涨潮时适合下海洗浴、游艇出海；退潮时可以赶海拾贝、拉网捕鱼、沙滩高尔夫、沙滩摩托、沙滩越野、沙滩足球 / 排球等。

金沙岛海滨浴场　海岸线长约 2 千米，总面积 69 万平方米。水面 3 万平方米，退潮间距 200 米左右，滩阔沙细，水清浪稳，岛海相依。2009 年正式对外营业，2022 年，共接待游客 11.9 万人次。

图 21—10　金沙岛海滨浴场

金沙岛海滩高尔夫球练习场　在沿海公路小海大桥南端东侧，利用自然地貌，建海滩高尔夫球练习场，占地面积 300 余亩（含潮间带），设有 20 个打击位。是日照市唯一一家沙滩高尔夫球练习场。另设高尔夫专卖店、高尔夫会馆、茶艺室、休息区、垂钓园等配套设施。2021 年，接待游客 5 万余人次。

图 21—11　金沙岛海滩高尔夫球

第四节　服务设施

度假村　景区建有刘家湾别墅度假村、东海聚度假村；开发了以“住渔家屋、吃渔家饭”为主题的民俗旅游村。

图 21—12　刘家湾别墅度假村

停车场　景区建成了四个停车场，能同时停放大、小车辆 400 余辆。

购物区　景区设太阳礼品店和赶海购物中心。

图 21—13　太阳礼品店

制作区　景区内专门辟有现场制作区，可制作黑陶、沙画等手工艺品。

图 21—14　沙瓶画制作

太阳海岸木屋民宿　酒店有树屋 4 间，二层别墅 3 套，茅草屋 2 套，联排别墅 5 套，可同时容纳 100 人左右住宿。房间距离大海不足百米，透过窗就可以欣赏海天一色、潮起潮落的美景。

图 21—15　太阳海岸木屋民宿别墅

海鲜自助餐厅　餐厅总面积 1100 平方米，可同时容纳 300 人就餐并设有 3 间观海包间。

第三章　丁肇中祖居

涛雒丁氏乃名门望族，人才辈出。世界物理学家、诺贝尔物理学奖获得者丁肇中，是丁氏家族杰出代表，其祖居就坐落在古镇涛雒街里。2002—2004 年，东港区政府、涛雒镇政府对丁肇中祖居种德堂进行了复原修缮。丁肇中获奖后，多次回故乡省亲。

第一节 行政管理

2004年5月，镇政府成立了丁肇中祖居管理委员会，主任由镇人大副主席刘从生兼任，另有工作人员3名。2007年，日照市、东港区旅游部门开辟了直达丁肇中祖居旅游线路。2009年10月，镇旅游办公室主任卢强兼任丁肇中祖居管理委员会主任。

为加强旅游资源的一体化管理，2013年5月，经刘家湾赶海园与涛雒镇政府协商，丁肇中祖居旅游业务移交刘家湾赶海园管委会管理。2017年3月，丁肇中祖居划归山东海洋文旅发展有限公司代为管理，是年4月完成人员配备归口。2021年底，由其全资子公司日照东方太阳城景区运营有限公司具体管理。

第二节 景观建设

种德堂 丁肇中祖居“五宅”，建成于清光绪二十四年（1898）。整个院落大门朝西，由“种德堂”“观兰堂”“同生堂”“古梅轩”“慎德堂”五个独立的小庭院组成。

“五宅”之一“种德堂”，丁肇中幼小时曾在此居住过。1940年，日军侵占涛雒时，初期即驻扎在“五宅”。战争使这里的建筑受到破坏。抗日战争胜利后，这里曾是涛雒镇党政机关办公场所。

图21—16 丁肇中祖居种德堂（摄于2021年11月）

2002年春，日照市人民政府决定修复丁肇中祖居，并责成东港区政府、涛雒镇政府具体实施。是年11月，开始按原貌对丁肇中祖居种德堂修复。院落为正方形，南北轴线对称。内宅区为四合院式，有正房3间。西端建有耳屋，为闺房；东、西、南厢房各3间，分别独立，互不相接。在四合院主人住房外围，分别配有管家房、门房、雇工房、农具房、磨坊、牲口棚、粮仓、存书房等，为外宅区。

房屋均为瓦房，木架结构，硬山起脊，斗拱翘檐，砖铺地面，别具一格。古朴典雅，保持了明清时期北方建筑特点。

至2004年，“五宅”的复原修缮工程结束，并新建丁肇中科技展馆，占地13亩，建筑面积1600平方米，修复房屋63间（包括茶楼、西学堂）。在大门外建有停车场，院内栽种花草树木及竹子；配备了水、电等。是年5月1日，正式对外开放。

图21—17 丁肇中探望祖居（摄于2005年6月）

丁肇中科技展馆 展馆坐落于种德堂西侧，坐北朝南，2004年建成。房屋建筑为7间，两端各2间前伸，中间三间设有入馆正门。展馆内容按历史先后，自东向西，依次设“名门望族，涛雒丁氏”“良好家教、刻苦求学”“锲而不舍，勇攀高峰”“情系祖国，爱我中华”“故乡进步，甚觉快慰”五个部分。展馆搜集整理了丁氏祖先和丁肇中本人大量文字材料和300余幅图片，集中展现了丁肇中的家族历史和他立志成才、勇攀科学高峰的历程。丁肇中科技展馆已成为科普和爱国教育基地。

第二十二编　精神文明建设

涛雒镇渔民文化节　（山东海洋文旅集团提供　摄于2022年）

中华人民共和国成立后，镇党委、政府十分重视精神文明建设，不断完善工作机制，使精神文明建设逐渐走上了制度化、规范化的轨道。20 世纪 50 年代，主要进行爱国主义、英模精神、科学知识及社会美德的教育，使广大群众确立了社会主义新思想、新观念。20 世纪 60 年代，主要开展学习雷锋、焦裕禄活动，使爱憎分明、团结互助、关心群众成为新的道德风尚。改革开放以来，各种有特色的教育与实践活动深入人心，使社会风气和人民的精神面貌发生深刻变化。2009 年，涛雒镇被评为“全国文明村镇”。至 2022 年，全镇创建全国文明村 2 个，省级文明村 8 个，市级文明村 5 个，区级文明村 53 个。

第一章　思想道德教育

中华人民共和国成立后，域内各级党政组织在不同的历史时期始终把握正确的政治导向，不断加强社会主义精神文明建设，进行爱国主义、英模精神、科学知识及社会美德教育，使广大群众确立了社会主义新思想、新观念。

第一节　爱国主义教育

中华人民共和国成立之初，根据中国人民政治协商会议制定的《共同纲领》，在域内推行爱祖国、爱人民、爱科学、爱劳动、爱社会主义的“五爱”教育；抗美援朝时期，利用会议、广播、大字标语等各种形式，积极动员群众捐款捐物，支援抗美援朝战争，域内有98名青年参军赴朝参战，有14名优秀儿女鲜血洒在朝鲜战场上；在社会主义改造和建设时期，请老党员、老干部、老复员军人、老模范讲革命战争史，讲村史，讲个人成长史，开展忆苦思甜教育活动，讲只有社会主义才能救中国的道理。

1965年，组织青少年到日照展览馆，进行革命传统教育。“文化大革命”时期，宣传“深挖洞、广积粮”“备战备荒为人民”的思想，宣传珍宝岛英雄的事迹。1980年，宣传对越自卫反击战中的英雄事迹，激发人民的爱国热情。

1994年，中共中央《爱国主义实施纲要》颁布后，镇党委、镇政府在全镇干部、群众和青少年学生中进行中国近代史、中国基本国情教育，举办“坚持四项基本原则”“改革开放理论”研讨会，开展“吃水不忘打井人、致富不忘共产党”的主题宣讲。

2010年，镇党委利用日照烈士陵园、尹景伊烈士纪念馆等爱国主义教育基地，对青少年进行革命传统教育、爱国主义教育。重大节日开展升国旗、唱国歌活动，定期组织青少年和广大人民群众观看爱国主义电影、电视活动，使广大青少年树立“热爱祖国光荣，损害祖国利益、尊严和荣誉可耻”的世界观，爱国思想深入人心。

2013年，进行中国梦系列教育，富国强国是人民的共同心愿。

2013—2021年，镇党委、镇政府深入贯彻习近平新时代中国特色社会主义思想，将爱国主义教育作为全镇精神文明建设总体规划重点。依托东风爱国主义教育基地、下元一村乡村记忆馆、海员村“碧海红帆”党建服务品牌建设等丰富红色资源，积极开展形式多样、内容丰富的宣教活动。

2010—2021年，文明镇创建始终坚持以习近平新时代中国特色社会主义思想为指导，实施“凝心铸魂”“文明创建”“文化惠民”“文明乡风提升”“文化传承保护”五大工程，不断提升全镇人民文明素质和社会文明程度。先后被授予全国文明村镇、全省乡村振兴“十百千”工程示范镇、山东省卫生镇、省级历史文化名镇、省级美丽宜居小镇、省级旅游强乡镇等称号。

第二节　科学教育

中华人民共和国成立初期，域内各级党组织长期坚持进行扫除文盲、破除迷信、相信科学的群众教育，对旧社会遗留下来的封建残余道德观念进行了革命大扫除。教育广大人民群众，有病请医生，不信巫婆神汉，不求神拜佛；认识旱、涝、雹、蝗灾、刮风下雨、地震、日食月食等是自然现象，没有上帝神仙，没有妖魔鬼怪；明确贫困是封建社会的利益分配不公与外国侵略造成的，贫困与祖坟、住宅和命运等没有关系。

1964年开展的科学种田实验，1966年开展的破“四旧”运动，1975年开展的“火葬”殡仪改革，1976年开展的土法防地震活动，成为对人民群众科学教育的最好课堂。

2003年，进行科学发展观教育，培养农村科技发展带头人。2004年，建立丁肇中科技展馆，对青少年进行科普教育。此后，科学教育贯彻于整个精神文明工作中。

第三节　职业道德教育

1952年，七区党委、政府按上级指示，上半年在域内开展了反对贪污、反对浪费、反对官僚主义的“三反”运动；继而又开展了“反行贿、反偷税漏税、反盗骗国家资财、反偷工减料、反盗窃国家经济情报”的“五反”运动；组织私营、工商业、手工业者互助合作，公私合营；同时进行“货真价实、买卖公平、童叟无欺、反对掺糠兑水制售假货”的教育。1956年，完成了对私营工商业、手工业的社会主义改造，广大工商业者职业道德水平有了很大提高。

计划经济到社会主义市场经济转型时期，镇党委、镇政府及时对广大工人、农民、商业服务人员、个体工商户，进行职业道德教育。教育工人“热爱劳动、严守纪律、钻研技术、质量第一、文明生产、勤俭节约、尊师爱徒、团结互助”；教育农民“勤劳致富、遵纪守法、爱护资源、热爱科学、移风易俗、团结互助”；教育工商业服务人员“忠于职守、执行政策、货真价实、诚信无欺、便民利民、优质服务”；教育个体工商户“勤劳致富、守法经营、诚信无欺、礼貌待人、团结同行、依法纳税”等。工商行政部门开展“百城万店无假货”活动、“文明经营户”评选活动等，使广大受教育者学有榜样、赶有目标，教育效果显著。

2020—2021年，全镇在中小学和幼儿园开展了教师职业道德考核、评比活动，在镇卫生院、村卫生室开展了医护人员职业道德考核、评比活动。

第四节　家庭美德教育

1953年春，各级政府贯彻中央人民政府颁布的《中华人民共和国婚姻法》，提倡自由恋爱，反对包办婚姻，反对童养媳和近亲结婚；提倡男女平等，反对男尊女卑；提倡尊敬公婆，反对虐待儿媳；提倡寡妇改嫁，反对苦熬守节。

社会主义建设时期，域内开展了评选好小姑、好媳妇、好婆婆、好妯娌等活动，家庭美德成为一种社会时尚。改革开放以后，镇党委、文明委每年组织评比“文明家庭”“星级文明户”和“和谐家庭”活动。1990年，全镇评选出“文明家庭”4200户。1995年，全镇评选出“星级文明户”4800户。2005年，全镇评选出“和谐家庭”5200户。2013年，评选“文明家庭”5380户。2021年，全镇评出20个镇级文明家庭、16个镇级好媳妇、16个镇级个好婆婆。评出美丽庭院10854户，占常住庭院户89%。

第五节　文明村民教育

中华人民共和国成立初期，域内各级党组织和人民政府向广大人民群众进行精神文明宣传教育，废除陈旧的等级观念、宗族观念，提倡人人平等，反对张口骂人、抬手打人，尤其不准体罚学生，不准坑蒙拐骗，不准卖淫嫖娼，不准赌博。对尊者、长者不再下跪磕头，不再称老爷、太太、少爷、小姐，改称大爷、大娘、小弟弟、小妹妹。对店主不再称老板或老板娘，改称经理。对店员不再称跑堂的、店小二，改称售货员或服务员。对脱产人员，一律称同志或老同志、小同志。账房先生改称会计，教书先生改称老师，治病先生改称医生或大夫等。

社会主义建设时期，域内开展了学习劳动模范的教育。广大干部群众，远学吕鸿宾、焦裕禄，近学刘润贤、刘贤保等劳模事迹。广大青少年学习雷锋好榜样，全公社掀起了争当好团员、好社员、好少年、好干部的热潮。日照市建立以后，域内开展了争当好媳妇、好婆婆、好妯娌、好军人母亲、好军嫂、好家属等评比活动。争当文明村民成为人们追求的目标。

2001年，党中央《公民道德实施纲要》发布后，镇党委、镇政府在全镇开展了“爱国守法、明礼诚信、团结友善、勤俭自强、敬业奉献”为主要内容的公民道德规范教育，倡导广大村民不随地吐痰、不乱扔垃圾、不乱贴乱画、不乱停乱放、不破坏绿化、不损坏公共设施、不说脏话，带头讲文明语和普通话等。2013 年，在全镇开展了“仁德、孝德、诚德、爱德”的善行义举“四德”活动。

2021 年，涛雒镇深入推进移风易俗，破除陈规陋习，抵制低俗婚闹，培育健康文明的生活方式，在全镇大力推行喜事新办、丧事简办，成立文明迎亲志愿服务队 30 余支，以实际行动营造文明健康、进步和谐的新风尚。

第二章　文明创建活动

进入 21 世纪，域内深入开展社会主义荣辱观教育与文明镇、村、单位创建活动。至 2021 年，被评为区级以上文明镇、村、单位 82 个，涌现出一大批精神文明先进个人，社会风气和人民的精神面貌发生深刻变化。

第一节　文明镇创建

1981 年 3 月，开展了“五讲、四美、三热爱”文明礼貌月活动。1990 年，开展了“文明单位”“文明村”的创建活动。

1998 年，镇党委、镇政府带领全镇人民开展创建文明镇活动。文明镇的八项标准是：党政领导坚强有力，思想道德风尚良好，社会服务优质规范，科教文卫稳步发展，社会治安秩序稳定，环境面貌整洁优美，基层居民制度健全，村镇经济发展壮大。除落实文明镇的八项标准外，镇党委在文明创建活动中，进行了创新探索，在东灶子村、上元村及南店村，先后探索总结出村党支部选举“两票制”、村务民主“大事公决”和“质询会”的经验，即“村务民主三项制度”，被上级有关部门确认并推广。刘家湾村党支部根据渔民常年出海捕捞的村情，创造出“党小组建在船上”的建党经验，得到党中央整党建党工作指导小组的肯定。在镇驻地环境整治中，把现代文明与古代文明融为一体，恢复了名人故居，建设仿古街一条，得到上级领导和专家们的好评。东港区精神文明办公室将涛雒镇列为“文明建设示范镇”，涛雒镇的实践经验在东港区得到推广，收到很好的效果。

2000 年，涛雒镇被山东省精神文明建设委员会授予“省级文明村镇”称号。2002 年，涛雒镇被中共中央精神文明建设指导委员会授予“先进单位”称号。2005 年，涛雒镇被中央精神文明建设指导委员会授予“先进村镇”称号。2009 年，涛雒镇被评为“全国文明村镇”。

第二节　文明村创建

镇党委、镇政府在文明镇创建活动中，注重文明村的创建工作。1984 年，评出文明村 8 个：涛雒一村、小海村、小刘庄村、涛雒三村、东风村、李家潭崖村、大草坡村、东川子村。

1999 年，各行政村按照上级规定的“领导班子健全有力，基础设施配套有序，社会秩序和谐安定，科教文卫协调发展，村级经济健康发展，村民素质全面提高”的六项标准，开展了文明村创建活动。镇党委、镇政府适时向各村推广了秦楼街道高家村、日照街道小莲村创建文明村的经验，各村纷纷学习、创新，实现了村庄建设有规划、街道路面硬化、环境美化、垃圾集中处理等。健身广场设篮球、乒乓球等健身器材、舞蹈器材等；文化大院设阅览室、图书室、棋牌室、娱乐室等；“文化街”设宣传栏、阅报栏，图文并茂，展现浓厚的文化氛围。同时，各村编制了《村规民约》《卫生公约》《精神文明建设手册》《文明户奖励办法》等，开展了“五星级文明户”“十星级文明户”评选活动。

2004年，全镇启动了“文明一条街”创建活动，要求道路“四化”（硬化、净化、绿化、美化），路灯“亮化”，街两旁“文化”（设阅报栏、宣传栏、财务公开栏）。

2006年，学习推广河山镇申家坡村经验，要求有条件的村辟建街心公园，达到“八个一”标准：一亩地、一块石、一片绿地、一套凳、一组灯、一条健身路、一个宣传栏、一套健身器材。当年全镇建成标准街心公园6个。2006年，大草坡村被评为省级文明村。

2010年，各村村民委员会制定了《村民自治章程》《村规民约》，并同村民签订了村民自治协议书。

至2022年，全镇创建全国文明村2个，省级文明村8个，市级文明村5个，区级文明村53个。

第三节　文明单位创建

文明单位创建活动始于1982年。是年，《大众日报》对涛雒供销社“一条扁担闹革命”的事迹作了主题报道。涛雒供销社成为日照县精神文明的一面红旗，成为全县第一个文明单位。在此基础上，涛雒公社广泛开展了军民共建、干群共建、工农共建、警民共建、校厂共建等一系列争创文明单位的活动。

1984年，评选文明单位6个：涛雒供销社、涛雒粮油管理所、涛雒税务所、涛雒中学（日照五中）、涛雒小学、李潭联中。

1993年，按照东港区精神文明建设委员会制定的“组织领导坚强有力，创建活动扎实有效；思想教育深入，道德风尚良好；工作领先，效益显著；文体先进，风气良好；民主管理，遵纪守法；整治到位，环境优美”的标准，开展文明单位、文明机关的创建活动。结合本镇实际，推出了一批具有地方特色的措施，在干部、职工中进行思想教育、廉政教育，算政治账、名誉账、经济账、家庭账，增强干部群众凝聚力、向心力。

2009年，镇第一初级中学、镇计划生育委员会、日照第五中学等被评为市级文明单位。

至2021年，全镇共创建区级以上文明单位14个。

第四节　文明村民评选

1961年7月，下元人民公社开展了对干部、社员五好评选活动，全社共评出五好干部152名、四好313名、三好215名、两好113名；评出五好社员1134名、四好1500名、三好895名、两好286名、一好68名。

1962年，以家庭为载体，在社员中开展评优树先活动。在社会主义教育和“农业学大寨”运动中，区委、区政府按照上级规定的“政治思想好、集体劳动好、遵守法令好、团结互助好、勤俭持家好”的五项标准，评比五好社员、五好家庭；以“阶级立场好、领导生产好、执行政策好、民主作风好、参加劳动好”的五项标准，评选五好脱产干部。

1965年，涛雒区评出五好社员1300名，多数亦被评为“五好家庭”。

1984年，评选出五好家庭1258个、好丈夫47个、好媳妇225个、好婆婆210个、好妈妈222个。

1988年，全镇共评出“五好家庭”1100户。

1998年，全镇各行政村普遍开展了“遵纪守法星、计划生育星、团结友爱星、移风易俗星、勤劳致富星”等五星创建活动。各村设置专栏，宣传创建活动的意义，引导村民制定创建“五星级文明户”的计划。春节期间，村两委组织有关人员，敲锣打鼓，为评出的“星级文明户”送奖状和纪念品，整个社会形成一种争创文明户的氛围。当年全镇评出星级文明户4500户。

2004年，在文明村民、文明家庭评选中，全镇评出村级文明家庭7500户、区级文明家庭60户、市级文明家庭2户。有150名村民被评为镇级尊老敬老好儿女，8人被授予“市级文明村民”称号。

2007年，全镇有10人分别被评为市级“诚实守法模范”“助人为乐模范”“敬业奉献模范”“敬老爱幼模范”。

2009 年，在全市第二届道德模范评选中，涛雒镇有 12 人榜上有名。

2013 年，全镇开展的“四德”榜活动中，全镇 75 个行政村，共评出好公公、好婆婆、好儿子、好媳妇、好邻居、好妯娌 900 名；评出“见义勇为、乐于助人、诚实守信、遵纪守法”的模范人物 600 名。2020—2021 年，全镇每年都组织各种称号的文明村民评选活动。

第三章 文明新风

20 世纪 60 年代，域内开展学雷锋、学焦裕禄活动，使爱憎分明、团结互助、扶危济困、关心群众成为新的道德风尚。改革开放后，“爱国守法、明礼诚信、团结友善、勤俭自强、敬业奉献”教育与实践活动深入人心，争做文明个人成为新的精神追求。

第一节 移风易俗

中华人民共和国成立初期，域内各级党组织和人民政府，大力进行移风易俗教育，提倡对老人厚养薄葬，批评薄养厚葬的旧习俗；提倡新事新办，反对大操大办的铺张浪费行为。

1965 年，社会主义教育运动及“农业学大寨”运动中，实行移坟头至岭头的政策。

1966 年，“文化大革命”中，各村开始了破“四旧”（旧思想、旧文化、旧风俗、旧习惯）运动。

1976 年 2 月，推行火葬，提倡各村建立骨灰堂。

1987 年，全镇开展了破除封建迷信、改革婚丧旧习俗为主要内容的移风易俗教育活动。

1996 年，镇精神文明建设领导小组在全镇开展了“移风易俗树新风”活动，提倡婚事新办，提倡丧事简办，反对并制止土葬和封建迷信活动。各村成立以老年人为骨干的丧事简办服务队，实行文明丧礼，戴黑纱、小白花、鞠躬默哀、开追悼会等。通过不断地进行宣传教育和监督，“移风易俗树新风”活动，得到了广大人民群众的拥护和支持，促进了社会的安定团结。

第二节 尊老爱幼

农业合作化时期，各村对鳏、寡、孤、独老人实行“五保”。改革开放以后，镇党委、镇政府成立老龄委，开展养老敬老教育，出台了行之有效的措施。对机关退下来的老干部和老职工的养老金、医疗费首先发放；对农村两委负责人建立养老保险；对 1949 年前入党的中共党员进行定期生活补助。春节、老人节时，各级领导登门看望离、退休干部、职工。各级共青团组织成立了以老年人为服务对象的送温暖小组。

1990 年 10 月，镇党委、镇政府在高旺庄建立镇敬老院，全镇适合集中供养的“五保”老人在敬老院安度晚年。

2013 年后，镇内健在的百岁以上老人，均能享受到家庭照料和社会关怀。

中华人民共和国成立初期，少数村建立托儿所。学校配备少先队辅导员。

20 世纪 80 年代，接收团市委青少年发展基金，对贫、病不能上学的孩子进行救助。

自 1994 年开始，协助上级组织实施“春蕾计划”，救助女童就学。为了儿童健康成长，卫生和妇幼保健部门定期为儿童查体、打预防针、送防疫药。镇办、村办幼儿园不断发展壮大。

2007 年后，幼儿教育纳入学校统一管理，幼儿入园率达 100%。

第三节 见义勇为

在现代生活中，域内涌现出许多见义勇为、舍身救人的先进人物及感人事迹。

1980年5月，王家村大队1093号帆船船长葛允春带领船员7人驾驶8米长帆船在连云港海域高公岛附近，海上捕鱼时遇到7、8级大风，船只在撤离到离海岸线10千米左右处隐约听到呼救声，靠近发现一艘倾覆的小艇以及3名落水者，生命危在旦夕，在紧急关头葛允春果断下令冒险救人，当时巨浪滔天，他们不顾个人安危，经过一番努力，将3名落水者救到船上，在船上了解到3名落水者为在连云港海域海训部队的士兵，后船只安全抵达连云港部队驻扎码头，8名船员受到部队领导高度赞扬。1981年涛雒公社为8名船员举行表彰大会，并为1093号帆船颁发奖状。

图22—1 葛允春等4名船员与被救人员在一起（葛山峰提供）

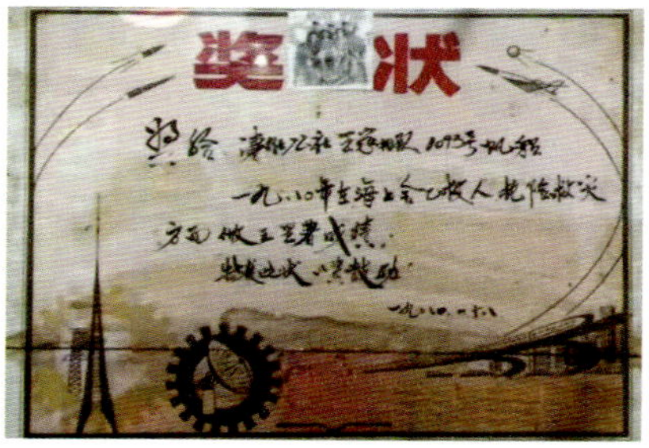

图22—2 王家村大队1093号帆船奖状（葛山峰提供）

1984年5月8日，涛雒邮政局投递员郑全昌在投递路过大草坡村后小松林时，勇斗歹徒，救出少女，并将歹徒扭送到公安派出所。县委、县政府对他见义勇为的事迹进行了表彰。

2005年12月2日晚，栈子一村鲁日渔1895/1896渔船船长高兴成，率船返航途中，行至北纬35度19分、东经120度2分海域时，发现一船发生火灾，正在沉没。高兴成果断指挥，将船上5名船员救到自己的渔船后，又跳入冰冷的海水中，救起另外5名船员。他们见义勇为的事迹被新闻媒体报道后，受到广泛赞扬。

2008年3月3日下午4时50分，阜鑫渔业公司“鲁日渔1611”号渔船在外海捕捞作业时，船长高月飞发现海上升起求救信号弹，他马上指挥渔船收网，驶往求救信号海域。6时40分，找到透水的求救船只，救起遇险的4名船员，将失事船只一并拖出。航行22个小时后，失事船只终因进水太多，在离岸30多海里的101海域沉没。

2019年5月，东港区综合行政执法局涛雒中队陈庆华带领中队值班人员马蕾巡查至204国道与341省道交叉口时，突然发现前面行进的一名骑三轮车的老人在躲避过往车辆时，与其他车辆发生刮擦碰撞，老人摔倒在路口，受伤躺在地上。陈庆华和马蕾立即通知交警和120急救。针对路口车多人多交通拥挤情况，在交警未到之前，陈庆华及时组织队员疏导车辆，维护现场秩序，安抚受伤人员。直至120急救车赶来后，陈庆华协同医护人员将老人抬到救护车内，为抢救伤员争取了宝贵时间，避免了现场混乱引发二次伤害。

2021年5月2日，日照河山半山腰，一老者突然晕厥，其老伴发出急切呼救声。涛雒中心卫生院副主任医师滕历梅听到后立即赶到，对病人展开诊断和施救。过了一段时间，滕历梅观察到病人的症状逐渐减弱，恢复到一个比较正常的状态后，才离开。

第四节 扶贫济困

中华人民共和国成立后，遇有天灾人祸，人民政府会及时下发救济物品，同时提倡邻帮相助，“一方有难，八方支援”。

1975年8月14日，天降暴雨，大水淹没了域内东川子村，房屋倒塌损毁十之八九。面对突如其来的天灾，涛雒人民及时伸出援助之手，送去一批食品，右所大队临时安置了大批妇女儿童。为避免水灾再次发生，应群众要求，县政府决定将东川子村整体搬迁到高处。在涛雒公社党委、政府组织下，各村出工出料，在严寒到来之前完成搬迁工作，受灾群众住上了崭新的房子。此后，每当村民有特殊困难（天灾、病灾）时，有关村委都会组织村民进行捐款，帮助受灾户渡过难关。

1998年，长江流域和东北牡丹江流域发生水灾。在镇党委、镇政府号召下，人民群众踊跃捐物捐款，捐衣被5大卡车，捐现金7万余元，有的新婚妇女把新被子也捐献出来。

2005年开始，镇每年5月份开展“慈心一日捐”活动；每年冬季开展“送温暖、献爱心”活动，帮助困难群体、弱势群体。

2008年5月，汶川大地震发生后，涛雒镇各机关、各单位、各村干部群众慷慨解囊，踊跃捐款捐物，支援灾区重建。

图22—3　涛雒五村抗日战争时期老党员相玉兰为5.12汶川地震灾区捐款（李世成摄于2008年5月）

2020年初，仁华百草药业涛雒店负责人刘加坤（华山村人）通过东港区红十字会捐款10000元，并且多渠道自费采购防疫物资，为家乡和周边村庄免费提供酒精、口罩等医疗用品，解决了村民们的燃眉之急。

第五节　拾金不昧

1963年3月5日，毛泽东主席发出“向雷锋同志学习”的伟大号召。在学雷锋活动中，拾金不昧的好人好事多地发生、层出不穷，拾金不昧更成为青少年尤其是学生的自觉行动。

1989年1月13日，域内侯家村村民侯世佩，在村西路上拾到现金3.1万元，在公安部门的协助下，将现金全部交还失主——辽宁省盖县来涛雒购买渔船的王国维、熊岳城。

1992年夏天，王家村渔民葛允顺、尹世庄、尹世亮、葛亮四人在鱼骨庙正东海域捕鱼，打捞出一个银元宝6.5斤，上交小海派出所，受到了政府的表彰。每人奖励了一台黑白电视机。

图22—4　1992年王家村4名渔民受到表彰。左起：葛允顺、尹世亮、尹世庄、葛允亮（摄于1992年）

2013年4月14日，涛雒五村村民余治文，在涛雒集市捡到手提包一个，内有现金、银联卡、机动车驾驶证、身份证等一宗，当即交到村委会，移交到涛雒派出所，经派出所查证交还失主。

2020年9月21日，涛雒七村村民毕永美捡到蒿岭村村民宋开新的一件马甲，马甲中有老人的一万多元现金、身份证以及银行卡。毕永美在等候失主找寻无果后，请求派出所帮助寻找失主。在派出所民警的帮助下，与失主所在的蒿岭村村委取得联系，并赶往蒿岭村归还财物。

第四章　精神文明建设管理

中华人民共和国成立以来，镇党委、镇政府十分重视精神文明建设工作，由党政主要负责人主抓此项工作，制定工作规划并检查、督导落实，组织考核验收，使精神文明建设工作更趋科学化、制度化、规范化。

第一节　组织机构

1982年，中共日照县委建设社会主义精神文明领导小组成立。涛雒公社党委在全公社开展了社会主义精神文明建设活动。

1996—2021年，为适应新的形势，涛雒镇成立精神文明建设领导小组，由镇党委书记任组长，镇长任副组长，党委委员及各单位主要负责人任委员。领导小组负责宣传、指导全镇机关单位、企业及各行政村的精神文明建设工作。各村成立精神文明建设领导小组，村党支部书记任组长，两委成员任委员，具体组织实施精神文明单位的争创工作，定期向镇精神文明建设领导小组汇报创建工作的进展情况，接受镇精神文明建设领导小组的检查、监督。镇精神文明领导小组组织年终考核、验收和评比工作。

第二节　规划实施

1981年3月，中共日照县委下发了《关于进一步开展学雷锋树新风建设社会主义精神文明的决定》。涛雒公社党委当即在全公社机关单位、学校和农村开展了学雷锋树新风活动，以“五讲四美三热爱”为主要内容，以学英雄、做好事为行动指南。以此为起点，每年3月开展一次“文明礼貌月”活动。为使活动不流于形式，各级各部门建立健全责任制，制定文明公约、文明守则等。

1996年，镇精神文明建设领导小组成立后，进一步学习贯彻东港区《文明单位建设条例》《东港区文明单位管理办法》《精神文明建设九五规划、十五规划》《公民道德建设实施纲要》等，踏踏实实开展“文明单位”“文明村”创建活动。

1998年，开展争创国家级“文明镇”活动；2007年，开展争创省级、市级“文明村”活动；2009年，开展了争创市级“文明单位”活动。

2013年，各村开展了“四德”榜评比活动，使农村精神文明建设工作进一步深化。

至2021年底，全镇不断深化精神文明创建工作，坚持“塑形”与“铸魂”并重。把握创建关键，打造精神文明建设新高地，建设新时代文明实践所1处、新时代文明实践站75处，全部落实五有标准；壮大服务队伍，镇级成立10支志愿服务队，各村成立不少于3支志愿服务队。推进移风易俗，实现文明新风润民心，立足村情实际修订“村规民约”，以“小切口”推动乡风文明“大变化”。成立红白理事会、禁毒禁赌会、道德评议会、村民议事会，不断引导广大群众争做移风易俗的倡导者、践行者、宣传者，让乡村精神文明之风吹拂心田。

第三节　考核验收

1990年，镇党委转发了中共日照市委、市政府关于文明单位创建标准、评选与命名、管理、奖惩等办法。

2003年，贯彻实施东港区文明委《关于对文明单位实施量化考核、动态管理的意见》，规范了文明单位创建、管理中出现的新变化、新特点，实施“分级管理、优胜劣汰”办法，建立健全了

“目标管理制”、“跟踪督导制”和“创建档案制”管理体制，使各级文明单位的考核管理工作走上科学化、制度化、规范化的轨道。

2004年，按照省文明委的要求，文明单位的评选，分为文明村和文明机关的评选。是年底，对已创建的文明单位进行考核复查，淘汰失去示范意义的原文明单位（文明村和文明机关）。根据不同时期，制定不同的考核标准。使文明单位评选，更具操作性、更趋合理性。

至2021年底，根据省、市、区文明创建有关精神，结合全镇实际，年中制定考核标准，年底组织考核组按照当年文明单位考核标准对新申报单位进行初查考核，对现有文明单位进行复核，经过全面考量、严格复核和领导审定，确定当年度涛雒镇精神文明建设工作先进评选申报名单。

涛雒镇志

TAOLUO ZHENZHI

第二十三编　民俗　宗教

赶海园海神庙　（李世成摄于2021年5月）

域内民俗源远流长，代代相传。东夷文化、龙山文化的民俗大量存在，流传至今。既有传统沿袭，又有革新演变。同时，“十里不同俗”，又表现出民俗的多样性和地域特点。中华人民共和国成立后，党委、政府领导人民破旧俗、立新风，推动了经济的发展。改革开放后，经济和社会生活发生了日新月异的变化，新的民俗事象层出不穷，具有强烈的时代气息。对于一些社会上复燃的封建陋习，党委、政府及时采取措施，破除封建迷信，提倡科学新风，净化了社会环境。而对于一些外来的健康向上的民俗，则采取吸收与开放的态度，学习传承下去。

域内宗教主要有佛教、道教和基督教。佛教传入域内，早于隋唐，盛于元明。清代佛教最为盛行。民国年间，寺庙、尼庵多半失修，僧尼很少，某些寺院住着俗家道士。道教传入域内，始于汉唐，盛于明清。至清代，道人以出家人居多，属“全真派”。民国年间，道人多属正一派。1931 年，域内下元村基督教徒秦强农，出资在本村建立福音堂，并创办教会小学，基督教开始在域内传播。中华人民共和国成立后，域内宗教活动基本停止。改革开放后，贯彻宗教信仰自由的政策，基督教在域内恢复并有所发展。

第一章 传统节日习俗

域内传统节日习俗，源远流长，代代相传，与周边乡镇习俗大致相近又有所区别，既有传统沿袭，又有革新演变，鲜明地表现出多样性和地域性的特点。改革开放以来，国家更加重视传统节日文化的传承，为几个重要的传统节日设立了假期，使节日的内涵更加丰富，人们过节的方式更加文明和积极向上。

第一节 春节

春节，民间称“过年”，是域内民间最盛大的节日。因旧历年是辞旧迎新的跨年度节日，腊尽岁尾是体现一方民俗的重点；而“辞灶”到“元宵节”是普天同庆的休闲时日，故称此段时间为“新年大节”。

送灶王 又称“辞灶”，民间传说是家神灶王上天言事的日子。据考，宋元年间，送灶日是腊月二十四，有宋诗人范成大诗句“今年腊月二十四，灶君朝天欲言事”为证。相传元至正二十七年（1367），徐达接朱元璋令，率军于腊月二十四日晨北上讨元，其官兵为与灶神、家人告别，提前一天即腊月二十三日“辞灶”。徐军北伐取胜，朱元璋令这批军人接家眷在北方安家屯垦。这些北迁军属遵祖制，腊月二十三“辞灶”，一般平民亦皆承祖制，腊月二十三就成为“辞灶”之日了。

辞灶仪式大致如下：白天打扫灰尘，用白塘土泥浆粉饰墙壁，称为“光墙”。张灯时分，在灶前供置糖瓜（麦芽糖制作的小圆饼）、柿饼、软枣等。厨房门旁置清水一盆，马料（豆荚皮之类）少许（供灶王爷坐骑用）。全家老幼焚香、烧纸、叩拜后，由主妇致祈祷词，祈祷词曰：“灶王老爷上西天，有啥说啥；多加美言，少说闲话。”致毕祈祷词，点燃门旁“饲料”，泼去盆水，意为灶王爷骑马朝天言事而去。接着鸣放鞭炮，礼成。孩童抢食祭果，一家人共享天伦之乐。此习俗称“过小年”，从此进入年节。今仪式从略，多为烧纸燃放鞭炮而已。

年除日 农历腊月最后一天（大月三十日，小月二十九日）称年除日，是民间最忙的一天。此日有如下活动：1. 大扫除。早饭后，将房屋门板、窗户刷洗干净，晾干，进行庭院大扫除，将垢物焚后远弃，“年除日”的由来取自“大扫除”之意。2. 扎天地篷子。在院中庭置方桌一张，周围用箔纸绕为墙状，留狭门面南，顶部捆床席呈亭状，篷内桌上置“天、地、人”三界神位，摆香炉、供品，篷外两侧分插鲜竹两株，枝挂山楂、铜钱。抗日战争时因战乱，天地篷亦自废，过年仅中庭置一香案了事。中华人民共和国成立后，又简化为在门框挂一对香炉。“文化大革命”时期，香案、香炉全禁。改革开放后，又时兴在院中、船头等处栽“摇钱树”（鲜竹），上系 6 条红绸条，意为招财进宝，院中庭贴一“福”字而已。3. 贴春联。晚清民国时期，域内宦室、富户、商号对春联特别讲究，必用贴金大红纸。商号框联必嵌字号，岁有更新，请书艺高者书写，否则会遭说庸俗。中华人民共和国成立后，老百姓对春联讲究不减，必写“江山千古秀，祖国万年春”之类；改革开放后又写“发福生财地，堆金积玉门”等；2000 年后，又写“平安即是福，和乐便为春”等。2005 年后，春联为书写及版印并存，足显时代特色。域内居丧之户春联也有规则：第一年不贴春联，第二年贴深蓝色纸春联，灶王爷神像要贴黑白制式，第三年贴红色纸春联，内容禁忌“狂欢用语”。另外，父如健在而母丧亡，则照常贴红色春联。

除夕 除夕是腊去春来的交替之夜。域内昔有秉烛达旦的“守岁”习俗。此夜，有如下活动：1. 请财神。晚清民国年间，域内工商大户每至年除日，在厅堂悬挂财神爷图像，像前置香案、供品，亥时，家长率子孙提灯笼，将财神牌位藏于备焚纸中，至历书所定财神方位，将牌位移于传盘，焚纸、叩头、鸣鞭，后端牌位回家置供案、叩头、燃纸，秉烛达旦，叫伴财神。此俗自抗日战争始自废。2. 请家堂。域内乡村有“请家堂”礼俗，俗称“请老祖”，多为父母丧三年以内者。多在近宅十字路口举行“招魂”回家过年，其套路同请财神相同。至初五晚，在请地焚牌位示送。3. 发纸马。年除日晚饭后，全家老幼欢聚，包饺子，家长讲故事，至子夜，先在天地神案前，焚烧“黄表纸”和备好的《天地纸马图》（也有用竹枝代马），意思是恭请天上神明下界过年，“发纸马”之说即指此。焚完纸马以后，分别在天地神案前、灶前，各个门旁、厕圈旁、磨侧等处，焚香、烧纸、奠供水饺。家长率领子孙叩拜，最后鸣放鞭炮。礼毕，全家共进年饭。此间严禁孩子多言，以防口吐不祥之语。

以上烦琐祭礼，今多数人家仅保留燃纸、鸣放鞭炮活动，祭拜、焚纸旧俗，多已废弃。当今过除夕，大都以家人团聚、包水饺、看《春节联欢晚会》，或阖家到饭店吃年夜饭为主要内容。

拜年 初一早晨，晚辈往往早起，穿上新衣服，结伴或单独至长者家中拜年。长者分别给晚辈（婴童）压岁钱。拜完本家长辈，再拜邻里，互道“过年好”或“恭喜发财。”

串亲 初二到初四，是串亲访友之日。青壮年夫妇多在初二拜岳家。岳家为婿者晚辈（婴童）备份压岁钱。

接灶王 域内正月初六为接灶王的日子。有如下活动：晚饭必做面条，以示“长礼”。饭前由家长在灶神像前供面条3碗（传统神3鬼4），焚纸、叩首、鸣放鞭炮，此称之为“接灶”，意为接灶王朝天归宅。故有“上天言好事，回宅降吉祥”的对联。民间曾有戏传：灶王爷上天（上坡）行7日，日行6000里，回宅（下坡）行6日，日行7000里，前后13天，即腊月二十三日至正月初六。

元宵节 正月十五是元宵节。元宵节是中国主要的传统节日，也叫元夕、元夜，又称上元节，因为这是新年第一个月圆夜。因为历代这一节日有观灯习俗，故又称灯节。每年正月十四日至正月十六日是官民同乐节日，俗称闹元宵。

涛雒古为商业重镇，清末至民国初年，商业鼎盛。涛雒街大小店铺数百家，每年灯节，这些店铺各展代表自家行业特点的新灯，此时灯火辉煌，通宵达旦。圩墙之上，排列凑集的防风灯笼，数十里可见灯光荧荧。天后宫、关帝庙等处，大戏连台。各衙署、机关、大户门前，皆挂职衔醒目的纱灯、宫灯。灯会期间，城门通宵不掩。热闹不下今时焰火晚会。

乡下家童持纸制鱼灯、莲花灯、腰鼓灯等，在房间、床下、院角、门后、厕圈等处照耀，口中念叨“照——照，照毛虫，照得毛虫害腚疼”等语。无灯笼的孩童则燃放“滴地金”玩耍。

当下农村多为村民集资办灯会，燃鞭炮、放焰火，祈求平安。小孩也打起了塑料电光灯笼，在大街玩耍，也不在旮旯“照毛虫”了。

第二节 其他节日

二月二 农历二月初二，俗称“龙抬头”。民间传为土地爷生日。是日凌晨，家家用红、白糖炒制糖豆或花生米，早饭前至土地庙前供祭。“社教”运动以后，土地祠无存，“供糖豆”之俗皆废，然炒食糖豆、糖米之俗仍存。

“二月二，打簸箕。”各家在早晨把草木灰置簸箕中，用木棍敲击簸箕底，沿住宅画灰杠，俗称“打簸箕”，有“拒狼”“阻邪”之功。打完簸箕之后，用木锨置灰，人站圆心，举锨作半径贴地抡转，划出圆圈，圈上“梯子”，称为“打囤子”，“囤”中撒粮，祈祷五谷丰登，粮食满囤之意。近年此俗已极少见。

“二月二，炒虫子。”各家炒花生、黄豆、瓜子等，谓之“炒虫子”，传说这样做，能让农田害虫大大减少。此俗至今流传。

清明节 清明节是扫墓祭祖、踏青旅游的日子。清明节的前一天，民间称之为寒食。此节源出于晋（山西），文见《史记·晋世家》，是介子推焚死绵山之日，晋人为悼念介子推，是日不举烟火，仅吃冷饭，故曰“寒食”。翌日凌晨，家家门额插松枝柳条，意在为介子推招魂，故清明早饭，多是吃煮鸡蛋而代“寒食”。

寒食是祭祖、扫墓之日，居外游子尽可能回乡扫墓添土，换新坟头，祭奠祖宗。然域内又有“寒食不添土，清明不上坟”的习俗，故域内一般为寒食前择日添土、上坟一步到位，不再分两日进行。中华人民共和国成立后，在清明节期间，学校、机关集体到烈士陵园祭悼。

神仙日　农历四月初八是佛祖诞辰日，域内农民称“四月八过神仙”，渔民称“四月八过老爷”，也叫过大鱼（鲸鱼）。其间，近海鲸鱼成群追逐戏水，蔚为壮观，渔民烧纸上香，祈求别撞翻船只。

端午节　端午节亦称端阳节，为农历五月初五，是传统的民俗节日。据传五月初五日，是屈原投江之日，端午节又成了悼念屈原的节日，域内百姓往往门上插艾条、吃粽子和鸡蛋以示纪念。

初四下午，家家包粽子，用粽叶包裹糯米、黍米、黏高粱米等或加大枣、豌豆等，呈枕头状，一包为一盖，两盖为一捆，少数用苇叶或竹叶包成三角状。端午早晨，家家吃粽子和鸡蛋。昔日端午节前几日，姑娘、少妇有缝制香囊、荷包的习俗，填装香料，又称香布袋，系在儿童胸前衣扣上，又好看又好闻。少妇、童女赠送香囊荷包给同龄人，是不违礼教的赠品，但往往又成为男女私交的信物。1958年以来，农妇、村姑忙于农作，缝荷包之事逐渐少见。

另有“配五絮”的习俗，即用五色丝线拧成一股细绳，在端午之夜婴童熟睡之际，系于其手脖、脚脖之上，节后头场雨时剪掉，投入雨水中，任其随流而去。据说，能使小孩避蛇、虫等。

端午凌晨，域内居民有上山采集草药备用之习，主要有艾蒿、丁黄草、天摩根、夏枯草等，统称“百把草”。带露，阴干，以备后用。

祈雨节　农历五月十三日为祈雨节，民间传说此日是“关老爷磨刀斩蔡阳”的日子，故有“大旱三年忘不了五月十三”的说法。

晒龙衣　农历六月初六有“六月六，晒龙衣”的习俗。如果此日天晴日丽，翰墨藏书之家、衣裘富足之户，有晒衣晒书示富之举。民间有这天晒的东西不霉变、不招虫蚀的说法。

七夕节　农历七月初七晚，民间传说是天上织女、牛郎一年一度相会之夜，在窗前栀子花下，能听到他们的谈话。清朝至民国初年，宦室、富家的姑娘、小姐、少妇欢聚庭院，置瓜果糕点，祭拜织女，祈祷手巧，礼毕共食谈笑，曰“乞巧节”。民国以来，每逢此节，戏院都上演应节剧《天河配》，以示纪念。进入21世纪，“七夕”被称为中国“情人节”。

七月十五　农历七月十五日中元节，俗称“鬼节”，民间有吃水饺并上坟祭祖的习俗。

中秋节　农历八月十五日，是年内第二传统盛大节日，曰“中秋节”。民间有“逢年过节”之说，把中秋节与过年相提并论。

中秋月夜，一家老小在庭院置香案、瓜果、月饼，一起举杯欢饮，称为“圆月”。饭后品月饼、赏圆月，老人则给孩子们讲“嫦娥奔月”等神话故事。

重阳节　农历九月初九称重阳节，昔时为文人墨客登高、游山、赏菊的日子。民国以来，成为学校组织“远足”、爬山节日。20世纪80年代，国家倡导尊老敬老之风气，规定此日为“老人节”，是老年人自己的节日，青年、学生多在此日去敬老院为老年人做好事。

冬至　是农历二十四节气之一，是秋收冬藏的开始，也为“冬闲”或“冬享（上）”的意思。冬至前两天午后，是民间祭祖上坟的日子。冬至日已婚妇女不能住娘家，有“娘家过冬至，公爹必死去”的迷信说法。

腊八节　农历十二月初八，俗称“腊八日”。早晨，用小米、玉米、豆类等八种杂粮做粥，称“腊八粥”。据说，此粥可以避瘟祛邪，此日还有给女儿打耳眼、戴坠子之俗。

第二章　生产习俗

域内历史悠久，民风淳朴，在漫长的历史过程中，根据行业的不同特点形成了各种各样的生产习俗，这些生产习俗形成、继承和传播，凝聚了人们对自然的认知和实践，它是劳动人民实践经验的总结。

第一节　农业生产习俗

农民一年四季，春耕、夏管、秋收、冬藏，辛勤劳作、不误农时根据劳动程序，形成一系列生产习俗。

试犁

一般在农历二月初二，牵牛、抗犁到春地，烧纸、放鞭炮，然后耕个圆圈。在圈内象征性地耕几犁。此俗叫试犁。

耕地

开冻后抢墒耕、种地。域内有“九九八十一，犁、牛都下地，家里送饭坡里吃”的俗语。以前大块土地一般用牛在前牵引步犁，人在后扶犁翻地；小块土地多用铁锨翻铲，黏土地或多草根土地则用镢刨。近年来已普遍实行机械化作业。

耙地

耕过的土地用耙耙碎。耙地时，人立耙上，驱使牲畜拉耙前进。黏土地在耙后还要人工用挠钩或镢头翻动土块砸碎，平整土地。大豆地耕种后要耢地，耢地时，人立耢上，驱使牲口拖拉前行，人在耢上有节奏地轻踏晃动，避免耢拥土。

积肥

域内有“种地不施粪，等于瞎胡混”“养猪图攒肥，挣钱是妄言”的俗语。靠养猪、养牛沤制圈肥和土杂肥来积肥。人民公社时期，生产队饲养院建有月牙形的屉牛汪，牛屉（水牛）时，牛从一端进入，从另一端走出，以踹粪造肥。农家院中建有一泼水汪，生活垃圾及废水随时倒入其中，沤制肥料。拾粪是传统的积肥方式，有“积肥趁早起，读书夜眠迟”的古训。放牛人或驭牛人通常带着小泥罐接牛尿，带上粪筐拾牛粪。20世纪60年代，曾用青草沤制“绿肥”。

植树

域内有春分前后植树的习俗。坟地栽植松柏，房前屋后植果树或竹子，院内栽杏树、枣树、槐树，不栽桑树、梨树、桃树。

割麦

从前割麦兴蹲着用镰刀割，随割随将小麦夹在大腿与上身之间，之后捆成捆，称“麦个子”。20世纪80年代后，因小麦长势良好，多改为弯腰割麦，割完再捆。俗语“五黄六月坐一坐，拾掇完了挨顿饿”。20世纪80年代后，大块的麦田多用收割机收割。

打场

农谚“忙不忙，先打场”。“麦个子”运到场上晒干后，要及时脱粒。其时在场间先备好凳子，上面放上石板或石条，人双手握住麦把，用力将麦穗往石板上摔打，将麦粒脱掉，叫“摔麦子”。再将经梳理的麦秸打成捆，垛成垛，以备做苫屋、编制草苫子等用。打麦场时，将晒干的麦个子铺在场上，用牛拉着碌碡滚打。使牛人一手牵牛，一手执鞭，放开大嗓，拖起高腔，发出：“……啦啦啦啦……咪咪咪……”的号子声。牛随着号子声的急缓而奔跑或缓行。也有不喊号子的，称为“打哑巴场”。此俗二十世纪六七十年代集体化时最盛。20世纪70年代开始使用脱粒机。80年代后，“摔麦子”已完全被机械代替。

抢种

麦田倒茬后，要及时抢种。俗语“地瓜黄豆不让晌”，“春争日，夏争时，地瓜黄豆不让犁”。

农耕地

域内称田野为湖、岭，如东湖、西岭等。称耕地为田、湖、洼。耕地习惯以亩、分、厘计算面积。中华人民共和国成立之前，民间通行之亩相当于市亩的2.5倍，俗称为老亩、大亩，而市亩称为新亩、小亩、中亩、官亩。中华人民共和国成立之后，逐渐统一于市亩。

地各有界，立有界石，俗称“志石”。有的地界之间留一小沟，名为垧沟，沿垧沟常植桑墩、棉槐，作为界识。

耕地各有名字，地名因方位、地势、土质、历史归属等各种原因而产生，此后代代相传。一村一乡指称某一片土地名谓：南湖、北沟、西岭、舍林等；一家一户特指某一块地也有名字，如桥南头、乔家墩、北大洼、高家林、三角地等。

劳动力

农民劳作称为农活、干活、营生、做营生。集体化以前，许多无地农民受雇于人家干农活，称雇农。短期受雇于人作农活称打短工，其人称为短工。农忙时，短工集于一处，待人雇用，称为“功夫市”。雇佣形式有日工、包工之分。长年受雇于人家作农活称为扎觅汉、扛长工，其人称为长工、伙计。长工称雇主为掌柜的、东家。雇主称长工为伙计。如一户雇多名长工的，选一人领班，名为“把头”。

合作化运动时，始有“劳动力”之称，简称劳力。有整劳力、半劳力之分。因报酬多用工分计算，又有十分劳力、八分劳力等名目。劳动计工形式有日工、大包工、小包工等。

农用牲畜的驯养

农用牲畜主要有牛、驴、马、骡四大类。涛雒地处沿海，水田俱多，农户一般只养水牛、黄牛。

农家养牛之所称为牛栏、牛圈、牛棚。冬季放在屋内，其他季节放在院中。栏中多用石头垒成方形牛槽，将牛拴在槽旁的木橛之上饲养。牲口栏要经常清扫，垫上干土，目的是保洁和积肥。清扫称为“起栏”，垫土称为“垫栏”。

牛的饲草主要有稻秧、干青草、地瓜蔓、花生蔓、豆叶、豆角皮、玉米叶、高粱叶等，要求不严。农忙季节要添加精料，主要有煮熟的豆类、大麦、高粱、玉米、麸皮，铡碎的豆饼、花生饼，用水泡透饲喂，每天下午一次。饲喂牲口，夜草极为重要，有“马无夜草不肥，牛无夜草不壮”的说法。

饲草要用铡刀细铡，越短越好，有“寸草铡三刀，没料也上膘”的农谚。春、夏、秋三季农闲时，牵牲口去野外放牧，称为“放青”。从野外割青草回家作饲草，称为“割牲口草”。

庄稼人在生产生活中，常年与牲畜打交道，通过细致观察，产生了许多谚语。如针对牛的“牛脾气”，要“打马摸弄牛”，对牛不能动粗。相牛之谚有：“（好牛）前裆放下斗，后裆放下手”“前腿直似箭，力量大无限”“后腿弯如弓，行走快如风”“看犊看娘，儿肥母壮”等。

农家畜禽饲养

养猪　域内农家养猪，多为积肥，农家肥中，猪圈肥最为重要。域内有谚云：“庄户人家不喂猪，好比秀才不读书”“养猪为攒粪，挣钱是妄言”“养猪不赚钱，肥了屋后一块田”。

喂猪的场所，称为猪栏、猪圈。猪圈分为圈台、圈坑、圈墙、栏门等部分。圈台是猪睡觉、吃食物、活动的地方，约占圈舍的三分之二大小。圈坑是积肥的地方，占圈舍的三分之一大小，深约0.3米，猪粪猪尿、垫栏的泥土、糠草等统拌于坑内，猪大小便活动皆于其中。猪圈的位置多设于院内西南角，有的与锅屋（厨房）相接，使圈台与厨房锅台烟囱相邻，以利于冬季取暖。

农户一般养肥猪不养母猪，养母猪不养公猪。母猪俗称为老母猪，种猪俗称为爬猪、公猪。母猪发情称为“起圈”“叫栏”，配种称为“配猪”，怀孕称为“配上了”，生产称为“抱窝”“下崽儿”。阉猪俗称为“择猪”，从事此业的兽医被称作“择猪蛋子的”“骗猪的”。普通农家买来的小猪多数是骗过的。

刚买回来的仔猪需用精料喂养，待其稍长，渐多用粗料，名为换食。骨架既成，体大身瘦，称为壳朗猪，此时食量极大，俗谚“半大小子壳朗猪（能吃）”。这段时间多用粗料，等猪渐渐上膘，逐渐增加精饲料，名为上食。上食之后，力求膘肥。肥猪养成，或卖或宰，都名为出栏，要在槽上压一重石，寓意猪栏不空，槽内有食。从前村中有专业屠户，称为“杀猪的”。

养鸡　旧时，域内农家生活贫苦，养鸡卖蛋成为日常生活支出的重要来源，称为家庭“小银行”。近年来生活条件改善，农户养鸡产蛋多自己食用。随着农村产业结构的调整，出现了许多大棚养殖肉鸡、蛋鸡的专业户。

第二节　渔业生产习俗

造船

造船是渔家盛举，仪式隆重。开工要选择吉日，鞭炮齐鸣。造船期间，船主数次设宴犒赏工匠。新船落成，择吉日举行“开光”仪式：船主在天亮前到船上上香、焚纸、放鞭炮，将备好的公鸡在船头开刀，以鸡血涂抹船眼，俗称“开光”，又称“挂红”，表示该船已睁开眼睛。“开光”后，即可试航，俗称“下河”。

上杠

“上杠”为正月初五船主召集船员议事的名称，希望年内海上丰收。初五这天，在近海从事大网捕捞的船主（俗称船主子），在船头上摆供品，用整猪（或用猪头和猪尾巴充作全猪）。猪脸要用刀划一个“十”字，并抹进豆瓣酱，放上两颗大葱。此外，还有糕点、馒头、水果等。上香烧纸后，船员在船主的带领下，面向大海磕头，祈祷龙王保佑，此后，船主设宴款待船员，并商讨年内捕鱼的各项事宜。

出海

春季捕鱼渔船第一次出海，俗称“船网下河”，渔船插红旗，在鞭炮声中启航。在水中转一圈，又回到原处，借海浪之势朝岸“点头”两次，然后调向而去。此俗至今仍存。

渔船出海时，带上贡品、祭品到达目的地或下网前，在船上燃放鞭炮，焚烧香火，向大海投放贡品，磕头祭拜，祈求平安和丰收。

驾船在海上捕捞，若遇大风又刮不停，当放桅抛锚，船老大要敬海神娘娘。每条大风船的后仓中供海娘娘，其座前常年供三个酒杯、一个香炉。祭时，船老大站在船面上，口含清水朝东南嗽一次，再入后仓内为海神娘娘上香、敬酒，口中念念有词，祈求风平浪静。出海归来，有时在龙王庙唱大戏，酬谢神灵。20 世纪 50 年代后，人们靠神灵保佑的观念逐渐淡化。今域内祭神习俗逐渐演化成人们感恩海洋、保护海洋的带有娱乐性的民俗活动。

插重旗

渔船出海归来，如果是满载而归，要在船上插重旗，向岸上的人们报告消息。大风船共有 5 个仓，若能装满 4 仓，就算重载，当遥见口岸时，就在大桅杆上升起一面红旗，将丰收的喜讯及早报告接海人，俗称“抱舵子”。捕白鳞鱼时，若超过 1 万尾，旗挂在大桅杆上；若有 7000 ~ 8000 尾，旗挂在船尾的旗炮上。

接海

出海捕捞的渔船满载而归，靠岸后，家中男劳力接船卸货，称为“接海”。20 世纪 80 年代几户合造一条小船，凡家中能劳动的，不论男女，都来接海。

拿行

又称“抓行”，就是以抓阄的方式来确定近海各自的渔场。近海渔场，鱼的多少不一。正如民谣云：“拿了老虎头，吃喝都不愁；拿了金盆底，不种稻子也吃米；拿了下边外，坛漂、撑子一齐卖。”可见其差别之大。故渔民在每年的农历六月十三日，举行拿行仪式，决定各自的渔场。

据传，“拿行”之俗始于清道光年间。拿行仪式一般在龙王庙举行。由公推名望艄公主持，凡近海下大网（坛子网）的船主，都参加拿行。这天，早饭后杀猪，各船分到一份肉，此举俗称“合猪”。下午，船员到龙王庙祭奠神祀。届时，道士诵经，众人上香、焚纸、放鞭、供三牲（猪头一个、鱼一条、鸡一只）和饽饽。祭毕，晃签决定抓阄次序。各船主的姓名均写在竹签上，装在竹筒中，晃出一个签，此人拿去“抓行”。行地（渔场）写于纸上，装在一截芦苇管内，用红纸包裹，全部放在升（一种计量粮食的器具）内，用红布将升蒙好，放在庙内神台上，渔民从升内摸出芦苇管，展示后再将“行地”登记到簿上，此账称“行账”，以备后查。当晚全村人家都包水饺，农历六月十三日就成了渔村的一个独特节日。20 世纪

80年代后，“行地”大都基本固定，但仍过农历六月十三日这个渔家节日。

祭海

域内沿海地区自有人类活动以来，即以海（渔、盐）为生，形成了人们对大海的崇拜和敬畏，因而便产生了“祭海”活动。域内祭海活动，在正月十六日和农历六月十三日，一年两次在龙王庙前举行。

祭海活动由涛雒以东八个渔村联合举办，参加祭海的人员有渔行的当家人，船主、船老大代表、渔民代表及负责祭祀仪式筹划的有关人员。

参加祭海的有鼓乐队、秧歌队、高跷队。江苏沿海和胶东沿海的船只、内地专程赶来参加的人员，以及前来赶庙会的客商，云集海滩。

祭海仪式到潮水涨足开始。香头身披祭服，手持护法神杖，戴勾画着风雨雷电的脸谱，在护法人员护拥下，伴随着钟鼓声，登上祭台；神杖指大海大喊“天海护佑！招财进宝！”，接着鼓乐鞭炮齐鸣。鼓乐鞭炮结束，香头宣读祭文后，带领大家向龙王和海神娘娘（马祖）行跪拜磕头礼，焚香，烧纸。带着各种海洋生物脸谱的人们，手舞足蹈，配合着祭海活动。公祭结束后，庙会开始。

相传这天是龙王的生日，因而域内农历六月十三日的祭海活动，较正月十六日的祭海更为隆重。现在沿海已把这天定为“渔民节”。

禁忌习俗

沿海渔家世代以海为伴，在生产条件极端落后的情况下，无力摆脱大自然的影响，面对既能给渔家带来好运又能带来灾祸的大海，既敬畏又无可奈何。为求平安，只好祈求神灵的保佑。在这种复杂的情感之下，久而久之便形成了一些带有迷信色彩的特殊规约。这些规约世代沿袭，便形成了蕴含着世代渔家祈盼与辛酸的渔家禁忌习俗。

语言禁忌　在船上忌说不吉利的话或犯忌讳的字。在船上忌说“翻”字及其谐音字：在船上烙饼，一面熟了“翻过来”要说“划过来”；船帆要说“船篷”；“帆船”要说“风船”；吃鱼时一面吃完不能说“翻过来”，要说“正过来”或“打个章”。船离岸远了，不说“远”，要说“开”，越“开”即越远，离岸近了说“拢”，越“拢”即越近。忌说“倒”“沉”“扔”等不吉利的字：将剩菜倒在海里不能说“倒”，要说“卖掉了”；下水饺为“煮水饺”；在船上吃饭时筷子叫“篙”，拿筷子叫“举篙”；忌说“盐”字，因“盐”与“淹”谐音，盐说“臊”；“完”说“满”，装完货称“装满了”；酒喝完了要说“喝好了”。

行为禁忌　行为禁忌主要出于安全考虑和防止不良的心理暗示。如：在船上东西不能扣着放，如锅、碗、瓢、盆、匙等，否则被视为船有凶兆。在船上吃鱼忌剩鱼头，先吃鱼头为“头帆风顺”，忌先吃鱼眼，否则认为不吉利。吃饭时，先吃自己一边的鱼和菜，若伸筷子夹别人面前的鱼和菜就叫“过河”，船老大会立即把你的筷子夺下，扔到海里去晦气。吃饭时不能把筷子横搁在碗上，因为这会使人联想到遭遇海难时放到桅杆的情景，为大不吉利。吃饭之前必撒几粒饭于海中，谓与鬼神“结缘”。忌在船头大小便，或倾倒脏物，因为这是亵渎海神，会遭报应。忌在船上拍手，意为“两手空空”。

忌在船上吹口哨，意为“招风惹浪”。忌坐在船舷，双脚伸入水中，因为这是对海龙王不敬，同时也防止被鱼咬伤或被“水鬼”拖脚落入水中。凡在供奉海神娘娘的船上禁止船员裸体，因为裸体是对妈祖娘娘的大不敬。忌在“大主”“二主”（船舷两侧拴缆绳锚绳的柱）上打坐。忌“穿孝服”或进过“红房”（未满月产房）的人上船，称忌“红白”。

渔业生产过程中与女人有关的禁忌　在诸多的渔家禁忌中，旧时由于历史和文化的局限以及贫穷无知，也存在着一些迷信愚昧的不良习俗。如：女人不准上船，最流行的说法“女人上船船准翻，女人过网网必破”。特别是孕妇踩过的渔网，寓为被“血气冲扑”，要用谷草烤过之后方可使用。不准女人拿船上的生产工具，更不准动供奉神灵的物品。如有违忌，会遭到指责。

第三节　工匠生产习俗

做豆腐　首先用清水泡豆，泡好之后上石磨磨成“糊子”。将“糊子”盛于大缸，冲入开水、搅拌，称为“杀沫子”，用水瓢将泛起的泡沫撇除。接着要“过锅”，就是在锅上放置罗框子（俗称把梁子），用粗布缝制的豆腐布袋装入“糊子”，在罗框子上挤压，流入铁锅的汁液称“豆腐汁子”，余下的称为“豆腐渣”。待锅内豆汁烧开后，用水瓢舀入大缸中，在降温中分3次点入卤水，稍停，即成“豆腐脑”。这时，锅上放置罗框子、竹筐，筐内铺上粗笼布，将“豆腐脑”舀入竹筐子里，收紧笼布，上放盖顶，再压一定重量的石头，挤压出“豆腐浆”，豆腐就做成了。

条编 域内许多村庄有用树木枝条编织生产、生活所用器具的习俗，20世纪60年代，有的村还成立条编副业队。可用作编织器具的树条很多，常用的有蜡条、荆棘条、紫穗槐条、红柳条、巴柳条等，乡间统称为“条子”。多数条子用来编织生产用的粪篓、架筐、抬筐、提篮等。巴柳条去皮后，光洁白净，常用来编织生活用的笊篱、饭笸箩等。

蒲编 域内沿海汪塘众多，出产大量蒲草，农家多以蒲编为家庭副业。蒲编的方法：首先划蒲，就是将晒干的蒲草用手指划棵为叶，按叶片的长短、宽窄分类，一般长而宽的编蒲席，短而窄的编蒲包。其次压蒲，就是把划好的蒲叶拢成小捆，用光面大石磙碾压成片。最后编织，就是根据市场需求编织成不同型号、不同尺寸的蒲席或蒲包。

扎饭帚 饭帚和扫地用的站把子，大多是农民用高粱穗草扎制而成。多选用苗子长的穗草，扫地站把子还要带莛子的穗草。加工的方法是，扎者平坐地上，取一根弓弦，一端拴短木棍，蹬两脚间，一端系腰间，口衔细麻线，把饭帚或扫地站把子的把卷入弓弦之中，脚蹬腰弓，勒紧，系上麻线，节节缠紧。另有扫衣扫炕用的苕帚，扎制方法相同，只是原料为黍子穗草而已。

扎箅帘子 箅帘子是一种放在锅中蒸、馏食物用的生活器具。主要原料为木条、荻草秸秆、葛子藤。制作方法是，先用木条制作木框，称箅帘撑子。再取截好的荻草秸秆，按长短从中间向两边依次用葛子藤拴扎，取树枝条置边沿，成圆形，葛子藤锁住。再后用快刀齐圆边，箅帘子就做成了。另有竹原料制成的箅帘子。

扎盖顶 用高粱莛子扎制而成，俗称“拴盖顶”。农家常用来放置馒头、饺子等，还当锅盖、缸盖用。其加工方法是，先以钢针纫细麻绳穿莛子成排，后将两排莛子交叉重叠，用细麻绳纵横、正反两面穿扎牢固，再穿边沿，用刀割齐整，盖顶就扎制成功了。其形状有方有圆，面积有大有小，是许多农户的传统副业。

油坊 油坊以前多为农村副业，一般秋后开工，春耕大忙之前收摊。近年来，多为个体户常年专营。域内主要榨花生油。其加工方法是，将花生仁置于碾盘之上，碾碎后称为“糁”，将糁放于锅中烘炒，称为“炒糁”，把炒好的糁用包袱（油草）包好放于榨油机中，挤压出的油即为花生油，余下的渣就是花生饼。花生油为食用油精品；花生饼是上好的饲料或上好的肥料，优质小榨花生饼还是上好的食品。

木匠 木匠是一种技术要求很高的行当。按其活路技术，又有如下分类：一般修房建屋、制作粗重农具的，称为“粗木匠”；做细致家具又从事雕刻的名为“细木匠”；做木车桩子、木车轱辘的称为“硬木匠”；制作木质渔船的名为“水木匠”等。专做大车、小车的木匠作坊，名为“车铺”，专做棺材并出售的称之为“寿材店”，一般百姓称之为“棺材铺”。以前几乎每村都有木匠，随着塑料产品、塑钢产品的增多，木工专业化、规模化的提高，从业者渐少。

木匠收徒传艺甚为讲究，需择日先行拜师礼。徒弟随师学艺无报酬，干活须“眼水头”跟趟，勤快灵活，眼看心记，自行领悟。师傅带徒往往长期考察其人品、灵性，对资质稍差者，传些粗活功夫，能以之谋生即让其出徒；对人品、悟性皆高者，则带三五年甚至更长时间，授以得意看家本领。师傅测验徒弟手艺或互相间竞争手艺高低时，有一道看似简单实则难度极高的题目，就是让其做一对条凳。做成后一条仰放，另一条正放其上，八条腿相对，严丝合缝，则其技艺即算高超，因为条凳装腿一律打斜榫，角度很难掌握准确。

木匠工具很多，许多种工具须常年操练方可熟巧。大锛是砍去大型木材多余部分的用具，踩木于脚下，挥锛向脚下砍来，没有相当的功底是不敢使用的；小锛子专用于小型木材砍削。斧子使用频率最高，匠人都很重视练习技术，有“千日斧子万日锛”的谚语。锯有多种，横断大圆木的叫快马子；两人对面推拉，用以解木为板的叫大锯，较小的数种皆称手锯。曲尺，又名指尺，是木匠世代相传的量尺。墨斗，是在木材上打线的用具。墨斗上和墨用的“匙子”，用来蘸墨汁在木材上做各种记号。近年来多以铅笔代之，做工时夹于耳上，取用更为方便。刨子又称推刨，刨刀称刃子，刨架称床子，各种样式。其他还有凿、钻、铲、锉、羊角槌等。木匠外出干活，多备有木工具箱，工具放置有序，最忌外人乱翻此箱。

铁匠 铁匠营业的地方称铁匠铺、铁匠炉、红炉、炉坊等。旧时域内有流动营业的铁匠，3人一伙，一辆独轮车，载一炉一风箱及铁、砧、锤等工具，并自带行李饮具。两个徒弟一推一拉，师傅跟行，且走且劳作，一年半载回家一次。铁匠做活，全在师傅掌握技巧火候，有“打铁全得看火候”之谈。其中一名徒弟拉风箱烧炭火，待锻打器物被烧至炽红时，师傅即一手以火钳夹出，放于铁砧之上，一手执小锤击点，另一名徒弟双手轮大锤紧随师傅击点之处锻击，叮当铿锵之声，错落有致，亦是乡间一景。名声在外的铁匠特别珍视自己手艺，所制产品必打上印记，亦有宣传之效。

染匠 旧时域内染坊较多，称为土靛染布，染料为靛蓝（用蓼蓝的叶子发酵制成），染具为大染缸。染布的步骤是：清靛脚子即用水瓢将沉淀在染缸底的“靛脚子”清除；下靛，置土靛于箩中，在缸水中淘洗，使细靛漏下，再把碱和石灰加入水中；疏缸，即下靛后用缸棍子搅动缸水，用瓷碗舀出察看颜色深浅；染布，即在缸中间悬挂一个用铁丝编成的网状“缸罩子”，把缸水分成上下两层，把布浸在上层，以手操作，染20分钟，取出，叠起放在缸口上的“担缸板”上轻轻压出水分，摊开晾干，布就由黄变绿、由绿变蓝了。第一次染出的是浅蓝色，晾干后再染一次就深一层，愈染愈深，颜色依次为月白色、二蓝、深蓝、缸青、青（接近于黑色），成语“青出于蓝 而胜于蓝”即源于此。

20世纪50年代，染布工艺发生重大变化，染料改为氯化氰，各色染料碱；染具改为染锅。其染布步骤是：放染料，即用12印大铁锅，放水烧开，放进所要颜色的染料（染蓝布每7.5公斤放染料0.2公斤，染青布每7.5公斤放染料0.5公斤），用木棍搅匀；染布，就是将布浸入锅中，大火烧煮1个小时；冲洗，就是将染过的布从锅中取出，放入清水缸中洗涤，取出晾干。其优点是不管染何种颜色的布都是一次完成，节省人力物力，减轻劳动强度。

染匠营业有用“印子”的习俗。“印子”用小竹牌做成，一面并排烙两个编号，另一面烙一个符号，然后从正中劈成两块，各钻小孔穿系，平时拴在一起，收布时，把其中一块交给顾客，为取布凭证；另一块拴在布头边角，作为布主的记号，也作为布染何种颜色的记号，如拴在布角为浅蓝，角往里进1寸拴为深蓝，角往里进2寸拴为青色等。在作坊里“印子”盛在木盘中，郑重地放在供财神的桌子上。

除了以上工匠外，经常活动在农村的还有剃头匠、锔漏匠、扎纸匠、皮匠、白铁匠、裁缝，以及货郎挑子等。从业者多在集市或固定地点设店铺营业；锢漏匠、货郎挑子等往往流动于村庄，每到一村，即高腔长调亦唱亦吆喝地招徕生意，例如“锵——剪——子来——磨——菜——刀”。农户有需者即闻声而来。

民间工匠行业崇拜 旧时，民间工匠行业崇拜颇为流行。

木匠、瓦匠、石匠尊鲁班为始祖爷，每年农历五月初五聚会纪念。“把头”酹酒率众叩拜，然后各人把一件工具放在神主牌前，焚化黄表纸，纸灰落在谁的工具上，就是祖师爷向谁“赐巧”。

李耳是古代炼丹肇始者，金、银、铜、铁、锡各匠皆尊其为本行“老祖”，每年农历二月十五日（“老君”生辰日）举行纪念仪式，此日大家集资欢饮，必至尽欢。

染坊奉梅福、葛洪为染布缸神、染色老师。从前，每家染坊都供奉用红纸写着“梅葛二位先师”的神主牌位，每年农历九月初九祭祀。

第三章 礼仪习俗

涛雒是拥有悠久历史和丰富文化的古镇，人生各个重要阶段都有深厚的礼仪传统。这些传统礼仪习俗的持续延续，也是对于人与人之间深情、友情和感恩的重要体现，也是中华文化的表达。

第一节 婚丧习俗

婚嫁习俗

旧时域内男女成婚必遵“父母之命，媒妁之言”，由家长包办，遵俗规嫁娶。婚姻讲究门当户对，同姓一般不联姻。今男女婚姻自主，但嫁娶礼仪程序，大致仍遵常规。

说媒　男女到婚配年龄，其父母便托人说媒，俗称“说媳子”或“找婆家”。待双方家长认可后，则互换“庚帖”（上写其儿女的生辰），继而“传契”。婚前男女很少见面。昔时称媒人为“媒婆”“媒汉”，今称为“介绍人”，相亲称“搞对象”。

定亲　“定亲”又称“订婚”，是双方达成姻亲关系的协定。旧时域内有交换婚书的礼规，曰“传契”（又称“投契”），并有“契文”两纸，即是成婚的证件（也有的称为“媒契”）。

当双方议婚达成共识之后，在约定时间，男方请人写好“右契”（即男方的求婚书），在封口处关上一针，针上纫约二尺长的红丝线，然后将备好的简单衣料、首饰、化妆品等一并装入“拜盒”，由两名专使送往女家。女方家长拔下封关之针，阅契后，命女拿出写好的“左契”（即女方的应婚书），由应婚女将备好之针，联纫入“右契”之线，两针并拢结扣，共关在“左契”封口，交付来使，此即千里姻缘一线穿。礼毕，女方给男方置回赠礼物。来人宴饮后，带“左契”返回，向男方汇报女方的要求希望等。

契文

右契封面　一路宝贵　白头偕老

左契封面　三星共照　白头偕老

右契（男方送女方）文曰：敬恳　金诺　姻愚兄 ××× 率次子 ××× 顿首

中华民国二十六年八月初二日

左契（女方复男方）文曰：仰答　玉音　姻弟 ××× 率长女 ××× 拜

中华民国二十六年八月初二日

（“契文”为红纸黑字，竖写，有“契封”）

今“传契”一俗仍存，但废“契文”。男女双方领取结婚证后，其婚姻关系受法律保护。

送日子　俗称“问口”，又称“下礼”。男女定亲后，经双方协商，选定完婚“年命”后，男方请算命先生（或阴阳先生）查出婚期时日，写成“婚单子”，在婚期半年之前配重礼、衣料、被褥、聘金等送往女方，如女方同意筵待来人，付给赏钱。女方回礼简单，但给男方的鞋、帽必不可少。人们戏称新女婿戴的新帽子为“丈人帽”。

此后，双方各自准备婚礼前的一切事务。女方准备嫁妆、衣物，请夫妻、儿女双全的所谓“全命人”做被褥，并在四角装上大枣、栗子（取早立子之意）及硬币。双月双日棉被。20 世纪 50 年代聘礼很少，20 世纪 60 年代讲究几身衣服，20 世纪 70 年代讲究“三转一扭”（自行车、缝纫机、挂钟、收音机）。彩礼钱有 99 元、190 元、290 元……后来兴“千里挑一”，近年又兴“万里挑一”，不论多少，都带 9 字，寓意“久久长远”。

送催妆　婚期临近，女方亲友、邻居多馈赠衣料、化妆品、糕点等礼品，称“送催妆”。男方亲朋、乡邻馈赠礼品或钱币，称“看喜”。民国时期，富人还送“福禄鸳鸯”“天作之合”等喜幛。

送嫁妆　旧时，嫁妆由女方陪送，故有“兴

家男，败家女”之说。20世纪50年代后，嫁妆多由男方置办，送到女方，出嫁时抬回。20世纪60年代，家具一般为“四小件”，即一张抽屉桌子，一对木箱，一对捧盒，一对方机，个别户有大衣橱。到20世纪80年代，家具齐全，另有手表、自行车、缝纫机等，电视机、收录机、沙发也渐普遍。近年更有高档沙发、大小组合橱、彩电、洗衣机、摩托车或小汽车、电脑等。

开脸 在出嫁前一天，由村里薅汗毛的妇女给嫁女开脸。先将脸上敷粉，用线交叉绞去脸上汗毛，剪齐刘海，脑后挽髻。20世纪60年代后，此俗逐渐消失。80年代后，结婚到影楼化妆。

吃喜饭 婚前，男方“搬亲”，请姑、姨、外祖母等亲戚来“吃喜饭”，来人多是女眷、孩子，女眷同时帮助操持婚事。男亲戚要在男方婚后二日备礼前来贺喜、赴宴，称“送大饭”（有四色礼、八色礼等）。

迎亲 俗称“娶媳子”。域内多在下午举行婚礼，晚间闹洞房。村中若有多人同日成婚，新娘子要抢先过门。俗语“来得早，过得好”即源于此。迎亲日，男方贴对联，以粉红纸糊洞房窗户。

旧时，域内人家婚礼仪式贫富有别，镇乡有异，一般分为迎亲和不迎亲两种。富有之家，新郎亲自去迎接新娘子，备鼓乐，称“大娶”；多数人家，新郎不亲自去接新娘子，只是租花轿一乘、行伞一具、花灯一对，由亲朋前往迎亲，称“小娶”。

大娶新郎披红戴花，坐蓝呢小轿，带领彩绣大红花轿（去时有人坐花轿，称“压轿”）、鼓乐队、马车及抬“上头礼”的相亲队伍，到女家迎亲。抵女家，拜岳父岳母，赴宴。女家门搭彩绸，以示喜庆。新娘“上头”，顶“罩头红”，穿红色小袄。天热时穿裙子，须在腰间束一缕棉絮，示儿女厚实。在“婚单”所定时间发嫁，由女嫁客搀扶，踏红毡或花席入轿（雨天由其兄或弟背上轿）。女方派亲属二人（多为兄、弟）亲送，称“大客”，是男方尊贵的客人。

花轿抵村，嫁妆先行安置家中。若“大娶”，入村后鼓乐齐鸣，花轿则徐徐移动，谓之踏街，街邻争看热闹，喜家即在大门楼顶放置两块用红纸包裹的炭罄，两头写“喜”字，俗称“搁”，据说能避邪。花轿停于大门外，新郎向轿内施礼，新娘下轿，新郎左手执《四书》，右手提“吉壶”，男前女后，跨马鞍，踏毡或席入院，拜天地，入洞房。同时，在洞房挂门帘（大娶由管家挂，一般人家由轿夫挂），边挂边唱：“上八仙，下八仙，请下八仙挂门帘。上挂门帘生贵子，下挂门帘出状元。两手一齐挂，一个状元一个探花。”喜床前放“床踏子”，床踏子上放置蒸糕，新人要踏糕上床，称为“步步登糕（高）”。新郎给新娘揭罩头红。儿女双全之邻送来水饺，俗称“送小饭”：手端捧盒，盛6碗，每碗6个，用筷子挟送新人吃，新娘只是点头一迎，意为吃过，旋放床底下（有说是敬床神，坐床稳），余者任闹房之人抢去给小孩吃，据说孩子吃了好养。喜主家要“押碗”，每碗放喜饽饽一个。吃过“小饭”后，新娘要按“婚单”所定方位静坐，行坐床之礼。

喜家设盛宴款待送客、轿夫等人。

入夜，闹洞房，以青年和孩子最活跃。此间闹房不计辈分，外姓叔伯份的亦可混入其中，“三日无大小”即指此俗。闹房俗有摸栗子、闹枣、啃苹果等。大客宴毕，由陪客者引见公婆，一般定下“看亲”“回九”等时间。礼毕，大客告辞，闹房的散去，新人喝“合卺酒”。此时要新郎先开口说话，意为能生男孩。待夜深就寝后，婆婆在洞房窗外扔一木墩，叨念几句“今年扔墩子，来年抱孙子”。农村常有好事者在洞房窗外听悄悄话，谓之“听门子”。

二日清晨，新媳妇踏糕下床，吃面条。“上床水饺下床面”即说此俗。然后拜公婆，拜诸亲中的长辈，奉上糖米糕水。早饭后，男方设宴款待来“看喜”“送大饭”的亲朋、邻居。由近支姐妹分发新媳妇带来的“喜干粮”，称“分盘子”，收到“喜干粮”者要付钱，称“盘子钱”，压在盘子下，多少随意。

六日，新媳妇娘家父亲、叔父（可带小孩）或兄、弟送来梳妆品，称“送梳子篦子”，又称“看亲”，借以看望亲人。

九日，新娘新郎回娘家看望爹娘，称“回九”，意在让爹娘放心，须当日归。

1940年后，日军侵占涛雒，兵荒马乱，上述烦琐婚礼多废，一般人家草草成婚，土称“圆房”。皆不愿大操大办，怕招风惹草，旧俗渐废。

1950年后，新娘多由两姑娘伴送，步行到婆家，接待简朴。1980年后，多乘拖拉机、小汽车。少数举行旅行结婚或参加集体婚礼。男方所耗宴席费，少则数千，多则上万，且呈愈演愈烈之势。2000年以来，婚俗多欧化、近代化，酒楼拜客，洞房歌舞，已成结婚常礼。

特殊婚嫁习俗

童养媳 旧时域内贫家养不起女儿，两方商定，将女儿养在男家，待其长大成人后成婚，故称“童养媳”。结婚时，大都在其婆家近邻家中稍事装扮便被领回，拜罢天地就成夫妻。中华人民共和国成立后，人民政府禁止收养童养媳。

寡妇再嫁 旧时域内寡妇再嫁称“二道门”，又称“半户头”，常为社会舆论所鄙视。早晨过门，坐车，不坐花轿。若坐花轿也只能是蓝布轿，不能掩轿门，以区别于黄花闺女。到男方床边一坐，入厨房擀三下面，就算完婚。有“伴伙头子坐床沿，挽挽袖子就擀面”之说。中华人民共和国成立后，寡妇改嫁受法律保护。

招女婿 域内有女无儿者，招婿做子，俗称“倒插门”。旧时，招女婿被人瞧不起；中华人民共和国成立后，男女平等，政府提倡男到女家。

纳妾 旧时，域内富有男子娶妻后不生男孩或为满足其身份地位，多娶年轻貌美之女做妾。中华人民共和国成立后，实行一夫一妻制，纳妾禁绝。

换亲与转亲 旧时，域内两户人家都娶不上儿媳，但都有女儿，经媒人撮合，互易女儿到对方人家做儿媳，故称“换亲”。“转亲”与“换亲”程序基本相同，但至少三户人家参与互相转换，也有多至六七户者。这些落后的婚姻方式，由于男女缺乏爱情基础，故其家庭多数不睦，离婚率也大大高于一般婚姻，1990年后绝迹。

丧葬习俗

旧时，域内年过60岁有子女而丧亡者，称“老丧”；年过73岁子孙满堂而丧亡者称“喜丧”。

老人病危，皆在居室正中置简易床铺，将病危之人置榻待终，此曰“上灵床”。咽气之前，男者理发，洗脚，女者梳头净面。由亲人穿好寿衣（外衣必为棉衣），仰面高枕待亡（死于外地者，其尸不能进屋，有“冷尸不进热宅”的禁忌）。人死后，居室除红；富者以丝绸覆盖全身，叫作“轻被子”，贫者用黄裱纸遮面。无论穷富人，均在死者口中放一金属制品（多为一截银丝），谓之“噙口”，据说后人不出哑巴。在死者的胸口压一重物（富人用铜镜、银圆，穷人用铲头犁碎片），以防“凶尸”。灵床前置一矮桌，正中放死者牌位（牌位字数男单女双，死者年龄加一岁，即加上闰月数）。放置供品。桌前放一泥盆，可在盆内烧纸，称“老盆”。灵屋昼夜有人守灵，香火不断，灯长明。

报丧 人死后第二天，丧主派人到亲戚家报丧。报丧人持一柳木树枝或竹竿，到达后将棍倚于该户的大门外，进屋告知何日出殡。

丧主及近房晚辈，以白布制孝服，顶裹头布，裱鞋。夫亡妻戴孝，妻故夫不戴孝。

指路 死者去世当天，儿女们披麻戴孝赤足举行“指路”仪式。死者的长子，手端放置死者牌位的捧盒在前，其他跟后，一路哀号至土地庙。在执事者的搀扶下，长子登上杌子，双手执扁担指向西南方向，哀声高喊：“爹（娘）啊！西南大路。苦处使钱，甜处安身。”连呼三遍，焚烧纸扎物，家人群嚎回家。此曰“指路”，举哀开始。

待棺木入室，将遗体入棺，撤除灵床，称为“入殓”。入棺前，在棺底铺以七枚铜钱，呈北斗星状；入棺后，孝子以酒擦洗死者面部，称“净面”。大门上各贴烧纸一张，门外侧竖柳枝一株（男左女右），上贴白纸数条，示丧。

送汤 死者去世当晚，指路仪式之后，男性晚辈到土地庙接连“送汤”两次，称“倒头汤”。此后每日早中晚各送汤一次，至“送盘缠”止。

送盘缠 在出殡的头天晚上（指三日出殡），到土地庙“送盘缠”。即在土地庙焚烧纸马、纸轿、纸锞、纸钱。往外走时，死者长子端捧盒，上放死者牌位，众孝子依次跟后，不许哭，只是小声叫唤着：“爹（娘）啊，别害怕，给你送盘缠。”重复数遍。至则焚烧纸扎物品。如果死者为母辈，要另扎纸牛、其长女跟随男性人群至土地庙焚烧。女持菜刀，比划纸牛，口中念念有词：“老黄牛，扁扁角；俺娘上哪你上哪；俺娘的浊水你替她喝；你不喝，把你杀”。同时其他女儿在大门外地面画一大圈，边烧纸，边将盆中的米汤泼到地上，小声泣呼死者，“爹（娘）啊，今晚上给你送盘缠，你有钱花，路路是钱，住店有店钱，吃饭有饭钱，家里有的是钱，你尽管好上花”。等送盘缠的回来后，将烧尽的纸灰收起来，放到“老盆”里，示意拿钱买平安。据说，死者要去“西方极乐世界”，所以要多送纸钱作盘缠，使其一路平安。

出殡　一般在第三天出殡，称“随三日”。富有人家则请算命先生选择“丧日”，请鼓乐，晃大人，搭祭棚，谓之“方象殡”，俗称“大人殡”。出殡日，亲朋吊唁，称“送殡”，并付与丧主一些钱和烧纸，称“付奠仪”，或叫“奉人情”。午后出殡，孝子皆着孝服。抬棺者用钉将棺材盖封死，称“煞钉”。此时，孝子大哭，有执事者扶死者长子用一把新苕帚拂去棺盖上的尘埃，棺材移入罩内。拉棺时，门口要放置一箩子热豆腐，称“拉棺豆腐”。另有富贵鱼、宝贵葱、一盆米饭、一盆艾蒿水。棺出大门口，众孝子跪哭，死者长子把“老盆”摔在当地，谓之“摔老盆”。其盆越碎，表明死者的子孙越兴旺。倘若一次摔不碎，则不能摔第二次，要用哀杖砸碎。摔盆人为死者财产的公认继承人，摔“老盆”也助长悲恸气氛。起棺后，孝子随棺哭行，女眷留在家中。灵柩出村，选一宽阔之地举行路祭，吊唁亲朋，上前叩头祭奠。祭罢，孝子停止哭泣，随棺抵坟地安葬死者。

下葬　棺至墓地，死者长子下墓坑以锨铲土三下，表示尽孝，后将棺材放下墓坑，称“下葬”，其形式，称“天落棺”（如果是早做好的坟墓，从墓道口推进棺材，称“推棺”“窜棺”）。下棺后，执事者双手执纸钱筦子隔棺抛给死者长子，口中念叨：“筦子筦子圆上圆，里边盛着金银钱，孝子双手接过去，富贵荣华万万年。”死者长子接住，众孝子捧土撒于棺材之上，每人三捧，表示死者“入土为安”。然后死者长子挎莞子带领众孝子回家，路拾金、银（即石头而已）押筦子，（表示儿女发财）忌走原路。执事者、街邻则添土成坟，在棺材小头处（死者脚处）安放石供桌（迷信说死者坐起享受供品）。

承劳　出殡当日晚上，丧主设宴答谢执事者及街邻，称“承劳”。丧主要行叩头之礼，以示感谢。执事者将奠礼簿及奠仪钱当面交给丧主。丧事基本结束。

殡后，上“三日坟”“五七坟”“百日坟”“忌日坟”等。

域内自1976年开始，对已故者，按规定先火化（一般死后二日），再将骨灰盒带回家中，举行葬礼。三日后土葬。因土地庙皆拆除，“指路”“送盘缠”等仪式多在村头路边举行。

第二节　称谓习俗

男婚女嫁遂组成家庭，世代繁衍则产生不同称谓。致男女有别，长幼有序。域内称谓同外地基本相同。

父系方面　父亲在域内称“爹、大大、爸”，特殊情况称“爷、叔”。农村过去叫“大大、爹”，今皆称“爸”。父亲的父亲称祖父，又称爷爷；父亲的母亲称祖母，农村过去叫“嬷嬷”，今皆称奶奶，父亲的爷爷称曾祖父，又称老爷爷。父亲的姨称姨奶奶，父亲的姨父称姨爷爷。父亲的舅称舅爷爷，父亲的妗子称舅奶奶。伯父、母称大爷、大娘；叔、母称叔叔、婶子。姑母称姑，姑夫称姑父。妻在婆家一般随丈夫称呼。自己生养的孩子为子、女。子之子、女称为孙、孙女，孙之子、女称重孙、重孙女，再下依次为玄孙、来孙、昆孙、仍孙、云孙、久孙。子之妻称为儿媳妇，女之夫称为女婿。女之子、女称男外甥、女外甥；外甥的子、女称重外甥。兄弟的子、女称侄、侄女。姐妹的子、女称男外甥、女外甥。

母系方面　母亲在域内昔时称娘，今时称妈。母亲的父亲叫外祖父，称姥爷；母亲的母亲叫外祖母，称姥娘或姥姥。母亲的姑称姑姥娘；母亲的姑父称姑姥爷。母亲的姨称姨姥娘；母亲的姨父称姨姥爷。母亲的舅称舅姥爷；母亲的妗子称舅姥娘。母亲的兄弟称舅父，舅舅，舅母称妗子。母亲的姐妹称姨，姨的丈夫称姨父。丈夫在岳父家随妻称。

丈夫旧时称“当家的”“掌柜的”“孩他爹”“老

头子”，现在直呼其名或叫小张、小王或老张、老王等。

妻子旧时称“媳妇”“老婆子”“家里”“他娘”“他妈”“做饭的”“屋里人”“内人”，现在直呼其名或间接称“爱人”，老年夫妻对外称“老伴”。

平辈之间称兄为哥哥、弟为弟弟，称兄妻为嫂子，称弟妻为弟妹，称姐为姐姐，称妹为妹妹。妯娌间称嫂嫂、妹妹。对于姑、舅、姨家的子、女或再上、下辈均加“表”字，如表兄、表弟等。

另外，书面或口头称谓中还有些俗称。称妻之父、母为丈人（泰山、岳父）、丈母娘，妻之兄弟为舅子，妻之姐妹称姨子；称夫之父、母为公公、婆婆，夫之兄称大伯子，夫之弟为小叔子，夫之姐妹为大、小姑子。

自古至今，对年龄略大于父母的外族人称大爷大娘，略小于父母的称大叔大婶（时下称大姨）。同龄之间以兄弟姐妹相称。抗日战争以后，“识字班”成为未婚女青年的代名词。

昔时称教书者为师傅、先生，治病者为大夫、先生。在日常交往中，官兵干群间称同志、师傅。改革开放以后，先生之称普遍应用，并通行师傅、女士、小姐等称谓。

第三节　喜庆习俗

生育　生儿育女乃人间喜庆之首，旧时受传统观念影响，以生男孩为“大喜”，生女孩为“小喜”。1960年以前，农村产妇多由接生婆接生，产后喝“定心汤”（常用穇子米或大米熬制）。1980年后，产妇多到医院分娩。

婴儿出生三日，其父携鸡蛋、饽饽各39个，活鸡（鸡冠钉上红布条）1只，前往岳父家报喜。生男孩，鸡蛋染深红色，饽饽当顶染红点，带公鸡；生女孩，鸡蛋染浅红色，饽饽偏顶染红点，带母鸡。不用问便知男、女。活鸡放大街上，任其走失，称为“放生鸡”。在认定大喜小喜后，岳母回告“送祝米”时间。三日中午，喜家要宴请族内长辈，称“吃喜面”。送一碗喜面给有来往的邻居，叫“送喜面”。婴儿出生9～12日（有说男单女双日）之间，外祖母家备米、面、鸡蛋，红糖等滋补品及婴儿衣料（富裕之家还置有金、银手镯、长命锁等物品），前往“送祝米”（近年又时兴舅父铰头发）。同期亲戚也“送祝米”，礼品一般为鸡蛋、大米、红糖及一块花布（男孩2尺，女孩3尺），回赠染红的熟鸡蛋9～29个。朋友邻居月内“送祝米”，亦回赠染红的熟鸡蛋（近年回赠点红点的生鸡蛋）。待婴儿百日时，其姑、姨、舅、妗子，皆备好婴儿衣服齐集庆贺，谓之“过百日”。有“姑的裤子姨的袄，舅的帽子戴着好，妗子做鞋穿着跑”的说法，祈贺孩子长命百岁。

祝寿　民间俗称“上寿”或“过生日”。旧时域内达官富户讲究；布衣百姓则素无过生日之俗，仅在60岁时，子女送些点心、鸡、肉之类礼物以示孝意，66岁生日尤为隆重，已嫁女儿必送猪肉祝寿，有“六十六，吃闺女送的肉”一说。改革开放以后，人民生活水平不断提高，过生日的习俗已进入平常人家。老年人诞辰日，儿女们备置酒、肉、鸡、寿面、生日蛋糕之类物品，为老人家摆宴祝寿。孩子过生日，父母、爷爷、奶奶、姥爷、姥娘要给孩子送生日礼物，订生日蛋糕，陪孩子唱生日快乐歌曲。同学或同事过生日，互赠生日礼品、贺卡或电话、手机短信祝贺。今很多人家过生日都在酒店举行。过生日的规模越来越大，形式越来越复杂。

烧炕　此俗原指青年结婚后，与老人或兄弟之间分家独立生活，其岳父家为其烧炕、温锅，意为新家成立。改革开放以后，人民生活水平提高，逐渐扩展到乔迁新居，亲朋好友备礼恭贺。以前多用簸箕、筦子（盛米、面）、豆腐、鱼等物品，现在又增添酒、肉、食品、花木、饰品，还有的以“红包（钱）”为贺礼。

开张　昔日域内商号开业或改换门面，皆邀请亲友及同行等前往参加庆典仪式，多发“请帖”或传捎信息。近年来各大公司开业，旅馆、酒家开张，均择定吉日，门面上挂彩布贺联，请有关部门领导参加。亲朋好友，上下级，或送礼品，或送“红包”。吉时到，鸣炮奏乐、摄影录像，礼毕，主家设宴款待宾客，并分发礼品回敬。

送行　昔时若逢喜事出门，或委任升迁，或会考中榜等，均要告知亲朋好友前来祝贺。今送行之风已扩大到亲朋远出、干部职工提拔调动、外出考察、新车上路、大中专学生录取及青年应征入伍等。凡遇此类事情均要举行庆典，只是级别档次，场合大小差别而已。亲友须送钱送物，以示祝贺。

接风 接风之俗自古有之，新官上任，亲友远出归来都要设“接风”酒，称为“接风洗尘”。今凡在外工作人员（包括当兵、经商、从政、外出务工、侨居海外者）回家探亲，亲朋好友一旦获得信息，便设酒宴相请，称为其“接风洗尘”。

第四节 交际习俗

域内人民注重礼仪，热情仁义、朴实厚道、勤劳守节。注重道德传承。从前亲朋相见或告别，行跪拜、打拱、作揖之礼。中华人民共和国成立后，日常交往中通行握手、鞠躬、招手、拱手等基本礼仪形式。公职人员兴握手，互称“你好”。熟人、乡亲遇面互问“吃饭了”“做什么”等，彼此显得礼貌热情。

客人来，主人出迎，若带礼品，需先接礼品。进屋后，礼让客人坐上首，自己于下首作陪，沏茶、递烟、交谈。若以宴待客，主人先举筷让菜，斟酒时，要站起，躬身，双手执壶。受斟者右手侧立半遮酒杯，以表敬谢。客人告辞，主人送行，临别，嘱其再来。崇尚“礼多人不烦”之祖训。

出门在外，向陌生人问事，神态谦恭。如骑车或驾车，须下车相询。见长者男称大爷、女称大妈、大娘。同龄人，男称大哥，比自己年轻的称小兄弟；女称大姐，已婚妇女称大嫂。无论问谁，先说“借问”“请问”等文明用语。得到答复后，道声“谢谢”“麻烦了”；答方则道“甭客气”“没什么”。

亲戚邻里交往疏密远近，在于能否经常走动，有“邻居碗换碗，亲戚篼换篼”之说。凡起灶、建设、婚嫁、丧葬或遇有疾病灾难者，亲戚朋友总要探望帮助。邻里和睦重于亲戚往来，有“远亲不如近邻，近邻不如对门”之说。亲友交往多则被视为关系密切，故有“三年不上门，是亲也不亲”说法。

第四章 生活习俗

人们在长期的自然活动中形成大致固定的生活习俗。近现代涛雒人的衣、食、住、行以及妆饰等生活习俗，随着社会的发展而不断进步，显现出强烈的时代气息。为破除陈规陋习、封建迷信，提倡科学新风，中华人民共和国成立后，党委、政府就不断采取措施，层层推进，使域内社会环境不断净化，健康向上的生活习俗深入人心。

第一节 日常生活习俗

发型 清末，男童六岁以前留全发，或剃去耳轮上部一圈。满六岁初，在脑后扎一猪尾发刷。发成后，脑后编成发辫，至老不改。干活时发辫绕着头蟠起来，或蟠于脖颈之上。辛亥革命后，男子多剪辫子，并以剃光头为时髦，少数人留半截长发披于脑后，戏称“羊尾巴”。1930年后，职员、学界男子渐见有留分头、平头、背头者，民间称之为“洋头”。中华人民共和国成立后，青壮年男子一般留分头、背头、平头，少数剃光头者显得土气。1980年后，青少年男性逐渐喜欢长发型、钢丝发等。2000年后，头发染成红、黄、棕色者已不乏其人。

清末至民国初期，域内女孩自幼留全发，满三岁，多在双额部位扎俩发刷。六岁以后，将头发集扎脑后，在基部缠上寸许红把，把下编成松散辫扣，皆以发辫长为美，尾部缠上简短红索。前额剪上一段齐眉梳子状“帘发”，称为“刘海”，土称“俏毛”。姑娘辫而盘发髻于脑后颈部之上，有“圆月式”或“发鬏”，状若半球，外用发网罩住。老年妇女多将头发叠扎起来，俗称“鬏鬏”。抗日战争胜利后，姑娘多剪掉长辫，不扎，俗称“哈撒毛”。土改复查以后，妇女解放运动大见成效，姑娘多剪成短发或扎两个小辫，少妇多去鬏而成披肩发。

至20世纪60年代，中老年妇女多剪为短发，农妇鬏鬏少见。20世纪80年代后，中青年妇女开始烫发，多种发型开始出现，如日本头、运动头、披肩发、马尾辫、男式头、钢丝发等，2000年后，染成各种颜色的头发已随处可见。

胡须 清朝以前，域内男子无刮脸之习。30岁即留上唇短须，40岁增留颏下一撮，50岁留五绺全须。清初推行男子剃前额顶、留后发辫以后，因剃头顺便，兴起刮脸之日习，30岁留短须之俗渐废。民间倡行为“公爹”为“岳父”后留短须；为“祖父”为“外公”后留全须。1958年，提倡老当益壮，自此老年留须者逐渐减少。2000年以后，老年留须者少见，而有些摩登青年却留起短须。

服饰 清末民国初，民衣用土纺、土织、土染棉布为主。衣服肥大，色调单一，男黑女蓝。其中少妇姑娘为浅蓝，老年妇女多深蓝。冬季，富家男子多穿长袍、大褂，有的外套马褂；穷人穿右大襟短袄，弯腰时臀部尽露，俗称“蹶腚袄”。一般无内衣，故又称“筒子袄”。腰间束带，御风寒，便劳作。棉裤，一般为大腰、大裆、肥腿。穿单裤过冬的亦不在少数，因风吹裤胀，形若灯笼，故称“灯笼裤”。女装仅棉袄较长大，其他同男装。男女均在裤脚扎黑色腿带，女人扎得略宽。姑娘出嫁时扎大红腿带。穷人穿袄到春末，故有“吃了端午粽，才把棉袄扔（脱掉）”的说法。夏季，贫穷男子多数光膀子，有的披旱蓑衣或一块披布，做件对襟背搭（小褂）当作礼服穿用。女人短大襟褂，长裤，一年四季扎腿带。富者男穿细布或丝绸褂裤，女穿麻布衣衫。

1931年前后，色布、洋布输入，因其物美价廉，百姓接受，土布渐为厌弃。青年男子时兴对襟，布扣、双兜短衫或短袄。中小学师生、公职人员，盛穿中山服。冬季，已有穿棉大衣的，俗称“大氅”。夏天，衬衣、背心多见。其衬衣前短后长，大小三个布兜，脖底三扣。富家年轻女人着浅蓝色士林布旗袍，农妇以穿蓝色士林布褂裤为美。

1950年后，布料色调以灰蓝为主，公职人员和学生着中山装、列宁服。农村除中老年妇女上衣为右上襟外，其余皆为对襟。“文化大革命”时期，青年男女喜穿陆军式服装。1980年，女性服装红、黄、绿、紫，异彩纷呈，款式新颖多变。毛质中山服、西服、呢大衣也较普遍，毛衣、毛裤、面包服、羽绒服、保暖服、真皮服装已成为农村青年的普遍服装。夏季，农村年轻女性穿裙子逐渐普及。1990年后，已出现超短裙。2000年后，青年男女穿着竞赶时髦，男性趋向奇、异；女性趋向小、少。

帽子 清末民国初，域内少壮男子除严寒季节外，一般免冠。戴帽时，少壮戴红葫芦瓣帽，富者前额饰有银、玉，平民百姓老壮男子多戴毡帽。1950年前后，男人多戴黑祟呢瓜皮帽，也有戴咖啡色毡帽的，冷时可放下护身。农民戴布料瓜皮帽。女人顶方巾，俗称“搭包头”。夏季，富人戴草帽，穷人戴苇笠。后男人时兴八角帽、解放帽。冬春秋，女顶包头。改革开放后，机关、学校、职工及农村青壮年，一年四季多不戴帽。

鞋袜 清末民国初，域内百姓穿鞋多是麻绳纳的布底、布帮。有“双脸子”鞋，因鞋的前脸中间嵌入两根皮条而得名。女穿绣花、割花尖头鞋。冬季，富人穿高帮布棉鞋，穷人穿单鞋或芦苇绒毛编制的“毛窝子”、蒲草编制的“蒲鞋”、稻草编制的“草鞋”等。夏季人多赤脚。1930年前后，妇女放足的渐多，女鞋头渐变宽大。抗日战争前期，公职人员、学生有穿“万里鞋”的。中华人民共和国成立后，机制胶鞋、布鞋渐多。1963年夏季后，域内大兴“日照凉鞋”，系用废胶轮车胎做成，故有“日照凉鞋——车轮带”的歇后语。此鞋制作简单，耐穿易修，便于劳作，价格便宜，深得农民喜爱，至今老年农民仍习惯穿“日照凉鞋”。1980年后，女性始穿高跟鞋，男性穿皮鞋的渐多。夏天普遍穿塑料、皮革及仿皮凉鞋。

清末民国初，富人多穿纳底白布袜。1930年前后，富人始穿机织精线袜。中华人民共和国成立后，男女穿各种颜色的机织袜。1970年后，化纤袜渐多。夏季流行簿化纤袜，年轻女性着过膝长筒丝袜。

首饰　旧时，域内女性佩戴钗、簪、耳坠、手镯、戒指等首饰。姑娘、少妇戴耳坠，老妇戴耳环。中华人民共和国成立后至“文化大革命”期间，很少有人戴首饰。改革开放以后，中老年女性喜戴耳坠、戒指和项链，以金、银质地居多。

饮食　域内居民一日三餐。旧时部分农民为节省口粮，农闲时一日两餐。农忙时，午饭送到田间。

中华人民共和国成立前，域内以高粱、大麦、䅟子等粗粮为主，穷人则半年糠菜半年粮。干粮以杂粮经石磨磨糊子烙煎饼为主，辅以饼子。汤食有䅟子米、高粱、大麦糊熬制的稀饭，面粉、青菜、食盐做成的咸饭，另有海碴子面、小三角蛤喇面、疙瘩汤、面页汤等。多数人家自腌白菜帮、萝卜头和辣椒下饭。冬季，居民多喜食用豆磨糊，加杂菜煮成的“豆沫子”（俗称“小豆腐”、干做的称“渣腐”）。春季，以煎黄鲫鱼卷煎饼、茼蒿熬刀鱼、蒜薹炖鲅鱼、小白菜炖勾鱼为美食。逢节日或款待亲朋，才吃面食或米饭。涛雒街面有大饼、馒头、火烧、包子、烧鸡烧肉，但非全民普及餐食。

中华人民共和国成立后，高粱、䅟子、大麦等低产作物逐渐被淘汰，煎饼改为地瓜面烙制。1958 年，大办公共食堂，吃饭不要钱，造成人为饥荒。时逾三年，百姓以地瓜秧、陈糠、野菜、树皮、蒲草根代食，造成大批干瘦病、水肿病，几乎村村有人饿死。1959 年底，始允许家庭自炊，自此民生渐好。1964 年稻改以后，稻区农民吃大米。其他农民细粮不过半，1985 年后，村民以大米、小麦面粉为主食，煎饼依然为主要干粮，但都用小麦面粉烙制。大饼、馒头、鸡、鱼、肉、蛋已成一般便饭。

旧时，嗜酒者饮散白酒居多。1950 年后，以瓶装酒为上品。改革开放以后，瓶装酒档次不断提高，啤酒也进入寻常人家。域内沿海一带渔村，饮酒之风尤烈。

旧时，少数富裕人家喝南方茶。1967 年南茶北引以后，域内居民开始喜饮日照绿茶，尤其春茶上市，以先饮为快。

住房　清末民国初，域内涛雒街官宦富商，广宅瓦舍，多为四合院，房屋石基，砖墙，四梁八柱，筒瓦或半圆小瓦盖顶，上有兽饰。乡村民宅以草屋为主，多为三间，一明两暗，不留后窗，石基，土打墙（西南山区多为乱石墙，东、北部沿海多为蒲苇垡墙），麦秸顶，木板门、木棂窗。院墙多为乱石垒成，也有柴草篱笆墙，高不过人头。沿海民宅，多在山墙上开一窗户。1964 年，域内部分村开始搞村庄规划。民房始用砖垛子，屋顶上半部苫麦秸，靠屋檐部分挂两趟瓦，山墙做稍，称“四不露毛”。1980 年以后，民房实行二轮规划，档次越来越高，房屋多为石基，红砖墙，红瓦顶、木门窗镶玻璃，兴落地门，连门窗，大遮阳，水泥地面铺设地板砖。1995 年后，出现了 2 ~ 4 层的楼房，开始安装铝合金门窗，塑钢门窗、茶色玻璃，外墙皮饰马赛克，瓷瓦片等。

旧时盖房先请风水先生看宅地，定大门位置（一般忌人水同行）。然后择吉日燃放鞭炮，破土动工。农民盖房，邻里帮工。1985 年后，盖房户备好料，由建筑队包建。新房上梁时，燃放鞭炮，并在脊檩上贴“上梁大吉”，再用红线系一把新筷。门框贴“昨日太公由此过，说是今日安门好”对联。新房落成，摆酒款待工匠、街邻等。

乘具　旧时，域内人们外出多步行。新媳妇走娘家或搬亲，一般骑毛驴或使用搭车棚的手推车。1965 年后，农村始有自行车。1985 年后，赶集或下田多以自行车代步。出远门多乘公共汽车，中青年骑摩托车的渐多。2000 年后，轿车进农家，外出“打的”已成时尚。今自行车、摩托车已开始被电动车代替。

第二节　陋俗

缠足　明、清到民国初年，女子以小脚为美。昔有谣云：“六岁裹脚爹娘缠，十八就成小金莲。”此恶习导致妇女终身残疾。1928 年，国民政府严令妇女放脚，规定从女童至 40 岁青年妇女必须放脚。登记放脚的妇女，发给舒筋正骨洗烫药，没收“裹脚布”（缠脚长布条）及软鞋（木板底、布帮、用以固定脚型）等。但仍出现幼童缠脚、少壮妇女不放脚情况。1930年后，少壮妇女始见全面放脚，但偏远乡村仍有女童缠足。直至1945年抗日战争胜利，在中国共产党的领导下，经各抗日民众团体的大量工作，缠足恶习才得以彻底根除。

赌博 清末民国初，域内赌博之风猖獗，冬闲年节，村村不乏小型赌局。元宵节后，惧于捕罚皆停赌。从民初到抗日战争开始，域内赌风渐熄。20世纪80年代后，已禁绝的“麻将”“牌九”“扑克牌”等赌具重见，但都是娱乐的工具。近年来，也偶尔出现赌博之现象。

吸毒 鸦片输入，始于清同治年间。域内地主豪绅、富商开始吸食鸦片，兼卖“烟土”（半成品）、烟膏（成品）及烟具。至民国初年，因商业洽谈，逐渐蔓延到富家子弟，中、小商人，甚至普通民众。1930年，涛雒商业鼎盛，客商云集，烟民陡增，涛雒街地下烟馆就有好几家。有不少的商人因吸毒造成家破人亡，妻离子散，惨死街头沟边。民国政府禁而难止。抗日战争开始后，鸦片毒源受阻，吸毒者渐少。1940年，日伪政权在涛雒建立，吸毒贩毒现象日渐泛滥，日伪军、警、职员大部吸毒。1942年，涛雒街设“同日膏店”，公开贩毒。

1945年，人民政府严惩毒贩，加之毒源断绝，经过两年打击，“烟鬼”绝迹。

禁忌 旧时因长期受封建统治及迷信思想影响，域内民间有诸多忌讳，主要有以下几种：

杨公忌日忌小孩出远门（杨公忌日：农历正月十三日、二月十一日、三月初九、四月初七、五月初五、六月初三、七月初一、二十九日、八月二十七日、九月二十五日、十月二十三日、十一月二十一日、腊月十九日）。

结婚做被褥忌用“不全”之人（即寡妇、无儿或无女），忌姑姨迎亲和送亲，有所谓“姑不迎，姨不送”之说。

父母去世3年内，儿女忌穿红着绿；不过“五七”（35天），儿子忌理发。上坟祭奠亡故，忌中午12点以前。

孕妇忌看丧事；大忌在娘家生孩子；忌食兔子肉，说是吃了兔子肉生下的小孩是豁子嘴；忌吃狗肉，说狗肉化胎；产妇不满月忌串门。

借用别人家的药锅、药壶（熬中药用）忌送还，药包忌放“三台”，即锅台、窗台、柜台。

盛饭、舀水忌往外侧倒，说这是给临刑前的犯人盛饭的舀法。忌敲碗筷，一说敲饭碗是骂做饭的，一说意味着没饭吃要去讨饭（讨饭者每到一家总是以自己敲碗引起别人注意）。

定亲、下催妆等喜庆日忌单日，走访亲友馈赠礼品忌单数。

购买苕帚、饭帚、站把子、马扎等物品忌单数。

人的年龄忌说七十三、八十四、一百岁。说七十三、八十四是“损头年”，有“七十三、八十四，阎王不请自己去”的说法。一百岁是人的生命极限，百年之后即指人死之后。

中华人民共和国成立后，科学知识日益普及，一些陈规陋习渐除，只有少数老年人固守。

第五章　方言　俗语　谚语

涛雒方言属北方方言区日照方言范围，许多方面与普通话相同，但涛雒方言中还存在一些普通话没有，但在山东方言中很普遍的特点。同时，因涛雒与周边地区存在习俗上的差异，对一些词语的发音，事物的叫法上又带有鲜明的涛雒特点。涛雒方言内容十分丰富，本章只收录一些普遍使用而又比较典型的方言。涛雒的谚语、俗语、歇后语除具有沿海生活的特点外，与日照其他乡镇基本相同。

第一节 方言

涛雒方言和日照大部分地区相似，现分述如下：

天文 月亮—月嬷嬷；月晕—月嘎拉；流星—贼星；北斗星—勺星；雪珠—雪爽子；冰—冻冻；冰凌—琉琉；结冰—上冻；化冰—化冻；冰雹—雹子、巴子；毛毛雨—雾露毛；雾—雾露、雾忽；磷火—鬼火。

地理 高岗—岭岗；河岸—河崖；小河—河沟；角落—旮旯；水泉—泉子；坟茔—林地、坟地；公共墓地—舍林；水塘—汪；沙地—沙窝头地；上坡—上崖头；下坡—下崖头；丘陵—岭头；海岸—海崖头；下水道—阳沟。原地—坐地窝；同村的—坐庄的；那个地方—那个埝儿；那里—聂里。

时令 一年前—头年；下午—过午、过晌、下晚；天将亮时—蚂蚱眼子；太阳将落—拐磨时；夜里—黑夜；昨天—夜来；从前—早日里；整天整天的—按天价；除夕—年除日、大年五更；时间长—大会子；时间短—小刹刹；夏天—夏麦了：麦子将熟之时—麦口；早秋—秋头子；秋收结束—拾掇完场了；冬至—冬下、冬上；下地干活—上坡；墒情好—很火水。

植物 麦秆—麦秸、麦秧；谷秆—谷秸；谷米—小米子；玉米—玉豆；大豆—黄豆；高粱—秫秫；高粱秸—秫秸；花生—果子；甘薯—地瓜；马铃薯—地豆子、地蛋；西红柿—洋柿子；卷心菜—大头菜；萝卜—萝白；豆角—豆芥子；扁豆—眉豆、莓豆；香菜—芫荽；向日葵—朝阳花；葵花子—瓜种；蓓蕾—花骨朵；花蕾—花蕊。

动物 未阉割的公黄牛—趴牯；阉割过的公黄牛—犍子；阉割过的公水牛—蹬牛；母水牛—甚牛；母黄牛—沙牛；母驴—草驴；公狗—伢狗子；母狗—母狗子；公猫—伢猫；母猫发情—叫猫子；公猪—趴猪；半大猪—壳郎猪；母猪发情—起圈；鸭子—扁嘴；孵小鸡—抱小鸡；狼—马（犸）虎；黄鼠狼—黄老鼠；狐狸—大兔；老鼠—土耗子；蛇—长虫；各种鸟—鸰（chén）子；麻雀—家鸰子；喜鹊—野鹊；乌鸦—黑老窝；鸽子—鹁鸽；猫头鹰—夜猫子；蝙蝠—鳖蝠子；蚯蚓—曲蟮；百足虫—草鞋底；蚜虫—密虫子；蟋蟀—蛐蛐；蝗虫—蚂蚱；壁虎—蝎虎子；蜥蜴—蛇虫子；蝉—节令；小蝉 A—小京京；小蝉 B—羊屎蛋、蛋羊；蝉蛹—节令龟；蚂蟥—蛰丁；青蛙—崴子；蝌蚪—哥哥豆子；蟾蜍—癞蛤蟆；螳螂—螳螂；洋辣子—刷木甲子。

住宅 过道—阁档；室内地面—当门；厕所—壕汪、壕汪崖；厨房—锅屋；炉灶—锅台；土坯—墼；烟囱—倒堵、灶堵；简易壁橱—妆古子；装筷子用具—具笼子；篱笆—障子。

器物 扫地笤帚—站把子；枕头—豆枕；枕巾—豆枕布子；毛巾—擦脸布子；马扎子—交叉子；保温瓶—暖壶；斗笠—苇笠；耳环—坠子；手镯—镯子；抽屉—抽头；铁丝—逗条；手杖—拄棒，拄棍；图章—手戳；煤—炭；煤油—火油、洋油；松香—黄香；铝—轻铁；自行车—脚踏车；胶轮车—小推车；顶车棍—开棍；矮独轮车—轱辘马；磁铁—吸铁石；长方石块—坡石、条石；东西或职业、工作—营生；物体中间—中当央、半截腰里。

人品 讨人喜欢—喜将人、喜焦人；好—不糙、不孬、不坏；不好—糙、孬、坏；能说会道—甜嘴呱了舌；不行—不治嘎；无用之人—饭桶、草包；小气—嘎古、细作；脸皮厚、不知羞—皮脸狗腚；无趣—无滋打味；说别人坏话—告诵；骂人—噘人；外号、绰号—诨名；故意—得为；斥责—呲吧；讨厌—烦弃；夸耀—谝（piǎn）啦；假装—推当；过分显示能力—充能；差劲—疵毛；反感、讨厌—污俗；马马虎虎—二马悠壶；挑拨—戳弄（不是动作类）；讨厌—烦气；折磨—揉搓。张狂、不守规矩—挓（zhā）挲；调皮过分—溜球；到处乱瞅—撒目什么；小偷—掀手；骂人—噘人。

称谓 父亲—爹、大大；母亲—娘；伯父—大爷；伯母—大娘、大妈；二叔父—二叔、二大大；婶子—娘娘；祖母—嬷嬷；外祖母—姥娘、姥姥；舅父—舅；舅母—妗子、舅妈；岳父—面称爹、爸、大爷或叔，背后称岳父、丈人；岳母—面称娘、妈、婶子，背后称丈母娘；女婿—闺女女婿、侄或称姓名；丈夫—男人；妻子—家里的、媳子、老婆、媳妇；儿子的妻子—儿媳子、儿媳妇；丈夫—男人；丈夫之兄—面称哥哥，背后称大伯头子；丈夫之弟—面称兄弟，背后称小叔子；妻子之兄—面称哥哥，背后称舅子；妻子之弟—面称兄弟，背后称小舅子；婆母—面称娘、妈，背称婆婆；公爹—面称爹、爸，背后称公公；再婚女人—半户头；改嫁时带着的孩子—带犊子；男孩—小子；女孩—丫头、小嫚；双胞胎—对双；老头—老汉；青年人—年幼的；姑娘—识字班；农民—庄户人；接生员—老娘婆、接生婆；理发员—剃头的；邮递员—送信的；船长—船老大、板主子；杂技演员—要把戏的；泥瓦匠—窑匠；咱们—谮；找到买家、下家—找到茬儿；抗日战争时期伪军—差鬼子或茬鬼子。

器官 身体—身子；颈—脖子、脖罗颈；前额—爷勒盖子、爷脸盖子；睫毛—眼之毛；络腮胡—蜷腮胡；耳屎—耳茸；鼻涕—鼻子；口水—斜斜；嗓子—吞子；腋下—旮旯直；拳头—锤；肋骨—肋巴条子；乳房—奶子、饭；肚脐—部脐眼子；屁股—腚；膝盖—腿磨骨、膊罗盖；脊椎—脊梁杆子；指甲—指甲盖子；头的上方—头直上、头顶上。

疾病 伤风感冒—发劳乏；积食—撑着了；疟疾—发脾寒；胃酸过多—醋心、梨心、滋辣、滓辣；腮腺炎—痄腮；荨麻疹—生痧子；便秘—干结；瘸子—瘸巴；针灸—下针；傻子—嘲巴；瞎子—瞎汉；聋子—聋汉；疯子—疯汉；秃子—秃头；驼背—龟儿；舒服—雨可；不舒服—不雨可、有抱团。

服饰 坎肩—领衣子；长衫—大褂子；小褂—背褡子；背心—汗溜；衣兜—布袋、口袋；裤头—裤衩子；短裤—裤扎子；腰带—皮带、束腰带子；围巾—围脖；尿布—尿褯子。

饮食 饺子—包子、馉馇子；包饺子—包包子；地瓜面蒸包—大角子；馒头—饽饽、卷子；大饼—炕饼、锅饼；米粥—黏粥、黏珠汤；面粥—糊嘟；油条—香油果子；发糕—发团；发面引子—老面；醋—忌讳；花生油—果子油；花生仁—果子米；猪油—荤油、大油；小豆腐—豆沫子、澄沫子；浇在面条上的汤菜—卤子；炒糯米—米羹子。

生活 剪指甲—铰指甲；肥皂—洋碱；香皂—胰子；饿—饥困；睡觉—睏觉；打鼾—打呼噜；伸腰肢—抻巴；熄灯—吹灯；误事—耽搁；过分打扮—吉张、臭美；顾不上—迭不地；喝酒—哈酒；斟酒—揎酒；抽烟—吃烟；惦记—惦个着；一点点—嘚嘚；几倍—几页子；一段时间—畔子；那样—聂样。

交往 闲谈—闲聊、拉呱、说话、说故事；串门—闯门子；戏闹—理戏；敷衍了事—应付；拍马屁—溜沟子；讥笑—笑话；吵架—闹饥荒；讨便宜—沾相意；吓唬—吓哄；不回答—不搭腔、不嗞声；因为—图其（如图其人好）。

动作 噘嘴—舒嘴；躺下—趄（qiē）下；盘腿—盘骨腿；眨眼—挤巴眼；愁眉不展—可愁脸、凹凸脸；散步—蹓跶或溜达；大步走—大步杪（chào）；摔跤—拔跌；挑弄、引逗—撩治；放下—搁下；拿着—扦（hǎn）着；不要、扔掉—撗（hèng）了；整理、摆弄—捣鼓；摆布—布摆；丢了—瞎了；糟蹋了—踢蹬了；挑选—剔剔；玩—要要；治疗（病）—扎古（病）；小孩打架—獬（gǎ）挨；打劫—端路；追上—断上；慢慢地移动—咕融；休息—会—歇呼；戏弄（人）—扎古（人）；背着（筐）—撅着（筐）；到处（看地）—沿这、遥这（看地）；几乎—涉乎；从物体边缘敲打—撕（cán）；收缩—搐；塞、插、戳—欻（chuā）；拔—扚（dī）（扚蒜薹）；接触—互（如：别互着我）；割开、划开—劐（huō）开（如劐开口子）；把水泼出去—擢（huō）出去；牵拉—搢（如：搢 jìn 过来）；踢—卷（如：卷你一脚）；扔出去—撩出去；刺—攮（如：被针攮了）；自我显摆—谝啦；打—擢（如：擢你一耳光）；倾、倒—敨（tǒu）出来；倒水—掗（yǎ）水；折断—约断；邀约—轧（gǎ）呼；洗两遍—洗两濯（huō）；撕开—来开、裂开。

性状 不干净、肮脏—癞；干净、整齐—利整；干脆麻利—溜斗；刚才—刚忙忙、才姜漫漫；告诉—对道；合适—宜当；倒霉—过低、活该；外行、差劲—离把；强壮—挺脱；不要紧—稀松；富有—趁钱；八成、也许、说不定—挡目住、备不住；欠钱—该钱；忙里偷闲—打外拐；没时间—不冷个；不一定—不见起；高兴—恣的；哭—咸；考虑—寻思；差不多—不大离儿；没关系—不惜干；

没用了—白瞎了；不要紧—不碍的；遇到困难—作辣，盼望—巴着；盐多太咸—齁咸；心眼不灵活—死马抿子；办事不条理—马抿子；感觉很重、很吃力—不超容；很小很小—丁尕尕；同一类、同一种—户的；松软—暄；因水泡而膨胀—泡囊了；习惯、毛病—垛子；卯榫松动—冒漏了；稍高—猛量。

第二节　谚语、俗语

1. 老子刚强儿不弱。
2. 心里没有谱儿，打不得锣鼓。
3. 人不混账，账不混人。
4. 庄稼地里不打粮，万般生意死了行。
5. 有钱难买四月里旱，六月里连阴吃好饭。
6. 不怕连阴，就怕南阴。
7. 庄户人家三件宝，丑妻、薄地、破棉袄。
8. 家里不搭人，外头无人搭。
9. 常吃地瓜眼是秤。
10. 家里有黄金，邻居有戥盘。
11. 吃饭穿衣量家当。
12. 耍龙耍虎，不如耍土。
13. 好儿好孙子，不如有个好身子。
14. 河山戴帽，觅汉睏觉。
15. 麦怕胎里旱，人怕老来贫。
16. 刮锄磨镰不误工。
17. 一岁不成驴，到老是个驴犊子。

第三节　歇后语

1. 噘嘴骡子不值头驴钱——贱在嘴上。
2. 疤瘌眼照镜子——自找难看。
3. 狗咬马虎（狼）——两头怕。
4. 老鼠钻到风箱里——两头受气。
5. 豆腐掉到灰里——打不得，吹不得。
6. 麻线拴豆腐——提不起。
7. 长虫戴礼帽——假充细高挑。
8. 鳞刀鱼披蓑衣——嘴尖毛长。
9. 骑着驴要饭——叫有逼的。
10. 卖窑货的摸弄鼻子——灰儿上脸了。
11. 买了个猴子泚薄屎——耍一场，臭一场。
12. 要饭的抱着条兔子——人穷嘴碎。
13. 苍蝇豁了鼻子——不要脸了。
14. 断路的撞着砸杠子的——找对茬儿了。
15. 一个黄豆生俩芽——能豆。
16. 瘸巴打拐——各习一门儿。
17. 稍瓜打驴——去了一半儿。
18. 裹脚布子放风筝——臭满天下。
19. 十年养了八岁——越养越倒缩。
20. 大年五更吃饺子——没外人。
21. 裁缝掉了剪子——光剩了尺（吃）了。
22. 窗户棂里吹喇叭——鸣（名）声在外。
23. 歪嘴吹火——溜斜（邪）风。
24. 哗啦崖泚疖子——冲脓（能）。
25. 南山顶上放碌碡——石（实）打石（实）。
26. 看戏的掉眼泪——替古人担忧。
27. 属牙膏的——不挤不出。
28. 吊死鬼戴花——死要面子。
29. 狗咬吕洞宾——不识好人。
30. 泥菩萨过河——自身难保。
31. 肉包子打狗——有去无回。
32. 老将出马—— 一个顶俩。
33. 黑碗蒜臼子——色货。
34. 猪鼻子插葱——装象。
35. 小葱拌豆腐—— 一清二白。

第六章　宗教信仰

域内历史上曾有佛教、道教、基督教传入，明清时期佛教、道教较为盛行。中华人民共和国成立后，各种宗教活动一度停止。改革开放后，贯彻宗教信仰自由的政策，基督教在域内恢复并有所发展。

第一节　佛教

佛教传入域内，早于隋唐，盛于元明。元代，寺院、僧侣渐多；明代，寺院、庵堂剧增；清代，佛教最为盛行；民国年间，寺庙、尼庵多半失修，僧尼很少，某些寺院住着俗家道士。中华人民共和国成立后，佛教在域内活动停止。

域内不同年代不同规模的寺庙、尼庵，共有23处。其中，著名的有隋朝初年修建的天齐庙、玉皇庙；元朝修建的清静庵、磴山寺；明朝修建的关帝庙、张洛庙、龙王庙；清代修建的龙王庙、临海寺、三官庙等。

以上寺庙、尼庵详见第十八编第四章文物。

第二节　道教

道教传入域内，始于汉唐，盛于明清。至清代，道人以出家人居多，属“全真派”。民国年间，道人多属正一派（俗家道士，有妻子儿女），他们既住道观，亦住佛寺。他们一般有师傅，能诵念道教经典，熟悉斋、醮、祭、祷等仪式，少数会武功。道士除庙产和接受善男信女的香火钱外，还给富户念经，做“道场”或“顺星”驱邪，从中得些收入用以度日。

涛雒天后宫在日照道教宫观中较有名气。其建筑别具风格，在一条中轴线上，依次排列着过街照壁、山门、大殿、后殿。抗日战争时期，天后宫历经战火，已残破不堪。1947年，天后宫最后一位道士（王姓）还俗回家（沙岭子村），此后无人管理。

第三节　基督教

1920年，基督教牧师约翰（瑞典人）从诸城到日照，在县城购置民宅一幢，设立“日照耶稣教福音堂”，开始传教。其传播方式，主要靠牧师接近民众来扩大影响，发展教徒。1931年，域内下元村教徒秦强农，出资在本村建立福音堂，并创办教会小学。

1945年，中国籍传教人员（涛雒下元村）庄文奎、张淑玉夫妇，从莒县到日照主持教务，将“耶稣教福音堂”改名为“中华基督教会”，并在下元村设立支堂，有教徒百余人。1947年秋，教会停止活动。

中华人民共和国成立后，域内宗教活动一度停止。改革开放后，贯彻宗教信仰自由的政策，基督教在域内有所发展。

第二十四编 村 庄

涛雒镇驻地鸟瞰图 （涛雒镇宣传办公室提供 摄于2021年）

涛雒镇位于日照市区南18千米，东临黄海，南与岚山区虎山镇相邻，西连岚山区巨峰镇、高兴镇，北与日照经济技术开发区奎山街道相依。南北最长14.85千米，东西最宽11千米。土地总面积11350.2公顷，海岸线长16.5千米。土地肥沃，物产丰饶，气候宜人。

早在新石器时期，域内就有人类繁衍生息。先民或傍海，或依山，或临河，聚居成村。域内的西林子头遗址和田家园遗址，属龙山文化遗址；亚月汉代古墓群东灶子遗址大羊卷遗址为汉代文化遗存。从这些遍布涛雒全境的历代遗址可知，域内自古以来一直是适合人类生存发展之地。元末，由于战乱，人口减损严重，现有村居主要为明清两代移民所建。中华人民共和国成立后，人口增长较快，村居规模不断扩大。

1946年5月至1947年6月，域内农村进行土地改革运动，结束了延续数千年的地主土地所有制；1947年7月至12月进行土地复查运动。1953年，合作化运动，成立互助组，个别村成立初级社。1954年，域内大部分村成立初级社。时土地属农民个体所有制，村级政权在乡级。1956年，各村成立高级社，土地归集体所有。1958年4月，“大跃进”运动开始；8月开始在高旺大炼钢铁，“以钢为纲”，放弃了农业生产；9月各高级社为人民公社的一个生产大队，开始大办食堂。1959年下半年，部分大队食堂解体，各户自炊。1961年夏，食堂全部解体。1962年3月，落实中央关于改变农村人民公社基本核算单位的指示，实行公社、大队、生产队三级所有，生产队为基础的基本核算体制。1981年，部分大队开始实行联产承包责任制。1983年，域内各大队全部完成联产承包责任制。1984年冬，改大队管理委员会为村民委员会。1985年撤消生产队，各生产队的账目全部并入村民民委员会，村民委员会下设村民小组。

进入21世纪，全镇农村按照“生产发展、生活宽裕、乡风文明、村容整洁、管理民主”的要求，扎实推进社会主义新农村建设。2021年，涛雒镇共有75个行政村，全部完成旧村改造，有25385户、73639人。2022年，全镇有全国文明村2个、省级文明村8个、市级文明村5个。

第一章 涛雒管理区

涛雒管理区共有涛雒一至八村和右所村，计9个行政村。

涛雒街，汉代宋姓、王姓在此居住立村，南邻董家店，故称北店。后因避潮水危害，改称涛洛。北宋至道二年（996），设涛洛场。金大定二十四年（1184），设涛洛镇。清咸丰年间，“涛洛”改写为“涛雒”，一直沿用至今。明朝中后期，依街细划称为东街、南街、西街、北街、西北街。清咸丰十一年（1861）涛雒圩子建成，圩子设五个门，随之称为东门里、东门外，南门里、南门外，西门里、西门外，水门里（西北街）、水门外，北门里、北门外。民国时期，实行保甲制度，分为一、二、三、四、五、六、七保。日军侵占涛雒期间（1940.2—1945.8）沿用保甲制。1945年，分为7个行政村（东门里为一村，南门里为二村，西门里为三村，水门里为四村，北门里为五村，西门外为六村，水门外为七村。即以原来的保形成）。1947年，一村和五村合并为一村。1962年，一大队复分为一大队和五大队；南门外从涛雒二大队析出称第八大队。1984年，为1～8村。

明代隶属进贤乡竭忠一隅涛洛里。清代隶属南乡南上一牌涛雒社。1912年，隶属日照县涛雒区。1931年，隶属日照县第二区。1942年9月，隶属涛雒区。1950年5月，隶属日照县第七区。1952年12月至1956年1月，隶属涛雒镇，右所村仍隶属七区。1956年1月，管理区所辖各村隶属日照县涛雒区。1958年1月，隶属涛雒乡，是年9月，隶属海生人民公社。1959年2月，隶属涛雒人民公社。1962年12月，隶属涛雒区。1971年3月，隶属涛雒人民公社。1984年6月，隶属涛雒区涛雒镇。1985年5月起，隶属涛雒镇。

第一节 涛雒一村

图24—1 涛雒一村
（涛雒镇宣传办公室提供 摄于2021年）

涛雒一村位于涛雒街东端（东门里）。东依341省道，南与涛雒二村相连，西同三村、四村相接，北与五村相靠。

2021年，全村有188户、570人，耕地537亩。宋、王姓人口居多。有中共党员41人。

1945年以来涛雒镇涛雒一村
党组织主要负责人任职更迭表

表24—1

职务	姓名	性别	任职时间
指导员	刘玉泉	男	1945—1947.7
书记	刘玉泉	男	1947.7—1962.4
书记	葛国贤	男	1962.4—1968
书记	葛国贤	男	1971—1977
书记	宋振满	男	1978—1981
书记	刘为奎	男	1982—1995
书记	李宗善	男	1996—1997
副书记（主持工作）	宋佃利	男	1997—1998
书记	宋佃利	男	1999—2003
书记	万志千	男	2004—2007.10
书记	宋佃利	男	2007.11—2011.2
书记	宋瑞华	女	2011.3—2018.1
书记	宋开峰	男	2018.1—

1945年以来涛雒镇涛雒一村
主要负责人任职更迭表

表24—2

职务	姓名	性别	任职时间
村长	祝照明	男	1945—1947
村长	聂延曾	男	1947—1954
高级社社长	张振东	男	1956—1958.9
大队长	张振东	男	1958.9—1962
大队长	高成路	男	1962—1968.3
革委会主任	高成路	男	1968.3—1976.6
革委会主任	祝振友	男	1976.6—1982.3
管委会主任	马成江	男	1982.3—1984
村委会主任	马成江	男	1984—1986
村委会主任	王廷明	男	1987.3—1990.5
村委会主任	孙树森	男	1990.6—1996
村委会主任	周全德	男	1997—1999
村委会主任	万志春	男	1999—2001
村委会主任	宋佃利	男	2001—2004
村委会主任	万志千	男	2004—2007.10
村委会主任	宋佃利	男	2007.10—2011.2
村委会主任	宋瑞华	女	2011.3—2021.1
村委会主任	宋开峰	男	2021.1—

组织建设 1945—1949年，在驻村干部和村党员的介绍下，刘玉泉、祝照明、王化堂、丁海云（女）、秦玉兰（女）、王廷顺、张秀兰（女）、葛国贤、宋光现、马恒顺、周元玉、宋光兰（女）等，先后加入中国共产党。1945年，建立党组织。1947年，成立农救会（会长祝照明）、妇救会（会长丁海云）、联防团（团长刘玉泉）、民兵队（队长刘玉升）、识字班（队长宋吉方）、儿童团（团长李世玉）。

1947年，与涛雒五村合并为一个村为涛雒一村。1953年，成立5个互助组。1954年，成立两个初级合作社。1956年，初级社合并成立高级社。1958年9月，为海生人民公社的一个生产大队；办2个食堂。1962年，复分为一大队和五大队。1984年冬，改称涛雒一村。

参军 1942—1949年参军的有宋家方、宋家兴、祝金茂、祝金全、宋光瑞、宋加瑞、宋家兴、宋光现、周元玉、祝金众。

支前 1947年，参加孟良崮战役支前的有：李世仁、李世玉等56人，分小车队、担架队。

联产承包责任制 1982年，实行联产承包责任制，全大队502亩土地，承包给社员自主耕种。

农田水利 1965年，在小荒沟修石渠180米。1966年，在西岭修石渠490米，直接引水到地，种植水稻160亩。随后日照水库供水减少。1972年，在西岭大片地的东西两端各挖大口井一个用以蓄水。1985年，日照水库停止对西岭供水。

人畜用水 中华人民共和国成立前后，人畜用水靠村里的一口水井，水质差，要到三里外刘家园挑水饮用。1976年，用镇水利站自来水，村内安装自来水龙头一个，专人管理，供各家取水用。1984年，铺设管道，供水到户。2006年，更新管道，由镇供水中心供水。

农机及交通运输工具 1975年，大队购买8.81千瓦手扶拖拉机4辆。1978年，购买17.64千瓦四轮拖拉机1辆。1979年，大队有拖拉机、柴油机、汽油机、电动机、抽水机、喷灌机、播种机、脱谷机等36台（套）。2021年，全村有货车6辆，轿车100辆。

林果业 1986—1987年，购买苹果苗分给部分村民在承包地里套栽，没有成功。1988年，刘进军承包土地10亩建果园。1992年，在亚月村东建银杏园30亩。1995年，外村人王竹在涛雒西岭承包土地建苗圃84亩、果园14亩。2021年，有苗圃100亩，果园14亩。

养殖业 1970年，成立海带养殖场，在臧家荒海域养殖海带，因经济效益差，1975年停业。

工副业 1965年，大队购置8.82千瓦柴油机、粉碎机及碾米机各1台，建成粮食加工房。1980年始，个体开办小百货、电器、海产品、车辆修理、服装加工、土木建筑、电器维修、饭店、客货运输等行业。1981年，大队建中型面粉加工厂，1985年，由周全德承包，1992年，停办。1985年，在西岭建砖窑一座，烧制红砖，因经济效益不佳而停业。1993年，建中型冷藏厂一处，由村民承包经营。

电力　1972 年，大队通交流电。2011 年，更换变压器 2 台，建配电室，线路全部更新。

电讯　1993 年，村安装 1 部程控电话机。2021 年，全村电视以及成年人使用手机基本普及。

医疗卫生　1964 年，律永枝任保健员。1976 年，村建医疗室。2004 年，办新型合作医疗。

失地村民养老保险　2013 年，为 59 人办失地村民养老保险。2014 年，为 51 人办失地村民养老保险。

村庄规划建设　1982 年，在北门外（今涛雒五村办公室西侧）建小北庄。1984 年，在 204 国道东侧建小西庄。此两处房屋檐口高 3 米，房宽 5 米。1999 年，填平涛雒小学东墙外的汪塘，换小学在村东的操场，安置村民建住房。2005 年，安装路灯。2006 年，硬化小西庄街道。2009 年，在小北庄和小西庄中间建办公楼一座。2011 年，在办公楼前的河道上架桥梁一座。2012 年，对村东南角 12 户进行旧房规划改造。2013—2021 年，对全村 40 多条大街小巷进行水泥硬化。

公墓搬迁　中华人民共和国成立前后，村中有人去世，家属各自找地方安葬，田间到处可见坟墓。1970 年，公社党委指定高家岭后为统一安葬点。1972 年，又安排各村对坟墓进行回迁。本村在张茂岭西建公共墓地，把原来分散在各处的坟墓也搬迁到此。2013 年，因国际海洋城基础设施建设，原公墓整体迁至涛雒西岭同三高速公路西侧。

第二节　涛雒二村

图 24—2　涛雒二村（李世成摄于 2021 年 11 月）

涛雒二村位于涛雒街里东南部（南门里）。东与宋家坨相望，南与八村相邻，西接三村，北依观海路。

1947 年，全村有 101 户、308 人，耕地 400 亩。2021 年，全村有 220 户、646 人，土地 460 亩。有中共党员 36 名。

1945 年以来涛雒镇涛雒二村党组织主要负责人任职更迭表

表 24—3

职务	姓名	性别	任职时间
指导员	费立成	男	1945—1948
书记	费立成	男	1948—1953
书记	李其沂	男	1954—1958.5
书记	丁元志	男	1958.6—1968.3
组长	丁元志	男	1970—1971.3
书记	丁元志	男	1971.3—1976.4
书记	李金绪	男	1976.4—1984.12
书记	黄陆昌	男	1985.1—1992.7
书记	李绪永	男	1992.8—2007.10
书记	李宗勤	男	2007.10—

1945 年以来涛雒镇涛雒二村主要负责人任职更迭表

表 24—4

职务	姓名	性别	任职时间
村长	黄明华	男	1945—1946
村长	丁惟会	男	1946—1947
村长	李其槐	男	1947.7—1954
高级社社长	丁元志	男	1956—1958.9
大队长	李金绪	男	1958.9—1968.3
革委会主任	李金绪	男	1968.4—1976.3
革委会主任	金立德	男	1976.4—1982
管委会主任	金立德	男	1982—1984.12
村委会主任	陈德地	男	1985.1—1999.3
村委会主任	李宗臣	男	1999.3—2005.10
村委会主任	李绪永	男	2005.10—2007.10
村委会主任	李宗勤	男	2007.10—

组织建设 1945—1948年，由驻村工作组长王茂会（结庄人）及秦姓工作人员介绍，陈志香（女）、孙玉臻（女）、费立成、傅成东、刘建成、李京绪、丁元志等，加入中国共产党。1945年，成立党组织。1947年，成立群团组织，傅德山任农救会长，孙迎年任各救会会长，金同昌任民兵队队长，丁始瑗任妇救会会长、识字班队长。

1953年，互助组发展到6个。1955年，成立初级合作社。1956年，南门外划入，是年成立高级社。1958年9月，为海生人民公社的一个生产大队；办2个食堂。1962年，南门外住户析出。1984年冬，改称涛雒二村。

参军 1944年，王仕美参军；1946年，孙保福、张继元、万忠义参军。

支前 1947年，丁元志等6人参加孟良崮战役支前。1948年，傅成东等人参加淮海战役支前。

联产承包责任制 1981年秋天，全村50%的土地按人口平均承包，作口粮田；50%的土地承包给劳动力作责任田，从中收缴定购粮、农业税及少量的储备粮、五保户、困难户的口粮补助，剩余部分作为劳动力的劳动所得，这种方法实施一年。1982年，重新调整，将土地按人口平均承包给社员。1992年，把一部分土地改为经济田，集体收取承包费；一部分改为机动田，用于调整人口的增减。1998年，将村民的口粮田签订三十年不变的土地承包合同，将原来的经济田作了人口调整，补给村民一部分，留作机动田一部分。

地瓜育苗温室 1963年，建地瓜育苗温室（称玻璃房），温室长20米、宽5米，后墙用砖石砌成，顶部前面用木制框镶嵌玻璃。用优质土拌上粪造营养土，铺在室内，育上地瓜种。专人管理，控制温度。为涛雒公社独一无二的一大科学发明，是最早的一处温室。1964年夏天，突遭暴雨冰雹，育苗室毁坏，未再修复。

农机及交通运输工具 1972年起，集体先后购进8.82千瓦手扶拖拉机2台，8.82千瓦四轮拖拉机1台，17.64千瓦拖拉机1台，扬场机、小麦脱粒机、水稻脱粒机、西岭扬水设备各1套。2021年，有农用车1辆、三轮车3辆、轿车170辆。

养殖业 1970年，在石臼臧家荒村东浅海养殖海带50亩，成永贵、陈德玉负责，成员24人，船6只，1975年停养。1972年，大队把40亩柴蒲汪改为稻田，称“大田”；1982年，改为淡水鱼池。1985年，开挖20亩，共60亩，由个人承包养殖。2002年，15亩废耕地承包给村民搞畜牧养殖。2021年，有生猪养殖户2家，存栏量100头。

商业 1945年前，全村有多处商铺。其中，“德盛益”由陈氏家族经营，1945年后破产；“同丰”由张家廒头尹茂刚经营，日军侵占涛雒时停业，1945年后，由政府接管，改名“恒大”。黄钊华在三村黄家面锅的基础上创建发展黄家羊肉馆，1952年后，归属供销社。

1953年，涛雒供销联社在村设代销店，先后有李天法、陈德月、李其义、李宗岩经销。1980年，转为李宗岩个体经营。1981年，村集体办综合门市部、糕点厂、羊肉饭馆、制镜组等，1985年，转由个体经营。2021年，有百货门市部等个体商户20家。

工副业 1964年，大队购置8.82千瓦柴油机、粮食粉碎机、稻子脱粒机、面粉加工机，办粮食加工房。1968年，成立条编组，以张守臣为主，编制酒篓，水产品加工用的虾、蟹酱篓等。成立稻草纺绳组（草绳卖给荣成、胶南一带搞养殖用）。1984年，建水泥预制厂，后承包给成永贵、李宗华经营。1986年，办榨油厂，先后承包给李绪永、李绪甲经营，1996年停业。

人畜用水 1976年，通公社水利站自来水，在村东、西各安1个水龙头，专人管理，村民凭票用水。1984年，铺设管道，供水到户。2006年秋，由镇供水中心供水。

电力 1972年，通交流电。1973年，粮食加工房以电动机代替了柴油机。

电讯 1993年，李宗华（预制厂）安装程控电话机1部，村委会安装电话1部。2021年，村委会安装电话2部，全村电视以及成年人使用手机基本普及。

医疗卫生 中华人民共和国成立前，有老中医姚仲义开办中药铺“大春堂”1处。1968年，大队办医疗室，先后由王均莉、宋开发任赤脚医生。2004年，办新型合作医疗。

精神文明 1995年，村民丁元国夫妇先后去世，留下两个孤儿。全村村民捐粮供养，直到长大成人，现在女儿已结婚成家，儿子由村里推荐参军。2021年，成立农村幸福驿站，为70岁以上老年人提供午餐。

村庄规划建设 1964年，进行村庄规划，每两户（10间房）一体，两头各有3米巷，房屋檐高2.3米，宽3.3米，村中间留有南北大街一条，宽6米；东西大街一条，宽8米。1980年后，社员翻建房屋檐口高分别3米、3.15米、3.2米，房宽5.2米。1983年，在公社水利站北侧，建“小西庄”。2006年，硬化村中主要街道370米。2007年以来，全村安装路灯50余盏，安装监控10余盏，主要线路进行更换，电表及变压器重新安装，主要街道栽种樱花及红叶石楠，大街小巷进行硬化，重新铺砌水沟，护城河北边进行硬化。

第三节 涛雒三村

图24—3 涛雒三村村貌
（涛雒镇宣传办公室提供 摄于2021年）

涛雒三村位于涛雒街204国道东侧（西门里）。东接二村、四村，南望南店，西依204国道，北接四村。

1947年，全村有205户、810人，土地2070亩。2021年，全村有524户、1520人，耕地345.7亩。有中共党员86人。

组织建设 1946年，在董玉凯和王姓驻村干部的介绍下，韩玉法、庄茂义、周绪芳等，加入中国共产党，成立党组织。

1952年，成立6个生产互助组。1954—1955年，成立建国、爱国初级农业合作社。1956年，两社合并成立建国高级合作社。1958年9月，为海生人民公社的一个生产大队；办5个食堂。1984年冬，改称涛雒三村。

1946年以来涛雒镇涛雒三村党组织主要负责人任职更迭表

表24—5

职务	姓名	性别	任职时间
指导员	韩玉法	男	1946—1947.6
书记	韩玉法	男	1947.7—1952
书记	刘克孝	男	1953—1957
书记	秦洪常	男	1958—1959
书记	张永生	男	1960—1968
组长	李同绪	男	1970—1971
书记	尹德明	男	1971—1972
书记	陈为东	男	1973—1984
书记	庄建德	男	1985—2001
书记	丁兆东	男	2002—2004
书记	陈德华	男	2005—2007
书记	丁兆东	男	2008—2010
书记	刘加宝	男	2011—

1946年以来涛雒镇涛雒三村主要负责人任职更迭表

表24—6

职务	姓名	性别	任职时间
村长	张祥九	男	1945—1946
村长	李正玉	男	1946—1948
村长	庄茂义	男	1949—1954
高级社社长	庄茂义	男	1956—1958.9
大队长	庄茂义	男	1958.9—1964
大队长	李世荣	男	1965—1968
革委会主任	李世荣	男	1968—1982
管委会主任	庄建德	男	1982—1984
村委会主任	庄建德	男	1984—1985
村委会主任	李安堂	男	1985—1992
村委会主任	陈德华	男	1993—2007
村委会主任	刘加宝	男	2008—

参军 参军人员：1938年，宋懋甲、孙纪苗；1939年，宋家珊、丁履合；1940年，王安斗；1944年，黄庆全；1945年，丁原金；1946年，刘为怀、李荣绪、刘贤禄、王振路；1947年，宋连贵、万志祥。

支前 1948年，陈为庆等10人先后参加淮海战役支前。

联产承包责任制 1983年，实行联产承包责任制，全大队1614亩土地，承包给社员自主耕种。

果园 1968年，在西岭建果园25亩。2002年，因高速公路建设砍伐掉。

农机及交通运输工具 1977年，11个生产队先后购买8.82千瓦四轮拖拉机和手扶拖拉机11台。1978年，大队购买17.64千瓦四轮拖拉机1台。1979年，大队购买36.75千瓦拖拉机1台。2021年，全村有货车22辆、轿车260辆。

人畜用水 中华人民共和国成立前后，人畜用水到1千米外的刘家园挑水。1976年，用公社水利站自来水。2004年，在南堰、西北庄各打水井一口，2005年，更新自来水管道，供水到户。

农田水利建设 1975年，在大堰修石渠500米。1977年，在西岭修渠道150米，高架水渠200米。为保证西岭种植用水，又在高架水渠北修建100米，建扬水站，铺设地下水泥管道200米，购置大型水泵，配36.75千瓦柴油机。对其他高地不能直接浇灌的，另架设8.82千瓦柴油机抽水，又名“三级扬程”，达到岭地灌溉全覆盖。

工副业 1965年，购买8.82千瓦柴油机1台为动力，带动粉碎机、碾米机，为社员加工粮食。1966—1978年，先后建打绳组、铁业组、打饼组、油条组、面条加工组、缝纫组、修车组、建筑队、运输队、木工组等。1984年4月，在西南隅建面粉厂，集体经营；1990年，一次性承包给黄顺昌，1992年停业。

自1980年开始，个体办百货、电器、木材、塑料、钢材、服装、绣花、车辆修理厂、建筑队、大型货车运输等。2021年，全村有机械修理、工程建筑、港口物流等经营户30家。

商业 2021年，全村有百货门市、餐饮等经营户130家。

电力 1972年，街里用共用变压器引线到户照明。1983年下半年，为村办企业面粉厂安100千伏安变压器一台。2013年7月，更换变压器4台，入户线全部更新，村民用电得到满足。

电讯 1986年10月，宋子配安装电话机1部。1993年10月，村集体安装程控电话机1部。2021年，全村电视以及成年人使用手机基本普及。

医疗卫生 中华人民共和国成立前，有药店“万春堂”“庆和”，有老中医丁观祥坐诊。1958年，村建保健室，保健员王平兰。1975年，大队建卫生室，刘加春任赤脚医生。1983年，医疗室撤销，开办个体诊所。2004年，村办新型合作医疗，秦桂香任乡村医生。

村庄规划建设 1975年，在204国道西南堰北迁建小西庄，65户、227人。1987年，建西北庄，115户、402人。1985年，村民在原址翻建房屋，檐口高3.1米，房宽5米。2000年，拓宽中心街至25米。街两侧建起古香古色的二层楼45栋。在204国道东侧、涛坪路两侧，建成2～3层商业楼54栋。是年，在村委办公室旧址，建办公楼一座。2009—2013年，硬化主街道。2014—2021年，对全村街道进行硬化，实行雨污分流。

失地农民养老保险 至2013年，全村共办理失地农民养老保险125人。

第四节　涛雒四村

图24—4　涛雒四村
（涛雒镇宣传办公室提供　摄于2021年）

涛雒四村位于涛雒街里西北（水门里）。东与五村相依，南、西与三村、六村相连，北接商业街、糠巷子（涛雒街里唯一集贸市场）。

1947年，村内有171户、723人，耕地1048亩。2021年，全村有368户、1100人，耕地774亩。有中共党员77名。

1946 年以来涛雒镇涛雒四村党组织主要负责人任职更迭表

表 24—7

职务	姓名	性别	任职时间
指导员	郭常英	女	1946—1947.7
书记	郭常英	女	1947.7—1949
书记	郭常英	女	1950—1952
书记	宋广珠	男	1952—1955
书记	丁元佩	男	1955—1958
负责人	宋家宝	男	1959—1960
书记	丁元佩	男	1960—1968
组长	宋广伸	男	1970—1971
书记	崔永秋	男	1971—1980
书记	宋广伸	男	1981—1982
书记	宋广友	男	1983—2000
书记	宋开红	男	2001.4—2007.1
书记	宋　勇	男	2007.1—2011.3
书记	张永合	男	2011.4—2021.4
书记	刘加春	男	2021.4—

1945 年以来涛雒镇涛雒四村主要负责人任职更迭表

表 24—8

职务	姓名	性别	任职时间
村长	隋日德	男	1945—1947
村长	张传升	男	1948—1953
高级社社长	丁元佩	男	1956—1958.9
大队长	宋家宝	男	1958.9—1968 年春
革委会主任	宋光伸	男	1968 年春—1982
管委会主任	宋光友	男	1982—1984
村委会主任	隋立亮	男	1984—1996
村委会主任	张守宝	男	1996—1999
村委会主任	宋开红	男	1999.4—2002.3
村委会主任	张永合	男	2002.3—2005.3
村委会主任	宋开红	男	2005.3—2006.12
村委会主任	宋　勇	男	2008.1—2011.3
村委会主任	沈永春	男	2011.4—2021.5
村委会主任	刘加春	男	2021.5—

组织建设　1943 年，郭常英（女）在娘家（范家村）加入中国共产党。1945 年，白玉英（女）在宋家坨加入中国共产党。1946 年，经张姓和李姓驻村干部介绍，宋光珠、隋义德、沈玉安、万志英（女）、祝德永（女）等加入中国共产党，成立党组织。1947 年至中华人民共和国成立，在本村党员介绍下，崔永春、宋林善、宋家宝、丁元佩等，先后加入中国共产党。杨云珍（女）在娘家（夏陆沟村）加入中国共产党。

1946 年底，先后成立民兵队（队长宋广珠）、农救会（会长宋林善）、识字班（队长宋家云）、儿童团（团长崔永春）。1949 年，成立妇救会（会长郭常英）。

1953 年，成立 6 个互助组。1954 年、1955 年，分别成立初级农业合作社老社、新社。1956 年，成立高级农业合作社。1958 年 9 月，为海生人民公社的一个生产大队；办 3 个食堂。1984 年冬，改称涛雒四村。

参军　1943—1948 年，参军的有高兴来、高兴泽、崔永秋、任松年、秦洪绞、丁里裘、隋日春、崔为功、隋日书等。

支前　1947 年，先后组织 3 批支前队伍，由宋家保带队，参加支前。妇女识字班做军鞋、军衣、烙煎饼。

移民　1955 年，杨云思等 9 户移居黑龙江。

联产承包责任制　1981 年秋，实行联产承包责任制，全村 1048 亩土地，按人六劳四的比例承包到户。1982 年，土地按人均重新调整分配。1992 年，在保证村民口粮田的前提下，把一部分土地改为经济田，承包给个人，集体收取承包费。

养殖业　1958 年，大队在西岭建猪圈养猪近百头。1962 后，各生产队养牛 2 ~ 4 头。2007 年，规划养殖小区。2021 年，有养猪场 3 家，存栏量 400 头。

农田水利　1964 年，日照水库大洼分干渠水到西岭后，把“马家斜子”“尹家蓝子”农田，全部修上小水渠，使整个“阡东”都变成水稻田。1965 年，修水渠 450 米，水到“三里坟子”“东北坊”。1967 年，修副渠 250 米，天旱时，用 8.82 千瓦柴油机，抽水到副渠，流到西岭脚下。1968 年，在管理区的协调下，与三村共建扬水站，铺设地下水泥管200米，配备36.75千瓦大型柴油机，带动水泵抽水，使西岭最高地用上水。

农机及交通运输工具 1946年，成立车工会，张纪陆任会长。1970年，购置8.82千瓦柴油机为动力，成立加工房。1972年，大队购买8.82千瓦四轮拖拉机1台。1983年后，社员购置喷灌机、小麦播种机、收割机、小麦脱粒机、大型联合收割机、手扶拖拉机、农用三轮车、农用汽车，共计70台（辆）。1996年，崔久路购置中巴车搞客运跑临沂。2021年，全村有拖拉机2台、货运汽车25辆、轿车105辆、面包车23辆。

果园 1968年，大队在西岭建苹果园32亩。1982年后，砍伐掉。1999年，在亚月村东建桃园35亩，由八户村民承包。2021年，有桃园40亩。

商业 抗日战争以前，村内有高家羊肉面锅、包子锅，王记鸡卤子面锅，西“奎圣”面点铺子，东“奎圣”和“合记”“同义”“义泰”“福义”“小五宅”等杂货铺及葛家渔行等。日军侵占涛雒时都关闭。中华人民共和国成立后，由秦洛廷，丁元宗等人联合成立“前进社”，经营百货、土产品。1954年，供销社在本村设代销店，由侯照祥经营，1981年，流转给张永华。1976年，第二生产队先后成立压面组、炕饼组。1981年后，刘为忠等人设流动摊点。2007年，有经营熟食加工、干鲜海产品、蔬菜水果、鸡鸭宰杀、机电维修类和服务类店铺70家。1999年，“涛坪”路拓宽后，高波等先后建成饭店12家，旅馆5处，家具店、水电暖铺5家。2000年，商业街建成，个体综合门市6家。2007年，因设施陈旧老化，出于安全原因，该市场关闭，将原市场南侧汪塘垫平后成为新的涛雒小市。2013年，村委会在原基础上又投资50多万元，对市场进行了水泥硬化，铺设了直径1.5米的排水管道，改善了小市的经营环境。2021年，全村有百货门市、旅店、饭店等经营户180家。

工副业 中华人民共和国成立前，有南、北染房；秦家编制油篓、酒篓铺；任家木匠铺；刘家巷子竹筢编制；宋家、韩家纺绳业；崔家猪行等作坊。中华人民共和国成立后，崔家屠宰加入食品站。1956年，集体组织竹筢制作、销售合作社。1958年，成立木业社。1963年，成立纺绳组。1964年，成立煎饼房、缝纫组。1978年后，高月友建水泥预制厂；宋光济、崔为华建木材加工厂；高月松、宋开国建水泥预制厂。1982年后，成立了5个临时建筑队。2006年，隋立波建冷藏厂。2021年，村内有绳缆加工厂1家，水泥预制厂3家，建筑队4家，冷藏厂2家。

人畜用水 中华人民共和国成立前，村民到“刘家园井”挑水吃，街里的井水只能用作洗刷。1976年，铺设水泥管道，引涛雒公社水利站自来水，在村里安装东、西两个水龙头，专人管理，定时放水，凭票挑水。1984年，铺设管道，供水到户。2006年，改用镇供水中心自来水。

电力 1972年，大队通交流电。2012年，电网改造。2021年，全村有200～400千伏变压器5台。

电讯 1993年，村委办公室安装程控电话机1部。2021年，全村电视以及成年人使用手机基本普及。

医疗卫生 中华人民共和国成立前，夹仓王芳圃来本村开办中医诊所；“同意号”的王香古开私人诊所，主要卖膏药。1956年，梁秀芳任村保健员。1976年，大队建卫生室，梁秀芳任赤脚医生。1983年，医疗室撤销，秦玉祥等办个体诊所。2004年，办新型合作医疗。

村庄规划 1964年，涛雒街开始统一规划，每两户为一体，两头各有两米小巷；房檐口高2.3米，房宽4米。1968年，在刘家园规划居民点。1985年，在汽车站西、车站后河南边，建两处居民点。1985年，村民翻新房屋，檐口高3.2米，房宽5米。1989年，在原七村苹果园南边建居民点。1991年春，在大粪库建大队办公室。2000年后，街里规划东、西大街两条，南北街4条。是年，在204国道东侧，建村委办公楼（三层）。2004年，341省道拓宽改造后，20户建成2～3层楼房，村集体建沿街楼9间。2012年秋，各居民点大街全部硬化。2013年，所有小巷全部硬化，安装路灯112盏。2018年，村委会投资150万元，在农贸市场东侧的汪塘上建设460平方米高标准党群服务中心和800平方米的文体健身广场各一处。

第五节　涛雒五村

图 24—5　涛雒五村
（涛雒镇宣传办公室提供　摄于 2021 年）

涛雒五村位于涛雒东北（北门里）。东望马家村，南接一村，西连四村，北与右所村相望。

1947 年，全村有 100 户、450 人，土地 1000 亩。2021 年，全村有 220 户、752 人，有 59 姓（男女都计），张姓人口居多。有中共党员 52 名。

组织建设　1945 年，由驻村干部介绍，聂延曾、周绪烈、蔡玉秀（女）、王平秀（女）等，加入中国共产党，成立党组织。至中华人民共和国成立，刘为海、张振东、滕玉明、邱奉根、苏华亭、相玉兰（女）、赵美玉（女）等，先后加入中国共产党。

1945—1947 年，先后成立了妇救会（会长蔡玉秀）、民兵队（队长刘为海）、农救会（会长张纪松）。

1947 年 6 月，一村和五村合并为一个行政村。1953 年，成立 5 个互助组。1954 年，成立 2 个初级合作社。1956 年，成立了爱国高级农业合作社。1958 年 9 月，为海生人民公社的一个生产大队；办 2 个大食堂。1962 年，五大队从一大队析出。1984 年冬，改称涛雒五村。

参军　1947 年前参军的有于子合、黄恒仁、张振东、丁彪、丁杰等。1948 年至中华人民共和国成立参军的有邱奉根、刘为海、刘克亭、滕玉明、庄建坤、沈永来、丁云原等。

支前　1946—1948 年，先后有沈玉平等 20 人分两批支前。

1945 年以来涛雒镇涛雒五村
党组织主要负责人任职更迭表

表 24—9

职务	姓名	性别	任职时间
指导员	周绪烈	男	1945—1947.7
书记	刘玉泉	男	1947.7—1962
书记	张振东	男	1962—1966
书记	刘为海	男	1966—1968
组长	刘为海	男	1970—1971
书记	刘为海	男	1971—1982
书记	刘为年	男	1983—1999
书记	郑　坤	男	1999—2014.11
书记	郑　红	男	2014.11—

1945 年以来涛雒镇涛雒五村
主要负责人任职更迭表

表 24—10

职务	姓名	性别	任职时间
村长	刘福林	男	1945—1947
村长	聂延曾	男	1947—1954
高级社社长	张振东	男	1956—1958.9
大队长	张振东	男	1958.9—1962
大队长	宋开京	男	1962—1968
革委会主任	宋开京	男	1968—1979
革委会主任	王振平	男	1979—1982
管委会主任	王振平	男	1982—1984
村委会主任	孙延成	男	1984—1999
村委会主任	郑　宏	男	1999—2001
村委会主任	郑　坤	男	2002—2014.12
村委会主任	郑　红	男	2014.12—

移民　1955 年，沈永来、王彦、黄茂二、黄茂三等，移民黑龙江垦荒种田。

土地变革　1981 年，实行联产承包责任制，全大队 540 亩耕地，按人均承包给社员自主种植。

农机及交通运输工具　1975 年，购买 8.82 千瓦四轮拖拉机 1 台。1978 年，购买 17.64 千瓦拖拉机 1 台，是年，四个生产队各购买 8.82 千瓦手扶拖拉机 1 台。2013 年，先后购进农用汽车，农用三轮车15辆。2021年，全村有小货车3辆，轿车180辆。

养殖业 1964年，大队购买10头绵羊，在北门外场里建羊圈，最多时50头。1970年，全部处理掉。1980年，大队把北门外80亩蒲汪塘，开挖成淡水鱼池，承包给残疾军人魏振东同志。2021年，有专业养猪户2家，年产猪仔60头；养鸡专业户1家，存栏量4000只。

盐业 中华人民共和国成立前后，张传彩一家从事盐业生产，场址在天后宫东侧，俗称“小灶”。1950年，被国家裁撤。

工副业 1968年，利用原“佛堂”庙建粮食加工房，购买1台“1140”型8.82千瓦柴油机为动力，带动面粉机、碾米机、粉碎机，加工粮食。1970年，大队把个体经营的“悦来客栈”收归集体所有，并扩建成“涛雒五大队旅社”，配有10辆“大金鹿”自行车，供旅客租用。1972年，利用废弃的大粪库的大棚，办起绳业加工，主要生产海带养殖用的稻草“封绳”“吊绳”和棕纺苗绳，销往荣城、崂山、胶南等地。后按季节派人到黄岛、薛家岛等海带养殖场，加工各种绳索，从业人员达70人。1978年前，家庭副业主要以打草包为主，盛时全大队草包机近百台。盛华亭是首个打草包创收入的万元户。1992年，在204国道西侧，建大院一处，由个人承包经营建材。2021年，有复合板建材厂1家。

商业 晚清至民国时期，涛雒街“四大记”，本村就有“协记”“广记”两家，另有20多家中小字号，如“仁记”“和记”“裕源”“益泰”等，其资本总额达二百多万银圆。很多大商号都拥有自己的三樯、五樯大帆船，渔商兼用。每年黄花鱼、白鳞鱼汛期，远洋捕捞，满载而归。渔汛后进行商运，如“协记”（西小园）就养有两艘大帆船。最大的要数“丁盛源”的大帆船，可装8000片饼（每片25公斤）。商号收购当地土产品、海产品、猪披，南下上海、宁波；北上青岛、天津；再运回所需日用品，通称“洋货”。各大商号还在上海设有常驻人员，称作“南客”。有秤斗、牙行。有小吃类（“凹盘”面条、老黄家的油条、“蟹籽豆腐”堪称一绝）。

1953年，供销社在村中设代销店，张君经营，后由刘为春、刘为兰经营。

1985年，将低产农田90亩，建成农贸大集。收入的市场管理费，村集体和工商局“三七”分成。

1997年，“商业街”建成，村内就有鞋帽、杂品、服装、超市、药店、五金、水暖、电器、饭店、洗车、水泥预制、石材、熟食、小吃、建材等经营户。全村赶四集的有布匹、服装、水果、花卉、熟食、海产等，经营者70人。2021年，有农贸大集1处，有百货、服装、药店、饭店等经营户42家。

人畜用水 1976年以前，人畜用水全靠村西北的“菜庄”井和村北的“马家村”井。1976年，引公社水利站自来水到村，在粮食加工房西侧安装1个水龙头，专人管理，社员凭票挑水。1980年，自来水通到户。2006年，改镇供水中心供水。2007年，在日照五中前打水井一眼，以解决饮水不足之需。

水利建设 1958年，在“菜庄”西打井一眼，安装用人力推拉的水车1台用于提水。后在“大炮台”和“舍林里”之间，“马蚱坟”上头建2个蓄水塘坝，深5米，占地15亩。1978年，在五中西开挖大口井1眼。1983年，对大口井加深加大。1985年，对大口井进行石砌；建抽水机房一座，安装抽水机1台；修15米水泥渡槽和石渠2000米。

电力 1972年，大队通交流电，80%的家庭用上了电灯照明。1973年，全部用上交流电。

电讯 1985年，村民孙先明最先购买1台12英寸黑白电视机。1993年，集体安装两部程控电话机，后逐步到户。2021年，全村电视以及成年人使用手机基本普及。

医疗卫生 中华人民共和国成立前，有中医姚卿建，坐堂“泰和堂”药铺，问诊行医。后有“济生堂”大药房；1958年，改为涛雒卫生院。1958年，丁亭原任村保健员。1968年，大队办卫生室，徐均良任赤脚医生。2004年，实行新型合作医疗制度，陈莉任乡医。

村庄规划建设 1971年以前，社员全部居住在北门里，房屋杂乱无章。1971年，涛雒卫生院迁出后，腾出部分空闲地，开始规划：社员盖房8间为一排，两户一体，户宅基地长12米、宽13米；房宽3.6米、檐口高2.6米；小巷宽两米。1998年，旧村改造，从北门外（今党委办公大楼东、文泰路东侧）向北划定三片为新建村居：两户一体，八户一方；房屋长13.2米、宽5米、檐口高3.3米；街道宽8米。

第六节 涛雒六村

图 24—6 涛雒六村（初林魁摄于 2021 年）

涛雒六村位于涛雒街 204 国道西侧（西门外）。东傍 204 国道，与涛雒四村相依，南与涛雒二村（新村）、涛雒三村（新村）相连，西与涛雒中心初中、涛雒工业园相接，北靠 341 省道。

1947 年，有 116 户、586 人，耕地 362 亩、林地 256 亩、汪塘 231 亩。2021 年，全村有 368 户、1182 人，耕地 500 亩。有 93 姓（男女都计），滕姓人口居多。有中共党员 75 人。

组织建设 1944 年，丁履学和张姓党员介绍丁惟来加入中国共产党。1946 年，王懋金、李其荣（女）和牟乃须（女）加入中国共产党。至 1947 年，经丁惟来等人介绍，尹兴春、李正祥、别怀斗、丰玉琴（女）、宋光兴、阚光旬、张万书、张万礼、王振兰（女）、张万兰（女）、尹永桂（女）等先后加入中国共产党。1946 年 5 月，建立党组织。

1945 年以后，成立各救会（会长尹兴春）、农救会（会长尹克范、李正祥）、妇救会（会长刘尹氏）、民兵队（队长阚光旬）、识字班（队长王振兰）、儿童团（团长别怀斗）。

1953 年，成立 5 个互助组。1954 年，成立群立一号、二号初级农业合作社。1956 年，两社合并成立高级社。1958 年 9 月，为海生人民公社的一个生产大队；办 2 个食堂。1984 年冬，改称涛雒六村。

1946 年以来涛雒镇涛雒六村
党组织主要负责人任职更迭表

表 24—11

职务	姓名	性别	任职时间
指导员	丁惟来	男	1946.5—1947.7
书记	丁惟来	男	1947.7—1959.7
书记	张万书	男	1959.7—1959.11
书记	王懋金	男	1959.11—1961.3
书记	庄聿堂	男	1961.3—1968
组长	庄聿堂	男	1970—1971
书记	庄聿堂	男	1971—1982.10
书记	庄光龙	男	1982.10—1984.10
书记	滕新玉	男	1984.10—1987.10
书记	李其德	男	1987.10—2000.10
书记	别怀仁	男	2000.10—2008.4
书记	张　斌	男	2008.4—2009.10
书记	刘兆义	男	2009.10—

1945 年以来涛雒镇涛雒六村
主要负责人任职更迭表

表 24—12

职务	姓名	性别	任职时间
村长	尹克范	男	1945—1948
村长	张风柱	男	1948—1951
村长	滕锡文	男	1951—1954
高级社社长	丁惟来	男	1956—1958.9
大队长	陈令申	男	1958.9—1968
革委会主任	庄光升	男	1968—1971
革委会主任	陈令申	男	1971—1978
革委会主任	万鸿顺	男	1978—1982
管委会主任	万鸿春	男	1982—1984
村委会主任	李其德	男	1984—1992
村委会主任	陈令来	男	1992—1998
村委会主任	张清泉	男	1998—2001
村委会主任	别怀仁	男	2001—2007
村委会主任	刘兆义	男	2007—

参军 1944年，李宗彦参军；1945年，丁立健、丁兆福、王茂永等，先后参加了八路军。1946—1948年，朱德升、宋光兴、丁惟勤、李其聚、滕锡江、李宗祥、王振年、李其江、沈奎元、王振友、宋家来等，先后参加中国人民解放军。

支前 1946年12月，李正祥和阚光旬带领20人小车队、担架队，参加鲁南战役支前。1947年，丁惟来带队参加孟良崮战役支前；1948年，参加淮海战役支前；丁惟来在战地被委任涛雒区民工副总指挥，准配盒子枪。

联产承包责任制 1982年，实行联产承包责任制，全大队868亩土地全部承包到户，由社员自主耕种。

农机及交通运输工具 1965年，大队购买8.82千瓦柴油机为动力，带动粉碎机、磨面机，为社员加工粮食。1975年，集体购买18千瓦四轮拖拉机1台。1982年，集体购买10千瓦电动机1套。1985年，村民购买脱粒机5台、8.82千瓦四轮拖拉机12台、两轮手扶拖拉机5台。2021年，全村有手扶拖拉机4台，四轮农用车5辆，小货车28辆，小客车2辆，轿车325辆。

水利 1975年，在西岭修建"水泥薄壳渡槽"450米，引水到地。

人畜用水 1958年以前，人畜用水为刘家园水井的水。1958年，在宋家园打井一口，供人畜用水。1985年，用涛雒水利站的自来水，铺设管道到村，安装公用水龙头3个。2002年，铺设管道，供水到户。2003年，在涛坪路南打深井一口，供部分村民用水。2005年以后，由镇供水中心供水。

商贸、服务 清末民国初，有熊方连的"广兴小楼"、刘世伦的杂货铺、张艳田的"恒源篓铺"、李其瑞的"吉祥"猪行、刘建平的"刘家坊子"、张海的"骆驼坊子"、张玉生的"张家坊子"，还有编织、木工、粮食加工、挑脚、中介、印染、熟皮与皮件制作、看护等30余家店铺。1940年，日军侵占涛雒街，店铺基本关门。

1996年，刘家福开始做竹木生意。2000年，叶京普经营摩托车、电动车专卖。2002年，周家福、黄顺昌分别购买客车跑岚山、临沂搞客运；是年，张清波在204国道西边开办衡器店。2004年，黄宏昌开宾馆经营。2007年，陈纪祥购买半挂货车搞货运。2010年，宋开岭、万志平、宋开芳开快餐店。2012年，万力在204国道东侧开办衡器店。2021年，村内有百货超市、宾馆、饭店等经营门店12家。

电力 1983年，大队办公室、面粉加工厂和邻近的12户首先用上交流电。1985年，村集体与村民共同出资改造线路，全部用上交流电。村集体先后安装变压器50千伏安1台，100千伏安2台，200千伏安1台。

电讯 1993年，安装程控电话机2部。2021年，全村电视以及成年人使用手机基本普及。

医疗卫生 1959年，大队建保健室，陈令存任保健员。1971年，涛雒卫生院迁至村西，大队不再设卫生室。1990年，复设卫生室，由退休医生丁元利，利用自家房屋坐诊。2004年，办新型合作医疗。

村庄规划建设 1985年，开始进行旧村改造，规划为两户一体，八户一方；主街道宽10米，进户巷宽5米；房屋檐口高3.1米，房宽5.米，宅基地面积16米×16米。

第七节　涛雒七村

图24—7　涛雒七村

（涛雒镇宣传办公室提供　摄于2021年）

涛雒七村位于涛雒街204国道西侧（水门外）。东依204国道，南与涛雒汽车站、涛雒四村一河之隔，西邻工业园区，北与日照五中相望。

1947年，全村有32户、180人，耕地千余亩。2021年，有317户、946人，耕地490亩。有67姓（男女都计），张姓人口居多。有中共党员50人。

组织建设 1945年，由驻村工作组干部介绍，村民陈淑宣、刘为光、张纪相、于应兰、万振宫等，先后加入中国共产党，成立党组织。1947 年，经张继相介绍，万洪友、周长任加入中国共产党。

1945 年以来涛雒镇涛雒七村党组织主要负责人任职更迭表

表 24—13

职务	姓名	性别	任职时间
指导员	张纪相	男	1945—1947
书记	张纪相	男	1947—1948.6
书记	万洪友	男	1948.7—1950
书记	陈淑宣	男	1950—1966.5
书记	尹世明	男	1966.5—1968.3
组长	万洪友	男	1970—1971.3
书记	万振宫	男	1971.3—1973
书记	尹世明	男	1973—1984.12
书记	郑培祥	男	1984—2000.8
书记	尹世国	男	2000.9—2014
书记	张　毅	男	2014—

1945 年以来涛雒镇涛雒七村主要负责人任职更迭表

表 24—14

职务	姓名	性别	任职时间
村长	李红林	男	1945—1947
村长	宋加仲	男	1947—1954
高级社社长	万振宫	男	1956—1958.9
大队长	万振宫	男	1958.9—1968.3
革委会主任	张传希	男	1968.3—1973
革委会主任	万振宫	男	1973—1982.4
管委会主任	张传禄	男	1982.4—1984
村委会主任	张传禄	男	1984—2009
村委会主任	尹世国	男	2000.9—2015
村委会主任	张　毅	男	2015—

1946 年，“土改”运动中，成立了农民救国会，刘宝祯任会长；张继甫任民兵连连长；于应兰任妇救会会长；丁洪元任儿童团团长。

1947 年，合并至涛雒五村。1953 年，成立了 1 个互助组。1954 年，成立了 1 个初级合作社。1956 年，成立高级社。1958 年 9 月，为海生人民公社的一个生产大队；办 2 个食堂。1962 年，为七大队。1984 年冬，改称涛雒七村。

参军 1944 年至中华人民共和国成立参军的有：尹世玉、张传鹤、张传永、王照积、葛为海、侯元提、贾志才、王照进、尹世顺、崔光荣等。

支前 支前队伍 2 批 30 余人，参加莱芜战役、孟良崮战役、淮海战役支前。

联产承包责任制 1982 年，实行联产承包责任制，全大队 810 亩土地，按人均承包给社员自主耕种。

果园 果园 230 亩，于 1983 年、1994 年、1995 年，分包给村民自主经营。2021 年，有果园 38 亩，种植苹果和黄桃。

茶园 1995 年，建茶园 20 亩，由村民承包经营。后茶树刨除，茶园变为公墓。

农机及交通运输工具 1977 年，大队购买 8.82 千瓦手扶拖拉机 1 台，生产队分别购买 8.82 千瓦手扶拖拉机 5 台。2013 年，共有农用车 40 辆。2021 年，有农用车 12 辆，轿车 162 辆。

农田灌溉 1964 年，在马家林建旱坝一个，占地 10 亩。1967 年，在村西北建石塘储水池一处，占地 3 亩。1975—1994 年，建大口井 3 处。1988 年，在村前河建拦河坝一处。1998 年，拦河坝被拆除。

人畜用水 中华人民共和国成立前后，全村共有 6 口水井，用于人畜用水。1989 年冬天，接镇水利站自来水到户。2001 年 8 月，打井 1 口深 53 米，用变频供水到户。2005 年，由镇供水中心供水到户。

商贸服务业 清末民国初时，有郑家、张家的大饼；王家豆芽；尹家、宋家糕点；张家杂货挑；丁家、宋家布挑；郑家斗行。1952 年，涛雒供销联社设代销店 1 处。1981 年后，有经营布匹、服装及鞋帽的个体户 30 家；经营建材、五金、玻璃、礼品等店 10 户。1984 年，建兴隆饭店；1992 年，建碧波酒店；1993 年，建怡然居酒店；1997 年，建纯真大酒店。2021 年，有百货、酒店、宾馆、建材经营等商户 85 家。

工副业 民国初年，宋纪东开办染坊，1952 年停业。1948 年，村办织布厂，纺织粗棉白布。1964 年，大队办染坊，经营范围覆盖周边乡镇及江苏北部村镇，1983年停业。1967年，大队在街里组建8人鞋铺，1975年停业。1986年，村集体建带锯木材加工厂，1996年，因商业街建设拆除。1992年，建汽车修理厂；1993年，建化工厂；1994年，建纸箱厂、瓢子厂、骨粉厂；1995年，建型煤厂；1995年，建钢材批发市场。2021年，有机械、装饰、生物等企业7家。

电力 1972年，大队通交流电，部分社员开始用电照明。1980年，全部用上了交流电。

电讯 1969年，生产大队安装手摇式电话机1部。1987年，尹世明购买第一台黑白电视机。1993年，村集体开始安装程控电话机。2021年，全村电视以及成年人使用手机基本普及。

医疗卫生 中华人民共和国成立前后，宋书堂开办中药店，以针灸、中草药治疗为主。1967年，宋佃瑞任赤脚医生。1968年，大队办合作医疗室，赤脚医生宋书堂 、宋佃瑞 。1982年，合作医疗解体，出现2处个人诊所。2004年，办新型合作医疗。

村庄规划建设 1964年，开始旧村改造。1989年，进行第二轮村规划改造，至2005年完成。改造后的新村，南北长330米（主街道5条），东西长310米（主街道5条），占地面积10.23万平方米，前后共19排、356套标准住房；两户一体，每户宅基地南北长16米，东西宽17米。主房宽5米，檐高3米。1991年，沿204国道两侧，建2至3层商住楼17栋。2005年，对村内主要街道进行硬化，硬化面积9421.5平方米；主街两侧修排水沟2417米；安装路灯60盏；对部分路段进行绿化。

第八节 涛雒八村

图24—8 涛雒八村（李世成摄于2021年）

涛雒八村位于涛雒街南侧（南门外）。东与宋家坨村相望，南与南店相邻，西靠204国道，北与涛雒二村相连。

1962年，全村有26户、98人，耕地180亩。2021年，全村有110户、301人，耕地190亩。有中共党员23人。

组织建设 1935—1945年，与宋家坨村合并为一个村。1945年，并入南店村。1956年，并入涛雒二村。1962年，与涛雒二村分离，为涛雒八大队，成立党支部。1984年冬，改称涛雒八村。

1962年以来涛雒镇涛雒八村党组织主要负责人任职更迭表

表24—15

职务	姓名	性别	任职时间
书记	陈为庆	男	1962—1965
书记	李绪义	男	1966—1968
组长	庄茂申	男	1970—1971
书记	庄茂申	男	1971—1989
书记	庄茂禄	男	1990—1998
书记	陈德峰	男	1999—

1962年以来涛雒镇涛雒八村主要负责人任职更迭表

表24—16

职务	姓名	性别	任职时间
大队长	庄茂申	男	1962—1968
革委会主任	庄茂申	男	1968—1982
管委会主任	曹学平	男	1982—1984
村委会主任	孙传业	男	1984—1995
村委会主任	杨淑金	男	1996—1998
村委会主任	孙传业	男	1999—2004
村委会主任	陈德峰	男	2005—

参军 1943—1948年，孙宝珠、陈为庆、滕佩贞、黄荣德等，先后参军。

联产承包责任制 1982年，实行联产承包责任制，全村190亩耕地，全部承包给社员自主耕种。

人畜用水　1972年以前，社员用水到南店河挖泉子挑、抬。1972年，和宋家圪合伙，在西岭南园西侧挖甜水井一口，铺设地下管道到大队，在大队中间挖浅水池供社员挑、抬水。后因水源不足，水井自废。1992年，接镇水利站自来水，铺设管道到户。2007年，用镇供水中心自来水。2001年，借修高速公路之便，在西岭开挖大口井一处，解决农田用水。

农机以及交通运输工具　1980年，集体购买2台8.82千瓦四轮拖拉机。2021年，全村有轿车、面包车、货车50辆。

养殖业　1983年，集体将28亩盐碱地、废汪塘改为鱼虾池，由孙传业等4户承包养殖虾、蟹、蛤、鱼等。2021年，有海水养殖户2家，养殖面积15亩；淡水养殖户2家，养殖面积30亩。

工副业　1998年，建磨面房，电动机为动力，带动钢磨、压面机，为村民加工粮食。2004年，由陈德峰等3家办起家庭绣花厂，用本村工人20多名。2005年，金立吉建成水产品加工厂一处，占地面积5000平方米。2021年，有水产品加工厂1家。

商服业　2021年，村内有百货超市、水产品贸易等门店8家。

电力　1991年，接涛雒二村交流电，建配电室，村民用上了交流电。1992年建小西庄，用南店的交流电。2000年，对原来的旧线路进行改造。2012年，安装200、160千伏安变压器2台，对全村的线路进行了升级整修。

电讯　2002年，全村开始安装8路微波有线电视。2004年，全村普及有线电视。2021年，全村电视以及成年人使用手机基本普及。

村庄规划建设　1992年，在204国道西，重新规划建小西庄。每户房屋四间，宅基地面积216平方米（16×13.5），房屋檐口高3.2米，房宽5.50米，两户一体。2000年，全村安装路灯26盏。2012年，硬化村内主要街道1000余米。

第九节　右所村

右所村位于镇驻地北0.5千米处。东依204国道，南与日照五中相邻，西临工业园，北傍两园路，多为湖洼坡地。

据《日照县志》记载，明洪武九年（1376），宋、马、黄、陈四姓自江苏东海县迁来建村。为防倭寇朝廷于县南设安东卫，卫下设左、右、前、中、后五所。安东卫右所在此屯军驻扎。后村名沿用军营名称称右所。

1947年，全村有212户、858人，土地4540亩。2021年，全村有720户、2348人，耕地1011亩。有82姓（男女都计），丁姓人口居多。有中共党员100名。

图24—9　*右所村村貌（初林魁摄于2021年6月）*

组织建设　1945年，由驻村干部尹半农和董明英（女）介绍，丁履通、丁履增、丁原青（女）、黄彪4人，加入中国共产党，成立党组织。

1946年，成立民兵队（队长黄庆孝）、识字班（队长黄庆兰）、儿童团（团长丁原济）。1947年，成立农救会（会长宋夫积）。1949年，成立妇救会（会长马承玉）。

1952年，成立7个生产互助组。1954—1955年，先后成立了爱国、前进、勇进、红星、建国5个初级农业生产合作社。1956年，初级社合并成立建国高级合作社。1958年9月，为海生人民公社的一个生产大队；办5个食堂。1984年冬，改称右所村。

参军　参军人员：1938年，丁来明；1941年，宋瑞农；1942年，陈维德；1943年，丁梦野、丁履峙（曾用名丁履珊）；1944年，丁原仓；1945年，王班堂、丁原华、丁原胜、陈为吉、王建平、傅善堂、王明奎、陈为德、宋瑞农、王懿（女）；1946年，丁履合、丁履淑、徐加桂、黄松昌、宋庆山、金德友、丁履峙、张传录、刘为顺、陈为录、庄佃彬、姚绍山、丁履达、丁原进、丁肇合、陈为仁、丁履增、秦洪杰；1947年，王宣平、丁来明、丁履美（女）、丁履金（女）、徐金英（女）姚绍玉（女）；1948年，黄柏昌、陈为金、丁元轩、宋夫宽、丁原京、刘克友、姚绍红、丁原仓、丁培原、丁原玉；1949年，丁履淑等。

支前 1947年，共有3批支前队伍参加孟良崮战役，战役结束，平安回家。妇女、识字班做军鞋、军衣、烙煎饼。

1945年以来涛雒镇右所村党组织主要负责人任职更迭表

表24—17

职务	姓名	性别	任职时间
指导员	丁履通	男	1945—1945.12
指导员	司建余	男	1946.7—1947.12
书记	丁履根	男	1948.1—1948.7
书记	丁亨祥	男	1948.7—1952.5
书记	丁原森	男	1952.5—1952.11
书记	丁履根	男	1952.11—1961.7
书记	司建余	男	1961.7—1968.3
组长	司建余	男	1970.1—1971.3
书记	司建余	男	1971.3—1976.1
书记	丁原森	男	1976.1—1978.12
书记	丁履竑	男	1979.1—1984.12
书记	刘克刚	男	1985.1—1989.3
书记	徐茂峰	男	1989.3—1998.12
书记	刘洪昌	男	1999.1—2001.12
书记	黄福昌	男	2001.1—2004.12
书记	陈德贺	男	2005.1—2007.12
书记	宋庆华	男	2007.1—2012.11
书记	陈令波	男	2012.11—2015.7
书记	丁兆臻	男	2015.10—2016.1
书记	司伟刚	男	2016.2—

1945年以来涛雒镇右所村主要负责人任职更迭表

表24—18

职务	姓名	性别	任职时间
村长	赵德亮	男	1945—1946
村长	徐宣伦	男	1946—1954
高级社社长	司建余	男	1956—1958.9
大队长	沈德怀	男	1958.9—1968.3
革委会主任	王海平	男	1968.4—1979.12
革委会主任	丁履钦	男	1980.1—1982.4
管委会主任	丁履钦	男	1982.4—1984
村委会主任	傅成茂	男	1984—1998.12
村委会主任	黄福昌	男	1999.1—2001.12
村委会主任	徐延富	男	2002.1—2004.12
村委会主任	陈德贺	男	2005.1—2007.12
村委会主任	陈令波	男	2008.1—2014.12
村委会主任	丁志金	男	2014.12—2015.9
村委会主任	司伟刚	男	2018.1—

外迁和接收移民 1955年，丁履通等38户村民；1959年，黄庆荣等5户村民，先后移民黑龙江省、吉林省，垦荒种田。1965年，大队接收安置许传德等51户来自日照水库库区的移民。

联产承包责任制 1983年，实行联产承包责任制，全大队2800亩土地，承包给社员自主耕种。

农田水利 1961年，在北湖挖河开渠引水。1963年，在二道河中游修水闸一座，命名“五一桥”。1978—1979年，在西岭、北岭各修建了200米、300米的灌水渡槽（桥墩高1～10米），用14.7千瓦柴油机，带动水泵提水引二道河水上岭。1980年，在一道河建起水闸一座。1991年，黄淮海平原农业综合开发，在二道河上游建翻板闸一座，修石渠2670米。

人畜用水 1970年前，人畜用水靠村中央一口石砌水井。1970年后，家庭出现塑料管手压水井。1979年，在村西北角果园打75米深井一口，电机带动水泵，铺设管道到村，设供水点供社员用水。1980年，供水到户。2006年，在村西果园打甜水井一口，供村民用水。2008年，改由镇供水中心供水。

养殖业 1999年，村集体在二道河沿岸挖虾池39个336亩，由村民承包养殖罗氏沼虾。2006年，在原竹园处建起生猪养殖区。后因国际海洋城开发建设需要，养殖区拆除。

果园 1964年，大队在北岭建果园110亩，集体经营。1984年，由32户村民承包。1992年，村集体在西岭扩建果园224亩，由83户村民承包。1997年，北岭果树老化，建更新果园5亩，由村民承包。1998年，在宋家川地片扩建果园80亩，由41户村民承包。2000年，扩建果园84亩，由42户村民承包。2002年，在北井下猴子坡地片，建果园45.5亩，由19户村民承包。后因国际海洋城开发建设需要，果园被清除。

竹园 1965年，大队在北岭下一道河南岸，建竹园15亩。1971年和1973年各建5亩，集体派专人居住看护。1992年秋，竹园老化且产值低被清除。

桑园 1979年，大队在“五一桥”南植桑40亩，由生产小队采摘养蚕。因经济效益低，于1983年全部刨掉。

茶园 1978年3月，大队在村西建茶园45亩，集体经营。1983年，由黄用昌承包。后因工业园建设和海洋城基础设施建设需要，于2007年和2012年，分批清除。

农机及交通运输工具 1962年，购8.82千瓦柴油机2台用于磨面房、油坊。1973年，县委县政府奖励8.82千瓦四轮拖拉机1台（全大队交售小麦20万公斤）。1976年，大队购买8.82千瓦四轮拖拉机9辆。2008年，村民购置手扶拖拉机180辆，四轮拖拉机23辆。2021年，全村有手扶拖拉机10辆，电动三轮车310辆，单桥装卸汽车10辆，双桥装卸车1辆，装载机5辆，挖掘机2辆，轿车390辆。

工副业 中华人民共和国成立前，村民大多以织粗布和染布为业，另有经营酱瓣的作坊。1959年，大队办起油坊，负责人丁履祯；缝纫组，负责人司秀英；采石队，负责人丁履甫。1962年，办起粮食加工房，负责人丁茂生；条编组，负责人董成章；木工组，负责人宋夫宽。1971年，办起砖窑厂，负责人丁明祥；铁匠铺，负责人刘克泗 。1979年，建化工厂，负责人丁原同。1980年，袁安军等6户自购新式草帘机、草绳机作业。1983年，陈德春等2户办起粮食加工厂。1984年，村办机械修理厂；丁开民办起化工厂，1988年易主陈德贺，办起玻璃钢厂。1995年，黄胜波建饵料加工厂；随后陈德峰等3户办起榨油厂。2003年，丁原宏建起绣花厂；刘克忠等3户办起煤球厂。2007年，丁兆正等办起铝合金加工厂。2021年，村内有铝合金加工、装修装饰、工程机械等经营厂店7家。

盐业 建村时即有盐业生产。滩地与马家村滩地相连，因纳潮水困难，1949—1950年，被政府裁废。

商业 中华人民共和国成立前，村内有商号“富裕东”、“官裕和”和“富裕公”。另有5处坊子（旅店）、3家小卖铺、一家小染坊、一家中药铺、一家茶叶铺。1953年，涛雒联合供销社在本村建代销店，代销员姚绍山。1980年，代销店流转徐茂山个人经营。2021年，村内有综合批发经营2家，百货门市部9家，屠宰售猪肉户3家，药店1家，牙科2家，茶叶店1家，豆腐店2家，小饭店2家，油坊3家，手工糖米店1家，手工花子店2家，手工编织1家，微商2家，直播抖音店1家，牛肉汤店1家。

电力 1974年，从五中通交流电用于公共场所。1975年，全村通交流电。

电讯 1959年，大队集体安装1部手摇式电话机。1982年，社员王玉兴买熊猫牌12英寸黑白电视机1台。1993年，村民刘克金安装1部程控电话机。2013年，全村有程控电话机420部，手机1300部。2021年，全村电视以及成年人使用手机基本普及。

医疗卫生 中华人民共和国成立前后，有中医姚乐初开办的“姚记药铺”。1956年，大队聘用姚乐初为社员看病行医。1963年，李世周任保健员。1968年，大队建医疗室，李世周任赤脚医生。1983年，大队医疗室撤销，办个体门诊。2004年，办新型合作医疗，镇卫生院派李伟、杨延亮、马键为医生。

村庄规划建设 1964年，开始对村庄进行规划：东西南北各1条中心街，宽12米，次大街宽6米，小巷宽3米。房屋檐口高2.3米，房宽3.3米，户宅基地面积268平方米，两户一体，6户一方。生产队出工（换旧墙土），生产大队补贴物料（树木、砖、石料）。1983年起，社员翻新旧房，房屋檐口高3.3米、房宽5.2米。2006年，硬化村内主要街道。2008年,在村中央建村委办公室16间。2009年,安装路灯。2011年，所有街道全部硬化。2012年12月，日照国际海洋城基础设施建设（建设海洋大道），开始拆迁民房，至2013年底，共拆除187户，935间民房。2022年，户户通巷道硬化，雨污分流。

墓地搬迁 2012年11月，按照日照国际海洋城管委的总体规划，将老墓地（放泉岭）移至西岭高速公路西侧，历时3个月，共移坟墓573座。

第二章 小海管理区

小海管理区辖小海村、王家村、沙岭子村、刘家湾村、桥西头村、桥东头村、李家村、马家村和宋家坨村，计9个行政村。明代隶属进贤乡竭忠一隅涛洛里。清代隶属南乡南上一牌涛雒社。1912年，隶属日照县涛雒区。1931年，隶属日照县第二区。1942年9月，隶属涛雒区。1950年5月，隶属第七区。1956年1月，隶属日照县涛雒区。1958年1月，隶属涛雒乡，是年9月，隶属海生人民公社。1959年2月，隶属涛雒人民公社。1962年12月，隶属涛雒区。1971年3月，隶属涛雒人民公社。1984年6月，隶属涛雒区涛雒镇。1985年5月起，隶属涛雒镇。

第一节 小海村

图24—10 小海村
（涛雒镇宣传办公室提供 摄于2021年）

小海村位于镇驻地东2千米处。东临黄海，偏西南与大朝阳村隔河相望，西与南店村相望，北与王家村接壤。

明朝洪武年间，滕姓迁此居住建村，取名滕家村。嘉靖年间，王姓等相继迁入居住。清朝雍正年间，部分滕姓外迁。因地处黄海岸边，海水环绕，称“小海”。

1947年，全村有130户、790人，耕地600亩。有68姓（男女都计），王姓人口居多。2021年，全村有616户、1760人，耕地199.3亩。有68姓（男女都计），王姓人口居多。有中共党员80名。

组织建设 1938年春，曹德茂和李世堂在青岛加入中国共产党。是年冬，回村介绍宋加红加入中国共产党。1942年，王致谦在日照县城加入中国共产党。1944年，在驻村干部隋玉书及王姓介绍下，王振宗和庄茂仁加入中国共产党。是年，成立党组织。1945—1947年，宋光主、宋佃东、王致英、庄聿俭、庄茂桂、王均孝、杨守清、刘贤同、庄建堂、王振强等，先后加入中国共产党。

1945年，成立民兵队，队长庄聿俭。1947年，成立农救会（会长李克喜）、识字班（队长王振秀）、儿童团（团长王致龙）、妇救会（会长杨守清）。

1953年，成立12个互助组。1955年，成立3个初级社。1956年，初级社合并成立高级合作社。1958年9月，为海生人民公社的一个生产大队；办5个公共食堂。1984年冬，改称小海村。

参军 参军人员1940年，王致良；1943年，王伯明、王均季、王致东、王致法；1946年，王振珊、刘贤同、庄建堂、刘贤玉、王振早、庄茂格；1947年，王振强、庄聿沼。

支前 1946年12月至1947年1月，庄聿俭等10人参加鲁南战役支前。1948年11月，庄茂峰等13人、小车队庄聿信等4人参加淮海战役支前。

1944 年以来涛雒镇小海村
党组织主要负责人任职更迭表

表 24—19

职务	姓名	性别	任职时间
指导员	庄茂仁	男	1944—1945
指导员	宋光主	男	1945—1947.7
书记	宋光主	男	1947.7—1949
书记	宋佃东	男	1949—1968
组长	宋佃东	男	1970.1—1971.3
书记	宋佃东	男	1971.3—1983
书记	王致太	男	1983—1992
书记	王致云	男	1992—1998
书记	金忠升	男	1998—1999
书记	王培春	男	1999—2009
书记	庄建坤	男	2009—

1945 年以来涛雒镇小海村
主要负责人任职更迭表

表 24—20

职务	姓名	性别	任职时间
村长	王安慈	男	1945—1946
村长	王振庄	男	1946—1947
村长	王致轩	男	1948—1954
高级社社长	王安富	男	1956—1958.9
大队长	王安富	男	1958.9—1966
大队长	王均培	男	1966—1968
革委会主任	王均培	男	1968—1980
革委会主任	陆金海	男	1980—1982
管委会主任	陆金海	男	1982—1983
管委会主任	王世龙	男	1983—1984
村委会主任	王世龙	男	1984—1992.12
村委会主任	金忠升	男	1992.12—1998.12
村委会主任	王致民	男	1998.12—2004.12
村委会主任	王培春	男	2004.12—2007.12
村委会主任	王世聚	男	2007.12—2010.12
村委会主任	庄建坤	男	2010.12—

联产承包责任制 1982 年，实行联产承包责任制，全村 278 亩土地承包到户，自主耕种。1983 年，集体的船、网打价分给船组。

林业 清嘉庆年间，在东林栽植柏树（紧贴村东侧）10 多亩，后树木高大参天，1965 年，整改土地时砍伐。另一片是村东北处的舍林，主要为槐树和杨树林，1994 年，因此处建学校而砍伐。1956 年春，在东沙岭植马尾松 75 亩，后归刘家湾。

人畜用水 中华人民共和国成立前，靠两口水井用水。1982 年，用涛雒公社水利站的自来水，全村安两个水龙头放水，凭票用水。1991 年，铺设管道，供水到户。2007 年 3 月，由镇供水中心供水。

农田水利 1970 年，自马家村东修渠长 3 千米，引日照水库水至村西。1978—1979 年，修建三个大口井。

海洋捕捞 1956 年，拥有大小风船 46 只，专门从事渔业生产。1962 年，全大队分四个小队经营。1968 年，大队建造第一对机帆船 1、2 号。1985—1992 年，围网船发展到 98 只。1996 年，停止远海捕捞。

近海潜水捕捞 1996 年，开始近海潜水捕捞，主要捕捞红蛤、大竹蛏、簸箕蛤、海葵等。2013 年，从业船 63 只，从业人员 136 人，外地潜水员 200 人。潜水深度为 10 ~ 20 米。2021 年，有近海捕捞船 24 只，从业人员 48 人。

浅海养殖 1964 年冬，在海龙庙东养殖海带 20 亩，负责人陆金海、王致云，人员 9 名，船 3 只，没成功。1965 年，迁到石臼山后村一带海域，养殖水面 1200 亩，负责人王振一、王致云，人员 40 名，船 15 只。1975 年停养。

河道养殖 2005 年，王世祯在村西河中养殖双头蛏。此后，王均昌等 6 人，先后进行养殖。2021 年，有河道养殖面积 60 亩。

滩涂养殖 1979 年，在村南、村西，沿小海河建 157 亩虾池。1984 年，承包到户。1982 年，在小海河入海口处北侧，围海建大虾池 120 亩，1988 年 12 月，由王世龙承包。2021 年，有滩涂养殖面积 300 亩。

工厂化养殖 2004年，王世亮建大棚养殖大鲮鲆鱼。2021年，有大棚养殖户57家，养殖水体76500立方米。

海水育苗 1987年，王世龙建小海第一育苗场，主要育对虾苗，兼育梭子蟹苗、大鲮鲆苗，后由王培春经营，更名为日照市海辰水产有限公司。1998年，王培华建小海第二育苗场，后更名日照亘海水产有限公司。此后，郭伟小海育苗场、王致录第三育苗场、宋开金宏金育苗场、金涛宝源育苗场、王培秋第六育苗场、王世伟鑫源育苗场、王培乐水产育苗场、周家友海荣育苗场、周家坤裕祥育苗场等，相继建立。2013年，庄建坤注册"坤海养殖有限公司"，育大鳞鲆、蟹苗，养殖鱼、虾，冷藏加工（库容120吨），三位一体。2021年，有育苗场75家。

工副业 1963年，成立铁匠组，庄建玉掌钳，为生产队修理铁锨、镢头、锄等农具，为渔业打铁钉，1982年停业。1964年，成立建筑队，王致农任组长，成员5人，为全庄建房；木工组，滕新田为组长，成员5名，为生产队做车桩子，修理渔船，箍木桶；庄茂柏造打线车子（用小飞机领线的车子）。1982年，建筑队、木工组等相继停业。1990年，王世龙在小海村东南，建库容80吨的冷藏加工为一体的冷库。2006年，陆全国在小海村东南，建库容300吨的冷库。2012年，王鑫在老沿海路小海大桥北端东侧，建库容120吨的冷库。2013年5月，李宗玉在老沿海路西侧建宗玉冷库，库容200吨。2021年，有水产冷藏、机械加工等7家。

盐业 始于清嘉庆年间，逐渐发展到滩池53副。但由于滩地零散、纳潮困难，盐工逐渐转上海洋捕捞，到1938年，基本没有从业者。1950年，被政府裁废。

小海码头 位于小海村东250米处，小海河入海口处，建于清道光十年（1830），能停泊80只（载重50～100吨）大风船，设立理货栈，存货场10亩。1993年，停止泊船。

小海新渔港 建于1993年，位于老码头南250米，小海河北岸，俗称"南大港"，能停泊渔机船120余只。码头有海货交易场、供水处；储油罐4个，总容量78吨；渔需小卖部、机电维修部各一处。

船厂 王世龙在1984年初建船厂，和1983年建的机修厂并为一体，有机床8台。至1992年，建同时能承载56只渔机船的钢轨，上、下船舶的大型坞台。

农机以及交通运输工具 2021年，全村有货车56辆，轿车258辆。

水陆运输 中华人民共和国成立前，全村从事水陆运输的2桅以上风船40只，南达连云港、上海，北到青岛、烟台、大连等港，东到朝鲜、韩国、日本。1978年，大队购运输船（动力、钢质）拖头一只，拖驳（钢质无动力载货船）一只，载重450吨。1981年，大组（前身是第二生产队）购运输船机6驳7（全是钢质），载重450吨。1983年，一队购运输船机5（钢质），小驳（木质）载重150吨；四队购运输船机8（钢质），木驳载重80吨。1985年，王世龙在大组的基础上成立海上航运队，3艘钢质拖驳。以上船只均参与青岛、日照、荣成、烟台港的航运业务。1987年，因无货物运输而停业。

商业 中华人民共和国成立前后，王安仔经营小商品铺号"东泰"，金恩堂挑货郎担，流动经营小商品。1952年，村供销合作社成立，售货员有王安仔等人。1956年，归涛雒供销社。1964年，改为代销店。2010年，宋晓鹏建"惠达"购物超市。2021年，村内有百货超市6家。

电力 1978年秋，大队自行发电，社员用上照明电。1982年，并入电网。1987年、2001年，两次进行线路改造。2013年，全村共有变压器26台，总容量为7500千伏安，其中村集体3台，容量为1100千伏安。

电讯 1959年，大队办公室安装手摇式电话机1部。1981年，社员王世峰，购买全村第一台14英寸黑白电视机。1993年，开始安装程控电话机。2021年，全村电视以及成年人使用手机基本普及。

医疗卫生 1958年，庄茂德任村保健员。1962—1976年，王世亮等4人先后任赤脚医生。1983年，合作医疗解体，由王世峰等3人开办个体诊所。2004年，办新型合作医疗。2010年，新建卫生室投入使用。

村庄规划建设 1964年，大队规划为南北大街一条、东西大街4条，各宽5米，小巷宽3米。房屋檐口高2.3米，房宽4米，两户一体，12户一方。2000年，养殖区新建房屋宽6米，檐口高3.4米。2004年，先后硬化村内外主要道路3000米。2010年，在老沿海路西侧，建村委办公室大院，房屋21间。

非物质文化遗产 2011年，水族舞、渔工号子、小船制作技艺，被东港区列为第一批非物质文化遗产名录。

第二节 王家村

图24—11 王家村
（涛雒镇宣传办公室提供 摄于2021年）

王家村位于镇驻地东1千米处。东临黄海，南邻小海村，西望宋家坨村，北依341省道。

明弘治年间，王姓迁此居住，取名王家村；明正德年间，葛、尹姓自江苏东海县迁来居住。

1947年，全村有236户、968人，土地2850亩。2021年，全村有900户、2623人，耕地354亩。有81姓（男女都计），葛、尹姓人口居多。有中共党员104名。

组织建设 1945年，由驻村干部王兆之和刘姓驻村工作队员介绍，尹德卓、尹相喜、尹德岳、尹德莲（女）等，加入中国共产党，并成立党组织。

1947年，成立农救会（会长尹作年）、民兵队（指导员葛允祥，队长尹相喜）。1948年，成立妇救会（会长尹庄氏）。

1953年，成立8个生产互助组。1954年底，成立光明渔农初级生产合作社。1955年，成立了新光、新胜、工农渔业及光胜渔农初级合作社。1956年1月，盐农业初级合作社与宋家坨村、马家村、沙岭子村成立曙光1号高级盐农合作社。1956年底，初级社合并成立光明高级生产合作社。1958年9月，海生人民公社成立，曙光1号高级盐农业合作社解体，入社时各村的盐田、盐民归涛雒盐场；物资按人员分配到各村，土地及农民回各村。本村为海生人民公社的一个生产大队；办8个食堂。1984年冬，改称王家村。

参军 参军人员：1942年，尹德岩；1943年，尹相乃；1945年，尹德卓、尹作林、尹世连、葛允岩、葛允普、尹德俊、尹德习、王振平、夏文美、葛国亮、尹世柱；1946年，葛允正、尹世原；1947年，葛允祥、尹德扬、尹德康、王佃全、尹德华、葛允宽、葛长立、葛允茂、葛允连、葛允祥（小）、葛国明（女）、葛秀英（女）、葛允庆（女）、葛长凤（女）、尹相春（女）、葛国仕；1948年，尹世宽、尹德金、宋家亮；1949年，葛允遂、尹德彩、尹德吉、葛允见、葛允平、尹延福、葛国福、葛长祥、尹德深、尹德遂等。

1945年以来涛雒镇王家村党组织主要负责人任职更迭表

表24—21

职务	姓名	性别	任职时间
指导员	尹德卓	男	1945.8—1945.11
指导员	尹相喜	男	1945.11—1947.2
指导员	尹世凯	男	1947.3—1947.8
书记	尹世凯	男	1947.8—1948.12
书记	葛长金	男	1949.1—1955.12
书记	尹相乃	男	1956.1—1960.3
书记	王佃全	男	1960.3—1966.7
书记	葛国彩	男	1966.8—1968.3
组长	葛国彩	男	1970—1970.12
书记	尹相乃	男	1971.7—1974.8
书记	葛国彩	男	1974.9—1976.11
书记	尹德昌	男	1976.12—1998.8
书记	尹相瑞	男	1998.8—2016.3
书记	尹　刚	男	2016.3—

1945 年以来涛雒镇王家村
村主要负责人任职更迭表

表 24—22

职务	姓名	性别	任职时间
村长	尹世道	男	1945.8—1947.7
村长	尹相禄	男	1947.8—1953
高级社社长	葛长金	男	1956—1958.9
大队长	葛长金	男	1958.9—1960.3
大队长	尹德宣	男	1960.3—1968.8
革委会主任	尹德青	男	1968.8—1970.4
革委会主任	尹相乃	男	1970.5—1974.8
革委会主任	尹世增	男	1974.8—1982.3
管委会主任	尹世增	男	1982.3—1983.12
管委会主任	尹德先	男	1984.1—1984
村委会主任	尹德先	男	1984—1995.12
村委会主任	葛长波	男	1996.3—1998.8
村委会主任	尹延河	男	1998.9—2007.10
村委会主任	尹相瑞	男	2007.11—2016.3
村委会主任	尹　刚	男	2017.11—

支前　1947 年，尹德宣等 4 人组成担架队，葛长金等 3 人组成小车队，参加孟良崮战役支前。1948 年 4 月，葛长金被日照县政府授予“支前模范”称号。1949 年 2 月，尹德荣等 5 人，被编入华东子弟兵团，随三野部队渡江，先后参加上海、杭州、福州、厦门等战役支前，历时 10 个月。1949 年 10 月至 1950 年春，葛国时等 6 人驾驶渔船“大并盘”参加海上运输队，支援解放舟山群岛。

联产承包责任制　1983 年，实行联产承包责任制，全大队 600 亩耕地，承包给社员自主耕种。渔船、虾池都实行承包。

农田　旧时盐碱地居多，经系列农田改造为良田。2013 年前，有基本农田 600 亩。2013 年，因日照国际海洋城开发建设被征用 200 亩。

农机以及交通运输工具　1979 年，大队购买 8.82 千瓦四轮拖拉机 1 台。2021 年，有农用三轮车 5 辆、拖拉机 1 辆、轿车 600 辆。

农田水利设施建设　1964 年，在北湖（又称小海湖）开渠挖河引水。1977 年，在沙林子地段建大口井一眼。1980 年，在村东大营房建大口井一眼。1991 年，黄淮海平原中低产田改造，修石渠 1500 米，大小闸门 10 座。

人畜用水　中华人民共和国成立前后，用水靠村东老营房处一口石砌水井和村周围汪塘。1982 年，大队铺设管道，用涛雒公社水利站自来水。2006 年，用镇供水中心的自来水。

水陆运输　1966 年开始，利用冬季休渔时间，组织 20 艘船只进行海上运输，将黄沙、草绳等货物运到连云港、射阳、南京等地，运回木材、煤炭等物资。1984 年停运。

渔业生产　在清末，村民就从事拉笮。1945 年，在村东南海岸，由南往北，分别有新利笮、当央笮、北头笮。1981 年停业。

1947 年，有小木帆船 28 只，以小流网、片网、圆网、大簖网为主，从业人员 146 名。1958 年，加入海生人民公社第一渔业营。1959 年底，渔船 40 只，下放到八个作业组。1966—1980 年，先后自造 8.82 千瓦渔船 8 只，29.4 千瓦渔船 1 只，使用化纤网。1983 年，有各类机帆船 23 只（305.76 千瓦），风帆船 33 只，从业 328 人。是年，船、网打价下放给船组。至 1992 年，先后建造渔船共 105 只，2378.46 千瓦，从业人员 740 人；网具为围网、拖网、流网。2021 年，全村有渔船 32 艘，从业人员 120 人，装机功率 715.3 千瓦。

浅海养殖　1971 年，大队在石臼所大、小山后海域，建海带场二处，船 10 只，从业人员 100 人；1975 年停业。1991 年，村集体在小海码头口以东海域，养殖紫菜和扇贝，1993 年，因海水污染停业。

滩涂养殖　1955 年，村集体在村东整修海水池塘 10 余亩，放养梭鲻鱼、对虾苗，亩产 50 公斤。1983 年，将村周围盐碱地开挖虾池 600 亩，承包到户。养殖以东方虾、梭子蟹为主，后逐渐混养杂色蛤、纹蛤、蚁蛏、车虾等。1996 年，将海滩 1500 亩，承包到户。2021 年，虾池 120 亩，主要以东方虾、梭子蟹为主，混养杂色蛤、蚁蛏、车虾等。有滩涂 1000 亩。

工厂化养殖　2004 年，尹相春等 3 户，开始建大棚搞工厂化养殖大鳞鲆。2021 年，有工厂化养殖场 18 户，主要养殖南美白对虾、大菱鲆。

育苗业　1998 年，村民葛长海、尹刚等搞海水育苗。2021 年，有海水育苗场 45 家，主要养殖东方虾、梭子蟹、车虾、南美白对虾。

林业　1956 年，村集体有林场 2 处，一处在张家结庄和郑家结庄之间，占地 200 余亩，“文化大革命”期间遭当地村民砍伐，致使郑家结庄处林场丢失，现存张家结庄 60 余亩，专人看护；另一处在沿海路东侧，属沿海防护林带，占地面积 200 亩，“文化大革命”期间被伐掉，1999 年，栽植黑松、刺槐、蜡树条等，2021 年已成林。

医疗卫生　1954 年，村建保健室，保健员葛长原。1958 年，保健室人员为葛长原、尹德坤、葛允兰。2004 年，村办新型农村合作医疗。2008 年，重建合作医疗卫生室，王世秀、葛文秀、尹晓丽为村医。

民兵与社会治安　1947 年，成立民兵队。1958 年，成立民兵连。1966 年，基干民兵达 100 人，担负着社会治安、围海造田等工作。在尹德昌、尹世明担任连长期间，连长配有盒子枪，民兵连有冲锋枪 3 支、自动步枪 50 支，多次参加军分区组织的实弹演习。曾被省军区授予“光荣民兵连”称号。1980 年，枪支被公社武装部统一收回管理。

商业　1955 年，涛雒供销社与本村合作，利用尹世共的四合院建立门市部。1958 年，村内成立代销店，尹延河经营。1983 年，联产承包责任制以后，有小卖部 15 家。2021 年，村内有百货超市 5 家。

工副业　1970 年，大队成立打绳组、木工组、打铁组、建筑组、渔船组，收入归集体，人员挣工分；1978 年停业。是年，在村西南建粮食加工房一处，以柴油机为动力，1983 年停业。2000 年，孙诺先建刺绣厂，工人 30 余人。2021 年，村内有水产品冷藏厂 3 家。

电力　1978 年，大队通交流电。2000 年，进行了电网改造，安装 100 千伏安、150 千伏安变压器 2 台。2011 年，安装 200 千伏安、400 千伏安变压器 2 台，所有线路重新更换。

电讯　1959 年，村集体安装 1 部手摇式电话机。1992 年，王纪明安装第一部程控公用电话机，次年，村集体安装了 1 部程控电话机。2021 年，全村电视以及成年人使用手机基本普及。

村庄规划建设　1964 年，开始对村庄进行规划，户宅基地长 16.6 米，宽 14 米；房宽 4 米，檐口高 2.3 米。1983 年，统一规划为长 16.8 米，宽 14 米；房宽 5 米，檐口高 3.3 米。2013 年，日照国际海洋城基础设施建设，拆除房屋 80 处。2021 年，全村有房屋 840 户，安置楼 140 户，面积主要有 116 平方米、108 平方米、72 平方米、64 平方米户型。

2014 年，被日照市精神文明建设委员会授予“市级文明村”称号。

第三节　沙岭子村

图 24—12　沙岭子村村貌
（涛雒镇宣传办公室提供　摄于 2021 年）

沙岭子村位于镇驻地东 1.5 千米处。东靠黄海，南接 341 省道，西临王家村，北与桥西头村相望。

明洪武元年（1368），田姓与王姓迁此地居住，取名田家庄。后有王姓由江苏东海县荡芦村三槐堂，迁至老川子家前宋家窑处居住，因闹水灾，王姓的二支、四支搬到田家庄居住；后田姓逐渐迁走。明弘治元年（1488），经协商，更名为沙岭子庄（因村东、西、南三面都是沙岭）。

1947 年，全村有 78 户、447 人，耕地 432 亩。2021 年，全村有 660 户、1690 人，王姓人口居多。有中共党员 68 人。

1946 年以来涛雒镇沙岭子村
党组织主要负责人任职更迭表

表 24—23

职务	姓名	性别	任职时间
指导员	王均彦	男	1946—1947.3
指导员	王仕宜	男	1947.3—1947.6
书记	王仕宜	男	1947.6—1958
书记	王廷宿	男	1958—1960.9
书记	王廷松	男	1960.9—1960.12
书记	孙树店	男	1961—1963
书记	刘为合	男	1964—1968
组长	刘为合	男	1970—1971
书记	刘为合	男	1971—1984
书记	王纪从	男	1984—1995
书记	王廷伦	男	1995—2004
书记	王廷民	男	2004—2011.4
书记	吕其来	男	2011.4—2021.6
书记	王　宝	男	2021.6—

1945 年以来涛雒镇沙岭子村
主要负责人任职更迭表

表 24—24

职务	姓名	性别	任职时间
村长	王仕遂	男	1945—1954
高级社社长	王仕宜	男	1956—1958.9
大队长	王均路	男	1958.9—1960
大队长	孙树店	男	1961—1962
大队长	刘为合	男	1962—1964
大队长	王纪宗	男	1964—1968.3
革委会主任	王均波	男	1968.3—1969
革委会主任	王纪宗	男	1970—1982.4
管委会主任	王纪宗	男	1982.4—1984
村委会主任	王均玉	男	1984—1995
村委会主任	王伟进	男	1995—2004
村委会主任	王廷民	男	2004—2011.4
村委会主任	吕其来	男	2013.12—

组织建设　1946 年，由驻村干部孙奎先、刘克昌和于世海介绍，王均彦、王仕乐、王仕暖、王仕宜、丁原英等，加入中国共产党，成立党组织。是年，成立民兵队（队长王仕乐）、识字班（队长王仕珍）、儿童团（团长王仕开）。1947 年，成立农救会（会长王振平）、渔民会（会长王化仲）、盐民会（会长王振桥）、妇救会（会长丁原英）。

1955 年，成立胜利、真明、建华三个渔业和一个新利渔农业初级合作社。1956 年 1 月，与宋家坨、马家村、王家村组合成立曙光 1 号盐农业高级合作社。是年，初级社合并成立金明高级合作社。1958 年 9 月，海生人民公社成立时，曙光 1 号高级盐农业合作社解体，入社时各村的盐田、盐民归涛雒盐场；物资按人员分配到各村，土地及农民回各村。本村为海生人民公社的一个生产大队；办 4 个食堂。1984 年冬，改称沙岭子村。

参军　1947 年，王廷玉、王廷宜；1948 年，王均明、王均昌参军。

支前　1946 年 12 月至 1947 年 11 月，王廷友、王均新带领民兵，参加鲁南战役支前，押送俘虏到日照。1947—1948 年，支前队伍三批：第一批有王仕宜等 18 人；第二批王仕培等 10 人，推着小车到前线送给养；第三批王振明家的大帆船“三合圣”，被征用运送军用物资。妇女识字班，做军鞋军衣、烙煎饼。

移民　1959 年，王均钊、孙继美、王仕配 3 户，移居黑龙江垦荒。

联产承包责任制　1982 年秋后，实行联产承包责任制，全大队 716 亩耕地，承包给社员自主耕种。

沿海防护林　1956 年，在东至海滩，北与刘家湾防护林相接，南邻小海河入海处的 460 亩沙地，植黑松、马尾松、刺槐等。2021 年，有沿海防护林 400 亩。

人畜用水　中华人民共和国成立前后，人畜用水主要靠村西南小泉子和村东北井。1970 年后，家家用手压水井。1982 年，铺设管道引公社水利站自来水，设 4 个供水点，供社员用水。1986 年，铺设管道，供水到户。2006 年，由镇供水中心供水。

农田水利建设　1964 年，在北湖修水渠引川子河水。1984 年，在川子河修长 12 米、高 4 米的翻板闸一座。1987 年，挖 2 个蓄水池、1 个大口井、3 个大汪，在村后修 1500 米渠道，村东建 1 个大口井。1992—1995 年，砌石渠 2000 米，其中北湖石渠 1500 米。

海洋捕捞　1960 年，分 4 个渔业生产队，每队有 2 只大帆船，胜利 1 号至胜利 8 号，主要从事渔业生产；每队有小帆船 8 只。大船网具为流网、大网等。1966 年以后，各生产队先后自造 14.7 千瓦、30 千瓦、44.1 千瓦、58.8 千瓦等机帆船，使用化纤网具。1975 年，全大队有各类船 60 只，从业人员 220 人。1982 年，船组实行“大包干”。1983 年后，个体渔船大量增加。1995 年，大吨位的木壳渔船 2 艘，大小渔船 96 只，从业人员 570 人。2021 年，有大小渔船 27 只，从业人员 80 人。

潮间带养殖　1994 年，由镇水产工作站主导，由有关的村入股，在夹仓口到小海口之间的潮间带，进行贝类养殖。1997 年，按股份划归村管理，村承包给村民，进行贝类养殖。后因经济效益差等原因停养。

浅海养殖　1965 年，大队在石臼公社臧家荒海域，养殖海带 280 亩，负责人王纪宗、王均玉，队员 16 人，14.7 千瓦船 1 只，10 只小帆船，1972 年停养。1992 年，村集体在村东浅海区，养殖扇贝 300 亩，负责人王均玉，队员 12 人，船 3 只，1995 年停养。

滩涂养殖　1968 年，开始粗放型试养对虾获得成功。1976 年，大队在东大江及公社养殖连养殖场，开挖虾池 60 亩，放养对虾。1983 年后，开挖虾池近 200 亩。1984 年，由村民承包养殖。1996 年，开始虾、蟹混养。2000 年，在西滩盐田及滩后开挖虾池 200 亩。2021 年，有虾池 660 余亩。

工厂化养殖　2004 年，王纪平等 3 户，开始建大棚，搞工厂化养殖大鳞鲆、刺海参、龙鳞、星蝶鱼、南美白对虾等。2021 年，工厂化养殖 80 家，养殖大棚 600 个。

水产育苗　1987 年，建涛雒镇第二水产育苗场，以育对虾苗和无节幼体为主，负责人王廷伦、王伟进，技术员王廷民。1993 年，转个人承包经营。从 1989 年开始，先后发展 10 处个体育苗场。2004 年，大部分转成工厂化养殖场。2012 年，只有王峰一家个体育苗厂。2021 年，有育苗厂 15 家。

水陆运输　民国时期，就有 2 艘大帆船进行海上运输。1966 年，开始利用休渔季节，组织 8 艘大帆船，进行海上运输，主要运输黄沙、煤炭、草绳、木材、蚕茧等。停泊港口为连云港、射阳、南京、青岛、烟台、石岛等。后停运。

农机以及交通运输工具　1975 年，大队购买 1 台 8.82 千瓦拖拉机搞远途运输。1982 年，购进 2 台 36.75 千瓦拖拉机。1990 年，购五十铃货车 1 辆。2021 年，全村有轿车 500 辆，自动装卸车 8 辆，货车 7 辆。

商业　1946 年，由王安利、王纪相、王纪荣合股，办起了供销合作社。1952 年，涛雒供销联社在本村设代销店，代销员王振兴，1980 年停办，转王廷宜个体经营。1983—2012 年，有个体经营户 12 家，经营日用百货和渔需。2021 年，有个体经营户 4 家，以经营百货、渔需为主。

工副业　中华人民共和国成立前，有王纪相、王廷环两户织粗布，王化贡开办染坊。1968 年，大队办条编组，负责人王均德；木工组，负责人王纪桂；铁匠组，负责人王伟合。1974 年，办起了粮食加工房，负责人王纪友、王纪信；1980 年，集体工副业停办。1983 年，孙树光在村西头开办渔机修理厂。1986 年，王纪先在村西头，办渔机修理厂，1988 年后都停办。

电力　1980 年，大队通交流电。

电讯　1976 年，大队安装手摇电话机 1 部。1984 年，王纪升买熊猫牌 12 英寸黑白电视机一台。1993 年，村委安装 1 部程控电话机。2021 年，全村电视以及成年人使用手机基本普及。

医疗卫生　1958 年，大队建起保健站，保健员王秀芬。1968 年，大队建医疗室，开办合作医疗。1983 年，大队医疗室撤销，开办个体诊所，2004 年，办新型合作医疗。

村庄规划建设　1964 年，进行村庄规划：东西、南北主街各 2 条，宽 10 米；房屋檐口高 2.8 米，房宽 4.5 米；两户一体，东西长 33 米，南北宽 15 米，10 户一方。20 世纪 80 年代末，又进行新规划：从 341 省道以北开始，主街不变；房屋檐口高 3.2 米、宽 5.5 米；小巷宽 4 米；前后户地势差 2 厘米；由原东西大街以北的户到村前盖房；2005 年，全部完成。2009 年，在村东南角建村委办公室，房舍 33 间。2002 年，硬化中心大街，并修石渠（临沂化肥厂支持）。2011年，硬化村后东西街1000米，大街小巷安装路灯52盏。

居民房屋拆迁 2012年8月至2013年8月，日照国际海洋城基础设施建设（环球海开挖），拆除401户民房2216间，占用土地1012亩（包括海水养殖池）。

2018年，被山东省精神文明建设委员会授予“省级文明村”称号。

第四节 刘家湾村

图24—13 刘家湾村村貌（初林魁摄于2021年6月）

刘家湾村位于镇驻地东3.5千米处。东临黄海，南接沿海防护林，西与桥东头村相望，北临付疃河入海口—夹仓口。

明洪武年间，刘姓由江苏东海县荡芦村迁此居住立村（原村落），取名刘家村。后滕姓从滕家村（今小海村）迁至本村，与刘姓为邻。至清末，尹、张、王等姓相继迁来，形成村落。因村东、西两面有弯曲的大江绕过形成江湾，故改村名为刘家湾。1968年，迁往东沙岭50户。1976年，村庄遭遇洪灾，村庄开始分批向东搬迁至东沙岭（今村址）。

1947年，有301户、1325人，耕地1260亩。2021年，全村有1119户、3211人，耕地1290亩。有中共党员118人。

组织建设 1946年，由杨德运（大朝阳村）和王姓驻村干部介绍，刘世春、滕怀元、刘怀贤、滕照柱、刘为吉、刘堂贤、滕照市、尹世春等，先后加入中国共产党。是年秋，成立党组织。

1946年以来涛雒镇刘家湾村
党组织主要负责人任职更迭表

表24—25

职务	姓名	性别	任职时间
指导员	刘世春	男	1946—1947
书记	刘世春	男	1947—1952
书记	刘汉贤	男	1953—1965
书记	滕怀绪	男	1965—1968.3
组长	滕怀绪	男	1970.1—1971.3
书记	滕怀绪	男	1971.3—1980
书记	滕照泽	男	1980—1998
书记	滕怀军	男	1998—2013.6
书记	滕照中	男	2014.2—2019.4
书记	滕　军	男	2019.4—

1945年以来涛雒镇刘家湾村
主要负责人任职更迭表

表24—26

职务	姓名	性别	任期
村长	尹世位	男	1945—1946
村长	刘世春	男	1946—1954
高级社社长	刘汉贤	男	1956—1958.9
大队长	刘茂贤	男	1958.9—1966
大队长	滕怀清	男	1966—1968.4
革委会主任	刘世增	男	1968.4—1980
革委会主任	任永年	男	1980—1982.4
管委会主任	任永年	男	1982.4—1984
村委会主任	刘世见	男	1984—1999.1
村委会主任	滕怀军	男	1999.1—2013.6
村委会主任	滕照中	男	2014.2—2021.4
村委会主任	滕　军	男	2021.5—

1952年，成立互助组。1954—1955年，成立前进、先进、新进、连进、东进5个初级渔、农

业合作社。1956 年，初级社合并成立高级合作社——合进社。1958 年 9 月，为海生人民公社的一个生产大队；办 8 个食堂。1984 年冬，改称刘家湾村。

参军　参军人员：1946 年，尹世留、滕聿赞、滕以迪、刘惟恩，尹世商；1947 年，滕怀渚、滕怀元、滕照科；1948 年，滕照盘、刘仕贤；1949 年，刘加茂、滕照同。

支前　1947 年，刘伦贤等 13 人参加孟良崮战役支前。1948 年，王洪礼等 12 人参加淮海战役支前。

移民　1959 年，张纪环、滕以刚移居黑龙江垦荒。

联产承包责任制　1983 年，实行联产承包责任制，全大队 2375 亩土地，承包给社员自主耕种。对船组实行大包干。

迁坟　1964 年，从刘家林、黄花岭子、瓜地开始迁坟至东沙岭，1965 年，全部完成。

海上运输　1965 年，投入 32 只渔船，利用休渔期，进行海上运输，主要运输黄沙、木材、煤炭、草绳等货物。停泊港口有连云港、射阳、南京和青岛、石岛、烟台等地。1985 年停止。

农机及交通运输工具　1959 年秋，安装 8.82 千瓦“锅驼机”带动水泵抽水。1969 年，大队购买 8.82 千瓦汽油机 16 台，带动抽水泵。1975 年，大队购买 8.82 千瓦手扶拖拉机 8 台，17.64 千瓦四轮拖拉机 1 台。1982 年，村民自购四轮拖拉机 11 台。2021 年，全村有轿车 761 辆，其他运输车辆 20 辆。

人畜用水　中华人民共和国成立前后，人畜用水靠南井和吕家岭下南泉子。1958 年，在营里建东井，水质较差，用来浇菜、饮用。东井西 300 米（旧村东头）的小井，用于大队东部社员饮水，1984 年废弃。1958 年，在营西北角建石砌北井，浇菜兼饮用。东井和北井于 1960 年安装链式推水车。1961 年，改手摇式水车。1975 年，拆除水车。现井都废弃。1964 年，驻军在烟台营房内西头，建石砌水井，供驻军及岭上的社员用水。迁庄后，用水靠手压水井。2005 年，由市自来水厂供水，铺设管道，供水到户。2016 年，对供水设施进行改造提升。

农田水利　1958 年，在“操场”地片中砌石井一处，安装链式推水车。1968 年，在黄花岭中部修建排灌站一处。1972 年，在黄花岭东南角、烟台路以北，挖大口井一个，2001 年废弃。1976 年，在东南岭沙地挖成大锅锥式大口井，2000 年废弃。此外，还有小岭、瓜地、东北堰等地挖多处大口井，实行联产承包责任制后被废弃。

林业　1956 年，在海滩沙岭地，建造沿海防护林，栽植黑松、赤松、马尾松。至 1959 年，绿化完成，得到林业部的肯定。2021 年，有沿海防护林 1560 亩。

海洋捕捞　1958 年，滕肇士带队到刁口（利津以北），用推网捕毛虾晒虾皮。1961 年，开始拖网作业。1962 年，为帆船单拖网。1965 年，木帆船改为机帆船。1967 年，开始双船拖网。1972—1973 年，大队造 14.7 千瓦机帆船一对，滕怀章、滕肇业为船长。1974 年，造一对 14.76 千瓦机帆船，船长滕以希、滕肇传。1983 年前后，围网生产成为主导产业。1984 年，刘世建带领 52 条船，赴北海（营口，二界沟）捕海蜇 35 万公斤。至 1989 年，有机帆船 75 只、围网 38 船。1995 年，有渔船 106 只。2021 年，全村有渔船 43 只，从业人员 100 余人。

浅海养殖　1965 年，大队在石臼公社山后大队海域养殖海带 120 亩，负责人刘世德、刘海贤，队员 24 人，小船 5 只，1969 年停养。1986 年，在村东浅海区养殖扇贝 500 亩，负责人滕建禄，队员 6 人，大船 1 只，小船 2 只，1988 年停养。

潮间带养殖　1994 年，在镇水产工作站的主导下，由有关村入股，在夹仓口到小海口之间的潮间带，进行贝类养殖，1997 年，按股份划归村管理。1997 年，贝类养殖由村民承包经营。2003 年后停养。

滩涂养殖　1972 年，大队在老庄东边前林开挖虾池，养殖对虾。1982 年，由刘为俊等 4 户承包。1981—1985 年，在小口子开挖虾池 89 亩。至 2010 年，共有虾池 716 亩，由 80 户承包进行养殖。2010 年后，引入南美白对虾养殖成功，滩涂养殖逐渐改建为工厂化养殖。

工厂化养殖　2004 年，由刘淑贤等 4 户建工厂化养殖大棚。2005 年，滕海亮等 4 户建工厂化养殖大棚。2021 年，有工厂化养殖户 120 家，有养殖大棚 486 个，养殖水体 21 万平方米，以养殖南美白对虾、大菱鲆、舌鳎鱼为主。

海水育苗　1995 年，滕怀建成立第一育苗厂。1998 年，刘加玉建第二育苗厂。1999 年，尹相刚、滕建录各建育苗厂一处。2004 年，以上育苗场转为工厂化养殖。2008 年，由滕建宾、滕明世各建育苗厂一处，主要育对虾、车虾、南美、梭子蟹等苗种。2021 年，有海水育苗场 3 家。

盐业生产　盐业是立村之初主导产业，立村即产盐。盐田分布于营南、前林后、大园，由煎盐到淋卤晒盐。由于盐田分散，纳潮困难，1950 年，被政府裁废。

日照五中教学实验基地　1976 年，涛雒公社中学（日照五中）搞勤工俭学，在村东沿海防护林以东，开垦土地 25 亩。2002 年被政府征用。

工副业　中华人民共和国成立前，村内有染坊 1 处，织坊 2 处。1964 年，办条编组 1 个，任永年负责；木工组 1 个，负责人刘月贤；铁匠组 1 个，负责人刘世荣。1967 年，在原大队部建粮食加工房，安装粉碎机、碾米机，用 8.82 千瓦柴油机作动力。负责人刘玉贤。1978 年，刘世荣、滕以纳分别建起个体铁匠铺。1984 年，滕世成建个体机械加工修理厂。2021 年，有渔船配件、机械加工 2 家。

商业　中华人民共和国成立前，全村有商号 3 家：海昌、春泰、盛昌；渔行有 3 家：刘世停、滕以环、滕新侃；小卖部 3 家：马家老号、烟馆、东记。1952 年，涛雒供销联社在刘家湾村建代销店，代销员李音年、王廷辅。1964 年，供销合作社门市部由桥东头村迁入本村，1980 年停办。1990 年，由张道友承包经营。2021 年，村内有百货超市 11 家。

电力　1981 年，通交流电。2000 年，农网改造。2011 年，再次对村内电网进行改造，有变压器 11 台。

电讯　1958 年，大队安装手摇式电话机 1 部。1980 年，大队集体安装两部电话。1989 年，电话实现程控交换，村民陆续安装家庭电话。2021 年，全村电视以及成年人使用手机基本普及。

医疗卫生　中华人民共和国成立前，村内有滕以俊开设的药铺一家。1959 年，设大队保健室，保健员滕以永。1960 年，保健员由滕照春担任。2008 年，村办合作医疗，医务人员有滕召雀、滕召春、刘加美、刘加玲 4 名。

村庄规划建设　刘家湾村旧址在今村庄以西 1.5 千米处，为 600 年前先民迁来形成的自然村，房屋多择势而建，没有统一规划。除村中心地势较高外，周边地势低洼，遭受水灾、房屋被淹的情况时常发生，1976 年，全村东迁至东沙岭（今村址）。新村建设实行统一规划：东西中心街一条宽 10 米，南北中心街一条宽 10 米；其余的东西街宽 6 米，南北街宽 5 米。全村共形成东西、南北各十条街道，村庄呈棋盘状。两户一体，东西长 32 米，南北宽 16 米，10 户一方；房屋檐高 2.8 米，房宽 4.5 米，前后户地势差 3 厘米。1990 年左右，村民新建房屋一般檐高 3.4 米，房宽 5.5 米。1985 年，建设村委办公室、卫生室、幼儿园，办公室为 10 间平房（楼座），卫生室、幼儿园在办公室北侧为 10 间瓦房。1990 年，以前排 10 间平房为基础加高改建成二层楼。1988 年，在村西南角建设敬老院，为 10 间瓦房。

2002 年，因刘家湾赶海园项目建设需要，部分住户拆迁，在村东建设安置楼房 59 套，楼房分三户联排、四户联排，楼前东西街宽 6 米，联排间南北街宽 8 米，每幢楼房占地面积 160 平方米，两层加阁楼，建筑面积 210 平方米。

2004 年，硬化东西中心街和南北中心街 1500 米。2007 年，硬化东西向街道 4000 米。2011 年，村内安装路灯 180 盏。2020 年，实行户户通工程，硬化剩余所有街道 10000 米。是年，由一达燃气公司实施燃气入户工程。

第五节　桥东头村

桥东头村位于镇驻地东北 2.5 千米处。东靠沿海防护林，南望沙岭子村，西与桥西头村、李家村隔河相邻，北望川子河。

据考证，唐朝时由魏姓在此居住，立村名为魏家村。明弘治二年（1489）王姓由江苏省东海县荡芦村迁居，后滕姓从滕家村（今小海村）迁入，因坐落在村西古建筑“王家桥”的东侧，故改村名为桥东头村。

1947 年，全村有 110 户、550 人，耕地 300 亩。2021 年，全村共有 746 户、2063 人，土地 2700 亩。全村共有 94 姓（男女都计），王姓、滕姓人口居多。有中共党员 94 人。

图 24—14 桥东头村村貌（初林魁摄于 2021 年 6 月）

组织建设 1946 年，由驻村干部刘贤文和秦洪文介绍，王廷新、刘为泽、王廷支、滕以荣、李振春、王廷英、刘为桂，王廷娥等，先后加入中国共产党，建立党组织，指导员由驻村干部刘贤文兼任。

1946 年，建立农救会（会长刘世合）、青救会（会长王廷东）、妇救会（会长滕王氏）、识字班（队长刘为桂）、渔民会（会长王廷爱）、盐民会（会长王廷楷）、儿童团（团长王廷永）。1947 年，建立一支有 30 支枪的民兵队伍。

1952 年，建立 3 个互助组。1954—1955 年，成立同进、滕以春、王廷来负责初级渔农业合作社。1956 年，初级社合并成立同进高级合作社。1958 年 9 月，为海生人民公社的一个生产大队；办 4 个食堂。1984 年冬，改称桥东头村。

参军 从 1946 年至 1948 年，参军的有刘为深、王廷祥、刘贤堂、刘贤旬、田玉华等。

支前 解放战争时期，分 10 批支前，先后有刘贤保、王廷怀、王廷来、滕以沛等 130 人参加。

联产承包责任制 1983 年，实行联产承包责任制，全大队 1269 亩土地，承包给社员自主耕种；渔船、网具作价承包给渔民。

林业 1956 年，在小口子（80 亩）、东北堰岭（140 亩）、威虎岭（360 亩）、黄岭（120 亩）等地，栽植红松、白马松、柞树、棉槐、槐树等树，形成沿海防护林带。后被政府征用刨除。

1946 年以来涛雒镇桥东头村党组织主要负责人任职更迭表

表 24—27

职务	姓名	性别	任职时间
指导员	刘贤文	男	1946.1—1947.6
书记	王廷英	男	1947.6—1948.6
书记	王廷支	男	1948.7—1952.6
书记	李振春	男	1952.7—1954.6
书记	刘贤保	男	1954.7—1968.3
组长	刘贤保	男	1970.1—1971.3
书记	刘贤保	男	1971.4—1982.9
书记	刘加生	男	1982.10—1986.10
书记	滕怀亮	男	1986.11—2001.9
书记	滕以全	男	2001.10—2011.3
书记	滕怀胜	男	2011.4—2021.4
书记	王伟聚	男	2021.4—

1946 年以来涛雒镇桥东头村主要负责人任职更迭表

表 24—28

职务	姓名	性别	任职时间
村长	田玉荣	男	1945—1946
村长	王廷义	男	1946—1953
高级社社长	刘贤保	男	1956—1958.9
大队长	王廷怀	男	1958.9—1968
革委会主任	滕以玉	男	1968—1969
革委会主任	刘贤保	男	1969—1982
管委会主任	滕怀亮	男	1982—1984
村委会主任	滕怀亮	男	1984—1987.3
村委会主任	刘加生	男	1987.3—2002.1
村委会主任	滕以全	男	2002.1—2005.1
村委会主任	滕怀亮	男	2005.1—2011.1
村委会主任	滕怀胜	男	2014.11—2021.5
村委会主任	王伟聚	男	2021.5—

农机以及交通运输工具 1967年，购买6.25千瓦柴油机1台，用于粮食加工。1976年，购17.64千瓦拖拉机1台。1978年，购8台8.82千瓦手扶拖拉机。1983年后，社员购买拖拉机28台，喷灌机械21台（套），收割机1台，农用运输车14辆，播种机2台。2021年，有拖拉机2台，轿车300余辆。

人畜用水 1975年前，人畜用水靠村北一口石砌水井（半咸水）。1975年，在村东北打井一口（水泥预制管砌成），供人畜用水。1982年冬，同桥西头村、李家村共同引公社水利站自来水，村内设四个供水点。1990年，会同红旗盐场，在东北堰岭打大口井，建水塔，铺设管道，供水到户。2005年，接市自来水公司刘家湾水厂的水。2009年10月，由镇供水中心供水。

农田水利 1963年冬季，小海人民公社组织桥东头村、刘家湾村、桥西头村、李家村，从右所村东至刘家湾村，修建水渠5000米，引日照水库东干渠水。1977年和1978年，在黄南坡、角前岭、黄彦岭南头，分别建大口井3处。1984年，在龙汪涯建大口井一处。1992年，在一路带渠上建扬水站一处（内设17千瓦电机1台，口径30厘米抽水机1台），建石渠380米。1997年，扩建扬水站，修桥4座，砌石渠500米，整修水渠380米。

渔业 清光绪十三年（1887），滕培铭等人，从南方引进大网（即坛网）作业。1920年，引进圆网。1948年，船长滕西旬带6名船员，同小海的王纪文一道，开辟江苏潮河渔场。1956年底，大网船16只，钓钩、卡簩子、拉蛄蝼船26只。1957年春，被省政府授予“渔业生产先进单位”称号（省委书记舒同亲笔书写证书），支部书记刘贤保（时任同进社长）被华东局授予“劳动模范”称号。同时，渔民口粮开始由国家统一供应，每人每月22.5公斤。1962年，渔业生产由大队经营改为4个渔业队经营，渔船由单一的捕捞改为一船多具（大网船亦可拉蛄蝼、钓钩、卡簩子）。1972年，建造两艘14.7千瓦（船号2531、2532）机船。1973年，从烟台船厂购进2艘14.7千瓦（船号鲁日渔2533、鲁日渔2534）机船，并引进鲅鱼流网、围网。1975年底，风帆船全部改装成机船。至1992年，有大吨位钢质渔船2艘、29.4千瓦以上围网船70艘、大网船46只、流网船3只，从业人员520人。20世纪90年代末，由于渔业资源匮乏，渔民纷纷转产。2021年，全村有14.7千瓦渔船1艘，18千瓦渔船1艘，16.2千瓦渔船15艘。

浅海养殖 1959—1963年，在石臼东浅海养殖海带，负责人滕以春。1994年，村集体在村东浅海区，养殖扇贝60亩，船6只，人员16名。1997年停养。

潮间带养殖 1994年，在镇水产工作站的主导下，由各村入股，在夹仓口到小海口之间的潮间带进行贝类养殖，1997年，按股份划归村管理，本村分得自水利养殖场北坝起向南560米，由村民承包养殖蛤蜊等海产品。2021年，有潮间带养殖50亩。

滩涂养殖 1979年，在威虎岭里开挖虾池70亩，养殖对虾，分组经营。1980—1981年，继续开挖120亩。至1987年，共开挖海水池塘323亩，承包到户。2021年，有滩涂养殖600亩。

淡水养殖 1998—2000年，在一路带渠以北，北江涯附近，共挖淡水池437亩，由61户村民承包，养殖罗氏沼虾、螃蟹、淡水鱼等，从业人员130人。2021年，有淡水养殖100亩。

工厂化养殖 2004年，15户村民自建大棚，搞工厂化养殖大鳞鲆、海参、龙鳞、鲤碟、南美白对虾等。2021年，有工厂化养殖165户，大棚601个。

盐业 立村后就开始制盐。民国时期，有土淋滩场800余亩。因场地零散，规模较小，1950年，人民政府将其裁废。

工副业 1967年，王纪海负责办起粮食加工厂。20世纪70年代，由丁惟兰负责办起缝纫组、理发组。1992年，滕以建、滕照波等4家办起家庭机械修理厂，滕世云办起家具加工厂。2002年，村建正通水泥制管厂。2003年，滕世军等5户办起水泥预制厂；王纪民等4户办起铝合金加工厂。2005年，王伟建等10户建水产冷藏厂。2021年，有水泥制管厂1家，水产冷藏厂9家。

商业 1954年，涛雒供销联社在本村设供销门市部。1964年，涛雒供销社门市部迁至刘家湾，村内设代办店，代办员王纪平。2021 年，村内有水产品批发经营 12 家，百货小商店 4 家，建材店 1 家，饭店 2 家。

电力 1981 年，安装 50 千伏安变压器 1 台，通交流电。2006 年，在东北堰岭小区安装 160 千伏安变压器 1 台。

电讯 1957 年，日照县委奖励 1 部手摇式电话机，1 台收音机。1993 年，安装程控电话机。2021 年，全村电视以及成年人使用手机基本普及。

医疗卫生 1962 年，大队建保健室，王廷荣任保健员。1976 年，成立一体化卫生室，李福年、王纪登任赤脚医生，王廷荣任司药。1983 年，卫生室解散，开办个体诊所。1992 年，村建合作医疗室，李富年、王伟超为村医。2004 年，办新型合作医疗卫生所，现由滕坤负责。

村庄规划建设 1975 年，大队对南北中心街实施拓宽，拆迁 30 户，建成宽 6 米、长 200 米的中心街和中心广场。1985 年，统一规划：房屋檐口高 3.1 米，宽 5.4 米，宅基地面积 210 平方米；两户一体，六户一方。2004 年，硬化中心街。2005 年，安装电子监控装置 6 个。2006 年，安装路灯。至 2016 年，村内主要道路全部硬化。

2006 年，刘家湾赶海园建设，拆迁 28 户，腾余土地 60 余亩。同时在东北堰岭建安置楼（二层半）15 栋，每户建筑面积 220 平方米，总建筑面积 13200 平方米，安置拆迁户 33 户。基础设施一应俱全。

2012 年 8 月，日照国际海洋城管委基础设施建设（环球海开挖），12 月底共有 195 户房屋拆除。2013 年 4 月，拆迁 72 户（环球海景观带建设）。

第六节 桥西头村

桥西头村位于镇驻地东北以东 2.5 千米处。东邻桥东头村，南望沙岭子村，西望 204 国道，北接李家村。

唐朝郑姓建村，村名为郑家村。据王氏族谱记载，明弘治二年（1489）王姓迁此定居，村处古建筑“王家桥”西侧；清嘉庆年间，定村名桥西头。

1947 年，全村有 37 户，185 人，耕地 225 亩。2021 年，全村有 186 户，465 人。土地面积 227 亩。有 48 姓（男女都计），王姓人口居多。有中共党员 41 名。

图 24—15 桥西头村一角

（涛雒镇宣传办公室提供 摄于 2021 年）

组织建设 1945 年，经驻村干部介绍，王廷训、王廷香，郑淑永、王廷美、王纪斋等，先后加入中国共产党，成立党组织。1947 年，成立农救会（会长王士典）、妇救会（会长王士来）、青救会（会长王廷训）、识字班（班长王廷盛）、民兵队（队长王廷美）、儿童团（团长王廷聚）。

1955 年，成立新光初级盐农业合作社。1956 年 1 月，与李家村成立曙光 3 号盐农高级合作社。1958 年 9 月海生人民公社成立时，与李家村分开，为公社的一个生产大队，办 1 个食堂。1984 年冬，改称桥西头村。

支前 1947 年，王士岩参加孟良崮战役支前。1948 年，王瑞田、王廷乐参加淮海战役支前。

联产承包责任制 1983 年，实行联产承包责任制，全村 360 亩土地按人口平均分给社员自主耕种。

林业 1956 年大队在东沙岭栽松树 69 亩。2003 年，东沙岭由镇政府按规划进行开发。

农机及交通运输工具 1972 年，各生产队购买 8.82 千瓦（12 马力）手扶拖拉机 1 台。1981 年后，社员购买 8.82 千瓦（12 马力）手扶拖拉机 5 台，汽车 10 辆。2021 年，有拖拉机 1 辆，货车 2 辆，轿车 120 辆。

1945 年以来涛雒镇桥西头村
党组织主要负责人任职更迭表

表 24—29

职务	姓名	性别	任职时间
指导员	王廷香	男	1945.7—1947
书记	王廷香	男	1947—1951.11
书记	郑淑永	男	1951.11—1955.11
书记	李见平	男	1955.12—1960
书记	李绪兰	女	1960—1962
书记	王纪海	男	1962—1968
组长	王纪海	男	1970—1971
书记	王纪海	男	1971—1988
书记	王纪利	男	1988—1990
书记	王纪贤	男	1990—2006
书记	王伟兴	男	2006—2021.4
书记	张俊丽	女	2021.4—

1945 年以来涛雒镇桥西头村
主要负责人任职更迭表

表 24—30

职务	姓名	性别	任职时间
庄长	王廷西	男	1945—1946
村长	王士典	男	1946—1950
村长	王士来	男	1950—1953
初级社			1954—1956
高级社	李见平	男	1956—1958.9
大队长	王纪海	男	1958.9—1966
大队长	王士根	男	1966—1967
大队长	李绪兰	女	1967—1968
革委会主任	王纪利	男	1968—1982
管委会主任	王纪利	男	1982—1984
村委会主任	王纪利	男	1984—1988
村委会主任	王纪泽	男	1989—1990
村委会主任	王纪利	男	1991—2007
村委会主任	王伟兴	男	2008—2021.5
村委会主任	张俊丽	女	2021.5—

人畜用水 1980 年前，在村后头与李家村共用一口水井。因水太咸，很多农户饮用河水。1982 年冬，与李家村、桥东头村、沙岭子村联合铺设管道，引涛雒水利站自来水。2006 年冬，改为镇供水中心供水。

农田水利 1964 年，日照水库东干渠放水，修渠道 6.5 千米，跨河渡槽 2 座，桥梁 20 座，挖人工河 4 千米。1990 年，在村西北架设二级提水，修石渠 5 千米。

海淡水养殖 自 1983 年春开始至 2001 年，开挖荒滩盐碱地 1000 亩，进行海淡水养殖。2021 年，有海水养殖面积 200 亩。

工副业 1966 年，大队购木制草包机，集体经营。1968 年，购买 8.82 千瓦（12 马力）柴油机为动力进行粮食加工。1980 年，手工制作草帘。1983 年后，以上工副业均已停业。

电力 1980 年底，与李家村、桥东头村、刘家湾村、沙岭子村联合架通交流电线，用上交流电。

电讯 1993 年，村集体安装程控电话机 1 部。2008 年，普及有线程控电话。2021 年，全村电视以及成年人使用手机基本普及。

医疗卫生 1966 年，由王伟任保健员。1972 年，与李家村合办合作医疗，王伟进、王公礼任赤脚医生。1983 年，合作医疗撤销，开办个人诊所。2004 年，与李家村，桥东头合办新型合作医疗。

村庄规划建设 1968 年，开始对村庄进行规划：东西南北各 1 条中心街，宽 8 米；次大街 2 条，宽 4 米；小巷宽 3 米。房屋檐口高 2.5 米，房宽 3 米；宅基地面积 264 平方米，两户一体。1983 年，村民翻新旧房，房屋檐口高 3.15 米，宽 5.4 米。2003—2007 年，对全村大街小巷进行硬化。

2012 年 11 月至 2013 年，日照国际海洋城基础设施建设，共拆除 158 户的民房 790 间。

2015 年 4 月 24 日，海洋城管委确定，在 204 国道以东，海滨四路以西，中心小学东北角，提前进行棚户区改造，该项目利用国有划拨土地，规划总用地面积 16065 平方米，建设 11 层安置楼 5 栋，总建筑面积 32168 平方米，规划住宅面积 23468.6 平方米，商业面积 2455.7 平方米，公共配套服务面积 499.7 平方米，绿化率 30%，安置户数

252户。为满足上述要求，根据规划方案，需建设安置房252套，其中110平方米106套，70平方米146套。2016年5月16日动工，2017年7月12日竣工。2018年7月，拆迁户搬进新居。

第七节　李家村

图24—16　涛雒镇李家村党群服务中心

（涛雒镇宣传办公室提供　摄于2021年）

李家村位于镇驻地东北2千米处。东靠桥东头村，南与桥西头村相接，西与东川子村相望，北依两园路。

明洪武年间，李姓在此看盐定居，命名为李家村。清光绪三年（1877），田佰忠带领田光永、田光玉等，由桥东头村迁此居住。随后，王姓、陈姓由江苏省东海县迁来定居。

1947年，全村有42户、208人，耕地120亩。2021年，全村有165户、452人，耕地91亩。有26姓（男女都计）。有中共党员33名。

组织建设　1945年，经驻村干部介绍，陈为官、王纪明、王纪林、王纪方、李见平等，先后加入中国共产党，成立党组织。

1946年底，先后成立了民兵队、识字班、儿童团、农救会、妇救会。

1953年，成立互助组。1954年，成立新华盐农业初级合作社。1956年1月，与桥西头村联合，成立曙光3号盐农高级合作社。是年，成立高级社。1958年9月，海生人民公社成立，曙光3号高级盐农业合作社解体，入社时各村的盐田、盐民归涛雒盐场；物资按人员分配到各村，土地及农民回各村。是月，本村与桥西头村分开，为海生人民公社的一个生产大队；办1个食堂。1984年冬，改称李家村。

1945年以来涛雒镇李家村党组织主要负责人任职更迭表

表24—31

职务	姓名	性别	任职时间
指导员	陈为官	男	1945—1947.7
书记	李见平	男	1947.7—1968
组长	王致厚	男	1970.1—1971.3
书记	王致厚	男	1971.3—1972
书记	田玉林	男	1972—1984
书记	王伟树	男	1984—2004.12
书记	王贤友	男	2004.12—2020.1
书记	王　东	男	2020.10—

1945年以来涛雒镇李家村主要负责人任职更迭表

表24—32

职务	姓名	性别	任职时间
村长	王纪林	男	1945—1950
村长	李见平	男	1950—1953
高级社长	李见平	男	1956—1958.9
大队长	王伟湖	男	1958.9—1966
大队长	王廷树	男	1966—1968
革委会主任	王致厚	男	1968—1972
革委会主任	王伟亮	男	1972—1982
管委会主任	王伟山	男	1982—1984
村委会主任	王伟进	男	1984—2014.12
村委会主任	王贤友	男	2014.12—2020.1
村委会主任	王　东	男	2020.10—

参军　1946年，王纪勉参军。

支前　1947年，王公利、王纪习等人，参加孟良崮战役支前。

移民　1955年，王廷第移居黑龙江，垦荒支边。

联产承包责任制 1983年，实行联产承包责任制，全大队460亩土地，承包给社员自主耕种。

林业 1956年，集体在东沙岭栽植松树等，建沿海防护林75亩。2003年，东沙岭由镇政府用于商业开发。1991年，在王家楼引种棉槐条20亩，因技术等不佳而处理掉，次年改种杨树。2000年，按要求在“万亩养殖区”内的养殖池垄上，栽植经济树木12万余棵。至2021年，因土地大部分被政府征用，村内已无林业。

农机及交通运输工具 1972年，各生产队自购8.82千瓦手扶拖拉机1台。2021年，全村有货车3辆，轿车178辆。

人畜用水 1982年以前，与桥西头共用1口水井，因水太咸，很多农户饮用河水。1982年冬，与桥西头村、桥东头村、沙岭村联合，铺设管道由涛雒水利站供水。2006年冬，改由镇供水中心供水。

农田灌溉 1964年，日照水库东干渠开闸放水，修土渠道、架桥梁、挖人工河，引水栽植水稻。1992年，修石渠800米。

海、淡水养殖 从1983年春开始，至2001年，在荒滩、盐碱地开挖海、海水养殖池520亩，进行海、淡水产品养殖。2021年，村内有淡水养殖130亩。

工副业 中华人民共和国成立前后，村内有几家织粗布的手工业户。1965年，购木制草包机（打草包），集体经营。1968年，购置1140型8.82千瓦柴油机做动力，进行粮食加工。1980年，手工制作草帘。1983年后，部分妇女手工绣花、电脑绣花。1986年，在村北建砖厂一座，1991年停业。

电力 1980年底，与桥西头村、桥东头村、刘家湾村、沙岭子村联合，通交流电。

电讯 2008年，普及程控电话。2021年，全村电视以及成年人使用手机基本普及。

医疗卫生 1966年，先后有陈德安、徐延余（女）任保健员。1972年，与桥西头村合办合作医疗，王公礼、王伟进从医。1983年，合作医疗室撤销，开办个体诊所。2004年，与桥西头村、桥东头村合办新型合作医疗。

村庄规划建设 1968年，开始规划，1974年，基本完成。每户宅基地面积233平方米。1983年后，翻新房屋，檐口高3.15米，房宽5.4米。2004年，硬化街道。2006年，安装路灯。2008年，建村委办公室大院。2012年，安装监控系统。是年10月，因日照国际海洋城基础设施建设，全村开始整体拆迁，共涉及170户、房屋170处、土地400余亩、虾池21户、看护房20余处、养殖大棚2万余平方米。2013年1月完成拆迁。2015年，村庄整体搬迁至涛雒镇滨海湾社区8号地块。于2015年6月、2017年6月分两次安置新楼房到户，于2018年9月完成储藏室分配。2018年，建成健身广场并投入使用。2020年，打造了文化书屋和老年活动室。

第八节 马家村

图24—17 马家村村貌（初林魁摄于2021年6月）

马家村位于涛雒镇驻地东0.5千米处。东望沙岭子村，南邻宋家坨村，西望涛雒五村，北与东川子村相望。

明洪武年间，马姓自江苏东海县迁至涛雒东滩居住立村。以灶台烧卤水制盐为业，故名马家灶。清宣统三年（1911），改名为马家村。

1947年，全村有76户、349人。2021年，全村有442户、1198人。有65姓（男女都计），马姓人口居多。有中共党员43人。

组织建设 1945年，在驻村干部介绍下，韩玉云（女）、尹永桂（女）、马承金、马承传、马世来、马世章、马世浩、马世明等，加入中国共产党，建立党组织。

1946年，成立妇救会（会长牟乃秀）、儿童团（团长马世新）、农救会（会长杨开田）。

1953年，成立5个互助组。1955年，成立新生盐业、新建农业初级合作社。1956年1月，与宋家坨村、王家村、沙岭子村联合，成立曙光1号高级盐农业合作社（社长宋纪方，副社长尹德宣、马恒福、尹秀梅），下设三个股：农业股（股长宋光修，马世迎）、盐业技术股（股长宋光现）、财政股（股长马世坤，会计：宋玉郾、尹相奎、马海平）。1956年，成立高级社。1958年9月，海生人民公社成立，曙光1号高级盐农业合作社解体，入社时的盐田、盐民归涛雒盐场；物资按人员分配到各村，土地及农民回各村。马家村为海生人民公社的一个生产大队；办2个食堂。1984年冬，改称马家村。

参军 1942—1948年，参军的有马恒元、马恒双、马世来、马策一、马恒月、牟敦开、马承仁等。

支前 1947年，马世浩等20人，参加孟良崮战役支前。妇女做军鞋供应给养。

联产承包责任制 1982年，实行联产承包责任制，全大队700亩土地，按人口承包给社员自主耕种。

水产养殖 1982年，将大队后部分汪塘开挖4个鱼池（每个7亩），由马恒义等5人承包。1998年，马世峰等5人承包土地，自费开挖淡水虾池。至2000年，淡水养殖池发展到312亩。1984—1999年，海水养殖以盐业水库为主。2000年，盐田全部开挖成海水养殖池，计758亩。2012年后，土地被政府征用，养殖池被拆除。

畜禽养殖 1980年，马恒快开始养殖母种貂20头。1980—2008年，全村皮毛养殖133户。2003年，养猪户32家；养鸡户1家。2012年后，土地被政府征用，村内已无畜禽养殖。

农田灌溉 1964年，日照水库东干渠开闸放水到村后，原来的盐碱田变成了丰产田。1990年至2007年，先后在北湖修石渠8条，长达3500米，修扬水站3座。

人畜用水 1951年以前，用水要到涛雒七村刘家园水井挑水。1951年，打甜水井一眼（在今工商所东100米处），供人畜用水。1965年，在水利部门的帮助下，在甜水井旁建一个高位水池，铺设地下水管，引水到村内储水池，供社员用水。1982年，铺设管道，引公社水利站自来水到大队，

1945年以来涛雒镇马家村
党组织主要负责人任职更迭表

表24—33

职务	姓名	性别	任职时间
指导员	马世来	男	1945—1947.7
书记	马承传	男	1947.7—1949
书记	马世章	男	1950—1954
书记	马世宽	男	1955—1957
书记	马承福	男	1958—1968.3
组长	马恒义	男	1970—1971
书记	马恒义	男	1971—1985.2
书记	马世海	男	1985.3—1987.2
书记	牟善福	男	1987.3—2006.3
书记	马先玉	男	2006.4—2012.7
书记	马德松	男	2012.8—2019.10
书记	马健德	男	2020.12—2021.10
负责人	马先普	男	2021.11—2022.11
书记	马承全	男	2022.12—

1945年以来涛雒镇马家村
主要负责人任职更迭表

表24—34

职务	姓名	性别	任职时间
村长	马光德	男	1945—1946
村长	马恒时	男	1947—1953
高级社社长	马恒福	男	1956—1958.9
大队长	马承店	男	1958.9—1968.3
革委会主任	马承善	男	1968.4—1970
革委会主任	庄建全	男	1971—1982
管委会主任	马承贵	男	1982—1984
村委会主任	马承善	男	1984—1987.2
村委会主任	牟善福	男	1987.2—1993.2
村委会主任	马承全	男	1993.3—2002.3
村委会主任	牟善福	男	2002.4—2006.3
村委会主任	马先玉	男	2006.4—2014.12
村委会主任	马德松	男	2014.12—2019.10
村委会主任	马健德	男	2019.10—2021.10
负责人	马先普	男	2021.11—2022.11
村委会主任	马承全	男	2022.12—

在大队中心设1个水龙头，供社员用水。1983年，自来水通到户。2008年，由镇供水中心供水。

工副业　将制盐后剩余的卤水，熬制卤膏（卤膏是制作豆腐的最好调料），到外地销售，集体收入；1981年，由高为元和马世相两户经营该生意，2000年停业。

1962年，大队集体购进1台1140型8.82千瓦旧柴油机，办粮食加工房，1980年停业。是年，高兴堂和马承理两户，开办个体粮食加工房。1981年开始，全大队每户每年将自家的稻草，编制成草包子、草帘子出售。1990年，马先忠等4人，分别成立建筑队，从事建筑业。1999年，马先勇和马峰在村前建机械维修部。村庄拆迁后停业。

商业　1952年，涛雒供销联社在村中心街建代销店，代销员马世章。1967年，代销店由马先周接手经营。1982年，代销店停办，转为个体经销。2000年，村内经销店3处。1978年，马世坡做集市贸易。2008年，做集市贸易6户，批发店2户，豆腐店2户，生猪屠宰销售2户。2019年，由村集体出资建设了1处综合性农贸市场“涛雒小市”，于2021年9月正式投入运营。

农机以及交通运输工具　1976年，大队购进295型17.64千瓦四轮拖拉机1辆。1978年，生产队购进195型8.82千瓦手扶拖拉机4辆。至2000年，全村拥有四轮8.82千瓦拖拉机8辆，5.88～8.82千瓦手扶拖拉机36辆，8.82千瓦三轮机动车30辆，摩托车196辆。2021年，全村有轿车400余辆。

电力　1974年，和涛雒盐务所合资，购买1台50千伏安变压器，变压器房建在大队中心街西侧。全村用上交流电。1990年，在村前建变压器房一处，更换安装100千伏安变压器1台。2006年，电网改造时，在村后新增100千伏安变压器1台。

电讯　1982年，大队办公室安装手摇电话机1部。1993年，村委办公室安装程控电话机1部。2021年，全村电视以及成年人使用手机基本普及。

医疗卫生　1954年，马灵锡在涛雒济生堂学医，1958年，回大队办个体诊所。1969年，大队建卫生室，马承善、牟善鹤任赤脚医生。1983年，大队医疗室撤销，开办个体诊所3处。1990年，马建在村行医。2004年，村办新型合作医疗，马世柏任村医。

失地农民养老保障　2013—2014年，女年满55周岁、男年满60周岁的400名失地农民，办理了养老保险。

村庄规划建设　1976年，开始村庄规划：户宅基地长16米，宽14米；房屋宽5米，檐口高3米。1984年，修建村前中心大路260米；开通小巷4条。1987年，拓宽村南北中心大街1条，街东14户，每户拆除1间房屋为大街用。2001年，硬化大街长500米。2005年，在村前中心大街东侧，建东西长52米、南北宽40米、房屋12间的村委办公大院。2013年，南北大街1条、东西大街3条，全部硬化。安装路灯38盏。2017年10月，完成全村整体拆迁。2023年1月17日，第一批新楼住户入住。

迁坟　2013年，日照国际海洋城基础设施建设，需占用本村墓地，从6月开始，将墓地移至沈海高速公路西“东南岭”地段。

第九节　宋家坨村

图24—18　涛雒镇宋家坨村党群服务中心
（李世成摄于2021年11月）

宋家坨村位于镇驻地东南侧。东邻王家村，南靠南店河，西望涛雒二村，北临341省道。

清乾隆年间，宋姓从涛雒街里，迁至涛雒东边盐碱滩高地，居住立村，制盐为业，在村西侧修建盐坨。清嘉庆年间，一地主想霸占盐坨，宋姓不让，对簿公堂。由于地主买通官府，在公堂上审判官指使人用铁钳子钳着宋姓人的中指问话，宋姓不改口供，保住盐坨。人们称该村的盐坨为“宋家钳子坨”。后称“宋家坨”。

1947年，全村有32户、116人，土地20亩及少量的盐滩。2021年，全村有176户、486人，耕地172亩。有中共党员35名。

组织建设　1935—1945年，与南门外（今涛雒八村）两个自然村合为一个村。1945年后，与南门外分开（南门外归南店），为一个行政村。1946年，经驻村干部王伯祜等介绍，宋光西、宋开君、宋光言、于茂章、宋光修、郑淑金、宋光升等，先后加入中国共产党，宋纪方在大坡村加入中国共产党。是年，建立党组织。

1947年，郑淑金任盐民会会长，宋光西任农救会会长，宋光芬任妇救会会长，宋开太任儿童团团长。

1952年，成立了2个互助组。1953年2月，成立曙光盐农业初级生产合作社。1956年1月，与马家村、王家村、沙岭子村联合，成立曙光1号高级盐农业合作社。1956年，被华东局授予"盐农业先进集体"称号。1958年9月，海生人民公社成立，曙光1号高级盐农业合作社解体，入社时各村的盐田、盐民归涛雒盐场，物资按人员分配到各村，土地及农民回各村。宋家坨村为海生人民公社的一个生产大队；办1个食堂。1966年，每个工日价值1元2角5分，全公社第一。1973年，人均收入120元，受到县政府的表彰。1984年冬，改称宋家坨村。

参军　1943年，宋纪询在黄墩参加八路军老六团。1946年，宋纪毅参加解放军（海防二团）。

支前　1946—1948年，参加支前的有宋纪方、宋光双、宋光升、宋光增、宋开君、黄永善、宋纪昌、宋玉彬、宋玉胜等。妇女、识字班做军鞋、军衣，支援前线。

联产承包责任制　1983年，实行联产承包责任制，全大队195亩土地，按人均承包到户自主耕种。

粮食生产　自立村以来，是一个缺粮村。1966—1969年，开垦盐碱地60亩，口粮虽然有所增加，但几乎每年都要吃政府发放的统销粮。1983年后，粮食产量大幅度提高，粮食品种由原来以地瓜为主，改为小麦、水稻、玉米为主，结束了粮食不能自足的历史。

1946年以来涛雒镇宋家坨村
党组织主要负责人任职更迭表

表24—35

职务	姓名	性别	任职时间
指导员	宋光西	男	1946.7—1947.7
书记	宋光西	男	1947.7—1947.12
书记	宋纪方	男	1947.12—1959.8
书记	郑淑金	男	1959.8—1960.12
书记	宋光升	男	1961.1—1968.3
组长	宋光升	男	1970.1—1971.3
书记	宋光升	男	1971.3—1980.1
书记	宋玉吉	男	1980.1—1996.12
书记	宋年青	男	1996.12—2015.6
书记	宋光席	男	2015.6—

1945年以来涛雒镇宋家坨村
主要负责人职更迭表

表24—36

职务	姓名	性别	任职时间
村长	宋纪正	男	1945—1946
村长	郑淑金	男	1946—1953
高级社社长	宋纪方	男	1956.1—1958.9
大队长	宋光修	男	1958.9—1968.3
革委会主任	宋玉友	男	1968.4—1969.4
革委会主任	宋玉宏	男	1969.4—1970
革委会主任	宋玉吉	男	1970—1982.3
管委会主任	宋玉吉	男	1982.3—1984
村委会主任	宋年青	男	1984—1998.12
村委会主任	宋光波	男	1998.12—2001.3
村委会主任	宋光席	男	2001.3—

农机及交通运输工具　1964年，大队有1台8.82千瓦的柴油机和1台水泵。1975年，集体购买1台17.64千瓦四轮拖拉机。1999年，全村有100台柴油机，100台水泵。2021年，全村有拖拉机2台，轿车80辆。

道路桥梁建设　1970年冬，在村后的小河上架两孔长 7.5 米、宽 6 米的石桥；村前修 3 米宽的东西大道。1980 年，两孔桥改造成 3 孔，宽 6 米、长 9 米的钢筋水泥结构桥。2003 年，村西道路宽 5 米改为 10 米，并直弯；3 孔桥改为 1 孔，为钢筋混凝土结构，桥两边有水泥栏杆。

工副业　1964 年，集体办一个粮食加工组，以柴油机为动力，宋开凤负责。集体组建了海滩捕捞组，宋玉运负责（从事掺网，拉小笮）。盐业工人烧制卤膏，到内陆山区销售。1982 年，建造三只 8.82 千瓦、一只 14.7 千瓦的机帆船，从事海上捕捞，1987 年卖掉停业。

商业　1991 年，宋开颖办小卖部。2021 年，村内有百货门市部 1 家。

海水养殖　1968 年，在村东开挖 50 亩虾池，进行对虾人工养殖试验成功。在黄海研究所技术员指导下，到浅海捕捞虾苗。1986 年，有虾池 200 亩。1993 年，对虾流行性病暴发，养殖处于低谷。随后实行立体式多品种养殖，取得成功。1999 年，开挖 400 亩盐田为虾池。是年，虾池按户均 3 亩承包到户。2021 年，有虾池 270 亩。

工厂化养殖　2005 年，有 14 户建大棚搞工厂化养殖大鲮鲆。2006 年，被省水产厅定为无公害水产养殖示范基地。后土地被征用，养殖大棚被拆除。

人畜用水　1968 年以前，洗刷用水要到涛雒一村挑井水，饮用水要到南店西边或涛雒七村的刘家园或右所挑井水。1968 年，在 4 里以外的涝洼泉子打一深井，铺设陶瓷管道引水到村西，修建蓄水池，供社员用水。1982 年，铺设管道到户，用涛雒水利站自来水。2004 年，全村进行自来水管道改造。2006 年，由镇供水中心供水。

电力　1973 年，通交流电，和涛雒盐业机修厂合用 1 台变压器。集体用 20 千瓦的电动机为动力，抽水制卤晒盐，进行粮食加工。2000 年，村集体安装 1 台 200 千伏安变压器，对原来的线路进行全面更新，木质线杆换成水泥线杆。

电讯　1973 年，安装 1 部手摇式电话机。1980 年，宋开贵安装 1 部手摇式电话机。1982 年，宋开贵购买黑白电视机 1 台。2021 年，全村电视以及成年人使用手机基本普及。

医疗卫生　1963 年，孙先兰任保健员。1968 年，大队建医疗室，孙先兰和宋开江为赤脚医生。1981 年后，宋年云任卫生员。1983 年，大队医疗室撤销，办个体诊所。2004 年，村办新型合作医疗。

村庄规划建设　1965 年，开始进行村庄规划：南北大街一条，宽 3.5 米；东西大街一条，宽 3 米；小巷两条，各宽 2 米。房屋长 14.2 米，房宽 4.2 米，房屋檐口高 2.25 米。1980 年，社员翻新旧房，檐口高 3.3 米，房宽 5.2 米。2000 年，村主要大街安装路灯 17 盏。2005 年，硬化村内外大街 500 米。2019 年，村内铺柏油路面 500 米。

第三章　刘庄管理区

刘庄管理区辖南店村、小刘庄村、大刘庄村、侯家村、竹子河崖村、大朝阳村、小朝阳村、庄家坨村，计 8 个行政村。明代隶属进贤乡竭忠一隅涛洛里。清代隶属南乡南上一牌涛雒社。1912 年，隶属日照县涛雒区。1931 年，隶属日照县第二区。1942 年 9 月，隶属涛雒区。1950 年 5 月，隶属日照第七区。1956 年 1 月，隶属日照县涛雒区。1958 年 1 月，隶属涛雒乡；是年 9 月，隶属海生人民公社。1959 年 2 月，隶属涛雒人民公社。1962 年 12 月，隶属涛雒区。1971 年 3 月，隶属涛雒人民公社。1984 年 6 月，隶属涛雒区涛雒镇。1985 年 5 月起，隶属涛雒镇。

第一节　南店村

图 24—19　南店村（李世成摄于 2021 年）

南店村位于镇驻地南 0.5 千米处。东望宋家坨村，南靠南店河，西望同三高速公路，北邻涛雒八村。

汉高祖四年（公元前 203），董姓来此居住立村并开店，称董家店。随后因居北店（今涛雒街）南边，常称南家店，后直接称南店。明洪武六年（1373），庄姓由东海县迁此居住。明朝末年，庄家坨有 8 户属南店。1945 年，纳入涛雒街南门外居户。1956 年，南门外析出。1962 年，庄家坨析出。

1947 年，全村有 172 户、729 人，耕地 1142 亩。2021 年，全村有 502 户、1470 人，土地 1100 亩；有 30 姓（以男性计），庄姓人口居多。有中共党员 58 名。

组织建设　1946 年，由驻村干部徐发斋和秦洪宽介绍，庄聿提、庄纪修、庄聿东、庄茂生、庄茂晚、庄聿新、庄甲斌 7 人，加入中国共产党，成立党组织。

1946 年底，先后成立民兵队（队长范永善）、识字班（队长庄建英）、儿童团（团长庄茂建）。1947 年，成立农救会（会长庄茂晚）。

1952 年冬，成立 6 个互助组。1953 年，成立三个初级合作社。1956 年冬，初级社合并成立高级社。1958 年 9 月，为海生人民公社的一个生产大队；办 6 个食堂。1984 年冬，改称南店村。

参军　1941 年，庄臣（曾用名庄聿臣）、李其山参军。1945—1949 年，郭江余、庄聿宝、庄聿顺、庄聿祥、李永祥、庄建真、庄茂来、庄聿生、庄茂德、庄建轩、庄建一、庄茂记、庄聿平、刘克生、尹世泰、庄茂荣、庄聿功、庄建山、李永培、庄建功、庄聿恒、庄聿顺、庄聿成、庄聿峰、庄茂玉、李其伦、庄甲连、庄建好、庄甲真、庄建余、庄建轩等，先后参军。

1946 年以来涛雒镇南店村党组织主要负责人任职更迭表

表 24—37

职务	姓名	性别	任职时间
指导员	庄纪修	男	1946—1947.7
书记	庄纪修	男	1947.7—1949.12
书记	庄聿提	男	1949.12—1951.12
书记	庄建松	男	1951.12—1958.12
书记	庄建堂	男	1958.12—1960.12
书记	庄建友	男	1960.12—1962.12
书记	庄建堂	男	1962.12—1968.3
组长	庄建金	男	1970—1971.3
书记	庄建友	男	1971.3—1984.3
书记	杨以堂	男	1984.3—2005
书记	庄建光	男	2005—2013.7
书记	庄建庆	男	2013.7—

1945 年以来涛雒镇南店村主要负责人任职更迭表

表 24—38

职务	姓名	性别	任职时间
村长	庄聿提	男	1945—1950
村长	庄聿珂	男	1950—1952
村长	庄建松	男	1953—1954
高级社社长	庄建友	男	1956—1958.9
大队长	庄建友	男	1958.9—1965
大队长	杨运斗	男	1966—1968
革委会主任	庄聿珂	男	1968—1982
管委会主任	庄聿祥	男	1982—1984
村委会主任	庄茂来	男	1984—1986
村委会主任	庄茂宣	男	1986—1995
村委会主任	庄建光	男	1995—2013.7
村委会主任	庄建庆	男	2014.12—

支前　1947—1948年，陈德堂、庄建功等3批60人次，参加支前。识字班、妇救会做军鞋、军衣，烙煎饼。1949年，庄聿法、庄聿范、庄聿余、庄聿交、庄朋约、庄聿轩、庄奎雨、庄聿庭、庄聿伦、庄聿斗、郭常发等，在济南皮鞋厂专职为解放军做鞋；庄聿友在山东省大众日报社工作。

移民　1955年，庄甲珂、庄奎举、庄光早、庄茂勇、庄茂志、庄聿桂等，移民黑龙江省依安县；1959年，庄茂德、庄聿先、庄聿英、庄茂锋等，移民黑龙江省垦荒。

接收下乡知识青年　1973年，接收青岛海洋化工厂下乡知识青年7人（4女、3男）。男生宿舍安排在老祠堂，前边新建4间为女生宿舍和食堂。1975年，知青先后返回青岛。

联产承包责任制　1983年，实行联产承包责任制，全大队1400亩土地，按人口承包给社员自主耕种。

农田水利　1960—1964年，引水修渠，闸河蓄水。1964年6月，完成修建窑厂前翻板闸一座；在西大堰建大口井，用17.64千瓦柴油机，带动水泵提水，扩建渠道2000米；在小岭二次建扬水站一座，14.7千瓦柴油机提水，建32节薄壳渡槽长400米，桥墩高1～3.5米。1978—1994年，扩建大口井（石垒），配建变压器机房一座，安装80千伏安变压器1台，50千瓦电机2台，修改石渠3500米；在村西至石梁桥中段路北侧，修小塘坝一座。

人畜用水　1977年，刘庄管理区联合辖区各大队建水塔，供社员用水，本村安4个水龙头。1985年，用涛雒水利站自来水，安装到户。2005—2015年，用村自来水。2015年后，用涛雒镇龙泉水厂自来水。

农机及交通运输工具　1967年，有背式喷雾器。1980年，使用高压喷雾器。2012年，使用电动喷雾器。1966年，使用17.64千瓦柴油机为社员加工粮食。1974年，大队购买8.82千瓦手扶拖拉机8辆，扬场机1台，大型播种机2台，收割机2台。1988年后，在田间使用脱谷机2台，打稻机2台，大型联合收割机1台，联合播种机3台，挖掘机2台，推土机2台，三轮农用车200辆。

1958年，有马车1辆。1967年，大队购买金鹿牌自行车1辆。1970年，生产队购买地排车8辆。1974年，大队购四轮拖拉机2辆，分别为8.82千瓦、17.64千瓦。2021年，全村有拖拉机8台，大小货车22辆，轿车230辆。

畜禽养殖　1968年，引进“鲁西大黄牛”1头和“约克夏”猪1头，皆为配种用。1978年，在东庙用废地50余亩建貂场，场房500间，饲养员12人，杨以堂任场长；1990年，把貂处理给部分村民养殖。1983年，在村西头划养殖区70亩，40户饲养貂、貉。1995年，庄建东承包窑场，改建为养殖场，养殖猪、蛋鸡。2000年，庄光华等4户各养鸡5000只。2001—2013年，划养殖区30亩，饲养兔子、猪、鸡等。刘太亮、庄甲富年各饲养猪400头；杨守德年养鸡1万只。2021年，村内有养猪场1家，存栏量500头；有养鸡场1家，存栏量14万只。

淡水养殖　1978年，在大队西北角、北汪、竹家沟、东庙碱地、西南角废柴汪、西大汪等地，改挖鱼池170亩。1983年，由社员承包，养鲤鱼、草鱼、罗非鱼等。1999年，开挖川里地片80亩，8户承包，养殖罗氏沼虾、南美白对虾。老貂场由1户承包，养大鲮鲆鱼。2021年，有水产养殖户11家。

果、茶园　1967年，大队在“福林”建果园100亩，杨运启负责。1983年，承包到户。1990年，老荒地扩栽苹果树80亩，由20户承包，后改杨树林。1978年，岭上建茶园30亩，1983年，由个人承包，1990年伐除。

桑蚕业　1992年，在场西植桑100亩，20户建起养蚕大棚。2003年，东港区丝绸公司在养殖区路北建蚕茧站，推广4季养蚕。2021年，有8户村民养蚕，有桑树60亩。

苗圃　2003—2021年，由6家投资商建苗圃300余亩。2021年，有苗圃320亩。

工副业　1958年，公社在大队西南角建窑厂一座，庄以珂任厂长，烧制青砖、瓦。1961年，下放给大队经营，厂长庄建山。1983年，庄建光承包。1984年，庄建连承包。1986年停业。

1964年，家庭妇女在家中编席。1971年，成立编席厂，利用大队加工厂院内4间房子作厂房，有10名工人（均为女青年），贾连芳、郑世亮任师傅。编制品类有大席、小席、炕席、苇笠和囤粮食用的结子等。1983年停业。

1965年，大队在小岭西北角组建10人采石场，场长庄建山。1980年停业。

1966年冬，在8号滩用17.64千瓦柴油机带动粉碎机，为社员加工粮食，负责人庄茂仕、范庆生。1968年，迁村东北角，建机房10间，西房8间，增加磨面机、碾米机、加草饲料机、榨油机和弹棉花机。1983年，打价归个人。

1971年冬天，各生产队成立纺绳组。1974年，生产队纺绳组被停，组建大队纺绳厂，用大队原东南角部队营房12间做厂房，庄云斋负责。原料稻草购于江苏，绳子销往烟台、荣成。1983年停业。

2021年，全村有水产品冷藏厂5家，电气焊2家。

商业 中华人民共和国成立前，本村有多家商号：庄茂仕的“义顺站”，庄奎加的“登泰糕点”，庄奎银的“银聚”；庄聿伦的坊子，傅承利的傅家坊子，庄聿怀的骆驼坊子；庄聿朋开当铺；庄聿平开茶炉；李茂群开猪行；庄建分、尹可新两家开染坊；庄聿坤、庄聿章、庄奎林、庄聿春的大面石磨；庄茂领、庄茂西的织布作坊；庄奎荣的铁匠铺；陈德堂的包子铺；庄聿同、庄纪方养船。

1953年，涛雒供销联社在本村建合作社，庄茂节、庄茂店经办，后沈洪来接管代销。1983年，转为个体经营。2021年，全村有百货超市、饭店等个体工商户23家。

电力 1972年春，通交流电（合用镇政府变压器）。架线杆先用槐树木杆，又用石臼采石厂打出的石条杆，1974年，受灾折断，改成水泥杆，只供大队公共场所、场间照明用，后逐步进户照明。1977年，安装1台80千伏安变压器，更换线路，用上三相动力电。1978年，安装1台50千伏安变压器。1995年，换2台400千伏安变压器，其中大口井处1台100千伏安。2005年，安装变压器1台200千伏安。2013年，安装变压器1台200千伏安。2021年，在养殖区安装变压器1台。

电讯 1958年，大队安装手摇式电话机1部。1993年，村委办公室安装程控电话机1部。1964年，涛雒公社广播站负责安装有线广播，舌簧小喇叭10只，大队办公室1只，各生产队开会处9只。1972年，安装到户。1974年，安装高音喇叭。2021年，全村电视以及成年人使用手机基本普及。

医疗卫生 1953年，毕春英参加县医院举办的接生员培训。1956年，庄光玉任保健员。1968年，大队建医疗室，庄光美、庄建新任赤脚医生。1983年，大队医疗室撤销，陈令华、庄光柱办个体诊所。1998年，合并小诊所办合作医疗，药品由镇卫生院管理。2004年，办新型合作医疗，陈令华负责。

村庄规划建设 1965年，开始统一规划：两户一体9间，院子宽8米，房檐口高2.4米，房宽4.5米。是年，结合旧房改造，整平东崖头，填平三处大汪。1970—1979年，挖平2米高的西崖头，填平舍林、柴蒲汪、西大汪，增加宅基地100余亩。1985—2007年，人口增多，扩建宅基地三处（西大园、东大园、东南角），宅基地标准长16米，房宽5.2米，檐口高3.1米。1987年，204国道直弯改为现道。2006年，硬化村里、村外道路3000米。2008—2013年，规划建设204国道两侧楼房。2014—2021年，完成村内和养殖区户户通工程，2万多平方米。建设村前旅游路和村内广场。

2016年，被日照市精神明建设委员会授予“市级文明村”称号。

第二节 小刘庄村

图24—20 小刘庄村村貌（初林魁摄于2021年6月）

小刘庄村位于镇驻地南1千米处。东望庄家坨村,西南望大刘庄村,西靠204国道,北临南店河。明朝初期,贺姓由江苏青口、丁姓由丁家楼、庄姓由南店、张姓由涛洛迁此居住。明永乐年间,冯姓由江苏东海、田姓由莒南青方裕、孙姓由孙家村来此居住。原为刘家楼(大刘庄)刘家的后花园,时称刘家后花园,后逐渐演变而得名“小刘庄”。

1947年,全村有57户、280人,土地260亩。2021年,全村有192户、582人,耕地457亩。有12姓,贺姓人口居多。有中共党员37人。

组织建设 1943年,经徐学志(秦家结庄人)和秦姓中共地下工作者介绍,孙树夫、庄聿喜、田锡俊、庄聿雨等,加入中国共产党,成立党组织。

1946年,成立农救会(会长孙树夫)、妇救会(会长庄朋兰)、民兵队(队长庄聿雨)、儿童团(团长贺淑升)。

1954年1月,成立红旗初级农业合作社。1955年,成立红利初级农业合作。1956年,两社合并成立高级农业合作社。1957年,高级社并入大刘庄高级社。1958年9月,为海生人民公社大刘庄大队的一个生产队;办1个食堂。1962年,与大刘庄分开,成为独立的小刘庄生产大队。1984年冬,改称小刘庄村。

参军 1946年至中华人民共和国成立,丁兆金、丁兆日、庄聿喜、贺淑松、孙树支、丁立彩等,先后参军。

支前 1947年,庄聿雨、田锡俊、丁元宗参加支前,抬担架,运伤员,运送军粮、弹药。

联产承包责任制 1981年,第一、二生产队土地承包到户。1982年,第三生产队土地承包到户。

竹园 1964年,由管区负责人秦福森从秦家结庄引来竹苗,栽植在南店河南坝处,约12亩。后因公路拓宽,竹林被拆除。

农机及交通运输工具 2021年,村内有拖拉机2台、货车10辆、轿车60辆。

工副业 1968年,建粮食加工房1处,用8.82千瓦柴油机作动力。1974年底,第二生产队购进8.82千瓦手扶拖拉机1辆。1975年秋,各队在农闲季节打草绳。1981年后,外出打工、捻船、建筑,沿国道建有1处汽车、农机维修点,3处饭店。2021年,村内有冷库1家、汽车修理部5家。

1943年以来涛雒镇小刘庄村党组织主要负责人任职更迭表

表24—39

职务	姓名	性别	任职时间
指导员	孙树夫	男	1943—1947.7
书记	孙树夫	男	1947.7—1952
书记	丁兆金	男	1952—1953
书记	贺淑干	男	1953—1955
书记	贺金爱	男	1955—1957
书记	葛允贡	男	1957—1962
书记	贺金爱	男	1962—1976
书记	贺照连	男	1976—2001
书记	丁明进	男	2001—2004.8
书记	庄聿亮	男	2004.8—2005.7
书记	庄聿坡	男	2007—2012
书记	庄聿亮	男	2014.5—

1945年以来涛雒镇小刘庄村主要负责人任职更迭表

表24—40

职务	姓名	性别	任职时间
村长	贺金爱	男	1945—1947
村长	孙树夫	男	1947—1954
高级社社长	贺淑干	男	1956—1957
大队长	李其高	男	1958—1962
大队长	田锡俊	男	1962—1968
革委会主任	庄朋等	男	1968—1982
管委会主任	庄朋合	男	1982—1984
村委会主任	庄朋合	男	1984—1999
村委会主任	丁明进	男	2001.12—2004.8
村委会主任	庄聿亮	男	2004.8—2005.7
村委会主任	丁明密	男	2011.12—2015.1
村委会主任	庄聿亮	男	2015.1—

商业 1965年，涛雒供销社在本村设代销店一处，由贺淑月经营。1992年，流转为孙先山经营至今。2021年，村内有百货超市3家。

人畜用水 1977年前，用村中老水井的水。1977年9月，刘庄管区联合各大队，在本村国道西侧打井并建水塔，供8个大队人畜用水。1988年9月，进行除氟改水。2005年，在张家林打井供人畜用水。2013年，由镇供水中心供水。

电力 1973年，通交流电。

电讯 1963年，涛雒兽医站设在大队西首，安装手摇电话机1部。2001年，村委办公室安装程控电话机1部。2021年，全村电视以及成年人使用手机基本普及。

医疗卫生 1963年，大队设卫生室，贺淑兰任卫生员。2004年，办新型合作医疗。现有村卫生所1处，庄光峰任村医。

村庄规划建设 1975年前，对年满18周岁男劳力，划给宅基地建房。1976年春，统一规定：建房檐口高2.76米、房宽4.86米，宅基地面积为14×15米。是年秋，新盖、翻盖房屋檐口高3米，房宽4.86米。2005年，对村南北、东西及村前三条大街硬化。

第三节 大刘庄村

图24—21 大刘庄村村貌
（涛雒镇宣传办公室提供 摄于2021年）

大刘庄村位于镇驻地南1.5千米处。东靠204国道，南望竹子河，西邻南店河大闸，北依南店河。

明弘治年间，刘姓来此居住立村，称刘家楼。为与刘家后花园（小刘庄）区别开称大刘庄。后有多姓先后迁入居住。

1947年，有106户、380人，耕地490亩。2021年，全村有220户、640人，耕地590亩。有17姓（以男性计），陈姓人口居多。有中共党员31人。

1945年以来涛雒镇大刘庄村
党组织主要负责人任职更迭表

表24—41

职务	姓名	性别	任职时间
指导员	李其森	男	1945—1947
书记	李其森	男	1947—1953
书记	葛允贡	男	1953—1968.3
组长	葛允贡	男	1970.1—1971.3
书记	葛允贡	男	1971.3—1984
书记	陈德进	男	1984—2001
书记	庄光亮	男	2001—2014.11
书记	申永亮	男	2014.11—2022.6
书记	庄光峰	男	2022.12—

1945—2022年涛雒镇大刘庄村
主要负责人任职更迭表

表24—42

职务	姓名	性别	任职时间
村长	潘聿文	男	1945—1954
高级社社长	葛允贡	男	1956—1958
大队长	李其高	男	1958—1965
大队长	葛允义	男	1965—1968
革委会主任	葛允义	男	1968—1970
革委会主任	李其高	男	1970—1982
管委会主任	陈德进	男	1982—1984
村委会主任	庄光亮	男	1984—2014
村委会主任	申永亮	男	2014.11—2022.6

组织建设 1945年，由涛雒分区委工作人员介绍，李其森、李其高、孙方吉、葛允贡、陈为林、庄茂荣、庄建深、李秀山、葛国仁、丁履英、陈为朝等，先后加入中国共产党，成立党组织。

1946年，先后成立民兵队（队长陈为林）、妇救会（会长丁履英）、识字班（队长陈为利）。1947年，成立农救会，陈为朝任会长。

1952年，成立5个互助组。1955年，成立前进、胜忠初级农业合作社。1956年，初级社合并成立高级社。1957年，高级社纳入小刘庄社员。1958年9月，为海生人民公社的一个生产大队；办1个食堂。1962年，小刘庄析出。1984年冬，改称大刘庄村。

参军 1946—1947年，马迎昌、沈奎志、葛国仁、陈玉田、陈永成等，先后参军。

支前 1947年，葛允贡等4人，参加孟良崮战役支前。1948年，葛允贡、李秀山等5人，参加淮海战役支前。葛允贡、李秀山各获奖励“三八”大盖枪一支。

联产承包责任制 1983年，实行联产承包责任制，全大队480亩土地，承包到户，自主耕种。

果园、桑园 1965年，大队建苹果园，集体管理经营。1982年，承包到户。1998年，因品种及果树老化砍伐掉。是年，在村前立新果园，并在村西南植桑树70亩，均承包到户。2021年，有养蚕户5家，桑树26亩。

人畜用水 1977年前，全大队靠一口水井（在今申永利西院内）用水。1977年秋，改用刘庄管区水塔的自来水，2012年，由镇供水中心供水。

畜禽养殖 2021年，村内有养猪户35家，存栏量400头；有养鸡场4家，存栏量2万只。

工副业 1968年，大队成立了纺绳厂，经营海带苗绳、绠绳，销往胶州、荣成、江苏等地。是年，成立了粮食加工房、建筑队（主要在青岛搞建筑）。2021年，村内有纺绳厂3家、家具厂2家、活动板房厂1家、汽车修理厂3家。

商业 中华人民共和国成立前，有“协记”“应记”“长泰”三大铺号，主要经营农副产品。1953年，涛雒供销联社在本村设代办店。2021年，村内有百货超市2家，渔业养殖药物经销商3家。

农机及交通运输工具 1977年，大队购置1台拖拉机。2021年，村内有拖拉机8台，三轮车6辆，轿车120辆。

鹦鹉饲养 1978年，在大队办公室前屋办饲养场，由陈德建、葛长凤（女）饲养鹦鹉。1979年，由个体、集体共同饲养，最大养殖规模为1500只，主要销往南方及国外，用于婚礼放飞使用。1983年，中央新闻纪录电影制片厂到大队拍摄纪录片《鹦鹉》。20世纪90年代初停养。

电力 1973年，大队通交流电。

电讯 1983年，大队购买黑白电视机1台。1993年，村委办公室安装程控电话机1部。2021年，全村电视以及成年人使用手机基本普及。

村庄规划建设 1972年，开始村庄规划建设：两户一体，两头各有3米巷，房屋檐口高2.6米、宽4.2米，村中间宽8米大街。1983年，社员在原址翻建新房，檐口高3.1米，房宽5.2米。1984年，修整街道，两边修砌石渠。2005年，硬化村庄街道路面，安装路灯20盏。

第四节　竹子河崖村

图24—22　竹子河崖村村貌
（涛雒镇宣传办公室提供　摄于2021年）

竹子河崖村，位于镇驻地南2千米处。东与大朝阳村相望，南望竹子河，西望204国道，北邻侯家村。

宋末元初，安姓到此居住，立村名安家场。后花姓迁入，改名花崮崖。明洪武三年（1370），朱姓由江苏东海迁入后，安、花两姓相继衰落，称朱家河崖。因“朱、竹”两字音近，河边又有竹林茂盛，改村名为“竹子河崖”。后宋、程两姓相继从东海迁此居住，朱姓迁往黑龙江密山县一带。

1947年，全村有79户、287人，土地634亩。2021年，全村有260户、720人，耕地553亩。有中共党员36名。

组织建设 1946年，由驻村干部刘贤文和孙方吉介绍，宋光来、宋开早、宋开德、宋光俊、徐家宽和宋光提、程厚斋、徐家康、宋开申、宋开路等，先后加入中国共产党，成立党组织。是年，成立民兵队，徐家宽任队长。1947 年，成立农救会（会长宋光同）、盐民会（会长宋光来）、妇救会（会长宋开德）、儿童团（团长宋升年）。

1953 年，成立 3 个互助组。1954 年 1 月，成立建华农业合作社。1955 年 1 月，加入乡盐业合作社。1956 年冬，与黑七子村、侯家村联合，成立建华高级农业合作社。1958 年 9 月，高级社为海生人民公社的一个生产大队；本村办 2 个食堂。1962 年，生产大队解散，盐场归各村。本村为竹子河崖生产大队。1984 年冬，改称竹子河崖村。

参军 1935 年，李英（原名宋淑年）；1938 年，宋开斌、宋光德、徐家良；1944 年，宋开敦、宋君廷、李为明、宋开铭、程世泉、徐家宽、宋光树、宋开玉、宋光渠、宋开泮等，先后参军。

支前 1947 年，宋光提、宋光连参加孟良崮战役支前。1948 年，宋开波、宋开早参加淮海战役支前。

联产承包责任制 1983 年，实行联产承包责任制，全大队 588 亩耕地，全部按人均承包到户，由社员自主耕种。

人畜用水 1977 年前，人畜用水为汪塘水。1977 年，刘庄管区各村联合，打井建水塔，社员用上自来水。2001 年，在十八亩上侧打井，供村民用水。2012 年，由镇供水中心供水。

农机及交通运输工具 1975 年，集体购买发电机 1 台，购买打稻机 4 台。1976 年，大队购买 5 台脱谷机。1978 年，集体购买 4 台 8.82 千瓦手扶拖拉机。2006 年，有大型运输车 3 辆。2021 年，村内有柴油机 80 台，电机 255 台，家用轿车 50 辆。

畜禽养殖 1994 年，宋岗年在原竹子河小学院养殖蛋鸡，1998 年停业。1996 年，宋敬山在庄前废弃柴汪建养殖场养殖蛋鸡，2004 年，改水产品养殖。2012 年，宋明军在原锯木厂养殖水貂、貉子。2013 年，有养殖户 30 家，主要养殖品种为猪、羊、水貂、貉子等。2021 年，村内有养猪户 6 家，存栏量 80 头。

1946 年以来涛雒镇竹子河崖村党组织主要负责人任职更迭表

表 24—43

职务	姓名	性别	任职时间
指导员	宋开早	男	1946—1947.7
书记	宋光提	男	1947.7—1953.12
书记	宋开铭	男	1953.12—1968
组长	宋开铭	男	1970—1971
书记	宋开铭	男	1971—1981.12
书记	宋春年	男	1981.12—1992.12
书记	侯元密	男	1993—1996
书记	宋琼年	男	1996—2000.8
书记	宋宗年	男	2002.3—2007.10
书记	宋金昌	男	2007.10—2018.1
书记	宋宗年	男	2018.1—

1945 年以来涛雒镇竹子河崖村主要负责人任职更迭表

表 24—44

职务	姓名	性别	任职时间
村长	宋开祥	男	1945—1945.10
村长	程济合	男	1945.10—1946.12
村长	宋光福	男	1947—1948
村长	宋开春	男	1948—1954
高级社社长	宋开铭	男	1956—1958.9
大队长	宋开铭	男	1958.9—1962
大队长	徐家康	男	1962—1968
革委会主任	宋修年	男	1968—1971.12
革委会主任	徐家康	男	1971.12—1982
管委会主任	宋开墩	男	1982—1984
村委会主任	宋开墩	男	1984—1993
村委会主任	宋庆年	男	1993—1996
村委会主任	宋廷年	男	1996—2000.9
村委会主任	宋金昌	男	2002.3—2004.3
村委会主任	宋宗年	男	2004.3—2007.10
村委会主任	宋金昌	男	2007.10—2018.1
村委会主任	宋宗年	男	2018.1—

淡水养殖 1978年，开挖后荒柴蒲汪50亩，养殖淡水鱼。1990年，前滩开挖鱼塘40亩。1994年，开挖小堰路东鱼塘30亩。均承包到户。

海水养殖 1985年，盐民开挖虾池60亩，养殖对虾。2000年，盐田全部开挖虾池，养殖面积423亩，全部承包到户。2021年，有海水养殖户46家，养殖面积400亩。

工厂化养殖 2005年，宋代年、宋增年建工厂化养殖大棚，养殖大鲮鲆。2006年，宋开阳建大棚，养殖大鲮鲆、海参。2021年，有工厂化养殖户50家，养殖大棚170个。

工副业 1968年，大队建粮食加工房，用8.82千瓦柴油机为动力，带动碾米机、粉碎机、磨面机，为社员加工粮食，1982年停业。1986年，加工房由宋修年经营。1992年，宋光忠办粮食加工厂。1994年，宋开运在204国道东侧建立木材加工厂，2007年停业。2001年，程明奎建油坊一处，后停业。

商业 2021年，村内有百货门市部3家。

电力 1977年，大队通交流电，安装15千伏安变压器1台。1983年，安装50千伏安变压器1台用于抽水。2001年，安装100千伏安变压器1台。2010年，进行电网改造，安装100千伏安变压器1台。2021年，村集体及个人共有变压器12台，总容量750千伏安。

电讯 1993年，村集体安装程控电话机1部。2021年，全村电视以及成年人使用手机基本普及。

医疗卫生 1956年，成立村保健室，宋修年任保健员。1982年，个体经营。2004年，成立新型合作医疗。后改为城镇居民医疗，有卫生室1处，乡医1名。

村庄规划建设 1965年，大队统一规划：一条东西中心街，户宅基地面积256平方米，房屋檐口高2.5米、房宽4.5米。是年，在村东新增40户宅基地。从1985年开始，村民在原址翻建房屋，檐口高3.2米。2005年，硬化道路1000米。2013年，安装监控。2020年，完成户户通工程，村庄大街小巷实现道路硬化。

第五节 侯家村

图24—23 侯家村服务中心
（涛雒镇宣传办公室提供 摄于2021年）

侯家村位于镇驻地南2千米处。东邻大朝阳村，南与竹子河崖村一河之隔，西望204国道，北临庄家坨村。

明洪武年间，侯姓从外地迁来居住，后又有几家侯姓从江苏东海迁来定居立村，取名侯家村。

1947年，全村有68户、310人，耕地280亩，盐滩80亩。2021年，全村共有226户、676人。有耕地918亩。有中共党员34名。

组织建设 1946年，由驻村干部介绍，侯元运、范崇峰加入中国共产党。1947年，侯元德、侯元孝、侯世祥、侯世伦加入中国共产党，成立党组织。1948年至中华人民共和国成立，侯世科、侯照贤、侯元忠、侯世桂（女）、侯元玉（女）、庄茂秀（女）、侯世青、侯照两、侯元来、杨淑芳、侯元吉、侯元米、侯世录、侯世荣、侯元庆、侯元存等，先后加入中国共产党。

1946年，成立农救会（会长侯元提）、民兵队（队长庄茂春）、妇救会（会长申士英）、识字班（队长侯元玉）、儿童团（团长侯照贤）。1955年，成立盐民会，会长侯元深。

1952年，成立3个互助组。1954年，成立先锋、胜华初级农业合作社。1956年冬，与竹子河崖、黑七子二个村联合，组成建华高级农业合作社。1958年9月，建华高级社为海生人民公社的一个生产大队；侯家村办2个食堂。1962年，生产大队解体，侯家村为独立生产大队。1984年冬，改称侯家村。

1947年以来涛雒镇侯家村党组织主要负责人任职更迭表

表 24—45

职务	姓名	性别	任职时间
指导员	侯元运	男	1947.3—1947.12
书记	侯元德	男	1948—1949
书记	侯元孝	男	1949—1956
书记	宋开铭	男	1956—1962
书记	侯元孝	男	1962—1969
组长	侯世祥	男	1970—1971
书记	侯世坛	男	1971—1995
书记	侯世金	男	1996—2000
书记	侯世庆	男	2001—2004.8
书记	侯学光	男	2004.8—2005.5
书记	侯卫东	男	2005.11—2014.11
书记	侯学斌	男	2014.11—2021.4
书记	侯学光	男	2021.4—

1945年以来涛雒镇侯家村主要负责人任职更迭表

表 24—46

职务	姓名	性别	任职时间
村长	侯元佳	男	1945—1946.8
村长	侯照红	男	1946.8—1947
村长	侯元正	男	1947—1948
村长	侯元田	男	1948—1952
村长	侯元提	男	1952—1954
高级社社长	宋开铭	男	1956—1958.9
大队长	宋开铭	男	1958.9—1962
大队长	侯世祥	男	1963—1968.6
革委会主任	侯世祥	男	1968.6—1982
管委会主任	侯世祥	男	1982—1984
村委会主任	侯世灵	男	1984—1987
村委会主任	侯世金	男	1988—1995
村委会主任	侯世庆	男	1996—1997
村委会主任	侯元芹	男	1998—2001
村委会主任	侯世庆	男	2002—2004
村委会主任	侯学光	男	2004.8—2005.5
村委会主任	侯卫东	男	2007.11—2014.11
村委会主任	侯学斌	男	2014.11—2018.1
村委会主任	侯学光	男	2018.1—

参军 1940年，杨瑞廷、庄茂松、范崇代；1945年，庄聿祥；1946年，侯照贤、范崇刚、侯元存；1947—1949年，侯世科、侯元良、庄茂连等，先后参军。

支前 1947年，侯元存等12名青年，参加孟良崮战役支前。

联产承包责任制 1982年，实行联产承包责任制，土地和集体生产资料承包到户，人均土地1.1亩。1999年，又进行了第二轮土地延包，人均土地0.8亩。2003年，因产业结构调整，人均土地0.5亩。

水产品养殖 1981年，大队利用村后柴蒲汪开挖养鱼池40亩，养殖淡水鱼。1999年，把村北和村东盐碱地承包到户，开挖鱼虾池110亩，养殖虾、蟹等。2003年以来，有13户先后建养殖大棚20个，养殖大鲮鲆、龙鳞鱼等。2021年，村内有海水养殖20家，养殖面积130余亩，有工厂化大棚30余座；淡水养殖4家，养殖面积30余亩。

畜禽养殖 1973年，大队在村西建养猪场，生猪年存栏80头，1981年停办。2003年，分别在村西北、村南划养殖区。2013年，畜禽养殖50户，养殖猪、羊、鸡、水貂、貉子等。2021年，共有养猪户20家，存栏量600余头；养羊户2家，存栏50头。

林业、苗圃 1976年，在204国道西、竹子河北河床上建竹园15亩，1999年砍伐。1993年，大路西地块承包给村民栽杨树15亩。1998年，侯玉军承包土地，搞花卉、苗圃栽植。2021年，有花卉苗圃60余亩，由5户村民承包。

盐业生产 自立村就有村民从事盐业生产。盐田零散分布于村周围，纳潮困难，1949—1950年，被政府裁废。

工副业 中华人民共和国成立前，侯照意到涛雒街宋家学徒纺绳后，回村办纺麻绳作坊。继而侯姓和杨姓合作纺麻绳，并被胶南、岚山、石臼及本地沿海渔村请去加工各种船上用绳。1963年，大队成立绳业场，侯元正等任技术员，主要纺草绳、棕绳，成品绳除销当地沿海村外，还销往石臼、青岛、荣成。1965年，经荣成沿海渔业队多次邀请，与竹子河崖、大刘庄联合组成纺绳队，到荣成各渔业队加工海带苗绳。1983年，纺绳队解体，转由个人经营。2021年，生物科技公司1家，网具厂1家，纺绳作坊8家，水产品冷藏厂1家。

商业 中华人民共和国成立前后，杨欣农开杂货铺，庄茂林下乡卖线。1974年，大队开办代销店，1975年3月停业。1984年，庄建坤等3家陆续办小卖部。2005年，米文田在204国道西侧开办方圆小吃部，2013年，更名为方圆大酒店。2021年，村内有大酒店1家。

农机及交通运输工具 1973年，每个生产队购买一辆地排车。1974年，每个生产队购买1台8.82千瓦手扶拖拉机。2021年，村内有轿车120余辆，装载机等大型机械5台。

人畜饮水 1977年前，人畜用水到外村或村周边水汪用水。1977年，刘庄管区8个大队联合，在小刘庄建水塔，村内安装东、西两个供水点供水。2001年，在要场自建水塔，铺设管道，供水到户。2008年，由镇供水中心供水。

电力 1973年，通交流电。2000年，进行电网改造。1999年、2013年，分别进行了两次变压器增容。

电讯 1993年，村委办公室安装程控电话机1部；2021年，全村电视以及成年人使用手机基本普及。

医疗卫生 1957年，侯世贞在家办保健室。1961年，大队建保健室，保健员侯世英。1968年，侯世平任赤脚医生。1973年，侯学仓任赤脚医生。1975年，侯学仓、侯世平任赤脚医生。1987年，村医疗室解散，侯学仓开办个体诊所。2004年，与大朝阳村、竹子河崖村联合，在村里办合作医疗卫生所。

村庄规划建设 1970年，村庄规划东西、南北两条大街。大队办公室位于村中部，3间土坯房。1983年，在大队西建大队办公室10间。2004年，翻盖村办公室。2006年，和大刘庄村、大朝阳村协商，整修、硬化村里至204国道的道路；对村内的两条大街及通204国道的路面全部硬化。2008年冬，村内大街安装路灯8盏。2015年，改建了办公室，并建设村文化大院800余平方米；在村南、村北两条道路上安装路灯10盏；村主街路口安装摄像头8个。2016年，在村南和村北安装了两台变压器。2017年，硬化村西南北路400余米；在村前河沿岸新修建了400余米沿河路。2018年，在村原小学院内，修建了卫生室一处，由庄光柱任所长。2020年5月，户户通工程开始，全村共硬化大街小巷22000余平方米，并在村内主要道路铺设沥青6000余平方米。2021年，在村原小学院内建老年幸福驿站一处，供村内75岁及以上老人集体用餐。

第六节　大朝阳村

图24—24　大朝阳村党群服务中心
（涛雒镇宣传办公室提供　摄于2021年）

大朝阳村位于镇驻地东南2.5千米处。东望沿海路至大海，南与小朝阳村为邻，西邻侯家村、竹子河崖村，北隔南店河与王家村相望。

明洪武年间，范、马、侯、高四姓，由江苏东海迁此定居立村。因当地泥沙墨如漆，取名墨漆子村，后为书写方便，改为黑七子村。

1947年，有138户、664人，耕地718亩。2021年，全村有385户、1256人，耕地540亩。有12姓（以男性计），庄姓人口居多。有中共党员65名。

组织建设 1946年，由驻村干部介绍，庄日胜、宋光年、杨得荣加入中国共产党，成立党组织。是年，先后成立农救会（会长庄茂升）、妇救会［会长王均兰（女）］、青救会（会长宋加义）、识字班（队长秦玉合）、民兵队（队长宋光本）、儿童团（团长庄茂信）。

1952年，成立1个互助组。1954年，成立利华、黎明初级盐业合作社。1955年，成立利新初级盐业合作社。1956年冬，和侯家村、竹子河崖村联合，成立建华高级农业合作社。1958年9月，建华高级社为海生人民公社的一个生产大队；本村办3个食堂。1962年，大队分开，本村为大黑七子生产大队。1967年，改村名为大朝阳大队。1984年冬，改称大朝阳村。

参军 1945年，杨德运、杨德吉、庄日策；1946年，宋家运、杨德本、秦洪海、秦洪彩；1947年，宋光利、宋光年；1948年，庄日尺参军。

支前 1947年，村支前队伍共三批，参加人员有秦四平等16人。妇女做军鞋、烙煎饼支援前线。

移民 1955年，秦洪海、秦洪章、秦玉密、司见明、司见德5户，移民黑龙江、吉林；1959年，秦玉万、司朝生移民黑龙江垦荒种田。

联产承包责任制 1982年，实行联产承包责任制，全大队728亩土地，按人口平均承包到户，自主种植。1999年，进行土地延包调整，人均土地0.62亩。2003年，因栈子河治理、修路、虾池开挖等，进行土地小调整，人均耕地0.52亩。

农机及交通运输工具 1978—1981年，集体购买柴油机、拖拉机、发电机、喷灌机、播种机、脱谷机、打稻机、盐业用风力机等共30台（辆）。1991年，村集体购买130型汽车1辆。1992年冬，购买东方红70型推土机1台。2021年，全村有摩托三轮车20辆，货车12辆，轿车120辆。

畜牧养殖 1965年，大队建养猪场，1981年停办。1995年，村民秦四青、庄建峰等户养貂、狐。2021年，有养猪场6家，存栏量500头。

海水养殖 1968年，大队开挖大港虾池60亩，养殖对虾。1986—1988年，集体滩涂承包给村民开挖虾池500亩。1998—2002年，村民承包集体滩涂开挖虾池600亩，90%以上的户有虾池，户均3亩。2021年，有海水养殖池1224亩，由320户村民承包。

工厂化养殖 2003年，秦四京、秦四利、秦四勇建工厂化养殖大棚，养殖大鲮鲆。2021年，有工厂化养殖户195家，养殖大棚588个。

工副业 1969年，大队建粮食加工房，用8.82千瓦柴油机为动力，带动粉碎机等为社员加工粮食。1973年，成立打绳场，1981年停业。1990年，庄茂森建水磨石场。1992年，饲料厂迁至204国道西侧，1994年转产水磨石，1995年冬停产，后转庄建爱经营。1989年，集体建洗涤盐粉厂，1997年冬停业。2005年，丁兆雨等搞食用菌养殖。2021年，全村有冷库1家，鱼饵料厂1家，食用菌养殖户1家。

1946年以来涛雒镇大朝阳村
党组织主要负责人任职更迭表

表24—47

职务	姓名	性别	任职时间
指导员	庄日胜	男	1946—1947.7
书记	庄日胜	男	1947.7—1955
书记	宋开铭	男	1956—1962
书记	秦玉渠	男	1962—1968
组长	庄日录	男	1970—1971
书记	庄日录	男	1971—1994
书记	庄见利	男	1994—1999
书记	庄茂香	男	2000—2001
书记	庄茂赞	男	2002—2011
书记	庄茂京	男	2011—2014.11
书记	庄见存	男	2014.11—2017.12
书记	庄见用	男	2017.12—

1945年以来涛雒镇大朝阳村
主要负责人任职更迭表

表24—48

职务	姓名	性别	任职时间
村长	杨世华	男	1945—1946.5
村长	杨德良	男	1946.5—1946.8
村长	杨德明	男	1946.9—1946.12
村长	庄日申	男	1947—1954
高级社社长	宋开铭	男	1956—1958.9
大队长	宋开铭	男	1958.9—1962
大队长	宋光年	男	1962—1968
革委会主任	宋光年	男	1968—1982.10
管委会主任	庄见利	男	1982.10—1984
村委会主任	庄见利	男	1984—1996
村委会主任	庄茂赞	男	1996—2002
村委会主任	庄茂京	男	2002—2014.12
村委会主任	庄见存	男	2014.12—2018.1
村委会主任	庄见用	男	2018.1—

人畜用水 1977年前，人畜用水靠村后的大汪。1977年，刘庄管区8个大队联合，在小刘庄地段打井建水塔，用上自来水。1990年，在花崮崖自建水塔供村民用水。2012年，由镇供水中心供水。

电力 1978年，大队通交流电。2013年，进行电网改造。

电讯 1983年，社员庄茂怀、宋开子二户率先购买了17英寸熊猫牌黑白电视机。1993年，村委办公室安程控电话机1部。2021年，全村电视以及成年人使用手机基本普及。

医疗卫生 1962年，大队成立保健室，保健员庄日桂。1975年，大队办医疗室，庄建启、宋秀年任赤脚医生。1987年，医疗室解体，个体经营。2004年，成立新型合作医疗。

村庄规划建设 1969年，统一规划：东西大街宽6米、南北大街宽5米各一条；小巷宽3米；户宅基地宽14.75米，长16.25米，房屋檐口高2.7米，房宽4.5米。1985年，村民在原址翻新房屋，檐口高3.2米，房宽5米。1989年，在村中建村委办公室大院。

第七节 小朝阳村

图24—25 小朝阳村党群服务中心
（涛雒镇宣传办公室提供 摄于2021年）

小朝阳村位于镇驻地东南3千米处。东望沿海公路至大海，南隔河与栈子村相望，西邻竹子河崖村，北与大朝阳村相邻。

明洪武年间，范、马、侯、高四姓，由江苏东海迁此定居立村，因当地泥沙墨如漆，取名墨漆子村，后为书写方便改为黑七子村。

1947年，本村有18户、78人，耕地56亩。2021年，全村有110户、318人，耕地57.8亩，水产养殖面积372.9亩。有中共党员16名。

组织建设 1962年，从黑七子村析出，称小黑七子村。为涛雒公社的一个生产大队。1967年3月，改称小朝阳大队。1984年冬，改称小朝阳村。

1962年，大队有一名中共党员司乔贵，隶属大朝阳党支部。1971年，成立大队党支部。

1971年以来涛雒镇小朝阳村党支部书记任职更迭表

表24—49

职务	姓名	性别	任职时间
书记	司乔贵	男	1971—1981
书记	司刚提	男	1982—1989
书记	司刚春	男	1990—1994
书记（兼）	庄光秋	男	1995—1997
书记	司刚波	男	1998—2018.1
书记	司征昔	男	2018.1—

1962年以来涛雒镇小朝阳村主要负责人任职更迭表

表24—50

职务	姓名	性别	任职时间
大队长	王纪万	男	1962—1968
革委会主任	王纪万	男	1968—1982
管委会主任	司乔连	男	1982—1984
村委会主任	司乔连	男	1984—1989
村委会主任	司刚军	男	1989—1994
村委会主任	司顺刚	男	1994—1997
村委会主任	司成刚	男	1997—1998
村委会主任	司刚波	男	1998—2018.1
村委会主任	司征昔	男	2018.2—

联产承包责任制 1982年，实行联产承包责任制，全大队256亩土地，按人口平均承包到户，自主种植。1994年，进行土地调整。2003年，投资20余万元，对耕地全部进行整改调整，重新分配，把原来每

户多块地调整为每户不超过两块地，人均耕地0.33亩。

农机及交通运输工具　1976—1981年，集体购买柴油机、拖拉机、脱谷机、打稻机、盐业用风力机，共12台。2021年，全村有轿车80辆。

工副业　1968年，两个生产队分别组成制绳组，农闲时进行纺草绳，冬季各生产队组织部分人员到盐滩，熬制卤膏，到周边县城销售。后停业。

商业　1969年，涛雒供销社在大队设代销店，代销员陈德森，1984年停办，后改为个体经营。

人畜用水　1977年前，人畜用水靠村后的柴汪。1977年，刘庄管区8个大队联合，在小刘庄地段打井建水塔，用上自来水，1999年停用。后与侯家村联合，在侯家村地段靠204国道位置，打井供水。2008年，由镇供水中心供水。

海水养殖　1986年，村民联户开挖养殖池150余亩，进行对虾养殖。1987年后，将一些盐碱地、柴汪及部分盐滩，改造为对虾养殖池，达到每户有一人参加对虾养殖。1993年，因遭遇全国性虾病害，养虾业基本结束。1997年，试养梭子蟹成功，后开始混养对虾、车虾、梭子蟹、蛤蜊等，亩水面纯收入2万余元。2000年，对能够到达海水的地方，都改造成海水养殖池，达到户户有池子。2021年，有海水养殖面积400亩，由90户村民承包。

工厂化养殖　2005年，10户建大棚搞工厂化养殖大鲮鲆、龙鳞、星蝶鱼等。2013年底，发展到30余户，养殖大棚100余个。2021年，全村有工厂化水产养殖大棚290余座，养殖水体面积21万平方米，养殖南美白对虾。日本车虾、梭子蟹、东方虾、贝类等水产品，产值3500余万元。

水产育苗　2001年，建2000个水体育苗场1处，后又发展了5处，主要繁育蟹苗、虾苗、鱼苗。2021年，有育苗场3家。

电力　1980年春，通交流电，安装30千伏安变压器一台。2021年，全村共安装变压器20台，2600余千伏安。

电讯　1993年，村委办公室安装程控电话1部。2021年，全村电视以及成年人使用手机基本普及。

医疗卫生　1968年，陈德英为赤脚医生。2004年，与大朝阳村、竹子河崖村及侯家村，联办合作医疗。

村庄规划建设　1971年，开始村庄规划，户宅基地长17米，宽15.7米；檐口高2.9米，房宽4.5米。1985年，村民在原址翻建房屋，檐口高3.3米，房宽5.4米。

第八节　庄家坨村

图24—26　庄家坨村服务中心
（涛雒镇宣传办公室提供　摄于2021年）

庄家坨村位于镇驻地南1千米处。东靠小海河，南与侯家村相望，西望小刘庄村，北临南店河。

明朝末年，庄姓8户由南店村迁至此地，依坨地定居，称庄家坨，隶属于南店村。1945年后，郑姓迁此定居。

2021年，全村有181户、525人，耕地239亩，虾池492亩。共有8姓（以男性计），庄姓人口居多。有中共党员32名。

组织建设　1961年，庄茂全、庄光三在南店村加入中国共产党。1962年，与嫁到本村的女中共党员冯德英3人，成立党支部。

1953年，成立3个互助组。1955年，成立盐丰盐业、海生农业初级合作社。1957年，成立盐农高级合作社。1958年9月，随同南店为海生人民公社的一个生产大队。是年，8户去小刘庄食堂，29户在南店食堂吃饭。1962年，从南店大队析出，为庄家坨生产大队。1984年冬，改称庄家坨村。

联产承包责任制　1983年，实行联产承包责任制，全大队239亩耕地，全部承包给社员自主耕种。1999年12月，对土地进行30年延包。

1962 年以来涛雒镇庄家坨村
党组织主要负责人任职更迭表

表 24—51

职务	姓名	性别	任职时间
书记	庄茂全	男	1962—1968.3
组长	庄光三	男	1970.1—1971
书记	庄光三	男	1971.3—1984.12
书记	庄光森	男	1984.12—1998.12
书记	庄光义	男	1998.12—2007.11
书记	庄建同	男	2007.11—2011
书记	庄光慈	男	2011—

1962 年以来涛雒镇庄家坨村
主要负责人任职更迭表

表 24—52

职务	姓名	性别	任职时间
大队长	庄建廷	男	1962—1964
大队长	庄茂全	男	1964—1968
革委会主任	庄建艾	男	1968—1971
革委会主任	庄茂全	男	1971—1978
革委会主任	庄建文	男	1978—1982
管委会主任	庄建文	男	1982—1984
村委会主任	庄建文	男	1984—1985
村委会主任	庄光义	男	1986—1999
村委会主任	庄建同	男	1999—2011
村委会主任	庄光慈	男	2011—

农田水利 1970 年，在南店河堤修扬水站一座，用 8.82 千瓦柴油机提水，后改用 13 千瓦电动机配 25 型混流泵提水；修石渠 600 米到田间地头。1970 年冬始，在南店河上围阡堵水。2000 年，在南店河老桥底砌石墙堵水。2013 年，因南店河拓宽加固，堵水石墙废止。

人畜用水 中华人民共和国成立前后，用村西北角一口石砌溇水井，或到南店河挑水吃。1970 年，在村西挖一蓄水池塘，修一滤水井，挖渠 1000 米，引石梁河水为人畜用水。1977 年，刘庄管区 8 个大队联合，在小刘庄地块打井建水塔，铺设管道入户，1999 年解体。2000 年，在大刘庄前本村地块打井，铺管道、安装变压器 1 台，变频控制，供本村与大、小刘庄村人畜用水。2011 年，由镇供水中心供水。

畜禽养殖业 1963 年，各生产队养牛、猪。1993 年，庄光左建养鸡场一处。2001 年，村集体规划养殖区 1 处。2021 年，有养猪户 13 家。

海水养殖 1986 年，集体利用盐业蓄水库 30 亩，进行粗放型养殖中国对虾。1987 年，开挖虾池 50 亩，集体管理；1988 年承包到户，当年亩产对虾达 175 公斤。1996 年，开挖虾池 59 亩。1999 年，开始虾池混养对虾、车虾、梭子蟹等。2000 年，盐田全部开挖虾池，由 43 户村民承包养殖。

工厂化养殖 2005 年，4 户建大棚搞工厂化养殖大鲮鲆、龙鳞、星蝶鱼等。2021 年，有工厂化养殖大棚 37 个，主要养殖对虾、大鲮鲆、龙鳞、星蝶鱼等。

工副业 1965 年，大队成立皮匠组一个。1968 年，成立纺绳组，1993 年停业。1968 年，两个生产队都派人去莒县、沂南等地卖卤膏。2001 年，庄光慈建修理厂 1 处，后停业。

商业 1969 年，涛雒供销社在村设代销店，1984 年停办；是年，办个体超市 2 户。2021 年，村内有百货超市 2 家。

农机及交通运输工具 1970 年，购买 1140 型柴油机 1 台，用于盐业队提水及加工房为社员加工粮食。1978 年，改用电动机作动力。是年，购买上海 50 型拖拉机 2 台，用于食盐运销，1985 年卖掉。1982 年，庄光福购买解放牌挂车一辆搞运输。2021 年，全村有拖拉机 5 台，货车 2 辆，轿车 70 辆。

电力 1978 年，春通交流电，安装 50 千伏安变压器 1 台。2000 年，安装 50 千伏安变压器 1 台，架低压线 1500 米，供虾池用电。2010 年，变压器扩容至 160 千伏安。2013 年，有变压器 3 台 240 千伏安；个人安装变压器 11 台，570 千伏安。2021 年，更换 3 台 400 千伏变压器。

电讯 1993 年，村委办公室安装程控电话机 1 部。2021 年，全村电视以及成年人使用手机基本普及。

医疗卫生 1968年，女盐工庄光美任赤脚医生。1976年，庄建度为赤脚医生。是年，与南店大队卫生室合并。2004年，办新型合作医疗。

村庄规划建设 1958年，开始村庄规划：户宅基地长15米、宽15米，2户一体，房宽4米，檐口高2.7米。1985年，村民在原址翻新房屋，房宽5米，檐口高2.95米。2000年，在村前建村委办公室大院，房舍12间。2011年夏，对大街小巷石砌排水沟，硬化主街道1000米。2021年，进行雨污分流，绿化村内道路，修通南店河南沿河路。

2015年，被日照市精神文明建设委员会授予"市级文明村"称号。

第四章 下元管理区

下元管理区辖下元一、二、三村和上元村、崔家庄子村、东风村、华山村、簸箕笃子村、大羊卷村、赵家庄子村、西石梁头村、东石梁头村，计12个行政村。各村明代隶属进贤乡竭忠一隅涛洛里。清代隶属南乡南上二牌石梁社。1912年，隶属日照县涛雒区。1931年，隶属日照县第二区。1942年9月，隶属涛雒区。1950年5月，隶属日照县第七区。1956年1月，隶属磴山区。1958年1月，隶属下元乡，是年9月，隶属磴山人民公社。1959年2月，隶属下元人民公社。1962年12月，隶属涛雒区。1971年3月，隶属涛雒人民公社。1984年6月，下元一、二、三村和上元村、崔家庄子村，隶属涛雒区高旺乡；东风、华山、簸箕笃子、大羊卷、赵家庄子、西石梁头、东石梁头村隶属涛雒区李潭乡。1985年5月起，管理区各村隶属涛雒镇。

第一节 下元村

下元村位于镇驻地西南4千米处。东与高旺庄相望，南靠凤凰山，西依鸡鸣山，北望石梁头村。

元朝至顺年间，席姓、王姓到此居住建村，立村名下元。下元村以道教三元节中的"水官解厄之日"（下元节）而命名。1962年以前，为一个行政村，两个自然村（下元、徐家档子）。

1947年，全村有261户、1044人，3600余亩土地，山林场4800余亩。

组织建设 1939年，中共党员秦亢青等介绍李曰忠、孙济芹加入中国共产党。是年，李曰忠、孙济芹介绍秦洪奎加入中国共产党，成立党组织。1946年，先后成立农救会（会长孙济芹）、妇救会（会长秦孟森）、青救会（会长秦洪吉）、识字班（队长杨孟玉）、民兵队（队长李曰忠）、儿童团（团长秦洪友）。

1953年，成立5个互助组。1954年，成立胜星、红旗、先锋、爱国、联合、红星6个初级农业合作社。1955年，有胜星三号、红星、建民、胜星一号、胜星九号、先锋6个初级农业合作社。1956年，初级社合并成立高级社。1958年9月，为下元人民公社的一个生产大队；办5个食堂。

1962年，下元村分为3个行政大队，即下元一大队、下元二大队、下元三大队。

参军 1938年，秦振南、郑淑林；1939年，訾文德；1940年，秦玉芳、王佃芝、朱仕芳、宋光合、赵洪福；1942年，秦聿明；1944年，秦聿令、董茂胜、王金平、宋光禄；1945年，曹德连；1946年，徐宣昌、秦日成、潘为锦、孙树元、秦保林、赵洪春；1947年，孙纪木等，先后参军。

支前 1946年，徐宣言参加鲁南战役支前；1947年，王顺平、秦洪坤、黄德福、傅余明、陶孟元等参加孟良崮战役支前。1948年，时信成、秦玉安等人参加潍坊战役支前。

移民 1957年，丁元胜、秦小顺、秦金玲、刘为宝等，移民黑龙江省。

1939—1963 年涛雒镇下元村
党组织主要负责人任职更迭表

表 24—53

职务	姓名	性别	任职时间
指导员	孙济芹	男	1939—1947
书记	李曰忠	男	1947—1950
书记	秦洪奎	男	1951—1962

1945—1962 年涛雒镇下元村
主要负责人任职更迭表

表 24—54

职务	姓名	性别	任职时间
村长	秦洪光	男	1945—1954
高级社社长	秦洪光	男	1956—1958.9
大队长	王茂源	男	1958.9—1962

工副业 1922 年，秦孟宣经营豆瓣酱园，1945 年歇业。1925 年，秦、孙、赵三家各经营坊子一个，1945 年停业。1957 年，磴山区在本村设有一卷烟厂（大鸡牌卷烟），由秦孟贵、刘氏为主经营，1959 年停业。1957 年，秦福令开设商铺，经营日用百货，1986 年停业。1957 年后，磴山区政府在下元村建有花生庄、酒厂、化肥厂、皮革厂、造纸厂、面粉厂、机械厂、养殖场等，1963 年，或停业或迁往他处。

窑厂 1927 年，下元村与上元村的 10 家大户合资，在下元村北建大型立式砖瓦窑两座，取名“同盖瓦厂”，由秦华政主营。瓦厂占地 120 亩，主要生产小青瓦，兼产青砖。由于泥料上乘，烧制精巧，生产的砖瓦曾远销连云港、上海等地，瓦上印有“同盖瓦厂”字样。1937 年停业（今旧址尚在）。

集市 清光绪十二年（1886），已有下元集，集日为逢四排九。中华人民共和国成立前，集场设在庄西南河两岸。中华人民共和国成立后，移至庄西河两岸。下元集为域内规模较大的集贸市场之一，主要交易物资有海货类、果菜类、日用百货类、食品类、生产工具类、禽畜类等。20 世纪 80 年代后，因高旺集、东风集的设立，使集市规模趋小。1985 年，集场迁至下元村中心大街，主要交易物资有果菜类、食品类。

卫生 抗日战争胜利前，秦宝三以中药秘方专治妇科疾病。秦保红（字景飞）以西药为主办大洋药房一个。秦仲祥以中药为主开设大药房一个。1945 年停业。

山林场 1956 年前，全村有山林场 4800 余亩。分村时有 2200 亩。

人畜用水 1921 年，在村东南人工挖水井一眼，在村西北挖水井一眼。1932 年，在村东挖水井一眼，在村西河边挖水泉 3 处，供人畜用水。

下元一村

图 24—27　下元一村
（涛雒镇宣传办公室提供　摄于 2021 年）

下元一村位于镇驻地西南 4 千米处。东南与下元二村相望，南靠高柳路，西与簸箕笃子村相邻，北与石梁头村相邻。

原村落位于镇驻地西南 4.5 千米处，东与下元二村相邻，南望上元村，西与簸箕笃子村相望，北望石梁头村。

1962 年，全村有 102 户、480 人，800 亩土地。2021 年，全村 220 户、680 人，土地 2520.87 亩，耕地 1152.39 亩，山场 1600 亩。有 17 姓（以男性计），秦、徐姓人口居多。有中共党员 33 名。

组织建设 1962 年，大队有中共党员秦洪奎、王茂来、秦玉石、徐宣昌、侯照林、秦洪新、王茂升、秦日成、潘为锦、徐茂贤、徐茂荣（女）11 人，成立中共下元一大队支部。

1962 年，下元分队时，本队称下元一大队。1984 年冬，改称下元一村。

1962 年以来涛雒镇下元一村
党组织主要负责人任职更迭表

表 24—55

职务	姓名	性别	任职时间
书记	秦洪奎	男	1962—1968
组长	王茂勇	男	1970—1971
书记	王茂勇	男	1971—1984
书记	王均法	男	1984—1988.6
书记	秦洪太	男	1988.6—1991.3
书记	庄佃发	男	1991.4—1997
书记	秦玉文	男	1997—2001
书记	庄佃发	男	2002—2004.9
书记	黄庆林	男	2004.10—

1962 年以来涛雒镇下元一村
主要负责人任职更迭表

表 24—56

职务	姓名	性别	任职时间
大队长	王茂来	男	1962—1968
革委会主任	王茂来	男	1968—1970
革委会主任	秦洪太	男	1971—1982
管委会主任	秦洪太	男	1982—1984
村委会主任	庄佃发	男	1984—1990
村委会主任	秦玉文	男	1991—2001
村委会主任	黄庆林	男	2001—

联产承包责任制　1982 年春，实行联产承包责任制，全村 800 亩土地，以生产队为单位，把土地承包给社员自主种植。1998 年，进行第二轮土地延包，全村按统一标准，把耕地承包给村民种植。至 2021 年，全村耕地全部流转给东港水务集团和山东海洋文化旅游发展有限公司用于田园综合体和旅游开发建设。

林果业　1963 年，成立大队林业队，山林由大队林业队集体管理经营。是年，引刺槐上山，栽植板栗、花椒，引进南方桐油树，栽种黑松、茶树等。1968 年，大队林业队在山坡上建苹果园 15 亩。1985 年，林业队解散，林、果、茶承包给村民。1999 年伐树，场地成为砖厂和同三高速公路取土场。

茶园　1969 年，集体开垦山坡建茶园 10 亩，随后连年扩展茶园 30 亩，并建炒茶房屋 5 间，之后购置炒茶设备一套。1982 年，承包到户。2021 年，有茶园 24 亩。

养殖业　1997 年，刘加成等建家庭养鸡场 3 处，存栏 1.2 万只；徐彦全等建庭院养猪场 54 处，年总出栏量 3000 头。后陆续停业。

农机及交通运输工具　1970 年，大队购买 2.625 千瓦汽油机 1 台。1971 年，购买 8.82 千瓦柴油机 1 台。1973 年，购买 18.75 千瓦四轮拖拉机 1 台。1977 年，购买镇江 25 型柴油机配套扬水站。2021 年，村集体有洒水车一台、装载机一台、轻卡车一辆、轿车一辆、面包车一辆；村民有机动车 165 辆，其中货车 5 辆，轿车 80 辆，面包车 30 辆，摩托车 50 辆。

工副业　1971 年，购买 8.82 千瓦柴油机 1 台，配套粉碎机、碾米机、磨面机，建粮食加工房，1983 年停业。1991 年，建砖厂一座，2009 歇业。2003 年，建黏土空心砖厂一座，2009 年停业。1971 年，村成立采石队，1978 年停业。1971 年，大队成立木工组，由徐宣春担任组长，1976 年停业。1983 年，徐宣春等人建立油坊，1990 年停业。

农田水利　1977 年，购镇江 25 型柴油机配套扬水站。1980 年，挖大口井 4 眼。1992 年，修建库容 9.6 万立方米塘坝一座。1994 年，坡下修石渠 1800 米。1999 年，修村内石渠 400 米。2001 年，借同三高速公路用土之机，开挖建造储水 18 万方塘坝 2 处。2021 年，建有水库 2 座，库容 20 万立方米，打机井 5 眼，铺设管道 2000 米。

人畜用水　2007 年前，全村饮用水以山泉水为主。20 世纪 60 年代，在三道梁子大沟处，打水井 1 眼；在徐家档子竹园旁边打水井 1 眼；在南林打水井 1 眼，以保障人畜用水。2007 年，村庄整体搬迁后，铺设供水管道 10300 余米，由镇供水中心集中供水，户户通自来水。

商业　1978 年，供销社在本村设代销店一处，由孙树贵经营。1980 年，代销店流转给代销员徐茂顺。2003 年，个体工商户发展至 5 家。2021 年，全村个体工商户发展至 6 家，企业 1 家，合作社 1 家。

卫生 1962年，大队建保健室，保健员秦洪聚。1971年，秦玉学任“赤脚医生”。1975年后，黄庆林任村医。2004年，与下元二村、三村合办新型农村医疗。2021年，村集体建设卫生室一处。

电力 1982年，大队通交流电。搬迁后，安装600千伏安变压器，分8路支线。2021年，安装600千伏安变压器1台，200千伏安变压器1台。

电讯 1982年，徐茂顺在下元供销社购物中奖，得12英寸黑白电视一台。1993年，村集体安装1部程控电话机。2021年，全村电视和成年人使用手机已普及，建设智慧社区实现网络全覆盖。

村庄建设 2007年，实施村庄搬迁，建设后的新村占地135亩，共建设2栋办公楼，148栋二层居民楼，48户平房，便民超市1处。基础设施配套完善，硬化道路14条，计18800平方米；完成13000平方米综合广场建设，铺设排水、排污管道7700余米，铺设自来水管道10300余米，安装路灯80盏，修石渠700余米。2021年，村集体新建设党群服务中心一处，面积2200平方米，设有会议室700平方米、村史馆700平方米、图书室50平方米、游客接待中心300平方米和妇女儿童家园、老年康养中心450平方米。

2010年7月，被中华全国妇女联合会授予“全国妇联基层组织建设示范村”称号。2010年12月，被国家计划生育协会授予“全国计划生育协会先进单位”称号。2013年11月，被国家计划生育协会授予“人口和计划生育基层群众自治示范村居”称号。2011年7月1日，被中共中央组织部授予“全国先进基层党组织”称号。2011年12月，被中央精神文明建设指导委员会授予“全国文明村镇”称号。2014年9月，被中国生态文化协会授予“全国生态文化村”称号。2015年8月，被中华人民共和国国家旅游局评为“中国乡村旅游金牌农家乐”。2019年12月，被国家林业和草原局评为“全国森林乡村”。2021年9月，被中央农村工作领导小组办公室、中宣部、农业农村部、民政部、司法部、国家乡村振兴局评为“全国乡村治理示范村”。

下元二村

图24—28 下元二村村两委
（涛雒镇宣传办公室提供 摄于2021年）

下元二村位于镇驻地西南4千米处。东与下元三村相接，南望上元村，西望鸡鸣山，北靠高柳路。

1962年，全村有235户、740人，1320亩土地。2021年，全村有220户、720人；耕地1130亩，山场675亩；有26姓（以男性计）。有中共党员43名。

组织建设 1962年，大队有中共党员18名，建立中共下元二大队支部。1962年，下元分队时，称下元二大队；1984年冬，改称下元二村。

联产承包责任制 1983年，实行联产承包责任制，全大队1320亩土地，承包给社员自主耕种。

林业 山林主要以松树为主，有下元西山、笊篱头山和大旺山，其面积分别为420亩、180亩、75亩。河崖林场主要以槐树为主，其面积为140亩。

竹林 1975年，集体在大河崖栽植竹子40亩，2003年，因老化全部废除。

果树 1989年，集体在山后建苹果园90亩，承包到户。1999年废除。

桑园、瓜地 1990年冬，集体在大河崖里建桑园37亩，承包到农户。1998年，更新桑园，大片里、石坝路两侧，植桑园120亩，建瓜棚100亩，均承包给村民。

人畜用水 1962年前后，人畜用水靠村中间小河和庄前一眼水井、村后大园一眼水井。1970年起，村民自挖手压水井。2002年，秦绪营等部分村民自发在坡下打井安压力罐用水。2008 年 6 月，集体在大片里打水井 1 眼，村民用上自来水。2012 年，在高柳路南侧打深井，安装变频供水到户。

1962 年以来涛雒镇下元二村
党组织主要负责人任职更迭表

表 24—57

职务	姓名	性别	任职时间
书记	秦洪顺	男	1962.2—1968
组长	秦洪顺	男	1970—1971
书记	秦福兰	男	1971.1—1983.12
书记	王茂福	男	1984.1—1998.12
书记	秦玉湘	男	1999.1—2007.12
书记	孙树提	男	2008.1—2010.5
书记	秦玉津	男	2010.5—

1962 年以来涛雒镇下元二村
主要负责人任职更迭表

表 24—58

职务	姓名	性别	任职时间
大队长	铁均成	男	1962.2—1968.3
革委会主任	铁均成	男	1968.3—1982
管委会主任	王茂福	男	1982—1984
村委会主任	王振祥	男	1984—1993
村委会主任	郑培聚	男	1993—2002
村委会主任	秦玉湘	男	2002—2008.1
村委会主任	孙树提	男	2008.1—2010.4
村委会主任	秦玉津	男	2010.5—

农田灌溉 1968 年，修水渠 800 米，引日照水库南大干渠水到农田。1991 年，黄淮海平原综合开发修石渠 1200 米，建抗旱水井 4 眼。2011 年，打机井 28 眼，解决农田用水。2021 年，高标准农田建设，农田道路混凝土硬化 23000 余平方米，打井 45 眼（包括百米深水井 3 眼），建设农业用水拦河坝 1 处，蓄水池塘 2 处，水田安装水泵 20 台，每小时出水量达到 800 立方米，保证了村内 360 余亩稻田的用水。

农机及交通运输工具 1975 年，购买 17.64 千瓦拖拉机 1 台。2021 年，全村有轿车 53 辆，货车 8 辆。

商业 1962 年，有下元门市部一家。2021 年，有 2 家个体商铺。

工副业 1965 年，成立条编组，主要编制粪篓、筐子、粮食篓子，供各个生产队使用，于 1982 年停业。1969 年，成立粮食加工房，有柴油机 1 台，粉碎机 1 台，碾米机 1 台，实行联产承包制后，加工房解散。是年，成立粉条厂，1975 年解散。1972 年，成立打绳厂，主要纺织各种粗细不等的稻草绳，成品绳打捆后卖给采购站，1981 年停业。1975 年，成立药材队，分别在大河崖、西岭两片区域种植中草药。1979 年，药材队解体。1982 年，社员秦勇和傅成芝，相继成立粮食加工坊。2021 年，村内有粮食加工坊 2 家。

电力 1981 年，安装 30 千伏安变压器 1 台，通交流电。2013 年，重整电路，变压器增容为 420 千伏安。

电讯 1993 年，集体安装 1 部程控电话机。2021 年，全村电视和成人使用手机已普及。

医疗卫生 1962 年，宋开东任保健员。1983 年，个体行医。2004 年，与下元一村、三村合办新型农村医疗，宋开东任乡医。

村庄规划建设 20 世纪 60 年代，村庄居住零散杂乱，房屋土墙草顶，街道狭窄，宅基地为 289 平方米，小巷 3 米宽。1993 年开始，统一规划为：檐高 3.3 米，宽 5.4 米，房顶全部用瓦。2008 年，硬化村道路 1500 米。2013 年，村内主要街道全部硬化。2021 年，硬化村内街道、户户通道路 14000 余平方米，投资 400 余万元，进行村内污水处理和中心河治理，被评为市级美丽乡村。

下元三村

下元三村位于镇驻地西南 4 千米处。东与高旺村相望，南靠凤凰山，西与下元二村相连，北依高柳路。

1962 年，全村有 216 户、818 人，土地 1392 亩，山林场 300 亩。2021 年，全村有 270 户、895 人，

耕地998亩，山林场300亩。有58姓（男女都计），李、秦姓人口居多。有中共党员48名。

图24—29　下元三村
（涛雒镇宣传办公室提供　摄于2021年）

组织建设　1962年，大队有中共党员13名，同时成立中共下元三大队支部。

1962年，下元分队时，称为下元三大队。1984年冬，改称下元三村。

联产承包责任制　1982年，实行联产承包责任制，全大队1300亩土地，全部承包给社员自主耕种。

养殖业　1997年，在村东北挖虾池7个，占地76亩，由徐茂元等4户村民承包养鱼、养虾。2008年，在凤凰山后建养殖区，由秦玉恩等12户村民养猪。

林场　1962年以后，在菜山东坡，有松树、柞树等山林场300亩。

果园　1982年，集体在南岭建果园30亩，1993年承包给村民。1994年，镇工业办建窑厂，果园被毁。

桑园　1991年，集体在大阡东和卧龙潭植桑130多亩，村民承包采桑养蚕。后因经济效益低，大阡东桑树全部刨掉，剩卧龙潭70亩。2022年春，因农业项目开发需要，桑园全部刨除。

农机及交通运输工具　1972年，大队购8.82千瓦四轮拖拉机1台。2000年，傅承山购大型拖拉机1台。2013年，甄洪明购大型拖拉机1台，并享受国家农机补贴。2021年，全村有手扶拖拉机8台，四轮拖拉机3台，农用三轮车2辆，轿车90辆，面包车30辆，大货车3辆。

1962年以来涛雒镇下元三村
党组织主要负责人任职更迭表

表24—59

职务	姓名	性别	任职时间
书记	刘现明	男	1962—1968
组长	庄文瑶	男	1970.1—1971
书记	秦玉柿	男	1971—1978
书记	董凤安	男	1978—1993.5
书记	刘加进	男	1993.5—2002.6
书记	朱永光	男	2002.6—2021.4
书记	杨永询	男	2021.4—

1962年以来涛雒镇下元三村
主要负责人任职更迭表

表24—60

职务	姓名	性别	任职时间
大队长	李曰忠	男	1962—1968
革委会主任	李丹廷	男	1968—1972
革委会主任	高月芹	男	1972—1980
革委会主任	李学员	男	1980—1982
管委会主任	李学员	男	1982—1984
村委会主任	李学员	男	1984—1986
村委会主任	李根仓	男	1986—2002.6
村委会主任	朱永光	男	2002.6—2021.5
村委会主任	杨永询	男	2021.5—

人畜用水　1962年，人畜用水靠村里6眼水井和西河泉水。1970年后，村民在院中自挖手压水井。2003年8月，在东旱园打机井1眼，通自来水，后因水质差停用。2004年，在干河崖打井，供村民用水，因水质逐渐变差，于2013年往北移200米，新打水井1眼，供村民用水，原井停用。

农田水利　1980年，在东小路子挖大口井1眼，因水量有限，2012年填平。1989年，在干河下游修水闸1座，用了几年后损坏。1994年，黄淮海平原农业综合开发，修石渠2100米，建机井

3眼。2004年，在南岭修塘坝2座；2007年塘坝扩建，容量达16.2万立方米。2006年，南干渠停水，农田靠机井。2012—2013年，打机井22眼。

商业 1962年分队时，有下元供销社门市部一处。1996年，门市部被刘加瑞承包经营至今。2021年，村内有4家小卖部。

工副业 1962年分队后，由社员秦玉贵、秦玉素等人合伙开油坊，利用老式榨油器材，榨花生油；2006年，村民秦洪珍父子开油坊。1962年，大队办条编组，由秦福钦、李少春用棉槐条编制篓、筐；各生产队派人学习编篓、筐自用；1982年停业。1966年，组织采石队，甄连根负责，1978年解体。1969年，大队购44.1千瓦柴油机1台，办粮食、饲料加工房，刘佃合负责。两年后，柴油机卖掉，加工房被生产队接管。1980年，第四生产队购8台打草绳机，两年后草绳机卖掉。1982年，秦玉勇办地毯厂，装机10台，3年后停办。2005年，李伟安装机器2台，办电脑刺绣，后停办。

窑厂 1963年，在老窑厂废址重建窑厂，由杨孟宗负责。之后由李世保、李根深等人相继负责生产，1983年停办。1984年，杨孟宗重新组织生产1年，因用土受限，窑厂停办。

电力 1982年，大队通交流电。

电讯 1982年，相金生在下元供销社购物中奖，得12英寸黑白电视机1台。1983年，刘加进、朱永光、郑世亮3人成立电影队，购置电影放映机1部，在本村设立电影院，每晚社员购票看电影，1993年停办。1993年，村集体安装1部程控电话机。2021年，全村电视以及成年人使用手机已基本普及。

医疗卫生 1962年，秦玉明任保健员，后来，老中医秦仲祥参加。1982年，卫生室解体，个人办诊所。2004年，与下元一村、二村联合，在本村办新型合作医疗，秦晋、王运青任乡村医生。

村庄规划建设 1972年，规划南北大街宽8米，其他街宽6米，小巷宽3米；户宅基地面积238平方米；东沟两侧房屋檐口高2.3米，宽3.3米。从1985年开始，社员翻建房屋，檐口高3.4米，宽5.4米。2005年，主要街道安装路灯。2006年，硬化村内外道路13条，主道宽5米，其他宽4米。

中共下元特别支部旧址 中共下元特别支部旧址，坐落于下元村中部，为下元秦姓地主房屋，建于1927年，共有房屋三栋10间。1938年6月，国民党第五十七军第一一二师六六七团抗日宣传队住下元，成立了“中共下元特别支部”。2008年6月，日照市委党史研究室在此立石碑一座。

第二节 上元村

图 24—30 上元村村貌（初林魁摄于2021年6月）

上元村位于镇驻地西南5千米处。东依凤凰山，南与大草坡村相邻，西靠磴山东麓，北邻下元村。多为丘陵地。

明洪武初年，席、王姓来此居住建村。因地处南北陆路交通要冲，王姓在此设店，曾名“山店子”。清康熙初年，秦姓等到此定居。因村居高处，北邻下元，故易名上元村。

1947年，全村有162户、24人，耕地1900亩，山林3450亩。2021年，全村有302户、760人，1006亩耕地。有64姓（男女都计），秦姓人口居多。有中共党员41名。

组织建设 1938年，刘贤庄在山字河扎觅汉，经郑姓干部介绍，加入中国共产党；秦玉提在黄家峪，经崔久铎等介绍，加入中国共产党。1945年，庄文宣经驻村干部王运德等介绍，加入中国共产党。是年，成立党组织。

1946年，许加胜经胡维祯等介绍，加入中国共产党。1947年至中华人民共和国成立9月，许加茂、秦玉松、郭公全、郑全亮（女）等，先后加入中国共产党。

1945 年以来涛雒镇上元村
党组织主要负责人任职更迭表

表 24—61

职务	姓名	性别	任职时间
指导员	秦玉提	男	1945—1947
书记	庄文宣	男	1947—1950.1
书记	许延山	男	1950.1—1950.12
书记	许加胜	男	1950.12—1954.8
书记	许加茂	男	1954.8—1955.6
书记	宋连奎	女	1955.6—1957.8
书记	秦洪富	男	1957.8—1960.12
书记	王运木	男	1960.12—1968.3
组长	王茂悟	男	1970.1—1971.3
书记	刘月山	男	1971.3—1982.11
书记	许传新	男	1982.11—1996.1
书记	刘现建	男	1996.2—2000.2
书记	秦四元	男	2000.2—2002.5
书记	许传海	男	2002.5—2010.6
书记	秦四龙	男	2010.6—2012.1
书记	秦　伟	男	2012.1—

1945 年以来涛雒镇上元村
主要负责人任职更迭表

表 24—62

职务	姓名	性别	任职时间
村长	孙树志	男	1945—1946
村长	丁惟仙	男	1946—1948
村长	刘世山	男	1948—1950
村长	秦玉森	男	1950—1954
高级社社长	宋连奎	女	1956—1958.9
大队长	刘月山	男	1958.9—1968
革委会主任	刘月山	男	1968—1970
革委会主任	王运木	男	1970—1980
革委会主任	秦玉忠	男	1980—1982
管委会主任	秦玉忠	男	1982—1984
村委会主任	秦玉忠	男	1984—1990
村委会主任	刘贤建	男	1990—1996
村委会主任	秦四元	男	1996—2002
村委会主任	许传海	男	2003—2011
村委会主任	秦四龙	男	2011—2012.1
村委会主任	秦　伟	男	2012.1—

1946 年后，先后成立农救会（会长秦洪文）、民兵队（队长秦洪超）、妇救会（会长郭公美）、青救会（会长秦玉桂）、识字班（队长丁为娥）、儿童团（团长许传松）。村公安员刘贤亮。

1952 年，成立 5 个互助组。1955 年 1 月，成立“前进 1 号”“前进 3 号”“前进 6 号”“前进 7 号”4 个初级农业合作社。1956 年，初级社合并成立高级农业合作社。1958 年 9 月，为磴山人民公社的一个生产大队；办 4 个食堂。1984 年冬，改称上元村。

参军　1938—1949 年，秦寄萍、秦亢青、秦福贵、郭公进、李绪进、李绪芹、侯永德、刘月山等，先后参加中国共产党领导的部队。

支前　1947—1948 年，由许加胜、庄文宣带队，组织三批计 36 人出夫支前。自备担架、小推车，随军转战南北，出色地完成了运送粮草弹药和抢运伤员等任务。

移民　1955 年，孙树文、孙任先 2 户，移民黑龙江省依安县；王运启 1 户，移民黑龙江省嫩江县，支边垦田。

联产承包责任制　1981 年秋，实行联产承包责任制，全大队 1180 亩土地，按人口平均承包到户，社员自主耕种。

林场　1957 年，个体林场打价入社，总面积 3450 亩。1983 年冬，部分山林按每人 1.8 亩分配到户。2003 年，分配到户的林场，集体全部收回。从 2004 年开始，大部分林场先后被天台山风景区、磴山风景区和阿掖山集团租用。

山林队　个体林场入社后，社里选派护林员。1959 年，大队成立山林队，队长刘为玉，队员 30 人。1961 年，刘贤生任山林队长，队员增至 50 人。队员由各生产队选派（评工分分红带草至所在生产队，此分配方式一直到 1983 年）。山林队除管理和利用好林场资源外，还发展多种经营。1962 年，山林队在竹山东坡建羊圈养山羊，多时达 80 余头，1983 年撤销。1963 年，在石砬子建猪圈养猪，存栏量多时 40 余头，1983 年撤销。1964 年，在竹山东坡建苹果园 72 亩，1983 年，转个人承包，1995 年，因品种老化伐掉，转归集体栽杨树。1965 年，山林队又增 20 人，是年，成立条编组，利用绵槐条子编织粪筐、大篮、果筐等，1983 年解散。1973 年，在石砬子北边建茶园 50 亩，在四门口水库北岸建茶园 7 亩，1983 年，承包给个人。1973 年，在石砬子建粉房，成立粉条厂，1982 年解散。1983 年冬，山林队解散。没分配到户的林场，大队选派 5 人管理，称“采伐组”，1997 年撤销。2003 年，分配到户的林场，集体全部收回。2013 年，村委选派 4 人护理林场，划片分工，上级林业部门发放标志服饰和补贴，村两委管理。

农田改造 1958—1969 年，先后对火石岭子、舍林沟、竹山东坡、秦家林、西岭等处地片，进行挖石盖土，筑墙整平，共计 220 亩。利用冬季，挖洼泥、推海子泥、抬河沙压地，改良农田 450 亩。至 1981 年，88% 的农田都经过不同形式的改造。

农机及交通运输工具 1976 年，大队购买 1 台抽水机。1978 年，第一生产队购买 8.82 千瓦手扶拖拉机 1 台。1980 年，其他生产队也购置同型号手扶拖拉机。实行联产承包责任制后，家庭购买各型号拖拉机、打麦机、喷灌机等。1984 年，大队购买 36.75 千瓦拖拉机 1 台。1992 年，全村有各种型号的拖拉机 36 台，打麦机 4 台，喷灌机 12 台。2021 年，全村有小型拖拉机 16 台，三轮车 4 台，农用车 5 台，联合收割机 1 台，有各种类型的喷灌机 60 多台（套），轿车 86 辆，面包车 14 辆。

农田水利 1950—1960 年，先后截沟叉闸塘坝 19 处，蓄水量多时达 7.2 万立方米。1991 年，在热窝西沟建塘坝一处，蓄水 1.2 万立方米。

1978 年，为引用日照水库南干渠之水，集体投资 5 万余元，在火石岭子下端，建机灌站 1 处，配用 36.75 千瓦柴油机 1 台，扬程 60 米，地下管道 380 米，地面水渠 1800 米，基本覆盖村内农田。后因费用太高及水资源不足，1984 年废弃。

人畜饮水 1970 年前，人畜用水主要靠几个山泉。1970—1974 年，成立了专业打井队，人工掘井三处，县水利局在村内用机械钻井 1 处，均因水源不足而废弃。1975 年，在县水利局扶持下，在驴山后沟打深 10 米大口井 1 处，配 36.75 千瓦柴油机 1 台，地下管道输水（扬程 62 米）至驴山顶大水池，再沿地下管道分送至村中几个供水点，定时为社员供水。2003 年，改用电力变频供水，供水线路扩大至西山和凤凰山前居民点。同时，铺设管道供水到户。

工副业 中华人民共和国成立前，村内秦志坦、秦志侃兄弟俩开办油坊，养马 12 匹，用来拉碾碾糁；秦福早开办染坊；中华人民共和国成立后停业。1968 年，大队成立木工组，负责人许加昌；瓦工组，负责人秦洪连；采石队，负责人秦玉深。次年，设立了粮食加工房，负责人王延德。1970 年，成立了成衣铺，负责人秦士永。人员由大队管理，定期向大队交钱买工分。1980 年前后，全部解散。1982 年，大队成立砖坯场，负责人刘为福；1986 年并入镇窑厂。1990 年后，村里有秦四德、秦四朋先后组成临时建筑队。2012 年，村民王勇在凤凰山前建石材厂，后停办。

畜禽养殖 中华人民共和国成立后，大牲畜养殖主要以生产队为单位，禽类养殖以户为单位，量小，品种单纯。2001 年，先后将荒废地租给村民养猪、养羊等。2021 年，全村有养羊户 2 家，存栏量 60 头；养牛户 2 家，存栏量 10 头；生猪养殖户 8 家，存栏量 200 头。

商业 1942 年，秦洪珍开设一个小卖店，经营一般日用品。1947 年，村集体采用入股形式，办起“利民合作社”，主要经销布匹、油、酒、糖、茶等日用品。1953 年，涛雒供销联社在上元村设门市部，利民合作社停办。1963 年 4 月，门市部撤销，设代销店，刘为奎经营。1980 年，代销店由刘为奎承包。1983 年后，村内先后有滕以峰、秦品四等 14 家办起经销店，但为期均不长。2021 年，有百货超市 1 家，经营日用百货、蔬菜饮食、农资建材等。

电力 1981 年，由结庄营房接通交流电。1997 年，全面整改线路。2001 年，改由下元三村接通，并就局部线路作了调整。2006 年，统一更换电线，又于村后添置 1 台变压器。

电讯 1958 年，大队办公室安装手摇电话机 1 部，1963 年撤。1993 年，村委办公室安装程控电话机 1 部。随后，村代销店和部分村民先后安装。1968 年，大队小学购置村内首架晶体管收音机。1984 年，秦永四购买 14 英寸黑白电视机 1 台。20 世纪 90 年代末，收音机，录音机已普及，黑白电视也基本普及，部分家庭已购买彩色电视机。2006 年，村内引进有线电视，黑白电视已基本淘汰。2021 年，全村电视以及成年人使用手机已基本普及。

医疗卫生 清光绪四年（1878），秦福宸（字悝斋）开设私人诊所，行医售药，1945年停办。1948年冬，村集体用“福泰”房屋3间办药铺，坐诊医生秦洪基，司药秦玉桂；1950年春，并入西林子头药铺。1954—1966年，大队设保健员，先后有秦玉云、秦玉杰任保健员。1967年，大队成立卫生室，卫生员秦玉杰、秦玉凤。1968年秋，大队成立合作医疗卫生室，赤脚医生秦四明、司药许传新。1981年，医疗卫生室由秦玉凤、秦荣四承包。1994年，秦玉凤因年老离职，秦荣四主持。2004年，实施新型农村合作医疗，卫生所由秦荣四、秦玉杰经办。2010年8月，秦四明退休回村后，开办元和大药房，坐诊售药。

村庄规划建设 1962年，因四门口水库修建，其北岸郭姓、李姓共7户，由政府扶持迁至热窝。从20世纪70年代初开始，前河崖全部和南山后、西山热窝部分共41户，先后由各生产队帮助迁居村中心。2004年，硬化村前至204国道道路和村内两横三纵5条主要街道。2009年，硬化南至大草坡村西，北到下元二村的村内南北路。2013年，村内大街、小巷基本实现了硬化。

2005年，村中心主街道安装路灯40盏；改建村办公室及大院。2009年，在村前填沟建村民健身广场。2010年，在南山、西山居住区安装路灯20盏。

第三节　崔家庄子村

图24—31　崔家庄子村

（涛雒镇宣传办公室提供　摄于2021年）

崔家庄子村位于镇驻地南4千米处。坐落在凤凰山东北面山脚下，东邻204国道，南依烽火台，西靠沈海高速公路，北望竹子河。

明嘉靖年间，崔姓在此居住建村，取名崔家庄子。

1947年，全村有96户、367人，耕地108亩。2021年，全村有286户、820人，耕面积539.7亩。有13姓（以男性计），贾、刘姓人口居多。有中共党员29名。

组织建设 1945年，由驻村干部庄文宣和周光义介绍，刘世治、宋光略、孙树早加入中国共产党，成立党组织。1946—1949年，秦四共、贾仁昌、陈为明、刘为强等，由村中党员介绍，加入中国共产党。

1946年底，先后成立民兵队（队长宋光略）、识字班（队长刘为兰）、儿童团（团长陈为明）。1947年，成立农救会（会长秦玉善）。中华人民共和国成立，成立妇救会（会长朱志兰）。

1953年，成立6个生产互助组。1954—1955年，成立工农、胜星十号、胜星十一号3个初级农业合作社。1956年，成立建国高级农业合作社。1958年9月，为磴山人民公社的一个生产大队；办2个食堂。1984年冬，改称崔家庄子村。

参军 1937年，丁肇申；1940年，贾玉昌；1941年，宋光石；1942年，陈维仁、陈维路兄弟二人；1943年，孙树成；1945年，贾志昌、刘世海；1946年，黄庆义、李海云参军。

支前 1947—1948年，支前队伍共3批。孙树早、孙济礼、陈为陆、宋光略、丁来玉等随军送粮草、抬担架。妇女、识字班做军鞋、军衣、烙煎饼。

联产承包责任制 1982年，实行联产承包责任制，全大队539.7亩土地，按人口平均承包给社员自主耕种。

林业 1953年，集体在烽火台、凤凰山东面，栽植松、柏树28000棵。1962年，在烽火台东面、北面，种植刺槐树3500株。1964年，在磴山东南（四门口村西）林场（20亩），种植松树2600株，属集体所有。2021年，有林场200亩。

1945 年以来涛雒镇崔家庄子村党组织主要负责人任职更迭表

表 24—63

职务	姓名	性别	任职时间
指导员	刘世治	男	1945.3—1947.7
书记	刘世治	男	1947.7—1949.11
书记	黄庆义	男	1949.12—1959.12
书记	孙济礼	男	1960.1—1968
组长	孙济礼	男	1970—1971.1
书记	孙济礼	男	1971.1—1982.1
书记	贾世义	男	1982.1—1985.1
书记	贾进昌	男	1985.1—1992.4
书记	刘提贤	男	1992.4—1995.12
书记	刘加彦	男	1996.1—1998.12
书记	孙先锋	男	1999.1—2003.4
书记	刘加芹	男	2003.4—2003.8
书记	张　伟	男	2005.1—

1945 年以来涛雒镇崔家庄子村主要负责人任职更迭表

表 24—64

职务	姓名	性别	任职时间
村长	秦玉善	男	1945—1946.12
村长	贾顺昌	男	1947.1—1954
高级社长	刘世义	男	1956—1958.9
大队长	刘世义	男	1958.9—1968.3
革委会主任	贾进元	男	1968.4—1971.1
革委会主任	刘世义	男	1971.1—1977.2
革委会主任	刘提贤	男	1977.2—1982.3
管委会主任	刘提贤	男	1982.3—1984
村委会主任	刘提贤	男	1984—1987.1
村委会主任	孙先进	男	1987.2—1990.1
村委会主任	孙济合	男	1990.1—1998.12
村委会主任	孙先锋	男	1999.1—2004.12
村委会主任	张　伟	男	2005.1—

果茶园　1968 年，集体在烽火台以东，建苹果园 20 亩，集体经营。1972 年，在水库南面，建苹果园 30 亩。1984 年后，由朱立亮、丁科智等人承包经营。1991 年，在烽台南面，集体建茶园 30 亩，建房 3 间，专人看护，后由村民承包经营。后果园、茶园全部改种桃树。2021 年，有桃园 180 亩。

农田水利　1968 年 4 月，日照水库南干渠通水，是年，在村西修石渠 600 米，引水种植水稻。1976 年，在村南修建扬水站一座，铺设管道 1000 米，购置 36.75 千瓦柴油机，配备大型水泵，实现了烽火台周边 300 亩耕地的自流灌溉。

人畜用水　1964 年前，人畜用水靠村东北角的一口石砌水井。1964 年，在村西南角打井一口。2006 年，在村南和村西各打水井一口，铺设引水管道到户。2013 年，在村北头打深 153 米的水井供水。

畜禽养殖　2017 年，聚胜农业科技公司建养牛场，占地 30 亩，存栏量 300 头。

工副业　中华人民共和国成立前后，村民以芦苇编织为主要经济来源。1962 年，集体成立了席业合作社，黄庆义任社长，为日照县土产杂品公司加工芦席、苇笠等手工编织产品。　芦席、苇笠、结子（条形状，旧时囤粮用）是芦苇编织业三大品牌，成为集体的支柱产业。是年，相继成立了采石队、油坊、建筑队、运输队等。1968 年，成立粮食加工房，用 5.88 千瓦柴油机为动力，带动粉碎机、磨面机、碾米机，为社员加工粮食。

1989 年 9 月，丁京成、孙先义办砖窑厂。1993 年 9 月，李宜宝经营砖窑厂。1995 年 9 月，丁京茂、秦绪文、孙先环等人合建石子场。2000 年 9 月，朱迪双、朱迪连兄弟二人创办日照宏建贸易公司，加工铁制品。2001 年 8 月，贾秀鹏创立贾氏家纺。2002 年 8 月，叶京亮建电脑绣花厂；朱立友、朱立元、陈德友、黄柱昌、朱立全、陈令国等人先后成立建筑工程队；陈德全搞起了模板租赁；丁开峰自购船只，从事海洋捕捞；贾世军、刘虎等先后从事铝合金、钢结构制作；陈令福搞起了大型工程机械租赁。贾世民、贾世提兄弟两人分别从事汽车和摩托车修理。2010 年，村民秦绪文、秦绪华分别经营宾馆，从事餐饮服务业。2017年，招引聚盛生态农业科技有限公司来村发展生态规模化养牛。2021年，有生态农业科技公司1家，养牛300头，占地30亩。

商业 中华人民共和国成立前，刘允密、刘世鸿父子在村中开设1家小卖铺，主要经营生活用品。1953年，涛雒供销联社在本村设代销店，代销员贾世义。1982年，代销店流转给刘为友个体经营。2021年，全村有个体经营百货小商店3家、屠宰销售户1家。

农机及交通运输工具 1968年，集体购买5.88千瓦柴油机1台。1974年，购买8.82千瓦四轮拖拉机1台。1977年，集体购买8.82千瓦手扶拖拉机3台，用以耕地、运输。1979年，开始推广使用喷灌机。1982年，丁开见、孙树廷先后购买8.82千瓦手扶拖拉机。1983年，孙先营购买四轮拖拉机1台。1990年，陈德富、孙先义各购买小型货车1辆，搞蔬菜远程运输。1998年，黄伟购买19座客车，从事短途客运。2000年，孙先芹、丁京彦购买五征农用大三轮车。2002年，刘现鹏购买大功率东方红拖拉机1台。高四升、孙先乐购买农用车，从事石块、红砖、煤炭废渣运输。2003年，刘为国购大功率双桥车，从事运输土石。2005年，黄伟购买联合收割机1台。2006年，刘现鹏购买联合收割机2台。2009年，刘加宝购买东方红拖拉机1台。2021年，全村有收割机3台，喷灌机180台，农用车6辆，轿车80余辆。

电力 1980年，通交流电。2013年4月，更换变压器3台。

电讯 1958年，大队安装手摇电话机一部。1993年，村集体安装程控电话机一部。1985年，陈德全、刘惟环两家先后购买12英寸黑白电视机一台。2021年，全村电视以及成年人使用手机已基本普及。

医疗卫生 1959年12月，成立了保健室，黄运昌任保健员。1968年，大队办合作医疗，社员看病所需医药费，实行全部或部分报销，保健员改称赤脚医生。1983年，集体医疗室撤销，黄运昌开办个人诊所。1999年，黄伟经营医疗室。2004年，办新型合作医疗。

村庄规划建设 1967年，集体规划东西、南北各一条宽12米的中心街；房屋为两户一体，六户一方；户宅基地面积256平方米，房屋檐口高2.6米，宽4米。1999年，村民在原址翻建房屋，檐口高3.4米，房宽5.4米。中心街全部安装路灯。2005年，中心街道两边砌石渠，硬化路面；在村东规划建二层楼房区。2008年，在村前村后，规划了部分老年房。

第四节 东风村

图24—32 东风村村貌（初林魁摄于2021年6月）

东风村位于镇驻地西南6千米处。东依簸箕笃子村，南靠华山村，西邻大羊卷村、赵家庄子村，北望李家潭崖村。

明洪武元年（1368），战姓、王姓来此居住建村，与今簸箕笃子村共为一个村。因南山形状如簸箕，而村庄位于前沿，故得名簸箕掌。清咸丰年间，秀才肖学龄将村改名为吉掌村。1947年，分为簸箕笃子村和吉掌村。

1947年，全村有80户、400人，耕地854亩，山场96亩。2021年，全村有220户、720人，耕地817亩，山场97亩。有51姓（男女都计），肖姓人口居多。有中共党员36人。

组织建设 1946年，在驻村干部介绍下，肖德晋、肖培凯、肖培季、谭德仁、肖增科等，加入中国共产党，成立党组织。

1946年底，先后成立民兵队（队长肖培慈）、识字班（队长王均字）、儿童团（团长王茂生）、农救会（会长战茂成）。1949年成立妇救会，会长阚永玉。

1946 年以来涛雒镇东风村党组织主要负责人任职更迭表

表 24—65

职务	姓名	性别	任职时间
指导员	肖德晋	男	1946.3—1947.7
书记	肖德晋	男	1947.7—1953.7
书记	周绪臣	男	1953.7—1956
书记	丁为胜	男	1956—1960
书记	肖德晋	男	1960—1968
组长	肖德晋	男	1970—1971
书记	肖德晋	男	1971—1982.12
书记	肖增胜	男	1983.1—1998.12
书记	王云智	男	1999.1—2007.8
书记	肖 志	男	2007.9—2014.9
书记	肖增绪	男	2014.9—

1945 年以来涛雒镇东风村主要负责人任职更迭表

表 24—66

职务	姓名	性别	任职时间
村长	战茂胜	男	1945—1947
村长	梁崇清	男	1948—1952
村长	周绪臣	男	1953—1954
高级社社长	丁为胜	男	1956.3—1958.9
大队长	丁为胜	男	1958.9—1962
大队长	肖培来	男	1962—1966.7
大队长	王刚平	男	1966.8—1968
革委会主任	王刚平	男	1968—1982
管委会主任	王刚平	男	1982—1984
村委会主任	肖培瑞	男	1984—1990.7
村委会主任	肖培余	男	1990.8—2002.3
村委会主任	肖 志	男	2002.4—2014.9
村委会主任	肖增绪	男	2014.11—

1952 年，成立 2 个生产互助组。1955 年，成立红星、富强两个初级合作社。1956 年，初级社合并成立高级合作社。是年，同大羊卷村、赵家庄子村成立一个高级合作社，社长丁为胜（赵家庄子村人）。1958 年 9 月，为磴山人民公社的一个生产大队；吉掌村办 2 个食堂。1962 年，3 个村分开，为下元人民公社的一个生产大队。1966 年，吉掌村改名为东风大队。1984 年冬，改称东风村。

参军 参军人员：1943 年，周绪美；1944 年，肖培泗、肖德才；1948 年，肖增元、肖增军、庄日波。

支前 1947—1948 年，村支前队伍共 3 批。主要任务是随军送粮草等。妇女识字班做军鞋、军衣、烙煎饼。

外迁及接收移民 1955 年，庄茂发等 5 户，移民黑龙江，垦荒种田。1959 年，秦洪仁等 5 户，移民黑龙江，建三江农场。

1972 年，大队集体接收安置费守功等 8 户日照水库库区移民。

接收下乡知识青年 1975 年，大队接收来自青岛、临沂的下乡知识青年 12 人（男生 5 人，女生 7 人），食宿在大队中心的集体房子。与社员共同劳动，记工分。1977 年，知青全部返城。

联产承包责任制 1983 年，实行联产承包责任制，全大队 854 亩土地，全部承包给社员自主耕种。

养殖业 1978 年，大队成立养貂场，场长梁永培，1982 年底停业。1984 年，集体开挖 8 个鱼池，共计 24 亩，由个人承包养鱼。1990 年，填平 5 处，剩 3 处鱼池由王刚平承包。1985 年，涛雒供销社扶持引进长毛兔家庭养殖。2004 年，规划养殖区 3 处，有规模养猪户 20 家。2021 年，全村有规模养猪户 5 家，存栏量 500 头；淡水养殖 1 家，养殖面积 5 亩。

农机及交通运输工具 1971 年，大队购买 8.82 千瓦四轮拖拉机 1 辆。是年，购 8.82 千瓦柴油机 1 台，用以磨面房、油坊使用。1975 年，购置 17.64 千瓦四轮拖拉机 1 台。1976 年，日照县政府奖励 17.64 千瓦四轮拖拉机 1 台。1978 年，购置 8.82 千瓦拖拉机 6 台。1983 年，全村添置 8.82 千瓦四轮拖拉机 9 台。2008 年，有大货车 6 辆，小货车 10 辆，轿车 6 辆，各种拖拉机 40 辆，三轮车 10 辆。2009 年，村民肖增余、肖培祥，分别购买大型农田深耕机械。2021年，肖增余新购一台新型深耕机。2021年，有货车5辆，农业机械5辆，轿车58辆，面包车11辆。

山林场 1947年5月，与簸箕笃子分村时，分得山场96亩。1984年，分包到户，2000年，收归集体。

果园 1965年，大队在村西、村南建果园60亩，集体经营。1983年，在村南建果园30亩，1984年，由30户村民承包。1995年，先后在村西、南建桃园50亩，承包到户；2005年，顶口粮田后，由农户伐掉。2015年，村民栽植桃树300亩，后因洪涝灾害等，桃园面积有所减少。2022年，村内有桃园200亩。

桑园 1992年，集体在村东植桑70亩。1999年，建桑园120亩，农户承包。因经济效益低，2007年，桑树全部刨掉。

茶园 1994年3月，在村南岭建茶园80亩，后因经济效益低，1998年全部伐掉。2020年后，有农户种植茶树。2022年，村内有茶园11亩。

竹林 1962年，在村东、西河建竹园3处，共计60亩，2003年开始，先后承包到户。

农田水利 1966年春，在南岭修小型塘坝一座，命名“三八水库”。2003年，在南岭建塘坝一处。是年，在农田里分别打机井8眼。2006年，日照水库不再供水后，全部用机井的水。2017年，村集体完成了井井通工程。2022年，全村共有23眼机井。

人畜用水 1978年前，人畜用水靠村北大井的水。1978年，在村后挖内径6米、深14米的大口井，并建扬水站，铺设水泥管道500米，用电机带动水泵供水，村内设供水点。1998年，铺设管道供水到户。2006年，在村北新建深15米水井1处，安装变频供水。

工副业 中华人民共和国成立前，肖培廷办油坊1处。1964年，在村后盖房四间，建粮食加工房，用14.7千瓦的柴油机为动力，带动粉碎机，为社员加工粮食，负责人庄建早。1966年，建木工组，负责人肖培凯；采石队，负责人肖培来；条编组、建筑队，负责人谭德仁。1984年，集体办面粉加工厂，负责人肖培余，1992年，王云智承包，2003年，肖光帅承包。1986年，肖培富、梁仁培办起个体加工厂；肖光林组建农村建筑队。2000年后，肖光银等3户成立建筑队；肖建国、战怀宝办起水泥预制厂。

商业 中华人民共和国成立前，有1家小卖铺，商号为“玉丰”，后停业。1952年，涛雒供销联社在本村建代销店，代销员肖增元。1980年，代销店停办，涛雒供销社在村前建百货门市部一处，房屋9间，经理赵均同。2000年，供销体制改革，房屋被村集体购回后，承包给个人经营百货。1993年，建立集贸市场“东风集”，集日为农历每月逢4日、9日。2020年，村党支部成立了合韵果蔬种植专业合作社。2021年，全村有百货超市等个体经营户7家，果蔬专业合作社1家。

电力 1975年，在县农业局帮扶下，购置发电设备，大队发电照明，负责人庄建早。1978年，大队通交流电。

电讯 1962年，大队安装1部手摇式电话机。1993年，集体安装1部程控电话机。1982年，大队购买电影机，成立电影放映队，秦玉海、王贵富为放映员。1993年，放映队解散。1984年，为创建“电视村”，集体为每户补贴210元，共购买熊猫牌12英寸黑白电视机40台。2021年，全村电视以及成年人使用手机通话已经基本普及。

医疗卫生 1953年，顾发合任保健员。1963年，建医疗室，肖增存、肖玉君先后任保健员、赤脚医生。1983年，大队医疗室撤销，开办个体诊所。2004年，与簸箕笃子村、大羊卷村、赵家庄子村联合，在本村供销社屋后，办卫生所，镇卫生院派王剑等6人任乡医。2006年，卫生所解体，乡医回各村。2018年，村集体投资5万元改造标准化卫生室，现由姜超负责管理。

村庄规划建设 1978年，大队规划：南北中心街一条，宽8米；小巷4条宽6米；户房屋檐口高2.8米，房宽4.2米，两户一体，6户一方。2004年，硬化村中南北大街。2005年，硬化村后东西街。2010年，在村前占地900平方米，建村委办公室平房9间。2015年，改造原供销社门市部500平方米，对外出租，用作药库。2019年，村集体斥资40万元，进行了村南广场硬化亮化工程，建造了景观棚。2020年，投资20万元，硬化村内道路1100平方米。2022年，村集体投资10万元改造幸福驿站，供村内老年人娱乐就餐。

第五节　华山村

图 24—33　华山村

（涛雒镇宣传办公室提供　摄于 2021 年）

华山村位于镇驻地西南 10 千米处。东邻簸箕笃子村，南傍磴山，西邻巨峰镇郑家大沟村，北望大羊卷村和赵家庄子村。村庄东西长 1.8 千米，南北宽 0.5 千米，分为三个大片（东山、庄里、兰家岭）。

明洪武年间，萧、杨姓居住立村，名为“萧杨眷”。立村前，此地属于北侧各村庄地主设的养羊圈，称其南山羊圈。“萧杨眷”不见记载，以“小羊圈”为名，后为“小羊卷”。清道光年间，兰姓来此给外村地主看林，住西岭，称兰家岭，隶属“小羊卷”。

1947 年，全村有 116 户、543 人，土地 1140 亩。2021 年，全村有 512 户、1508 人，耕地 1356 亩，山林 3600 亩。有 34 姓，刘、曾姓人口居多。有中共党员 55 人。

组织建设　1946 年 6 月，经驻村干部张怀启、王玉芬、苏日增介绍，葛云秋、刘根贤、刘恩贤、刘都贤，在村漕川屋后大石坝子加入中国共产党，成立党组织。

1952 年，成立 5 个互助组，1954 年，成立同心、同顺初级农业合作社。1955 年，成立同建初级农业合作社。1956 年，与簸箕笃子村成立一个高级农业合作社。1958 年 9 月，为磴山人民公社的一个生产大队，办 5 个食堂。1962 年，与簸箕笃子村分开。1966 年，改“小羊卷”为华山大队。1984 年冬，改称华山村。

1946 年以来涛雒镇华山村

党组织主要负责人任职更迭表

表 24—67

职务	姓名	性别	任职时间
指导员	葛云秋	男	1946.6—1946.12
书记	刘恩贤	男	1947—1968
书记	王儒平	男	1956—1962
书记	刘恩贤	男	1962—1968
组长	刘宝贤	男	1970.1—1971.3
书记	李延岭	男	1971.3—1982
书记	苏兆启	男	1982—1998
书记	姜宗先	男	1998—2007
书记	曾兆团	男	2007.2—2011.3
书记	刘加波	男	2011.3—2014.11
书记	郭江仁	男	2014.11—2021.4
书记	曾兆团	男	2021.4—

1945 年以来涛雒镇华山村

主要负责人任职更迭表

表 24—68

职务	姓名	性别	任职时间
村长	肖义三	男	1945—1950
村长	李茂法	男	1950—1952
村长	刘恩贤	男	1952—1954
高级社社长	王儒平	男	1956—1958.9
大队长	王茂平	男	1958.9—1962
大队长	肖义三	男	1962—1968
革委会主任	刘维绪	男	1969—1976
革委会主任	刘遂贤	男	1976—1982
管委会主任	刘合贤	男	1982—1984
村委会主任	高华主	男	1984—1987
村委会主任	曾光明	男	1988—1999
村委会主任	刘林贤	男	1999—2007
村委会主任	郭江仁	男	2007—2011
村委会主任	刘加波	男	2011—2014
村委会主任	刘加海	男	2014—2017.12
村委会主任	郭江仁	男	2017.12—2021.5
村委会主任	曾兆团	男	2021.5—

参军 1941年，牟慎古（牟乃方）、刘惟坛（刘均平）；1942年，秦洪芳、刘轻贤；1943年，郭常宗、郭建佩、刘维玉、牟小虎、于桥；1944年，丁原连、姜秀颜、秦洪芳、刘维毯、葛云秋、姜秀符；1945年，肖培成、郭健全、李茂林、姜秀文、王花平；1946年，梅照全、郭公密；1948年，姜学仁、于本、于坡、肖培合、高月雪等，先后参军。

支前 1946年，姜秀谭等3人参加鲁南战役支前。1947年，姜秀伟等60人，分四批参加孟良崮战役支前。1948年，刘恩贤等参加子弟兵团，参加淮海战役支前。

联产承包责任制 1982年，实行联产承包责任制，全大队1356亩土地，承包给社员自主种植。

农机及交通运输工具 1974年，集体从孙家营子转购四轮8.82千瓦拖拉机1台。至1982年，共有各种型号拖拉机13台。1995年，姜先顺、曾照金、刘林贤购置联合收割机1台。2013年，有拖拉机、抽水机、各种柴油机、汽车、小汽车约100台（辆）。2021年，全村有拖拉机80台，轿车及面包车390辆。

林果业 1956年，成立山林队，丁六全任林业队队长，建刺槐、马尾松卫星林，计1000亩。1975年，在庙竹园后栽植水杉10亩；2002年，因建窑厂砍伐。1977年，参与县林业局进行人工驯养灰喜鹊防治松毛虫工作。是年，丁六全参加国家在河南省召开的“林业先进工作单位”表彰大会。1978年，李延岭出席“华东六省市林业先进单位”表彰大会，此次会议上，华山被评为“全国先进林业单位”。2020年，成功申报省级乡村林场，并由山东省资源厅授牌。

1955年，栽植苹果120亩，桑27亩，茶、桃、梨杏、葡萄等共30亩（皆为老品种）。1975年，植果树120亩（小国光、金帅、香蕉）。1982年，山林队解散。山林及果、茶园等由个人承包。1997年后，果树老化，逐渐被砍伐掉。

畜禽养殖业 1984年，引进长毛兔进行养殖。是年，开始养殖水貂、貉子，因效益不佳，1989年停养。1985年，开始养殖能繁母猪，2013年，有养殖户50家。2017年后，村内已无畜禽养殖业。

水利 1956年，在南窑建第一座塘坝，至2005年，建大小塘坝14座、大口井2座、机井12眼。2016年，投资800余万元，利用村前砖厂旧址，新建库容达55万方的小Ⅱ型水库一座，是镇内最大的水库。

人畜用水 1990年，打井建水塔，供人畜用水。2018年，利用新建的华山水库为水源，全村统一铺设供水管网，解决人畜饮水问题。

工副业 1964年，购买8.82千瓦柴油机和粉碎机各1台，建加工房为社员加工粮食。1967年至1979年，先后建粉房3座，由生产队经营。2002年，在庙竹园建砖窑一座，2013年停业；2005年，建石子厂4家。2008年，根据上级政策，关停所用矿山企业。2021年，全村有电脑刺绣厂1家、油坊1家。

商业 1946年，部分村民集资入股办小卖铺，丁六全任经理，1948年，因春旱倒闭。1952年，涛雒供销联社在本村设立代销店，刘森贤、姜鱼先先后经营，1983年停业。此后，先后有6家村民开办商铺。2021年，全村有日用品超市商店5家、饲料经营店1家。

医疗卫生 1941—1948年，姜安亭开办诊所，挎篮行医。1948年，并入村保健室，1949年停医。1950年，刘适永等4人先后为民行医。1964年，大队办保健室，姜先顺、郭常友为保健员。2004年，成立新型合作医疗卫生所。

村庄规划建设 1964年，开始进行村庄规划建设。分批把居住在村外、山梁等处的疏散住户迁至三大片的各中心地带，房屋按统一标准建设。先后架起东山大桥、河东涯大桥、庄西头大桥、西岭前沟大桥。2003—2007年，硬化大街、道路，形成两纵一横，宽3.5米的水泥路面。

王玉兰收养革命子女 1944年，涛雒分区委书记孙树礼和区妇救会长刘克夫妇，因忙于工作，不方便带着两个孩子，村民王玉兰主动将两个孩子（孙亚伟及其弟弟）接到家中抚养。王玉兰拖着自己的一大群孩子，毅然把孙亚伟兄弟俩拉扯成人。

第六节　簸箕笃子村

图 24—34　簸箕笃子村村貌

（涛雒镇宣传办公室提供　摄于 2021 年）

簸箕笃子村位于镇驻地西南 6 千米处。东望下元一村，南、西傍磴山，北依高柳路。

明洪武年间，与簸箕掌共为一个村，根据南山形状，村所处位置形似簸箕笃子。1947 年，和吉掌村分开，为簸箕笃子村。

1947 年，全村有 38 户、186 人，耕地 170 亩，山场 733 亩。2021 年，全村有 120 户、387 人，耕地 305 亩。有中共党员 29 名。

组织建设　1946 年，由吴姓和王姓驻村工作队员介绍，王儒平和王秋平加入中国共产党。1947 年，由王儒平和王秋平介绍，王先平、黄德英（女）加入中国共产党，成立党组织。1947 年至中华人民共和国成立，由王儒平、王秋平、王先平、黄德英分别介绍，肖培英（女）、曾光竹（女）、王修平、王洪顺、王伸平、王均芹、王竹平、王方平、梁金培（女）等，先后加入中国共产党。

1946 年底，先后成立民兵队（队长王安步）、儿童团（团长王厚平）。1947 年，成立农救会。1949 年，成立妇救会。

1952 年，成立 3 个生产互助组。1954 年 1 月，成立灯塔壹号初级农业合作社。1956 年，与小羊卷村（华山村）成立一个高级合作社。1958 年 9 月，高级合作社为磴山人民公社的一个生产大队；办 1 个食堂。1962 年，同小羊卷分开，为簸箕笃子生产大队。1984 年冬，改称簸箕笃子村。

1947 年以来涛雒镇簸箕笃子村党组织主要负责人任职更迭表

表 24—69

职务	姓名	性别	任职时间
书记	王儒平	男	1947—1968
组长	王儒平	南	1970—1971
书记	王安端	男	1971—1982
书记	王均太	男	1983—1998
书记	王均早	男	1999—2018.1
书记	王　强	男	2018.1—

1947 年以来涛雒镇簸箕笃子村村主要负责人任职更迭表

表 24—70

职务	姓名	性别	任职时间
村长	王安佃	男	1947—1948
村长	傅维绪	男	1948—1954
高级社社长	王儒平	男	1956—1958.9
大队长	王茂平	男	1958.9—1968
革委会主任	王玉平	男	1968—1969
革委会主任	王瑞平	男	1975—1982
管委会主任	王均玉	男	1982—1984
村委会主任	王均立	男	1984—1990.3
村委会主任	王均玉	男	1990.3—1999.3
村委会主任	王均早	男	1999.3—2017.12
村委会主任	王　强	男	2018.1—

参军　1943 年，王安西参军；1944 年，王安端、王洪顺参军；1948 年，王均芹参军。

支前　1947 年，王安璐等 4 人参加孟良崮战役支前，随军送粮草等。战役结束平安回家。

联产承包责任制　1983 年，实行联产承包责任制，全大队 390 亩土地，全部承包给社员自主耕种。

养殖业　1962 年，各生产队养牛、猪。1978 年后，家庭始养殖水貂、貉子、狐狸、长毛兔、肉食兔等。2021 年，村内已无规模化畜禽养殖。

农机及交通运输工具　1955 年，山东省政府奖励枣红马一匹、马车一辆。1976 年，购置 2 台小型脱粒机。1977年，生产队购置8.82千瓦手扶拖拉机2台。2013年，有手扶拖拉机10台，四轮拖拉机9台，农用三轮车4辆，农用四轮车2辆，轿车、面包车、汽车等都具备。2021年，村内有农用车2辆，面包车5辆，轿车40余辆。

山林场 位于村南山，以槐树、松树为主，面积733亩。1956年以前，山林归农户私有。1956年，收归高级社所有。1962年，分村时分得733亩。1981年，分包到户。期间，人工栽植树苗30000余棵。1996年，收归村集体。2007年，将东山112.78亩山林，租赁给大东夷文化园，租赁期限50年。2016年，将村东山634亩山林租赁给山东海洋文旅，租赁期限50年。

果园 1964年，集体在村前、村东建果园两处，共10亩。1972年，建果园18亩。1982年，在村东岭建果园10亩，集体经营。1982—1983年，由村小组承包。1984年，果园由11户承包。1986年，对果树进行更新，2003年，因树龄老化伐掉。

竹园 1959年，农户在村西南自发开荒栽植竹园20亩。1964年，竹园打价收归生产大队。1982年，分包到户。1990年，重新收回集体。2000年，因建塘坝竹园被清除。

桑园 2000年，集体规划植桑40亩，户承包养蚕。2006年，桑树砍伐，桑园成为口粮田。

茶园 2011年，在村南、东建茶园计50亩，承包到户。

人畜用水 中华人民共和国成立前后，由农户自发在村前、西打井三眼。1976年，在村前挖深8米大口井一处，柴油机带动水泵供水，村内设供水点。1984年，在村北新建大口井一处，深12米。1988年，建水塔，铺设管道，村设供水点，定时供水。1992年，铺设管道供水到户。2006年，在高柳路北打深17.4米水井，供村民用水。2009年，对自来水管道、水塔进行重新改造，户安装水表，实行全天供水。

农田水利 1952年，在奇路子人工挖井一眼，深12米，用以灌溉农田和人畜用水，1984年废除。1953—1955年，共建前、后塘坝两座。1956年，建塘坝一座，因建设以青年为主，命名为“五四”塘坝。1966年，建塘坝一座，因妇女、识字班参加修建人数居多，命名为“三八”塘坝。塘坝均设有闸门，采取自流。2001年，因村庄规划，以上塘坝被废除。1999—2001年，在村西沟修建塘坝一座，设闸门，铺设管道，自流灌溉农田。2011年，在村北新建机井三眼，深均为17米，配有潜水泵。

工副业 1971年，集体先后办起油坊，负责人王茂平；采石队，负责人王安据；粮食加工房，负责人傅芹余；条编组，负责人王均立；木工组，负责人王安主；粉条厂，负责人王玉平；棉花加工厂，负责人王安长；豆腐坊，负责人王均玉、沈洪元、王均明；建筑队，负责人王茂平。1992年，办起砖窑厂，承包人陈华叶，1996年停办。1998年，重新经营，承包人胡治军，2013年关闭。1993—1995年，王均太、王均春分别办石子加工厂，分别于1994年和1997年关闭。2004年，村办两处石子加工厂，承包人李日宝、马成瑞，2008年停办。2013年，王玉华办粮食加工厂和车辆维修铺；王贵立办茶叶加工厂。2021年，全村有茶叶加工坊1家，煎饼加工坊1家，饭店1家。

商业 中华人民共和国成立前，有2处杂货铺。1952年，涛雒供销联社在本村建代销店，代销员王均有。1983年，代销店停办，王均怀个体经营。2021年，全村有电动车销售点1处，大药房2处，百货门市部1处。

电力 1981年通交流电。1991年，村庄搬迁后重新架电。

电讯 1961年，集体安装1部手摇式电话机。1993年，集体安装1部程控电话机。1983年，王厚平最先买熊猫牌12英寸黑白电视机1台。2021年，全村电视以及成年人使用手机已基本普及。

医疗卫生 中华人民共和国成立前，王兆兰、王梅生先后开办中医药铺。1953年，集体建保健室，私人药铺归集体所有；王厚平、刘加荣任保健员。1983年，大队医疗室撤销，王厚平、王均采分别办个体诊所。2004年，村办新型合作医疗。

村庄规划建设 1953年，在原村中央建大队办公室大院，房屋15间。1970年在“王家林”，1976年在“胡家林”各规划为南北大街一条，宽8米；小巷宽3米；户宅基地275平方米，三户一体；房屋檐口高2.6米，房宽4.2米。1987年开始，村庄整体搬迁至今址，房屋檐口高 3.2 米、房宽 5.2 米。至 2000 年，搬迁完成。1992 年，因村庄搬迁，办公大院迁至村西北角，建房屋 8 间。2000 年，大院再次迁至村中央，房屋 9 间；在中心大街安装路灯。2005 年，“村村通”工程启动，村集体投资 20 余万元，硬化村主要街道，两侧修水渠、建绿化带。2011 年，在村中主要位置安装监控。2021 年，建设美丽乡村，新装路灯 69 盏。

第七节　大羊卷村

图 24—35　大羊卷村党群服务中心
（涛雒镇宣传办公室提供　摄于 2021 年）

大羊卷村位于镇驻地西南 7.5 千米处。东邻东风村，南望华山村，西、北与赵家庄子相连。

明洪武年间，牟姓到此居住建村。因村东南角石梁上有大小两只石羊，大石羊头朝本村，故起名大羊圈。因“圈”字不雅，后改为“卷”。

1947 年，全村有 75 户、350 人，935 亩土地，228 亩山场。2021 年，全村有 141 户、402 人，耕地 589 亩，山林 75 亩。有 38 姓氏（男女都计），牟姓人口居多。有中共党员 23 人。

组织建设　1943 年，由尹新坡、张怀胜介绍，肖奎太、秦洪俊、牟乃明、牟秀春、牟秀海、陈得余、胡秀棠等，加入中国共产党，成立党组织。

1953 年，成立 2 个互助组。1954 年秋，成立红光 1 号、2 号初级农业合作社。1956 年，同赵家庄子村、吉掌村联合，成立了高级农业合作社，社长丁为胜（赵家庄子人）。1958 年 9 月，高级社为磴山人民公社的一个生产大队；办 1 个食堂。1962 年，高级农业合作社撤销，三个村分开，为下元人民公社大羊卷生产大队。1984 年冬，改称大羊卷村。

1943 年以来涛雒镇大羊卷村
党组织主要负责人任职更迭表

表 24—71

职务	姓名	性别	任职时间
指导员	肖奎太	男	1943—1947
书记	肖奎太	男	1947—1948
书记	牟乃仁	男	1949—1964.12
书记	丁为胜	男	1956—1962
书记	牟乃仁	男	1962—1964.12
书记	牟乃吉	男	1965.1—1967
书记	陈为全	男	1967—1968
组长	陈为全	男	1970—1971
书记	陈为全	男	1971.7—1982.12
书记	牟敦坡	男	1983.1—1984.12
书记	崔永成	男	1984.1—1988.2
书记	胡仲仁	男	1988.3—1998.12
书记	牟锦善	男	1999—2004
书记	牟善平	男	2005—2010.12
书记	牟善坤	男	2011.1—

1945 年以来涛雒镇大羊卷村
主要负责人任职更迭表

表 24—72

职务	姓名	性别	任职时间
村长	陈志江	男	1945—1945.12
村长	牟乃昌	男	1946—1954
高级社社长	丁为胜	男	1956—1958.9
大队长	丁为胜	男	1958.9—1962
大队长	牟乃昌	男	1962—1967
革委会主任	崔永祥	男	1968—1982
管委会主任	丁元皆	男	1983—1984
村委会主任	胡仲仁	男	1984—1988
村委会主任	宋广仁	男	1988—1998
村委会主任	牟善坤	男	1999—2004
村委会主任	牟善平	男	2005—2010.12
村委会主任	牟善坤	男	2011—

参军 1946年，丁履隆、高振彦、丁履真、陈德英等参军。

支前 1947年，崔永法、丁履欣2人，参加孟良崮战役支前。

联产承包责任制 1982年，实行联产承包责任制，全大队560亩土地，承包给社员自主耕种。

养殖业 1978年，家庭养殖水貂、貉子、长毛兔、肉食兔等。2004年，养猪户20家。2021年，有养猪户3家。

农机及交通运输工具 1978—1981年，全大队有8.82千瓦手扶拖拉机2台。2004年，全村有6.375千瓦手扶拖拉机26台。2013年，全村有8.82千瓦四轮拖拉机5台，配套收割机5台；脱谷机3台；联合收割机2台；有轿车、面包车24辆。2021年，全村有面包车、轿车100余辆，联合收割机2台。

林场 1958年，集体在磴山东部，有以松树为主的林场130亩。2021年，有林场60亩。

果园 1988年，在肖家林后建苹果园60亩，宋光仁等20户承包。2000年，因品种老化，被砍掉。2003年，在石碑子和村东建梨园70亩，24户承包。2012年，因品种老化砍掉。2013年，在村南、村西建桃园16亩，牟善进等3户承包。2021年，有桃园160亩。

茶园 1972年，大队在村前建茶园12亩，负责人丁元波；1982年废除。1990年，在大竹园建茶园18亩；2001年废除。

桑园 2000年，在村前植桑40亩，牟善海等18户承包养蚕。2013年，桑园面积达130亩，建桑棚25个，牟善坤等户承包经营。2021年，有桑园80亩，桑棚25个。

苗圃 2006年，在南崖头、大桥头建苗圃两处，崔为合承包27.5亩，季冰承包20亩。

农田水利 1964年，开始用上了日照水库的水，2006年，停止供水。2012年，在村前修塘坝一座。

人畜用水 中华人民共和国成立前后，人畜用水靠村西头的河泉水和村北、村东头的两口水井。1972年开始，村民自建手压水井。2006年，国家扶持，在村西北角建水塔一座，铺设管道到户。2013年，自来水改造，打深水井一口（103米）。

工副业 1972年，成立条编组，组长牟敦章；采石组，组长崔永胜；螺丝加工组，组长牟敦珍；粮食加工组，组长秦四元；粉条、豆腐加工组，组长牟敦顺。两个生产队办起草包、草绳加工组。2013年，兰宏宾办铝合金门窗加工作坊。

商业 1937年前，因运盐大道从村中穿过，有骡马店：南坊子牟柳亭、北坊子牟乃金经营；牟敦言经营染坊；牟乃禄经营小铺。1937年后，先后停业。1952年，涛雒供销联社在本村建代销店，代销员牟敦坡；1983年停办。2021年，村内有百货超市2家。

电力 1981年，大队通交流电。

电讯 1959年，大队有1部手摇式电话机。1993年，集体安装1部程控电话机。1983年，有第一部黑白电视机（崔永祥倡导，在石臼港打工人员出资购买），属集体所有。2021年，全村电视以及成年人使用手机已基本普及。

医疗卫生 中华人民共和国成立前，有吴建三一家药铺。1954年，王明生开办药铺。1960年，大队办保健室，保健员秦玉瑶、秦玉停。1982年，秦玉停个体行医。2004年，在东风村与赵家庄子村、簸箕笃子村合办卫生所。2006年卫生所解体后，与赵家庄子村合办卫生所，乡医丁钦祥。

村庄规划建设 1966年，开始进行村庄规划：户宅基地东西长18米、南北宽17米；房檐口高2.4米、房宽4.3米。1982年，规划南北、东西大街各宽8米。2005年，村民翻建房屋，檐口高3.2米，房宽5.2米。是年，硬化南北、东西主街，中心大街安装路灯。

第八节　赵家庄子村

图24—36　赵家庄子村党群服务中心
（涛雒镇宣传办公室提供　摄于2021年）

赵家庄子村位于镇驻地西南 7.5 千米处。东望西石梁头村，南与大羊卷村接壤，西隔河与巨峰镇水木头村相望，北隔河望苗家村。

明洪武年间，赵姓迁此居住建村，名为赵家庄子村。

1947 年，全村有 80 户、380 人，土地 1100 亩。2021 年，全村有 160 户、474 人，耕地 821 亩。有 36 姓（男女都计），丁姓人口居多。有中共党员 30 名。

组织建设 1947 年，由赵福田和尹姓驻村干部介绍，丁为胜、丁履怀、王佃兰等，加入中国共产党，成立党组织。

1948 年，成立妇救会（会长丁为君）、民兵队、农救会、儿童团。

1954 年，成立了 3 个生产互助组。1955 年，成立了荣华、繁荣两个初级农业合作社。1956 年，同大羊卷村、吉掌村联合成立高级社，社长丁为胜。1958 年 9 月，高级社为磴山人民公社的一个生产大队；本村办 1 个食堂。1962 年，高级社撤销，三个村分开，本村为下元人民公社赵家庄子生产大队。1984 年冬，改称赵家庄子村。

参军 1939 年，于亮参军。

支前 1947 年，丁履栋等 8 人，参加孟良崮战役支前，随军送粮。战役结束，平安回家。

联产承包责任制 1982 年，实行联产承包责任制，全大队 800 亩土地，承包给社员自主经营。

养殖业 2005 年，开始养殖水貂、貉子、长毛兔。2006 年，在村西南角划养殖区一处。2021 年，村内无规模化畜禽养殖。

林业 1969 年，在河西崖及河沿岸整地 100 亩，栽植杨树。后部分地块按人口平均分配给村民，剩余部分集体统一经营。2005 年，对外承包土地 90 亩，用于苗圃生产。2021 年，有苗圃 150 亩。

果树 1969 年，在村西南建果园 40 亩，大队经营。1983 年，8 户承包。由于品种老化，2000 年伐掉。

竹园 1979 年，在部分散户（原第一生产队）搬迁的旧址上建竹园 20 亩，其中 8 亩承包到户，其他部分，集体派专人看护管理。2021 年，有竹园 10 亩。

1947 年以来涛雒镇赵家庄子村党组织主要负责人任职更迭表

表 24—73

职务	姓名	性别	任职时间
指导员	丁为胜	男	1947.3—1947.7
书记	丁为胜	男	1947.7—1965.12
书记	张传松	男	1966.1—1968
组长	张传松	男	1970—1971
书记	张传松	男	1971—1975.12
书记	王德仕	男	1976.1—2003.12
书记	肖光存	男	2004.1—2022.5
书记	平西好	男	2022.12—

1945 年以来涛雒镇赵家庄子村主要负责人任职更迭表

表 24—74

职务	姓名	性别	任职时间
村长	张传石	男	1945—1954
高级社社长	丁为胜	男	1956—1958.9
大队长	丁为胜	男	1958.9—1962
大队长	张传松	男	1962—1965.12
大队长	丁元峰	男	1966.1—1968
革委会主任	丁元峰	男	1968—1978.12
革委会主任	丁为胜	男	1979.1—1982
管委会主任	丁元峰	男	1982—1984
村委会主任	丁元军	男	1984—1986
村委会主任	丁履太	男	1986—1987
村委会主任	朱春江	男	1987—1999.1
村委会主任	丁元福	男	1999.1—2004.12
村委会主任	肖光存	男	2004.12—2022.5
村委会主任	平西好	男	2022.12—

桑园 1991 年，集体在河滩植桑 70 亩，承包到户。2021 年，有桑园 60 亩。

茶园 1992 年，集体在村北、村西建茶园 25 亩。2009 年，在村西南角建茶园 30 亩，30 户承包经营。2021 年，有茶园 70 亩。

农机及交通运输工具 1978 年，集体购买 8.82 千瓦四轮拖拉机 1 台。2013 年，有喷灌机、手扶拖拉机的户占总户数的 80%，大型运输车 2 辆，四轮车 3 辆。2021 年，有收割机 1 台，旋耕机 1 台，大型运输车 2 辆，三轮农用车 10 辆，轿车 15 辆。

人畜用水 1970 年以前，主要在河道取水用。此后，家庭使用手压水井。2005 年，在村西建水塔一座，铺设管道供水到户。2013 年，打深水井一口，供村民用水。

农田水利 1982 年，集体在村西河坝建大口井、泵房一处，修建石渠 500 米。2011 年，在村北建提灌设施一处，铺设地下管道 500 米。是年，打抗旱井 7 眼。

工副业 1972 年，大队在村西南角建粮食加工房，用 8.82 千瓦柴油机为动力，带动面粉机、粉碎机，为社员加工粮食，负责人丁元加。是年，成立木工组，负责人丁建祥。1977 年，成立养猪场，1979 年停办。1986 年，建油房，负责人朱春江；1987 年，承包给崔久山，1991 年停业。1987 年，丁兆军办粮食加工坊。2011 年，丁兆壹建铝合金门窗厂，后停业。2013 年，崔久山成立蔬菜合作社。2021 年，村内有粮食加工坊 1 家，蔬菜合作社 1 家。

商业 1955 年，涛雒供销社在村中建门市部一处，1983 年，迁东风村。1996 年，有平西好、朱先峰办个体超市。2021 年，村内有百货门市部 2 家。

电力 1980 年，通交流电。

电讯 1976 年，大队安装 1 部手摇式电话机。1980 年，丁兆玉购买 12 英寸黑白电视机 1 台。1993 年，村安装第 1 部程控电话机。2021 年，全村电视以及成年人使用手机已基本普及。

医疗卫生 1970 年，大队建医疗室，王德贵、丁钦祥任赤脚医生。1983 年，医疗室撤销，丁钦祥办个体诊所。2004 年，成立合作医疗卫生所，丁钦祥任乡医。

村庄规划建设 1979 年，开始进行规划：户宅基地 249 平方米，两户一体；房屋檐口高 2.8 米，宽 4.8 米。是年，河西崖（原第一生产队）进行集中搬迁。1990 年，在村中央建村委办公大院一处，房屋 5 间。1997 年，在河西崖河道建桥一座；2000 年，对小河流河道进行南移，改道长 1000 米。2001 年，在村南、村西修建桥梁二座。2005 年，硬化村主要街道。2008 年，翻修村委办公室房屋 10 间。2012 年，安装电子监控，安装路灯 16 盏。2013 年，硬化通向小南村道路。2021 年 10 月，在村西建桥 1 座。

第九节 石梁头村

石梁头村位于镇驻地西南 2 千米处。东邻石梁河，南望下元一村，西望赵家庄子村，北依石梁河。

明洪武三年（1370），王、李等姓，由江苏省东海迁来依石梁子居住立村，村名石梁头。

1947 年，有 300 户、908 人，耕地 3010 亩。

组织建设 1945 年，由董明英（女）和席姓驻村干部介绍，庄茂臣、丁履芳、杨佰栋，加入中国共产党，成立党组织。庄茂臣任指导员，丁履平、滕新田先后任村长。1946 年底，先后成立民兵队（李乾鹤任队长）、识字班（队长丁履美）、儿童团（团长陈保森）。1947 年，成立农救会（会长张守泉）、妇救会（会长丁雪氏）。

参军 1941 年，王安宇；1942 年，丁惟合、丁履昌；1943 年，丁履强、丁惟平、丁元喜；1945 年，丁惟营、丁元喜、丁元钦、石玉田、丁履明参军。

支前 1948 年，王茂成、丁亮亭、王安孝参加淮海战役支前。

1949 年分村，村西部为西石梁头村，东部为东石梁头村。

西石梁头村

1949 年分村时，有 150 户、458 人，土地 1400 亩。2021 年，全村有 298 户、946 人，土地总面积 1857.53 亩，其中耕地 960 亩。有中共党员 33 名。

组织建设 1949 年，成立中共西石梁头村支部。

1952 年，成立 6 个互助组。1955 年，成立周绪善、杨佰栋两个初级农业合作社。1956 年，初级社合并成立高级农业合作社。1958 年 9 月，为磴山人民公社的一个生产大队；办 3 个食堂。1984 年冬，改称西石梁头村。

图 24—37 西石梁头村村貌（初林魁摄于 2021 年 6 月）

移民 1955 年，王安同等户移民黑龙江，支援边疆建设。

联产承包责任制 1983 年，实行联产承包责任制，全大队 1046 亩土地，全部承包给社员自主耕种。

农机及交通运输工具 1974 年，大队购买 8.82 千瓦手扶拖拉机 1 台。1978 年，6 个生产队各买 1 台 8.82 千瓦手扶拖拉机。2008 年，全村有手扶拖拉机、四轮拖拉机 20 台，货车 2 部，面包车 3 辆。2021 年，全村有现代化旋耕机 2 台，秸秆打捆机 2 台，联合收割机 3 台，轿车 185 辆。

人畜用水 中华人民共和国成立前后，全村有 5 口水井。1968 年后，家庭出现手压水井。2010 年，通自来水。

农田水利 1978 年，在坡下打井 10 眼。1989 年，在后河崖建电灌站一座，2000 年废弃。2001 年，建提灌站使用至今。2011—2013 年，在坡下打机井 13 眼。2021 年，坡下机井已增加到 23 眼。

商业 中华人民共和国成立前，有小卖店 2 家。1958 年，涛雒供销社在村中设代销店，代销员陈善玉。2013 年，个体商业户 4 家。2021 年，有苗圃合作社 1 家，百货门市部 3 家。

工副业 1959 年，成立采石队，负责人王安汉。1963 年，集体买 8.82 千瓦柴油机，成立粮食加工组。1970 年，建条编组，负责人李其彩。1972 年，建粉条厂，负责人王安喜。1977 年，建砖瓦场一座，占地 30 亩。1979 年，扩建砖瓦场 30 亩，负责人杨佰栋。1982 年停业。1990 年，王安见建油房一处，1991 年停业。2021 年，村内无工副业。

1949 年以来涛雒镇西石梁头村
党组织主要负责人任职更迭表

表 24—75

职务	姓名	性别	任期时间
书记	杨佰栋	男	1949—1968
组长	杨佰栋	男	1970.1—1971.3
书记	杨佰栋	男	1971.3—1982
书记	王公平	男	1982—1986
书记	王周平	男	1987—2003
书记	王文平	男	2004—2013
书记	王　强	男	2013—2015.6
书记	王均泉	男	2015.6—

1949 年以来涛雒镇西石梁头村
村主要负责人任职更迭表

表 24—76

职务	姓名	性别	任期时间
村长	沈洪进	男	1949—1954
高级社社长	周绪善	男	1956—1958.9
大队长	周绪善	男	1958.9—1968
革委会主任	王玉平	男	1968—1979
革委会主任	王安进	男	1979—1982
管委会主任	王安进	男	1982—1984
村委会主任	王凤平	男	1984—1986
村委会主任	王公平	男	1987—1996
村委会主任	王海平	男	1996—2008
村委会主任	王文平	男	2008—2013
村委会主任	王　强	男	2013—2015.6
村委会主任	王均泉	男	2015.6—

养殖业 2000 年，把旧窑厂 30 亩的大汪改为鱼池，由王贵升承包，后停止养殖。大汪被填平，变为农田。

电力 1975年，通交流电。

电讯 1959年，大队安装手摇式电话机1部。1993年，村集体安装程控电话机第1部。2021年，村内电视以及成年人使用手机已基本普及。

医疗卫生 中华人民共和国成立前，姚百恒行医并开办药房1处。1968年，大队办医疗室，肖增春任赤脚医生。1983年，医疗室撤销，王京平开办个体诊所。2004年，村办新型合作医疗，镇卫生院派王强、王均亭为乡医。

村庄规划建设 1964年，大队开始规划：南北、东西十字大街各宽为10米，其他东西南北小街各宽为5米；房屋檐口高为2.9米，房宽4.8米；宅基地272平方米，两户一体，4户或6户一方。1985年后，村民在原址翻新房屋，檐口高3.1米，房宽5.2米。

东石梁头村

图24—38 东石梁头村村貌
（涛雒镇宣传办公室提供 摄于2021年）

1949年分村时，有150户、450人，土地1600亩。2021年，全村有261户、834人，土地1600亩，其中耕地1016亩。有12姓（男性计），丁、庄姓人口居多。有中共党员47人。

组织建设 1949年分村时，成立中共东石梁头村支部。

1952年，成立7个互助组。1955年9月，成立庄茂臣、葛云平初级农业合作社。1956年，初级社合并成立高级合作社。1958年9月，为磴山人民公社的一个生产大队；办3个食堂。1984年冬，改称东石梁头村。

移民 1955年，丁履明等16户，移民黑龙江省、吉林省，开荒种地，支援边疆建设。

联产承包责任制 1983年，实行联产承包责任制，全大队1600亩土地，承包给社员自主耕种。

1949年以来涛雒镇东石梁头村党组织主要负责人任职更迭表

表24—77

职务	姓名	性别	任职时间
书记	庄茂臣	男	1949—1957
书记	丁惟平	男	1957.4—1968.3
组长	丁惟平	男	1970.1—1971.3
书记	庄建友	男	1971.3—1982.12
书记	庄建国	男	1982.12—1998
书记	丁履勇	男	1998—2001
书记	丁履秋	男	2001—2004
书记	庄广胜	男	2004—2006
书记	庄光合	男	2006—2013
书记	丁　磊	男	2013—

1949年以来涛雒镇东石梁头村主要负责人任职更迭表

表24—78

职务	姓名	性别	任职时间
村长	庄建本	男	1949—1954
高级社社长	庄茂臣	男	1956—1958.9
大队长	葛云平	男	1958.9—1960.7
大队长	丁履信	男	1960.7—1968.3
革委会主任	庄建合	男	1968.4—1979.12
革委会主任	丁元臣	男	1979.12—1982
村委会主任	丁履勇	男	1982—2001
村委会主任	丁履秋	男	2001—2004
村委会主任	庄广胜	男	2004—2006
村委会主任	庄光合	男	2006—2011
村委会主任	丁　磊	男	2011—

农机及交通运输工具　1970年，买8.82千瓦柴油机1台，为社员加工粮食使用。1980年，购买8.82千瓦手扶拖拉机4台。2008年，有8.82千瓦手扶拖拉机12台。2021年，全村有轿车152辆。

养殖业　2000年，在村东南角、西南角挖鱼池各1个，两户村民承包。2021年，有淡水养殖鱼池1处，养殖面积40亩。

竹园　1965年，在东河崖建竹园，集体管理。2005年，丁海峰承包。2021年，有竹园100亩。

人畜用水　中华人民共和国成立前后，人畜用水靠2口水井。1968年后，家庭出现手压水井。2009年，自涛雒供水中心铺设管道到村，供水到户。

农田灌溉　1960年，修水渠1300米。1978年，坡下打井18眼。2004年，在坡下铺设管道，供农田用水。

商业　中华人民共和国成立前，村内有小商店3家。1976年，涛雒供销社在大队设代销店，孙树柱经营。2021年，村内有个体工商户16家。

工副业　1959年，成立采石队，丁履同负责。1960年，办条编组，丁元臣负责。1970年，建粮食加工房，刘世六负责。2021年，村内有粮食加工坊2家，蔬菜加工厂1家（鲜食汇）。

电力　1976年，大队通交流电。

电讯　1993年，丁兆伦安程控电话机1部。2021年，全村电视以及成年人使用手机已基本普及。

医疗卫生　中华人民共和国成立前，丁少泉、姚百恒开药房。1963年，庄建席、刘为兰任保健员。1968年，建医疗室。1983年，医疗室撤销，开办个体诊所。2004年，办新型合作医疗，镇卫生院派丁春元为乡医。

村庄规划建设　1965年，大队规划东西、南北各一条中心街，各宽10米，次大街、小巷各宽4米；户宅基地240平方米，为两户一体，4户一方。1985年，村庄进行第二轮规划，户宅基地面积不变，房屋宽5.2米，房屋檐口高3米。

2022年，被山东省精神文明建设委员会授予“省级文明村”称号。

第五章　郭庄管理区

郭庄管理区辖郭家庄子村、东林子头村、西林子头村、大草坡村、小草坡村、丁家营子村、高旺庄村，计7个行政村。小草坡村、高旺村，明代隶属进贤乡竭忠一隅涛洛里；清代隶属南乡南上二牌石梁社。郭家庄子村、东林子头村、西林子头村、大草坡村、丁家营子村，明代隶属进贤乡竭忠一隅纪家庄里；清代隶属南乡南上一牌纪家社。1912年，管区所辖各村隶属日照县涛雒区。1931年，隶属日照县第二区。1942年9月，隶属涛雒区。1950年5月，隶属日照县第七区。1956年1月，大草坡村、小草坡村、高旺村隶属磴山区；1958年1月，隶属下元乡，同年9月，隶属磴山人民公社；1959年2月，隶属下元人民公社。1956年1月，郭家庄子村、东林子头村、西林子头村、丁家营子村隶属涛雒区；1958年1月，隶属涛雒乡，同年9月，隶属海生人民公社；1959年2月，隶属涛雒人民公社。1962年12月，管区所辖各大队隶属涛雒区。1971年3月，隶属涛雒人民公社。1984年6月，隶属涛雒区高旺乡。1985年5月起，隶属涛雒镇。

第一节　郭家庄子村

郭家庄子村位于镇驻地南7千米处。东依林子头河，南与西林子头村隔河相望，西望204国道，北隔河与小草坡村相邻。

明洪武元年（1368），郭姓自江苏省东海县迁此居住，取村名郭家庄子村。

1947年，全村有56户、243人，耕地837亩。2021年，全村有282户、752人，土地641亩。有68姓（男女都计），郭姓人口居多。有中共党员50人。

图 24—39　郭家庄子村村貌（初林魁摄于 2021 年 6 月）

组织建设　1947 年，经驻村干部介绍，相同武、周见兰、郭公地，加入中国共产党，成立党组织。

1946 年底，先后成立民兵队（队长郭公地）、识字班（队长相同芬）、儿童团（团长张传贤）、农救会（会长王振山）、妇救会（会长周见兰）。

1952 年，成立了 3 个生产互助组。1953 年 12 月，成立前进初级合作社。1956 年，成立高级合作社。1958 年 9 月，为海生人民公社的一个生产大队；办 1 个食堂。1984 年冬，改称郭家庄子村。

参军　1942 年，相同兰；1945 年，张传胜；1947 年，郭公福、郭建法；1948 年，张传贤等，先后参军。

支前　1947—1948 年，有高永田、郭建田、高永德、丁俊昌参加支前，主要任务随军送粮等，战役结束后平安回家；妇女识字班做军鞋、军衣，烙煎饼。

联产承包责任制　1981 年，实行联产承包责任制，全大队 830 亩土地，全部按人口承包给社员自主耕种。

养殖业　1958 年，在村南边建猪场一处，养猪收入归集体。1986 年，郭建录、丁明成等，在村西承包土地建养鸡场，年存栏 3000 只。1999 年，张传连、郭见合等 23 户，分别在村周边承包土地养猪，年存栏 1000 头。

果园　1991 年秋，在村西北角建 37 亩苹果园，侯庆年、郭长军等户承包。

桑园　1999—2000 年，先后在村东南角和村后建桑园 110 亩，由郭建合、张守卫等 15 户承包。

农机及交通运输工具　1965 年，大队在村西头建立粮食加工房，以 8.82 千瓦柴油机为动力，进行粮食加工。是年，添置饲料粉碎机。1978 年，

1947 年以来涛雒镇郭家庄子村
党组织主要负责人任职更迭表

表 24—79

职务	姓名	性别	任职时间
指导员	相同武	男	1947.3—1947.7
书记	孙树永	男	1947.7—1957
书记	郭建提	男	1958—1968
组长	郭建提	男	1970—1971
书记	郭建提	男	1971—1984
书记	郭建亮	男	1985—1990
书记	侯学吉	男	1990—1999
书记	张守富	男	2000—2006.9
书记	相振满	男	2006.9—2015.2
书记	张守刚	男	2015.6—2019.1
书记	郭长胜	男	2019.1—2020.1
书记	王见营	男	2020.1—

1945 年以来涛雒镇郭家庄子村
村主要负责人任职更迭表

表 24—80

职务	姓名	性别	任职时间
村长	相同武	男	1945—1947
村长	张传珍	男	1947—1949
村长	王振山	男	1949—1950
村长	张纪普	男	1950—1952
高级社社长	张传任	男	1956—1958.9
大队长	相同瑞	男	1958.9—1968
革委会主任	相同瑞	男	1968—1979
革委会主任	周绪密	男	1979—1982
管委会主任	周绪密	男	1982—1984
村委会主任	相同举	男	1984—1998
村委会主任	张守富	男	1999—2006.9
村委会主任	相振满	男	2006.9—2015.2
村委会主任	张守刚	男	2015.6—2019.4
村委主要负责人	郭长胜	男	2019.4—2020.1
村委会主任	王见营	男	2020.1—

集体购买 8.82 千瓦四轮拖拉机 1 台。1983 年，由侯学林等 11 人，购买 8.82 千瓦四轮拖拉机 11 台。2021 年，全村共有农用三轮车 100 辆、货车 8 辆，面包车 5 辆，轿车 80 辆。

竹园 1963 年，集体在村东南角栽植竹子 8 亩，收入归集体。1999 年，承包给相同瑞管理，2006 年，建疏港路砍伐。

渔业 1986 年底，王平等 15 人建造 44.1 千瓦木质渔船一对，进行海上捕捞生产，于 1991 年卖掉。1993 年，高纪岭等 16 人建造 17.64 千瓦木质渔船一对捕捞；当年卖掉。

人畜饮水 中华人民共和国成立前后，人畜饮水主要在村东河道挖泉用水。1957 年，村内挖井 6 眼，供人畜用水。1986 年，村民多数在自家院内打手压水井。1999 年，在村西建水塔一座，铺设管道到户。2008 年，在村西南角、疏港路北，打井建水塔一座，供全村用水。

农田灌溉 1965 年，在村西人工打水井一眼，周围用石块垒成，供农田用水。1980 年，在村东南修建拦河闸一座，蓄水灌溉。

工副业 中华人民共和国成立前，部分家庭编织蒲包、草鞋。1963 年，家庭手工编竹篮，收入归集体所有。1980 年，以家庭为单位编蒲包、纺草绳等；集体成立了打绳组，产品到胶南出售。

商业 1947 年，周会聚经营小卖部，主要经营生活用品。1956 年，村办代销店，相守桂负责。1970 年前后，村集体开办染坊。1981 年后，先后有 3 户商铺。

电力 1982 年，大队通交流电，在村西头安装 50 千伏安变压器 1 台。2000 年，所有线路进行整改。2013 年，变压器增容至 210 千伏安。

电讯 1958 年，集体安装 1 部手摇式电话机。1993 年，村集体安装 1 部程控电话机。2021 年，全村电视以及成年人使用手机基本普及。

医疗卫生 1895 年，老中医侯永学办“侯记药铺”，针灸、推拿、拔罐，用中草药为病人治病。1964 年，侯学信任保健员。1967 年，相同福为保健员。1975 年，相同林任赤脚医生。2004 年，在村委大院内建新型合作医疗卫生所，相同林任村医。

村庄规划建设 1964 年，规划建设东西大街 1 条，宽 7 米；南北大街 1 条，宽 8 米；进户巷宽 3 米；住房为两户一体，5 排一方；户房屋长 16.5 米，房檐口高 2.9 米，房宽 4 米。在村中建大队办公大院，建房屋 10 间，长 33 米，房宽 6 米，房檐口高 3.2 米。1985 年，社员在原址翻建新房，宽 5.2 米，檐口高 3.2 米。2003 年，主要街道安电子监控。2008 年，硬化东西街道 2 条，各宽 7 米；南北街道 4 条，各宽 8 米；南北巷 17 条，4 条生产路。是年，在村中西部建新村委办公大院，长 33 米，宽 50 米；办公室房宽 10 米，檐口高 4.7 米；东侧平房长 30 米，房宽 4.5 米，檐口高 3.2 米。是年，在新建办公室西侧建二层居民楼 60 套，套均面积 182 平方米。2016 年，全村改造新式化粪池厕所 280 户。2018 年，进行墓地迁移（1965 年，由村内土地丈量坟墓，集体移于村东北角建集体墓地约 15 亩，又于 2018 年 10 月，整体迁于凤凰山东坡建新墓地 380 座）。2019 年，因山钢建设需要，拆迁 253 户，安置楼在建中。

第二节 东林子头村

图 24—40 涛雒镇东林子头村党群服务中心

（涛雒镇宣传办公室提供 摄于 2021 年）

东林子头村原址位于镇驻地最东南端。东临沿海公路至黄海，南邻虎山镇东湖村，西望西林子头村，北隔松树林与曹家村、东南营村相望。2015 年搬至滨海湾社区。

明洪武年间，李姓来此（旧村址）居住立村，因地处树林东侧，故名东林子头村。

1947 年，全村有 46 户、230 人，耕地 500 亩。

2021 年，全村有 226 户、758 人，土地 552 亩。有姓氏 70 个。有中共党员 34 名。

1946 年以来涛雒镇东林子头村党组织主要负责人任职更迭表

表 24—81

职务	姓名	性别	任职时间
指导员	孙树正	男	1946—1947.7
书记	孙树正	男	1947.7—1962.2
书记	庄廷祥	男	1962.3—1968
组长	庄廷祥	男	1970—1971.3
书记	庄廷祥	男	1971.3—1973.3
书记	崔永高	男	1973.3—1974.12
书记	苏守兰	男	1975.1—1983.12
书记	李其传	男	1984.11—1987.1
书记	崔永高	男	1987.2—1988.12
书记	孙先春	男	1989.1—1998.12
书记	孙树生	男	1999.1—2001.12
书记	孙会先	男	2002.1—2004.9
书记	孙先春	男	2004.10—2014.12
书记	李仕明	男	2015.1—2019.10
书记	李士刚	男	2020.3—

组织建设 1938 年，由西林子头丁仕圃介绍，王照礼加入中国共产党。1946 年，由唐姓驻村干部介绍，孙树正、胡见贵、王瑞年（女）、孙树英、崔木永、韩见昌等，加入中国共产党，成立党组织。2021 年，全村有中共党员 34 名。

1946 年底，先后成立民兵队（队长胡见贵）、识字班（队长王瑞年）、儿童团（团长韩见昌）、农救会（会长苏大娘）。

1953 年，成立 3 个生产互助组。1955 年，成立同心、孙树正初级农业合作社。1956 年，成立高级合作社。1958 年 9 月，为海生人民公社的一个生产大队；办 1 个食堂。1984 年冬，改称东林子头村。

参军 1938—1948 年，崔永贵、韩建阳、王照来、韩见永、韩见扬、李奉银、庄吉田、韩公喜、李延坡等，先后参军。

1945 年以来涛雒镇东林子头村主要负责人任职更迭表

表 24—82

职务	姓名	性别	任职时间
村长	胡见贵	男	1945—1946
村长	崔木永	男	1946—1954
高级社社长	胡见贵	男	1956—1958.9
大队长	胡见贵	男	1958.9—1962
大队长	孙树正	男	1963—1968
革委会主任	祁永海	男	1968—1971
革委会主任	苏守兰	男	1972—1974
革委会主任	韩见昌	男	1975—1976
革委会主任	卞佃祯	男	1976—1982
管委会主任	卞佃祯	男	1982—1984
村委会主任	卞佃祯	男	1984—1986
村委会主任	李其传	男	1987—1988
村委会主任	胡廷密	男	1989—1992.9
村委会主任	肖培合	男	1992.10—1994
村委会主任	孙先春	男	1995—1999.10
村委会主任	郭常兰	女	1999.11—2001.12
村委会主任	韩正顺	男	2002.1—2005.3
村委会主任	孙先春	男	2005.4—2014.12
村委会主任	李仕明	男	2016.3—2019.10
村委会主任	李士刚	男	2021.5—

支前 1947 年，韩见昌等 2 人，参加孟良崮战役支前。1948 年，庄廷祥等 6 人，参加淮海战役支前，运送弹药、粮草等。战役结束后回家。

联产承包责任制 1983 年，实行联产承包责任制，全大队 523 亩土地，按人口承包给社员自主耕种。

养殖业 1996 年，村委规划 2 个养殖区，村民进行规模化养殖。有 65 户村民养殖母猪 400 余头，其中孙树江等 9 户，每户养殖母猪 20 头。2015 年，因山钢建设，村庄整体搬迁，畜禽养殖停业。

海洋捕捞 1955 年，由五户入股造小型木帆船 1 只（俗称五份头），开始近海捕捞黄鲫鱼、刀鱼等杂鱼。1967 年，生产队造木帆船 2 只，1971 年，增加到 4 只，开始流网、坊子网等作业。1979 年，第四生产队建造全村第一只 8.82 千瓦小型机帆船。1990 年，有 44.1 千瓦以上机船 30 艘。2004 年，刘克胜建造钢壳渔船一艘。2021 年，全村有钢壳船 2 艘，木壳船 17 艘

滩涂养殖　1987 年，集体利用滩涂开挖虾池 4 个，计 50 亩，崔为常、孙树安等承包养殖对虾。1988—1989 年，开挖虾池 70 亩。1996 年，建育苗场 2 处，计 12 亩，崔久志等 3 户承包，主要进行梭子蟹、对虾苗繁育。2015 年，已无滩涂养殖。

工厂化养殖　2004 年，崔久志、李仕明、孙先春、崔为宾、孙刚等，建大棚进行工厂化养殖大鲮鲆、刺海参、龙鳞等。2013 年，有大棚 47 个，面积 23500 平方米。2015 年，因山钢建设，养殖大棚全部拆除。

商业　1953 年，涛雒供销联社在村中建代销店。1983 年，孙先春办经销店，此后，个体经商户发展到 4 家。2021 年，已无个体商户。

电力　1984 年，全村通交流电。

电讯　1958 年，大队安装 1 部手摇式电话机。1993 年，村委安装程控电话机 1 部。2013 年，村中安装电子监控。2021 年，全村电视以及成年人使用手机基本普及。

医疗卫生　1958 年，王吉年任保健员。1970 年，建起了医疗室，卞佃凤（女）、崔为成任赤脚医生。2004 年，办新型合作医疗。

村庄规划建设　原庄坐落于西林子头村东侧，地势低洼，一遇雨天，村内积水，无一条像样的道路通往外村。1986 年，决定搬迁至东沙岭。规划为东西、南北两条主街道，各宽 12 米；每户宅基地东西长 17 米、南北宽 18 米，两户一体；东西巷宽 4 米，南北巷宽 6 米，正房宽 5.1 ~ 5.4 米，檐口高 3.2 ~ 3.4 米。1987 年开始搬迁，1994 年完成。2005 年，东西、南北大街全部硬化。2007 年，南北小巷全部硬化，东西、南北大街安装路灯。2010 年，厕所改造为环保厕所。2015 年，因山钢建设，全村整体迁至滨海湾社区。

日照农民画村　2009 年，经日照市文广新局审批，在民政局登记注册成立日照农民画村。相继成立了以中国农民书画研究会牵头的日照农民画研究院、日照农民画院。出版了首届中国日照农民画艺术节书画集。建有“日照农民画创作区”“丹青画街”“渔家乐园”“游览区”“休闲园区”“赶海园”五大园区，建有 400 平方米的创作室、展厅。

日照农民画研究院成员作品，先后获得第二届山东国际大众艺术节、齐鲁民间艺术博览会金奖；全市艺术大展特别奖；2009 年度“日照文艺奖”；山东省工艺美术精品奖金奖；第三届山东国际大众艺术节铜奖；首届山东省工艺制作大赛银奖；日照市“回顾‘十一五’，展望‘十二五’”庆国庆艺术大展金奖；山东省暨济南首届民间艺术大赛金奖；北京文博会“艺术殿堂奖”；日照首届文博会特殊贡献奖、特别展示奖等。

2015 年，村庄拆迁，农民画室迁至镇文体中心。

第三节　西林子头村

图 24—41　西林子头村村貌
（涛雒镇宣传办公室提供　摄于 2021 年）

西林子头村原址位于镇驻地东南端。东邻东林子头村，南望虎山镇东湖村，西望 204 国道，北与郭家庄子村隔河相望。2022 年 5 月搬至滨海湾社区。

明洪武年间，陈姓来此居住建村，因地处树林西侧，故名西林子头村。

1947 年，全村有 262 户、982 人，耕地 1450 亩，山场 700 亩。2021 年，全村有 680 户、1780 人，村庄总面积 2987.28 亩，耕地 1282 亩。有中共党员 67 名。

1944 年以来涛雒镇西林子头村党组织主要负责人任职更迭表

表 24—83

职务	姓名	性别	任职时间
指导员	解仁松	男	1944—1945
指导员	丁为权	男	1945—1947
书记	王进年	男	1947—1958
书记	解仁彩	男	1958—1959
书记	侯永宜	男	1959—1968
组长	丁伦昌	男	1970—1971
书记	丁伦昌	男	1971—1988
书记	丁元慈	男	1988—2004.9
书记	丁利昌	男	2004.9—2008.11
书记	丁明斌	男	2008.11—2015.3
书记	丁华祥	男	2015.3—2017.2
书记	丁明生	男	2017.2—

1945 年以来涛雒镇西林子头村主要负责人任职更迭表

表 24—84

职务	姓名	性别	任职时间
村长	丁原礼	男	1945—1947
村长	陈发荣	男	1947—1954
村长	丁元福	男	1956—1958.9
大队长	丁为祥	男	1958.9—1968.3
革委会主任	丁为祥	男	1968.3—1970
革委会主任	丁伦昌	男	1970—1971
革委会主任	丁为树	男	1972—1982
管委会主任	丁为树	男	1982—1984
村委会主任	丁顺昌	男	1984—2001
村委会主任	丁元慈	男	2001—2004
村委会主任	丁利昌	男	2004—2008
村委会主任	丁明斌	男	2009—2015.3
村委会主任	丁华祥	男	2015.3—2017.2
村委会主任	丁明生	男	2017.2—

组织建设 1939 年 4 月，经中共地下工作者刘鸿若介绍，解信秋（曾用名解仁桐）加入中国共产党；经解仁桐介绍，丁履景加入中国共产党。1940 年，经丁履景介绍，丁履全、陈学山、丁履任、刘福兰加入中国共产党。1941 年，经孙岩林、王大虎、丁履景介绍，丁立布和丁履岳加入中国共产党。1942—1944 年，解仁松、傅为兰、傅氏、丁为权、丁履厚、丁奎生、丁元桂、丁履贺、丁元礼等，先后加入中国共产党，1944 年，建立党组织。

1945 年初，成立民兵队（队长丁原礼）。1946 年，成立识字班（队长丁元妮）、儿童团（团长丁元程）。1947 年，成立农救会（会长陈发荣）。1949 年，成立妇救会（会长秦洪兰）。

1952 年，成立了 4 个生产互助组。1954 年，成立利民农业初级合作社。1955 年，成立胜利、西林子头、侯永加初级农业合作社。1956 年，初级社合并成立建国高级合作社。1958 年 9 月，为海生人民公社的一个大队；办 4 个食堂。1984 年冬，改称西林子头村。

参军 1943—1949 年，丁仕普、丁子钢、丁为权等 100 余人，先后参军。

支前 1948 年，丁为权带领 9 人，参加淮海战役支前。

联产承包责任制 1982 年，实行联产承包责任制，全大队 1450 亩土地，承包给社员自主耕种。

农机及交通运输工具 1973 年，大队购买 17.64 千瓦四轮拖拉机 1 台。1974 年，购买 17.64 千瓦四轮拖拉机、播种机、收割机各 1 台。2021 年，村内有拖拉机 2 辆，轿车 67 辆。

养殖业 1995 年，划西湖养殖区，规模养殖蛋鸡。2004 年冬，划南湖、村北、村西养殖区；养殖户达 140 户；蛋鸡存栏量鼎盛时 9 万只。2005 年，养猪户达 130 余户，母猪存栏 1000 头，肥猪存栏量 1 万头。2013 年，有 6 家养鸡户，蛋鸡存栏量 2 万只。2017 年，因山钢建设，村庄整体拆迁，畜禽养殖转产。2021 年，有淡水养殖 6 户。

林场 在西山有三岔沟、大窑顶、站石后崖、小窑等 700 亩山场。1956 年，在东沙岭栽植黑松，建 200 亩沿海防护林；是西林子头村墓地所在。2021 年，在西山有三岔沟、大窑顶、站石后崖、小窑等700亩山场。2015年，村庄公墓迁至前林。

经济园林 1983年，大队集体在村前建苹果园50亩，2户承包。2000年，建桃园45亩，5户村民承包。2000年、2001年，两年建桑园100亩，19户村民承包。2021年，全村有黄金桃园1200余亩。

海洋捕捞 抗日战争胜利前，有“大信子”“二信子”渔笮场2处，进行近海捕捞刀鱼、鳘鱼、黄鲫鱼、对虾等杂鱼货。到1982年，因海洋资源减少，人工成本上升而停业。1982年，全大队8个生产队，其中7个生产队，各拥有一只木帆船。是年，改成机帆船，进行流网、坊子网作业。同年，渔船实行大包干责任制。随后个体渔船大量增加。1995年，有44.1千瓦以上渔船20只。2013年，有88.2千瓦渔船2艘。2021年，全村有44.1千瓦以上渔船4艘，其中110千瓦以上2艘；44.1千瓦以下渔船1艘。

滩涂养殖 1992年，陈长余、孙红翠，在东沙岭开挖虾池2个，计40亩，养殖对虾。2004年，陈长余、丁海明建大棚，进行工厂化养殖大鲮鲆、海参、龙鳞等。2013年，养殖大棚20个，面积22000平方米。2015年，因建设山东钢铁日照精品钢基地被征用拆除。

商业 1952年，涛雒供销联社在村中建股份制代销合作社，全村有80户入股。1955年，涛雒粮站在村中设粮食供应点、茶水炉子、油坊各一处，后因政策原因，陆续停办。2013年，有经销店5家，冷库3座。2017年，村庄整体拆迁，超市和冷库均被拆除。

工副业 1965年，大队买14.7千瓦柴油机1台，建粮食加工房一处，负责人丁为祥。1972年，大队建木器厂，1976年停业。2007年，丁超海建铝合金加工厂。2017年，因村庄整体拆迁，各项工副业均已停业。

人畜用水 1998年，建自来水塔通自来水，并对自来水实行补贴，每方水只收1元钱，全天候供水。

电力 1983年，通交流电。

电讯 1958年，大队集体安手摇电话机1部。1993年，集体安1部程控电话机。2021年，全村成年人使用手机基本普及。

医疗卫生 1949年前，丁公衡开办药铺。1950年春，在丁氏祠堂成立林子头联合诊所，设诊断床、观察病床各1张，病床2张；有医务人员6名，其中，老中医2人、西医1人、其他3人；主要担负涛雒境内东南部（包括今虎山镇的东湖管理区、结庄管理区）的卫生防疫和疾病医疗工作。1957年秋，改称林子头卫生所。1958年，卫生所成为涛雒卫生院林子头门诊部。1964年，村建卫生室。1971年，丁敬昌任赤脚医生。2013年，孙勇任乡医。

村庄规划建设 1964年，开始规划为：南北大街一条宽12米，东西大街4条，各宽7米；户宅基地长17.2米，宽15米，两户一体，巷宽3米。2004年，硬化南北、东西大街。2011年，大街北头拆迁2户，连通村后疏港大道。2012年，大街北头及村内主要街道全部硬化。2017年2月13日西林子头村成立了以丁明生为支部书记的新一届领导班子，经过共同努力，2017年5月7日村庄完成整体拆迁。安置楼区位于滨海湾花园18号地块，经过5年建设，于2022年6月30日完成回迁。

第四节　大草坡村

图24—42　大草坡村
（涛雒镇宣传办公室提供　摄于2021年）

大草坡村位于镇驻地南6千米处。东靠204国道，南与虎山镇泥田沟村相望，西依同三高速公路，北望上元村。

明万历初年，孙、李、丁姓到此居住建村。村庄坐落在凤凰山南侧的岭坡下面，又因村址周围草木茂密，故村名大草坡。

1947年，全村有136户、582人，1400亩土地，山场760亩。2021年，全村有460户、1360人，1085亩土地。有中共党员78名。

1945年以来涛雒镇大草坡村党组织主要负责人任职更迭表

表 24—85

职务	姓名	性别	任职时间
指导员	孙志沛	男	1945.7—1946.3
指导员	孙松甫	男	1946.3—1947.7
书记	孙松甫	男	1947.7—1949
书记	周官祥	男	1949—1958
书记	韩建禔	男	1958—1961
书记	王茂礼	男	1961—1969
组长	李溪培	男	1969—1971
书记	李溪培	男	1971—1973
书记	王茂礼	男	1973—1978
书记	孙志明	男	1978—1998
书记	孙纪顺	男	1999—

1945年以来涛雒镇大草坡村主要负责人任职更迭表

表 24—86

职务	姓名	性别	任职时间
村长	韩建禔	男	1945—1954
高级社社长	韩建禔	男	1957.3—1958.9
大队长	韩建禔	男	1958.9—1966
大队长	曾光荣	男	1967—1968
革委会主任	曾光荣	男	1968—1982
管委会主任	曾光荣	男	1982—1984
村委会主任	李溪林	男	1985—1991
村委会主任	刘加奎	男	1992—1994
村委会主任	王延亮	男	1994—2003
村委会主任	孙纪顺	男	2003—

组织建设 1942年3月，经驻村干部徐顺卿介绍，孙志沛、孙余轩、丁宝亭、孙松甫、孙仕轩、刘禄昌等，加入中国共产党。1945年5月，建立党组织。是年，成立民兵队（队长孙树根）。1946年，成立农救会（会长丁立须）、妇救会（会长郭中金）、儿童团（团长时培昌）。

1952年，先后成立12个互助组。1955年1月，成立前进四号、前进五号初级农业生产合作社。1956年，初级社合并成立东方红高级农业生产合作社。1958年9月，为磴山人民公社的一个生产大队；办4个食堂。1984年冬，改称大草坡村。

参军 1937年，戴东升；1943年，时为法、孙志窑、刘现明、孙志亮；1944年，王化宣、丁惟山、孙树栅；1945年，李其龙、李溪成、周官祥；1946年，丁履焕、刘禄昌、李永泉、周占山、时培祥、杨洪三；1947年，孙志英、滕培森、韩治京；1948年，孙志林、孙志明、孙志乐、韩立芳等参军。

支前 1947年，孙志沛等4人，参加孟良崮战役支前，抬担架、运送弹药、粮食。1948年，村里有54人，组成担架队、小车（木车）队，支援淮海战役。

移民 1955年3月，高祖升、穆同新两家，移民到黑龙江依安县，落户垦荒。

联产承包责任制 1981年，实行联产承包责任制，全大队1085亩土地，承包到户自主种植。

农机及交通运输工具 1979年，集体购买17.64千瓦四轮拖拉机1台。1980年，购买8.82千瓦手扶拖拉机8台。1992年，村民购买8.82千瓦三轮车、农用车10台。2007年，丁履夫购买小麦联合收割机1台。2021年，村内有挖掘机6台，装载机3台，大货车2辆，小货车4辆，轿车160辆。

养殖业 1994年，孙建峰在村西建养肉食鸡场，养鸡1000只。1999年，在村西建养狐、貂、貉场，存栏量为5000头。2001年，李明在村东南角大荒办养猪专业合作社，有社员100户，生猪存栏量4000头。2021年，全村有养殖场12户，生猪存栏量500头。

山林 有磴山、西岭、凤凰山、小横山四处，以黑松为主的林场760亩。

竹园 1971年3月，在村北河滩栽植竹子20亩。

果园 1968年秋，大队在凤凰山前荒坡建果园30亩，建房屋五间，成立果园管理小组，孙志英任组长，收入归集体。1984年春，李其松承包。1986年，由6户分包。是年，在东北岭扩建50亩果园，由村民承包。2021年，村民在204国道以东，种植黄桃230亩。

茶园 1971年3月，大队在北岭建茶园50亩，集体管理，大队收入。1980年，李其足承包。2010年，在204国道东大荒地片，村民建茶园25亩。

桑园 1974年春，在莲花盆地片建桑园15亩，集体管理，大队收入。2003年，在东北岭干渠南建桑园55亩，7户村民承包。

黄烟 1983年，大队在大荒地片栽植黄烟76亩，在北岭建烤烟房4座。生产的黄烟由供销社收购，收入归集体。1984年，转移到北岭种植80亩，承包到户。1985年停业。

人畜用水 中华人民共和国成立前，人畜用水主要靠村后小河中的水泉提供。中华人民共和国成立后，在村内人工挖成石砌水井3口，供村人用水。20世纪70年代，社员在自家院中，打手压水井用水。1996年，村委在村西北角楼子顶地块建自来水塔一座，铺设管道到户。2009年，在原水塔西南侧150米处，建高16米的水塔，容量为50立方米，供村民用水。

农田水利 1956年，利用自然地形条件，建成一座占地10亩，防洪灌溉为一体的西塘坝。在东南湖建造6个土井，周围用石料砌成，配备水车两台，人工推水。1957年，修建四门口水库。是年，在村后拦河筑塘坝。1966年，对四门口水库堤坝加高，增加蓄水量。1980年2月，供销社出资，大队出工及建筑材料，在村后河建扬程15米的扬水站一座。1987年，在村东北角，建塘坝一处。1990年冬，在东南湖修建石渠2000米。

工副业、编织 清咸丰八年（1858年），始有家庭编蒲包。1962年，生产队成立编包组，1982年停业。1974年9月，第二生产队成立制绳小组，此后，第三、八生产队相继成立制绳小组；1976年，由大队统一经营，收入归大队。1982年，编蒲包转为家庭手工业，1995年停业。

粮食加工 1970年，大队在村东南角建粮食加工房，用17.64千瓦柴油机为动力，带动粉碎机加工粮食。是年，使用饲料粉碎机为社员加工饲料。

油坊 1926年，傅维斗在村东头办油坊，马拉碾压糁、人工炒糁、包装、石锤摔打出油，被称为“新利油坊”，也叫“傅家油坊”。1946年，驻地部队“征兵团”以生产股形式接办了新利油坊，袁照洋负责。1955年，由“三号农业社”接办了“征兵团”油坊，负责人王茂礼，1958年停办。1970年，大队在村东南角综合大院建油坊，负责人王茂礼；炒糁为炕蒸锅炒；柴油机为动力，榨油机4部，气压榨油。1985年，李世文承包，1991年停办。1991年，傅承级、傅承约各自办家庭油坊，后停办。

砖厂 1979年2月，在村前204国道西侧，小堰地片建烧制青砖窑厂，1982年停业。1994年，在国道东侧建地沟窑一座，烧制红砖，1997年停业。

商贸服务 清朝末期，李联宽、李章父子在村中央东西大街南侧开办“义利”商铺，对外做土特产贸易，兼营黄酒酿造销售；民国初年，孙守信在村西北角开办“聚祥”商号，业务涉及船运贸易。民国年间，韩公最、丁惟廉在村中开办小卖部，经营日用品。中华人民共和国成立，涛雒区供销联社在村中设代销店，丁履谦夫妇为代销员，后经营日用百货、农资。1988年，代销店转由丁明亮经营。1989年，村集体成立“大草坡贸易货栈”，由孙纪平负责；1991年，转给个人承包。1991年，村集体在国道两侧建房屋30间，先后由秦洪伟等人承包开饭店，2000年后，陆续停业。

1940年设集市，1954年中断。1982年恢复，集日为农历每月二、七日。

电力 1979年8月，大队通交流电。1980年，在村南建变压器房安装50千伏安变压器。1999年，线路整改。2008年，进行电气化改造，用户表箱全部实行三级保护；新增三条线路；安装200千伏安、160千伏安变压器两台。

电讯 1957年，集体安装1部手摇式电话机。1993年，村集体安装1部程控电话机。2021年，全村电视以及成年人使用手机基本普及。

医疗卫生 1918年，老中医孙守山（字岳五）开办中医药铺，铺号“益寿堂”，主要通过针灸、推拿、拔罐和中草药为病人治病。中华人民共和国成立后，孙仕轩运用中西医结合为群众治病。1968年春，在大队东南角建房三间，组建卫生室，孙纪鼎为赤脚医生，孙绪花（女）司药，丁原祜负责制中药，管理药房，孙纪春负责进药。1981年，卫生室解体，由孙纪鼎个体行医。2004年，办新型合作医疗，孙树峰、孙传光、庄志华任村医。

村庄规划建设 1966年，村里房屋正式规划，每户5间，10间1条脊，中间4米小巷。1967年，村办公大院建成，分成前、中、后三排18间。1976年，每个生产队建4～5个沼气池，全村8个生产队共建38个。生产队投工18个，给农户建一个沼气池。1985年，对村民住房进行第二次规划。全村统一建成高2.85米、宽5.2米、长16.5米的砖瓦结构房屋，门窗木质。东西、南北主街道宽12米，小巷宽4米。1988年10月后，对本村进行第三次房屋规划，对旧房进行翻新改造，建成高3.2米，宽5.2米外加3米左右遮阳的大瓦房，偏房为平房，安装不锈钢大门，铝合金门窗，每户东西长16.25米，南北宽17.5米，建筑面积160平方米。村内房屋整齐，大、小街道都用水泥硬化路面。全村建筑面积16.7万平方米，占地面积42万余平方米。至2008年，全村基本完成了房屋翻新改造。1994年，主要街道安装路灯。2003年3月，对村东西中心大街进行硬化，将东起204国道，西至村西的村中心大街长860米，宽6.5米的路面进行了硬化，硬化总面积5160平方米。2004年，村社区服务中心西边的南北中心大街及村中间的东西大街硬化，共4300平方米。2005年，硬化村东南角赶集大街6660平方米，硬化东西两头的南北大街2200平方米。2006年春，硬化南北小巷16条，每条长260米，宽平均4米，硬化面积16640平方米。硬化滕堂安家门前的东西大街，面积2960平方米。2008年，新建社区服务中心，总建筑面积446.96平方米。2009年，重新建设功能完善的自来水工程。新水塔建在原水塔西边，塔高16米，容积50立方米。2010年，村里硬化村后西头老年房附近的路面，硬化面积4590平方米。2011年，村里硬化两条东西街和两条南北街。2011年，村文化娱乐广场建成。2012年，与周边村道路进行硬化衔接，共5160平方米。2019年，东西、南北两条主道路在原有水泥路面的基础上浇灌完成沥青路面。2020年，村东南角建设氧化塘一处。2021年，村东排水系统进行全面改造，铺设排水管道。老年幸福驿站建成，周边路面硬化并规划了停车位。2022年，全村进行了雨水和污水铺设地下管道进行分流，对所有污水进行净化处理；对村西排水进行重新规划，铺设底下管道，总长340余米；新建成乡村记忆馆一处。

2006年，被山东省文明委授予“山东省文明村”称号。2020年，被中央精神文明建设指导委员会授予“全国文明村”称号。

第五节　小草坡村

图24—43　小草坡村

（涛雒镇宣传办公室提供　摄于2021年）

小草坡村位于涛雒镇驻地南5千米处。东望丁家营子村，南隔河与郭家庄子村相望，西邻204国道，北临高旺岭。

明天启年间，王姓从上元村分家迁此居住，形成村落。清光绪年间，命名小草坡村。

1947年，全村有33户、143人，307亩土地。2021年，全村有106户、274人，142亩土地。有中共党员25人。

组织建设 1953年，经申斌启、庄文宣介绍，王茂新加入中国共产党，1957年，成立党支部。

1952年，成立2个互助组。1955年，成立前进二号初级合作社。1956年，成立高级社。1958年9月，为磴山人民公社的一个生产大队；办1个食堂。1984年冬，改称小草坡村。

参军 1938—1945年，王茂记、王茂春、王茂和、王茂堂先后参军。

支前 1948年，王茂顺、王茂利参加淮海战役支前，用木轮小推车为部队运送粮食。

移民 1956年，王克连移民到黑龙江，参加垦荒，支援国家建设。

联产承包责任制 1982年，实行联产承包责任制，全大队240亩土地，留出40亩作机动地，其余200亩，按人口平均承包到户，社员自主耕种。

林果业 1993年，村集体建桑园10亩，由秦洪增、王运玉承包。2000年，在村西建桃园15亩；2002年，由王运柏承包。2003年，扩建桑园20亩，王延海等6户承包；是年，建桃园12亩，王卫东承包。2021年，共有桃园120亩，户户都种植，每口人6分地；有茶园5.85亩，由王茂坤、王运刚、王运红种植。

1957年以来涛雒镇小草坡村
党组织主要负责人任职更迭表

表24—87

职务	姓名	性别	任职时间
书记	王茂新	男	1957—1968
组长	王茂新	男	1970—1971
书记	王茂新	男	1971—1984.6
书记	王运增	男	1984.7—1988
书记	秦鸿臣	男	1989—1993
书记	王茂新	男	1993—1998
书记	王运增	男	1999—2006
书记	王运红	男	2006—

1948年以来涛雒镇小草坡村
村主要负责人任职更迭表

表24—88

职务	姓名	性别	任职时间
村长	王运信	男	1948—1950
村长	王茂松	男	1951—1952
村长	秦福聚	男	1952—1953
村长	王克连	男	1953—1954
高级社社长	王茂新	男	1956—1958.9
大队长	王茂利	男	1958.9—1968
革委会主任	王茂春	男	1968—1982
村委会主任	王延长	男	1995—1998
村委会主任	王运红	男	2006—

农机及交通运输工具 1985年，王子军等人购买8.82千四轮拖拉机从事农业生产；王运来、王运柏各自购买手扶拖拉机、收割机从事耕种收割。1986年，王运红、王运新购买三轮车一辆跑运输。1989年，王运亭、王运伟购置三轮车。1990年，王运红购置中型货车一辆，搞运输。2021年，全村有货车、轿车66辆。

畜禽养殖 1997年，王运军在村后建猪场一处，饲养母猪4头，年出栏生猪80头。2013年，共有养猪专业户3家，养羊1户。2021年，全村没有养殖户。

工副业 1974年，大队购置8.82千瓦柴油机、粉碎机、碾米机，在村西南角建粮食加工房，秦洪增负责。1993年，王延刚在西岭204国道西侧建汽修厂，1995年停业。2021年，李勇君购买运输车3辆、王运江购买运输车4辆，从事钢材运输生意；李勇君购买一台挖掘机、秦海峰购买吊车一台、装载机一台，从事工程建设。

人畜用水 中华人民共和国成立前后，全村人畜用水靠村中三口井。2003年，接丁家营子管线，安装自来水管道通水到村。2007年，又改接孙家村管线用水。2011年，村集体在西北地自建自来水。

电力 1991年，争取政府的无息贷款通交流电，改写了小草坡村“无电”的历史。

电讯 1993年，全村安装程控机电话机3部，王运年购买黑白电视机1台。2021年，全村电视以及成年人使用手机基本普及。

医疗卫生 1962年，大队成立了保健室，秦洪宽任保健员，1996年撤销。

村庄规划建设 1974年，大队对街道、房屋进行了统一规划：三户一排，每排前面设小巷宽4米；南北街道宽6米；房檐口高2.8米，宽4.2米。1985年后，在原址翻建房屋，檐口高3.2米，房宽5.2米。2006年，硬化宽6米通往204国道的路及村东、西两侧的南北街道。2007年，在村后建起两排别墅式二层小楼，计16户。2013年，在各家门前统一铺设了彩色的地砖路面。2015年12月，获得省级文明村称号。2016年，全村完成改厕及雨污分流工程。2019年，全村进行垃圾分类、控烟。是年10月，污水处理成为全省优秀案例。是年，建设3处停车场、2处公园、3处公厕、一处乡村书屋。2020年8月，获得全省美丽乡村示范称号。是年11月，获得全国美丽宜居环境优美型优秀作品奖。2021年，垃圾分类易腐有机物堆沤还田技术成为国家级优秀案例。全村环村路和村内主路全部进行柏油硬化。

村委办公室建设 1970年前，无大队办公室。1970年，在村前建3间简易大队办公室。1991年，建5间办公室。2007年，在村前建办公室，面积300平方米。

第六节　丁家营子村

图24—44　丁家营子村

（涛雒镇宣传办公室提供　摄于2021年）

丁家营子村位于涛雒镇驻地东南部。东邻孙家村、曹家村，南与西林子头村一河之隔，西望小草坡村，北与孙家营子村为邻。

明洪武年间，为防倭寇，在此设营屯兵。明洪武八年（1375），丁、庄、张、李、孙、王六姓，自江苏东海县迁来，依兵营居住立村，因丁姓人众，故村名为丁家营子村。

1947年，全村有72户、436人，土地602亩。2021年，全村有326户、1057人，土地560亩。全村38姓（男女都计），庄姓人口居多。有中共党员42名。

组织建设 1945年，经驻村干部介绍，庄佃兰、庄建迎、庄建英（女）加入中国共产党，成立党组织。1946年底，先后成立民兵队（队长庄永吉）、识字班队（队长庄建英）、儿童团（团长徐增禄）。1947年，成立农救会（会长丁为苍）。1949年，成立妇救会（会长庄建英）。

1952年，成立6个互助组。1954年，成立前社、后社两个初级合作社。1956年，成立高级合作社。1958年9月，为海生人民公社的一个生产大队；办2个食堂。1984年冬，改称丁家营子村。

参军 1943—1948年，庄方吉、张传箱、张传升、高为海等，先后参军。

支前 1948年，庄建迎、庄佃兰、李玉福等，参加淮海战役支前抬担架。

1945年以来涛雒镇丁家营子村

党组织主要负责人任职更迭表

表24—89

职务	姓名	性别	任职时间
指导员	庄佃兰	男	1945.3—1947.7
书记	庄佃兰	男	1947.7—1948.7
书记	张传吉	男	1948.7—1951.8
书记	徐加伦	男	1951.8—1953.12
书记	庄建来	男	1954.1—1968.3
组长	庄建来	男	1970.1—1971.3
书记	庄建来	男	1971.3—1982.1
书记	庄光来	男	1982.1—1983.8
书记	丁为善	男	1983.8—2004.8
书记	丁立波	男	2004.8—

1945年以来涛雒镇丁家营子村

主要负责人任职更迭表

表24—90

职务	姓名	性别	任职时间
村长	庄建迎	男	1945—1948
高级社社长	张传吉	男	1956—1958.9
大队长	张传吉	男	1958.9—1968.3
革委会主任	丁为间	男	1968.4—1982
管委会主任	丁为善	男	1982—1984
村委会主任	庄京华	男	1984—2004.8
村委会主任	丁立波	男	2005.1—

联产承包责任制 1983年，实行联产承包责任制，全大队754亩土地，全部按人口平均承包给社员自主耕种。

水利建设 1963年，整治村西涝洼地，修两条渠道，长800余米，一条地下水渠，长250米。建河西崖小型塘坝一座，闸门三孔。1992年，村前大桥坍塌，村集体进行两次维修。

林业 1953年，在村前、村西河两岸栽植杨树、槐树。1970年，大队在村前建竹园15亩，庄建来、张传祐看管，集体收入。

农机以及交通运输工具 1963年，建加工房，8.82千瓦柴油机1台为动力，带动粉碎机、磨面机，为社员加工粮食。1968年，购买8.82千瓦手扶拖拉机2台。2021年，有大型农业机械3台、轿车150余辆。

人畜用水 中华人民共和国成立前后，靠村前、后两处石砌水井用水。1970年后，家庭出现塑料管手压水井。1979年，在村西石坝子修建大口井一座，供村民用水，1980年，铺设管道供水到户。1987年，同栈子一村、二村、三村、海员村、庄家村、孙家村合作，在村西北角建水厂1处，水厂至各村用直径0.2米的水泥管。水到村后，由各村自行管理。1993年，高旺金矿在此建矿区，水源受限、水质变差，停止供水。1992年，村集体在河西崖建大井一眼，铺设管道供水到户。

畜禽养殖 2021年，村内有生猪养殖户1家，存栏量120头。

渔业 1955年，在小东湖东庄南建“同立”筦，船二只，雇人拉网，集体收入，负责人庄永吉，1975年停业。1975年，有大小机船8只，从事海上捕捞。2021年，有11艘渔船，共计468.1千瓦。

浅海养殖 1972年，集体在石臼公社臧家荒浅海养殖海带200亩，负责人庄来吉，养殖船5只，养殖人员15人，1975年停养。1996年，在浅海养扇贝180亩，1999年停业。

淡水养殖 1968年，大队在东北滩挖鱼塘两处，养殖淡水鱼，看管人张守昆。1979年，在东北滩挖鱼塘两个40亩。1991年填平，集体植树。

盐业 自立村就有村民从事煎盐、淋卤晒盐。盐田零散分布于村周围。因纳潮困难，中华人民共和国成立至1950年，被政府裁废。

商业 1970年，涛雒供销联社在村中建代销店1处，1983年停业。2021年，有1处大型超市，3处小型超市。

工副业 中华人民共和国成立前，有油坊、木工铺、铁匠铺，另有瓦工、捻工、编席、编包、打草帘等手工业。1996年，建窑厂，2004年停业。2021年，有铝合金装潢3家、水产品冷藏加工2家。

医疗卫生 1955年，集体办保健站，庄光芬任保健员。1968年，大队建医疗室，庄光秝任赤脚医生。1975年，周绪义进入医疗系统。1983年，大队医疗室撤销，办个体诊所。2004年，办新型合作医疗。

电力 1981年，大队开始用上交流电。

电讯 1982年，丁元林购买12英寸黑白电视机1台。1990年，村集体安装手摇电话机1部。1993年，安装程控电话机2部。2021年，全村电视以及成年人使用手机基本普及。

村庄规划建设 1964年，大队全面规划：东西、南北各两条大街，宽12米；进户巷宽4米；户宅基地面积289平方米；两户一体，10户一方；房屋檐口高2.6米，房宽4米。1975年，填平村中间矿坑建大队办公大院。1985年，村民翻新房屋，檐口高3.2米、宽5.3米。1982年，中心大街安装路灯。1984年，在村中建大队办公大院一处，房屋10间。2006年，迁至村西，占地1200平方米，建办公室10间；是年，硬化通往204国道的道路及村内主要街道；对大汪塘边缘石砌，形成一处小公园，栽植各种树木花草；设置健身器材。

2020年，被山东省精神文明建设委员会授予“省级文明村”称号。

第七节 高旺庄村

高旺庄村位于镇驻地南4千米处。东邻孙家营子村，南接高栈路，西靠204国道，北依高旺河。

金朝时期，高、王二姓迁此居住建村，取名高王庄，后演化为高旺庄。明朝初期，丁姓由江苏海州县迁此居住；清朝初期，阚姓由南湖阚家城子迁此居住；清末，庄姓由涛雒街迁此居住。

图 24—45　高旺庄村
（涛雒镇宣传办公室提供　摄于 2021 年）

1947 年，全村有 102 户、580 人，土地 4560 亩。2021 年，全村有 776 户、1870 人，土地 1590 亩。有 36 姓（男女都计）。有中共党员 67 人。

组织建设　1945 年，经驻村干部的介绍，阚光弟、李宗亮、李长春、历明海等，加入中国共产党，成立党组织。1946 年，成立民兵队（队长阚光弟）、儿童团（团长丁立升）、妇女识字班（队长白永丽）。1947 年，成立农救会（会长李宗亮）、妇救会（会长林孙氏）。

1953 年，成立 6 个互助组。1955 年，成立民主四号、民主二号、民主三号、民主一号 4 个初级农业合作社。1956 年，初级合作社合并成立高级合作社。1958 年 9 月，为磴山人民公社的一个生产大队；办 7 个食堂。1984 年冬，改称高旺庄村。

参军　1943 年，厉明生、李迎春；1944 年，刘大贤；1945 年，秦福凯、厉保管、李延年、丁履先、阚永路；1946 年，王安荣、迟令海、丁履好、丁海柱、李太平、叶连珍、庄茂朝、丁履仁；1948 年，丁履瑶、丁履勉、丁东海、庄建平、丁履连、丁履亮等参军。

支前　1947—1948 年，支前队伍共 3 批，主要任务随军送粮草等，战役结束后平安回家。妇女识字班做军鞋，烙煎饼支援前线。

外迁及接收移民　1955 年，阚光弟、孙光福、李宗斋等户，移民黑龙江，垦荒种田，支援边疆建设。1966—1972 年，先后接收安置梁学培等 6 户日照水库移民。

联产承包责任制　1982 年，实行联产承包责任制，全大队 1557 亩土地，全部承包到户。

畜禽养殖　2010 年，划养殖区，30 户养猪。2013 年，在西北大河南划养殖区，生猪存栏 300 头，羊 100 多只。2021 年，全村有 36 户养猪，存栏量 720 头；1 户养牛，存栏量 12 头；1 户养羊，存栏量 90 头。

1945 年以来涛雒镇高旺庄村党组织主要负责人任职更迭表

表 24—91

职务	姓名	性别	任职时间
指导员	阚光弟	男	1945—1947.8
书记	李长春	男	1947.8—1957
书记	厉明海	男	1958—1959
书记	孙树强	男	1959—1960
书记	申斌起	男	1960—1968
组长	申斌起	男	1970—1971
书记	申斌起	男	1971—1980
书记	丁元亮	男	1980—1983
书记	厉夫卿	男	1983—1996.5
书记	王平祥	男	1996.5—2004.12
书记	庄建亮	男	2004.12—2007.11
书记	丁士武	男	2007.11—

1945 年以来涛雒镇高旺庄村主要负责人任职更迭表

表 24—92

职务	姓名	性别	任职时间
村长	沈自成	男	1945—1954
高级社社长	厉明海	男	1956—1958.9
大队长	李西祥	男	1958.9—1960
大队长	丁元亮	男	1960—1968
革委会主任	丁元亮	男	1968—1980
革委会主任	平永康	男	1980—1982
管委会主任	平永康	男	1982—1984
村委会主任	丁履江	男	1984—1989
村委会主任	王平祥	男	1989—1996
村委会主任	庄建亮	男	1996—2004
村委会主任	丁士武	男	2004—

淡水养殖 1977年，大队在村东碱洼地挖鱼池80亩。1982年，由张传德等5户承包。1984年，丁元青承包养殖罗氏沼虾。2010年，村收回建成人工湖。后由丁海伦承包，养殖罗氏沼虾。另有丁元林养殖中华鲟，养殖面积4亩。

林业 1980年，集体在西北河崖栽种杨树100亩，5～6年更新一次，集体收入。2021年4月，村党支部兴办“日照市东港区旺林苗木专业合作社”，有50余亩苗圃。

竹园 中华人民共和国成立后，在大河南有个体竹园4个，分别为张纪全、刘为贞、王瑞廷、刘现连所有。1964年，作价转归集体。2004年，承包给牟现法等4户经营。

果园 1986年，在干渠西侧发展果园120亩，1996年改建桃园。2011年，桃园被政府征用拆除。

桑园 1989年，村统一发展桑园36亩，承包到户。2010年，发展到200亩。2013年，因产业结构调整，将200亩桑园中的老桑园30亩改为苗圃。2021年，将23亩桑园改为苗圃园后，全村有桑园70亩。

茶园 1990年春，村集体在徐家岭发展茶园36亩，承包到户；2000年，改建成杨树林；2003年，改建成黄桃园。

农机及交通运输工具 1963年，使用8.82千瓦柴油机带动粉碎机，为社员加工粮食。1976年，大队买捷克牌36.75千瓦四轮拖拉机1台。9个生产队各有8.82千瓦手扶拖拉机1台。2008年，有手扶拖拉机、四轮拖拉机100辆。2021年，全村有小麦、水稻收割机3台，挖掘机3台，装载机6台，旋耕机5台，大拖拉机3辆，农用运输车5辆，轿车318辆。

人畜用水 中华人民共和国成立前后，有两口深水井供人畜用水。1975年，打机井建水塔，饮用自来水。2009年，自来水改造，实行直供。

农田水利 1968年，在“大寨田”南侧架渡槽1000米。1976年，在西北湖修引水渠2600米。1994年，黄淮海平原综合开发，在竹子河坝至东北湖，修石渠1500米。2010年，打沉井2眼，架水泥管道1000米。是年，在稻区打大井10眼，小井100眼。

工副业 1963年，办起粮食加工房；肉类熟食加工厂，负责人厉保管。1965年，成立木工组、草绳组。1976年，成立条编组，为青岛缝纫机厂供货，条编筐、篓。1980年，成立旅社、饭店、供销门市部、照相馆、机械修理组。1993年，相继承包到户。以上项目，1995—1996年，相继停业。

电力 1972年，通交流电。2012年，电网改造。2013年，有变压器6台。

电讯 1993年，村集体安装程控电话机1部。2021年，全村电视以及成年人使用手机基本普及。

医疗卫生 1968年，建医疗室，丁江海任赤脚医生。2004年，村办新型合作医疗，丁江海、庄伟任村医。

村庄规划建设 1965年，大队开始实施规划建设，村中央设东西大街一条，南北大街两条，小街每隔四户一条；房屋四户一排，房屋宽3.5米，房檐口高2.6米，前后留小街。1980年后，社员在原址翻建房屋时，房宽5米，房檐口高3.3米。2009年，在村后建办公楼，建筑面积1500平方米。

2014年，被山东省精神文明建设委员会授予“省级文明村”称号。

第六章　栈子管理区

栈子管理区辖栈子一村、二村、三村和海员村、孙家村、庄家村、曹家村、东南营村、孙家营子村、李家营子村，计10个行政村。孙家营子村、李家营子村，明代隶属进贤乡竭忠一隅涛雒里；清代隶属南乡南上二牌石梁社。栈子一村、二村、三村和海员村、孙家村、庄家村、曹家村、东南营村，明代隶属进贤乡竭忠一隅纪家庄里；清代隶属南乡南上一牌纪家社。管理区所辖的各村，1912年隶属日照县涛雒区，1931 年隶属日照县第二区。1942 年 9 月，隶属涛雒区。1950 年 5 月，隶属第七区。孙家营子村、李家营子村，1956 年 1 月，隶属磴山区；1958 年 1 月，隶属下元乡，是年 9 月，隶属磴山人民公社；1959 年 2 月，隶属下元人民公社。1956 年 1 月，栈子一村、二村、三村和海员村、孙家村、庄家村、曹家村、东南营村，隶属日照县涛雒区；1958 年 1 月，隶属涛雒乡，是年 9 月，隶属海生人民公社；1959 年 2 月，隶属涛雒人民公社。1962 年 12 月，管理区所辖各村隶属涛雒区。1971 年 3 月，隶属涛雒人民公社。1984 年 6 月，隶属涛雒区高旺乡。1985 年 5 月起，隶属涛雒镇。

第一节 冫口子庄

冫口子庄位于镇驻地偏南 3 千米处。东依沿海公路至大海，南与庄家村、孙家村相邻，西与李家营子村相望，北靠冫口子河。

明朝末年，叶姓由东海县迁此沙洲上居住。因濒临黄海，沙洲四面环水，沙碛遍地，荒无人烟。一些没有住所的渔民，在这沙洲上搭起茅屋居住下来。时间久了，便形成了一个小村落。清朝初年，傅姓自江苏省东海县迁冫口子庄居住。

小东冫口子（自然村） 清光绪年间，钟姓到冫口子庄东侧与冫口子庄隔汪塘相望处居住，后有冫口子庄人迁此居住，渐成自然村落，称小东冫口子。随着人口的增长，住宅的扩张，到 20 世纪末，小东冫口子和冫口子庄的住宅连成一片，统为冫口子一个自然村。

清乾隆二十一年（1756）夏，“大水庐舍一空，县令孙世漳，查验至其地，令庄人移居村西大岭”，形成村落，取名“冫口子”。冫口子庄由地貌特征而命名。1938 年，全庄有 300 户、1300 人。

因“冫口”字未被收入国家审定的汉字字典中，1983 年，使用“栈子”。

组织建设 1939 年，许耀林、叶连森、傅承伦、王文秀、傅承全、傅承林等，加入中国共产党，建立党组织，许耀林任指导员，隶属于中共二分区（涛雒）委。是年，中共党员发展到 24 名。1942 年 8 月，日照县委、县抗日民主政府授予冫口子庄“抗日模范村”荣誉称号。

1945 年，冫口子庄划分为 4 个行政村，为一村、二村、三村、四村（小东冫口子）。鉴于冫口子庄地理环境、政治经济状态及族群结构情况比较复杂，为便于村庄的管理和领导，设总庄长宋佃吉，总指导员郭建祥；建立了民兵、妇女、儿童团组织。1946 年，一村、三村建立党支部，四村的党员隶属三村党支部领导。1956 年，四村并入三村。

参军 1942—1949 年，郭建荣、叶连慈、叶速提、郑淑永、叶连芝（女）、孙传友、周绪杰、相守秋、郭仲春、郭建成、郭仲春等，先后参军。

1939—1946 年涛雒镇冫口子庄指导员任职更迭表

表 24—93

职务	姓名	性别	任职时间
指导员	许耀林	男	1939 年春—1939.10
指导员	郭建培	男	1940.6—1943
指导员	傅田余	男	1943.4—1945
总指导员	郭建祥	男	1945—1946.3

1945—1946 年涛雒镇冫口子庄主要负责人任职更迭表

表 24—94

职务	姓名	性别	任职时间
村长	叶子琛	男	1945.8—1945.11
总村长	宋佃吉	男	1945.11—1946

支前 1947—1949 年，累计支前人数达 150 人次，木轮手推车 20 辆，担架 30 副，大小船 11 只。

1949 年 10 月，组织 27 人，参加解放“舟山群岛支前队”，孙方道、宋佃吉任队长。1950 年春，舟山群岛解放，支前队返乡，受到部队和县政府的表彰。

移民 1955 年，郑淑升和母亲，郑全德夫妇，刘某和母亲，移民黑龙江省，垦荒种田。

渔业 拉笮始于建村，止于1975年（因近海资源稀少）。推虾皮始于建村，延续至今，所用工具已更新。

清道光年间，冮子庄人养大风帆船，从事海上捕鱼。清末民国初，冮子庄共有载重量在3000～5000饼（每饼25公斤）以上的大风帆船70余只。每年开春，出海到长江口外吕泗、东沙、毛竹沙、蒋家沙、陈家沙、曹口一带渔场捕捞黄花鱼。黄花鱼汛过后，捕捞白鳞鱼。后到渤海湾拉大裤兜网，捕捞小大头黄、毛虾、梭子蟹、对虾、海蜇等。

盐业 自立村后，就有部分户开始小滩淋卤晒盐。滩地坐落于村周围，因滩地分散，纳潮困难，中华人民共和国成立至1950年，被政府裁废。

道路 清光绪年间，鱼商频繁往来和沿海军事的需要，形成往西的道路。从庄中间往西，经西河道，沿高旺庄村后，通官马大道（今204国道）；2011年硬化。1958年，与高旺庄村协商，共同修建了村前道路（高冮路）。1999年，进行路面沥青硬化。因此路超负荷运行，路面损毁严重，2008年，又进行第二次水泥硬化。20世纪90年代，沿海公路建成后，庄内这两条东西主要通道向东直达沿海公路。2004年，硬化村中心南北大街。2008年，所有主街道全部硬化。

桥梁 竹子河桥建于1941年，伪和平军为涛雒和冮子驻点交通便利，强迫民工，在通往村北的竹子河上，打造了一座宽5米、长80米的木桥，后因木桩、木板烂掉，木桥被毁。中华人民共和国成立前后，在西河上建宽5米、长50米的木桥。1962年，改建成一座石桥（长35米、宽2米、18个桥墩，共用长2米、宽厚各0.2米的条石102页）。2008年，将石桥改建成钢筋水泥桥。

水陆运输 初，庄里人自养大风帆船开始，便利用休渔时间，从事海上运输（1936年，第一只铁壳客货两用运输船“小艺风”开始运行于青岛至石臼，至1948年停止），将涛雒街及本庄商号在内地收购的土特产（生米、生油、披猪等）运往外地；从外地运回木材、毛竹、煤炭、日用百货、面粉、糖（白、红）等；停泊港口主要有：上海吴淞口、南京、舟山、宁波、厦门、广州和青岛、大连、天津、丹东，以及日本、韩国等。1937年8月，冮子37只大风帆船运货，停泊于吴淞口，国民政府为阻挡日军沿江进犯，强行把大部分船只沉于江底，其他大船，有的被日军用水雷炸沉，有的贱卖，有的进坞塘报废。此后，海运停止。1952年后，又有大风帆船开始水陆运输，1981年停运。

1940年，叶玉阶从日本购买小汽车一辆，船运至家。由于交通不便，从买来就没运行过，最后报废。

林业 建庄后，海边沙岭林木茂盛。庄四周皆有大片松树、杨树林。20世纪30年代，毁于战乱。中华人民共和国成立前后，庄东、东北、南有大片松树、杨树、槐树林，杂以灌木。1958年，大炼钢铁时，全部砍伐。

水利建设 清光绪年间，庄人养大风帆船的很多。为停船便利，组织起来，在今刘庄河闸处，往东开挖河道，即形成现在的冮子河，大船可从张洛口入河道停泊。1952年，开始将庄东和庄西两条河截断，建起河坝，河水改往北流入冮子河。1953年完成，称为西河。

1970年，解放军某部某连（驻地：三村老沿海路东侧），从刘庄河闸处引水，至河南岸坡脚底，修水渠往东，经204国道至本庄西河，在西河上建渡槽，往东至庄东，在庄东北开垦荒地（包括庄西荒地），栽植水稻。20世纪80年代，干渠供水日渐减少。1985年，连队撤走。

人畜饮用水 中华人民共和国成立前后，全庄人畜用水，靠庄南头一口石砌水井。1970年后，家庭出现塑料管手压水井。1987年，经临沂地区财政、水利部门及市（县级）水利部门扶持，冮子一、二、三村和海员村、庄家村、孙家村、丁家营子村，共同筹集资金，共计68万元，在丁家营子村西北角建水厂1处，水厂至各村用直径0.2米的水泥管。水到村后，由各村自行设计安装用水。1993年，高旺金矿在此建矿区，水源受限，水质变差停止供水。是年，投资30万元，在庄西北冮子河南岸，打井建水塔（水塔高14米，容量100立方米），安装30千伏安变压器1台，铺设管道至原管道，供村人用水。不久水质变涩、咸，不能饮用。1998年，投资30万元，在下元三村后打深井，铺设管道至汩子河南岸原水塔供水。2006年7月，将供水设施作价给一村管理（一、二村用水），三村由镇供水中心供水（海员村民按居住所在地用水）。并对全庄管道重新铺设，共投资80余万元。

商业　清末民国初，就有野锅羊肉汤、大饼、面条等饭铺。后发展到以“瑞春”（总号设在涛雒街）、“瑞泰”为代表的几十家大的商号。1937年，抗日战争全面爆发后，各大商号随之关闭。1947年，由国家和群众投资入股，建成供销合作社，供给村人生活日用品。1980年，供销社门市部停办。1982年后，由傅承高承包经营。2006年，日照凌云集团在村内设购物超市。2021年，全庄有百货超市等个体商户68家。

集市　建庄后，即有早市（柴草）、晚市（海产品）。1955年，七区人民政府批准设立集市，农历逢一排六为集日。集场设在庄里十字大街上。市场主要经营水产品、蔬菜类、粮食类、柴草类等百姓日用生产生活用品。1978年后，经营规模扩大，交易品类一应俱全。2012年，集市全部迁至庄前。

织布厂　1910年2月，“瑞春”商号叶汝朋与高兴夏陆沟留日学生马官和合资，在庄内开办织布厂（址在“瑞春”商号院内），有织布机20台，工人70余名，并在日照境内首次使用锅驼机作动力。主要生产粗布、柳条布、方格布。至20世纪30年代，由于受“洋布”的冲击，被迫停产。

医疗卫生　中华人民共和国成立前，庄内有三家药铺：杨家药铺，主要经营中草药；张家药铺，集坐堂、出诊、供药为一体；傅家诊所，经营西医西药（注射），做小儿外科手术。1950年，成立了保健站。1954年，改称卫生所。1958年，并入涛雒卫生院，原卫生所成为门诊部。1964年，门诊部撤销，集体建卫生室。1978年，卫生室解散，每大队成立一个卫生室。2005年，合并为一个卫生所，成员为原四个村的村医。

村庄规划建设　1978年，全庄总规划为：南北1条中心大街，宽10米，长1500米，次街宽3.5米。各大队负责各自大队区域实施规划。

电力　1983年，全庄安装100千伏安变压器1台，通交流电。

广播电视　20世纪60年代中后期，户户安装有线广播（小喇叭），收听新闻、天气预报及文艺节目等。大队安装高音喇叭，购置了小型广播机，配置电唱机和其他广播设施，每天早、午、晚定时进行广播，1980年停用。20世纪80年代初，黑白电视入户，90年代中期后，彩电逐渐普及。

公议公称庄碑　庄碑位于龙王庙（庄北河南岸、西靠西河）大门东钟楼子外，坐北朝南，始建于1824年。1958年被抬走。2000年，在高汩路东头路北、老沿海公路西侧，新建亭子并立碑，2000年10月1日揭碑。

栈子一村

图24—46　涛雒镇栈子一村服务中心

（李世成摄于2021年1月）

栈子一村位于栈子庄前端。东靠沿海路至大海，南望孙家村，西隔河与李家营子村相望，北连栈子二村。

1947年，全村有108户、590人，土地720亩。2021年，全村有310户、690人，耕地450亩。有中共党员54名。

组织建设　1946年，成立党组织。

1953年，成立3个互助组。1955年，成立红星农业、渔业2个初级合作社。1956年，初级社合并成立高级合作社。1958年9月，为海生人民公社的一个生产大队；办3个食堂。1984年冬，改称栈子一村。

联产承包责任制　1981年，实行联产承包责任制，全大队400亩土地，承包给社员自主耕种。

农机及交通运输工具　2021年，村内有农用车、轿车、货车200余辆。

1946 年以来涛雒镇栈子一村
党组织主要负责人任职更迭表

表 24—95

职务	姓名	性别	任职时间
指导员	董大海	男	1946—1947.7
书记	董大海	男	1947.7—1953
书记	宋佃吉	男	1953—1955
书记	傅香余	男	1956—1968
组长	傅香余	男	1970—1971
书记	傅香余	男	1971—1983
书记	傅承义	男	1984—1987
书记	傅松余	男	1988—1998
书记	傅召余	男	1999—2009
书记	傅承密	男	2009—2011
书记	傅冠强	男	2011.4—

1945 年以来涛雒镇栈子一村
主要负责人任职更迭表

表 24—96

职务	姓名	性别	任职时间
村长	董大海	男	1945—1954
高级社社长	傅维存	男	1956—1958.9
大队长	傅维存	男	1958.9—1968.3
革委会主任	傅维存	男	1968.3—1982.4
管委会主任	傅维存	男	1982.4—1984
村委会主任	傅秋余	男	1984—1989
村委会主任	孙丽英	女	1990—1991.12
村委会主任	傅青余	男	1992.1—2004.12
村委会主任	傅承密	男	2005.3—2007.3
村委会主任	傅冠强	男	2011—

海洋捕捞　1961 年，大队买 4 只小风船。1966 年，购买 8.82 千瓦渔船 2 只，从事近海捕捞黄鲫鱼、带鱼、乌贼等杂鱼。1967 年，成立“新立”筲从事近海捕鱼；1983 年停业。1975 年，有各类机船 14 只。1984 年船、网打价，个体经营。2021 年，村内共有渔船 27 只，其中钢质渔轮 7 艘，以拖网为主。

滩涂养殖　1985 年，在村东开挖虾池 80 亩，1992 年，被阜鑫渔港占用。2004 年，建大棚搞工厂化养殖大鲮鲆等。2021 年，有 18 户工厂化养殖大鲮鲆、南美虾，大棚 58 个，总面积 80 亩。

浅海养殖　2010 年，在村东滩涂养殖黄皮蛤 400 亩。2021 年，投资 50 万元，建立蛤类滩涂养殖基地，基地实行村两委全体成员分组值班，责任到人的经营方法。

商业　2012 年，村集体利用村南空闲地，将栈子集迁入，并建沿街商业楼 15 套，村民从事商业经营。2021 年，村内有商业经营门店 96 家。

工副业　1973 年，建立粮食加工房，由潍坊购进 14.7 千瓦的柴油机为动力，带动粉碎机为社员加工粮食。1985 年后，由周家义承包经营。2021 年，村内有水产冷藏厂 4 家。

电讯　1959 年，集体安装 1 部手摇式电话机。1984 年，傅承信最早买 12 英寸黑白电视机。1993 年，村委安装 1 部程控电话机。2021 年，全村电视以及成年人使用手机基本普及。

液化气站　1997 年，傅华余等人，在村东南角、沿海公路西侧，合资兴建液化气站，占地 6 亩，30 立方米（约 14 吨）的储气罐 2 个。2002 年停业。

村庄规划建设　1985 年，开始进行村庄规划：房屋统一为东西、南北长各 14.5 米，檐口高 3 米，房宽 5 米；修建 12 米宽街道 1 条，8 米宽街道 5 条。2004—2006 年，硬化街道 2400 米。2010 年，安装电子监控 10 个。2012 年，在村东南角，建成社区服务中心，占地面积 3000 平方米，建筑面积 600 平方米。是年，村两委办公室由村中间迁此办公。2021 年，建立“幸福驿站”1 处，面积 272 平方米，供老年人免费就餐、休闲娱乐；建造文化综合活动场所 1 处，面积 270 平方米，内设活动室、简易厨房、书房、休息室，同时对周边道路进行硬化、绿化等。修建停车位 38 个。休闲小公园 2 处，面积 600 平方米。

2015 年，被山东省精神文明建设委员会授予“省级文明村”称号。

栈子二村

图 24—47　栈子二村
（涛雒镇宣传办公室提供　摄于 2021 年）

栈子二村位居栈子庄中间地段。东靠沿海公路至大海，南连栈子一村，西隔河与李家营子村相望，北接栈子三村。

1947 年，全村有 90 户、250 人，土地 500 亩。2021 年，全村有 160 户、468 人，耕地 200 亩。有中共党员 26 人。

组织建设　1946 年，设立党支部。

1953 年，成立了 4 个互助组。1954 年底，成立 4 个初级合作社。1955 年初，4 个初级社合并为 2 个初级农业合作社。1956 年春，2 个初级社合并成立爱国农业高级合作社。1958 年 9 月，为海生人民公社的一个生产大队；办 1 个食堂。1984 年冬，改称栈子二村。

联产承包责任制　1981 年，实行联产承包责任制。全大队 480 亩土地，承包到户，自主耕种。

园林　1985 年，在西岭试种桑树、山楂等 40 亩。2021 年，有苗圃 40 亩，黄桃 26 亩。

农机及交通运输工具　2021 年，村内有农用车 1 辆，货车 2 辆，轿车 46 辆。

浅海养殖　1990 年，集体在“北口门”海域养殖扇贝。因亏损严重，1993 年，承包给岚山的一家水产养殖场经营，后停业。

工厂化养殖　2004 年，开始工厂化养殖大鳞鲆。2006 年 10 月，出现多宝鱼（大鳞鲆）含药超标事件，开始试养海参和其他鱼类，并利用空闲的大棚，暂养越冬车虾和梭子蟹。2008 年，大鳞鲆养殖正常。2021 年，有工厂化养殖 10 家，养殖面积 63000 平方米。

1953 年以来涛雒镇栈子二村党组织主要负责人任职更迭表

表 24—97

职务	姓名	性别	任职时间
书记	张纪永	男	1953—1959
书记	郭仲春	男	1959—1968
组长	赵崇春	男	1970—1971
书记	赵崇春	男	1971—1972
书记	郭仲春	男	1972—1983
书记	郭仲刚	男	1983—1989
书记	叶京祝	男	1989—2021
书记	叶京军	男	2021—

1945 年以来涛雒镇栈子二村主要负责人任职更迭表

表 24—98

职务	姓名	性别	任职时间
村长	宋佃吉	男	1945—1954
高级社社长	郭建记	男	1956—1958.9
大队长	郭仲春	男	1958.9—1968
革委会主任	张传红	男	1968—1969
革委会主任	张传青	男	1969—1970
革委会主任	郭仲刚	男	1970—1982
管委会主任	郭仲刚	男	1982—1983
管委会主任	叶京祝	男	1983—1984
村委会主任	叶京祝	男	1984—1990.12
村委会主任	李方亮	男	1990.12—2002.1
村委会主任	叶京祝	男	2002.1—

海洋捕捞　1983 年，实行船网打价，个体经营。2021 年，全村有渔船 15 艘。

电讯　2021 年，全村电视以及成年人使用手机基本普及。

村庄规划建设　1993 年，在村中偏北中心大街西侧建村委办公室，建平房 150 平方米。2018 年，在栈子幼儿园路东新建村委办公室，建筑面积 2500 平方米。

栈子三村

图 24—48 栈子三村
（涛雒镇宣传办公室提供 摄于 2021 年）

栈子三村位于栈子庄北部。东依沿海公路，南与栈子二村相连，西隔河与李家营子村相望，北靠栈子河。

1947 年，全村有 120 户、560 人，420 亩土地。2021 年，全村有 301 户、856 人。有中共党员 50 人。

组织建设 1946 年，建立党支部。1956 年，纳入四村（小东栈子）。

1958 年 9 月，为海生人民公社的一个生产大队；办 3 个食堂。1984 年冬，改称栈子三村。

联产承包责任制 1981 年，实行联产承包责任制，全大队 880 亩土地，承包到户自主耕种。

林业 1965 年，在村东北接王家村，南到海员大队滩涂，东至大海，栽植松树等 180 亩。2001 年，在栈子河南岸建竹林 36 亩。2021 年，有沿海防护林 170 亩。

农机及交通运输工具 2021 年，村内有农用车 10 辆、货车 2 辆、轿车 250 辆。

海洋捕捞 1958 年，成立渔业生产队，以小木船，棉线网具，近海作业为主，小网捕黄鲫鱼，大网（坛子网）捕小虾。1960 年，购 4 桅大木船 1 只，春季下南洋（长江下游），秋季到北海（渤海湾），以坛子网为主。1962 年，购 2 桅中型木船 1 只。1968 年，建造 8.82 千瓦机帆船 1 只，网线由棉线换成化纤线制作网具，以流网为主。1970—1997 年，发展 110.25 千瓦以下木质渔船 4 对，小木机船 20 只，总功率 426.3 千瓦。1983 年，船、网打价，个体经营。1998 年到 2013 年，由木质船更新为钢质渔船，由 73.5 千瓦更新为 220.5-330.75 千瓦的钢质渔船 33 艘，小木质船 12 只，全村渔船总功率 4263 千瓦。以拖网为主，捕鱼种类杂而多。通信设备由简单对讲机到逐渐使用北斗导航。2021 年，全村共有渔船 43 艘。

1946 年以来涛雒镇栈子三村
党组织主要负责人任职更迭表

表 24—99

职务	姓名	性别	任职时间
指导员	宋加明	男	1946—1947
书记	宋加明	男	1947—1960
书记	田洪选	男	1960—1968
组长	田洪选	男	1970—1971
书记	许衍喜	男	1971—1978
书记	叶连国	男	1978—1997
书记	郑培青	男	1997—1998
书记	郭常东	男	1998—2016.2
书记	郭江辉	男	2016.2—

1945 年以来涛雒镇栈子三村
主要负责人任职更迭表

表 24—100

职务	姓名	性别	任职时间
村长	宋加明	男	1945—1954
高级社社长	高为堂	男	1956—1958.9
大队长	高为堂	男	1958.9—1968
革委会主任	高为堂	男	1968—1969
革委会主任	陈同英	男	1969—1982
管委会主任	叶京军	男	1982—1984
村委会主任	叶京军	男	1984—2013.12
村委会主任	郭常东	男	2013.12—2015.2
村委会主任	郭江辉	男	2015.2—

浅海养殖 1965 年，在石臼公社山后大队的浅海养殖海带，后停养。

滩涂养殖 1984年，在东庄前开挖虾池40亩。1985年，在下庄后开挖虾池60亩。1986年，在老营房后开挖虾池50亩。1987年，在东沙岭开挖虾池90亩、庄东边开挖30亩，养殖对虾。1993年，对虾开始染病，池塘养殖跌入低谷。1996年后，开始东方对虾、车虾、梭子蟹、花蛤等混合养殖。

工厂化养殖 2004年，开始建大棚养殖大鳞鲆。2006年10月，出现鱼体内含药超标事件，开始养海参和其他鱼类。2021年，全村工厂化养殖面积66亩。

电讯 1959年，大队安装手摇电话机1部。1973年，大队安装手摇电话机1部。1993年，村委安装程控电话机1部。2021年，全村电视以及成年人使用手机基本普及。

村庄规划建设 1999年冬季，村委办公室由上庄搬迁到下庄。2009年8月，在位于栈子庄原址东北角，开工建设居民楼区。由东港区规划设计院规划设计，占地83.29亩。区内道路南北向2条，各长230米、宽10米；东西向1条，宽10米；辅管道6条，各长180米、宽5米，均为混凝土铺成。水、电、气、电信等设施，均由地下管道贯通联网。水由镇供水中心供给；燃气为一达燃气公司供给。2014年，完成建筑（3～11层）楼房21栋，总建筑面积6万平方米，可入住625户，是年入住300户。引进“高效环保”的可再生能源新技术，吸取地下海水热、空气源热为能源，用于住户夏天制冷冬天取暖。与海员村各拆迁150户，合村并居。2021年，在本村棚户区A地块建成安置楼160套。

2014年，被日照市精神文明建设委员会授予“市级文明村”称号。

海员村

海员村村民分散居住于栈子一、二、三村中。

2021年，全村有440户、1300人。有中共党员82人。

组织建设 1949年，中共日照县委派梁增培到栈子庄组织成立“船员工会筹备委员会”，会长孙方道。1951年，正式成立“中国海员工会栈子民船委员会”，简称“海员工会”，会长孙方道，成员为栈子庄以渔业捕捞为主的人员，其家人均在原所在村。1952年，成立了党支部。1963年，船员吃国家商品粮，家属吃统销粮（1993年取消）。1955年12月，撤销海员工会，成立“日照县栈子乡海员高级渔业生产合作社”，社长孙方道。1958年9月，傅高余任社长。1963年，分散于一、二、三大队的渔民及其家人集中管理，成立栈子海员大队（住宅、水、电由所住村负责）。

图24—49 涛雒镇海员村（李世成摄于2021年11月）

1979年，分3个生产队，实行生产队核算，撤销大队统一核算。1984年冬，改称海员村。

渔船 1952年，在原有集股购买“小来顺”“韩香泰”等船的基础上，又购买“七喜子”船（载重80吨）。1953年，购买“三船”（载重55吨）“二搞子”（载重48吨）“小四喜子”“公长发”“大鸟”等5只船，岚山头“任长利”（载重70吨）也加入海员工会。1954年，买进“虎头曼”（载重80吨），并每船配置收音机，及时收听天气预报。1957年，在县水产局马振声亲自主持下，在连云港新建载重72吨的“海丰二号”大机帆船1只。1958年，有大小船20只。1965年，建造8、9号机船（1041、1042）2只。1966年，江苏任家“大水龙”也加入到海员工会。1972年，建造3、4号14.7千瓦木质渔船2只。1975年，拆“韩香泰”，新建812型91.14千瓦机船2艘。2001年，新建4艘135.975千瓦钢质渔船。2021年，全村有钢质渔船32艘。

农机及交通运输工具 2021年，村内有货车包括皮卡车等62辆，轿车260辆。

1952 年以来涛雒镇海员村党组织主要负责人任职更迭表

表 24—101

职务	姓名	性别	任职时间
书记	庄瑞连	男	1952—1962
书记	傅高余	男	1963—1964
书记	孙方道	男	1964—1968
组长	傅承祝	男	1970—1971
书记	傅承祝	男	1971—1982
书记	田文刚	男	1982—1984
书记	叶连宽	男	1984—1999
书记	叶庆顺	男	1999.8—2014.8
书记	郭长峰	男	2014.8—

1963 年以来涛雒镇海员村主要负责人任职更迭表

表 24—102

职务	姓名	性别	任职时间
大队长	傅高余	男	1963—1966.3
大队长	傅承竹	男	1966.4—1967.12
革委会主任	陈善荣	女	1968—1969.3
革委会主任	李风坤	男	1969.4—1977.2
革委会主任	傅留余	男	1977.2—1982.4
管委会主任	傅留余	男	1982.4—1982.12
管委会主任	傅德先	男	1983.1—1984
村委会主任	田文刚	男	1984—2004.12
村委会主任	叶庆顺	男	2005.1—2014.11
村委会主任	郭长峰	男	2014.11—

围滩造田 1964—1965 年，在原庄东，涨潮一片水、落潮一片滩的盐碱荒滩地的南北两端，建起大堤，造田 2000 亩。1968—1970 年，解放军某部，将村建的田地分割去一部分，开发农场栽植水稻。1992 年，阜鑫渔港建设租用 302 亩。

浅海养殖 1970 年，大队在石臼臧家荒东浅海养殖海带 700 亩，负责人叶秀存。后停养。

滩涂养殖 1982 年，县水产局在村东挖虾池 600 亩，进行粗放型养殖对虾试验成功。至 1985 年，共开挖 700 多亩养殖对虾。1986 年，又将北部开挖 100 亩。1995 年，实行梭子蟹、纹蛤、益蛏、车虾，对虾混养。2021 年，全村有滩涂养殖 500 亩，由 36 户村民承包。

工厂化养殖 2004 年，将虾池改造为工厂化大棚，养殖大鳞鲆等鱼类。2021 年，有工厂化养殖面积 25.88 万平方米，养殖半滑舌鳎、南美白对虾、日本对虾、海参等。

工副业 1963 年以后，由村统一购原料，组织家庭妇女加工网线，织渔网。是年，成立木工组（祁永来任组长）、铁匠组（傅承尚任组长），负责小规模的船只维修。1995 年，村集体投资 190 万元，建起织网厂（址在庄东南），厂房 48 间，年产各类网 3600 条。产品除供海员村用外，还销往周边乡镇，1996 年停业。2001 年春，郭长峰与韩国海民工艺品有限公司联合成立国鑫玩具厂，主要生产不同类型的仿生物玩具，产品出口南美及欧洲一些国家。2021 年，有水产冷藏厂 2 家，玩具厂 1 家。

村庄规划建设 1955 年，成立渔业高级社以后，在县、区政府协调下，社员所有的土地全部划给一、二、三村，自此专门从事渔业生产。社员由所在社负责按本社社员一样对待，划给宅基地、自留地。

第二节 孙家村

图 24—50 孙家村党群服务中心
（涛雒镇宣传办公室提供 摄于 2021 年）

孙家村位于镇驻地东南 4.5 千米处。东靠沿海公路，南与曹家村、东南营村隔河相望，西依南北河，北接庄家村。

据孙氏家谱记载：孙姓于明洪武年间自江苏省东海县孙家山迁居日照南乡，名为张洛庄，祖辈嫌其名，后改为孙家村。

1947年，全村有168户、1039人，土地1728亩。2021年，全村有1042户、3157人，耕地902亩。有25姓（男女都计），孙姓人口居多。有中共党员100名。

组织建设 1938年，经刘鸿若和王姓地下工作者介绍，孙树典、孙树礼、孙正华、孙纪茂、梁立尧等，加入中国共产党。1939年，经孙树礼介绍，孙纪相加入中国共产党。是年，成立党组织。

1946年底，成立民兵队（队长孙亮先）、识字班（队长孙云忠）、儿童团（团长孙为霞）。1947年，成立农救会（会长孙树恒）。1949年，成立妇救会（会长傅成芳）。

1952年，成立1个互助组。1955年，成立同合、新胜、新华、新安4个初级渔业合作社；1956年初，成立初级渔业新安社。是年，初级合作社合并成立高级社。1958年9月，为海生人民公社的一个生产大队；办5个食堂。

1958—1962年，按照沿海大队“以发展渔业为第一”的要求，上级将大队的大部分土地转让给邻村，只剩640亩。1967年起，各生产队（共8个生产队）改造村东、乔家林、村西等盐碱地。1981年，联产承包责任制时，共有土地800亩。1984年冬，改称孙家村。

参军 1938年，孙树礼；1940年，许三、孙树炳、孙仁先、孙纪虎；1942年，孙耀先；1943年，孙树鹤；1945年，孙延南；1946军，孙桂兰（女）参军。1947—1949年，孙彦渠、孙焕先、孙册先、孙金先先后参军。

支前 1947年，孙树差、孙树祜、孙树合参加孟良崮战役支前，负责押解俘虏。1948年，孙纪仁、孙纪秀参加淮海战役支前。

商品粮、统销粮 1953年，村民吃统销粮。1954年，发购粮小本。开始在高旺粮店购粮，后改为下元村、西林子头村、曹家村采购。是年，上级分配给吃渔工粮（商品粮）289个名额，集体平均分配给450名渔民，直到1987年取消。

联产承包责任制 1981年，实行联产承包责任制，全大队将720亩土地，按人均承包给社员自主耕种。

1939年以来涛雒镇孙家村党组织主要负责人任职更迭表

表24—103

职务	姓名	性别	任职时间
指导员	孙树典	男	1939—1941
指导员	丁履京	男	1941—1942
指导员	庄茂升	男	1942—1945
指导员	孙纪柏	男	1945—1947
书记	庄茂升	男	1947—1948
书记	孙树昆	男	1948—1953
书记	孙纪茂	南	1953—1966
书记	孙传均	男	1966—1968
组长	孙传均	男	1970—1971
书记	孙传均	男	1971—1975
书记	孙纪茂	男	1975—1981
书记	孙纪春	男	1981—1984
书记	孙纪任	男	1984—2004
书记	孙义先	男	2004—2009
书记（兼）	刘相建	男	2009—2010
书记	孙尚峰	男	2010—2021
书记	孙绪波	男	2021—

1945年以来涛雒镇孙家村主要负责人任职更迭表

表24—104

职务	姓名	性别	任职时间
村长	孙树坤	男	1945—1947
村长	孙树群	男	1948—1954
高级社社长	孙纪茂	男	1956—1958.9
大队长	孙鹤亭	男	1958.9—1968
革委会主任	孙纪春	男	1968—1982
管委会主任	孙纪春	男	1982—1984
村委会主任	孙义先	男	1984—2009
村委会主任	孙尚峰	男	2009—2021
村委会主任	孙绪波	男	2021—

渔业 1957年，高级合作社成立渔业营，孙鹤亭任营长，有渔船35只，专门从事海上渔业生产。1960年，渔业营的渔船全部下放到8个生产队经营。1961年，大队成立渔业队，俗称“老五队”。

1975年，全大队有各类机船58只，从业人员350人。1980年冬，对船组实行“大包干”责任制，在落实各项提留计划的基础上，把应上交生产队的提留款分派到船组，完成包干任务后的剩余部分，全部归船组分配。之后，个体渔船大增。2003年，有钢质渔船6艘。2021年，全村有钢制渔船27艘。

水产品养殖 1979年冬，开挖村东虾池240亩，集体养殖。2002年，村民承包养殖对虾、梭子蟹等。2002年，石臼刘克福到孙家村承包海滩，开始建大棚搞工厂化养殖大鲮鲆、刺海参等。2021年，有大棚养殖户64家，大棚234个，养殖面积182亩，主要养殖南北美对虾、竹节虾。有虾池养殖面积227亩。

浅海养殖 1965年，大队在石臼王家皂浅海养殖海带200亩，负责人孙鹤亭，队员35人，船15只。1972年停养。

1994年，集体在村东浅海区养殖扇贝200亩，负责人孙树胜，队员25人，船4只。1997年停养。2012年，有部分村民利用潮间带养殖贝类等。后停养。

盐业 自立村后，就有村民建滩淋卤晒盐。清嘉庆年间，有滩地18副。清乾隆五年（1740），原盐归运孙家副坨（位于张洛庄南，距离盐场6千米）。因规模小，场地零散，纳潮困难，中华人民共和国成立，被政府裁废。

人畜用水 建村后，村南和村西南角各打饮用水井一眼，深约7～10米，两口井一直使用到1965年后填平。1966年，又在村中心打水井一眼，用至1985年。1972年，在村东南角建水井一眼，因井口较大，俗称“大口井”，供人畜用水和农田灌溉。1987年，与栈子庄联合，在丁家营子村西北角，打水井建水塔，铺设水泥管道到村，设供水点，后因地下水供应不足、管道漏水严重等原因，废弃不用。1995年，在高旺庄西稻田内买地0.3亩，打井一眼，供全村用水至2002年。2002年，在大草坡村东租地打深水井。2009年，由镇供水中心供水。

农机及交通运输工具 1977年，大队购买8.82千瓦拖拉机1台。1978年，购买14.7千瓦拖拉机1台，用于大队集体货物运输。2021年，村内有轿车、面包车500余辆。

水陆运输 1961年开始，利用休渔时间，组织18艘船进行海上运输黄沙、木材、煤炭等。停靠码头有青岛、连云港、射阳、南京等。1980年停业。

工副业 1965年，大队成立副业队，负责人孙为霞。主要以木工修造船为主。1967年，在村东南角建粮食加工房，用8.82千瓦的柴油机为动力，带动粉碎机，为社员加工粮食，负责人刘加义；1979年停业。1987年春，在东庄与日照水产开发公司合资建立育苗场，培育东方对虾苗；1992年，由日照水产开发公司承包；1998年收回，由盛纪利、孙绪波等人承包，从事育苗和大棚养殖；2009年，由孙纪任承包经营。1997年，在村东成立行缝厂，为兴旺集团代加工产品，负责人孙杰，2002年停业。2021年，村内有水产品冷藏厂3家。

船舶修造厂 1993年，在村东“东大屋”建机械修配厂，以电焊、配件加工、机件锻造为主。1995年，搬至海岸（今址），成立孙家村造船厂，修造坞道，用于造船和渔船坞台修理；有农业部颁发的“工厂认可证书”，并更名为“日照市东港区涛雒镇孙家村渔船修造厂”，负责人孙纪忠、孙传华；船泊位66个；设有洪炉、翻砂、电焊、机械等车间；各式车床11台，可进行294千瓦及以下轮机渔船修造；2003年，由孙杰、孙召亮、孙金波承包；2009年春，村集体进行拍卖，由孙杰、孙召亮、孙金波拍得。2021年，有船舶修造厂1家。

商业 1953年，区供销联社和村民投资入股，建成商业合作社。1964年，改为代销店，由庄京仁负责。1980年，代销店停办，孙树席个人经营。2013年，集体在村东建商业门面房18套，租赁给村民经营；建成商居楼5套，卖给村民从事经营活动。是年农历四月初九，成立集贸市场并开市，集贸日逢四、九日。2021年，村内有集贸市场1处，百货超市等经营门店33家。

电力 1984年，大队通交流电。1995年，进行电路维修，扩容变压器，安装100千伏安变压器2台。2013年，有变压器8台，总容量2755千伏安。

电讯 1959年，大队安装1部手摇式电话机。1985年，孙纪忠最早买12英寸黑白电视机。1993

年，村委安装1部程控电话机。2021年，全村电视以及成人使用手机基本普及。

医疗卫生 1953年，孙宜先任保健员。1968年，建立医疗室，先后增添孙德先等4人任赤脚医生。1983年，大队医疗室撤销，改为个体诊所。2004年，办新型合作医疗，成立孙家村卫生所，孙德先等5人为乡医。

村庄规划建设 1989年进行村庄规划：南北街3条，东西街4条；中心街宽12米，其余宽8米；户宅基地面积为225平方米。1996年被省政府授予“村镇建设先进村”。2007年建成新村委办公楼，约1100平方米。2009年在村西北角规划老年居住区，南北街2条，各宽6米；东西街1条，各宽6米；户宅基地建造107户，每户面积91平方米。2012年建造了4栋三层的门面楼、24间门面房。2014年打造集贸市场一处，形成约300米的商业街。2017年，被山东省精神文明建设委员会授予“省级文明村”称号。

第三节 庄家村

图 24—51 涛雒镇庄家村服务中心
（涛雒镇宣传办公室提供 摄于2021年）

庄家村位于镇驻地东南4千米处。东靠栈子一村，南接孙家村，西与李家营子村交界，北至栈子河，高栈路从村中通过 .

明洪武年间，庄姓到此居住建村，名为庄家村。

1947年，全村有80户、400人，土地1356亩。2021年，全村有305户、807人，耕地527亩。共有18姓（以男性计），庄姓人口居多。有中共党员43名。

组织建设 1946—1949年，经庄瑞宣和刘姓驻村干部介绍，庄瑞连、庄顺吉、庄公桂、庄佃任、庄文兰、庄文英、庄举仁、庄洪吉、庄逢坤、庄廷达、庄佃恒等，先后加入中国共产党。1946年，成立党组织。是年，成立民兵队（队长庄洪吉，配发长枪4支、短枪1支、冲锋枪1支）、农救会（会长庄来书）、妇救会（会长庄袁氏）、儿童团（团长庄玉田）。

1954年，成立2个互助组。1955年春，成立东（渔业）、西（农业）初级合作社。1956年秋，初级社合并成立高级社。1958年9月，为海生人民公社的一个生产大队；办东、西两个食堂。1984年冬，改称庄家村。

参军 1942—1948年，庄新民、庄廷彦、庄聿田、庄永田、庄福田、庄文秀、庄来书、庄文卓、庄佃昌、庄日吉、庄顺吉、庄新原、庄惠民、庄新平等，先后参军。

移民 1955年，庄仙吉一家6口、庄佃山一家8口，移民黑龙江省；1956年，庄佃勇、庄平吉移民黑龙江省。

联产承包责任制 1981年，实行联产承包责任制，全大队320亩土地，承包到户，自主耕种。

林果业 清同治年间，村民在村东100米处沙岭地，栽松柏树60亩。中华人民共和国成立前，村西300米有庄稼林一处，于1976年毁掉。1980年，在西矿栽植苹果树、桃树，效益不佳，1990年毁掉。2004年，在西岭下栽种桃树、柿树，2012年，因建中瑞物流园被处理掉。

农机及交通运输工具 1964年，在老大队屋西棚建粮食加工房，用8.82千瓦柴油机为动力，带动粉碎机，为社员加工粮食。1973年，大队买8.82千瓦手扶拖拉机1台。2021年，全村有轿车120余辆。

水陆运输 清同治年间，开始用大风船秋冬季搞运输，南至潮河、连云港、上海、舟山，北至大连、青岛，东至日本、朝鲜。1983年停运。

畜禽养殖 1958—1981年，每个生产队养牛2～3头。1981年，牛被作价分到户。1994年，牛被处理掉。1995年，庄孝言建养猪大棚，存栏多时300头。后有部分户搞生猪、蛋鸡养殖。2021年，村内有养猪场6家，存栏量300头；养鸡场1家，存栏量2000只。

1946 年以来涛雒镇庄家村
党组织主要负责人任职更迭表

表 24—105

职称	姓名	性别	起止时间
指导员（兼）	庄瑞宣	男	1946—1947.2
指导员	庄瑞连	男	1947.2—1947.9
书记	庄瑞连	男	1947.9—1949.8
书记	庄顺吉	男	1949.8—1953.9
书记	庄逢坤	男	1953.10—1958.11
书记	庄洪吉	男	1958.12—1961.4
书记	庄廷营	男	1961.5—1964.7
书记	庄逢坤	男	1964.8—1968.3
组长	庄举真	男	1970.1—1971.3
书记	庄逢坤	男	1971.3—1982.11
书记	庄举真	男	1982.12—1987.1
书记	庄廷浩	男	1987.2—1994.5
书记	庄维深	男	1994.6—2000.8
书记	庄佃永	男	2000.9—2002.4
书记	庄维深	男	2002.7—2003.6
书记（兼）	王　峰	男	2003.7—2007.11
书记	庄主联	男	2007.11—2015.10
书记	庄善华	男	2015.11—

人畜用水　明成化年间，在村东 100 米处建水井一眼，供本村及周边村人畜用水。1987 年，同栈子一、二、三村和海员村、孙家村、丁家营子村合作，在丁家营子村西北角，建水厂 1 处，所需资金由临沂地区财政、水利部门扶持及各村筹集，共计 68 万元；水厂至各村用 φ0.2 米的水泥管，后改用塑料管；水到村后，安 3 个水龙头，有专人看管，村民排队接水（免费）；1993 年，因高旺金矿开采，水源受限，水质变差而停水。是年，在高旺西打井一眼，铺设管道至村。1998 年，供水到户。2005 年冬，在西岭下（小草坡村后）打水井 2 眼，铺设管道，供水到户。2011 年，由镇供水中心供水。

水利　1968 年，日照水库南干渠开闸放水，村西岭通过支渠全部用上水。1970 年，与栈子驻军合办引用干渠水。1990 年，停止供水。

1945 年以来涛雒镇庄家村
主要负责人任职更迭表

表 24—106

职称	姓名	性别	起止时间
村长	庄佃光	男	1945—1946
村长	庄原吉	男	1946—1948
村长	庄来书	男	1948—1949
村长	庄公桂	男	1949—1954
高级社社长	庄逢坤	男	1956—1958.9
大队长	庄洪吉	男	1958.9—1961
大队长	庄廷营	男	1961—1963
大队长	庄逢坤	男	1963—1966
大队长	庄佃恒	男	1966—1968
革委会主任	庄举真	男	1968—1971
革委会主任	庄逢坤	男	1971—1982
管委会主任	庄谦道	男	1982—1984
村委会主任	庄廷浩	男	1984—1985
村委会主任	庄举真	男	1985—1987
村委会主任	庄廷浩	男	1987—1990
村委会主任	庄维深	男	1990—1996
村委会主任	庄廷亮	男	1996—2002
村委会主任	庄主联	男	2005.2—2015.10
村委会主任	庄孝华	男	2015.11—2018.1
村委会主任	庄善华	男	2018.1—

盐业　清宣统年间，在村后、村西建盐场两处；抗日战争时荒废。由于纳潮水困难，1949 年被政府裁废。

渔业　清同治年间，有大型风船 4 艘（“同和”“睦龙”“大鸟”“新鸟”），总载重 80 吨，用于捕鱼和运输。1948 年，在海边口门北 150 米、孙家村正东 500 米处，建笮 1 处，房屋 10 间；1958 年失落。中华人民共和国成立后，建造风船“四喜子”“新船”2 艘，春季下南洋捕捞黄花鱼、白鳞鱼；1984 年卖掉。1975 年，有小型渔船 6 只，春夏秋近海捕黄鲫鱼、风稍鱼、乌鱼等，冬季歇业。1976 年，购 8.82 千瓦机船 1 艘。1983 年，购 8.82 千瓦机船 2 艘。1984 年，新增 8.82 千瓦机船 12 艘、

29.4 千瓦机船 2 艘、58.8 千瓦机船 1 艘。1987 年，8.82 千瓦的机船基本处理掉，改造成 58.8 ~ 117.6 千瓦。1998 年，建 294 千瓦的机船 6 艘（铁壳）。2005 年，增 294 千瓦的机船 2 艘（铁壳）。2013 年，新增 294 千瓦铁壳船 4 艘。是年，建造 14.7 千瓦渔船 22 只，筏子（拉蛤蜊用）18 只。2021 年，全村有钢制渔船 10 艘，木质渔船 26 只。

工厂化养殖 2006 年，黄海研究所王先平在本村建大棚养殖大鳞鲆，后庄孝田等 3 户建棚养鱼。2021 年，有养殖大棚户 4 家，养殖面积 20 亩，主要养南北美对虾、龙鳞鱼。

工副业 清宣统年间，庄廷佩开染坊 1 处。民国初期，庄公利建打饼炉 1 处。1954 年，庄佃用负责建网厂 1 处，1964 年停业。1967 年，在西南湖（丁家营子村西 100 米处）建砖厂 1 座，负责人庄廷营，1970 年停产。1986 年，在西岭下（小草坡村后 1000 米处）建砖厂 1 座，负责人庄丰坤，1995 年停业。1988 年，在村后建水泥制品厂 1 座，业主庄举昌，1995 年，转黄纪昌经营。1995 年，庄举昌在高栈路北建油坊一座。2006 年后，建水产冷藏加工厂 3 座，机械厂 1 个，针织刺绣厂 2 个。2021 年，全村有冷藏加工厂 5 家，机械厂 1 家，网具厂 1 家。

商业 1952 年，由庄顺吉负责建供销合作社门市部，1953 年停业。1954 年，涛雒供销社在村中建合作社门市部，负责人孙根先，1958 年撤销。1964 年，设代销店，庄佃忠负责，后转给庄举友经营。2021 年，村内有百货超市 2 家。

电力 1984 年，村民开始自行从孙家村接交流电照明。1987 年，全村通交流电，安 30 千伏安变压器 1 台。1992 年，安装 50 千伏安变压器 1 台。1998 年，更换 100 千伏安变压器 1 台。2009 年秋，增设 100 千伏安、150 千伏安变压器各 1 台。2021 年，村内有 200 千瓦伏变压器 2 台，400 千伏安变压器 2 台。

电讯 1958 年，大队安装手摇电话机 1 部。1993 年，村委安装程控电话机 1 部。2021 年，全村电视以及成年人使用手机基本普及。

医疗卫生 1960 年，庄佃英任村保健员，后裘德芬等 9 人先后任村医。2004 年，合并到孙家村卫生室。

村庄规划建设 1964 年，建大队办公室，房屋 10 间。1965 年，开始村庄规划：户宅基地东西、南北各 16.2 米；房屋檐口高 2.7 米，房宽 3.7 米。1985 年，村东住房规划为东西长 13.6 米、南北宽 16.2 米，房檐口高 3.2 米，房宽 5.2 米。2006 年，统一为檐口高 3.2 米，屋宽 5.2 米。疏通并硬化村内 4 条东西、南北大街，安装路灯 78 盏。是年，村委迁至村西新建办公室办公。2006 年，在荒废盐碱地、坑沟地规划部分民宅。2021 年，村集体投资建养老服务中心 2 处，每处房屋 9 间；水泥路面硬化 9300 平方米，沥青路面铺设 14100 平方米。

第四节 曹家村

图 24—52 曹家村
（涛雒镇宣传办公室提供 摄于 2021 年）

曹家村位于镇驻地东南 5 千米处。东邻东南营村，南望东林子头村，西和郭家庄子村隔河相望，北与孙家村隔河相望。

元朝末年，安姓居住立村，称安家庄。明初，安姓迁出，解、杨姓迁入。解姓在西南角居住，称为解家大村；杨姓在东南角居住，称之为杨家岭；西北角是明朝山西张姓兄弟建的庙堂，居住着十几户人家，名为张洛庙。明宣德年间，曹、孙、李等几姓从江苏省东海县迁此居住，曹姓人口居多，统一更名为曹家村。

1947 年，全村有 180 户、720 人，土地 600 亩。2021 年，全村有 532 户、1540 人，耕地 316 亩。有中共党员 68 名。

1945 年以来涛雒镇曹家村党组织主要负责人任职更迭表

表 24—107

职务	姓名	性别	任职时间
指导员	孙树高	男	1945—1947.8
书记	孙树高	男	1947.8—1953
书记	孙建江	男	1953—1956
书记	胡秀桂	男	1956—1962
书记	周绪迎	男	1962—1968
组长	周绪迎	男	1970—1971
书记	周绪迎	男	1971—1982
书记	孙树鹤	男	1982—1984
书记	孙纪义	男	1984—1992
书记	罗纪权	男	1992—1998
书记	唐纪国	男	1998—2011
书记	胡全林	男	2011—2014
书记	罗世庆	男	2014.11—

1945 年以来涛雒镇曹家村主要负责人任职更迭表

表 24—108

职务	姓名	性别	时间
村长	孙建江	男	1945—1954
高级社社长	周绪迎	男	1956—1958.9
大队长	解玉明	男	1958.9—1966
大队长	孙树鹤	男	1966—1968
革委会主任	孙树鹤	男	1968—1982
管委会主任	孙纪义	男	1982—1984
村委会主任	孙纪义	男	1984—1985
村委会主任	马成龙	男	1985—1999
村委会主任	孙纪义	男	1999—2007
村委会主任	唐纪国	男	2007—2011
村委会主任	罗世庆	男	2011—

组织建设 1945 年，经孙中利和庄姓驻村干部的介绍，唐庆会、孙建江、孙树高、秦岚（女）等，先后加入中国共产党，成立了党组织。

1953 年，成立 6 个互助组。1955 年，成立新建、新成、新立 3 个初级渔业合作社。1956 年，初级社合并成立高级社。1958 年 9 月，为海生人民公社的一个生产大队；办 3 个食堂。1984 年冬，改称曹家村。

参军 参军人员：1939 年，侯元忠；1942 年，孙纪清；1943 年，周绪迎；1944 年，周绪林；1945 年，孙树生、周立峰、孙树时；1947 年，解仁有、周会津、胡中起、周绪明、唐明扬；1948 年，李其昌。

支前 1945 年，解玉明等 3 人，参加胶南泊里战斗支前。1947 年，孙建江等 9 人，参加孟良崮战役支前。1948 年，解仁利等 5 人，参加济南战役支前。

联产承包责任制 1981 年，实行联产承包责任制。全大队 707 亩土地，全部承包给社员自主耕种。

畜牧养殖业 从 1982 年开始，社员在自家庭院里建鸡舍养鸡、建小型猪圈养猪。1990 年，发展到 15 户。2002 年，开始养貂。2021 年，全村有养猪户 2 家，存栏量 80 头。

盐业 自立村后，就有村民建滩淋卤煎盐到淋卤晒盐。因规模小，场地零散，纳潮困难，1949 年被政府裁废。

海洋捕捞 中华人民共和国成立前，即有渔船从事海上捕捞作业。1957 年，有大小渔船 8 艘，从事海上渔业生产。1960 年，有小船 6 艘，较大吨位帆船 2 艘下放到三个生产队。1970 年，开始造 8.82 千瓦的机船 6 艘、14.7 千瓦的机船 4 艘。1975 年，有机船 20 艘。1982 年，船、渔网具打价给渔民。是年，新添 29.4 ~ 36.75 千瓦的木质渔船 10 艘。1990 年，建造 11.25 千瓦机船 20 艘。2008 年，建造 257.25 ~ 294 千瓦的钢质渔船，远海拖网作业；小机船近海生产。2021 年，全村有大小渔船 45 艘。

浅海养殖 1968 年，大队在石臼臧家荒大队东浅海区，养殖海带 200 亩，场长唐明昕，队员 20 人，船 10 艘。1972 年停养。

滩涂养殖 1978 年，开挖滩涂 136 亩，养殖对虾，大队经营，孙纪义负责。1982 年，阚永陆等 5 人，分别承包搞立体化综合混养。1989 年，在村东北角的洼地开挖虾池40亩。1993年，开挖村东柴汪30亩。2021年，全村共有虾池110亩，由12户村民承包。

工厂化养殖 2004年，孙成强等建大棚养殖大鲮鲆等。2021年，全村有大棚养殖户29家，大棚136个，养殖大鲮鲆、舌鳎鱼等。

商业 中华人民共和国成立前，有周姓建“燕中堂”商号，有大型风船6艘，经商及从事海陆运输。1952—1958年，涛雒供销社在村中设立供销社门市部，韩治存任主任。1953—1957年，区联社设立粮店，负责人宋宝密。1955—1957年，水产部门设立水产站，负责人侯立三。1958年，涛雒供销社门市部撤走。1959年，涛雒供销社在村中建代销店，先后有李其永等4人经营。1983年，孙树津等8户建超市或小卖部。1998年，孙湛在村后开饭店。2008年，解仁军在村前办饭店。2021年，村内有百货超市、饭店、宾馆、药店等店铺130余家。

农机及交通运输工具 1965年，大队购买14.7千瓦旧柴油机1台，用于粮食加工。1974年，集体购买8.82千瓦拖拉机2台。1975年，有8.82千瓦拖拉机10台。1976年，三个生产队买脱谷机6台。1978年，使用喷灌机，至1998年，有喷灌机20台。1980年，购买小型收割机6台。2008年，村民买手扶拖拉机20台，大型联合收割机5台，小型播种机20台，大型播种机3台。2021年，全村有货车12辆，面包车28辆，轿车396辆。

水陆运输 中华人民共和国成立前，有大风帆船从事海上运输。1968年，生产队用大吨位帆船2艘在休渔期搞海上运沙、煤、粮、苇柴等，停靠港口分别为青岛、连云港、大洋港，1980年停业。

农田水利 1967年，在村西北角建水闸一座。1976年，在村西南建水闸一座。1985年，在村西建大口井一处。1998年，在村前打水井一口，安装水泵抽水灌溉。

人畜用水 中华人民共和国成立前后，靠村东南角一口石砌水井用水；受海潮影响，1980年，井水变咸。1982年，社员在自家院里打塑料管手压水井。2000年，集体在村南打一眼深井，电机带动水泵供水，在村内分设供水点。2005年，在村西南角打井一眼，建水塔，铺设管道，供水到户。2008年，由镇供水中心供水。

电力 1982年，大队通交流电，安装1台50千伏安变压器。1984年，整理线路，线杆高13米，电线换成粗线，变压器换为100千伏安。2010年，整理线路，路杆高15米，全部用新线，变压器为2台，计400千伏安。

电讯 1959年，大队安装1部手摇式电话机。1996年，孙纪义安装1部程控电话机。2021年，全村电视以及成年人使用手机基本普及。

医疗卫生 1968年，大队建医疗室，孙树增任赤脚医生。1976年，周家芳、李绪刚任赤脚医生。1983年，医疗室撤销，开办个体诊所。2004年，村办新型合作医疗，李绪刚任乡医。2019年，孙勇任乡医。

村庄规划建设 1964年，进行村庄规划：南北街6条，东西街10条；中心街宽6米，其余宽4米；户宅基地面积为260平方米，房屋檐口高2.5米，房屋宽3.5米。1989年，第二轮规划：中心街宽8米，其他街宽6米；房屋檐口高3.5米，房宽5.6米。自2005年开始，在村后建楼房，2008年，竣工4座，均为3层。2009年，在村西北角规划老年居住区，南北街4条，各宽8米；东西街6条，各宽6米；户宅基地面积100平方米，房屋檐口高3.5米，房宽5.4米。

第五节　东南营村

图24—53　东南营村文体中心

（涛雒镇宣传办公室提供　摄于2021年）

东南营村位于镇驻地东南5千米处。东依沿海公路，南与东林子头村相望，西邻曹家村，北隔河与孙家村相望。

明洪武二年（1369），孙、乔两姓由江苏东海县孙家山迁此定居立村，因此地有右所下设的营盘，故称东南营；同期，赵姓、时姓随同迁来在村南沙岭居住。随着时间的推移、人口的繁衍、居住建设的扩大，在20世纪70年代成为一个整体村庄。

1947年，全村有78户、407人，土地400多亩。2021年，全村有583户、1760人，耕地200亩。有中共党员67人。

组织建设　1945年，孙树恒在部队加入中国共产党，1946年回村，与庄姓驻村干部一起介绍孙树伦、孙纪春、孙树朋、孙茂倩、孙树同、乔瑞祝、孙树民等，加入中国共产党，并成立党组织。

1946年底，先后成立民兵队（队长孙树培）、识字班（班长孙树美）、儿童团（团长孙树崴）。1947年，成立农救会（会长张传兰）。1949年，成立妇救会（会长张传兰）。

1952年，成立3个互助组。1955年，成立前进、爱华渔农初级合作社，同心木工初级合作社。1956年，初级社合并成立高级社。1958年9月，为海生人民公社的一个生产大队；办3个食堂。1984年冬，改称东南营村。

参军　1940—1946年，有孙树同、孙树英、孙树芹、孙纪其、孙纪箱、孙合德、孙树俊、孙树林、孙树华、孙茂清、孙见才、孙利先、孙鲁民、陈家现、孙更清、孙树阳、孙正先、宋广发、孙纪斗、尹相国等，先后参军。

支前　1948年，孙长先等5人，参加淮海战役支前。

盐业　自立村后，有部分村民建滩淋卤煎盐到淋卤晒盐。因规模小，场地零散，纳潮困难，政府于1949年将其裁废。

联产承包责任制　1983年，实行联产承包责任制，全大队793亩土地承包给村民自主耕种。2014—2018年，大项目（山东钢铁日照公司）建设用地420亩，剩耕地373亩。

沿海防护林　1956年，在村前沙岭地栽植松树50亩。2014年，防护林被山东钢铁集团日照有限公司项目占用。

1946年以来涛雒镇东南营村党组织主要负责人任职更迭表

表24—109

职务	姓名	性别	任职时间
指导员	孙树恒	男	1946.10—1947.7
书记	孙树朋	男	1947.8—1951.2
书记	孙茂清	男	1951.3—1956.10
书记	孙树密	男	1956.10—1960.10
书记	孙树倩	男	1960.10—1968.3
组长	孙树倩	男	1970—1971
书记	孙树倩	男	1971.3—1983.12
书记	孙密先	男	1983.12—1993.1
书记	孙树其	男	1993.1—1998.8
书记	孙树宝	男	1998.9—2004.4
书记	孙　兵	男	2004.5—2005.5
书记	孙树武	男	2005.5—2017.11
书记	孙　江	男	2017.11—

1945年以来涛雒镇东南营村主要负责人任职更迭表

表24—110

职务	姓名	性别	任职时间
村长	孙树伦	男	1945—1947.7
村长	孙树山	男	1947.8—1948.11
村长	孙纪春	男	1948.11—1949.11
村长	孙树密	男	1949.11—1954
高级社社长	孙树倩	男	1956.2—1958.9
大队长	孙树倩	男	1958.9—1959.10
大队长	孙树岭	男	1959.10—1968.3
革委会主任	孙树岭	男	1968.3—1971.11
革委会主任	孙考先	男	1971.11—1973.10
革委会主任	孙树密	男	1973.10—1982.12
管委会主任	孙树政	男	1982.12—1983.12
管委会主任	孙树其	男	1983.12—1984
村委会主任	孙树其	男	1984—1993.1
村委会主任	孙树宝	男	1993.1—1998.8
村委会主任	孙高先	男	1998.8—2004.3
村委会主任	孙　江	男	2004.10—

果树 1964年，在村前种植苹果树20亩，集体经营。1983年由5户承包。果树老化，2000年，改植桃树。后被政府征用，刨除。

农机及交通运输工具 1965年，集体有1辆自行车。1968年，大队购买4.78千瓦拖拉机1台。1969年，临沂军分区赠给1台4.41千瓦的8轮拖拉机。1970年购买17.64千瓦四轮拖拉机1台。2005年，村民孙召购买小麦联合收割机1台。2021年，全村有挖掘机1台 装载机2台，货车4辆，轿车300余辆。

人畜用水 中华人民共和国成立前后，全村用水靠村中一口3米深的水井。1980年，社员开始在自家院中挖3米深左右的手压水井。2005年，村集体在坡下打井深20米，水质不合格。2005年，用岚山水厂自来水（从虎山镇东湖二村接）。2014年10月，改用涛雒镇自来水厂供水。

农田灌溉 1976年，大队挖水渠1000余米从郭庄河引水灌溉农田。1997年，在田间打机井6眼，井深10～20米，用喷灌机抽水喷灌农作物。

海洋捕捞 初级社时有小帆船19只。高级社时国家扶持贷款建40吨位4桅木帆船1艘。1967年，国家扶持无息贷款建造14.7千瓦木质船4艘；1968年建造29.4千瓦6艘；1969年建造44.1千瓦6艘。1983年，对船组实行大包干。1998年，全村有木质渔船60余艘。2003年，孙树武建造第一艘钢质渔船。2006—2008年，淘汰木质渔船，更新改造为钢质渔船。2018年，孙树安建造330千瓦钢质渔船1艘。2021年，全村共有渔船50艘，其中钢质渔船41艘5891千瓦，木质渔船9艘136千瓦

浅海养殖 1965年，大队在石臼臧家荒村东浅海养殖海带500亩，负责人孙树同，队员48人，船25只，1972年停养。

滩涂养殖 1978年，集体在村东海边开挖虾池200亩；1980年由15户承包。1985年，村民开挖虾池140亩，主要养殖对虾、梭子蟹、纹蛤。2021年，有滩涂养殖面积100亩。

工厂化养殖 2004年，孙树壮建大棚搞工厂化养殖大鲮鲆。2013年全村有70户建大棚150个，养殖面积18万平方米。2014年，开始工厂化养殖南美白对虾，2018年，工厂化养殖车虾（日本对虾）成功。2021年度，获国家级日本对虾养殖基地，有工厂化养殖大棚62家，养殖面积280亩，主要以养殖对虾为主。

水陆运输 1965年开始，利用休渔时间，用大风帆船2只（其后用14.7千瓦以上机船4只）运输黄沙，停泊港为响水、连水、新黄河、射阳、苗湾湖等。后因货源减少停运。

商贸业 1965年，涛雒供销社在村建代销店，代销员孙树荣。1985年，供销社代销店流转给孙利先经营。1986年，孙利先等开办百货小商店5家。1978年，乔祥凤开办农村信用社代办站。2000年，孙文加入农村信用社代办站。2021年，全村有百货超市7家，蔬菜水果店2家。

工副业 1978年大队办粮食加工房，用8.82千瓦的柴油机为动力，负责人孙林先、孙亮先。1971年，先后成立木工组，主要建造木质渔船，负责人乔世来、乔祥来；铁匠铺，负责人孙树娥；船用网具加工厂四处，负责人孙增先、孙来先、孙勇、孙纪光。2021年，村内有电气焊房1家，泵业1家，冷库2家。

电力 1984年，全村通交流电。至2018年，共安装变压器7座。

电讯 1959年，大队集体安装1部手摇式电话机。1985年，孙成先购买电视机1台。1993年，村委安装1部程控电话机。2021年，全村电视以及成年人使用手机基本普及。

医疗卫生 1966年，大队成立保健室，李延兰任保健员。1968年，乔瑞伦等7人先后任赤脚医生。1972年，大队办合作医疗。1983年，大队医疗室撤销，开办个体诊所。2004年，村办新型合作医疗。

村庄规划建设 1968年，开始进行村庄规划：南北大街1条，宽10米；东西大街9条，各宽8米；南北小巷7条，各宽4米。房屋檐口高2.7米，房宽4米；户宅基地240平方米，两户一体，8户一方。1985年后，村民在原址翻建房屋檐口高3.3米，房宽5.5米。1993年，在村中央建村委办公室大院，房屋14间。1997年，安装路灯8盏。2005年，硬化村中心大街1条，东西大街2条。2013年9月，安装监控24个。2014年，安装路灯76盏。2015年，

硬化东西大街 6 条。2017 年，硬化村沙岭东西大街 1 条，村东南北大街 1 条。2018 年，安装监控 41 个。

2020 年 6 月，成立东南营村海顺渔业专业合作社，共建设库房 52 处，面积 2980 平方米，用地面积 18 亩，投资 230 余万元，吸收入社村民 503 户，用于渔船网具集中存放及修整。

墓地建设　2014 年，因山东钢铁集团日照有限公司项目建设，村南墓地被征用，出资购买右所村以西，后涛路以东，马家村、涛雒六村等村四荒地 20 余亩，共建墓穴 940 余座，分东西两个墓地：西边为东南营村公墓园，2014 年，投资建设 660 余座墓穴，2015 年中元节启用；东边为乔氏墓地，2017 年，投资建设 280 座墓穴，2018 年启用。

厕所改造　2017 年，全村改厕 525 户。2018 年，改厕 19 户。

2022 年，被日照市精神文明建设委员会授予“市级文明村”称号。

第六节　孙家营子村

图 24—54　孙家营子村
（涛雒镇宣传办公室提供　摄于 2021 年）

孙家营子村位于镇驻地南 4 千米处。东临李家营子村，南与丁家营子村相望，西临高旺村，北依高旺河。

明朝初年，葛姓居住立村，因村南半千米处为军营，故称葛家营子村。后孙姓自江苏省东海县孙家山到此居住，后李、郭、尹姓迁来。清朝乾隆年间，葛姓迁走，遂以村中间河沟为界，分为两村，河西为孙家营子村，孙姓人口居多。

1947 年，全村有 70 户、340 人，耕地 200 亩。2021 年，全村有 230 户、612 人，土地 260 亩。有中共党员 38 人。

1946 年以来涛雒镇孙家营子村
党组织主要负责人任职更迭表

表 24—111

职务	姓名	性别	任职时间
指导员	郭建信	男	1946—1947.7
书记	郭常德	男	1947.7—1953
书记	孙树强	男	1953—1968
组长	孙树强	男	1970—1971
书记	孙树强	男	1971—1981
书记	孙聪喜	男	1982.1—1989
书记	孙群先	男	1989—1991
书记	孙聪喜	男	1991—1993
书记	孙聪元	男	1993—1995
书记	丁元沛	男	1995—1997
书记	孙学先	男	1997—2008.11
书记	孙树进	男	2008.11—2012
书记（兼）	王均峰	男	2012—2014.12
书记	孙树进	男	2014.12—

1946 年以来涛雒镇孙家营子村
主要负责人任职更迭表

表 24—112

职务	姓名	性别	任职时间
村长	孙聪轩	男	1945—1947
村长	孙维根	男	1947—1954
高级社社长	孙维根	男	1956—1958.9
大队长	孙树平	男	1958.9—1968
革委会主任	孙树平	男	1968—1981
管委会主任	孙聪一	男	1982—1984
村委会主任	孙树东	男	1984—1987
村委会主任	孙群先	男	1988—1989
村委会主任	李秀余	男	1990—1991
村委会主任	孙聪元	男	1995—1996
村委会主任	孙学先	男	1996—1999.4
村委会主任	孙恒先	男	1999.4—2004.9
村委会主任	孙学先	男	2004.9—2007.8
村委会主任	孙树进	男	2007.8—

组织建设 1946年，经驻村干部介绍，郭建起、郭建信、郭常德、孙聪利等，加入中国共产党，成立党组织。

1947年，成立农救会，会长孙聪英。1948年，成立妇救会，会长丁履英。

1952年，成立3个生产互助组。1955年，成立一个初级社。1956年，成立高级社。1958年9月，为磴山人民公社的一个生产大队；办1个食堂。1984年冬，改称孙家营子村。

参军 参军人员：1937年，孙辑然；1938年，孙树检；1939年，孙树绪、孙聪耀；1940年，孙煜炎、盛良玉夫妇；1942年，孙树凯、孙树型、李其海、李启户；1943年，孙树桂（女）、孙为标、孙景炎；1944年，孙优、孙聪利、孙树和、孙芳（女）、孙波（女）、孙雪媛（女）、尹盛会；1945年，丁履明、郑淑和、孙树琴（女）、孙树尧、孙树增、孙树爱（女）、鲁慧（女）；1946年，孙树培、孙聪遂、孙树坤等。

盐业 自建村后就有制盐业，盐田分布于村东、村后。由于滩地分散，纳潮困难，1950年，被政府裁废。

联产承包责任制 1982年，实行联产承包责任制，全大队400亩土地，除了承包部分外，全部按人均承包给社员自主耕种。

果园 2005年，村民在村西南种植桃树280亩；2008年，因建设物流园砍伐。2021年，有桃园220亩。

养殖业 1988年，在村东原盐碱地开挖鱼虾池100余亩。1997年，承包到户。2021年，因水源缺乏，大部分鱼虾池已改为桃园。

人畜饮水 2001年前，人畜饮水主要靠村内水井。2002年，和李家营子村联合，在高旺村打机井一眼，用上自来水。2009年，集体打机井两眼，免费给村民供水。2017年，改用镇自来水公司供水。

农机及交通运输工具 1966年，大队购买8.82千瓦拖拉机4辆。1980年，开始推广使用喷灌机10台。2021年，全村共有轿车78辆，面包车3辆，货车8辆。

工副业 1998年，村民尹兴臻、孙沿先先后办起了家庭油坊。2008年，村民郭凤章自建50吨冷藏厂一座，主要加工鱼类，2020年，因建设疏港铁路拆除。

商业 1964年，大队设代销店，1982年转为个人经营。2021年，村内有百货超市等经营门店8家。

电力 1984年，通交流电。2021年有250千伏安变压器2台。

电讯 1959年，大队集体安装1部手摇式电话机。1993年，村委安装1部程控电话机。2021年，全村电视以及成年人使用手机基本普及。

村庄规划建设 1985年，开始进行村庄规划，修建街道10条。2011年，建成村文化大院；建办公楼三层，共900平方米。2009年、2013年硬化街道11000平方米，之后对全村小巷进行了全面硬化。

第七节 李家营子村

图24—55 李家营子村党群服务中心

（涛雒镇宣传办公室提供 摄于2021年）

李家营子村位于镇驻地南4千米处。东望栈子庄，南望丁家营子村，西邻孙家营子村，北依高旺河。

明朝初年，葛姓居住立村，因村南0.5千米处为军营，故称葛家营子村。后李、郭、尹姓先后迁来。清朝乾隆年间，葛姓迁走，遂以村中间河沟为界，分为两村，河东为李家营子。

1947年，全村有42户、166人，耕地180亩。2021年，全村有167户、457人，耕地130亩。有42姓（男女都计），李姓人口居多。有中共党员27名。

组织建设 1946—1947年，经周因和刘姓驻村干部介绍，程世顺、宋开绪和李玉希、李建宜、李建存、丁元柱，先后加入中国共产党。1947年，成立党组织。1948年，孙聪烟加入中国共产党。

1947年，成立农救会，会长程世顺。1948年，成立妇救会，会长刘云兰。

1952 年，成立 3 个生产互助组。1955 年，成立一个初级社。1956 年，成立高级社。1958 年 9 月，为磴山人民公社的一个生产大队；办 1 个食堂。1984 年冬，改称李家营子村。

参军　参军人员：1939 年，李茂安；1940 年，丁元柱；1942 年，刘松贤；1945 年，顾茂信；1947 年，顾茂来；1949 年，宋开新。

联产承包责任制　1983 年，实行联产承包责任制。全大队 312 亩土地，除原已承包的土地外，全部按人均承包给社员自主耕种。

农机及交通运输工具　1966 年，大队购买 8.82 千瓦拖拉机 3 辆。2021 年，全村有农用三轮车 3 辆、拖拉机 1 辆、货车 6 辆、面包车 10 辆、轿车 80 辆。

果园　2005 年，在南岭种植桃树 110 亩；2008 年，因建设物流园砍伐。

人畜饮水　2001 年前，人饮用水靠村前半千米处水井的水；畜禽用水靠村中间的井水。2002 年，和孙家营子村联合，在高旺村前打机井，用上自来水。2010 年，由镇供水中心供水。

渔业　1997 年，村民自建 29.4 千瓦渔船 1 艘，后卖掉。

淡水养殖　1984 年，在村东原盐碱地开挖鱼虾池 10 亩。2018 年，因修厦门路，部分鱼池被征用拆除。2021 年，全村有淡水养殖面积 122 亩，由 14 户村民承包，主要养殖淡水鱼虾。

工副业　1975 年，大队办粮食加工房一处，1983 停业。

盐业　自建村后就有制盐业，盐田分布于村东、村后，计 210 亩。由于滩地分散，纳潮困难，1950 年，被政府裁废。

商业　1959 年，下元供销社在大队建代销店 1 处，宋开新为代销员。2021 年，村内有百货超市等经营门店 6 家。

电力　1966 年，大队利用 8.82 千瓦柴油机，带动发电机（10 千瓦）发电，供大队及社员照明用，1968 年停止。1982 年，全村通交流电。2021 年，有变压器 2 台。

电讯　1993 年，在村委办公室安装程控电话机 1 部。2021 年，全村电视以及成年人使用手机基本普及。

医疗卫生　1968 年，大队办医疗室，李建英任赤脚医生。1983 年，村医疗室撤销，个体行医。2004 年，村办新型合作医疗。2012 年，合并到孙家营子村。

1946 年以来涛雒镇李家营子村党组织主要负责人任职更迭表

表 24—113

职务	姓名	性别	任职时间
指导员	程世顺	男	1946—1947
书记	程世顺	男	1947—1949
书记	孙聪烟	男	1950—1968
组长	牟墩友	男	1970—1971
书记	牟敦友	男	1971—1982
书记	李茂乐	男	1983—1984
书记	李建仓	男	1985.1—1999
书记	李茂乐	男	1999—2001
书记	李　芹	男	2001—2014.2
书记（兼）	迟庆春	男	2014.2—2017.7
书记	李增亮	男	2017.8—

1946 年以来涛雒镇李家营子村村主要负责人任职更迭表

表 24—114

职务	姓名	性别	任职时间
村长	孙为祥	男	1946—1948
村长	李健存	男	1948—1954
高级社社长	李健存	男	1956—1958.9
大队长	李健存	男	1958.9—1963
大队长	李茂安	男	1963—1968
革委会主任	牟墩友	男	1968—1982
管委会主任	李建仓	男	1983—1984
村委会主任	李建余	男	1984—1999
村委会主任	李茂乐	男	1999—2001
村委会主任	李　芹	男	2001—2014
村委会主任	李增亮	男	2014—

村庄规划建设　1976 年，开始进行村庄规划建设。2018 年，在村东新建党群服务中心，共 900 平方米，2014—2021 年，硬化 13 条街道，约 10000 平方米。

第七章　李潭管理区

李潭管理区辖苗家村、竹家园村、李家潭崖村、杨家洼村、丁家官庄村、松林村、蒿岭村、亚月村、大洼村，计9个行政村。各村明代隶属进贤乡竭忠一隅涛洛里。清代隶属南乡南上二牌石梁社。1912年，隶属日照县涛雒区。1931年，隶属日照县第二区。1942年9月，隶属涛雒区。1950年5月，隶属日照县第七区。1956年1月，隶属磴山区。1958年1月，隶属下元乡，是年9月，隶属磴山人民公社。1959年2月，隶属下元人民公社。1962年12月，隶属涛雒区。1971年3月，隶属涛雒人民公社。1984年6月，隶属涛雒区李潭乡。1985年5月起，隶属涛雒镇。

第一节　苗家村

图24—56　苗家村村貌
（涛雒镇宣传办公室提供　摄于2021年）

苗家村位于镇驻地西7.5千米处。东邻竹家园村，南与东风村隔河相望，西邻巨峰镇平家村，北望大洼村。

明朝初年，苗姓从江苏东海迁来居住立村，取名苗家村。

1947年，全村有113户、486人，土地3460亩。2021年，全村有412户、1268人，耕地1440亩。丁姓人口居多。有中共党员66名。

组织建设　1939年，经二区（涛雒）党支部书记丁君谦和赵姓工作人员介绍，汉永德、丁履芹、丁履先加入中国共产党，成立党组织。1946年，由丁履芹、丁履先介绍，马红珍（女）、丁元祥、丁为亮加入中国共产党。

1946年，成立男民兵队（队长焦见成）、女民兵队（队长马红珍）、识字班（队长马红珍）、儿童团长（团长马红珍）、妇救会（队长马红珍）、农救会（会长赵明早）。

1953年，成立2个互助组；是年，成立爱国初级合作社。1954年，成立顺利初级合作社。1955年，成立建国初级合作社。1956年，初级社合并成立高级社。1958年9月，为磴山人民公社的一个大队；办3个食堂。1984年冬，改称苗家村。

参军　参军人员：1942年，马承忠；1946年，胡乃乐；1947年，丁为亮、丁元祥。

支前　1946—1948年，丁履先等12人参加支前队伍，主要任务送粮草等。妇女识字班做军鞋、军衣、烙煎饼等。

外迁与接收移民　1959年，丁海福移民到吉林省；丁履胜、丁元光、丁履仁移民至黑龙江省，垦荒支援边疆建设。1968年，接收安置崔民荣等28户日照水库库区移民。

联产承包责任制　1983年，实行联产承包责任制，全大队1500亩土地，承包给社员自主耕种。

林、竹业　集体有河崖林地150亩，栽植杨树、槐树；竹园3.4亩，1991年，宋春年承包。2021年，有林地120亩，竹林30亩。

桑园　1997年，在河南植桑15亩，6个户承包。2001年砍伐掉，栽植桃树。

1939年以来涛雒镇苗家村党组织主要负责人任职更迭表

表24—115

职务	姓名	性别	任职时间
指导员	汉永德	男	1939—1947
书记	汉永德	男	1947—1955
书记	丁履梅	男	1955—1963.7
书记	梁作明	男	1963.8—1968
组长	梁作明	男	1970—1971
书记	梁作明	男	1971—1984.11
书记	丁为聚	男	1984.12—1986.11
书记	丁元友	男	1986.12—1995.12
书记	周绪安	男	1996.1—2004.12
书记	丁海明	男	2005—2007
书记	丁元功	男	2008—2010
书记	丁为合	男	2011—2018.1
书记	焦子明	男	2018.1—2021.4
书记	丁雪原	男	2021.4—

1945年以来涛雒镇苗家村主要负责人任职更迭表

表24—116

职务	姓名	性别	任职时间
村长	丁为夏	男	1945—1946
村长	丁为法	男	1946—1954
高级社社长	崔为善	男	1956—1958.9
大队长	徐立足	男	1958.9—1968.3
革委会主任	梁作明	男	1968.3—1982
管委会主任	梁作明	男	1982—1984.1
管委会主任	丁为聚	男	1984.1—1984.12
村委会主任	崔久明	男	1984.12—1986.12
村委会主任	丁元友	男	1986.12—1995.12
村委会主任	丁元付	男	1996.1—1998.12
村委会主任	丁海明	男	1999.1—2001.12
村委会主任	周绪安	男	2002.1—2004.12
村委会主任	丁海明	男	2005.1—2007.12
村委会主任	丁元功	男	2008.1—2011.5
村委会主任	丁为合	男	2011.6—2014.5
村委会主任	焦子明	男	2014.5—2018.2
村委会主任	丁兆林	男	2018.2—2021.5
村委会主任	丁雪原	男	2021.5—

茶园　1974年，大队在河南建茶园30亩。1983年，在西岭建30亩，由30户承包。由于效益不佳，逐渐更新为桃园。2021年，有茶园16亩。

果园、桃园　1968年，集体在村河南建苹果园60亩，1994年，砍伐掉。1999年，农户开始栽植桃树。2021年，有桃园1000亩。

农机及交通运输工具　1972年，大队购买36.75千瓦四轮拖拉机3台。2013年，有36.75千瓦拖拉机3台，8.82千瓦四轮拖拉机1台，5.88千瓦手扶拖拉机60台。2021年，有大型旋耕机2台，农用车20辆，轿车107辆。

人畜用水　1999年以前，人畜用水为井水、河水、沟水。1999年，打井建水塔，铺设管道，供水到户。

农田水利　1992年，在北湖建石渠1500米。1997年，在南河建泵房，用电动机为动力抽水。1999年，在河南建石渠500米。2010年，从河崖引用管道输送水到北湖泉子汪。

电力　1964年，同平家村联合，利用日照水库干渠的水发电照明，1972年停止。1972年，大队通交流电。

电讯　1993年，村委安装程控电话机1部。1978年，梁作明购买彩色电视机1台。2021年，全村电视以及成年人使用手机基本普及。

医疗卫生　1945年，丁履祥从医。1962年，集体办保健室，有丁履祥等4人从医。1968年，改建医疗室。1983年，个体行医。2004年，成立合作医疗，2019年，建成市级标准化卫生室一处，面积90㎡，丁兆波主管。

村庄规划建设　从1964年开始，对村庄进行规划：南北大街宽10米，东西大街宽6米，西与平家村相通；前大街宽5米，东通竹家园村；小巷宽3米，大巷宽4米；户宅基地长17.8米、宽17米；房屋檐口高2.8米，房宽4.8米。1984年，翻新房屋，房檐口高3.2米，房宽5.2米。2005年，硬化南北、东西大街。2013年，在村中心建文化大院，房屋10间。2021年，村内户户通道路、雨污分流建设完工。

第二节　竹家园村

图 24—57　竹家园村
（涛雒镇宣传办公室提供　摄于 2021 年）

竹家园村位于镇驻地西 5.5 千米处。东邻李家潭崖村，南与东风村隔河相望，西邻苗家村，北望 341 省道。

明嘉靖年间，祝姓在此住居，因此地竹子多，故村名竹家园。清乾隆八年（1743），丁姓由日照城迁此住居。后有梁、高、庄、刘姓迁来住居。

1947 年，全村有 50 户、209 人，耕地 700 亩。2021 年，全村有 165 户、513 人，耕地 492 亩。57 姓（男女都计），丁姓人口居多。有中共党员 34 名。

组织建设　1944 年，中共党员刘贤春回村开展党的工作，1945 年建立党小组。1947 年成立党支部。至 1948 年，先后有庄建岗、丁履尚、丁为坦、丁元江、丁履兰、丁原课、丁为传在刘贤春等人的介绍下，加入中国共产党。1946 年，建立民兵队（队长丁履尚）、识字班［队长庄建荣（女）］、农救会（会长丁为叶），公安员丁为传。

1952 年，成立 2 个生产互助组。1954 年 12 月成立前进、1955 年 1 月成立庆华初级农业合作社。1956 年初级社合并成立高级社。1958 年 9 月，为磴山人民公社的一个生产大队。办 1 个食堂。1984 年冬，改称竹家园村。

参军　1943 年，丁为荣；1946 年，丁履芹、丁原任、丁为辇参军。

支前　1946—1948 年，先后有丁履仓、丁为高、高华荣、丁原课、丁元江等参加支前，送粮、抬担架。

联产承包责任制　1982 年实行联产承包责任制，全大队 400 亩土地按人均承包到户。2017 年，实行产权制度改革，全村股东 493 人。

1945 年以来涛雒镇竹家园村
党组织主要负责人任职更迭表

表 24—117

职务	姓名	性别	任职时间
组长	刘贤春	男	1945—1947.8
书记	刘贤春	男	1947.8—1958.12
书记	丁履兰	男	1959.1—1960.2
书记	丁履记	男	1960—1968
组长	丁履记	男	1970—1971.3
书记	丁履记	男	1971.3—1984
书记	丁履铭	男	1984—2001
书记	丁海文	男	2001—2018.1
书记	丁始波	男	2018.2—2021.4
书记	庄光学	男	2021.5—

1945 年以来涛雒镇竹家园村
村主要负责人任职更迭表

表 24—118

职务	姓名	性别	任职时间
村长	丁履崔	男	1945—1947
村长	丁为桐	男	1947—1954
高级社社长	丁履尚	男	1956—1958.9
大队长	丁履尚	男	1958.9—1968
革委会主任	丁履尚	男	1968—1979
革委会主任	庄建福	男	1980—1982
管委会主任	庄建福	男	1982—1984
村委会主任	丁履法	男	1984—1990
村委会主任	丁　健	男	1990—2004
村委会主任	丁海文	男	2004—2014
村委会主任	庄光学	男	2014—

农机及交通运输工具　1977 年，两个生产队各买 1 台 8.82 千瓦手扶拖拉机。1985—1995 年，购买 10 台 8.82 千瓦拖拉机。2010 年，有 14.7 千瓦拖拉机 50 台。2021 年，全村有拖拉机 1 台，轿车 30 辆。

桑园　1999 年，建桑园 10 亩；2000 年，建桑园 40 亩；均承包到户。后村民刨桑改种黄金桃。2021 年，有黄金桃园 200 亩。

农田水利　1993年，黄淮海中低产田改造，在村后修石渠2条，计1500米。2018年，由上级投资建成小农水系统一套，2021年底投入使用。

人畜用水　1997年与李家潭崖村共建水塔，引自来水到户。2002年，村集体打井一眼，解决人畜用水到户。2013年，打深水井1眼（129米），铺设管道，供水到户。

工副业　竹编是村的传统主业，占全村家庭收入的50%以上。1960年实行集体管理。1964年成立副业队，竹编业占全大队集体收入的70%。1990年后，中老年人从事竹编业。2021年，有竹编作坊20家。

商业　1975年，涛雒供销社在大队设代销店1处，丁元开负责。1982年流转给丁元智经营。2021年，村内有个体工商户7家。

村庄规划建设　1966年，开始进行村庄规划。1984年，翻新房屋，檐口高3米；加宽了3条街道。1997年，因村庄规划，拆除了1925年丁氏家族在村前建的祠堂1处（共计3间）；新建办公室6间。2005年，硬化北接341省道，东、西与李家潭崖村、苗家村相通的道路。2011年，新建办公室4间，落成文化大院。2013年，硬化村内东、西两条主街道。2016年，全村道路整体硬化，改造卫生厕所160户。

第三节　李家潭崖村

图24—58　李家潭崖村

（涛雒镇宣传办公室提供　摄于2021年）

李家潭崖村位于镇驻地西5千米处，东望杨家洼村，南与东风村隔河相望，西邻竹家园村，北望341省道。

明永乐年间，李姓到此居住立村。村前河有一深水潭，故名李家潭崖村。

1947年，全村有136户、465人，土地面积985亩。2021年，全村有360户、1060人，耕地1367亩。全村共有42姓（男女性都计），牟姓人口居多。有中共党员66名。

组织建设　1945年，经丁履农和丁姓驻村干部介绍，赵明淑、丁履奎加入中国共产党。1946年，由赵明淑、丁履奎介绍，刘学贤、刘世卓、丁履架加入中国共产党，成立党组织。

1946年，成立民兵队（队长刘学贤）、识字班（队长刘为美）、儿童团（团长牟敦六）。1947年，成立农救会（会长郭建峰）。1949年，成立妇救会（会长魏加兰）。

1953年，成立8个互助组。1954年，成立胜利、新成、爱华、红星、同利5个初级合作社。1956年，初级社合并成立高级社。1958年9月，为磴山人民公社的一个生产大队。1962年，杨家洼析出。1984年冬，改称李家潭崖村。

参军　参军人员：1938年，牟乃俭、赵明义；1942年，陈为成；1944年，马世仓；1947年，牟乃提、牟敦平、刘为录、牟乃新。

支前　1947年，村支前队伍共分3批参加孟良崮等战役支前，主要任务随军送粮草等。妇女、识字班做军鞋、军衣、烙煎饼。

外迁与接收移民　1955年，丁履谦等3户，1956年，丁履秋1户，先后移民黑龙江农场；1966年，大队接收安置张成瑞等15户日照水库库区移民。

联产承包责任制　1982年11月，实行联产承包责任制，全大队1400亩土地，全部承包给社员自主耕种。

养殖业　1999年，村集体在北岭规划养殖区，面积60亩，由村民承包养殖罗氏沼虾、猪、鸡等。2021年，有养猪户5家，存栏70头；养鸡户2家，存栏3000只。

1946 年以来涛雒镇李家潭崖村
党组织主要负责人任职更迭表

表 24—119

职务	姓名	性别	任职时间
指导员	赵明淑	男	1946.7—1947.10
书记	赵明淑	男	1947.10—1955.10
书记	丁履架	男	1955.10—1957.10
书记	丁履合	男	1957.10—1958.11
书记	刘世卓	男	1958.11—1968.3
组长	刘玉贤	男	1970.1—1971.1
书记	刘为怀	男	1971.1—1980.11
书记	牟敦六	男	1980.11—1988.11
书记	牟敦福	男	1988.11—1992.11
书记	牟敦广	男	1992.11—2000.11
书记	牟伟华	男	2000.11—2003.3
书记	丁兆安	男	2003.3—2013.3
书记	牟现文	男	2013.3—2016.8
书记	姚绍军	男	2016.8—2017.12
书记	刘贤玉	男	2017.12—2021.4
书记	牟宗伟	男	2021.4—

1945 年以来涛雒镇李家潭崖村
主要负责人任职更迭表

表 24—120

职务	姓名	性别	任职时间
村长	高兴福	男	1945—1948.7
村长	牟乃令	男	1948.7—1954
高级社社长	丁履学	男	1956—1958.9
大队长	丁元智	男	1958.9—1966.12
大队长	潘兴兆	男	1966.12—1968.3
革委会主任	牟敦六	男	1968.3—1980.11
革委会主任	郭常祥	男	1980.11—1982.11
管委会主任	牟敦明	男	1982.11—1984
村委会主任	郭常森	男	1984—1996.11
村委会主任	牟伟华	男	1999.4—2002.4
村委会主任	丁兆安	男	2002.4—2011.4
村委会主任	牟现文	男	2014.12—2016.8
村委会主任	刘　峰	男	2018.1—2021.5
村委会主任	牟宗伟	男	2021.5—

果园、桃园　1968 年，大队在新河两岸建果园 120 亩，集体经营。1982 年，承包给 24 户社员。1994 年，集体在家东、北岭新建果园 150 亩，由 90 户村民承包。1998 年，村集体在村后建果园 40 亩，由 14 户村民承包，2004 年，改种黄桃。2021 年，有桃园 670 亩。

竹园　1966 年，大队在新河北岸栽植竹子 60 亩，集体经营。2003 年 12 月，由 40 户村民承包。2021 年，有竹园 30 亩。

桑园　2001 年，村集体在南湖建桑园 30 亩，由 12 户村民承包。2006 年，砍伐桑树，改植黄桃。

茶园　1994 年，村集体在西北岭建茶园 110 亩，由 90 户村民承包。2007 年，大部分茶园改成黄桃园。2021 年，有茶园 8 亩。

农机及交通运输工具　1967 年，大队购买 29.4 千瓦柴油机 1 台，建粮食加工房，配粉碎机、磨面机，为社员加工粮食。1976 年，大队购买 8.82 千瓦柴油机 3 台，坡下抽水用。1977 年，大队购买 8.82 千瓦四轮拖拉机 3 台。2008 年，村民购买手扶拖拉机 60 台，四轮拖拉机 60 台。2021 年，村内有大型拖拉机 2 台，三轮车 160 辆，轿车 180 辆。

人畜用水　中华人民共和国成立前后，人畜用水靠村内 1 口石砌水井和老河底一个水泉（大口井）。1976 年，家庭出现塑料管手压水井。1997 年，在老河底修建水塔一座，铺设管道，供水到户。2013 年秋，在村后打深 120 米水井一口，安装变频供村民用水。

农田水利　1964 年，日照水库大洼分干渠开闸放水，村北及村东的土地用上水。1994 年，黄淮海平原农业综合开发，在北岭南湖修石渠 2000 米；在新河底修拦河坝一座。2006 年，日照水库停止供水；在新河底修拦水坝一座，建泵房 3 处，解决南湖及北岭农田用水。

商业　1950 年，牟乃亮经商卖布。是年，区供销联社在村中建门市部 1 处，陈盈思任经理。1986 年，供销门市部承包给刘同贤经营。1982 一 2013 年，批发经营户 1 家，百货小商店 8 家，屠宰售肉户 1 家。2021 年，村内有百货超市 2 家。

工副业　1957 年，村竹编加工厂成立，负责人刘世卓，主要从事竹产品加工，生产提篮、筛子、方筐、驮篓、提盒等竹制产品，销售到潍坊、青岛、临沂等地，从业人员 120 余人。1982 年，竹编厂解体。1988 年 12 月，村民郭常森等 4 户建面粉厂 1 处。2021 年，村内有铝合金加工作坊 1 家，粮食加工坊 3 家。

电力　1977 年，大队通交流电。

电讯　1972 年，大队集体安装 1 部手摇式电话机。1993 年，村集体安装 1 部程控电话机。1984 年，牟敦耀购买 1 台 14 英寸黑白电视机。2021 年，全村电视以及成人使用手机基本普及。

村庄规划建设　1964 年，实行村庄规划：南北大街 1 条，宽 10 米，东西大街 3 条，各宽 10 米；户宅基地面积 16.6 米 × 16 米，房屋檐口高 2.4 米，房宽 4.5 米。1969 年，大队在村前河上建大桥，长 100 米，宽 2.4 米，混凝土桥板厚 0.3 米，有 13 个桥墩。1983 年，硬化村内主要街道，修建水泥路 3 条：东西路 2 条，长 700 米，宽 2 米；南北路 1 条，长 450 米，宽 3 米。1984 年，村民旧房翻新，房屋檐口高 3.6 米，宽 6 米。2005 年，重新硬化村内街道。是年，重建村前河大桥，长 100 米，宽 6 米，混凝土桥板厚 0.3 米，13 个桥墩。

第四节　杨家洼村

图 24—59　杨家洼村
（涛雒镇宣传办公室提供　摄于 2021 年）

杨家洼村位于镇西 4 千米处，东与丁家官庄村相望，南与东、西石梁村隔河相望。西与李家潭崖村相邻，北邻蒿岭村。

明洪武二十八年（1395），杨姓自安东卫迁此居住，时称东沟。后牟、金姓迁至。因杨姓居多，1958 年秋，称杨家洼。

2021 年，全村有 94 户、253 人，耕地 386 亩。有 9 姓（以男性计），牟姓居多。有中共党员 25 人。

1962 年以来涛雒镇杨家洼村党组织主要负责人任职更迭表

表 24—121

职务	姓名	性别	任职时间
书记	李忠昌	男	1962—1968
组长	李忠昌	男	1970—1971
书记	李忠昌	男	1971—1978
书记	杨成田	男	1978—1988
书记	牟敦全	男	1988—1993
书记	杨淑宝	男	1995—2001
书记	牟善同	男	2002—2013
书记	金　星	男	2013—2017
书记	杨善伟	男	2018—2019
书记	杨淑森	男	2020—

1962 年以来涛雒镇杨家洼村主要负责人任职更迭表

表 24—122

职务	姓名	性别	任职时间
大队长	李忠昌	男	1962—1968
革委会主任	李忠昌	男	1968—1978
革委会主任	杨成田	男	1978—1982
管委会主任	杨成田	男	1982—1984
村委会主任	杨成田	男	1984—1988
村委会主任	牟敦全	男	1988—1993
村委会主任	杨淑宝	男	1993—1998
村委会主任	牟善同	男	1998—2013
村委会主任	金　星	男	2014—2017
村委会主任	杨善伟	男	2018—2019
村委会主任	杨淑森	男	2020—

组织建设　1958 年，为李家潭崖大队第五生产队，办 1 个食堂。1962 年，从李家潭崖大队析出，为

杨家洼大队，成立党支部。1984年冬，改称杨家洼村。

支前　1946—1948年，金贵昌、丁履夫、杨胜田、庄佃有、杨新田等，先后参加支前。

接收移民　1970年，大队接收安置费红春等5户日照水库库区移民。

联产承包责任制　1983年，实行联产责任制，全大队200亩土地，全部承包给社员自主耕种。

果业　1964年，集体在村后建果园50亩，集体经营。1984年，由6户承包。后改为桃园和苗圃。2021年，有桃园30亩。

茶业　1997年，在村后果园前建茶园20亩，由村民承包。2021年，有茶园8亩。

育苗业　1980年，开始在村西培育杨树苗，年育苗2万株。2021年，有苗圃120亩。

养殖业　1971年，大队办养猪场1处，年出栏生猪200头；集体养牛15头。2021年，有养猪户5家，存栏300头；养牛户2家，存栏15头；养羊户1家，存栏70只。

农机及交通运输工具　1973年，集体购买8.82千瓦手扶拖拉机1台。2021年，村内有货车5辆，轿车、面包车80辆。

人畜用水　中华人民共和国成立前后，人畜用水靠村后和村西各1口石砌水井。1970年，家庭开始使用塑料管手压水井。2006年，在村后果园前打甜水井1眼，安装变频，铺设管道，供水到户。

商业　1976年，大队设立供销社代销店1处。1992年，流转给金立树经营。2021年，村内有百货门市部1家。

电力　1980年，大队通交流电。

电讯　1998年，村集体安装1部程控电话机。2021年，全村电视以及成人手机使用基本普及。

医疗卫生　1968年，大队建医疗室。1983年解体，开办个体诊所。2004年，参加新型合作医疗。

村庄规划建设　原村庄坐落于东沟，地势低洼，房屋土墙草顶，街道狭窄弯曲，出入极不方便。1977年，大队全面规划，老庄的住户开始搬迁到新村。新村规划为东西、南北街各3条，中心街宽8米，前东西街宽5米，后东西街宽8米；房屋檐口高2.8米，宽4.8米，宅基地面积268平方米，两户一体。生产队出工（换旧墙土），生产大队补贴物料（树木、砖、石料）。从1985年开始，社员翻新旧房，房屋檐口高3.2米，宽5.2～5.4米。2006年，硬化街道1500米，并配套石渠。至2021年，村内道路全部硬化，村主路均已铺设沥青，村内安装路灯，建设文化广场，配备健身器材。

第五节　丁家官庄村

图24—60　丁家官庄村党群服务中心

（涛雒镇宣传办公室提供　摄于2021年）

丁家官庄村位于镇驻地西1.5千米处，东依同三高速公路，南与松林村相邻，西与杨家洼村相望，北望341省道。

明初，时有官兵在此驻扎，称官庄。因村中葛姓居多，故称葛家官庄。清朝康熙年间葛姓迁走，改村名为官庄。

1947年，全村有146户、627人，土地2020亩。2021年，全村有530户、1435人，耕地1886亩。有83姓（男女都计）。有中共党员59名。

组织建设　1936年秋天，经张传文（莒县人）和张姓中共地下工作者介绍，王允轩、王尹氏夫妇加入中国共产党。1938年，经王允轩介绍，徐茂秀（女）、刘为贤（女）、张守森、丁履忠、丁原双加入中国共产党。是年，成立党组织。

1938年，成立民兵队（队长丁履忠）、儿童团（团长徐茂路）。是年，王尹氏、徐茂秀负责妇女工作。

1954年，成立2个生产互助组；同年8月，成立星光、文化、新建3个初级合作社。1955年9月，新建社一分为二。1956年，初级社合并成立高级社。1958年9月，为磴山人民公社的一个生产大队；

办 5 个食堂。1984 年冬，改村名为丁家官庄村。

1938 年以来涛雒镇丁家官庄村
党组织主要负责人任职更迭表

表 24—123

职务	姓名	性别	任职时间
指导员	张传文	男	1938—1947
书记	张传文	男	1947—1958
书记	徐茂亭	男	1958—1968
组长	徐茂亭	男	1970—1971
书记	徐茂亭	男	1971—1982
书记	丁国原	男	1982—2011
书记	孙　明	男	2011—

1945 年以来涛雒镇丁家官庄村
主要负责人任职更迭表

表 24—124

职务	姓名	性别	任职时间
村长	林宝亭	男	1945—1954
高级社社长	徐茂亭	男	1956—1958.9
大队长	徐茂亭	男	1958.9—1968
革委会主任	陈元祥	男	1968—1976
革委会主任	林宝亭	男	1976—1978
革委会主任	王安新	男	1978—1982
管委会主任	张永福	男	1982—1985
村委会主任	张永福	男	1986—1996
村委会主任	丁肇宏	男	1997—2001
村委会主任	丁国原	男	2002—2010
村委会主任	王振仓	男	2011—2014
村委会主任	孙　明	男	2014—

参军　参军人员：1939 年，张德生；1942 年，丁原先、傅成礼；1943 年，丁肇畲；1945 年，丁孑；1946 年，孙树青。

支前　1946 年，刘贤平等 3 人参加鲁南战役支前。1947 年，孙照福等 15 人参加孟良崮战役支前。随军抬担架、运送弹药粮食等。

外迁与接收移民　1955 年，徐茂堂等 4 户移民黑龙江省，垦荒种田；1967—1968 年，大队接收安置日照水库库区移民王均太等 48 户。

联产承包责任制　1982 年，实行联产承包责任制，全大队 1800 亩耕地，承包到户，自主耕种。

农机及交通运输工具　1967 年秋，大队购买 8.82 千瓦四轮拖拉机 1 辆，年底配套犁与打黄豆的铁碌碡。1969 年 3 月，购买东方红牌 8.82 千瓦柴油机 2 台，用以带动粉碎机，为社员加工粮食。1975 年大队自配两台四轮拖拉机，为 6 个生产队各购 8.82 千瓦手扶拖拉机 1 辆。1983 年，集体购买 17.64 千瓦柴油机 3 台。1985 年，孙树对等 4 人，用毛驴拉地排车，到苏北拉苇柴售给村民建房用。1988 年，孙先生等 3 人各购买 8.82 千瓦四轮拖拉机。1990 年，张念臻等购买大卡车搞运输。2002 年，孙佑元等 3 人，各购买东方红牌 73.5 千瓦拖拉机，运输货物。2021 年，全村有手扶拖拉机 120 余台，大型拖拉机 1 台，大型收割机 1 台，货车 20 辆，轿车 130 辆。

工副业　1962 年，在村东北角办采石场，张守路负责。1969 年，建起粮食加工厂，用 8.82 千瓦柴油机带动粉碎机，徐延泽负责。1970 年，建木工组（宋光傲负责）。1971 年，建烘炉组（丁肇良负责）、缝纫组（丁原富负责）、技术队［种棉花与编蒲包，李绪运（女）负责］、条编组（张守平负责）。至 1982 年，有的停办，有的被村民承包。1985 年，王安新在村西办窑场，烧制红瓦，1993 年停业。2021 年，有茶叶加工坊 4 家。

果园　1964 年春天，在村西北新林（35 亩）、村后（30 亩）建两处苹果园，集体管理。1983 年冬，由个人承包。2007 年，有果园 600 亩，苹果专业户 102 户。2021 年，全村共有果园专业户 110 家，有苹果园 200 亩，桃园 200 亩。

茶园　1973 年，在村西北汪上头东北角种茶 17 亩，集体经营管理，后承包到户。1992 年，有茶园 300 亩，茶叶专业户 42 户。孙明创办的丁家官庄茶场炒制的“龙井茶”，荣获日照市 1994 年绿茶评比一等奖。2021 年，全村共有茶厂 4 家，茶园面积 30 余亩。

桑园　1964 年秋，在村西北植桑 13 亩，大队副业组西大院建房屋15间，集体采桑养蚕。1985年，由侯照喜等户承包，家中养蚕。1991年，刨桑种地。2000年，在松林村西植桑27亩，南河崖栽植50余亩，13户承包养蚕。2021年，有养蚕户9家，桑园35亩。

林业 2000年春，在桑树林南头，植杨树50亩；在竹园后植杨树18亩，承包到户。2021年，全村共有各类苗圃、树木600余亩。

竹园 1966年春，大队从李家潭崖大队买竹苗，沿石梁头村后河北岸栽植东西长400米、宽30米的防护竹子林带，在周围栽植水杉树。1996年秋，孙先考等3户承包。2017年，因旅游路建设，多被清除。2021年，有竹园10亩。

板栗 1958年，集体在新林坟墓之间植板栗60亩，集体经营。1986年，张守春承包。2000年后，因墓地占用，板栗树逐渐被清除。

水利 1964年，自村后向西北，挖干渠与日照水库大洼分干渠接通。1980年2月，在石梁河竹园东首向北，建水泥渡槽500米；1985年7月，自水泥渡槽北头往东至村西头，修水泥渡槽500米。全村土地基本得到灌溉。2020年5月，建设高标准农田，铺设地下管道11000米，配套建设提灌站3座，大口井2口，机井4眼，村西农田全覆盖。

人畜用水 中华人民共和国成立前后，人畜用水仅靠村中5眼石砌的水井。从1972年开始，社员在自家院中打手压水井用水。1982年春天，在村西打深井1口，建房3间，安装电机带动水泵供水（8.82千瓦柴油机1台备用）。在每条南北街（共7条）两头，安装水龙头，定时放水。1984年3月，铺设管道到户。2008年，由镇供水中心供水。

商业 1945年前，村中有徐姓开的“南坊子”（小旅馆）、小铺（只经营火柴与煤油）。中华人民共和国成立前后，有陈姓肩挑货郎担赶四集。1952年，涛雒供销联社在村中设门市部，徐延臣负责。2000年，李法成承包。2021年，全村有门市部5家。

电力 1964年，借助干渠的水，进行水力发电供村民照明，1965年停止。1973年，通交流电。1996年10月，镇供电中心在村设管区供电服务小组，为村民服务。2012年，进行大规模线路整改，更换增容变压器。2021年，有200安变压器6台，400安变压器2台。

电讯 1970年，大队安装手摇式电话机1部。1993年，村集体安装程控电话机1部。1983年春，徐茂习从东北捎回1台12英寸黑白电视机。2021年，全村电视以及成年人使用手机基本普及。

医疗卫生 1936年，村民丁原桂凭其在青岛山大医院工作的实践经验，在村中为村民问诊。1971年，大队建医疗室，丁惟常、丁德明为赤脚医生，王振娥任配药员。1983年，医疗室撤销，开办个体诊所。2004年，办新型合作医疗，设卫生所，镇卫生院派庄茂春、侯照甫、丁肇宏任乡医。2008年，由侯岩主持卫生所工作。

村庄规划建设 1980年，大队开始进行规划：户宅基地长17米、宽16.8米，房宽4.8米、檐口高2.4米，两户一体。1992年9月，翻新房屋宽5.2米、檐口高3米。1995年，修建村委大院，占地600平方米，建办公室6间。2005年7月，硬化本村通往镇驻地道路。2006年，硬化村中主要街道。2011年，硬化向北与省道接通的道路，部分街道安装路灯。2018年，在村后新建党群服务中心一处（含卫生室），占地面积3600平方米，建筑面积700平方米。2019年，更换太阳能路灯70盏。

第六节 松林村

图24—61 松林村村两委

（李世成摄于2021年）

松林村位于镇驻地西2.5千米处。东靠同三高速公路，南、西望竹子河，北与丁家官庄村相邻。

明洪武年间，刘、孙、庄三姓自江苏东海县迁来，依松树林地住居，取庄名松林。

1947 年，全村有 41 户、210 人，耕地 200 亩。2021 年，全村有 140 户、440 人，耕地 433 亩。有 10 姓（以男性计），刘、庄、孙姓人口居多。有中共党员 24 人。

1944 年以来涛雒镇松林村
党组织主要负责人任职更迭表

表 24—125

职务	姓名	性别	任职时间
指导员	杨爱田	男	1944.10—1947
书记	杨爱田	男	1947—1956
书记	刘为京	男	1956—1968
组长	刘为京	男	1970—1971
书记	刘为京	男	1971—1983
书记	庄建朋	男	1984—2001
书记	刘贤进	男	2001.12—2011.3
书记	刘贤亮	男	2011.3—2016.11
书记	庄光新	男	2017.12—

1950 年以来涛雒镇松林村
村主要负责人任职更迭表

表 24—126

职务	姓名	性别	任职时间
村长	刘佃松	男	1950—1954
高级社社长	刘为京	男	1956—1958.9
大队长	刘为元	男	1958.9—1968
革委会主任	丁履鹤	男	1968—1982
管委会主任	丁履鹤	男	1982—1984
村委会主任	孙先荣	男	1984—1999
村委会主任	刘贤亮	男	1999—2011.3
村委会主任	孙传考	男	2011.3—2014.12
村委会主任	庄光新	男	2018.1—

组织建设 1944 年 10 月，经李玉兰和丁姓驻村干部介绍，杨爱田、庄日江、叶连英加入中国共产党，成立党组织。

1946 年底，先后成立民兵队（队长刘为德）、识字班（队长王安云）、儿童团（团长孙树海）。

1953 年，成立 3 个互助组。1955 年，成立红华、爱国两个初级农业合作社。1956 年，初级社合并成立爱国高级合作社。1958 年 9 月，为磴山人民公社的一个生产大队，办 1 个食堂。1984 年冬，改称松林村。

参军 参军人员：1940 年，王文俊；1942 年，叶连玉；1943 年，庄日丰。

支前 1947 年，杨爱田等 5 人参加鲁南战役支前；1948 年，孙先喜等 11 人参加淮海战役支前，随军送弹药粮草、接送伤员等。

移民 1955 年，丁兆年全家移民黑龙江省；1959 年，庄聿丰、刘为度移民黑龙江省，垦荒种田。

联产承包责任制 1983 年，实行联产承包责任制，全大队 443 亩土地，全部承包给社员自主耕种。

农机及交通运输工具 2000 年，村民自购喷灌机 13 台。2008 年，村民自购手扶拖拉机 8 辆，农用三轮车 2 辆，农用汽车 1 辆，50 型东方红耙地车 1 台。2021 年，有手扶拖拉机 8 辆，50 型东方红耙地车 1 台，轿车 40 辆。

农田水利 1983 年，在竹子河上游和村前修大口井两处。1984 年，在村前修建 200 米石砌水渠。1992 年，建扬水站。2020 年，建设高标准农田水利工程，架高压线 1200 米，80 千瓦变压器 1 台，铺设 PE 主管道 1000 米，支管道 2000 米及其他配电房等水利设施。

人畜用水 中华人民共和国成立前后，人畜用水靠村后 1 口石砌水井。1970 年后，家庭出现塑料管手压水井。2002 年，在村前打 35 米深水井一处，电机带动水泵供水到户。2012 年，重铺管道，由镇供水中心供水。

商业 1966 年，涛雒供销社在大队设代销店，代销员庄仲玉。1980 年，代销店流转庄茂宜经营。2021 年，有门市部 1 家。

电力 1979 年，通交流电。

电讯 1967 年，大队安装 1 部手摇式电话机。1983 年，庄见夫买熊猫牌 12 英寸黑白电视机 1 台。1994 年，孙传考等 3 户村民，各安装程控电话机

1 部。2021 年，全村电视以及成年人使用手机基本普及。

医疗卫生 1958 年，庄茂春任保健员。2004 年，办新型合作医疗。

村庄规划建设 1965 年，大队全面规划为东西、南北中心街各一条，宽 8 米，次街宽 4 米，小巷宽 2 米；户宅基地面积 280 平方米，两户一体，10 户一方；房檐口高 2.4 米，房宽 4.2 米。1990 年，村民在原址翻新旧房，房檐口高 3.2 米，房宽 5.4 米。2003 年，硬化村主要街道。2011 年，安装路灯。2018 年，全村安装视频监控系统，监控头 16 处，覆盖全村大街。2021 年，进行户户通工程与排水管道工程，大街小巷全部水泥硬化。

第七节 蒿岭村

图 24—62 蒿岭村村两委
（涛雒镇宣传办公室提供 摄于 2021 年）

蒿岭村位于镇驻地西 3 千米处。东隔岭与丁家官庄村相望，南邻杨家洼村，西望李家潭崖村，北依 341 省道，

明洪武九年（1376），赵、宋等九姓自江苏东海县迁至居住立村，称泉子崖村。因此处遍地生长蓬蒿，改称蒿岭村。

1947 年，全村有 47 户、199 人，耕地 903 亩。2021 年，全村有 170 户、508 人，耕地面积 688 亩。有 46 姓（男女都计），宋姓人口居多。有中共党员 27 名。

组织建设 1944 年，经邱姓驻村干部介绍，宋开田、宋佃全加入中国共产党。1945 年，宋开田、宋佃全介绍宋佃子加入中国共产党。是年，成立党组织。

1946 年底，先后成立民兵队（队长宋开玉）、识字班（队长宋开菊）、儿童团（团长宋开常）。1947 年，成立农救会（会长王纪兰）。1949 年，成立妇救会（会长王纪兰）。

1945 年以来涛雒镇蒿岭村党组织主要负责人任职更迭表

表 24—127

职务	姓名	性别	任职时间
指导员	宋开田	男	1945—1947
书记	宋开田	男	1947—1954
书记	宋佃子	男	1955—1968.3
组长	宋佃子	男	1970.1—1971.3
书记	宋佃子	男	1971.3—1982
书记	宋开运	男	1982—1986
书记	宋余京	男	1987—2001
书记	宋余平	男	2002—2004.8
书记	宋余法	男	2004.9—2006.6
书记	宋年春	男	2006.7—

1945 年以来涛雒镇蒿岭村主要负责人任职更迭表

表 24—128

职务	姓名	性别	任职时间
村长	宋开田	男	1945—1954
高级社社长	宋开田	男	1956—1958.9
大队长	范为新	男	1958.9—1968
革委会主任	宋开学	男	1968—1982
管委会主任	宋余京	男	1982—1984
村委会主任	宋余京	男	1984—1987
村委会主任	宋开文	男	1989—1998
村委会主任	宋余平	男	1998—2008
村委会主任	宋年春	男	2008—

1953 年，成立 3 个生产互助组。1954 年，成立建华初级合作社。1956 年，成立建国高级合作社。1958 年 9 月，为磴山人民公社的一个生产大队；办 2 个食堂。1984 年冬，改称蒿岭村。

参军 参军人员：1943 年，宋佃彦；1946 年，高升永；1947 年，丁元墩、宋开增。

联产承包责任制 1983 年，实行联产承包责任制，全大队 500 亩土地，全部承包给社员自主耕种。

工副业 1987 年，建砖厂一座，1988 年停业。

农机及交通运输工具 1969 年，大队购买加工磨面机 1 台，用 8.82 千瓦柴油机做动力，带动粉碎机，为社员加工粮食。1977 年，集体购买 8.82 千瓦手扶拖拉机 4 辆。1983 年，集体购买 8.82 千瓦四轮拖拉机 1 辆。2008 年，村民购买手扶拖拉机 30 辆、四轮拖拉机 6 辆。2013 年，共有三轮车 40 辆，拖拉机 50 辆，货车、轿车、面包车等共计 20 辆。2021 年，有农用三轮车 71 辆，货车 16 辆，面包车 10 辆，轿车 56 辆，中型挖掘机 2 台。

人畜用水 中华人民共和国成立前后，人畜用水靠村中央 1 口石砌水井。1970 年后，家庭出现塑料管手压水井。2003 年，在村西河崖打深 75 米水井 1 眼，电机带动水泵，铺设管道供水到户。2012 年，在水井西边打井 1 眼，深 130 米，供人畜用水。

农田水利 2013 年，修拦水坝 2 道。2021 年，国家水利工程小农水项目已经全面启动。

果园、桃园 1967 年，大队在东南岭建果园 50 亩，1983 年，承包到户。1990 年，在东北岭建 36 亩。1993 年，在村东建果园 106 亩。1998 年，果树退化，更新 50 亩。2003 年，果树更新换代，栽植黄桃树 400 亩，黄桃专业生产户 120 家。2021 年，有黄桃 500 亩，由 130 户村民承包。

茶园 1975 年，集体建茶园 60 亩。1981 年后，20 家承包经营。2021 年，有茶园 8 亩，由 5 户村民承包。

商业 1952 年，涛雒供销联社在村中建代销店，代销员赵岐山。1980 年，代销店停办，流转给丁元臻。2021 年，村内有百货门市部 4 家，饲料门市部 1 家，药店 2 家。

电力 1976 年，通交流电。

电讯 1982 年，丁元欣最先买熊猫牌 12 英寸黑白电视机。1993 年，村委安装 1 部程控电话机。2021 年，全村电视以及成年人使用手机基本普及。

医疗卫生 1958 年，宋开香任保健员。1968 年，建医疗室。1983 年，村医疗室撤销，办个体诊所。2004 年，办合作医疗，宋全升为乡医。

村庄规划建设 1967 年，大队规划东西、南北大街各 2 条，南北街宽 7 米，前东西街宽 7 米，后东西街宽 12 米；旧村的住户开始搬迁到新村。1980 年开始，翻新旧房，檐口高 3.2 米，宽 5.2 ~ 5.4 米。1989 年，在村中央建村委大院及办公室 10 间。2005 年 3 月，因失火毁房 6 间（全村的档案资料全毁）。2005 年 9 月，重建村委办公室。2006 年，硬化道路 1500 米。2021 年，户户通工程全面启动并竣工。完成混凝土路面 13545.9 平方米，沥青硬化 7697.18 平方米。

第八节 亚月村

图 24—63 亚月村村两委

（李世成摄于 2021 年 11 月）

亚月村位于镇驻地西 3 千米处。东临沈海高速公路，南靠 341 省道，西邻大洼村，北望高兴镇南辛庄子村。

汉朝时期，李姓在此居住建村。因村址地势较高，远望呈山岳之势，故村名为亚岳，后演化为亚月。

1947 年，全村有 89 户、468 人。2021 年，全村有 396 户、1251 人，耕地 1690 亩。有 17 姓（以男性计），宋姓人口居多。有中共党员 45 名。

高家岭（自然村）位于亚月村西偏北 1 千米处，南望 341 省道，西邻大洼村，北邻高兴镇怀古村。

汉朝高姓在此居住建村。因村址坐落于岭地，故村名为高家岭。1940—1945年，庄长王照鹤。1945年至1947年，庄长陈为玉。土改时，高家岭村并入亚月村。人民公社时，高家岭为亚月生产大队第七生产队。1985年，为亚月村第五村民组。2021年，高家岭有王、陈、刘、吴、高五姓（男性计），计75户、226人。

组织建设 1946年，经李玉兰和宋姓驻村干部介绍，姜仲全、孙方友、刘为美、李其文、孙树山加入中国共产党，成立党组织。

1946年，先后成立了民兵队（队长孙树山）、农救会（会长王纪彩）、识字班（队长刘为美）。1949年，成立妇救会（会长陈孝英）。

1953年，成立7个互助组。1954—1955年，先后成立了两个初级合作社。1956年，初级社合并成立高级社。1958年9月，为磴山人民公社的一个生产大队；办2个食堂。1984年冬，改称亚月村。

参军 1946年至中华人民共和国成立，李世山、侯太仁、宋纪美、陈孝余、牟敦任、丁尧祥、傅德玉、陈孝春等，先后参军。

支前 1947年至中华人民共和国成立，村支前队伍共三批，主要任务抬担架，运送弹药、粮草等。

移民 1955年，宋纪山等6户，移民至黑龙江省依安县；1956年，宋广海等4户，移民至黑龙江省，垦荒种田。

联产承包责任制 1983年，实行联产承包责任制，全大队按人均0.85亩为口粮田，其余土地按劳力（0.4亩／人）承包给社员，自主耕种。

养殖业 1990年，宋程章等5户养鸡，规模最大的养殖蛋鸡3000只、肉食鸡6000只；丁兆明等4户养貂，规模最大的有2000头；陈孝永等养猪，最大户年出栏量200头。2021年，有养鸡户1家，年出栏量2万多只；养貂户1家，年出栏量3000头；养猪户8家，年出栏量1000头。

果树、桃园 1967年，在西北岭建苹果园100亩，集体经营。1983年，由18户社员承包。1989年，改成桃园。2000年，在村前建桃园80亩，62户村民承包。2021年，有黄金桃800余亩，由300户村民承包。

1946年以来涛雒镇亚月村党组织主要负责人任职更迭表

表24—129

职务	姓名	性别	任职时间
指导员	姜仲全	男	1946.10—1947.7
书记	姜仲全	男	1947.7—1957
书记	孙方友	男	1957—1960
书记	姜仲玉	男	1960—1961
书记	丁明德	男	1961—1964
书记	李世建	男	1964—1968
组长	李世建	男	1970.01—1971
书记	李世建	男	1971—1984
书记	孙先鹤	男	1984—2001
书记	孙先春	男	2001—2007
书记	李宗成	男	2007—2017.12
书记	陈建录	男	2017.12—

1945年以来涛雒镇亚月村主要负责人任职更迭表

表24—130

职务	姓名	性别	任职时间
村长	丁元武	男	1945—1950
村长	丁肇绪	男	1950—1954
高级社社长	孙方友	男	1956—1958.9
大队长	姜仲玉	男	1958.9—1968
革委会主任	马世荣	男	1968—1971
革委会主任	宋家义	男	1971—1982
管委会主任	宋家义	男	1982—1984
村委会主任	李宗保	男	1984—2001
村委会主任	孙先春	男	2001—2007
村委会主任	李宗成	男	2007—2017.12
村委会主任	陈建录	男	2017.12—

茶园 1974年，在高家岭后建茶园150亩。第二年，在其南边扩建30亩，均为集体经营。

1981 年，由丁明新承包。1992 年，在老茶园东新建茶园 150 亩，49 户村民经营。2010 年，在村西老公路北、高家岭南建茶园 500 亩，211 户村民经营。2021 年，有茶园 400 亩，由 200 户村民承包。

苗圃 2006 年，建苗圃 100 亩。2021 年，有苗圃 300 亩，由 5 户村民经营。

农机以及交通运输工具 1965 年，村集体购买 1 辆自行车。1975 年，村集体购买 8.82 千瓦手扶拖拉机 1 台。2021 年，有大型拖拉机 1 辆，手扶拖拉机 20 辆，三轮车 100 辆，轿车 200 辆。

人畜用水 中华人民共和国成立前后，村中有一眼咸水井；村东 300 米处，有水井 1 眼，供人畜用水。1955 年开始，先后打了 8 眼井，供人畜用水。1983 年，社员开始在自家院内打手压水井。2003 年，在西湖打 1 口深井，安装电泵，铺设管道，供水到户。

农田水利 1958 年后，于东石洼子、西湖沟、北沟建成 3 个大汪，可供种地种菜用水。1964 年，于村西南开挖引水沟，筑土渠，修涵洞，建扬水站，安装 8.82 千瓦柴油机作动力，把日照水库干渠的水抽到 3 个大汪。1971 年，开挖引水渠 300 米（最深处达 10 米），建石墩 36 座（最高达 10 米），架设钢筋混凝土薄壳渡槽 380 米，堆土筑 1500 米的渠道，安装 29.4 千瓦柴油机（1974 年，用大功率电机）作动力，抽水灌溉农田。日照水库不再供水后，水渠于 2010 年弃用，部分被拆除。2018 年，政府水利部门实施小农水工程，建设水利提灌站一处，铺设管道到农田，可灌溉 830 亩农田。

商业 1943 年，丁明义办小杂货铺，李世余等 4 户做布匹生意。1952 年，涛雒供销联社于村中建代销店，代销员丁明义；1983 年，流转给孙开明个人经营。2013 年，有孙开明等个体经商户 7 家。2021 年，村内有百货门市部 4 家。

工副业 1945 年，有刘家铁匠，宋、王家木匠，李家泥瓦匠，王家皮匠等手艺人；丁明安、陈少鹏等 5 户织粗布（脚踏木机织的窄布）。1960 年，大队办铁匠铺，共有洪炉 3 座，负责人丁相海。1964 年，利用扬水站的柴油机，配备粉碎机，建成了粮食加工组，负责人宋光玉。1966 年，成立打草包子组，负责人丁明安。1970 年，成立条编组，负责人王运田；采石队，负责人丁原祥；织布组，负责人申世典。1976 年，大队集体购进 20 台织布机，办织布厂，负责人丁明新，为青岛棉纺厂来料加工。2003 年，王延三建冷藏厂。2005 年，郭江平建货场从事物流。2021 年，村内有茶叶加工户 4 家。

电力 1974 年，通交流电。

电讯 1965 年，大队集体安装手摇电话机 1 部。1969 年，大队安装有线广播。1974 年，配置了扩音机，高音喇叭。1984 年，第 1 台黑白电视进村。1993 年，村集体安装第 1 部程控电话机。2021 年，全村电视以及成年人使用手机基本普及。

医疗卫生 1960 年，大队里办起了保健室，保健员王运田、孙方兰。1968 年，办合作医疗室，赤脚医生刘刚贤。1983 年，刘刚贤个体行医。2004 年，办新农合，刘刚贤、宋全升任乡医。2018 年，村卫生室进行了提升改造，增加医疗设施，镇卫生院任命付先彩为村医。

村庄规划建设 1965 年，村庄规划东、西主街宽 10 米，次街宽 5 米，小巷宽 3 米；房屋檐口高 2.3 米，房宽 3.3 米；宅基地面积为 268 平方米，两户一体，六户一方。1991 年起，社员在原址翻新房屋，檐口高 3.4 米，房宽 5.4 米。1998 年，主要街道安装路灯。2001 年，在村中央建文化大院，占地 2144 平方米，房舍 15 间。2005 年，硬化主街及南接 341 省道、西至高家岭的道路。2018 年，开始户户通工程，全村所有大街小巷铺设水泥路，十米大街和村文化大院铺设沥青，全村进行了雨水和污水铺设地下管道进行分流，建设污水处理站一处，对所有污水进行净化处理。

第九节 大洼村

图 24—64 大洼村村貌（初林魁摄于 2021 年 6 月）

大洼村位于镇驻地西5千米处。东望亚月村，南靠341省道，西北邻巨峰镇水洪沟村，北隔岭望高兴镇申家庄村。

明朝洪武年间，柴、刘两姓在岭下坡居住建村。后有丁、孙等姓陆续迁此居住。因村庄位于东西两岭中间洼地，故名大洼村。

1947年，全村有184户、643人。2021年，全村有382户、1213人，耕地1600亩。有中共党员47人。

组织建设 1945年，经苗姓和周姓驻村干部介绍，柴世明加入中国共产党。同年，由柴世明及周姓介绍，宋延年、秦洪启、丁始坡、丁福亭、赵丰田等，加入中国共产党，成立党组织。1946年，成立农救会（会长秦洪启）、民兵队（队长丁履善）、识字班（队长张守英）、儿童团（团长丁元喜）。

1953年，成立15个互助组。1955年，成立3个初级农业合作社。1956年，初级社合并成立高级社。1958年9月，为磴山人民公社的一个生产大队；办2个食堂。1964年冬改，称大洼村。

参军 1941年，丁原京参军；1946年，丁原友参军。

支前 1946年，刘太仅等6人，随县大队支前郯城、枣庄、苍山战役。

联产承包责任制 1982年，实行联产承包责任制，全大队1680亩土地，承包给社员自主耕种。

农机及交通运输工具 1959年，政府扶助调拨441千瓦柴油机。1964年，大队购买14.7千瓦柴油机、1140型8.82千瓦柴油机各1台。1970年，大队购买脚踏打稻机3台。1972年，购8.82千瓦四轮拖拉机1台。1974年，购上海丰收牌36.75千瓦拖拉机1台。1979—2013年，村内购买喷灌机170台，手扶拖拉机120台，四轮拖拉机11台，三轮车6台。2021年，有大型拖拉机1台，货车18辆，轿车238辆。

农田水利 1959年，在村前开挖水渠1000米；挖土汪4个（村东3个、村西1个）；在村西、村北打大口井10眼；开挖东、西黄土沟长400米。是年，国家扶助调拨一台441千瓦柴油机，为抗旱抽水用，因功率偏大无法用，1960年，与政府调换了40辆手推车、50头生猪以及政府在下元的五间大屋整体搬迁。1970年，在村东南修扬水站一座，架设水泥渡槽100米；村东、村西建土渠800米。至2021年，投资200万元，铺设地下农田灌溉管道5000米。

1945年以来涛雒镇大洼村党组织主要负责人任职更迭表

表24—131

职务	姓名	性别	任职时间
指导员	柴世明	男	1945—1947
书记	宋延年	男	1947—1968
组长	宋延年	男	1970—1971
书记	宋延年	男	1971—1972
书记（代理）	赵丰田	男	1973—1980
书记	丁元喜	男	1980—1986
书记	赵洪金	男	1986—1991
书记	李世江	南	1991—1998
书记	孙开山	男	1998—2013
书记	赵洪亮	男	2013—2016
书记	李　强	男	2016—2021
书记	丁玉阳	男	2021.4—

1945年以来涛雒镇大洼村主要负责人任职更迭表

表24—132

职务	姓名	性别	任职时间
庄长	秦洪启	男	1945—1954
高级社社长	丁惟连	男	1956—1958.9
大队长	丁惟连	男	1958.9—1968
革委会主任	赵洪金	男	1968—1970
革委会主任	丁惟连	男	1970—1980
革委会主任	赵洪金	男	1980—1982
管委会主任	郭江成	男	1982—1984
村委会主任	郭江成	男	1984—1991
村委会主任	李世友	男	1991—1999
村委会主任	孙开山	男	1999—2010
村委会主任	赵洪亮	男	2010—2013
村委会主任	李　强	男	2013—2017
村委会主任	丁玉阳	男	2017.3—

林业　1963年，由郭常义、丁元太负责管理70亩槐树林。1976年后，支援公社造船厂，被逐年砍伐掉。

果园 桃园　1965年，建苹果园75亩，集体经营。2021年，有桃园700亩。

茶园　1974年，大队建茶园50亩，集体经营。2021年，有茶园400亩。

工副业　1964年，成立8人条编组，组长刘为宗。是年，建粮食加工房，用14.7千瓦柴油机为动力，带动粉碎机、磨面机，加工粮食，负责人迟令申。2000年，孙方胜接着管理至现在，仍为集体。是年，建木业加工厂，厂长韩正俄。为集体修造手推车等农具及个体用的家具。1968年，建缝纫组，丁玉玲负责，负责全村缝纫，大队开工分，加工衣服按件用工分票结算。1972年，在村东建油料加工厂，负责人孙方荣，为涛雒粮所加工部分油料。1979年，在村北建茶叶加工厂，由丁元升、赵洪亮（技术员）进行茶叶炒制。1989年，茶园、茶厂由赵洪亮承包。2000年，赵洪亮、丁玉阳、刘加成、周华年建茶叶加工厂。2021年，有茶叶加工厂2家。

人畜用水　2005年前，人畜用水靠村东、西两口井。2005年，在村前打井，安装变频抽水到户。2010年，在村东再打井，供人畜用水。2013年，又在村东打深120米水井，重新铺设管道，供人畜用水。

集市　1940年前，村中即有集市。抗日战争时期，日军飞机在村内投下炸弹，炸死丁履藻和宋姓（宋加海的爷爷）二人，炸毁房屋两间，整个村庄被炸得无法正常生活，集市无法正常开市，迁到苗家村南河崖树林里一段时期，日本投降后，集市又迁回村中。1955年，迁苗家村。

商业　1953年，涛雒供销联社在村中设代销店，代销员丁履荣。1982年，代销店流转给刘为成个体经营。1983年后，经销店多时有8家。2021年，有百货门市部3家。

电力　1972年，大队通交流电。2013年，有变压器3台，计420千伏安。

电讯　1993年，村委安装程控电话机1部。2021年，全村电视以及成年人使用手机基本普及。

医疗卫生　1954年，公办教师王顺亭任保健员。1958年，霍介祥任保健员。1967年，朱常田任保健员。2004年，办新型合作医疗，镇卫生院派刘娜及李宜彩为乡医。

村庄规划建设　1964年，开始规划，户宅基地东西长17米，南北宽15.3米；房檐口高2.2米，房宽4米。1991年，村民在原址翻建房屋，檐口高3.5米，房宽5.2米。2007年，硬化三纵、两横主街道。2020年，户户通道路硬化，雨污分流。

第八章　廒头管理区

廒头管理区辖尹家廒头一村、二村、三村和张家廒头村、成家廒头村、西灶子村、东灶子村、宅科村、田家园村、北王家村、东川子村，计11个行政村。各村明代隶属观兰乡尚义一隅夹仓里。清代隶属西乡西上一牌仲家庄社。1912年，隶属夹仓区。1931年，隶属第二区。1942年9月，隶属涛雒区。1950年5月，隶属第六区（奎山）。1958年1月，隶属夹仓乡。是年9月，隶属金星人民公社。1959年2月，隶属夹仓人民公社。1959年12月，隶属下元人民公社。1962年12月，隶属涛雒区。1971年3月，隶属涛雒人民公社。1984年6月，隶属涛雒区廒头乡。1985年5月起，隶属涛雒镇。

第一节　尹家廒头村

尹家廒头村位于镇驻地北4千米处。东望204国道，西与高兴镇夏陆沟相邻，南靠廒头河，北与高兴镇湖西头村相邻。

村庄原位于204国道以东500米处，东与张家廒头村相邻，南靠廒头河，西望204国道，北与成家廒头村相邻。1975 年大水灾，村庄被淹，整体搬迁至 204 国道以西。

明洪武二年（1369），官府在此设立店铺，称“三桥铺”，由贺姓在此管理，后逐渐形成村落。明嘉靖年间，尹姓迁此居住。此地由于盛产海盐，建有存放原盐仓廒，尹姓为“廒头”而得庄名，称尹家廒头。此后，高姓迁来在庄前居住发展，民间称“高家廒头”；相姓迁来在村后居住发展，民间称“相家廒头”。统为一个自然村尹家廒头。

组织建设 1946 年，经县武工队队员薄子禄和郑姓驻村干部介绍，尹德利、尹永周加入中国共产党；经驻村工作组成员聂玉才和庄运达介绍，尹德红、尹德开、相金庭、尹茂言、滕召玉加入中国共产党，成立党组织。是年底，成立了农救会（会长相金官）、妇救会（会长滕召玉）、青救会（会长尹茂会）、识字班（队长尹德荣）、民兵队（队长相同林）、自卫团（团长相金建）、儿童团（团长贺早林）。

1947 年，全庄 153 户、968 人，土地 1300 亩。

1953 年，成立 11 个互助组。1954 年，成立荣华、强华、民华、顺华 4 个初级农业合作社。1956 年，初级社合并成立高级社。1958 年 9 月，为金星人民公社的一个生产大队；办 4 个食堂。1959 年 12 月，隶属涛雒人民公社，为涛雒人民公社的一个生产大队。1962 年，分为尹家廒头一、二、三大队。

参军 1943 年，尹永念参军；1944 年，尹永鲁参军。从 1946 年至 1949 年，相振延、尹茂理、相同增、沈怀山、尹永淮等，先后参军。

支前 1947 年，尹德开等 5 人参加孟良崮战役支前；1948 年，尹永秘等 20 人参加淮海战役支前，主要任务是随军抬担架、送粮草等。妇女、识字班做军鞋、军衣，烙煎饼。

移民 1959 年，贺代林、尹永普等 10 户，移民黑龙江罗北农场，支援边疆建设。

林业 1957 年，在东沿海沙岭植松树建沿海防护林 60 亩。从 1958 年至 1982 年，在廒头河、混沟子河两岸栽种杨树、槐树，多次更新。1982 年至 2021 年，栽种杨树，承包到户。

人畜用水 中华人民共和国成立前后，靠村后一口石砌水井。1973 年，家庭出现塑料管手压水井。2001 年，在村后打水井一口，铺设管道，供水到户。

1946—1962 年涛雒镇尹家廒头村党组织主要负责人任职更迭表

表 24—133

职务	姓名	性别	任职时间
指导员	尹德利	男	1946—1947
指导员	尹茂言	男	1947.4—1948.6
书记	尹德开	男	1948.6—1948.12
书记	尹德红	男	1948.12—1950.1
书记	滕召玉	女	1950.1—1954.6
书记	相同增	男	1954.6—1955.7
书记	尹茂理	男	1955.7—1957.2
书记	葛家会	男	1957.2—1958.9
书记	滕召玉	女	1958.9—1959.7
书记	尹德红	男	1959.7—1962

1945—1962 年涛雒镇尹家廒头村主要负责人任职更迭表

表 24—134

职务	姓名	性别	任职时间
村长	高快兴	男	1945—1945.12
村长	尹永元	男	1945.12—1950
村长	尹德书	男	1950—1954
高级社社长	尹德利	男	1956—1958.9
大队长	高为宣	男	1958.9—1962

盐业生产 自立村就有盐业生产。清代有盐滩 1000 公亩，民国时期发展至 1500 公亩。1958 年，盐滩全部归金星人民公社所有。1959 年 12 月，为涛雒人民公社第二盐场。1962 年，盐田退还大队，大队不接，随后成立廒头合作盐场。

商业 中华人民共和国成立前，尹德琳在涛雒街开“和兴”商号，村内有染坊、小铺各一家，后停业。1958 年，供销联社在庄中设代销店。1980 年，代销店流转给代销员尹德波。1983 年，个体工商户发展至 5 家，2013 年，2 户继续经营，其余 3 家停业。

工副业 中华人民共和国成立前后，有部分村民用木制织布机织布、染布，1950 年后并于合作社，1957年停办。传统手工业主要有：结网子（用于妇女发髻）、编席、条编，发展到编蒲包、打草绳、打草包子、打草帘子，织渔网等。2000年后，各业停办。

电力 1989年，由台商尹书田资助，全庄通交流电。

电讯 1959年，大队安装手摇式电话机1部。2021年，成人手机使用率已基本普及。

医疗卫生 中华人民共和国成立前，尹茂果给人针灸治病。中华人民共和国成立后，尹茂玲等4人先后任保健员。1968年，建卫生室。1983年，卫生室撤销，开办个体诊所。2004年，办新型合作医疗。

街道硬化 2005年，3个村联合硬化主要街道4条，全部安装路灯。2013年，安装监控。

尹家廒头一村

图 24—65 尹家廒头一村社区服务中心

（涛雒镇宣传办公室提供 摄于2021年）

尹家廒头一村位于尹家廒头庄前端。

组织建设 1962年分村时，有中共党员5名，成立党支部。为涛雒人民公社的一个生产大队。1984年冬，改称尹家廒头一村。

分村时有118户、456人，土地480亩。2021年，全村共有171户、506人，有45姓（男女都计），土地553亩。有中共党员31名。

联产承包责任制 1981年，以生产队为单位，把土地承包给社员自主种植。1998年，进行第二轮土地延包，按统一标准承包给村民种植，承包期限为30年，颁发土地承包经营权证。

1962年以来涛雒镇尹家廒头一村党组织主要负责人任职更迭表

表24—135

职务	姓名	性别	任职时间
书记	尹茂信	男	1962—1968
组长	贺金信	男	1970—1971
书记	贺金信	男	1971—1990
书记	尹永仕	男	1990—2000
书记	尹相忠	男	2000—2005
书记	贺照森	男	2005—2014.10
书记	贺照春	男	2014.10—

1962年以来涛雒镇尹家廒头一村主要负责人任职更迭表

表24—136

职务	姓名	性别	任职时间
大队长	高为宣	男	1962—1968
革委会主任	贺金信	男	1968—1971
革委会主任	尹茂信	男	1971—1980
革委会主任	尹永积	男	1980—1982
管委会主任	尹永积	男	1982—1984
村委会主任	贺玉林	男	1984—1990
村委会主任	尹相忠	男	1990—2000
村委会主任	贺照森	男	2000—2014.11
村委会主任	贺照春	男	2014.11—

养殖业 1982年，开挖淡水鱼池100亩。1996年，养殖罗氏沼虾等180亩。1993年，养鸡场4家，养鸡2万只；养猪场10个，年总出栏量10000头。2021年，有养鸡场1家，养鸡6000只；海淡水养殖180亩。

果园 1968年，建苹果园10亩，集体管理，1988年，果树刨后改成良田。

农机及交通运输工具 1970年，大队购买柴油机一台。1975年，购买8.82千瓦四轮拖拉机1台。1976年，购买8.82千瓦手扶拖拉机5台。1980年后，购置农用机动三轮车20台，农用汽车2台。1990年后，村民购置8.82千瓦四轮拖拉机10台，手扶拖拉机40台。2021年，全村有机动车38辆，其中货车3辆，轿车33辆，面包车2辆。

农田水利 1964年，引日照水库的水，修水渠4000米。1990年后，日照水库减少放水量；拦河截潜流提灌，全村95%的耕地可以浇上水。

工副业 贺淑年祖传制陶，做泥壶、花盆、海上捕捞业用的小陶罐，2005年停业。1985年，高曰昌与集体联营办瓦厂，1999年停办。1993年，尹永增建吊丝窑一座烧砖，1995年停办。1999年高喜兴、2000年高华金，先后办煤球厂。

村庄规划建设 1975年大水灾，村庄整体搬迁至今居住地。大街宽6米，小巷宽3米，两户一体或五户一体；宅基地面积289平方米，房檐口高2.4米，房宽4.3米。1985年，翻建旧房，房檐口高3.1米，宽5.2米。2013年3月，按照日照国际海洋城的规划，将原墓地向西迁移200米，共迁坟153座。

尹家廒头二村

图24—66 尹家廒头二村社区服务中心

（涛雒镇宣传办公室提供 摄于2021年）

尹家廒头二村位于廒头庄中段。南接一村，北连三村。

组织建设 1962年分村时，有中共党员3名，成立党支部，为涛雒人民公社的一个生产大队；1984年冬，改称尹家廒头二村。

分村时，全村有72户、349人，耕地576亩。2021年，全村有123户、405人，有党员34人。

1962年以来涛雒镇尹家廒头二村党组织主要负责人任职更迭表

表24—137

职务	姓名	性别	任职时间
书记	尹德宏	男	1962—1965
书记	尹德洛	男	1966—1968
组长	尹德洛	男	1970—1971
书记	尹德洛	男	1971—1982
书记	尹德春	男	1983—1987
书记	尹德洛	男	1988—1998
书记	尹相安	男	1999—2014.03
书记	王培永	男	2014.3—2014.12
书记	尹相现	男	2014.12—2021.4
书记	尹衍山	男	2021.4—

1962年以来涛雒镇尹家廒头二村主要负责人任职更迭表

表24—138

职务	姓名	性别	任职时间
大队长	尹德友	男	1962—1965.10
大队长	尹德利	男	1965.10—1968年春
革委会主任	尹相京	男	1968年春—1982年春
管委会主任	尹相京	男	1982年春—1982.12
管委会主任	尹德范	男	1983.1—1984
村委会主任	尹德范	男	1984—1985.12
村委会主任	尹德洛	男	1986.1—1987.12
村委会主任	尹永来	男	1988.1—2004.12
村委会主任	尹相安	男	2005.1—2008.3
村委会主任	尹衍顺	男	2008.3—2014.12
村委会主任	尹相现	男	2014.12—2018.1
村委会主任	尹衍山	男	2018.1—

棉花种植 1965年，各生产队植棉花10亩，1977年停止。

联产承包责任制 1981年，实行联产承包责任制，全大队616亩土地，承包到户。

畜牧养殖 2010年，尹衍春养殖水貂200头。

2012年，尹相运养殖水貂300头。2013年，水貂存栏量508头。2021年，无畜牧养殖。

淡水养殖业　1984年，在村东蒲汪开挖淡水鱼池55亩，尹相分等5户承包。1998年，在村东南开挖虾池42亩，尹相伦等4户承包，养殖罗氏沼虾。2013年，有淡水虾池225亩。2021年，有淡水虾池225亩。

工副业　1988年，建瓦厂一处，1992年停业。1992年，建煤球加工厂、小型机械加工厂。

农机及交通运输工具　1978年，第一生产队购买1台8.82千瓦手扶拖拉机。2013年，有拖拉机7台，三轮车10台，轿车12辆，面包车6辆。2021年，全村有拖拉机7台，三轮车10台，轿车65辆，面包车8辆。

村庄规划建设　1975年大水灾，村庄整体迁至今居住地。大街宽6米，胡同3米，两户一体或3户一体，宅基地面积289平方米，房口高24米，房宽4.3米。1985年，翻建旧房，房口高3.1米，宽5.2米。

尹家廒头三村

图24—67　尹家廒头三村社区服务中心

（涛雒镇宣传办公室提供　摄于2021年）

尹家廒头三村位于廒头庄后端。

组织建设　1962年分村时，有中共党员5名，成立党支部，为涛雒人民公社的一个生产大队。1984年冬，改称尹家廒头三村。

分村时，有116户、432人，土地680亩，耕牛9头。2021年，全村共有150户、550人，有尹、相、贺、徐4姓氏（以男性计）。耕地585亩。有中共党员33人。

1962年以来涛雒镇尹家廒头三村
党组织主要负责人任职更迭表

表24—139

职务	姓名	性别	任职时间
书记	尹德利	男	1962—1968
组长	相同增	男	1970—1971
书记	贺兴林	男	1971—1993
书记	相桂昌	男	1993—2006
书记	尹茂均	男	2006—2017.11
书记	尹世波	男	2017.11—

1962年以来涛雒镇尹家廒头三村
村主要负责人任职更迭表

表24—140

职务	姓名	性别	任职时间
大队长	尹克进	男	1962—1968
革委会主任	尹克进	男	1968—1982
管委会主任	尹克进	男	1982—1983
管委会主任	尹茂朋	男	1983—1984
村委会主任	尹茂朋	男	1984—2003
村委会主任	相桂昌	男	2003—2006
村委会主任	尹茂君	男	2006—2017.11
村委会主任	尹世波	男	2017.11—

联产承包责任制　1981年，实行联产承包责任制，全大队480亩土地，承包到户，自主种植。

养殖业　2003年，尹茂桂等10户，在老村滩涂开挖103亩池塘，养殖罗氏沼虾、南美白对虾等。2021年，有淡水养殖3户，养殖池塘103亩。

林业　20世纪70年代开始，在混沟河岸等处，植槐树、杨树、松树等7000余棵，1982年承包到户。2021年，有槐树、杨树、松树等6200余棵。

农机及交通运输工具　1972年6月，购买8.82千瓦柴油机1台，办粮食加工厂。1973年2月，购置1辆8.82千瓦四轮拖拉机，购买脱谷机1台，脱粒机1台。至1981年，共购置4台8.82千瓦拖拉机（每个生产队1台）。2013年，有工程运输车6辆，农用机械18台，家庭农用车16辆，小轿车 32 辆。2021 年，有农用机械 2 台，家庭农用车 2 辆，轿车 80 辆。

工副业 1962 年，有一家代销店，一家泥壶小作坊（贺淑新创办），一家铁匠铺（尹宝瑞开），1970 年停业。1971 年 3 月后，大队办起了条编厂、蒲包厂、草包厂、纺绳厂。1972 年 6 月，购买 8.82 千瓦柴油机 1 台，粉碎机 1 台，磨面机 1 台，碾米机 1 台，办起粮食加工厂。1993 年，集体办打草捆厂，相迎昌等 7 户搞建筑装修，尹茂箱等 3 户搞废品收购，贺华林等 2 户搞煤炭营销。2021 年，有搞建筑装修 5 户，再生资源回收 1 户，煤炭销售 1 户，绣品加工 2 户。

电讯 1995 年，集体安装了 1 部程控电话机。2021 年，成人使用手机已基本普及。

医疗卫生 1962 年分村后，大队建保健室，保健员相昌玉。1968 年，3 个大队合建卫生室，赤脚医生尹永安、尹永月、尹永田。1983 年，集体卫生室解体，开办个体门诊。2004 年，尹家廒头一、二、三村合办新型合作医疗卫生所。

村庄规划建设 1967 年，大队规划，通宽 6 米大街、宽 4 米小街，房檐口高 2.4 米、宽 3.6 米。1972 年，社员住房全部建成。1975 年大水灾，全村整体迁至今居住地，因尹一、尹二村已先来定居，随一、二村规划，大街宽 6 米，小街 3 米，房檐口高 2.4 米，宽 4.3 米，土墙草顶。1983 年，始翻建房屋，檐口高 3.2 米、宽 5.4 米。

第二节 张家廒头村

张家廒头村位于镇驻地北 3.5 千米处。东、南与廒头盐场接壤，西望 204 国道，北邻成家廒头村。

明初，此处即有人居住。明朝嘉靖年间，张姓来此住居形成村落，因此地盛产海盐，建有存放原盐仓廒，张姓为“廒头”而得庄名，称“张家廒头”。

1947 年，全村有 141 户、712 人，耕地 1315 亩。2021 年，全村有 240 户、726 人，耕地 890 亩。有中共党员 51 人。

图 24—68 张家廒头村社区服务中心

（涛雒镇宣传办公室提供 摄于 2021 年）

组织建设 1931 年，经尹茂库（字半农）和郑姓党员介绍，尹守湘、尹守评、尹俊卿、张传葵加入中国共产党。1932 年 10 月 13 日，日照暴动失败后与党组织失掉联系。1946 年，经县武工队员薄子禄和尹姓党员介绍，张纪明、张传松、尹茂监、牟乃英、尹永彦、张传禹、尹茂兰（女）、尹茂昌等，加入中国共产党，并成立党组织。此后，张纪桂、张传伍、张传甫、张传珍、尹永增、张传仓、张传俄、张传臻、张纪学、张世京、尹茂仓、尹茂汉、尹永鸿、张守苗、王守林、尹茂庆等，相继加入中国共产党。

1946 年，成立农救会（会长郑作常）、盐民会（会长张传甫）、民兵队（队长尹恒普）、儿童团（团长尹永淮）、识字班（队长尹德荣）、妇救会（会长张守苗）。

1953 年，成立 6 个互助组。1954 年，成立仁华、兴华、春华 3 个初级农业合作社。1956 年，成立曙光 4 号盐农业高级合作社。1958 年 9 月，为金星人民公社的一个生产大队；办 3 个食堂。1959 年 12 月，为涛雒人民公社的一个生产大队。1984 年冬，改称张家廒头村。

参军 参军人员：1942 年，张传葵、张纪刚；1943 年，张守治；1946 年，张纪乾、张传柏、尹茂悟、尹茂汉、牟乃英、尹永彦、张纪学、尹茂仓等。

移民 1959 年，尹守道、张传彦、张传俄、张守明 4 户，移民黑龙江罗北农场垦荒。

联产承包责任制 1981 年，实行联产承包责任制，全大队 910 亩耕地，全部承包到户，自主耕种。

1946 年以来涛雒镇张家廒头村党组织主要负责人任职更迭表

表 24—141

职务	姓名	性别	任职时间
指导员	张传禹	男	1946—1947
书记	张纪桂	男	1947—1962
书记	张传臻	男	1962—1968
组长	尹德友	男	1970—1971
书记	尹茂监	男	1971—1982
书记	尹守竹	男	1982—1989
书记	郑淑年	男	1990.1—1990.12
书记	尹茂鸿	男	1991.1—1995.12
书记	张传坤	男	1996.1—1998.12
书记	尹永权	男	1998.12—2001.7
书记	张传金	男	2001.8—2004.4
书记	庄　峰	男	2004.5—2014.4
书记	尹世伟	男	2014.4—2021.11
书记	郑　磊	男	2021.12—

1945 年以来涛雒镇张家廒头村主要负责人任职更迭表

表 24—142

职务	姓名	性别	任职时间
村长	张秀然	男	1945—1946
村长	张传伍	男	1946—1954
高级社社长	张传伍	男	1956—1958.9
大队长	尹茂汉	男	1958.9—1965
大队长	尹德友	男	1965—1968
革委会主任	尹德友	男	1968—1976
革委会主任	尹守竹	男	1976—1982
管委会主任	张传坤	男	1982.4—1984
村委会主任	张传坤	男	1984—1996.1
村委会主任	尹永权	男	1996.1—1999.1
村委会主任	张传金	男	1999.1—2002.4
村委会主任	尹德建	男	2002.4—2005.4
村委会主任	庄　峰	男	2005.4—2007.4
村委会主任	张守华	男	2007.4—2010.4
村委会主任	庄　峰	男	2010.4—2014.4
村委会主任	尹世伟	男	2014.4—2021.11
负责人	郑　磊	男	2021.12—

农机及交通运输工具 1977 年，大队购买 1 台 8.82 千瓦四轮拖拉机。1979 年，大队购买 1 台 8.82 千瓦手扶拖拉机，用于农业生产。2021 年，全村有拖拉机 26 台，喷灌机械 12 台（套），农用运输三轮车 13 辆，轿车 70 辆。

工副业 1965 年，开始打草包子，多数家庭以此为主要副业。1971 年，建粮食加工房，用 8.82 千瓦柴油机为动力，带动粉碎机，为社员加工粮食。2021 年，有粮食加工房 2 处，商混站 1 处（协勇商品混凝土有限公司），生猪屠宰场 1 处（志坚农工贸有限公司）。

林业 1957 年，在东南沿海沙岭，栽植松树 65 亩，建沿海防护林。2021 年，有防护林面积 36 亩。

果园 1964 年，集体在西岭建大、小苹果园两个，计 37 亩。后小苹果园成墓地。1984 年，大果园承包到户。1990 年，果树老化改栽杨树。1993 年，在村西建果园 38 亩，承包到户。2007 年后，逐渐变成了养殖区。

桑园 2001 年，建桑园 24 亩，由张永利等 8 户承包。2021 年，有桑园面积 24 亩。

畜牧养殖业 1994 年，开始家庭养猪。2021 年，有生猪养殖场 2 户，存栏 30 头；养鸡场 2 户，存栏 7000 只。

盐业生产 立村即有盐业生产。1958 年，盐滩全部归金星公社所有。1959 年，为涛雒人民公社第二盐场。1962 年，盐田退还大队，大队不接，随后成立廒头合作盐场。

淡水养殖 1998—2001 年，在村周边和湖西崖，共建淡水鱼池 276 亩，张永现等 33 户承包。2021 年，有海淡水养殖水面 210 亩。

农田水利 1957 年，在村西修水渠一条。1991 年，黄淮海中低产田综合开发，修西湖石渠 1000 米。1992 年，修家西通往村内石渠 400 米。1999 年春，拆西岭地瓜窖，修建混沟子翻板闸。2021 年冬，政府投资将村西湖的耕地进行高标准农田建设，硬化道路 1500 米，打机井 8 眼，铺设地下输水管道 5500 米。

人畜用水 1983 年前，人畜用水靠村后 3 口石砌水井。1983 年后，社员在自家院内打手压水井用水。2006 年，利用上级拨款，在景伊小学院内打深井一眼，用自动压力罐，铺设管道，供水到户。

商业 1947年前，尹茂刚、尹荆山和尹春坡在涛雒街分别经营商号“同丰”、“连丰”和“连记”；村内有尹茂苔的“义和”、尹守策的“聚兴”、尹茂采的“光增”、张纪和的“麻客”（经营麻匹生意）；尹茂嵴开糕点作坊。中华人民共和国成立前后，均已停业。1952年，夹仓供销联社在村设门市部，1999年，流转给庄峰经营。2021年，有超市2处，煎饼房1处，农家饭店2家。

医疗卫生 中华人民共和国成立前，尹茂采开中药铺；乡间郎中尹茂秀。1958年，夹仓卫生院在景伊学校原校址开办张成乡卫生所。1964年，卫生所撤销，大队建保健室，张传光等3人为保健员。2004年，办新型合作医疗，成立张家廒头村卫生室，服务于张家廒头、成家廒头两个村的村民，张传光、成洪宾为乡医。

电力 1979年，全村通交流电。

电讯 1993年，集体安装程控电话机1部。2021年，家用电器和成年人手机使用已基本普及。

村庄规划建设 1978年，对村中两条东西大街拓宽至8米，长400米；同时，对3条南北大街进行了规划。从1986年开始，在村后统一规划宅基地，长13～15.5米，房屋檐口高3.2米，房宽5米，4户为一体，房前均有4米的小巷。2007年，硬化村内2条东西大街及进出村的两条南北路。至2021年，村内大街小巷及进出村的道路全部硬化。

第三节 成家廒头村

成家廒头村位于镇驻地北3千米处。东与西灶子村接壤，南与张家廒头村相邻，西望204国道，北依中南铁路。

元末明初，刘、胡姓在此居住立村，以熬盐为业，胡姓为廒头，村名为胡家廒头。清康熙年间，胡姓迁走，成姓迁此居住，改村名为成家廒头。

1947年，全村有78户、402人。2021年，全村有198户、641人，耕地704亩。有9个姓氏（以男性计），成姓人口居多。有中共党员48人。

图24—69 成家廒头村村貌（初林魁摄于2021年6月）

组织建设 1945年，经李子明和尹姓驻村干部介绍，成之早、成永庆、成方舟、成立洪、成玉岱、成立功、成立松、成玉岩、成永池、贾兆荣（女）、刘秀祥（女）、丁惟兰（女）和成永禄夫妇，加入中国共产党，成立党组织。1947年，成立农救会（会长成之早）、妇救会（会长刘秀祥）、儿童团（团长成玉岱）、识字班（队长成之兰）、民兵队（队长成家伊）。

1953年，成立6个互助组。1954年，成立国华、曙光两个初级社。1955年，成立新华初级社。1956年，初级社合并成立高级社。1958年9月，为金星人民公社的一个生产大队；办1个食堂。1959年12月，为涛雒人民公社的一个生产大队。1984年冬，改称成家廒头村。

参军 参军人员：1945年，成立铎、成之沛；1946年，成立平；1947年，成立权、成立增。

支前 1947年，成俄等6人参加孟良崮战役支前，随军抬担架。1948年，成立功等7人参加淮海战役支前，随军运送物资。战役结束安全回家。

联产承包责任制 1981年，实行联产承包责任制，全大队704亩土地承包给社员自主耕种。

畜禽养殖 2008年，在村东北角（东海堰）划养殖区一处，有31户养猪。2021年，有养猪场6户，存栏量200头。

农机及运输工具 1965年，购进1140型柴油机1台，建起粮食加工房，为社员加工粮食。1978年，购进3台8.82千瓦手扶拖拉机，195型柴油机2台，抽水机2部。1980年，购进电动机3部。2021年，有拖拉机3台，农用三轮车10辆，农用汽车3辆，轿车60辆。

1945年以来涛雒镇成家廒头村党组织主要负责人任职更迭表

表24—143

职务	姓名	性别	任职时间
指导员	成立洪	男	1945—1947
书记	成立洪	男	1947—1952
书记	成玉岩	男	1953—1968
组长	成永池	男	1970—1971
书记	成玉岩	男	1971—1976
书记	成立厚	男	1977—1993
书记	成积益	男	1993—2001
书记	成立俊	男	2002—2003
书记	成立新	男	2004—2007
书记	成会积	男	2007—

1945年以来涛雒镇成家廒头村主要负责人任职更迭表

表24—144

职务	姓名	性别	任职时间
村长	成之相	男	1945—1946
村长	成之早	男	1946—1947
村长	成方舟	男	1948—1949
村长	成立松	男	1949—1954
高级社社长	成玉岩	男	1956—1958.9
大队长	成立铎	男	1958.9—1959
大队长	成永池	男	1959—1960
大队长	成立铎	男	1960—1965
大队长	成立贤	男	1966—1968
革委会主任	成元俊	男	1968—1971
革委会主任	成玉岩	男	1971—1976
革委会主任	成元俊	男	1977—1982
管委会主任	成元俊	男	1982—1983
管委会主任	成立善	男	1983—1984
村委会主任	成立善	男	1984—1994
村委会主任	成立俊	男	1996—1999
村委会主任	成元宣	男	1999—2004
村委会主任	成立新	男	2004—2007
村委会主任	成会积	男	2007—

人畜用水 2006年前，人畜用水靠村内3口水井。2006年10月，打深井，铺设管道，供水到户。

林业 1956年，在夹仓口西南沙岭，栽植松树45亩，建沿海防护林。2005年，沿海公路占用15亩，其余部分承包到户。2021年，有沿海防护林松树30亩。

果园 1968年，利用墓地空闲处，建苹果园50亩。1981年砍伐掉，土地承包给村民植树。

工副业 全村几乎家家都会制作鱼灯笼，村民制作鱼灯笼的历史已有几百年，有“北有潍坊风筝，南有廒头灯笼”之说。每年冬季，村民在家做好，第二年正月十五售卖。制作的鱼灯笼被东港区政府确定为“区非物质文化遗产”。

1992年，在204国道东侧占地4.5亩，建门面房5间、正房8间及大院一处，对外承包。1998年，在204国道西侧占地4.68亩，建再生资源回收站点。

盐业生产 自立村就从事盐业生产，民国时期有盐滩近1000公亩。1958年，盐滩全部归金星人民公社。1959年，为涛雒人民公社第二盐场。1962年，盐田退还大队，大队不接，随后成立廒头合作盐场。

水产养殖 1999年，开挖海水养殖池40亩，进行虾蟹混养；淡水养殖池145亩，养殖罗氏沼虾等。2021年，有海水养殖池40亩，淡水养殖池145亩。

电力 1980年，通交流电。

电讯 1980年，通交流电。1995年，村集体安装程控电话机1部。2021年，全村成人使用手机基本普及。

医疗卫生 1958年，成元泉任“保健员”，配备卫生箱。1968年，设立卫生室，成洪宾为赤脚医生。1981年，个体行医。2005年，与张家廒头村合办新型合作医疗卫生所（在张家廒头村）。

村庄规划建设 1965年，开始进行村庄规划：南北中心大街宽7米，东西中心街宽9米；进户巷10条，各宽4米。1991年，建村委大院及办公室8间。2006年，硬化道路1000米。2008年，南北街全部安装路灯。2012年，硬化道路700米。2013年，修整村委大院，安装监控。

第四节　西灶子村

图 24—70　西灶子村党群服务中心

（涛雒镇宣传办公室提供　摄于 2021 年）

西灶子村位于镇驻地北 5 千米处。东邻东灶子村，南与廒头盐场相邻，西邻成家廒头村，北望奎山。多为湖洼地。

元世祖至元二年（1265），郑姓迁此居住立村。因入灶户籍，立灶熬盐为业，故名灶子村。清朝末年分为两个村，本村居西部称西灶子村。

1947 年，全村有 101 户、380 人，土地 1200 亩。2021 年，全村有 303 户、906 人，土地 950 亩。有中共党员 50 名。

组织建设　1945—1948 年，经驻村干部介绍，郑作宝、郑兆硬、郑全庆、王安红、高月芹（女）、郑淑金、郑淑地、郑全章、郑兆平、郑全升、郑全汝、郑淑廷、郑淑岱等，先后加入中国共产党；1946 年，成立党组织。

1946 年底，先后成立民兵队（队长郑全庆）、识字班（队长郑全娥）、儿童团（团长郑全轩）。1947 年，成立农救会（会长郑兆浮）。

1953 年，成立 2 个生产互助组。1954 年，成立红星初级合作社。1956 年，成立建国高级合作社。1958 年 9 月，为金星人民公社的一个生产大队；办 3 个食堂。1959 年 12 月，为涛雒人民公社的一个生产大队。1984 年冬，改称西灶子村。

参军　1943—1948 年，郑全庆、郑全友、郑淑重、郑培习、郑淑瑶、王安红、郑淑经、郑全进、王安信、郑培信等，先后参军。

1946 年以来涛雒镇西灶子村
党组织主要负责人任职更迭表

表 24—145

职务	姓名	性别	任职时间
指导员	郑作宝	男	1946—1947.7
书记	郑作宝	男	1947.7—1958
书记	郑兆硬	男	1958—1968
组长	郑兆硬	男	1970—1970.12
书记	郑全琪	男	1971—1992.12
书记	郑培起	男	1992.12—2002.1
书记	郑淑旭	男	2002.1—2004.5
书记	郑培成	男	2004.5—2013.5
书记	郑　海	男	2013.7—2021.12
负责人	郑磊全	男	2021.12—2022.12
书记	郑磊全	男	2022.12—

1945 年以来涛雒镇西灶子村
主要负责人任职更迭表

表 24—146

职务	姓名	性别	任职时间
村长	郑秀三	男	1945.8—1945.12
村长	郑全美	男	1945.12—1949
村长	郑作宝	男	1949—1954
高级社社长	郑淑岱	男	1956—1958.9
大队长	郑淑业	男	1958.9—1968.4
革委会主任	郑全金	男	1968.5—1979.12
革委会主任	郑全慈	男	1980.1—1982
管委会主任	郑全慈	男	1982—1984
村委会主任	郑培起	男	1984—1992.12
村委会主任	郑全友	男	1992.12—2002.1
村委会主任	郑淑旭	男	2002.1—2004.5
村委会主任	郑培成	男	2004.5—2013.7
村委会主任	郑　海	男	2013.7—

支前　1947—1948 年，村支前队伍共 3 批，主要任务随军送粮草等。妇女识字班做军鞋、军衣，烙煎饼。

移民 1955年，郑淑银、杨火江等8户，移民黑龙江，垦荒种田。

联产承包责任制 1983年，实行联产承包责任制，全大队1200亩土地，全部承包给社员自主耕种。

养殖业 1999年，集体在村前和林前挖虾池32个，计310亩，村民承包养殖对虾、罗氏沼虾。2006年，在村北和村西建养殖区养猪。2021年，有对虾养殖池150亩，由20户村民承包。有养猪场40户，存栏量300头。

果园 1964年，大队在林地建果园50亩，集体经营。1984年，村民承包。1992年，集体在村西扩建梨园80亩，60户村民承包。1997年，林地果树老化，建更新园50亩。1998年，在宅科前扩建梨园80亩，皆为村民承包。2019年，流转村民土地17亩、村集体高顶子土地17.86种植猕猴桃，皆为村民承包。2021年，梨园老化转为耕地。

茶园 1990年3月，在村西建茶园45亩，盖房屋6间。1999年，改成梨园。

农机及交通运输工具 1969年12月，购买1台8.82千瓦柴油机油坊。1976年，大队购买8.82千瓦四轮拖拉机1辆，用以耕地运输。2008年，村民购置手扶拖拉机2台，四轮拖拉机2台。2021年，有三轮车60辆，大型耕地拖拉机5辆，轿车200辆。

人畜用水 1970年前，人畜用水靠村北一口石砌水井。1970年后，家庭出现塑料管手压水井。1979年，在村北果园打75米深井，电机带动水泵送水，村内设供水点，供社员用水。2006年，在村北稻田打甜水井一口，供村民用水。

滩涂养殖 1968—1970年，大队利用滩涂开挖虾池90亩，进行粗放型养殖对虾。1983年至1985年，开挖虾池38亩。2002年，承包到户。2021年，整合村西淡水池40亩，用于轮虫养殖。

盐业生产 立村即从事盐业生产。清代有滩池30副。民国时期，有土淋滩场800公亩。1954年，成立廒头盐农业初级生产合作社。1956年1月，成立高级盐农业合作社。1957年，新建海滩2份，375亩。1958年，盐田归金星人民公社。1959年，为涛雒人民公社第二盐场。1962年，盐田退还大队，大队不接，随后成立廒头合作盐场。

工副业 1965年，办砖窑厂，负责人郑淑税；铁匠铺，负责人郑淑航。1968年，办粮食加工厂，负责人郑全资；条编组，负责人郑全亮；木工组，负责人郑祥全。1983年，集体工副业先后停办。1982年，郑全琪等40户社员自购新式草帘机、草绳机；郑淑越、郑淑业办食品加工厂。2019年，引进日照市伊兰生物科技有限公司，负责人魏丽，主要从事花卉苗木新品种研发、组培销售。

商业 1953年，夹仓供销联社在村中建代销店，代销员郑户全。1980年，代销店转郑培志个体经营。2013年，有百货小商店5家，百货及熟食店3家，屠宰售猪肉户3家。2020年，党支部领办成立日照市东港区灶子香农作物种植专业合作社，主要用于水稻销售种植。2021年，村内有百货超市3家，水泥建材销售2家，专业合作社1家。

电力 1978年，通交流电。

电讯 1959年，大队安装1部手摇式电话机。1993年，集体安装1部程控电话机。1982年，郑全勇最先买熊猫牌12英寸黑白电视机1台。2021年，全村电视以及成年人使用手机基本普及。

医疗卫生 1958年，郑培芬任保健员。1968年，大队建卫生室。1983年，医疗室撤销，开办个体诊所。2004年，办新型合作医疗所。2021年，村前新建标准化卫生室一处。

村庄规划建设 1964年，进行规划：修建东西、南北大街各2条，各宽5米，次大街各宽4米，小巷各宽3米；宅基地面积268平方米，4户一体，6排一方；房屋檐口高2.3米，房宽4.3米。1990年，村民在原址翻建房屋，房屋檐口高3.3米，房宽5.2米。2006年，硬化主要街道，两侧修水渠。2011年，中心大街安装路灯。2020年，村内主要街道全部铺设沥青路面。村西至厦门路拓宽并铺设了沥青路，预埋了自来水管道及雨污分流管，村前建设了公厕一处，村后建设了厕液消纳池及垃圾分类池。2021年，新建党群活动中心1处，省级卫生室1处。安装LED太阳板节能路灯50盏。2022年，村内及养殖区自来水全部更换PE管道，对接入户。村内雨污混流水沟全部铺设了水泥盖板。村西江石砌护坡450米。

2021年，被山东省精神文明建设委员会授予“省级文明村”称号。

第五节　东灶子村

图 24—71　东灶子村社区服务中心

（涛雒镇宣传办公室提供　摄于 2021 年）

东灶子村位于镇驻地东北 5 千米处。东与北王家村相邻，南邻廒头盐场，西接西灶子村，北望奎山。

元至元二年（1265），郑姓迁此居住立村。因入灶户籍，立灶熬盐为业，故名灶子村。清朝末年分为两个村，本村居东，故名东灶子村。

1947 年，全村有 130 户、420 人，耕地 650 亩。2021 年，全村有 151 户、483 人，耕地 520 亩。共 4 姓（以男性计），郑姓人口居多。有中共党员 28 人。

组织建设　1946 年，经驻村干部介绍，郑淑慈、郑作功、郑淑京、郑淑英、郑全金、郑淑架、郑淑远、郑淑坤、郑淑奎、郑全秀、郑培三、李仲英等，在驻村干部介绍下加入中国共产党，成立党组织。1947 年，成立农救会（会长郑淑慈）、妇救会（会长李仲英）、识字班（队长郑淑妹）、民兵队（队长郑淑奇）、儿童团（团长郑全悦）。

1953 年，成立 2 个互助组。1954 年，成立曙光初级社。1956 年，成立高级社。1958 年 9 月，为金星人民公社的一个生产大队；办 2 个食堂。1959 年 12 月，为涛雒公社的一个生产大队。1984 年冬，改称东灶子村。

参军　1946 年，郑培仓参军。

支前　1948 年，郑全记等 8 人参加淮海战役支前，随军送粮草、弹药。

联产承包责任制　1982 年，实行联产承包责任制，全大队 520 亩土地，全部承包给社员自主耕种。

1946 年以来涛雒镇东灶子村
党组织主要负责人任职更迭表

表 24—147

职务	姓名	性别	任职时间
指导员	郑淑慈	男	1946.3—1946.11
指导员	郑作功	男	1946.12—1947.8
书记	郑作功	男	1947.9—1960.1
书记	郑全金	男	1960.2—1968
组长	郑全金	男	1970.2—1970.12
书记	郑淑架	男	1971.1—1982.3
书记	宗昌玉	男	1982.4—1988.6
书记	郑培友	男	1988.7—1997.8
书记	宗昌玉	男	1997.9—1999.3
书记	郑培峰	男	1999.3—2001.8
书记	郑俊阐	男	2001.9—2013.9
书记	郑　生	男	2013.9—

1945 年以来涛雒镇东灶子村
主要负责人任职更迭表

表 24—148

职务	姓名	性别	任职时间
村长	郑淑慈	男	1945.8—1946.11
村长	郑淑慈	男	1946.12—1948.11
村长	郑培三	男	1948.11—1954
高级社社长	郑培三	男	1956.3—1958.9
大队长	郑培三	男	1958.9—1968.4
革委会主任	郑培三	男	1968.4—1974.3
革委会主任	郑全提	男	1974.4—1982.3
管委会主任	郑培峰	男	1982.3—1984
村委会主任	郑培峰	男	1984—1988.6
村委会主任	郑培升	男	1988.7—1997.4
村委会主任	郑培峰	男	1997.5—2004.3
村委会主任	郑俊阐	男	2004.4—2011.3
村委会主任	郑　生	男	2011.4—

畜禽养殖 2002年，2户开始搞特种动物养殖。2003年，建大型养貂场1个、养貉场1个，存栏量2000头；16户养猪，6户养鸡。2021年，有14户村民养猪，2户村民养鸡。

农机及交通运输工具 1976年，购买8.82千瓦柴油机1台，用以粮食加工。1978年，购买8.82千瓦柴油机4台、8.82千瓦四轮拖拉机1台。2021年，全村有三轮车21台，轿车130辆。

海淡水养殖 1981年，在场前开挖虾池11亩。1982年，在荷花池开挖虾池8亩。1984年，在大江边坨东滩涂开挖虾池60亩。1985年，在南滩崖开挖虾池17亩。虾池由10户村民承包。2021年，有虾池41亩，由6户村民承包。

果园 2002年，在宅科东和七号滩后，植梨园54亩，18户承包。2021年，有梨园36亩，由16户村民承包。

人畜用水 1970年前，人畜用水靠村东、庙子东两眼石砌水井。1970年，家庭出现塑料管手压水井。2006年，在村后下洼子打深井一眼，安装自吸泵，铺设管道，供水到户。2012年，在北湖打深井一眼，供村民用水。

农田水利 1974年，在村前、村后、南滩崖打机井3眼。1989年，在七号滩后、北湖、大路北打机井3眼。1991年，黄淮海中低产田综合开发，在西湖建石渠500米。

电力 1978年，通交流电，和廒头盐场共用1台15千伏安变压器，变压器放在六号滩，户户通电。1999年，农网改造，在村后自立30千伏安变压器1台，2010年，换100千伏安变压器1台。

电讯 1980年，大队安装手摇式电话机1部。1993年，集体安装程控电话机1部。2021年，全村成年人使用手机基本普及。

医疗卫生 1968年，成立医疗室，郑淑红任赤脚医生。1983年，大队医疗室撤销，郑培贵办个体诊所。2004年，东灶子村、西灶子村、宅科村、田家园村、北王家村联合，在西灶子村办新型合作医疗卫生所。

村庄规划建设 1986年，开始进行村庄规划：东西大街1条，宽10米；小街11条，各宽4.8米；南北大街1条，宽9米；南北次街3条，各宽7米。户宅基地东西长15.25米，南北长16.20米；房屋宽5.2米，檐口高3.2米。1992年，建村委办公室5间。2005年，硬化村内两条主街，配有石渠，安装路灯。是年，建村委大院，房屋12间。2021年，户户通项目完成，村内11条胡同路硬化，建文化广场1处。

第六节 宅科村

图24—72 宅科村村貌（初林魁摄于2021年6月）

宅科村位于镇驻地北7千米处。东邻西灶子村，南望廒头盐场，西望204国道，北邻奎山街道东长河村。

元至元年间，郑氏迁此居住建村。村西北处有一庙，道长姓宅，当时取村名为宅阔。郑氏族谱记有“宅阔”。为了书写简便和取吉起见，就将“宅阔”改为“宅科”。

1947年，全村有30户、120人，土地560亩。2021年，全村有120户、389人，土地600亩。有中共党员28人。

组织建设 1946年，经驻村干部介绍，郑淑新、郑淑洪、郑淑岭、田玉平、辛崇胜等，加入中国共产党，成立党组织。

1953年，成立1个互助组。1954年，成立旭光初级合作社。1956年，成立高级社。1958年9月，为金星人民公社的一个生产大队；办食堂2个。1959年12月，为涛雒人民的公社一个生产大队。1984年冬，改称宅科村。

参军 1949年以前，周志路、田玉芬参军。

支前 1947年，有6人跟随县短期民工团，到临沭前线搬运军粮；是年，有5人随县民工团支援莱芜战役。1948年11月，5人随县民工团支援淮海战役。战役结束，平安回家。

1946 年以来涛雒镇宅科村
党组织主要负责人任职更迭表

表 24—149

职务	姓名	性别	任职时间
指导员	郑淑新	男	1946—1947
书记	周志路	男	1947—1966
书记	田玉平	男	1966—1968
组长	田玉平	男	1970—1971
书记	田洪友	男	1971—1974
书记	田文贵	男	1975—1981
书记	田洪海	男	1982—1992
书记（兼）	许田世	男	1992—1994
书记（兼）	周家胜	男	1994—2001
书记	田洪海	男	2001—2004
书记（兼）	马先军	男	2004—2005
书记	郑世平	男	2006—2011
书记	田洪成	男	2011—2018.1
书记	田春艳	女	2018.1—

1945 年以来涛雒镇宅科村
主要负责人任职更迭表

表 24—150

职务	姓名	性别	任职时间
村长	郑淑岭	男	1945—1954
高级社社长	郑淑新	男	1956—1958.9
大队长	郑淑岭	男	1958.9—1968.4
革委会主任	郑培方	男	1968.4—1982
管委会主任	田洪湘	男	1982—1984
村委会主任	田洪湘	男	1984—1992
村委会主任	田洪元	男	1992—1999
村委会主任	田文暖	男	1999—2001
村委会主任	田洪海	男	2001—2004
村委会主任	郑全明	男	2005—2007
村委会主任	田春艳	女	2011—2014
村委会主任	田洪成	男	2015—2017.12
村委会主任	田春艳	女	2018.1—

联产承包责任制 1982 年，实行联产承包责任制，全大队 550 亩土地，承包给社员自主耕种。

畜禽养殖 1995 年，有 3 家养殖鸡、猪。2005 年，4 家养鸭、狐。2021 年，有畜禽养殖 23 家。

农机及交通运输工具 1976 年，大队购“东方红”轮式 17.64 千瓦拖拉机 1 台。1978 年，各生产队开始购买 8.82 千瓦手扶拖拉机。1985 年，有 8.82 千瓦手扶拖拉机 30 台。2000 年，开始有农用汽车。2010 年，村民自购大型拖拉机。2021 年，全村有农用三轮车 3 辆，拖拉机 4 辆，轿车、客车、面包车 40 辆。

人畜饮水 1970 年前，人畜用水靠石砌水井。1970 年，家庭出现塑料管手压水井。2006 年，在西灶子村后打深井一处，安装自吸泵，铺设管道，供水到户。

淡水养殖 1995 年，村民承包集体废弃的洼地，开挖淡水鱼池 18 亩，养殖淡水鱼。1997 年，开挖 65 亩，养殖罗氏沼虾。后因上游水库不再放水而停养。2021 年，无淡水养殖业。

商业 中华人民共和国成立前，有日用小百货商铺 1 家。1953 年，奎山供销联社在村中设代销店，周京松为代销员。1980 年，大队代销店停办，郑世祥个体经营。2021 年，有门市部 1 家。

电力 1984 年，大队通交流电。2011 年，农电网改造，安装 200 千伏安变压器 1 台。

电讯 1993 年，集体安装 1 部程控电话机。2013 年，全村有程控电话机 30 部。2021 年，全村成年人使用手机基本普及。

医疗卫生 1968 年，成立医疗室，田洪亮、郑全凤等任赤脚医生。2004 年，与田家园村等联合在西灶子村办新型合作医疗卫生所。

村庄规划建设 1970 年，实行村庄规划：村中央一条东西大街，宽 8 米，南北街 7 条，各宽 4 米；户宅基地面积 17 米 ×17 米，房屋檐口高 2.8 米，房宽 4.6 米。1982 年，把库房改造成办公室。1991 年，建成 6 间两委办公室。2007 年，硬化村内主要大街。2010 年，中心大街安装路灯 12 盏。2011 年，对办公室进行装修。2014 年，进行自来水改造。2016 年，厕所改造与雨污分流工程，2017 年，建造大口井一眼。2018 年，全村对街道巷路进行硬化，安装路灯与监控，建设文化广场一处。

第七节 田家园村

图 24—73 田家园村（李世成摄于 2021 年 11 月）

田家园村，位于镇驻地北 6 千米处，东依日照水库东支干渠，南与成家廒头村相望，西靠 204 国道，东北与奎山街道东、西长河村相望。

清初，田姓由日照城北田家村迁至奎山街道两河村，后又迁至宅科村。清乾隆年间，给宅科村老青家看林场迁至此地，因村西有座大桥，立村名为磨盘桥村。后因从宅科搬到此地，故改庄名为小挪庄。因时都姓田，故又改名为田家园村。

1947 年，全村有 28 户、106 人，296 亩土地。2021 年，全村有 65 户、205 人，土地 282 亩。共有 3 姓（以男性计），其中田姓人口居多。有中共党员 16 名。

组织建设 1947 年，经田德宝和尹姓党员介绍，田玉芹、田玉法加入中国共产党。1957 年，党员 3 人，成立党支部。

1953 年，成立 1 个互助组。1955 年成立初级社。1956 年，成立高级社。1958 年 9 月，为金星人民公社的一个生产大队；办 1 个食堂。1959 年 12 月，为涛雒人民公社的一个生产大队。1984 年冬，改称田家园村。

联产承包责任制 1982 年，实行联产承包责任制，全大队 282 亩土地，全部承包给社员自主耕种。

人畜用水 1970 年前，人畜用水靠海青路（204 国道）西侧一口小井。1970 年，家庭出现塑料管手压水井。2006 年，同西灶子村、宅科村联合，在西灶子村后打深井，安装变频，铺设管道，供水到户。

1957 年以来涛雒镇田家园村
党组织主要负责人任职更迭表

表 24—151

职务	姓名	性别	任职时间
书记	田玉芹	男	1957—1968
组长	田玉芹	男	1970—1971
书记	田文和	男	1982—2003
书记	田文全	男	2003—

1945 年以来涛雒镇田家园村
主要负责人任职更迭表

表 24—152

职务	姓名	性别	任职时间
村长	田玉德	男	1945—1949
村长	田玉芹	男	1949—1954
高级社社长	田玉芹	男	1956—1958.9
大队长	田玉法	男	1858.9—1968
革委会主任	田洪元	男	1968—1982
管委会主任	田洪元	男	1982—1984
村委会主任	田洪文	男	1984—1999
村委会主任	田洪学	男	1999—2001
村委会主任	田文全	男	2001—

工副业 1968 年，成立染坊，负责人田玉芹，1977 年停办。大队集体编织草帘子、打草绳，后停办。

农机及交通运输工具 1983 年，社员购买 8.82 千瓦四轮拖拉机 2 台。2021 年，有小轿车 16 辆、拖拉机 2 辆、三轮车 6 辆。

淡水养殖 1998 年，田洪文挖虾池养殖淡水虾。2021 年，有淡水养殖户 11 家，养殖面积 109 亩。

畜牧养殖 1978 年，田洪体等 3 户开始养猪。2007 年，发展到 13 户，存栏母猪 86 头。2021 年，无生猪养殖。

商业 1953 年，奎山供销联社在村中设代销店。1983 年，代销店流转给田洪富，1986 年停业。2021 年，村内有小卖部 1 家。

电力 1980 年，大队通交流电。

电讯 1993 年，安装程控电话机 1 部。2021 年，全村电视以及成年人使用手机基本普及。

医疗卫生 1968 年，大队建医疗室，田文积任赤脚医生。1983 年，大队医疗室撤销，开办个体诊所。2004 年，办新型合作医疗卫生所。

村庄规划建设 1975 年大水灾，村庄房屋倒塌 90%，村庄整体往北迁移至今址。统一规划为：南北中心大街一条，宽 8 米；两条副街，各宽 5 米；东西大街 3 条，各宽 8 米；户宅基地东西长 16 米，南北宽 15 米，两户一体；房屋檐口高 3 米，房宽 5 米。1984 年，建村两委大院，房屋 5 间。

第八节 北王家村

图 24—74 北王家村村貌（初林魁摄于 2021 年 6 月）

北王家村位于镇驻地东北 7 千米处。东与奎山街道费家村相邻，南邻廒头盐场，西与东灶子村相连，北邻奎山街道东、西长河村。

明洪武年间，王姓由江苏省东海县荡芦村三槐堂，迁入此地居住立村，名为王家村。1981 年，为区别同名村，改名为北王家村。

1947 年，全村有 46 户、190 人，耕地 500 亩。2021 年，全村有 137 户、400 人，耕地 220 亩。有 11 姓（以男性计），王姓人口居多。有中共党员 27 人。

组织建设 1946 年，经宋怀夫和周姓驻村干部介绍，韩正坤、费秀一、郭建方、郭秀美等，加入中国共产党，成立党组织。

1946 年底，先后成立民兵队（队长郑法雨）、

1946 年以来涛雒镇北王家村党组织主要负责人任职更迭表

表 24—153

职务	姓名	性别	任职时间
指导员	韩正坤	男	1946—1947
书记	郭建方	男	1947—1958
书记	丁履芬	女	1958—1961
书记	郭常林	男	1961—1968
组长	郭常林	男	1970—1971
书记	郭常林	男	1971—1972
书记	王秋平	男	1972—1974
书记	郭建全	男	1974—1989
书记	王安诺	男	1989—1995
书记（兼）	侯元洪	男	1995—1996
书记	郭常军	男	1996—2001
书记	王贵峰	男	2001—2004
书记	孙元云	女	2004—2007
书记	刘招生	男	2007.4—

1945 年以来涛雒镇北王家村主要负责人任职更迭表

表 24—154

职务	姓名	性别	任职时间
村长	郭公京	男	1945—1948
村长	郭建堂	男	1948—1950
村长	王德平	男	1950—1953
高级社社长	刘校一	男	1956—1958.9
大队长	郭建全	男	1958.9—1968
革委会主任	郭建智	男	1968—1980
管委会主任	郭常林	男	1984—1984
村委会主任	郭常林	男	1984—1985
村委会主任	王安诺	男	1985—1995
村委会主任	郭常新	男	1995—2011
村委会主任	刘招生	男	2011—

识字班（队长郭王氏）、儿童团（团长郭建成）。1947 年，成立农救会（会长刘校一）、妇救会（会长费秀一）。

1953 年，成立了 2 个互助组。1954 年，成立初级合作社。1955 年 8 月，成立民生 6 号盐农业合作社。1956 年，成立建国高级合作社。1958 年 9 月，为金星人民公社的一个生产大队；办 1 个食堂。1959 年 12 月，为涛雒人民公社的一个生产大队。1984 年冬，改称北王家村。

支前　1946 年，郭公祥等 4 人，跟随县民工团到临沭前线搬运军粮。1947 年，王祥平等 4 人，跟随县民工团支援莱芜战役 。1948 年，郭见田等 4 人，跟随县民工团支援淮海战役。

联产承包责任制　1983 年，实行联产承包责任制，全大队 320 亩土地，全部承包给社员自主耕种。

渔业　1972 年，集体建造 2 艘渔船从事渔业生产。1993 年，建造 60 千瓦渔船 4 艘。1995 年停业，渔船卖掉。

农机及交通运输工具　1965 年，以柴油机为动力，建起粮食加工房。1976 年，大队与生产队购买手扶拖拉机、抽水机、播种机各 1 台。2021 年，全村有小货车 2 辆、农用三轮车 3 辆、轿车 55 辆。

工副业　自立村后，以晒盐为主，直到 1958 年，盐田归金星人民公社。

商业　1953 年，奎山供销联社在村建代销店，代销员郭建六。1983 年，代销店转郭建六个体经营，1985 年停办；是年，鞠立邦建商店，经营日用百货。

林业　1956 年，在蔡家滩村前荒地植树 20 余亩，后期归蔡家滩林场。

养殖业　1982 年，利用荒滩开挖海水虾池 4 个，社员承包。2005 年起，在村南建养殖区养猪。2008 年起，村民在廒头盐场承包海水虾池。2021 年，有 10 户村民养猪，存栏量 355 头。有 20 户村民养殖海产品，养殖面积 400 余亩。

人畜用水　1981 年前，人畜用水靠一口石砌水井。1981 年后，家庭出现手压水井。2011 年 3 月，由市自来水公司水厂供水，铺设管道，供水到户。

电力　1987 年，通交流电。2010 年，更换变压器（由 30 千伏安更换为 100 千伏安）。

医疗卫生　1968 年，成立医疗室，鞠燕云任赤脚医生。2004 年，与西灶子村等联合办新型农村合作医疗。

村庄建设　1990 年，翻修村两委大院，建房屋 5 间，占地 250 余平方米。2003 年，又进行了整修。2007 年，拓宽了村南北路。2009 年，硬化了村东西、南北路。2012 年，路两侧修石渠。2016 年，完成农村无公害化厕所改造。2017 年，在村东西、南北路安装路灯。2018 年，村内路口安装视频监控。2021 年底，实施雨污分流，村内大小沟渠安装盖板。

第九节　东川子村

图 24—75　东川子村

（涛雒镇宣传办公室提供　摄于 2021 年）

东川子村位于镇驻地北 0.8 千米处。东望李家村，南依两园路，西靠 204 国道，北依川子河。

明永乐年间，柳、宋两姓氏，在今村址以东 1.5 千米处居住建村，始称柳家圈、宋家窑。因村处滩涂中的一块高地，海潮涨满，村庄被水围成一圈，故名“圈子”。1968 年，为书写方便，改为“川子”。村庄北隔廒头河望廒头庄，东南临李家村，南望马家村。1975 年，因水灾，村庄整体向西搬迁至临近 204 国道处（今村址）。1981 年，日照县域名普查时，为区别重名村，改称“东川子”。

1947 年，全村有 76 户、420 人。耕地 1000 亩，蒲汪塘 900 亩，盐场 300 亩。2021 年，全村有 326 户、1136 人，土地 380 亩。有 70 姓（男女都计），马姓人口居多。有中共党员 58 人。

1947年以来涛雒镇东川子村党组织主要负责人任职更迭表

表24—155

职务	姓名	性别	任职时间
指导员	葛家会	男	1947.3—1947.7
书记	葛家会	男	1947.7—1950.3
书记	王伯玉	男	1950.3—1951.12
书记	马世录	男	1952.1—1968.3
组长	葛家会	男	1970.1—1971.3
书记	葛家会	男	1971.3—1983.12
书记	乔祥鹤	男	1984.1—1993.5
副书记	程济智	男	1993.6—1995.5
书记	乔祥鹤	男	1995.6—2001.7
书记	马承信	男	2001.8—2007.10
书记	侯元录	男	2007.11—2018.6
书记	马雪梅	女	2018.7—2021.5
书记	马　季	男	2021.5—

1945年以来涛雒镇东川子村主要负责人任职更迭表

表24—156

职务	姓名	性别	任职时间
村长	马逢昭	男	1945—1946
会长	马承德	男	1946—1947
村长	乔瑞珠	男	1947—1948
村长	徐宣约	男	1949—1954
高级社社长	马世录	男	1956—1958.2
高级社社长	王伯坤	男	1958.2—1958.8
大队长	乔祥栋	男	1958.9—1968
革委会主任	乔祥栋	男	1968—1970
革委会主任	王伯坤	男	1971—1978.10
革委会主任	马先友	男	1978.10—1982.4
管委会主任	马先友	男	1982.5—1984
村委会主任	马先友	男	1984—1986.4
村委会主任	程济智	男	1986.5—1998.12
村委会主任	马先宏	男	1999.3—2002.2
村委会主任	马承信	男	2002.3—2007.10
村委会主任	侯元录	男	2007.11—2008.7
村委会主任	马　季	男	2021.5—

组织建设　1932年5月，马承泰加入中国共产党。1946年，经薄子录和尹姓驻村干部介绍，马世录、马承德、万志宜、乔岑增、马承森（女）等，加入中国共产党。1947年，王伯玉、葛加会、马承福、乔岑合、马世先（女）等，加入中国共产党，是年，成立党组织。1948年，马世廷、马承会、马承智、马世密、乔祥栋、乔瑞珠、葛家合、王佰坤、马承玉（女）、王茂瑞（女）、徐宣约等，加入中国共产党。

1946年，成立农救会（会长马承德）、民兵队（队长万志宜）。1947年，成立妇救会［会长马世先（女）］、儿童团（团长侯兆德）。

1953年，成立4个互助组。1954年，成立建华、爱华初级合作社。1956年，初级社合并成立爱华高级合作社。1958年9月，为金星人民公社的一个生产大队；办3个食堂。1959年12月，为涛雒人民公社的一个生产大队。1984年，改称东川子村。

参军　1948年，马世密、马承提、甄洪坤、王伯秀、程志清、马承元、乔瑞祥、丁履福等参军。

支前　1947年2月，有6人参加鲁南战役支前。1947年1月，有7人参加莱芜战役支前。1948年11月，有5人参加淮海战役支前。运送弹药、粮草、抬担架。战役结束，平安返乡。

移民　1959年，马承余移民黑龙江省鹤岗市林场，植树造林。

联产承包责任制　1981年，实行联产承包责任制，全大队1308亩土地，承包给社员自主耕种。

家庭养殖　1995年，有侯元坤等15户养猪，乔祥利等4户养鸡。2005年，有乔相峰等3户养鸽，王运平等2家养狐。2013年，马先金养野鸡。2021年，无规模化畜禽养殖户。

林业　1956年，在东海岸栽植黑松、马尾松，建沿海防护林100亩。2021年，有防护林60亩。

农机及交通运输工具　1973年，大队购置“东方红”轮式拖拉机1台。1974年，购置水稻插秧机（不成功，淘汰）。1977年，有5台8.82千瓦手扶拖拉机。1984年，社员自购8.82千瓦四轮拖拉机6台。1988年，有农用三轮车12台。2010年，马先波等自购大型拖拉机4台。2021年，全村有大型货车6辆，农用三轮汽车3辆，轿车、客车、面包车330辆。

人畜用水　1975年前，旧村人畜用水靠村东、村西各一口水井。1975年建新村，在村中央、村东头各砌水井一口。1978年，社员在院中打手压水井。1991年，在村西打深76米水井一口，修水塔一座，第二年，铺设管道，供水到户。2010年，由涛雒供水中心供给。

水利　1963年，大队参与修建右所村西"五一桥"蓄水工程。1972年，在干沟子修水闸一座。1985年，在村后建泵房二座。1991—1992年，黄淮海中低产田综合改造，将西湖片、村东片土渠改成石渠。

海洋捕捞　1992年春，村民自发入股造木质机船2只（鲁日渔2927、鲁日渔2848），从事海上捕捞。1994年，因经营不善，停止捕捞。

海水养殖　1956年冬，高级社利用荒滩开挖海水池塘300亩，放养鱼虾兼插柞木条养殖牡蛎，年亩产鱼虾15～25公斤，柞木条每条收获牡蛎1公斤。1987年，在东海边开挖对虾池220亩。2004年，建工厂化养殖大棚，养殖大鳞鲆等。2021年，共有工厂化养殖大棚48个，养殖面积30亩。

淡水养殖　1978年，大队利用废弃的河道及荒滩，开挖鱼池160亩，混养鲤鱼、鲢鱼等。1983年，养殖面积增加到430亩，承包到户。1993年，水稻田放养中华绒螯蟹。1995年，罗氏沼虾试养成功。1998年，农田开挖虾池1200亩，养殖户达200户，成为涛雒镇万亩淡水养殖区中心。2021年，有淡水养殖户11家，养殖面积60亩。

盐业生产　明末清初，马姓到此居住时，即从事盐业生产。盐田分布于原村址东南一带。民国时期，盐业生产规模缩小。1949年，因纳潮困难而被政府裁废。

商业　1949年后，有小商铺4家，肉铺2家。1953年，奎山供销社在村中设代销店1处。1982年，代销店停办，流转马德祥经营。此后，有14家经营过日用百货生意。马先栋，1996年办废旧物资回收站；2006年，办永丰钢材经销处；2011年，建汇川冷藏厂。2021年，全村有百货超市3家。

工副业　抗日战争胜利以前，有马世会、丁惟进两家弹棉花作坊，以煤油机和汽油机做动力；另有5户家庭织布作坊，织8寸宽的小粗布。1955年，在今村址建砖窑厂（1957年停业）。是年，建弹棉花组。1959年，办采石场、养猪场。1960年，办缝纫组，社员做衣服以工分抵手工费。1964年，办粮食加工厂、条编厂、制草绳厂。1968年，大队建木工组、洪炉组。1982年，有4家自办粮食加工厂，另有条编厂、制草绳厂。1990年，乔征合、马承乐开办电气焊加工组，1992年转让给马承山、马先波。1994年，乔瑞廷开办油坊，1997年停业。1997年，马先念成立日升草制品加工厂；王运清等3家建饵料加工厂。1998年，原电焊厂改建承山农机修造厂、利民农机修造厂。2009年，东川珍珠米厂成立，厂长尹世波。2021年，村内有日升草制品加工厂、华阳动物营养科技中心、承山农机修造厂、利民农机修造厂、东川珍珠米厂、环通贸易、富川水产服务部等7家企业，从业人员20人。

电力　1984年，通交流电。

电讯　1959年，大队安装1部手摇式电话机。1993年，集体安装程控电话机1部。1982年，马世鹤向国家交售余粮0.5万公斤，奖励泰山牌14英寸黑白电视机1台。2021年，全村电视及成年人使用手机已基本普及。

医疗卫生　中华人民共和国成立前，乔岑均开办中医家庭诊所。1956年，侯兆德任村保健员。1960年，王茂兰任保健员。1962年，马承珠任保健员。1968年，大队办合作医疗。1982年，医疗室停办，出现2个个体诊所。2004年6月，办新型合作医疗卫生所。

村庄规划建设　1958年，进行中心大街改造。1965年，对村后半部分进行规划。1975年，因受水灾，全庄搬迁。统一规划中心大街2条，呈"十字"状，各宽10米；小巷12条，各宽5米；户宅基地226.8平方米，2户一体，8户一方；房屋檐口高2.6米，宽4.2米。1987年，翻新房屋檐口高2.95米，宽4.8米。1997年，在村中央建村委大院。2006年，硬化村内主要大街。2007年，修建街道两旁石渠。2009年，在村前建村委大院，办公楼为二层。2013年，日照国际海洋城基础设施建设，拆民房67户，335间房屋。至2021年，村内大街小巷硬化，村中心街铺上沥青。

2014年被山东省精神文明建设委员会授予"省级文明村"称号。

第二十五编　丁氏家族

丁肇中祖居正门　（涛雒镇宣传办公室提供　摄于 2021 年）

丁氏家族自明嘉靖年间迁居涛雒，在400多年的历史长河中，不断发展壮大。自立足涛雒后，重教与实业发展并重，在人才培养、土地和商业经营等方面都颇有业绩。清末民国初，域内的一些大商号，都是丁氏家族的产业，行业涉及船运、土特产贸易、当铺银号、中药铺等。涛雒以及日照历史上编修志书、兴办学校、修建涛雒圩子、修商道等有益于社会的大事，都有丁氏家族的参与。明清两代，域内考取的进士、举人中，绝对大多数是丁氏家族成员，在考取的14名进士中丁氏就有13人，36名举人（不含考中进士者）中丁氏就有25人，以丁惟汾和诺贝尔物理学奖获得者丁肇中为代表的近现代涛雒丁氏，更是享誉海内外。涛雒丁氏是日照名副其实的望族。

第一章　家族兴起

域内丁氏亦称“涛雒丁”，是日照丁氏家族的主要支系。据《日照丁氏家乘》记载，明初，迁入日照第一代丁氏祖先最早定居在付疃河以北区域，明嘉靖年间丁尧携家迁涛雒（当时称涛洛）定居。丁尧迁涛雒后，随着家族不断壮大，自第五代开始，通过分家析产，渐次向涛雒镇周边播迁扩散。而迁徙外埠的丁尧后人不论居住地如何变化，仍自称涛雒人。因此，当代居住在涛雒和从涛雒迁往各地的丁尧后人，都是涛雒丁氏家族的分支，这也是涛雒丁的由来。涛雒丁氏明清两代考取进士、举人数量众多，是名副其实的科宦世家，并成为日照“丁、牟、秦、安、李”五大家族之首。

第一节　家世族源

涛雒丁氏源自今江苏省连云港市海州区，第一代迁入日照的是丁顺。

明初，倭寇犯边，丁顺从当时的南直隶淮安府海州之东海岛北迁日照县，定居于日照城南刘家寨东1千米、丁家楼村东北隅。随着人口和田地增多，逐渐形成村落，后人把此居住地叫“丁家庄”。当时，朝廷令各地招募青壮年从军，守沿海哨墩，丁顺应征从军，从此成为日照县世袭军户。丁顺以下“四传皆业农”，虽有读书之人，但没有显扬。丁顺后人丁尧由于受“大马徭”之困，几乎倾家荡产，不得已只好举家迁往涛雒。丁尧即成为涛雒丁氏的始迁祖。

丁尧迁涛雒后，从家道中落背井离乡的残酷现实中认识到：只有文化才能兴家，并保证家业持久。于是丁尧开始投资教育，教导儿孙认真读书。丁氏也由“淳朴少文”转向“儒业兴家”。

丁氏家族的第一位文化人是丁尧的四子丁珩，不到20岁就考中秀才。随后丁尧的孙子丁允升、丁允成也先后考中秀才，门户也逐渐昌盛起来。而真正使丁氏光大门庭的人是丁珩的长子丁允元。明天启四年（1624），丁允元以甲子科山东乡试第63名中举，成为丁氏家族第一位举人。明崇祯四年（1631），丁允元得中第59名进士，并成为京官。涛雒丁氏由此发达，遂成日照望族。

第二节　家学兴族

丁允元开创了丁氏家族的科第入仕之路，他出仕18年，于48岁致仕，回乡后继承祖父丁尧、父亲丁珩倡导的尚儒重教的家风，教导儿孙要“读书种德”，积极进取。

长子丁泰清顺治十五年（1658）京城会试联捷戊戌科进士；五子丁昱清康熙二年（1663）癸卯科山东乡试中举；三子丁峕清康熙六年（1667）京城会试联捷丁未科进士。自明天启四年（1624）丁允元开科，至清康熙六年（1667）丁峕进士及第，43年间，父子两代“三进士一举人”，由此丁氏一门称盛。

丁允元去世后，他的孙辈、曾孙辈继承先人余荫，诗书济世，科第绵延。清康熙四十五年（1706），丁允元之孙丁士一丙戌科京城会试进士及第；9年后，他的侄子丁续曾雁塔题名；3年后丁勺曾登科。12年间，叔侄三人连续考取进士，使丁氏在甲科之途再次称盛。

从明崇祯四年（1631）丁允元首开甲科，到清康熙五十七年（1718）丁勺曾折桂，历时87年，丁允元一门四代荣登甲乙榜。这种一门四代六进士六举人的现象，在全国罕见。

到清代中后期，丁守存父子“一门三进士”，丁惟禔、丁惟鲁、丁惟彬光绪年间先后进士及第，使丁氏家族在涛雒成为名副其实的“科宦世家”。

出仕为官者、学术有成就者越来越多。活跃在中国近代史上的政治家丁惟汾、丁基实（丁君羊），科学家丁守存、丁肇中，教育家丁履德、丁观海等，皆堪称一代风云人物、名流大家。

丁氏家族进士举人功名、仕进表

表 25—1

姓名	功名、官职、里籍
丁允元（1602—1671）	详见本编第四章家族精英
丁　泰（1628—1680）	详见本编第四章家族精英
丁　呰（1634—1698）	详见本编第四章家族精英
丁士一（1665—1732）	详见本编第四章家族精英
丁绩曾（1679—1755），字古似，号霍庵	涛雒人，清康熙五十四年（1715）乙未科进士（三甲 5 名）。授浙江湖州府归安县知县、庚子科同考官。著作有《南游日记》1 卷、《寄畅斋集》
丁勺曾（1690—1732），字幼文，号稽岑	涛雒人，清康熙五十七年（1718）戊戌科进士（三甲 9 名）。授江南安庆府宿松县知县、广德知州。著作有《幼文制艺》
丁延支（1696—1746）	崮河崖村人，清乾隆七年（1742）壬戌科进士
丁颖璞（1787—1872），字莨鹿，号朴斋	高旺庄人，清嘉庆二十三年（1818）考中戊寅科举人。清道光六年（1826）丙戌科进士（三甲 119 名）。授云南楚雄府南安州知州
丁守存（1812—1883）	详见本编第四章家族精英
丁海珊（1829—1867）	丁家楼村人，清咸丰十年（1860）庚申科进士（二甲 66 名）
丁凤年（1834—1878）	详见人物传略
丁惟禔（1862—1895），字伯平，又字亦康，号静簃	涛雒人，清光绪十四年（1888）二十七岁中戊子科顺天举人，清光绪十五年（1889）己丑科进士（二甲 5 名）。授翰林院编修
丁麟年（1870—1930）	详见本编第四章家族精英
丁惟鲁（1871—1954）	详见本编第四章家族精英
丁惟彬（1861—1922），字璘圃，号松坪	西林子头村人，清光绪二十年（1894）甲午科举人，清光绪二十九年（1903）癸卯科进士（三甲 152 名）。签分四川即用知县，后改安徽知县
丁　昱（1640—1725），字用晦，号朗倩	涛雒人，清康熙二年（1663）癸卯科举人。授江南淮安府睢宁县知县。著有《奇姓谱》
丁士仔	城关人，涛雒丁氏长房十支之三，清康熙四十七年（1708）戊子科举人
丁绍曾（1683—1758）	丁家官庄人，清康熙五十年（1711）辛卯科举人。授登州府蓬莱县教谕
丁裕曾（1687—1717）	涛雒人，清康熙五十二年（1713）癸巳科举人
丁士偁（1671—1731）	合村人，涛雒丁氏长房九支之二，清康熙五十三年（1714）甲午科举人
丁士价（1676—1727）	西石梁头村人，清康熙五十六年（1717）丁酉科举人。授拣选知县
丁式曾（1692—1725）	涛雒人，清雍正元年（1723）癸卯科举人
丁步曾（1685—1748）	涛雒人，清雍正二年（1724）甲辰科举人
丁士群（1679—1750）	高旺庄人，清雍正二年（1724）甲辰科举人。授济南府齐东县教谕

续表 25—1

姓名	功名、官职、里籍
丁法曾（1695—1757），字孝坤、效坤	右所村人，清雍正二年（1724）甲辰科举人。授泰安府莱芜县教谕。著作有《群芳谱诗集》
丁士可（1681—1754）	竹家园村人，涛雒丁氏长房十支之四，清雍正二年（1724）甲辰科举人。云南抱母井盐课大使、姚州知府护理、姚安府知府等职
丁缵曾（1690—1728）	范家村人，涛雒丁氏长房三支二，清雍正四年（1726）丙午科举人
丁学曾（1698—1757）	日照城关人，涛雒丁氏长房十支之三，清雍正十年（1732）壬子科举人
丁延运（1714—1768）	大戴疃村人，涛雒丁氏长房长支之四，清乾隆九年（1744）甲子科举人
丁延相（1714—1767）	右所村人，清乾隆十五年（1750 年）庚午科举人。授候补知县分发直隶试用。
丁龙曜（1716—1777），字晓沧	东石梁头人，清乾隆十八年（1753）癸酉科举人。授拣选知县
丁梦桂（1724—1788）	涛雒人，清乾隆二十一年（1756）丙子科举人。授宁阳县训导，莱州府教谕
丁梦阳（1722—1794）	涛雒人，清乾隆二十四年（1759）己卯科举人。授济宁州教谕。著有《寄畅斋集》
丁　炜（1732—1808）	涛雒人，清乾隆二十七年（1762）壬午科举人。授莱州府掖县教谕
丁葵籥（1756—1820），字宣臣	石梁头村人，清乾隆五十一年（1786）丙午科顺天举人。四川成都府新津县知县，兼任都江堰水利同知
丁　僎（1748—1828）	五莲县崔家沟人，涛雒丁氏长房十二支之二，清嘉庆九年（1804）甲子科举人
丁　苍（1761—1832）	后崮子村人，涛雒丁氏长房五支之三，清嘉庆十三年（1808）戊辰科举人，兖州府曲阜县教谕
丁垲玉（1777—1831）	西林子头人，清嘉庆十三年（1808）戊辰科举人。授拣选知县
丁堃玉（1783—1854）	西林子头人，清嘉庆二十一年（1816）丙子科举人。授登州府蓬莱县训导、曹州府教谕
丁守炳（1760—1825）	崮河崖村人，涛雒丁氏长房长支之长，清嘉庆二十三年（1818）戊寅科举人
丁增玉（1782—1833）	西林子头人，清嘉庆二十四年（1819）己卯科举人。候选教谕
丁守伟（1800—1858）	右所村人，清道光十一年（1831）辛卯科举人。授提铨知县
丁朋寓（？—1861）	西林子头人，清道光十九年（1839）己亥科举人
丁予懃（1836—1914）	涛雒人，清咸丰八年（1858）戊午科举人。永清、固安、顺义、昌黎县知县，直隶州知州补用知府
丁汝为（1841—1888）	郭家湖子村人，涛雒丁氏长房十支之长，清光绪五年（1879）己卯科举人。著作有《容忍堂文集》等
丁鸿标（1850—1909）	丁家楼村人，涛雒丁氏长房十二支之长，清光绪十四年（1888）戊子科举人。曹州府教谕
丁惟普（1866—193x）	详见本编第四章家族精英
丁惟溥（1860—1905）	汉家皋陆村人，涛雒丁氏长房十支之长，清光绪二十一年（1895）乙未科举人
丁惟晉（1881—1905）	涛雒人，清光绪二十六年（1900）壬寅补行庚子辛丑恩正并科举人，拣选知县

丁氏家族部分贡生功名、仕进表

表 25—2

姓名	字	号	支派	里籍	功名、官职
丁士嘉	伯谟	固庵	长支长	涛雒	廪贡生
丁延穗	瑞野	箨塘	长支长	东石嘴子村	拔贡生
丁延裔	功垂		长支长	涛雒	岁贡生
丁　岬	莲冈		长支长	东石嘴子村	岁贡生
丁惟章	宪周	绍严	长支长	崮河崖村	廪贡生
丁　为	汝宣		长支二	右所村	岁贡生
丁守孚	信中	桐庵	长支二	右所村	岁贡生
丁振午	玉琈	眉斋	长支二	右所村	岁贡生
丁士吉	君蔼		长支三	涛雒	廪贡生
丁　然	亦山	静轩	长支三	西林子头村	恩贡生，崇祀乡贤祠
丁效忠	谔臣	金樵	长支三	西林子头村	附贡生
丁效诚	敬庵	鉴塘	长支三	西林子头村	岁贡生
丁　树	槐三		长支四	涛雒	恩贡生
丁炳绂	玺怀	桂岩	长支四	涛雒	副贡生
丁炳监	汉光		长支四	涛雒	岁贡生
丁以所	敬斋		长支四	西官庄村	增贡生
丁汝铴	铠轩		长支四	涛雒	贡生
丁汝铄	景镐		长支四	涛雒	贡生
丁惟晋	象明		长支四	涛雒	拔贡生
丁惟音	钧石		长支四	涛雒	优贡生
丁惟侊	明远		长支四	涛雒	廪贡生
丁惟佩	纫秋		长支四	涛雒	附贡生
丁履绥	伯劭		长支四	涛雒	增贡生
丁梦弼	肖巖	作霖	三支长	涛雒	清乾隆十八年（1753）拔贡生，深州州判
丁梦陽	凤冈	芳村	三支长	涛雒	清乾隆十八年（1753）副贡生，梦弼弟
丁文绅	佩之	见山	三支长	水车沟村	清乾隆五十四年（1789）拔贡生，临淄教谕、训导
丁仿曾	效齐		三支二	皋陆村	岁贡生
丁　嶟	峩山		三支二	平家村	岁贡生
丁怀方	西美		三支二	赣榆合二疃村	附贡生
丁重熙	纪三	春溪	三支二	平家村	附贡生
丁桂五	颜如		三支二	平家村	附贡生

续表 25—2

姓名	字	号	支派	里籍	功名、官职
丁健五	象干	兰溪	三支二	涛雒	附贡生
丁惟诜	印周		三支二	平家村	附贡生
丁惟瑶	瑞池		三支二	范家村	贡生
丁惟琨	子璞		三支二	涛雒	贡生
丁宜曾	椒圃		三支三	苗家村	附贡生
丁复善	范初	礼堂	三支三	大土山村	附贡生
丁秉善	衡甫	廓斋	三支三	苗家村	清道光二十九年（1849）拔贡生
丁明善	照初		三支三	苗家村	附贡生
丁汝莅	申甫	香林	三支三	苗家村	清同治十二年（1873）优贡生，定陶训导
丁汝彪	孔章	瞑庵	三支三	苗家村	廪贡生
丁汝莒	晓东		三支三	路家庄子村	监贡生
丁惟棠	荫圃	树经	三支三	苗家村	附贡生
丁惟椽	竹逸	鲁樵	三支三	苗家村	附贡生
丁恺曾	葶亭		五支三	城关固子村	清雍正十一年（1733）拔贡生
丁锡永	印昌	寿堂	五支三	郭家湖子村	岁贡生
丁汝鉴	宝三		五支三	郭家湖子村	恩贡生
丁位朋	任叔	小斋	七支	高旺庄村	岁贡生，庠名昉
丁棠德	召思		九支三	合村	廪贡生
丁士俊	秀升	永思	十支长		廪贡生
丁绎曾	敷文		十支二	石梁头村	清乾隆二十一年（1756）岁贡生
丁延英	乐瀛	淑周	十支长	丁吕土山村	岁贡生
丁延升	晋宸	芰湖	十支长	郭家湖子村	岁贡生
丁锡宠	龙章		十支长	郭家湖子村	恩贡生
丁汝准	圣标		十支长	郭家湖子村	廪贡生
丁　昂	云青		十二支		廪贡生
丁士谐	孝起		十二支长	丁家楼村	廪贡生
丁荷曾	班陆		十二支长	丁家楼村	附贡生
丁跻阶	稺蓂	恒斋	十二支长	丁家楼村	清嘉庆二十四年（1819）恩贡生
丁　鑫	宝书	诗帆	十二支长	化龙村	岁贡生
丁　铼	翼千	云舫	十二支长	丁家楼村	附贡生
丁洵玉	景苏		十二支长	化龙村	附贡生
丁润玉	寿山		十二支长	丁家楼村	原名福玉

续表 25—2

姓名	字	号	支派	里籍	功名、官职
丁信玉	信也	阁臣	十二支长	丁家楼村	附贡生，庠名麟镶
丁鸿均	宣五	渭筠	十二支长	丁家楼村	清光绪二十年（1894）副贡生
丁彦杲	晓亭	亦鹤	十二支长	丁家楼村	岁贡生
丁树清	伯澄	健一	十二支长	丁家楼村	岁贡生
丁树忠	荩臣		十二支长	丁家楼村	岁贡生
丁亭曾	松澜		十二支二	高旺庄村	岁贡生
丁延堂	怀南	衢庭	十二支二	高旺庄村	岁贡生，亭曾长子
丁延坦	萩南	筠川	十二支二	高旺庄村	清乾隆四十二年（1777）拔贡生，亭曾次子
丁佑之	保堂		十二支三	石梁头村	附贡生
丁骙年	子强	云程	十二支三	石梁头村	附贡生
丁汝绳	宜伯	海荪	十二支三	石梁头村	监贡生
丁汝彝	鼎生	竹荪	十二支三	涛雒	监贡生
丁汝绶	紫生	石荪	十二支三	涛雒	监贡生
丁允登	岸先		二房	涛雒	岁贡生，两举乡饮大宾
丁　霖	雨三		二房	涛雒	廪贡生，举乡饮介宾
丁晋锡	接三	芳谷	老二支	大芳沟村	清道光十七年（1837）副贡生

第二章　兴起根源

丁氏自清康熙晚期形成科宦世家，能兴旺几百年，这与良好的家教和优良的家风是分不开的。读书接受教育要有一定的财富支撑，丁氏在涛雒立足后，重教与产业发展并重，除拥有一定数量的土地外，商业经营也颇有业绩，这为丁氏家族的兴起奠定了坚实的物质基础。

第一节　家风望族

丁氏家族的科举之盛，是因为自丁尧迁居涛雒以来，“一意向儒业”的家族传统一直在延续。丁氏先祖以军籍立户，以农耕立业。尽管丁良儒在丁家庄“乃积乃仓，家固不贫”，但是，马政衍生的编佥之害却让丁尧破产离乡。单纯的农耕而没有文化是难以保持家庭，乃至家族的稳定和繁荣，丁尧切身体会到这个道理。于是，在涛雒重新立业后，竭尽全力培养文化人，逐步形成了以儒家思想为道德规范的丁氏家风。

种德　勤俭持家，立德育人。以勤俭持家、耕读传家所形成的家族素养，也使得丁氏家族成员在外为官诸多。丁珩在教诲儿子丁允元、丁允登时特别强调：“吾年四十上下，始生汝两人耳。此故敝庐数间，瘠田二顷，吾与母拮据万状，非力不衣食。惟是世种厥德，敢望克昌厥后。”由此可见，丁珩夫妻身体力行，勤俭节约，身教言教并举，教育儿子们唯有“世种厥德”，才敢期望“克昌厥后”。

丁允元秉承父志，以“读书种德，庶几无过”教导儿孙。读书是传承文化的基础，登科入仕的前提，立德树人的必由之路，读书是途径，种德是目的。而到他儿子丁昔，则以订立家规来鼓励族人读书种德。“人家凡有喜事，皆有祭祖之礼，非夸也，盖子孙长盛，无非祖宗贻泽，此举诚报本反始之义。况岁时祭扫，仅及曾高，若不就此一祭，则始祖而下，数世祖先咸抱若敖之痛矣。人非土木，心能安乎？今拟此后吾族子弟，遇有游庠、入监、出贡者，即一人不能遍祭，亦当就扫墓之节，自备猪羊一祭老林。至于鹿鸣、释褐尤属稀有，自应即行遍祭。倘本人力实难办，众共助之，以劝读书。”

乐善　乐善好施，代不乏人。丁珩在长子丁允元进士及第后，将数年积攒的放贷凭据烧掉，以免除借贷人的债务，这一疏财行善之举，被丁允元铭记，并追随遵行。

丁允元一向轻财好施，训诫子侄“勉效古人，无忽小善”。致仕居家后，念二弟允登皓首穷经，生活窘迫，家中财物，与他共用。对贫困的族人助葬、助婚，从不间断。亲戚邻居应急用钱，即便自己也很窘迫，也要去当铺抵押衣物来换钱资助。“无忽小善”，从而成为积善之家，他也成为乡亲心目中的乡贤。

长子丁泰，为官清廉，俸禄不敷支出。虽然如此，仍在每年祭祀之时，按人口给贫困的族人分配粮食，遇到灾荒，不惜清仓相助。三子丁昔，“遇亲戚族党婚丧大事，因家贫无力办理，以及丁徭不能完纳者，捐赀助之，岁以为常”。五子丁昱，对于贫困族人，帮助婚丧大事；对于借贷不能偿还者，免除债务，焚烧凭据，称“此丁氏家法，吾求无忝于先人耳”；特别是清康熙四十三年（1778），县内遭遇大灾荒，饥民相食，他和十弟丁景捐粮施粥赈灾，使数千人得以活命。日照县儒学荒圮，他率领族人捐资修葺。十子丁景，捐出日照县千佛阁旁土地12亩，作为百姓义冢。

清雍正年间，丁昱的孙子丁恺曾捐出田家窑西北土地10亩，用作百姓义冢。

清乾隆时期，丁然每逢饥荒，必定捐粮施粥，赈济灾民。

清嘉庆年间，丁延夔捐出涛雒西北土地5亩，用作百姓义冢。

清道光年间，丁锡玖捐马疃土地6亩，用作百姓义冢。

清光绪年间，丁麟年生母封氏夫人捐资整修磴山一带山路，以便利乡人通行，当地居民感恩立功德碑纪念。

仁义　为官以仁，行事以义。丁允元任苏州知府时，当地民风好讼，动辄对簿公堂，下属劝他严刑重罚，而他却施政以仁，分辨是非，教育感化，以德服人，“狙诈亦息”。

由于丁允元为官苏州、庐州广施仁政，因此，当地百姓也爱戴他。他的曾孙丁恺曾记载了苏州人民对他的怀念——先曾祖守姑苏，爱民抚士，厘剔奸弊殆尽，苏人戴之如父母，有“赔钱太守”之名，未几升任。殁后，苏人跋涉数千重致祭者踵相接也，所赠诔言，多雄文椽笔，今犹有存者。

丁氏家族重义，丁泰就是典型，他的好友李念白、王潜生去世后，他全心救济他们的家人。青州府谷虚高同丁允元是旧交，他的儿子谷木王同丁泰也是朋友加兄弟，在他们去世后，留下一个孙子孤苦伶仃，丁泰就视为自己的儿子，抚育成人。

另一位就是丁恺曾，他才华横溢，义薄云天，他和秦露、李在郛被誉为“海曲三君子”，他在挚友秦露去世后，悉心教导秦露之子秦汝万诗文，直到学有所成。

现代，尤为世人称道的是丁惟汾，他的同志王以成在策划诸城反清起义时牺牲，他将王以成的女儿王隽英收为义女，并申请政府予以抚恤，资助她赴美国留学，完成研究生学业。

孝友　世承儒业，孝友相传。丁珩以其“不面誉人长，不背毁人短”的君子之德享誉乡里，而他齐家孝友也是后世楷模。

丁允元也是以父辈为榜样，孝敬父母，友于兄弟。在他授官户科给事中后，提出将父母接到北京“迎养”，以尽孝道，丁珩因病体不支，只好将母亲接到京城，以尽孝。清顺治六年（1649），丁允元自南京回乡探望年近九十的老母亲，时年49岁的他不忍再别离慈母，毅然放弃就任陕西榆林道台之职，致仕居家奉养母亲，对亲人说：“吾虽甫逾强仕，而老母已望九之年，岂为一官贻终天恨邪？”

丁昱为丁允元十二子中最长寿的一位，寿享86岁。他在四哥丁易、七弟丁晨去世后，由于诸位侄子都很年幼，他就如同对待自己的儿子一样照顾他们的生活，督促他们的学业。

丁然，与弟丁燕，兄弟和睦，六十年都不分家，一时传为佳话。

第二节　家业昌族

丁氏在涛雒立足后，重教与产业发展并重，除土地之外，商业经营也颇有业绩。特别是清政府开海禁后，借助“涛雒口”航运优势，涛雒的商业逐渐繁荣，商号林立，其中的一些大商铺，都是丁氏家族的产业。例如，济生堂药铺、汇昌银号，广记、裕源、协记、同生、源吉、长记、利生、庆合、恒记、信丰、裕东和、福顺、同兴隆、裕记等众多商号在许多史料中都有记载，这些产业为丁氏带来了丰厚的财富。

广记商号由丁汝鏴（字铠轩）在清咸丰年间开设，地址在圩子内北大街路东。是涛雒创立较早、资产雄厚、规模最大的一家商号，拥有风船4艘、土地2500余亩、资金70万银圆，员工40余人。主要从事商品贸易和海上运输业务，并在上海和青口建有分号，是集农、商、海运三位一体的农商资本企业。

广记商号在清光绪年间派生出多家知名商号，并培育出众多有作为的家族人物。辛亥革命后，丁汝鏴长子丁惟晋（拔贡生，历任山西大同、浙江永嘉等地知县）弃官回乡，自立庆和商号，该商号的二层营业楼遗存已列入市级文物保护单位；广记商号曾经的“坐南客”丁以云的三子丁惟溪，于1920年创立日照县第一家商业银行——汇昌银号，该银号的营业房屋遗存已列入市级文物保护单位；广记商号的另一名“坐南客”丁惟沂，1924年租用“旷视山房”涛雒南门里的房屋创立利生号，2021年遗存有几间旧房和院墙，该遗存已列入市级文物保护单位。丁汝鏴六个儿子中，一位翰林、一位举人、两位贡生。民国以后，广记商号的接班人丁惟音曾任过一段时间的日照县商会会长。在清末民国初，广记家族已经成为涛雒丁氏的翘楚。

同生商号是诺贝尔物理学奖获得者丁肇中的高祖父于清同治年间开设。丁肇中的高祖父丁健五（1819—1870）及其堂弟丁凤五等族人在商号中都有股份。同生商号位于圩子内十字路口西南角，与五宅大门斜对。主要业务以仓储、运销、批发零售为主。往来日照上海两地购销商品。民国后期，商号的经营传到丁肇中父亲这一代，主要业务由丁肇中的堂叔丁原果负责，丁肇中的伯父丁砚海住上海负责商号的业务。就在丁砚海负责上海业务的时候，他的家人出资供应他的弟弟丁观海（丁肇中的父亲），到美国密歇根大学自费留学。这兄弟俩一个在国内经商赚钱，为家庭提供充足的经济保障；一个在国外接受高等教育。正是丁家让丁观海到美国留学这一思路，间接成就了一个世界级科学大师丁肇中。由于同生号沿街对外设有茶庄，主要经营茶叶，与往来上海经销农副产品相比，茶庄更直观，对周边的影响更大，所以当地人一般不说“同生号”，都知道“同生茶庄”。

东留余堂是丁惟汾家族的堂号，又是一个商号，地址在域内丁家官庄。东留余堂的主要经商者丁惟淞是丁惟汾的胞兄，他是一位往来日照、上海两地的“行商”。经营着一家布店、织布作坊和酱园等产业，土地五六十亩，雇工5人。与从东留余堂走出的俊杰英豪相比，其在商业上的成就已显得无足轻重。丁惟淞的父亲丁以此是一名秀才，是清道光、咸丰年间小学家；丁惟汾是同盟会创始人之一、曾任国民党中央执委、青年部长、训练部长和中央党部秘书长等职；丁惟淞长子丁立同（丁天鹤）得益于家庭经商的经济支持，曾赴日本留学，回国后参加辛亥革命，参与陈其美领导的上海制造局起义和讨袁护国战争，直到1930年牺牲。丁惟淞的另一个儿子丁基实是中共早期党员，曾任中共山东省委常委、组织部部长，满州省委组织部部长、省委职工委员会书记等职。1928年任山东代表团团长，率团赴莫斯科出席中共六大。东留余堂走出的另一革命者是薄子明，他从小受惠于东留余堂经商之利，受舅父丁惟汾的影响，曾任山东护法军第一路司令官，遭杀害后被国民政府追赠为陆军上将。丁惟汾的孙子丁元，2022年仍担任世界抗日战争史实维护联合会常务副会长。东留余堂的后人随着历史的变迁分散各地，既有守着丁家官庄的朴实乡亲，也有旅居海内外的学者名人。

日丰公司位于日照县城十字街北拐角，占地八市亩，瓦房408间，2021年该址为日照银行东港中心支行。是丁惟佩、丁竹荪和安鹏东等30余名日照富商，于1919年联合收购原“阜昌当铺”开办的。丁惟佩（字纫秋）是涛雒丁氏族人，曾任日照商会会长；丁竹荪原名丁汝彝（字鼎生），监贡生，议叙盐克大使，加同知衔，赏戴花翎，是丁守存之孙；安鹏东，早年留学日本，为山东共和党党魁，1913年当选北京国会参议院议员。日丰公司资本金约60万元，丁惟佩任总经理。1923年在临沂设日丰公司钱庄。营业初期，每年盈余20万吊，1926年后，每年盈余10多万元，可谓生意兴隆。后因战乱兵祸而关闭。

裕源是丁氏的另一大商号，由丁惟普在清光绪年间开办，在涛雒街建厂房28间，雇工60余人，专门生产各种酱油、酱菜及豆瓣酱。生产的冬菜因在京城受到好评，而被定为贡品，定名为“京冬菜”，从此京冬菜身价百倍，为丁氏带来良好的经济收益。1936年在青岛召开的一次展销会上，裕源京冬菜曾获金质奖。

济生堂是以丁氏族人丁惟佩、丁希梅为主开办的一家大药铺。于清道光十九年（1839）在圩子内北大街路西立号开业。最初规模很小。丁惟佩任掌柜之后，联合五家充实纹银9000多两，扩大药业。丁惟佩去世后，丁希梅接任掌柜，济生堂进一步壮大，经营的药品达600余种，成为当时日照药业界资金多、品种齐全，以批发为主兼营零售的大药铺。药铺除了上下两层共9间屋子的门面外，还有前后两个大院40多个房间。有经理、管账先生、坐堂先生、司药及炊事员共13人，多时达20人。1950年划归县医药合作社，留下部分人员组建为县医药合作社涛雒门诊部。1957年涛雒门诊部一分为二：药业人员调回药材公司；医务人员与盐工卫生所合并，组建涛雒医院。

第三章　社会贡献

丁氏家族自明末兴起之后，直至当代，一直保持了崇尚文教的传统，秉承儒家“达则兼济天下”的理念。在学有所成的情况下，积极履行社会义务。一些人不论是在外为官还是在家乡生活，都把家乡建设和为家乡父老谋福利当作自己的责任，他们组织修建涛雒圩子、修商道、编修志书等有益于社会的事。

第一节　造福桑梓

明崇祯十年（1637）秋，丁允元升户科给事中，有具疏上奏的职权。丁珩痛感当年自家因大马徭而破产，不忍眼见当代乡亲再继续受此苦难，于是修书一封交给长子丁允元，要求他为民请命。丁允元读家信后，惄然忧之，遂于八月二十日具《缓征条鞭疏》上奏朝廷，力陈日照百姓之苦——“臣照人也，知照之苦者莫若臣，能悉照之苦者亦莫若臣……极苦之野菜无所不食，极粗之树皮无所不剥，穷乡下里已岌岌乎有群起而抢夺者……照民之逃于赋者十之四五，逃于役者亦复十之三四。盖条鞭一法，原合仓库、马夫、收头诸役，公费、工食俱在其中。而迩来州县官应查盘，则以条鞭册应，其实则一年一编佥也。夫编佥之害，在民间则佥一以扳十，在衙蠹则诬贫而卖富，究不至富者贫，贫者徙而转沟壑，其势不已……”三天后，户部尚书程国祥即将此奏疏具呈崇祯皇帝，未及一月，即获覆疏。经过丁允元上疏力陈，原来的赋役编佥制度即行废除，从根本上解除了日照县百姓两百多年的沉重负担。

清顺治十八年（1661），朝廷下令“迁界禁海”。由此造成航运绝迹，商贸停滞，民生凋敝。清康熙十六年（1677）“复海”，才使江北海禁稍微开放。丁泰时任工科掌印给事中，深知日照人民因海禁而贫困，强烈的使命感促使他效法先父——为民请命。清康熙十八年（1679）二月十六日，毅然冒险具疏上奏，请求康熙帝开放庙湾以北包括日照在内的沿海地区的海禁。

丁泰奏弛海禁，为民请命，具疏面陈形势，遂蒙睿鉴，康熙帝谕批准许舟楫直达淮安。

丁允元和丁泰父子两代，都曾担任谏官，在职期间，直言敢谏，具呈奏疏甚多。而上述两疏事关日照本籍，与家乡父老息息相关。丁允元以“条鞭一疏”废除马政，日照自此永无编佥之苦；丁泰以“开海禁疏”踵接父志，纾解民困，山东沿海郡县商贸得以复苏，功德已经超过其父。

与两位先辈一样，为家乡人民谋福祉的还有丁守存。清咸丰十一年（1861），豫皖捻军、兖沂幅军接踵袭扰日照县。为保护乡人生命财产，丁守存在涛雒镇勘察地形，设计蓝图，主动捐资，发动乡绅于农历三月十八日开工，修建涛雒城堡。

历经半年时间，涛雒圩子建成。

丁守存后来在《涛雒筑圩记》中阐述了涛雒城的重大作用：“同治六年丁卯，自秋迄冬，捻逆驰逐海滨者数月，竟以照境为战场。官军追蹑，以次歼除，附涛数十村居人咸倚此圩以永保。”在《重修县城记》中也记录了日照城的防御成果：“八月初三日，皖匪犯境，已十竣其八矣。四乡附郭，全家避居，获安者以万计。雉堞屹立，虽弹丸之邑，贼屡过，未敢窥也。”

鸦片战争失败，中国割地赔款，林则徐、魏源倡导“师夷长技以制夷”。时任户部主事的丁守存，敏锐地觉察到西学的价值，于是自学西方自然科学著作，并动手实验制造火器，成为清道光年间的火器专家，比洋务派先行约二十年。他的科研成果虽然没有被当政者重视，但是，他的爱国主义精神却是能够窥见的。

清光绪二十年（1894），中日爆发甲午战争，中国战败。第二年春天，两国签订《马关条约》，中国再次割地赔款。当时正在北京参加会试的举人获悉后群情激愤，于是康有为、梁启超联合十八省1200多名举人联署，上书光绪帝，反对签订《马关条约》，这就是著名的“公车上书”。而涛雒举人丁惟鲁当时也在京参加会试，激于义愤，毅然参加了这次上书运动。

清光绪三十一年（1905），在日本东京留学的丁惟汾，积极参加孙中山领导的中国同盟会，投身到反清、推翻封建专制的时代洪流中，并成为山东同盟会主盟人。此后，他领导山东革命党人武装斗争，策动山东独立，有效地支援了武昌起义，推动了辛亥革命的进程，最终推翻了腐朽的封建王朝，建立了中华民国。

民国成立后，他一直追随孙中山，坚持民主共和理念，反对封建复辟，参加讨袁战争、护法运动，并成为第一次国共合作的重要推手。

1919年，五四运动期间，全国掀起反帝爱国运动，丁氏族人在家乡积极行动，抵制日货，声援北京。同年6月，涛雒商民丁惟佩、丁惟音、丁惟厚等7人向上海市南北市总商会、山东会馆、各报馆发出电报，电文宣誓：“胶澳问题外交失败，提倡国货，端赖良谋，照邑商民全体遵守：誓拒日货，专用国货。”

第二节　发展教育

尚文重教是丁氏家族的历史传统，自丁尧“一意向儒业”迄今400年间传承不替，不仅强调家族成员自身的教化，而且显扬以后则“兼济天下”，培育人才。

丁允元任江南苏州知府期间，曾经两次主持府试，选拔的士子后来多有成就，其中就有状元徐元文、缪彤，探花徐乾学，清初诗人尤侗。

丁守存在清道光十八年（1838）出任沂州府琅琊书院山长，为80余名童生授课，讲授时文，后结集刊印为《丁心斋时文》，成为当时士子争相传阅的教材。清光绪三年（1877）回到涛雒，日照县求学者络绎不绝，于是他就在涛雒旷视山房开办学校，教授诸生。其学生中功成名就者众多，其中有进士丁惟禔、丁惟鲁，举人郑熙嘏、丁汝为、丁惟普，拔贡生丁惟晋，监生马瀚城等，当时出现了涛雒科举文化的繁荣局面。丁守存晚年大力发展日照县教育事业，身体力行，兴学执教，而且临终前遗命幼子（时年14岁）丁麟年资助日照县奎峰书院。

清末民国初，一大批族人陆续留学东洋，接受近代新式教育，并在学成回国后，积极参与新学的创建、管理和授课。

清光绪三十年（1904），丁惟汾考取官费留学生，赴日本东京明治大学攻读法律，后来走向革命反清之路，成为辛亥革命元老。此后西官庄（丁家官庄）丁惟汾从弟丁惟渚、侄子丁履仝、涛雒镇的丁升详、丁史言陆续东渡日本求学。

清光绪三十一年（1905）2月，丁惟鲁出任北洋大学监督（校长）。

清宣统三年（1911），丁惟椽任山东公立商业专门学校校长。

1912年，丁惟汾兼任山东法政专门学校校长。

1913年，丁惟椽任山东高等学校（山东大学前身）校长。是年3月，丁惟椽在济南出资，参与创建“山东私立育英中学”。

1924年初，丁惟汾和王乐平、陈名豫等国民党人创办了“青岛私立胶澳中学”，成为当时国民党在青岛的大本营。

1924年，涛雒镇乡绅于东门外三官庙创建“涛雒小学”，丁史言任校长，丁惟爱任庶务主任，而教师绝大多数来自丁氏家族。

1924年，日照县乡绅于县城奎峰书院创建“山东日照县中学”，公推丁升详任校长。后来，丁升详调任日照县教育局局长。

1934年，丁惟汾出资，在涛雒镇西官庄创建“鼎立小学”，免费为西官庄周边乡村培养人才。

1934年，丁观海在山东大学毕业后，赴美国密歇根大学留学，获得土木工程硕士学位。回国后陆续在焦作工学院、山东大学、重庆大学、复旦大学任教，为国育才。

1934年，丁履德毕业于上海交通大学，次年公费赴意大利都灵大学留学，攻读航空工程。抗日战争爆发后，他立即回国，担任航空委员会航空机械学校教官。先后在西北工学院、浙江大学、西南联大任教。1945年初，公费赴美国耶鲁大学深造并取得硕士学位。1947年回国后任厦门大学、山东大学教授。1950年被任命为山东大学工学院院长。他在航空工程和内燃机方面的造诣颇深，为中国工业科技和教育界培养了许多高级人才。

第三节　科技攻关

丁氏家族在清乾隆年间就有族人放弃科举，转向科技研究。

首先是丁恺曾，他于清雍正元年（1723）青州府试拔贡第一，本来可以通过科举入仕，但是因家遭变故，不得不绝意仕进。此后他博览群书，于天文、地理、水利、历法、周易等皆有深入研究，并著书立言，在乾隆初期陆续创作了《圆盖管窥》《东坡指掌图补注》《治河要语》等科技著作，其中《治河要语》被收入《皇朝经世文编》留存，作为水利建设的指导教材。

与他同时的族弟丁宜曾，曾经跟随父亲丁士一巡视台湾，同样因仕途不畅，而转向实学，汇毕生躬耕农圃之经历，著《农圃便览》一书，于乾隆二十年刊行存世。民国初年，赵尔巽、柯劭忞、缪荃孙等编撰的《清史稿》录其事。1957年，北京农业大学教授王毓瑚将《农圃便览》全书予以删减、点校后由中华书局出版发行。1994年，国家编纂《续修四库全书》，将该作品以原版形式收录，归入农家类。

丁守存以京官身份还自学近代自然科学，并通过试验，制造出地雷、火药起爆器、火铳等热兵器，成为道光年间的火器专家，也是中国最早研究西学的官吏。

通过研究西学，丁守存对天文学的认识已经接近现代宇宙观了，如他在著作《造化究原·原气篇》中云：“日轮为天体中心，此外环日而虚悬轮转于气中，如地球之大，或数十倍，或不及地球之半，与之十之一二者，盖不知其几千万，如所见恒星、五星之类皆是。”这完全遵循哥白尼的日心说。

对于地理学的知识也已经突破了中国传统的“天圆地方”说，如《造化究原·原水篇》中云：“地球周九万里，陆得四分之一，水得四分之三。小为河，大为海，茫无涯者为洋，浪如山涌，水天一色，四方通连，可以周流列国。”已经知道地球是圆的，如《造化究原·摭余篇》：“观地球全图，水多土少，乃知大地全是水所包，固水与地球合一成为圆形。”

同时，在《造化究原》中还解释了许多物理学的知识，如连通器原理、水压喷泉原理、阿基米德定律、凸透镜成像原理、物态变化等。丁守存通过自学掌握了当时先进的科学知识，并付诸实践。清道光二十二年（1842），他随钦差大臣赛尚阿赴天津查办火器，成功研制出中国最早的地雷。清咸丰元年（1851），又随钦差大臣赛尚阿赴广西镇压太平天国起义，并与火炮专家丁拱辰成功研制出中国近代火箭，成为中国最早的火箭专家，赢得了“中国近代火箭之父”的美誉。

涛雒丁氏家族在科技领域最杰出的人物是丁肇中，他是丁观海长子，他刻苦求学，志向远大，1956年入美国密歇根大学学习，1960年获硕士学位，此后一直从事高能物理的研究工作。1962年获博士学位，只用五年时间便取得了一般人十年才可能取得的成绩。1967年起，任美国麻省理工学院物理系教授。1976年，因发现J粒子获得诺贝尔物理学奖，并且在领奖时坚持用汉语发言，使“中华之声”第一次响彻斯德哥尔摩颁奖大厅，强烈的民族精神一览无遗。他的业绩使涛雒丁氏不仅扬名齐鲁，更使这一家族走出国门，名扬世界。

第四节　文献录存

涛雒丁氏家族不仅科第成绩显著，而且对于乡邦文献的编修和传承作出了历史性贡献。

首先是编修地方史志，不局限于日照本地，而且外延至沂州府，乃至山东省。日照县历次修志总有涛雒丁氏家族成员参与其中。

清康熙十一年（1672），朝廷敕令全国各地修志，以汇编《一统志》，日照知县杨士雄专程拜访居家守制的丁泰，商议修志之事，丁泰提供了两册万历《日照县志》，以作续修底本。于是成立志局，特邀丁泰三弟丁岂担任总纂。丁岂受命后，即同贡生李暶等征文考献、寻访耆旧、考察遗迹，积极投入修志工作，为保证该志的质量，丁岂先制订体例，遂按部就班，当年即告成。这是清代第一部《日照县志》，它既是万历旧志的延续，又是全面革新的创举。同时这部县志也凝结了涛雒丁氏家族的心血——丁岂同其族侄丁鼎参与编修，丁泰、丁岂、丁昱三兄弟为之作序题跋。

清雍正十二年（1734），山东省升沂州直隶州为府，将原属青州府的莒州、沂水、蒙阴、日照四地归属新立的沂州府。次年，《山东通志》修成，沂州府七属文献散录其中，此后二十多年，有府无志。至清乾隆二十四年（1759），沂州府知府李希贤决定创修《沂州府志》，特邀潘遇莘、丁恺曾担任总纂，设立志局，于该年二月开始编修，至六月竣工，凡三十卷，这是历史上唯一的《沂州府志》。

沂州府七属县，日照文风为最，且丁恺曾才高八斗，著作等身，李希贤慧眼识英才，邀他主编府志，足以为沂郡留下千古名志。

清光绪八年（1882），丁守存致仕归乡，有意续修《日照县志》，“因查《沂州府志》系乾隆二十五年庚辰郡守李公希贤所修，族曾伯祖讳恺曾充郡局总纂，条序秩然，计今一百二十年，尚不甚远。即以志中所载县、卫事抽出为底本，以旧志及庭陔侄所辑增益之；复经前署县事赵公敏功、李公祜，饬吏分查各房案卷；又搜各著姓谱牒、前辈笔记、父老传闻；更亲历延访亲友，并安东卫抄本旧志，参互考证”。但是，天不假年，丁守存于光绪九年病逝，修志意愿未遂。时任日照知县陈懋继其事，集众人之力，于光绪十一年编纂完成，第二年刊印成帙。日照丁氏族人丁昉、丁庭陔、丁明善、丁锡嘏、丁骥年、丁汝镇、丁汝周参与了该志的编纂。

1935年，国民政府提倡各地修志，丁惟汾组织日照乡绅丁惟枞、王献唐、郑东府等人编修民国日照县志，已经完成部分志稿，惜抗日战争爆发，被迫中断。也因此造成日照在民国无志的缺憾。不过，在这一年，丁惟汾著录《山东革命党史稿》十三卷完成，并得以留存下来。其次是收集、留存山东文献。

1920年2月，丁麟年出任山东图书馆馆长。任职期间，他以每年仅4000余元的经费，尽力收集山左乡贤遗存的图书、书画和出土文物。并利用早年收藏文物、精于考古的专长，对省图所藏历代各家考古著录，尤其历代传世珍贵文物分别进行鉴定与考证。数次为省图书馆收进各种精刻版本古籍，尤其在1928年3月，收到最重要的一批古籍，后任馆长王善堂对这批古籍记录：“计286种，6875册，其中明刻精本颇多，且皆整饬阔大；清刻各书，亦都精刻初印；至宋元旧椠，及抄校善本，仅三四十种。以较旧存，自分天壤，是为本馆收藏善本之始。”这批古籍极大地丰富了馆藏，保存了山东历史文献。

第四章　家族精英

自明代以来，丁氏家族人才济济，名人辈出。涌现出不少“功施社稷，泽被生民”的名人贤士，本章选录的人物，有些人的出生成长地虽不在域内，但他们是涛雒丁氏迁移到外地的后裔，仍属于“涛雒丁”，并对这些人物加注了在涛雒丁氏家族中的支系。

第一节　科举明秀

涛雒丁氏自丁允元明代天启年间开科入仕，至清光绪三十一年（1905）废除科举制为止，明清两朝共考取进士15人（其中涛雒籍13人）、举人34人（不含进士15人），这些人，大多数在历史上都有所作为并成为有影响的人物。

丁允元（1602—1671）　字长仁，号右海，男，涛雒人。明天启四年（1624）甲子科举人，明崇祯四年（1631）中进士（三甲20名），留京担任中书舍人。明崇祯十年（1637）任户科给事中，其间上《敬陈瘠邑之苦疏》，奏请朝廷废除日照县的“编佥”赋役制度，改行“一条鞭法”，以减轻家乡民众负担。明亡后，入仕清朝，为官清廉。清顺治二年（1645）任苏州知府时，百姓称颂为“赔钱太守”。他要求所属官吏熟习典章，遵纪守法，爱护百姓。清顺治三年（1646）任庐州兵备道副使时，奉旨丈量土地，同僚多虚报地亩，他查清数目，据实呈报，不以增加土地而邀功请赏。清顺治五年（1648），当地发生民变，致使庐州府属县无为州和巢县沦陷，清军平乱后，当时冤狱迭起，株连甚多，他大胆纠查冤案，为两千余名无辜百姓平反，从而保全性命。但却受到抚军的诬陷，借口“盐引不额”，对他进行参劾，被免职。不久，真相大白，朝廷补他为陕西榆林道。这时，他已对官场厌倦，便以母亲年迈为由，回归故里。著有《滋德堂集》。

丁泰（1628—1680）　字来公，莱公，号洛湄、汲亭，男，涛雒人，丁允元的长子。清顺治十四年（1657）丁酉科顺天举人。清顺治十五年（1658）中进士（三甲224名）。清康熙二年（1663）授河南省陈留知县，在任六年。陈留濒河，原有防水堤坝，因明末李自成义军进攻河南挖开堤坝，水淹开封，致使旧堤无存，陈留遭受水患二十年，历任知县因工程艰巨，望而却步。丁泰任职期间，用农闲时间发动民众筑堤，使县城永免水患。清康熙八年（1669），调任京城吏科给事中，康熙十四年（1675）补授吏部给事中。他针对时弊，上奏朝廷，提出改革运输漕粮、减免地方拖欠、严惩贪官污吏等建议。另外，他在治理黄河、赈济灾民等方面，都有建树。清康熙十七年（1678），升工科掌印给事中。时因郑成功据台抗清，朝廷严令海禁，沿海渔民不能下海捕鱼，生活困难。清康熙十八年（1679），他上《开海禁疏》陈说弊端，使山东、江苏海运开放，沿海百姓生活得以复苏。著有《汲亭集》《丁洛湄给谏疏稿》。

丁呰（1634—1698） 字及庵、羲人、忆慈，号钝斋，又号适园，男，涛雒人，丁允元的三子。清康熙五年（1666）丙午科举人，清康熙六年（1667）丁未科进士（二甲30名），授内阁中书舍人，候选五部主事，任职不到两个月即归隐回乡，不再出仕。清康熙十一年（1672），应日照知县杨士雄之聘，主修《日照县志》。丁呰乐善好施，凡亲朋有困难以及田赋、徭役不能完纳者，都尽力资助。晚年在城西皋陆购地，种植松竹，形成“万松园”，并在此修筑“万松别墅”，与同乡知己吟诗赋文，互相酬和，汇成《支筇集》《春余集》《瘦竹山房集》等诗集，他是清代日照诗坛的奠基人之一。

他本人虽绝意仕进，但家学造诣却福及子孙，儿子丁士一、女婿秦国龙都先后考中进士，且都官居布政使。孙子丁续曾、丁勺曾也是进士，从而出现一门“祖孙父子兄弟叔侄进士”的局面。他的后代也非常优秀，山东大学校长丁惟椽，物理学家丁肇中都是他的后裔。毕生作品汇集成《半奎楼集》数十卷，惜咸丰二年（1852）刊刻时，仅存八卷。诗作在日照境内广泛流传。

丁士一（1665—1732） 字鹗荐，号河峰，一号西圃，男，苗家村人，丁呰的三子。清康熙三十七年（1698）戊寅科拔贡，清康熙四十一年（1702）壬午科顺天解元，授山西高平县训导。清康熙四十五年（1706）丙戌科进士（三甲83名），授四川什邡知县。

他办事精明，奋力兴学，常集士子讲论文章。经他栽培，有杨元敬等10余人乡试中举，誉满四川。后任户部主事，监督宝泉局，升任江西道监察御史，雍正二年奉命赴台巡视，他约法四章，安抚百姓，严禁官兵骚扰民众。公事之余，考察当地风俗，绘图24幅，流传后世。在台期间，他倡导用砖代替竹子，用瓦代替茅草，城镇、营房面貌大有改观。不久，改任福建按察使，雍正四年升江西布政使。著有《此游计日》《三山诗草》《双砚斋文稿》等。

丁守存（1812—1883） 字心斋，号竹溪、又号次海，晚号石涛钓叟，更号竹石山人，男，石梁头村人。清道光十五年（1835）乙未科进士（三甲53名），授户部主事，后考取军机处章京。他不仅以八股取士见长，还醉心于天文、地理、测量、数学、物理、化学、机械等学科的学习和研究，尤精于火器制造。

丁守存

清道光二十年（1840），鸦片战争爆发后，他开始研究西学。不久，大学士秉恬推荐他赴天津监造炮船。清道光二十三年（1843），他根据化学实验及实验结果，写成《西洋自来火铳制法》，系统地阐述了火器起爆药——雷酸银的制造过程，标志着中国雷管技术的诞生，因而使他成为中国近代军事化学的先驱。

清咸丰元年（1851），太平天国起义爆发，丁守存奉旨随钦差大臣赛尚阿进入广西，为镇压太平军出谋划策。这期间，丁守存与福建的火炮专家丁拱辰通力合作，铸造出各种类型的火炮并应用到实战中。并根据英国新式火箭原理，在桂林研制成功了由金属火箭筒构成的近代火箭，其射程达200余丈（600米），已接近当时的国际先进水平。时称二人为“南北二丁”。

清咸丰三年（1853），丁守存奉旨随兵部尚书孙瑞珍到山东沂州府办理团防，制造石雷石炮，以抵御民变。

清咸丰十年（1860），丁守存回故里，倡导乡民“依山结寨，平地筑城”以抵御豫皖捻军、兖沂幅军侵犯。他主持设计并率先资助，清咸丰十一年（1861）春，涛雒开工修筑城堡，日照县城重修城墙，两地城防森严，防御效果显著。他在涛雒开创的堡垒战术，受到清廷的极大重视。清同治元年（1862）五月，奉旨赴直隶大名、顺德、广平三府建筑城堡200余座，配置大量火器，以阻挡太平军北上。

清同治三年（1864），丁守存被授为湖北督粮道。在任期间，两次署理湖北按察使，两次监考湖北乡试。清同治九年（1870）在监考乡试时，发明竹筒虹吸法引水入闱（考场），将长江水引入考场之内，方便了考场取水，使当年考生没有一人中暑，沿长江诸省皆效仿此法。

清同治十年（1871），丁守存任职期满，卸任回乡，在涛雒南门里动工建造家宅——旷视山房，区别于石梁头祖宅，民间称之为“涛雒山房”。后偶志写书，垂钓赏景，过着闲散生活，时人称之为“老大人”。其著作有《西洋自来火铳制法》《造化究原》《火法本论》《筹河议》《详覆用地雷法》《新火器说》《火攻秘要》《丙丁秘集》《科名捷决》《旷视山房全集》等。

丁麟年（1870—1930）　字绂臣、绂宸，号幼石，又名移林，男，石梁头村人，丁守存的三子。书法家、金石学家。幼承庭训，聪颖过人。清光绪十四年（1888）戊子科举人，清光绪十八年（1892）壬辰科进士（三甲22名）。授户部郎中，后任陕西省同州府、兴安府知府。1912年春，弃官归里。1920年，出任山东省图书馆馆长。

在图书馆任职期间，他搜集铜器、陶器、汉画、石刻等文物，分类鉴定与考证，时人皆谓“考古家公可当之”。他还收集到珍贵图书286种，6875册，其中，明刻精本较多。他一生著述颇丰，主要有《移林馆吉金图录》《移林馆丛书》《三代名器文字拓片集录》《移林馆钟鼎款识浅释》《日照丁氏藏器目》《殷周名器考证》《出土文物分类集录》《山左乡贤书画甄录》《苳林馆钟鼎款识浅释》《山东乡贤书画甄别》《明家藏器目》《移林日记》等。1930年病逝于青岛。

丁惟鲁（1871—1954）　字揆野、奎埜，晚号素画，男，涛雒镇人。清光绪十七年（1891）考中举人，清光绪二十四年（1898）考中进士（二甲26名），授翰林院庶吉士。历任北洋大学监督、济南府知府、山东东临道尹等职。参与清光绪二十一年（1895）的“公车上书”，主张维新变法，改革帝制。1913年，因视察教育到日本，任留日学生副总监。1915年，因反对帝制被选为国民代表。1916年冬，日本在山东设立民政署，引起民愤，他和王讷赴京交涉。

丁惟鲁

他一生博览群书，学识渊博，著有《日本学制纂要》《新式万国地理》《医学窥录》《揆野诗集》等。晚年弃官归里，闭门读书，偶有达官贵人来访，拒之于门外。1938年迁居青岛。1954年，病逝于青岛。

第二节　近现代英杰

民国以来，随着时代的变化和社会的发展，涛雒丁氏迁徙外地的族人越来越多，不论迁居在哪里，他们仍然继承丁氏家族的优良传统和良好家风，奋发进取。以丁惟汾和诺贝尔物理学奖获得者丁肇中为代表的近现代涛雒丁氏，更是享誉中外。

丁惟汾（1874—1954）　字鼎丞、鼎臣，男，丁家官庄人。自幼随父读书，参加沂州府试，中廪生。清光绪二十九年（1903），入保定师范，毕业后考取留日官费生，入明治大学法学系。

丁惟汾

清光绪三十一年（1905），加入同盟会。次年，成为山东分会主盟人，并与蒋衍升创办《晨钟》周刊，揭露清廷腐败，宣传革命思想。清光绪三十三年（1907）春回国，先后任山东政法专门学校教师、校长。他秘密发展同盟会员，建立基层组织。清宣统三年（1911）武昌起义爆发，他与革命党人积极响应，组织山东各界联合会，迫使山东巡抚孙宝琦宣布独立。后与胡瑛在烟台发动起义，声援武昌。1912年8月，同盟会改组为中华革命党，丁惟汾受命负责山东省党务。是年，民国国会成立，他以省议员身份赴京，当选为众议院议员。在国会中，与宋教仁等坚决抵制袁世凯用重金贿赂操纵选举，以压倒多数获胜。1914年，丁惟汾避居原籍。其间，他支持外甥薄子明护国倒袁，发动山东各地同时起义。1916年3月，他到上海，联络17省国会议员通电讨袁，同时公告各国公使，决心诛除叛逆。6月，袁世凯病死，国会重开，他赴京议政。1917年，北京政权落入段祺瑞之手，又解散国会。孙中山在广州召集“非常国会”，成立军政府，他南下襄助，参与选举孙中山为大元帅，展开护法之役。1918年，赴上海组织建设社，发行《建设杂志》，并创办《北方周刊》，宣传思想革新。其时，黎元洪为笼络议员，曾为其颁发二等嘉禾章，他严词拒绝。1919年10月，孙中山将中华革命党改组为中国国民党，他积极支持，后受命为山东支部长。1921年2月，非常国会在广州开会，他赴会共同选举孙中山为非常大总统。翌年9月，孙中山在上海召集改组国民党会议，他为改组方案起草委员9人之一，参加了《中国国民党党纲》和《中国国民党总章》的草拟工作。1924年1月，在中国国民党一大会议上当选为第一届中央执行委员。会后，奉命设北方执行部于北京，出任工人部长和秘书处常委。1925年11月，国民党右派在北京西山碧云寺召开非法中央全会，进行一系列反革命活动，他极力反对，与其他中委联名斥责“西山会议”派。

1927年秋，蒋汪合流，他出任以蒋介石为校长的国民党中央党务学校训导长。后该校改为国民党中央政治学校，他出任教育长。1928年，当选为国民党中央执行委员会常务委员，国民党中央政治会议委员以及南京国民政府委员，并任国民党中央训练部长。1931年6月，被选为中央党部秘书长。同年12月，兼任监察院副院长。1935年后，历任五届、六届国民党中央常委。七七事变后，任国防最高会议委员。1949年去台湾，1954年病故。

从政之外，丁惟汾注重研究古韵学。与章太炎等往复商讨，析合古韵部类，辨正音准，多有收获。著述有《毛诗解诂》《毛诗韵聿》《尔雅释名》《尔雅古音表》《方言音释》《俚语证古》等。

丁基实（1903—1988）　男，丁家官庄人，原名丁履俱，参加革命后改名丁君羊、丁群。少年时代，随叔父丁惟汾就读于青岛、天津等地。1921年，考入上海同济医工专门学校。1924年经恽代英、邓中夏介绍，加入社会主义青年团。年底，受党组织派遣，由上海到山东，任国民党济南市党部秘书。1925年春，由尹宽、王翔千介绍，加入中国共产党。8月，中共山东省委改组后，他分工统战和共青团、学生工作。

丁基实

1925年8月，他与邓恩铭倡导成立“少年日照学会”，组织日照在济南的学生安哲、郑天九、牟春霆（陈雷）、李平章等10余名会员，研讨时事政治，接受马克思列宁主义思想，参加党的革命活动。1926年春，介绍安哲、郑天九加入共产党。北伐军攻克武昌后，他支持日照籍青年南下参加北伐。1927年秋，任中共山东省委组织部部长。次年6月，率山东代表团赴莫斯科，出席中共六大。返回时，正值山东省委遭敌破坏，无法工作。根据党中央指示，离济赴沪。1929年春，调满州省委任组织部部长。1930年4月，被捕入狱。九一八事变后，经营救获释。在难以找到党组织的情况下，改名丁基实，赴德国留学，从此脱党。1938年回国后，曾任国民参政员、国民政府山东省建设厅厅长等职。1980年享受高级知识分子待遇。1988年在上海病逝。

丁观海（1911—1991）　男，涛雒二村人，诺贝尔物理学奖获得者丁肇中之父，土木工程学教授。1930年，以上海私立光华大学理学院物理系一年级肄业的资格考入国立青岛大学（1932年改名为国立山东大学）中国文学系，1934年毕业，被留校作研究工作。

丁观海

此后，丁观海又考入上海交大，并自费到美国密执安大学学习土木工程，获硕士学位，1936年回国。1945年之前，先后在焦作工学院、山东大学、重庆大学等校任教。抗日战争胜利后，山东大学在青岛复校，丁观海作为复校后的首批受聘教师，于1946年8月再次回到山东大学，在工学院土木工程学系任教授。1948年到台湾，先后在台南工学院，台湾大学工学院担任教授。1989年10月，回大陆并到北京等地参观考察。1991年4月病逝于台北。

丁原鄘　男，涛雒丁氏老四支长房三支之二，1917年2月生于巨峰镇平家村。中铁二局集团高级工程师。1938年7月考入同济大学土木系。毕业后参加宝（鸡）天（水）铁路、天（水）兰（州）铁路建设。中华人民共和国成立后，参加成渝铁路施工并主持荣昌支段工作。1955年，被评为中铁二局劳动模范。1981年晋升高级工程师职称。1984年受邀担任专业顾问。参与主持成渝、宝成、成昆、川黔、湘黔五条干线的重点桥梁施工任务。1985年获国家科学技术进步奖特等奖。1992年起，享受国务院政府特殊津贴。

丁原鄘

丁立准（1922—1990）　男，涛雒丁氏老四支长房长支之四，出生于虎山镇朱家官庄村。1937年11月参加革命，1939年3月加入中国共产党，历任日照县青救会会长、苏鲁战区青年游击大队二中队指导员、山东滨南中学教导主任、滨南独立地委青委书记、团中央机关党委办公室主任、中国青年出版社秘书长、农垦部设计院副院长、农垦部水利工程局党委书记。1958年任牡丹江农垦局党委书记处书记，后任中共中央农委副处长，国务院农林办秘书组副组长，农林部基建局副局长、计划局副局长、办公厅主任，林业部宣传局局长。1982年离休，1990年在北京病逝。

丁原仕　男，涛雒丁氏老四支长房四支之五，1926年生于日照街道罗家城子村。1947年4月参军，1948年2月入党。1950年至1955年10月，在47军历任汽车大队副政治指导员、指导员，47军后勤部政治处宣传干事、组织干事。1955年12月，任47军141师后勤部战勤科、军需科副科长、科长。1969年5月，任广州军区生产建设兵团7师财务科长。1974年11月，任广西南宁军分区大新县、马山县人民武装部副部长、部长、党委书记。解放战争中参加辽沈战役、平津战役和解放团子山、法库、宜昌、重庆及湖南湘西剿匪战斗；中华人民共和国成立后，参加抗美援朝和云南边防保卫战。先后获得解放全东北纪念章、解放全华北纪念章、解放中南纪念章、解放西南纪念章、湘西剿匪纪念章、抗美援朝纪念章和全中国解放奖章、朝鲜军功章、云南边防保卫战军功章，中华人民共和国司法部二级金星荣誉奖章等。1982年2月，转业任广西南宁地区行署司法处处长，1985年6月离休，副厅级待遇。

丁履甫　男，涛雒丁氏老四支长房长支之四，1929年生于碑廓镇张家岭村。1945年8月参加工作。历任公安员、乡宣传委员、区委宣传委员等职。1947年率碑廓子弟兵团支前担架队在莱芜、孟良崮战役中荣立三等功。1949年2月随军南下浙江省，历任海门边防公安分局股长、公安分局副局长、区委副书记兼公安局局长，温岭县公安局局长，温州地区公安处副处长、处长，温州市委政法委员会副书记，市政协五届副主席，市法学会会长等职。

丁永详　男，1933年出生，涛雒二村人。1945年去青岛。1949年6月随国民党军去台湾。1966年退役。1974年成立益宝公司，业务遍及中国台湾、广东、江苏等地以及马来西亚等国家。1990年回乡探亲后，为故乡涛雒捐资助学。2001年，为丁肇中实验中学捐资建景辰楼（图书馆）。2006年，为涛雒中心小学捐资建永苓图书馆。2011年，和其夫人张献苓分别在丁肇中实验中学、涛雒中心小学设立景辰奖学金和永苓奖学金，用于奖励品学兼优的师生。

丁永详

丁肇中　男，华裔美国人，祖籍涛雒二村，1936年1月，出生于美国密歇根州安阿堡。美国麻省理工学院物理学系教授，美国实验物理学家。美国国家科学院院士，也是中国科学院、西班牙科学院、匈牙利科学院等10余个国家和地区科学院的外籍院士，世界著名高能物理学家。丁肇中

丁肇中

父母亲都是美国密歇根大学毕业生，父亲丁观海是工程学教授，母亲王隽英是心理学教授。丁肇中的童年时代是在中国抗日战争的兵荒马乱中度过的。1936 年暑假，不满一岁的丁肇中随父母回故里涛雒二村。七七事变之后，一岁半的丁肇中随父母于 1937 年 8 月到南京。日军进攻上海时，又先后到安徽芜湖、合肥避难一段时间，之后丁肇中又随父母回到涛雒二村居住。1938 年，日军飞机对日照多地进行狂轰滥炸，丁肇中又随父母辗转多地到达重庆，直到 1945 年抗日战争胜利。之后又随父母先后去青岛、南京。丁肇中小学先后就读于重庆、青岛、南京。1948 年春天，12 岁的丁肇中随父母去台湾，在台中市又读了一年小学六年级。1949 年夏，全家迁居台北，丁肇中先入台北成功中学，后转学建国中学。1956 年，入美国密歇根大学数学系和物理系学习，1960 年获硕士学位，1962 年获物理学博士学位。1963 年，获得福特基金会的奖学金，到瑞士日内瓦欧洲核子研究中心（CERN）工作。1964 年，在美国哥伦比亚大学工作。1965 年，成为大学讲师。1967 年起，执教于美国麻省理工学院，任副教授、物理学教授，研究方向是高能实验粒子物理学，包括量子电动力学、电弱统一理论、量子色动力学。1976 年，获得诺贝尔物理学奖，并被美国政府授予洛仑兹奖。1988 年，被意大利政府授予特卡斯佩里科学奖。丁肇中是当代最杰出的实验物理学家之一，是中国科学技术大学、山东大学等校的名誉教授，中国科学院高能物理研究所学术委员会委员。他热心培养中国高能物理学人才，经常选拔中国青年科学工作者去他所领导的小组工作，多次回国进行学术交流和回故里探亲，受到党和国家领导人接见。1985 年 6 月 28 日下午，携夫人苏珊第一次回到阔别 47 年的故乡涛雒。此后分别于 2002 年 6 月 15 日、2005 年 6 月 18 日、2012 年 7 月 16 日、2014 年 10 月 11 日、2018 年等多次携家人回到涛雒省亲和参观考察。丁肇中十分关心家乡建设，对日照市经济和科技文化发展、对外交流发挥了重要作用。

丁肇中是第一个在瑞典皇家科学院用汉语发表诺贝尔奖获奖感言的获奖者，时间是 1976 年 12 月 10 日，全文如下：

1976 年丁肇中在瑞典皇家科学院领奖

国王、王后陛下、皇族们，各位朋友：得到诺贝尔奖，是一个科学家最大的荣誉。我是在旧中国长大的，因此，想借这个机会向发展中国家的青年们强调实验工作的重要性。中国有句古话“劳心者治人，劳力者治于人”，这种落后的思想，对发展中国家的青年们有很大的害处。由于这种思想，很多发展中国家的学生都倾向于理论的研究，而避免实验工作。事实上，自然科学理论不能离开实验的基础，特别是物理学更是从实验中产生的。我希望由于我这次得奖，能够唤起发展中国家的学生们的兴趣，而注意实验工作的重要性。

丁元　男，是辛亥革命元勋丁惟汾唯一嫡孙。1943 年 12 月生于中国大陆，1948 年移居台湾。台湾省桃园私立中原大学毕业，后赴美深造，获密苏里州大学电脑系硕士学位。曾担任国际商业公司（IBM）生产线自动化及高档计算机软件工程设计师等职；首创智库软件商业公司，担任生产机械操作及企管部副总裁，后转任惠普公司研发部工程师，并任经理。在高科技界任职近 40 年。

丁元

2009 年，创办日光能企业发展公司，担任商业拓展副总裁。

自 1989 年起担任世界抗日战争史实维护联合会常务副会长兼发言人 20 余年。在欧美各主流报刊发表多篇相关社论文章，经常主持并参与世界各国及联合国举办的各种国际性论坛。2005 年，发动全球 142 个国家联署，收集 4200 万个签名，送联合国秘书长办公室，成功阻挡日本欲获取联合国安全理事会成员地位。说服美国国会通过法案全盘解密二战战犯机密档案，为确立国际诉讼追究日军在华暴行奠定了基础，并通过“慰安妇”法案，谴责日本二战时期性奴隶制度及迫害亚洲地区妇女人权的暴行。组织欧美社会教学师资访华，考察、感受中国在伟大的抗日战争中所作出的牺牲和巨大历史贡献。

丁渝洲

丁渝洲　男，涛雒丁氏老四支长房九支之五，1944 年 2 月生于巨峰镇马疃村，后去台湾。在台湾任高级军官。

丁原臣

丁原臣　男，涛雒丁氏老四支长房五支之三，1949 年 9 月生于北京路街道后崮子村，大学文化，高级工程师，中共党员。1969 年入伍，历任铁道兵班长、排长、作训参谋、连长、营长，团参谋长、副团长、团长。1984 年铁道兵转工，先后担任铁道部 17 局处长、副总经济师、副局长、局长，党委书记。2001 年 4 月至 2004 年 6 月，任中国铁道建筑总公司副总经理，中国土木工程集团公司总经理、党委书记。2004 年 6 月，任中国铁道建筑总公司副董事长、中国铁建股份有限公司副董事长。2010 年退休。曾任中华铁路总工会第九次代表大会执行委员，山西省第七届党代表，山西省第九届人大代表，中国建筑业协会常务理事，中国对外商会铁道分会会长。山西省特级劳模、全国劳动模范。

丁原基（1950—2016）　女，祖籍苗家村，生于台湾省基隆市。1967 年毕业于台北女子师范学校，任小学教师三年；1976 年获台湾东吴大学中国文学硕士学位，1993 年获东吴大学中研所文学博士。曾任台湾东吴大学中国文学系教授、研究生导师，兼任东吴大学图书馆馆长，台北市立教育大学兼职教授，另兼任中华大成至圣先师孔子协会理事、学术顾问，王献唐研究会副会长等职。

丁原基

师承屈万里和孔德成，在文学史、图书文献学、文史工具书、类书研究、目录学方面均有造诣。主编学术著作 4 部，发表论文 60 余篇，承担社会重大科研项目 10 项。对日照名人的学向研究情有独钟，主要著作有《许翰之文献学研究》《王献唐先生生平及其学术研究》。海峡两岸三通后，多次回大陆到《山东大学》《苏州大学》等多所大学做学术报告及学术交流，多次回祖籍涛雒省亲。

丁新民　男，涛雒丁氏老四支长房三支之三，1952 年 1 月生于巨峰镇赵家庄子村。1969 年入伍，先后在空军驻新疆部队任标图员、班长、排长、连指导员、政治处副主任等职。1986 年转业到乌鲁木齐市委工作，先后任科级政研员、市委办公厅副主任、市委财经领导小组办公室主任等职。1995 年任中共乌鲁木齐市纪委副书记，1998 年任乌鲁木齐市监察局局长。2001 年 5 月任乌鲁木齐市城市规划管理局党组书记、副局长。是中共十八大代表。

丁元庆　男，涛雒丁氏老四支长房五支之四，1957 年生于高兴镇化龙村。1983 年 7 月毕业于山东中医学院，1986 年开始从事中医内科学教学与内科急诊、神经内科临床与科研工作，历任山东中医药大学内科学教授、教研室主任，山东省中医院神经内科主任医师，硕

丁元庆

士研究生导师。是山东省政协委员、中华中医药学会内科学会心身疾病学术委员会常委、山东中医医药学会仲景学说专业委员会副主任委员、心脏病专业委员会副主任委员。编著《神经精神疾病经方论》，主编《精神病实用方》，参编学术著作6部，发表论文95篇。1998年被选为山东省教育厅高校中青年学术骨干，2007年11月被国家中医药管理局授予第一批“全国优秀中医临床人才”称号。

人　物

丁肇中回故乡涛雒　（涛雒镇宣传办公室提供　摄于2012年）

涛雒镇历代人才济济，名人辈出。或“功施社稷，泽被生民”；或为革命事业壮烈捐躯彪炳史册；或投身社会主义建设事业功勋卓著；或奋斗在文化科技领域，为国家为人类作出贡献，他们成为后人学习的楷模。

本编第一部分人物传略共收录 131 人，其中古代杰出人物代表 26 人，近现代突出人物代表 107 人。第二部分革命烈士收录自中国共产党成立以来牺牲的革命烈士 213 人。第三部分人物简介收录 1344 人，其中党政军事业厅局级以上人物代表 75 人，受省级以上表彰的先进模范人物代表 20 人，科教文卫人物代表 44 人，党政军事业单位处级干部代表 344 人，企业界（包括国有企业和非国有企业）人物代表 84 人，以表格形式收录在域内工作副高级职称技术人员 230 人，以表格形式收录域内自 1978 年恢复高考以来考取的研究生 552 人（博士 117 人，硕士 435 人）。第四部分党政主要负责人简介收录涛雒镇党委、政府历任及现任领导成员 92 人，其中镇党委、政府历任主要负责人 69 人，现任领导班子成员 23 人。

一、人物传略

域内历代人才济济，名人辈出。或“功施社稷，泽被生民”；或为革命事业壮烈捐躯，彪炳史册；或投身社会主义建设事业，功勋卓著；或奋斗在科教文卫领域，为国家为人类作出贡献，成为后人学习的楷模。人物传略，根据生不立传的原则，对收录的具有突出贡献、有主要影响、有代表性的已去世人物，以卒年为序。

（一）

王琎（生卒失考） 字器之，男，涛雒镇人。自幼聪明好学，成年后博通经史，擅长《春秋》之学。明洪武中期，以明经秀才选为教授（府的学官）。明洪武二十六年（1393），授宁波府知府。上任后严管胥吏，禁止军人欺压黎民百姓，决心革除陋风弊俗，下令拆毁境内不合乎规矩的庙宇。他注重培养人才，倡导府、州、县生员认真读书。所辖五县民风大变。

他生活俭朴。妻子给他做鱼羹汤，他拒吃，并告诫妻子不可忘自幼家境贫寒，曾经有过吃草根、树皮的生活经历，让妻子将鱼羹端到外面埋掉，以示警诫。消息传出后，宁波百姓肃然起敬，给他冠以“埋羹太守”绰号。

明建文帝三年（1401），王琎反对朱棣靖难之变，训练军队赶造战船，准备参加南京保卫战。朱棣即位后，王琎被捕，押送到南京。朱棣亲自审问，王琎直言不讳造船之事。朱棣将其罢官归乡。宁波百姓将其奉祀于名宦祠。日照祀乡贤祠。

丁允元（1602—1671） 字长仁，号右海，男，涛雒人。明崇祯四年（1631）中进士（详见本志第二十五编丁氏家族）。

丁泰（1628—1680） 字来公，号洛湄、汲亭，男，涛雒人，丁允元的长子。清顺治十五年（1658）中进士（详见本志第二十五编丁氏家族）。

丁胄（1634—1698） 字及庵、羲人、忆慈，号钝斋，又号适园，男，涛雒人，丁允元的三子。清康熙六年（1667）丁未科进士（详见本志第二十五编丁氏家族）。

丁士一（1665—1732） 字鹗荐，号河峰，一号西圃，男，苗家村人，丁胄的三子。清康熙四十一年（1702），考中头名举人，授山西高平县训导。清康熙四十五年（1706）中进士（详见本志第二十五编丁氏家族）。

秦露（1703—1734） 字昆雪，号东庐樵子，邑庠生，男，上元村人。自幼好学，才名远播，为文沈博郁丽，自成一家。广于交友，竭诚事亲，有古君子风。被清人赵执信誉为“海曲三君子”（海曲三君子：丁凯曾、秦露、李在郛）之一。著作多散失，仅存《东庐遗集》。

丁宜曾（1707—1773） 男，苗家村人，乾隆年间农学家。青年时期随父亲丁士一在外，历经四川什邡、福建福州、台湾、江西南昌等地，汇集其平生阅历，中年著《农圃便览》这一农学著作，事载《清史稿》。1956年，该书经王毓瑚标点删节，由中华书局出版发行。1994年，《农圃便览》被收入《续修四库全书》。

丁守存（1812—1883） 字心斋，号竹溪、次海，晚年号石涛钓叟，男，石梁头村人。清道光十五年（1835）考中进士（详见本志第二十五编丁氏家族）。

秦孟进（？—1888） 男，下元村人，民间艺人。幼时天资聪颖，过目成诵。未及成年，患麻疹双目失明。虽蒙此难，其志弥坚。凭其异常悟性与刻苦自励，精于乐器制作、演奏，尤擅雕刻。他雕制的作品甚多，在桃核上雕制的“八仙过海”“十八罗汉”“弥勒佛”等，至今被人珍藏。秦孟进有一枚雕刻桃核，其布局、造型可谓巧夺天工，其画面为：一老翁面向左居核中，骑驴至桥头，长袍马褂，双手控缰，帽双带飘逸；驴鞍、缰、蹬具备，前右蹄抬起，作登桥状；驴后随书童，虎头帽，短棉袄，以带束腰，棉裤扎腿带，挑竹制书箱；桥头石侧稍远处有巨树，秃枝上栖 10 余只小鸟；二鸟缩颈偎依，似畏寒状；二鸟相向，翘首对鸣，一鸟展翅欲飞，一鸟似落未落；其余或头插翅底，或展翅摘翎，或作睡眠状；右上角远处，树木稀疏，掩映着屋宇楼阁，似一村落。秦孟进病故时，年不足 30 岁。

丁艮善（1829—1893） 原名扬善，字少山，男，苗家村人。监生，翰林院待诏，清末小学家、金石学家、校雠学家和书法家，世称“山左宿学”。自幼聪颖好学，早年师从学者许瀚，对金石、训诂及诗文声律都有精到的研究。他擅长书法，工于隶、篆、楷书，字体雍容大方。在河南许昌和济南千佛山，至今留有他的墨迹。丁艮善著作宏富，有《阮氏钟鼎款识校录》《说文部首句读》《弟子职校录》《吕氏春秋校录》《日省斋文集》《篆字论语》等 10 余种。

丁凤年（1834—1898） 字蔼臣，号少竹，男，涛雒镇人，丁守存的长子。清同治二年（1863）癸亥科进士。授河南原武县知县、河南乡试对读官、候选知府。在任原武县知县期间，减轻赋役，赈济灾民，振兴教育，多有惠政，当地士绅和民众立“河南怀庆府原武县丁老父台德政碑”以纪念。

叶汝朋（？—1916） 栈子庄人，叶春墀之父，航运资本家。自清末即在青岛经营远洋航运和捕鱼行业，最盛时有百吨以上远洋大帆船五艘，远航日本、朝鲜、菲律宾等国家。

清宣统二年（1910）2 月，叶汝朋和夏陆沟人马官和合伙购置锅驼机，创办日照县最早的织布工厂，主要生产柳条布和白粗布，有工人七八十人。后受洋货冲击而停办。1916 年 5 月，被误伤致死。

丁惟椽 字竹怡，男，苗家村人，优附贡生，候选同知，清光绪二十七年（1901）春，赴日本弘文学院师范科学习，帮办江西学务，山东都督兼民政长公署秘书。清宣统三年（1911），出任山东高等学校（山东大学的前身）校长。1913 年至 1915 年，任博山县知事。1924 年，任莘县县长。1929 年任寿光县长。

丁麟年（1870—1930） 字绂臣，绂宸，号幼石，又名杉林，男，涛雒镇人，丁守存三子。清光绪十八年（1892）中壬辰科进士（详见本志第二十五编丁氏家族）。

丁惟普（1866—？） 字德臣，男，涛雒镇人。清光绪十一年（1885）乙酉科优贡生，历署蓬莱县教谕、临朐县教谕。清光绪十四年（1888）己丑恩科举人，授济阳县训导，拣选知县。涛雒裕源商号继承人，他外聘名匠，将裕源打造成涛雒一流商号，其拳头产品“京东莱”远销南北各地，并在 1936 年青岛博览会上获得金奖。卒于 20 世纪 30 年代。

丁惟枞（1888—1935） 男，苗家村人，照邑朴学传人丁艮善之孙。幼承家学，精通小学，擅长书法，青年时期随父丁汝彪居北京，交游广泛，才华横溢。民国建立后，参加丁惟汾领导的反对北洋政府的斗争。1916 年参加薄子明、吴大洲领导的山东讨袁军政府，任秘书。1920 年回到涛雒，参与创建日照县第一家商业银行——汇昌银号，担任董事长。1927 年，汇昌银号停业后赴南京，在国民政府中央党务学校任职，其后又参与青岛大学图书馆的创建和《山东革命党史稿》编纂工作。

丁升详（？—1938） 字继高，男，涛雒镇人。山东高等学校毕业，后赴日本留学，毕业回国后任鲁案善后督办公署实业科科员、胶澳商埠水道事务所总务科科长。1924 年，日照县创建中学，县教育会推选他为日照县中学首任校长，在任期间大力支持师生的爱国行动，使县中学成为全县政治活动中心。1926 年，主持兴建县中学教学楼——红楼。1929 年，任日照县教育局局长。1931 年，任日照县财政局局长。抗日战争爆发后回到涛雒。1938 年春去世。

宋铁梅（1855—1940） 号恩甫，男，竹子河崖村人。清末秀才，字画堪称艺术珍品。尤长于画鹰，也画鹤、竹及牡丹，名重乡里。画鹰时常题“鹰雄独立”四字。其家开药铺，他兼涉中医，祛疾去病，亦为行家，时人尊称“五先生”。

丁惟藿（1880—1943）　字颜鹤，男，涛雒三村人。自少年时期就司文学画，拜师学艺，钻研绘画艺术。善画龙、虎、麒麟、花鸟等，墨迹遍及涛雒街。时天后宫戏楼壁画出自先生之手，被人们称之为民间画家。其优秀作品还被2002年出版的《日照文存》收录。

丁惟佩（1878—1953）　男，涛雒镇人。民国初年推行地方自治，兴办学校，整顿地方财政，曾任日照县商会会长。在日照城参股建立日丰公司（当铺）。

1919年6月，丁惟佩联合涛雒商民肖世基、丁惟音、丁惟厚等7人向上海市南北总商会、山东会馆、各报馆通电：誓拒日货，专用国货。

丁惟鲁（1871—1954）　字揆野、奎埜，晚号素画，男，涛雒镇人。清光绪十七年（1891）考中举人，清光绪二十四年（1898）考中进士（详见本志第二十五编丁氏家族）。

丁惟汾（1874—1954）　字鼎丞、鼎臣，男，丁家官庄人。自幼随父读书，参加沂州府试，中廪生。清光绪二十九年（1903），入保定师范，毕业后考取留日官费生，入明治大学法学系（详见本志第二十五编丁氏家族）。

丁汝绶（1893—1962）　字紫生，号石荪，男，涛雒镇人，丁麟年的次子。监贡生。他自幼居京，中学毕业后，拜著名京剧演员谭鑫培为师，操琴、习唱，造诣渐深。曾为京剧大师梅兰芳操琴伴奏。辛亥革命后，回到日照，见家乡演出的京剧谱调土俗，与正宗京剧差距很大，便亲自校正改进。为此，经常为剧团登台演奏，调谐谱调，被京剧爱好者称为“操琴名师”。著有《操琴要诀》。

丁履观（1896—1977）　男，苗家村人。1915年毕业于天津南开中学，1918年毕业于北京大学文学院外文系。民国年间任教于山东商业专门学校、山东农业专门学校，历任省立山东大学法科教授，省立第一中学教务主任，国立第六中学四分校教务主任、校长，抗日战争胜利后担任山东农学院总务长。

叶春墀（1887—1978）　字玉阶，男，栈子庄人。清末留学日本，毕业于长崎高等商业学校，获博士学位。1912年，任山东省甲种商业专门学校校长，执教十余年，育才甚众。当时日照社会名人郑东府、叶光庭及国民党将领李延年均出其门下。民国年间，济南、青岛工商界、金融界的骨干，多系他的学生。他还以自由职业者身份，常年开设会计师事务所。济南、青岛等地的“谦祥益”“瑞蚨祥”“玉春”等商号和“明华”“大陆”等银行，都聘任他为常年法律顾问和会计顾问。

1923年，他与傅疃人佘清圃，在青岛创办裕东轮船公司，有“裕盛”“泰升”“庆兴”等轮船，航行于日照各口岸及石岛、海州等地。1930年，与秦春浦、秦善斋、马云卿等，开办裕泰轮船行，有中、小轮船10余只，他任总经理，还兼任青岛航业公会的常务理事、小港轮船联合办事处主任。

叶玉阶与马寅初友情甚笃，两人于19世纪30年代初，曾在青岛大礼堂联合进行学术讲演，他作发展山东工业的学术报告，马讲经济学。他在银行、商业方面的著述很多，还译有外文著作。

中华人民共和国成立后，他为第一届青岛市政协委员。以后继续当选，直到病故。（详见本志附录 记民国时期山东实业家叶春墀）

丁基实（1903—1988）　原名丁履俱，参加革命后改名丁君羊、丁群，丁家官庄人，中共六大代表（详见本志第二十五编 丁氏家族）。

（二）

尹景伊（1905—1925）　字希农，男，张家廒头村人。出生于上海，3岁丧母，7岁回乡读书，12岁入涛雒小学，后随兄嫂在上海就读。1922年，考入上海同济医工专门学校（同济大学前身）机师科中等技术部。在校期间，他经常阅读进步书刊，接触中共早期领导人邓中夏、恽代英等。1924年，加入社会主义青年团。

尹景伊

为抗议帝国主义分子枪杀中国工人、共产党员顾正红的暴行，1925年5月30日，由工人、学生联合组成反帝游行示威队伍，向上海租界进发。学生会负责人、游行大队副队长尹景伊，率领同济大学的游行队伍，在租界向群众发表演说，散发传单，张贴标语、漫画，揭露帝国主义侵华罪行。英国租界巡捕房派出大批巡捕，逮捕了尹景伊等学生、工人200余人，关押在老闸捕房内。经斗争获释后，他立即带领成千上万名群众聚集在老闸捕房前，继续营救被捕的其他难友。他和同学陈宝聪等站在最前面，高呼“释放被捕的中国人。”“打倒帝国主义。”英国几十名巡捕，面对示威群众架起机枪，并突然向手无寸铁的群众开枪，有几个学生中弹倒下。尹景伊看见一个巡捕又持枪瞄准陈宝聪，便扑上去将陈推开，子弹从陈的头部擦过，血流如注，尹景伊急忙给他包扎伤口。这时，敌人又向尹景伊连开两枪，子弹从背部射入，他倒在血泊之中，壮烈牺牲，年仅20岁。

烈士为国捐躯的消息传到家乡，日照县各界群众义愤填膺，在县城和他的家乡分别举行追悼大会。同时，成立“沪案后援会”，声援上海人民的反帝斗争。

李狄雪（1909—1939） 原名李允治，男，栈子庄人，小学教师，中共党员。出生在一个贫寒家庭里，兄弟九人，靠父亲开茶炉维持生计。自幼聪颖，父亲和哥哥们决定省吃俭用，送他到学校读书。1929年，于“日照县小学教职员训练班”结业，回村小学任教。任教期间，注重向学生进行爱国主义和破除封建迷信等方面的教育，并向村人宣传进步思想。1938年春，配合宣传抗日，创作了一首《学兵操》的歌：“学兵操，一操又一操，有铜鼓，有喇叭，还有盒子炮。队长腰里挎着指挥刀，骑着马儿来上操。有时喊着开步走，有时喊着放枪炮。打倒日本兵，本领才算高。”他把两个弟弟和一个外甥动员出来，与高年级学生许耀林等人进行抗日宣传活动。在地下党组织的指导下，本着“有钱出钱，有人出人，有枪出枪”的精神，动员全村养船户把护船的枪拿出来，在栈子村成立了“抗日自卫队”，使四十余人的队伍人人有枪。“抗日自卫队”查抄的日货，全部送给抗日队伍。经过李狄雪宣传和耐心的工作，有五十多名进步青年先后参加抗日部队，多人成为军政界高级干部。

孙景炎（1902—1947） 男，孙家营子村人，早期在家乡任小学教员。抗战初期加入中国共产党，任地下交通员，后在莒南县抗日根据地从事经济工作。1947年，任济南大鸡烟厂经理，因敌特引爆炸药而牺牲，葬于临沂华东革命烈士陵园。

孙景炎

王洪合（1919—1949） 男，岚山区安东卫街道泉子庙村人，中共党员，1942年参加革命工作。1948年4月，任日照县涛雒镇副镇长。1949年5月随解放军南下，任浙江省嘉兴县王店区首任区委书记，兼区中队政治指导员。1949年9月7日，在身患疟疾就诊过程中，遭遇土匪袭击牺牲。1950年6月，为纪念王洪合，王店区人和乡改名为洪合乡，后改称洪合镇。2016年，以王洪合的革命事迹改编的电影《7把枪》在各地影院上映。2021年8月，嘉兴市秀洲区洪河镇建成王洪合革命事迹展陈馆。2022年5月，洪合镇建成集文化、旅游、休闲为一体的综合性公园——王洪合文化公园。

庄仲萱（1803—1950） 男，庄家村人，年轻时捕鱼为业。1939年参加革命，1940年加入中国共产党，先后担任乡长、副区长等职。1949年冬，在日照县司法科任副科长期间，上级指示组建南下船队，支援部队解放东南沿海岛屿，他主动请求南下参战。领导批准他的请求，任命他为南下船运大队长。他率船队日夜兼程奔赴前线。时值严冬，天上敌机扫射，水上汽艇堵截，他沉着指挥与敌周旋。1950年3月5日，到达浙江镇海。正当船队靠岸时，敌机赶来袭击，子弹击中他的头部，血流如注，昏倒在船上。通讯员匡玉谭为他包扎，他从昏迷中醒来，仍吃力地指挥战友隐蔽。敌机再度俯冲扫射，

庄仲萱

庄仲萱壮烈牺牲。

李少浦（1902.9—1953.12） 字肇倬，男，下元村人。1918年，任山东混成四旅炮兵。1920年，全家由日照县城迁往下元村居住，李少浦退伍，任下元村小学教师。1927年，到新泰孙村保太煤矿公司工作。1929年，与郑宪章在孙村合作开办了西医诊所“蒲章药房”。1932年后，李少浦独自经营药房，提出“穷人治病，富人拿钱”的经营理念，救治了诸多穷苦百姓，并扑灭了当地传染性极强的黑热病。1938年，李少浦将全家和药房迁往靠近抗日根据地的黑峪子村，在此救治过多名抗日志士。同年，任德盛煤矿经理（与朋友合开）。因其拒绝日本人高价收购或者合作经营的要求，遭日军逮捕。1943年初出狱后，参加革命，把诊所的医药和医疗器械支援了八路军。后将德盛煤矿交由抗日民主政府管理。1946年秋，因战争随单位转移到渤海。1948年3月，任淄博洪山煤矿矿务科长。1950年7月，兼任山三井长，所负责长臂采煤法的试点试验获得成功，在华东地区和全国推广。1953年2月，任淄博矿务局生产技术处处长。1953年12月，在辽宁阜新煤矿参加全国煤矿工作会议期间，突发脑溢血病逝。

李少浦

宋纪方（1911.12—1961.2） 男，宋家坨村人。1946年加入中国共产党。是年，被选为村指导员，继而任村党支部书记。1952年，动员11户盐民（52人，52亩土地，51亩盐田）组织起一个盐农两业互助组。1953年秋，盐农两业获得全面丰收，产盐4526担，平均工值达1.50元，高出单干盐民的20%以上。是年，互助组发展到22户、107人，92.53亩土地，148亩盐田。1954年春，在他的带动下，这个互助组发展为日照盐区第一个生产合作社——曙光盐农业生产合作社。他任党支部书记兼社长，订立了盐农业生产合作章程，成为日照盐业互助合作运动的典范。1958年，涛雒盐场成立，他任党支部副书记。

自1956年起，山东省人民委员会连续4年授予他“劳动模范”称号。1958年，被补选为中共日照县委候补委员，中共山东省党代会预备代表。1959年，出席全国轻工业系统群英大会。1960年7月，被选为山东省第二次党代大会代表。

黄彪（1925—1974） 男，右所村人，专科学历。曾任上海市人民医院院长。

王智民（1913—1982.4） 原名王兆晋，男，栈子一村人。1931年，考入县初级中学附设师范班，与郑子久、杨心培相交甚厚，深受其影响。抗日战争时期，他积极投身革命。1940年9月，加入中国共产党。1943年4月，在抗日民主政府参加工作，先后任太平区财粮助理、副区长。解放战争时期，带领民工支前。莱芜战役中，带领民兵火线抢救伤员，受到部队首长表彰，并奖给日照县民兵大枪80支、机枪4挺、子弹2万发。孟良崮战役中，带领民工出色完成支前任务，记大功1次。1945年7月，任太平区区长，并被评为模范区长。1947年12月，任县财政科科长。1947年9月，任望海区区长。1948年冬，再次带领民工支前，参加淮海战役。中华人民共和国成立后，积极投身建设事业。1950年7月，任日照县合作总社副主任。1957年1月至1957年12月，任日照县副县长兼涛雒区区委书记。1962年秋，任县供销合作社主任。

王智民

孙煜然（1903—1982.7） 男，孙家营子村人，曾在东北军任上尉军医（后晋升少校），后回到日照开设西医门诊，被乡人尊称为“洋先生”。1940年，他和妻子盛良玉携带自己诊所的全部药品器材加入革命队伍，同年加入中国共产党。历任医疗所长、医保科长、医务处主任、副院长、院长，师级干部。1957年转业，任青岛市人民医院院长。

孙煜然

丁仕文（1906—1983） 名履燮，男，右所村人。1924年，到青岛胶澳中学读书，其间加入中国国民党。毕业后，在家乡教学。抗日战争开始后，为寻求救国道路，于1943年2月奔赴抗日根据地任教。在课堂上，他以目睹的事实，揭露日伪暴行，动员大龄学生参加抗日斗争。还通过各种途径向社会宣传共产党的抗日主张和统战政策，动员敌占区的教师到根据地学习和工作，并动员自己的子女带头参加革命。在他的宣传和带动下，一大批在乡知识分子参加抗日工作。

丁波（1920—1984.1） 原名丁肇才，字鲁涛，男，亚月村人。1941年11月，加入中国共产党，同时参加革命。曾任区武委会主任、区委书记等职。1946年后，历任县各救会长兼农会主席、副县长，积极参加“双减”斗争和土改支前工作。中华人民共和国成立后，曾任山东省农业厅农场管理局副局长，金乡县委书记、副书记，济宁地区水利建设指挥部副指挥等职。

尹半农（1909.3—1984.4） 男，原名尹茂库，曾用名尹继厚，尹家廒头一村人。1931年，入日照县中学师范班念书。1932年5月，加入中国共产党。是年，任中共日照县夹仓区委书记，秘密组织并参加“日照暴动”。“日照暴动”失败后，在大连找到党组织，任大连市委窑业支部书记等职。抗日战争及解放战争时期，曾任胶南县红石崖区委书记，上海市粮食局运调处负责人等职。中华人民共和国成立后，在对外贸易部工作，先后担任外贸运输处处长、海运处处长、租船处处长等职。

尹半农

丁孟野（1909—1986） 男，右所村人。1943年加入中国共产党，卖掉自家100亩土地筹集军需，带领12人参加抗日游击战。历任日照县抗敌协会副会长、八路军某部团长、青岛盐务局局长、山东省粮食厅厅长、福建泉州糖厂党委书记等职。

郭常荣（1929—1987.6） 男，海员村人。1946年加入中国共产党，同年冬天，参加解放军。参加过淮海战役、渡江战役等。1950年冬天，参加抗美援朝战争。战争结束后回国，在济南驻守时进部队中学学习。1955年，考入中国人民解放军第四军医大学，毕业后留校任教，历任讲师、副教授等职，副师级干部。后来，在本校参加化学武器的防护研究工作。

宋光提（1919.2—1989.5） 男，竹子河崖村人。1946年，加入中国共产党。是年，任乡公安员。1947年，任村指导员。1948年，加入子弟兵团，支援淮海战役。1952年，被授予山东省“劳动模范”，并出席劳模大会，获劳模奖章一枚、劳模纪念刊一本。1954年，任初级农业社社长。1955年，任乡盐业社社长。1956年，任涛雒盐场党支部副书记、副场长。1978年落实政策，恢复盐工身份。1983年，搞家庭副业，为日照县个体协会会员。

宋光提

范永宽（1905—1990.3） 男，南店村人。1945年加入中国共产党。1924—1944年，曾去朝鲜谋生。1945年回国后，在村内从事盐业生产，并担任盐业队长。其间，带领广大盐民苦干巧干，提高生产效益。在盐业生产实践中，他注重观察、实验，于1954年成功发明了“篷车快轮拉水法”，提高工效0.5倍。他本人及所带领的盐业队曾多次受到上级盐业部门的表彰奖励。在日照县第一届人民代表大会第一次会议、日照县第二届人民代表大会第一次会议及日照县第五届人民代表大会第一次会议上分别当选为山东省第一、二、三届人民代表大会代表。1955—1981年，一直担任村党支部委员，是农村首批退休村干部。

肖德晋（1929—1992） 男，东风村人。抗日战争时期，参加区联防队，任村民兵队队长。1946年加入中国共产党，任村指导员。1947年2月，带领民兵出色地完成莱芜战役支前任务。1953年7月，任磴山人民公社赵羊乡乡长。1960年2月，回村任大队党支部书记。率先在东风村实行稻改，成为临沂地区第一个粮食亩产过千斤的村。1977年9月，被

肖德晋

任命为涛雒公社党委常委、副书记（“三不脱离”：不脱离农村、不脱离农业劳动、不脱离农业户口）。1978年1月，被选为五届全国人大代表。1982年底，卸任农村支部书记一职。1983年，办理农村干部退休。

庄建儒（1926—1993.10） 男，南店村人，高小文化，1947年加入中国共产党。1943年，在南店村先后当过私塾先生、记账先生。1946年，在结庄乡任乡文书。随后参加土地革命、粮食统购统销工作。1956年1月，任涛雒区文书。1958年，在海生、涛雒人民公社先后任公社文书、组织干事和负责民政、文教卫生工作。特别是在文教卫生方面，狠抓学校建设，倡导速成识字，普及基础教育。1962年4月，任涛雒公社文教助理。1962年12月，涛雒、下元两公社合并为涛雒区，继续任文教助理、党支部书记。1964年，参加日照县“四清”工作团，同时任涛雒公社文教助理、党支部书记。1971年后，历任涛雒公社文教助理、教育组长，党支部书记。1977年，国家恢复高考，大力宣传动员符合条件的考生参加考试，为考生提供一切可能的帮助。当年全公社高考成绩优秀，被誉为“状元镇”。1982年离休。

魏振东（1924—1993.12） 原名魏克允，男，涛雒五村人，原籍山东省莱芜县辛庄镇芦城村。1938年5月，参加八路军山东二支队。1940年，加入中国共产党。先后历任战士、班长、区中队副指导员、滨海三军分区侦察参谋兼武工队队长等职。在部队多次立战功，获“滨海军区战斗英雄”称号。1945年，在泊里战役中负伤，评为二等乙级残疾。1946年，复员到涛雒五村定居。1965年，为涛雒搬运合作社负责人。改革开放后，带头搞养殖业，提高社员的生活水平。1984年3月获“山东省模范残废军人”称号。1984年8月，魏振东作为山东代表，出席全国拥军优属、拥政爱民先进单位和先进个人代表大会，受到李先念等党和国家领导人的亲切接见。1984年10月27日，中共中央总书记胡耀邦视察沂蒙山区时，在日照县政府招待所接见了魏振东等，并为魏振东题词：“推翻三座大山是英雄，实现四化宏图是能手”。是年12月，参加中央慰问团，作模范事迹巡回报告。1985年8月，应民政部邀请，赴京参加首都纪念抗日战争和世界反法西斯战争胜利40周年大会及有关活动，在大会主席台就坐，受到党和国家领导人亲切接见。1989年10月1日，魏振东参加国庆观礼，受到了江泽民等党和国家领导人的亲切接见。

魏振东

王板哉（1906—1994） 男，北王家村人，原名王兆均，号半呆、语讷。齐白石为其制印改为半憨，根据半呆取名板哉。王板哉自六岁跟外公郑松岩学画。25岁考入山东省第二师范（曲阜）。1934年毕业后，考入北平国立艺专，师从齐白石、黄宾虹诸人，专攻写意花鸟，兼习山水。1937年毕业于北平艺专，曾在北平中山公园展出习作80余幅。全国第一次美展时，他作的《松鹤图》入选。

王板哉

青年时代，受革命思想影响，参加过北平的“一二·九”运动，长期为地下党组织做工作。抗日战争期间，他辗转湖北、河南等地，积极参加抗日救亡宣传活动。解放战争胜利后，在南京军管会文艺处工作，后入华东革命大学学习。中华人民共和国成立后，分别在江苏省干部文化学校和扬州中学任教。1962年调扬州国画院搞美术创作并任兼职教授。其间多次回到家乡日照，进行学术交流。

王板哉为国家一级画师，中国美术家协会及书法家协会会员，北京齐白石艺术开发中心副主席及函授学院名誉教授，江苏省花鸟画家研究会顾问，扬州市清代扬州画派研究会顾问，扬州市业余画院艺术顾问，日照市书画院名誉院长等。1989年离休。

中华人民共和国成立后，他长期担任学校领导工作，为教育事业献出了毕生精力。1955年12月始，为日照县第一届至第六届县人民委员会委员。1963年，任石臼小学校长。他多次被评为模范教师和先进工作者，被选为日照县第一届至第六届人大代表。

刘维瑞（1925.6—1994.7） 男，巨峰镇后黄埠村人，1950年2月，加入中国共产党。1947年2月，参加日照县支前工作队，先后参加莱芜、孟良崮、济南战役支前。1948年11月入伍，参加淮海战役。后参加浙江省剿匪、抗美援朝。在历次战斗中，多次负伤、多次立功，曾获朝鲜民主主义人民共和国二级勋章。1952年10月，直接从班长升为连长。1963年，转业到涛雒供销社任主任。1978年7月，出席全国财贸系统“双学”代表大会，受到党和国家领导人接见。1982年，被省委、省政府授予“劳动模范”称号。在涛雒供销社工作期间，带领全社干部职工发扬“一条扁担精神”，开创了供销事业，使涛雒供销社成为县、地、省、国家先进集体。

王儒平（1914.8—1997） 男，簸箕笃子村人。1946年加入中国共产党。1947年，任簸箕笃子村党支部书记。在上级党组织的领导下，动员群众走集体化道路。1954年1月，成立初级社时，任社长，为当时走集体化道路创造了宝贵的经验。成立高级社后，大搞农田水利基本建设，修建了石渠溢洪的塘坝，配套了先进的台阶式放水闸门，扩大了农田灌溉面积。县、地区、省领导不断组织有关部门来参观学习及召开现场会，以此推广用黏土筑坝、石渠溢洪、台阶式放水闸的先进方法修建水库，为当时全县乃至全省兴修水利提供了科学的先进经验。被评为省劳动模范。1955年，参加“山东省农业劳动模范表彰大会”，获得奖励“灯塔壹号社”马车一辆，枣红马一匹，苹果树苗2000株，为“灯塔壹号社”和以后的簸箕笃子生产大队的经济发展奠定了良好的基础。在任支部书记期间，因多年勤奋工作，积劳成疾，患有严重的脑神经性头疼。1964年以后，常年卧床，但仍坚持工作。1970年，上级党组织根据其本人的身体状况和本人要求，批准王儒平不再担任簸箕笃子村党支部书记，安心治病休养。

秦亢青（1915.12—1997.2） 原名秦鸿沂，男，上元村人。1939年4月，加入中国共产党。抗日战争爆发后，先后在国民党57军当过二等兵，在文庙小学任过教员。历任抗敌自卫军政治部干事、日照县政府经建科科长、滨北路东专署科长、青岛工委干事等职。中华人民共和国成立后，历任山东省工业厅秘书和科长、山东省自然科学研究所副所长和山东省博物馆馆长等职。1982年离休。

秦亢青

刘润贤（1919.8—1997） 男，刘家湾村人。自1955年起，按照各级领导的安排，组织领导在刘家湾村东沙岭植树造林，经过十多年的艰苦努力，建成了沿海防护林带。1957年，被华东局授予劳动模范。

傅承伦（1922—1997） 男，海员村人。1939年加入中国共产党。同年被分配到八路军山东纵队二旅武装群众工作队，在涛雒、虎山和岚山一带宣传抗日、动员青年参军。1944年，被调到莒南县任武装部部长。1946年，任解放军山东兵团九纵队某团政治处主任。1948年，任鲁中南军区汽车大队政委。1950年，任解放军水利工程第二师政治部组织科长。1952年底，任水利部科学研究所办公室主任。1964年，任水利出版社社长（正厅级）。

傅承伦

叶连祜（1923.11—1998.2） 男，栈子二村人，1941年8月，加入中国共产党。1940年5月入伍，历任卫生队长、卫生股长、南京军区炮九师后勤处卫生科主任、炮九师后勤部副部长兼卫生科科长、政委，炮九师副政委，南京军区炮兵政治部副主任、主任等职。在抗日战争和解放战争中，参加过莒南左山、大店、日照甲子山、莒南十字路突围、滨北讨李（永平）和鲁东南讨郝（鹏举）等战役、战斗。1984年2月离休。1988年10月，被授予独立功勋荣誉勋章。

叶连祜

孙树凯（1921.10—1999.11） 男，孙家营子村人，中共党员。1940年参军，在山东滨海军区工作。1949年4月，在七兵团政治部组织处工作，南下参加解放浙江的战役。后参加浙江剿匪斗争，任浙江省公安17师政治部主任。1955年被授予少校军衔，1959年晋升中校，1963年晋升上校，任政治部副主任。1964年，转业任国家第一机械工业部抚顺电瓷厂政治部主任、党委副书记、党委书记。1972年起，历任宁波地区革委会生产指挥组副组长，宁波港建设指挥部副总指挥，宁波地区教卫体办公室副主任，宁波地区体育运动委员会副书记、副主任，宁波市体育运动委员会党组书记。1983年离职，享受厅级待遇。

孙树凯

孙辑然（1909—1999） 又名鲁光，孙家营子村人，军旅画家。自幼酷爱美术，1918年入学读书，1931年考入由刘海粟创办并担任校长的上海美专国画科。1933年毕业，留校任美术教员。1937年，卢沟桥事变爆发后，奔赴延安参加革命。后进入延安抗日军政大学学习，毕业后被派往日照担任游击队大队长、敌工科长等职。1945年调往八路军115师政治部工作。1949年3月奉命参加了党中央迁京的保卫工作。中华人民共和国成立后，调往中南军区任职，1965年副军职离休。（详见本志第十八编文化艺术）

孙辑然

孙正华（1922.8—1999） 男，孙家村人，中共党员。1940年5月，在日照县抗日民主政府青年干部培训班学习。1940年7月，任日照抗日自卫团游击中队指导员。1940年10月，任日照县委工作团副组长。1940年12月，任日照县圣岚区委宣传干事。1941年4月，在鲁中区委党校学习。1941年8月，任日照县一区区委副书记。1942年5月，任沭水县兴云区区委书记兼区中队指导员。1943年3月，任日照县大坡区委书记。1945年1月，任日照县黄墩区区委书记兼区中队指导员。1946年6月，任滨海建国学院指导员兼政治教员。1946年12月，任滨海区党委社会部调研组长兼武工队队长及临北指挥部副政委。1948年8月，任滨海地委沿海工委社会部部长兼公安局副局长。1948年11月，任山东新海连特区社会部调研组长。1950年7月，任新海连市公安局三分局局长。1952年9月，任山东边防局青岛边防站副站长。1958年，任合肥市人武部副部长、部长（正师级）。1984年离休。

孙正华

庄佃龙（1938—1999） 男，高旺庄村人，中国美术家协会会员。自幼酷爱书画。1961年，毕业于青岛崇真美术学校，拜张彦青、刘鲁生、王小古等画家为师。认真研究古今名人画派的艺术理论，刻苦钻研探索中国画传统技法。其画作构图严谨，功夫深厚，技艺娴熟，气韵生动。尤工牡丹，有“牡丹君子”之雅号。1959年，在结庄小学任教师。1964年，在高旺小学任教师。1975年，在日照发电厂宣传科工作。1994年，任日照市东港区农业机械总公司港城书画社主任。1983年，作工笔国画《建设中的石臼港》，获全国美展二等奖。代表作写意《牡丹》《葡萄》，分别获牡丹杯国际书画大奖赛三等奖、迎奥运全国书画大展银质奖。其作品被文化部、国家体委收藏，并被编入《二十世纪国际现代美术精品荟萃》《国际现代书画家大辞典》，获世界杯铜奖艺术家称号。

丁丹（1914—2000） 又名丁素原、丁丹妮，女，涛雒二村人。1936年参加革命，同年加入中国共产党。1939年，任抗大三分校秘书，后入延安马列主义学院学习。1941年，任陕西省长子县宣传科长。1944年，参加延安整风学习。1945年，调延安专署任科员。1946年，任东北吉江军区会计科副科长。1948年，任

丁丹

淞江省委组织部副科长。1949年，任沈阳市沈河区委书记。1952年，任沈阳市纪委秘书长。1955年，任北京211厂党委副书记兼纪委书记。1965年，任航天部一院政治部副主任。1982年离休。

丁彪（1922—2000） 曾用名丁履滟，男，涛雒五村人。1940年加入中国共产党。是年，参加八路军。1945年任营指导员。不久即转战多个战场，曾参加渡江、解放上海、解放海南岛等战役。后任空军南京雷达学校政治部主任。1957年被打成右派，开除党籍、军籍，下放到江苏省淮阴牛奶厂劳动改造，1978年平反后离休，享受厅级待遇。

丁杰（1921—2001） 曾用名丁翠原，女，涛雒五村人。1939年3月，加入中国共产党。1938年参加工作，任日照三区委妇救会会长。1941年5月，任日照县妇救会会长、县委委员。其后，任日照县妇委会指导所所长，鲁南地委工商局二支局秘书科科长。中华人民共和国成立后，历任浙江省贸易公司干事、省油脂公司科长、省丝绸公司副经理、省供销社副经理、省副食品二级站总支书记等职。2001年病逝。她生前立下遗嘱：死后不通知亲朋好友，不做遗体告别，不开追悼会，把骨灰撒在故乡的大海里。

叶连森（1922—2001） 男，海员村人，高中文化。1939年加入中国共产党。历任日照县青救会会长，沂水县青救会会长。参军赴抗大学习后，到《大众日报》社任青年部编辑。济南解放后任《山东青年报》社社长兼总编辑、共青团山东省委常委、省政府秘书、省文联副主席、省革命烈士纪念碑筹建委员会主任、省政府信访处处长、省工艺美术研究所所长兼党委书记（副厅级）。

秦洪良（1932—2002） 男，上元村人，1949年加入中国共产党。1946年参加革命工作，先在廒头完小任教员，后到奎山区负责共青团工作。1952年，到沂水专署政干校工作。1962年，沂水专署和临沂专署合并后到临沂地委组织部工作。1964年，经组织选拔，到山东郯南劳动大学工作，先后任团委书记，党委副书记，党委书记。1984年，到临沂地区农科院任党委书记。1988年，到临沂农校任党委书记，与郯南农校合并后继续担任党委书记。1994年离休，享受副厅级待遇。

高原（1926—2002.6） 男，涛雒三村人。1945年6月加入中国共产党。1941年11月参加革命。抗日战争时期，历任八路军山东教导五旅十三团特务连战士，日照县人民政府警卫员、通讯员、文书、秘书、征收队长。解放战争时期，历任中国人民解放军滨海军区政治部中原支队分队长、军区滨海印刷厂股长、军区中原印刷厂党支部副书记。1949年10月1日后，历任广西日报社编委委员、人事科长，广西钦州地区行署党组成员、办公室第一副主任，广西糖厂筹备处办公室主任，贵县糖厂党委委员、副厂长、厂长，平南糖厂筹备处主任、党委书记，广西壮族自治区建委、经委物资组组长，广西柳州钢铁厂党委委员、宣传部副部长、团委书记，广西冶金建设公司党委书记，河池地区经委副主任，广西玻璃钢厂党委书记、厂长，广西建材工业局督导员。

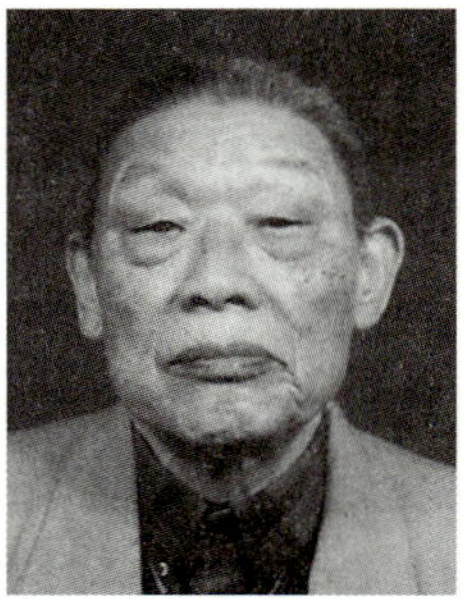
高原

解信秋（1920—2003.10） 男，西林子头村人。1939年4月，加入中国共产党，1940年11月参加工作。历任日照第四区分区委宣传委员，日照县委宣传部宣传干事，大坡区分区委副书记，高兴区分区委副书记，莒县崮山区分区委书记、垛庄区分区委书记，莒县人民政府党组委员、实业科长。1949年2月奉命南下，任南下干部纵队三大队一中队副队长。后历任浙江省义乌县委民运部长，金华地委组织部组织科长，建德县委副书记兼县长、书记兼县长，金华地委干校校长、书记，金华地委宣传部副部长兼干校校长、书记，巨州钢铁厂党委书记，半山钢铁厂党委副书记，漓渚铁矿党委书记，浙江省工业干校书记、副校长。1971年2月后，历任绍兴钢铁厂副主任、书记，绍兴地委宣传部副部长，浙江省卫生局党组成员、副局长，浙江省中医学院党委委员、副院长。1983年4月离休。

解信秋

傅子英（1925—2003） 原名傅承俊，曾用名辛明，男，海员村人。1940年，随其老师刘鸿若参加革命，在中共日照县委组织部工作。1944年3月后，在山东军区教导团青年队做过学员、特务连文书、大队会计。1945年5月，被派赴青岛做党的地下工作，同年被捕入狱，虽遭残酷折磨，终未暴露真实身份，组织亦未受损。被营救出狱后，边读书边从事党的地下工作。1949年7月起，历任青岛国棉七厂军代表室秘书、青岛国棉七厂人事科代理科长、青岛国棉七厂总务科副科长、青岛纺织局党委办公室秘书、青岛纺织干校（纺织工学院前身）总务科长；其间，到中国人民大学学习。1979年，任山东纺织工学院工会主席。1983年12月离职休养（享受厅级待遇）。1992年，由青岛大学（纺织工学院已并入）聘任为副教授。

傅共安（1913—2004） 男，栈子一村人。1940年初参加革命，同年加入中国共产党。历任解放区税卡卡长、税务所所长、滨海地区工商局主任、兴华公司副经理。1946年2月，受滨海军区派遣，以大商人和船东的身份，率20余条帆船载花生油、花生米到上海出售；采购汽油、医药、电话线、纸张、棉花等军用物资。在吴淞口被上海国民党军警扣押，并抓去7名骨干严刑拷打。傅除做船员思想工作和交涉外，并找到著名律师沙千里，通过报纸发表声明，所装物资皆系民用，当局抓人扣船非法，最终打赢了官司，迫使上海军警放人放船，使1亿法币（相当100吨花生油价值）的货物和船、人安全回到石臼。被山东工商局表彰为“特等功臣”。中华人民共和国成立后，历任胶州进出口总公司主任、青岛土产进出口公司经理、山东省烟麻公司经理、省水产厅处长、济南肉类联合加工厂厂长、省燃料总公司副经理。1981年离休。

傅共安

尹相祜（1916.11—2004） 字新坡，男，王家村人，1939年10月，加入中国共产党。幼年家境贫寒，少年时在外祖父家中读书三年。青年时受中共党员安哲、郑子久、牟景途等人的影响，于1937年冬参加革命，至1948年，先后在涛雒、大坡、巨峰、下元、黄墩、城北等革命根据地与日伪土豪劣绅进行顽强的斗争。曾任区长、区武装队队长。1948年10月后，历任日照县人民武装部部长。1950年6月至1952年12月，任日照县委副书记（1950年7月至1952年2月任日照县县长）。1953年1月，调山东省农村工作部工作。1956年，任山东省水产厅厅长至离休，副省级待遇。

尹相祜

郑干（1920.2—2004.12） 原名郑全阶，曾用名夏云峰，男，西灶子村人。1938年8月参加革命工作，1938年11月加入中国共产党。历任中共沂蒙县委组织部组织科科长，中共鲁东南地委组织部巡视员，八路军九支队组织科科长，一团政治处组织干事，莒南十区分区委书记，中共临东工委组织部部长，八路军五军分区组织科科长、警备团组织股股长、一大队政治干事，中共滨海沭水县委组织部部长，中共滨海区党委巡视团团员，中共诸城县委组织部部长、副书记、书记，中共滨北地委组织部部长，中共胶州地委组织部副部长、部长、地委副书记，青岛第二橡胶厂党委书记，青岛市副市长，中共青岛市委工业部部长，中共青岛市委书记处书记，青岛市生产指挥部副主任，青岛市革委核心领导小组成员、副组长，青岛市革委副主任，中共青岛市委副书记，山东省总工会主席、党组书记等职。1983年和1988年，在中共山东省第四次、第五次代表大会上，当选为中共山东省顾问委员会委员。1993年底离职休养。

郑干

申斌起（1924.2—2005.8） 男，高旺庄村人。1946年2月，加入中国共产党。1949年10月，任高旺乡乡长。1950年1月，任高旺乡党总支书记兼乡长。1952年9月，任大沟乡党总支书记。1954年4月，任高旺乡党总支书记。1958年9月，任下元农业中学副校长（主持工作）。1960年，下元农业中学被评为全国先进单位，获国务院嘉奖。1960年，接受上级安排，回高旺庄任党支部书记。20年来，带领村民战天斗地，兴修水利，修渠道引水栽种水稻；学大寨，深翻土地，使全大队社员生活水平不断提高。1978年以后，带头发展经济，引导群众谋划产业发展，为社员办实事，使大队连年被评为先进单位。1980年8月，被选为日照县第五次党代会代表。1984年10月27日，中共中央总书记胡耀邦视察沂蒙山区时，在日照政府招待所接见了申斌起等人。

宋开铭（1927.6—2005.8） 男，竹子河崖村人，小学文化。1948年8月加入中国共产党。1946年春参加涛雒区武装队。后随部队南下，参加渡江战役、解放上海战役，多次立功。后在福建集训，准备随军参加解放台湾战役。1951年4月，参加抗美援朝战争，在朝鲜战场上负伤，是年秋回国，在通化治疗。不久，转济南疗养。1952年3月，退伍回乡，荣定三等一级残疾军人。回乡后，正值农村社会主义合作化运动，积极参与成立互助组、合作社。1953年12月，任村党支部书记，带领村民响应党的号召，积极从事社会主义农村改造，成绩显著，曾多次当选日照县人民代表大会代表。1954年7月，当选山东省第一届人民代表大会代表。1956年，被授予山东省“优抚模范”称号。1983年，以村党支部书记退休。

宋开铭

胡维桢（1920—2005.10） 男，上元村人。1946年8月加入中国共产党。抗日战争中当民兵。1945年8月起，先后任联防队长、涛雒区副书记、农救会会长、各救会会长等职。1947年，率担架团支前，任教导员，支援鲁南、孟良崮等重大战役。1948年7月，调日照县委工作团，任三庄分区委委员、县委基点乡党委书记。1949年2月，到中央华东局党校学习，编入华东南下干部纵队六大队四中队，4月随军渡江，到达浙江省温岭县泽国区，任区委书记兼区长。完成接收任务，开展土改、镇反，建立人民政权，发展党组织，恢复和发展生产。1951年9月，在浙江省委党校学习后，参加了“三反”“五反”运动。1952年6月，调省委整党建党工作团任队长、文成县委组织部部长。1954—1974年，先后任洞头县委、玉环县委副书记，温州市委委员、农村工作部部长，洞头县委书记、人武部第一政委等职。1975—1982年，历任温州地区知青办主任，温州地委组织部副部长、地委常委、纪委书记兼地区机关党委书记。1982年，任温州市人大常委会副主任。1984年9月离休。

胡维桢

叶春奎（1930—2005） 男，海员村人。参加革命后，历任学员、政工员、军报编辑、参谋、副科长、科长、军分区副参谋长、参谋长等职。因作战勇敢，工作突出，曾多次荣立战功。1983年离休。1988年，被中央军委授予“胜利功勋荣誉章”。

叶波（1937—2006.1） 男，栈子三村人。1960年加入中国共产党。1954年8月，考入青岛海军通信学校。毕业后，在海军第五扫雷大队任无线电报务员。1958年，转业到北京无线电厂任技术副主任、厂总调度。1970年，任北京市仪表局计划处副处长。1978年，调国家中医药管理局工作，任外事局副处长、办公室主任（副局级）。1984年，任中国广深医药公司第一副经理。1992年，调中国医药工业公司，任厦门兴中联合公司董事长（局级）。

郭建培（1918.2—2006.2） 男，栈子二村人。1940年6月加入中国共产党，先后任栈子庄党支部书记、区委委员、区委组织委员。1945年，任中共日照县委秘书。1947年12月，任中共日照县圣岚区委代书记、书记等职。1948年5月，任碑廓分区委书记。1949年2月，渡江南下，任浙江省温岭县委宣传部部长。

郭建培

1954年，任浙江省委农工部干部处处长。1971年起，历任杭州钢铁厂党委常委、副厂长，浙江省水利厅副厅长。1978年，任浙江省直机关工委副书记兼纪委书记。1983年12月离休。

庄新民（1922.10—2006.3） 男，庄家村人，中共党员。1940年2月，在父亲庄仲萱的带领下参加了八路军。1941年11月4日，在山东沂南对日反扫荡突围中身负重伤，由当地群众（明德英）救护，把他掩藏在空坟中。1949年4月初，庄新民参加了解放上海的战役。

庄新民

上海解放时，在上海军管会工作，曾任华东贸易部人事科科长等职。1957年1月，调任上海市虹口区政府商业局工作。在商业局等多个部门任职，先后担任过副局长、主任、局长等职务。是虹口区多届区人大代表。1986年3月，在上海虹口区商业局局长职务上离休。

庄新民在战争年代，立二等功2次、三等功2次、嘉奖1次。

明德英救活子弟兵被誉为“红嫂”，这就是后来被搬上舞台影屏的“红嫂救助人民子弟兵”的原型。

秦盾（1924.5—2007.1） 男，下元二村人，中共党员。1939年4月，在国民党57军667团第三期新兵队（系中共地下党领导）接受新兵训练，任宣传队员。1940年8月，在中共山东分局保卫部集训队学习。1940年12月，分配到中共山东省战地工作委员会青年联合会任干事。1942年9月，任新111师666团2连指导员。1944年10月，新111师改为山东滨海支队，任该支队侦察通信连指导员。1945年11月，任东北挺进纵队一支队新兵团副教导员。1946年10月，任19旅7团3营教导员。1947年10月，任第四野战军特纵炮兵第9团2营教导员。1949年4月，任炮二师摩托科科长。1950年10月，先后任中国人民志愿军炮兵第二师后勤部副部长、部长。1954年3月，任炮二师副师长兼后勤部部长。1960年5月，任中国人民解放军炮兵技术部技术保障处处长。1979年4月，先后任中国人民解放军第二炮兵第五十二基地司令部参谋长、副司令员。1984年7月离休。

秦盾

郑全刚（1942.7—2007.3） 男，1942年7月生，西灶子村人，1981年6月加入中国共产党。1963年9月，考入吉林师范大学政治教育系。1968年12月，在解放军驻长春某部队锻炼。1970年4月，到长春电影制片厂工作，先后任政治教员、编导、副导演。1984年10月，任长春电影制片厂人事处处长。1989年1月，任长春电影制片厂副厂长。1993年6月，任中国电影合作制片公司经理。1995年10月，兼任北京电影学院董事会副董事长。中国电影集团公司组建后，任集团董事、中国电影合作制片公司经理。2003年1月退休。

郑全刚

秦寄萍（1914.7—2007.10） 男，上元村人。省立第一师范毕业后，到曲阜省立二师附小、济南市立小学任教员。1936年初到日本，1937年下半年回国。1938年春，参加东北军57军667团万毅部队，后回日照参加抗日宣传等革命工作。在日照县参议会任驻会委员，任副参议长，进行抗日民主宣传工作。秦寄萍擅长文艺，并以此为武器，大力开展抗日宣传工作。于1938年成立“血花剧团”，编著了《放下你的鞭子》《我的村庄》《我们的救星八路军》《槐叶绿》《小蜜蜂》等革命歌曲和诗歌等近百首。解放战争时期，一直在山东解放区进行革命工作，后调到山东交通总局铁路委员会工作。1948年，任《山东战邮报》总编。后随部队参加解放上海及接管上海市的任务，在上海军管会工作。中华人民共和国成立后，调到北京，参加组建邮电部

秦寄萍

工作，任邮电部翻译室主任。1953年，参与组建人民邮电出版社，任社长。1984年离休。

叶连俊（1913.7—2007.12） 号梅村，男，海员村人，中共党员，中国科学院院士，博士生导师。1937年，北京大学地质系毕业，获理科学士。随即考入国民政府中央地质研究所，从事区域地质和矿床地质调查研究。1945年，赴美国联邦地质调查所进修水文地质学，并参加了在美国垦务局进行的长江水坝设计有关地质研究工作。1947年，学成回国，在国民政府中央研究院地质所、中国科学院地质研究所从事地质研究工作。历任研究员、所科学指导委员会名誉主任等职。

叶连俊

中华人民共和国成立后，曾任中国地质所学术委员会主任及沉积学研究室主任，中国科学院地学部常务副主任，中国地质学会常务理事，中国矿物岩石地球化学学会副理事长，中国海洋学会理事，中国石油学会理事，中国沉积学会理事长，中国海洋湖沼学会理事，北京市科协会员，国际沉积协会理事，地科联沉积委员会会员，国际地质对比计划委员会中国委员会副主席，世界石油大会中国国家委员会委员，中国科学院地质与地球物理研究所科学指导委员会名誉主任，第三届全国人大代表。担任《中国科学》《科学通报》《地质学报》《地质评论》副主编，《地质科学》主编。1980年，当选为中国科学院院士。1984年，主持建立国内第一个工程地质研究室。主要论著有《中国锰矿床的沉积特点》《陆源汲取成矿论》《沉积建造》《沉积矿物理富集成矿说》《生物——优质矿成矿说》等。20世纪末期，他合作完成的《生物优机成矿作用和成矿背景》获国家自然科学三等奖，并获1998年何梁何利科学技术奖。他被誉为“地质学大师，沉积学泰斗”。

尹永念（1923.11—2008.5） 男，尹家廒头三村人。1945年3月，加入中国共产党。1945年11月参加工作，至1950年12月，先后在涛雒商会、安东卫海关、涛雒海关、石臼所海关、新浦海关、连云港海关担任通讯员、事务员、统调员、会计等工作。1951年起，于北京海关邮办处工作，历任副主任、调研股股长、秘书和业务科副科长、科长及业务处主任等职。1960年，任北京海关副关长。是年，被授予“全国海关先进工作者”称号。1970年6月，任北京市外贸局干校党委书记。1973年，任北京市商品检验局党支部书记。1979年，任北京市外贸局劳资处处长。1981年，任国家海关总署行邮处处长（正厅）。1984年11月离休（副部级）。1999年，被国家海关总署授予“中国海关荣誉金牌奖”纪念章。

郭万亭（1923.11—2009.6） 男，栈子二村人。1940年6月加入中国共产党并参加工作。是年10月，在莒北办事处、莒中县委组织部任干事。1941年8月，任日照县委组织部干事。1942年8月，任高兴区代书记，是年到太平区敌占区做党的工作。1944年，任滨海军区武工24队指导员。1945年11月，任城关区委书记。1946年3月，任南湖分区委书记。1947年7月，任沈疃区委书记。1948年10月，任县委宣传部部长。1949年8月，调鲁中南区党委党校学习，并留校工作。1950年，任山东省凫山县委副书记、书记。1953年，任滕县地委宣传部部长。1953年8月，任上海天原化工厂党委书记。1956年，任上海冶炼厂党委书记。1960年，任上海九〇一厂党委书记。1971年，任上海市冶金局党组副书记。1977年，任上海航空工业办公室党组副书记、副主任。1983年离休。

郭万亭

许耀林（1919.7—2010.2） 男，海员村人。1939年加入中国共产党。是年，任栈子庄党支部书记。组织50余人，长枪30余支、短枪数支，成立抗日游击队，活动于磴山一带。后到山东纵队政治部敌工大队学习，在两年的学习战斗中，参加过沂蒙山区孙祖、汪沟两次

许耀林

反"扫荡"战斗。1942年，到第九军分区和滨海地委做敌工工作。是年底，奉军区命令组建滨海第一武工队，插入连云港地区开展对敌斗争，任滨海军区武工大队党委书记兼政治委员。1946年，任中共新海工委书记。1948年，先后任连云港市委组织部部长，新海连市市长，连云港市委副书记、书记、第一书记。1966年，任苏州市委书记。1983年离休。

尹作林（1926—2010.7）　男，王家村人，专科学历，中共党员。曾任吉林省军区正师级干部。

丁德民（1923.2—2010.8）　又名丁履厚，男，西林子头村人。1945年3月，加入中国共产党。1945年10月，任涛雒区委干事。1948年8月，任山东滨海军分区教导大队政工队学员。1949年4月，任山东郯城县独立营3连副指导员、第二野战军三兵团交通警备团2营6连副指导员。1949年12月起，历任川东军区酉阳军分区1团2营6连副指导员、1团团部指导员、川东军区基干十三团政治处直工股副股长、中国人民解放军建筑第四师十一团政治处组织股副股长。1953年3月，任西南建筑工程管理局人事处副科长、建工部西南工程管理局人事科科长。1958年6月，任四川省建设厅干部处副处长、四川省第一建筑公司党委书记。1962年10月，任建筑工程部西南工程管理局干部处副处长。1966年5月，任四川省第六建筑公司党委书记、四川省建筑设计院党委书记（正厅级）。1987年12月离休。

丁德民

胡维月（1922.8—2011.10）　男，上元村人。1940年6月，参加八路军。1941年1月，加入中国共产党。参军后，在滨海军分区警备团，历任战士、班长、排长、区中队长、剿匪队长等职务。1945年8月，任第四野战军三纵队警卫连长；后到四纵队123师任侦察股长（正营级）。1949年，任154师侦察科长（副团级）。1952年，任第四野战军第49军侦察科副科长（副团级）。1953年春，49军组建成空军第3军，继续任侦察科副科长。1953年冬，入中国人民解放军后勤学院学习。1956年毕业后，任空军航空兵柳河场站站长（正团级）。1958年，任空军航空兵于洪场站站长。1963年，任沈阳空军于洪基地副主任（副师级）。1966年，任空军二军后勤部副部长。1981年冬离休（正师级）。

胡维月

先后参加过四平保卫战、保卫临江战役、辽沈战役、平津战役。塔山阻击战中战斗在主阵地上。1951—1952年，在广西参加了十万大山、瑶山剿匪。在历次战斗中，多次立功受奖。

丁炘原（1929—2011）　男，涛雒五村人。1984年加入中国共产党。1943年，考入青岛礼贤中学读书。1949年，考入清华大学。毕业后被分配到东北煤矿管理局任机电工程师。"文化大革命"中被劳动改造。1979年，平反调回矿务局任副总工程师。1983—1999年，任内蒙古自治区政协第五、第六届常务委员会委员。1989年，被评为高级工程师。1984年，任内蒙古电业管理局副局长。1986年，任准噶儿露天煤矿坑口电厂电气化铁路综合建设项目副总经理兼总工程师。自1983年起，先后受到李鹏、胡耀邦、朱镕基等党和国家领导人接见。1990年9月28日，受到中共中央总书记江泽民接见。

丁春元（1949—2011）　男，蒿岭村人，中共党员。1965年8月，在山东临沂化肥厂工作。1968年3月，参军入伍，历任战士、班长、排长、连队副政治指导员、团政治处干事。先后参加了酒泉卫星发射中心、鄂西大三线国防工程建设，因工作突出，多次立功受奖。1977年，调基本建设工程兵第五机械工业部办公室任政工干事。1979年，调基建工程兵黄金指挥部工作，历任干部处干事、副处长、处长、副师级纪委专职委员兼任干部处处长，生产经营管理部部长、政治部副主任、主任。后任武警部队交通指挥部副政治委员，少将警衔。

丁春元

刘贤保（1927.8—2012.2） 男，桥东头村人。1947 年 8 月，加入中国共产党。1947—1948 年，参加支前队伍，受到部队和党组织的表彰。1952 年，参加互助组的组织领导。1953 年，组织成立初级社并任社长。1956 年，三个初级社合并成立高级社（即同进社），任社长。1954 年 7 月，任支部书记。倡导渔农并举，对原有渔船、网具打价作股，同时，自筹部分资金，贷款建造渔船，购买网具，安排青壮劳力 132 人从事渔业生产。到 1956 年底，共有坛子网船（大网）16 只，拉蛄噜、卡簎子船 26 只。为发展集体经济，改善人们的生活打下了坚实的基础。1957 年，被华东局授予全国“劳动模范”荣誉称号，并出席了山东省“渔业先进单位”表彰会议。1982 年 9 月离职。1983 年办理农村干部退休。

谭宗渠（1931.10—2012.10） 男，涛雒四村人。1951 年，涛雒高小毕业，考入日照一中速师班学习。1953 年毕业并参加教育工作，曾经在岚山小学、城关小学、刘庄小学、涛雒小学等多个学校工作过。谭宗渠热爱祖国，热爱人民，热爱教育，把自己满腔心血倾注于教育事业。1956 年，被评为日照县优秀教师。1957—1958 年，连续两年被评为日照县先进教育工作者。1959 年，获日照县优秀教师、优秀辅导员、优秀工会会员、先进积极分子等多项称号。1960 年，出席山东省文教系统先进工作者代表大会，获山东省“劳动模范”称号。1961—1965 年，连续五年出席日照县教育系统先进工作者代表大会。1961 年，出席山东省教育厅、卫生厅、妇联、共青团省委联合组织的先进儿童工作者代表大会，被评为山东省“先进儿童工作者”。1980 年 12 月退休。

谭宗渠

涂传欣（1931.12—2013.2） 男，涛雒四村人，初中文化，农民。1951 年 3 月，加入中国共产党。1950 年 3 月入伍，系二野五兵团四十八师，其间立二等功一次。时为抗美援朝后续部队，抗美援朝胜利后，退役返乡。1958 年，参加日照水库建设，任涛雒水利营营长。带领涛雒的基干民兵不畏艰险，苦干巧干，在全县所有参战单位第一次评比中，一举夺得帅旗。在整个施工过程中共进行的 35 次评比中，他率领的水利营 33 次夺得帅旗。他也被评为全省水利建设模范民兵。1959 年，任涛雒公社港养连连长。是年 5 月，中共山东省委第一书记舒同到日照考察时，召见了涂传欣等人。舒同高度评价了他们为社会主义建设作出的贡献。1960 年 4 月，涂传欣参加在北京召开的全国民兵代表大会。是月 27 日下午 3 时 45 分，涂传欣等代表在北京怀仁堂后院，受到毛泽东等中央领导的接见。中央军委奖励涂传欣 56 式半自动步枪 1 支、子弹 100 发。1964 年，全军大比武也带动了地方民兵比武热潮，涂传欣参加了山东省军区组织的冲锋枪对隐显目标、水上运动目标射击，获全能一等奖。在参加省军区拍摄的射击表演纪录片时，获特别奖。参加了临沂军分区赴各县巡回表演。

宋懋甲（1929—2013.6） 男，涛雒三村人，专科学历。曾任山东省工业厅厅长。

郭建增（1924—2013.10） 男，栈子二村人。1942 年 7 月加入中国共产党。1941 年 3 月参加工作。1950—1958 年，任山东省蔬菜果品公司经理。1958—1979 年，历任山东省供销社财务处处长、副主任（副厅级）。1979—1988 年，任山东省丝绸总公司总经理（正厅级）。1989 年离休。

叶景茂（1933.1—2014.4） 男，栈子三村人。1954 年 9 月，加入中国共产党。1948 年 9 月，参加革命。1950 年 5 月，调新浦油脂分公司石臼支公司任会计、会计股股长。1953 年 4 月起，先后任临沂油脂分公司会计、财会科科长。1957 年，粮食、油脂机构合并，仍任粮食财会科科长。1958 年 5 月，选调省粮食厅财会处工作。1959 年下半年回临沂，任粮食局财会科科长。1975 年 9 月，任临沂地区粮食局副局长。1977 年 9 月，任临沂地区财税局副局长。1979 年 9 月，任临沂地区财税局局长。1990 年，任临沂

叶景茂

地区人大工委副主任兼财政局局长。1993年离休。

叶金刚（1923.10—2014.7） 男，栈子二村人。1940年4月，加入中国共产党。是年6月，任日照县抗日武装五中队一排排长。地委青训班结业后，到山纵二旅政治部工作。1943年，任巨峰区分区委书记兼区中队指导员。1945年1月，任沈疃区分区委书记兼武工队指导员。1946年8月，任县武装部长。1947年，任县总团副团长，其间曾率县子弟兵团参加莱芜、孟良崮战役，记大功一次。1948年，调滨海三团三营任教导员。是年底，调军分区训练团任政治处副主任，参加淮海战役。1949年3月，调第九兵团直属政治部任科长，参加渡江和上海战役，后调兵团司令部任政工科长。1950年底，赴朝作战。1953年10月，任27军81师241团副政委兼政治处主任，1954年7月，任团政委。1960年，入解放军政治学院学习。1961年，任81师政治部主任。1962年，调任80师政治部主任，赴浙江备战。1964年，先后任师副政委、政委。1968年，任江苏省镇江地区兼镇江市革委会主任。1970年5月，任27军政治部主任，6月，任军副政委。1972年，任军政委。1981年，入解放军政治学院学习。1983年，任北京军区纪委委员、副书记、书记，军区党委常委、军委纪委委员。1990年离休。是第四、第五届全国人大代表，中共十二大代表。

叶金刚

赵全忠（1936.9—2014.8） 男，李家潭崖村人。1960年6月，加入中国共产党。1958年6月，毕业于诸城师范学校，到莒南县干部文化补习学校任教。1963年，先后在莒南、临沂搞“社教”。1964年，先后任莒南县总工会、中共莒南县委监委秘书。1970年起，先后在莒南县整党建党办公室、组织部、纪律检查委员会工作。1981年1月起，历任莒南县团林公社党委书记，莒南县委副书记、县长。1985年5月，任日照市（县级）政协主席、党组书记。1989年，任日照市政协副主席、党组副书记。1998年7月退休。

赵全忠

王运胜（1936.10—2018.3） 男，小草坡村人，专科学历，中共党员。1953年入伍，参与人民大会堂建设。1956年转业，参加新疆克拉玛依大会战。1960年，参加大庆石油会战。1964年，参加天津六四一长石油会战。曾任天津大港油田工会主席。

王运胜

秦洪昌（1947.2—2018.12） 男，下元一村人，中共党员。1965年12月参军，历任海军北海舰队防救船大队战士、班长、分队长，后勤处助理员、后勤处副处长、后勤处处长，北海舰队司令部航保处科长，海军青岛基地航保处副处长、处长，海军北海舰队司令部管理处处长。曾担任海军青岛基地防救船大队后勤处党总支书记、海军北海舰队司令部管理处党委书记、海军北海舰队司令部直属党委常委等党内职务。1988年，被授予海军上校军衔，1992年，被授予海军大校军衔。2002年退休。

秦洪昌

孙树吉（1924.7—2019.1） 男，东南营村人，中共党员。1940年6月参加革命，1946年3月加入中国共产党。1983年12月离休，享受厅级待遇。

王世志（1947.1—2020.9） 男，小海村人，中共党员。1964年，考入北京航空学院。1969年3月毕业，分配到空军服役，在空军航空兵某师任机械师、副政治指导员，师政治部干事、副科长、科长。1983年3月，调空军政治部干部部，历任干事、副处长、处长、副部长、部长。1998年10月，任北京军区空军政治部副主任。1999年7月，被授予空军少将军衔，

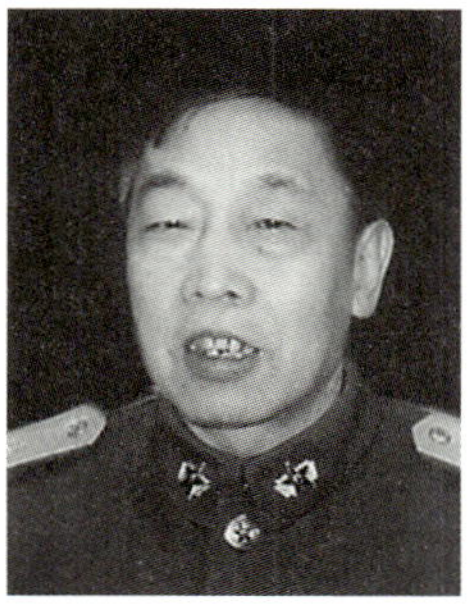
王世志

是年8月，任某军政治部主任。曾任日照北京同乡联谊会会长。

张传玺（1927.2—2021.2） 男，涛雒四村人，博士研究生，历史学家，中共党员。1951年2月至1952年7月，任青岛私立文德女子中学政治教员。1952年8月至1953年3月，任省立青岛第八中学（原文德女子中学）副教导主任。1953年3月至1956年7月，任青岛第七中学副教导主任兼青岛第一机关干部业余中学教导主任。1956年8月至1957年1月，任青岛第四中学副教导主任（主要负责人）。1957年2月，在北京大学历史系读副博士研究生，师从翦伯赞，研究秦汉史。1958年8—12月，任全国人大云南民族社会历史调查组潞西县遮放区傣族调查组组长。1958年12月至1959年7月，任云南武定禄劝两县彝族调查组组长。1961年2月至2021年2月，历任北京大学讲师、副教授、教授（兼任翦伯赞先生的助手、秘书）。中央广播电视大学主讲教师，中国秦汉史研究会副会长、顾问，中国北京史研究会顾问，国家教委（教育部）中学历史教材审查委员会委员，全国普通高校招生统一考试学科命题委员会委员，全国各类成人高等学校统一招生考试大纲审定委员会副主任兼历史学科组组长。主要著作有《秦汉问题研究》《中国古代史纲》《简明中国古代史》《中国历代契约会编考释》《翦伯赞传》等。发表史学论文200余篇。1986年和1999年，获全国广播电视大学优秀主讲教师奖。享受国务院政府特殊津贴。

张传玺

孙树桂（1918—2021） 女，孙家营子村人。1943年11月参加工作，1944年加入中国共产党。1952年任解放军军事学院妇干团一中队副队长。1955年，任总参谋部某委员会党支部书记。1992年4月离休（副师级）。

孙树桂

丁孑（1929.7—2022.4） 原名丁原代，男，丁家官庄人。1945年9月，在山东军区战时邮政训练班学习。1946年4月，在新四军司令部运输处驾驶训练班学习，6月到新四军兵站部交通科工作。1947年10月，到渤海地区水利工程队工作。1948年3月，到山东黄河河务局工作。1951年9月，到苏联莫斯科水利工程学院学习，1957年毕业回国，到水电部水电总局、后被派到治淮委员会（安徽）响洪甸水库工程局工作。1958年底，回水电总局任工程师。1976年，到水电部基本建设司任工程师。1985年，任高级工程师。1986年，任国家工程质量奖审定委员会能源组委员。1988年，任水利部工程质量监督总站秘书长（处级），兼任国家工程质量奖审定委员会委员（全国共25人），兼水利部优质工程评审委员会秘书长。1991年5月离休，享受局级待遇。离休后联系在外地的日照老乡，成立了日照老乡在京联谊会，刊印了3200人的日照在外人士通迅录三卷，为家乡日照的经济振兴和文化发展作出了一定的贡献。并著有《迟开的花朵》《词坛掠影》《路在何方》《蹉跎岁月无悔抉择》《学海浮沉》等。

丁孑

孙树培（1935—2023） 男，孙家营子村人。1947年12月入伍，历任华野后勤卫生部医训队学员、华东第三医院护理员。1949年4月起，先后进入潍坊市中学、南京工程兵学院学习。1956年3月起，历任南昌步兵学校训练部工兵教员，某军直工兵营营长（副团级）、营党委副书记。1973年7月起，历任福州军区军政干校训练部兵种教研室副主任兼工化组组长、参训队队长、一大队党委委员、兵种教研室支部委员。1978年2月起，历任南京陆军指挥学院训练部工兵教员、战术教员、教授，专业技术级别为正师级。

孙树培

（三）

马承敦（1938—1968.9） 男，马家村人。1958年1月入伍，1963年加入中国共产党，曾任4015部队361船副政委。1968年9月，在青岛牺牲。

丁兆界（1929.10—1969.5） 男，亚月村人，大学文化，中共党员。1941年参加革命工作，任八路军干部队勤务员、宣传员。1942年10月，任日照县抗日小学校救国会副会长兼儿童团团长。1945年1月，任日照县工商管理局文化教员，2月任山东滨海支队政治部宣传员。9月随军挺进东北。1946年2月起，先后任七纵队政治部宣传委员，二十旅（后改编为辽宁第二军分区）政治部宣传队队长，武工队小队长，辽宽第二军分区武工队队长。1947年秋随军参加了解放辽宁西丰县的战斗，后留在西丰工作，先后任第三区（今郜家庄镇）副区长，西丰县委组织部干事，县委机关党总书记。1949年10月起，历任西丰县委宣传部副书记、县委第一书记，铁岭县委第一书记，沈阳地委农村工作部处长，沈阳地委农村工业部部长，沈阳地委秘书长等职。1978年6月，中共铁岭地委给予平反昭雪。

丁琳原（1925—1993） 男，右所村人，专科学历。曾任日照港务局处级干部。

丁运祥（1937—1993） 男，右所村人，专科学历。曾任山东体委处级干部。

孙鲁民（1922.11—1994.4） 男，1942年5月参加革命工作，1946年7月加入中国共产党，曾任安丘县副县长。1984年12月离休。

孙树型（1920—1996.2） 男，孙家营子村人，专科学历，中共党员。1938年入伍，曾任某部队连指导员。1945年1月，在地方从事工商管理和税务工作，先后任日照县工商局副站长、县税务局稽征所所长等职。1949年2月，参加南下干部团随军南下接管上海，先后在上海税务局、普陀区税务局、上海新华橡胶厂、上海市机电公司等处工作。1982年离休，为副处级干部。

孙树型

隋义书（1922.2—1996） 男，涛雒四村人，专科学历，中共党员。1940年入伍，1949年到上海。曾任上海市黄浦区税务局副局长。1984年离休。

滕怀俊（1929—1997） 男，刘家湾村人，中学文化程度。曾任滕县人民政府县长。

魏本源（1942.12—1997.8） 男，涛雒四村人，中共党员。1962年在连云港参军。1968年3月复员。历任青岛市公安局四方分局刑警、治安科科员。1986年任四方东太平村治安所副所长。1991年后，历任四方分局治安科副科长、科长，预审科科长、分局党委委员、一级警督警衔。1997年8月在职期间病故。

秦福致（1921.5—1999.5） 男，小草坡村人，专科学历，中共党员。1951年，在连云港铁路港口工作。1953年，任连云港港务局码头航标工。1956年，任连云港港口引航公司灯塔管理员。1976年3月，任连云港港务局工会主席。1982年8月退休。

秦福致

王玉华（1959—2003） 男，涛雒三村人。1983年，毕业于曲阜师范大学，先后在两城中学、日照三中、日照四中、日照二中、日照实验高中工作，先后任教师、教导主任、副校长、校长等职。曾连续四年被评为“市级优秀高三年级班主任”，荣获“市十佳青年教师”称号。2000年8月，任日照实验高中首任校长后，该校先后获得“省级规范化学校”“省重点中学”等称号。在身患绝症，有限的时间里为学校发展作出巨大贡献。2003年5月病逝。为表彰王玉华干事创业的奉献精神，东港区委、区政府于2003年8月，分别追授其“优秀共产党员”和“劳动模范”称号，追记“三等功”。

王玉华

宋加来（1931.8—2012） 男，涛雒六村人，1945年2月入伍，先后参加过济南战役、潍坊战役、淮海战役，后随部队进川剿匪，获解放勋章等军功章多枚。参加抗美援朝战争，任连长。回国后，历任营长、装甲团参谋长等职。1978年转业，任莒南县农机局局长。1991年离休。

尹永诜（1924.3—2013.1） 男，张家廒头村人，大学文化程度，1949年毕业于北平中国大学生物学系，是年6月在山东大学医学院参加工作。1951年，任山东军区军医学校生化教员。1952年后，历任河北医学院（今河北医科大学）生物化学教授、生化研究室主任、《医学信息》主编，中国生物化学与分子生物学学会理事、河北生物化学学会理事长 、河北营养学会理事长。编写出版《简明生物化学》《生物化学》、参与编写《生物生化学与临床》《心血管生理学》等著作，在省级以上刊物发表论文20余篇。先后获得省卫生厅、省教委科技进步二等奖4次，省科委科技进步二等奖1次，解放军科技进步三等奖2次。

尹永诜

孙德先（1930—2015） 男，东南营村人，中共党员。1944年1月入伍，为野战外科军医。参加过涟水、莱芜、孟良崮、豫东、济南、淮海等战役。1949年4月，随第三野战军渡江南下，参加解放常州、昆山、上海等战役，参与接管国民党上海联勤总部下属职工医院。1957年转业地方工作。1966年10月，从上海抽调去贵州筹建军工企业医院，任院长（处级干部）。1986年离休。

孙德先

田玉华（1927.2—2016.11） 男，桥东头村人，中专学历，中共党员。曾任陕西军区团级干部。

葛允标（1920.1—2017.4） 男，王家村人，1946年入党并参加工作，解放前从事地下工作，先后任涛雒渔业联合社主任，山东省水产供销公司日照支公司经理，日照市市场监管局一级主任科员、四级调研员。1980年离休。

葛允标

滕肇祥（1932.6—2017） 男，刘家湾村人，初中文化，1949年9月加入中国共产党。1948年10月入伍，先后参加了解放太原、西安、兰州、成都、西康等战役，立三等功，受嘉奖多次。先后任西南军区（62军）九连战士、成都军区一团二营参谋、四川雅江武装部部长，上尉军衔。1963年4月转业，先后任临沭县玉山区税务所所长，临沭街道税务所所长，曾受国家税务局表彰。1990年10月离休，副县级干部。

滕肇祥

滕怀润（1941.10—2018） 男，刘家湾村人，中学数学高级教师，全国优秀教育工作者，中共党员。1961年7月参加工作，历任初中教师和普通高中教导主任。1978年，任日照县中小学教研室主任。1984年5月，任日照县（市）教育局副局长。1990年2月，任日照市招生、自考办主任。1993年10月，任日照第一中学副校长、党委委员（副处级）。2002年4月退休。其事迹刊载《日照年鉴（1995）· 人物篇》。

滕怀润

刘红军（1963.1—2018）　男，涛雒三村人，专科学历。中共党员。1979年参加工作。1989年，任东港区法院副院长。2007年，任岚山区人民法院院长。2014年，任日照市中级人民法院执行局局长。

刘红军

郑淑青（1925.10—2019.7）　男，西灶子村人，专科学历，中共党员。1945年8月起，先后在山东日照县工商局、日照县新华公司山东滨海分局、华东支前司令部、华东运输司令部工作、华东公路局工作。1950年8月，在中国人民大学学习。1951年8月起，先后在华东交通部交通公路总局、交通部公路总局、交通部西藏交通局、中共第七党校（重庆）、交通部公路总局、中国驻也门公路专员组、交通部公路工程局工作。1981年11月，任交通部公路工程局一公局副总会计师。1986年12月离休。

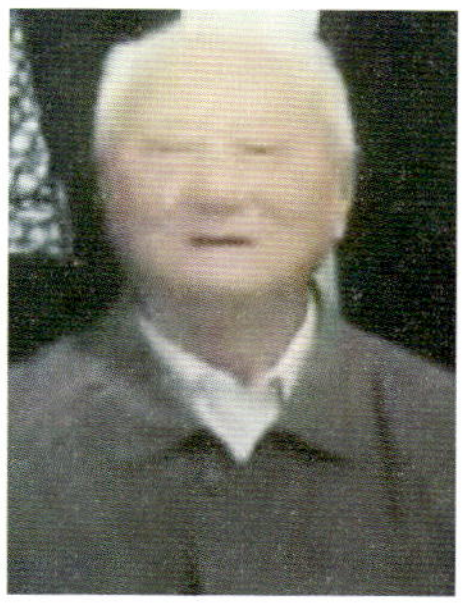

郑淑青

孙喜先（1946.8—2019）　男，1946年8月出生，东南营村人，专科学历，中共党员。1963年8月入伍，历任炮兵四团战士、班长、通讯收发员、七连副指导员、八连指导员。1978年9月，任师农场政工股股长，其间，1978年9月至1980年4月在南京政治学院学习。1980年11月起，历任炮兵二〇四团政治处主任、政委。其间，1984年12月至1986年5月，率部赴云南老山地区作战。1986年6月，任临沂市人民武装部部长、军分区党委委员。1990年9月，任临沂市委常委、人武部政委、军分区党委委员。1995年2月，任兰山区委筹建工作负责人、人武部政委、军分区党委委员。1995年3月，任兰山区委常委、人武部政委、军分区党委委员。1996年3月起，历任兰山区委副书记，兰山区人大常委会主任、党组书记。

孙喜先

丁银昌（1934.2—2020.8）　男，西林子头村人，专科学历，中共党员。1949年参加工作，历任日照县委办公室文书、秘书，碑廓公社党委书记，高兴公社党委书记，日照县供销社主任，日照县委常委、纪委书记，日照市（县级）人大常委会副主任，日照市人大常委会农工委主任。1996年3月离休。

丁银昌

孙笙先（1930.8—2020）　男，东南营村人，专科学历，中共党员，高级经济师。1945年8月入伍。1946年转入地方工作，先后在竹亭县商店、日照县工商局、临沂专署粮食局、地区建设银行、地区人民银行等单位工作；1970年调临沂行署计划委员会工作，历任科长、副主任、主任、党组书记，高级经济师，1990年12日离休。中共山东省第5次党代会代表，临沂市第11、12届人大代表。1990年获省优秀工作者奖牌。立功受奖20多次，获颁中国人民抗日战争胜利70周年、庆祝中华人民共和国成立70周年纪念章。

孙笙先

陈学仁（1946.2—2023.1）　男，涛雒六村人，大专学历，高级工程师，中共党员。1965年11月参加工作，历任胜利油田临盘指挥部钻井大队副队长、大队长，东濮钻井指挥部钻井二大队队长。1982年12月起，先后任东濮油田钻井指挥部党委委员、副指挥，中原油田钻井一公司党委委员、常务副总经理。1994年2月，任中原油田塔里木中原钻井公司党委副书记、经理。先后参加胜利、江汉、南阳、

陈学仁

799

中原、塔里木、克拉玛依等油田大会战。2006 年 2 月退休。

孙树尧（1931—2023） 男，孙家营子村人，专科学历。1945 年 1 月入伍，1948 年 7 月加入中国共产党。参加过孟良崮战役、济南战役、淮海战役。曾为滨海军区卫生训练队学员，历任司药、药房主任等职。1955 年，被授予中尉军衔。1966 年后，历任政治教导员、政治处主任、政治委员、济南军区干休所所长等职。1983 年离休（团级）。1995 年，任济南军区老干部京剧联谊会秘书长。

孙树尧

（四）

牟希禹（1904—1957） 男，大羊卷村人。1925 年，毕业于坊子铁路警察所，在高密车站任护路警察，其间，加入国民党。1926 年秋，参加邓恩铭等人在高密车站以“工人俱乐部”名义组织的各种活动，与共产党人庄龙甲、刘俊才等合作共事。1928 年，济南“五三惨案”发生，他以工人代表身份率“五三惨案”代表团到各地报告日军在华野蛮屠杀的罪行。秋，任“反日会”干事，指导所长。曾到蒙阴、临沂、日照等地组织“反日会”。翌年，改任国民党山东省党部干事、总干事和候补委员。1947 年，被选为国大代表。1949 年 3 月去贵州。1949 年 10 月 1 日前去台湾。

叶连伟（1904—1962） 字光庭，男，栈子庄人。自小在家乡读私塾、高小。中学毕业后，考入北京华北文法学院教育系。1930 年，任日照县民众教育馆馆长。抗日战争爆发后，投笔从戎，走上抗日救国道路。先是加入江西庐山军官训练团，完训后，追随国民党第二军军长李延年从事抗日战争。1937 年 8 月，任国民党第二军军长李延年的秘书，随军参加了上海“八一三”抗战。1938 年，随李部参加台儿庄会战。1944 年，任印缅抗日远征军团指挥官，远征印度、缅甸等地，为阻断日本侵略军陆上交通作出一定贡献。抗日战争胜利后，任南京汤山陆军炮兵学校教官。1947 年，任青岛鲁东师管区司令部新闻处长，少将军衔。1948 年去台湾。

叶连伟

尹志伊（1894—1973） 字莘农，男，张家廒头村人。1924 年，毕业于上海同济医工专门学校，在宝隆医院当医生。1925 年，其弟尹景伊在五卅惨案中殉难，他在哀痛之余写下了《亡弟景伊殉国病史》一文，愤怒控诉反动派的罪行。

尹志伊

他医术高超。20 世纪 20 年代，日照黑热病流行，染病儿童死亡率很高。他大胆引进“锑制剂”治疗，遏制此病蔓延。1931 年，出任山东省立医学专科学校校长，兼附属医院院长 17 年之久。他治校有方，教学质量在国内为一流水平。他虽公务繁忙，仍执鞭任教，深得学生的敬重，被聘为部级教授。

1937 年底，日本侵略军逼近济南，他带领医专和附属医院人员，连同设备器材撤出济南，辗转迁至四川云阳、万县。为适应战事需要，附属医院改名为第十重伤医院。抗日战争中，医专除在迁移中停课外，一直坚持正常教学，为抗日前线输送了大批医务人员。

尹莘农对故乡教育极为关怀。1933 年，他回故乡成立“景伊小学”。把旧居作教室，施行义务教育。1973 年，病逝于台北。

丁惟音（1885—?） 男，涛雒镇人。清宣统元年（1909）优贡生，排行第八，涛雒人称“丁八老”，广记商号继承人。民国年间涛雒商界的代表人物，涛雒圩寨的管理人。1919 年，任日照县商会会长。1924 年，主持涛雒商界修建日照—安东卫的公路。1929 年，曾因修路资金问题与夏陆沟马瀚甫（字祝明）结怨，被其控告贪污，押赴济南，准备处决，因日照同族相救而获释。1938 年日军侵占涛雒，迁居青岛。1948 年，参加日照流亡政府，任参议员。1949 年，赴重庆投奔女婿未果而留居重庆。1959

年被捕入狱，判处有期徒刑 13 年，后死于狱中，卒年不详。

尹相润（1918—1992） 字书田，男，尹家廒头村人。原台湾润泰工业公司、润华染织厂公司董事长，还曾兼任台湾振丰信工业公司常务董事，台湾区棉布印染整理工业公会理事长，台湾区棉纺工业公会理事，纺织业外销拓展会常务董事，工商协进会会员等职务。

1941 年，在上海开办歌珊棉织厂，后在青岛设立润鲁号棉织厂，抗日战争胜利以后移居台湾。1953 年在台湾设立润华染织厂，织造格子布内销。1958 年进军美国市场，为台湾纺织业外销先驱。1973 年后，创设华信纺织厂公司和润泰纺织染整公司，1976 年将两公司合并成润泰工业公司，生产棉纱和牛仔布，时称“格子布专家”“牛仔布大王”。1977 年，又创润泰建设公司，嗣后又设立润泰租赁公司、润泰广告公司及润泰营造公司，形成颇具规模之润泰工业企业集团，在工商界颇具盛名。先后捐款 230 万元，资助日照第一中学兴建了可容纳 30 个班的书田教学楼和书田体育馆。

二、革命烈士

涛雒域内人杰地灵，自古以来涌现出众多仁人志士。中国共产党诞生后，革命风暴席卷各地，涛雒地域亦燃起革命之火。以庄仲萱为代表的共产党人，从涛雒走向各地，为中国革命作出了贡献。自中国共产党成立以来，涛雒镇经县级以上人民政府批准的革命烈士共有 213 人。按村庄排列，以牺牲先后为序。

涛雒一村

宋家方 男，1920 年 8 月出生，1942 年 10 月入伍，日照县三大队战士，1943 年，在日照城战斗中牺牲。

祝金茂 男，1922 年出生，1943 年入伍，滨海军区后勤部连指导员，1946 年，在山东省胶县战斗中牺牲。

祝金全 男，1918 年 10 月出生，1943 年 7 月入伍，四野战士，1948 年 3 月，在四平市牺牲。

宋光瑞 男，1925 年出生，1946 年入伍，滨海三团二营四连通讯员，1948 年，在莒南县清水战斗中牺牲。

宋家兴 男，1921 年 4 月出生，1943 年 9 月入伍，1944 年加入中国共产党，一支队二营六连连长，1949 年 10 月，在湖南省石下江战斗中牺牲。

涛雒二村

李臻鹤 男，清光绪二十五年（1899）出生，1932 年，在日照暴动中牺牲。

庄茂良 男，清光绪三十年（1904）出生，1929 年加入中国共产党，1932 年，在日照暴动中牺牲。

庄茂森 男，清光绪三十年（1904）出生，1929 年加入中国共产党，1932 年，在日照暴动中牺牲。

庄建福 男，1923 年出生，1939 年入伍，日照县便衣队战士，1941 年，在日照县傅疃战斗中牺牲。

庄建秀 男，1923 年出生，日照县三大队战士，1942 年 7 月在付疃河牺牲。

张继元 男，1924年出生，1946年入伍，334团三营八连副班干部，1946年2月，在洛阳肥牛屯战斗中牺牲。

万忠义 男，1923年出生，1946年入伍，7纵19师57团1营班长，1947年，在莱阳战斗中牺牲。

王仕美 男，1920年出生，1944年入伍，17团二营六连战士，1948年，在苍山兰陵战斗中牺牲。

孙保福 男，1925年出生，1946年入伍，海滨二团战士，1948年，在江苏赣榆县沙河战斗中牺牲。

涛雒三村

刘立科 男，1912年出生，1932年，在日照暴动中牺牲。

王安斗 男，清光绪二十一年（1895）出生，1940年入伍，地下工作者，1944年，在日照县牺牲。

黄庆全 男，清宣统三年（1911）出生，1944年入伍，地下工作者，1944年，在日照城牺牲。

丁履合 男，1918年出生，1939年3月入伍，地下工作者，1944年，在日照城牺牲。

丁履洪 男，1918年出生，十九团班长，1945年，在泊儿战役牺牲。

宋家珊 男，1925年出生，1939年入伍，老六团骑兵连排长，1945年，在日照县大朱曹战斗中牺牲。

孙纪苗 男，清光绪二十八年（1902）出生，1938年入伍，警备团班长，1946年7月，在日照县小湖战斗中牺牲。

王振路 男，清光绪二十八年（1902）出生，1946年入伍，战士，1947年失踪，1947年批准为烈士。

丁原金 男，1920年出生，1945年入伍，3纵7师19团2营5连战士，1948年，在东北新民县战斗中牺牲。

刘贤禄 男，1922年出生，1946年入伍，战士，1948年，在洛阳战斗中牺牲。

李荣绪 男，1926年出生，1946年入伍，江苏赣榆县独立团三营班长，1948年5月，在江苏沙河战斗中牺牲。

万志祥 男，1922年出生，1947年入伍，志愿军战士，1950年，在朝鲜牺牲。

宋连贵 男，1931年出生，1947年入伍，上海市警备团班长，1950年，在上海牺牲。

涛雒四村

崔维功 男，1920年出生，1942年入伍，1944年加入中国共产党，胶南县税征队分站站长，1948年，在胶南县灵山岛战斗中牺牲。

涛雒五村

于子合 男，1924年出生，1945年入伍，滨海独立团战士，1945年12月，在胶南县泊里战斗中牺牲。

黄恒仁 男，1926年出生，1946年入伍，1947年6月加入中国共产党，滨海二团二营战士，1947年，在江苏省赣榆县战斗中牺牲。

涛雒六村

金日昌 男，1911年出生，日照暴动队伍战士，1932年，在日照暴动中牺牲。

孙伯让 男，1902年出生，日照县三大队战士，1942年，在涛雒大羊卷牺牲。

滕西江 男，1922年出生，1946年参军，7纵19师57团战士，1947年，在莱阳西关战斗中牺牲。

丁惟勤 男，1922年出生，1946年参军，7纵19师57团战士，1947年，在莱阳西关战斗中牺牲。

朱德升 男，1922年出生，1946年参军，赣榆县独立团战士，1948年，在江苏赣榆战斗中牺牲。

宋光兴 男，1927年出生，1946年参军，同年加入中国共产党，赣榆县独立团战士，1948年，在江苏赣榆战斗中牺牲。

涛雒七村

王兆积 男，1924年出生，1946年入伍，江苏省赣榆县独立团战士，1946年，在江苏清庄湖战斗中牺牲。

张传永 男，1928年出生，1946年入伍，江苏省赣榆县独立团排长，1946年，在江苏省清庄湖战斗中牺牲。

葛为海 男，1926年出生，1946年2月入伍，滨海2团战士，1947年9月，在日照县奎山战斗中牺牲。

侯元提 男，1916年出生，1948年入伍，2师4团3营战士，1948年4月，在四平战役中牺牲。

张传鹤 男，1923年出生，1945年4月入伍，中共党员，0132部队1支队2分队战士，1948年4月，在四平战役中牺牲。

尹世玉 男，1926年出生，1944年2月入伍，志愿军26军78师232团战士，1951年3月，在朝鲜仙岩里战斗中牺牲。

右所村

陈维德 男，1923年出生，1942年入伍，四团一连战士，1943年，在日照县义和岭战斗中牺牲。

宋瑞农 男，1923年出生，1941年入伍，铁二旅副连长，失踪，批准为烈士。

丁履峙（曾用名丁履珊） 男，1920年生，1943年入伍，警备团战士，1944年，在小湖战斗中牺牲。

丁来明 男，1922年出生，1938年入伍，滨海一团司号员，1944年，在莒南县刘家东山战斗中牺牲。

丁履合 男，1929年出生，1946年4月入伍，滨海二团一营二连战士，1947年，在江苏赣榆县任家庄战斗中牺牲。

丁履淑 男，1929年出生，1949年4月入伍，1947年9月，滨海二团一营二连战士，1947年9月，在日照县奎山战斗中牺牲。

黄松昌 男，1924年出生，1946年入伍，华东野战军战士，1948年，在江苏省新沂县碾庄战斗中牺牲。

宋庆山 男，1925年出生，1946年入伍，志愿军，1950年，在朝鲜战斗中牺牲。

丁原仓 男，1929年出生，1944年入伍，志愿军27军战士，1950年，在朝鲜牺牲。

金德友 男，1922年出生，1946年入伍，中共党员，35187部队副连长，1951年，在江苏新浦牺牲。

徐加桂 男，1929年出生，1946年10月入伍，志愿军，1951年，在朝鲜牺牲。

小海村

庄茂群 男，1917年出生，战士，1948年2月，在村内被还乡团杀害。1979年，批准为烈士。

王振珊 男，1928年出生，1946年入伍，中共党员，志愿军232团5连战士，1951年，在朝鲜扬州郡战斗中牺牲。

王家村

葛云正 男，1926年1月出生，1946年1月入伍，滨海2团3营7连战士，1947年，在山东临沭县青云战斗中牺牲。

尹世原 男，1927年出生，1946年9月入伍，江苏东海县大队战士，1948年3月，在江苏东海县敦村战斗中牺牲。

葛国仕 男，1923年出生，1947年入伍，26军78师232团机枪班长，1951年3月，在朝鲜失踪。1981年1月，批准为烈士。

刘家湾村

刘惟恩 男，1929年出生，1946年入伍，7纵19师57团1营2连战士，1947年11月，在莱芜战斗中牺牲。

滕以迪 男，1927年出生，1946年入伍，3团5连战士，1952年，在朝鲜牺牲。

桥东头村

刘惟深 男，1926年出生，1946年1月入伍，第7兵团排长，1949年，在浙江杭州牺牲。

马家村

马恒元 男，1921年出生，1940年入伍，新百十一师班长，1944年1月，在日照县空冲水战斗中牺牲。

马恒双 男，1921年出生，1946年入伍，滨海二团战士，1948年，在淮海战役中失踪。1981年11月，批准为烈士。

马世来 男，1922年出生，1943年入伍，1师2团3营9连战士，1943年失踪。1958年，批准为烈士。

马承敦 男，1938年出生，中共党员，1958年1月入伍，4015部队361船副政委，1968年9月，在青岛牺牲。

南店村

金月昌 男，1910年出生，中共党员，1932年，在日照暴动中牺牲。

庄聿臣 男，1921年出生，1941年入伍，战士，1945年，在日照县义和岭战斗中牺牲。

庄建轩 男，1920年出生，1946年1月入伍，1947年加入中国共青团，海滨一团战士，1947年，在江苏省赣榆县战斗中牺牲。

李其山 男，1929年出生，1941年入伍，24军70师210团1营交通员，1948年4月，在江苏省蚌埠战斗中牺牲。

庄聿顺 男，1932年出生，1949年1月入伍，志愿军战士，1951年，在朝鲜牺牲。

大刘庄村

马迎昌 男，1923年出生，1946年1月入伍，1945年8月加入中国共产党，海滨二团一营一连战士，1947年5月，在孟良崮战役中牺牲。

沈奎志 男，1928年出生，1948年1月入伍，22军64师190团9连战士，1949年，在浙江定海战斗中牺牲。

葛永礼 男，1930年出生，1951年3月入伍，98师政治部通讯员，1952年5月12日，在藤县花园因公牺牲。

竹子河崖村

宋开智 男，1923年出生，1941年入伍，日照县二区区中队战士，1943年，在日照县凤凰山战斗中牺牲。

宋光芹 男，清光绪二十五年（1899）出生，1943年入伍，日照县二区区中队战士，1944年，在日照县华山战斗中牺牲。

大朝阳村

宋家运 男，1926年6月出生，1946年入伍，1942年10月加入中国共产党，滨海二团战士，1947年5月，在莱芜战斗中牺牲。

杨德运 男，1924年出生，1945年1月入伍，涛雒区区委秘书，1947年7月，在日照县小屯牺牲。

庄家坨村

郑成 男，1929出生，1949年入伍，济南工商管理局通讯员，1949年12月病故。

下元一村

秦聿令 男，1928年出生，1943年8月加入中国共产党，1944年1月入伍，志愿军侦察参谋，1950年，在朝鲜牺牲。

秦玉芳 男，清光绪三十三年（1907）出生，1940年1月入伍，日照县三大队便衣队战士，1948年2月，在簸箕掌战斗中牺牲。

下元二村

秦振南 男，清光绪二十八年（1902）出生，1938年2月入伍，中共党员，江苏青口抗日学校大队长，1939年，在江苏青口抗日山战斗中牺牲。

訾文德 男，1913年4月出生，1939年8月入伍，老四团班长，1941年，在莒南许口战斗中牺牲。

王佃芝 男，清光绪十四年（1888）出生，1940年入伍，日照县三大队战士，1942年，在日照县崔景阳战斗中牺牲。

秦玉明 男，1922年出生，1942年4月入伍，日照县涛雒区中队战士，1943年2月，在日照华山战斗中牺牲。

郑淑林 男，清光绪三十三年（1907）出生，1938年入伍，中共党员，警备团战士，1944年，在日照县巨峰六甲庄战斗中牺牲。

孙纪木 男，1927年出生，1947年入伍，滨海二团任副队长，1948年，在江苏东海战斗中牺牲。

下元三村

朱仕芳 男，1915年出生，1940年入伍，警备团战士，1944年12月，在后黄埠战斗中牺牲。

曹德连 男，1918年出生，1945年入伍，19团1营3连战士，1945年11月，在山东胶南泊里战斗中牺牲。

宋光合 男，1920年出生，1940年入伍，中共党员，日照县三大队班长，1946年，在山东高密县范戈庄战斗中牺牲。

赵洪福 男，1925年出生，1940年入伍，滨海2团1营1连战士，1947年5月，在江苏清庄湖战斗中牺牲。

孙树元（曾用名孙树合） 男，1927年出生，1946年入伍，中共党员，战士，1947年，在莱芜战斗中牺牲。

董茂胜 男，1925年出生，1944年入伍战士，1948年3月，在四平战役中牺牲。

上元村

郭公进 男，1913年出生，1940年入伍，19团排长，1945年，在山东胶南泊里战斗中牺牲。

赵家庄子村

朱建松 男，1926年出生，1944年2月入伍，6师17团2营6连班长，1946年11月，在高密战斗中牺牲。

崔家庄子村

丁肇申 男，清光绪三十一年（1905）出生，1937年入伍，日照县三大队司务长，1943年，在日照城战斗中牺牲。

陈维路 男，1924年出生，1942年入伍，25团战士，1945年，在山东胶南县青山顶战斗中牺牲。

刘世海 男，1925年出生，1945年9月入伍，19团3营9连战士，1945年11月，在山东胶南泊里战斗中牺牲。

高旺庄村

厉明生 男，1918年出生，1943年入伍，十九团班长，1945年12月，在胶南县泊里战斗中牺牲。

阚永路 男，1925年出生，1945年8月入伍，19团战士，1945年12月，在山东胶南泊里战斗中牺牲。

李迎春 男，1915年出生，1943年3月入伍，警备团班长，1945年，在山东沂水战斗中牺牲。

刘贤俊 男，1923年出生，1944年入伍，警备团班长，1945年，在日照县六甲庄子战斗中牺牲。

丁履先 男，1925年出生，1945年入伍，19团1营1连战士，1946年1月，在山东胶县芝兰庄战斗中牺牲。

丁履怀 男，1915年出生，民工，1947年，在江苏赣榆县竹元战斗中牺牲。

王安荣 男，1927出生，1946年1月入伍，18师54团1营3连战士，1948年，在淮海战役中牺牲。

郭家庄子村

郭建法 男，1928年出生，1947年入伍，华东野战军战士，1947年5月，在江苏竹庭县战斗中牺牲。

郭公福 男，1924年出生，1949年入伍，滨海武工队战士，1947年10月，在江苏东海县战斗中牺牲。

东林子头村

韩建阳 男，1918年出生，1942年入伍，中共党员，教导5旅班长，1944年，在莒县九岭战斗中牺牲。

孙培枫 男，1921年出生，十九团四连四班班长，1945年4月，在六甲庄子战斗中牺牲。

崔永贵 男，1919年出生，1938年入伍，第二军分区战士，1946年，在四平战役中失踪。1958年5月，批准为烈士。

西林子头村

丁淑平 男，清光绪二十九年（1903）出生，1938年入伍，地下工作者，1938年，在日照县小沙沟被捕就义。

周子仁 男，清光绪十六年（1890）出生，1939年入伍，日照县三大队炊事员，1941年，在日照县沟洼战斗中牺牲。

解仁荷 男，1920年出生，1940年入伍，中共党员，日照县岚山区公所干事，1941年，在日照县夏家村牺牲。

丁惟传 男，1921年出生，1940年4月加入中国共产党，1946年1月入伍，日照县涛雒区公所民夫教导员，1947年8月，在山东省昌乐县战斗中牺牲。

董明英 女，1925年出生，1945年4月入伍，中共党员，涛雒区妇联干事，1947年8月，在日照县王家村牺牲。

丁原同 男，1920年出生，1939年入伍，日照县三大队班长，1947年，在胶县芝兰战斗中牺牲。

大草坡村

刘为有 男，1916年出生，日照县三大队战士，1940年，在马灵寺战斗中牺牲。

孙传三 男，1923年出生，1941年4月入伍，日照县公安局战士，1942年9月，在日照县邵家府战斗中牺牲。

滕培森 男，1926年出生，1947年2月入伍，1946年加入中国共产党，警备团战士，1947年7月，在临沂县李庄战斗中牺牲。

韩治京 男，1927年出生，1947年2月入伍，中共党员，滨海二团通讯员，1947年8月，在安徽蚌埠战斗中牺牲。

刘惟富 男，1928年出生，1946年1月入伍，1946年加入中国共产党，滨海二团排长，1947年8月，在山东省莒南坡木战斗中牺牲。

孙志窑 男，清宣统三年（1911）出生，1943年3月入伍，中共党员，日照县三大队连长，1947年，在日照县李家村战斗中牺牲。

孙志林 男，1926年出生，1948年1月入伍，中共党员，滨海二团副排长，1950年3月，在浙江定海战斗中牺牲。

小草坡村

王茂记 男，1921年出生，1940年入伍，滨海警备团班长，1945年3月，在日照县碑廓战斗中牺牲。

丁家营子村

高维海 男，1921年出生，1940年5月入伍，日照县三大队战士，1943年3月，在日照县大岭村战斗中牺牲。

张传升 男，1920年出生，1940年5月入伍，四团战士，1946年，在九仙山战斗中牺牲。

栈子一村

周绪杰 男，1926年3月出生，1946年10月入伍。七纵班长，1948年11月，在淮海战役中牺牲。

相守秋 男，1926年7月出生，1946年10月入伍，七纵战士，1948年11月，在淮海战役中牺牲。

栈子二村

叶祥云 男，1915年出生，1938年入伍，日照县大队税务局长，1940年，在日照县安东卫战斗中牺牲。

郭志一 男，1915年出生，1937年入伍，日照县教育科长，1945年11月，在栈子战斗中牺牲。

孙传友 男，1923年5月出生，1947年入伍，七纵战士，1947年，在高密战斗中牺牲。

叶速提 男，1929年出生，1945年入伍，66师198团卫生员，1949年7月，在浙江省定海战斗中牺牲。

栈子三村

郭建常 男，1922年出生，1938年入伍，老四团战士，1942年，在华山战斗中牺牲。

海员村

郭建柏 男，1922年出生，1940年入伍，海滨2团9连战士，1943年，在日照县陈疃战斗中牺牲。

叶秀芍 男，清宣统二年（1910）出生，1939年入伍，涛雒区中队干事，1944年，在日照华山战斗中牺牲。

付仲华 男，1920年出生，1937年入伍，中共党员，青岛办事处主任，1946年，在胶南薛家岛战斗中牺牲。

郑淑永 男，1925年出生，1945年1月入伍，37师110团副班长，1947年，在胶南泊里战斗中牺牲。

傅承林 男，1922年出生，1938年1月入伍，中共党员，青岛海员工会教导员，1950年，在青岛牺牲。

孙家村

孙仁先 男，1915年出生，1940年入伍，日照县三大队战士，1941年，在日照县邵疃战斗中牺牲。

孙纪虎 男，1917年出生，1940年入伍，日照县政府炊事员，1941年，在辛留战斗中牺牲。

孙树炳 男，1922年出生，1940年入伍，中国共产主义青年团团员，日照县安岚区中队干部，1941年，在日照县下寺战斗中牺牲。

许三 男，清宣统二年（1910）出生，1940年入伍，日照县三大队战士，1943年，在栈子战斗中牺牲。

孙耀先 男，1920年出生，1942年入伍，滨海2团4连班长，1945年，在日照县大刘庄战斗中牺牲。

孙耀三 男，1921年出生，日照县人民政府工作员，1945年7月，在涛雒牺牲。

孙树鹤 男，1922年出生，1943年入伍，中共党员，山东军区战士，1945年，在灌南县战斗中牺牲。

孙延南 男，1920年出生，1945年入伍，三纵队战士，1946年，在山东莱阳战斗中牺牲。

孙树礼 男，1920年出生，1938年入伍，同年加入中国共产党，日照县二区指导员，1949年，在江苏海州医院牺牲。

孙桂兰 女，1932年出生，1946年8月入伍，1949年加入中国共产党，17野战医院护理员，1951年12月，在吉林舒兰县牺牲。

庄家村

庄文卓 男，1913年出生，1943年入伍，战士，1945年，在胶南泊里战斗中牺牲。

庄聿田　男，1920年11月出生，1946年入伍，班长，1947年，在兖州战役中牺牲。

庄仲萱（庄庆坛）　男，清光绪十八年（1892）出生，1939年参加工作，1939年入伍，日照县人委司法科科长，同年加入中国共产党，1950年3月，在浙江舟山支前渡海参战中牺牲。

曹家村

侯元忠　男，1918年出生，1939年入伍，日照县三大队班长，1940年，在日照县马家湖战斗中牺牲。

周绪林　男，1930年出生，1944年入伍，19团班长，1947年，在掖县战斗中牺牲。

孙纪青　男，1915年出生，1942年1月入伍，中共党员，19团连长，1948年9月，在济南战役中牺牲。

孙树时　男，1920年出生，1945年8月入伍，中共党员，272团连长，1949年9月，在厦门小山战斗中牺牲。

唐明杨　男，1929年出生，1947年入伍，志愿军班长，1950年，在朝鲜牺牲。

解仁提　男，1951年出生，1971年3月入伍，6105部队战士，1973年8月，在长岛县牺牲。

东南营村

宋广发　男，1921年3月出生，1944年8月入伍，老六团战士，1944年，在日照县石沟崖牺牲。

孙纪唐　男，1921年出生，1938年入伍，六团二营二连班长，1944年6月，在讨李战役中牺牲。

孙树杨　男，1927年8月出生，1943年5月入伍，老六团班长，1944年，在日照石沟崖战斗中牺牲。

孙正先　男，1923年7月出生，1942年1月入伍，23团战士，1945年，在山东莒南战斗中牺牲。

孙敬先　男，1925年出生，十九团战士，1945年3月，在义和岭作战负伤，后在沙沟医院牺牲。

尹相国　男，1914年出生，1946年入伍，海防警备团战士，1947年，在江苏赣榆县战斗中牺牲。

孙合德　男，1922年6月出生，1941年3月入伍，19团排长，1948年，在江苏马场战斗中牺牲。

陈家现　男，1924年5月出生，1940年入伍，3野战士，失踪。1959年1月批准为烈士。

孙家营子村

孙树俭　男，1921年5月出生，1938年8月入伍，抗敌自卫军战士，1941年，在日照县东南洼战斗中牺牲。

孙聪耀　男，1912年3月出生，1939年8月入伍，抗敌自卫军司务长，1942年8月，在日照城战斗中牺牲。

孙树绪　男，1913年8月出生，1939年8月入伍，抗敌自卫军战士，1943年8月，在日照城战斗中牺牲。

孙景炎　男，1902年出生，抗战初期加入中国共产党，地下交通员，济南大鸡烟厂经理。1947年，在大鸡烟厂牺牲。

李家营子村

刘松贤　男，1920年3月出生，1942年4月入伍，警备团班长，1947年3月，在胶河战斗中牺牲。

苗家村

丁履春　男，1915年4月出生，1943年入伍，日照县巨峰区公所财粮助理，1944年，在日照县西岭战斗中牺牲。

马承忠　男，1926年7月出生，1942年入伍，警备团战士，1944年，在日照县黄埠子战斗中牺牲。

丁履明　男，1915年9月出生，支前大队民工，1946年沂水失踪，1958年7月，批准为烈士。

胡乃乐　男，1926年3月出生，1946年9月入伍，滨海2团副班长，1947年，在江苏赣榆石榴村战斗中牺牲。

李家潭崖村

牟乃俭 男，清光绪二十六年（1900）出生，1941年入伍，日照县碑廓县区中队文书，1942年，在碑廓小湖战斗中牺牲。

陈维成 男，1920年出生，1944年入伍，滨海2团战士，1947年失踪。1981年11月，批准为烈士。

牟敦平 男，1920年出生，1946年入伍，1947年，在烟台战斗中失踪。1981年11月，批准为烈士。

牟乃提 男，1928年3月出生，1946年1月入伍，1947年加入中国共产党，海防团班长，1948年，在山东临沂战斗中牺牲。

杨家洼村

杨乐田 男，1923年1月出生，1946年1月入伍，1944年1月加入中国共产党，滨海二团排长，1948年12月，在淮海战役中牺牲。

丁家官庄村

张德生 男，清光绪二十六年（1900）7月出生，1939年3月入伍，1940年加入中国共产党，地下工作者联络员，1940年，在日照城牺牲。

丁原先 男，1922年出生，1942年入伍，日照县税征队收税员，1943年，在日照城牺牲。

傅成礼 男，1928年9月出生，1942年入伍，1943年加入中国共产党，济南后勤部职员，1945年，在济南牺牲。

松林村

叶连玉 男，1922年出生，1942年2月入伍，老六团4连，失踪。1958年6月，批准为烈士。

王文俊 1924年出生，1940年入伍，1师3旅连长，1948年，在淮海战役中失踪。1958年6月，批准为烈士。

蒿岭村

宋佃彦 男，1923年3月出生，1943年2月入伍，涛雒区中队战士，1944年，在大羊卷战斗中牺牲。

亚月村

李世山 男，1923年出生，1946年入伍，7纵19师57团副班长。1948年，在莱阳战斗中牺牲。

大洼村

丁原京 男，1920年出生，1941年入伍，四野38军战士，1944年，在胶南泊里战斗中牺牲。1981年11月，批准为烈士。

丁原友 男，1917年出生，1946年入伍，海滨2团战士，1948年，在奎山失踪。1981年11月批准为烈士。

东风村

肖德才 男，1925年出生，1944年3入伍，中共党员，老六团连长，失踪。1958年6月，被批准为烈士。

周绪美 男，1924年出生，1943年3月入伍，1945年6月加入中国共产党，272团副班长，1948年，在厦门牺牲。

陈德英 男，1924年出生，1946年1月入伍，中共党员，华东九纵排长，1949年南下失踪。1953年，批准为烈士。

华山村

秦洪芳 男，1925年出生，1942年入伍，日照县第七区中队战士，1944年，在日照县华山战斗中牺牲。

丁原连 男，1927年出生，1944年1月入伍，沂水县鸡山兵工厂战士，1946年10月，在鸡山兵工厂战斗中牺牲。

刘轻贤 男，1925年1月出生，1942年1月入伍，老六团战士，1947年，在胶东失踪。1953年，批准为烈士。

刘惟坛（刘均平） 男，1926年出生，1941年入伍，日照县3大队副排长，1947年，在兖州战斗中牺牲。

牟慎古（牟乃方） 男，1925年4月出生，1941年3月入伍，3纵战士，1949年，在宁波战斗中牺牲。

西石梁头村

王安于 男，1917年2月出生，1941年入伍，37师110团1营1连副指导员，1942年加入中国共产党，1947年10月，在山东省莱阳战斗中牺牲。

东石梁头村

丁维合 男，1920年4月出生，中共党员，1942年3月入伍，警备团战士，1944年4月，在日照县车沟村战斗中牺牲。

丁原喜 男，1923年5月出生，1945年入伍，滨北1团战士，1946年，在高密战斗中牺牲。

丁履昌 男，1922年4月出生，1942年2月入伍，滨海2团战士，1947年9月，在日照县奎山战斗中牺牲。

高为同 男，1925年出生，民工支前队民工，1947年，在莱芜战役中牺牲。

尹家廒头三村

相振延 男，1932年出生，1947年6月入伍，1948年月加入中国共产党，费县兵役局战士，1957年8月1日，在临沂牺牲。

成家廒头村

成永沛 男，1922年出生，1945年入伍，连长，志愿军，1952年，在朝鲜牺牲。

成立平 男，1928年出生，1946年入伍，班长，志愿军，1952年，在朝鲜牺牲。

张家廒头村

尹景伊 男，清光绪三十一年（1905）出生，社会主义青年团员，1925年，在上海南京路牺牲。

西灶子村

郑淑德 男，清光绪三十一年（1905）出生，中共党员，日照暴动，1932年9月，在日照城牺牲。

郑作臣 男，清光绪二十九年（1903）出生，中共党员，日照暴动连长，1932年10月，在大坡南北山牺牲。

郑培习 男，1928年出生，1945年9月入伍，滨海兵2团3连战士，1947年9月，在江苏赣榆沙河战斗中牺牲。

郑淑瑶 男，1919年出生，1946年9月入伍，滨海2团3连战士，1948年11月，淮海战役牺牲。

郑全友 男，1929年出生，1946年入伍，滨海2团7连战士，1948年11月，在淮海战役中牺牲。

郑培信 男，1926年出生，1948年入伍，志愿军26军26团班长，1950年，在朝鲜牺牲。

东灶子村

郑培仓 男，1926年出生，1946年入伍，滨海2团3连战士，1947年，在临沭战斗中牺牲。

东川子村

马承泰 男，清光绪三十二年（1906）出生，1932年5月加入中国共产党。同年9月，参加日照暴动，在涛雒牺牲。

涛雒镇

万振鹤 男，1911年出生，区通讯员，1944年，在日照城牺牲。

三、人物简介

本章人物简介，共分七大类：一是副厅（副师）级以上干部，二是先进模范人物，三是科教文卫方面的专业技术人才，四是副处（副团）以上干部，以管区、村庄排列；五是企业界人士，分国有企业和非国有企业排列；以上五类人物均按出生年月先后排序；六是在域内工作（含已退休）副高级技术职称以上人员，七是域内研究生以上学历人员，六、七两类人员以表格形式排列。

（一）党政军副厅（副师）级以上人物

傅大同 男，1921年7月出生，栈子一村人，专科学历。曾任山东省纺织厅副厅级干部。

丁彪 男，1922年出生，涛雒五村人，专科学历，中共党员。曾任空军南京学院教导主任。

宋光启 男，出生年月不详，大羊卷村人，中共党员。曾任吉林省军区参谋长。

李茂云 女，1923年5月出生，曹家村人，1941年加入中国共产党。1941—1951年，先后任莒南县天林区妇救会会长，诸城县、高密县妇联书记，高密城区区委委员，胶县妇救会会长。1951—1982年，先后任山东省引黄灌溉工程局人事处处长，省水利厅招待所副所长，省水产厅托儿所副主任。1982年离休，享受副厅级待遇。

贾玉昌 男，1924年10月出生，崔家庄子村人，专科学历，中共党员。曾任济南铁路局武装部部长（副厅）。

孙善堂 男，1924年出生，孙家村人，专科学历，中共党员。曾任山东省财政厅副厅级干部。

孙工先 男，1925年2月出生，孙家村人。1943年，在涛雒区委工作。1944年，任诸城县大山区武委会主任。1945年，任胶南县凤台区人武部部长。1947年，任滨北军分区胶南独立团二营副教导员。1948年，任莒北县警卫队协理员。1949年，任华东后备某师二营副教导员，同年调任三野特纵政治部协理员。1953年起，先后任炮兵某师一营教导员、炮兵某师团政治处主任、炮兵某师团副政委。1963年，在解放军政治学院学习。1964年，任高炮65师623团政委。1969年，任炮兵第三师政治部副主任。1978年，任炮兵第三师副政委。曾多次立功。

丁元慈 男，1925年出生，涛雒二村人，专科学历，中共党员。曾任沈阳军区某师师长。

傅承宪 男，1925年出生，栈子一村人，专科学历。曾任山东省司法厅厅长。

丁文祥 男，1925年出生，西石梁头村人，专科学历。曾任中国人民银行甘肃分行副厅级干部。

丁乐原 男，1926年4月出生，涛雒三村人，1952年加入中国共产党。幼年随父母居于济南市。抗日战争爆发后，举家逃难至四川万县，就读于金陵大学附属中学。1944年，入成都金陵大学电机系学习。1949年4月，进入綦口汽车配件厂工作，先后任技术员、科长、副厂长等职。1959年，调重庆市委工交部，后任市经委办公室副主任。1964年，调重庆市标准件总厂任厂长。1971年，调重庆五一机床厂。1975年，调四川维尼轮厂任商检办公室副主任、设备处处长。1980年，调重庆市科学技术协会任专职副主席（厅局级）。1980年退休，被聘为市发明协会名誉会长。同年，当选四川省第五届政协委员。

丁乐原

丁智元 男，1926年出生，涛雒二村人，专科学历，中共党员。曾任国防科工委某师副师长。

傅承全 男，1926年出生，栈子一村人，专科学历。曾任青岛工业局党委书记。

庄茂禄 男，1926年12月出生，涛雒三村人，1947年3月加入中国共产党。1940—1947年，任本村青救会队长。1948年8月，在涛雒区委工作。1949年，任中共日照县委民运部干事。1950年，任日照县工委委员。1953年，任日照县工委副书记、书记。1954年10月，任日照县工会联合会主任。1956年，任中共日照县委工交部部长。1957年1月，兼任中共奎山区委第一书记。1960年3月，任中共日照县委副书记。1962年11月，任日照县副县长（1961年6月至1964年6月兼县计划委员会主任）。1964年，任日照县委副书记、县长。1966年5月，兼任日照体育运动委员会主任。1969年9月，任中共日照县党的核心领导小组成员。1973—1975年，历任沂沭河东调工程指挥部党委书记、政委，中共日照县委副书记。1975年11月起，先后任临沂行署财办党组副书记、副主任，经委副主任兼一轻局局长，经委副主任。1984年3月，任日照市（县级）人大常委会主任。1990年2月，省委组织部公布庄茂禄为厅局级干部。1990年11月离休。

庄茂禄

高兴来 男，1928年12月出生，涛雒四村人，专科学历，中共党员。1945年8月参加八路军，在115师686团任战士、团政治部警卫员；1946—1947年先后参加了公主岭战役和四平战役；1948年参加了辽沈战役，获二等嘉奖；被选送郑州第四炮兵学校进修，立三等功；1953年任炮兵三师卫生连政治指导员，后参加了抗美援朝战争；1958年任福建前线指挥部政治指导员；1963年转业到青岛市粮食局，先后任台东粮食局政工股长、市北粮食局党总支副书记、党委副书记。离休后享受青岛市局级待遇。

丁原统 字子纲，男，1929年2月出生，西林子头村人，1949年4月加入中国共产党。1945年5月参加工作。济南解放后，在市军事管制委员会三区委任文书。徐州解放后，在市军事管制委员会北站办事处工作。1949年初，调徐州市公安局，先后任兵工派出所所长、市公安局政治处干事、市公安局办公室秘书、户政科长；贾汪矿务局保卫处长，局党委委员。1956年起，先后任夏桥煤矿、大黄山煤矿、庞庄煤矿党委书记。1975年5月后，任徐州矿务局党委副书记、书记。1979年1月后，历任中共徐州市委副书记、常务副市长、徐州矿务局党委第一书记、中共江苏省委委员。1983年1月，任江苏省煤炭总公司总经理、党委书记、省委委员。1984年10月，任江苏省交通厅厅长、党组书记、省委委员。

丁原统

周绪明 男，1929年6月出生，曹家村人，1946年加入中国共产党。1945年入伍，1948年参加涛雒区区中队，后在滨海军区华东警备区新海连市委任警卫员。1949—1970年，在华东公安警卫团上海市公安警备区工作。1971—1984年，在上海警备区任科长、副区长（副师级）。1992年离休。

丁原章 男，1930年2月出生于北京，涛雒三村人。1952年，毕业于清华大学地质系。1956年，于北京地质学院取得研究生学历。是年，任长春地质学院讲师及区域地质教研室副主任。1974年，任广东省地震科学研究所副所长。1983年，任广东省地震局局长兼局党组书记。1996年退休。2006年，为广东省地震局研究员、广东省政府核电建设专家组成员、香港天文台科学顾问、香港土木工程署科学顾问。主要专著有《水库诱发地震》《广东和香港地震风险概论》。

丁原章

冯治宝 男，1930年出生，下元二村人，专科学历，中共党员。曾任装甲兵第二干休所副师级干部。

丁原洪　男，1931年11月生，涛雒三村人。1949年，考入燕京大学西方语言文学系。1952年，调外交部工作。20世纪50年代，先在罗马尼亚工作，后在外交部苏联东欧司主管罗马尼亚事务。60年代，作为中国政府代表团顾问、团员，参加中苏边界谈判。70年代，作为外交部美国处处长，参与中美两国正式建交谈判的全过程。80年代，先后任外交部政策研究室副主任、主任。1987年起，先后任驻联合国、瑞士、比利时大使，兼任驻欧盟代表团团长。1997年7月，奉调回国，在外交部负责亚欧会议事务。

丁原洪

秦玉嵩　男，1931年1月出生，涛雒四村人，中共党员。某导弹研究院干部，大校军衔。

孙树沛　男，1933年11月出生，孙家村人，专科学历，中共党员。1951年2月入伍，历任班长、文书、统计员、管理员。1959年起，历任空军二航校政治部干事、后勤部军需科政治指导员、党支部书记、场站政治委员、副政治委员。1970年起，先后任空军总医院副政治委员、党委常委，党委书记、副院长。立三等功1次，获嘉奖2次。

傅承洪　男，1935年出生，海员村人，专科学历，中共党员。曾任北海舰队后勤部副政委。

孙纪亮　男，出生年月不详，东南营村人，中共党员。曾任某军分区司令员。

叶连愍　男，1936年2月生，海员村人，1954年加入中国共产党。1951年7月参加工作。1964年7月，毕业于上海财经学院贸易经济系。历任山东省财委、华东各省财委驻沪联合办事处收发、出纳，上海市人民政府商业局机要文书，中国人民解放军0932部队独立一分队教员、文书、副排长，上海市第一商业局人事处科员，上海纺织品采购供应站人事科科员、团总支书记、党委委员、革委会常委、组织科科长、政治处副主任、副经理兼中专职校校长，上海财贸党委委员兼组织处处长，上海市第二商业局、第一商业局党委委员、纪律检查委员会书记兼监察室主任，上海财贸系统纪委委员，上海一百集团有限公司党委副书记兼纪律检查委员会书记、监察室主任，上海财贸系统纪律检查委员会委员。1996年退休。

叶连愍

刘鹏贤　男，1936年8月出生，小海村人，1960年加入中国共产党。1956年参加工作，任青岛市劳动局办事员。1964年9月，任中国第一批下乡知青带队队长。1965年11月，任中共青岛市委工交政治部、市生产指挥部劳二组干事。1970年8月，在青岛平度“五七”干校劳动（事务长）。1971年6月，历任青岛市劳动局干事、劳动局科长、党组成员，劳动局副局长、党组副书记。1983年8月，任青岛市劳动局局长、党组书记。1990年11月，任青岛市人民政府秘书长、市政府党组成员、办公厅党组书记。1993年3月，任青岛市人大常委会副主任兼秘书长。1998年4月，任青岛市人大常委会党组成员。

刘鹏贤

尹茂尊　男，1936年8月出生，张家廒头村人，中共党员。1956年3月入伍，在洛阳海军通讯团学习无线电。先后任北京海军司令部报务员，海军福建基地司令部报务员，获三等功，并出席基地党代会。1967年7月至1997年7月，先后任葫芦岛海军实验基地业务助理，实验研究所副所长、所长、工程师、高级工程师（专业技术五级）。1969年，在海军实验基地表现突出，出席北京海军党代会。1985年，被授予海军上校军衔。1987年，被授予海军大校军衔。1997年退休。

尹茂尊

丁元任 男，1936年出生，涛雒二村人，专科学历，中共党员。曾任海军某师副师长。

尹德淮 男，1937年出生，尹家廒头村人。1960年参加工作，1962年，任射击教练。1966年前，共得北京市射击冠军十多项。1972年，任西城游泳场副场长。1974年，任月坛体育场场长和体委基建办主任。1976年秋，参加毛主席纪念堂兴建和月坛体育场拆迁工作。1977年，任北京市体委办公室副主任。1981年，兼任国家柔道男女队领导小组副组长。1984年，调任什刹海风景区管理处常务副主任。1990年底，调北京市社科院任基建办主任。

尹相洛 男，1938年出生，专科学历，尹家廒头二村人，中共党员。曾任解放军某部副师长。

葛云达 男，1939年出生，王家村人，专科学历，中共党员。曾任军工厂副师级干部。

葛国法 男，1940年出生，涛雒八村人，专科学历，中共党员。曾任青岛海军学院师级干部。

倪福荣 女，1942年10月出生，刘家湾村人，大专学历，律师，滕肇甲夫人。先后任大连市妇联农村工作部部长、福利部部长、副主席（行政正局级）。1995年，获评辽宁省妇女系统先进工作者、省优秀妇女干部、省“三八红旗手”。1997年，获从事妇女工作二十年奉献奖。

倪福荣

宋开智 男，1942年10月出生，蒿岭村人，1964年加入中国共产党。1962年7月，毕业于江苏省海州师范学校后，先后在连云港市猴嘴小学、解放路小学任教。1965年8月起，先后任连云港市委宣传干事、连云港市委秘书长。1987年2月后，历任中共连云港市委常委、秘书长、中共连云港市委副书记。1998年，任连云港市人大常委会主任、党组书记，2008年1月退休。

宋开智

庄廷敦 男，1943年9月出生，庄家村人。1961年，考入沂水师范。1964年7月，任沂水师范附小教师。1965年10月，在山东教育干校政治理论班学习，之后在沂水县官庄中学任政治教师。1971年11月，调沂水县委组织部工作，先后任统计员、干事。1980年4月，任临沂地委组织部干事。1984年2月，任临沂县委常委、组织部部长。1987年2月，任临沂县委副书记。1990年4月，当选县级临沂市政协主席。1993年3月，任县级临沂市委副书记、市长。1995年3月，任地级临沂市兰山区委书记。1997年12月，任临沂市委常委、市委政法委书记。

庄廷敦

叶庆华 男，1945年6月出生，栈子二村人，1983年5月，加入中国共产党。1966年7月，毕业于山东农业大学土壤农化系，到垦利县工作，先后任县农业局技术员、县化肥厂技术员。1976年7月，调惠民地区，先后任地区化工局技术员、工程师，化学工业公司经理、化工局局长、党委副书记。1990年8月后，历任滨州地区化工局局长、党委书记，经贸委主任、党委副书记，中共滨州地委秘书长、地区人大工委副主任。2001年1月，任滨州市人大常委会副主任、党组副书记。

叶庆华

丁立瑜 男，1945年出生，赵家庄子村人，大专学历。1968年入伍，历任班长，排长，连副指导员、指导员，团政治处营级干部。1977年4月，与出席全国第二次工业学大庆会议的华国锋等党和国家领导人合影。其间，曾被推选为师“党代会"代表，五好战士中的标兵，团、师、省军区学马列、毛著、学雷锋先进典型，多次受奖立功。1987年底，以副师职干部转业，任黑龙江省司法厅信访办主任。1999年，任黑龙江省信访学会第四届理事会理事。

马世俊 男，1945年出生，马家村人，本科学历，中共党员。曾任青岛市公安局局长。

李建桂 男，1946年3月生，李家营子村人，1965年加入中国共产党。1964年，在日照五中初中毕业，是年入伍，在北海舰队司令部警卫连任战士。1965年，为连队文书。1968年，任司令部政工科科长。1970年，调潍坊海军干休所任书记。1977年，任所长（副厅级）。2010年退休。

滕怀恩 男，1946年12月出生，刘家湾村人，大专学历，中共党员。1964年入伍，在青岛李村海校无线电系学习。1966年7月，任海军情报部情报二所测向员。1971年4月转业，任中央广播事业局彩色电视会战中心技术员。1985年6月，任广播电影电视部总工程师秘书（副处）。1990年5月，任广播电影电视部纪委办公室主任。1998年7月，任国家广电总局纪委副书记。2010年4月，受邀担任中华名人系列丛书编辑部《光辉岁月》特约编委。

滕怀恩

孙志刚 男，1949年7月出生，孙家村人，大学文化，中共党员。1969年3月入伍，先后在解放军某坦克师、安徽军区二师医院服役。1977年11月，在江苏石油会战指挥部工作。1979年9月起，历任合肥市建委办事员、副处长，市政公用事业总公司党委副书记，合肥市房产局党委书记，合肥市经委副主任、党委委员。1993年2月，任合肥市经委主任、党委书记。1996年4月，任合肥市常委、宣传部部长。2003年6月，任合肥市委副书记、宣传部部长。2004年3月至2006年9月，任合肥市委副书记、市教育工委书记、合肥市委督查组组长。

孙志刚

滕兆利 男，1950年9月出生，刘家湾村人。1969年9月加入中国共产党。1968年3月入伍，在济南军区原守备28团守备3连，历任战士、通信员、文书、班长、排长、代理连长。其间，一直驻防灵山岛，执行施工和训练任务，连续三年被评为五好战士，二次受嘉奖，一次立三等功。1975年3月起，先后任守备某团司令部作训参谋、青岛警备区司令部作训处副营参谋、守备某团副参谋长。1981年9月，在南京高级陆军学校学习。1983年7月，在青岛警备区教导大队任训练处长、副大队长。1985年，任守备某团团长。1991年11月，任泰安军分区参谋长。1993年9月后，历任威海军分区参谋长、副司令员、司令员。1988年，授上校军衔。1992年，授大校军衔。2008年退休。曾四次立三等功，多次受表彰和奖励。

滕兆利

傅成健 男，1951年2月出生，下元三村人。1970年10月，加入中国共产党。1969年11月入伍，历任海军某基地保密员、东海舰队干事、训练团副股长、股长，训练基地大队政治处副主任、主任、政治委员、党委书记、政治部主任、党委书记，海军上海水电路干休所副所长、所长、干休所政治委员、党委书记。从军期间，所带团队多次被评为先进团党委，多次获舰队、海军、全军训练先进单位、“全国拥政爱民先进单位”、海军通信比武第一名。个人曾立三等功，多次当选为团、师、军、大军区党代表大会代表。

傅成健

滕肇增 男，1952年4月出生，刘家湾村人，本科学历，中共党员，专业技术六级。1970年12月参军入伍，历任副班长、班长、排长、副连长、连长职务。1979年5月，选调大连陆军学院任区队长。1982年12月，调入总后勤部军事交通学院，历任军事共同课目营、团职教官，军事教研室副主任，专业技术6级，大校军衔退休。

滕肇增

孙方先 男，1952年8月出生，孙家营子村人，1976年7月加入中国共产党。1970年参加中国人民解放军，隶属总参通讯兵。入伍后，历任班长、排长、连队副指导员、团政治处正连级干事、团政治处副营、正营级干事、师政治部副团级科长。1989年11月，任总参某通信团政治委员。1996年，调至解放军理工大学工作，任总参某研究所政治部主任。2001年，任解放军理工大学指挥自动化学院政委（正师级）。2008年3月退休。

孙建国 男，1952年8月出生，孙家村人，本科学历，中共党员。1969年上山下乡；1972年入伍，历任海军第七研究院第707研究所团工委委员、7008工地团工委书记、车间副主任，四川省万县地区监察局办公室主任，万县市纪委办公室主任、研究室主任，忠县县委副书记，中共重庆市万县市纪委常委、监察局副局长，中共重庆市万州区天城移民开发区党工委副书记，重庆市万州区天城移民开发区人大工委党组书记、主任（兼），重庆市万州区人大常委会党组成员、副巡视员。

孙建国

许志民 男，1952年12月出生，栈子一村人，本科学历。1971年9月，加入中国共产党。1970年12月，在铁道兵第十二师工作。1976年10月，在基建工程兵北京指挥部工作。1984年5月，在中央军委办公厅工作，大校军衔。

周家富 男，1953年7月出生，东风村人。1976年12月，加入中国共产党。同年参加工作，先后任涛雒公社团委副书记，日照县党校教员，共青团日照县（市）委副书记，日照市农业局副局长，竖旗山乡党委书记，五莲县委常委、组织部部长，五莲县委副书记、组织部部长。1997年5月起，先后任日照市政府副秘书长、日照市土地管理局局长、党组书记和日照市国土资源局局长、党组书记（正处级）。2007年3月，任国家土地督察南京局副专员（副厅级）。2012年4月，任国家土地督察南京局党组成员、副专员、巡视员（正厅级）。

周家富

王伟富 男，1953年7月出生，沙岭子村人，大专学历，中共党员。1972年11月入伍，在北京卫戍区司令部服役。1980年9月起，历任国务院建筑材料工业部科长、部长秘书、副处长、处长。2003年起，任建设部资产管理部主任，副厅级巡视员。2013年9月退休。2009年，经日照市委、市政府提名，组建日照市在京人士联谊会，任副会长兼秘书长。

王伟富

丁绩德 男，1953年出生，赵家庄子村人，专科学历。曾任青岛市水利局副厅级干部。

郭常勇 男，1954年7月出生，栈子二村人。1983年9月，加入中国共产党。1985年起，先后任青岛海关人教处劳资科副科长、科长，人事处副处长。1997年，任青岛海关驻枣庄办事处党组书记、主任。2003年，任青岛海关党组纪检组副组长、监察室主任。2007年起，历任郑州海关党组成员、纪检组组长兼机关党委书记（副厅级），副关长兼政治部主任。

王伟杰 男，1956年2月出生，桥西头村人，在职研究生学历，中共党员。1976年8月参加工作，先后就职于山东省渔业指挥部、山东省水产局、山东省渔政监督管理处、中国海监山东省总队、山东省海洋与渔业厅，历任山东省渔政监督管理处副处长，中国海监山东省总队政委，省海洋与渔业厅人事处长，副厅长、党组副书记。2016年5月退休。

王伟杰

丁玉珠 男，1956年出生，赵家庄子村人，专科学历，中共党员。曾任北海舰队副师级干部。

秦泗鹏 男，1957年9月出生，下元三村人，党校研究生学历，中共党员。1976年4月参加工作，历任山东省监狱三大队技术员、助理工程师、六

秦泗鹏

大队副大队长、办公室副主任，山东省监狱管理局干部一科副科长、科长、煤矿管理处（安监处）副处长、处长、狱政管理处处长，山东省监狱管理局党委委员、纪委书记，山东省司法警官职业学院党委副书记，三级警监警衔。任职期间被山东省司法厅记个人一等功一次。

郭合友　男，1957 年 11 月出生，南店村人，本科学历，中共党员。1976 年 12 月入伍，历任北京卫戍区第二师战士、班长，北京武警部队六支队排长、连长、营长。1996 年 7 月转业，任劳动部工作科员。1999 年 3 月，任劳动和社会保障部副处长、处长。2016 年，任人力资源和社会保障部副巡视员。其间，因工作突出，多次被评为优秀公务员，并被人力资源和社会保障部记三等功一次。2013 年，受到习近平等党和国家领导人的亲切接见。

郭合友

丁兆石　男，1957 年出生，李家潭崖村人，专科学历，中共党员。曾任山东省粮食局副局长。

马承宝　男，1957 年出生，马家村人，专科学历，中共党员。曾任北京武警部队招待所所长。

庄举美　女，1957 年出生，庄家村人，专科学历。曾任青岛市环保局副局长。

解世增　男，1958 年 5 月出生，西林子头村人，中共党员。1977 年 3 月参加工作，任涛雒公社西林子头民办教师。1978 年 5 月，任县第二工业局生产员、会计。1981 年 7 月，任高兴公社团委干事。1983 年 1 月后，历任共青团日照县委宣传部副部长、部长、副书记，团市委日照市（县级）委书记。共青团日照市委（地级）副书记。1994 年 6 月后，历任东港区副区长，区委常委、常务副区长，区委副书记兼山海天旅游度假区工委委员、管委会副主任。1997 年 12 月后，历任莒县县委副书记、副县长、代县长、县长、县委书记。2003 年 1 月，任日照市政府副市长、市政府党组成员。2012 年 3 月，任市委常委、宣传部部长。2016 年 1 月，任市人大常委会第一副主任（正厅级）。2017 年 2 月，任山东省第十二届人大城乡建设与环境资源建设委员会副主任委员。2019 年 2 月，任山东省第十三届人大社会建设委员会副主任委员。山东省九届人大代表，省第八次党代会代表。

解世增

刘加顺　男，1960 年 3 月出生，华山村人，省委党校研究生学历，中共党员。1976 年 8 月参加工作，任日照县涛雒公社东风联中民办教师。1984 年 7 月起，历任石臼港办事处刘家寨乡党委秘书，日照市（县级）奎山乡团委书记，共青团日照市（县级）委副书记，共青团日照市（地级）委组宣部长。1993 年 7 月起，历任共青团日照市委副书记，岚山党工委副书记、岚山开发区管委副主任。1996 年 11 月起，历任日照市岚山党工委常务副书记、岚山开发区管委副主任（正县级）[1997.2—2000.3 援疆，任莎车县委副书记（正县级）]，日照市中级人民法院党组副书记、副院长。2000 年 6 月起，历任中共聊城市委常委、组织部部长，中共聊城市委常委、副市长、政府党组副书记，中共聊城市委副书记。2012 年 3 月，任政协九届日照市委员会主席。2017 年 2 月，任日照市人大常委会主任。2020 年 6 月，任山东省第十三届人民代表大会农业与农村委员会副主任委员。山东省第八次、第十次、第十一次党代会代表。山东省第十二届、第十三届人大代表，山东省第十一届政协委员。

刘加顺

叶玲　女，1963 年出生，海员村人。1979 年毕业于江苏盐城中学，考入解放军测绘学院。1983 年毕业，分配到南京军区测绘大队。历任审阅员、校对员、工程师、高级工程师，大校军衔（正师级）。1989 年，被评为南京军区“优秀共产党员”。立一等功、三等功各一次；当选为南京军区军人代表大会代表；曾去北京参加40周年国庆典礼；参加了全国优秀大学生代表大会，受到中央首长接见。

庄光海 男，1962年3月出生，东石梁头村人，工商管理硕士，中共党员。1984年7月参加工作，历任临沂地区林业局技术员、行署办公室秘书、行署办公室督查科副科长。1995年1月，任临沂市政府对外开放办公室主任（正科级）。1998年1月起，历任临沂市河东区委常委、办公室主任，临沭县委副书记，莒南县委副书记、县长。2011年1月，任临沂市发展和改革委员会主任、党组书记、市委改革办副主任。2017年1月，任临沂市技师学院院长。2022年3月退休。

庄光海

丁跟元 男，1962年8月出生，大羊卷村人，在职研究生学历，中共党员。1979年6月入伍，先后在空军第二航空预备学校、空军气象学院、空军第三飞行学院、空军哈尔滨飞行学院学习工作，历任军校学员、教员、教研室主任、理训处处长、副教授，空军专业技术大校军衔。2018年3月退休。

丁跟元

黄胜春 男，1962年出生，右所村人，专科学历，中共党员。解放军某部副师级干部。

刘仲春 男，1963年6月出生，刘家湾村人，在职硕士研究生学历，研究员，中共党员。1981年7月参加工作，历任日照市市政管理处副主任，市建工处副主任，市招投标办公室主任，市房地产管理局局长，市住房和城乡规划建设委员会党委委员、副主任、调研员，市城市建设投资有限公司党委书记，市水利局党组书记、局长、市防汛抗旱指挥部办公室主任，日照市第十八届人大常委会委员、城乡建设与环境资源保护专业委员会主任委员、一级调研员、二级巡视员，中共日照市第十三次党代会代表，日照市第十届政协委员。工作期间，立二等功三次，三等功八次，获嘉奖三次。曾获日照市“五一劳动奖章”，山东省科技进步奖，被山东省人民政府授予全省安全生产先进个人等荣誉称号。2001年，被录入《世界优秀专家人才名单》，发表过许多在专业技术及科学技术领域内很有影响的论文及科研成果。

刘仲春

尹衍忠 男，1963年7月出生，尹家廒头二村人，本科学历，中共党员。1986年参加工作，就职于济南第二棉纺织厂宣传部、办公室。1991年在济南市纺织工业局工作，先后任职于宣传处、财务处、办公室。1996年，调往济南市经济委员会工作，先后任办公室副主任、综合处长、办公室主任、行业管理办公室主任。2010年起，历任济南市人民政府节约能源办公室副主任、主任。2019年，任济南市工业和信息化局副局级领导干部。

尹衍忠

秦玉海 男，1964年12月出生，上元村人，一级警监，二级教授，博士生导师，国务院学科评议组成员。现任中国刑事警察学院公安信息技术与情报学院院长，中国刑警学院学术委员会副主任委员，中国刑警学院物证鉴定中心副主任。国务院政府特殊津贴获得者，教育部网络空间安全教指委委员，刑科协涉网犯罪调查技术专业委员会主任，中国刑事科学技术标准化委员会专家组副组长，中国警察法学研究会反恐与网络安全治理专业委员会副主任委员，公安部设立秦玉海电子物证工作室，公安部电子物证特长专家，司法部和公安部能力验证专家，CNAS和CMA评审员，辽宁省网络安全执法与视频侦查重点实验室主任，辽宁省网络安全执

秦玉海

法协同创新中心主任。承担的多项国家级项目获得科技进步奖。

秦林玉 男，1965年7月出生，上元村人，大学文化，中共党员。1979年11月参加工作，入职日照县物资局。1989年10月，考干到日照市人民检察院工作，先后任书记员，助理检察员，检察员，反贪局副局长。2006年，任莒县人民检察院检察长。2009年10月，任日照市人民检察院副检察长。2015年，任日照市人民检察院党组副书记、副检察长、二级高级检察官（副厅级）。2022年9月退休。

秦林玉

王运明 男，1966年出生，东川子村人，本科学历。历任中国人民解放军战士、军校学员、仓库副主任、参谋、副参谋长、科长、处长、岸勤部长、基地后勤部长、基地参谋长、基地保障部长（副师职）。2020年7月，任青岛市贸促会党组成员、副会长（副厅级）。

王运明

孙传尚 男，1967年10月出生，东南营村人，本科学历。1990年参加工作。2011年5月，任山东省外办党组成员、副主任。2013年6月，任省政府副秘书长。2018年4月起，历任省政府外事侨务办公室副主任，省委统战部副部长、省侨办主任。

孙传尚

张兵 男，1969年3月出生，涛雒七村人，硕士研究生学历，中共党员。1988年7月参加工作，1988年7—10月，在涛雒镇中心初中任教。1988年10月起，历任日照市人民政府文书、秘书、督查科副科长、信息调研科科长、督查科科长、助理调研员。2002年5月起，历任日照市招商局副局长，党组副书记、副局长，党组书记、局长。2011年12月起，历任枣庄市人民政府副市长，中共枣庄市委常委、统战部部长。2022年2月，任枣庄市政协党组书记、主席。

张兵

庄光军 男，1969年8月出生，南店村人，在职研究生学历，高级工程师，中共党员。1990年入伍，历任黄金部队某部副中队长、中队长、大队长，武警部队黄金第六支队总工程师，大校警衔（副师级）。2018年12月转业从商。

庄光军

丁健 男，1970年1月出生，右所村人，本科学历，中共党员。火箭军某部正师，大校。

侯学新 男，1970年5月出生，侯家村人，硕士研究生学历，中共党员。历任山东省公安厅科长、处长，一级调研员。2023年，任山东省纪委监委第三监督检查室主任。

侯学新

丁芳 女，1973年出生，苗家村人，本科学历。曾任山东省妇联宣传部副部长，研究室主任。2022年12月，任省妇联副主席。

丁芳

（二）先进模范人物

（按出生年月顺序排列）

庄佃昌 男，1928年6月出生，庄家村人，中共党员。1946年参军。参军时，其未婚妻朱优秀任虎山乡朱家官庄妇女干部，她积极支持丈夫从军，并亲自到庄家村为入伍的未婚夫披红戴花。庄佃昌参军后，身经孟良崮、淮海等十几次战役。1950年10月，他的父亲庄文清（渔民）在家收到了由中国人民解放军第三野战军陈毅、粟裕、谭震林、唐亮、钟期光五位首长集体签发的喜报。

1950年，庄佃昌参加了抗美援朝，在赴朝作战中、英勇顽强，共立二等功2次、三等功3次。1955年，随部队回国到山东长岛要塞。1968年，转业到日照县供销社。1988年，在涛雒供销社离休。

尹永培 男，1934年9月出生，张家廒头村人，本科学历，高级农艺师，中共党员。1962年参加工作，曾任日照市农业局总农艺师。先后获省市科技进步奖、丰收奖、星火奖6项。主持编写了《地膜覆盖技术经验汇编》。有多篇论文在国家省级刊物上发表，多次获省市级优秀科技论文奖。被农业部授予“农业科技推广年活动先进工作者”称号。

尹相溪 男，1936年3月出生，尹家廒头二村人，农民，初中文化程度。尹相溪与台胞尹相润（字书田）为叔兄弟。在尹相溪的引荐下，台胞尹相润回到尹家廒头二村省亲后，1989年为尹家廒头一、二、三村捐资安装了交流电，解决了村民的生活和生产用电问题。在尹相溪的引荐下，尹相润于1990年，为日照一中捐资100万元，建设了书田楼，1992年捐资130万元，与一中共建一中体育馆。1982—1988年，被选举为政协日照市委员、常委。1988年，被推选为山东省人民代表大会代表。1993—1998年，被选为日照市人民代表大会代表。

牟乃善 男，1936年8月出生，李家潭崖村人，中共党员。1958年5月，在日照县高旺钢铁厂工作。1961年7月起，历任日照县工业局采购员、供销组组长、副局长。1978年1月，任日照县计划委员会副主任兼物资局局长。1982年1月，任日照县副县长。1985年6月，任日照市（县级）轻工纺织工业局局长。1986年3月，任岚山港务管理局副局长，负责行政工作。1989年5月，任岚山港务管理局局长。1996年9月退休。1978年7月，曾赴北京参加全国物资战线学大庆会议，受到党和国家领导人的接见。1991—1993年，连续三年被交通部、人事部评为全国交通系统劳动模范。1993年，被人事部、公安部授予“全国热心消防优秀企业家”称号。

牟乃善

丁履钦 男，1936年9月出生，右所村人。1952年2月加入中国共产主义青年团，1955年10月加入中国共产党。1954年冬，任右所村扫盲教师。1956年2月，出席临沂地区扫盲大会，获“优秀教师”称号。1956年7月至1958年7月，连续三年出席山东省扫盲大会，并被评为“优秀民师”（颁发奖状、奖章）。1956年9月，被团中央授予“扫盲优秀教师”称号。1958年9月，在海生人民公社文工团工作，任团长。1959年冬，出席山东省文艺工作者表彰大会，被省委授予“劳动模范”称号。1960年春至1966年，任右所大队团支部书记。1963年冬，任右所大队农业技术队队长。1965年冬，出席县及临沂地区劳动模范大会。1966年3月，出席全国劳模大会（会址在福州）。此后，历任右所大队第三生产队队长、右所大队党支部副书记、右所大队大队长。1979年，被评为日照县模范党员。1988年退休。

丁履钦

侯照富 男，栈子三村人。1950年春，作为船老大，率船支前，在解放舟山群岛的战斗中立二等功，华东军区司令部、政治部颁发立功证书。1951年，被评为山东省英雄模范，并出席山东省英模代表大会。

司秀英 女，1937年9月出生，右所村人。1955年8月，加入中国共产主义青年团，1972年12月，加入中国共产党。1955年9月，任右所村团支部组织委员。1956年4月，任右所村高级社生产队队长。1958年10月，任右所大队妇女主任。1959年春，任涛雒公社妇

司秀英

联委员、妇联涛雒片片长。1975 年 5 月，出席山东省贫下中农代表会议及临沂地区贫下中农代表会议。1979 年 7 月至 1982 年，任右所村党支部委员。1982—1984 年，连续三年获得日照县“三八红旗手”称号；1983 年，获得中华全国妇女联合会颁发的“五好家庭”奖。1986 年，获得临沂地区颁发的“五好家庭”奖。1992 年冬退休。

郑全昌 男，1939 年出生，下元二村人，革命烈士后裔（烈士郑淑林之子）。1965 年参加工作，任涛雒邮电支局投递员。21 年中，累计投递行程 34 万千米，共投送报刊 1463 万份，邮件 62.47 万余件，从未发生差错。1985 年 6 月 18 日与他人一起捉拿行凶歹徒。连续 15 次被评为日照县邮电系统五好职工和先进生产者，3 次被临沂地区邮电局评为先进个人，1986—1988 年，被日照市委、市政府授予先进工作者称号。1985 年，被省邮电管理局、省邮电工会评为邮电系统劳动模范，晋升一级工资，加入中国共产党。1986 年 5 月，被省委、省政府授予劳动模范称号。1997 年退休。

曹为庚 男，1940 年 8 月出生，日照街道上李家庄子村人，中学高级教师，中共党员。1961 年 7 月毕业于日照师范，先后在日照十二中、南湖中学任教。1984 年 10 月起，历任日照五中教导主任、副校长（主持工作）、党支部书记，校长、党支部书记。1989 年 9 月被评为全国优秀教师。1993 年 12 月，任日照教师进修学校工会主席。2000 年 8 月退休。

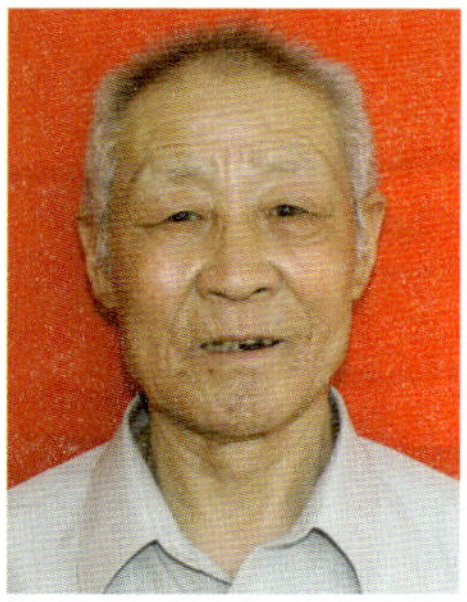
曹为庚

傅承荣 女，1941 年 2 月出生，南店村人，1981 年 11 月，加入中国共产党。1958 年，在村任幼儿教师。1960 年 5 月，被山东省人民委员会授予“托幼事业先进工作者”称号，出席山东省文教群英会。1979 年，获全国“三八红旗手”称号。1981 年 5 月，在省托幼工作先进代表大会上被树为托幼战线上的个人标兵。1982 年 4 月 20 日，中共日照县委印发了国务院托幼工作领导小组办公室、中华全国妇女联合会儿童工作部编印的傅成荣的经验材料，供农村党支部和保教工作者学习。1986 年获“全国教育系统劳动模范”称号。1987 年 12 月转为公办教师。山东省第三届人民代表大会代表。2002 年 2 月退休。

陈德学 男，1944 年 8 月出生，大刘庄村人，1976 年加入中国共产党。1962 年 3 月，任涛雒信用社业务员，走门串户筹集资金，支援农村经济发展。1983 年，农村联产承包责任制后，为部分村的草绳纺织、草编、沿海渔业、养殖业和农村果、茶、桑等经济园林及农户的畜牧养殖作出贡献。1989 年，获全国总工会劳动模范称号。1996 年，调高兴信用社工作，2004 年 8 月退休。

孙树桂 男，1944 年 11 月出生，下元一村人，高级经济师，中共党员。历任日照市供销社副主任，日照凌云集团董事长、总经理。2004 年 12 月退休。1997 年，被人事部、全国供销总社评为劳动模范。1998 年，被山东省企业家协会评为省级优秀企业家。

孙树乐 男，1947 年 10 月出生，东林子头村人，1970 年 9 月加入中国共产党。1965 年 11 月参加工作，先后担任胜利油田渤海湾段钻井队队长、胜利油田钻井公司科长等职，中级政工师职称。第五届全国人大代表。先后被石油部授予“劳动模范”“学铁人标兵”“学铁人好队长”等称号，并于 1977 年 9 月 9 日受到石油部长的接见。2008 年退休。

孙树乐

黄庆林 男，1957 年 6 月出生，下元一村人，中共党员。2001 年 12 月，任中共下元一村支部委员。2002 年 4 月，任下元一村村委会主任、党支部委员。2004 年 9 月，任下元一村党支部书记兼村委会主任。中共日照市第十一次、第十二次代表大会代表。日照市第十六届、第十七届、第十八届、第十九届人大代表。日照市第十八届人大农业与农村委员会委员、第十九届人大法制委员会委员。2021 年 9 月，任

黄庆林

山东省百名基层党组织书记宣讲团成员。自2007年起，先后获日照市劳动模范、市级优秀村（居）党组织书记、全市森林防火工作先进个人、市级城市绿化先进个人、全市敬业奉献模范、日照市乡村之星、山东省绿化奖章、山东省乡村之星等称号。2015年8月，被国家旅游局授予中国乡村旅游致富带头人称号。2018年，被评为山东省劳动模范和全省担当作为好书记，记三等功；山东“百姓学习之星”。2019年，先后被评为国家开放大学杰出校友、山东广播电视大学优秀校友。2021年6月，获山东省优秀共产党员称号。

庄茂波　男，1957年出生，大朝阳村人。1980年4月加入中国共产党，中学高级教师。1976年11月，在陆军第26军高炮团服役。1981年1月，在涛雒镇大朝阳小学任民办教师。其间，先后被评为日照市优秀教师、全国优秀教师，获山东省职工自学成才奖。1992年9月，在日照市第二实验小学任教师，副校长；被评为东港区优秀知识分子，出版专著《中小学生作文辞典》。2007年，被评为全国教科研先进个人。2009年9月，任第二实验小学视导员。

傅强　男，1962年5月出生，栈子一村人，本科学历，中共党员。1982年9月参加工作，历任日照一中教师、副主任、主任、副校长，校长、学校党委书记。日照市十八届人大常委会委员、教科文卫委副主任委员。获山东省优秀教师、全国模范教师、全国教育系统劳动模范称号。

傅强

刘霞　女，1970年2月出生，下元三村人，在职博士学位。上海汽轮机厂资深技术专家、教授级高工，曾获全国“三八红旗手”、上海市劳动模范、上海市领军人才等称号。1993年参加工作以后，一直从事汽轮机组中高温高压焊接部件的技术准备和现场技术支持，以及新型焊接材料、焊接工艺、焊接方法等方面的科研开发工作。刘霞带领团队先后参与国家科技重大专项“大型焊接转子设计及制造技术研究”和“CAP1400半速饱和蒸汽汽轮机焊接转子设计制造”；上海市经济和信息化委员会“百万级核电汽轮机低压焊接转子研发及产业化”和“核电汽轮机低压焊接转子验证件综合性能测试与分析”；上海市科学技术委员会“超高参数汽轮机特种焊接关键技术研究”等研究项目。2015年以来，刘霞焊接团队攻克了“华龙一号”百万核电汽轮机超大型低压焊接转子、超超临界百万火电汽轮机低压焊接转子、联合循环异种钢焊接转子、超高参数12%Cr高温焊接转子及的技术难题，开发出高效、高质量的先进窄间隙焊接转子工艺技术，拥有完全自主的知识产权，达到国际先进水平，成功实现了产业化应用和市场销售。2019年4月，获得“全国五一劳动奖章”。2020年11月，被评为“全国劳动模范”。

刘霞

王慧　女，1981年2月出生，栈子一村人，博士研究生，中共党员。2011年3月参加工作，历任日照市人民医院消化内科主治医师，感染性疾病科副主任、副主任医师。2019年6月，任日照市人民医院感染性疾病科主任、副主任医师。2020年12月，任日照市人民医院党委委员。2021年1月，任日照市人民医院党委委员、副院长。2019年6月，被中共山东省委授予“山东省优秀共产党员”。2020年11月，被中共中央、国务院授予“全国先进工作者”称号。

王慧

付金栋　男，1981年2月出生，栈子一村人，2007年硕士研究生毕业并参加工作。中共党员。2019年，任日照市人民医院消化内科主任。2023年，任日照市人民医院大内科主任。中国共产党山东省第十二次代表大会代表；曾被山东省人民政府授予先进工作者称

付金栋

号；还先后获山东省优秀医师、山东省五一劳动奖章、日照市有突出贡献的中青年专家、日照市五一劳动奖章等称号，记二等功一次。

庄光胜 男，1985年12月出生，南店村人，硕士研究生，中共党员。2011年8月参加工作，历任徐州市人民检察院监所检察处、侦查监督处书记员、助理检察员、员额检察官（2016年12月入额）；2018年6月，任徐州市人民检察院公诉处职务犯罪办案组、第三检察部员额检察官；2021年12月，任徐州市人民检察院第二检察部副主任；2023年7月，任徐州市人民检察院第四检察部副主任。曾被评为徐州市五一创新能手、徐州市技术能手、市级机关优秀共产党员、江苏省十佳公诉人、全国优秀公诉人、江苏省优秀办案检察官、江苏省守正有为检察人、徐州市十佳检察官。2022年，被评为徐州市最美政法干警；2023年9月，被评为徐州市基层法治之星。

庄光胜

（三）科教文卫界人物

（按出生年月顺序排列）

尹左芬 女，张家廒头村人，教授，中国民主同盟盟员。1937年毕业于山东大学生物系，曾任山东大学讲师。1949年10月起，历任山东大学讲师、副教授，水产系副主任；山东海洋学院副教授、教授，水产系副主任、主任；中国水产学会第二届常务理事，山东水产学会第一、二届副理事长，中国水产学会海水养殖业专业委员会第二、三界副主任。专于海洋无脊椎动物学对纽形动物形态分类、对虾养殖、山东沿海常见海蜇形态构造及生活史深有研究。编著《无脊动物学》，主编《中国动物志 纽形动物门分册》。

尹左芬

赵鸿恩 男，1932年出生，涛雒镇人。1953年，毕业于芜湖电业学校。1956年后，历任《芜湖日报》美术编辑，安徽宣城地区文联副主席、书画院副院长、一级美术师。中国美术家协会会员、中国版画家协会会员、安徽美术家协会理事、安徽书法家协会会员、安徽根艺协会常务理事、安徽漫画协会理事、宣城地区美术家协会、书法家协会、根艺协会副会长。擅长中国画、版画、漫画、连环画等，并擅长“双管齐书”“双管齐画”。版画《供销社的新货》入选1965年全国美展，中国美术馆收藏。漫画《充数》获1982年全国漫画展佳作奖。《晨曲》入选第七届全国版画展。版画《临时渡口》漫画《无题》入选第六第七届全国美展。

赵鸿恩

李玲 曾用名李小玲，女，1933年12月出生，下元村人，本科学历，中共党员，北京邮电大学教授，北京市“三八红旗手”，享受国务院有特殊贡献专家津贴。1960年参加工作，先后担任北京邮电大学光通信教研室主任、顾问，光通信及光信息研究所副所长。兼任中国通信学会微波专业委员会学术秘书，《微波通信》杂志编委，教育部博士后基金会评审专家，高吉特宽带网络公司技术总监等。担任过多项国家级和部级科研项目的课题负责人；承担总参军事科研项目15年，完成型号研制和预研课题各两项；主持并完成齐鲁石化和中南海北戴河等地的光缆电视改造工程。2011年退休。

李玲

科研成果曾多次获奖，其中，“相干光纤通信系统的研究”得到国家科委、国家计委、财政部的表彰，并获邮电部“七五”攻关一等奖和科技进步二等奖；中南海电视传输工程得到党中央办公厅的信件表扬。

出版的专业著作有《电磁场理论与微波技术基础》《数学微波通信中的微波调相器》《光纤

通信》和《光纤信通信基础》。参加《中国邮电百科全书》的编写，任《电信卷》光纤通信部分副主编。文学方面的著作有《孙村纪事》（与人合作）和《采菊东篱》。

丁肇中 男，1936年1月出生于美国，祖籍涛雒二村，高能物理学家（详见第二十五编丁氏家族）。

秦玉文 男，1936年9月出生，上元村人，大学文化程度，教授，博士生导师。1961年7月参加工作，历任天津大学助教、讲师，美国Michigan州Oakland大学访问学者，天津大学力学系副教授，美国Michigan州Oakland大学客座教授，天津大学力学与工程测试系教授、系副主任，美国Michigan州Oakland大学客座教授，天津大学力学系教授、博士生导师、系主任，香港城市大学客座教授，美国Rochester大学及Oakland大学客座教授，美国Wayne大学客座教授，美国Oakland大学客座教授，香港城市大学客座教授。曾任光力学测试国家专业实验室主任。2007年3月退休。

秦玉文

李利 男，下元村人，1937年10月出生，本科学历，高级工程师，中共党员。1960年参加工作，任成都电讯工程学院助教。1962年起，历任上海有线电厂工程师、设计组组长。1971年后，历任上海航天局第804研究所工程师、高级工程师、主管设计师，参加红旗4号、红旗6号、红旗9号等多种型号的导弹引导雷达站的研制。1994年起，先后就职于飞通光电子通信公司、佛山中宝光缆公司、深圳众邦电子公司等，任高级工程师、总工程师等职。1996年，任飞利浦宽带网络公司高级工程师、全国技术支持。2008年退休。

李利

丁履镇 又名丁立镇，男，1938年5月出生，高旺庄村人，四川美术学院国画系教授，中国美协会员。以人物画最为杰出，兼画山水、花鸟、走兽。传统功力深厚，又能突破成法，把红黄蓝三色强烈对比和民间美术装饰美融入写意画中，形成了被专家称为“丁氏三原色”，亦称“丁氏五方正色”的独特艺术风格。作品多次参加国内外展览、出版、发表和被收藏，并被作为国礼赠给美国国会等。20世纪80年代出版白描专集《广元石刻艺术画册》，该书参加法兰克福等三个国际书展，并被评为四川省十年优秀图书。

贾惟义 男，1939年10月出生，涛雒四村人，博士学位。1958年，考入中国科学技术大学。1963年，考入中国科学院物理所读研究生。1979年，赴美国威斯康星大学物理系做访问学者。1988年，赴美国乔洛亚大学物理系任访问科学家。1990年，在美国波多黎各大学物理系任教，为终身教授。是美国物理学会、光学学会、晶体生长学会会员。出版著作、翻译5部，论文130多篇，有两项美国专利。

贾惟义

1976年，发表了铁磁共振公式的二级表达式，对磁学中广泛应用的铁磁共振公式做了重要修正，解决了长期存在的理论和实验的矛盾。其间，发明了掺铟的铋钙钒铁石榴石单晶磁性材料。1979年，获国家技术发明奖三等奖。1979—1981年，在美国威斯康星大学，首次观察——维磁系统磁振子激子及电声子耦合的同位素效应。1991年后，对新型激光离子——四价络离子的激光光谱进行了系统研究。

近期对新型发光材料进行了研究，并改进和发明了绿色、蓝绿色长余辉高效夜光材料，余辉长达18小时，可用于各类夜视器件。1993—1998年，分别四次获得美国州政府颁发的科技进步奖。1999年，出任第12届国际激发态动力学会议副主席，学术程序委员会主席，会议文集主编。2001年，第13届国际激发态动力学会议邀其为国际科学顾问委员会委员。

傅承忠 男，1941年出生，栈子一村人，本科学历，高级教师，中共党员，1981年入党。

傅承忠

1965年参加工作，先后从教于日照一中、日照七中、日照三中、日照六中、日照师范学校，历任日照三中、日照六中、日照师范学校校长。1989年获得全国优秀教师称号。2003年3月退休。退休后，任日照市老科技工作协会副会长和日照市老教育工作者协会会长。

郑全宝 男，1944年1月出生，西灶子村人。

郑全宝

1963—1968年，就读北京工业学院工程光学专业，毕业后在航天部第一研究院任技术员、工程师。1984—1990年，任中国运载火箭技术研究院第十五研究所副所长、所长兼总经济师。1988年，被评为高级工程师。1991年，任中国运载火箭技术研究院副院长、党委副书记。1993年，被评为研究员。2002年，担任型号总指挥。曾任第三届中国宇航协会理事兼发射工程专业技术委员会主任委员，中国航天科研管理协会副理事长、中国运载火箭技术研究院学位评审委员会副主任、北京理工大学兼职教授。在“长征二号”捆绑火箭研制发射工作中荣立二等功，在“神州号”飞船飞行试验工作中获突出贡献奖。享受国务院政府特殊津贴。

郭常义 男，1944年11月出生，海员村人，

郭常义

本科学历，教授。1968年7月参加工作，南京师范大学日语系主任，中国日语教学研究会理事，江苏省日语教学研究会副会长。1970年9月，任南京外国语学院日语教师。1986年1月起，历任南京师范大学外语学院日语教师、副教授、教授，日语系主任。与他人合作主编《日语初级中级听力教程》。曾获“江苏省二类优秀课程奖”。

庄建伦 男，1950年6月出生，涛雒二村人，

庄建伦

大学学历，中共党员，主任医师。1984年到山东医科大学进修，后带头组建了日照市神经外科专业科室，先后培养了神经外科专业人才20多名，在日照市组织开展了脑外伤、脑肿瘤、脑出血、腰椎肿瘤等神经外科手术和诊断治疗，主刀神经外科手术近万例。曾任山东省神经外科学会委员、山东省疼痛医学会奠基会员、日照市医疗事故鉴定委员会会员、日照市法医鉴定主任委员，济宁医学院带教专家。获得省市科技进步成果奖多项，撰写学术论文20余篇，著作3部，均在医学重要刊物发表，参加全国专业学术会议10多次，学术交流发言20余次。

叶庆好 男，1953年10月出生，栈子三村人，

叶庆好

教授，博士生导师。上海交大物理系党总支书记，兼系常务副主任、上海交大国家工科物理教学基地主任、上海交大空间科学与技术研究中心副主任，上海交通大学物理实验中心主任。1982年2月起，任教于上海交大物理系，从事物理实验的教学和研究工作。2002年9月起，在上海交大参与由丁肇中教授领导的阿尔法磁谱仪（AMS）大型多边国际合作科学研究项目中，负责国际合作的联络和项目的组织。已独立或合作发表科学研究和教学研究论文100余篇。1998年，主持研制的“工科物理实验CAI系列课件”获2000年上海市多媒体教育软件评选一等奖，并通过了教育部组织的专家鉴定，由高教出版社出版。1999年，主持研制的“VF-240A小型真空薄膜制备系统”获全国工科物理实验教学仪器研制成果二等奖。2000年，主持的“重实践，求创新，建立物理教学大平台”项目获上海市教学成果一等奖。主持研究的“NanoView-I型扫描隧道显微镜（STM）”获全国工科物理实验教学仪器研制成果一等奖。

王纪登 男，1955年10月出生，桥东头村人，

王纪登

本科学历，主任医师。1981年参加工作，就职于临沂地区肿瘤防治研究所。1994年起，历任就临沂市肿瘤医院影像科主治医师、副主任医师、主任医师。擅长各类肿瘤的影像诊断及早期筛查，特别是在乳腺癌、肺癌、肝癌等方面有深入研究。曾参编高校教材一部，发表多篇专业论文，并在省部级以上期刊发表。2013年5月退休。

庄茂友　男，1956年4月出生，南店村人，本科学历，主任医师。1981年毕业于沂水医专并留校教学，1982年调入日照市人民医院，2004年山大临床医学专业本科毕业。1994年后，历任急诊科副主任、神经内科主任，济宁医学院兼职教授。发表学术论文近50余篇，其中中华系列杂志发表论文6篇，SCI收录1篇。获市科技进步一等奖1项、二等奖2项、三等奖4项，参加国家863计划课题一项、国家科技平台课题1项、十一五课题1项，主编医学专著1部。获评日照市“十大名医”等称号，记三等功6次。

庄茂友

丁建元　男，1956年7月出生，东石梁头村人，当代散文家，中国作家协会会员。1981年毕业于山东师范大学，同年开始发表作品。1984年，任明天出版社编辑。2001年4月起，任山东友谊出版社副总编辑、总编辑，现任山东省散文学会会长。先后在《散文》《中华散文》《天涯》《时代文学》《人民文学》等刊物发表许多有影响的作品。作品被收入《中国风景散文三百篇》《中国散文精品·当代卷》《中国散文百年经典》《21世纪散文精品》《新中国70年文学丛书 散文卷》等重要选本。2004年，出版油画赏读散文《色之魅》，2013年中国人民大学出版社再版此书，更名《读画记》。2014年，出版第二部读画散文《潘多拉的影》，并于2019年获泰山文学奖。2022年，出版新作《画布上的灵眼——色与线与善与恶》。

丁建元

郭常平　男，1957年3月出生于杭州，祖籍栈子二村。研究生学历，副研究员，中共党员，中国老教授协会常务理事，浙江省老教授协会副会长兼秘书长。1982年毕业于浙江医科大学医学系医学本科，获医学士学位。1997年浙江大学研究生课程班结业。1983年留校工作，历任浙医大教务处科长、主任和副处长。1998—2017年，历任浙江大学远程教育学院主任，继续教育学院（成人教育学院、远程教育学院）党委委员、副院长、工会主席等职务。曾任杭州留学归国人员科技研究会理事、副秘书长，政协杭州市委员会第九届、第十届特聘委员；浙江省高校实验室工作研究会常务理事，浙江省成人教育研究会副理事长，秘书长；中国高等教育学会医学远程教育研究会常务理事，中华医学会医学教育分会继续医学教育学组/成人医学教育学组副组长等职。曾获浙江大学校级先进工作者、优秀教师和校机关优秀共产党等。

郭常平

乔秀军　女，1960年出生，中共党员，海员村人，主任医师，主任法医师。1981年参加工作，历任日照市人民医院耳鼻喉科主任、济宁医学院附属医院兼职教授、山东省医学会耳鼻喉科分会委员、山东省医师协会耳鼻喉科分会常务理事、泛亚洲太平洋地区耳鼻喉美容协会理事、日照市医学会耳鼻喉科科分会主任委员、日照人民司法鉴定所主任法医师。曾获得山东省优秀医务工作者、日照市职业道德先进标兵、日照市“百名女杰”。在省级以上刊物发表论文20余篇，获市级科技进步奖5项。

乔秀军

王均宁 男，1961年10月出生，小海村人。医学博士，山东中医药大学学术委员会委员，教授，博士研究生导师，主任医师。教育部第二批国家级一流本科课程方剂学负责人，国家卫生健康委员会全国卫生健康技术推广传承应用项目传承人，山东省重点学科方剂学科带头人，兼任中华中医药学会方剂学分会副主任委员，世界中医药学会联合会中医药抗病毒研究专业委员会理事，《全国中医药专业技术资格考试大纲与细则》学科编委。获全国中医药博士生优秀论文指导老师和山东省优秀硕士学位论文指导老师称号。

王均宁

在国内外学术刊物发表学术论文100余篇，主编全国普通高等教育中医药类“十三五”规划教材《方剂学》、全国中医药行业高等教育“十二五”创新教材《中药方剂学》，主编、校注中医药学术著作10余部，主持或作为核心成员参与科技部973计划、国家自然基金项目及省部级科研项目6项，获山东省科技进步三等奖1项，山东中医药科学技术奖二等奖1项，山东省高校优秀科研成果（自然科学）二等奖1项三等奖6项。

郑鲁 男，1962年6月出生，栈子三村人，医学博士，主任医师，教授，硕士研究生导师。1984年8月毕业于山东医学院，1992年7月硕士毕业于第三军医大学，1999年7月博士毕业于解放军总医院。分别在济南军区第91和第150中心医院神经外科工作，2004年10月，任150医院神经外科主任。擅长显微神经外科，在微血管减压术治疗脑神经疾病、单鼻孔蝶窦入路垂体瘤切除、颅底肿瘤切除、巨大侧脑室内肿瘤切除、脑脊液鼻漏修补术、颅内严重感染的综合治疗等方面达国内先进水平。担任中华疼痛学会头面痛分会委员、济南军区显微外科专业委员会委员、济南军区战伤专业委员会委员以及多家杂志编委。

郑鲁

孙先普 男，1963年6月出生，松林村人，主任医师，中共党员。1983年8月参加工作，就职于临沂市中心医院。2000年1月，就职于日照市中医医院，分别牵头组建了两个新兴学科，介入医学科和核磁共振室，开展的介入手术及核磁共振检查项目有多项填补了市内空白。日照市中西医结合学会影像学会副主任委员，山东省中西医结合学会影像学学会委员，日照市放射学学会常务理事。主持研发的《低场磁共振三维增强血管造影应用研究》等多项科研项目获市级科技进步奖。在省级以上刊物发表论文12篇。获首届全市职业奉献道德模范。

孙先普

郭长刚 男，1964年1月出生，李家营子村人，博士研究生学历，教授，九三学社会员。1989年8月参加工作，先后任教于曲阜师范大学和上海大学。历任上海大学文学院历史系副主任、文学院副院长；研究生部副主任、主任；人文社科处处长；研究生院常务副院长、战略研究院副院长。曾赴香港中文大学崇基学院神学院、美国加州大学圣巴巴分校宗教学系（富布莱特项目）访学。2019年11月，任上海社会科学院历史研究所所长。

郭长刚

宋开玉 男，1964年12月出生，小海村人，文学博士。1989年7月参加工作，先后任山东大学文史哲研究所语言研究室主任、文史哲研究院副院长。任山东大学儒学高等研究院教授、院学术（学位）委员会委员，兼任山东大学儒学高等研究院经学与小学研究所所长。主要从事汉语史、汉语方言学、杜诗学、古籍整理等领域的教学和研究工作，参与编纂《汉语大词典》、《汉语大词典普及本》、《全唐五

宋开玉

代词释注》、《增订注释全唐诗》、《杜甫全集校注》（重启负责人）、《全唐诗大辞典》（副主编）、《汉语称谓大词典》（副主编）、《杜甫大辞典》（副主编）等著作，出版《杜诗释地》《明清山东方言词缀研究》《山东方言词缀研究》《语文丛考》等专著，辑校《桐城吴先生日记》《曹贞吉集》。承担国家及省部级科研规划项目六项，参与国家社科基金重大项目二项。

成积春 男，1965年1月出生，成家廒头村人，博士研究生，教授，中共党员。1991年7月参加工作，任曲阜师范大学历史文化学院院长。出版《山东教育史（古代卷）》《中国少数民族教育史》《山东省高校教学评价研究》（皆为合作）等著作。在《史学集刊》等学术刊物上发表论文多篇。获国家级教学成果二等奖一项、省级教学成果一等奖二项（合作）。

成积春

丁兆军 男，1965年7月出生，华山村人，肿瘤专业主任医师、硕士研究生导师。1989年参加工作，历任日照市人民医院肿瘤科主任、院办公室主任、院党委委员、工会主席，兼任日照市抗癌协会理事长、日照市癌症中心主任等职务。获“日照市十大杰出青年”、“日照市十大名医”、“日照市有突出贡献的中青年专家”、山东省卫生系统“青年岗位能手”、“山东省卫生系统先进个人”（记二等功）、“山东省富民兴鲁劳动奖章”等称号。

丁兆军

王纪三 男，1965年8月出生，桥东头村人，本科学历，主任医师。1985年参加工作，就职于日照市高旺医院。1992年就职于日照市人民医院，历任泌尿外科副主任、主任兼男科副主任、主任，山东省医学会泌尿外科专业委员会委员及男科专业委员会委员，日照市泌尿外科专业委员会主任委员，济宁医学院兼职教授。先后发表《膀胱全切回肠代膀胱术》《经皮肾镜碎石术》《男性不育治疗心得》等专业论文20余篇。出版《现代泌尿外科学》等医学专著6部。获得市科技进步二等奖、三等奖三项。

王纪三

甄洪亮 男，1968年10月出生，下元三村人，中共党员，主任中医师。日照市人民医院中医科主任，山东省名中医药专家，日照市中医药学会副会长。1992年参加工作，历任中华中医药学会防治艾滋病分会委员，山东省医师协会中医医师分会常委，山东省老年医学学会中医膏方专委会常委，山东中西医结合学会信息与智能化专委会常委，日照市中医药学会五运六气专委会副主委，二级心理咨询师。

甄洪亮

郭常安 男，1969年8月出生，郭家庄子村人，博士研究生，主任医师，教授，博士研究生导师。1988年8月，考入青岛大学医学院。1996年7月，青岛大学医学院附属医院，骨科硕士。2000年8月，复旦大学附属中山医院骨科博士。现任复旦大学附属中山医院骨科关节外科主任。

郭常安

庄光磊 男，东石梁头村人，博士研究生，研究员，博士生导师。2004年毕业于北京大学获生物科学学士学位；2010年获美国范德比尔特大学癌症生物学博士学位；2010—2014年在美国基因泰克制药公司从事博士后研究。现担任上海交通大学医学院附属仁济医院研究员，癌基因及相关基因国家重点实验室课题组长，上海市妇科肿瘤重点实验室副主任，研究方向为肿瘤动态演进和靶向治疗。获2008年

庄光磊

国家优秀自费留学生奖学金，2016年上海市青年科技启明星，2016年上海交通大学医学院“双百人”计划，2017年美中抗癌协会—亚洲癌症研究基金会学者奖，2018年上海市医学科技奖一等奖（第四完成人）。

郑全战 男，1969年出生，栈子三村人。先后在北京大学计算机系获学士和硕士学位，在美国明尼苏达大学计算机系获博士学位。1997—2005年，美国微软公司，先后任软件设计工程师高级开发主管，微软MSN中国研发中心高级项目经理。亲自参与了Windows98、ME、2000、XP、Vista的研发过程。同时也是DirectX 6.0到9.0的主要研发者。2006—2012年，任腾讯公司首席架构师，腾讯研究院院长。2012年后，历任百度公司执行总监、软件研究院院长。曾翻译了微软在中国正式出版的第一本书（1993年），是中国最早一批Windows程序开发员，也是最早在中国推广Windows开发技术的传播者之一。

郑全战

刘家峰 男，1970年12月出生，李家潭崖村人，博士研究生，教授。2002—2004年，在中山大学历史系从事博士后研究。1997年7月起，在华中师范大学历史研究所任职，先后任讲师（2000年）、副教授（2003年）、教授（2008年）、中国近代史专业博士生导师（2010年9月）。2014年7月，调入山东大学，任历史文化学院教授、博士生导师、齐鲁青年学者特聘教授。2014年10月，任山东大学历史文化学院副院长。

刘家峰

苏彤 女，1970年12月出生，刘家湾村人，本科学历，历任日照市人民医院检验科副主任、急诊化验室主任，主任技师（正教授级），山东省医学会临床分子诊断学会第一届委员，山东省老年医学会专业委员会委员，山东省医学会临床分析细胞学分会第五届委员会委员，日照市中西医结合学会第一届医学检验专业委员会委员，日照市医学会检验医学专业委员会副主任委员。发表学术论文14篇，著作2部，获日照市科技成果奖多项。

苏彤

沈全芳 女，1970年12月出生，簸箕笃子村人，博士，教授。1994年7月参加工作，历任中国建设银行日照市分行岚山办事处出纳员、会计员、事后监督员。1999年9月起，历任日照职业技术学院计财系教师、会计系团总支书记、会计学院副院长等职务。2005年获北京大学经济学硕士学位，2012年获西南财经大学经济学博士学位。先后在《金融时报》、《经济学动态》、《金融论坛》、《国际商报》和《中国产经新闻》等报刊杂志公开发表论文10余篇。参与北京大学《商业银行风险管理问题》研究，主持参与市厅级项目10多项，参与日照市政府《日照市国际财富中心功能定位研究》，获日照市社会科学优秀成果二等奖1项。

沈全芳

郑美花 女，1972年12月出生，西灶子村人，文学硕士，教授，中共党员。1995年2月参加工作，就职于日照市物资局。2011年4月起，在山东外国语职业技术大学任职，先后任国际经济与贸易和工商管理教研室主任。2016年，被山东省政府公派到美国印第安纳大学做高级访问学者。2021年4月，任山东外国语职业技术大学乡村振兴研究院院长。

郑美花

主编教育部“十二·五”国家职业教育规划立项教材2部，出版外文专著《A Conceptual Metaphor Account of Word Composition--Compositional Potentiality of “LIGHT” in English and

Chinese》，发表论文《高职高专“岗、课、证、赛四位一体”的国贸实务双语课程考核体系的探索》等12篇。获省部级教科研奖32项。获“全国素质教育先进工作者”“省教育系统女职工建功立业标兵”“全省职教社工作优秀个人社员”等称号。

葛长宇 男，1973年1月出生，王家村人，理学博士，博士生导师，教授。1996年7月参加工作，任山东省岚山港务局建港指挥部助理工程师。2001年7月起，历任中国海洋大学水产学院助教、讲师。2009年起，历任山东大学海洋学院讲师、副教授、教授。其间，在山东大学生态学博士后流动站从事滨海湿地植被群落演替研究。研究方向为海洋生态学、养殖生态学：聚焦于盐沼植物、海草和大型藻类、大型底栖动物等对环境变化的响应，主要以生源要素的生物地球化学行为为切入点，以多元统计分析为主要研究手段，从生态化学计量学的角度，研究大型动物和植物的互作，群落演替和碳封存机制，评估生态承载力、构建多营养层综合养殖模式、修复湿地及近海生态系统。参编欧盟培训教材《Training Module for IMTA》，参撰专著《胶州湾湿地生态系统功能保护与生态修复研究》和《Aquaculture in China》，“浅海网箱养殖环境生物修复技术构建与示范”项目获中国水产科学院科技进步一等奖。在国内外各类学术报刊上发表论文数十篇。

葛长宇

郑越 男，1975年出生，栈子三村人，1997年本科毕业于长安大学，2003年硕士毕业于兰州交通大学，2015年博士毕业于香港理工大学。1997—2003年，山东交通学院助教。2003—2009年，同济大学建筑设计研究院桥梁设计师。参与泰州长江公路大桥设计。2018—2019年，美国加州大学伯克利分校访问学者。2015年起，历任同济大学桥梁系助理研究员、副教授、博士生导师。研究领域：桥梁在地震作用下的倒塌机理与加固技术；新型智能桥梁结构体系的可恢复功能抗震；基于无线健康监测技术的桥梁抗震性能评估；全寿命期内多灾害作用下功能退化桥梁结构的风险评估与管理决策。获得荣誉：2016年，上海市浦江人才计划（A）；2017年，国家留学基金委青年骨干教师公派访学计划资助。

郑越

王磊 男，1977年1月出生，赵家庄子村人。博士研究生学历，中共党员，博士生导师，研究员。2005年7月参加工作，就职于中国航天科技集团有限公司空间技术研究院，历任研究室副主任、书记、主任，嫦娥三号、嫦娥五号主任设计师、嫦娥八号副总设计师。

王磊

郑培超 男，1980年出生，西灶子村人，博士研究生学历，教授，硕士生导师，中共党员。重庆邮电大学光电工程学院光电信息系副主任。美国光学学会会员，中国光学工程学会激光诱导击穿光谱专委会委员，重庆市光学学会监事，《真空科学与技术学报》理事会理事。长期从事新型光谱感测技术研究。近年来主持国家自然科学基金、重庆市科委重点项目、教育部留学归国人员启动基金、重庆市自然科学基金和重庆市科技人才培养计划等省部级以上科研项目10余项，发表SCI/EI学术论文50余篇，申请国家专利20余项，其中授权11项。

郑培超

秦四甜 男，1981年11月出生，大朝阳村人，博士后学历，中共党员。2010年7月参加工作，先后任哈尔滨工业大学（威海）讲师、副教授、教授、硕士研究生导师、博士研究生导师。

李锦峰 男，1982年出生，大草坡村人，政治学博士。2011年7月参加工作，历任上海社会科学院政治与公共管理研究所研究员、马克思主义学院教授、政治学理论研究室主任，复旦大学

李锦峰

当代中国研究中心研究员，上海市政治学会常务理事，英国剑桥大学、加拿大女王大学、台湾政治大学、瑞士苏黎世大学访问学者。兼任上海市“创新社会治理加强基层建设”评估专家、上海市民政局居（村）委自治家园验收专家、《城市绣花针丛书》编委会编委等社会职务。长期从事劳工问题与劳工政治、城市治理与城市发展、西方马克思主义研究，在丰富城市治理、劳动关系调研的基础上撰写过大量系列研究报告。主持国家社会科学基金项目三项，团中央等省部级课题四项，出版专著《经济权力的均衡与规范》《转型以来的国家、市场与工人》《国民党治下的国家与工人》《物权治理与物业管理指导手册》《业委会存续之道》五本。参与编写《中国政府与政治》（人大版）《中国式民主》《中国政治发展进程》等著作十余本。在《政治学研究》《社会》《二十一世纪》（香港）《解放日报》等报刊发表论文数十篇。

庄光超　男，1985年11月出生，南店村人，德国不来梅大学博士，美国佐治亚大学博士后，中共党员。2019年起，历任中国海洋大学教授，博士生导师，国家海外高层次人才引进计划青年项目特聘教授，山东省泰山学者青年专家，中国海洋大学化学化工学院副院长，董氏国际海洋可持续发展研究中心副主任。在国际顶级地学、海洋学、微生物学期刊发表SCI论文近30篇，担任地学期刊Continental Shelf Research的副主编。国家海外高层次人才引进计划青年项目专家、山东泰山学者青年专家。

庄光超

孙树磊　男，1985年12月出生，东南营村人，工学博士，副教授，硕士生导师。2014年参加工作，就职于中国工程物理研究院。2016年，就职于西华大学汽车与交通学院。现任四川省新能源汽车智能控制与仿真测试技术工程研究中心副主任，西华大学科技园汽车工程研究院院长。已发表论文二十余篇，主持和主研国家、省部级及企业相关项目十余项，授权专利近十项。

李博　男，1986年3月出生，大草坡村人，中共党员。2004年考入复旦大学，其间作为交流生赴台湾清华大学学习半年。2008年本科毕业后获欧盟Erasmus Mundus“安全与移动计算”硕士项目全额奖学金，先后就读于瑞典皇家理工学院和芬兰赫尔辛基理工大学，2010年10月获双硕士学位。2010年11月起，先后在芬兰诺基亚公司、瑞典爱立信公司、瑞典Sinch公司任高级软件工程师。2019年，任亚马逊公司高级技术经理，负责公司在北欧地区云计算方面的业务。曾在国际无线通信与移动计算会议和国际学术期刊发表“Symbian OS Platform Security Model”等学术论文多篇。参与的Ota Sizzle研究项目曾代表芬兰在2010年中国上海世博会参展。

李博

尹国宇　男，1987年6月出生，王家村人，华东师范大学博士、博士后，2018年任华东师范大学副教授。无党派人士。2015年参加工作，历任华东师范大学讲师、副教授。长期从事河口海岸污染物研究，特别是氮素及新型有机污染物的循环、转化、迁移和归宿的研究。研究成果以第一或通讯作者发表在Science Advances、Environmental Science & Technology、Water Research等国际顶级学术期刊上。共发表论文80余篇，获批发明专利一项，研究成果获评2022年度“中国地理科学十大研究进展”。主持国家自然科学基金青年项目、中国博士后科学基金项目等，并作为项目骨干参与了国家自然科学基金重点项目、科技部重点研发计划课题等重要科研项目。

尹国宇

（四）处（团）级干部

（按管区村庄排列，村内按出生年月先后排列）

涛雒管区

涛雒一村

孙树增 男，1949年出生，专科学历，中共党员。曾任青岛警备团副团长。

宋瑞高 男，1954年出生，本科学历，中共党员。曾任临沂市新闻出版局副局长。

涛雒二村

丁斌元 男，1943年出生，专科学历。曾任国家工商总局正处级干部。

丁召森 男，1958年出生，专科学历。曾任水电部四局正处级干部。

黄忠昌

黄忠昌 男，1956年7月出生。1979年日照师范学校毕业留校任教，后调市商业局、市工商联、市政协工作，历任主任科员、科长、副调研员等职。2016年8月退休。

张永亮 男，1965年11月出生，中共党员。1984年11月入伍北海舰队潜艇基地。1986年10月，海军第一航空机务学校学员。1994年8月，北海舰队军官轮训队学员。1999年6月，任潜艇基地军港管理所副所长。2003年1月，任潜艇第一基地质量监督站主任。2006年7月，任青岛市北区公安分局三级高级警长。

张永亮

涛雒三村

丁警 男，1939年出生，专科学历。曾任南京邮电学院正处级干部。

庄沪民 男，1957年出生，专科学历。曾任上海经贸公司总经理。

陈为增 男，1958年出生，专科学历，中共党员。曾任锦州市古塔区武装部部长。

康义军 男，1959年8月出生，中共党员，大学学历。1975年12月参加工作，先后在巨峰供销社、碑廓供销社、城区供销社工作。1990年6月起，历任市供销社财会科副科长，市出口加工区经济发展局副局长，日照开发区财政局局长，市贸易局副局长，市供销社监事会主任、党委副书记。2001年4月起，历任市外经贸局局长、党委书记，市政府副秘书长，市委统战部副部长、市委台办主任。2016年12月，任市人大常委会委员、市人大财经委主任委员。2019年8月退休。

康义军

王玲 女，1961年12月出生，中共党员，大学学历，1978年12月参加工作，先后在市委办公室、市直机关工委工作。1993年6月后，历任机关工委副科长、主任、副调研员、纪工委书记（市纪委第12、13届委员），机关工委副书记、纪工委书记。2020年1月，任机关工委二级调研员。2022年1月退休。

王玲

陈令春 男，1968年3月出生，中共党员，本科学历。1993年7月参加工作，历任日照市中级人民法院助理审判员，政治处主任科员，研究室主任，刑事审判庭庭长、审判委员会委员，副处级审判员，执行局局长。2013年9月起，先后

陈令春

任市中级人民法院党组成员、政治部主任，党组成员、副院长、审判委员会委员、四级高级法官。2020年5月，任日照市中级人民法院党组成员、副院长、审判委员会委员、三级高级法官。

梁峰　男，1979年1月出生，本科学历，中共党员。1996年9月，任海军航空工程学院学员。1998年2月，任海军飞行学院学员。2002年6月，任海军航空兵某部正连飞行员。2008年6月，任海军航空兵某部正营飞行员。2016年6月，任海军航空兵某部正团飞行员。2021年3月，任上校飞行员。

涛雒四村

高兴泽　男，1923年出生，专科学历。曾任大连市金州区正处级干部。

贾淼源　男，1954年5月出生，中共党员。1970年8月参加工作，历任市农机厂工人，市工业局政工干事，人秘科长，市轻工局生技科长，市轻工总会党组成员、副会长，市安全生产办公室主任，市安监局副局长、党组副书记，调研员。2014年退休。

贾淼源

宋瑞华　男，1956年5月出生，大学本科学历，中共党员。1974年12月入伍，历任战士、班长、排长、连长、营长、副参谋长、副团职参谋、陆军第23集团军工兵团上校团长，先后立二等1次、三等功6次。1999年9月，任黑龙江省国家安全厅办公室主任等职，三级警监。2016年退休。

宋瑞华

贾磊源　男，1957年1月出生，本科学历，中共党员。1975年9月参加工作，在涛雒联中任民办教师。1976年9月，在郯南劳大农机专业班学习。1978年8月起，先后在日照县农机局、日照市农机管理办公室、市农机局工作，历任科长、农机推广站站长，副局长等职。1998年11月起，历任市农机局局长、市农业局调研员。2017年2月退休。

贾磊源

高月军　男，1963年1月出生，大学学历，中共党员。1982年7月参加工作，历任日照县商业零售公司统计员、百货大楼计划业务股长。1984年12月起，历任共青团日照市委市直机关团委副书记、书记、工农青年部长。1990年4月起，任日照市财政局清产核资办副主任、岚山财政分局副局长。1994年12月起，历任日照市地方税务局副科长、科长、副调研员（其间于1996年6月至1997年10月在日照市机械化工五矿进出口总公司任职副总经理）。2016年12月，任日照市金融办（金融监督管理局）副主任（副局长）。2019年1月，任日照市人大预算工作委员会工作副主任、三级调研员。

高月军

张伟　男，1973年8月出生，本科学历，中共党员。1997年8月至2002年11月，在山东凌云工贸股份有限公司工作；2002年11月至2019年1月，在日照市人民检察院工作，历任行政装备处书记员、助理检察员，副处长、检察员，处长；2019年1月，在五莲县人民检察院工作，任党组书记、检察长、三级高级检察官。

张伟

涛雒五村

庄伟 男，1925年出生，专科学历。曾任上海市财政局处级干部。

庄建贵 男，1945年出生，专科学历，中共党员。曾任日照市药监局党委书记。

魏开功 男，1960年出生，专科学历，中共党员。曾任日照市国家安全局副局长。

聂奎亮 男，1959年11月出生，中共党员，大学学历。1980年7月参加工作，历任临沂地区财政税务局科员、副科长，临沂地区税务局科长，税务局党组成员、副局长。1994年12月起，历任临沂市地方税务局党组成员、副局长，党组副书记、副局长。2012年2月，任临沂市地方税务局党组书记、局长。2018年6月，任临沂市税务局党委副书记、副局长（正处级）。2019年11月，任临沂市税务局一级高级主办、督办（二级巡视员）。2019年12月退休。

聂奎亮

张云 女，1963年9月出生，大学学历，中共党员。1984年7月参加工作，历任临沂市财政局科员、副科长、科长、总经济师、临沂市会计集中核算中心书记（副县级）、副调研员。2010年12月起，历任山东省国土资源厅财务处副调研员、耕地保护处副调研员、副处长，耕地保护处二级调研员。2019年2月，任山东省自然资源厅耕地保护监督处副处长、二级调研员。2022年7月，任一级调研员。

张云

宋强 男，1971年1月出生，在职硕士研究生学历，中共党员。1989年3月入伍，历任战士、班长、代理排长。1992年8月，在沈阳炮兵学院地炮指挥专业学习。1994年7月起，历任排长、团政治处组织干事、连队政治指导员。1999年8月转业，历任日照市人民政府外事办公室人事秘书科科员、秘书、副科长、科长。2009年12月，任日照市外事侨务办公室副主任。2017年5月，任日照市合作与招商局党组副书记、副局长。2020年12月，任日照市投资促进服务中心主任。2021年12月，任日照市人大常委会委员，日照市归国华侨联合会党组书记、主席。

宋强

涛雒六村

秦玉健 男，1960年3月出生，大学文化，中共党员，中校军衔。1979年11月入伍，历任中国人民解放军54841部队某部班长、济南陆军学院学员。1983年7月后，历任沂源县人武部政工科干事，日照市（县级）人武部军事科参谋，日照市大坡乡人武部部长，东港区人武部军事科副科长、人武部副部长。2003年12月后，历任日照市发改委重点项目主任科员、财贸科主任科员、对口支援一科科长。

秦玉健

丁立法 男，1970年11月出生，大学学历，军事学学士学位，中共党员。1987年10月入伍，2008年2月，任山东省德州禹城市人民武装部政治委员、市委常委。2011年12月，任济南市平阴县人民武装部政治委员、县委常委。2014年12月，任济南市槐荫区卫生和计划生育局党组成员、副局长、调研员。2019年3月，任济南市槐荫区行政审批服务局党组成员、副局长、二级调研员。

丁立法

涛雒七村

张守业 男，1931年出生，专科学历，中共党员。曾任中国人民解放军高炮部队某团团长。

丁履元 男，1942年出生，专科学历，中共党员。曾任连云港新海电厂纪委书记。

张守伟 男，1981年11月出生，中共党员，大学学历，工程硕士。任淄博市人力资源和社会保障局党组成员、副局长。历任淄博职业学院应用外语系团总支书记兼学生科科长，淄博市张店区南定镇党委副书记（正科级），共青团淄博市委副书记，淄博市高青县委常委、宣传部部长、统战部部长、办公室主任。

张守伟

张永蓉 女，1987年6月出生，硕士研究生。任中国人保监督管理委员会副处长。

右所村

丁履青 女，1930年出生，专科学历，中共党员。曾任山东曲阜县委处级干部。

丁景原 男，1932年出生，专科学历。曾任江苏南京市正处级干部。

刘全贤 男，1940年出生，专科学历，中共党员。曾任临沂市财政局局长。

丁洛原 男，1942年出生，专科学历。曾任泰安二轻局副处级干部。

张传玉 男，1942年出生，专科学历。曾任辽河油田副局长。

丁军海 男，1946年出生，专科学历。日照市港务局副处级干部。

丁昶原 男，1947年出生，专科学历，中共党员。曾任日照市土地局纪检组长。

丁海涛 男，1958年5月出生，本科学历，中共党员。1982年7月参加工作，历任海军航空工程学院青岛分院政治理论教研室教员、副主任、宣传办主任、航空电子系副主任（正团职）等职。1999年8月，任海军航空工程学院青岛分院学员旅副政委。他在军队高等院校工作近20年。著作有《来自大海的疑问》。他主编的《中国革命史》被海政宣传部指定为海军院校通用教材。发表学术论文20余篇，理论文章及新闻作品30余篇。

丁海涛

刘为礼 男，1960年出生，专科学历，中共党员。曾任日照市邮政局局长。

庄举华 男，1963年出生，专科学历。日照市交通局副调研员。

庄举华

丁仕峰 男，1972年12月出生，本科学历，中共党员。解放军某部正团，上校九级。

刘志勇 男，1982年8月出生，本科学历，中共党员。火箭军某部正团，上校。

丁瑜 男，1988年2月出生，本科学历，中共党员。解放军某部少校。

小海管区

小海村

王致良 男，1911年出生，中共党员。曾任第四野战军某团团长。

王震强 男，1925年出生，专科学历。曾任金华市物资局正处级领导。

周绪庭 男，1947年7月出生，专科学历，中共党员。曾任日照市人民医院纪检组组长。

王世群 又名王苏灵、苏灵，男，1952年12月出生，本科学历，中共党员。第六届日照市政协委员；第七、八届市政协常委，文史资料和港澳台侨外事联谊委员会主任；第四、五、六届市

王世群

政协书画艺术联谊会副会长、秘书长；省政协《联合日报》社与《春秋》杂志社日照分社社长。中国近现代史学会常务理事，第八、九届山东省历史学会副会长、学术顾问，第一、二届日照市历史学会会长，日照市周易研究会常务副会长。（详见本志第十八编·文化 艺术）

曹玉刚

曹玉刚 男，1961年1月出生，专科学历，中共党员。曾任青岛市公安局市南分局刑警队队长（副处级）。

庄门春 男，1972年5月出生，本科学历，中共党员。1992年7月参加工作，历任涛雒财政所副所长，秦楼财政所所长，东港区财政局农税处副主任，区财政局核算中心副主任，区财政局国库集中支付中心副主任（主持工作），区财政局党组成员、副局长，区国有资产管理局副局长（主持工作），区金融工作办公室党组书记、主任，地方金融监督管理局局长。2022年9月，任日照市财政国库支付中心（市非税收入管理服务中心）副主任。

庄门春

王杰 男，1986年7月出生，硕士研究生，中共党员。青岛潜艇部队某部中校。

王家村

葛允宏 男，1937年出生，专科学历，中共党员。曾任日照市农业局副局长。

尹德春 男，1937年出生，王家村人，专科学历。曾任包头机械工业学院副院长。

尹德茂 男，1938年出生，专科学历，中共党员。曾任空军胶州基地大队长。

尹衍华 男，1952年8月出生，本科学历，中共党员。1970年9月从临沂钢铁厂入伍，在铁道兵兵部服役。1982年12月，转业至日照市委组织部工作。后任市水利局纪检组长，市委老干部局调研员。

尹衍华

尹凤英 女，1955年9月出生，本科学历，中共党员。1970年参加工作，入职市丝绸厂。1977年，调入市轻工纺织工业局工作，先后任科长、副处级干部。

尹凤英

王致光 男，1960年5月出生，大专文化，中共党员。曾任山东省郯城县供销社统计员，日照市（县级市）供销社秘书、秘书科副科长，日照市人民政府办公室秘书，日照市工商行政管理局秘书、太阳城市场管理处副主任（副科级）、商标广告科科长、法制科科长、总经济师、公平交易局副局长、一级主任科员等职。2020年4月，任日照市市场监督管理局四级调研员。2020年7月退休。

王致光

葛长东 男，1963年3月出生，中共党员。1981年军校毕业后，分配到83567部队，先后任排长、连长、营长，作训科长等职务。2005年转业，任中粮黄海粮油（工业）有限公司物流总监。

葛长东

尹德华 男，1963年出生，专科学历，中共党员。任武警石臼边检支队政委。

葛常宏 男，1964年8月出生，大学文化程度，中共党员。1981年12月参加工作。1982年，在日照县政府办公室工作。1985年起，历任日照市工商局工商所所长、市局机动车辆交易所副所长、机关党委专职副书记、机关生活服务中心主任、消费者权益保护科科长。2019年起，历任日照市市场监管局一级主任科员、四级调研员。

葛常宏

尹相利 男，1966年3月出生，在职研究生学历，高级工程师，中共党员。1987年7月参加工作。历任山东省水利学校助理讲师，日照市水利局工程师，日照市水利勘测设计院副院长，日照水库管理局副局长、局长，日照市水利局副调研员、副局长，日照市供销社党组成员、理事会副主任。

尹相利

尹相峰 男，1966年6月出生，本科学历，中共党员。1986年10月参军入伍，历任战士、海军工程学院学员、海军92132部队舰艇分队长、政治部干事、科长、海军青岛舰政治委员、政治部副主任、北海舰队司令部办公室副主任等职务。2012年12月，转业到青岛市政府办公厅食品安全委员会办公室工作。2013年底，到青岛市食品药品监督管理局工作。2019年3月，任青岛市市场监督管理局二级调研员。

尹相峰

葛长春 男，1968年11月出生，本科学历。任青岛市总工会副处级干部。

沙岭子村

王廷志 男，1946年2月20日出生，专科学历，中共党员。1964年12月，入伍，历任战士、班长。1971年被任命为有线载波技师，先后任副连长、连长、副营长、营技术调度室主任、舰队长途业务室主任兼工程师。1996年退休（海军上校军衔，专业技术7级）。多次被评为三好战士，多次获嘉奖等奖励，荣立三等功一次。

王廷志

王纪栋 男，1960年7月出生，大专学历，中共党员。1981年7月参加工作，历任日照县城关镇林业站技术员，镇团委副书记、书记。1990年11月起，历任东港区日照街道党委委员、团委书记，党委宣传委员，党委副书记。1997年2月起，历任东港区南湖镇党委副书记、镇长，奎山街道党委书记，东港区审计局局长、党组书记。2002年4月起，历任东港区区长助理、党组成员、秦楼街道党委书记，东港区政府区长助理、党组成员、东港区财政局局长、党组书记。2006年12月，任东港区政协党组成员、区财政局局长、党组书记。2007年3月，任东港区政协副主席、党组成员、区财政局党组书记。2008年3月，任东港区政协副主席、党组成员、区委统战部部长。

王纪栋

王纪军 男，1962年3月出生，中共党员。1984年7月起，历任日照县农业技术中学教师、团委书记，临沂地区教育局科员。1988年9月起，历任日照市经济研究中心秘书、助理研究员、秘书科副科长。1993年7月起，历任日照市岚山工

王纪军

委、办事处办公室副主任、信访局局长、交通局局长，岚山办事处主任助理、行政审批服务中心主任。2004年5月起，历任岚山办事处副主任、行政审批服务中心主任，岚区人民政府筹备组成员。2004年12月，任岚山区人民政府副区长，党组成员。2012年3月，任岚山区人民政府特邀咨询、党组成员。

王世奎　男，1962年10月出生，高中文化程度，中共党员。1980年入伍，历任济南军区战士、副班长、副连长、团支部书记、指导员、党支部书记，海防军八团副指导员、党委委员、协理员、教导员、党委书记，省预备役高炮师政治部干部三团任政治处主任、纪委书记、组织委员。2005年起，历任青岛市北区北仲路行街道办事处政工科科长，青岛市北区文化局办公室主任。2009年，任青岛市北区文明办副主任。2012年3月，任市北区宣传部副部长、社科联主席。

王世奎

王伟强　男，1963年12月出生，在职大学学历，注册会计师，中共党员。1982年7月参加工作，历任日照县麻纺织厂财会负责人、团支部书记，日照县审计局科员，市审计局企业审计科副科长，东港区审计局副局长、党组成员，东港区石臼街道党委副书记、办事处副主任、石臼灯塔管委会主任（正科级），日照经济开发区农工委党委副书记、副主任（正科级），经济开发区农村发展局局长、行政服务中心主任、经济发展局局长。2012年2月起，历任经济开发区财政局局长（副处级）、党组书记，工委委员、管委副主任。2020年12月，任日照市财政局党组成员、市财政国库支付中心主任（正处级）。曾荣获全省粮食普查先进个人（三等功），全省财政系统先进个人（三等功）；全国经济普查先进个人等荣誉称号。

王伟强

王世界　男，1965年5月出生，本科学历，中共党员。1983年10月入伍，历任海军北海舰队第一训练团学员，海军某部气象观测员，海军某部司令部防化剂量站化验员。1988年1月，任海军工程学院学员。1989年11月起，历任海军核潜艇修理厂技术员（正排）、副分队长（副连）、总务科参谋（正连）、副主任（副营）、中队长兼工程师（正营）。2001年3月，任海军核潜艇修理大队安全处处长（副团）。2005年12月，任海军92267部队安全处工程技术八级（正团）。2009年转业，任青岛市公安局副调研员（正处）。

王世界

王纪国　男，1964年2月出生，本科学历。1984年7月参加工作，先后任日照市（县）大坡乡、涛雒镇农技站技术员。1988年8月起，历任日照市农业局人事科长、办公室主任、农业科学研究所所长。2007年9月，任日照市农业局副调研员、副局长。2014年2月，任日照市农业机械管理局局长。2019年3月，任日照市农业技术服务中心主任、正高级农艺师。

王纪国

刘家湾村

刘义贤　男，1939年12月15日出生，中共党员，大专文化。1963年参加工作，先后在章丘县、邹平县工作，历任农技站技术员、公社团委书记、卫生院长、卫生局科员、计生办副主任、卫生局副局长、公社党委书记、县委常委副县长等职。1984年4月，任青县县委常委、副县长，后任县委副书记、县长。1990年2月起，先后任中共淄博市委农村工作部部长、农村工作委员会书记、市农业委员会主任。1996年7月，任市农委调研员。

2000年1月退休。

滕肇甲 男，1941年4月25日出生，大专学历，高级政工师，中共党员。先后任中共大连市委秘书、处长，交通银行大连分行副行长兼机关党委书记、工会主席，大连市政府关心下一代委员会副主任，大连市第九届政协委员。先后在报刊上发表论文和杂文二十余篇，其中《论我国商业银行的建设与发展》一文被评为优秀论文特别奖，该文被选入《中国金融改革论文集》（第一卷），传略被编入《中国金融家大辞典》和《政协委员风采录》（辽宁卷）。退休后发表长篇反腐小说《银楼硕鼠》。

滕肇甲

滕怀丽 1943年出生，中共党员，本科学历，大学教授，退休前系山东工业大学校办主任（正处级）。

滕照清

滕照清 男，1943年出生，专科学历，中共党员。正团职转业，曾任新浦建委主任。

滕照堂 男，1950年8月出生，专科学历，中共党员。曾任上海市闵行区公安局局长。

滕肇勉 男，1956年6月出生，中共党员。1972年参加工作，历任中原油田保卫科副科长、科长，河南濮阳市濮东公安分局局长、刑警四支队队长兼政委，中原油田消防支队书记、政委，河南省公安厅驻濮阳油田公安局副局长、党组副书记兼110指挥中心主任（处级）。多次被公安部、河南省公安厅授予“优秀干警”及濮阳市“优秀爱民干警”称号等。

刘祥云 男，1956年9月出生，本科学历，中共党员。1980年7月参加工作，先后任日照市公安局刑侦队副队长、岚山分局副局长、东港分局政委、户政处处长、刑侦支队政委。2009年11月，任日照市公安局治安支队政委。参加工作以来，立三等功一次，二等功一次。曾被山东省公安厅评为破案能手，被日照市评为全市十佳政法干警。

刘祥云

滕玫 女，1957年出生，专科学历。曾任上海市虹口区民政局副局长。

滕世坤 男，1960年2月出生，本科学历，中共党员。1979年10月入伍，历任战士排长、副连长、连长、学员队副队长、学员队队长。1995年10月起，历任炮兵教研室正营级教员、副团级教员。1998年9月，转业到济南市无害化处理厂任副厂长。2007年7月，任济南市生活废弃物处理中心副主任（副处级）。2011年，任济南市生活废弃物处理中心书记（正处级）。2020年1月退休。

滕世坤

滕怀魁 男，1960年10月出生，大学文化程度，中共党员。1981年7月参加工作，先后在临沭县政府办公室、中共临沂地委、石臼工委群工部、日照市总工会等单位工作。1990年10月，调入中共日照市委组织部工作，先后任企业干部科副科长、干部教育培训科科长。2001年4月，任日照市人口计生委党组成员、副主任。2002年，兼任纪检组长。2012年8月，任日照市人口计生委正县级调研员。

滕怀魁

滕世翠 女，1962年10月出生，中共党员，大学学历，高级审计师。1981年7月参加工作，历任日照县河山镇供销社统计员，日照县审计局科员，日照市审计局财政金融审计科副科长、科长。2001年11月，任日照市审计局党组成员、日

滕世翠

照市经济责任审计办公室主任。2003年8月，任日照市审计局党组成员、副局长兼日照市经济责任审计办公室主任。2006年10月，任日照市审计局党组成员、副局长。2013年6月，任日照市纪委常委、正处级检查员。

刘颎贤　男，1963年6月出生，中共党员，本科学历，高级工程师。1985年7月参加工作，历任日照市水产集团总公司党委委员、副总经理，日照市水产技工学校校长，日照市职业技术学院继续教育学院院长、党总支书记。兼任山东省海洋科研项目评审专家、全国农业职业技术教育研究会水产分会理事等职。在省级以上学术期刊发表专业论文10余篇，参加编写《日照渔业志》《日照年鉴》及主持编制市级行业与专业发展规划等多部。被山东省人力资源和社会保障厅授予“全省技工教育优秀教育工作者”称号。

刘颎贤

刘加峰

刘加峰　男，1964年5月出生，本科学历，中共党员，任政协新疆伊犁哈萨克自治州委员会办公厅副主任。

滕建泽　男，1965年2月出生，本科学历，中共党员。1984年11月入伍，历任某部战士、某油库分库主任、某部政治部秘书、海军银川舰部门教导员、海军芜湖舰副政委、海军某护卫舰大队副政委、海军某部政治处主任、海军舟山舰政委等职。2007年转业。2009年11月，任青岛市政协社会法制工作室处长（正处）。2019年11月，任一级调研员。在部队工作期间，立三等功三次。在全国军地媒体发表论文、通讯、随笔等80余篇。

滕建泽

刘海波　男，1969年5月出生，中共党员，大学本科学历。1992年7月参加工作，先后在日照市造船厂、开发区建设工程质量监督站、开发区规划建设局工作。2003年6月，任日照经济技术开发区规划管理办公室副主任。2012年8月，任日照市住房委员会办公室副主任。2016年1月后，历任日照市公用事业局副局长，日照市公用事业管理服务中心副主任。先后获得日照市重大文体赛事组织筹办工作优秀奖、山东省“齐鲁最美建设职工”、日照市攻坚克难和改革创新奖等省、市级称号。

刘海波

滕见亭　男，1970年1月出生，本科学历，中共党员。1993年参加工作，历任日照市市区国税局办公室副主任、税源管理科科长，山海天分局局长，日照经济技术开发区国税局税源二科科长（正科级），山海天旅游度假区国税局党组书记、局长，日照高新区国税局党组书记、局长，日照高新区税务局党委书记、局长、四级高级主办，日照高新区税务局党委书记、局长、三级高级主办。现任日照高新区税务局三级高级主办。

滕见亭

滕永茂　男，1970年9月出生，在职硕士研究生学历，中共党员。1994年8月参加工作，2001年12月，任日照市信息中心副主任，主持工作。2005年9月，任日照市信息中心主任。2012年3月，任日照国际海洋城经济发展局局长（副处级）。2016年12月后，

滕永茂

历任日照市高新技术开发区党工委委员、副书记，管委会副主任，主任。2021年8月，任日照市科学技术协会党组织书记、主席。2006年，被评为山东省信息化建设先进个人并记三等功。论文《日照市信息化发展研究》获山东省计委优秀研究成果一等奖。

滕海青 男，1971年11月出生，本科学历，中共党员。1996年7月参加工作，先后在莒县公安局、县委组织部工作。2001年10月起，历任组织部组织科科长、干部科科长、县委副科级组织员、县委组织部副部长、组织员办公室主任、莒县县委组织部常务副部长。2022年1月，任莒县人大常委会副主任。

滕海青

滕世宝 男，1973年1月出生，大学学历，中国注册会计师、高级会计师，中共党员。2003年5月起，历任日照市国土资源局财务科副科长、市土地规划与整理中心副主任、土地储备管理科科长（正科）。2021年2月，任市土地储备中心副主任。2022年9月，任市自然资源和规划局副局长。

滕世宝

费立娥 女，1973年10月出生，本科学历，中共党员。1997年11月起，历任虎山乡水利站科员，虎山镇水利站站长，虎山镇副镇长，党委委员、副镇长，镇党委组织委员、副书记、日照精品钢基地建设服务中心副主任（正科），虎山镇党委副书记、政协办主任，虎山镇党委副书记、镇长，岚山区水利局党组书记、局长。2020年9月，任岚山区人大常委会党组成员、副主任、区总工会主席。

费立娥

刘会琴 女，1975年2月出生，本科学历，中共党员。1999年7月参加工作。2020年4月，任日照市妇女儿童工作委员会办公室副主任、日照市妇联组宣部部长。

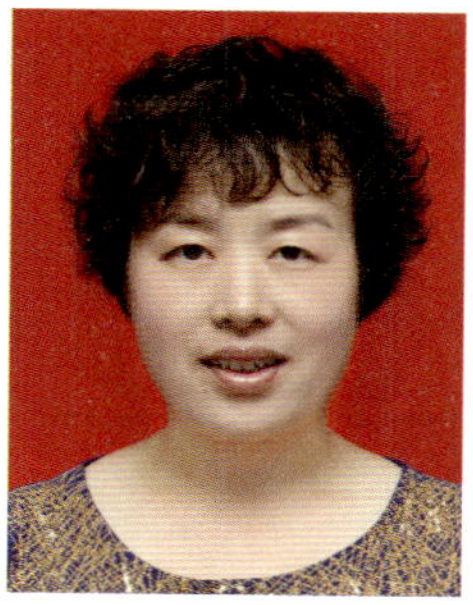
刘会琴

刘兵 男，1977年6月出生，在职硕士研究生学历，中共党员。1997年7月参加工作，在日照市东港区招生办工作。2008年，在青岛市国税局工作。2020年，任青岛市税务局办公室副主任。2021年3月，任青岛市税务局纳税服务和宣传中心副主任。

刘兵

滕建军 男，1970年8月出生，本科学历，中共党员，1989年3月入伍，历任战士，学员73682部队参谋，副股长，73202部队司令部参谋、股长，连云港警备区司令部副科长、科长，正团级转业。

滕建军

滕伟 男，1979年11月出生，本科学历，中共党员。中校军衔，副团职。1998年9月入伍，就读于解放军总后勤部军事交通学院。2002年，在北京军区空军地空导弹兵某师工作，历任排长、连长、军交运输助理员。2010年，任军事交通学院副团级干部。曾立“三等功”两次。

滕伟

桥东头村

滕怀学　男，1951年9月出生，本科学历，中共党员。1969年3月入伍，历任北京空军地空导弹某部战士、班长。1972年7月，任空军第二炮学院发控系学员班长。1974年2月起，历任地空导弹某部发控技师、营司令部作训参谋。1982年12月起，先后任日照县高兴人民公社党委组织干事，高兴区大尧主城乡乡长，高兴乡党委副书记，尹家河乡党委书记。1993年3月起，历任日照经济开发区管委会副主任、党工委委员兼石臼街道党委书记，办事处主任，开发区党工委委员、管委会副主任兼政法委书记。1998年11月，任日照市农业委员会党组成员、副主任。1999年8月，任日照市供销合作社理事会主任、党委书记，山东省供销社理事会理事。曾获"全国供销合作总社先进工作者"。被"山东乡村发展论坛"组委会评选为"山东新农村建设突出贡献人物"。日照市第十三届、十六届人民代表大会代表，政协日照市第四届、第七届委员会委员，中共日照市第十三次代表大会代表。

滕怀学

王健　男，1968年10月出生，本科学历，中共党员。1991年7月参加工作，历任《吉林日报》社助理记者、记者、主任记者，财贸部副主任。2006年12月起，历任吉林省政府办公厅工综合一处副调研员，秘书处副调研员、副处长、正处级秘书，全国人大法律委员会正处级秘书。现任吉林省政府办公厅机关服务中心党委书记。

王健

桥西头村

王伟　男，曾用名王伟海，1958年12月出生，本科学历，中共党员。1981年6月参加工作，任日照市奎山中学英语教师。1990年9月起，先后任日照市渔政监督管理处管理科长、渔政处副处长、市渔业安全办公室主任。2011年11月，任日照市海洋发展局副调研员。2019年3月退休。

王伟

王纪祥　男，1963年11月出生，硕士研究生，中共党员。山东省纪委派驻财政厅纪检监察组一级调研员。

王伟福　男，1966年6月出生，本科学历，中共党员。历任日照市虎山中学教师，虎山乡党委组织干事、党委秘书，东港区黄墩镇党委组织委员、副书记，东港区陈疃镇镇长、党委书记，东港区政府办公室主任，日照市劳动局纪委书记，日照市纪委派驻组副处级监察员，日照市海洋与渔业局副局长。2021年任日照市海洋发展局党组成员、副局长。

王伟福

李家村

陈德仓　男，1961年5月出生，本科学历，中共党员。先后在临沂市外经委、临沂市卫计委、临沂市外经贸局工作，于2009年到临沂市纪委工作，任市纪委一级调研员。

陈德仓

王世来 男，1964年出生，中共党员，本科学历。1983年参加工作，从事教学工作，1987年调入人民银行，历任中国人民银行日照分行外汇管理办公室主任、分行办公室主任，青岛中心支行办公室副主任，中国人民银行济南分行副处长、处长。

王世来

王公友 男，1970年8月出生，本科学历，中共党员。1992年参加工作，历任临沂市自然资源和规划局执法监察支队支队长、四级调研员。

王公友

马家村

马承京 男，1932年出生，中学文化程度。曾任日照市计划委员会副处级干部。

马承津 男，1941年出生，专科学历，中共党员。曾任北海舰队艇长。

马世绪 男，1949年7月出生，专科学历，中共党员。1965年参加工作，任村耕读小学教师。1975年，到辽宁省新宾县平顶山镇供销社工作，先后任营业员、主任，地区供销联社主任、书记。1995年11月，历任平顶山镇党委副书记、镇长，书记。2006年，任县委政法委副书记至退休。

马世绪

宋家坨村

宋玉堰 男，1938年出生，专科学历，中共党员。曾任海军某潜艇基地大队长。

宋年荣 女，1970年12月出生，中共党员。1989年7月毕业于日照师范，历任涛雒镇中心小学教师，涛雒镇妇女联合会主席，东港区妇联办公室主任，市妇联办公室主任，市林业局党组成员、副调研员等职。现任市自然资源和规划局四级调研员。

宋年荣

刘庄管区

南店村

庄光乐 男，1945年出生，专科学历。曾任日照市邮电局副局长。

庄光霆 男，1950年出生，本科学历，中共党员。曾任日照市交通委纪检组组长。

李兆洪 男，1951年10月出生，本科学历，中共党员。1969年入伍，在北京空军地空导弹部队服役。1986年12月转业，在日照港务局工作，后任日照港引航公司书记、经理。1998年，为日照港引航站正处级干部。

李兆洪

庄建江 男，1954年出生，本科学历。曾任青岛市工商局副局长。

庄杰 男，1975年12月出生，本科学历，中共党员。1996年参加工作，现任日照市岚山区人民政府办公室主任、党组书记、四级调研员。曾任岚山头街道党委副书记、政协工作办公室主任，碑廓镇镇长，党委书记等职务。

庄杰

庄伟刚

庄伟刚 男，1985年1月出生，硕士研究生学历，中共党员。先后任空军某场站助理会计师、中级会计师，空军某师后勤部财务审计助理员，空军后勤部副团职中校助理员。荣立三等功1次，嘉奖11次。

侯家村

侯元运 男，1924年3月出生，中专学历。曾任连云港市水产局局长。

侯元来 男，1927年出生，中专学历。曾任临沂市水产局副局长。

庄聿祥 男，1930年出生，专科学历。曾任日照市教育局副局长。

侯世诺 男，1948年1月出生，专科学历。曾任日照市政协副处级干部。

侯波 男，1960年2月出生，本科学历，中共党员。任日照市国税局局长。

庄茂军

庄茂军 男，1969年12月出生，中共党员。1987年入伍，在部队服役20年，任职副部队长。2008年，正团级转业至省民政厅工作。现任省民政厅二级调研员。

大刘庄村

申永堂 男，1960年7月出生，中专学历。任浙江宁波市建委副主任。

大朝阳村

庄建胜 男，1949年10月出生，中专文化程度，中共党员。1968年6月参加工作，先后任大朝阳村学校教师，农村学大寨工作组队员。1976年6月，任日照县盐务局副局长。1980年8月起，历任王家滩盐务所主任兼盐场支部书记，县盐务局生产股股长，县盐业公司副经理、盐务局副局长。1990年10月起，先后任日照市盐务局生产技术科科长，市盐务局副局长、党委委员，市盐务局副局长（主持工作），政工师。1999年3月，任日照市盐务局党委书记、局长，市盐业公司总经理。

庄建胜

刘圣良 男，1957年10月出生，大专学历，中共党员。1974年7月参加工作，历任兰陵（原苍山）县委办公室副主任，神山镇党委书记，费县人民检察院检察长，罗庄区人民检察院检察长，临沂市检察院检察长助理（正处）。

刘圣良

庄建东 男，1960年8月出生，专科学历，中共党员。任宁波市执法局副局长。

庄见宁 男，1974年1月出生，硕士学历，中共党员。1995年7月参加工作。任菏泽市烟草专卖局（公司）党委委员、纪委书记。

庄建蓉 女，1978年2月出生，本科学历，中共党员。2000年7月参加工作，先后任中关村科技园区昌平园投资服务中心外资部副部长、昌平区商务局副局长、昌平区人民政府外事办公室党组书记、主任等职务。2020年，任北京市商务局对外经济合作处处长。

庄建蓉

竹子河崖村

宋君庭 男，1927年5月出生，专科学历，中共党员。曾任山东临沂检察院副检察长。

宋开墩　男，1927年8月出生，专科学历，中共党员。曾任江苏省人事厅处长。

宋国年　男，1953年出生，专科学历，中共党员。曾任北京卫戍区某团团长。

宋胜昌　男，1968年9月出生，大学学历，工学学士学位，中共党员。1988年9月入伍，历任舰艇副航海长、航海长、副政治教导员、政治教导员，大队政治处主任、副政治委员，船政委、支队政治部副主任等职。其间，多次参加重大军事演习、世博安保、亚丁湾护航、出访南美洲3国等任务。2014年10月转业后，历任上海市纪委监委驻市发展改革委纪检监察组副处级纪检员、纪检监察室主任、二级调研员。

宋胜昌

下元管区

下元一村

孙树堤　男，1951年4月出生，专科学历，中共党员。曾任日照市海事局副处级干部。

王运利　男，1959年3月出生，专科学历。曾任连云港市环保局副处级干部。

申永胜　男，1963年1月出生，本科学历，中共党员。1981年12月入伍，历任海军北海舰队第一训练团战士、班长。1983年9月，入济南陆军学院学习。1985年7月，任海军北海舰队第一训练团区队长。1986年3月，入大连海军政治学院学习。1988年1月，任海军北海舰队第一训练团政治指导员。1991年后，历任大连海军政治学院警通连政治指导员、学员队队长，海军中校军衔。2000年10月，副团转业至大连市公安局海运分局。现任正处级调研员。

申永胜

秦晋　男，1973年7月出生，专科学历，中共党员。杭州市植保公安局副处级干部。

下元二村

秦克力　女，1951年出生，专科学历，中共党员。曾任第二炮兵正团级干部。

秦福昌　男，1956年出生，专科学历，中共党员。曾任解放军某部正团级干部。

秦玉新　男，1966年3月出生，省委党校研究生学历，1989年7月参加工作，历任碑廓镇农技站技术员，碑廓镇党委秘书、组织委员、党委副书记，岚山工委、办事处办公室副主任、主任科员，人事劳动和社保障局局长、编制委员会办公室主任、工委组织部副部长，岚山区碑廓镇党委书记、人大主席，岚山头街道党委书记、人大工委主任，区委党校党委书记、常务副校长、岚山职业中专校长、岚山技工学校校长，区委常委、办公室主任、宣传部长、改革办主任，区委常委、政法委书记、经济开发区党工委副书记、管委副主任，区委常委、岚山经发集团副总经理（主持工作）、党委委员，区委常委、宣传部部长、统战部部长、教育工委书记，日照市农业农村局党组成员、副局长，市乡村振兴局常务副局长。2021年9月，任日照市农业农村局党组成员、副局长，市乡村振兴局常务副局长、乡村振兴服务中心主任。

秦玉新

下元三村

秦嗣成　男，1946年4月出生，本科学历，中共党员。1971年，参加徐州铁路工作，历任铁路建筑团委书记，党总支书记，党委书记兼段长。1994年，任铁路分局干部长、常委、工会主席。曾任山东省、江苏省两届工会委员和代表。曾获江苏省五一劳动奖章。

秦嗣成

朱孔明

朱孔明　男，1956年8月出生，中共党员。1974年12月入伍，历任管理员，助理员，正团级教员。1999年转业，任青岛市李沧区司法局主任（正处级）。

郑世文　男，1968年1月出生，专科学历，中共党员。海军青岛营房科团级干部。

秦勇　男，1978年5月出生，专科学历，中共党员。2021年，任中国人民解放军91343部队团级干部。

秦光　男，1981年11月出生，专科学历，中共党员。任中国人民解放军73233部队团级干部。

上元村

秦洪秀　男，1924年出生，专科学历。曾任杭州市人民医院院长。

秦裕鹏　男，本科学历，中共党员。1956年8月参加工作，就职于赣榆县青口发电厂。1958年，入南京电力专科学校学习。1978年，入上海电力学院函授学习。1988年，任赣榆县供电局长。1991年，任连云港市供电局常务副局长。1999年退休。

秦裕鹏

秦玉谅　男，1942年3月出生，专科学历。曾任青岛市市南区粮食局副局长。

秦玉岩　男，1953年7月出生，专科学历。曾任淄博电视台总编。

秦玉新　男，1957年4月出生，大学文化程度。1974年12月入伍，历任中国人民解放军陆军某师战士、营部代理书记。1978年2月，入中国人民解放军长沙工程兵学校学习。1980年1月，任陆军某工兵营排长、政治指导员；1982年8月，入中国人民解放军徐州工程兵学院学习。1984年8月，任陆军某师直工科副营职干事、代理师司令部政治协理员。1985年12月起，历任临沂军分区军事志办公室主编等职。2001年5月退休（正团级）。

秦玉新

秦玉宝　男，1958年7月出生，硕士研究生，中共党员。1982年3月参加工作，历任辽宁丹东市塑料制品厂技术员，日照市食品工业办公室主任，日照市对外经济贸易委员会副主任，日照市粮油食品进出口公司副总经理，日照市进出口公司总经理。1997年8月，任日照市对外经济贸易局副局长。2012年5月，任日照市商务局党委副书记、调研员（正处级）。2018年8月退休。

秦玉宝

秦玉庆　男，1959年1月出生，专科学历，中共党员。1978年12月入伍，历任广州军区测绘大队战士、干部。1993年9月，转业至日照市土地管理局工作，历任档案馆馆长、工程师财务科负责人。2007年10月，任莒县国土资源局党组成员、副局长（正科）。2009年6月，任日照市国土资源局副调研员，主持人事科工作。2014年1月，任日照市国土资源局副调研员。2018年12月，任日照市自然资源和规划局副调研员。2019年11月退休。

秦玉庆

秦玉贺　男，1964年10月出生，中共党员。1981年7月参加工作，历任临沂地区农科所技术员，日照市政府办公室科员、秘书，日照市河山镇党委副书记，岚山头街道办事处主任，汾水镇党委书记。2001年5月，任日照市人民政府岚山办事处党组成员、主任助理。2002年12月，历任

秦玉贺

中共岚山办事处工委委员、宣传统战部部长。2004年11月后，历任岚山区委常委、区委办公室主任，莒县县委常委、宣传部部长，莒县县委常委、县纪委书记，日照市轻工纺织工业办公室主任、市经信委副主任。2017年1月，任日照市政协常委、联工委主任、机关党组成员、一级调研员。2022年1月，任市政协一级调研员。

孙纪法 男，1965年9月出生，专科学历，中共党员。1986年7月参加工作，任淄博化工站主管会计。1990年10月，任日照市化学工业公司职员。1993年7月起，历任日照市经贸委科员、市节能监察支队副支队长。2021年12月，任市经信委节能监察支队支队长。2017年8月，任市属工贸企业服务中心主任。

孙纪法

刘玉成 男，1973年1月出生，硕士研究生学历，空军一级飞行员，中共党员。2012年12月，任空军航空兵第36师副参谋长，上校军衔。2017年12月转业，任北京知识产权法院工会专职副主席，一级调研员。

刘玉成

许崇光 男，1974年9月出生，大学本科学历，中共党员。1994年7月，任日照市勘察测绘院技术员。1995年3月，任日照市规划建设委员会办公室秘书。2002年12月，任日照市规划局综合科科长。2007年1月后，历任日照市规划局副局长，日照市规划局副局长兼日照经济开发区规划办主任，日照经济技术开发区建设局局长、日照市规划局副局长兼日照经济开发区规划办主任，日照经济技术开发区建设局局长、日照阳光热电有限公司董事长。2016年2月后，历任日照经济技术开发区行政审批局局长，日照经济技术开发区综合保税区筹建办公室主任。2019年2月，任日照综合保税区管理服务中心副主任。

许崇光

华山村

肖培胜 男，出生年月不详，专科学历，中共党员。曾任解放军某部团长。

姜秀符 男，1927年出生，专科学历，中共党员。曾任石家庄干休所团级干部。

张洪先 男，1944年出生，专科学历，中共党员。曾任中共连云港市委处级干部。

姜华先 男，1964年11月出生，本科学历，中共党员。1988年7月参加工作，历任山东省林业厅办公室副主任、调研员、机关党委专职副书记等职务。任山东省自然资源厅（省林业局）林业改革发展处处长、一级调研员。

姜华先

宋平 男，1968年11月出生，本科学历，中共党员。1993年7月参加工作，历任东港区涛雒镇农技站技术员、助理农艺师、农艺师。2002年11月起，历任日照市农业局办公室科员，人事科科员，生产指导科科员，市场信息科副主任科员，市场与经济信息科副科长、科长，农产品质量安全监管科科长。2017年10月，任日照市农业科学研究院院长（副处级）。2021年2月，任日照市农业科学研究院副院长（副处级）。

宋平

宋全芳 女，1972年2月出生，大学文化程度，工程师。1996年7月参加工作，先后在东港区后村镇水利站、奎山街道水利站、日照市水利局工作，历任防汛抗旱科科长、工程管理与科技科科长等职务。2019年起，先后任日照市防汛抗旱运行监测中心副主任、日照市水土保持治理保护中心副主任。

宋全芳

东风村

肖培纪 男，1926年出生，专科学历，中共党员。曾任临沂市委党校正处级干部。

肖增行 男，1927年出生，专科学历。曾任日照市盐务局副处级干部。

肖光宜 男，1936年出生，中专学历。曾任临沂师范专科学校校长。

相玉平 男，1941年出生，专科学历。曾任日照市盐务局副处级干部。

周绪贵 男，1942年8月出生，中专学历，中共党员。历任涛雒公社廒头管理区工作员、公社党委常委兼涛雒管理区党总支书记，奎山公社党委副书记，两城公社党委副书记、管委会副主任（主持党委管委工作）、党委书记，岚山头公社（区、镇、街道）党委书记，市（县级）林业局局长，市农委副主任，市水利局副局长、局长、党组书记。曾任日照县（市）第四、五、六次、七次党代会代表、县（市）委委员，政协日照市第五、六届委员会委员，山东省第三次党代会代表。任职期间被授予“省水利系统理论学习年活动先进个人”“省第四次森林资源清查先讲工作者”。

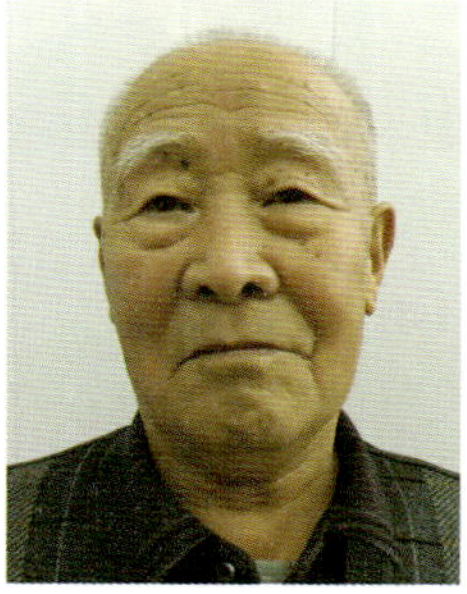
周绪贵

肖培悦 男，1944年1月出生，大学学历，中共党员。1964年毕业于临沂农校，分配到山东省供销联社工作。自1983年起，历任省果品公司副经理、经理，临沂地区供销联社副主任，省供销联社业务处副处长、处长。退休后，定居济南。

肖培悦

周家勇 男，1948年10月出生，副教授，高级国际商务师，高级政工师，中共党员。1968年2月入伍，历任济南军区某部警卫员，司令部军务科打字员，干部科代理书记，青岛警备区政治部干部处书记、副连级干事，北京大学哲学系学生，警备区干部处副营级干事，船运大队政治处主任（副团），船运大队副政委，济南军区守备第七团副政委，青岛警备区教导队政委、党委书记（正团），青岛警备区第五干休所政委、党委书记。1990年9月转业，先后担任山东食品进出口公司党委办公室主任、人力资源部经理，山东外贸职工大学党委副书记、纪委书记，山东外贸职业学院副书记、纪委书记、工会主席、教研员等职。2008年11月退休。

周家勇

肖培体 男，1948年出生，专科学历，中共党员。曾任山东省第一监狱副处级干部。

周家秋 男，1949年出生，专科学历。曾任山东经济贸易学院正处级干部。

周鼎涵 男，1982年10月生，中共党员，硕士研究生学历，中共党员。先后在团市委、市委宣传部工作，现任日照市互联网信息研究中心（市政府政务舆情监测中心）主任。

周鼎涵

东石梁头村

丁立庆　男，1958年6月出生。1981年7月，任兰陵县（原临沂市苍山县）卫生防疫站地方病科主任。1991年4月，任日照市卫生局地病办、爱卫办科员。1997年2月，任日照市卫生局办公室副主任、主任。2004年4月，任日照市爱国卫生运动委员会办公室主任。2014年1月，任日照市卫生局副调研员、日照市卫生计生委（市中医药管理局）副调员。2018年7月退休。

庄光勤　男，1963年8月出生，中共党员。

庄光勤

1984年7月参加工作，任平邑县流域乡农业技术员。1986年5月，任日照市农业局种子站副站长。1990年11月起，历任竖旗山乡副乡长、副书记、乡长、党委书记。2001年1月，任三庄镇镇长。2001年4月，任黄墩镇党委书记。2005年4月，任碑廓党委书记兼日照市进口木材贸易加工示范园区主任。2009年1月，任日照市港航局副局长。2012年3月，任日照国际海洋城管委员社会事业局长、招商促进中心主任。2017年12月，任市人大办公室副主任、二级调研员。

西石梁头村

张守山　男，1924年出生，专科学历。曾任齐齐哈尔市粮食局局长。

李只鹤　男，1926年出生，专科学历。曾任青海省供销社副处级干部。

丁原本　男，1948年出生，专科学历，中共党员。曾任内蒙古银河林业局工会主席。

卞红　男，1974年出生，专科学历，中共党员。任武警内蒙古总队副团级干部。

大羊卷村

丁履龙　男，1928年出生，专科学历，中共党员。曾任24军某师后勤部副团长。

秦玉荣　男，1929年出生，专科学历。曾任江苏省东海县人大副组长。

秦玉琪　男，1931年出生，专科学历。曾任新疆石油管理局某部副部长。

秦玉龙　男，1938年出生，专科学历，中共党员。曾任江苏省东海县委副书记。

秦雪蔚　男，1956年出生，专科学历。曾任连云港市司法局副局长。

丁丽　女，1959年出生，专科学历，中共党员。曾任广州市妇联处级干部。

秦霞　女，1960年出生，专科学历。新疆石油管理局处长。

秦风鸣　男，1962年出生，专科学历。新疆石油管理局处长。

秦莉明　男，1965年出生，专科学历。任新疆石油管理局处长。

丁胜　男，1966年出生，专科学历。天津市财政局副处级干部。

秦峰　男，1970年出生，专科学历，中共党员。连云港市公安局副局长。

牟军善　男，1970年9月出生，大学文化程度。1995年7月参加工作，历任东港区陈疃镇纪检干事、党总支书记、组织委员等职务。2000年7月，任莒县人民政府党组成员、县长助理。2002年12月，任五莲县人民政府党组成员、副县长。2011年11月，任日照市委、市政府信访局党组成员、副局长。2020年4月，任日照市司法局党组成员、副局长、三级调研员。

牟军善

簸箕笃子村

王夏平　男，1942年出生，专科学历，中共党员。曾任黑河市公安局局长。

王秋平　男，1944年出生，专科学历，中共党员。曾任黑河市政法委书记。

王均策　男，1966年8月出生，大学文化程度，副教授，中共党员。1986年7月参加工作，历任日照第三中学教师，日照广播电视大学办公室主任、教务处处长。2010年12月，任日照广播电视大学党委委员、副校长。2015年1月，任日照职业技术学院开放教育学院院长兼任日照广播电视大学校长。曾获全省成人教育先进工作者称号。

王均策

赵家庄子村

丁原震　男，1926年出生，专科学历，中共党员。曾任职淄博市博山区工会，正处级干部。

丁惟仕　男，1932年出生，专科学历。曾任河南黄河医院院长。

丁履清　男，1938年10月出生，专科学历。曾任日照市史志办主任（副处级）。

丁履瑜　男，1947年4月出生，专科学历，中共党员。曾任职于黑龙江司法厅，三级警督。

丁新民　男，1952年1月出生，本科学历，中共党员。曾任乌鲁木齐市规划建设局局长。

郭庄管区

高旺庄村

李永明　男，1947年12月出生，专科学历。曾任日照市劳动局劳保处处长。

徐加云　男，1949年12月出生，专科学历，中共党员。1969年2月参加工作，任民办教师。1978年考入临沂师专学习。1980年12月起，先后任日照县（市）教育局普教科副科长、政工科副科长。1993年3月，任日照市东港区教育局局长。1996年3月，任日照市东港区人民政府办公室主任。1999年12月，任日照职业技术学院党委委员、人事处处长。2010年退休。

徐加云

孙先庆　男，1955年11月出生，专科学历，中共党员。曾任青岛基地装备部干部，上校军衔。

丁海亮　男，1961年出生，专科学历，中共党员。曾任青岛市北区行政执法局副局长。

刘加平　男，1962年1月出生，本科学历。曾任临沂市林业局副局长。

西林子头村

丁元贺　男，1924年8月生，中专学历。1940年5月加入中国共产党，参加革命，做地下工作。1941年1月，任日照县四区委干事，7月机关整编，组织安排在家做地下工作。1945年9月，组建联村合作社任主任。1946年4月，任区中心社主任。1948年1月，组建涛雒区联社，任主任。1948年11月，任日照县合作推进社股长。1950年初，县推进社改为县合作总社，7月，主持县总社工作。1951年1月，任副主任。1956年3月，主持县社工作。1957年9月，任临沂专区供销社办公室副主任、科长。1980年9月，任临沂行政公署多种经营办公室副主任，至离休。工作期间，曾多次评为先进工作者。

丁钢昌　男，1939年出生，中共党员。1960年，任莒南县法院党组秘书。1975年起，历任临沂中级人民法院经济审判庭、刑事审判庭副庭长，临沂地区行署石臼办事处法庭庭长，日照市（县级）法院党组副书记、副院

丁钢昌

长，日照市（地级）检察院刑诉处处长（副处级），日照市检察院正处级检察员。

丁秀海

丁秀海 女，1944 年出生，专科学历，中共党员。曾任云南省第二监狱调研员。

丁兆臻 男，1966 年 2 月出生，本科学历，高级编辑，中共党员。1987 年 9 月参加工作，历任日照市纪委常委、日照市纪委派驻第一纪检组组长。2017 年 4 月，任日照日报社（日照报业传媒集团）党委副书记、总经理。出版专著《卯丁新闻评论选》。

丁兆臻

丁明波 男，1969 年 5 月出生，本科学历，中共党员。1986 年 10 月参加工作，历任日照市边防支队夹仓边防派出所指导员，日照市边防支队石臼边防工作站副站长，日照市边防支队山海天边防派出所所长（正营级），日照公安边防支队政治处主任（副团级），日照市公安边防支队副支队长（副团级），东营市公安边防支队政委（正团级），日照市政府应急办副主任，日照市应急管理局党委成员、副局长。现任日照市交通运输局党组成员、副局长。

丁明波

丁明清 男，1970 年 6 月出生，大学文化，中共党员。1989 年 8 月参加工作，历任日照市公安局望海路派出所民警、机要通信科科员，国内安全保卫支队机动侦察大队大队长，副支队长。现任市公安局政保支队政委。

丁明清

丁元华 男，1971 年 10 月出生，本科学历，中共党员。任济南联勤保障处副团级干部。

解芹霞 女，1972 年 4 月出生，大学学历。1990 年 7 月参加工作，历任岚山区汾水镇党委团委书记、妇联主任、党委委员，岚山区文明办副主任，日照市广播电视局人事教育科副科长、科长，日照市文化执法局副调研员、党组成员、副局长，日照市综合行政执法局党组成员、副局长，日照市城市管理局党组成员、副局长。现任日照市社科联党组成员、副主席、日照市社科院副院长。

解芹霞

丁艳红 女，1978 年 6 月出生，本科学历，中共党员。任泰安 88 医院正团级干部。

大草坡村

韩治山 男，1937 年 8 月出生，专科学历，中共党员。曾任山东省郯城县人大常委会副主任。

韩治山

李世成 男，1960 年 12 月出生，在职研究生学历，正高级职称。1988 年起，历任兵器部国营 5808 厂子弟学校校长、教育处党支部书记，日照市广播电视局党委委员、办公室主任，日照电视台、日照广播影视集团（日照广播电视台）副台长、总经理（正处级）等职务。曲阜师范大学特聘教授、硕士生导师。发表论文近百篇，30 多篇获全国或省级奖。创作、监制的新闻作品 160 多件获全国或省级奖。是日照市专业技术拔尖人才、日照市有突出贡献的中

李世成

青年专家、山东省十佳新闻工作者、山东省十佳德艺双馨电视艺术工作者、首届全国百优广播电视理论工作者、全国优秀新闻文化工作者、全国百佳新闻文化工作者。记二等功两次、三等功三次。

丁肇峰

丁肇峰　男，1972 年 2 月出生，专科学历，中共党员。副团转业，任东港区法院党组成员、政治部主任。

孙传伟　男，1972 年 12 月出生，省委党校研究生学历，中共党员。1993 年 7 月参加工作。2012 年 11 月，任日照市食品药品稽查支队支队长。2019 年 10 月，任日照市市场监管综合行政执法支队支队长。

孙传伟

郭家庄子村

郭常明　男，1954 年 3 月出生，高中文化程度。曾任青岛市工商联处级干部。

董强　男，1967 年 7 月出生，本科学历，中共党员。1989 年 7 月参加工作，先后就职于虎山税务所、日照市税务局、日照市地方税务局。1996 年 12 月起，历任日照市地方税务局办公室副主任（主持工作）、主任。2007 年 12 月，任日照市地方税务局稽查局局长（副处级）。2018 年 7 月，任国家税务总局日照市税务局稽查局局长。2021 年 8 月，任国家税务总局日照市税务局三级高级主办。

董强

张锋　女，1970 年 12 月出生，研究生学历，中国民主建国会日照市总支部委员会主委。1996 年 7 月参加工作，历任岚山区巨峰镇副镇长；岚山区审计局副局长、主任科员；岚山区人民政府副区长；日照市工商联副主席。2019 年 4 月，任日照市人大常委会副秘书长。

张锋

相欣　男，1972 年 2 月出生，本科学历，中共党员。1991 年 12 月入伍，2004 年 10 月转业到青岛市国资委工作。现任青岛市国资委工会主席、三级调研员。

相欣

丁家营子村

庄祥吉　男，1949 年 7 月出生，在职研究生学历，中共党员。1973 年 7 月，任黑龙江省嫩江县前进乡户籍员、税务协税员专管员。1976 年 5 月，任黑龙江省嫩江县前进乡税务所所长。1977 年 4 月，任嫩江县霍龙门税务分局长。1978 年 6 月，任五大连池市税务局副局长（主持全面工作）。1980 年 4 月，任北安市国税局局长。1982 年 7 月，任中共黑河市国税局党委常务副书记。2006 年 4 月，任黑河市税务学会常务副会长。2009 年 6 月退休。

庄清华　男，1967 年出生，本科学历，中共党员。1983 年 9 月，考入武汉海军工程学院。1987 年 8 月后，在海军青岛基地装备部服役，任工程师（八级）。2006 年 3 月转业，任青岛中央商务区管理委员会二级调研员。

庄清华

庄振华　男，1970 年出生，本科学历，中共党员。任北海舰队团级干部。

庄谦 男，1964年出生，在职硕士研究生，中共党员。1982年9月起，历任黑龙江省嫩江县税务局科员、五大连池市税务局股长。1989年10月，任黑河行署税务局科长。1992年3月，任黑河市税务局稽查局局长兼直属局局长。2000年8月，任黑河市国税局党组成员、副局长。2018年7月，任国家税务总局黑河市税务局联合党委委员、常务副局长、三级调研员。2020年6月，任黑河市税务局党委委员、常务副局长、二级高级主办（二级调研员）。

庄谦

庄严 男，1971年12月出生，硕士研究生，中共党员。任黑龙江省黑河市中级人民法院司法鉴定中心副主任。

栈子管区

栈子一村

傅新余 男，1930年6月出生，本科学历。曾任临沂肿瘤医院院长。

傅承福 男，1932年出生，专科学历。曾任临沂地区司法处主任。

傅仲 男，1934年出生，专科学历。曾任临沂教育局主任。

傅松余 男，1939年4月出生，专科学历。曾任山东省勘探四队副处级干部。

傅承伦 男，1950年2月出生，专科学历。曾任日照市外贸局副处级干部。

乔贞华 男，1952年4月出生，专科学历，中共党员。1974年8月参加工作，历任日照县丝山中学教师，日照五中、大坡中学教导副主任。1979年11月起，历任日照五中教导副主任，校长。1987年11月，任日照市（县级）教育局副局长。1989年12月，任日照市教育局秘书科科长。1990年2月起，历任日照一中副校长，校长。2007年8月，任日照市教育局调研员。2012年5月退休。

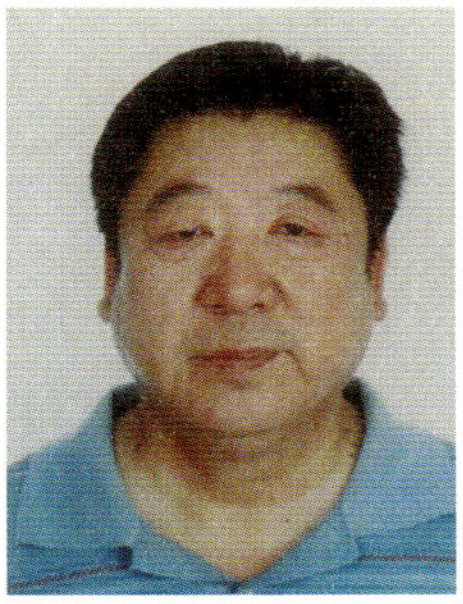
乔贞华

王平和 男，1953年9月出生，本科学历。曾任北京崇文区人事局正处级干部。

郭同华 男，1953年出生，专科学历，中共党员。曾任日照市公安局副局长。

乔贞昌 男，1955年出生，专科学历。曾任青岛市政府电话办公室主任。

傅刚 男，1956年1月出生，大学文化程度，中共党员。1975年12月参加工作，历任虎山公社供销合作社任售货员、仓库保管员，虎山公社团委副书记、代理公社管委文书、党委秘书，共青团日照县委干事。1983年3月起，历任日照县委信访科和市委、市政府信访办公室秘书、科长。1992年2月起，历任市委办公室秘书科副科长，文书科科长，秘书二科科长。1999年11月，任市委保密办主任（市保密局局长）。2010年6月，任市委保密委员会常务副主任（正处级）。2013年5月，任市委办公室调研员。

傅刚

栈子二村

郭建 男，1927年出生，专科学历，中共党员。曾任福建军区油料供应处正团级干部。

郭常贞 男，1947年出生，专科学历，中共党员。曾任共青团连云港市委书记。

郭江平 男，1958年6月出生，专科学历，中共党员。曾任日照市粮食局纪委书记。

栈子三村

叶秀堂 男，1935年出生，专科学历，中共党员。部队副团级转业。曾任日照转播台党支部书记。

许衍吉 男，1935年7月出生，专科学历。

曾任费县财经委副处级干部。

祁永福 男，1936年8月出生，专科学历，中共党员。曾任四川省原县武装部长。

许加成 男，1945年9月出生，专科学历。曾任连云港市商业局局长。

叶向永 男，1965年出生，本科学历，中共党员。任日照出入境检验检疫局副局长。

海员村

许子荣 男，1926年3月出生，专科学历。曾任江苏省无锡市商业局局长。

叶秀祥 男，1929年3月出生，专科学历，中共党员。曾任公安部三局一处处长。

叶春胜 男，1932年出生，专科学历，中共党员。曾任上海市公安局普陀区分局副局长。

傅仲平 男，1935年出生，专科学历。曾任临沂市外经委处长。

许衍全 男，1936年出生，专科学历，中共党员。曾任北海舰队后勤部副团级干部。

孙开华 男，1941年出生，专科学历，中共党员。曾任日照市中级人民法院庭长。

乔贞刚 男，1953年出生，专科学历，中共党员。曾任日照公安局交警支队政委。

郭洪林

郭洪林 男，1957年5月出生，专科学历，中共党员。历任岚山碑廓镇党委书记，区人大常委会第一副主任。

傅林先 男，1980年5月出生，本科学历，中共党员。任海军上海基地副团级干部。

孙家村

孙树典 男，1920年出生，专科学历，中共党员。曾任徐州检察院处级干部。

梁元培 男，1933年出生，专科学历。曾任青岛市科委副处级干部。

孙峨先 男，1933年出生，专科学历。曾任山东外贸系统正处级干部。

孙树臻 男，1943年出生，专科学历，中共党员。曾任临沂市工会主席。

孙诺光 男，1950年出生，专科学历，中共党员。曾任日照市轻纺局书记。

孙树仁 男，1960年出生，专科学历，中共党员。曾任中共淄博市委副秘书长。

孙东 女，1960年11月出生，本科学历，中共党员。1979年参加工作，先后就职于中共陕西省委农村工作部、省委政策研究室。历任正处级调研员、一级调研员。2020年退休。独立撰写并在省级党刊上发表农村工作及经济工作方面的调研报告若干篇，与他人联合编写出版有关政策方面书籍若干本。

孙东

孙志刚 男，1965年5月出生，党校研究生学历，中共党员。1986年8月参加公安工作，先后任市公安局东港分局党委委员、指挥中心主任，市公安局政治部副主任，市公安局特警支队支队长。现任日照市公安局出入境管理支队支队长、二级高级警长、三级警监警衔。

孙志刚

孙永超 男，1985年8月出生，博士研究生。现任自然资源部矿产资源保护监督司利用监督处副处长。

庄家村

朱全英 女，1929年出生，专科学历。曾任日照市委信访局副处级干部。

庄谦峰 男，1930年出生，专科学历，中共党员。曾任江苏省东海县县长。

庄健 男，1963年出生，专科学历，中共党员。任上海海关嘉定海关关长。

曹家村

解仁京 男，1931年7月出生，专科学历，中共党员。曾任济南卫戍区正团级干部。

乔祥祜 男，1937年出生，专科学历。曾任甘肃省防汛指挥部副处级干部。

罗纪升 男，1939年出生，大专学历，中共党员。1960年参加工作，历任沂水农校教师，沂水四中教师、教导主任。1975年后，历任日照县教育局办事员，马庄中学教导主任，日照五中副校长、校长。1984年5月，任教育局政工股股长。1985年3月，任日照县（市）侨办主任。1985年11月，任日照市（县级）人事局副局长，后任日照市人事局办公室主任。1994年11月，任市人大常委办公室副主任。

罗纪升

罗世成 男，1958年2月出生，专科学历，中共党员。曾任日照市国土局调研员。

东南营村

乔景山

乔景山 男，1954年11月出生，大学学历，中共党员。1972年12月入伍，历任班长、排长、指导员、教导员、政委。2000年转业，任徐州市文广新局副局长。

孙公先 男，1962年8月出生，大学文化，高级经济师，中共党员。1982年7月参加工作。2006年3月，任山东省油区工作办公室驻胜利油区办公室综合处副处长。2008年7月至2017年11月，任胜利油田油地工作（土地管理）处副处长，其间于2014年5月至2015年5月，任山东省滨州市油区工作室党组成员、副主任（挂职）。

孙公先

孙传任 男，1965年4月16日出生，党校在职硕士研究生，正高级会计师，中共党员。1985年参加工作，现任临沂市高级财经学校党委副书记、工会主席，临沂市中华职业教育社副主任兼秘书长。2010年度获全省会计工作先进个人称号，并记二等功。独立撰写并发表财务会计类论文、专著多篇，计50多万字。2020年，被聘为省政府采购专家、市教育系统规划财务专家。

孙传任

乔宇 男，1970年11月出生，在职硕士研究生，中共党员。1994年参加工作，历任日照经济开发区建设管理局局长，奎山街道党委书记。2012年，任日照经济技术开发区工委副调研员兼奎山街道党委书记。2015年，任日照市园林管理局局长。2017年，任日照市住房和城乡建设局副局长、党委委员，市园林管理局局长。2019年，任日照市城市管理局党组书记、局长。2022年，任日照市自然资源和规划局党组书记、局长。2023年4月，任日照市发展改革委员会党组书记、主任。

乔宇

孙晓春 男，1979年3月出生，本科学历，中共党员。1997年12月入伍，历任陆军第38集团军某部班长、排长、参谋、连长、股长、营长、团保障处处长，陆军第81集团军某部保障部部长。2019年11月转业，任北京市商务局办公室四级调研员。

孙晓春

孙家营子村

孙芳 女，1927年出生，中共党员。1946年4月入伍，1946年起，先后在山东军区后勤部大鸡烟厂、利华烟草公司、白求恩医学院、华东劳动部、上海市劳动局、电磁带厂、上海钢铁加工公司、上海市冶金工业局工作，曾任科长、调研组成员、党总支书记、干部处副处长等职务，以副处级干部离休。

孙芳

孙树琴 女，1930年出生，本科学历，中共党员。1944年入伍，任八路军滨海军区卫生队卫生员。参加过莱芜战役、孟良崮战役、济南战役、淮海战役、渡江战役，从事战场一线医务救护工作。1952年，进入第二军医大学药剂学专业学习。毕业后，先后在南京军区82医院、上海警备区85医院、解放军第109医院工作，曾任药房主任等职。1983年离休（团级）。

孙树琴

孙树坤 男，1933年出生，专科学历，中共党员。1947年参加工作，先后在滨海军区卫生训练队、滨海军区沿海工委、新海连市军管会、新海连市委组织部工作。1961年起，先后任连云港市团市委副书记，卫生局党委副书记、副局长，地委办公室主任，多种经营管理局局长等职务。

孙树坤

孙合先 男，1940年出生，专科学历，中共党员。曾任济宁劳改队政委。

孙常先 男，1952年出生，专科学历。曾任日照市矿产局处级干部。

孙毅 男，1952年出生，专科学历。曾任中国建设银行合肥分行处级干部。

孙树年 男，1953年出生，专科学历，中共党员。曾任烟台海监局局长。

李家营子村

李建利 男，1924年2月出生，专科学历，中共党员。曾任宁夏回族自治区石嘴山市公安局大武口区分局局长。

李潭管区

苗家村

孙凯 男，1953年出生，专科学历，中共党员。曾任日照市盐务局工会主席。

丁海旺 男，1955年出生，专科学历。曾任临沂市司法局调研员。

丁惟生 男，1956年出生，本科学历，中共党员。历任日照市岚山区虎山镇党委书记；岚山区委常委、宣传统战部部长；组织部部长；纪委书记；区委副书记。2004年11月，任日照职业技术学院党委副书记、纪委书记。

丁惟生

丁海成 男，1959年2月出生，1978年10月，考入山东省公安学校，毕业后被分配到临沂市公安局工作。1985年7月，考入中国刑事侦查学院。1993年7月，调日照市公安局东港分局工作。2001年，调日照市岚山分局工作，先后担任刑侦大队大队长、分局副局长、政委。

丁海成

梁启学 男，1960年10月出生，本科学历，中共党员。1978年11月入伍，在北海舰队青岛水警区服役，历任水兵、班长。1983年后，历任北海舰队快艇一支队猎潜艇71大队机要员（正排）、副指导员、指导员、副教导员、教导员、政治处主任、副政治委员等职。2019年，转业至青岛公安刑警支队工作，历任副调研员、三级高级警长。

梁启学

丁为友 男，1972年9月出生，本科学历，中共党员。1990年12月入伍，在沈阳军区司令部管理局服役，历任战士、班长、排长、副连长、政治指导员、干事、政治委员、农场场长兼党委书记，中校军衔，副团级，2016年退役。

丁为友

周斌 男，1978年3月出生，本科学历，中共党员。1998年参加工作。任日照市委办公室副主任、市委机要局局长。

周斌

蒿岭村

宋廉臣 男，1932年出生，专科学历，中共党员。曾任连云港市国家安全局局长。

范见俊 男，1951年出生，专科学历，中共党员。曾任日照市中级人民法院副院长。

范峰进 男，1962年7月出生，在职研究生学历，中共党员。1979年11月入伍，历任雷达站站长，北航司令部参谋，旅副参谋长、参谋长、副旅长，青岛市农委（农业农村局）调研员、处长、一级调研员。

范峰进

赵久成 男，1965年5月出生，硕士研究生学历，中共党员。曾任日照市人大常委会党组成员、秘书长。2017年3月，任日照市食品药品监督管理局（市食品安全委员会办公室）局长（主任）。2018年12月至2020年8月，任日照市司法局局长。

赵久成

范开锋 男，1970年10月出生，省委党校研究生学历，高级工程师，中共党员。1989年7月参加工作，入职日照建港指挥部。2008年10月，任日照引航站党委委员、副站长（副处级）。

范开锋

亚月村

申永莲 女，1958年2月14日出生，本科学历，中共党员。1975年参加工作。1990年，调至北京市东城区工作，历任学校教师，东城区建国门街道办事处科员、主任科员、妇联主席、党群办公室主任（副处级），东城区妇联执委常委委员，东城区政协委员，东城区妇女儿童协会理事等职务。

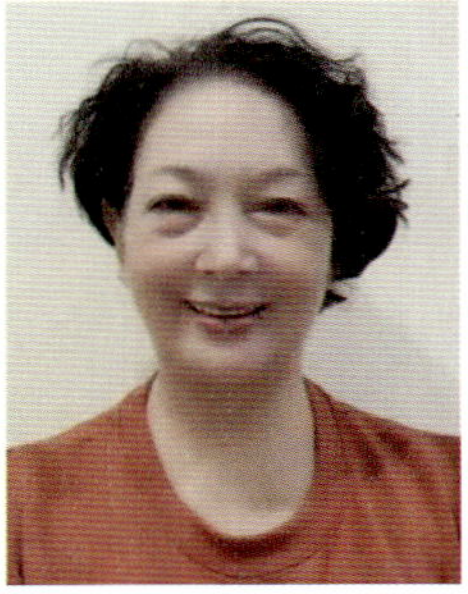
申永莲

陈建森 男，1958年9月出生，党校研究生学历，中共党员。1976年12月入伍，在北京卫戍区二师，后改编为中国人民武装警察部队北京市总队服役，历任北京卫戍区二师（后改编为中国人民武装警察部队北京市总队）战士、班长、排长、干事、股长、教导员、政治处主任、副政治委员、政治部主任、政治委员等职，上校警衔。2005年，转业到北京市人民检察院第一分院工作，历任正处级纪检员、法警处处长，三级警监警衔。

陈建森

刘维华 男，1963年4月出生，中共党员。1986年参加工作，先后任碑廓镇政府副镇长、党委副书记、镇长。2001年，任岚山区农业局局长。2007年，任巨峰镇党委书记。2012年，任岚山区人大常委会副主任。

刘维华

宋卫东 男，1964年1月出生，中共党员。1984年入伍，2010年12月转业，历任日照市商务局副调研员、党委委员，党组成员、副局长，三级调研员。现任日照市商务局二级调研究员。

宋卫东

丁家官庄村

丁肇畬 男，1925年出生，中共党员。曾任解放军某部团政委。

孙树诺 男，1964年2月出生，本科学历，中共党员。1984年8月参加工作，任虎山中心小学教师。1990年9月起，历任虎山乡党委秘书、组织委员、乡党委副书记。2002年2月，任安东卫街道办事处主任，党委副书记。2006年5月，任岚山区民政局局长，残联理事长。2010年10月，任区卫生局局长。2012年2月，任岚山区政协副主席。

孙树诺

王诺 女，1970年1月出生，硕士研究生，中共党员。1993年7月参加工作，任日照市东港区高兴乡农技站技术员。1996年7月，任高兴镇妇联主席。2002年1月，任三庄镇副镇长。2005年4月，任东港区监察局副局长、主任科员。2007年底，任东港区监察局副局长，政协副主席（不驻会）。2012年9月，任东港区政协副主席（不驻会），日照市农

王诺

产品检验检测中心常务副主任，东港区政协副主席。2017 年 1 月，任东港区人大常委会副主任。2020 年 7 月，任东港区人大常委会副主任、三级调研员。

杨家洼村

费聿江　男，1973 年 11 出生，本科学历。1992 年 12 月入伍，2022 年任职于大连市保税区交警大队，副处级干部。

杨淑刚　男，1982 年 12 月出生，本科学历。2001 年 12 月入伍，现任职于武警大连支队，中校军衔。

李家潭崖村

庄日进　男，1934 年出生，专科学历，中共党员。曾任济南军区某部团长。

刘银贤　男，1945 年出生，专科学历，中共党员。曾任日照市委政法委副书记。

丁兆玉　男，1955 年出生，专科学历，中共党员。曾任日照市国税局稽查局副局长。

刘加富　男，1960 年出生，中专学历，中共党员。曾任日照市纪委派驻第一纪检组副组长。

马成连　男，1963 年 5 月出生，本科学历，中共党员。曾任山东沂南县公安局局长。任临沂市公安交警支队党委委员、副支队长。

刘加余　男，1963 年 8 月出生，中专学历，中共党员。曾任日照市工商管理局书记。

牟敦波　男，1965 年 8 月出生，党校研究生学历，高级编辑，中共党员。1989 年 7 月参加工作，历任日照日报社总编室编辑、经济部副主任、工交财贸部副主任、农业部副主任、美术摄影部主任，日照市体育局助理调研员，日照市政协文史联谊委员会副主任、调研员，日照市文广新局党组副书记、调研员，日照广播影视集团（日照广播电视台）党委副书记、总编辑。2022 年 4 月，任日照报业传媒集团有限公司（日照日报社）党委书记、董事长、社长。

牟敦波

竹园村

丁海玲　男，1963 年 7 月出生，本科学历。任烟台市园林处副处长。

丁海燕　女，1964 年 3 月出生，本科学历。日照市史志办副主任。

丁兆光　男，1967 年 8 月出生，本科学历，中共党员。任国家税务局日照税务局四级高级主办。

丁海森　男，1971 年 8 月出生，本科学历，中共党员。任日照技师学院招生就业处处长。

大洼村

宋庆善　男，1923 年出生，专科学历。曾任北京市水利局正处级干部。

丁兆欣　男，1964 年 10 月出生，本科学历。1984 年 10 月入伍，1988 年 7 月，毕业于中国人民解放军后勤工程学院，分配到部队油料仓库从事油库设备安全管理工作。1998 年 6 月，调到日照市岚山区人武部工作，负责国防宣传及兵役动员工作。2005 年 3 月退役。2005 年 10 月，任岚山区卫生健康局四级调研员。

丁兆欣

廒头管区

东川子村

王茂快

王茂快　男，1950年9月出生，专科学历。1969年12月入伍，历任海军东海舰队逐护舰第六支队岸勤部班长、排长、连长、营长、团长。1996年9月，转业至日照市港务局三公司、二公司工作。2010年9月退休。

马先同　男，1955年5月出生，本科学历，中共党员。1974年12月入伍，1992年6月，任海军（猎户护71大队）团长。1995年12月，转业至青岛市公安局工作。2010年，任青岛市公安局行动技术支队支队长。2015年7月退休。

马先同

尹家廒头一村

高杰

高　杰　男，1975年9月出生，本科学历，中共党员。1993年7月参加工作。任日照市人民防空办公室党组成员、副主任。

尹家廒头二村

尹相淳　男，1944年出生，大学文化程度。曾任国家海洋局第一研究所研究员。

尹德峰　男，1963年11月出生，大专学历，中共党员。1980年8月参加工作，先后在日照市后村乡党委、日照海关、临沂海关、日照海关缉私局工作，任日照海关缉私分局一级高级警长。

尹德峰

尹衍军　男，1969年出生，本科学历。日照市政府副处级干部。

尹相村　男，1970年12月出生，本科学历，中共党员。1995年9月参加工作，先后任东港区河山镇农技站长，副镇长，党委委员、副镇长、武装部长，组织委员，副书记、政协联络室主任，香河街道办事处主任，日照街道办事处主任、党工委书记等职务。2021年11月，任日照市信访局党组成员、副局长。

尹相村

尹家廒头三村

相昊昌　男，1970年10月出生，大学学历，中共党员。日照市纪委监委派驻市公安局纪检监察组组长、市公安局党组成员。2007年，任东港区秦楼街道党委副书记。2011年，任河山镇人大主席。2014年，任山海天旅游度假区卧龙山街道党委副书记、办事处主任。2017年，任山海天旅游度假区卧龙山街道党工委书记。2020年，任日照市纪委监委第四监督检查室主任职务。现任日照市纪监委驻市公安局纪检监察组组长、市公安局党组成员。

相昊昌

张家廒头村

尹茂贞 男，1932 年 7 月出生，专科学历。曾任中国科学院处级干部。

尹德松 男，1945 年 9 月出生，本科学历，中共党员。1966年参加工作，先后任临沂监狱办事员，科员，政治处副主任、主任，副政委。1992 年，任山东省临沂劳动改造支队党委书记、支队长。1996 年，历任山东省临沂监狱党委书记、监狱长，调研员。

尹德松

张传培 男，1946 年 2 月出生，专科学历，中共党员。1965 年 12 月入伍，1970 年 1 月起，历任大队（团）部书记（秘书）、政治处干事、营教导员、团政治委员。1988 年 10 月转业，历任国家税务局青岛市市北区税务局科长、办公室主任、工会主席，青岛市台东地税局局长。

张传培

尹相荣 男，1948 年 8 月出生，专科学历，中共党员。曾任空军长春某部地勤正团级干部。

尹茂全 男，1954 年 9 月出生，专科学历，中共党员。1994 年 1 月，任日照市机械化学工业局生产科副科长。2000 年 1 月起，历任日照市机械化学工业办公室副主任科员、主任科员、日照市履行禁止化学武器公约办公室主任。2004 年 4 月起，历任机械化学工业办公室副调研员、副主任。2014 年 9 月退休。

尹茂全

尹永向 男，1957 年 10 月出生，本科学历，中共党员。1980 年 12 月参加工作，任临沂地区农业局干部。1993 年，任日照市农委经管站站长。1996 年，任日照市农业委员会副主任。1997 年，任日照市政府办公室副主任。2001 年，任日照市政府副秘书长。2005 年，任日照市畜牧局局长。2015 年，任日照市人大常委会人代室主任、农工委主任。2018 年退休。

尹永向

尹永旺 男，1966 年出生，专科学历，中共党员。2021 年，任空军长春某部地勤副主任（副团级）。

张毅 男，1976 年 8 月出生，本科学历，中共党员。1998 年 9 月入伍，任解放军汽车管理学院学员。2000 年 7 月起，历任海军快艇第一支队汽车排长、油运股长、岸勤处长、军港管理科长。2018 年 1 月转业，任青岛市黄岛区人民法院四级调研员。

张毅

成家廒头村

成元顺 男，1951 年 11 月出生。1969 年 12 月入伍。1977 年 6 月退役。1978 年 11 月，任石臼水产站文书。1982 年，先后任日照县水产公司文书、总支书记。1987 年 6 月，任日照县水产开发公司书记。1989 年起，历任日照市政协科长、办公室副主任。1998 年 6 月，任日照市海洋渔业局副局长、调研员（正处级）。2007 年退休。日照市书画协会会员。

成元顺

成纪原 男，1958 年 10 月出生，专科学历，中共党员。曾任日照市物资局局长。2017 年 9 月，任日照市经济和信息化委员会调研员。

东灶子村

郑世荣　男，1937年9月出生，专科学历。曾任枣庄市科协主席。

郑培乐　男，1950年9月出生，专科学历。曾任日照市工业局副局长。

郑培亮　男，1950年出生，专科学历。曾任日照市土地局正处级干部。

西灶子村

王金宝

王金宝　男，1963年出生，本科学历，中共党员。1987年9月参加工作，先后任日照师范校团委书记、培训处主任。2001年，任日照市职工中专副校长。2005年，任日照市技工学校副校长。2009年，任日照市技师学院副院长。

郑全伟　男，1968年出生，任日照市检察院处长。

北王家村

王安春　男，1964年1月出生，专科学历。1978年12月入伍，历任海军东海舰队干部教导大队通信班战士、副班长，警卫班班长，警通排排长，训练基地二大队副连职保密员。1987年12月转业，历任临沂地区副食品公司人事科办事员，商业局人事科科员、团委副书记。1997年12月起，先后任临沂市商业集团总公司人事教育科科长，贸易办公室人事科科长，流通业发展局人事教育科科长。2007年7月起，历任临沂市流通业发展局副调研员，党组成员、副局长。2010年1月起，先后任临沂市商务局党组成员、副局长，党组副书记、副局长，调研员。2020年退休。

王安春

宅科村

郑培林　男，1953年出生，专科学历，中共党员。任兰州军区某部正团级干部。

周志润　男，1942年出生，本科学历。曾任国家气象局处级干部。

田文明　男，1955年3月出生，专科学历，中共党员。任日照市国家安全局副局长。

周京军　男，1959年出生，专科学历，中共党员。曾任青岛市处级干部。

田玮　男，1960年出生，专科学历，中共党员。任青岛市市北区城管局处级干部。

尹红　女，1962年出生，专科学历。任青岛疗养院院长。

郑世亮　男，1962年出生，专科学历，中共党员。任济南铁路局政法处处长。

郑振华　男，1968年1月出生，本科学历，中共党员。任济南军区医院团级干部。

田学光　男，1970年出生，专科学历，中共党员。任北京警备区某团团长。

田锋光　男，1972年3月出生，专科学历，中共党员。任北京警备区某团团长。

郑鹏　男，1973年出生，专科学历，中共党员。任北京武警总队某团团长。

（五）企业界人物

1

王伯明　男，1907年10月出生，小海村人。曾任临沂石油公司总经理。

贾成源　男，1919年5月出生，崔家庄子村人，专科学历。曾任辽宁省鞍山市丝绸厂副处长。

丁奎生　男，1922年10月出生，西林子头村人。少时当学徒工（做鞋）。1940年12月参加革命。1954年底，在上海3516厂集体转业，历任工人、一般干部、中层干部、副厂长。1965年起，先后任河北大型企业3514厂厂长兼党委副书记、书记（正厅级）。1982年离休。

贾增源 男，1924年8月出生，崔家庄子村人，专科学历，中共党员。曾任辽宁省518厂副厂长。

刘贤亮 男，1926年出生，上元村人，专科学历，中共党员。曾任上海振华造漆厂党委书记。

傅娟余 女，1928年3月出生，海员村人，专科学历，中共党员。曾任上海市化学试剂时装公司工会主席。

丁铮昌 男，1930年1月出生，西林子头村人，专科学历，中共党员。曾任西北输变电公司纪委书记。

田洪晋 男，1934年出生，海员村人，专科学历，中共党员。曾任中国银行日照分行工会主席。

周绪文 男，1934年出生，西石梁头村人，专科学历。曾任华北油田处级干部。

王振僧 男，1937年3月出生，小海村人，专科学历，中共党员。曾任大连缝纫机厂党委书记。

鞠建邦 男，1937年出生，北王家村人，专科学历，中共党员。曾任烟台冶金工业公司党委书记。1997年退休。其自幼酷爱书画艺术，深受著名画家王板哉教诲。退休后潜心研究书画，自创“木纹画”艺术。2001年，国家授予其发明专利证。同年，国际知识产权中心又授予其国际知识产权资格证书，其创作的作品先后在美国、英国、法国和韩国等多个国家展览，并获多个奖项。

庄曰文 男，1937年出生，大朝阳村人，专科学历。曾任交通部一航二公司船机处处长。

高月泽 男，1944年4月出生，涛雒三村人。1968年，毕业于东北大学，任抚顺铝厂技术员。1973年，在北京有色金属研究总院从事科学研究工作，历任工程师、高级工程师、研究室副主任。1981年，在世界上首次创造性地发明了新的炼铜工艺“白银炼铜法”，获国家发明二等奖。1988年，任国家原材料投资公司处长。1989年，研究成功的“白银熔池富氧炼铜法”，达到世界先进水平，获国家科技进步奖一等奖。1993年，作为国家公派的高级访问学者，赴加拿大蒙特利尔市麦吉尔大学进修和开展国际合作。1994年，任国家开发投资集团公司高级工程师、业务经理，享受国务院政府特殊津贴。

尹德聚 男，1944年出生，尹家廒头二村人，大学文化程度。曾任石家庄拖拉机厂高级工程师。

王廷艾 男，1944年10月出生，沙岭子村人，高级经济师，中共党员。曾任山东红日集团有限公司董事长兼总经理，中化山东肥业有限公司总经理。曾任山东省政协委员，临沂市人大常委会委员。1993年，他带领技术人员成功开发硫基NPK三元复合肥生产新技术，获得国家发明专利和全国发明奖。国家计委、化工部称之为中国化肥行业的一次技术革命，并将其列为“九五”期间全国化肥行业十项重点推广技术之一。1998年，硫基NPK三元复合肥被国家科委评为“国家级重点新产品”。1999年，与科研人员一道研究成功盐酸法饲料级磷酸氢钙新产品，被列入省级技术创新项目。在全国化肥行业第一个提出并实施名牌战略，率先推行“区域挂牌专销”和“六项承诺服务”制度，开展名牌营销和服务营销。曾被评为山东省劳动模范和山东省优秀企业家。获得了“振兴临沂二级勋章”。1999年，获全国“五一劳动奖章”。2010年，获中国磷肥协会、中国硫酸协会“终身荣誉奖”。

孙维利 男，1946年6月出生，孙家村人，专科学历，高级工程师。曾任胜利油田钻井队队长，钻井三公司副经理（副处级）。1978年，所负责的钻井队被石油工业部授予“铁人式钻井队”称号，个人被评为胜利油田标兵。主持攻关的钻井组合式闸门获国家专利。

孙维利

许加礼 男，1946年7月出生，栈子三村人，专科学历，中共党员。曾任威海408造船厂党委书记。

庄维宽 男，1946年出生，庄家村人，专科学历。曾任临沂化肥厂厂长。

郭常波 男，1947年出生，栈子庄人，1972年加入中国共产党。1968—1973年，在部队服兵役。1974—2005年，在山东省石油公司工作，先后任业务科长、业务处长、总经济师、副总经理（副厅级），兼任日照石油公司董事长。2007年退休。

庄景山　男，1948年7月出生，孙家村人，专科学历，中共党员。先后任钻井机械公司副经理，经理兼党委副书记。1998年，任黄河钻井农副业公司党委书记。多次获胜利油田管理局优秀党员、优秀党务工作者称号。曾立三等功1次。在《求是》杂志上发表过《浅谈企业人才开发》（1999年11月）、《试论我国石油企业安全管理的运行机制与基本模式》（2000年6月）两篇文章。

庄景山

傅永波　男，1948年出生，海员村人，专科学历，中共党员。曾任中铁十八局土木工程公司党委书记。

冯启禄　男，1949年1月出生，小刘庄村人。1971年11月参加工作，历任日照县农业银行解款员、出纳员、记账员。1973年起，先后任6153部队（团部）、6152部队（师部）银行会计。1977年，任人民银行涛雒办事处主管会计。1980年，任日照县农行会计股长。1984年，任石臼港农行副行长。1986年，任日照县农行副行长。1990年，任日照市农行会计财务科长。1993年，任日照市农行总稽核。1994年，任日照市农行党委委员、纪委书记兼总稽核。2009年退休。

冯启禄

罗兴玉　男，1949年9月出生，东风村人，大学学历，中共党员。1975年参加工作，就职于齐鲁石化公司第二化工厂。1994年，被评为高级工程师，担任厂科技处生产处处长。

罗兴玉

郑培代　男，1950年8月出生，东灶子村人，专科学历。曾任日照港务局正处级干部。

葛云秋　男，1950年出生，王家村人，专科学历，中共党员。曾任胜利油田钻井队党委书记。

贺照清　男，1951年11月出生，尹家廒头一村人，1971年3月，加入中国共产党。1969年2月入伍，先后在铁道兵第七师任战士、排长、连长、营长、团参谋长、战勤科副科长。1983年1月，在临沂国棉厂任科长。1984年9月，在日照港建设指挥部任干事。1986年9月，任日照港公安局副政委。1988年6月起，历任日照港务局宣传部副部长、宣传处副处长、党办主任、二公司经理、副局长。2003年5月后，历任日照港（集团）有限公司党委委员、董事、副总经理，日青集装箱码头有限公司董事长。

贺照清

尹相山　男，1952年5月出生，王家村人，大学学历，高级政工师，中共党员。1969年2月入伍，在北京空军地空导弹部队服役。1986年12月，转业在中国人民银行日照分行工作。1994年12月，任日照市城市信用社中心社任人事教育科科长。2003年8月至2007年8月，任日照市商业银行党委委员、工会主席（副处级）。

尹相山

傅学先　男，1952年出生，海员村人，专科学历。曾任胜利油田钻探公司经理。

祁玮　男，1953年6月出生，海员村人。1975年10月，加入中国共产党。1972年11月入伍，历任北京卫戍区警卫三师防化连战士、班长、排长、副指导员。1981年12月，调入解放军防化学院工作，先后任指挥系四队政治教导员、学院办公室主任（正团级）、系副主任。1995年，创作了反映老山作战的电视剧《火与情》。1997年7月后，历任神华集团公司党组正处级纪检员，公司办公室综合处处长，人事部副经理（副厅），人力资源部总经理（正厅）。2009年11月，任神华集团公司人力资源部总经理，兼中国神华能源股份公司人力资源部总经理。

滕世富 男，1953年出生，刘家湾村人，大学文化，高级工程师，中共党员。曾任济南钢厂装备部党委书记、部长（正处）。

张永义 男，1959年4月出生，苗家村人，党校本科学历，中共党员。1975年12月，在青岛钢铁集团工作。1992年3月，任青岛热电集团第一热电厂党支部书记、厂长。1996年10月，任热电集团燃料供应中心党支部书记。2002年6月，任青岛金海热电有限公司总经理、书记。2010年10月，任青岛热电集团物资供应部部长、书记。2019年4月退休。

张永义

庄光安 男，1959年10月出生，南店村人，本科学历，中共党员。1982年7月参加工作，到山东省交通厅黄河航运局工作。1985年5月，到山东省岚山港务管理局工作，任副局长。1996年9月，任山东省岚山港务局局长。2003年，任日照港集团有限公司董事、副总经理，日照大宗商品交易中心董事长。中国交通企业协会常务理事。日照市人大代表。

庄光安

尹相成 男，1959年出生，尹家廒头一村人，专科学历，中共党员。曾任宝钢设计院党委书记。

王纪全 男，1960年2月出生，沙岭子村人，管理学博士、高级经济师，中共党员。1983年7月参加工作，任中共济南市委党校教员。1985年4月，任中共山东省委党史研究室编辑、副主任科员。1991年3月起，历任山东省政府办公厅主任科员、副处长、处长。1998年4月，任山东省人大常委会办公厅处长。2000年7月，任招商银行济南分行党委副书记、副行长。2007年6月，任招商银行兰州分行党委书记、行长。2009年6月，任招商银行青岛分行党委书记、行长，其间任青岛市人大常委会财经委员会委员、副主任委员，青岛市人大代表。2015年10月，任招商银行总行营业管理部总经理。2018年10月，任招商银行总行巡视员、总行党委巡视组组长，其间曾任深圳市山东省商会顾问。2020年6月退休。

王纪全

张清山 男，1961年10月出生，涛雒六村人，本科学历，中共党员。1981年7月参加工作，历任齐鲁石化公司第二化肥厂秘书，供排水厂办公室秘书、主任、民主管理部部长，淄博天齐渊矿泉水公司副总经理，齐鲁石化公司供排水厂劳动服务公司副总经理，淄博新联工贸有限公司管理部副部长。2001年6月，任山东兴鲁化工股份有限公司副总经理。

张清山

李永清 男，1962年6月出生，高旺庄村人，专科学历，中共党员。曾任中铁十七局青岛工程处党委书记。

李永清

乔桢林 男，1962年8月出生，曹家村人，党校大学文化程度，高级经济师，中共党员。曾任甘肃省招标中心主任，甘肃省招标咨询集团有限责任公司董事长、党委书记等职务。2018年8月，任甘肃工程咨询集团有限公司副总经理。2019年7月，任甘肃工程咨询集团股份有限公司副总经理。2022年4月退休。

贺敬林 男，1962年出生，尹家廒头一村人，中共党员，本科学历，高级经济师，中共党员。1980年参加工作，任日照市西湖镇服务大楼门市部会计。1981年起，历任中国农业银行日照市分行信贷员、会计、科员、副科长。1996年起，历任中国农业发展银行日照

贺敬林

市分行副科长、科长，党委委员、行长助理兼机关党支部书记、计划信贷科科长等，党委委员、纪委书记、副行长兼机关党支部书记等，中国农业发展银行莱芜市分行党委委员、纪委书记、副行长等。在《人民日报》《中国青年报》《金融时报》等全国几十家报纸杂志网络平台发表文章439篇，近60万字，20余篇获奖，多次被评为省市宣传调研优秀个人。

王纪波 男，1963年4月出生，桥东头村人，在职研究生学历，中共党员。1981年7月起，历任兖矿集团铁路运输处段长，煤质运销部主任。2015年4月，任兖矿能源有限公司总经理助理。2019年6月，任兖矿能源有限公司调研员（正处级）。

王纪波

庄建锡 男，1963年5月出生，南店村人，获硕士学位，中共党员。1988年，任兖州矿区职工大学专业教研室助教。1994年，任兖矿非煤产业管理科员、副科长。1997年，任兖矿非煤产业处信息开发科科长、主任工程师。2002年，任兖矿实业分公司经济运行处处长。2005年，任兖矿实业分公司安全质量管理处处长。2006年，任兖矿实业分公司企业管理处、安全监察处处长。2007年，任兖矿物流有限公司总经理。2011年，任兖矿东华集团有限公司副总经理。2014年，任兖矿东华集团有限公司执行董事、总经理、党委副书记。2018年，任兖矿集团副总工程师。2020年7月，任山东能源集团调研员。

庄建锡

尹相仕 男，1964年11月出生，王家村人，本科学历。任大唐山东烟台电力开发有限公司副处级干部。

滕肇军 男，1965年10月出生，刘家湾村人，本科学历，高级工程师，中共党员。1984年7月参加工作，现任日照市水产集团党委委员、副总经理兼海洋水产资源增殖站站长、党支部书记（副处级）。先后在省级以上学术期刊发表专业论文10余篇。先后获国家海洋局海洋创新二等奖、山东省科技进步二等奖、山东省软科学一等奖、山东省教育厅优秀成果奖各一项。是日照市第四届科协代表。2009年，获日照市"五一劳动奖章"。2012年，被授予日照市劳动模范、日照市第四批有突出贡献的中青年专家等称号。

滕肇军

申永来 男，1965年12月出生，下元一村人，中共党员，放射医学主任医师。1987年7月参加工作，历任枣矿集团中心医院副主任、主任、副院长。2015年，任枣矿集团中心医院副院长、枣矿集团东郊医院董事长。2018年，任山东北大医疗枣矿医院管理有限公司副总经理。2021年，任山东健康集团枣庄中心医院党委书记，院长。

申永来

庄光志 男，1967年4月出生，东风村人，本科学历，中共党员。历任日照市高兴乡党委秘书，日照市东港区人大常委会办公室秘书、综合科科长、副科级秘书、副主任，日照市东港区委宣传部副部长、主任科员，山东日照高新区党工委委员、管委会副主任，日照市发改委大项目建设推进办公室科长，日照机场建设推进办公室党组成员、副主任，日照机场建设投资有限公司党委委员、副总经理。现任山东省机场管理集团日照机场有限公司党委委员、副总经理。

庄光志

刘江 男，1968年1月出生，李家潭崖村人，中专学历。任农业银行日照市分行副行长。

宋瑞波　男，1968年9月生，涛雒一村人，经济学博士，浦发银行总行投资银行部（绿色金融部）副总经理。2004年参加工作，先后就职于中国济南电工设备总公司、中国太平洋保险济南分公司、天同证券、上海第一食品投资管理公司、浦发银行总行。

宋瑞波

张桂鹏　男，1968年出生，涛雒六村人，大学文化，国家一级注册建造师，高级工程师。1991年9月至2001年12月，在铁十六工程局直属工程处工作。2002年1月，在青岛公路建设集团有限公司工作。现任青岛公路建设集团有限公司副总经理。

滕建刚　男，1969年1月生，刘家湾村人，在职硕士研究生学历，中国致公党党员。1990年8月参加工作。1990年8月至2000年6月，在江苏省新海发电厂汽机车间、发电部工作，任技术员、工程师。2000年6月，到江苏核电有限公司工作，任科长、高工、副处长、研究员级高级工程师。

滕建刚

李兆华　男，1969年12月出生，亚月村人，本科学历。1992年参加工作，历任中国石化齐鲁石化公司氯碱厂烧碱车间技术员、聚氯乙烯中试车间主任、烧碱车间主任、技术部部长、生产技术部部长等职务。2017年，任齐鲁石化公司专家。2020年，任齐鲁石化公司高级专家。

李兆华

李刚　男，1969年12月出生，上元村人。1988年7月，在临沂电业局工作。2005年3月，在山东电力集团公司办公室工作。2013年12月，任国网威海供电公司总经理、党委副书记。2020年1月，任山东正源产业管理有限公司执行董事。2021年10月，任国网山东省电力公司人力资源部主任。

李刚

丁海成　男，1970年4月出生，竹园村人，硕士研究生。现任山东能源集团有限公司外部董事（专职）。

刘斌　男，1972年2月出生，亚月村人，中专学历。任岚山港务公司副总经理。

成文荣　女，1971年12月出生，成家廒头村人，大学学历，高级政工师，中共党员。1992年7月参加工作。2003年5月起，历任日照港集团集装箱公司货运调度中心副经理、业务部副部长，日照港集团第三港务公司业务部党支部书记、副部长，日照港股份三公司业务部部长、党支部书记，日照港生产业务部副部长。2017年1月起，历任日照港股份第三港务分公司党委委员、副经理、纪委书记。2020年1月，任日照港贸易有限公司副总经理（主持工作）。2020年3月起，历任山东港口日照港贸易有限公司党支部书记、执行董事、总经理，山东港口国际贸易集团日照有限公司党支部书记、执行董事、总经理。2021年8月，任山东港口国际贸易集团有限公司党委委员、副总经理，兼山东港口国际贸易集团日照有限公司党支部书记、执行董事、总经理。

成文荣

王永 男，1973年2月出生，涛雒六村人，本科学历，中级经济师，中共党员。2007年，任中石油深圳实业海南和信渔业公司总经理。2010年，任山东潍坊中石油昆仑利用有限公司董事长。2014年，任山东中石油昆仑燃气公司总经理。2016年11月，任浙江分公司党委委员、副总经理。2018年12月，任中石油天然气销售公司山东分公司党委委员、副总经理。

王永

滕勇 男，1974年12月出生，刘家湾村人，研究生学历。现任中国中央电视台节目传输总公司音乐总监。

牟善铸 男，1974年出生，大羊卷村人，大学文化程度。中国水利水电第七工程局有限公司党委工作部副主任、组织部副部长。

宋伟 男，1975年2月出生，华山村人，高级经济师，中共党员。1996年7月参加工作，先后在农业银行日照市分行、山东省分行从事审计工作，现任中国农业银行审计局济南分局审计三处副处长。

宋伟

姜磊 男，1977年12月出生，华山村人，本科学历，一级建造师，高级工程师。1998年7月参加工作，先后任中铁十四局集团有限公司项目技术员、总工、项目经理等职务。现任中铁十四局第一工程发展有限公司副总经理。

朱伟 男，1978年10月出生，赵家庄子村人，大学学历，中共党员。2001年起，先后任中央储备粮日照直属库副科长、科长。2009年，任中储粮油脂有限公司科长。2015年起，先后任中储粮日照仓储有限公司党委委员、纪委书记、副总经理。2021年，任中储粮储运有限公司党委委员、中储粮（盘锦）物流有限公司法定代表人、总经理。

朱伟

孙传龙 男，1979年9月出生，东南营村人，大学学历，广西安讯科技股份有限公司总经理、广西省南宁市山东商会副会长。

孙传龙

尹一安 男，1980年1月出生，王家村人，在职研究生学历，高级注册信贷分析师，中共党员，2003年7月参加工作，历任中国银行日照分行公司部总经理、中国银行五莲支行行长、日照银行青岛分行副行长（主持工作）、日照银行威海分行党委书记，现任青岛农商银行红岛经济区支行党支部书记、行长。

尹一安

曾兆文 男，1980年6月出生，华山村人，高级工程师，本科学历，中共党员。2004年7月参加工作，先后在中电建水电八局、中电建路桥集团、中电建水电一局工作，历任分公司/子公司技术员、工程部主任、总工程师、副总经理、总经理。现任中电建水电一局深圳工程公司党委书记、执行董事、总经理，中国水利水电第一工程局有限公司四公司党委书记、总经理。

曾兆文

孙波 男，1981年4月出生，上元村人，硕士研究生，中共党员。2004年7月参加工作，任武汉理工大学物流工程学院教师。2008年7月后，历任共青团中央城市青年工作部干部、主任科员，共青团中央组织部组织处主任科员、副处长，共青团中央基层组织

孙波

建设部副处长、智慧团建工作组组长。2018年9月，任中华联合财产保险股份有限公司办公室、董监办总经理，党委办公室主任，党委宣传部部长。

王纪忠

王纪忠 男，1981年6月出生，桥西头村人，党校研究生学历，中共党员。现任山东路油油气管理公司党总支书记、董事长。

曾兆武 男，1982年10月出生，华山村人，在职博士研究生，高级会计师，国际注册会计师，国际内审师，国际注册管理会计师，中共党员。先后在伟创力、斗山等多家世界500强企业工作。2011年起，先后担任首创环境控股有限公司（香港上市公司）副总裁、总会计师，北京首创环保集团股份有限公司（A股上市公司）副总裁等职务。现任北京首都创业集团有限公司财务部负责人。

曾兆武

陈晨

陈晨 男，1987年5月出生，涛雒三村人，硕士研究生学历。2011年参加工作，现任中国建设银行总行国际业务部副处长。

2

丁永详 男，1933年出生，涛雒二村人（详见第二十五编丁氏家族）。

尹衍梁 男，1950年出生于台北，祖籍尹家廒头村。台湾政治大学博士，北京大学兼任教授、博士生导师，北大光华管理学院董事长，台湾大学土木研究所兼任教授，台湾润泰集团总裁，并兼任建筑事业体总工程师和研发长。自1995年从日本、芬兰引进预制技术到台湾建筑业，长期从事预制建筑结构工法技术研发和改进，以工业化、机械化方式，陆续开发各项自动化生产技术，大量生产各式预制混凝土构件。1989年，第一次回到老家山东日照。后来，在专程拜访北京大学以及清华大学后，尹衍梁经与其老师南怀瑾商量之后，设立光华教育基金会。1994年，尹衍梁捐赠1000万美元兴建北京大学光华管理学院。1997年，在其影响下，美国安泰人寿捐赠800万美元、尹衍梁捐赠200万美元，兴建上海交大安泰管理学院。其设立的光华奖学金，已经遍布全国的近30所重点大学。2020年2月26日，以190亿元人民币财富名列《2020世茂深港国际中心·胡润全球富豪榜》第1054位。在台湾100家大富豪排名榜上，名列第20位。

尹衍梁

张传明 男，1954年10月出生，涛雒七村人。1977年考入山东建筑大学（前身为山东建筑工程学院）。毕业后就职于盛安建设集团有限公司，历任技术员、副科长、科长、总经济师、副总经理、副董事长。1987年至1988年参加山东省基本建设委员会组织的安装定额编制工作，参与编制了《全

张传明

国统一安装工程预算定额山东省单位估价表》《安装工程定额专业人员培训基础知识辅导资料》等教材。1990年参加编制的《安装工程预算投标报价与工程合同》获得全国安装协会科技进步成果奖。1999年，被记三等功。

马志先 男，1956年9月出生，马家村人，中共党员。1972年12月，在国营五八二三厂参加工作，历任检验员、厂团委常委、团总支书记。1980年12月，调入日照水泵厂，历任主管会计、财务科长，副厂长，厂长。1993年3月，任日照机械（集团）股份有限公司董事长、总经理。1998年后，任山东同泰集团股份有限公司董事长、总经理。获“山东省劳动模范”等称号。

马志先

叶向东 男，栈子三村人，1960年出生于青岛，1978年加入中国共产党。1978年入北京电视设备厂，先后任青年班班长、车间调度、车间副主任，后经组织保送进电大学习。1988年，辞去公职，办起北京第一家条形码技术开发公司。1995年，在得知北京至日照的列车即将开通，迅速组织论证，成立日照京城旅游咨询公司，将一批批全国知名人士介绍到日照参观旅游，并把日照的许多企业、项目推荐给北京的有关单位。还热心出资编辑出版了《北京日照老乡通讯录》。

叶向东

叶成 男，1962年出生，栈子二村人，本科学历，十二届全国政协委员，山东岚桥集团有限公司董事长、总裁。1992年，用1.5万元家底注册了岚桥集团的第一家企业——日照市港口石油公司。1994年，先后成立了日照市岚山外轮供应公司和岚山外供免税店。1999年，与中石油进行合作，岚桥背靠着中石油也迎来了集团化、多元化的运营模式；是年，日照市港口石油公司改制成立了日照市港口石油有限公司。2000年，日照市港口石油有限公司与中国石油天然气集团合资设立日照中油油品销售有限公司。成立了日照市盛业木制品有限公司，成为鲁南最大的木材进口企业之一。2005年，成立日照岚桥港口石化有限公司。2012年，由岚桥集团投资建设的岚桥锦江大酒店试营业。2014年，用2亿澳元拿下澳洲的西部能源，后又斥资5亿澳元拿下达尔文港99年的租赁权。2016年，岚桥集团收购巴拿马最大港口——玛格丽特岛港口。2020年，以150亿元财富位列2020年胡润百富榜第359位。2021年，以165.3亿元财富位列2021年新财富500富人榜第282名。20多年来，岚桥集团奉献于社会慈善事业的现金 累计上亿元，被省委、省政府评为山东省首届“十大最具爱心企业”，先后获“山东省优秀企业家”“山东省优秀民营企业家”“日照慈善奖”“慈善先进集体”等称号。

叶成

尹相善 男，1964年3月出生，张家廒头村人，大学学历，高级会计师，中共党员。历任天元建设集团有限公司会计员，会计主管，财务科科长，财务处处长，总会计师，纪委书记，副总裁。现任天元集团党委副书记、纪委书记。

尹相善

付磊 男，1968年出生，栈子一村人，北京大学理学学士，中国科学院研究生院理学硕士，麻省理工学院工程硕士，斯坦福大学MBA。1995—1999年，任职美国CIGNA Corporation项目经理，获突出贡献奖。2001—

付磊

2006 年，在美国硅谷 Pond Ventures 任合伙人，主持投资了 Pico Chip, Mirics, Broadway Network 等高科技企业，并作为董事会成员参与相关公司管理。2003 年，参与创建和管理格科微电子公司，为公司董事会成员。2006—2007 年，共同创立了德可半导体公司，并任公司董事会成员和 CFO。是上海常春藤投资有限公司创始合伙人。

丁爱慧 女，1968 年出生，涛雒镇人。美国新泽西州立大学 EMBA 硕士。1989 年 9 月，参加工作，就职于国家税务总局国际司。其间，参加了《中国新税法大词海》和《中国新流转税制》的编撰。1997 年 8 月，任摩托罗拉（中国）电子有限公司大中华区税务部税务经理。2006 年 9 月，任巴斯夫大中华区税务总监。曾任欧盟商会上海财务与税务工作组副主席。

丁爱慧

郑刚 男，1968 年出生，涛雒镇人，大学学历，法学学士学位。1989 年参加工作。1996 年，任百胜餐饮集团中国事业部北京市场开发经理，兼任北京肯特基有限公司市场开发部经理，后兼任华北必胜客比萨饼有限公司开发经理。现任呷哺呷哺中国控股有限公司副总裁。

郑刚

孙海莲 女，1969 年 11 月出生，孙家村人。1986 年从莒南县第一中学考入北京外国语学院德语系。1990 年毕业后分配至首都师范大学外国语学院德语系任教。在此期间考入德国歌德学院北京分院的“高级翻译培训班”，1992—1993 年赴德深造。1996 年调入德国第二大商业银行德国裕宝联合银行的北京代表处工作，现任职副代表，负责该行与中国各金融机构的合作和联络事宜。

傅淼 男，1970 年出生，栈子一村人。清华大学精密仪器系学士及硕士学位，美国南加州大学计算机工程学硕士学位及工业工程硕士学位。1998—2005 年，任职于美国 i2 Technologies，一 Ltd，其间为全球多家大型 IT 企业例如联想、华为、东芝、Gateway 等公司提供咨询服务。期间被派驻到华为三年，负责华为三大流程之一的集成供应链流程建设，多年后该项目被任正非誉为奠定了华为十几年高速增长的基础。2005 年，回国创业，创立深圳市纳思特科技有限公司。2007 年，开始涉足风险投资和创业服务行业。2009 年，作为联合创始人创建星河互联并担任 CEO。2017 年起，开始担任 A 股上市公司天马股份董事长。

傅淼

庄青峰 男，1970 年出生，庄家坨村人，博士研究生学历，高级工程师。历任中建二局工程经理、项目经理，中海地产项目经理、中山公司助理总经理、成都公司副总经理、济南公司总经理，碧桂园集团助理总裁、山东区域总裁，荣盛发展地产事业部副总裁，荣盛发展公司董事、副总裁及董事会战略委员会委员。2022 年 2 月，任珠江投资地产板块总裁。

庄青峰

陈德胜 男，1971 年出生，李家潭崖村人，经济学博士，研究员，国家信息中心（二站）博士后，西南财经大学教授、博士生导师，清华大学中国企业成长与经济安全研究中心研究员，西安工业大学教授，搜狐财经专栏专家。1991 年参加工作，曾任某全国性商业银行高管。2011 年，任中源金海投资公司董事长。主要研究领域包括中国与世界宏观经济、能源产业经济、货币金融、外汇管理、商业银行风险管理、公司治理。主持国家自然科学基金、中国博士后基金等 3 项基金，独立完成和参与国家级、省部级研究课题 15 项，出版经济金融管理领域专著 8

陈德胜

部，发表经济金融管理类学术论文45篇。

杨峰 男，1971年出生，涛雒镇人，一级注册建筑师。1989年考取上海同济大学建筑城规学院城市规划系风景园林专业。现任上海源景建筑设计事务所法人代表，上海源景景观设计有限公司董事，上海一木工程咨询有限公司董事。上海同济大学继续教育学院城市景观环境专业客座教授。《景观设计》杂志理事。

杨峰

王勇 男，1974年7月出生，小草坡村人，本科学历，1997年参加工作。日照市腾冉科贸有限公司法人代表，日照市新的社会阶层人士联谊会副会长，东港区新的社会阶层人士联谊会会长，日照市第十一届政协委员，日照市东港区第十、十一届政协常委。2009年创业成立日照市腾冉科贸有限公司，从事计算机数据通信、系统集成、软件开发、数字建模、弱电智能化电子工程，属综合性高新技术企业。

王勇

李玉华 男，1974年10月出生，李家营子村人，大学本科学历。1995年10月参加工作，现任青岛海利提机电设备工程有限公司、日照泽达机电设备工程有限公司总经理，青岛市日照商会会长，日照市工商联第九届常委、胶东经济圈商协会联盟青岛副会长，第十四届青岛市政协委员。

李玉华

丁伟 男，1976年9月出生，蒿岭村人，专科学历。现任青岛琛蓝健康产业集团有限公司副董事长兼总裁、颐海产业控股有限公司副董事长兼总裁。

丁伟

（六）副高级以上职称专业技术人员名录

截至2022年12月涛雒镇副高级以上职称专业技术人员一览表

表26—1

姓名	性别	工作单位	技术职称	晋级时间	籍贯
张守善	男	涛雒镇农技站	高级农艺师	1995.11	张家廒头村
李溪元	男	涛雒三中	高级教师	1995.11	大草坡村
孙聪启	男	涛雒三中	高级教师	1995.11	孙家营子村
丁原龙	男	涛雒三中	高级教师	1995.11	赵家庄子村
黄庆金	男	涛雒二中	高级教师	1995.11	右所村
马承琨	男	涛雒成教中心	高级教师	1995.11	东川子村
尹德禄	男	涛雒三中	高级教师	1995.11	桥西头村
陈为连	男	涛雒中心初中	高级教师	1995.11	大刘庄村
丁兆成	男	涛雒一中	高级教师	1995.11	丁家官庄村
李宗顺	男	涛雒一中	高级教师	1995.11	涛雒二村

续表 26—1

姓名	性别	工作单位	技术职称	晋级时间	籍贯
刘奉贤	男	涛雒一中	高级教师	1995.11	涛雒三村
滕照宝	男	涛雒一中	高级教师	1995.11	桥东头村
庄聚田	男	涛雒一中	高级教师	1995.11	庄家村
王廷悦	男	涛雒一中	高级教师	1995.11	涛雒一村
王仕仁	男	涛雒二中	高级教师	1996.11	沙岭子村
程济仁	男	涛雒二中	高级教师	1996.11	东川子村
王运生	男	涛雒兽医站	高级兽医师	1997.9	下元三村
庄岱吉	男	涛雒三中	高级教师	1997.11	丁家营子村
付维铸	男	涛雒三中	高级教师	1997.11	栈子一村
陈令祥	男	涛雒中心初中	高级教师	1997.11	涛雒七村
滕照西	男	涛雒二中	高级教师	1998.10	刘家湾村
孙树华	男	栈子小学	高级教师	1998.10	大草坡村
马承友	男	涛雒二中	高级教师	1999.11	东川子村
梁作华	男	涛雒三中	高级教师	1999.11	高旺庄村
宋加利	男	涛雒一中	高级教师	1999.11	亚月村
陈为峰	男	涛雒一中	高级教师	1999.11	李家潭崖村
杨淑平	男	涛雒一中	高级教师	1999.11	侯家村
徐茂秀	女	涛雒卫生院	副主任医师	1999.12	涛雒三村
郭卫章	男	涛雒镇农机站	高级工程师	2000.11	奎山街道夹仓四村
郑培忠	男	涛雒二中	高级教师	2002.11	东灶子村
韩邦华	男	涛雒三中	高级教师	2002.11	大草坡村
李友树	男	涛雒镇农技站	正高级农艺师	2020.7	东川子村
郑全京	男	涛雒二中	高级教师	2003.11	西灶子村
郑培江	男	涛雒二中	高级教师	2003.11	西灶子村
庄佃良	男	涛雒三中	高级教师	2003.11	下元三村
庄佃普	男	涛雒三中	高级教师	2003.11	庄家村
庄建礼	男	涛雒一中	高级教师	2003.11	大朝阳村
王运刚	男	涛雒三中	高级教师	2003.11	小草坡村
姚其余	男	涛雒一中	高级教师	2003.11	涛雒五村
王运照	男	涛雒三中	高级教师	2003.11	上元村
尹德禧	男	涛雒二中	高级教师	2003.11	张家廒头村

续表 26—1

姓名	性别	工作单位	技术职称	晋级时间	籍贯
尹相青	男	涛雒二中	高级教师	2003.11	王家村
王致录	男	涛雒二中	高级教师	2003.11	王家村
滕照泽	男	涛雒三中	高级教师	2003.11	桥东头村
田　锋	男	涛雒一中	高级教师	2003.11	宅科村
宋加德	男	涛雒一中	高级教师	2003.11	亚月村
刘家良	男	涛雒二中	高级教师	2003.11	右所村
孙树全	男	涛雒二中	高级教师	2003.11	沙岭子村
滕怀祥	男	涛雒一中	高级教师	2003.11	刘家湾村
滕建明	男	涛雒二中	高级教师	2003.11	刘家湾村
潘宝连	男	涛雒一中	高级教师	2003.11	高兴镇牟家村
秦洪芬	女	涛雒三中	高级教师	2003.11	下元一村
高曰桂	男	涛雒二中	高级教师	2003.11	尹家廒头一村
王均会	男	涛雒二中	高级教师	2003.11	小海村
侯照振	男	涛雒一中	高级教师	2003.11	丁家官庄村
黄顺昌	男	涛雒二中	高级教师	2003.11	右所村
李德瑞	男	涛雒三中	高级教师	2003.11	东林子头村
崔为凯	男	涛雒三中	高级教师	2003.11	巨峰镇邱后村
刘吉贤	男	涛雒三中	高级教师	2003.11	华山村
刘加仁	男	涛雒三中	高级教师	2003.11	华山村
尹永太	男	涛雒二中	高级教师	2003.11	尹家廒头一村
高仕如	男	涛雒二中	高级教师	2003.11	马家村
滕照宁	男	涛雒二中	高级教师	2003.11	桥东头村
孙传友	男	涛雒三中	高级教师	2003.11	孙家村
孙志石	男	涛雒三中	高级教师	2003.11	大草坡村
李世贞	男	涛雒三中	高级教师	2003.11	大草坡村
丁兴海	男	涛雒一中	高级教师	2003.11	西林子头村
庄光仁	男	涛雒一中	高级教师	2003.11	大朝阳村
丁海忠	男	涛雒一中	高级教师	2003.11	苗家村
庄举松	男	涛雒三中	高级教师	2003.11	庄家村
高兴满	男	涛雒一中	高级教师	2004.11	涛雒四村
丁兆明	男	涛雒一中	高级教师	2004.11	涛雒二村

续表 26—1

姓名	性别	工作单位	技术职称	晋级时间	籍贯
秦洪来	男	涛雒二中	高级教师	2004.11	右所村
牟英善	女	涛雒三中	高级教师	2004.11	大羊卷村
杨淑安	男	涛雒中心初中	高级教师	2004.11	侯家村
张清德	男	涛雒中心初中	高级教师	2004.11	涛雒六村
牟善宗	男	涛雒镇经管站	高级农艺师	2004.11	高旺庄村
贺林青	男	涛雒一中	高级教师	2004.11	小刘庄村
尹相峰	男	涛雒二中	高级教师	2005.11	王家村
张传广	男	涛雒一中	高级教师	2005.11	涛雒七村
刘贤平	男	涛雒三中	高级教师	2005.11	李家潭崖村
王恩平	男	涛雒三中	高级教师	2005.11	西石梁头村
相玉玲	女	涛雒一中	高级教师	2005.11	郭家庄子村
徐继亮	女	涛雒二中	高级教师	2005.11	尹家廒头二村
田文玲	女	涛雒中心小学	高级教师	2005.11	海员村
丁海东	男	涛雒一中	高级教师	2005.11	苗家村
王　刚	男	涛雒一中	高级教师	2005.11	沙岭子村
庄光云	女	涛雒一中	高级教师	2007.3	西石梁头村
丁海平	男	涛雒三中	高级教师	2007.3	高旺庄村
庄建营	男	临港小学	高级教师	20073	大朝阳村
牟善友	男	涛雒三中	高级教师	2007.3	高旺庄村
滕　波	男	涛雒二中	高级教师	2007.3	刘家湾村
尹相凯	男	涛雒二中	高级教师	2007.3	王家村
庄见森	男	涛雒二中	高级教师	2007.3	大朝阳村
黄子秀	女	涛雒镇农技站	正高级农艺师	2021.12	临沂费县
范文波	男	涛雒中心初中	高级教师	2013.10	巨峰镇后山北头村
张传俊	男	涛雒中心初中	高级教师	2013.10	张家廒头村
李宗升	男	涛雒中心初中	高级教师	2014.2	亚月村
杨淑增	男	涛雒中心初中	高级教师	2014.2	杨家洼村
周全胜	男	涛雒中心小学	高级教师	2014.2	涛雒一村
孙树峰	男	涛雒中心小学	高级教师	2014.2	孙家营子村
张永花	女	涛雒卫生院	副主任医师	2014.10	赵家庄子村
王　峰	男	涛雒中心初中	高级教师	2016.2	小海村

续表 26—1

姓名	性别	工作单位	技术职称	晋级时间	籍贯
费　君	女	涛雒中心初中	高级教师	2016.2	日照街道张郭村
许传生	男	涛雒中心小学	高级教师	2017.2	上元村
庄少春	男	涛雒中心小学	高级教师	2017.2	庄家村
王公汉	男	涛雒中心小学	高级教师	2017.2	李家村
王延军	男	涛雒中心初中	高级教师	2017.2	下元三村
滕世坤	男	涛雒中心初中	高级教师	2017.2	刘家湾村
张守桂	男	涛雒镇林业站	高级工程师	2017.8	丁家营子村
周绪春	男	涛雒中心小学	高级教师	2017.2	丁家营子村
贾建昌	男	涛雒中心小学	高级教师	2017.2	崔家庄子村
丁明研	男	涛雒中心初中	高级教师	2017.2	大草坡村
孙先强	男	涛雒中心初中	高级教师	2017.2	孙家村
庄见秀	女	涛雒中心初中	高级教师	2017.2	大朝阳村
李　蕾	女	涛雒中心小学	高级教师	2017.2	虎山镇四门口村
秦四海	男	涛雒中心小学	高级教师	2017.2	下元三村
申　明	男	涛雒中心小学	高级教师	2017.2	下元一村
滕怀波	男	涛雒中心小学	高级教师	2017.2	桥东头村
孙峰先	男	涛雒中心小学	高级教师	2017.2	孙家村
丁兆波	男	涛雒中心小学	高级教师	2017.2	涛雒五村
孙敬先	男	涛雒中心小学	高级教师	2018.2	孙家村村
尹相良	女	涛雒中心小学	高级教师	2018.2	刘家湾村
王　鹏	男	涛雒中心初中	高级教师	2018.2	松林村
丁昌联	男	涛雒卫生院	副主任医师	2018.11	右所村
乔卫东	男	涛雒卫生院	副主任医师	2018.11	后村镇马家店村
成历梅	女	涛雒卫生院	副主任医师	2018.11	刘家湾村
申永湘	女	涛雒中心初中	正高级教师	2019.10	下元三村
王均华	男	涛雒中心小学	高级教师	2019.6	东风村
秦泗学	男	涛雒中心初中	正高级教师	2020.9	大朝阳村
刘志刚	男	涛雒中心小学	高级教师	2020.11	李家潭崖村
李海甲	男	涛雒中心小学	高级教师	2020.11	开发区奎山街道
郭岳华	男	涛雒中心小学	高级教师	2020.11	日照街道
孙聪玲	女	涛雒中心小学	高级教师	2020.11	涛雒镇

续表 26—1

姓名	性别	工作单位	技术职称	晋级时间	籍贯
杨　娜	女	涛雒中心小学	高级教师	2020.11	岚山区虎山镇
宋庆昌	男	涛雒中心小学	高级教师	2020.9	日照街道
牟宗霞	女	涛雒中心小学	高级教师	2020.7.16	日照街道丰园社区
丁　艳	女	涛雒中心小学	高级教师	2020.7.16	秦楼街道星海花园
王美玲	女	涛雒中心小学	高级教师	2021.4.26	安泰水晶城
陈　蕾	女	涛雒中心初中	高级教师	2021.4.26	翠湖家园南二区
郭长勤	男	涛雒中心幼儿园	高级教师	2021.6	华山村
牟凤善	女	涛雒中心幼儿园	高级教师	2021.6	李家潭崖村
牟伟宗	男	涛雒中心小学	高级教师	2021.6	开发区奎山街道
杨洪玉	女	涛雒中心小学	高级教师	2021.6	岚山区虎山镇
丁建明	男	涛雒中心小学	高级教师	2021.6	涛雒镇
王美玲	女	涛雒中心小学	高级教师	2021.6	涛雒镇
张　波	男	涛雒中心小学	高级教师	2022.6	涛雒镇
孙绪琴	男	涛雒中心小学	高级教师	2022.6	涛雒镇
孙成荣	女	涛雒中心小学	高级教师	2021.6	开发区
马　丽	女	涛雒中心小学	高级教师	2021.6	日照街道
费爱萍	女	涛雒中心小学	高级教师	2021.6	日照街道惠泽园
梁　云	女	涛雒中心小学	高级教师	2021.6	东港区百昌花园
牟善富	男	涛雒中心小学	高级教师	2021.6	秦楼街道
牟宗敏	女	涛雒中心小学	高级教师	2021.4.26	园林局家属院
傅成霞	女	涛雒中心小学	高级教师	2021.4.26	秦楼街道天宁首府
丁淑云	女	涛雒中心小学	高级教师	2021.4.26	日照街道金桂园
乔凤娟	女	涛雒中心小学	高级教师	2021.4.26	东港区莱顿小镇
杨淑香	女	涛雒中心小学	高级教师	2021.4.26	秦楼街道绿城小区
侯云霞	女	涛雒中心小学	高级教师	2022.2	日照医苑小区
李守翠	女	涛雒中心小学	高级教师	2022.2	东港区莱顿小镇
徐延安	男	涛雒中心小学	高级教师	2022.2	天宁首府
张　丽	女	涛雒中心小学	高级教师	2022.2.16	日照街道惠泽园
牟建华	男	涛雒中心小学	高级教师	2022.2.16	碑廓大司官庄村
丁元军	男	涛雒中心小学	高级教师	2022.2.16	大羊卷村
隋　伟	男	涛雒中心小学	高级教师	2022.2.16	都市花园北区

续表 26—1

姓名	性别	工作单位	技术职称	晋级时间	籍贯
牟伟善	男	涛雒中心小学	高级教师	2022.2.16	济南路金桂园
秦四菊	女	涛雒中心小学	高级教师	2022.2.16	望海路腾飞翡翠园
黄学昌	男	涛雒中心初中	高级教师	2019.2	涛雒三村
张永恒	男	涛雒中心初中	高级教师	2019.2	黄墩镇
尹德早	男	涛雒中心初中	高级教师	2019.2	涛雒王家村
周立英	女	涛雒中心初中	高级教师	2019.2	南湖镇
丁　坤	女	涛雒中心初中	高级教师	2020.8	亚月村
马胜先	男	涛雒中心初中	高级教师	2020.8	涛雒镇东川子村
宋光磊	男	涛雒中心初中	高级教师	2020.8	宋家圪村
宋开平	男	涛雒中心初中	高级教师	2020.8	崔家庄子村
孙传连	男	涛雒中心初中	高级教师	2020.8	东南营村
滕以伟	男	涛雒中心初中	高级教师	2020.8	涛雒镇
田　鑫	男	涛雒中心初中	高级教师	2020.8	海员村
石　磊	男	涛雒中心初中	高级教师	2020.8	岚山区安东卫街道
徐豪男	男	涛雒中心初中	高级教师	2020.8	岚山头街道
蔡　杰	女	涛雒中心初中	高级教师	2021.5	日照街道
秦泗凤	女	涛雒中心初中	高级教师	2021.5	黄墩镇
丁建原	男	涛雒中心初中	高级教师	2021.5	涛雒竹园村
费　玲	女	涛雒中心初中	高级教师	2021.5	石臼街道金港社区
付先荣	女	涛雒中心初中	高级教师	2021.5	涛雒西石梁头村
顾　燕	女	涛雒中心初中	高级教师	2021.5	日照街道
韩　升	男	涛雒中心初中	高级教师	2021.5	北京路街道
焦淑廷	男	涛雒中心初中	高级教师	2021.5	西湖镇
金为刚	男	涛雒中心初中	高级教师	2021.5	巨峰赵家庄子村
李官福	男	涛雒中心初中	高级教师	2021.5	秦楼街道泰安路
李　伟	男	涛雒中心初中	高级教师	2021.5	涛雒苗家村
李　霞	女	涛雒中心初中	高级教师	2021.5	巨峰镇前崖下村
厉彦山	男	涛雒中心初中	高级教师	2021.5	秦楼街道
刘海明	女	涛雒中心初中	高级教师	2021.5	秦楼街道新城社区
刘　丽	女	涛雒中心初中	高级教师	2021.5	李家潭崖村
马克彩	女	涛雒中心初中	高级教师	2021.5	莒县

续表 26—1

姓名	性别	工作单位	技术职称	晋级时间	籍贯
王　娟	女	涛雒中心初中	高级教师	2021.5	华山村
王伟国	男	涛雒中心初中	高级教师	2021.5	桥东头村
王长青	男	涛雒中心初中	高级教师	2021.5	三庄镇
夏德亮	男	涛雒中心初中	高级教师	2021.5	三庄镇
辛　艳	女	涛雒中心初中	高级教师	2021.5	后村镇
时翠娟	女	涛雒中心初中	高级教师	2021.5	日照街道大莲村
苏义芳	女	涛雒中心初中	高级教师	2021.5	华山村
尹德翠	女	涛雒中心初中	高级教师	2021.5	尹家廒头村
尹　玲	女	涛雒中心初中	高级教师	2021.5	王家村
赵　丽	女	涛雒中心初中	高级教师	2021.5	孙家村
周美升	女	涛雒中心初中	高级教师	2021.5	陈疃镇
郑培帅	男	涛雒中心初中	高级教师	2021.5	涛雒镇西灶子村
庄光凤	女	涛雒中心初中	高级教师	2021.5	涛雒镇丁家官庄村
陈德军	男	涛雒中心初中	高级教师	2022.2	西湖镇
张永玲	女	涛雒中心初中	高级教师	2022.2	赵家庄子村
刘海燕	女	涛雒中心初中	高级教师	2022.2	河山镇
韩　娜	女	涛雒中心初中	高级教师	2022.2	石臼街道
姜庆翠	女	涛雒中心初中	高级教师	2022.2	华山村
尚　敏	女	涛雒中心初中	高级教师	2022.2	巨峰镇
辛本全	男	涛雒中心卫生院	副主任医师	2020.	秦楼街道
闫凤霞	女	涛雒中心卫生院	副主任医师	2021.	秦楼街道
申振华	男	涛雒中心卫生院	副主任技师	2021	秦楼街道
张守贵	男	农业综合服务中心	高级工程师	2018.2	涛雒镇
孙雪梅	女	卫计办	高级经济师	2019.12	涛雒镇
马德宏	男	兽医站	高级兽医师	2019.12	东川子村
李华诚	男	招商服务中心	高级农艺师	2019.12	南湖镇
郭　玲	女	民生保障服务中心	高级农艺师	2019.12	岚山区巨峰镇
徐　艳	女	农业综合服务中心	高级农艺师	2019.12	岚山区虎山镇
刘　彬	男	环保办	高级工程师	2019.12	涛雒镇
李玉伟	男	水产站	基层高级工程师	2022.1	后村镇
丁天宝	男	信访综治办	基层高级工程师	2022.1	岚山区巨峰镇

续表 26—1

姓名	性别	工作单位	技术职称	晋级时间	籍贯
英昌学	男	统计站	基层高级工程师	2022.1	临沂市费县
周复艳	女	民政办	基层高级工程师	2022.1	岚山区安东卫街道
卜凡军	男	农业综合服务中心	高级农艺师	2022.1	秦楼街道

（七）研究生名录

截至 2022 年涛雒镇研究生一览表

表 26—2

村庄	姓名	性别	出生年月	入学年月	毕业（在读）院校及学位	工作单位
涛雒一村	万　明	女	1994.8	2018.9	沈阳农业大学硕士	丹东市振安区农业农村局
	尹　鹏	男	1996.7	2020.9	哈尔滨理工大学硕士	华润新能源投资有限公司
涛雒二村	陈德玲	女	1983.7	2005.9	哈尔滨工程大学硕士	廊坊银行
	李丁宁	女	1999.6	2021.9	西安科技大学硕士在读	
涛雒三村	陈令春	男	1970.1	2004.9	吉林大学硕士	日照市中级人民法院
	庄　峰	男	1980.12	2004.9	山东医科大学硕士	日照市疾控中心
	陈　涛	男	1981.5	2001.9	上海财经大学硕士	上海市经济委员会
	阎　岩	女	1983.1	2003.9	大连理工大学硕士	上海船舶研究所
	宋丹丹	女	1988.2	2012.9	上海海事学院硕士	日照市府通信工程
	宋　会	女	1992.12	2016.9	江西南昌大学硕士	青岛市食品药品监管所
	宋春雨	女	1997.3	2020.9	青岛科技大学硕士在读	
	刘林哲	男	1999.12	2022.9	山东林业大学硕士在读	
涛雒四村	秦　苗	女	1983.11	2015.9	青岛大学博士	青岛大学附属医院
	王　晨	女	1984.7	2007.9	济南大学硕士	北京云嘉湃富知识产权公司济南分公司
	秦　超	女	1988.1	2014.9	山东农业大学硕士	泰安市科诚嘉禾农业技术公司
	沈　霞	女	1988.7	2011.9	哈尔滨医科大学硕士	青岛大学附属医院
	秦绪伟	男	1989.3	2012.9	西南科技大学硕士	日照市纪委监委
	王　超	男	1993.8	2022.9	浙江大学博士在读	
	刘源志	男	1995.3	2020.9	云南大学硕士在读	
	张　一	女	1996.1	2019.9	武汉工程大学硕士在读	
涛雒五村	聂　超	男	1980.11	2003.9	北京理工学院硕士	桑迪亚医药技术公司
	陈宏达	男	1990.9	2019.10	德国慕尼黑工业大学博士	武汉理工大学
涛雒六村	陈　丽	女	1969.9	1998.9	香港公开大学硕士	

续表 26—2

村庄	姓名	性别	出生年月	入学年月	毕业（在读）院校及学位	工作单位
涛雒六村	宋盛国	男	1982.8	2008.9	山东大学医学院博士	山东肿瘤防治院
	刘　艳	女	1982.9	2006.9	华东师范大学硕士	莒县城阳高中
	秦璐阳	女	1986.4	2008.9	山东大学艺术学院硕士	
	李晓东	男	1986.8	2010.9	东南大学硕士	
	李　群	女	1986.10	2010.9	山东师范大学硕士	莒县实验高中
	万　超	男	1988.7	2011.9	江苏大学硕士	江苏大学
	万欣陇	男	1989.1	2013.9	山东大学硕士	浪潮集团
	刘　芬	女	1989.9	2012.9	上海师范大学硕士	日照总工会
	宋艳玲	女	1990.8	2014.9	山东中医药大学硕士	日照中医院
	丁　艳	女	1991.1	2015.9	北京语言大学硕士	潍坊七中
	林　雪	女	1993.9	2016.9	华中师范大学硕士	潍坊坊子区明灿教育
	刘映志	男	1996.10	2020.9	辽宁大学硕士	日照市东港区人民法院
	刘华琳	女	1998.1	2021.9	聊城大学硕士在读	
	杨加昆	男	1997.4	2020.9	苏州大学硕士在读	
	万克厅	男	1997.11	2021.9	浙江大学博士在读	
	张　宇	女	1999.10	2022.9	江苏大学硕士	临沭第二初级中学
	陈成瑜	男	2000.1	2022.9	中国人民公安大学硕士在读	
	丁智恒	男	2000.1	2022.9	河北科技大学硕士在读	
涛雒七村	李　玲	女	1976.11	1998.9	鲁东大学硕士	日照职业技术学院
	王　蕾	女	1984.11	2006.9	山东大学硕士	山东疾控中心
	尹晓婷	女	1987.1	2009.9	曲阜师范大学硕士	日照优艺艺术培训学校
	张　颖	女	1987.6	2009.9	吉林大学博士	江苏大学
	张　欣	女	1989.4	2011.9	哈尔滨工业大学硕士	连云港供电公司
	涂英明	男	1991.11	2018.9	北京科技大学博士在读	
	张永杰	男	1994.1	2016.9	山东师范大学硕士	建设银行青岛分行
	丁婷婷	女	1996.7	2021.9	哈尔滨医科大学硕士在读	
	张　瑶	女	1997.2	2019.9	上海交通大学硕士	南京市供电局
	李　想	女	1997.3	2019.9	浙江大学硕士	日照科协
	李丰亦	男	1998.4	2020.9	安徽大学硕士在读	
	陈　晓	女	1998.12	2020.9	吉林大学硕士在读	
涛雒八村	庄　磊	男	1987.6	2011.9	维多利亚大学硕士	永大海南分公司

续表 26—2

村庄	姓名	性别	出生年月	入学年月	毕业（在读）院校及学位	工作单位
涛雒八村	庄　伟	男	1987.12	2012.9	中国科学院大学博士	陕西气象局
	杨　凯	男	1989.12	2014.9	中国科学院植物研究所博士	海尔集团
右所村	冯金凤	女		2013.6	东北农业大学硕士	潍坊市寒亭区实验小学
	郭云龙	男	1985.1	2014.9	曲阜师范大学硕士	潍坊昌邑市教育局
	刘丽君	女	1986.4	2009.9	浙江大学硕士	山东厚泽环境检测公司
	司秀娟	女	1987.7	2009.9	南开大学硕士	济钢城矿日照分公司
	丁　洋	男	1990.1	2014.9	重庆大学硕士	中国建筑第八工程局有限公司
	丁　瑜	女	1990.2	2018.9	中南大学土木工程学院博士在读	
	徐悦娇	女	1992.8	2015.9	北京大学硕士	山东省实验学校东校
	宋　丽	女	1993.11	2017.9	吉林大学硕士	日照市人民医院
	丁昌顺	男	1994.11	2017.9	西安交大硕士	浦发银行
	丁国栋	男	1997.10	2020.9	武汉科技大学硕士在读	
	宋　帅	男	1997.11	2020.9	山东大学硕士在读	
	丁寒雪	女	1998.3	2020.9	北京交通大学信息工程学院硕士在读	
小海村	王均宁	男	1961.7	2001.9	山东中医药大学博士	山东中医药大学
	宋开玉	男	1964.12	2007.9	山东大学博士	山东师范大学
	王　东	男	1974.7	2003.7	瑞典斯德哥尔摩大学博士	瑞典贝塔斯曼公司
	马　涛	男	1980	2006	北京航空航天大学硕士	首都创业集团
	王培方	男	1981	2008	北京大学硕士	中远集团公司
	陆　铭	男	1988.1	2012.9	宁波大学硕士	宁波镇海技教中心
	庄　捷	女	1988	2018	青岛大学	日照港集团公司
	王新栋	男	1989.8	2012.9	西北工业大学硕士	上海飞机设计研究院
	王　硕	男	1991.10	2017.8	美国弗吉尼亚理工大学博士在读	
	宋　陆	男	1992.8	2019.3	韩国成均馆大学校博士	山东大学哲学与社会发展学院博士后流动站
	刘　凯	男	1995.1	2021.9	北京交通大学博士在读	
	王　静	女	1996.4	2021.9	苏州大学博士在读	
	庄晨晨	女	1996.9	2019.9	上海工程技术大学硕士	中石化江苏油田
	王　越	女	1996.11	2021.9	中国矿业大学（北京）博士在读	
	王浩文	男	1997.8	2020.9	河北工程大学硕士在读	
	王志飞	男	1999.3	2021.9	清华大学硕士在读	

续表 26—2

村庄	姓名	性别	出生年月	入学年月	毕业（在读）院校及学位	工作单位
王家村	葛长宇	男	1973.1	1998.9	中国科学院海洋研究所博士	山东大学海洋学院
	葛文堂	男	1986.12	2010.9	哈尔滨工业大学博士	北京交通大学威海校区
	尹国宇	男	1987.6	2011.9	华东师范大学博士	华东师范大学
	尹　瑞	男	1991.11	2015.9	大连理工大学博士	大连理工大学
	尹崇达	男	1992.4	2014.9	中国海洋大学硕士	海尔集团
	葛政青	男	1993.9	2016.9	大连大学硕士	济南城建
	葛文鑫	男	1995.4	2020.9	苏州大学硕士在读	
	葛玉杰	男	1995.8	2018.9	南华大学硕士	湖南建筑科学研究院有限公司
	葛文志	男	1997.6	2020.9	烟台大学硕士在读	
	葛俐君	女	1998.12	2020.9	西安交通大学硕士在读	
沙岭子村	王培云	女	1982.3	2006.9	上海海事大学硕士	上海海丰海运集团
	孙　昊	男	1990.9	2017.9	武汉大学博士	山东大学（青岛）
	王国伟	男	1993.12	2018.9	青岛大学硕士	山东高速集团
	王雪雯	女	1994.5	2021.9	中国科学院博士在读	
	王丽娟	女	1994.11	2018.9	曲阜师范大学硕士	
	王小春	女	1995.12	2019.9	黑龙江科技大学硕士	青岛工学院
	王浩然	男	1997.7	2021.9	西安石油大学硕士在读	
	王楷璇	女	1998.1	2020.9	东北大学硕士在读	
	杨佳原	男	1998.1	2021.9	河南理工大学硕士在读	
	王浩安	男	1998.2	2020.9	河海大学硕士在读	
	孙宝临	男	1998.11	2020.9	大连理工大学硕士在读	
刘家湾村	张　培	女	1979.12	2003.9	武汉理工大学硕士	日照职业技术学院
	刘志朋	男	1980.4	2010.9	山东大学博士	泰山学院
	张守宝	男	1981.8	2012.9	中国海洋大学硕士	东港区残联
	刘兆君	男	1982.1	2006.9	中南大学硕士	日照科学技术协会
	滕　达	男	1982.4	2005.9	中国海洋大学硕士	自然资源部东海局
	刘　华	女	1982.8	2007.9	江苏徐州医学院硕士	日照市人民医院
	刘　洋	女	1983.9	2009.9	曲阜师范大学硕士	日照职业技术学院
	文晓青	女	1984.5	2011.9	曲阜师范大学硕士	日照经济技术开发区检察院
	滕慧君	女	1984.6	2007.9	烟台大学硕士	潍坊广文中学
	董焕焕	女	1985.8	2011.9	曲阜师范大学硕士	建行日照分行

续表 26—2

村庄	姓名	性别	出生年月	入学年月	毕业（在读）院校及学位	工作单位
刘家湾村	刘淑云	女	1986.8	2010.9	湘潭大学硕士	日照第一中学
	滕海南	男	1987.5	2011.9	中山大学硕士	广州大学
	滕　飞	女	1987.5	2012.9	辽宁中医药大学硕士	台州市中医院
	刘　燕	女	1987.10	2011.9	天津商业大学硕士	中通诚资产评估公司天津分公司
	刘朝阳	男	1988.1	2011.9	清华大学博士	
	尚庆辉	女	1988.2	2012.9	山东理工大学硕士	青岛歌尔股份有限公司
	滕戈辉	女	1988.8	2013.9	华东政法大学硕士	五莲县人民法院
	尹　婕	女	1988.10	2011.9	黑龙江大学硕士	国家知识产权局
	刘煊伟	女	1989.9	2010.9	香港中文大学硕士	北京市政府
	刘祥伟	男	1990.5	2013.9	青岛科技大学硕士	山东康乔生物科技有限公司
	刘　达	男	1990.6	2013.9	长安大学硕士	长春一汽大众有限公司
	滕博文	男	1990.6	2021.9	山东省委党校硕士在读	山东新华书店日照分公司
	金　宁	女	1990.8	2016.9	英国皇家艺术学院硕士	上海立达学院
	刘祥杰	男	1990.10	2014.9	厦门大学硕士	日照东港区行政审批服务局
	滕　飞	男	1991.7	2014.9	中山大学博士	中山大学
	滕文超	男	1991.10	2020.9	美国斯坦福大学博士在读	
	刘兆鹏	男	1992.5	2011.9	华东理工大学硕士	艾昆维医药科技（上海）有限公司
	刘　静	女	1992.11	2016.9	中南大学硕士	山东工程职业技术大学
	滕　涵	女	1992.11	2016.9	青岛农业大学硕士	山东海洋文旅发展集团有限公司
	尹　昊	男	1993.3	2016.9	英国皇家艺术学院硕士	画尹（上海）设计工作室
	刘祥宇	男	1993.5	2019.9	山东科技大学硕士	山东世纪星律师有限公司
	滕　达	男	1993.8	2015.9	山东大学硕士	民生证券股份有限公司
	滕　英	女	1993.10	2017.9	聊城大学硕士	枣庄职业学院
	尚　杰	男	1993.11	2018.9	青岛理工大学硕士	赛轮集团股份有限公司
	滕　斌	男	1994.2	2018.9	青岛科技大学硕士	青岛万宝压缩机有限公司
	刘朝霞	女	1994.8	2021.9	云南农业大学硕士	日照岚山区实验小学
	滕子豪	男	1994.9	2021.9	中国海洋大学硕士在读	
	滕文鑫	男	1994.12	2020.9	武汉大学博士在读	
	滕　雨	女	1995.10	2017.9	中国医药大学博士	中国医学院药物研究所
	刘奕瑄	女	1995.12	2020.9	加拿大维多利亚大学硕士在读	
	滕晨皓	男	1996.3	2019.9	大连理工大学博士在读	

续表 26—2

村庄	姓名	性别	出生年月	入学年月	毕业（在读）院校及学位	工作单位
刘家湾村	滕晓丹	女	1996.3	2018.9	北京航空航天大学博士在读	
	滕　昊	男	1996.4	2018.9	同济大学博士在读	
	滕　臻	男	1996.5	2019.9	河北工业大学硕士	中国船舶
	刘　晶	女	1996.6	2019.9	东北财经大学硕士	青岛特来电新能源股份有限公司
	尹　悦	女	1996.6	2018.9	中国海洋大学硕士	青岛双星集团有限公司
	刘　政	男	1996.6	2019.9	天津大学硕士	
	滕秀军	男	1996.6	2019.9	东北电力大学硕士	
	刘静雅	女	1996.8	2020.9	美国佩博代因大学博士在读	
	滕晓文	男	1997.2	2020.9	曲阜师范大学硕士在读	
	滕伟杰	男	1997.3	2019.9	上海体育学院硕士	
	滕　冲	男	1997.4	2021.9	湘潭大学硕士在读	
	刘丰源	男	1997.10	2019.9	美国纽约大学硕士	
	任　静	女	1997.10	2021.9	渤海大学硕士在读	
	滕　薇	女	1997.12	2020.9	山东大学硕士在读	
	滕　峪	女	1998.2	2021.9	大连海洋大学硕士在读	
	张　童	女	1998.3	2021.9	西安电子科技大学硕士在读	
	滕虹良	女	1998.7	2022.9	曲阜师范大学硕士在读	
	刘宏强	男	1998.8	2021.9	中南大学硕士在读	
	滕　欣	女	1998.10	2021.9	西安交通大学硕士在读	
	滕泽远	男	1998.10	2022.9	俄罗斯莫斯科大学硕士在读	
	刘　峰	男	1998.11	2022.9	青岛大学硕士在读	
	滕上群	男	1998.12	2022.9	西安交通大学硕士在读	
	滕凯炎	男	1999.5	2021.9	徐州矿业大学博士在读	
	滕　倩	女	1999.10	2021.9	上海大学硕士在读	
	滕祥凯	男	2000.4	2022.9	天津工业大学硕士在读	
	刘雨洁	女	2000.6	2022.9	上海大学硕士在读	
桥东头村	王　福	男	1982.1	2014.9	中国中医科学院博士	中国中医科学院西苑医院
	滕志昊	男	1992.1	2015.9	北京邮电大学硕士	北京字节跳动科技有限公司
	滕晓龙	男	1997.7	2021.9	新疆大学硕士在读	
	滕欣宇	女	1999.1	2022.9	沈阳大学硕士在读	
	王　伊	女	2000.12	2022.9	中国科学院大学硕博连读	

续表 26—2

村庄	姓名	性别	出生年月	入学年月	毕业（在读）院校及学位	工作单位
桥西头村	王廷海	男	1979.8	2003.9	南开大学硕士	北京华为云计算有限公司
	王廷臣	男	1988.6	2011.9	东北大学硕士	南京江北新区中央商务区投资发展有限公司
	王艳飞	女	1997.11	2021.9	济南大学硕士在读	
	王　鑫	男	1998.1	2021.9	内蒙古工业大学硕士在读	
	王姗姗	女	1998.7	2020.9	东北林业大学硕士在读	
李家村	王贤波	男	1979.10	2003.9	中国农业科学院硕士	杭州市农业科学研究
	陈翠翠	女	1981.6	2005.9	上海师范大学博士	上海师范大学天华学院
	王　帅	男	1983.1	2006.9	南开大学硕士	北京中信证券
	王　蜜	女	1988.12	2011.9	南开大学硕士	河北银行青岛分行
	王志鹏	男	1994.8	2017.9	北京体育大学硕士	日照黄海高中
	田　烁	男	1998.7	2021.9	南京艺术学院硕士在读	
马家村	马　军	男	1982.11	2006.9	中国科学院青海盐湖研究所博士	临沂大学
	马　超	男	1984.2	2009.9	山东中医药大学硕士	日照市中医院
	牟　健	男	1989.8	2017.9	西南交通大学博士在读	
	马慧洁	女	1990.6	2020.9	曲阜师范大学硕士在读	五莲县司法局
	马晨晖	女	1993.9	2016.9	南开大学硕士	北京中科景元城乡规划设计研究院
	马钰莹	女	1994.4	2016.9	南京师范大学硕士在读	
	马慧琳	女	1994.12	2021.9	西南财经大学硕士在读	
	马文杉	女	1996.6	2019.9	贵州大学硕士在读	
	马　爽	女	1997.12	2019.9	天津大学硕士在读	
	马慧珍	女	1998.3	2020.9	中国传媒大学硕士在读	
	马子琴	女	1998.5	2021.9	首都师范大学硕士在读	
宋家坨村	宋　美	女	1981.7	2013.9	美国俄勒冈大学博士	
	宋文文	女	1983.12	2009.9	中国海洋大学硕士	
	宋　杰	女	1987.2	2009.9	东北大学硕士	支付宝公司
	宋　昊	男	1998.9	2021.9	国防科技大学硕士在读	
	张　薇	女	2000.1	2021.9	东北林业大学硕士在读	
南店村	庄冬伟	男	1979.7	2006.9	鲁东大学汉语言文学院硕士	海阳市第二中学
	庄伟刚	男	1985.1	2010.9	军事经济学院硕士	空军后勤部
	庄　洁	女	1985.9	2010.9	山东中医药大学硕士	山东文登整骨医院
	庄光超	男	1985.10	2010.9	德国不莱梅大学博士	中国海洋大学

续表 26—2

村庄	姓名	性别	出生年月	入学年月	毕业（在读）院校及学位	工作单位
南店村	庄光胜	男	1985.12	2008.9	山东大学硕士	徐州市人民检察院
	庄　馨	女	1988.10	2011.9	中国石油大学硕士	北京石油化工工程有限公司
	庄　钰	男	1989.7	2012.9	大连理工大学博士	大连理工大学
	庄　晓	女	1991.2	2019.9	复旦大学博士在读	
	庄　朋	男	1993.3	2018.9	沈阳工业大学硕士	日照港务局
	李　靓	女	1995.8	2019.9	天津大学硕士	
	庄婷飞	女	1996.7	2020.9	曲阜师范大学硕士在读	
	庄尚璞	男	1996.11	2019.9	南京工业大学硕士	
	庄程杰	男	1997.9	2020.9	江西师范大学硕士在读	
	庄滢潭	女	1998.7	2021.9	山东大学硕士在读	
	庄涵涵	女	1998.11	2020.9	北京航空航天大学硕士在读	
	刘伟一	男	1998.11	2021.9	青岛理工大学硕士在读	
	庄　婕	女	1999.1	2021.9	吉林大学硕士在读	
	庄书宁	女	1997.12	2022.9	山东大学硕士在读	
大刘庄村	王　慧	女	1991.9	2014.9	武汉大学硕士	广东南华职业学院
	庄俊杰	男	1997.1	2019.9	山东建筑大学硕士	中国电子科技集团第 22 研究所
	陈　恳	女	1998.1	2021.9	烟台大学硕士在读	
	陈　军	男	1987.8	2010.9	大连工业大学硕士在读	青岛海尔生物医疗有限公司
竹子河崖村	宋文洁	女	1992.5	2017.9	聊城大学硕士	深圳自主创业
	宋海超	男	1992.8	2017.9	意大利都灵理工大学硕士	上海字节跳动公司
	宋英杰	女	1999.7	2022.9	兰州大学硕士在读	
侯家村	侯学新	男	1970.5	1994.9	四川大学硕士	山东省政法委
	侯立军	男	1975.11	1999.9	华东师范大学博士	华东师范大学
	米　伟	男	1978.8	2007.9	兰州交通大学硕士	山东港口集团科技公司
	侯永伟	男	1982.1	2006.9	上海海事学院硕士	山东省无棣县纪委监委
	侯文龙	男	1990.2	2013.9	哈尔滨工业大学硕士	交通银行大连分行
	侯龙磊	男	1990.8	2014.9	上海理工大学硕士	合全药业有限公司
	侯学伟	男	1994.6	2019.9	俄罗斯莫斯科国立大学硕士在读	
	侯　凯	男	1995.2	2017.9	山东农业大学硕士	上海非解构数字科技有限公司
	侯金彤	女	1996.6	2019.9	湖南科技大学硕士	中国铁塔公司临沂分公司
	侯文轩	女	1996.11	2020.9	清华大学博士在读	

续表 26—2

村庄	姓名	性别	出生年月	入学年月	毕业（在读）院校及学位	工作单位
侯家村	范文霞	女	1998.10	2021.9	青岛大学硕士在读	
	杨惟媚	女	1999.3	2021.9	山东师范大学硕士在读	
	庄华超	男	2000.4	2022.9	齐鲁工业大学硕士在读	
大朝阳村	秦泗甜	男	1981.11	2021.9	哈尔滨工业大学博士	哈尔滨工业大学
	秦小健	男	1987.11	2015.9	哈尔滨理工大学硕士	山东高速集团
	庄志远	男	1990.7	2017.9	兰州大学博士在读	
	庄见伟	男	1990.7	2014.9	山东科技大学硕士	日照钢铁有限公司
	宋昌芯	女	1994.2	2017.9	韩国启明大学硕士	
	庄颖睿	女	1999.11	2021.9	清华大学硕士在读	
庄家坨村	庄青峰	男	1970.9	1988.9	清华大学博士	广东珠江投资股份有限公司
	庄仕文	男	1979.4	2001.9	山东交通学院硕士	山东交通学院
	庄文华	男	1984.5	2007.9	浙江理工大学硕士	日照市中心血站
	庄光法	男	1985.6	2008.9	上海交通大学硕士	中核科技有限公司
	庄国锋	男	1989.12	2013.9	黑龙江科技大学硕士	北方矿业
下元一村	潘潇飞	男	1983.12	2009.9	武汉工程大学硕士	灌南县公安局交警大队法商学院
	秦雪玲	女	1984.2	2009.9	青岛大学硕士	日照市结核病防治所
	秦晓燕	女	1984.11	2011.9	暨南大学硕士	开封市中心医院
	潘　羽	男	1992.1	2015.9	曲阜师范大学硕士	日照夕林艺术学校
	秦飞羽	女	1992.6	2017.9	曲阜师范大学硕士	日照银行
	秦泗良	男	1995.2	2018.9	中国海洋大学硕士	青岛市工程咨询院
	刘小涵	女	1997.12	2020.9	中国海洋大学硕士在读	
	秦小晖	男	1998.6	2021.9	上海理工大学硕士在读	
下元二村	孙　梦	女	1995.12	2021.9	中国石油大学（华东）硕士在读	
	付红杰	女	1996.9	2020.9	黑龙江大学 法律硕士在读	
	秦　瑗	女	1996.10	2020.9	吉林大学硕士	日照银行总行风险管理部
	王媛媛	女	1998.4	2020.9	山东大学儒学高等研究院硕士在读	
	秦　伟	女	1999.12	2022.9	哈尔滨师范大学硕士在读	
下元三村	苏　涛	男	1979.10	2006.9	鲁东大学硕士	日照市工业学校
	杨经纬	男	1980.11	2003.9	北京工业大学硕士在读	山东水利职业学院
	相恒伟	男	1987.2	2012.9	青岛大学硕士	日照市中医医院
	甄　洋	男	1994.9	2020.9	上海复旦大学博士在读	

续表 26—2

村庄	姓名	性别	出生年月	入学年月	毕业（在读）院校及学位	工作单位
下元三村	杨　柳	男	1999.7	2021.9	山东科技大学青岛校区硕士在读	
	杨李文	女	2000.5	2022.9	辽宁大学硕士在读	
	杨　洋	女	2000.6	2022.9	青海民族大学硕士在读	
	李　洋	男	2000.9	2022.9	南京航空航天大学硕士在读	
上元村	秦建文	男	1983.3	2005.9	大连理工大学硕士	英特尔半导体（大连）有限公司
	秦春云	女	1986.10	2011.9	山东中医药大学硕士	日照市人民医院
	秦玉武	男	1987.9	2012.9	烟台大学硕士	烟台万海舟化工有限公司
	孙　悦	女	1992.4	2020.9	南京大学博士在读	
	秦绪栋	男	1993.7	2015.7	烟台大学硕士	新乡市红旗区中兵通信科技股份有限公司
	孙海涛	男	1993.8	2016.9	天津大学硕士	中汽研汽车实验场股份有限公司
	刘　涛	男	1997.9	2020.9	东北林业大学硕士在读	
	秦　婧	女	1997.10	2020.9	北京航空航天大学硕士在读	
	王　硕	男	2000.9	2022.9	厦门大学硕士在读	
崔家庄子村	孙传青	男	1985.4	2009.9	西南石油大学工学硕士	国家石油天然气管网集团有限公司山东运维中心
	刘现彬	男	1985.8	2012.9	华东师范大学博士	鲁东大学
	贾秀群	男	1986.7	2017.9	上海海事大学博士在读	上海市浦东新区教育局
	孙见雨	男	1989.10	2009.8	华北电力大学硕士	济南市工程咨询院
	孙　菡	女	1993.11	2018.9	山东财经大学经济学硕士	中国银行
	高姿涵	女	1997.10	2020.9	山东中药大学硕士在读	
	叶奎材	男	1998.1	2020.9	中国科学院上海硅酸盐研究所硕士在读	
	孙小婷	女	1998.10	2020.8	复旦大学理学硕士在读	
东风村	秦玉娜	女	1982.9	2004.9	北京科技大学硕士	天津滨海外事学院
	秦玉伟	男	1987.10	2011.9	天津外国语大学硕士	天津市南开区教育局
	王　浩	男	1989.6	2013.9	中国矿业大学硕士	日照银行
	王　聪	男	1992.4	2016.9	四川师范大学体育学院硕士	成都泡桐树中学
	周　彤	女	1993.9	2017.9	山东理工大学硕士	山东众生数据技术股份有限公司
	肖玉华	男	1999.9	2021.9	中国石油大学（华东）硕士在读	
	肖文康	男	1999.10	2022.9	齐鲁工业大学硕士在读	
	战　香	女	1999.11	2022.9	郑州大学硕士在读	
	肖　译	女	2000.1	2022.9	江苏大学硕士在读	

续表 26—2

村庄	姓名	性别	出生年月	入学年月	毕业（在读）院校及学位	工作单位
东风村	肖骅轩	男	2000.2	2022.9	兰州交通大学硕士在读	
华山村	曾兆文	男	1980.6	2017.9	武汉大学硕士	中国水利水电第一工程局公司深圳工程公司
	曾兆清	女	1982.4	2020.9	山东大学临床医学院博士在读	山东省公共卫生临床中心
	曾兆武	男	1982.10	2017.9	中央党校博士	北京首都创业集团
	刘加杰	女	1986.8	2010.9	武汉科技大学硕士	日照市中医医院
	姜时泽	男	1990.1	2015.9	复旦大学博士	复旦大学附属华山医院
	丁　莹	女	1990.12	2014.9	美国加州大学洛杉矶分校博士	上海金杜律师事务所
	宋　超	女	1992.12	2019.9	山东大学博士在读	
	肖玉坤	男	1994.4	2016.9	武汉理工大学硕士	中科航星科技有限公司
	苏　严	男	1996.8	2019.9	山东师范大学硕士	山东艺术学院
	于　洁	女	1997.1	2019.9	湖南科技大学硕士	临沂经济技术开发区第一小学
	孟　瑶	女	1997.6	2021.9	福建工程学院硕士在读	
	姜　静	女	1998.10	2020.9	首都医科大学硕士在读	
	孟　珠	女	1999.5	2021.9	福建农林大学硕士在读	
簸箕笃子村	沈全芳	女	1970.12	2010.9	西南财经大学博士	日照职业技术学院
	王　超	男		2011.9	大连海事大学硕士	五莲县行政审批局
	王　敏	男	1987.8	2019.9	中国人民大学博士在读	
	付　洁	女	1999.1	2022.9	河海大学硕士在读	
大羊卷村	丁关柱	男	1997.4	2021.9	广州大学硕士	
	丁治中	男	1997.11	2021.9	南京理工大学硕士	
西石梁头村	王　坤	男	1992.12	2020.9	广西大学博士在读	
	王　琪	女	1995.8		上海交通大学硕士	
	周　可	女	1996.1	2018.9	山东大学硕士	齐鲁制药
	侯　硕	女	1996.5	2018.9	西北师范大学硕士	淄博英特医疗公司
	王　楠	女	1998.4	2020.9	南京大学硕士	南京市东山高级中学
	王贵鑫	男	1998.5	2020.9	中国海洋大学硕士在读	
	黄　浩	男	1999.1	2022.9	东北大学秦皇岛分院硕士在读	
	王力宾	男	1999.4	2021.9	内蒙古科技大学硕士在读	
东石梁头村	丁秋莹	女	1988.10	2006.9	上海应用技术大学硕士	日照环保科研所
	丁　洋	女	1996.1	2022.9	浙江大学硕士在读	

续表 26—2

村庄	姓名	性别	出生年月	入学年月	毕业（在读）院校及学位	工作单位
东石梁头村	丁　梦	女	1997.2	2020.9	东北石油大学硕士在读	
	丁　毅	男	1997.11	2019.9	西安交通大学硕士	百度公司
	丁　浩	男	1997.11	2021.9	临沂大学硕士在读	
	付　竹	女	1998.3	2020.9	天津师范大学硕士在读	
	丁仕成	男	1998.8	2020.9	南京师范大学硕士在读	
	侯　凯	男	1995.2	2017.9	山东农业大学硕士	上海非解构数字科技有限公司
	侯金彤	女	1996.6	2019.9	湖南科技大学硕士	中国铁塔公司临沂分公司
	侯文轩	女	1996.11	2020.9	清华大学博士在读	
	范文霞	女	1998.10	2021.9	青岛大学硕士在读	
	杨惟媚	女	1999.3	2021.9	山东师范大学硕士在读	
	庄华超	男	2000.4	2022.9	齐鲁工业大学硕士在读	
郭家庄子村	丁　霞	女	1991.11	2016.9	山东中医药大学硕士	日照市人民医院
	郭常顺	男	1995.5	2019.9	哈尔滨工业大学硕士	盐城市海兴集团
	郭常安	男	1969.8	2000.8	复旦大学附属中山医院骨科博士	复旦大学附属中山医院骨科
东林子头村	韩　巍	男	1978.3	2003.11	北京大学中文系博士	北京大学历史系
	孙锋先	男	1980.4	2009.9	天津财经大学硕士	中铁十四局
	祁丽娟	女	1984.5	2008.9	中国科学院电子研究所博士	中国科学院软件研究所
	韩　柳	女	1987	2009.11	南开大学硕士	日照市公安局东港分局
	祁建华	男	1987.7	2012.9	烟台大学硕士	五莲县许孟镇党委
	韩　青	男	1988.1	2013.9	复旦大学硕士	上海交大附属中学
	孙舒明	男	1989.9	2012.9	浙江大学硕士	日照市工信局
	庄　园	男	1989	2012.9	吉林大学硕士	京东物流公司
	韩　娜	女	1989.10	2019.9	山东科技大学硕士	山东外国语职业技术大学
	韩　婕	女	1989.12	2016.9	德国 博士	南开大学外国语学院
	庄　园	男	1993.3	2022.9	韩国博士在读	
	孙　伟	男	1994.3	2018.9	信息工程大学硕士	战略支援部队
	李向阳	女	1994.5	2017.9	陕西师范大学硕士	
	李汶原	男	1994.7	2017.9	北京航空航天大学博士在读	
	庄皓翔	男	1996.8	2021.9	首都医科大学硕士在读	
	刘月圆	女	1999.9	2021.9	济南大学硕士在读	
	庄　峰	男	2000.1	2022.9	西安电子科技大学硕士在读	

续表 26—2

村庄	姓名	性别	出生年月	入学年月	毕业（在读）院校及学位	工作单位
西林子头村	赵 敏	女	1992.4	2016.9	上海师范大学硕士	岚山区中楼镇初级中学
	丁建峰	男	1993.10	2017.9	上海大学硕士	塔菲尔新能源公司
	赵志涛	男	1997.9	2020.9	安徽理工大学硕士在读	
	王 娜	女	1998.1	2020.9	华中师范大学硕士在读	
	丁 彪	男	1998.4	2020.9	中国地质大学（武汉）工程学院硕士在读	
	解臣硕	男	1998.9	2020.9	山东农业大学农业科学技术研究院硕士在读	
大草坡村	李宗良	男	1975.12	2002.9	山东师范大学博士	山东师范大学
	韩邦合	男	1981.3	2008.9	陕西师范大学博士	西安电子科技大学
	孙绪霞	女	1982.6	2009.9	北京师范大学硕士	福斯曼科技（北京）公司
	李锦峰	男	1982.9	2008.9	复旦大学博士	上海社会科学院
	李 博	男	1986.3	2008.9	瑞典皇家工学院、芬兰赫尔辛基理工大学双硕士	亚马逊公司
	孙金磊	男	1993.10	2020.9	陆军工程大学博士在读	
	李 宁	男	1996.5	2018.9	美国纽约大学硕士	美国旧金山脸书公司
小草坡村	王 振	男	1990.10	2015.9	华南师范大学硕士	日照北京路中学教育集团日照钢铁中学校区
丁家营子村	庄 然	男	1995.11	2019.9	山东建筑大学硕士	日照港山钢码头有限公司
	庄尚阳	男	1997.5	2020.9	吉林师范大学四平校区硕士在读	
	丁 雨	女	1997.10	2020.9	西南大学硕士在读	
高旺庄村	丁 磊	男	1979.1	2007.9	上海交通大学	北大综横管理咨询集团
	丁 强	男	1979.3	2000.9	华中科技大学同济医学院	浙江宁波卫生职业技术学校
	申云龙	男	1979.7	2007.9	云南大学博士	浙江工业大学
	丁明涛	男	1981.9	2004.9	中国科学院成都山地灾害与环境研究所	西南交通大学
	丁昌明	男	1981.10	2000.9	华东理工大学	瑞士上海化学科技有限公司
	秦 斌	男	1982.3	2006.9	哈尔滨工业大学	美国上海南通公司
	丁 剑	男	1982.12	2007.9	中国东南大学	南京福特研发中心
	庄 昕	女	1995.5	2018.9	江苏师范大学硕士	岚山区应急管理局
	李耘交	女	1996.6	2018.9	吉林大学硕士	烟台科技学院
	阚 凯	女	1997.5	2019.9	北京外国语大学博士	公安部
	沈 笑	女	1997.1	2019.9	北京语言大学硕士在读	
	丁任珂	女	1997.10	2019.9	大连海事大学硕士在读	
	腾以敏	女	1998.9	2020.9	山东大学硕士在读	

续表 26—2

村庄	姓名	性别	出生年月	入学年月	毕业（在读）院校及学位	工作单位
栈子一村	王　毅	男	1996.10	2021.9	青岛大学硕士在读	
	付　浩	男	1997.3	2022.2	复旦大学硕士在读	
	付春方	男	1997.11	2020.12	中国科技大学硕士在读	
栈子二村	田文雪	女	1990.1	2014.9	西安建筑科技大学硕士	上海甄汇科技有限公司
	孙　浩	男	1995.6	2018.9	东北农业大学硕士	中建交通建设集团有限公司
栈子三村	郑　鲁	男	1962.6	1992.9	解放军总医院博士	济南军区 150 医院
	郑全战	男	1969.4	1996.9	美国明尼苏达大学博士	百度软件研究院
	叶庆凡	男	1993.3	2014.9	山东建筑大学交通工程学院硕士	日照市规划设计院集团有限公司
	叶　禹	男	1993.9	2014.9	山东建筑大学硕士	潍坊东方钢管有限公司
	钟　瑶	男	1994.10	2017.9	四川成都电子科技大学硕士	中兴通讯股份有限公司
	崔　杰	男	1997.8	2020.9	对外经济贸易大学硕士在读	
海员村	刘　静	女	1992.12	2019.9	济南大学	
	郑世慧	女	1993.10	2016.9	首都师范大学硕士	中国人民大学附属中学朝阳学校
	祁新洲	男	1994.10	2020.9	复旦大学博士在读	
	叶　夏	女	1996.11	2019.9	天津城建大学硕士在读	
	郭芸萌	女	1997.3	2020.9	美国纽约大学硕士在读	
	周欣雨	女	1999.3	2021.9	成都大学硕士在读	
	周芯阅	女	1999.12	2021.9	东北师范大学硕士在读	
	田昀山	男	2000.1	2021.9	澳大利亚纽卡斯尔大学硕士在读	
	辛泉诚	女	2000.3	2022.9	北京中医大学硕士在读	
孙家村	孙　伟	男	1984.10	2008.9	哈尔滨工业大学硕士	华为技术有限公司
	孙苇涵	男	1987.9	2014.9	青岛大学硕士	中国人民解放军 31401 部队
	庄　珊	女	1988.1	2014.9	上海交通大学博士生	青岛市海慈医院
	孙金刚	男	1989.2	2012.9	大连理工大学硕士	五莲县教育局
	孙梦婷	女	1990.3	2014.9	苏州大学硕士	岚山区民政局
	孙　颖	女	1990.10	2017.9	华东师范大学硕士	山东中医药大学
	孙绪波	男	1990.10	2014.9	山东大学硕士	北京鸿明未来教育有限公司
	孙博文	男	1994.12	2020.9	山东大学博士	北京航空航天大学宁波创新研究院
	孙　宇	女	1996.9	2022.9	中央党校博士在读	
	孙欣然	女	1997.4	2022.9	福州大学博士生在读	
	孙绘汶	女	1998.5	2022.9	青岛理工大学硕士在读	

续表 26—2

村庄	姓名	性别	出生年月	入学年月	毕业（在读）院校及学位	工作单位
孙家村	孙英杰	男	1998.6	2021.9	湖南工业大学硕士在读	
	孙钺童	女	1998.9	2020.9	上海同济大学硕士	上海国家电网
	孙子蔓	女	1999.3	2021.9	中国政法大学海淀校区硕士在读	
	孙　菲	女	1999.9	2020.9	成都理工大学硕士在读	
	孙小程	女	2000.4	2022.9	大连海事大学硕士在读	
	孙伟哲	男	2000.12	2022.9	中国农业大学研究生在读	
庄家村	庄举娟	女	1979.6	2001.9	大连理工大学博士	大连海事大学
	庄　娜	女	1983.3	2010.9	中国人民大学硕士	建设银行济南分行
	庄　山	男	1985.6	2008.9	南京师范大学硕士	南京利科华中学
	庄勇博	男	1985.6	2020.9	青岛科技大学博士在读	青岛港国际股份有限公司董家口分公司
	庄　芹	女	1988.2	2010.9	华东师范大学硕士	上海师范大学天华学院
	庄雪莉	女	1989.1	2014.9	山东大学法学院硕士	山东法官培训学院
	庄　娜	女	1990.3	2015.9	南京信息工程大学硕士	日照岚山区卫生健康局
	庄　敏	女	1996.4	2019.9	上海理工大学硕士	日照市机电工程学校
	庄从硕	男	1997.4	2019.9	太原理工大学硕士	融创中国控股有限公司
	庄　瑶	女	1999.1	2022.9	北京工业大学硕士在读	
曹家村	唐文霞	女	1982.4	2008.9	上海大学硕士	五莲县人民法院
	杨国明	男	1986.8	2009.9	安徽工业大学硕士	广西盛隆冶金有限公司
	孙伟英	女	1986.8	2020.9	清华大学博士在读	
	罗　欢	女	1994.10	2018.9	武汉大学硕士	丰图科技深圳有限公司武汉分公司
	牟文清	女	1997.4	2021.9	武汉大学博士在读	
	杨子婧	女	1997.5	2022.9	中国中医药大学博士在读	
	杨清如	女	1997.5	2020.9	天津大学硕士在读	
	孙　倩	女	1997.7	2019.9	南京师范大学硕士在读	
	焦梓轩	男	1999.2	2021.9	济南大学硕士在读	
东南营村	孙树刚	男	1981.1	2007.9	南通大学医学院硕士	南通市紫琅医院
	孙树磊	男	1985.12	2014.9	西南交通大学博士	西华大学四川省工程研究中心
	孙　尧	男	1987.2	2017.9	山东大学机械工程学院博士在读	哈尔滨工程大学（青岛）创新发展中心
	孙　宁	男	1989.8	2012.9	哈尔滨工业大学硕士	山东港口日照港
	乔　磊	男	1989.10	2017.9	厦门大学经济学院博士	山东省工业和信息化研究院
	孙向峰	男	1990.10	2014.9	青岛大学硕士	淄博市妇幼保健院

续表 26—2

村庄	姓名	性别	出生年月	入学年月	毕业（在读）院校及学位	工作单位
东南营村	乔　凯	男	1991.7	2016.9	山东农业大学硕士	山东盛日电力有限公司
	孙　倩	女	1994.11	2020.8	徐州医科大学硕士在读	
	孙文杰	男	1996	2019.9	重庆大学硕士	日照供电公司
	孙　坤	男	1997.8	2019.9	东北大学硕士	华为深圳公司
	乔子宁	男	1997.10	2020.9	北京体育大学硕士在读	
	孙文慧	女	1998.4	2022.9	复旦大学博士在读	
	乔振宇	男	1998.10	2021.9	武汉大学硕士在读	
	孙晓燕	女	1999.3	2020.9	中国医学科学院药物研究所硕士在读	
	孙妍雨	女	2000.5	2022.9	北京交通大学硕士在读	
孙家营子村	孙　嘉	女	1998.5	2021.9	云南财政大学硕士在读	
	孙树国	男	1971.11	2004.	贵州医科大学硕士	日照市中心医院
李家营子村	郭长刚	男	1964.1	1996.9	复旦大学博士	上海社会科学院
	牟龙江	男	1989.8	2014.9	中国海洋大学博士	崂山实验室
	牟　童	女	1993.1	2014.9	上海大学硕士	上海盛大游戏
	李　璐	女	1996.12	2019.9	山东财经大学硕士	
	李　晓	女	1997.5	2019.9	辽宁师范大学硕士	
	程　恳	男	1999.1	2020.9	沈阳工业大学硕士	
	程子文	男	1999.3	2022.9	锦州医科大学硕士	
苗家村	胡善伟	男	1988.5	2009.9	中国科学院博士	中国科学院
	丁　昊	男	1992.2		浙江大学博士在读	
	丁　行	男	1996.11	2021.9	重庆大学硕士	
	丁　雯	女	1997.3	2021.9	青岛理工大学硕士在读	
竹园村	丁国强	男	1994.8	2017.9	东南大学硕士	济南市建委
	丁　鑫	男	1998.9	2020.9	北京化工大学硕士在读	
李家潭崖村	刘加峰	男	1970.11		山东大学博士	山东大学
	陈德胜	男	1971.11		清华大学博士	民生银行
	牟　帅	男	1987.8	2020.1	美国达特茅斯学院博士在读	
	陈红宇	男	1996.2	2021.9	中国石油大学博士在读	
杨家洼村	牟洪善	男	1971.3	2004.9	华东理工大学硕士	南昌大学学生处
	金　坤	女	1982.7	2008.9	北京大学硕士	北京某外企
	金　乾	男	1989.8	2013.9	北京大学硕士	北京天恒职业房地产公司

续表 26—2

村庄	姓名	性别	出生年月	入学年月	毕业（在读）院校及学位	工作单位
杨家洼村	牟宗雪	女	1989.9	2012.9	浙江大学硕士	上海华力微电子公司
丁家官庄村	孙晓敏	女	1988.2	2011.9	上海大学硕士	中国东方创投
	孙　倩	女	1988	2011.9	同济大学硕士	山东交通学院威海校区
	吴　琼	女	1988.6		清华大学博士	北京十一学校
	焦子峰	男	1989.11	2013.9	大连理工大学硕士	中国电建集团国际工程公司
	王　昊	男	1989.12	2016.9	上海海事大学硕士	青岛商务学校
	王世轩	女	1989	2013.9	北京大学博士	北京大学第一附属医院
	胡彦斌	男	1990.1	2012.9	哈尔滨工程大学硕士	珠海光库科技公司
	盛玉钰	女	1992.3		中国林业大学硕士	中国林业大学
	孙　昊	男	1993.6	2016.9	青岛科技大学博士	日照航海职业工程学院
	丁立达	男	1994.8		国防科技大学博士	国防科技大学
	张馥伊	女	1998.6	2020.9	山西师范大学硕士在读	
	侯力硕	男	1999.1	2021.9	中国农业大学硕士在读	
	孙　超	女	1999.5	2021.9	中国海洋大学硕士在读	
	张慧文	女	1999.8	2022.9	吉林财经大学硕士在读	
	刘　铭	女	2000.4	2022.9	石家庄铁道大学硕士在读	
松林村	傅慎明	男	1981.4	2006.9	中国科学院大气物理研究所博士	中国科学院大气物理研究所
	滕　超	男	1986.11	2014.9	北京航空航天大学博士	青岛科技大学
蒿岭村	高新华	女	1996.2	2019.9	天津工业大学硕士	
	宋元坤	男	1998.6	2020.9	北京科技大学硕士在读	
	宋美青	女	1999.4	2022.9	山东第一医科大学硕士在读	
亚月村	王　帅	男	1987.8	2010.9	中国科学院大学硕士	山东省证监局
	李宗铭	男	1988.10	2011.9	哈尔滨理工大学硕士	苏州塞米德半导体科技有限公司
	陈　伟	女	1989.4	2015.9	上海交通大学博士	山东师范大学
	丁　亮	男	1989.3		上海交通大学硕士	远景能源公司
	刘　健	男	1990.12	2018.9	新加坡南洋理工大学硕士	苏昛有限公司
大洼村	丁千山	男	1990.10	2019.10	西北大学博士	西北大学
	丁明月	女	1992.10	2018.9	西安电子科技大学硕士在读	
	丁东方	女	1997.6	2020.9	天津科技大学硕士在读	
	丁子林	男	1997.7	2019.10	白俄罗斯国立大学博士在读	
	丁明慧	女	1998.1	2020.9	西安电子科技大学博士在读	

续表 26—2

村庄	姓名	性别	出生年月	入学年月	毕业（在读）院校及学位	工作单位
尹家廒头一村	贺　祥	男	1995.5	2019.9	山东大学软件学院硕士在读	
	尹　媛	女	1996.7	2019.9	中国科学院南京土壤所硕士在读	
	高华源	男	1997.10	2020.9	俄罗斯托木斯克国立大学硕士在读	
	尹相林	男	1998.7	2020.9	东北石油大学硕士在读	
	尹　航	男	1998.10	2020.9	青岛大学硕士在读	
尹家廒头二村	尹衍桐	男	1970.11	2003.9	山东大学外国语学院博士	中国石油大学
	尹衍雨	女	1982.11	2007.9	北京大学博士	农业农村部规划设计院
	尹崇堃	男	1992.11	2019.9	中央财政大学硕士	自主创业
	尹衍群	男	1993.12	2018.9	广东汕头大学硕士	山东外国语大学
	尹　悦	女	1993.12	2018.9	上海海洋大学硕士	潍坊滨海区税务局
	尹衍航	男	1995.5	2018.9	上海工程大学硕士	上海集成电路研发中心
	尹衍琨	男	1999.2	2021.9	吉林大学硕士在读	
张家廒头村	尹国庆	男	1993.11	2019.9	中国石油大学硕士	天元建设集团
	尹相龙	男	1998.8	2021.9	中央戏剧学院硕士在读	
	郑　怡	女	1998.10	2021.9	江苏科技大学硕士在读	
	庄　潇	女	1999.7	2021.9	河海大学硕士在读	
成家廒头村	成美玲	女	1986.10	2008.9	曲阜师范大学硕士	山东水利学院
	成文舒	女	1997.12	2020.9	北京矿业大学硕士在读	
	成博文	女	1999.8	2022.9	北京工业大学硕士在读	
	成　振	男	2000.2	2022.9	山东大学硕士在读	
西灶子村	郑培超	男	1980	2007.9	中国科学院安徽光机所博士	重庆邮电大学
	郑小斌	男	1986.8	2014.2	北京大学硕士	北京立思辰金智科技有限公司
	郑世政	男	1990.2	2016.9	南开大学博士	江西科技师范大学
	郑　帅	男	1995.11	2021.9	哈尔滨工程大学博士在读	
	郑文博	男	1997.4	2019.9	大连海事学院硕士	中国船舶青岛双瑞海洋环境工程公司
	郑志明	男	1998.11	2021.9	哈尔滨工程大学硕士在读	
东灶子村	郑　义	男	1989.2	2013.9	中国海洋大学硕士	合肥人民银行
	郑振东	男	1992.6	2018	武汉大学博士在读	
	郑培金	男	1992.12	2016.9	辽宁科技大学硕士	北京云翔建筑科技公司
	郑凯元	男	1993.2	2018.9	吉林大学博士	深圳高科院
	郑慧臻	男	1996.12	2019.8	天津大学微电子学院硕士在读	

续表 26—2

村庄	姓名	性别	出生年月	入学年月	毕业（在读）院校及学位	工作单位
东灶子村	郑昊东	男	1998.3	2020.9	南京航空航天大学硕士在读	
北王家村	王佳平	男	1994.4	2017.9	中山大学博士在读	
	王子豪	男	1998.9	2021.9	湖南大学硕士在读	
东川子村	李志鑫	男	1990.9	2015.9	山东农业大学博士	山东科技大学
	马文龙	男	1991.5	2014.9	西北农林科技大学博士	中国农业科学院农业基因组研究所
	马　良	男	1991.9	2014.9	山东财政大学博士	山东财政大学
	马　爽	女	1995.3	2017.9	山东科技大学硕士	烟台市市场监督管理局开发区分局
	乔振华	女	1995.3	2021.9	东北林业大学经济管理学院博士在读	
	马文杰	男	1998.11	2021.9	云南民族大学民族医药学院硕士在读	

四、党政主要负责人简介

本章收录了自中共涛雒党组织成立以来，历届党组织和政府主要负责人，分三部分：党委历届主要负责人，政府历届主要负责人，现任党委、政府班子成员。按任职先后顺序排列。

（一）党委历任主要负责人简介

丁原澂　男，涛雒镇涛雒一村人，1931 年加入中国共产党。时在涛雒街民团当团丁。入党后，在日照南乡发展了一批中共党员，是南乡党的组织者。1932 年春，任涛雒区区委书记。是 1932 年 10 月 13 日中共日照暴动南路攻打涛雒街时的内应。暴动泄密失败后，在王家村渔民的帮助下随船到了上海。

丁君谦　男，涛雒镇苗家村人，中共党员。1938 年 11 月至 1939 年春，任涛雒党支部书记，隶属中共日照临时县委。1939 年春至 1940 年冬，任二区分区委书记。随后为南下干部。

孙树礼（1920—1949.1）　男，涛雒镇孙家村人。在涛雒张洛庙小学高小毕业。1936 年考入日照县县立中学。1938 年 12 月，经刘鸿若介绍加入中国共产党，是年被派到六区卜落子村任小学教员。并负责在孙家村发展党员，建立党组织及发展武装队伍。1940 年 5 月，任四区分区委书记。1941 年 1 月，任二区分区委书记。1942 年 9 月，任涛雒分区委书记。1946 年 5 月，任滨海区渔业生产指导所所长。1947 年，任竹庭县人民武装部部长。

秦聿会（1912—1976）　男，虎山镇秦家结庄村人。1938 年加入中国共产党，抗日战争时期是中共日照南部地区重要领导人之一。先后任中共地下组织联络站站长、二区武工队指导员。1940 年 3 月，任二区分区委副书记。1942 年 9 月，任涛雒区分区委副书记。1946 年 4 月至 1948 年 1 月，任中共涛雒区分区委书记。1948 年 1 月，调任日照县委秘书处秘书。长期的艰苦斗争致使积劳成疾，1949 年初病倒于赴鲁南地委（在沂水县境内）汇报工作途中（莒县马亓窑），后住进日照县人民医院。组织安排其兼任日照县人民医院院长。

徐光布　男，江苏省赣榆县柘汪镇武功村人。1948年1月至1949年9月，任涛雒分区委书记。淮海战役随大军南下。

刘贤文（1919.8—1978.6）　男，虎山镇张家

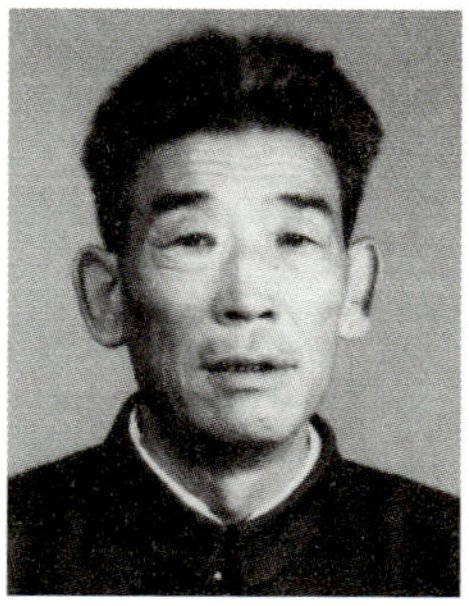

刘贤文

结庄村人。1941年7月加入中国共产党。1945年3月，任涛雒区职工会会长。1948年7月，任涛雒分区委副书记。1949年9月，任涛雒区委书记。1951年6月，任日照县委组织部副部长。1952年12月起，先后任沂水地区工会办事处劳工科科长，山东省总工会建筑工会筹委会组织部副部长，五莲县洪关区区委书记，五莲县委农村工作部副部长，中疃乡党委书记，街头公社党委书记，寿光县侯镇公社党委第一书记，中共寿光县委组织部副部长，羊口公社党委书记，寿光县革命委员会工业局副局长，日照县革命委员会工业局政治教导员等职务。

郭常芳（1925.12—2000.1）　男，奎山街道小

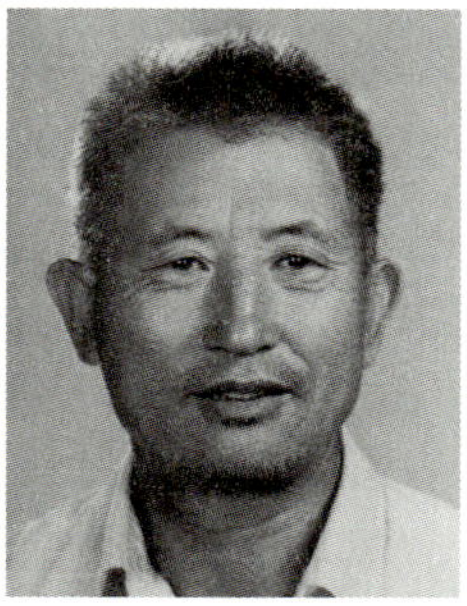

郭常芳

古镇人，1946年9月加入中国共产党。1946年12月至1947年9月，任支前大队长，支援枣庄战役、孟良崮战役。1947年9月起，先后任奎山区奎东乡乡长，石臼镇镇长。1948年7月，任城东区金沟乡书记、城东区武装部长。1949年2月，任滨海子弟兵团二营营长。1950年4月，任三区分区委书记。1951年11月，任七区分区委书记。1952年12月起，先后任中共日照县委宣传部副部长、部长。1955年8月，任菏泽地区改造落后工作队支部书记。1956年4月，任中共日照县委委员、宣传部部长。1970年6月，任日照县革委教育组组长。1975年10月，任日照县文办主任。1982年6月至1989年10月，任日照市（县级）人大常委会副主任。1990年11月离休，享受副地级待遇。

陈同义（1915.12—1993.4）　男，江苏省赣榆县马站公社东棘子荡村人，1943年1月加入中国共产党。1945年2月，在本村任支部副书记（其间，1947年3月，支前孟良崮战役立三等功一次）。其后先后任安东卫镇书记，安岚区组织委员，安岚区委副书记，日照县七区分区委书记，七区区委书记，日照县盐管处副处长，日照县盐管处处长（其间，1957年6月至1959年5月，在临沂纪委干校学习立一等功一次、二等功一次），日照县沿海生产工作部副部长，涛雒公社党委书记，涛雒区区委书记，涛雒区革命委员会副主任，涛雒人民公社革命委员会副主任，石臼公社党委副书记，日照县丝绸厂党委书记。1978年8月退休（副处级），1982年改离休。1993年4月病故。

武纪三　男，沂水人，中共党员。1953年9月至1955年1月，任七区委副书记。1955年1月起，先后任七区委书记，磴山区委书记，下元乡党委书记，磴山人民公社党委书记，下元人民公社党委书记。1961年7月，任碑廓公社党委书记。

安丰岩　男，日照两城镇人，中共党员。1950年5月至1951年春，任十五区分区委书记。1958年3月，任奎山乡党委书记。1958年9月，任五星公社党委书记。1961年6月，任下元人民公社党委书记。1963年1月，任两城区党委书记。

宋瑞乾　男，黄墩镇侯家沟村人，中共党员。1950年5月至1953年11月，任十三区分区委副书记。1954年3—9月，任城关镇委副书记。是年10月至1955年2月，任一区区委书记。1956年1月至1957年1月，任涛雒区区委书记。1960年2—10月，任两城公社党委书记。1960年10月，任南湖公社党委书记。1963年3月，任城关区委副书记。

王智民　（见本编第一章人物传略）。

郑成信　男，五莲县人，中共党员。1958年1月至1958年9月，任日照县委副书记兼涛雒乡党委书记。

费守忠　男，日照街道人，中共党员。1953年8月至1958年9月，先后任涛雒镇委副书记、涛雒区委副书记、涛雒乡党委副书记。1958年9月起，先后任海生人民公社党委书记、涛雒人民

公社党委书记。

王忠诚 男，济南禹城县人，中共党员。1947年入伍，历任战士、班长、排长、守备26师43团作战参谋。1970年，任涛雒驻军43团1营营长。1970年1月至1971年3月，任涛雒革命委员会党的核心领导小组组长（军代表）。1974年，任山口驻军55团1营营长。1977年转业，回到济南禹城县工作。

刘希增 男，1925年1月出生，日照街道前将帅沟人，1947年1月加入中国共产党。1948年1月后，历任太平区供销社会计、县委财贸部干事、县粮食局局长、涛雒公社党委书记、涛雒公社革委会主任、县供销合作社主任。1981年退休，1982年改离休，享受副处级待遇。

杨作田 男，1941年9月出生，奎山街道宋家窑村人，中共党员。1958年7月，在日照县商业局工作。后历任日照县高旺钢铁厂工锻长、车间主任、团委书记，日照县交通局党总支委员、团总支书记。1964年1月，任皋陆公社党委委员、文书，“四清”工作组副组长、组长。1969年3月后，历任黄墩区委副书记、黄墩区革委会副主任、马庄公社党委书记、马庄公社管委会主任、涛雒公社党委书记、涛雒公社革委会主任。1980年1月后，历任日照县委办公室副主任兼档案局局长，县委组织部副部长、企业工作部部长。1985年5月后，历任日照市（县级）市委常委、企业工作部部长，市政府副市长、日照出口加工区管委副主任。1989年11月后，历任日照市税务局党组书记、局长，日照市国家税务局党组书记、局长，市政协第五届常委。1998—2002年，任日照市人大常委会副主任。2002年退休。

杨作田

单联云 男，1939年11月出生，黄墩镇单家沟村人，中共党员。1968年7月，毕业于山东财经学院，到鱼台县农场工作。1969年12月，到石臼供销社工作。1971年6月，任大坡公社党委秘书。1976年6月起，先后任巨峰公社党委宣传委员、巨峰公社党委副书记，涛雒公社党委副书记（主持党委工作）、书记，巨峰公社党委书记，日照县副县长、常务副县长，日照市（县级）副市长，日照市财政局局长，日照市第十三、第十四届人大常委会副主任。2002年2月退休。

杨科田 男，1947年1月出生，碑廓镇西杨家庄子村人，1966年5月加入中国共产党。中学文化程度。1965年10月，参加日照县社教工作队驻丝山乡董家滩村。后任巨峰区团委副书记（主持团委工作）。1969年3月，任青墩公社文书。1971年1月，任巨峰公社党委常委宣传委员。1971年3月，任马庄公社党委书记。1975年3月起，历任巨峰公社党委副书记、书记，涛雒公社党委书记，城关公社党委书记、日照城区党委书记、城关镇党委书记，日照市（县级）粮食局局长，日照市粮食局副局长。2007年1月退休。

王厚勤 男，1937年11月出生，莒南县坪上镇柞墩村人，1965年4月加入中国共产党。1962年毕业于临沂农校，是年在日照县农业局参加工作。1964年在巨峰公社工作。1966年8月起，历任碑廓公社农机站副站长、站长，碑廓公社管委会副主任、主任，碑廓公社党委常委、副书记、书记，涛雒镇党委书记（日照县委委员），日照市（地级）市供销联社副主任、高级政工师、正处级调研员。1997年底退休。

王厚勤

丁兆华 男，1946年6月出生，巨峰镇平家村人，1976年10月加入中国共产党。1967年8月毕业于泰安林校，是年任苍山长城林业站技术员、副站长、站长。1981年1月，任涛雒公社林业站站长。1983年4月，任林业站长兼小海党总支书记。1984年6月，任涛雒区政府副区长兼涛雒镇（乡级）镇长。1984年12月，任涛雒区委副书记。1985年5月，任涛雒镇党委副书记。1987年2月，任涛雒镇党委副书记、镇长。1990年2月，任涛雒镇党委书记。

丁兆华

1993年1月，任东港区人大常委会副主任、党组成员。2003年1月离岗。2008年退休。

孙开河　男，1950年12月出生，奎山街道夹仓一村人，1971年1月加入中国共产党。1971年12月，任日照县陈疃公社党委组织干事。1977年1月起，先后任日照县城关公社团委书记，城关公社党委总支书记，日照镇政府副镇长，日照街道办事处副主任。1990年12月，任汾水镇党委副书记、镇长。1993年4月，任涛雒镇党委书记。1997年2月，任东港区人大常委会副主任、党组成员。2007年12月离岗。

孙开河

韩纪亮　男，1949年10月出生，安东卫街道人，中共党员。1975年7月参加工作后，历任安岚公社、汾水公社文化站站长。1990年7月，任汾水公社党委宣传委员。1993年4月后，历任涛雒镇副镇长，党委副书记、镇长，党委书记。1999年2月，任东港区政协副主席兼涛雒镇党委书记。2001年2月，任东港区政协副主席。2007年3月离岗。是年5月，任东港区地方史志编纂委员会(非常设机构)常务副主任兼主编。

韩纪亮

张桂伟　男，1970年1月出生，山东沂水县许家湖镇许家湖村人，1993年8月加入中国共产党，研究生学历。1992年7月参加工作，历任岚山头街道团委干事、团委书记、党委秘书。1995年，任汾水镇党委组织委员。1999年5月起，历任共青团岚山委员会副书记、书记。2000年8月，任东港区政府党组成员、区长助理。2001年2月，任东港区政府党组成员、区长助理兼涛雒镇党委书记、涛雒镇人大主席团主席。2002年12月，任莒县人民政府副县长、党组成员；2006年4月，任莒县人民政府副县长、党组成员兼招贤镇党委书记、招贤镇人大主席团主席。2007年1月，任莒县县委常委、县政府党组成员、副县长。2007年12月，任县县委常委、县政府党组副书记、副县长。2009年1月，任五莲县委常委、县政府党组副书记、副县长。2011年11月后，历任日照市岚山区委副书记、岚山区政府代区长，岚山区委副书记、区长、岚山经济开发区管委会主任。2017年1月，任日照市司法局党组书记、局长，7月兼任监狱党委书记。2018年12月后，历任日照市委政法委常务副书记、二级调研员。

张桂伟

王一冰　女，1965年5月出生，巨峰镇六甲庄子村人，1988年2月加入中国共产党。1983年12月参加工作，任日照县物价局办事员。1984年12月后，历任团县委干事、团市委办公室主任、市委宣传部干事。1989年7月至1991年7月，在山东省委组织部干部专修科学习。1991年，在山东大学经济管理专业学习三年。1993年8月后，历任共青团东港区委副书记、书记。1999年9月，任后村镇党委副书记、镇长。2002年1月，任奎山街道党委书记、人大工委主任。2003年3月，任涛雒镇党委书记、人大主席团主席。2006年2月，任五莲县人民政府党组成员、副县长。2007年11月，任山海天旅游度假区党工委委员、管委会副主任。2017年2月后，历任政协日照市委员会提案委员会调研员、二级调研员、一级调研员。

王一冰

张玉栋　男，1965年1月出生，山东青州市人，1989年8月加入中国共产党。1987年7月毕业于昌潍农业学校，先后任五莲县石场乡农技站技术员、乡团委书记、副乡长。1994年11月，任东港区政府办公室副科级干部、副主任。1997年2月，任西湖镇党

张玉栋

委副书记、镇长。1998年9月，任竖旗山乡党委副书记、乡长。2001年1月，在东港区委办公室工作。2001年5月后，历任三庄镇党委副书记、镇长，镇党委书记、人大主席团主席。2006年3月，任涛雒镇党委书记、镇人大主席团主席。2007年11月，任日照大学科技园工委委员、纪工委书记。2011年10月后，历任政协日照市委员会副秘书长、办公室副主任，副秘书长、办公室主任，机关党委副书记、一级调研员。

宋波　男，1967年12月出生，巨峰镇人，1991年7月加入中国共产党。1988年6月毕业于日照师范学校，先后任日照市东港区大坡中心学校教师，乡团委副书记、乡党委秘书。1993年10月起，历任东港区政府办公室办事员、秘书、综合科副科长、办公室副主任，区政府办公室党组成员、副主任兼法制局局长。2003年3月起，历任陈疃镇党委副书记、镇长，陈疃镇党委书记、镇长。2006年12月，任陈疃镇党委书记、人大主席团主席。2007年11月，任涛雒镇党委书记、人大主席团主席。2010年7月起，历任东港区政府副区长，区委常委、区农工办主任（兼）。2015年9月，任东港区委常委、副区长。2016年12月，任东港区委常委、区委办公室主任。2018年1月，任日照空港经济技术开发区党工委书记、管委会主任（正处级）。2021年12月，任东港区政协党组书记。2022年1月，任东港区政协党组书记、主席。

宋波

刘森林　男，1972年5月出生，巨峰镇人，1993年9月加入中国共产党。1992年8月参加工作。1993年9月至1999年9月，历任东港区渔政监督管理站副站长、站长。1999年9月，任石臼街道党委副书记。2003年3月起，历任两城镇党委副书记、镇长，党委书记、人大主席团主席。2010年7月，任涛雒镇党委书记、人大主席团主席。2011年12月，任东港区委常委、政法委书记。2016年12月，任日照市委政法委副书记。2017年4月，任日照市委政法委副书记、市社会治安综合治理委员会办公室主任。2018年12月，任岚山区委副书记（正处级）。2020年6月，任日照市海洋渔业局党组书记。2022年2月，任日照市市场监督管理局党组书记、局长。

刘森林

秦泗收　男，1971年2月出生，东港区日照街道向阳河村人，1995年8月加入中国共产党。1991年7月毕业于日照师范学校，在东港区河山中心小学任教师。1994年6月至1999年1月，历任河山镇政府文书、镇党委秘书、侯官管理区党总支书记，西湖镇政府副镇长。2003年3月起，历任日照经济技术开发区奎山街道党委组织委员，北京路街道党委副书记，北京路街道党委副书记、纪委书记，北京路街道党委副书记、办事处主任。2011年8月，任日照经济技术开发区北京路街道党委书记、办事处主任。2012年2月起，历任日照经济技术开发区工委副调研员、北京路街道党委书记、办事处主任，工委副调研员、北京路街道党委书记。2013年12月，任日照国际海洋城党工委委员、社会事业局局长。2014年1月，任日照国际海洋城党工委委员、社会事业局局长、涛雒镇党委书记。2016年4月，任日照国际海洋城党工委委员、社会事业局局长。2016年12月，任日照市畜牧兽医局党组成员、副局长。2017年7月，任日照交通发展集团有限公司党委委员、纪委书记。2019年11月，任日照交通发展集团有限公司党委委员、纪委书记、监察专员。2020年9月，任日照交通发展集团有限公司党委委员、副总经理。

秦泗收

孙强　男，1973年9月出生，东港区两城镇泉子沟村人，2000年6月加入中国共产党。1993年6月于日照师范毕业后，在东港区两城镇王家滩初中任教师。1994年6月，任两城镇党委通讯报道员。1995年10月起，历任东港区委办公室秘书，秘书二科科长兼团支部书记，副主任科员、秘书二科科长。2007年11月，任涛雒镇党委副书

孙强

记。2011年12月，任涛雒镇党委副书记、镇长。2016年4月，任涛雒镇党委书记。2016年12月，任日照市太阳文化旅游度假区管理委员会办公室副主任（副处级）、涛雒镇党委副书记、镇长。2018年9月，任日照市人民政府防汛抗旱总指挥部办公室副主任。2019年3月，任日照市防汛抗旱运行监测中心副主任。2019年10月，任日照市日照水库管理中心党支部书记、主任。2021年2月，任日照市日照水库管理运行中心党支部书记、主任。2023年12月，任日照市水利局党组成员、副局长。

厉华珍 女，1974年4月出生，东港区秦楼街道厉家庄子村人，1995年6月加入中国共产党。1995年7月毕业于临沂师专，在奎山街道党委工作。1997年1月到东港区纪委工作。2009年9月，任东港区纪委常委、监察综合室主任，两城镇党委副书记（挂职）、副镇长（挂职）。2010年8月，任东港区纪委常委（正科级）、监察综合室主任，两城镇党委副书记（挂职）、政府副镇长（挂职）。2011年6月，任两城镇党委副书记、镇长。2012年8月，任山海天旅游度假区新划管区域临时工委书记、两城镇党委副书记、镇长。2014年1月，任卧龙山街道党委书记。2016年12月，任日照市太阳文化旅游度假区管理委员会办公室副主任（副处级）、涛雒镇党委书记。2019年4月，任日照市妇联副主席。2020年9月，任岚山区委常委、纪委书记、监察委员会主任。2022年12月，任日照市市场监督管理局党组成员、副局长。

厉华珍

万磊 男，1976年3月出生，日照街道人，1996年6月加入中国共产党。1997年7月参加工作，就职于东港区交通局。2004年7月，被东港区委选派到韩国研修学习，任赴韩临时党支部委员。2005年7月，在东港区投资服务局挂职，任局长助理。2006年9月，在东港区对外贸易经济合作局挂职，任局长助理。2008年3月，任东港区对外贸易经济合作局副局长。2010年6月，任东港区商务局副局长。2011年12月起，历任南湖镇党委副书记、政协办公室主任，镇人大主席团主席。2016年12月，任南湖镇党委副书记、镇长。2018年9月起，历任涛雒镇党委副书记、镇长，涛雒镇党委书记。2021年12月，任岚山区委常委、组织部部长。2023年5月，任岚山区委常委、常务副区长。

万磊

（二）政府历任主要负责人简介

丁学征（？—1947） 男，涛雒镇石梁头村人，中共党员。1940年3—12月，任二区区长。此后在日照县政府五科、日照县烈士纪念塔筹建处工作。1947年不幸身亡。

尹新坡 （见本编第一章人物传略）

迟兆荣 男，中共党员。1941年6月至1942年9月，任二区区长。

王治东 男，中共党员。1944年2月至1945年8月，任涛雒区区长。1946年5月至1947年7月，任涛雒区区长。1947年7月，任日照县文教科科长。

孙晓竹（1905.8—1982） 原名孙树岩，男，涛雒镇东南营村人。高小文化，解放前曾受聘于东湖村大户人家教学。1939年加入中国共产党，参加磴山游击队。1944年1月至1946年3月，任巨峰区副区长。1946年3—5月，任涛雒区区长。之后，于日照县委任秘书，日照县沿海水产部工作。不久，因病离职回家休养。1976年去上海（其长子处）养病。1978年补办退休。1982年补办离休，是年于上海病逝。

牟敦荣（1916.5—2009.3） 男，虎山镇桥南头村人，1942年1月加入中国共产党。先后任安岚区青年队长、虎山中队队长、虎山区武工队队长、岚山区区长、奎山区区长、涛雒区区长、安岚联合镇镇长。工作中曾多次立功受奖。后组织安排回家病休。病休一段时间后任安东卫铁木业社主任、虎山铁木业社主任。1963年，根据组织安排回家病休。2009年3月病逝。

郑淑遥 男，巨峰镇人，1939年1月加入中国共产党。1944年参加工作。1948年3月至1949年1月，任涛雒区区长。

王康木 男，巨峰镇人，1943年加入中国共产党。1945年9月参加工作。1949年1—11月，任涛雒区长。

李其存 男，碑廓镇人，中共党员。1949年11月至1951年5月，任涛雒区、七区（涛雒）区长。1953年7月至1956年春，任碑廓区委书记。1957年1月，任碑廓区委第一书记。1958年1月起，历任碑廓乡党委书记，英雄（碑廓）公社党委书记，碑廓公社党委书记，碑廓区党委书记。

李汉宗 曾用名李涛江，男，1908年10月生，江苏省赣榆县西林子村人，1944年8月加入中国共产党。1942年2月参加工作，先后在本村、李家庄村、岚山头、汾水、马站、响水小学任教师。1947年1—10月，任孟良崮战役支前民夫营教导员，后在日照县委政治处工作。此后在庐山区、日照县十二区任文教助理。1951年5月至1955年4月，任七区（涛雒）区长。后历任日照县教育局副局长，夹仓乡党委副书记，高旺铁矿指挥部领导（负责高炉建设），石棉矿党委书记、矿长等职务。1975年4月退休。

金守臣 男，秦楼街道小孙家村人，中共党员。1953年，任涛雒区委副书记。1955年4月，任七区区长。1956年1月，任涛雒区区长。1958年1月，任夹仓乡党委副书记、乡长。1958年9月起，先后任金星公社党委副书记，夹仓公社党委副书记。1959年12月，任金沟公社党委副书记。1962年6月，任石臼公社党委副书记。

张纪顺 男，黄墩镇张家蒲汪人，中共党员。1956年1月至1958年1月，任磴山区区长。

傅培礼 男，莱阳县苗家乡小于家村人，中共党员。1958年1月，任下元乡乡长。1958年9月，任磴山人民公社管理委员会主任。1959年2月至1961年7月，任下元人民公社管理委员会主任。

郑全禄（1921.2—1988.1） 男，涛雒镇西灶子村人。1939年8月加入中国共产党。1946年6月参加工作，在奎山区任财粮助理员。1951年1—6月，任六区（奎山）副区长。1952年12月，任涛雒镇（隶属日照县政府）镇长。1953年11月，任日照县政府劳动科科长。1964年6月，任日照县梭罗树石棉矿矿长。1980年2月离休。

王庆宝 男，中共党员。1953年12月至1955年10月，任涛雒镇镇长。

张纪顺 男，黄墩镇张家蒲汪人，中共党员。1956年1月至1958年1月，任磴山区区长。

傅田余（1915.1—2006.6） 男，涛雒镇栈子一村人，1943年4月加入中国共产党。是年参加工作，任栈子村党支部指导员，负责党的地下工作，为土地改革和支前做了大量工作。1949年5月后，先后任涛雒镇副指导员兼镇长，总支书记兼镇长，涛雒区供销合作社主任、党支部书记。1953年7月，任涛雒镇党委副书记。1956年1月，任涛雒区委副书记。1958年1月后，先后任涛雒乡乡长，海生人民公社、涛雒人民公社管理委员会主任。1960年7月任安岚区区长。1966年退休，1982年改为离休。

邵安思 男，安东卫街道人，中共党员。1960年8月，任涛雒人民公社管理委员会主任。1962年12月至1963年2月，任涛雒区区长。

罗映林 男，1923年12月出生，碑廓镇碑廓一村人，1943年10月加入中国共产党。1943年1月，任碑廓镇民兵班班长。1943年5月，在山东军区滨海后勤制革厂工作。1947年1月，任碑廓镇总支委员兼碑廓一村村长，带队出夫支前立二等功。1949年7月，任碑廓镇稍坡乡总支书记。1951年10月，在县整党工作队任组长、政治教员。1955年5月，任日照城关镇党委副书记。1957年3月，在青岛山东省初级党校学习。1957年10月，任城关镇党委副书记、镇长。1959年7月，在山东省干部文化学校学习。1961年7月，任下元人民公社党委副书记、管委会主任。1963年2月，任涛雒区区长。1968年3月，任涛雒区革命委员会副主任。1971年10月，

罗映林

任涛雒人民公社革命委员会副主任。1973年9月，在马庄公社任水利员。1975年9月，任高兴人民公社党委副书记（正科级）。1983年10月离休，享受处级待遇。

岳焕贵 男，山东省安丘人，中共党员。1968年3月至1971年3月，任涛雒区革命委员会主任。

刘希增 见本章第一节

杨作田 见本章第一节

徐茂远 男，1939年1月出生，陈疃镇东石墩村人，1960年12月加入中国共产党。1958年12月入伍，历任战士、班长、排长。1964年3月转业，任日照县人民武装部黄墩区人民武装部干事。1969年12月，任日照县高兴公社党委常委、公社人武部副部长。1971年11月后，历任日照县涛雒公社党委常委、公社人武部部长，涛雒公社党委副书记，涛雒公社党委副书记、革委会主任。1984年6月，任日照县碑廓区委副书记、区长。1985年5月后，历任日照镇党委副书记、镇长，人大办公室主任。1999年1月退休。

于刚业（1938.11—2000.5） 男，岚山头街道佛手湾村人，中共党员。1958年1月参加工作。历任日照县水产局股长，水产局党组成员、副局长兼县水产供销公司经理。1984年6月后，历任日照县涛雒区区委副书记、区长，日照县农机局党委书记，日照市（县级）水产局党组书记、局长，日照市水产局党组副书记、副局长主持工作，日照市水产局党组书记、局长兼日照市水产集团总公司党委书记、总经理，日照市海洋与渔业局党组书记、局长，日照市第十四届人大常委会委员、人事代表工作室主任。

于刚业

王仕芝（1944.8—2021.4） 男，虎山镇前稍坡村人，1970年1月加入中国共产党。1971年12月在安岚公社工作。1972年4月起，历任陈疃公社党委宣传干事，陈疃公社党委宣传委员、副书记。1978年11月，任黄墩公社党委副书记。1981年9月，任汾水公社党委副书记、管委会主任。1984年6月起，历任涛雒区委副书记、涛雒镇（乡级）党委书记，涛雒镇党委副书记、镇长。1987年2月起，历任巨峰镇党委副书记、镇长，巨峰镇党委书记。1993年1月，任东港区人大常委会副主任、党组成员。2003年1月离岗。2008年4月退休。

王仕芝

丁兆华 见本章第一节

张孝柏 男，1944年1月出生，巨峰镇前山旺村人，1966年3月加入中国共产党。1964年9月，参加日照县社会主义教育工作队。1965年7月，任丝山区湖西头公社文书。1971年3月，任大坡公社团委书记。1975年10月起，历任黄墩公社团委书记、党总支书记，党委组织委员。1984年6月起，历任高兴区委副书记，涛雒镇党委副书记、镇长，日照市民政局区划地名科科长。2001年1月离岗。2004年1月退休。

张孝柏

李增森 男，1952年2月出生，巨峰镇巨峰一村人，1971年10月加入中国共产党。1971年12月起，先后任日照县巨峰、涛雒整党队队员，大坡公社党委宣传干事、党总支副书记、党委秘书、党委宣传委员。1983年8月起，历任三庄镇党委宣传委员、党委副书记。1993年4月起，历任涛雒镇党委副书记、镇长，石臼街道党委副书记、办事处主任，党委书记，东港区区长助理、党组成员，东港区海洋与水产局局长、党组书记，区长助理、党组成员，人大常委会副主任、党组成员。2007年12月离岗。

李增森

韩纪亮 见本章第一节

李同春 男，1957年3月出生，日照街道后鹅庄村人，1982年5月加入中国共产党。1980年7月，毕业于临沂农业学校，到日照县西湖兽医

李同春

站工作。1980年12月，西湖公社党委抽调驻村蹲点。1982年4月，任西湖公社人武部干事。1984年5月，任西湖镇党委宣传委员，11月兼任党委秘书。1987年7月，任三庄镇党委组织委员。1990年11月，任日照街道党委组织委员。1993年4月，任石臼街道党委副书记、副主任。1997年2月，任涛雒镇党委副书记、镇长。1998年12月，任高兴镇党委书记、人大主席团主席。2003年3月，任东港区区长助理。2003年8月，任山海天旅游度假区工委委员、管委会副主任。2011年4月，任日照市住房公积金管理中心副主任。2012年5月离岗。2017年6月退休。

范文青　男，1964年11月出生，三庄镇范家楼村人，1991年11月加入中国共产党。1988年7月，毕业于临沂师范专科学校。是年8月在丝山乡中心初中任教师。1990年10月起，先后任丝山乡统计站统计员、党委秘书。1993年4月起，历任涛雒镇党委组织委员，党委副书记兼组织委员，党委副书记、政府镇长。2003年3月，任高兴镇党委书记、人大主席团主席。2006年12月，任岚山区委组织部副部长、区人事劳动和社会保障局党组书记、局长，区机构编制委员会办公室主任。2007年10月，任日照市物价局党组成员、纪检组长。2009年9月，任日照市纪委、监察局派驻第一纪检组、监察室副处级检查员。2017年8月，任日照市工商管理局党组副书记、副局长。2019年1月，任日照市市场监督管理局副局长。

范文青

闫华章　男，1960年6月出生，河山镇许家官庄人，1989年7月加入中国共产党。1984年7月，毕业于莒南师范，在河山中心初中任教师。1987年9月，任河山乡教育团委书记。1990年8月起，历任河山乡党委组织干事，党委秘书，党委组织委员。1997年2月，任河山镇党委副书记。1997年5月，任河山镇党委副书记兼纪委书记。1990年1月，任河山镇党委副书记。1999年5月，任河山镇党委副书记兼党委组织委员。1999年9月，任河山镇党委副书记。2002年1月，任涛雒镇党委副书记、纪委书记。2003年3月，任涛雒镇党委副书记、镇长。2003年10月，任涛雒镇党委副书记、镇长兼东港区赶海园管委主任。2004年11月，任涛雒镇党委副书记、镇长。2006年3月，任东港区对外经济贸易局局长、党组书记。2007年11月，任东港区委组织部副部长（兼）、人事局局长、党组书记。2010年6月任东港区编办主任、区人力资源和社会保障局党组书记、区委组织部副部长（兼）。2013年5月，任日照实验高级中学党委书记（副处级）。2020年6月退休。

闫华章

李海峰（1967.9—2022.12）　男，卧龙山街道吴家台村人，1989年7月加入中国共产党。1989年8月，毕业于临沂师专，在两城镇中心初中任教师。1993年8月，任两城镇党委秘书。1995年5月，任两城镇信访办公室主任。1997年2月，任两城镇纪律检查委员会书记。1999年1月，任两城镇党委副书记。2003年3月，任涛雒镇党委副书记兼纪委书记。2006年3月，任涛雒镇党委副书记、镇长。2007年11月，任东港区农业局局长、党组书记。

刘峰　男，1973年10月出生，东港区三庄镇人，2003年1月加入中国共产党。1994年6月，毕业于曲阜师范大学，在日照二中任教师。1997年10月起，历任东港区委办公室秘书，综合科副科长、科长，办公室副主任。2005年2月，任东港区委办公室综合科科长。2009年9月，任东港区委办公室副主任，日照街道党委副书记、办事处副主任（挂职）。

刘峰

2009年12月，任东港区委办公室副主任，区委政研室副主任（主持工作），日照街道党委副书记、办事处副主任（挂职）。2010年7月，任涛雒镇党委副书记、镇长。2011年12月，任东港区政府办公室主任、党组书记。2016年12月起，历任东港区政府党组成员、副区长，东港区委常委、区委办公室主任、区委全面深化改革领导小组办公室主任，岚山区委常委、区政府党组副书记、副区长，岚山区委副书记。2023年3月，任日照市水利局党组书记、局长。

孙强 见本章第一节

时文彬 男，1974年11月出生，陈疃镇姜疃村人，1998年11月加入中国共产党。1996年7月，毕业于山东省轻工业经济管理学校，到东港区西湖镇企业办公室工作。1999年1月，任西湖镇政府文书、党委秘书。2002年4月，任东港区政府办公室专职综合文字秘书、支部组织委员、文秘科科长。2008年3月，任东港区住房和城乡规划建设局党组成员、纪检组长、工会主席、局党总支副书记、机关支部书记。2009年9月，到涛雒镇挂职镇党委副书记、副镇长。2011年12月，任日照国际海洋城涛雒镇政协工作室主任（正科）兼村镇规划和社区建设办公室主任。2013年3月，任日照国际海洋城党政办副主任。2016年5月，任日照国际海洋城涛雒镇党委副书记、镇长。2016年12月，调东港区林水会战指挥部工作。2017年3月，任东港区农业局党组书记、局长。2019年2月，任三庄镇党委书记。2021年12月，任东港区委办公室副主任。2022年11月，任中央活力区发展服务中心党组成员、副主任。

时文彬

万磊 见本章第一节

（三）党政现任领导班子成员简介

（截至2022年10月）

陈彬 男，1977年12月出生，日照市岚山区人，研究生学历，1999年9月参加工作，2005年11月入党。历任石臼街道政协工作办公室主任，陈疃镇党委副书记、政协工作室主任，陈疃镇党委副书记、镇长，南湖镇党委副书记、镇长，后村镇党委书记。2021年12月，任涛雒镇党委书记、空港经济开发区党工委委员。

陈彬

安宝春 男，1980年2月出生，日照市东港区人，大学学历，1999年11月参加工作，2006年11月入党。历任区委台湾工作办公室副主任，河山镇党委委员、副镇长（挂职），南湖镇党委委员、副镇长，石臼街道纪委书记，区招商投资促进中心主任，区统计局党组书记、局长。2021年2月，任涛雒镇党委副书记、镇长。

安宝春

邱志刚 男，1980年12月出生，日照市东港区人，大学学历，2000年6月参加工作，2003年9月入党。历任东港区委统战部综合科科长，东港区工商联副会长、党组成员，东港区委统战部副部长，涛雒镇党委副书记、政协委员联络室主任、社会稳定办公室（综治办）主任、综合行政执法办公室主任。2019年6月，任涛雒镇人大主席。

邱志刚

潘娜 女，1985年1月出生，日照市东港区人，大学学历，2010年12月参加工作，2015年11月入党。历任东港区廉政教育中心主任，后村镇党委副书记（挂职1年）。2021年12月，任涛雒镇党委副书记、政法委员、政协委员联络室主任、综合行政执法办公室主任。

潘娜

胡文秀 女，1985年11月出生，日照市东港区人，大学学历，2008年7月参加工作，2006年1月入党。历任后村镇党委委员，西湖镇党委宣传委员，陈疃镇党委组统委员。2021年12月，任涛雒镇党委委员、纪委书记、监察室主任、二级主任科员。

胡文秀

陈新华

陈新华 男，1978年1月出生，日照市东港区人，本科学历，1996年8月参加工作，2000年9月入党。历任三庄镇副镇长、宣传委员，涛雒镇宣传委员。2021年12月，任涛雒镇党委委员、副镇长。

宋全慧

宋全慧 女，1985年7月出生，日照市东港区人，研究生学历，2009年8月参加工作，2010年11月入党。历任东港区涛雒镇副镇长。2021年2月，任涛雒镇党委委员、组统委员。

陈雨田 男，1988年1月出生，日照市岚山区人，研究生学历，2010年9月参加工作，2013年12月入党。历任东港区机构编制委员会办公室监督检查科科长、东港区涛雒镇副镇长，便民服务中心主任。2021年12月，任涛雒镇党委委员、宣传委员。

陈雨田

李常乐 男，1973年4月出生，日照市东港区人，大学学历，1996年7月参加工作，1998年9月入党。历任东港区秦楼街道党委委员兼社会稳定办公室主任，日照街道党委委员、武装部长，东港区农工办副科级干部。2021年，任涛雒镇党委委员、武装部长。

李常乐

张弘 男，1977年10月出生，日照市岚山区人，大学学历，1998年12月参加工作，2002年7月入党。历任涛雒镇应急管理事务服务中心主任。2021年12月，任涛雒镇党委委员。

张弘

王均峰 男，1971年4月出生，日照市东港区人，大学学历，2009年7月参加工作，1999年10月入党。历任东港区涛雒镇副镇长，党委委员。2021年12月，任涛雒镇人大副主席。

王均峰

杨茂强

杨茂强 男，1970年11月出生，日照市东港区人，大学学历，1994年7月参加工作，1998年11月入党。历任东港区河山镇经济发展办公室副主任、副镇长，涛雒镇副镇长。2022年，任涛雒镇三级主任科员。

王培永

王培永 男，中共党员，1975年4月出生，日照市东港区人，大专学历，1994年12月参加工作，1996年7月入党。2017年7月，任涛雒镇财政经管服务中心主任。

司京占

司京占 男，1991年11月出生，日照市岚山区人，大学学历，理学学位，2015年7月参加工作，2012年11月入党。2021年5月，任涛雒镇副镇长。

彭飞

彭飞 男，1982年7月出生，日照市东港区人，大专学历，2005年4月参加工作，2004年7月入党。历任南湖镇便民服务中心主任。2022年5月，任涛雒应急管理事务服务中心主任。

金秉昌

金秉昌 男，1975年12月出生，日照开发区人，本科学历，1996年8月参加工作，2000年8月入党。历任涛雒镇农业综合服务中心主任。2021年12月，任涛雒镇副镇长。

于坤

于坤 女，1985年5月出生，日照市东港区人，研究生学历，2007年12月参加工作，民盟。2019年7月，任日照市东港区涛雒镇社会事务管理办公室副主任。

许如银

许如银 男，1990年1月出生，山东省平邑县人，研究生学历，2016年7月参加工作，2014年12月入党。2021年12月，任涛雒镇副镇长。

赵宁

赵宁 男，1984年8月出生，山东诸城人，大学学历，2008年9月参加工作，2005年12月入党。历任涛雒镇招商服务中心主任。2022年5月，任涛雒镇人民政府经济发展办公室副主任。

卜凡军

卜凡军 男，1971年6月出生，日照市东港区人，大学学历，1996年7月参加工作，1999年8月入党。2022年5月，任涛雒镇农业综合服务中心主任。

张念兵 男，1979年1月出生，日照市东港区人，大学学历，2002年8月参加工作，2005年11月入党。2022年5月，任涛雒镇文体服务中心主任。

张念兵

陈为志

陈为志 男，1980年10月出生，日照市东港区人，大学学历，1998年12月参加工作，2004年8月入党。2022年5月，任涛雒镇便民服务中心主任。

李华诚 男，1972年7月出生，日照市东港区人，大学学历，1993年7月参加工作，1997年11月入党。2022年5月，任涛雒镇招商服务中心主任。

李华诚

涛雒镇志

TAOLUO ZHENZHI

附　　录

涛雒镇党委大院内的桂花树　（李世成摄于 2021 年）

一、艺 文

（一）诗 词 赋

古代部分

宿凤凰山店赠王家瑞

明·杨继盛

羡君堪作王家瑞，愧我徒为食禄臣。
不是未酬忧国恨，愿披蓑笠结东邻。

注：选自清光绪十二年（1886）《日照县志》。杨继盛，字仲芳，号椒山，明代保定荣成人，明嘉靖年间进士，任兵部武选员外郎，此诗后由清代许瀚书写，刻于磴山石崖上。

登奎山

清·丁泰

沙浦山无数，从高纵目看。
一拳称砥柱，千古障狂澜。
人与星相聚，天随海共宽。
登临莫长啸，足底有龙蟠。

注：选自清光绪十二年（1886）《日照县志》。丁泰，涛雒人，字来公，号汲亭，一号洛湄，掌吏科给事中，按察司副使，丁允元长子，顺治戊戌（1658）联捷进士。历掌工科给事中，曾任陈留县令。

游磴山

清·丁泰

鸟道崎岖策小筇，薜萝烟外觅仙踪。
层峦隐现山藏寺，远树迷离雨到峰。
野鸟常惊黄叶落，樵蹊时破白云封。
翠微如隔人间世，灵异探来处处逢。

注：选自清光绪十二年（1886）《日照县志》。

海市

清·丁悳

海天浩淼无所有，伊谁大展空中手？
偶然游戏鼋鼍惊，小小经营龙蛇走。
鬼斧神斤非等闲，城郭楼台瞥眼间。
旌旗忽变为林木，车马倏已集阛阓。
千态万状幻且狡，公输顾之失其巧。
居然一幅李龙眠，白描却已丹青姣。
珊瑚玳瑁蛟蜃斗，珍希不数王石富。
一匹轻绡直万缗，大珠小珠皆可购。
贸迁不必期日中，转瞬之间列肆充。
泽国想亦重阿堵，熙熙攘攘奚相同？
弱水三千不可渡，碧眼居奇频欲赴。
回眸失却镜里花，张罗脱去月中兔。
八月乘槎泛斗牛，色空空色将何求？
凭栏一望三山近，中有仙翁招我游。
君不见
嬴氏阿房三百里，咸阳一炬皆为尘。
吴宫台榭今安在？野草年年秋复春。
争羡鲛人善卜居，云霞为幄水为庐。
翱翔出没无定所，变化随心乐有余。
他年沧海淤为田，焉知此处非市廛？
有无真假浑难定，且凭一醉滩头眠。

注：选自清光绪十二年（1886）《日照县志》。丁悳，涛雒人，清康熙丙午年（1666）举人，清康熙丁未年（1667）进士，参与编写清光绪十二年（1886）《日照县志》。去世后，当时学者私谥为“文简先生”。

送舅氏厉瞻之任献县

清·丁岿

冷落空惭说渭阳，我送我舅城西冈。
一石之才升斗禄，天公吝啬几时偿。
古有大隐在庙廊，此心行藏宁两妨。
试看哦松祭灶人，鸿鹄何天不可翔。
驱车恰趁柳梢黄，文章礼乐满缥囊。
搜奇探异儒者事，好携风雅拜献王。
盖公清净治有方，曾令曹参避正堂。
一民尺土皆经济，帝畿正需植甘棠。
大猷晚定不寻常，呼吸直通御座傍。
甸服孔迩名易达，绥荼伫见锡循良。
海上多阴四月凉，呼童亟进醁醽觞。
检点床头无玉佩，慷当以慨歌短章。
歌残酒尽泪沾裳，风生马耳走羊肠。
羡煞白云片片起，千里相随不裹粮。

注：选自清康熙十一年（1672）《日照县志》。

游磴山

清·丁岿

买山结得道林知，自笑平生痴在兹。
泉自竹间流出韵，月从松外照来迟。
闲云护榻僧高卧，山径穿林客欲迷。
此外浮云都不管，楞严一卷放参时。

注：选自清光绪十二年（1886）《日照县志》。

海上幽居两首

清·丁岿

（一）

海上幽居小径通，松篁满院足熏风。
人当病后形如鹤，谈到深时饮似虹。
盘馔购来渔艇上，棋枰敲入鸟声中，
流连不觉斜阳下，返照东看紫气冲。

注：选自清李宜曾编乾隆二十年（1755）强善斋刻本《农圃便览》。

（二）

龙皮宝扇借何方，代瑁筵开下若香。
河朔有觞脚却暑，北风无画自生凉。
披襟尽脱官衙套，入圃疑通云水乡，
自是荆州真好客，酒阑不动仲宣肠。

注：选自清李宜曾编清乾隆二十年（1755）强善斋刻本《农圃便览》。

和申彬儒雪后归自涛洛

卜焕

漫灭来时路，荒畴一望平。
涛翻冲岸急，盐白过滩明。
苦忆如渑酒，曾无挟纩情。
耸肩驴背上，郢曲自为声。

注：选自清宋佩玉编旷视山房藏版《海曲诗钞》。卜焕，字彤文，诸生。著有《菊隐庵诗草》。

九日磴山饮月

清·丁士嘉

山经苍茫载酒行，菊花烂漫笑相迎。
深松不辨归鸦色，清磬遥闻古涧声。
浩劫几经新月满，海天一望暮云平。
可知此会多同调，总有龙山莫与京。

注：选自清光绪十二年（1886）《日照县志》。丁士嘉，字伯谟，号固邨，丁泰长子，岁贡生，官新泰县训导。

过陈孝子彝商庐墓处（三首）

清·丁士价

（一）

一邱荒草织成茵，苫块余生伴野燐。
呖呖鸟声啼月白，梦魂恍惚奉昏晨。

（二）

已无杖履可随游，只有松楸土一抔。
入夜悲风呼不起，开门空自对荒丘。

（三）

宿草横生马鬣封，三年孝子骨支筇。
闻雷只说王裒在，白鹿为邻卧碧松。

注：选自清光绪十二年（1886）《日照县志》。丁士价，涛雒西石梁头村人，清康熙五十六年（1717）举人，授拣选知县。晚年居家课子训侄，教育子弟兢兢业业，卓有文名。

游岚石山

清・丁士一

西北饶奇秀，山藏衹树林。
白云迷寺塔，黄叶冷禅心。
衣惹晴岚湿，香从竹径深。
探幽兴何极，直上最高岑。

注：选自清康熙五十四年（1715）《日照县志》。丁士一，字鹗荐，号河峰，康熙丙戌进士，由户部主政历官福建按察使，巡视台湾，著有《三山诗草》。

石臼所观海

清・丁士一

古驿连东海，城荒沙路明。
舟移云影动，寺锁夜涛平。
碣断苔封满，潮回石坐横。
渔人多乐事，补网佐春耕。

注：选自清康熙五十四年（1715）《日照县志》。

登游苍山凭吊石室

清・秦露

悬崖通一线，山尽又凭沙。
何处灰成劫，空传枣似瓜。
丹炉迷药使，月窟枉仙槎。
若个蓬壶客，人生信有涯。

注：选自清宋佩玉编旷视山房藏版《海曲诗钞》。秦露，涛雒上元村人，字昆雪，号东庐樵子，郡诸生。时与李在郛、丁恺曾共称"海曲三君子"。苍山石室，传为安期生炼丹处。

同诸子游白碧山溪得多字

清・秦露

万壑争流处，寻幽藉碧莎。
人怜春酒嫩，山爱夕阳多，
野鸟间迎客，流泉细送歌。
东风舞限意，还为起微波。

注：选自清宋佩玉编旷视山房藏版《海曲诗钞》。

赠丁友騆

清・秦露

冻云飞雪正茫茫，美酒还凭换鹔鹴。
底事塞翁真得马，由来臧竖总亡羊。
寒梅月色留疏影，茅屋鸡声过短墙。
分付东君催腊去，一春花雨莫郎当。

注：选自清宋佩玉编旷视山房藏版《海曲诗钞》。

龙潭

清・秦溪

我家沧海曲，山水多清旷。
西南列诸峰，林壑郁相望。
中有千尺潭，渊然冥不涨。
石辟斗如门，气象何雄状。
神龙宅其窟，变幻殊情状。
昏晓判晦明，阴阳迷背向。
壁险自成阴，风静不生浪。
未审凿何年，得非神禹创？

上有龙女祠，神灵护法藏。
有时作云雨，万物资灵贶，
松风谡谡来，日夕樵牧唱。
欲行意转留，到此幽怀畅。

注：选自清宋佩玉编旷视山房藏版《海曲诗钞》，秦䙨，字豫初，涛雒镇上元村人，诸生。

过凤凰山留赠秦露诗四首

清·成永健

其一
西南一带尽烟鬟，遥指蓬壶杳霭间。
无数鸟声烟树外，马头一到凤凰山。

其二
凤凰山下树苍苍，茅屋人家矮石墙。
闻道村西深巷里，翛然有客卧羲皇。

其三
方床乌几破篱门，只有牙签蠹简存。
赋就三都笺《尔雅》，披襟独坐任朝昏。

其四
学山莫厌成功小，学海难知海水深。
万劫不灭灰不得，千秋事业十年心。

注：选自清光绪十二年（1886）《日照县志》。成永健，清康熙年间日照县令。主编清康熙五十四年（1715）《日照县志》。

游上元寺

清·都阃

金戈铁马游沧海，踏破崚嶒紫翠堆。
山鸟有情通客语，野花含笑傍人开。
深林把酒席青草，古刹看碑拂绿苔。
借问老僧天际畔，五云何处是蓬莱。

注：选自清康熙《安东卫志》。据考，此诗作者为明代抗倭英雄戚继光，都阃，指统兵在外的将帅。

道中望磴山

清·牟世显

翠叠峰无数，南来树作屏。
日光寒色秀，秋影透空灵。
每欲孤怀往，将摩一色青。
云霄欣有路，梯磴摘天星。

注：选自清光绪十二年（1886）《日照县志》。牟世显，清代日照县人，清乾隆辛卯年举人。

《农圃便览》载诗（选二）

清·丁宜曾

（一）
绣茧索丝续命长，酒倾玉碗醉蒲殇。
莲花泛水承朝露，萍叶飘零斗夕阳。
海外传杯魂耿耿，江边竞渡梦茫茫。
而今剩得田家味，新麦登场不托香。

（二）
无数繁华过眼消，半生贫贱果谁骄？
违时莫鼓齐门瑟，怀古徒怜季子貂。
衣制荷轻风飒飒，英餐菊碗露萧萧。
茅檐不到逢迎客，明月当杯每自邀。

注：选自清李宜曾主编强善斋刻本《农圃便览》。李宜曾，字椒圃，著有《农圃便览》传世。

枫台山行

清·丁续曾

驱车日暮客途穷，木叶萧萧落晚枫。
径转溪流深树里，月明人语乱山中。

注：选自清光绪十二年（1886）《日照县志》。丁续曾，涛雒人，字古似，号霍庵，清康熙五十四年（1715）乙未科进士，受浙江湖州府归安县知县。

赋得微雨洗高林

清·丁勺曾

微云新出岫，一夜散为霖。
濯柳丝偏净，沾花色倍深。
涵濡知帝泽，发育见天心。
霁后凭栏望，芳菲满上林。

注：选自清康熙五十四年（1715）《日照县志》。丁勺曾，字幼文，号稽岑，涛雒人。清康熙五十七年（1718）戊戌科进士，授江南安庆府宿松县知县，广德知州。

游丝山二首

清·丁恺曾

（一）

盘道梯云上，峦光入座瞑。
平沙一线白，双屐万山青。
羽士能留客，山魈亦乞灵。
日斜犹纵目，独依最高亭。

（二）

小阁青苍碧，晚山风雨来。
深林不见日，急瀑似闻雷。
红獠应时果，绿浮得意杯。
问他能济物，短杖折蒿莱。

注：选自清光绪十二年（1886）《日照县志》。丁恺曾，字萼亭，别号统九骚人，清雍正癸卯拔贡生。

归田吟二首

清·丁守存

（一）

吾邑临渤澥，几曾闻刀兵？
不料弹丸区，戎马频纵横。
或曰结山寨，或曰归海城。
补苴聊完固，风鹤时犹惊。
大劫径之屡，今乃见承平。
而我羁世网，宦梦犹营营。
所历多危险，幸复保余生。
余生既无恙，迈躯况支撑。
及此飘然去，聊以全身名。
一命亦足贵，何必驾公卿？
一经亦足守，何必恋簪缨？
暇日携童稚，登高见蓬瀛。

（二）

昔住石梁头，今移涛雒口。
归家理钓丝，因名石涛叟。
薄宦四十年，世路坎坷久。
老去赋遂初，寻我渔樵友。
有屋数十间，有田数百亩。
大儿宰花封，小儿倚阿母。
秋登白玉秔，冬酿黄花酒。
春夏海潮生，鱼鲜处处有。
大嚼招亲朋，开怀醉一斗。
园摘故侯瓜，门种先生柳。
兴到便成吟，何须评好丑？
茫茫宦海中，几人能回首？

注：选自清光绪十二年（1886）《日照县志》。丁守存，字心斋，号竹溪，又号次海，晚号石涛钓叟，竹石山人，涛雒石梁头村人。清道光十五年（1835）乙未科进士。授户部主事，后考取军机处章京。同治三年授湖北都粮道。

满江红

清·丁守存

健笔凌云，能写出孤臣心事。直欲为，批鳞抗疏，邹林倡始。搔首能通天地座，挥毫尽洒湘江水。拚一腔热血染丹枫，枫林醉。

弹的是，兴亡泪，写的是，奸佞妓。读黄门一折，阅之生悸。两疏风霜昭大节，一编户牖惊真气。二百年蠹简喜重刊，标忠义。

注：选自李守民编《日照古诗词赋》。

游磴山

清·丁良善

溪转峰回隐上方，杖藜忽入白云乡。
青山万重如城廓，绿树千丛护法王。
日暮鸦啼巢古木，春深花落满蝉床。
檽遵选胜忘晨夕，尽道僧家岁月长。

注：选自2015年版《岚山区志》。丁良善，字少山，涛雒苗家村人，清光绪十一年（1885），由监生保举积学，赏加翰林待招衔。此诗镌于登山寺石碑东侧，落款为“同治元年闰八月朔弟子丁良善敬书”。

观渔者

清·丁法曾

莫道渔翁意境闲，片时欣戚几回环。
求鱼乍得方舒啸，举网才空便蹙颜。
棹影随风湖面皱，橹声出浦雁行弯。
无心惟有轻鸥泛，来去清波浩淼间。

注：选自清宋佩玉编旷视山房藏版《海曲诗钞》。丁法曾，涛雒右所村人，字效坤，号宗海，雍正甲辰科举人，授泰安府莱芜县教谕。

拟古

清·丁守孚

天地万物郭，群动何纷拏。
浮萍涉风波，焉能得所如。
五彩贵错比，众响成喁于。
引商羽所忌，好丹素匪娱。
我闻九曲水，源溯斗牛墟。
又闻渡溟渤，须窥指南车。
猖狂驾言迈，哪能宽康衢。
祝翁岂惮祝，狙公恒怒狙。
才识咸池音，难可向爰居。

注：选自清宋佩玉编旷视山房藏版《海曲诗钞》。丁守孚，字信中，号桐庵，岁贡生。

自怜

清·丁一此

花样文章学未成，科名潦倒误前程。
自怜虎穴探奇手，拈着毛锥度一生。

注：丁一此，涛雒丁家官庄人，生员，丁惟汾之父。

咏地瓜干

丁惟鲁

鄙夫返辄汗停挥，炫掘藏珍满载归。
在握珠圆划乱绪，盟心冰结忘危机。
片诚热负稲阳曝，晚节坚持劲草依。
家居下野多累积，情甘自瘦使人肥。

注：丁惟鲁，字揆野，晚号素画，清光绪十七年（1891）辛卯科举人，清光绪二十四年（1898）戊戌科进士。授翰林院庶吉士，后任济南府知府，山东东临道尹，北洋大学监督。日本留洋学生副

总监等职。曾参与清光绪二十一年（1895）的“公车上书”，主张维新变法。1954 年病逝于青岛。

现代部分

王隽英诗二首

一

寒封空谷姣华枯，独见幽兰色倍绿。
点点丹心傲霜洗，条条翠叶迎雪舞。

二

懒听钟山霜雁声，愁看金陵残月影。
峻鹰振翼飞九重，直把战云化升平。

注：选自田文阁主编《大家丁肇中》。王隽英，海阳才女，丁惟汾义女，丁肇中母亲。

悼庄仲萱烈士

高星　曹方强

仲宣同志，秉性忠诚。
革命十载，矢勤矢勇。
工作积极，一心为公。
援召战役，领导民工。
突遭不幸，为国牺牲。
对党尽责，于民有功。
我党之光，人民之荣。
特立碑铭，以资纪念。

注：高星，江苏涟水人。中华人民共和国成立后曾任中共日照县委书记。曹方强，沂南人，1948 年 11 月至 1950 年 7 月任日照县县长。

渔之歌

尹新坡

家住在海滨，百代打鱼人。
夙夕习潮水，潮信乃知音。
澎湃不可挡，往返如转轮。
潮来泛渔舟，一网一舱金。
开放天地阔，改革日月新。
乘风破长浪，飞溅涤污尘。

注：尹新坡，涛雒王家村人，1950 年 7 月至 1952 年 2 月，任日照县县长。

步出城东门

尹永诜

步出城东门，野滩望无垠，
渔村数点落，间有种田人。
朝晖映岱色，夕照抹层林。
海潮汹涌至，分流绕城滨。
城阙何巍峨，结伴多登临，
俯瞰众人家，绿色浓荫荫。
故老环相坐，说古与道今。
市声喧街巷，青翠掩朱门。
代有才人出，名重银与金。
寄语未来者，超越更创新。
往者今已矣，所事何可追？
清夜念旧友，梦中戏故宅。
池鱼恋旧渊，倦鸟思故林。
揽镜悲白发，迟暮安所归？

注：选自日照市《东港文史》第六期。尹永诜，涛雒张家废头村人，河北医科大学教授、生化研究室主任。

望海潮·刘家湾赶海园即景（通韵）

辛崇发

潮消滩阔，相邀赶海，归来满载鱼虾。侠客动情，欣然作画，龙王献宝渔家。仙境众人夸。海风细吟曲，红日云霞。户户炊烟，晚餐食谱海鲜嘉。

潮来海面浮槎。浪平如翠缎，天际通达。时午退汐，人群涌动，提篮挎桶拿耙。寻宝戏金沙。赶海追浪远，欢乐天涯。俱是游人意趣，牵浪舞银花。

注：选自《中华辞赋》。辛崇发，日照诗词学会会长，日照市东港区作家协会主席。

行吟涛雒

文 / 张浩

初夏访涛雒，再上天台山。
遥望青山翠，遐思已联翩。
登门揖古韵，循路赏新颜。
芬芳没曲径，引客水潺湲。
豁然见鳞次，天街浴清泉。
折转向扶木，肃穆且忠虔。
勃勃扶桑树，金乌耀穹天。
且去寻旸谷，遁入绿阴间。
万木自幽静，子规偷作闲。
林中藏古迹，传奇巨石镌。
羲和能御日，帝俊佑人烟。
擎着量天尺，女娲力补天。
守护太阳石，山顶有龙盘。
仰望日台胜，天赐白玉环。
复入清净谷，避暑惬如仙。
欲往日台去，徘徊复流连。
结庐有佳境，愿守扶桑边。
河上公为友，安期生畅谈。
射日想大羿，浴月思婵娟。
惜志不在此，着杖上山巅。
沐风天台上，向海蓬莱瞻。
振臂向天啸，惊起百鸟喧。
俯首看银带，如卧九龙蟠。
聚水为碧渊，润泽万亩田。
绿野连沧海，潮涌金沙滩。
不负古镇誉，鱼米之乡传。
钟灵毓秀地，今日谱新篇。

注：选自《海曲风韵》。张浩，日照市东港区作家协会副主席兼秘书长。

涛雒——海上的莲花

尹可钦

涛雒——
是我1930年出生地，
她像永恒的胎盘，
牵动漂泊70年在外的我。
她抚育我童年的成长，
她刻画我天真无邪的心。
我与同龄小伙伴，
仰望高大的城廓，
云霞缭绕似水中莲，
围绕碧波荡漾的护城河，
去寻找生命之源，因她通向大海，
母亲告诉我，我是从大海捞的。
母亲告诉我——
朦胧的记忆，
在大海中每年有一天夜晚，
波涛的海水退却，
星光灿烂像白昼一般，
一座繁花似锦水城露出，
一排一排商店标旗迎风飘展，
四面八方的商贾和村民乘船或陆路云集而来，
各种货物珍奇异宝琳琅满目，
熙熙攘攘的人群自有购买和交换所需。
母亲又告诉我——
随着子夜到来海水刚退却，
海底铺满闪烁珍奇异宝，
任人自由拾取，
喜悦和欢快，跳跃与雀舞。
璀璨夺目的宝物有无限的诱惑，
贪婪忘记时辰，
汹涌的波涛从四面合拢，
贪婪者被大海吞噬。
纯真的记忆伴随蹉跎岁月。
涛雒——
历史学家在史书掌故中告诉我，
她是盐的故乡。
一座一座云塔直插云天，
在2000年前，
人们从四面八方迁徙而来，
用他们的双手和汗水，从海水中——
熬炼银光闪闪的盐，
七彩缤纷照耀黄海之滨，
他们在这里筑起村落安身立命。
盐，

是涛雒的灵魂，
是涛雒的化身，
是涛雒商业的塑造者，
是涛雒文化的奠基者，
孕育人才源远流长，
涛雒繁荣和鼎盛赖于你，盐、运、商的奉献。
你——涛雒，
在波涛中诞生，
在风雨沧桑岁月跌宕起伏，
在洛洛流水中繁衍成长。
你——涛雒，
在国难中蒙受耻辱，
一度失去光彩，
改革开放像波涛，
后浪赶前浪……
你——涛雒，
已经苏醒，
会在汹涌的波涛中重展雄姿，
因你的生命来自大海，
繁荣、富裕、和谐、文明的涛雒，
像一朵从大海托五彩缤飞的莲花，
迎着朝阳屹立在黄海之滨。

（2007.5.5）

注：选自日照《东港文史》第六期。尹可钦，涛雒张家廒头村人，青岛海洋地质研究所高级工程师。

涛雒赋

田文阁

时序仲夏，榴花照眼，适镇志封笔，嘱予作文记之，才疏学浅，勉为拙赋。

天地苍苍，盘古洪荒。泱泱华夏，涛起东方。山奔海立，洛洛汤汤。斯涛雒也，藏风聚水之地，美轮美奂之乡。

若涛雒之海也，金乌辉暾，早起三更。凌风唤朱羲，初日照八荒。长风九万里，极目接天遥。日，在此始升兮，赠天地之恩；河，由此入洋兮，馈宇宙之泽；海，于此分界兮，赋浩然之魄。阴阳造极，风巽之水。乾坤菁华，造化之灵。紫气其来，沧浪鎏金。祥云是行，碧波丹青。海市绕仙雾，桨影写渔歌。大哉涛雒海，坐看云起，阅尽沧桑。

若涛雒之地也，龙盘虎踞，史溯九夷。疆毗东溟，域邻扶桑。凤翥鸾翔，名起两汉。山藏宝器，道原记之名；水蕴文章，苏轼墨留香。东观沧海，西望岱岳。北指燕赵，南襟维扬。宽壤阔野，秀水青山。春生土沃，秋实飘芳。田园葳蕤，物阜民丰。地锺赤霞，天工开壮美画图。鱼夥稻香，四季涌金波银浪。厚哉涛雒地，后土载物，允泰允昌。

若涛雒之商也，筚路蓝缕，煮海为盐。操刳木之舟，推独轮之车。茫茫沧海劈风浪，漫漫山川脚成路。骆铃长年走西口，马队默默行蒙疆。云横天际，舟挂长帆济瓯越；楫犁大波，舳舻踏雪下南洋。守信修睦，乐畴修业。义名广布，薄利求财，尽是南归北往之客；善帜高扬，厚德行商，不乏东至西来之宾。诚哉涛雒商，乾元亨利，贞风四方。

若涛雒之人也，亦耕亦读，崇善重教。知行合一，报国赤诚。大道邈邈，大木柱天。进士辈出以厚土，壮士热血以先驱。丁泰倡开海禁，士一拓疆台湾；守存襄理洋务，惟鲁维新图强。鼎丞润芝相敬，玉阶实业救亡。景伊血燃五卅，志伊大医抗日。至若丁肇中，诺奖中华第一声。哲理深似渊，气节重如山。伟哉涛雒人，代代薪火，丹心汗青。

天佑涛雒！海蕴潜能，山开盛象。人杰地灵，福祉绵绵。岁月静好，莫过此胜地；精神抖擞，正逢此治世。生当如斯，生当如此，岂不快哉？

嗟夫！启宏图于今朝兮，擘划雄伟，崛起指日可望。敢率先于当下兮，前程辉煌，腾飞屈指可期！

甲辰年蒲月　乡人田文阁沐手拜撰

注：作者田文阁（详见本志第十八编文化艺术）。

天台山赋

冷为峰

齐鲁一域，天地一峰。天开其势，地耸其雄。左携琅琊之渺渺，右拥仙岛之笼笼。佑涛雒而前襟黄海，接岚山而背倚沂蒙。秀媲庐山，彰其大千气象；雄比岱岳，焕其万代雍容。非三皇千古何仰，非五岳万众何崇。所颂者其人其境，所隽者其德其功。

若乃著谢屐而入翠微，邀仙侣而游福地。临樱枫而熏衣，穿松竹而沾翠。堆红滴绿，惹燕莺而相鸣；流晖浮岚，引雅士而吟醉。凛凛乎石含道禅，裔裔乎树带仙气。谷生爽籁，林荡笙竽之音；峰漫烟霞，涧响琉璃之水。或憩亭轩而品茶，或陟石阶而奋翅。客栈栖而怡心，书院耕而益智。莫测其奥，扶木宫可祈福祥；莫测其高，观日台堪拿云翳。天书秘而难诠，神石悬而欲坠。仙踪随处，莫是帝俊遗留；古址盈眸，想必苏轼游至。至于暮赏银蟾之莹莹，晓喜金乌之炜炜。野掀麦浪之千层，坡漫茶海于无际。嗟冬韵与秋澄，悦夏爽而春丽。临其境也，鸟有长乐之心，人有忘忧之意。俯其万壑奇观，仰其千嶂胜概。人造瑰玮，尽呈运斤之工；山潜渊玄，却惊布阵之势。

稽乎仙山成于太古之久，部落始于万载之宏。道教发轫而成其厚，仙家辐辏而奠其闳。高台遗存，女娲补天之象犹显；旸谷谟拜，羲和沐日之迹还恒。伐鼓之礼隆邈，祭日之图恢弘。不惧迢遥，汉武访道以不老；何辞跋涉，秦皇寻仙以长生。君王驻跸，远客慕名。攀天梯而漫漫，登仙台而蒸蒸。圣景显灵，姜尚研于兵法；太阳始仰，大羿尊以图腾。青山不言，瑶界为嵇康所誉；遗韵为念，仙人为李白所倾。女巫之歌风唠，圣钟之声雷鸣。鳌头石蕴其吉兆，魁星阁祚其宠灵。安期生得以羽化，丁肇中得以功成。天地陶钧，非奇瑞何以得道；人文卓荦，非圣贤何以蜚声。

盖闻地以山川为妆，天以日月为炳。无仙则山不扬，无文则地不盛。极乐于山间之妍，放达于世外之静。于浩渺之外超然，于幻异之内酩酊。无心难挽年华，无缘难逢仙境。一景之妙，在于匠心之精；一山之魂，在于人文之胜。嗟夫，水无弦自弹，山无墨自画。参悟乎物我相融，颐养乎山水无价。噫嘻，若不登天台，何以小天下。愿仙山永祚黎民，长佑华夏也。

作品发于日照日报、人民网—人民智作、中国作家网。

注：冷为峰，日照开发区人；工程技术应用研究员；中赋会副主席，“全国十佳辞赋家”；“国家一级诗人”，入国家诗人档案。出版四部文集《黄海涛声》、《长河流韵》、《芒鞋留痕》、《微风草吟》。

（二）文　选

古代部分

缓征条鞭疏

清・丁允元

题为敬因抚臣之控，特申瘠邑之苦，伏乞圣鉴，垂恩一隅，用固邦本事。

臣办事省垣，中接得山东抚臣颜继祖一本，为地方疲苦、户口流亡等事，盖为日照县特疏具题也。奉圣旨：该部看议，速奉。钦此。是已在皇上洞鉴轸恤之中矣，臣复何言？独是臣，照人也，知照之苦者莫若臣，能悉照之苦者亦莫若臣。顾臣初入计垣，恐不谅臣者谓臣不为朝廷急公，而为地方树德，用是中夜彷徨，踌躇再四而未果。今抚臣既已为国恤民，为民请命，不难单词上吁，臣若犹是坐视桑梓小民之困苦而不一言，则臣不义；且以困苦不堪而致逃亡，甚致走险走乱，而言已无及，则臣不忠；不忠不义，而何以事我圣明之主？敢沥血为一申明之，可乎？

夫照，虽蕞尔弹丸，然而西北丛山，东南濒海，海而北则可以扬帆登岛，海而南则径可飞渡淮扬，虽僻邑，实岩邑也。向来登、莱用兵，水陆输供，茕茕赤子，既已皮尽毛存，十室九空，而三四年来，又复无岁不旱，无岁不蝗。即如旧年九月以至今年闰四月，四时亢旸，二麦失种，极苦之野菜无所不食；极粗之树皮无所不刳；穷乡下里已岌岌乎有群起而抢夺者。此不独本县知之，司府该知之矣。幸赖皇上洪庇，秋霖少收；兼之新任知县刘明遇单骑慰劳，百方招抚，民之逃者始稍稍集，嚣者始渐渐息；而独至征输一节，照民亦有血气，岂其甘于无良？此其中盖有说焉。

照钱粮只二万有奇，而今七、八、九年之欠者不下二万。是合计三年之欠，已足当一年之全矣。盖缘向来连岁不稔，旧官催科无法，以致日积月累，愈欠愈多。负逋者裹足而不敢来，复业者惊呼而尚思去，此民之难也。欲带征则上司之守催如雨，欲并征则疲民之呼应不前，此官之难也。而究之缓征，尚可留为异日之地，急征且恐并失今日之输，此又钱粮之难也。故抚臣谓见征以十分为率，而带征以一二分为率。此盖仰体时艰，俯轸民隐，斟酌于欲蠲不得，欲征不能，而曲曲为此，以缓为急之术耳。不然，山左州县一百而多，区区远邑，何以独邀上官之庇？前而抚、按合疏，则被灾七分以上者，首日照；今而抚、按单疏，则苏民困便催科者，又只日照。故臣谓日照一县，纵不得援他处残破之例以求蠲，而亦不得不援十分兵荒之例以求缓也。此在圣明，自有烛照。但恐计臣首重国课，难议缓催，臣故实指情形，代图监门，用备版部之酌定耳，抑臣因是而更有请焉。

照民之逃于赋者十之四五，逃于役者亦复十之三四。盖条鞭一法，原合仓库、马夫、收头诸役，公费工食俱在其中。而迩来州县官应查盘，则以条鞭册应，其实则一年一编佥也。夫编佥之害，在民间则佥一以扳十，在衙蠹则诬贫而卖富，究不至富者贫，贫者徙而转沟壑，其势不已。向臣奉差过里，会合一邑士绅，公控县官，极力调停。若条鞭原额稍有不给于役，则士绅一体津贴，劳民乃始稍稍息肩。虽因地制宜，各地方情形、剂量不同，而照之为照，实是如此。所虑不经天语申饬，则有司之奉行不力，而豪滑之沮持有权，为此不避聒渎，沥血并陈。倘蒙鉴其愚忠一无所为，敕下该部，转行该抚按，旧逋从缓，条鞭善行，使天下知山陬海澨之区得沐浩荡之恩而鼓舞，终事相率不倦，则岂独齐民安？天下之民举安！穷邑幸甚！微臣幸甚！臣不胜激切祈望之至！

崇祯十年八月二十日具题。二十三日奉圣旨：该部一并看议具奏。

注：选自清光绪十二年（1886）《日照县志》。

开海禁疏

清·丁泰

为海禁之弛乾断已行，贸易之开地利应晰，谨补陈滨海情形、舟楫道路，伏祈勅部一并确议，以资民生实济，以省宸虑烦劳事。

窃海禁应开，两经皇上睿断，毅然允行矣，仰见我皇上为民谋生之至意，诚恐查议稽迟，难苏民困也。第贸易有必由之地，急须注明。不然，恐有司之奉行，多胶滞而不通，将小民之贸易必徘徊而却步。不几徒虚特旨，而仰负隆恩乎？臣家居濒海，知海滨之情形颇悉，请为我皇上陈之。

夫山东海岸迤北，由利津以达天津等处，业在皇上洞鉴中者，无庸赘陈。其迤南，则由胶州、诸诚、日照，以至前岁所复海州之云台山，仅半日程；由海州海边至淮安之庙湾镇，亦一日夜可到。庙湾迤南，则山阳、高邮一带之里河，直通江淮，而不用海舟矣；是庙湾镇、云台山皆为海边内地，而南北贸易之咽喉也；况云台山现今收入界内，居民复业已久；其自山东海岸以达海州庙湾者之为海边内地，明甚。南北丰歉不常，未禁海口以前，所恃以运转兴贩、南北互济者米豆，非船不能运载；船非至庙湾，不通河口。台臣孙必振疏内所云“南通淮扬，北达天津”等语，已略言其概。而我皇上直隶、盛京、山东海禁应开之旨，尤洞悉其腹里、海边之情形矣。但会议复奏之疏，将淮扬地方系山东贸易必由之路，未经声明，恐山东地方官懔越俎之嫌，执刻舟之见，即有船只，自不敢令贸易逾东省地方一步，是欲其出而闭之门也，如民生何？即东抚臣具疏请明，或部复不便悬拟，乃行江南查议，计非迟之数月不可，不惟辜小民望救之心，而复议再四，不重滋批勅之烦乎？臣以为淮安迤南，通大洋者仍应禁也，而庙湾、云台一带为山东门户者，应通行也；数百石大艘可通大洋者，仍应禁也，而一二百石之小艇沿边行走者，应通行也。况庙湾设有专汛游击一员，海防同知一员，海州云台山亦设有游击、守备数员，足供稽查，而资备御，无庸另议防守增添兵弁也。至货物之纳税于经管，船只之挂号于本地，皆有旧例可遵。特恐事属新复，贪黩官役或借稽察以行私，强横弁兵或假巡拦而生事，甚之势要光棍霸行渔利，种种厉民，皆不可定，尤祈严勒督、抚、提、镇等官，加意禁止。如有前项害民事迹，许小民指名控告，督、抚即严行参问，或科、道访实指参，依律重行治罪，务俾小民得安生理，以享乐利，所关非渺小也！缘系详陈海边贸易事理，字多逾格，统希睿鉴，勒部一并议复施行。

康熙十八年二月十六日具题。本月二十一日奉旨：“议政王、贝勒、大臣、九卿、詹事、科、道会议，具奏。”

注：选自清光绪十二年（1886）《日照县志》。

缓征疏

清・丁泰

为暂缓灾民之开征，止流遗，以昭皇仁，安耕获，以全国赋事。

窃从来人君所与共此天下者，百姓也。盖国计原取办于民，而民艰尤待命于君，古之所谓痌瘝为怀，饥溺由己者，职是故也。数年以来，军需浩繁，而江北数省岁足民安，宴然享太平之乐者，皆我皇上敬天勤民，仁爱感召之所致也。昨岁豫、东两省以雨泽愆期，麦菽减薄，业经两抚臣具疏入告。其间赈济事宜，在地方诸臣，谅无不设法劝赈，多方全活，以仰副我皇上轸恤之盛心者，乃臣于此尤有未尽之虑焉。

近闻东省沂、莒一带接连江南地方，被灾穷民多扫草种以资生，甚之刮树皮而充腹，冬间已然，春将焉度？而且流亡在途，颠连万状，抚臣具疏时尚未至此也。臣思此等东奔西窜之人，迫于饥馁，就食者固多，而虑及新征，躲避者量亦不少。是逃一有差有地之人，即少一办粮办差之户。不然，本处虽苦艰食，他境岂伊乐土？何一旦流遗至此乎？若不早为之所，则人户既逃，而农业必废；春耕无主，必绝望秋收。不惟本年之额赋难完，抑且将来之招集费力。此豫抚臣所以有西平等县两年带征之请也。若就山东一省言之，灾重者不过兖、青等属二三十处，而一县之中除绅士以及殷实之家外，其贫落下户力难自存者亦不过十之二三。东土如此，豫省可料而知。就催科之中，寓抚字之意，在良有司皆可行之，而非经天语之涣布，则奉行无从，而膏泽难周。当兹春和布令之始，正值青宫履庆之会，薄海内外，方共忻新诏之欢腾；一隅祲荒，知必廑宸衷之恻怛。臣请敕下各抚臣确查被灾极重之处，令该州县将真实贫民之有粮徭者，当春间开征时，暂缓三两月，待麦时催比，既于穷民之流亡可免，亦于本年之额赋无亏，较之两年带征，为计尤甚便也。傥以麦后催征，恐致拖欠为虑，不思此等逃徙之人，即日事敲朴，点金何术？与其迫之而逃，处处成消烟断爨之乡，何如缓之而留，人人皆耕田办赋之户？所迟无几，所全甚巨也。臣非不知兵饷火急，铢两皆关国计，然臣言缓，非言蠲；臣言缓穷民，非言缓大户也。伏祈皇上立沛恩纶，以苏残黎，将见现在者不逃，现逃者可归，深山穷谷，咸知皇上浩荡宏恩，轸恤周至，则鹄面鸠形之民，依然有《击壤歌》风之乐，迓天庥而昭景福，诚海隅无疆之庆矣。臣叨厕言路，仰见我皇上如天之仁，不敢不以所闻灾苦情形披陈上吁。惟望睿慈俯鉴，敕部酌议施行。

康熙十八年正月初八日具题。本月十一日奉旨：该部速议具奏。

注：选自清光绪十二年（1886）《日照县志》。

半奎楼记

清・丁岂

辛酉之春，余欲购一室为读书地。相宅者谓：其地后听事宜高，楼之便。余初难焉，然其址楼址也，购之亦便。余进匠者而告之曰：“楼非余志也，楼而高，尤非余志也。”及楼成，登而落之，见东南一峰，若隐若现。余始不欲其高，而今又喜其高矣！然山亦仅见其半尔。客有以不见全山为恨者。余曰：“君何所见之未达乎？凡人之患，莫甚于好高而务尽。高则易危，务尽则无余。夫危与无余，世所畏恶而天地鬼神之所不许也！余故宁为卑卑，勿为巍巍。山之为吾见者可爱，山之不为吾见者更可思。夫然后境无尽，而吾意亦与之为无尽。而天下之境，又何处可以易尽，何处可以求尽者乎？乃知得全者未必多，得半者未必少也！”因此半名楼。

注：选自齐鲁书社 1994 年《日照市志》。

海市记

清・丁士一

苏文忠守登州，到官五日，而得见海市。余不知当年登州海市何状。考公诗，时在仲冬。乃海上人云海市在春夏间。余生海曲，历四十余春秋矣，竟未得一见为恨。

癸巳长至，省先垄，回时日未晡，忽见奎山一带，气色淡荡，非雾非云，余心异之。驻马陟冈，纵观海上，延袤数十里，苍岭绿畴，间以林麓墟落，桥梁屋宇，历历可数。又有城郭宫阙，人物参差，忽隐忽现。转瞬间，石浪层层，化作海涛矣。

余不知当年登州海市亦如是否？乃文忠公祷而得之。余适然而见之，且其时亦在仲冬，恨不能纪一诗，殊愧文忠！因约略记其所见．质之海上人，俾知文忠公诗之信而有征也。

注：选自清光绪十二年（1886）《日照县志》。

涛雒筑圩记

清・丁守存

甚哉！始创之难也。

自粤匪陷金陵，咸丰三年，予以旨回籍办沂属团练。次年甲寅，土匪陈玉标扰及兰、莒、沂、蒙，吾邑尚安堵也；庚申之冬，予因公回里，值皖捻焚掠青口，人有戒心，各谋踞山、入海。为自全计，与诸父老议筑圩，人有难色，且虑守之不固。婉转相劝，人犹未之深信也。迄辛酉春，寇警日甚，万不获已，乃就涛谋集其事，出资者不复吝，予以捐资助之。经始于三月十八日，度地周九百七十余弓，畚锸并举，至七月而规模粗具。八月二日，皖捻入境，濠陴尚未完备，幸海潮大至，贼不敢逼，北窜而去。乃益加竣筑，添置炮楼十座。十月，贼南旋，圩防颇严，安堵无恙。及予游宦楚北，同治六年丁卯，自秋迄冬，捻逆驰逐海滨者数月，竟以照境为战场，官军追蹑，以此歼除。附涛数十村居人，咸倚此圩以永保。天幸，亦为人也。

先后司圩居事者：族叔、州同衔丁岄，监生庄绍唐，族兄、监生丁延芹，族侄、同知衔丁寿基，及众姓戚友，族中子侄孙辈，皆殚竭心力，而历任盐场大使程，与四方贾客之久于此者，皆与有劳焉！

今运际中兴，各匪悉就荡平，朝廷仍敕谕海滨各邑寨堡加意修筑。凡我亲邻族党，自应始终罔懈，仰副轸念岩疆至意，以期有备无患，则予之厚望也夫。

注：选自清光绪十二年（1886）《日照县志》。

关圣帝君庙碑记

明末清初・丁允元

涛洛店北关壮缪庙，乃明正统癸亥重修。考当时已不知所自始矣，繄为古刹，明甚。迄国朝康熙戊申岁，罹地震之变，几为平壤。庙释寂锦，纠众力而完之，谋勒石以纪其事。

余因是阅庙中所存旧碑，窃有感焉。盖碑中姓氏，官吏外，止有商若干名，耆若干名，所谓四民之首，缺焉不载，知曩昔淳质之风犹存，而教泽未溥也。今里中居人虽无几，子衿之列不乏，且有释褐登朝者，有鹿鸣式燕者，有入太学而观上国之光、习八阵而储折冲之选者。犹兹蕞尔地，昔何寥寥，今何济济哉。顾征闾左之盖藏，强半室县磬，民俗不古，殊足忧焉！余为数言，以识世变，固非徒落斯庙之成云尔！

注：选自清康熙十一年（1672）《日照县志》。

邑侯杨士雄重建县堂碑记

清・丁泰

古王者代天理物，则有明堂；邑宰受职勤民，则有路堂。布政优优，必于是焉；抚字心劳，必于是焉；狱讼平反，必于是焉；期会鞅掌，必于是焉。故其为制也，广旁坦中，重门洞开，所以便乎明四目，达四聪，而使士民无上壅之闻尔。明堂旷典，且不可毁；

路堂受职勤民，蚤晏庇焉，可云天之所坏，不可支耶？

戊申之夏，天地震动，雉堞悉倾，而邑之堂栋折榱崩，瓦裂椽窜，听政者靡可得而受理。侯念吾邑饥弗得食，劳弗得息也，于是退而修省、出而露居者，行余两岁。逮庚戌之冬，捐俸鸠工庀材，更始高堂广庭，得毕新焉。侯乃勒书双楹曰：“清心清庶务，正己正万民。”吾邑士绅举相庆慰曰：“观兹联也，侯其政治益修，而大有造于我兹邑乎？”盖清，难也，清心尤难；正，难也，正己尤难。心无欲，而得清心。清则源洁，源洁而其流不滓矣。己无颇而得正，己正则本端，本端而其则不忒矣。古贤所云，以治心之学治政，则尽道；以责人之心责己，则尽仁者，非此之谓耶？侯，浙才也。在昔两浙有都转运使江公浩者，初宰福之广昌县，始至而大书楹间曰：“治百姓须爱百姓，要一文不值一文。”士民闻之，转相告语曰：“我后仁且廉者也，吾今得所仰庇矣。”后果爱养学校，清减田逋，盗贼屏迹，狱系空息，由是治行第一，骤迁三品。何前乎侯者，与清心正己之联，有先得同然者耶？

吾邑士绅则又不但此也，且冀后我侯者端居堂上，警视双楹，相观而得师焉。是侯堂构之在今日，而廉顽宽鄙之旨，提撕在百祺也。邑士大夫乐观厥成，而乃跻彼公堂，称彼兕觥，为侯祝曰：“其日奠斯民斯物于清正之域，有如斯堂，有如斯楹矣！仁寿于我兹邑，乃其无疆尔！”

注：选自清光绪十二年（1886）《日照县志》。

佟邑侯重建东城钟楼记

清・丁峕

尝闻导民以礼，风之以乐，尚已！圣门之徒出宰州邑，若单父鸣琴，武城弦歌，皆谓礼乐斯须不可去，乃鲁两生独有需之百年之说，岂通论哉？然待其人而后行，固不可诬也。

日照有钟，悬太平门楼，由来久矣。顺治年间移置东城楼，击之，遂若音哑者；返其故处，民听复聪。余舅氏明经历公有诗纪之。戊申地震，两楼并圮，寄钟城隍庙，历有年所，迄无能修复者。襄平佟公来莅兹邑，三年报政，百废具举。偶以钟事询及邑人，邑人陈其颠末，公慨然曰：“安有是哉？夫钟，国之重器也。国之重器，必置重地，而后承载为可久。吾知照之重地所在矣。日出于东，东，动也；地属少阳，阳气动物，于时为春，于德为仁。故山有五岳，而必以东岳为尊；水有四海，而必以东海为大。自乾坤定位以来，莫之易也。照大河北来，绕城之左；聚奎一峰，突兀巽位，是一邑胜在东也。四关全设，而东关户口独多；日中之市，农商走集，非三关可比，是一邑民生物产在东也。黉序本居城中，自改筑于东，人知向学，科目渐盛，是一邑士习文风在东也。衙署行台，比肩布列，偏处震方，是一邑种花鸣琴，采风问俗，起化之地，靡不在东也。然则东方一面，顾非照之重地乎哉？钟不悬此，呜呼悬于焉？”卜日鸠工，就东楼旧址重构之。楼成钟悬，击之喤喤，无远弗届。公悦，邑人皆悦。意吾照礼乐将兴，故喑哑于昔者，更噌吰于今欤？可见天下事存乎其人，不存乎其地也。

所费甓若干，木若干，焚石若干，钉铁若干，工若干，悉公出俸锾办之，民间不费一钱。既落成，岿然雉堞间。每当昧爽之顷，金声达于四表，佥谓公之能修举废坠也，能相度地利也，能不劳民力而速建大工也。是何可以无记？

注：选自清光绪十二年（1886）《日照县志》。

重修县城记

清・丁守存

予既于涛雒劝筑圩，工甫举，在城诸戚友为重修自卫之计，商于予。予曰：“事无难易，在为之而已。阅城故址，墙之屹者仅三分有一；集资尤寥寥，惟典铺所书之数耳。予以为谋不定则工不兴，工不兴则输不力。为今之计，在乎一言决之，然后从容图其所以成，则可成矣。”

四月朔日，邑侯张公书升招予仝众商定，即于初二日由东隅经始，城内外数十人分司其事，各资斧自备，踊跃勷之。予亦出资相助，往来于县城、涛圩间，互为激励。八月初三日，皖匪犯境，已十竣其八矣。四乡附郭，全家避居，获安者以万计。雉堞屹立，虽弹丸之邑，贼屡过，未敢窥也。通计所费钱不过万余缗。事不惮其难，莫不易为力也。志之以告后之从事者。

注：选自清光绪十二年（1886）《日照县志》。

现代部分

涛雒记（节选）

丁建元

四十多年前的涛雒镇，是这样的情景。

全镇共由七个村子组成，在我少年眼里，涛雒就是密集得走不到头的老房子。老房子的屋顶多为麦草所苫，少有的人家能在檐边加两趟灰瓦。有的屋顶麦草朽烂了，又无新草接续，就长出狗崽尾巴一样的“饽饽指头”，学名瓦松；院墙多用黄土版筑，或者用沼泽地里采来的“垡”，垡上还带着风干的野草。为防雨浸，墙头上压着马鞍形的青瓦，更多人家只是用稻草拧成结儿并斜向两侧泄水。家家门窗被烟熏得灰黑。没有围墙的人家，院子就那么敞着，猪圈边上一堆草，一堆破罐子烂木头。路面也是黑的，因为是碱土，雨后立即变成黏糊糊的黑泥，人们就把煤渣倒在路面上，方言管它叫“炭屎”。路边的小沟里，常积着黑色的脏水。从街两侧伸出去的小巷，弯曲而逼仄。因为陌生，我如同走进了迷宫。镇上有许多前朝宅院，方石砌墙，门楼俨然，槛下叠阶，但处在四周成片的草屋间，也显不出气派。或有一棵老榆树高过墙头，斜逸在巷顶。鸡在空地的粪堆上刨食，瘦狗贴着墙根游走。因为近海，流风中有淡淡的鱼腥，肚子饿的时候，闻着风就流口水。

那时候周边的村人都不称涛雒镇，而称“涛雒街”，涛雒人自然就叫“涛雒街人”。评价涛雒人做事场面，说是“街面人”，那自然是见了世面的；反之，有的涛雒人刁钻，就鄙称为“街滑子”；少数蛮横无赖者，就是“街痞”了。因为涛雒有集市，街，即为街市、市场，俗称中就保留了小镇的商业含意。逢五排十，人们就从四外去涛雒赶集。我常常站在村巷口，看西乡的人们从村中经过。推车荷担，背筐挎篮，步履匆匆，粗汗涔涔。西山来的瓜果除了桃、李、杏子，还有紫皮的榅桲和长着麻点的豆梨。深秋时节，还有深红的扁柿。新劈的松木柴捆在车子上，或者摞在托子上担着，沿街散发出敦厚的碰鼻子的脂香。

过了村东的河，就是松林岭，岭前又是十里平畴，稻麦青绿金黄。我清楚记得，路左边还立着两座青石碑，两碑并立，上有檐式顶盖，两侧青砖砌框，底有巨石基座，只记得其中一碑竖刻“尽善完贞”四字，肥腴端庄的颜体。这是表彰前朝某位贤德的女人，背后的故事太遥远，早已没有人记得。……再后来，碑就被人拉倒了。

集市就设在涛雒南门外至南店村后的大片盐碱地上，宽平的地面上有大的小的水洼，洼边生长着紫红的蓬菜和灰绿色的碱蒿。人们就背水摆摊，守货叫卖。背人处用高粱秸围成半圈，里边放上一只尿罐。最热闹的当是春节前的大集，农闲时节，要置办年货，要给孩子添置过节的新衣，再穷的人家也要想办法卖点东西，甚至有人就扛上一根木杠子。

市面上全是黑压压的人，吆喝声、论价声、呵叱声甚至吵架声，高喉大嗓，喧闹鼎沸。狗肉盆子羊肉汤锅，锅饼大如车轮。卖鞭炮的噼里啪啦比着放；“二踢脚”吱溜一声钻上天，立时在冬日的晴空里生脆地炸响，又在远处激起颤抖的回音。他乡来的卖花人，把艳丽的纸花插在垂挂的草帘子上，月季、牡丹、菊花、蔷薇无不逼肖。花蕊中还探出两根长长的须子，须头上还做上一只蝴蝶或者蜻蜓。再衬上几片绿叶，几枚蓓蕾。花是春节给女孩子戴的，男孩子只在帽子上插一只红色的绒骨朵，不知为什么，村人称它为“腚里歪”。

最贵重的物件儿，要数卖银饰的了。怕人多挤倒了车子，卖者都在人群外的靠墙处。玻璃罩里铺着玫瑰红的平绒布，银子打制的镯子、戒指、簪子、项圈，带着精致细链儿的长命锁，就放在布上。细看去，银饰上还镂刻出纤细的花纹和图案，太阳下闪着寒冰一样的光泽。

那时我最愿意看的是打铁。打铁者都在水洼

边的避风处，安上炉子风箱，三条腿的木支架上，压着一个秃头般的黑铁砧子，砧子还伸着一根尖长的鼻子。打铁的都是黑实的壮汉，脸上汗油油的。炉火随着风箱一推一拉，抖着蓝色的毒舌般的火苗。插在炭火里的铁块烧得炽红，然后被师傅用长把铁钳子夹出来，立马放到砧子上，随即，师傅的小铁锤娴熟地往红铁的部位“当”地一点，几位徒弟早已经抡起了大锤准确地击在上面。叮当！叮当！叮叮当！叮叮当！砸，击，敲！轻与重，全按师傅的指令，火星四溅，真是刺激。待到铁器打成，往水里一蘸的刹那，吱啦啦茫茫的水汽瞬间蹿起，淬完火后，就当啷一声扔到地上。

赶集的人们再忙，回家的路再远，办好年货也要听一会儿评书。说书人坐在高高的马扎上，手里拿着长筒渔鼓，咚咚一敲就亮开嗓子。《杨家将》《薛礼征西》《呼延庆打擂台》《杨家将演义》，都是百听不厌的段子。有备而来的坐在板凳上，随意而来的搬块砖头垫在腚底下。随着剧情的展开，人人听得两眼放光、发直，两耳支愣。有入迷者就像中了邪一样傻乎乎地咧着嘴，口水从嘴角上流出，鼻涕过了河浑然不知，脖子前伸如延颈的鹭鸶。不远处有撒尿的地方，有人哗哗地泚尿，头还往这边扭，身子一哆嗦后，边扎着腰带边往回赶。讲到壮士出手，众人皆欣欣；说到奸臣构冤，众人皆咻咻；唱到英雄落难，天地含悲，就有老女人抬手抹泪，有人就低声咒骂。听着听着，说书人小鼓又咚咚一敲，说，欲知后事如何，且听下回分解。大家一愣怔，就问不讲啦？讲到这里就不讲啦？再讲一袋烟的工夫行不行？说书人就是不讲了，有人就埋怨说，上次在苗家村集也讲到这里，我是专门来接着听的！有人说呼延庆早就该打擂台了，这不是他又故意分了叉。大家满脸遗憾，满心不甘。有人就狠狠地骂道，狗日的，耍他爹啊？！

集市到了晌午就开始散了，正如《易经》所言：“日中为市，致天下之货，交易而退，各得其所。”满地上是踩压的脚印，到处是烂菜叶子破纸乱草。涛雒和南店的人扛着扁担过来，把所有满当当的尿罐挑走。

从南店到涛雒南门外，是一片相连的水塘，水边生长着密集的芦苇。公路从镇西边经过，西边又是大片沼泽地，因为海水涨潮时倒灌，地里长满耐碱的荒草，荒草间长着一丛一丛柽柳，柳条上是瘦瘦的鬃毛似的叶子，入夏时候就开出穗穗淡紫的小花。细韧的柳条，到秋后被人们割下来，编制筐篮。入冬后，沼泽的积水结成冰，只有一墩一墩柽柳的根茬子从冰面上戳出来。

这时正值“文革”初年，我就要到镇上念初中了。

……

出北门，西北行，沿路依然野塘丛苇，水边偶有粗大垂柳。日照第五中学就坐落在北岭上。乱石垒成的围墙内，高树繁阴，红瓦屋顶，从围墙内矮矮地露出。小时候到涛雒七村走姑家，村子离学校不远，我就站在开着紫花的苜蓿地头，远远地看着五中校园的外景。

……

几年后，我们背着书包和煎饼走向五中，作为初中十级的新生入校。从木制的大门进去，玻璃门窗都刷着绿漆。花坛盛开着月季，还有盛夏才开的紫薇。路两边的大树，宽掌般的叶子，枝头悬着肉丸子大的圆球；躯干上有鳞状的老皮，老皮干枯后就剥落下来，留下微绿的斑痕。问老师才知道，这是法国梧桐。——就是不一样啊，连梧桐都是法国的！

我和新同学，总是高兴地在学校里转悠，这是我置身其中最大的院落。两条南北路，把校园分成三块儿。东边，三排大瓦房，前排教室，后排学生宿舍，最后一排分成单间，老师住。再后边就是平坦的操场；西边，又是三排瓦房，前两排是教室，后一排是学生宿舍。中间区域，迎着大门对着花坛，只有一排瓦房，是办公室；办公室后面一片小树林，树林后边的空地种着庄稼，地边上又建了一排鸽笼似的小瓦房，也住着老师；西边两间瓦房，是学校卫生室。食堂在最后边，东边的窗口老师打饭，屋内一口大锅闲着，早已经生了锈；后面有个隐蔽的小院，左右围墙。校园西北是一片菜园子，由校工管理，菜畦整齐，豆棚瓜架。

园东侧是一口水井，井口安着水车。这水车

留到现在，也是半个文物了，所以我要多写几句：四根粗木做成平床，放在井口上，把水车固定；水车轮盘用生铁铸成，四周辐射，顶端有牙口，铁链子就卡在轮盘的牙口上，一边垂进井里，一边伸进井下的铁筒；白洋铁卷成的筒子分成节，节与节的结合部用螺丝拧紧，中间垫上胶皮圈儿。长长的铁链上，按节装有小铁盘，两层铁盘间夹着红色的橡胶片儿，粗细正和铁筒子相当。笨重的水车头上，横插进一根长木杆子，两边各有几人推着在井口转，情景真像是拧着车脖子，于是平齿轮咬着竖齿轮转动，竖齿轮又带动轮盘，轮盘插进铁链子里哗啦、哗啦地拉转，井水就顺着铁筒子被提上来，筒口安着一个窄窄的铁簸箕，水从铁簸箕泻出，流进菜园。

我们喝的就是这井里的水，水清冽而苦涩，那也得喝。

后来井上建了水塔，水塔是用石臼所的花岗岩砌成，粗圆突兀。我们私下里说，这是鬼子炮楼，老卢就是日本大佐，因为老卢管水。

……

每到周六和周日，我们都从涛雒南北街上经过。听到两边的农家院里，传出啪嗒、啪嗒又笨又慢的声音，那是在打草包子。操作者多是女孩儿，她们用脚左右踩动底下的木板，通过传动拉杆，把一根根稻草反正拉进扯紧的经线里，据说一只草包子能卖五分钱。街上就有推车和驴车运着成垛的稻草；灰青色的驴，用劲拉着满载的车辆，走得很慢，稻草几乎塞满了大半个街面；有时候空车过街轻松的小毛驴四蹄敲路，拉出一溜黑色油亮的屎蛋，落在地上摔碎了，露出里面黄色的草渣。

镇上有邮电局，在礼堂前边路西，就半间屋，青瓦，门右边立着一个粗圆的墨绿色的邮筒。进门就是高高的柜台，门后的桌子上放着浆糊碗，里边插着根细木棍儿，人在这里粘信封。糨糊滴在桌子上，干了一层，没人管它……

全镇上，只有邮电局有一辆摩托车，右边带着扁长的斗子，也是墨绿色。时常看见邮局的人从院里把它推出来，脚用力一踹，机器就发动了，突突突后面吐出一股青烟。小孩子们就兴奋地喊着："放屁啦！放屁啦！"推车的人全然不理会，大腿潇洒地往上一迈，手把一拧，摩托车就很威风地"放着响屁"跑了。

……

每班的宿舍就是三间屋，上下两层通铺，上下单铺的床极少。每个人背上五天半的煎饼和一罐子咸菜。开饭时就是一桶开水，各人一个搪瓷缸子。有的同学饭量大，到周六早晨就没有吃的了，就靠其他人接济。脸皮薄的人，就默默地饿着肚子上完晌午的课。那时，谁能捎一罐子炒豆瓣酱，就是上好的美味了。家里实在太穷的同学，甚至就炒一瓶子盐，饭时就把盐粒儿撒在煎饼里卷上。我曾经试着吃了一次，可能是撒多了，很快就觉得恶心。

我姑家住涛雒七村，我奶奶总叫那里为"水门外"，因为当年涛雒围墙在此开了水门。七村在镇外西北，公路又从镇西绕过。小时走姑家，母亲不让走公路，所以我总是从南店进涛雒，再从街口往西，出西门，老城河上平铺石桥，过桥后穿过公路，不远就到。姑家那时候困难……屋里除了一盘土炕，就是饭桌和几个板凳；里间的囤子上，围着高粱秸结成的栅子，并不满的瓜干儿，就是全家果腹的口粮。在被烟熏旧了的主席像下，立着两层的"宝书台"，而且全村贫下中农都要有。宝书台用芦柴扎成内框，外糊红纸，底层摆上"老三篇"，上层放着伟人半身石膏像。而姑家的东邻，则是大屋高堂，茂盛的栀子花隔墙探出。那边人家叫"银楼"，从祖上就专做银饰。

中午做饭，烟就熏满了小屋，姑在里边咳嗽，我就站在外边。觉得吃饭还早，我就到处转悠。先看村前的染坊，染坊是几间半敞的工棚，灶上一口大锅，周边排着十几口粗瓷大缸，各盛不同的颜色。扯在木杆子之间的铁丝上，挂满了青的、蓝的、黑的布料，也有的布料染成水红。我没看到染布的场面，后来听说多年的染匠，对色阶异常敏感，就蓝色他能分辨出四十多种，真是名副其实的"色鬼"。说到染坊，当今人们会想到乌镇的蓝印花布，想到村姑的浪漫，但这里的染坊似乎专为贫穷存在。那时候商店卖的都是棉布，印花布基本属于大姑娘小媳妇，男人家的裤子，尤其是棉袄棉裤，多是扯块白布，在染坊里染成黑的青的，便宜。当秋风萧瑟，蟋蟀入室，母亲们愁着家人的棉衣，便是染坊最忙的时节。染坊的人，就在涛雒周边的村庄走街串巷，自行车后面驮着一摞布，染过的和要染的；车把上挂着个薄面饼似的小铜锣，他们骑在车上，左手扶把，右手指头间夹着个小锤儿，锤子用羊角尖儿做成，锤尖儿轻轻击着小锣，连连发出细锐的声音。人们说，“染布子”来了。车子停在街口上，妇女们来取布，有的就送来要染的白布或者旧衣裳；那些旧衣裳补丁压着补丁，大小不同并且各种颜色，像和尚的百衲，但放在染缸里一泡就成新的了，至少可以挡挡人眼。那么多布，不会乱，布头上都拴着“色子”——是在两块竹片儿刻上花纹，双方各执一片，取布时一对即可。

看完染坊，再到村后，村后有条沟，沟从西岭来，岭头上两户人家，屋后一棵苦楝树，三棵槐树，东侧，几墩高过屋顶的枳子树充作院墙。

……

入校后我进了宣传队，下午课后就在教室里排练节目。

许多节目都是老师们编写的，朗诵总是重头戏。男的朗诵几句，女的再朗诵几句，重点句子男女合着朗诵，其他人在台中间表演。…… 有的节目都是豪迈的语言，矫情的语气，伸胳膊弓腿的夸张动作，结束时，再来个雕塑般的造型。

最美的节目，应该是高中时候排练的《采茶舞》了。曲子来自江南，采茶来自江南，而日照绿茶也是移栽于江南，八位姑娘采茶，不那么政治，不那么口号，表现的生活也不是铁姑娘学大寨，不用出大力流大汗，而是两只手把茶叶嫩芽娴熟地采下来，这已经很浪漫了。为了演好，几位女生去巨峰三中宣传队学习，而且那里的山坡上就有茶园。几日归来，女生们果然演艺大进……

节目练好了，就要到镇上的礼堂演出。

大礼堂在邮电局的北边，其实是一座南北向的大瓦房。横梁用钢筋代替，又用耙钉把斜梁抓紧。密集的檩条上，上铺芦苇扎成的把子，宽斜的坡顶上压着红瓦。水泥抹的戏台子，台下是成排的长条板凳，可以容纳四五百人，这就是镇上的人民大会堂和大剧院。

在我读小学时，突然有伙伴说去大礼堂看戏。河里结着厚冰，水流处冰薄，我们只好赤脚过水。腊月里，阴云遮天，漫野是雪，风打着呼哨卷着雪粉，擦着僵硬的路面嗖嗖掠过。我没有棉鞋，只有一双破袜子，穿着垫着稻草的破雨鞋，风扫雪粉灌进鞋里，疼如猫啃。到了大礼堂，已经有好多人站在条凳上。我的个子矮，就攀到南边的窗台上，扭着脖子看。节目是南店村的，八个穿黄军褂的女孩儿表演绣主席像，她们各拿一只绣圈，绣圈周边带着金黄的流苏，伴着二胡笛子走着台步，然后做出穿针引线的动作。攀在窗台上的我越看越觉得冷，但却舍不得离开，直到散场才双腿酸麻地跳下来。此时天已全黑，返回家中后，脚指头、脚后跟全冻坏了。……没想到几年后，我们也走上这个舞台，也赢得了掌声，尤其是《采茶舞》，给学校带来的美誉。

四十多年过去，瞬如弹指。

——如花美眷，似水流年！

……

时为过境，人为过客，时过而境迁，我心中的四十多年前的涛雒渐行渐远；回望时空，诸事前尘，皆为天际的幻影。我常想，人真正难以忘却的，往往不是他当年的圆满与甜蜜，反倒是他的欠缺和苦涩，成为他刻骨铭心的记忆和喟叹！

注：选自散文集《火烧云》。丁建元，山东省散文学会会长。

最忆涛雒芦花美

刘春香

晚上刷屏，看到了曹萍波的《芦花千顷月明中》，她这样形容：就像一到了秋天，哪怕水域再空旷，但一定有一枝芦苇，正在某处悄悄地爆出一点苍白，迎合着响亮又爽利的水声。

我忽热就想到了涛雒的芦苇。

都说日照是北方的南方，真正具备这个特点的，是涛雒，用水乡来形容涛雒，一点也 不为过，涛雒曾经给自己贴的标签之一就是鱼米之乡。

涛雒一共有几条河呢？

从林头到郭庄，一条，惭愧，我小时候走姥姥家，经常从它的漫水桥上蹚河而过，却不知道它的名字，姑且叫做郭庄河吧，河道不是很宽，植被比较杂乱。

从高旺到刘庄，一条，因两岸曾经长满了竹子，叫做竹子河。竹子河在涛雒有三个名字，上游叫做石梁河，翠竹夹岸，下游叫做栈子河，河道宽阔，海鸥底翔，芦苇摇曳，这是一条春夏秋冬都很美的河。

从刘庄到南店，一条，叫做南店河。南店河以 204 国道为线，一分两段，下游的河床上，开垦出一部分农田，栽种花生、玉米；上游，直至与竹子河交汇的地方，整个河床上，是清一色的芦苇，南店人唤作芦柴。南店河的下游，叫做小海河。

出涛雒，从川子到廒头，一条，叫做川子河，川子河的北边，还有一条，比河窄比沟宽，水量也很大，叫做混沟子河，再往北，就是付疃河了。

涛雒是滨海小镇，所有的河流都东流入海。河与河之间，除了村庄，就是稻田，川子河两岸，还被开发为淡水养殖基地，除了房屋不是依河而建，涛雒，与水乡的风貌有什么区别呢?

涛雒，真真是极美的，这种美与涛雒的千年历史相合，总觉着曾经的涛雒温润如玉而又书卷气很浓，在日照所有的乡镇中，应该是那个最温文尔雅而又最富有拼搏活力的美男子，特别是那一年，我们曾在国道边上栽满了柳树，每年新枝摇曳，婀娜多姿，一举手，都是风情。

可惜现在那风情已经死了，从国道上的摆设看，涛雒更像个粗鲁的莽撞汉子。

还是回到芦花吧，涛雒最美的芦苇在南店河上。

“蒹葭苍苍，白露为霜。” 毛苌的《诗疏》里阐述，“苇之初生曰葭，未秀曰芦，长成曰苇。苇者，伟大也。芦者，色卢黑也。葭者，嘉美也。”读来复杂，简而言之蒹葭就是初生的芦苇。

南店河的芦苇，美得像是切割过的，河床平整而整齐，河道弯曲而通畅，每年的春天，河床上都会齐刷刷长出芦苇来，尖尖的青翠梢头朝上，努力地向天空生长。而除了两岸的芦苇，整个河道里，绝不会再有一棵另类的杂草，干干净净一汪水面从上游绵延而来，可能是水深的缘故吧，可惜的是，那时没有照片留存。

芦苇的美不分季节，不分时令，春有春的翠，夏有夏的绿，到秋天，就生成一种意境，令人幻想。春生夏长，芦苇渐苍，就是这样，一切该长的，就非得这么长不可，令人吃惊的时令，囫囵霸道之中，有着幽秘且从容的秩序。一入秋，芦苇就开出毛茸茸的芦花，虽然那并非芦苇真正的花，而是它的果实。但望不到边的茫茫，有一种疏离的迷乱的美。自古人们说“芦花芦花，其实皆是虚妄”。吴承恩说：“八百流沙界，三千弱水深；鹅毛飘不起，芦花定底沉。”

我在秋天看过沙家浜的芦苇，看过微山湖的芦苇，沙家浜的芦苇高而乱，微山湖的芦苇细而乱，皆不及南店河的芦苇，士兵排列一般整齐，一般粗细，从初生到收割，都精神抖擞。苏轼说，“芦笋初似竹，稍开叶如蒲；方春节抱甲，渐老根生须；不爱当夏绿，爱此及秋枯；黄叶倒风雨，白花摇江湖；江湖不可到，移植苦勤劬；安得双野鸭，飞来成画图。”我不会画画，但我爱极了南店河的芦苇，它更像一幅画深深地嵌入我的脑海中。

每当芦苇快要收割的时候，我都沉迷于南店河，当太阳快要落山的时候，落日的余晖洒在南店河里，波光粼粼，成熟的苇絮随风摇摆，我很想撑一支竹篙，泛舟于南店河里。那个时候我们曾经讨论过，如何把涛雒当作一个旅游目的地来打造，而南店河上，会搞一个漂流。纷乱红尘，日影流光，都能化成悠闲的滋味。

小舟不曾有，漂流也没有搞成，现在，南店河也不是当初壮美的样子了。倒是我的一个表弟，在南店河与竹子河交汇的高速公路桥底下，开了一个小饭店，主打生态牌，他的菜，有一半来自河里。他就时常地乘了一个小筏子，在竹子河的茅草苇荡里捞鱼摸虾，菜不便宜，但生意也还兴隆。这几年没去了，听说河边上又多了几家。

说起来有些好笑，有一年的情人节，夜很深了，老公从外面回来，带着些酒气，敲开了门又背着手，颇有些神秘暧昧地望着我，我正生气呢，他忽然从背后举起一把毛绒绒的东西来，“给你，芦苇花，我亲自去竹子河里给你采的”，芦苇花的底部茎上，还用黑丝线缠绕着。

这很像荷西送给三毛的骆驼头骨了，可我不是三毛。我顺手给扔了出去，他又转身给拾回来，挤进门来把它端端正正摆放在卧室的玻璃隔断上，嘴里还叨叨着“你看，多好看呢，它也不会凋零”。

七八年过去了，那一束芦苇，居然还在那里，一点也没有变样。也许，是涛雒的那一丛一丛的芦苇还长在我的心头上……

注：选自2017年2月22日《日照日报·副刊》。刘春香，就职于日照市东港区城市管理和综合行政执法局。

香蒲围村话故园

滕建泽

我的故园刘家湾，地处傅疃河入海口南岸，是一个有着六百余年历史的沿海古村落，那里留给我太多的、溢满曼妙情怀的童年记忆与梦想。

四十年前的故园坐落在一片汪塘之中。那时的汪塘水波荡漾，郁郁葱葱地长满了香蒲，颇有江南水乡的雅韵。

记忆中，村子有六七条道路连通内外，每条道路都有一座小石桥将汪塘贯通。春夏秋三季，小桥流水潺潺，水质清澈，掬之可饮，惬意斐然。夏日里，桥下白沙如银，鱼翔浅底，是妇女们洗菜浣衣，孩子们泅水嬉戏、摸鱼捉虾的好去处。

上世纪七十年代初期，我在位于村子西北侧的村小学上学，尔后在村子西南隅的小海联中上初中。在近十年的时间里，几乎每天都要漫步从小石桥上走过。

“夹道蒲荷长欲齐。”道路两侧汪塘里的香蒲长得碧绿纤巧、婀娜多姿，任凭风吹雨打、日炙雷击，多少年来就这样葳葳蕤蕤、蓬蓬勃勃、顽顽强强地生长着。

深冬乃至初春时节，汪塘大部是干涸的，孩子们常常拿起铁锹到汪塘里挖蒲根。蒲根内瓤白嫩无瑕，食之甜面可口，蒲黄、蒲棒皆可入药，蒲草晒干后可编成蒲包出售。香蒲嫩茎被称为蒲菜，因其风味独特、营养丰富，也能烹制成美肴佳馔登上大雅之堂。《周礼》就有关于“蒲菹”的记载，宋代黄裳《端午泛湖》有“角黍包金，香蒲切玉，是处玳筵罗列”的佳句，明代诗人顾过对香蒲也有“一箸脆思蒲菜嫩，满盘鲜忆鲤鱼香”的赞誉。香蒲滋润着人们的生活。

然则，香蒲留给我最深的记忆还是在端午节的时候。故园人家，每年端午节前夕，家家户户都会到汪塘边割一小捆香蒲，将其纵向剖开，晾晒至半干，脆生生的蒲草便会柔韧如丝，那是端午节包粽子用的绿色丝绳。这丝绳蕴含着香蒲原生态的草香，与家乡粽叶（楟椤叶）特有的清香、糯米的馨香交相融汇，成就了故园粽子独特的风味。

如果说粽子是端午节的“主角”，那么香蒲同家家户户门前插的艾草、孩子们手腕系的“五丝线”一样，也是端午节一个不可或缺的文化符号。斯时，我对于香蒲有一种朴素的感情，感到有了她，生活会更方便、更多彩。

其实，香蒲不是一种普通的草，她有着厚重的文化传承，她伴随着华夏文明的步履从远古走来，承载了几千年的岁月沧桑、人文情怀。

相传黄帝“诏使百辟群臣受德教者，先列珪玉於兰蒲席上，燃沉榆之香，舂杂宝为屑，以沉榆之胶和之为泥，以涂地，分别尊卑华戎之位也。”香蒲在华夏文明的肇始，就作为钦定之物登上了高端的神秘殿堂。儿时常见于故园人家的蒲团，是出家人参禅修炼和闾巷人家年节祭拜喜用的坐垫。香蒲，至晚自黄帝时就沾染了天地间的灵气，尔后由庙堂翩然走进民间，历经几千年的文化濡养，积淀了吉祥祈福的丰富内涵。

然而，香蒲最动人的情结还在于她寄托男女之间的爱情。《诗经·泽陂》咏言：

彼泽之陂，有蒲与荷。有美一人，伤如之何？寤寐无为，涕泗滂沱。

彼泽之陂，有蒲与蕳。有美一人，硕大且卷。寤寐无为，中心悁悁。

彼泽之陂，有蒲菡萏。有美一人，硕大且俨。寤寐无为，辗转伏枕。

痴情姑娘将香蒲与兰草、莲花同列，寄托情

丝绵绵。

鲁南地方剧肘鼓子戏《借年》，演书生王汉喜家道中落、生活贫困，年除夕奉母命到准岳父家借年，却误闯未婚妻爱姐闺房。爱姐不计王家贫寒，对汉喜仍然一往情深。爱姐贞信有真爱，如初萌的香蒲嫩芽冰清而玉洁。此剧烙下了故园民风民俗的深刻烙印。

我的故园太小，没有才子佳人缠绵悱恻的故事流传。但我们可以放飞想象的翅膀，在历史长河中的某个夜晚，河汉迢迢，月色如银，汪塘边流萤闪烁、香蒲摇曳、波光粼粼。这样的良宵美景、这样的诗情画意，千百年的香风细雨中，怎么会没有点风花雪月呢？

记得当年离开家乡前的一个夜晚，曾陪同我的好友穿过那条幽静芬芳、水汽氤氲的乡间蒲道，去邻村约会他的意中人。四十年过去，弹指一挥间。如今好友已是含饴弄孙，其乐融融。青春的岁月像香蒲发新芽，自然是不染尘埃。敢问好友：青春多美景，梦泛花瓣雨，可否还记得那段懵懂岁月的清雅？

无论是祈福迎吉祥，亦或是寄托情丝缠绵，这些美好的愿望都随着香蒲文化的传承浸润了后人的美好情怀。

随着人口的增长、工业化进程的加快，故园已经改变了模样。原来的汪塘已然寻不到踪迹，香蒲也是难觅倩影。但是，故园的魅力是多维度、多侧面的。

进入新世纪，家乡人挖掘资源、发挥优势、精心擘画，将祖祖辈辈扒噶啦（蛤蜊）、摸蛞螺（小海螺）、推虾皮的所在，提升打造成了集赶海拾贝、休闲度假、科普教育为一体的专业赶海园。

如今的故园，正以其优美的沙滩岸线、壮观的万亩潮间带、神秘的千亩沿海防护林，融汇成超凡脱俗的自然景观，被誉为“亚洲最大金沙滩，中国第一赶海园”，并且以其独具特色的民俗风情、丰富的海洋文化、独树一帜的太阳文化享誉海内外。

每当新年的第一缕阳光洒向这片魅力独特的土地，中国（日照）东方太阳城都会在此举办“元旦迎日祈福盛典”，携手迎日出、放飞新梦想。

“蒲芽出水参差碧”，故园正以崭新的姿态绽放她的异彩。

注：选自2019年4月16日《青岛日报·副刊》。滕建泽，青岛市政协人口资源环境办一级调研员。

青青竹子河

文 / 程炜

朦胧中，我听到了“哗哗”的流水声，我看到了一条玉带般晶莹的小河，河堤上，那片俊秀挺拔的翠竹更加茁壮与茂密了。真的是你吗？我梦萦魂牵的竹子河！

从地域上来讲，你是一条地地道道的家乡河。论长度，你仅流经两个乡镇；论大小，你远没有长江的恢宏、黄河的豪迈。但这些并不妨碍你拥有细腻的情感世界。夏夜里，你会和着蛙鸣，沐着月光，拥着翠竹，将自己最温柔可人的一面无私地展现给父老乡亲们；愤懑忧伤的时候，你也会发怒，会咆哮呜咽的。你有自己不变的追求，永不知疲倦地奏着欢快进取的主旋律奔流入海。

虽然你平凡的甚至可以用藉藉无名来形容，但是对于这个从小就在你怀中嬉戏的男孩来说，我怎么可能忘记，是你记下了我成长的足迹，留下多少温馨的回忆；是你带走了我童年的梦幻，伴我走向遥远的地方。

你像一名睿智而又慈祥的长者，用宽容的目光注视着我的年少轻狂，体恤着我的血气方刚。二十五岁那年，当我为自己量体定做了“于大处不拘小节，于小处颇具胆色；言行一致，多情重义；虽身微言轻仍具报国之志，为民之心；虽身单力薄却有侠骨柔肠，凛然正气；有个性，知错必改；要乐天，笑傲逆境”的人生目标后，我又怎能忘记，是你在失意时给我以安慰，在困难时给我以勇气；是你在我心中掀起激情的浪花，为我抚平心灵的创伤。

青青竹子河，恋恋红尘路。我出生于斯，若干年后，也终将回归此处。因此，我不能忘记也无法忘记，是你的汁水哺育了我，是你的柔情融化了我；是你伴我度过多少难眠的夜，是你与我共同分享成功的喜悦。

在充满诗情画意的竹子河畔，微风抒我情，细雨写我意，我在用自己的一生来诉说对你的眷恋。你因此而感到欣慰，清晨，竹叶上跃动的水珠，便是你晶莹的泪……

注：选自山东省《国土资源报》。程炜，日照市东港区作家协会副主席。

二、文件辑录

中共涛雒镇委
关于开展涛雒镇志编纂（续修）工作的通知

各总支、各村，各有关单位：

地方志作为全面系统记述区域内自然、政治、经济、文化和社会的历史与现状的资料性文献，在储存信息、传承文化、服务当代、垂鉴后世等方面具有独特作用。编纂地方志是坚定“四个自信”中关于文化自信建设的一次重要实践。涛雒镇作为历史文化名镇，“太阳文化、渔文化、盐文化、望族文化”四大文化交相辉映，历史资源得天独厚。根据国务院《地方志工作条例》和省市区有关会议精神，在上级党委政府的重视和支持下，现决定开展涛雒镇志编纂（续修）工作。为切实做好镇志续修工作，结合我镇实际，现就有关事项通知如下：

一、指导思想

坚持以习近平新时代中国特色社会主义思想为指导，以党的路线、方针、政策和国家的法律、法规为依据，全面、客观、真实、系统反映本辖区政治、经济、文化、社会发展的历史与现状，传承时代脉搏，展现新时期新涛雒精神风貌。

二、续修要求

1. 坚持历史唯物主义观点和实事求是的思想路线，充分运用现代科学理论和新观点、新资料、新方法，以文字、图片、表格等形式，全面真实地反映涛雒镇的社会经济文化发展状况，记述应客观，数据要真实。

2. 本志编写范围为涛雒镇区域内社会经济文化发展的各个方面，上限起于事件的发端，下限止于 2022 年 12 月 31 日。

3. 坚持现行志书章法编纂的基本构架，主要采用述、记、志、传、图、表、录、索引等体裁。各章节以时为序，横排纵写，充分记述邵店镇的自然环境和经济社会发展等各个方面情况。

4. 本志采用规范化的现代汉语，行文应按照山东省地方志行文规范执行。

5. 经费保证。根据实际需要，镇财政所制定《涛雒镇志》编纂（续修）发行经费预算，保证《涛雒镇志》（续修）的编纂发行工作顺利进行。

三、时间安排：

（一）准备阶段（2022 年 4 月）：成立编纂委员会和编辑机构，确定编纂人员。镇志办开展调研论证工作，拟定《涛雒镇志》续修篇目。

（二）材料征集阶段（2022 年 4—6 月）：相关编辑人员搜集整理撰写有关材料，由镇志办进行统稿编纂。

（三）总纂合成阶段（2022 年 6 月至 2023 年 4 月）：镇志办

对志书进行总纂合成，并召开评议会，广泛征求意见，经认真修改后，报送镇编纂委员会和上级地方志主管部门评审。

（四）总纂评审和出版阶段（2023 年 4 月—8 月）：镇志办针对镇编纂委员会和上级地方志主管部门修改意见进行修改完善，并报送镇编纂委员会和上级地方志主管部门评审，评审合格后经审批出版。

四、工作要求

（一）加强领导。根据“党委领导，政府主持”的修志体制要求，成立《涛雒镇志》（续修）编纂委员会，确定专人分工负责。并将镇志编纂工作纳入政府工作目标，经费纳入财政预算，做到领导到位、场所到位、人员到位、条件到位。

（二）形成合力。建立健全主编负责、审查验收等制度，各村、各有关单位确定工作联络员，负责联络镇志编纂的相关工作，协调处理工作中存在的问题，镇志办工作人员要按照时间节点主动与各村、各单位对接，按时完成阶段性工作目标任务。

（三）营造氛围。积极利用会议、微信公众号等灵活多样的宣传形式，在全镇营造编纂镇志的浓厚氛围，动员全社会力量推动乡镇志编纂工作顺利开展。

中共涛雒镇委

涛雒镇人民政府

2021 年 3 月 30 日

涛雒镇人民政府关于印发《涛雒镇农村低保助力脱贫攻坚专项行动实施方案》的通知

（政发〔2019〕27 号）

各村、各有关单位：

《涛雒镇农村低保助力脱贫攻坚专项行动实施方案》已经镇党委、镇政府研究同意，现印发给你们，望认真执行。

涛雒镇人民政府

2019 年 8 月 30 日

涛雒镇农村低保助力脱贫攻坚专项行动实施方案

为更好发挥农村低保在脱贫攻坚中的重要作用，按照市扶贫办、市民政局的统一部署，经镇党委、镇政府研究决定，在全镇开展一次为期两个月左右的农村低保助力脱贫攻坚专项行动。

一、目的意义

低保制度是保障性扶贫的重要举措之一，承担着打赢脱贫攻坚战“社会保障兜底一批”的重要职责。我镇高度重视低保助力扶贫工作，2017 年初制定了农村低保与扶贫开发政策衔接制度融合的措施，当年建档立卡贫困户中患大病、长期慢性病、高龄独居和残疾等四类人口按程序纳入低保 5439 人，为全市完成脱贫攻坚阶段性任务作出了积极贡献。当前，脱贫攻坚战已到决战决胜的关键时期，低保保障性扶贫成为解决稳定脱贫的重要举措。市扶贫办、市民政局决定在全市开展这次农村低保助力脱贫攻坚专项行动，目的就是通过市、县、乡、村四级共同努力，集中时间、集中精力，将建档立卡贫困户中符合条件者纳入低保保障范围，切实做到应保尽保、应纳尽纳，以实际行动履职尽责、兜牢底线，有效发挥低保在脱贫攻坚中的作用。

二、任务标准

这次全市农村低保助力脱贫攻坚专项行动，以国家关于“脱贫不脱政策”要求，日照市人民政府办公室《关于加快推进农村低保与扶贫开发政策衔接制度融合工作的通知》（日政办发〔2017〕18 号），日照市民政局、日照市财政局、日照市扶贫办《关于在脱贫攻坚三年行动中切实做好社会救助兜底保障工作的实施意见》（日民〔2018〕73 号）以及省、市民政部门关于充分发挥低保在脱贫攻坚中作用的要求为依据，重点围绕全市建档立卡贫困户中四类人群开展摸底排查，符合低保保障条件的，实现应纳尽纳、应保尽保：一是家庭人均收入低于我市低保标准 5640 元 / 人·年的贫困人口（扣除扶贫小额信贷委托经营收益资金）；二是患大病、长期慢性病、60 岁以上困难独居老年人和残疾贫困人口；三是原低保清退贫困人口；四是因学因灾因意外致贫的贫困人口。

低保认定标准，主要以《国务院办公厅转发民政部等部门〈关于做好农村最低生活保障制度与扶贫开发政策有效衔接指导意见〉的通知》（国办发〔2016〕70 号）和山东省民政厅等五部门《关于印发〈山东省最低生活保障管理办法〉的通知》（鲁民〔2014〕81 号）文件规定，以家庭收入和财产作为主要指标，并考虑因病因残等增加的刚性支出因素，综合评估家庭贫困程度，提高精准识别水平，减少“漏保”

风险。要特别关注支出型贫困家庭，包括因自负教育、医疗等必需支出突然增加超出家庭承受能力，导致基本生活一定时期内出现严重困难的家庭。应同时具备下列条件：1. 在提出申请之月前 6 个月内，家庭可支配收入扣除自负医疗、教育等生活必需支出后，月人均可支配收入低于当地城乡最低生活保障标准；2. 提出申请之月前 12 个月家庭人均可支配收入低于当地上年度人均可支配收入；3. 家庭财产状况符合当地城乡低保申请家庭经济状况认定标准的相关规定。工作中要杜绝简单化、机械化、绝对化倾向，不能简单采取“子女有机动车的一律不能吃低保”“子女在城里买房的一律不能吃低保”“财政供养人员不能吃低保”“有两个及以上子女的不能吃低保”等各种排除性指标的做法，不能在国家和省规定低保认定条件之外，再人为设置门槛缩小低保保障范围。

三、方法步骤

为有序推动农村低保助力脱贫攻坚专项行动，整个行动分为五个步骤开展。

（一）摸底排查、提出申请（8 月 20—31 日）

镇党委政府在专项行动期间，组织扶贫、民政以及帮扶责任人和包村干部，统一培训掌握基本业务知识，集中时间开展建档立卡扶贫户家庭情况摸底排查工作，做到不漏一户、不落一人，为每户建立完整档案。作为扶贫对象申请低保的代理人，帮扶责任人负责脱贫享受政策贫困人口摸排申请；包村干部负责脱贫不享受政策和新识别纳入市标贫困人口的摸排申请，并负责监督所包村摸排申请进度和质量。协助贫困户初步核算收入和审核财产状况，并综合考虑刚性支出因素，认为具备低保申请条件的，帮助贫困户提出申请，并负责填写好有关文书资料。如出现“漏保”现象，追究帮扶责任人和包村干部脱贫攻坚政治责任。

（二）入户调查、核实情况（9 月 1—15 日）

镇政府收到申请后，按程序组织信息核对和入户调查。入户调查时，镇政府要派由扶贫、民政部门参加的两个以上调查人员到申请人家中，了解其吃、穿、住、用等实际生活情况，家庭收入、财产状况和赡养人、抚（扶）养人情况，并综合考虑支出型贫困因素，填写《最低生活保障申请书》、《最低生活保障审核审批表》，由申请人和调查人员分别签字确认。调查人员还要做好邻里访问、信函索证、支出核算等工作。

（三）民主评议、张榜公示（9 月 16—30 日）

家庭经济状况调查结束后，乡镇应该在 5 个工作日内，以村为单位派人组织开展对申请人声明的家庭收入和财产状况以及入户调查结果的客观性、真实性进行民主评议。设立低保民主评议小组，由乡镇工作人员、村党组织和村委会成员、扶贫干部、人大代表、政协委员、村民代表、帮扶责任人或包片包村干部组成，其中村民代表人数原则上不少于总人数三分之二。民主评议应当遵循宣讲政策、介绍情况、现场评议、形成结论、签字确认的程序。对明显符合低保条件，但民主评议中多数人反对，以及其他民主评议争议较大的情况，镇政府重新派人组织调查核实，防止错保、漏保。必要时由镇民政办报告区民政局，直接入户调查并作出是否认定低保的决定。

（四）乡镇审核、县级抽查（10 月 1—15 日）

镇政府成立由纪检、财政、扶贫、民政等部门有关人员组成低保审核工作组。及时召开会议对申请人家庭经济状况进行调查核实的基础上提出审核意见，并在申请人所在村公示，公示时间为 7 天。公示期无异议的，由镇民政办将申请材料、家庭经济状况调查结果、民主评议情况等相关材料报送区民政局。有异议的，镇政府再次核实并重新公示。

（五）审批备案、纳入低保（10 月 16—20 日）

经过区民政局审核，获得批准的户，由申请地的村公布拟保障人口、拟补助金额等，公布时间为 7 天。公布期满无异议的，区民政局应在 3 个工作日内作出书面批准决定，从批准之日下月起发放低保补助金。有异议的，县级民政部门应当重新组织调查核实，在 20 个工作日内作出审批决定，并对拟批准的申请重新公布。对不予批准的，县级民政部门应当在作出审批决定 3 日内，通过乡镇书面告知申请人，并同时告知其代理人并说明理由。

为确保专项行动取得实效，扶贫办会同民政部门要落实责任、分解任务，按时间步骤严格推进各项工作，逐村逐户摸清底数，建立完善工作台账，准确评估核对家庭经济状况，对符合条件的及时按程序纳入低保。扶贫办、民政办对工作开展情况实行每周调度一次，每周五下午由扶贫办、民政办联合向区扶贫办、民政局报送排查统计表（见附件1、2），镇级将每月对进展情况进行通报，确保按时完成专项行动。

四、纪律保障

脱贫攻坚是重大政治任务和第一民生工程，各级必须以高度的政治责任感和时不我待的紧迫感，认真对待这次农村低保助力脱贫攻坚专项行动。

（一）坚决克服形式主义、官僚主义。各级有关责任人员，凡在这次行动中工作安排不到位、落实不到位、搞形式走过场，以及在低保办理过程中不担当、不作为、脸难看、事难办、推诿扯皮，造成“漏保”者，一律作为扶贫领域腐败和作风问题线索移交纪检监察机关，一经查实，严肃追究政治纪律责任。

（二）坚持公平、公开、公正原则。严格调查、核实、民主评议、公示公布等程序，在扶贫认定、低保办理的各个环节，做到全程公开、公平、公正，凡有暗箱操作、违纪违规行为者，依法依纪严肃处理。

（三）严格落实容错纠错机制。坚决贯彻落实市委关于容错纠错制度规定，合理区分低保办理中主观故意和客观偏差、违法违纪违规和工作失误等情形，对主观故意造成的错误严肃问责，

对工作失误、客观偏差尤其是对贫困户纳入低保的认定非主观性失误予以适当宽容。

（四）严格督查问责。各有关部门和工作责任人员，必须牢固树立为贫困群众办实事的为民情怀，敢于担当，勇于担责，决不能抱有“为了不出事，宁可不干事”的思想，必须做到把党和政府的好政策不折不扣地落实到贫困户身上，真正发挥低保保障在脱贫攻坚工作中的作用。工作过程中，市扶贫办、市民政局将适时对各区县进行督导，发现工作消极、阳奉阴违，漠视群众利益者，将对区县扶贫办主任、民政局局长约谈问责。各区县扶贫、民政部门要做好对乡镇（街道）的督查问责工作。

关于印发《关于深入推进村级事务“小微权力”清单制度的实施意见》的通知

各总支、各村，各中心、各办，镇直和国家、省、市、区属驻涛雒有关部门单位：

《关于深入推进村级事务“小微权力”清单制度的实施意见》已经镇党委、镇政府研究同意，现予以印发，请遵照执行。

中共涛雒镇委

涛雒镇人民政府

2021年10月8日

关于深入推进村级事务“小微权力”清单制度的实施意见

为进一步加强村级事务“小微权力”运行监督，着力解决发生在群众身边的不正之风和腐败问题，不断提升基层治理社会化、法治化、制度化、规范化水平，为实施乡村振兴战略提供坚强保障，现就深入推进“小微权力”清单制度，提出如下实施意见。

一、指导思想

坚持以习近平新时代中国特色社会主义思想为指导，深入落实中央和省委、市委、区委关于推进乡村治理的部署要求，以规范村级事务管理为重点，以优化服务群众机制为目标，进一步明确村级组织和村干部职责权限，理清“小微权力”清单，规范完善运作流程，强化过程监管控制，完善配套制度机制，着力构建权责明晰、运行规范、公开透明、监督有力的村级权力运行体系，引导农村基层干部规范履职、村级组织高效运转，为提升乡村治理水平、打造乡村振兴齐鲁样板提供有效制度保障。

二、基本原则

（一）坚持党的领导。坚持党对农村工作的

全面领导，充分发挥各级党组织的领导核心作用，将党的领导贯穿于村级事务协商、决策、执行、监督全过程，提高基层党组织领导乡村治理的能力和水平，夯实党的执政基础。

（二）坚持村民自治。坚持用制度管人管事，切实保障村民的知情权、参与权、监督权，调动村民参与村级事务民主协商、民主决策、民主管理、民主监督的积极性，依法依规办理自己的事情。

（三）坚持便民利民。全面确权、控权，理顺村级事务事项，做到清单简单明晰、内容实际实用、流程高效快捷。

（四）坚持严格规范。按照“强化规范、狠抓落实、长期坚持、确保实效”的工作思路，加强对推行村级事务“小微权力”清单制度的指导规范和监督落实，有效预防腐败，确保干部清白、群众明白。

三、主要任务

（一）建立三张清单。重点围绕涉及群众切身利益、容易发生权力寻租和信访矛盾较为集中的权力事项，统一编制全镇村级事务“小微权力”清单、责任清单和负面清单等面上参考性清单，按照“重大决策、招投标管理、三资管理、人员任用、阳光事务、救助救灾、社会事务”等基本类别，明确每项权力事项的名称、流程。各村根据村庄特点、资源禀赋、群众需求，对镇级指导清单进行自主选择、公开公示，如制定指导范围外的其他清单，须经镇党委研究同意。

（二）健全运行机制。坚持“四议两公开”程序进行民主决策，规范村级事务“小微权力”事项办理流程，进一步明确村级权力运行操作流程、运行过程公开公示等，让权力运行更规范。要把规范“小微权力”运行机制与持续深化行政审批“一次办好”改革紧密结合，进一步明确农村权力事项的名称、明晰权力实施主体责任、规范权力运行流程，精简权力运行环节，缩短办事时限，实现群众办事“最多跑一次”目标。要充分利用各种数据系统，进一步精简办事材料，利用和开发互联网、手机软件等各种优化服务的办事系统，努力构建网络化、标准化、信息化便民服务新机制。

（三）全面公开透明。建立的“小微权力”清单和规范流程通过各种途径在镇、村进行公示，考虑农村党员群众年龄、学历实际，鼓励探索将清单事项流程通过图表、图片、漫画、二维码等方式具体化、生活化、形象化，并及时通过微信公众号等平台宣传发布。镇党委及时召开专题培训会，对村“两委”干部、村务监督委员会成员、村集体经济组织理事会成员等村级事务“小微权力”履职主体进行全覆盖、多轮次培训，确保对权责清晰明白，对流程熟记于心。各村要借助主题党日、“三会一课”、“三务”公开栏、灯塔——东港先锋、“村村响”广播等平台对党员群众进行全覆盖宣传，保障党员群众的知情权、监督权。

（四）完善监督体系。畅通各种监督渠道，整合各方面监督力量，构建村群众监督、村务监督委员会监督、上级部门监督有机统一的“三位一体”监督体系。镇纪委、组织、经管、民政、人社等部门根据职责，切实加强对村级事务“小微权力”运行的监管。镇级和村级要公开监督联系电话和联系人，组织人员答复和解释群众提出的质询，做到有问必答、有疑必释；加大对村级事务“小微权力”清单制度运行的专项督查，将日常检查结果与党支部评星定级、村干部补贴报酬发放、评先树优相挂钩。村务监督委员会对村级事务办理过程全程监督，发现问题，及时提出，并督促整改。

（五）严格责任追究。要依据《中国共产党纪律处分条例》《农村基层干部廉洁履行职责若干规定（试行）》等规定，结合本地实际，重点做好“负面清单”行为规范、实施监督、责任追究和结果应用等四个关键环节工作，着力解决村干部廉洁履职方面存在的突出问题。对以权谋私、滥用职权、弄虚作假、逃避监督等违纪违规行为要综合运用党纪处分、组织处理、经济处罚等惩处措施进行严肃查处；对无事生非、刻意刁难，甚至无端诽谤的，要严肃批评教育，直至依法依规作出处罚；对监督不力的组织和领导干部进行责任追究。

四、组织保障

（一）加强组织领导。要建立健全镇党委、镇政府统一领导、组织部门牵头协调、有关部门共同参与的领导体制和工作机制。镇级建立“小微权力”清单制度推进专班，专项推进“小微权力”运行，将各村和有关单位推进农村“小微权力”规范运行工作实绩，纳入年度绩效考核。镇党委把农村“小微权力”运行情况作为村干部年度工作“四评一考”的重要内容，与评先评优、年度考核等相挂钩。

（二）注重分类指导。镇党委将学习村级“小微权力”清单作为主题党日、日常教育培训的重要内容，迅速熟悉清单内容和办事流程，确保“照单办事、依规用权”深入人心。要充分考虑农村区位、规模、基础等不同，指导各村有针对性地做好村干部“小微权力”清单、“负面清单”的内容梳理确定工作，防止照搬照抄和“一刀切”。注重发掘各地在落实权力清单工作中的好经验、好做法，适时把相关好经验、好做法上升为制度性成果，不断完善农村“小微权力”规范运行体系。

（三）严格督导检查。镇纪委要对村级“小微权力”运行情况实行专项督查，加大执纪审查力度，对违规用权、不作为、慢作为、乱作为等行为严肃查处，对典型问题和典型案例通报曝光，切实形成促进村级权力规范运行的长效机制。各职能单位要突出重点领域、关键环节，加大对村级小微权力清单制度执行的督促检查，开展经常性的专项督查和联合督查，对权力运行过程中出现的问题即查即纠，督促实时解决运行过程中存在的问题。镇级成立专门督查组，定期采取提醒督办、走访群众、电话查访、抽查资料等形式，督查结果进行通报，督促各村严格落实。

中共涛雒镇委 涛雒镇人民政府
关于印发《涛雒镇创新亮点工作攻坚要点》的通知

（涛发〔2021〕31号）

各村，各办、各中心：

《涛雒镇创新亮点工作攻坚要点》已经镇党委、镇政府研究同意，现予印发，请认真组织实施。

中共涛雒镇委

涛雒镇人民政府

2021年4月27日

涛雒镇创新亮点工作攻坚要点

2021年是中国共产党成立100周年，是“两个一百年”奋斗目标的历史交汇之年，也是实施“十四五”规划、开启全面建设社会主义现代化建设新征程的开局之年。全镇上下要坚持以创新促进经济社会发展的有力举措，充分发挥创新对全局发展的牵引、突破、带动作用，不断推动全镇高质量发展再上新台阶。

一、指导思想

以习近平新时代中国特色社会主义思想为指导，全面贯彻党的十九大和十九届二中、三中、四中、五中全会精神，深入落实省委“七个走在前列”“九个强省突破”、市委“四大战略”工作要求，紧紧围绕“一个进位、五个前列”目标定位，以深化供给侧结构性改革为主线，以满足人民日益增长的美好生活需要为目的，以改革创新为动力，突出制度创新、流程再造，加强系统集成、协同高效，推动全区高质量发展、高品质生活、高效能治理，为加快建设现代化海滨强区、以优异成绩迎接党的百年华诞提供有力制度保障。

二、工作内容

1. 开展党建品牌创建工作。借助园区党委，提升商会暨企业党群服务中心阵地建设和服务水平，打造具有示范作用的两新企业党建示范点和“亲清家园”，6月底前培育两新组织“百千万提升工程”1个市级培育对象和7个区级培育对象；6月底前对“碧海红帆”党建示范带进行打造提升，建设下元、草坡、栈子乡村振兴党建示范片区；完善镇卫生院“医路红帆”党建阵地。（牵头领导：宋全慧，牵头单位：党群工作办公室，完成时限：2021年11月）

2. 开展党支部领办合作社。坚持全面发动、分步推进，各村党支部以发展壮大村级集体经济为主线，积极探索“党支部领办合作社”发展集体经济模式。5月底前组织开展关于党支部领办合作社专题培训，组织部分支部书记外出考察学习借鉴外地党支部领办合作社的先进经验；6月底前集中领办一批成熟的党支部领办合作社，并按照“成熟一个、领办一个”标准持续推进党支部领办合作社，力争年内50%的农村支部领办一家合作社。（牵头领导：宋全慧、潘维波、王培永，牵头单位：党群工作办公室、财政经管服务中心、农业综合服务中心，完成时限：2021年9月）

3. 村“两委”换届工作和村“两委”、农村党员培训工作。4月底前根据市区组织部门统一安排，完成农村“两委”换届工作；4月底前制定全年党员干部教育培训方案并组织全镇党员集中轮训；5月底前完成对新当选村“两委”干部统一培训；依托镇委党校、下元一村党员干部培训中心开展党员干部培训。每季度组织一次专家讲党课活动，通过灯塔党建系统对全镇党员进行培训。（牵头领导：宋全慧，牵头单位：党群工作办公室，完成时限：2021年7月）

4. 打造省级侨胞之家。密切归侨侨眷之间、基层侨联组织之间、归侨侨眷与侨联组织之间的联络交流，定期组织开展丰富多彩、喜闻乐见的活动。大力争取市区统战部门支持和帮助，依托丁肇中祖居资源，打造省级侨胞之家，更好地凝聚侨心、聚集侨力，让丁肇中祖居成为归侨侨眷的温暖之家，发挥好桥梁纽带作用，激发爱国情怀。（牵头领导：宋全慧，牵头单位：党群工作办公室，完成时限：2021年10月）

5. 落实意识形态工作责任制，加强新时代文明实践创建工作。2月底前结合建党100周年系列活动宣传、村“两委”换届宣传和日常宣传工作需要，制定完成《2021年涛雒镇宣传计划》，持续做好年度重要节庆活动的宣传报道、宣传片资料拍摄留存等工作。常态化开展新时代文明实践志愿服务活动，4月底前，以沿海片区新时代文明实践特色项目——文明迎亲队建设为试点，全面做好文明迎亲辐射工作，打造多样化志愿服务品牌。12月底前完成新时代文明实践所、站提升工作和各级文明村、文明单位复审、申报工作。（牵头领导：陈新华，牵头单位：党委宣传办，完成时限：2021年12月）

6. 创建基层武装规范化建设示范镇。有效规范三室一库及硬件设施，完成档案资料整理、规章制度上墙、民兵精准编组、军事训练落实、秋季征兵等工作，持续提升基层武装规范化建设，争创基层武装规范化建设示范镇。（牵头领导：潘维波，牵头单位：武装部，完成时限：2021年11月）

7. 打造涛雒镇廉政教育基地。加强廉政文化广场建设，以下元一村党建示范基地为载体，利用廉政文化宣传栏、廉政传统文化墙、廉政文化一条街把下元一村广场打造成镇级廉政教育基地。创新廉政教育大课堂，利用下元一村三楼会议室布设廉政文化墙，利用投影设备，依托廉政教育讲堂、廉政教育片等形式开展廉政教育，推动廉政教育入脑入心。（牵头领导：刘晓军，牵头单位：镇纪委、派出监察室，完成时限：2021年9月）

8. 创建市级依法行政示范镇。认真贯彻党的十九届四中全会精神和省、市、区工作部署，加快推进法治政府建设，健全科学、依法决策机制，决策前进行科学性、合法性论证，建设完善“权责明确、行为规范、监督有效、保障有力”的行政执法队伍。加强基层民主法治建设，推进“法律六进”活动，开展法治课堂，推动镇村干部学法、知法、懂法、守法、用法，提升依法行政能力；加强阵地建设，建设法治广场、公园、景区，各村创建法治示范村，设立普法宣传栏、法治一条街等，年内创建为市级依法行政示范镇。（牵头领导：邱志刚，牵头单位：镇综治办，完成时限：2021年11月）

9. 创建省级一流工友创业园。涛雒镇下元一村工友创业园通过联合市区工会研究立题、聚力破题、认真解题，以奋楫笃行的创业精神，落细落小落实“践行项目论”“农民工学堂”“田间爱心驿站”等具体行动，探索深耕“党建+”“劳模+”模式。下元一村工友创业园“园中建园、园外扩园、园中有片、片中有板块”的梯次局面逐步显现。9月底，涛雒镇将让广大农民工更直接、更深刻地受益于并自觉融入工友创业助力乡村振兴行动中来，争创省级一流工友创业园。（牵头领导：宋全慧，牵头单位：党群工作办公室，完

成时限：2021 年 10 月）

10. 创新海洋矛盾纠纷调处机制。成立由相关领导任主任，公安、司法、村干部、律师等力量参与的海上调解委员会，建立受理、会商、调解或听证、办结的工作机制，推行依法调解、社会参与模式建设，就近、及时受理沿海渔业纠纷，多元化调解社会矛盾，促进平安稳定。（牵头领导：邱志刚，牵头单位：镇综治办，完成时限：2021 年 6 月）

11. 创建市级标准化环保执法中队。结合区生态环境分局 “局队合一”改革，推动环保执法力量下沉；加快涛雒环保中队办公场所和氛围营造等工作，建立镇环保办、涛雒环保中队分工协作工作机制，实行一对一 AB 角制度，分工不分家，做到优势互补，形成工作合力确保履职到位。（牵头领导：王均峰，牵头单位：镇环保办，完成时限：2021 年 10 月）

12. 深化综合行政执法改革。推动综合行政执法局挂牌刻章，配备执法、督查人员，整合城镇办、综合行政执法局、村镇规划建设监督管理办公室、应急管理事务服务中心、社会事务管理办公室、经济发展办公室、交通运输管理所、市场监管所等力量和资源，搭建统一指挥、协调运转的综合执法平台，对外统一以涛雒镇综合行政执法局名义开展工程建设、城市管理、安全生产、卫生健康、道路交通、人防、物价、投资招标等领域行政执法工作。（牵头领导：邱志刚，牵头单位：镇综合行政执法局，完成时限：2021 年 8 月）

13. 深化政务服务审批改革。推动政务服务局挂牌刻章，配备审批服务人员，代表镇政府行使行政审批和公共服务等职能，实现所有审批服务事项“进一个门、到一个窗、盖一个章”。（牵头领导：牟萍，牵头单位：镇政务服务局，完成时限：2021 年 8 月）

14. 创建市级社会治理体系示范镇。加快综治中心阵地提升，改扩建综治中心，与网格化服务中心一体运行。整合综治、公安、司法、信访等部门及法律顾问集中办公，推进社会治理一体化办公、一站式服务；加强基层网格化服务管理，优化网格设置，推进网下设格、格下设方网格体系建设；持续推进网格化智能平台建设，加快“雪亮工程”视频联网升级，推进综治、综合执法视频资源整合，形成信息共享、整体协调联动机制建设；建立、完善工作机制，加强重点人员、特殊人群服务管理，定期开展矛盾纠纷排查，组织多元化化解工作，做好情理法结合，依法调解社会矛盾；进一步完善工作流程，实现集中受理、归口办理、疑难事项会商、限时反馈、推送督办的工作机制，提高处置能力。（牵头领导：邱志刚，牵头单位：镇综治办，完成时限：2021 年 10 月）

15. 实施美丽庭院覆盖工程。开展“党建引领——美丽庭院”创建工作，将“红色”党建精神融入“绿色”庭院创建工作，要求全镇村“两委”干部和党员户美丽庭院创建全覆盖，将“美丽庭院”创建和党建工作有机结合，组织“两委”干部发动群众广泛参与，为完成 2021 年创建任务夯实党建基础、群众基础。做好庭院增绿工作，选取 917 家绿化美化意识强、有一定基础、庭院及房前屋后适合植树种花的示范户，开展庭院绿化美化活动，打造美丽庭院升级版，擦亮农村和家庭的颜值，力争全镇 75 个村美丽庭院示范户达 80%，推动宜居宜游涛雒建设迈上新台阶。（牵头领导：宋全慧，牵头单位：镇妇联，完成时限：2021 年 6 月）

16. 实施文化惠民提升工程。推动设立区图书馆涛雒分馆，配套阅览设施，完成图书分类编码等，适时对外开放，丰富群众文化生活。在镇文体中心打造非遗工坊一处，传承具有涛雒特色的非物质文化遗产。开展全民健身活动，打造一镇一品牌，争创“全省老年太极拳之乡”。（牵头领导：牟萍，牵头单位：镇文化旅游服务中心，完成时限：2021 年 7 月）

17. 创建省级精品文旅乡镇。整合镇域文旅资源，培育打造刘家湾赶海园—丁肇中祖居—太阳小镇—旅游路—东石梁头村—下元一村—天台山风景区乡村旅游、研学旅游精品线路。支持下元一村争创省级景区化村庄、省级精品旅游特色村和国家旅游重点村。（牵头领导：牟萍，牵头单位：镇文化旅游服务中心，完成时限：2021 年 11 月）

18. 创建市级乡村振兴齐鲁样板示范区。立足涛雒区位优势、产业优势、生态优势、文化优势，持续加强组织领导、争引上级各类支持政策，引导各类资本、资源参与片区建设，培大育强片区龙头产业，力争年内创建为市级乡村振兴齐鲁样板示范区。（牵头领导：潘维波，牵头单位：农业综合服务中心，完成时限：2021 年 12 月）

19. 创建市级田园综合体、现代农业产业园区。加强与上级业务部门对接，全面规划、综合实施园区创建工作，持续加快园区基础设施建设，不断扩大产业规模，增加收益，完成涛雒镇市级荷仙子田园综合体、石梁现代农业产业园建设工作。（牵头领导：潘维波，牵头单位：农业综合服务中心，完成时限：2021 年 10 月）

20. 争创国家级渔业产业强镇。打造向海经济发展格局，建设水产科技中心、水产种业示范基地、水产品仓储保鲜示范基地、水产品加工营销中心、冷链物流加工企业、2 个省级海洋牧场、1 个国家级海洋牧场。建立集苗种繁育、生产、加工、营销、旅游等综合于一体的现代产业体系，以及“协会 + 龙头企业 + 合作社 + 渔户”生产经营体系，实现渔业一二三产的融合发展。依托红旗现代渔业园区、朝阳渔业园区、日照海辰、盛隆水产、顺源水产、市水产海洋绿色田园综合体、海洋牧场等项目的开发建设，大力发展生态、高效、品牌渔业，全面提升渔业可持续发展能力，加快建设现代渔业强镇。通过省级海洋渔业产业园区项目建设，在借鉴国内外先进的养殖技术、养殖模式的基础上，依托田园综合体的建设，探索创新渔业产业养殖模式，促进沿海地区海岸带整治和沿岸湿地生态环境修复开发与综合利用，保持我镇渔业可持续健康发展，促进经济发展。（牵头领导：张弘，牵头单位：镇水产工作站，完成时限：2021 年 12 月）

21. 争创省级美丽乡村示范镇。深入开展农村人居环境整治，圆满完成农村人居环境整治收官之年各项工作任务。新建集农村秸秆处理、垃圾中转、厕改后的粪渣处理、建筑垃圾与贝壳粉碎、公厕于一体的垃圾中转站一座。年内全镇清洁村庄创建覆盖率达到 100%，市级以上美丽乡村创建率达到 75% 以上，镇驻地村庄污水收集到污水处理厂处理，力争其他村庄全部实现农村生活污水处理。年内争创为省级美丽乡村示范镇。（牵头领导：刘晓军、王均峰，牵头单位：镇城镇办、镇环保办、村镇建设监督管理办公室，涛雒国土所，完成时限：2021 年 12 月）

22. 争创省级森林强乡镇。坚持以为“镇村兴绿、通道连绿、岸线复绿”三大绿化工程为抓手，年内造林绿化 1500 亩，全面规划、依法保护现有林地，扎实做好护林防火、松材线虫病防治等工作，提高全镇森林绿化率，争创省级森林强乡镇。（牵头领导：潘维波，牵头单位：农业综合服务中心，完成时限：2021 年 12 月）

23. 加强安全文化建设。持续推动安全知识宣教工作，切实加强镇村安全文化建设，提高全民安全意识。协同区应急管理局完成镇级安全文化广场 1 处和下元一村、大草坡村、高旺庄村 3 处安全文明街建设工作，迎接全市观摩检查。（牵头领导：孙开峰，牵头单位：应急管理事务服务中心，完成时限：2021 年 6 月）

24. 实施基层医疗卫生提质增效工程。抢抓扩内需政策，争取特别国债项目资金，年底前启动涛雒中心卫生院一期建设项目。完成 3 处省级、15 处市级示范村卫生室标准化建设，全面提升基层医疗卫生服务供给能力。（牵头领导：于坤，牵头单位：涛雒镇中心卫生院，完成时限：2021 年 8 月）

25. 创建国家卫生镇。以科学发展观为统领，以改善人民群众生产生活环境和人居环境为重点，以卫生乡镇创建工作为载体，不断加强城市管理，完善城市功能，打造城市特色，改善城市环境，彰显城市魅力，到 2022 年，全面实现创建国家卫生乡镇目标。（牵头领导：于坤，牵头单位：涛雒镇卫计办，完成时限：2021 年 12 月）

26. 创建全国乡镇示范型退役军人服务站及海员村老兵（老班长）调解室市级品牌。扎实做好全镇退役军人事务双拥慰问、信息采集、信访稳定等工作，依托“碧海红帆”等党建品牌，严格按照各级退役军人事务部门的部署要求，推动退役军人事务工作创新发展，打造一镇（涛雒镇）一村（海员村）服务站：涛雒镇全国示范型退役军人服务站，海员村老兵调解室市级品牌等。（牵头领导：杨茂强，牵头单位：镇退役军人服务站，完成时限：2021 年 10 月）

三、工作要求

1. 强化组织领导。各牵头领导、牵头单位要牢牢把握历史机遇，立足涛雒实际，勇于担当，履职尽责，克难攻坚，确保各项改革创新工作抓实、抓细、抓出成效，各有关部门、单位要切实树立大局观念，密切配合、通力协作、整体联动，协同推动创新事项落地生效，形成创新发展的强大合力，集中打造一批涛雒亮点。

2. 强化经验总结。各牵头领导、牵头单位要主动对接党政办公室、党委宣传办和上级业务主管部门、新闻媒体，综合利用政务信息、日照日报、日照电视台、各级政务新媒体等媒介，制订宣传推介计划，做到边工作边总结，边总结边宣传，努力探索形成一批可复制、可推广的涛雒经验、涛雒做法，擦亮涛雒改革创新品牌。

3. 强化督查问效。要进一步加大工作督查力度，对工作进度缓慢、工作成效不明显的，镇督查办要及时督查提醒，必要时实施跟踪督办、启动问责程序，确保各项创新亮点工作按照排定计划层层落实、环环相扣、有序推进。

三、遗闻轶事

1. 知县造字起村名

清涛雒镇栈子村，濒临黄海，原址是个沙洲。四面环水，沙碛遍地，荒无人烟。明朝末年，一些没有住所的渔民，在这沙洲上搭起茅屋居住下来。时间久了，便形成了一个小村落。为便于泊舟，人们在住所附近用竹、木架起栈桥。所以远近都称这里为“栈子”。

乾隆二十一年（1756）夏天，一场大水将“栈子”这个小村落的茅舍洗劫一空。因灾情严重，惊动了官府。知县孙世璋，知日照县事刚刚一年，为体察民情，亲自到“栈子”考察灾情。他详细查看了该村的地形后，令大家移居到原址西面的沙岭上，并为各家划定居所界限，还在村中间划出一块空地，作为公共场所。孙知县根据村东北角有墩台、墩台东张洛口分出二水环抱此村入海的地势，便以“二水之口”或“口分二水”之意，造出个象形字“冫口”，其音同“栈”，并命名其村为“冫口子村”。

从此，该村以“冫口子”为名，一直沿用到20世纪80年代。因汉字中无“冫口”字，自孙知县命名后，汉字中就多了这个“冫口”字，一直使用了200余年，并收录到县志和有关字典。

注：选自《涛雒轶事600例》。作者张传玺，北京大学历史系教授。

2. 清光绪十二年（1886）《日照县志·掇余志》关于栈子庄的记载

冫口子村地临海岸，四面近水沙碛，不可种植。贫民集居，利便捕鱼，历久渐有数十家。乾隆二十一年夏，大水，庐舍一空。邑侯孙察验，令移居村西之沙岭，亲画界限，各占一区，中立公市。村东北有墩，墩东张雒口分出二水，环抱此村，故名曰冫口子，居民感德，立石以志。

注：“冫口”当作栈，因两水夹入海口，遂相沿作冫口。后因字典上查无此字，孩子上户口、村民办登记等均不方便，1985年后“冫口”便改为“栈”。

3. 涛雒村名的由来

涛雒作为一个村落，可能形成于春秋早期。当时，管仲相齐，大兴渔盐之利，齐国富强，齐桓公称霸。与之比邻的莒国虽为东夷小邦，但莒子也不甘落后，在地滨东海的涛雒大兴渔盐之利是可能的。但何时，什么原因用“涛雒”二字作为村名，值得研究。大海为涛雒人提供渔盐之利，这只是有益的一面；还有另一面，也就是堪忧的一面，那就是黑潮怒涛挟空而来，小则沟满河平，大则汪洋一片，人畜皆为鱼鳖。涛雒的民间流传着这样一个半神话半现实的故事：古时候，海潮淹没了涛雒一带，涛雒人逃到西山避难。观音菩萨大发恻隐之心，亲向东海龙王老爷求情借块干地以安置难民。龙王挽弓一箭，箭落今涛雒的十字路口，允许以这里为中心建村暂住。说：“涛雒人要另找居处，尽早将此地归还龙王。何时归还，龙王爷说：“就像打更一样，四更借，五更还，越快越好。”涛雒人借得此地，四周筑起围墙，以防海潮浸袭。组织青壮村民，每夜有人沿城墙巡查打更防警。从入夜打一更开始，至四更天亮停止。年复一年，不打五更，因避免“四更借，五更还”之忌。此故事反映了涛雒人对东海大潮的恐惧多么严重。明朝万历年间在河北省秦皇岛上修有孟姜女庙一座，其楹联两幅各十个大字，文曰：

海水朝朝朝朝朝朝朝落，
浮云长长长长长长长消。

应当说，这是一般文人雅士利用一字多音多义，表述对海潮的自然景观欣赏的作品。可是涛雒人对此景观的心情并不如此简单，甚至对此楹联的语句或用意并不认同。他们身处其境，深深感到海水“朝朝朝”和“长长长”，只潮不落，只涨不消，并不合乎潮汐的实际，而且对人群，对社会没有好处。也是在明朝，涛雒人在东海边也筑起一座海龙王庙，其楹联两幅各十个大字，文曰：

海朝朝朝朝朝朝朝朝落，
水长长长长长长长长消。

此楹联表达的涛雒人对水“有潮有落，有涨有消”的愿望。《文选·班固〈答宾戏〉》李善注引如淳曰：“潮水之激者为涛波”。潮水落时曰涛落。涛落之村名，由此而产生，其含义忌海水潮而不落，涨而不消。在北宋时，出现了“涛落”之名，而且已由村设“镇”。宋和金时，皆作“涛洛镇”，因“落”与“洛”通。元代在涛洛设盐场以征盐税，名“涛洛场”。明、清因之。古洛与雒通，如洛阳亦作“雒阳”。两汉时因尚土德，忌“水”，改洛阳作“雒阳”。曹丕篡汉建魏，复作“洛阳”。涛雒人忌大水，改用“涛雒”。清光绪《日照县志》即可为证。当然涛落、涛洛之名在明清的民间仍有用者。

注：选自《涛雒轶事600例》。作者张传玺，北京大学历史系教授。

4. 关于“涛洛”缘何改称“涛雒”

在明朝那时候，为避明光宗朱常洛的讳，国内凡含有“洛”字的地名，都得改“洛”为“雒”。《明史·礼志五》：“庙讳：天启元年正月，从礼部奏，凡从点水加各字者，俱改为‘雒’，从木加交字者，俱改为‘较’”。这段文字的意思是，为了避明光宗朱常洛以及明熹宗朱由校（音jiào）的名讳，在明天启元年（1621）根据礼部的奏请，明朝廷曾下令把“洛”改为“雒”，把“校”改为“较”。按照古代的避讳体例，这属于“同音替代”，也就是用一个同音字代替避讳字。

康熙十一年编纂的《日照县志》中，已经开始恢复使用“涛洛”，而光绪十二年编纂的《日照县志》使用的却仍是“涛雒”。“涛雒”之名遂一直沿用至今。

注：选自《日照地名研究》，作者张所昆，日照市民政局地名专家库专家。

5. 鱼骨庙的传说

从前，涛雒有座鱼骨庙，其址在今涛雒镇东约两千米处的沙岭南端，东濒大海，西临泥岗，背依大岭，怀抱海江。

传说早年间，海里潮汛经常失序，不时有惊涛骇浪、狂风暴雨，桅折舱漏、船覆人亡之事时有发生。这一年，海难接二连三地发生，渔民一出海，全家人心就悬到嗓子眼了，他们只好在海岸上烧纸焚香，祈求神灵保佑。

忽然有一天大汛潮时，在涛雒海口以北的海滩上漂上来一条大鲨鱼，双眼已没，像是被两条小鱼押送上来的。那两条小鱼把大鲨鱼送到岸边，就掉头回到大海，把大鲨鱼孤零零地扔在海滩上。奇怪的是，从此潮水涨不到那里，太阳也像火一样的毒，连渴带晒，大鲨鱼最后挺死在海滩上。

就在这天夜里，周围几个村的人都做了个一模一样的梦，梦里龙王爷告诉大家：那条大鲨鱼经常兴风作浪、吞食渔民，触犯天条，依律摘除双眼、赐死海边，百姓可以揭它的鳞、吃它的肉、用它的骨，以昭天德、以安民心。

第二天一大早，人们半信半疑地奔走相告。一传十、十传百，终于大起胆来，持刀背筐，涌上海滩，揭鳞割肉。为报答龙王的厚恩大德，示龙威、警百鱼，当地渔民有钱出钱、有力出力，在大鲨鱼落浅的海边西岭坡上用鱼骨为檩，鱼鳞为瓦，盖起一座小庙。庙中供奉龙王画像，取名：“鱼骨庙”，实为龙王庙。

谁知“鱼骨庙”盖起来不久，就被大汛潮冲垮了，于是人们出钱出力，添置了些木料瓦砖，把庙迁到岭北头高崖上，里面除供奉龙王爷外，又塑了另外一些海神的像。该地因此得名“龙王崖”。

此后，当地渔民虔诚地逢三、六、九到龙王崖“上庙”，即在农历每月的初三、十三、二十三和初六、十六、二十六、初九、十九、二十九共九天到庙里给龙王进香设祭。年复一年，日复一日，如此一来，百姓破费太大。龙王不忍心，便再次托梦：吾享人间香火，次数太多，劳民伤财，既违上天好生之德，也失吾庇佑一方的本意。每年六月十三是吾生辰，众生只在此日进香即可。从此，人们便遵龙王的嘱咐，只在每年的这一天到“鱼骨庙”敬龙王。龙王为民除了鱼害，海上安全了，渔民感到每年敬一次龙王，敬意不尽。于是又在春汛开始之前的正月十六日加敬一次，因此沿海各村便有了每年两次敬龙王的习俗。

且说日月如梭，一晃许多年过去了。这一年，当地突然出现瘟疫，一旦被传染，百药无效。就在人心惶惶、纷纷外出逃避时，龙王托梦：立庙之骨可焙来做药，染病者服之必愈，未染者服之可预防。出于对龙王爷的感恩和敬畏，人们不敢拆庙取骨。于是龙王只好在梦里直言相告：这是先天定数，千万别再迟疑，普救众生要紧。且现庙址潮湿、多蛇，不便众生来往。庙毁后，可南迁。见龙王如此之说，人们才到庙里拆骨焙药，服之果然灵验。当瘟疫全部驱除时，“鱼骨庙”里除几块断骨外，只剩一根完整的鱼骨脊檩了。

几天后的一个深夜，人们梦见一位鹤发童颜的老仙：“自今之后，此地概无瘟疫。为救他方生灵，现将做脊檩的鱼骨取走，仍留鱼骨一块以为念物。”言罢，飘然而去。

第二天天还没亮，人们就纷纷赶到鱼骨庙。果然，庙顶已开，鱼骨脊檩已无，而龙王端坐于露天屋框之中。

于是就有了“鱼骨庙”的第三次迁移，“鱼骨庙”最终定址在岭南端。

这次建庙没用鱼骨，庙的规模大了许多，整个庙宇属二进堂，分前殿、后殿和西前殿，殿房各三间，并另有厢房。除供奉龙王像外，还增添雷公、闪母、风神、雨神等八位神塑，仍称为“鱼骨庙”。

人们把老仙留下的那块鱼骨供奉在庙里，为镇庙之物。

岁月沧桑，昔日龙王庙已荡然无存，鱼骨庙也只留下一段美丽的传说。

如今，涛雒镇政府收藏着一段 1.5 米长、100 多千克重的鱼骨。据说这是昔日“鱼鳞做瓦，鱼骨做梁”的“鱼骨庙”残存鱼骨梁的一部分。这块鱼骨质地坚硬，如同化石一般。据有关专家介绍，像这么大的鱼骨在全国也属罕见。

据原先庙中的石碑记载，“鱼骨庙”在隋朝就已存在，如此算来，至少有 1400 多年。

注：选自涛雒镇微信公众号“涛雒发布”。

6．“刘三黑”尝泥知海港

古时候，渔家行船，皆为木帆船，靠风帆、摇橹为动力，海上航行无任何导航仪器和通信设备，因而，船老大的经验多少，技术好坏，直接决定行船是否平安。船老大必须识天气，好天行船，恶天驻港，不可强行；又必须技术过硬，掌缭、调樯、扳舵熟练准确，确保帆船行驶安全；还必须识方位，靠视野中的海岛、水流及岸上的山岗、灯火等确定帆船所处的方位。白日晴天倒好办，雾天或夜间行船要全凭经验的积累和准确的判断。一个好的船老大，必须具备这些技能和经验。

传说民国初年，涛雒口有个叫“刘三黑”的，自幼随父亲行船。待到成年，行船技术已经非常有名，成了涛雒口很有名气的船老大。他被人雇佣跑上海航线，从未出过差错。有一年冬天，他领的大货船揽到了一个急活：货主急需将货物运到上海，但由于天气原因发货耽误了时日，货主、船主都很着急。于是，货船昼夜加班装货，船员备齐给养，企秘办好报关手续，急匆匆从涛雒口起锚出发。时值隆冬，滴水成冰，满载的货船昼夜兼程。刘三黑在船面上把舵，很少休息，不敢稍有松懈。夜里行船天分外寒冷，他靠着两坛子老烧酒御寒。两眼熬得通红，眼角布满了眼屎。十几天过去了，眼看着两坛子老烧酒快没了。这一夜下半夜洋面上起了大雾，几十米之外，什么也看不见。船员纷纷请示船老大，是驻锚过夜天明再走还是继续前行。刘三黑计算了一下时间，吩咐船员：“用砣子带一些海泥上来”，于是船员照做。刘三黑接过船员捞起的海泥放到嘴里尝了一尝，果断的吩咐：“驻锚，到了”。船员半信半疑，但谁也不敢多讲话，这是船上的规矩。

第二天，天一亮，大家发现，货船果然已停驻在吴淞口外，船员个个惊得目瞪口呆。从此，刘三黑尝泥知海口的故事在日照沿海一带像神话一样传播开来。

注：选自《日照渔家文化》，作者滕怀森，本志执行主编（详见本志《第十八编·文学艺术》）。

7.西施舌两次进京的故事

西施舌在涛雒区沿海最多，日照县的其他各海区亦均有分布，全县年产量约万斤。西施舌主要生活在中潮线以下至五米等深线以内的海域内。它摄食水中的浮游植物，栖息在沙泥地质中。它的活动能力不强，随着季节的不同，只能作从低潮线以下至低潮线的水平移动，因此，低潮线附近较多。每年五、六月和八、九月间，是它的繁殖季节。其幼虫在水中营浮游生活半月左右后，再变成稚贝，下沉入沙（或泥），开始永久性的穴居生活。

人们对西施舌的采捕，多在冬季进行。采捕方法：一是“认门”，即在落潮后，人们根据西施舌通常穴居的地点和特征，去辨认其门，扒沙（泥）取之。二是用石磙子压，即在落潮后，人们手拉小型石磙子在有西施舌穴居的滩面上来回地压，凭着不同的手感和石磙所压的滩面表象，便知有无。这样人们每潮可获几斤或十几斤。历史上也多有这样的现象：冬季“三九”或“四九”天，西北风直吹，海潮大落的时候，便有成群的西施舌被潮水锤击出滩面，渔民则随手可得。这是因为西施舌本来多栖息于低潮线上下，但由于天气酷冷而被冻僵，失去知觉，便被风浪吹打了出来。

涛雒产西施舌，它因壳薄形秀，色泽艳丽，肉质脆嫩，味道鲜美和足如人舌等特点而出名。它个体大，形似三角，肉含丰富的蛋白质，供给人体必需的氨基酸和多种维生素。它不仅是家庭和宴席上的海味佳肴，亦是滋阴良药。《本草纲目拾遗》中记载：“介属之美，莫过于西施”。清代名医赵学敏等曾列举过它的药用价值，赞其为“益精润脏，为补阴要药”。近代医学认为中医历来所说的“消渴症”，即属糖尿病的范畴。而西施舌对降低血糖有很好的疗效。据临床报道，每天早晨空腹食水煮西施舌一只，并连汤喝下，一周后即有明显疗效。这是因为多数糖尿病属阴虚阳亢型，而西施舌的主要作用，就在于滋阴，故用之必获良效。

人们或许还记得这样一段往事：

1959年底，在北京召开的全国群英会上，日照县劳模代表柴世清和领队任曾恩曾请大会主席团转献给毛主席和周总理一样东西。后来，周总理和毛泽东主席到山东视察时又记忆犹新地提到了它，它是什么？它就是被誉为日照县海特产之一的西施舌。

1978年，涛雒公社党委副书记肖德晋当选为第五届全国人大代表，受莒县全国劳模吕鸿宾的委托筹集日照的西施舌，在人代会期间作为地方特产，献给华主席尝尝鲜。筹集的任务交给了公社渔业队长葛允武，葛允武立刻找来了东南营大队书记孙树倩，安排其兄孙树民，历经数日，扒得西施舌30余斤，会议期间，吕鸿宾、肖德晋两人一起，将西施舌带到北京。

日照西施舌两次进京，名声大振，涛雒作为

主要产地，是不可多得的自然资源财富。1978年，日照县水产研究所首次育出壳长二毫米的贝苗二万粒。1984年，又育出同样规格的贝苗一百万粒。通过这几次人工育苗的成果，表明日照县人工养殖西施舌的前景可望。

注：选自《日照渔家文化》，作者滕怀森。

8．五卅景伊学校《校歌》

天昏地暗，沪江边，英国呈强权，残杀我青年。弹如雨，血如泉，人死愤空拳，尸横大道前。野蛮大和魂，野蛮不列颠。同胞勿忘五月三十，国民十四年。

注：涛雒镇宣传办公室提供。

四、回忆录

怀念

丁肇中

父亲去世了。

父亲突然而又安详地去了。

去年8月我第一次感到不祥的兆头。我在由新加坡到汉城的旅途中，飞机中途停在台北机场，我给父亲打了个电话，得悉他已经不能说话了。去年年底，他的情况已很严重了，医生对他的病已经做了结论。四星期前，我去看望了他，推着轮椅陪他在台湾大学医院做最后一次放射性治疗，他的行动已经很困难了，然而他仍然很平静和安详，庄严地等待着即将发生的事件。他为我们的小儿子取了一个中国名字，还请我的继母为我小儿子特地刻了一枚名章。他非常艰难地亲自为我的妻子、他的孙儿女，以及他在北京的姐妹们写了信。1月19日当我向他告别时，他为我写了一首中文诗，鼓励我不要满足于曾经做过的一切，而要继续地不断前进。他紧紧地握着我的手，他一点也不为他自己担忧，但是我十分悲伤，我觉得我要永远地失去他了。

父亲的一生，即使在他最后的日子里，他总是能泰然地处置他个人的事情，并且能始终清晰地理解和理智地分析一切事物。

对父亲的回忆，最早可追溯到我五岁的时候。那是1941年12月8日，珍珠港事件发生的日子。那时我们全家都在重庆。当时，每天的大部分时间是在防空洞中度过的。那天父亲告诉我，以后日本的轰炸会越来越少了，我们的日子也会慢慢地好过些了。

我七岁的时候，父亲带我去参观了重庆的一个工业展览会，展览会上的那些新机器和工具对我有很大的吸引力。那时父亲是重庆大学的教授，母亲是四川师范大学的教授。这一年我大部分时间是待在家里，父亲常常向我讲述上个世纪以及本世纪的一些伟大科学家，如法拉第、牛顿、麦克斯韦、爱因斯坦、希尔伯特和冯卡门的故事，他们的成就以及父亲谈起他们时的神态给我留下了很深的印象。可能正是童年的这些印象，使我立志要成为一个科学家。

从父亲那儿，我开始知道了原子这个名词，那是在1945年8月轰炸广岛以后，他向我讲解了什么叫原子，以及它的应用在世界历史事件中的含义。

1946年至1947年期间，我单独和父亲一起住在青岛。父亲在山东大学当教授，并为联合国救济总署工作。父亲把我送到由德国修女办的一所非常严格的天主教学校去上学。因为在战争年代，我从来没有受过正规教育。另外，我原来对学校也没有什么兴趣，所以在这所天主教学校中，我的学习遇到了很大的困难。非常值得感激的是，我的父母从来不管束我，而总是激励我的兴趣，他们不像许多中国父母那样强求自己的子女在学校中得到好分数。

我非常留恋和我父亲在山东度过的那一年的生活，在那里我见到了我的祖母和丁氏家族中的许多成员。父亲常常带我去看京剧和看电影，却从来不强迫我念书。

由于内战和社会动乱，1947年和1948年在中国的生活是很困难的。我记得，当我们从我家的第一台收音机中听到国共双方的济南战役结束时，父亲很感慨地谈到，国民党很快就会失去大陆！在那些日子里我和弟弟都得了重病，父母果断地花费了他们的全部积蓄购买了当时刚刚出现的新药——盘尼西林。如果他们不那么做，或许我们就不能幸存下来。

1948年以后，我们到了台湾，父亲开始在台南工学院教书，后来执教于台湾大学，在那时我开始接受了正规化的教育。

在我少年时代的性格形成期间，那时台湾的政治制度是很僵硬的，新闻是被严格控制的，没有言论自由那时，我对当局组织的一些学生活动很有兴趣，然而父亲却明显地对当时台湾实施的一些政策持有不同观点。我在高中学习期间，父亲继续和我讨论关于牛顿、麦克斯韦、冯卡门及其他科学家的生平，以及他们的伟大贡献。他给我一本关于法拉第生平的书，这本书对我产生了非常深刻的影响。我在密歇根大学工学院念书期间父亲来看过我几次，送给了我几本朗道等人写的量子电动力学和现代物理方面的书。读这些书，对没有受过物理学训练的人来说是相当困难的。在1957年的圣诞假期中，我将它们读了一遍，书中清晰明了的物理学思想和数学表达给我留下了非常深刻的印象。

在母亲生命的最后几年里，父亲到了美国和她生活在一起。母亲的病以及她的去世，明显地对父亲产生了很大的影响，他决定回到台湾而不留在美国继续工作。

1960年，我决定从事实验物理学的工作，而不像当时一些成绩优秀的中国学生那样选择工程或理论物理方面的工作。我进入了一个中国人几乎不涉足的领域，进入了一个对父亲也很生疏的领域。或许我的决定曾使父亲感到惊讶或失望，但他确实从未流露出这种感情。

然而，当我开始发表文章的时候，父亲也开始对我的工作表现出越来越大的兴趣，还向我要文章的油印本。过去的三十年间，我的研究工作以及实验结果的意义，成了我和父亲谈论的主题。父亲非常愉快地接受了瑞典皇家科学院的邀请，出席了1976年诺贝尔奖的授奖仪典。他也感到十分荣幸地作为邓小平的客人在1989年10月访问了北京，正是这次访问使他见到了阔别四十年的老朋友和姐妹。

由于我参与的实验越来越复杂，工作占用了我越来越多的时间，很少有机会和父亲见面。然而，每次我们的会面，他总是对我的工作表示出强烈的兴趣。

父亲是一个有非常才智的人，他的记忆力极好，有很强的分析能力。而最突出的是，他总是——即使在他最后的日子里，也非常安详和平静。他对我最大的影响是：在我少年时代就引导我认识了伟大的科学家们的工作和成就，对我所做的一切总是给予很大的支持。因而，应该说，他是我的启蒙老师。

编者注：本文系1991年丁肇中教授为缅怀父亲丁观海而撰写。

回忆我们的启蒙老师李狄雪

许耀林　郭建培　李方成

李狄雪先生是日照市涛雒镇栈子村人，生于1909年，卒于1939年，他从十八岁起，先后在本村、石臼所和安东卫小学任教。他有强烈的爱国主义思想，把全部的心血倾注在培养人上。在他短短的生命历程中，为教育、为抗日救国做出了积极的贡献。他忧国忧民、敢作敢为、勇于破除封建迷信，是一个大无畏的民主革命战士，是一个有抱负的爱国者。他用先进的思想和行为影响了一代人。

一

先生是贫苦出身，祖上是靠卖茶水维持生计的，是栈子村出名的“茶炉子家”，后来又开起了小铺，卖烟酒之类的东西，小铺名叫“裕祥”。先生从小勤奋好学，上学时倍受老师的垂爱，中学毕业后，曾试图经商改变家庭经济状况，但他受“五四运动”新文化的影响较深，他要求进步，寻求科学真理，热爱教育，他认为教育是中华民族昌明的根基，于是他改变了初衷，投身于教育事业中去。

先生从事教育的时间开始是民国初期，后期赶上了抗日战争爆发。那时社会上开始取缔私塾，废除科举，但封建传统教育依然根深蒂固，兴办新学堂阻力很大，先生接受不了当时陈腐的教育思想和方式，所以与同事们以“拯救中华、服务桑梓”为宗旨，奔走呼吁，排除障碍，极力倡导办学堂。他们在栈子村后“龙王庙”办了一处学校，取名“栈子张洛乐娱完全小学”，校长郭益三，校董有叶丰一、叶光庭等，教师有郭仲连等好几位。学生念的书是“民国课本”，课程有：国语、算术、自然、地理、历史、常识、音乐、美术和体育等。教学方法也一改过去的陈旧方法。先生教过的高年级学生有许耀林、郭建培等三四十名。由于办校正规，学校得到社会各界人士的欢迎和支持，当时日照县民众教育馆馆长叶光庭曾为小学捐了一架四组的风琴和部分儿童读物，充实了学校的“小学生文库”，丰富了学生课外活动的内容。先生还在“菓子铺”的房子里办起了“阅览室”，里面不仅有部分图书，还订了“大公报”，由叶景祥等学生负责，供学生和村里老百姓在那里看书看报。

先生虽然学历不高，但自学能力很强。村里人有好书，他就借来读，有不会的问题就求教于人。在贫寒的家里，也有自己的书屋，常年坚持自修。

先生除教语文、算术外，还教音、体、美等课。他为了教学生唱歌，学会了弹风琴，课上课下他教会了学生许多进步歌曲，并向学生进行抗日救国的教育，在学生幼小的心灵里，深深地埋下了一颗仇日的种子。他还为学生创办了一首《学兵操》的歌曲，学生边唱歌边做动作，像表演、像军训，学生做得十分认真，威武雄壮，先生的目的是要培养强体魄、明是非的治国良才。这首歌至今还被叶景裕保存着。

先生一心扑在工作上，他治学严谨，对自己、对学生都很严格，从不给学生少上一堂课，学生如有完不成作业的，放学后先生看着他完成。学校放假后，他常常留一些学生进行辅导。先生说话声音洪亮，讲课条理，内容新鲜，吐字清晰，学生都爱听他讲课。他对学生以表扬为主，讲故事、说比方作引导，对学生耐心教育，从不训斥，自己能言教身带，勤于教导，受到学生的爱戴和信赖。他对学生非常重视“德”的教育，因此，先生与其他教师配合，使所教学生尊敬师长，学业猛进，严守纪律，行动整齐，使栈子小学里涌现出一代有知识有觉悟的青年人。先生热爱教育，热爱学生，在自己病危时，学生到床前看望他，他一再勉励学生要博学精思，将来报效祖国。

先生团结同仁，乐意与同仁共事，如郭志一、郭星垣都是最好的朋友。他在师生中享有很高威信。在1930年石臼小学招聘时，叶蓬山被招为校长，校长可以自带教师。叶蓬山是清末的贡生，又在日本“早稻田大学”毕业，叶校长上任时，带着先生一起到石臼教学。到了石臼小学，先生不但当班主任，还担任学校的事务主任，负责学校的财务工作，需要他到“女子部”教学时，他就去教女子部的学生，直至送学生毕业。他是叶校长的得力助手。后来学校换了几任校长，如尹华西等，对先生都是器重的。

先生教学时，发到手的薪水每月只有几十元钱，一年只发十个月的，有时还没有保障。条件再苦，先生从无怨言，安贫乐教。

义教是三十年代出现的一种教育，是属免费的书塾教育，为推进当时日照教育起到一定作用。先生的好友郭星垣生前积极推行义教，不幸于1936年病故。朋友英年早逝，先生悲痛万分，便和六位朋友联名送了一幅挽幛，他在长达500字的挽幛上写下了无比的恸心和惋惜。谁会想到两年后先生也染病身故了呢！

民国初期，日照开始提倡女子教育。但在较长一段时间里，家长不愿送女孩子上学堂，学校的女学生很少。先生和同事们积极向社会宣传女孩上学的益处，女孩应该和男孩一样受到教育，长大后同样可以为社会做事。栈子毕竟是个开化的地方，从此大量女孩走进了学堂。在别的地方男女学生还是单独编班学习的情况下，栈子小学已经可以男女学生同班读书了。后来叶玉珍、叶秀琛等十几名学生，在集体参军的高潮中，都参加了革命工作，她们和男青年一样为革命作出积极的贡献。

郭星垣的女儿到了上学的年龄时，先生鼓励

她“你很聪明，要像父亲那样努力学习，长大当女豪杰”，并翻了字典，给起了名字。先生认为上学是美好的，又希望她长大能成为温和善良的女性，就取名叫“郭常淑”。郭常淑听了先生的话，在学校里努力学习，第一学期就考了第一名，长大后成了一名党的好干部，在各个工作岗位上都做出优异的成绩。

二

先生多才多艺，思想活跃，爱好全面，热爱文体活动，打一手好篮球。他酷爱文学、书法、绘画，教学生写毛笔字，给每个学生写一张字帖，给石臼小学当时三年级学生写的“东方杂志陈同升的”八个正楷字，挺拔秀丽，陈同升天天模仿，爱不释手，保存了多年。先生擅长刻图章，总结出“刻阴不足、刻阳有余”等经验用来指导他人。民间的应用文，如给结婚的人家写对联，给死去的人做旌也都精通，也高兴为大家服务。

先生在反对封建迷信的新潮中是个带头者。他在本村后庙教学时，每年六月十三全村男女老少都到庙上去，打着锣鼓，抬着猪头、供品，对“龙王爷”烧香磕头；渔民出海前要到庙上祭奠，海上有了风浪，渔家老小也要到庙上祈祷。龙王庙前有个土地庙子，村里死了人或谁有了病，都要到庙前烧香烧纸。先生看到学生上课的正常秩序受到了影响，更重要的是这不文明的行为应该破除，他曾多次向学生及家长讲相信科学，破除迷信的道理，但无济于事。他试图根除这一迷信活动，有一天和学生一举把“龙王爷”的头和土地庙里的神像推倒了，并且都扔到了海沟里。这样一来，惹起村里不少人不满，最后先生的父亲出面作了赔礼道歉，并进行修复才算完事，但这事毕竟是对封建迷信是一个很大的冲击。

三

七七事变后，日寇侵占日照。日伪军占领日照城、石臼所、夹仓等沿海一带，到处安据点，疯狂地镇压抗日群众。全县人民饱尝了日伪军的蹂躏之苦，教育事业也备受摧残，校舍或被敌人占用，或焚烧一空，师生同家长一道逃难求生。东北失守了，日本货进入了中国，先生看到国土不断沦陷而焦虑不安，看到教育事业惨遭破坏而忧心忡忡。在那个年代，民族在苦难中呻吟。先生为寻求抗日救国的道路，积极地投入抗日活动中，在学生面前揭露日伪侵略者的暴行，教唱进步歌曲，向学生进行抗日救国教育，动员年龄较大学生参加革命工作。不久，全校学生被发动起来了，抗日的气氛很浓厚。先生经常带领学生到社会上宣传抗日的道理，成了栈子村抗日爱国的核心人物。

先生与校内外的学生、青年一直保持联系，他们经常到学校同先生谈人生谈前途，先生引导他们关心时局的发展，向他们宣传抗日救国的道理。正当他们思想苦闷，急于寻找救国救民的道路时，先生与王子振取得了联系。

1938 年春，国民党第五十七军里的中共五十七军工作委员会来到日照后，有一天，一个化名王子振的人来到栈子小学，认识了先生，他俩谈话很投机，有时交谈到深夜，还送给先生一支手枪，后来通过多次接触，先生思想进步很快。六月，下元建立了特支，赵志刚任书记，李欣、王子振任委员，又发展了秦亢青等四五位青年入党。6 月，以国民党五十七军宣传队的名义成立了“日照县抗日民众联合会”（简称“区联会”），该组织是在特支领导下具有统战性质的群众抗日团体，当时，一些爱国进步知识分子纷纷参加了“区联会”。在敌伪统治下，党的活动是绝密进行的，先生是否党内人士，我们不得而知，他确实做了一个地下党员的工作，坚持地下斗争，宣传党的方针、政策，以一个地下工作者忠贞不渝的高尚情操投身于革命，辛勤工作，夜以继日。他经常到下元、柳古庄找王子振，有一次先生动员了几个大龄的学生（许耀林、傅留余、李允济、王文秀等）一起参加秘密会议，他们每人带着一件武器，先生带着手枪。在会上，王子振对他们讲国共合作、团结抗战、抗日救国十大纲领，并且要求大家发动群众组织武装力量参加抗日战争。先生深感民族危亡已燃眉睫，认识到抗日的力量在广大民众之中，最易发动的是青年和学生。他根据王子振同志讲话精神，回村后，一方面深入群众积极宣传抗日救亡的道理，另一方面遍访名流，通过本村开明人士傅季和的关系，把全村养船户防海盗用的枪支动员出来，组织了以全村青年学生为主的“抗日自卫队”，共有四五十人，长枪30多支，短枪数支，队员们对日本强盗的侵略行为，早已恨之入骨，一说打鬼子，劲头都很足。队伍组成后，队部设在小学里，主要任务：一是进行抗日救亡宣传；二是封锁海口，抵制日货，查禁资敌物资，查到日货便没收，作为自卫队的活动经费；三是查日寇奸细活动。队伍本身也建立了一些出操、学习、分工宣传和查私等制度。每天早上由李允济领队操练，许耀林负责宣传工作，发动群众。有一次，一条商船从青岛装满了日货，停泊在东南营海口。先生得到消息后，带领自卫队和村里其他人把日货抢了，打击了侵华日军的嚣张气焰，从而为解放区争取了大量物资。挫败了敌人的阴谋，爱国人士无不称快。

“自卫队”开始时搞得热火朝天，大家的情绪很高。村里出现了多次青年参军参政的热潮。青年们唱着“兄牵弟，儿别娘，前仆后继上战场”的壮歌，一批又一批优秀儿女奔赴前线。一位爱国抗日带头人叶香坡，他参军后，先后动员两个儿子四个女儿全家参军，又动员弟弟叶子芳及其女儿参加革命，接着和党支部一起动员了十余名年轻的姑娘到八路军医院工作。即使后来环境恶化，弟弟牺牲了，他和子女都是很坚强的。

几个月后，五十七军被调去保卫武汉，因走得很急，王子振没有来得及向先生交代，“自卫队”又未能与党的活动人员取得联系，自1932年日照暴动失败后，党组织遭到严重破坏，在抗日初期，全县没有党的活动，顽固政府又节节进逼“区联会”，“区联会”也停止了活动。敌人占领了涛雒，栈子村的“自卫队”也暂时疏散隐蔽了下来，枪支也临时分散保存。

有一天，先生在学校里和几个高年级学生研究如何宣传抗日的事，突然出现了几个汉奸，他们是涛雒来的，把先生“请”了去，学生很着急，为先生的安全担心。过了两天，先生又出现在学生面前，向学生讲述了他去涛雒的情况。原来，先生在栈子一带，他的学识、为人和活动能力，汉奸们早有所闻，他们寻思要占领栈子，李狄雪是个用得着的人，于是就在先生身上打主意。把先生叫去之后，先用“高价聘请”，看看不行又用恐吓，结果先生软硬不吃，日伪军就没了办法，一时又不好下手，只好把先生放了。

先生一生清苦，加上不顾一切奋发教书，和同志们秘密进行抗日救亡活动，劳累交加致使病魔降临。1938年秋，患了胸膜炎。在家医治了几个月无效，第二年便去世了。

先生一走，栈子村的抗日活动受到一些影响。1939年，中共日照县委建立，秋天，徐坦（原名徐孟吉）、赵明德（原名苏贻群）二同志到栈子去联系，找到了许耀林、王文秀，传达了县委的意见，把栈子的武装再搞起来。经过几个月的工作，又发展了部分党员，许耀林、王文秀、傅承林、傅承全等入党后，立即建立了第一个支部，许耀林担任书记。在党员的带动下，共动员联络了50余人，成立了抗日游击队，负责人又加上傅承全、李志山。这支队伍，就是日照县第三大队第四中队的前身。随后建立第二届支部，由郭建培、傅大同、郭中信、傅承章、李允济五人组成，并开展工作。

1939年3月21日，李狄雪先生病逝，至今60多年了。先生一生钟爱科学，学术拔萃，师德高尚，进取心强，教学认真，栈子小学于1930年恢复后，先生始终是学校的教学骨干。他对学生的爱国反帝的思想影响比较深，他始终站在抗日救国的前列，影响和教育了一代人，先生的学生大多数成为爱国抗日的骨干，如叶金刚曾任27军政委、北京军区党委委员、纪检书记，叶连祐曾任南京炮兵司令部政治部主任。

60多年过去了，他所教过的学生——今天离退休的老人还时常缅怀他的丰功伟绩。这里回忆的仅是先生革命历程的一些片段，以慰我们对他的怀念。先生的诸多治学经验和体会，都是后人的一笔财富，先生的奋斗精神，永远激励我们前进。

60多年过去了，回忆当年，思绪万千，难免对先生深深怀念和敬爱。回忆起我们这些亲身受他教育及他的精神熏陶的人，不禁肃然起敬，为此我们向他的亲属致以崇高的敬意。在写这篇文字的时候，有幸得到许多城市和住在台湾的老人的帮助，他们或口授，或函告，提供了过去鲜为人知的资料，在此，对他们表示深深崇敬和谢意。

注：许耀林，曾任苏州市委书记（详见本志人物篇）。

郭建培，曾任浙江省水利厅副厅长（详见本志人物篇）。

李方成，日照市职业技术学院退休，李狄雪之子。

丁履俱 1982 年的回忆

我原名丁履俱，又名丁基实、丁君羊，是山东省日照县涛雒镇丁家官庄人。生于 1903 年，1915 年，离家到青岛读小学，1917 年，入天津南开中学。此间，正逢反帝反封建的五四运动，我受新思想新文化的影响，向往革命。1921 年，我考入上海同济大学，在工预科学习机械土木专业。我参加革命工作，就是从在同济大学读书时开始的。

1924 年，我叔父丁惟汾在广州参加国民党第一次全国代表大会回到上海，住在西藏路一品香旅馆。我去看他，在那里见到一个叫陈为人的。后来他经常跟我接近，不久，又介绍我认识了恽代英、邓中夏等共产党人。那时已经是国共合作了，他们指示我在同济大学成立国民党支部、办平民学校。我在吴淞口一带创办了平民学校，参加平民学校的大都是工人家属、子弟；办了好几期，共培养了五六百人。邓中夏同志就是在这个平民学校同工人家属接近，开展工人运动的。经过半年多的时间，我在学校也发展了五十多名国民党员。当时，上海有个国民党执行部，关于国民党的工作，我就是听那个执行部的指导。执行部组织部长胡汉民，宣传部长汪精卫，秘书由毛泽东同志担任。那时，我联系工作就是同毛泽东接头的。后来在成立国民党江湾区党部的时候，毛泽东还亲自提名，让我担任区党部的委员。

1924 年下半年，我在同济大学由恽代英介绍，加入中国社会主义青年团。这时候，山东的一些共产党人如王尽美、邓恩铭、王翔千等写信和我联系，愿我回山东工作。在我还未回山东之前，他们在选举国民党济南市党部的时候，就选我任市党部秘书。同年底，我放弃学习，回到山东。在我临离同济大学之前，我把同乡同学尹景伊介绍给恽代英。不久，由恽代英介绍他加入中国共产主义青年团。后来，他在五卅惨案中壮烈牺牲。

我回到山东后，主要做统战工作和学生工作。1925 年春夏间，我由尹宽、王翔千介绍，加入中国共产党。

1925 年 7 月，山东省国民党第一次代表大会在济南召开。邓恩铭、延伯真、王辩、王用章等一些共产党员和共青团员被选为省党部执委或候补执委。我任省党部常务委员兼组织部部长。此间，为了开展学生运动，发展党的组织，我还到齐鲁大学读了半年书。在那里秘密发展了四五名共产党员，还建立了一个党支部。

我在齐鲁大学期间，日照在济南的安哲、郑天九、李平章、丁观海、牟春霆等人都经常跟我接触。我介绍《向导》等一些进步书籍给他们看。在我的影响下，他们走上了革命的道路。安哲、郑天九都是在 1926 年由我介绍入党的。后来听说他们领导过一次日照暴动，那时我已离开山东，具体情况就不清楚了。

注：丁基实，中国共产党早期领导人之一，中共六大山东代表团团长。

关于一九三二年日照县武装起义的回顾

丁原颐

我于 1931 年在青岛铁路中学读书时，由同学张维邦介绍加入中国共产党。在中共青岛市委的领导下，担任秘密地下工作。1931 年暑假期间，我回到日照故乡，就想在地方上开展党的活动。因为我早就知道牟家小庄牟春霆（陈雷）是一个潜伏在家中的共产党员。他和我是姨表兄弟，我就主动去找他谈起党的活动情况。他当时告诉我说：“因为和上级断了联系，虽然有几个同志，但不敢轻举妄动。”我提议在我暑假回青岛时，由他派一位同志和我一道去青岛，我介绍他同青岛市委接上关系，将来也好联系省委，正式开展日照工作。他同意了我的意见。在我回青岛的时候，他就派郑天九同志和我同行。到了青岛，我就将郑介绍给当时的市委俞启威（他那时是青岛大学的学生，后来改名黄敬）。那时候，党的纪律是只准有纵的关系，不准有横的关系。所以我给接上头以后，就再没问他们以后是如何联系的事。1932年暑假我又回家时，得知日照共产党在我们的积极活动下，发展很快，不但有了健全的组织，而且有了大批的党员。以后，由于日照交通闭塞，消息不灵，我只听到一些传闻说日照到处开始暴动。就在这年秋天，果然暴动起来。这个消息一传出，使反动派大为震惊。因为这在华北来说，是共运的春雷第一响。这次暴动虽然失败了，但无产阶级革命的火种，已经深深埋在日照人民的心中。

当时全国各大报纸报道这次的暴动消息，都指出四个领袖人物是安哲、郑天九、牟春霆、于共方（后叛变）。他们后来都被反动当局通缉，只好流亡他乡，联系中断。

丁原瀓是我的胞兄，他是1931年由我介绍给牟春霆加入中国共产党的。他当时在日照涛雒镇民团当团丁。入党以后，他在日照南乡发展了一些党员，实际是南乡党的组织者。1932年暴动失败以后，他逃亡上海，为了避免通缉，化名为丁尚武。

1934年秋，青岛市委俞启威被捕叛变，使党组织受到极大破坏。我也被反动派搜捕，蒙老师和同学的掩护，脱离虎口，也由青岛到了上海，才与家兄丁原瀓异地相逢。他怀着沉痛的心情，和我谈到暴动失败的经过；当年党的暴动计划是全县同时发动，北路由安建亭（安哲）、于共方指挥，去夺王家滩盐警的枪；中路由郑天九、牟春霆指挥，收缴各村地主的武器；南路即由家兄领导，去缴涛雒民团的械。准备暴动的这天晚上，家兄在一个同志的家里举行了一次秘密会议，商定各人的具体任务和行动细节，并写了一封密函，派人到沟洼村，约定那里的党组织连夜赶到涛雒接应。等接应的人一到，涛雒内部就开始行动。因为民团中有我们的人，涛雒围子的钥匙又是家兄保管，只要暴动队伍赶到，打开围子门，大家进去，就可以解决涛雒的问题。当时大家认为这次行动一定万无一失，明天的天下手到擒来，肯定属于我们的了。在这种情况下，因而产生了麻痹思想。他们一来是为了壮行动的胆量，二来预祝革命的即将胜利，会后竟买了许多酒，大家在一起开怀畅饮。等酒喝足了以后，各人分头去做暴动的准备。不料派去送信的那个人，因为酒喝得太多，以至于昏头昏脑。当他走到涛雒西丁家官庄附近时，遇见了一个熟人，也是去沟洼村的。送信的人竟然稀里糊涂地将那封秘密的信托给那个熟人替他带去，自己又返回涛雒。家兄一听他的汇报，急得双脚直跺，唯恐那人不可靠，误了当夜的大事。那人果然是个坏蛋，他半路上把信偷看了，就赶回涛雒镇公所告密了，镇公所立刻紧急戒备，并派人去捉拿家兄。幸亏有个团丁将情况飞报家兄，告诉他事情已经败露，无法夺枪，赤手空拳万难举事，并催家兄赶快逃走。家兄见大势已去，便叫大家各自隐蔽，以后相机行事。他就跳下围墙逃到其岳父家中，想看事态发展再做计划。次日即得到消息，涛雒镇公所即以送信人为突破口，逮捕了很多同志。敌人当天就派兵到他岳父家搜捕他，幸亏群众的掩护，他才没有被搜到。这时他真难过极了，党交给他的任务没有完成，反而损失了许多同志；有心去找牟春霆等，又觉得见他们无法交代，竟不知道如何是好。后闻暴动完全失败，他才在王家村渔民的帮助下随一条渔船到了上海，匿藏在族兄丁子昆家，但无法找到党的关系。为了解决生活问题，他考入沪宁铁路当警察。在当时，他那微薄的工资除了维持自己的生活，还得接济好几个逃到上海的同志。他切盼能够再找到党，继续参加革命工作，但在白色恐怖下，那是多么不易呀！

注：丁原颐，涛雒一村人，中共早期党员。日照暴动领导者之一丁原瀓之胞弟。

记中华民国时期山东实业家叶春墀

韦钦国

叶春墀（约1884—约1960年），字玉阶，山东日照涛雒镇人，20世纪上半叶山东知名实业家，在金融、船运、教育等多个领域均有所成。

虽然后人对叶春墀了解甚少，但在一个世纪前叶春墀在山东乃至华北都是一位有着相当影响的人物，他身体力行地推行教育救国、实业救国，令人称道。

“启民智，兴学堂”

19世纪末、20世纪初清政府鼓励出国留学，师人长技以图强。当时，日本明治维新成果明显，中国与日本文化相近，去日本的船费、学费、生活费用相对较低，因此中国青年多将日本作为留学首选之地。1904年，叶春墀与同乡丁惟汾、丁立同以官费赴日留学。出国留学开阔了视野、增长了见识，使叶春墀进一步认识到“实业教育乃富强之大本”“人无教育，无以自立；国无教育，无以自强”。此时，北洋政府正效法日本实行大学分区体制，下令裁撤山东高等学校（即1901年创办的官立山东大学堂）。

叶春墀“启民智，兴学堂”，1912年向政府请求在济南南关新街创办高等商业学校，七月经临时省议会议决定获准设立，开学时“奉教育部令”更名“山东公立商业专门学校”，叶春墀任校长。《1914济南指南》载，“（学校）分本科、预科、甲种商科”“有选科及附涉簿记班一百二十余人，各班人数共一百五十名”。

1925年4月，中华民国临时政府临时执政段祺瑞任命奉系军阀张宗昌为山东督办，7月张宗昌兼任山东省省长。1926年夏，张宗昌令山东省教育厅厅长、清代光绪二十九年癸卯科状元王寿彭，将包括山东公立商业专门学校在内的六所专门学校合并为省立山东大学，张宗昌挂名校长，实际由王寿彭任校长，山东公立商业专门学校完成了自己的使命。山东公立商业专门学校开办15年间，叶春墀一直担任校长，培养了数千名商业方面的人才，山东大学对商专在内的六所专门学校为山东高等教育做出的贡献予以认同，其官网显示“在山东大学的发展历史上，这六所专门学校起着承前启后的作用。”

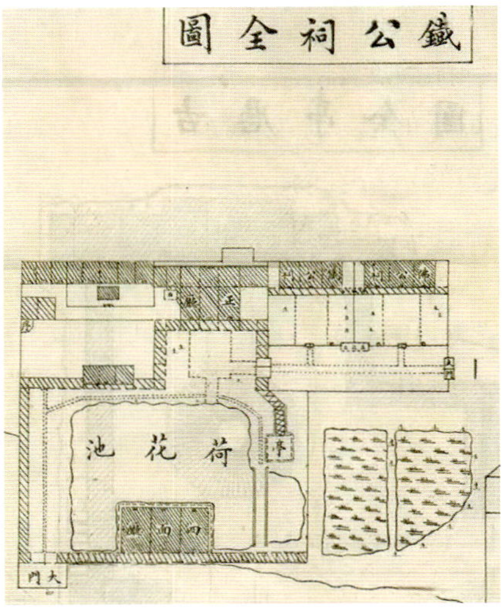

《1914济南指南》插图

在担任山东公立商业专门学校校长期间，叶春墀还担任了《大东日报》记者。《大东日报》前身是1904年3月9日山东布政使张人骏根据山东巡抚周馥指示，在济南创办的官报《济南日报》，辛亥革命爆发后清政府灭亡，《济南日报》失去经费停刊，1912年8月7日《济南日报》更名《大东日报》，后在济南鞭指巷重新印刷发行，“每日二大张，报费每月大洋六角五分”，该报具有一定爱国色彩，叶春墀成为该报记者后又担任经理一职。

倡导举办山东物品展览会

当时，“教育未广、实业未充”，倡导商业、实业救国成为主流思潮，为促进山东商品经济和实业发展，叶春墀以《大东日报》经理和记者身份倡导举办一届山东物品展览会。经过多方筹备，山东第一届物品展览会（山东全省物品展览会）于1914年6月15日至7月15日在济南举办，盛况空前，“各县亦以为山东未有之盛举，故出品极为踊跃”（《1914济南指南》），“出品陈列者计达累万。全省物品，征集周全，其规模之宏巨，影响之深广，均可谓前所未有”（《山东物品展览会报告书》）。

对于陈列物品中品质精良并宜于海外贸易者，

特别选择200余种以备远赴巴拿马赛会。本次展览会上部分优秀展品代表中国参加了1915年在美国旧金山举行的巴拿马万国商品博览会，今天人们仍然熟知的宏济堂阿胶、张裕葡萄酒、博山瓷器等均在其中。叶春墀涉及的商业范围主要在日照、济南、青岛三地，他还见证了1921年“青岛股票风潮”。1914年第一次世界大战爆发后日本侵占青岛，1920年在馆陶路22号建成青岛取引所株式会社——“取引所”是日本名称，意思是“买进卖出的交易场所”，汉语译为“（证券）交易所”。交易所开办资金为800万日元，中日双方各半，1920年9月正式营业，“日人峰村正三任理事长，华人徐青甫任副理事长，华人叶春墀、日人原田任常务理事，主要权力掌握在日本人的手中。”

交易所开办后业务日盛，引起日本财阀觊觎。1921年初，大阪财阀松井伊助采用不正当手段取代峰村正三成为交易所理事长，暗中操纵行市大发横财，我国商民多人上当受骗，投资者倾家荡产，给青岛经济造成巨大伤害，史称“青岛股票风潮”。胶澳商埠督办公署咨政部如此感叹，“华商亏累已过350余万之巨，应请迅谋救济办法，徐图整理。”叶春墀行事谨慎，对日本人的所作所为非常警觉，及时退股避免了损失，退股后他大力支持中国人创办的交易所。1924年5月2日，青岛地方银行在保定路成立，负责人高恩洪，1925年叶春墀担任银行经理（行长）。

20世纪20年代青岛的证券交易所“取引所”，叶春墀创办

1914年日本侵占青岛后欲独霸青岛航运，为抢占青岛至海州间的航线从本土调来“海州丸”“胶海丸”等几艘小轮船，以武力方式排挤中国民营航运。1921年叶春墀从证券交易所退股后，以“振兴实业是当务之急，救国之本”为己任，率先开办了中国人自己的轮船公司裕泰轮船行（后更名裕泰公司），自任经理。当时，叶春墀的父亲叶沙明也在青岛经营航运及渔业，“拥有百吨以上海船5艘，航线远至日本、菲律宾等。”叶春墀开办裕泰轮船行后不断发展壮大，数年间由仅有一条小轮船发展到拥有7条小轮船，船只总吨位超过了父亲。

1922年12月中国政府收回青岛主权，中国人在青岛先后开设了十多家规模不等的轮船行，贺仁庵的长记船行、叶春墀的裕泰船行、刘梅村的公祥船行，分别以总吨位1000吨、700吨、600吨位居前三位。虽然中国人开办的船行整体规模大不，一家船行数条小轮船的总吨位加起来甚至都不如当时一条国际上普通的中型轮船吨位大，但这些轮船行的成立标志着青岛近海民族航运兴起，打破了日本人在中日海运间的独占状况，对抵制国外航运垄断起到了积极作用。

二十世纪二三十年代，叶春墀长期居住在青岛无棣一路36号，1932年这里曾作为中共地下青岛市委办公处，叶春墀暗中保护和资助地下党组织，如今这里已成为叶春墀故居。

叶春墀还关心行业公益，体恤同侪，曾牵头组织多个行业公会并担任会长一职。叶春墀倡导筹办的商学会“以研究商学、启发商智、促进商业之发达为宗旨”，其本人担任会长。1919年，叶春墀开办了一家经“农商部”注册、山东省长公署、高等审判厅三个单位核准注册的会计师事务所，在当时具有一定权威性，叶春墀还担任山东省会计师公会会长。1927年青岛航业公会成立时，叶春墀初为常务理事，后又任公会会长，据其本人回忆，“（公会）在减少同业之间的竞争与纠纷，保障航商正当权益方面，起了一定的好作用。”此外，叶春墀还曾担任时政研究会理事等多个社会职务。

编写《1914济南指南》，文教方面贡献大

叶春墀在文教方面的贡献，除创办山东公立

商业专门学校、担任《大东日报》经理外，他还有多部著作，包括《中国税关制度》《山东草辫业》《乙种商业学校簿记教科书》《日本国库事务纲要暨图表》等，与山东联系较紧密的书籍包括《山东商业地理》《济南指南》《青岛概要》等。新中国成立后，叶春墀还撰写了《青岛取引所兴衰》《青岛开埠以来近海轮船航运概况》《烟台政记轮船公司》等一系列回忆性史料文章，1989年版《山东工商经济史料集萃》等对此有记载。

《1914济南指南》是为方便本省各地商贾行旅来济南参展游览所写的，出版于山东第一届物品展览会前夕，由当时叶春墀所在的大东日报社出版，王寿彭题写书名。在该书“例言（前言）”中，叶春墀阐述了编著这部书的目的是为方便行旅之人来济南时参考使用，“济南居南北之冲，交通便利。有胶济、津浦铁路之连络，有小清河、黄河之灌输，士商之道出于此者，月以数万计。使无专书指示一切，何以便行旅而知梗概？东西各国于名都大埠，均有记述之书，特仿斯意，辑成是编，聊备检查之需。”《1914济南指南》从地势、户口、官厅、公益团体、工商业、交通机关、金融业、游览食宿、杂录附录等多个方面对济南做了相对全面的介绍。为推介济南，叶春墀还重点介绍了1904年济南自主开埠以来各行各业取得的重要成就，“中外互市以来，市廛栉比，一业多者数百家，少亦数十，丰胜枚举。故是编每举一项，仅列最为著名数家，其余不及备载。”

为方便参展商参展和游览，《1914济南指南》后专附数张地图，分别为济南城厢图、济南商埠图、展览会场房略图和汇泉寺全图、趵突泉图、古历亭全图、铁公祠全图。“展览会场房略图”是针对本次展览会布局所绘——展会组织方最初设想是利用商埠公园（今中山公园）内的原商品陈列馆作为主馆，但实际考察后发现该馆过于狭小，陈列物品有限，就将其改造成办公室和接待室，在其后新建供展览陈列用的房屋，长30丈、宽8丈，花费9000元，所有陈列物品除教育及学艺部分外全部在此陈列，“展览会场房略图”所绘的就是展馆周边及馆内各类展品具体布局图。

有意思的是，为推介青岛，叶春墀还效仿《1914济南指南》，在1922年2月15日出版了《青岛概要》一书。《青岛概要》体例与《1914济南指南》如出一辙，连前面的“例言”都高度一致，目的都是“便行旅而知梗概……聊备检查之需”。

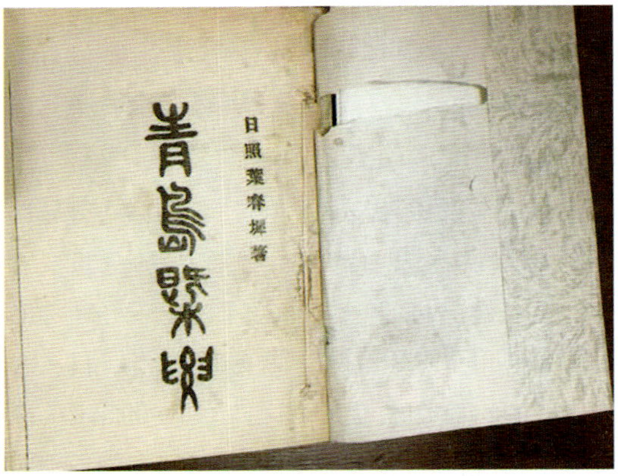

叶春墀编著的《青岛概要》

现在看来，《1914济南指南》《青岛概要》有相当局限性，但在当时确实方便了外地商旅之人对济南、青岛两地的了解，促进了商贸和宣传等积极作用。现在，这两部书都已成为了解、研究民国初年济南和青岛两地社会、商贸、城郭、地理等内容不可或缺的重要资料和历史文献。

后人对叶春墀了解甚少，但在一个世纪前，叶春墀在山东乃至华北都是一位有着相当影响力的人物，他涉足金融、实业、教育等多个领域且有所作为，身体身行地推行教育救国、实业救国，令人称道。

注：选自2023年《日照文览》第七期。作者韦钦国，曲阜师范大学教授。

记忆（节选）

杨作田

麦田管理现场会

1978年4月春，正当小麦生长起身的阶段，临沂地委书记李洪成、专员王润芝，到日照路过涛雒时，看到公路两边很多人在绿油油的麦田里挥锄除草进行麦田管理。他们在川子村路西边204

国道下了车，到麦田里查看，正巧村支部书记在场，他们就派支书找我要我到现场来。当我赶到现场时，看到地委的两位领导来了，真是又惊喜又不知所措。两位领导问了我全社麦田管理的一些情况，我一一作了回答。并简单地汇报了扩种小麦从今年起要实行一年两种两收，计划1978年全社小麦总量要实现两千万（斤），国家一半、社员一半的奋斗目标。两位领导听了十分高兴，随即让我上了王专员的车，让我领着看全社的小麦长势，我坐在车上，领着两位领导从右所湖到刘家湾湖、王家村、栈子、高旺、东风等村，走了10多里路，看了大半个公社的湖地小麦苗期长势和管理。回到公社，这时县领导也到了，我们一起在公社食堂吃了午饭，李洪成书记和王专员商量了一会说："我们正在到处找一个小麦管理好的典型开个现场会，这次找到了，全地区公社书记参加的麦田管理现场会，就在你们这里开吧。"并又提出了一些新的要求。他们回去后，又派来了会议筹备人员，就参观的路线、生活安排都做了具体的确定。县里参加会议筹备的人员提出，会议在涛雒开，涛雒靠沿海，要求我们对参加会议的人员每人要吃到一个蟹子。这个要求不高，但在六天内要抓齐400多个蟹子也不是小事。好处是当时还正是"大海鱼市"，出各种海货季节，公社党委就分兵两路，一路抓好会议要看的现场，一路分头到渔业出海捕捞村，会同村干部到船上收购蟹子，当时的价格是0.35元1斤。经过努力，从要看的现场到生活安排一切齐备，会议按期召开。开会的那天参观的队伍，从右所湖开始经过了12个村，看了9个连片湖20多个村的小麦苗势和管理，走了15多里路，参观队伍最后到了小麦高产村南店，由村支部书记庄建友做了重点介绍。回到公社西门外供销社饭店，已经近中午12点了。午餐安排在一个大餐厅里，共40多桌，那顿午饭在吃蟹子过程中出现了一些小故事。有的人在吃蟹子时，虽然揭开了蟹盖，但只吃了蟹的鳍，对蟹黄、肉都未动，就丢到了桌下；也有的人吃掉了蟹爪，未揭开蟹盖，就丢到了桌子下边等等。通过那400多人吃蟹看来，有的人当时还真不会吃，甚至未吃过梭子蟹。在清理餐厅后，供销社支部书记刘为瑞和我说，有40多个蟹子未揭开蟹盖只吃掉了爪。那次会议开得很成功，从看现场听介绍到生活安排都得到了入会人员的称赞，地委、县委领导也都很高兴地给予了表扬。

改道川子河、排涝万亩湖

打好两个硬仗改变生产和交通条件：一是川子河改道和万亩湖的排涝。川子河从高兴公社起源，要经过几十里路，是汇水面积较大的河流。再进入川子河段，又因弯弯曲曲流水不畅，经常发生河水泛滥村庄被淹。1975年因河水泛滥，不仅农田庄稼受到了严重的损害，更重要的是川子村被淹，全村有30%的户房屋倒塌，被水害所逼，同年全村搬迁。从1978年春季，由公社一名副书记带领规划组，对该河的改道和万亩湖的排涝进行了综合规划，拿出治理方案后，经公社党委和有关村干部反复研究，确定了对川子河段改道和万亩湖排涝的治理方案。因工程量很大，又要在第二年汛期前各项配套工程必须完工，公社党委确定全社75个村参加大会战，分别有40个村负责开挖新川子河，有35个村负责开挖万亩湖的排水沟。在审核川子河改道和万亩湖排水规划时，一次我从川子河的中下游北岸，扛着自行车过河到南岸去，当走到河水没过膝盖时，我左脚上穿的日照凉鞋（用车轮胎做的）被河底泥粘掉了，因为我肩上扛着自行车，当时无法捞起，待到了河南岸放下车子再去捞鞋时，鞋已被水冲走找不到了。我赤着一只脚和规划的同志，从川子河改道到万亩湖排水进行了实地审核。顺着万亩湖规划的排水沟走了5里多路到小海排水沟入海口时，已是下午傍晚时分。当我赤着脚回家时，我家属朱作兰很惊奇地说："看你光着一只脚、穿一只鞋，多难看，那只鞋呢？"我说："被水冲走了，旧的不去新的不来，这双日照凉鞋已经穿了三年了，也实在好再换双了。"

1978年秋收刚结束，全社万余名劳力齐上阵，经过近3个月的努力，完成了川子河段取直与该河下游连接的宽300多米、长1200多米（深1～2米）的新河开挖任务，根除了因川子河水泛滥，洪水漫灌万亩的局面。同时将弯弯曲曲的原川子河段取直，并新造地260多亩。万亩湖的排涝工程，完成了新挖排水沟宽 30 米、深 1 ~ 3 米、长 5 华里，一直把万亩湖的排水送到了公社养虾场处入海口。经过以后大水考验证明，这个改河道和排涝连在一起的治理工程是成功的。受益的川子支部书记说："川子村和万亩湖这次的治理比过去历次治理都彻底，效果最明显，早这样川子村就不用搬迁了。"

但在治理尹家廒头村的西湖排涝时，因借 204 国道东路边沟为该湖的排水沟，遇到汛期河水顶托排水不畅，造成了新水害，后又改回了原排水道。涛雒有了一条直通东边大海的大路。

第二个硬仗是新建大路、修生产路，做到出进方便。从涛雒街向东，原是一条弯弯曲曲的路，旱季只能一辆车单行，但一到汛期就被大水漫灌，行人也很难路过。在讨论改造这条路时，县盐务局副局长（当时盐务局设在涛雒）尹德岩说："我家是王家村，离涛雒街不过三里路，一到大水漫灌此路就无法走，要转好多路才能到局里上班。按这次规划要取直加宽，修一条大道，这确实是一件群众盼望的好事，但要毁掉部分高产盐田和盐田水库，我们的意见是新建大道再搞几个弯道，绕开老盐田。"公社党委对盐务局的意见进行了反复讨论，一致认为新建大路不能再搞弯道了，要按规划建一条直通东边大海的大道。公社又采取与盐务局一起现场研究的办法，确定了把原来很低的老路做盐田水库，再扩建部分盐田，最后达成了按原计划修建大路的意见。方案确定后，从 1979 年 10 月开工，全社 75 个村明确了各自的任务突击施工。公社成立了工程队负责修筑桥涵。在具体施工中，还根据路基的高标要求，有的地段要从外地运土、石，有的路段就地挖土筑路，就地挖土的路段，因地下盐泥滩，下挖二尺就出现深不见底的稀黏泥，这些粘泥弄到路基上，就出现滑坡塌方，经过多次反复最后找到了上一次黏泥，铺一层稻草的办法，直到 1979 年农历十二月份，才完成了路基修建任务。但初春化冻后，又出现了路基滑坡，经过大量的铺沙才能通行。此大路是当时涛雒公社第一条最直最宽的大道。现在路面已经硬化，路两边架起路灯，成了国际海洋城、涛雒镇政府、丁肇中祖居连接沿海大道的主要东西干道。以后每当我走在这条大路上时，就想起了当年参加修路人的干劲和艰辛。

注：杨作田，涛雒镇原党委书记（详见本志人物篇）。

一个抗日家庭的悲壮故事

李世成　李灵双

曾有这样一个家庭，为抗战做出了巨大牺牲，但他们的事迹却被淹没在匆匆而过的时光中。今年是抗战胜利 77 周年，我们采访了这个家庭中的两名成员，了解到那段被尘封的历史背后，所发生的可歌可泣的悲壮故事。

联系到王茂秀时，她说："我父亲是被日本鬼子杀害的，我大哥是中了鬼子的枪弹而牺牲的，二哥也差点中了鬼子的枪弹。我们家是八路军家属，'茬鬼子'多次来我家抓人，逼得我们一家四处躲难。"王茂秀老人今年 80 岁，出生在涛雒镇小草坡村。

一、父亲被敌人杀害

王茂秀说的大哥叫王茂记，二哥叫王茂信，王茂秀还有两个姐姐，兄妹 5 人中目前只有王茂秀一人健在。

王茂秀的父亲王克节生于 1892 年。1940 年日军侵占涛雒之前，各种武装组织就在这一带抢占地盘，闹得民不聊生。为了生存，王克节与泥田沟等周围村的几个农民形成一个松散的小组织，专门游击地主大户。

1942 年伪"和平军"在小草坡村北岭、村东栈子村、村西凤凰山等地设据点，意欲蚕食西部的抗日根据地，到处抓丁派粮。王克莭此时就以家乡为根据地，主要游击投靠日本人的那些汉奸。

王克节的行为，既使日伪军恼怒，又想拉拢他为其所用，但王克节认定不能当汉奸替日本人卖命。1943 年春夏时节，日伪军加紧了除掉王克节等人的行动。有一天晚上，王克节几个人的行踪被敌人意外探知，王克节与泥田沟村的一人被捕，在涛雒原汇昌银号石楼的日伪据点被杀害，时年 51 岁。

早年间王克节妻子娘家侄子李其为（1919—

2010）曾讲过这个细节："日本人想拿他，也不易拿呀，后来有人告密，鬼子夜里找到他睡觉的地方才在把他逮着。他要是同意跟日本人干，就不会害他，可他不同意呀，他被绑到涛雒街，鬼子放出洋狗，先是把他腿咬破了，你想，那狗见了血还不拼命地啃呀。他被抓住的那年我20多岁了，我三姑（王克节妻子）还来这里找人保他，他在鬼子那里早就挂了号的，没人能保得出来。"

王克节的孙子王运华说："抗战胜利后，人民政府让我奶奶去高旺庄指认那个告密的汉奸，这个汉奸被镇压了。"

二、在警备团任班长

王茂记在战斗中牺牲，很多史料有记载。其母李氏当年的抗属优待证写："滨海军区19团班长"，牺牲时"24岁"。

日照烈士陵园《日照县抗日烈士志》中记载："王茂记，民国三十四年三月十二日在碑廓牺牲，年二十四岁。"

史料中，王茂记所在部队一份是"警备团"，另一份"19团"。中共日照市委党史研究室2017年出版的书中介绍：1943年3月，日照县大队与滨海军分区独立团合编为滨海警备团，担负着日照沿海及周边地区的对敌斗争。先后参加了六甲庄子、后黄埠子和策应"讨李"（李永平）等战斗，多次粉碎日伪军的"蚕食"和"扫荡"。1945年初，滨海警备团改编为滨海军区独立四团，同年8月，独立四团又改编为山东解放军警备第十旅第19团。烈士母亲的优待证制发时间是1946年，此时的警备团已改编为19团。王运华说："大爷17岁就跟着我爷爷干，参与对地主豪绅和汉奸的打击，常给他们望风。"因警备团前身有一部分是日照县大队，根据王茂记参军的地点可以推断他当年参加的是日照县大队。

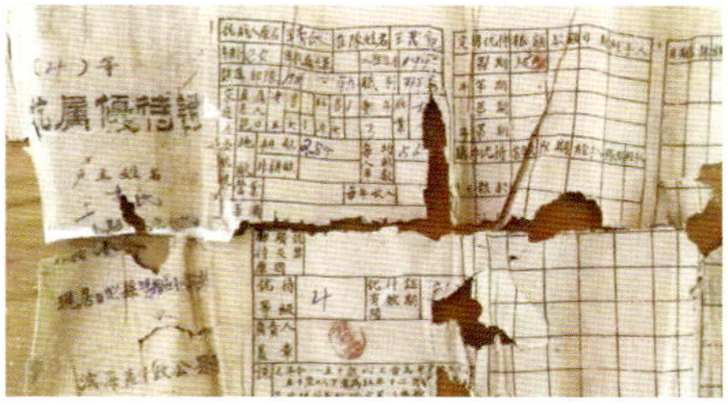

王茂记母亲李氏抗属优待证（王运华提供）

三、老家不能住了

王克节被害后，王茂秀的母亲李氏提心吊胆地领着4个未成年的孩子艰难度日。王茂秀讲，有坏人告密，说王家的大儿子当八路了，周边据点里的"茬鬼子"就三天两头来骚扰，"问我娘，你家大儿子去哪里了？我娘就说到外地治咳嗽病去了，'茬鬼子'也不信呀，折腾一阵才算完。过几天又来了，逼着我娘快去把我大哥找回来，愿意当兵就到据点里当，管吃管穿还发军饷。过不几天又来了，说如果还不把王茂记找回来，就把我娘抓走，把家里的几个孩子都饿死。"

王茂记在部队心里常挂念着母亲和小姊妹的生活，到离小草坡近的地方执行任务时偶尔也会悄悄回家。敌占区日伪耳目众多，有时王茂记刚到家，日伪军就紧随其后。王运华说，"我父亲对我讲过这些事，有一天晚上，我大爷刚到家，泥壶里的水还没烧开，就听放哨的说茬鬼子要上门了，大爷就趁黑快往西山跑。"

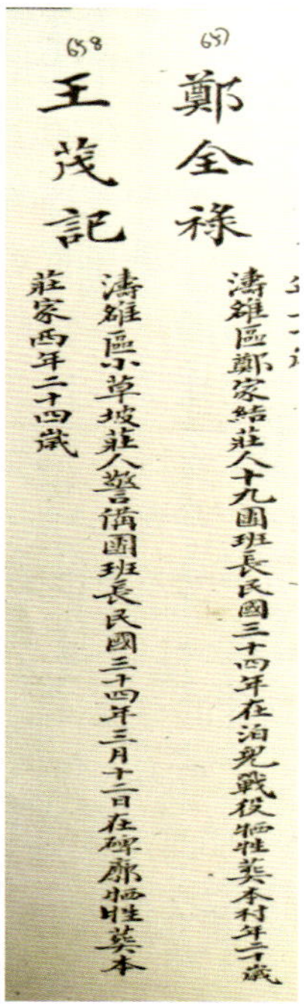

657 鄭全祿 濤雒區鄭家結莊人十九團班長民國三十四年在泊兒戰役犧牲葬本村年二十歲

658 王茂記 濤雒區小草坡莊人警備團班長民國三十四年三月十二日在碑廓犧牲葬本莊家西年二十四歲

《日照县抗日烈士志》有关王茂记的记载（日照烈士陵园提供）

为躲避日伪军报复，李氏领着四个孩子到处逃难，流浪到西石梁头村时，就把十多岁的大女儿送给这个村的一大户人家，自己带着余下的三个孩子继续逃难，其间落脚巨峰附近的大卜落村，因为那一带是王茂记所在部队经常活动的区域，相对安全。在大卜落村暂住的那几年，李氏把二女儿嫁给了该村一户姓韩的人家。

王茂记牺牲后，李氏带着剩下的两个孩子（王茂信、王茂秀）又住到了抗日游击区张家结庄。逃难其间，他们尝尽世间千般苦万般难。王茂信生前曾对儿子说，假若他的父亲不被日本鬼子杀害，假若他的大哥不在战场上牺牲，他们家就不会到处逃难，居无定所。

四、遭敌人偷袭

王运华十多岁时，他的父亲常领着他去大卜落村二姑家，到那里时，他父亲都会带他去见一个人，这个人叫刘为木，是他大爷的战友，也算是他父亲的战友，因为他俩参加过同一次战斗。

刘为木当年是王茂记班里的战士，后参加解放战争和抗美援朝战争，因负伤退伍。王运华听他们说了很多当年打鬼子的事，至今难忘的是在幽尔崮遭到鬼子偷袭，他父亲差点丢了性命的事。

王茂记牺牲的前一年，有一次部队在幽尔崮附近执行任务，为防止日伪军偷袭，王茂记领着刘为木等几名战士和弟弟王茂信在驻地几个要害处布设带拉线的夹子雷。正在布雷的时候，突然遭到日伪军的袭击，敌人用机枪扫射，当场就牺牲了一个战士，还有负伤的。去布雷的人都被打散了，王茂信那时十五六岁，没见过这种惨烈的场面，看到同去的人往山上跑，他也跟着，子弹打着树叶发出噗噗的声响，这时一颗子弹顺着他左大腿的外侧穿破衣服嗖得一声飞过。王茂信本能地愣怔了一下，吓得忙躲到一棵树后，下意识地用手去摸了一把左大腿，还好，子弹只擦破大腿的一点外皮。他顾不上多想，继续往山上跑，爬上了幽尔崮，找了个自认为安全的地方躲了起来。这一夜，鬼子倒是没再来，但有好几个蝎子爬到他的身上，他又不敢弄出声响，全身让蝎子蛰起了很多水泡。跟大哥经历的这惊心动魄的一幕，王茂信刻骨铭心，一生难忘，多次跟家人说："如果那次我被鬼子打死，老王家就没有男人了。"

五、最后一次大的战斗中牺牲

王茂秀听母亲说，当时王茂记所在部队的任务是掩护机关撤离。任务完成后，他们让敌人包围了。王茂记带着一个班边打边往外冲，有几名战士倒下了。王茂记见状，瞪着血红的眼睛，端着枪向着杀死战友的敌人机枪阵地冲去。他打死了两名敌人，夺得了敌人的一挺歪把子机枪，还抢了敌人的一匹战马。就在他骑上马，准备射击时，他中弹了。战斗结束后，战友们才看到敌人的这一枪正打在他的脖子上。

刘为木对王运华说："因他（王茂记）父亲是被鬼子杀害的，家里母亲和姊妹被鬼子逼得到处逃难，他恨死了日本鬼子和汉奸，为父报仇心切，所以打仗不怕死，非常勇敢，每次战斗都冲锋在前。"王茂记牺牲后，部队通知他的家人到驻地见烈士最后一面。

因当时小草坡村还是敌占区，日伪军还在到处搜捕王茂记和家人，所以部队安排民兵将烈士的遗体送到李氏暂住的大卜落村安葬。事后，李氏常对子女说，王茂记牺牲的那次战斗，"是这里打鬼子的最后一次大的战斗，之后这儿就没有大的战斗了，可惜他出事了。"透露着对儿子在胜利前夕不幸牺牲的无限惋惜和不甘。

抗日战争胜利后，王茂记的坟墓被迁到小草坡村南，后又迁大草坡村北岭。2022 年 8 月，笔者在王茂记另一位舅家表弟李其斗的引领下，来到烈士的墓地。我们在墓前向烈士鞠躬默哀，我们期待着这篇文章能让更多的人记住那些为民族独立和振兴而献身的英烈们。

注：选自 2022 年 11 月 21 日《黄海晨刊》。作者李世成详见本志人物篇，李灵双韩国诚信大学硕士研究生在读。

后　记

《涛雒镇志》前后历经十余年，终于问世了。这是涛雒境域内第一部志书。她的出版，对于人们全面了解、探究涛雒镇不平凡的发展历程和辉煌成就，具有十分重要的意义。

《涛雒镇志》的编纂工作始于2008年10月，大致可分为两个阶段。第一阶段自启动至2019年6月，第二阶段自2022年4月至2024年7月。第一阶段历时近十一年，期间，刘从生带领编纂人员不辞辛劳，从拟定篇目、征集资料到形成初稿，做了大量细致的工作。后因种种原因，2019年6月编修工作暂停，初稿未能送主管部门评审，也一直未能付梓出版。

2022年4月，《涛雒镇志》的编纂出版工作再次提到议事日程。这一年，涛雒镇新一届党委、政府按照省、市、区地方志工作的最新要求，决定重启镇志编纂工作，成立了由镇党委书记为主任的《涛雒镇志》编纂委员会，特邀李世成任编审，组成了由滕怀森任主编、赵加荀任副主编的编纂班子。编修人员怀着对传承地方文脉的深情和对历史、对人民高度负责的精神和严谨态度，不辞辛劳、加班加点、不遗余力搜集补充资料，对原有初稿进行了重新梳理、增删和资料更新，补充了2013—2021年间的新内容，反复推敲打磨修改，提炼突出了涛雒镇“太阳文化”“渔业文化”“盐业文化”“望族文化”的古镇特色，数易其稿，历时两年零三个月，终使《涛雒镇志》得以付梓面世。

《涛雒镇志》的编纂工作，得到了市、区各级领导的亲切关怀和社会各界的大力支持。日照市党史研究院和东港区委党史研究中心的领导，始终高度关注，给予大力支持，并委派专家给予精心指导和严格把关审查，提出了若干修改意见和建议。日照日报社书刊出版中心提供了办公场所和必要的办公设备。涛雒镇各有关单位以及全镇广大干部群众为镇志编纂提供了内容翔实的珍贵资料，涛雒籍在外及曾在涛雒工作过的老干部、老同志也给予了热情鼓励和积极支持。其中，“丁氏家族”部分内容，由丁博元提供资料。马承友、王运照、庄建森和秦泗学四位同志参与了第一阶段的编纂工作，初林魁、李淑彬和黄梅昌三位同志参与了第二阶段后期的编务工作。在此，谨向所有关心、支持《涛雒镇志》编纂工作的领导和同志们表示衷心感谢。

《涛雒镇志》全书190余万字，体量巨大，卷帙浩繁。尽管全体编修人员尽了最大努力，但书中仍难免有疏漏错讹之处，敬请专家及读者不吝赐教，批评指正。

日照市东港区涛雒镇志编纂委员会
2024年8月